Case, Fair, Oster의

경제학원론

13th Edition

Principles of Economics

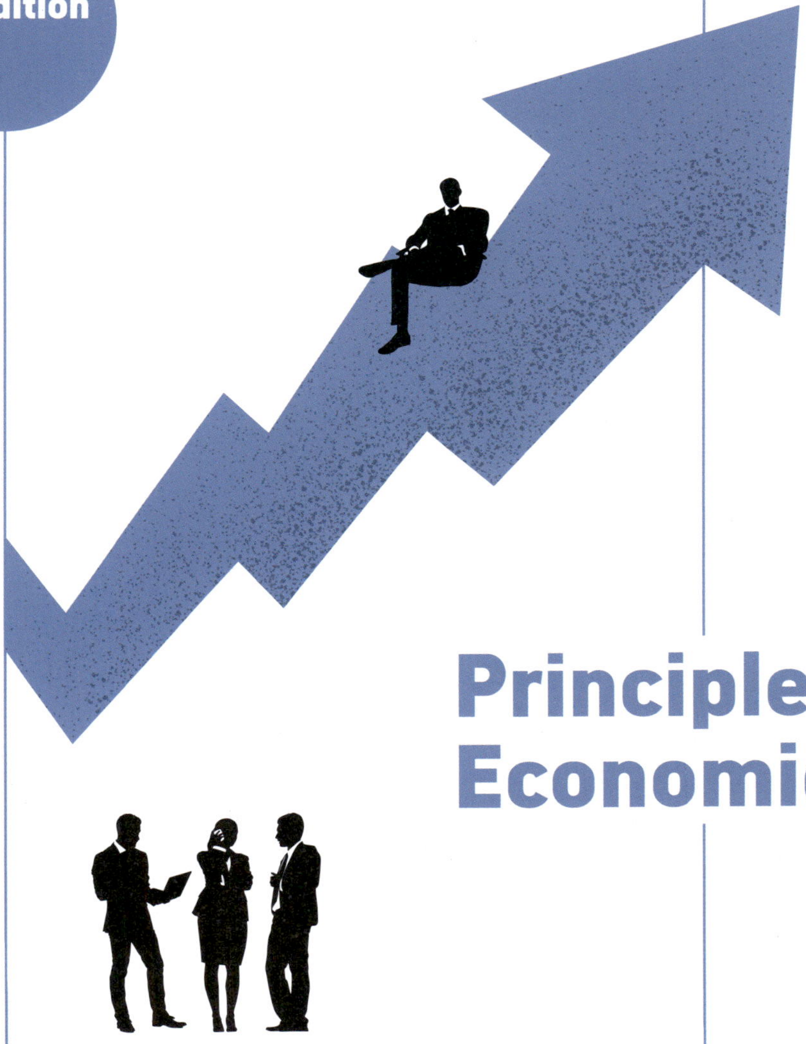

Karl E. Case | Ray C. Fair | Sharon M. Oster 지음
박원규 | 이상규 옮김

Pearson

한빛아카데미
Hanbit Academy, Inc.

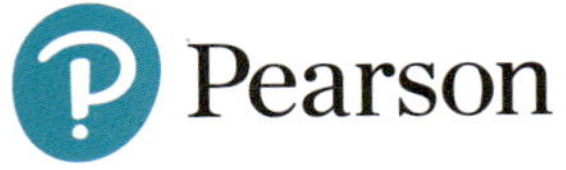

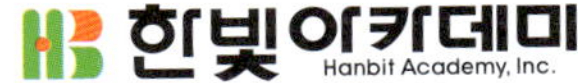

옮긴이

박원규

현재 경희대학교 경영학과 명예교수
서울대학교 경영학과 졸업
코넬대학교(Cornell University) MBA, 경제학 박사
경희대학교 경영학과 교수

이상규

현재 경희대학교 경영학과 명예교수
서울대학교 경제학과 졸업
일리노이대학교(University of Illinois at Urbana-Champaign) 경제학 박사
경희대학교 경영학과 교수

Case, Fair, Oster의 **경제학원론** 13판

초판발행 2022년 1월 3일

지은이 Karl E. Case, Ray C. Fair, Sharon M. Oster / **옮긴이** 박원규, 이상규 / **펴낸이** 전태호
펴낸곳 한빛아카데미(주) / **주소** 서울시 서대문구 연희로2길 62 한빛아카데미(주) 2층
전화 02-336-7112 / **팩스** 02-336-7199
등록 2013년 1월 14일 제2017-000063호 / **ISBN** 979-11-5664-572-6 93320

책임편집 김현용 / **기획** 김현용 / **편집** 박민정
디자인 박정화, 이아란 / **전산편집** 김은정 / **제작** 박성우, 김정우
영업 김태진, 김성삼, 이정훈, 임현기, 이성훈, 김주성 / **영업기획** 길진철, 김호철, 주희

이 책에 대한 의견이나 오탈자 및 잘못된 내용에 대한 수정 정보는 아래 이메일로 알려주십시오.
잘못된 책은 구입하신 서점에서 교환해 드립니다. 책값은 뒤표지에 표시되어 있습니다.
홈페이지 www.hanbit.co.kr / 이메일 question@hanbit.co.kr

옮긴이 머리말

언뜻 보기에 이 책은 시중에 나와 있는 경제학원론 교재와 크게 다른 것 같지 않고, 본문 중간에 담긴 흥미로운 이야깃거리도 특별히 더 많은 것 같지 않아서 평범해 보이기까지 한다. 그러나 이 책을 찬찬히 읽어나가다 보면 뜻밖의 놀라움을 느끼게 된다. 기존 경제학원론 교재의 '아픈 곳'을 잘 메워주기 때문이다. 역자들은 오랫동안 대학에서 경제학원론을 강의하면서 수많은 교재를 접한 경험을 바탕으로, 이 책이 그러한 교재와 차별되는 점을 한눈에 알아보았다. 기존 경제학원론 교재에서는 아예 다루지 않거나 소홀히 취급하는 부분을 보다 명료하게 설명하고, 관련 쟁점을 짧은 지면을 통해 깊이 이해할 수 있게 다룬다는 의미에서 이 책은 기존 경제학원론의 '아픈 곳'을 잘 메워준다고 평할 수 있다.

번역을 해나가는 과정에서 역자들은 이 책의 내용이나 설명 방식이 독자에게 매우 유용하다는 것을 더욱 체감하게 되었다. 예일대학 교수들이 집필한 이 책은 기존의 미국 경제학원론 교재와 상당히 다르다. 경제학이 전달하는 내용을 명확하게 이해할 수 있도록 점진적인 방식으로 설명한 점이 특히 눈에 띈다. 따라서 경제학원론을 처음 접하는 독자나 경제학의 기초 지식을 쌓기 위해 경제학원론에서 출발하려는 독자에게 이 책을 강력히 추천한다. 다른 경제학원론 책을 읽다가 이해되지 않는 것이 있을 때 이 책에서 동일한 주제를 다루는 부분을 찾아 읽으면 쉽게 이해될 만큼 이 책은 내용을 보다 정확하고 세심하게 설명했다.

장 그르니에(Jean Grenier)가 쓴 〈섬(Les Îles)〉이라는 수필의 서문에서 그의 제자 알베르 카뮈(Albert Camus)는 이렇게 언급했다. "오늘 이 책을 처음으로 열어보게 되는 남모르는 젊은 사람을 나는 뜨거운 마음으로 부러워한다." 카뮈가 〈섬〉을 읽었을 때의 벅찬 느낌이 고스란히 전해지는 표현이다. 문학 작품과 비교하는 것이 너무 거창해 보일지라도 역자들은 이 책에 대한 평가를 카뮈의 표현으로 대신하고 싶다. 한마디로 이 책은 기존 경제학원론 교재 가운데 하나가 아니라 최고의 경제학원론 교재이다. 이 책을 통해 얻는 차별적 이득은 모두 독자의 것이다.

이 책은 본문 내용은 물론이고 '경제학의 적용'에 담긴 사례, 연습문제, '경제학적 사고 키우기'에 제시된 질문 등 무엇 하나 대충 만들어진 것이 없다. 특히 경제학적 사고력을 확장할 수 있도록 세심하게 고안된 연습문제를 꼭 풀어보고 보다 많은 것을 얻기 바란다.

기존의 경제학원론 교재를 읽고도 다음과 같은 질문에 답하기 어려운 독자라면 이 책을 통해 경제학의 기초 지식을 다시 쌓을 수 있을 것이다.

- 기업의 가장 중요한 의사결정은 무엇인가? 기업을 운영하면서 항상 머릿속에 새겨야 할 것은 무엇인가?
- 사람들의 소비 행위, 저축 행위, 여가와 일의 선택 행위 등은 각기 다른 것인가? 아니면 하나의

일관된 기준을 가지고 이해하거나 설명할 수 있는 것인가?

- 가난한 나라가 가난한 이유는 국민이 게으르고 능력이 없어서 그런가? 그렇지 않다면 핵심적 이유는 무엇인가?
- 달걀을 한 바구니에 담지 말라, 즉 분산투자를 하라는 조언은 어느 정도 맞는 말인가? 어떤 경우에 분산투자로 돈을 벌 수 있는가? 분산투자로 높은 수익률을 얻을 수 있는가?
- 어떤 직업은 임금이 크게 올랐는데도 수요가 증가했다. 직관적으로 설명할 수 없다면, 경제학원론 수준의 지식을 지닌 독자는 이를 설명할 수 있는가?
- 결혼중매 시장이나 일반적으로 남녀가 만나 교제하는 시장의 역선택 문제와 도덕적 해이의 문제에 대해 어떻게 생각하는가? 이에 답할 수 있는 사람이라면 연애와 결혼에 성공할 것이다(운명이 작용하는 경우를 제외하고).
- 일부 사람들이 높은 봉급을 받는 핵심적 이유는 무엇인가?
- 자녀의 미래를 위해 자녀에게 주어야 할 것으로 가장 중요한 것은 무엇인가?
- GDP 증가보다 포용적 경제성장이 중요한 이유는 무엇인가?
- 일부 경제학자들은 화재보험에 가입하는 사람은 복권을 구매하면 안 되고, 복권을 구매하는 사람은 화재보험에 가입하면 안 된다고 주장한다. 이는 무슨 의미인가?
- 독점기업과 세금의 공통점은 무엇인가?
- 주식회사의 법인세를 줄이면 그 혜택이 대부분 근로자에게 돌아간다. 이 말에 대해 어떻게 생각하는가?
- 비트코인과 같은 암호화폐는 중앙은행이 발행하는 화폐와 어떻게 다른가?
- 인플레이션 때문에 연금소득이 실질기준으로 계속해서 감소하는가?
- 경제가 성장함에 따라 환경의 질이 나아지는가? 경제가 성장함에 따라 일인당 GDP 수준과 도시공해 수준의 관계는 어떻게 변화하는가?
- 디지털 금융의 확산은 농산물 가격과 생산량에 어떤 영향을 미치는가?

다시 한번 강조하지만 이러한 질문의 답을 찾으려면 이 책을 대강 읽어서는 안 된다. 본문, '경제학의 적용', 연습문제 등에 그 답이 숨어 있다.

카뮈는 어렸을 때 축구를 좋아했지만 할머니는 비싼 축구화가 닳는다며 카뮈의 뺨을 때렸다고 한다. 이에 카뮈는 골키퍼를 선택했다. 어린 카뮈의 선택은 조금 슬픈 선택이지만 인생은 선택의 연속이다. C'EST LA VIE! 그동안 흙 속에 숨어 있던 진주 같은 책을 한빛아카데미㈜가 꺼내어 국내에 선보이게 되었다. 이 책을 읽은 독자가 '좋은 선택이란 무엇인가?'에 대한 올바른 이해를 바탕으로 인적자본을 구축하여 더욱더 풍요로운 삶을 영위하기를 바란다.

마지막으로 이 책의 기획과 출간 과정에 힘써주신 한빛아카데미㈜의 김재우 이사와 김현용 부장, 그리고 책의 가독성과 완성도를 높이기 위해 애쓴 박민정 에디터에게 깊은 감사를 전한다.

2021년 12월

박원규 · 이상규

지은이 소개

Karl E. Case 2016년 7월에 세상을 떠난 칼 케이스는 웰슬리대학 경제학과 명예교수였다. 그는 34년 동안 경제학을 가르쳤으며, 하버드대학 주택연구센터(Joint Center for Housing Studies)의 선임 펠로우, S&P 케이스-실러 주택가격지수를 창안한 Fiserv Case Shiller Weiss 부동산연구원의 파트너, 스탠더드앤드푸어스 지수자문위원회의 위원, 보스턴 연준은행 학술자문위원회의 위원을 지낸 바 있다.

케이스는 1968년 마이애미대학에서 학사 학위를 받고 육군에서 3년간 복무한 뒤 1976년 하버드대학에서 박사 학위를 받았다. 그의 주요 연구 분야는 부동산, 주택과 재정학이었으며, 《Principles of Economics》, 《Economics and Tax Policy》, 《Property Taxation: The Need for Reform》 등을 저술하고 부동산 시장과 가격에 관한 수많은 논문을 발표했다.

그의 공적을 기리기 위해 이 책의 공저자들은 앞으로도 그의 이름을 책에 실을 것이다.

Ray C. Fair 레이 페어는 예일대학 경제학과 교수이자 예일대학 Cowles Foundation의 회원, Econometric Society의 펠로우이다. 1964년 프레즈노주립대학에서 경제학 학사 학위를, 1968년 MIT에서 경제학 박사 학위를 받은 그는 1968~1974년 프린스턴대학에서 경제학을 가르치고 그 이후에는 예일대학에서 거시경제학을 가르쳤다. 또한 대학원에서 거시경제학과 거시계량경제학을 가르쳤다.

페어의 주요 연구 분야는 거시경제학과 계량경제학이며, 특히 거시계량경제모형 구축에 초점을 맞추고 있다. 또한 금융, 투표 행동, 스포츠의 노화 현상에 관한 연구도 수행한 바 있다. 저서로 《Specification, Estimation, and Analysis of Macroeconometric Models》, 《Testing Macroeconometric Models》, 《Estimating How the Macroeconomy Works》, 《Predicting Presidential Elections and Other Things》 등이 있다.

Sharon M. Oster 9판부터 공저자로 참여한 샤론 오스터는 예일경영대학원의 경제학/경영학 석좌교수이다. 그는 호프스트라대학에서 학사 학위를, 하버드대학에서 박사 학위를 받았다. 예일경영대학원 교수로 부임하기 전에는 예일대학 경제학과에서 미시경제학을 가르치고 대학원에서 산업조직론을 가르쳤다. 또한 오스터는 기업과 비영리기관을 위해 컨설팅을 해주었고 상장기업과 비영리기관의 이사를 지낸 바 있다.

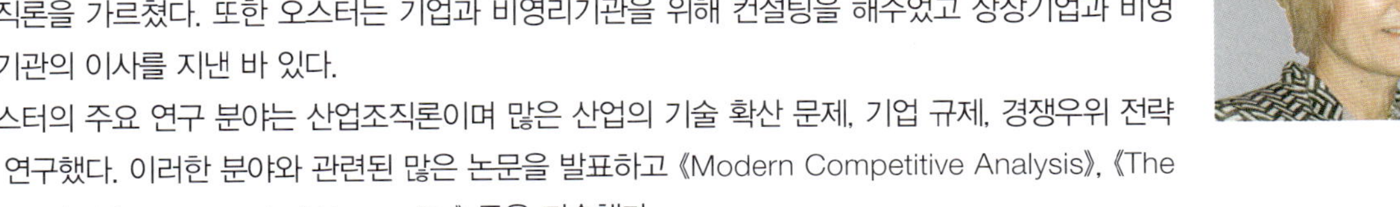

오스터의 주요 연구 분야는 산업조직론이며 많은 산업의 기술 확산 문제, 기업 규제, 경쟁우위 전략을 연구했다. 이러한 분야와 관련된 많은 논문을 발표하고 《Modern Competitive Analysis》, 《The Strategic Management of Nonprofits》 등을 저술했다.

지은이 머리말

이 책의 목표

초판과 마찬가지로 13판의 목표는 독자에게 경제의 작동 방식과 경제학의 위력, 숨결을 서서히 불어넣는 것이다. 독자가 이 책을 읽고 시장경제가 어떻게 작동하는지, 시장경제가 잘 작동하는 경우와 그렇지 않은 경우에 대해 기본적으로 이해할 수 있기를 기대한다. 또한 경제학적 사고의 아름답고 과학적인 측면을 배우고 정책과 의사결정을 다른 방식으로 바라보는 시각을 갖기를 기대한다.

강의와 학습의 도전적 문제 해결

이 책의 저자이자 교수로서 우리는 경제학원론의 도전적 문제를 이해한다. 이 책의 기본적인 주제는 경제학이라는 학문을 소개하고, 경제가 어떻게 작동하는지에 대한 기초 지식을 제공하는 것이다. 이를 위해 경제학 이론, 제도, 현실 세계에서의 적용을 함께 다루어야 한다. 우리는 모든 장에 걸쳐 이러한 모든 요소의 균형을 유지하려고 노력하면서, 교수가 다루어야 하고 학생이 이해해야 하는 것으로 내용을 구성했다. 도전적인 학습 방식이 되도록 관련 사례, 그래프, 수식을 이용하여 설명하고 다양한 질문과 문제를 제시했다.

사례, 그래프, 수식을 이용한 3단계 설명 방식

경제학원론을 가르치는 교수는 다양한 능력, 배경, 학습 유형을 가진 학생들을 만나게 된다. 내용을 어떻게 설명하든 어려워하는 학생이 있는가 하면, 그래프와 수식을 사용하여 설명하면 쉽게 이해하는 학생도 있다. 교재를 집필하는 저자와 강의하는 교수가 모두 부딪히는 문제는 우수한 학생을 과소평가하지 않고 학문의 핵심 원리를 어떻게 전달할 것인가이다. 이에 우리는 다음과 같은 세 가지 방식으로 대부분의 핵심 개념을 설명하는 접근법을 택했다.

첫째, 직관적인 사례나 예를 통해 개념을 소개하면서 표를 제시하고 쉽게 설명했다. 둘째, 대부분의 사례나 예를 나타내기 위해 그래프를 사용했다. 셋째, 적정한 경우 수학 공식을 이용하여 개념을 설명했다. 이 책에서는 경제학 학습에 필요한 수학 수준을 크게 높이지 않고도 이러한 측면을 강화했다.

경제학의 적용

학생은 학습 내용이 현실의 삶과 연관될 때 배우려는 동기를 얻는다. '경제학의 적용'은 각 장의 핵심 개념을 다루면서도 독자의 삶에 경제학을 폭넓게 적용하는 데 도움이 되는 최근 연구 결과나 사건에 초점을 맞추었다. 또한 독자가 배운 내용을 자신의 삶과 연관 지어 생각해볼 수 있도록 질문을 제시했다.

경제학적 사고 키우기

경제학원론을 배우는 동안이든 대학 졸업 후 사회생활을 하는 동안이든 비판적으로 사고하는 능력을 가져야 한다. '경제학적 사고 키우기'는 각 장에서 배운 개념에 대해 보다 높은 수준으로 사고할 수 있는 문제를 제시하여 이러한 능력을 계발하는 데 도움을 준다.

연습문제

본문에서 배운 것을 떠올리면서 응용해보는 연습문제를 각 장의 마지막에 담았다. 연습문제는 단순한 기억력을 테스트하는 것이 아니라, 독자가 직접 분석을 수행하거나 현실의 상황 또는 정책 결정에 경제학을 적용하면서 풀 수 있다.

고용 가능성을 증가시키는 능력 계발

급변하는 취업시장에서 일자리를 구하려면 진로를 파악하고 필요한 능력을 계발하는 방법을 알아야 한다. 우리는 다양한 방법으로 이러한 능력을 계발하는 데 초점을 맞추었다. '경제학의 적용'은 독자가 배운 개념을 깊이 생각하게 하고, 강의실에서 배운 것과 현장에서의 적용을 연관 짓도록 도움을 준다. 1장의 '경제학의 적용'에서는 경기후퇴기를 이겨내는 데 경제학 전공이 어떻게 도움이 되는지를 설명했다. 11장의 '경제학의 적용'에서는 투자은행, 주식시장, 투자전략 등, 특히 경제학과 재무학을 공부하는 학생이 흥미를 가질 만한 주제를 다루었다.

이 책의 구성

미시경제학의 구조

미시경제학 부분에는 시장경제가 어떻게 작동하는지를 이해하기 위한 최선의 방법—기초적인 경제학 이론을 이해하는 최선의 방법—은 먼저 독점과 과점 같은 경쟁적이지 않은 시장 구조를 다루기 전에 생산물시장(재화와 서비스 시장)과 투입요소시장(토지, 노동, 자본 시장)을 비롯해 완전경쟁 모형을 설명하고 이러한 시장들 간의 연계를 살펴보는 것이라는 우리의 믿음이 반영되어 있다. 간단한 완전경쟁시스템이 어떻게 작동하는지를 이해한다면 경제를 구성하는 부분들이 어떻게 서로 부합되는지를 이해할 수 있다. 우리는 이것이 일련의 연결되지 않는 대안적 시장 모형을 통해 경제학을 가르치는 전통적인 방법보다 더 나은 방법이라고 생각한다. 또한 우리는 독자가 간단한 경제 모형이 강력하다는 것을 이해하는 데 도움을 주기 위해 구체적인 예를 사용했다. 이러한 내용을 완전히 이해한다면 기업과 공공 부문에서 경력을 쌓으려는 이들에게 매우 유용할 것이다. 우리는 독자가 세상을 이해하는 데 경제학을 사용하도록 돕는 데 중점을 두었다.

먼저 완전경쟁시장에 대해 배우면 시장시스템이 강력하다는 것을 이해할 수 있다. 간단한 완전경쟁시장시스템이 어떻게 재화와 서비스를 생산하고 배분하는지를 이해하지 못한다면 시장으로부터 발생되는 문제뿐만 아니라 시장의 효율성을 논의하는 것이 불가능하다. 이는 6~11장의 학습 목표이다.

12장은 간단한 완전경쟁시장, 시장의 불완전성과 정부의 역할에 대한 논의를 연결시키는 중요한 장이다. 13~15장에서는 세 가지 비경쟁 시장 구조(독점, 독점적 경쟁, 과점)를 다루었다. 16장에서는 외부성, 공공재, 사회적 선택을 살펴보고, 17장에서는 불확실성과 정보의 비대칭성을 설명했다. 18장과 19장에서는 조세정책과 정부 재정뿐만 아니라 소득 분배를 다루었다. 115쪽의 그림 II.2는 이러한 미시경제학 부분의 개관을 보여준다.

거시경제학의 구조

우리는 거시경제학 부분의 처음 몇 개 장에서 총수요곡선과 총공급곡선을 다루는 것이 바람직하지 않다고 생각한다. *AD*곡선과 *AS*곡선을 이해하려면 재화시장과 화폐시장의 작동에 대해 알아야 한다. 단순한 수요곡선의 배후 논리를 총수요와 물가수준의 관계에 적용하는 것은 잘못이다. 이와 마찬가지로 단순한 공급곡선의 배후 논리를 총공급과 물가수준의 관계에 적용하는 것 또한 잘못이다. 따라서 우리는 *AS*/*AD*모형을 점진적으로 구축했다.

23장과 24장에서는 재화시장(*IS*곡선)을 다루고, 25장에서는 화폐시장(Fed 준칙이 작동하는 시장)을 다루었다. 26장에서는 앞서 배운 것을 결합하여 *AD*곡선과 *AS*곡선을 도출하고 총생산, 물가수준, 이자율의 균형값을 결정했다. 26장은 Fed 준칙이 중요한 역할을 하는 핵심적인 장이다. 27장에서는 정책효과와 비용충격을 분석하기 위해 26장에서 개발한 모형을 사용했다. 이어서 28장에서는 노동시장을 분석에 끌어들였다. 492쪽의 그림 V.1은 이러한 거시경제학 부분의 개관을 보여준다.

거시경제학의 구조에서 가장 중요한 쟁점 중 하나는 국민소득 결정과 경기 대응적 정책에 관한 단기적 문제를 살펴보기에 앞서 장기 성장 문제를 다루어야 한다는 것이다. 지난 9~12판에서는 장기 성장에 관한 설명을 22장 '실업, 인플레이션과 장기 성장'에 포함했으나 13판부터는 단기적 문제 전후에서 장기 성장 문제를 다루기 위해 31장에서 본격적으로 장기 성장을 살펴보았다. 단기적 경기변동, 인플레이션, 실업에 관한 내용과 논쟁을 이해하고 나면 장기 성장 문제를 더 쉽게 이해할 수 있을 것이다. 32장에서는 거시경제학의 대안적 이론을 핵심 요소를 중심으로 살펴보고, 33장과 34장에서는 국제무역과 개방경제 거시경제학의 특성을 논의했다. 35장에서는 빈곤 상태에서 벗어나려는 개발도상경제의 특성과 과제를 다루었다.

차례 한눈에 보기

차례

Part 3 시장의 불완전성과 정부의 역할

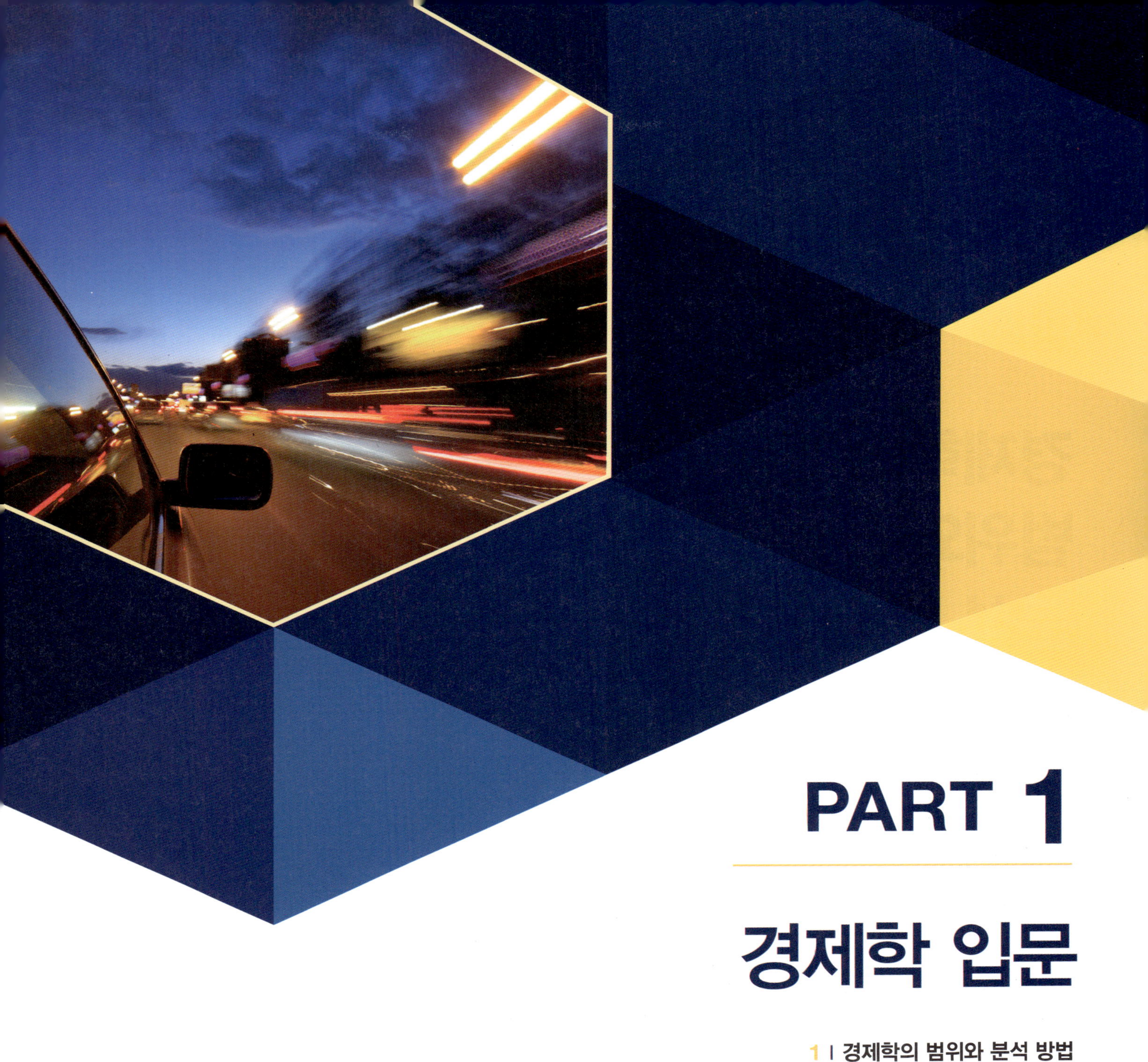

PART 1

경제학 입문

1 | 경제학의 범위와 분석 방법
2 | 경제적 문제: 희소성과 선택
3 | 수요, 공급과 시장균형
4 | 수요와 공급의 응용
5 | 탄력성

CHAPTER 1

경제학의 범위와 분석 방법

목차와 학습목표

1.1 경제학을 배우는 이유

경제학을 공부하는 이유, 기회비용, 시장의 효율성을 이해함으로써 일상생활의 의사결정에 영향을 미칠 수 있는 예를 생각해본다.

1.2 경제학의 범위

미시경제학과 거시경제학을 구분하고 경제학의 다양한 분야를 파악한다.

1.3 경제학의 분석 방법

의사결정 시 실수를 초래하는 잘못된 인과관계의 예를 생각해보고 경제정책의 주요 목표를 이해한다.

1.4 경제학으로의 초대

경제학이 일상생활에 영향을 미치는 다양한 측면을 파악한다.

1.5 경제학 공부의 혜택

경력을 쌓는 데 경제학 전공이 어떤 도움이 되는지, 그리고 경제학을 공부함으로써 개발할 수 있는 능력을 알아본다.

수많은 의사결정이 조화롭게 이루어져서 어떤 결과가 나타나는 것이 신기하고 궁금하다는 마음으로 경제학 공부를 시작하는 것이 좋을 것 같다. 우리의 일상생활 중 보통의 하루를 잠깐 생각해보자.

미국 캔자스주에서 경작된 밀로 미네소타주의 밀 가공 공장에서 생산한 밀가루를 가지고 동네 빵집에서 만든 식빵을 이탈리아산 토스터로 굽고, 그 위에 네덜란드산 블루베리잼과 프랑스산 버터를 발라 국내에서 생산된 달걀, 노르웨이산 고등어와 함께 먹고 하루를 시작한다. 학교 수업이 끝나면 친구와 함께 차를 타고 정부나 민간이 많은 돈을 투자하여 건설한 고속도로를 달리다 주유소에 들러 사우디아라비아에서 수입되어 국내 정유 공장에서 제조된 휘발유를 넣는다. 또한 중국에서 만든 부품으로 인도네시아에서 조립된 노트북에 깔린 스카이프를 통해 해외에 있는 친구와 이야기를 나눈다.

이 밖에도 우리는 하루에 많은 종류의 제품을 사용하고 소비한다. 어떤 사람들은 인력과 원재료, 생산기술을 적절히 배합하여 우리가 사용하는 제품을 만들고, 또 어떤 사람들은 그렇게 생산된 제품을 우리에게 배달해준다. 이러한 과정 속에서 수많은 종류의 수많은 의사결정이 이루어지며, 그 수많은 의사결정의 결과로 우리의 손에 제품이 들어오게 되는 것이다.

미국에서는 1억 6,000만 명(미국 인구의 절반) 이상이 매년 수많은 직업에 종사하면서 연간 18조 달러 이상의 재화와 서비스를 생산하고 있다. 어떤 사람들은 일자리를 구하지 못하고, 또 어떤 사람들은 일하지 않기로 결정한다. 미국은 매년 3,000억 달러 이상의 자동차와 부품, 3,500달러 이상의 원유를 수입하고 있다. 식품과 농산물 수출액은 연간 1,400억 달러 정도이다. 오늘날에는 세계 전 지역에서 생산되는 제품을 대상으로 소비자의 선택이 이루어지고 있다.

경제학(economics)은 개인과 사회가 자연과 이전 세대가 물려준 희소한 자원을 어떻게 사용할지를 선택하는 것에 대한 연구이다. 여기서 핵심 단어는 '선택'이다. 경제학은 행동적·사회적 과학이다. 크게 볼 때 경제학은 사람들이 어떻게 선택하는가에 대한 연구이다. 사람들이 정한 선택이 모두 합쳐지면 그것이 사회적 선택이 된다.

경제학 개인과 사회가 자연과 이전 세대가 물려준 희소한 자원을 어떻게 사용할지를 선택하는 것에 대한 연구

1.1 경제학을 배우는 이유

학습목표

경제학을 공부하는 이유, 기회비용, 시장의 효율성을 이해함으로써 일상생활의 의사결정에 영향을 미칠 수 있는 예를 생각해본다.

우리는 생각하는 법을 배우기 위해, 사회를 더 잘 이해하기 위해, 경제적 판단력을 갖춘 시민이 되기 위해 경제학을 공부한다.

생각하는 법을 배우기 위해

경제학을 배우려는 가장 중요한 이유는 아마도 생각하는 법을 배우기 위함일 것이다. 경제학에는 기회비용, 한계치에 근거한 판단, 시장의 효율성이라는 기본 개념이 있다. 이러한 개념을 잘 이해하고 적용하면 일상의 선택에서 어떻게 판단해야 하는가에 큰 도움이 될 것이다.

기회비용 한 경제에서 발생하는 것은 수많은 개인이 내린 의사결정의 결과이다. 사람들은 자신의 소득을 어떻게 나누어 시장에서 공급되는 재화와 서비스 중에서 무엇을 얼마나 구입할 것인지를 결정해야 한다. 또한 일하러 갈 것인지, 학교에 갈 것인지, 저축을 얼마나 할 것인지 등도 결정해야 한다. 기업은 무엇을 생산할 것인지, 얼마나 생산할 것인지, 가격은 얼마로 정할 것인지, 공장과 회사

는 어디에 자리 잡을 것인지 등을 결정해야 한다. 경제적 분석은 이러한 의사결정을 할 때 필요한 생각(판단)의 방법을 제공한다.

거의 모든 선택(의사결정)에는 상호 교환관계(trade-off)(얻는 것이 있으면 잃는 것이 있는 것)가 포함되어 있다. 의사결정을 분석할 때 항상 사용하는 핵심 개념 중 하나는 기회비용이다. 어떤 선택을 할 때 지불하는 총비용은 차선을 선택하지 않음으로써 포기해야 하는 차선의 가치(혜택)이며, 이를 최선의 선택(best alternative)의 **기회비용**(opportunity cost)이라고 한다.

기회비용 어떤 선택을 할 때 지불하는 총비용은 차선을 선택하지 않음으로써 포기해야 하는 차선의 가치(혜택)이며, 이를 최선의 선택의 기회비용이라고 함

기회비용을 판단할 때는 보이지 않는 비용도 포함해야 한다는 것을 유의해야 한다. 영화를 보는 데 얼마가 드는지 물어보면 대부분은 영화 티켓의 값만 말한다. 그러나 경제학자가 볼 때 이는 비용의 일부일 뿐이다. 영화를 보는 데에는 영화 티켓의 값은 물론이고 시간이라는 비용이 든다. 영화 관람의 기회비용은 그와 똑같은 금액과 시간을 들여서 다른 것을 했을 때 얻을 수 있는 가치이다. 일을 하지 않고 쉬기로 했다면 이 여가의 기회비용은 일을 했을 때 받을 수 있는 돈이다. 대학에 다님으로써 발생하는 기회비용에는 대학 등록금처럼 드러나는 비용뿐만 아니라 대학에 다니지 않고 일을 한다면 받을 수 있는 소득도 포함된다.

희소함, 희소성 한정되어 있음

기회비용은 자원이 희소하기 때문에 발생한다. **희소함** 또는 **희소성**(scarcity)은 한정되어 있음을 의미한다. 우리가 가지고 있는 가장 희소한 자원 중 하나인 시간에 대해 살펴보자. 하루는 24시간이다. 우리는 이러한 제약 조건하에 살아가야 한다. 따라서 브라질 농촌의 농부는 농사를 계속 지어야 할지, 도시로 가서 일자리를 구해야 할지 결정해야 하고, 대학의 운동선수는 운동 연습을 더 많이 해야 할지, 학과 공부를 더 많이 해야 할지 결정해야 한다.

한계치에 근거한 선택 어떤 선택이나 의사결정으로 발생하는 추가적인(증분적인) 비용과 추가적인(증분적인) 혜택을 비교하여 선택하는 것

한계치에 근거한 선택 어떤 선택을 할지 판단하는 데 중요한 두 번째 핵심 개념은 **한계치에 근거한 선택**(marginalism)이다. 어떤 결정에 따르는 비용과 혜택을 비교할 때는 그 결정 때문에 추가로 발생하는 비용과 혜택만을 비교하는 것이 매우 중요하다. 예를 들어 서울에 살고 있는 사람이 세종시에 살고 있는 어머니를 만날 때 발생하는 비용과 혜택에 대해 살펴보자. 사업상 청주시에 내려가야 하는데 이때 어머니를 찾아뵙는 경우에 발생하는 비용은 청주시에서 세종시로 가는 데 드는 추가적인 시간과 돈인 한계비용(marginal cost)뿐이다.

한계비용의 개념이 매우 유용하게 쓰이는 경우는 수도 없이 많다. 좌석이 많이 빈 채로 이륙하려는 여객기에 승객 1명을 더 태울 때 발생하는 한계비용(추가적인 비용)은 기본적으로 0이다. 승객 1명을 더 태운다 하더라도 총운항비용이 거의 달라지지 않는다. 따라서 남을 것으로 예상되는 좌석을 해당 운항의 좌석당 예상 평균 비용보다 훨씬 더 저렴한 가격으로 온라인 예약 사이트에 내놓아 판매하더라도 빈 좌석을 채워 운항하는 것이 항공사에는 이익이 된다.

시장의 효율성: 공짜 점심은 없다 북적이는 할인 매장에 7개의 계산대가 있고 각 계산대마다 사람들이 길게 늘어섰다면 당신은 어떤 줄에 서겠는가? 당연히 가장 짧은 줄에 가서 설 것이다. 그러나 모든 사람이 이렇게 생각하면서 더 짧은 줄에 서려고 재빨리 이리저리 움직인다면 모든 대기줄의 길이가 거의 비슷해질 것이다. 큰 위험 부담 없이 이윤을 얻을 수 있는 기회를 경제학자들은 흔히 좋은 거래라고 일컫는데, 더 짧은 줄에 설 수 있는 기회가 이러한 좋은 거래이다. 그러나 이 경우 사람들이 재빠르게 움직이는 한 이윤을 얻을 수 있는 기회가 거의 사라진다. 사람들이 이윤을 얻을 수 있는 기회를 찾고 재빨리 행동하기 때문에 그러한 기회가 생기더라도 금방 사라져서 거의 존재하

경제학의 적용

인도의 강수량과 아이들의 등교

본문에서 언급했듯이 기회비용은 경제학에서 가장 기본적인 개념 중 하나이다. 고용 또는 교육 시장에서 사람들의 선택을 살펴보면 기회비용이라는 개념의 중요성을 확인할 수 있다. 강수량이 아이들의 교육에 어떤 영향을 미치는지를 살펴본 한 연구는 기회비용의 역할을 잘 보여준다.[1]

인도는 거의 전역이 농사를 짓는 시골이다. 여성이든 남성이든 대부분의 성인이 농업에 종사하고 아이들도 농산물을 생산하는 데 한몫을 한다. 인도는 관개시설이 잘 갖춰져 있지 않으며 특히 가난한 지역에서는 빗물에 의존하여 농사를 짓는다. 그래서 비가 많이 올 때는 수확이 더 많아지고 일손이 많을수록 더 많은 이득을 얻는다. 그러나 건기에는 수확량을 증가시키기 위해 농부가 할 수 있는 일이 없고 수확량도 거의 없다. 따라서 어떤 지역에 비가 많이 올 때 농사 인력 중 누군가를 빼는 경우의 기회비용이 매우 커진다.

인도에서 자녀가 있는 가정이 미래에 더 생산적인 사람이 되도록 자녀를 학교에 보내는 것과 자녀를 학교에 보내지 않고 농사일을 돕게 하는 것 중에서 선택해야 하는 경우를 살펴보자. 자녀를 학교에 보낼 때 발생하는 기회비용은 그로 인해 잃게 되는 농작물이다. 비가 많이 오면 기회비용이 커지고 가뭄이 들면 기회비용이 작아진다.

이러한 기회비용의 차이 때문에 가뭄 때보다 비가 많이 올 때 등교하는 아이의 수가 더 적을 것이라고 예상할 수 있다. 이는 한 연구에서 확인한 사실과 정확히 일치한다. 두 경제학자는 인도의 농촌에 거주하는 5~16세 200만 명의 자료를 통해 강수량이 많을 때는 학교에 가는 아이의 수가 매우 감소한다는 것을 발견했다. 또한 학교에 가지 못한 아이들은 주정부에서 실시하는 수학 시험의 성적이 아주 낮았다. 여기서 기회비용이라는 개념이 지닌 강력한 설명력을 확인할 수 있다. 즉 기회비용을 통해 강수량이 농촌 아이들의 수학 점수에 미치는 영향을 이해할 수 있다.

질문

- 인도에서 강수량이 많은 시기에 농촌 아이들과 도시 아이들의 시험 성적에 어떤 일이 일어날 것이라고 예상할 수 있는가?

[1] Manisha Shah and Bryce Millett Steinberg, "Drought of Opportunities: Contemporaneous and Long Term Impacts of Rainfall Shocks on Human Capital" *Journal of Political Economy*, April 2017, 527–561.

지 않는 셈인데, 이를 시장의 효율성이라고 한다. 즉 위험 부담 없이 추가 이윤을 얻을 수 있는 기회가 존재하더라도 바로 사라져버려서 결과적으로 추가 이윤을 얻을 수 있는 기회가 거의 없다. 또한 이러한 시장을 **효율적 시장**(efficient market)이라고 한다.

효율적 시장 이윤을 얻을 수 있는 기회가 곧바로 사라지는 시장

효율적 시장을 언급할 때 '공짜 점심은 없다(there's no such thing as a free lunch)'라는 표현을 자주 사용한다. 증권사 중개인이 큰 수익을 낼 수 있는 주식을 알려주겠다며 전화를 걸어왔다면 우리는 어떻게 반응해야 할까? 의심스럽게 생각해야 할 것이다. 수많은 투자기관과 개인 투자자가 증권시장에서 좋은 수익을 낼 수 있는 주식을 찾는 데 혈안이 되어 있다. 만약 어떤 주식에 대한 특별한 정보가 사실이라면 그 주식을 사려고 수많은 투자자가 바로 달려들어 그 주식의 가격이 순식간에 폭등할 것이다.

위험을 부담하지 않는 한 이윤을 얻을 수 있는 기회가 거의 없다는 것을 극단적으로 보여주는 이야기가 있다. 두 사람이 같이 길을 걸어가고 있다. 한 사람은 경제학자이고 다른 한 사람은 아니다. 경제학자가 아닌 사람이 길가에 떨어져 있는 20달러짜리 지폐를 보고는 "저기 20달러짜리 지폐가 떨어져 있어"라고 말했다. 그러자 경제학자가 이렇게 대답했다. "그럴 리가 없어. 만약 20달러짜리

경제학의 적용

경제학을 전공하면 경기침체기의 피해를 줄일 수 있다

평균적으로 대학교육이 한 개인의 소득을 높여준다는 것은 잘 알려진 사실이다. 경제학자들은 대학을 졸업한 사람이 고등학교만 마친 사람보다 평균적으로 거의 70% 더 높은 소득을 얻는다고 추정한다. 대학교육을 받음으로써 얻게 되는 보상의 일부는 더 높은 급여와 장기간 실업을 겪을 가능성이 상대적으로 작다는 것이다. 그러나 임금과 실업 기간의 차이가 대학 졸업생의 전공에 따라 상당히 다르다는 것은 덜 알려져 있는 것 같다. 공학과 경제학은 임금 프리미엄이 가장 높은 전공 중 하나이다.

최근의 한 연구는 경제학 전공의 또 다른 이점, 즉 경기침체기에 졸업할 때 받을 수도 있는 장기적인 부정적 영향으로부터 보호를 받는다는 것을 밝혀냈다.[1] 이 연구에 따르면 실업률이 높고 경제성장률을 낮은 경기침체기에 졸업하는 사람은 장기적 소득에 부정적 영향을 받는다. 경기침체기에 첫 직장을 얻는 경우 그렇지 않을 때보다 더 못한 직장을 얻을 수 있고, 이러한 나쁜 출발이 그 이후의 직장 선택에도 지속적으로 영향을 미치기 때문에 한 사람의 전 생애에 걸친 소득에 영향을 준다는 것이다.

한편 보다 최근의 한 연구는 경기침체가 미치는 장기적인 부정적 영향이 전공에 따라 상당히 다르다고 밝혔다. 예를 들어 경제학을 전공한 사람은 사회학이나 저널리즘을 전공한 사람보다 경기침체기에 덜 피해를 본다. 따라서 경제학을 전공하면 더 많은 임금을 받을 수 있을 뿐 아니라 경기침체에 대비한 보험을 드는 셈이다.

질문

- 대학 졸업생이 첫 직장을 3년만 다녔다 하더라도 그것이 장기적 소득에 영향을 미치는 이유는 무엇인가?

[1] Joseph Altonji, Lisa Kahn, Jamin Speer, "Cashier or Consultant? Entry Labor Market Conditions, Field of Study and Career Success." *Journal of Labor Economics*, 2016, (34) S361–S401.

지폐가 떨어져 있다면 누군가가 벌써 주워 갔을 것이기 때문이지."

이윤을 얻을 수 있는 기회가 있는 것은 확실하다. 좋은 뉴스를 맨 먼저 아는 사람이 있을 수밖에 없고 남들보다 빠른 통찰력을 가진 사람도 있다. 하지만 뉴스는 급속하게 퍼져나가고 남들보다 빠른 통찰력을 가진 사람 또한 무수히 많다. 큰 위험을 부담하지 않는 한 큰 이윤을 얻을 수 있는 기회가 거의 없다는 것이 진실에 가깝다고 생각하는 것이 좋으며, 이렇게 생각하면 올바른 의사결정을 하는 데 도움이 될 것이다.

> 경제학은 생각하는 방법을 가르쳐 주고, 보다 나은 의사결정을 하는 데 도움을 준다.

사회를 더 잘 이해하기 위해

경제학을 배우는 또 다른 이유는 사회를 더 잘 이해하기 위함이다. 과거와 현재의 경제적 선택(의사결정)은 한 사회에 있는 사람들의 삶의 성격에 엄청난 영향을 미친다. 오늘날 한 경제가 가지고 있는 물적 환경, 물적 풍요, 직업의 다양성과 그 수는 모두 그 경제시스템의 결과물이다.

산업혁명 18세기 말과 19세기 초에 걸쳐 영국에서 일어난 경제적 변화로서 농산물의 생산에서 생산성이 높아지고, 새로운 제조 기술이 적용되고, 보다 효율적인 운송 수단이 개발됨에 따라 농촌에서 도시로 대규모 인구 이동이 발생함

18세기 말과 19세기 초에 걸쳐 영국에서 일어난 경제적 변화인 **산업혁명**(Industrial Revolution)은 변화의 충격을 가장 잘 보여준다. 농산물의 생산에서 생산성이 높아지고, 새로운 제조 기술이 적용되고, 보다 효율적인 운송 수단이 개발됨에 따라 농촌에서 도시로 대규모 인구 이동이 발생했다.

18세기 초에는 영국 인구의 약 2/3가 농업에 종사했으나 1812년에는 1/3이, 1900년에 들어서는 1/10보다 적은 인구가 농업에 종사했다. 이미 사람들로 가득한 도시로 사람들이 몰려들어 많은 공장에서 밤늦게까지 일했다. 오랜 역사에 비춰볼 때 눈을 깜빡하는 정도의 짧은 기간인 2세기만에 영국은 완전히 변모했다.

이 기간 동안 경제학의 기본 원칙이 모양새를 갖추기 시작했다. 사회비평가와 철학자는 주위를 살펴보고 자신의 철학을 이러한 변화를 포용할 정도로 확장해야 했다. 1776년 애덤 스미스(Adam Smith)의 《국부론(Wealth of Nations)》이 발간되고 뒤이어 데이비드 리카도(David Ricardo), 카를 마르크스(Karl Marx), 토머스 맬서스(Thomas Malthus) 등의 주장이 발표되었다. 이들은 모두 그 당시에 발생하는 현상을 설명하고 평가하려 했다. 누가 공장을 짓는가? 왜 짓는가? 근로자에게 지불되는 임금을 결정하는 것은 무엇인가? 가격은 어떻게 결정되는가? 미래에는 어떤 일들이 일어날 것이며, 또한 미래는 어떻게 되어야 하는가? 이러한 의문을 품은 것은 초기 경제학자들이다.

사회적 변화는 경제적 변화로 촉발되는 경우가 많다. 민간 기업이 주로 발전을 이끌어온 범세계적 통신망(world wide web)은 우리가 외국 사람들과 대화하는 방식에 변화를 가져왔을 뿐만 아니라 친구나 가족과 상호작용하는 방법에서부터 우리의 직업, 도시와 정부의 기능이 조직화되는 방법에 이르기까지 일상생활의 거의 모든 면을 바꿔놓았다.

경제학 공부는 사회를 연구하는 데 꼭 필요하다.

경제적 판단력을 갖춘 시민이 되기 위해

경제적 지식을 갖추는 것은 깨어 있는 시민이 되기 위한 필수 요건이다. 2008년과 2013년에 대부분의 국가는 전 세계적으로 수백만 명의 일자리를 빼앗아간 경기침체에서 벗어나기 위해 안간힘을 기울였다. 경제적 판단력을 가진 시민이 되려면 경기침체기에 어떤 일이 발생하는지, 침체에서 벗어나기 위해 정부가 할 수 있는 일과 할 수 없는 일이 무엇인지를 알아야 한다. 미국의 트럼프 행정부는 주로 이민정책, 무역정책, 세금정책을 이용하여 경기침체에서 벗어나려고 했다. 경제학에 대한 이해는 이 모든 부문에서 정부 정책을 수립하는 데 토대가 된다.

경제학은 주정부나 중앙정부의 다양한 일상적 의사결정을 이해하는 데에도 필수적이다. 정부는 왜 공립학교나 도로 건설을 위해 예산을 사용하는가? 오바마 대통령 시기에는 미국 국민 전체에 건강보험을 적용하기 위해 노력했으며, 트럼프는 한정된 범위에만 건강보험을 적용하는 방향으로 정책을 변경했다. 이러한 정책에 찬성하는 쪽과 반대하는 쪽의 주장은 무엇인가? 미국의 일부 주에서는 운동 경기의 암표 거래가 불법인데 이는 좋은 정책인가? 전 세계 사람들은 매일 이와 비슷한 정치적 사항에 대해 의사결정을 하는데, 이러한 의사결정의 답을 찾는 데에도 경제학에 대한 이해가 필요하다.

경제적 판단력을 가진 시민이 되려면 기본적으로 경제학을 이해해야 한다.

학습목표

미시경제학과 거시경제학을 구분하고 경제학의 다양한 분야를 파악한다.

1.2 경제학의 범위

경제학을 처음 접하는 학생은 경제학이 다루는 분야가 매우 넓다는 사실에 놀란다. 어떤 학생은 경제학이 돈을 어떻게 사용해야 하는지에 대해 또는 주식시장에 대해 가르쳐줄 것이라고 생각한다. 또 어떤 학생은 경제학이 인플레이션이나 실업을 중점적으로 다룰 것이라고 생각한다. 실제로 경제학은 이 모든 주제를 다룬다. 그러나 이러한 것은 경제학이 다루는 넓은 범위의 일부에 지나지 않는다. 경제학자는 다양한 주제에 대해 경제학적 분석 도구를 사용한다.

이 책에서 배울 내용에 대한 감을 얻는 데 가장 좋은 방법은 경제학이 어떻게 구성되어 있는지 살펴보는 것이다. 우선 경제학은 크게 미시경제학과 거시경제학으로 나뉜다.

미시경제학과 거시경제학

미시경제학 개별 시장이나 산업이 어떻게 작동하는지, 기업이나 개인과 같은 개별 경제 단위의 경제적 행위가 어떠한지를 살펴보는 경제학 분야

미시경제학(microeconomics)은 개별 시장이나 산업이 어떻게 작동하는지, 기업이나 개인과 같은 개별 경제 단위의 경제적 행위가 어떠한지를 살펴본다. 기업의 경우 무엇을 생산해야 하는가, 가격은 얼마로 책정해야 하는가에 대한 선택, 개인의 경우 무엇을 얼마나 사야 하는가에 대한 선택은 한 경제가 어떤 재화와 서비스를 왜 생산하는지를 살피는 데 도움이 된다.

미시경제학이 다루는 또 하나의 큰 주제는 생산된 재화나 서비스를 누가 갖느냐이다. 생산물의 분배가 어떻게 결정되는지에 관한 것은 미시경제학의 영역이다. 미시경제학은 자원이 어떻게 분배되는지를 이해하는 데 도움을 준다. 최근의 연구에 따르면 미국에서 소득 불평등이 증가하는 것으로 나타났다. 왜 그렇게 된 것인가? 누가 부자가 되고 누가 가난한 사람이 되는지를 결정하는 것은 무엇인가?

거시경제학 국가적 수준에서 경제의 총량(총소득, 총고용, 총생산물 등)의 변화를 살펴보는 경제학 분야

거시경제학(macroeconomics)은 전체적인 관점에서 경제를 살펴본다. 미시경제학은 한 가구의 소득을 다루지만 거시경제학은 국민총소득을 다룬다. 미시경제학은 개별 생산물의 가격이나 상대적 가격에 초점을 맞추지만 거시경제학은 전반적인 물가에 초점을 맞추면서 얼마나 빠르게(또는 느리게) 물가가 상승(또는 하락)하는지를 살펴본다.

미시경제학은 한 해에 특정 산업 또는 특정 지역에서 얼마나 많은 사람이 고용(또는 해고)될 것인가를 살펴보고, 한 기업이나 한 산업에서 고용하는 사람이 얼마나 될 것인가를 결정하는 요소를

표 1.1 미시경제학과 거시경제학의 관심 주제와 예

분야	생산	가격	소득	고용
미시경제학	개별 기업의 생산 • 철 생산 • 사무실 공급 • 자동차 생산	개별 제품이나 서비스의 가격 • 의료비 • 휘발유 가격 • 식품 가격 • 아파트 임대료	소득이나 부의 분배 • 자동차 산업 근로자의 임금 • 최저임금 • 기업 임원의 봉급	개별 기업이나 산업의 고용 • 철강 산업의 일자리 수 • 기업의 고용량 • 회계사의 수
거시경제학	국가 전체의 생산 • 국내총생산 • 총생산량의 증가	전체적 가격수준 • 소비자가격 • 생산자가격 • 인플레이션율	국가의 총소득 • 총임금과 봉급 • 기업의 총이윤	국가 전체의 고용과 실업 • 일자리의 총수 • 실업률

경제학의 적용

페라리는 이탈리아산 자동차인가

한 경제가 어떻게 작동하는가를 설명하기 전에 한 기업의 운영과 의사결정의 영향을 살펴보는 것이 좋을 듯하다. 기업이 높은 운송 비용이나 제품 생산에 차질이 생길 가능성이 있음에도 자사 제품의 일부나 거의 전부를 해외에서 생산하는 이유를 이해할 필요가 있다. 또한 기업의 해외 진출로 국내 일자리가 줄어들고 국민소득이 줄어드는데도 정부가 이를 감수하는 것을 이해할 필요가 있다.

어떤 국가도 제품 생산에 필요한 재화나 자원을 자체적으로 생산하는 폐쇄경제가 될 수 없다. 오래전부터 많은 국가는 교역을 통해 자원과 생산물을 교환해왔다. 그러나 각국 정부는 외국 기업과의 경쟁에서 자국 기업을 보호하기 위해 관세나 쿼터로 수입을 규제하고 제품 생산에 필요한 핵심 자원이나 장비의 수출도 규제하고 있다. 제2차 세계대전 이후 평화에 대한 열망으로 각국 정부는 보다 더 협조적이고 자유로운 국가 간 무역이라는 미래 지향적인 방향으로의 변화를 도모했다. 여러 국가가 자유무역협정(free trade agreement, FTA)을 체결하기 시작했다. 이러한 자유무역협정은 두 국가 간에, 특정 지역을 중심으로, 특정 국가를 중심으로 등 다양하게 체결되었다. 세계무역기구(World Trade Organization, WTO)에 따르면 2016~2017년에 전 세계 국가의 교역량은 13조 유로에 달했다.[1]

유럽연합(European Union, EU)은 단일 시장으로서는 세계에서 가장 큰 시장이다. 유럽연합 법에 의하면 어떤 회원국에서 조립된 제품은 그 회원국의 제품으로 인정된다. F1(Formula One) 자동차 경주에서 최우수상을 가장 많이 받은 이탈리아 자동차 브랜드 페라리(Ferrari)의 경우를 살펴보자. 페라리 스포츠의 부품에는 'Made in Italy'라고 표시되어 있다. 따라서 페라리의 모든 부품이 이탈리아에서 생산된 것이라고 생각하기 쉽다. 그러나 이러한 일반적 인식과는 달리 페라리의 다양한 부품은 이탈리아에서 생산된 것이 아니며 마라넬로 공장에서 조립되어 이탈리아산이라는 마크만 새긴 것이다. 엔진은 대부분 이탈리아에서 생산하지만 엔진 플러그는 일본제를, 터보 엔진의 일부 부품은 독일제를, 타이어는 미국산 굿이어(Good year)를 사용한다.[2] 이탈리아의 제조업을 보호해야 한다고 주장하는 일부 이탈리아인들은 외국에서 만든 부품을 사용하는 것은 이탈리아 근로자의 일자리를 빼앗아가는 것이며, 따라서 이탈리아 경제에 피해를 준다고 주장한다.

'제조'와 '조립'이라는 표현의 구분이 모호해 보일 수도 있다. 소비자는 더 좋은 제품이 더 낮은 가격에 공급된다면 그것이 국내에서 생산된 것이든 외국에서 생산된 것이든 상관하지 않는다. 다만 어떤 국가에서 제조된 것이라는 표시가 있으면 실제로 모든 부품이 그 국가에서 제조된 것인지 자세히 들여다볼 필요가 있다.

질문

- 기업이 제품 생산을 외국에 아웃소싱하는 이유는 무엇인가?

[1] World Trade Organization, 2017. *Annual Report – 2017*, Geneva: WTO.
[2] Brand Finance, 2017. "Ferrari Brand Speeds Ahead of the Field," *Brand Finance*.

살펴보지만, 거시경제학은 총고용량과 총실업을 살펴본다. 다시 말해 경제에 전체적으로 얼마나 많은 일자리가 있으며, 얼마나 많은 사람이 일자리를 얻지 못하는지를 다룬다. 미시경제학과 거시경제학의 구분은 간단히 다음과 같이 말할 수 있다.

> 미시경제학은 가구, 기업, 산업과 같은 개별 경제단위를 다루고 거시경제학은 경제 전체를 다룬다. 미시경제학이 '나무'를 살펴보는 것이라면 거시경제학은 '숲'을 살펴보는 것이다.

경제학의 분야별로 관심을 갖는 주제와 예는 표 1.1과 같다.

표 1.2 경제학의 분야

행동경제학	저축 프로그램에 강제로 들게 하고 싫으면 거부할 수 있게 하는 것과 저축 프로그램에 들고 싶으면 자유롭게 사인하는 것 중에서 저축을 더 유도하는 방법은 무엇인가?
비교경제학	시장경제 체제와 명령통제 체제는 자원 배분 메커니즘이 어떻게 다른가?
계량경제학	조건부 적률 불일치성에서 유추할 수 있는 것은 무엇인가?
경제발전론	개발도상국에서 여자 아이들의 취업 기회를 증가시키면 그들의 학업 성과도 올라가는가?
경제역사학	19세기 미국의 철도 부설과 운송 수단 발전은 은행 시스템에 어떤 영향을 미쳤는가?
환경경제학	탄소 배출에 대한 세금 부과는 어떤 결과를 가져오는가? 세금 부과는 규제보다 나쁜가, 좋은가?
금융경제학	컴퓨터 알고리즘을 이용한 주식 거래는 바람직한가?
의료경제학	환자가 의료비의 일부를 부담하는 것은 환자의 의료적 선택에 영향을 미치는가?
경제사상론	아리스토텔레스는 공정가격에 대해 어떻게 생각했는가?
산업조직론	항공 산업의 가격전쟁을 어떻게 해석할 수 있는가?
국제경제학	자유무역의 혜택과 비용은 무엇인가? 환경에 대한 관심은 자유무역에 대한 시각을 바꾸는가?
노동경제학	최저임금을 올리면 고용 기회가 줄어드는가?
법경제학	현재 미국 특허 제도는 혁신의 속도를 높이는가, 낮추는가?
공공경제학	일부 국가에서 부패가 더 광범위하게 퍼져 있는 이유는 무엇인가?
도시경제학	기업지구(enterprise zone)의 조성은 미국 주요 도시의 고용 기회를 증가시키는가?

경제학의 분야

경제학자의 연구 분야는 다양하다. 경제학의 분야와 각 분야에서 이루어지는 연구 또는 다루는 내용을 표 1.2에 요약·정리했다.

학습목표

의사결정의 실수를 초래하는 잘못된 인과관계의 예를 생각해보고 경제정책의 주요 목표를 이해한다.

실증경제학 경제시스템의 작동과 경제시스템에서 나타나는 행태의 결과가 좋은지 나쁜지를 판단하지 않고, 실제로 나타나는 경제 현상이 무엇인지, 그것이 어떻게 해서 나타나는지를 설명하는 데 경제학을 적용하는 것

규범경제학 경제적 행동을 분석하여 그 결과가 좋은지 나쁜지를 평가하고 바람직한 경제정책이나 경제행위를 추천하는 방식으로 경제학을 적용하는 것으로, 정책경제학이라고도 함

1.3 경제학의 분석 방법

경제학은 실증적 질문과 규범적 질문을 던지고 그 답을 찾기 위해 노력한다. **실증경제학**(positive economics)은 어떤 결과가 좋은 것인지, 나쁜 것인지 판단하지 않고 경제시스템의 작동과 경제시스템에서 나타나는 행태를 설명하려고 한다. 실제로 나타나는 경제 현상이 무엇인지, 그것이 어떻게 해서 나타나는지를 설명하려고 한다. 비숙련 근로자의 임금을 결정하는 것은 무엇인가? 2018년과 같이 미국 정부가 미국 기업의 법인세를 크게 낮춘다면 어떤 일이 발생할 것인가? 실증경제학은 이러한 질문의 답을 찾는다.

이와 달리 **규범경제학**(normative economics)은 어떤 경제적 결과가 좋은지 나쁜지, 개선할 방법이 있는지에 대한 답을 구하려고 한다. 규범경제학은 일련의 경제적 행동에 대한 판단을 하거나 어떤 경제적 행동을 추천한다. 정부는 보조금을 주어 대학교육을 지원해야 하는가, 아니면 대학교육비의 상승을 규제해야 하는가? 정부는 자국 제품과 경쟁하는 외국 제품의 수입을 허가해야 하는가? 상속세율을 낮추어야 하는가, 아니면 상속세 자체를 없애야 하는가? 규범경제학은 흔히 정책경제학(policy economics)이라고도 불린다.

물론 대부분의 규범적 질문은 실증적 질문을 포함하고 있다. 정부가 특정 조치를 취해야 하는지를 알려면 그러한 조치가 가능한지, 그에 따라 어떤 결과가 나타날 것인지를 파악해야 한다.

이론과 경제모형

물리학, 화학, 기상학, 정치학, 경제학 등 모든 학문에서 이론가는 어떤 행동의 인과관계를 설명하는 모형을 개발한다. **모형**(model)은 어떤 이론을 정형화한 것으로, 둘 이상의 변수 사이에 있을 수 있는 관계를 표현한 것이다.

모형 이론을 정형화한 것. 일반적으로 둘 이상의 변수 사이에 있을 수 있는 관계를 수학이나 그래프, 말로 정형화하여 표현한 것

변수(variable)는 시간에 따라 변하거나 매번의 관찰에 따라 변하는 것을 측정하는 어떤 척도이다. 소득은 변수이다. 소득은 사람에 따라 다르며 같은 사람이라도 측정 시기에 따라 값이 달라진다. 우유 1쿼트의 가격은 상점과 구매 시기에 따라 다르다. 변수의 예는 수도 없이 많다.

변수 시간에 따라 변하거나 매번의 관찰에 따라 변하는 것을 측정하는 어떤 척도

모든 모형은 현실을 단순화한 것이다. 경제학을 비판하는 사람들은 이러한 단순화를 비판하면서 단순화가 경제학의 약점이라고 한다. 그러나 경제학자는 단순화가 오히려 경제학의 강점이라고 생각한다.

단순화가 어떤 도움을 주는지 알아보기 위해 지도를 생각해보자. 지도는 어떤 지역을 단순화한 것으로, 도시나 주의 위치와 내용이 종이에 여러 줄과 색깔로 표시되어 있다. 지도에 표시되는 것은 어떤 목적으로 지도를 만드느냐에 따라 달라진다. 만약 세인트루이스에서 피닉스까지 자동차로 간다면 주 간의 고속도로와 길을 나타낸 지도가 필요하고, 피닉스 내에서 돌아다닌다면 그곳의 대로와 골목이 표시된 지도가 필요할 것이다.

경제모형은 지도와 마찬가지로 필요한 것만 추려내어 그것들 간의 관계를 추론하는 것이다. 따라서 상관없이 보이는 것들은 일단 무시하여 단순화한다. 이러한 원칙은 14세기의 철학자 윌리엄 오브 오컴(William of Ockham)의 이름을 따서 **오컴의 면도날**(Ockham's razor)이라고 한다. 또한 어떤 상황을 잘 판단하려면 단순화하는 것이 중요하다는 의미에서 단순성의 원칙(principle of simplicity)이라고도 일컫는다.

오컴의 면도날 어떤 상황의 주된 이유를 파악하려면 부수적이고 세부적인 내용을 버려야 한다는 원칙으로, 단순성의 원칙이라고도 함

그러나 조심할 점도 있다. 필요한 것만 추출해서 살펴보는 것은 어떤 행동의 특정 측면을 분석하기 위한 강력한 수단이지만 너무 단순화하는 오류를 범할 수도 있다. 경제모형은 밑바탕에 깔린 변수 간의 기본 관계를 파악하기 위해 현실에서 나타나는 사회적·정치적 측면의 세세한 부분을 무시하곤 한다. 따라서 어떤 경제이론의 도움을 받아 국가나 정부 기관이 정책을 수립할 때 그러한 정책이 잘 작동하게 하려면 현실의 정치적·사회적 측면을 반영해야 한다. 샌프란시스코를 걸어 다니는 데 필요한 지도가 샌프란시스코를 차로 돌아다니는 데 필요한 지도와 다른 것처럼, 단순화 또는 축약을 어느 정도로 해야 하는지는 해당 경제모형을 어디에 사용하는지에 따라 달라진다.

세테리스 파리부스 경제모형으로 무언가를 설명할 때는 많은 요소가 그 설명에 영향을 미치게 된다. 예를 들어 미국의 자동차 소유자들이 주행한 총거리를 설명하는 경우를 생각해보자. 이때 많은 요소가 총 주행 거리에 영향을 미칠 것이다. 더 많은 사람이 운전할 수도 있고 더 적은 사람이 운전할 수도 있다. 총 주행 거리는 운전자의 나이, 인구 증가, 주정부 법의 영향을 받기도 한다. 또한 휘발유 가격, 가구의 소득수준, 자녀의 수와 나이, 집에서 직장까지의 거리, 쇼핑몰의 위치, 대중교통 이용 가능성 및 품질 등도 자동차 주행 거리에 영향을 미치며, 이러한 변수 중 하나가 변하면 자동차를 더 많이 또는 덜 사용하게 된다. 어떤 변수의 변화는 다른 변수에 비해 더 많은 가구의 자동차 운행에 영향을 미쳐 총 주행 거리의 변화가 더 커질 것이다.

따라서 다양한 변수의 영향을 분리해서 각각 따로 살펴보아야 한다. 예를 들어 유류세가 자동차

운행에 영향을 미치는 정도를 알고 싶다고 하자. 유류세가 오르면 휘발유 가격이 올라가므로 사람들이 자동차를 덜 운행할 것이다.

세테리스 파리부스(다른 것들이 일정하다) 두 변수의 관계만을 보기 위해 다른 변수의 값을 고정한다는 가정

한 요소가 미치는 영향을 다른 요소가 미치는 영향과 따로 구별하여 살펴보기 위해 **세테리스 파리부스**(*ceteris paribus*), 다시 말해 **다른 것들이 일정하다**(all else equal)고 가정한다. "다른 것들이 변하지 않을 때 휘발유 가격의 변화는 사람들의 자동차 운행에 어떤 영향을 미치는가?"라고 질문할 수 있다. 소득, 가구의 자녀 수, 인구, 법 등이 변하지 않는다고 가정할 때 휘발유 가격이 10% 상승하면 자동차 운행이 얼마나 줄어들 것인가? 이러한 가정을 하는 것은 어떤 두 변수의 관계를 추출하기 위함이다. 경제이론을 만들 때 사용하는 이러한 가정은 우리가 관심을 가진 어떤 두 변수의 관계를 보기 위해 현실을 단순화하는 데 도움이 된다.

글, 그래프, 수식으로 표현되는 경제모형 비행기 티켓 가격이 하락하면 사람들이 더 자주 비행기를 타게 된다. 휘발유 가격이 오르면 사람들이 자동차를 덜 운행하고 연비가 더 좋은 자동차를 구매하게 된다. 이와 같은 표현은 가치 있는 경제적 관찰이다. 그러나 기업, 정부, 개인이 바람직한 의사결정을 하기 위해서는 '휘발유 가격이 오르면 자동차 운행이 얼마나 줄어드는가?'와 같은 보다 자세한 내용을 알아야 한다. 따라서 계량분석은 경제학에서 매우 중요하다. 경제적 관찰이나 예측을 수치로 나타내기 위해 그래프나 수식을 사용한다.

주의할 점 경제이론과 모형을 만들 때는 상관관계(correlation)와 인과관계(causation)를 구별하는 것이 매우 중요하다.

인과관계 경제학은 인과관계를 살펴본다. 즉 어떤 결과가 나타나게 만드는 원인이 무엇인지 살펴본다. 하지만 인과관계를 파악하기 어려운 경우가 많다. 최근 미국에서는 탄산음료의 소비와 비만이 관련이 있다는 우려 때문에 일부 지역에서는 탄산음료의 가격을 올려서 사람들이 덜 마시게 하려고 탄산음료의 세금을 올렸다. 이렇게 하면 실제로 사람들이 탄산음료를 덜 마실까? 이러한 질문에 대한 명쾌한 답을 얻기는 아주 어려운 것으로 나타났다. 어떤 도시에서 탄산음료의 세금을 올렸더니 탄산음료의 소비가 줄어들었다고 하자. 세금 인상으로 인한 가격 상승이 소비량 감소의 전부 또는 거의 대부분을 발생시킨 원인인가? 다른 도시 사람들보다 이 도시 사람들이 건강에 더 많은 관심을 가지고 있다는 것이 탄산음료의 세금을 올리는 동시에 탄산음료의 소비량도 줄어들게 만든 원인일지도 모른다. 만약 그렇다면 이웃 도시에서 탄산음료의 세금을 올린다 하더라도 탄산음료 소비량의 감소가 거의 나타나지 않거나 극히 미미할 수도 있다. 이와 같이 상관관계에서 인과관계를 분리하여 계량적으로 파악하는 것이 쉽지 않은 경우가 허다하다.

우리는 종종 인과관계를 잘못 판단한다. 두 사건 A, B가 순차적으로 발생했을 때 A가 B를 발생시킨 원인이라고 생각하기 쉽다. 사다리 아래를 걸어가다가 사다리에 발이 차였다면 사다리가 내 발을 찬 것인가? 이 질문에 대해 사람들은 웃음을 터뜨릴 테지만 주식시장 분석가들은 매일 다음과 같은 말을 한다. "이스라엘과 시리아의 대화가 진전됨에 따라 거래량이 늘어 오늘 다우존스 평균이 100포인트나 상승했다." 이처럼 간단하게 원인이 이것이라고 말할 수 있을까? 투자자는 하루에도 수많은 새로운 사건을 접한다. 그중 어떤 사건이 주식가격을 올린 것인지 알아내기는 어렵다. 한 사건이 일어난 뒤 다른 사건이 일어났을 때 전자가 후자를 발생시킨 원인이라고 판단하는 실수를

포스트 호크, 에르고 프로프테르 호크(*post hoc, ergo propter hoc*)(이것 후에, 따라서 이것 때문에) 오류라고 한다.

포스트 호크, 에르고 프로프테르 호크 한 사건이 일어난 뒤 다른 사건이 일어났을 때 전자가 후자를 발생시킨 원인이라고 판단하는 실수를 가리키는 말

경제이론과 경제모형의 검증: 실험경제학 실제로 관찰되는 것을 설명하지 못하거나 다른 이론보다 더 잘 설명하지 못하는 이론은 받아들여지지 않는다. 자료를 수집하고 분석하여 경제이론을 검증하는 경제학 분야를 **실험경제학**(empirical economics)이라고 한다.

실험경제학 자료를 수집하고 분석하여 경제이론을 검증하는 경제학 분야

경제적 분석을 하기 위한 자료는 현실에 아주 풍부하다. 예를 들어 노동시장을 연구하는 경제학자는 1960년대 이후부터 꾸준히 축적된 수많은 사람에 관한 자료에서 수천 명의 자료를 무작위로 추출하여 이론과 실제로 나타나는 근로 행태를 비교해볼 수 있다. 전미경제연구소(National Bureau of Economic Research, NBER)에서 미국 경제를 살펴보는 거시경제학자들은 정부기관, 민간 기업이 수집한 수많은 자료를 인터넷을 통해 얻어 경제 분석을 하고 있다. 구글(Google), 우버(Uber), 아마존(Amazon) 등은 사람들에 대한 엄청난 자료를 보유하고 있으며, 경제학 박사들의 힘을 빌려 소비자의 구매 행동을 이해함으로써 이윤을 증가시키기 위해 노력 중이다. 이러한 분석을 할 때 경제학자는 상관관계가 아닌 인과관계를 파악해야 한다는 사실을 잊지 않는다.

경제정책

경제이론은 세상이 경제적으로 어떻게 작동하는지를 이해하는 데 도움을 준다. 그러나 경제정책을 만들기 위해서는 그 이상이 필요하다. 다시 말해 경제정책에는 목적이 있어야 한다. 변화시키고자 하는 것이 무엇인가? 왜 그렇게 하려고 하는가? 어떤 경제시스템이 좋고 어떤 경제시스템이 나쁜가? 상황을 개선할 수 있는 방법이 없는가? 이러한 질문에 답하려면 어떤 결과가 다른 결과보다 더 나은지 판단하는 기준을 가져야 한다. 더 좋은 결과라는 것은 무엇을 의미하는가? 경제적 결과를 판단하는 기준으로는 다음과 같이 네 가지가 있다.

- 효율성
- 공평성
- 성장성
- 안정성

효율성 경제학에서 **효율성**(efficiency)은 일반적으로 배분적 효율성(allocative efficiency)을 의미한다. 간단히 말해 이는 자원을 낭비하지 않는다는 것을 뜻한다. 효율적 경제란 사람들이 원하는 재화나 서비스를 가능한 한 적은 비용으로 사람들이 원하는 만큼 생산하는 경제를 말한다. 한 경제가 구성원 중 거의 아무도 원하지 않는 재화나 서비스를 생산하는 데 자원을 사용한다면 이는 비효율적으로 자원을 낭비하는 것이다. 예를 들어 한 사회의 구성원이 모두 채식주의자인데 자원의 절반을 고기를 생산하는 데 사용한다면 자원을 낭비하는 것이며 경제적으로 비효율적인 사회이다. 최종 재화나 서비스의 생산 및 소비에서뿐만 아니라 어떤 재화나 서비스의 생산을 위해 주어진 기술하에서 생산요소를 낭비하지 않고 필요한 만큼 적절히 배분하여 낭비 없이 사용한다면 생산에서도 배분적 효율성을 달성하여 최저 비용으로 재화나 서비스를 생산하게 된다[최저 비용으로 생산하는 것을 생산적 효율성(production efficiency)이라고 구분해서 일컫기도 한다].

효율성 사람들이 원하는 만큼의 재화와 서비스를 최소의 비용으로 생산하는 것

재화나 서비스가 효율적으로 배분되게 할 수 있는 가장 확실한 방법은 사람들 사이에 자유로운 교환이 이루어지게 만드는 것이다. 사람들 사이에 자유로운 교환이 이루어진다면 아무도 손실을 입지 않고 교환을 통해 모두가 전보다 더 나아지는 좋은 결과를 얻을 수 있다.

비효율성은 다양하게 나타날 수 있다. 자유로운 의사결정을 왜곡하는 정부의 규제나 세금도 비효율성을 초래할 수 있다. 예를 들어 옥수수 생산에 적합한 땅에서 밀을 생산하도록 규제하거나, 밀 생산에 적합한 땅에서 옥수수를 생산하도록 규제한다면 자원이 적절히 배분되지 않아 비효율적인 결과를 얻게 된다. 기업의 환경오염에 대해 책임을 묻지 않는다면 기업이 환경오염을 최소화하려는 노력을 기울이지 않아 덜 생산해야 할 것을 더 많이 생산하는 낭비가 발생함으로써 비효율적인 결과가 초래된다.

공평성, 형평성 공정

공평성(형평성) 효율성의 정의는 명확하여 많은 경우에 공통적인 판단 기준으로 적용할 수 있다. 그러나 **공평성**(equity) 혹은 공정(fairness)이라는 개념은 사람에 따라 다를 수 있다. 소득이나 부를 더 균등하게 분배하는 것이 공평성이라고 생각하는 사람들도 있고, 자신의 노력과 능력에 따라 가져가는 것이 공평하다고 생각하는 사람들도 있다. 프랑스 경제학자인 토마 피케티(Thomas Piketty)는 2013년에 출간된 《21세기 자본(Capital in the Twenty-First Century)》에서 서구 사회 전반에 걸친 불평등성에 대한 역사적 자료를 제시했다. 또한 스탠퍼드대학의 라즈 체티(Raj Chetty)는 미국 사회에서 부모와 성인이 된 자녀의 소득이 어느 정도 연관성이 있는지를 보여주어 소득 계층 간의 이동성에 대한 이해를 끌어올렸다.

성장성 기술 발전, 제조 장비의 개발, 지식 습득을 통해 사회는 새로운 재화와 서비스를 생산하거나 기존의 재화나 서비스를 개선하여 생산한다. 미국은 초창기에 필요한 식량을 공급하기 위해 인구의 절반이 농업에 종사했으나 오늘날 농업에 종사하는 인구는 2%도 채 되지 않는다.

경제성장 한 경제의 총생산이 증가하는 것. 기존의 재화 또는 서비스를 생산하는 더 나은 방법을 개발하거나 새로운 재화 또는 서비스를 개발하면 한 경제의 총생산이 증가함

기존의 재화 또는 서비스를 생산하는 더 나은 방법을 개발하거나 새로운 재화 또는 서비스를 개발하면 한 경제의 총생산이 증가한다. **경제성장**(economic growth)은 한 경제의 총생산이 증가하는 것을 의미한다. 생산이 인구보다 더 빠르게 증가하면 일인당 생산이 증가하고 사람들의 생활수준이 향상된다. 경제성장과 일인당 생산의 증가로 농업 사회가 현대적 산업 사회로 변모한다.

정부 정책은 경제성장을 낮추기도 하고 높이기도 한다. 예를 들어 새로운 생산기술의 개발을 촉진하기 위해 세법을 개정하여 세율을 낮출 수도 있고 연구개발에 보조금을 지급할 수도 있다. 개발도상국에서 고속도로 등의 사회기반시설을 확충하거나 운송 체계를 개선하면 경제성장이 빨라질 수 있다. 기업이나 부유한 사람들이 자국보다 외국에 투자를 하면 자국의 경제성장이 낮아질 수 있다.

안정성 낮은 인플레이션과 자원의 원활한 고용을 통해 한 경제의 생산이 꾸준히 증가하는 것

안정성 경제의 **안정성**(stability)이란 낮은 인플레이션과 자원의 원활한 고용을 통해 한 경제의 총생산이 꾸준히 증가하는 것을 말한다. 1950년대와 1960년대에 걸쳐 미국 경제는 상대적으로 꾸준한 경제성장과 안정된 가격수준, 낮은 실업률을 보였다. 그러나 1970년대와 1980년대에는 안정적이지 않아서 두 기간의 급격한 인플레이션(10% 이상)과 두 기간의 심각한 실업을 경험했다. 1982년에는 1,200만 명(경제활동인구의 10.8%)의 실업자가 발생했다. 1990년대 초반에는 1990~1991년의 경기침체기와 함께 또 하나의 불안정 기간이 있었다. 2008~2009년에는 미국을 포함해 세계의 많은 국가에서 생산량이 감소하고 실업률이 상승했다. 2009년 이후부터 미국 경제

는 어느 정도의 경제성장과 실업률 감소를 보이고 있다. 경제를 불안정하게 만드는 요인이 무엇이며, 경제를 안정시키기 위해 정부가 할 수 있는 방법이 무엇인지는 거시경제학의 주제이다.

1.4 경제학으로의 초대

학습목표

경제학이 일상생활에 영향을 미치는 다양한 측면을 파악한다.

이 장은 경제학 공부를 준비하기 위해 마련되었다. 이 장의 도입부에서는 경제 문제와 관련된 흥미로운 원칙에 대해 언급했다. 한 사회가 거쳐온 경제적 여정과 그 사회의 경제시스템에 대해 모른다면 한 사회가 어떻게 작동하는지 이해할 수 없다.

이 장에서는 경제학이 요구하는 생각하는 법과 경제학이 사용하는 수단도 살펴보았다. 경제학이 요구하는 생각하는 법을 익히면 이 세상을 더 잘 이해하는 데 큰 도움이 된다.

이 책을 효율적으로 공부하려면 앞 장에서 배운 것을 되새겨보기 바란다. 이 책은 독자가 경제학을 차근차근 배워나갈 수 있도록 앞 장에서 배운 내용에 설명을 덧붙이는 방식으로 구성되어 있다. 각 장 첫 페이지의 목차와 학습목표를 통해 전반적인 주제를 파악한 후 본문을 읽으면 학습에 도움이 될 것이다.

1.5 경제학 공부의 혜택

학습목표

경력을 쌓는 데 경제학 전공이 어떤 도움이 되는지, 그리고 경제학을 공부함으로써 개발할 수 있는 능력을 알아본다.

이 책에서는 수많은 경제 현상과 기업 관련 사건으로 둘러싸인 우리의 일상생활에서 어떤 일들이 일어나고 있는지를 이해하는 데 도움이 되는 경제 원칙을 다룰 것이다. 개인은 어떤 경력을 쌓아나갈 것인가, 어떻게 투자해야 할 것인가와 같은 중요한 의사결정을 할 때 더 나은 판단을 하기 위해 경제 원칙을 적용한다. 기업 경영자는 가격을 어떻게 책정할 것인가, 새로운 소프트웨어 개발에 투자할 것인가와 같은 중요한 의사결정을 할 때 더 나은 판단을 하기 위해 경제 원칙을 적용한다. 정부의 정책 입안자는 어떤 분야의 연구에 추가로 정부 자금을 지원할 것인가와 같은 의사결정에 경제 원칙을 적용한다. 경제학을 전공하지 않더라도 경제학에서 배운 지식과 판단 방법은 많은 도움이 된다.

요약

01 경제학은 개인과 사회가 자연과 이전 세대가 물려준 희소한 자원을 어떻게 사용할지를 선택하는 것에 대한 연구이다.

02 경제학을 공부하는 이유는 다양하지만 우리는 특히 생각하는 법을 배우기 위해, 사회를 더 잘 이해하기 위해, 경제적 판단력을 갖춘 시민이 되기 위해 경제학을 공부한다.

03 어떤 선택을 할 때 지불하는 총비용은 차선을 선택하지 않음으로써 포기해야 하는 차선의 가치(혜택)이며, 이를 최선의 선택의 기회비용이라고 한다.

04 미시경제학은 개별 시장이나 산업이 어떻게 작동하는지, 기업이나 개인과 같은 개별 경제 단위의 경제적 행위가 어떠한지를 살펴본다.

05 거시경제학은 국내총생산, 국민총소득, 전반적인 물가수준, 인플레이션율 등 전체적인 관점에서 경제를 살펴본다.

06 경제학은 행동경제학, 비교경제학, 계량경제학, 경제역사학, 환경경제학, 산업조직론, 국제경제학, 도시경제학 등 다양한 전문 분야로 이루어진 매우 폭넓은 학문이다.

07 경제학은 실증적 질문과 규범적 질문을 던지고 그 답을 찾기 위해 노력한다. 실증경제학은 어떤 결과가 좋은 것인지, 나쁜 것인

지 판단하지 않고 경제시스템의 작동과 경제시스템에서 나타나는 행태를 설명하려고 한다. 규범경제학은 어떤 경제적 결과가 좋은지 나쁜지, 개선할 방법이 있는지에 대한 답을 구하려고 한다. 규범경제학은 일련의 경제적 행동에 대한 판단을 하거나 어떤 경제적 행동을 추천한다.

08 모형은 현실을 단순화한 것이고 경제모형은 경제이론을 공식화한 것이다.

09 한 변수가 미치는 영향을 다른 변수가 미치는 영향과 따로 구별하여 살펴보기 위해 세테리스 파리부스(다른 것들이 일정하다)고 가정한다.

10 경제모형이나 이론은 다양한 방식으로 표현되는데 일반적으로 글, 그래프, 수식을 사용한다.

11 경제적인 인과관계를 파악하기 어려운 경우가 많다. 한 사건이 일어난 뒤 다른 사건이 일어났을 때 전자가 후자를 발생시킨 원인이라고 단정 지을 수는 없다. 두 사건 A, B가 순차적으로 발생했을 때 A가 B를 발생시킨 원인이라고 판단하는 실수를 포스트 호크, 에르고 프로프테르 호크(이것 후에, 따라서 이것 때문에) 오류라고 한다.

12 실험경제학은 자료를 수집하고 분석하여 경제이론을 검증하는 경제학 분야이다. 가장 좋은 모형은 가장 정확하게 예측하는 모형이다.

13 경제정책을 고안하려면 판단 기준이 있어야 한다. 경제학에서 자주 사용되는 판단 기준은 효율성, 공평성, 성장성, 안정성이다.

핵심 용어

거시경제학(macroeconomics)
경제성장(economic growth)
경제학(economics)
공평성/형평성(equity)
규범경제학(normative economics)
기회비용(opportunity cost)
모형(model)
미시경제학(microeconomics)
변수(variable)
산업혁명(Industrial Revolution)
세테리스 파리부스(*ceteris paribus*)/다른 것들이 일정하다(all else equal)
실증경제학(positive economics)
실험경제학(empirical economics)
안정성(stability)
오컴의 면도날(Ockham's razor)
포스트 호크, 에르고 프로프테르 호크(*post hoc, ergo propter hoc*)
한계치에 근거한 선택(marginalism)
효율성(efficiency)
효율적 시장(efficient market)
희소함/희소성(scarcity)

연습문제

01 우리의 행동을 제한하는 희소한 자원 중 하나는 시간이다. 하루에 해야 할 여러 가지 일에 시간을 어떻게 배분해야 하는가? 시간을 가장 잘 사용하는 일을 선택했을 때 그것을 하는 데 모든 시간을 쏟지 않는 이유는 무엇인가? 기회비용의 개념을 이용하여 설명하라.

02 프랭크는 피트니스 센터에 있는 모든 기구를 무제한 사용할 수 있다는 조건으로 월 80달러를 내고 있다. 그는 평균적으로 한 달에 열 번 피트니스 센터에 가서 운동을 한다. 한 번 갈 때의 평균 비용은 얼마인가? 한 번 더 가서 운동할 때의 한계비용은 얼마인가?

03 다음 각 경우에 발생하는 기회비용을 설명하라.
  a. 줄리아는 직장을 알아보는 동안 앰네스티인터내셔널에서 자원봉사를 하기로 했다.
  b. 빅터는 한 헝가리 제약 회사에 100만 유로를 투자하기로 했다.
  c. 앤드리아는 졸업 선물로 2,000달러를 받았으며 그 돈으로 20년 된 현대 아반떼를 사기로 했다.
  d. 칼은 전철을 타는 대신 걸어가기로 했다.
  e. 호세는 고등학교를 졸업한 후 경제학 학사 학위를 따는 대신 웨이터로 일하기로 했다.

f. 마그달레나는 자신의 정원을 화사한 꽃으로 가꾸기로 했다.
g. 마르타는 아파트 청소를 전문 업체에 맡기기로 했다.

04 앤드루는 2002년에 3억 1,500만 달러의 복권에 당첨되었다. 앤드루에게 희소함이란 것이 문제가 되는가?

출처: Teri Pous, "The Tragic Stories of the Lottery's Unluckiest Winners," *TIME*, November 27, 2012.

05 아마존 창업자 제프 베이조스(Jeff Bezos)는 2018년 《포브스(Forbes)》에 1,120억 달러의 자산을 가진 세계 최고의 부호로 소개되었다. 세계에서 가장 부자인 이 사람은 희소함에 직면하는가? 희소함은 소득이 아주 적고 자산도 거의 없는 사람에게만 문제가 되는가?

출처: "The World's Billionaires," *Forbes*, March 6, 2018.

06 미국 노동통계청은 미국의 수많은 직업에 대한 교육, 급여, 전망을 담은 자료를 제공하고 있다. www.bls.gov/ooh/occupation-finder.htm의 Entry-Level Education 메뉴에서 'Bachelor's degree'를 선택해보라. 관심 있는 세 가지 직업군을 골라 새 일자리의 수, 성장 가능성, 중간 정도의 급여수준을 비교해보라. 이 정보는 자신이 예상했던 것과 비교했을 때 어떠한가? 이 정보가 당신의 직업 선택에 어떤 영향을 미칠지 설명하라.

07 《포천(Fortune)》 웹사이트에 접속하면 세계 500대 기업의 목록을 볼 수 있다. 그 목록에서 특별히 놀랄 만한 것을 발견했는가? 관심을 둔 기업을 발견했는가? 그 기업이 생산하는 재화와 서비스가 무엇인지 아는가? 제품이 어디서 생산되고 어디서 조립되는지 인터넷을 통해 알아보라. 생산하는 제품, 고용 근로자 수, 기타 세부 사항 등 그 기업에 대해 간단히 설명하라. 정보를 얻기 위해 그 기업에 직접 전화를 해봐도 좋다.

08 다음 각 항목을 미시경제학 또는 거시경제학 영역으로 구분하라.
a. 2018년에 일본 국회는 통합리조트법을 통과시켜 카지노를 합법화했다.
b. 2015년에 스페인 정부는 소득세의 각 과세표준에 대해 1~2% 포인트를 낮추었다.
c. 골드만삭스는 비양육 부모에게 아동 돌봄 유급휴직 수당을 지급하는 기간을 2주에서 4주로 늘렸다.
d. 영국 정부는 2018년 4월부터 25세 이상의 모든 근로자가 시간당 최소한 7.83파운드의 임금을 받도록 하는 법을 시행했다.

09 2018년 이전에 미국에서는 사람들이 거주하는 주에서 낸 소득세만큼을 연방정부의 세금을 낼 때 감면해주었다. 예를 들어 10만 달러를 벌어서 주 소득세로 2만 달러를 냈다면 연방정부는 소득을 8만 달러로 간주하여 연방 소득세를 부과했다. 그러나 2017년 말에 통과된 법은 이 감면액을 최대 1만 달러로 제한했으며, 그럼에도 불구하고 높은 소득세를 내는 뉴욕주과 캘리포니아주에서 인구가 증가했다. 이에 어떤 사람은 공제액을 없애더라도 사람들이 어떤 주에 살 것인지를 선택하는 데 영향을 미치지 않을 것이라고 주장했다. 이 말에 동의하는가?

10 다음 각 항목을 실증경제학 또는 규범경제학의 예로 구분하라.
a. 임금수준을 높인 일본은 실업이 증가할 것이다.
b. 옥수수를 생산하는 브라질의 농촌 지역을 휩쓴 가뭄으로 그 지역의 술값이 상승했다.
c. 독일은 자국 자동차 산업의 발전을 촉진하기 위해 그동안 자동차 산업에 부과한 세금을 없애야 한다.
d. 인도의 교육수준을 높이면 생산성이 향상될 것이다.
e. 홍콩 정부는 비숙련 근로자의 권리를 보호하기 위해 표준 근로 시간을 규정하는 법을 만들어야 한다.

11 미국 콜로라도주와 워싱턴주는 2012년에 여흥용 마리화나 사용을 합법화한 최초의 주이며 그 이후 여러 주가 여기에 동참했다. 2017년에 콜로라도주는 여흥용 마리화나 사용을 허가한 대가로 2억 4,700만 달러 이상의 조세수입을 올렸다고 발표했다. 이렇게 걷은 세금은 대부분 교육과 공중보건을 지원하는 데 사용되었는데, 이를 보고 뉴저지주를 비롯한 많은 주도 여흥용 마리화나 사용의 합법화를 놓고 고민 중이다.
a. 효율성이란 사람들이 원하는 만큼의 재화나 서비스를 최저 비용으로 생산한다는 의미임을 상기하라. 효율성에 입각하여 다른 주들이 여흥용 마리화나 사용을 합법화해야 한다고 주장할 수 있는가?
b. 마리화나를 합법화하면 발생하는 비금전적 비용은 무엇인가? 이러한 비금전적 비용은 효율성에 입각하여 마리화나를 합법화하는 것에 대해 많은 부정적 영향을 미치는가?
c. 평등성이라는 개념을 이용하여 여흥용 마리화나 사용의 합법화에 반대하는 주장을 펴보라.
d. 미국의 모든 주가 마리화나를 합법화하면 주정부가 벌어들이는 세금에 어떤 영향을 미칠 것인가?

12 미국 대학 졸업생은 대부분 룸메이트와 함께 기숙사 생활을 해본 적이 있을 것이다. 한방을 사용하는 룸메이트가 당신의 공부 습관, 수강 과목, 평균 성적, 학업 외에 함께 보낸 시간 등 당신의 대학 생활에 미치는 영향을 설명하라. 반대로 당신이 룸메이트에게 미치는 영향을 설명하라. 룸메이트는 당신이 선택하는가, 무작위로 배정되는가? 그 차이가 당신이나 룸메이트의 행동에 영향을 미치는가?

13 다음 각 항목의 오류를 지적하라.
a. 골프를 치는 사람은 골프를 치지 않는 사람보다 고급 차를 소

유할 가능성이 높다. 따라서 고급 차를 소유한 사람은 골프를 칠 가능성이 높다.

b. 오스카가 나스닥에 상장된 기업의 주식을 새로 매입한 후 그가 샤워를 할 때마다 가격이 올라갔다. 어제 오스카가 새로운 기업의 주식을 매입한 후 집에 가서 샤워를 했더니 역시나 그 주식의 가격이 올랐다. 오스카가 샤워를 했기 때문에 주식가격이 오른 것이 분명하다.

c. 신디의 엄마는 신디에게 수학 과외를 시킨 후 신디의 수학 성적이 20% 오른 것을 발견했다. 이에 신디의 엄마는 모든 과목의 성적을 올리기 위해 신디에게 모든 과목의 과외를 시키는 데 돈을 쓰기로 마음먹었다.

경제학적 사고 키우기

01 최근 플로리다주는 지역의 대표 대학인 플로리다대학에 지급하는 보조금을 대폭 늘리기로 했다. 여러 정부기관과 독립적인 연구기관이 이러한 정책을 평가했는데, 이 기관들이 던졌을 것으로 생각되는 실증적 질문과 규범적 질문을 하나씩 제시하라.

02 경제학자들은 누가 누구와 결혼할지를 결정하는 잠재적 결정 요소로 교육수준에 주목한다. 교육수준이 높은 사람은 교육수준이 높은 사람과 결혼하고, 교육수준이 낮은 사람은 교육수준이 낮은 사람과 결혼한다. 이러한 상관관계가 인과관계일 수도 있고 그렇지 않을 수도 있는 이유를 설명하라.

CHAPTER 2

경제적 문제: 희소성과 선택

목차와 학습목표

2.1 희소성, 선택과 기회비용

한 사람이 다른 사람보다 모든 일을 더 잘하는 경우에도 각자 전문화하여 생산하고 결과물을 교환하는 것이 모두에게 유익하다는 것을 이해한다.

2.2 경제시스템과 정부의 역할

무엇을 얼마나 생산해야 하는지를 결정할 때 명령경제와 시장경제의 차이를 이해한다.

앞 장에서는 경제학자가 살펴보는 것이 무엇인지, 분석에 사용하는 수단이 무엇인지 살펴보았다. 또한 경제학자가 다루는 주제가 매우 폭넓고 다양하다는 것을 설명했다. 애플(Apple)과 삼성(Samsung)의 스마트폰 경쟁을 살펴보는 경제학자도 있고, 노동시장에서의 차별을 살펴보는 경제학자도 있고, 인도에서 가난한 사람들을 위한 소액금융이 빈곤을 감소시키는지를 살펴보는 경제학자도 있다. 이러한 주제는 겉으로 보기에 많이 다른 것 같지만 자원이 희소한 상황에서의 선택이라는 점에서 공통점을 갖는다. 경제학은 희소한 자원을 가지고 사람들이 어떻게 선택하는지, 또한 그러한 선택이 어떻게 맞물려서 한 사회가 다음과 같은 경제적 문제를 결정하는지를 다룬다.

- 무엇이 생산되는가?
- 어떻게 생산되는가?
- 생산된 것을 누가 가져가는가?

이 장에서는 이에 대해 자세히 살펴본다. 이 장은 경제학의 정의에 관한 장이라고 할 수 있다. 핵심 경제적 문제를 제시하고 이에 대한 기본 시각을 설명함으로써 이 책의 나머지 부분을 아우르는 도구를 제공한다. 인간의 욕망은 끝이 없고 그에 비해 자원은 한정적이라는 전제에서 출발한다. 한정된 자원, 즉 자원의 희소성은 개인이나 사회가 어떤 재화나 서비스를 생산하기 위해 다른 재화나 서비스의 생산을 포기하도록 강요한다. 생산할 재화와 서비스의 다양한 조합 중에서 하나를 선택하도록 강요하고, 생산된 것을 분배할 때도 다양한 분배 조합 중에서 하나를 선택하도록 강요한다.

위의 세 가지 경제적 문제는 실증적 질문이다. 한 경제시스템이 좋은 결과를 가져오는가, 나쁜 결과를 가져오는가, 더 나은 결과를 얻기 위해 어떻게 해야 하는가와 같은 규범적 질문을 하기 전에 경제시스템이 어떻게 작동하는지 이해하는 것이 중요하다.

경제학자는 자원의 희소성하에서의 선택에 대해 연구한다. 그렇다면 자원은 무엇을 의미하는가? 그림 2.1에서 보듯이 자원의 정의는 상당히 광범하다. 자연에서 얻는 광물과 목재뿐만 아니라 이전 세대가 만들어놓은 건물과 공장도 자원에 포함된다. 또한 가장 중요하다고 할 수 있는 시간과 인간의 재능도 자원에 포함된다.

다른 재화와 서비스의 생산에 사용되는 생산물을 자본자원(capital resources), 자본재(capital

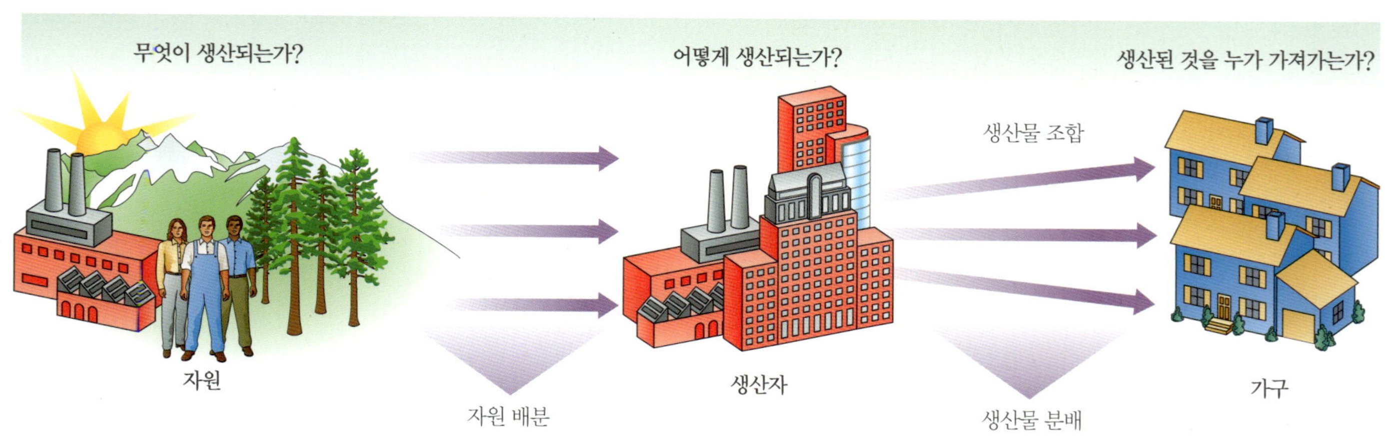

그림 2.1 세 가지 기본적 경제 문제
어떤 사회든 희소한 자원을 사용하여 유용한 재화와 서비스를 생산하는 경제시스템이나 과정을 가지고 있다. 그러한 과정에서 그 사회는 무엇이 생산되는가, 어떻게 생산되는가, 생산한 것을 누가 가져가는가를 결정해야 한다. 생산에 사용되는 주요 자원은 토지, 노동, 자본으로 구분된다.

goods), 또는 간단히 **자본**(capital)이라고 한다. 건물, 장비, 책상, 의자, 소프트웨어, 길, 다리, 고속도로 등은 한 국가가 지닌 자본의 일부이다.

자본 다른 재화와 서비스의 생산에 사용되는 생산물

한 사회가 사용할 수 있는 기본 자원을 **생산요소**(factor of production) 또는 간단히 **요소**(factor)라고 한다. 생산의 3대 요소는 토지, 노동, 자본이다. 희소한 자원을 유용한 재화와 서비스로 전환하는 과정을 **생산**(production)이라고 한다. 많은 국가에서는 민간 기업이 대부분의 재화와 서비스를 생산하고 있다. 미국의 민간 항공사는 항공운송이라는 서비스를 생산하기 위해 토지(활주로), 노동(파일럿과 기능공), 자본(비행기)을 사용한다. 한편 모든 국가에서는 공공기관이나 정부가 일부 생산을 맡는데, 정부가 생산하거나 공급하는 서비스의 예로는 국방, 교육, 경찰 기능, 소방 기능 등이 있다.

생산요소, 요소 생산에 사용되는 투입물로 3대 생산요소는 토지, 노동, 자본

생산 희소한 자원을 유용한 재화와 서비스로 전환하는 과정

생산에 사용되는 자원, 즉 생산요소는 **투입물**(input)이라고 하며, 생산이라는 과정을 통해 생산된 재화와 서비스는 **생산물**(output)이라고 부른다.

투입물 생산에 사용되는 자원

생산물 생산된 재화와 서비스

2.1 희소성, 선택과 기회비용

학습목표

한 사람이 다른 사람보다 모든 일을 더 잘하는 경우에도 각자 전문화하여 생산하고 결과물을 교환하는 것이 모두에게 유익하다는 것을 이해한다.

1인 경제의 희소성과 선택

가장 단순한 경제는 어떤 섬에 한 사람이 살고 있는 경우일 것이다. 빌이라는 사람이 비행기 사고를 당해 무인도에 표류했다고 가정하자. 이 경우 개인이 곧 사회인데, 그렇다 해도 서로 복잡하게 연결되어 있는 경제에서 이루어지는 기본적인 의사결정을 마찬가지로 해야 한다. 다시 말해 빌은 자신이 생산한 것을 다 차지하겠지만 무엇을 생산할 것인지, 그것을 어떻게 생산할 것인지, 언제 생산할 것인지와 같은 문제를 놓고 섬의 자원을 어떻게 배분할지 결정해야 한다.

먼저 빌은 무엇을 생산하고 싶은지 결정해야 한다. 다음으로 섬의 한정된 자원을 사용하여 자신이 원하는 것을 얼마나 생산할 수 있는지 생산 가능성을 살펴보아야 한다. 모든 사회의 사람들은 자신이 할 수 있는 것이 한정적이다. 1인 경제에서도 빌은 시간, 자신의 신체 조건과 지식, 기술, 섬의 자원과 기후 등의 제약을 받는다.

자원이 한정적이므로 빌은 자신이 원하는 것을 순서대로 충족하기 위해 어떻게 자원을 가장 잘 사용할 것인지 결정해야 한다. 아마도 식량이 1순위일 것이며, 과일을 따는 데 시간을 쓸지, 땅을 일구어 씨앗을 심는 데 시간을 쓸지와 같은 결정을 내려야 한다. 이러한 것에 대한 결정은 섬의 환경과 기후, 섬에 있는 동식물, 빌의 기술과 지식, 선호(예: 채식주의) 등에 달려 있다.

기회비용 희소성이라는 제약 조건하에서 선택이 이루어진다는 것은 선택에 관한 학문인 경제학의 핵심 원칙이다. 이 원칙은 빌과 같은 한 사람의 행동을 분석하는 경우든 복잡한 사회의 큰 집단에 속한 사람들의 행동을 분석하는 경우든 똑같이 적용된다.

시간과 자원의 희소성하에서 빌이 사냥을 하기로 결정했다면 과일을 딸 시간이 줄어든다. 그는 고기와 과일의 상호 교환관계에 직면한다. 또한 식량 마련과 주거 개선 사이에도 상호 교환관계가 존재한다. 1장에서 설명했듯이 어떤 선택을 할 때 그로 인해 포기해야 하는 차선의 선택의 가치는 그 선택의 **기회비용**(opportunity cost)이다.

기회비용 어떤 선택을 할 때 그로 인해 포기해야 하는 차선의 선택의 가치

빌은 해변에 누워 쉬면서 햇볕을 쬐는 휴식 기간을 가질 수도 있다. 해변에 눕기 위해 입장권을 살

필요가 없으니 이러한 휴식은 어떤 의미에서 공짜이다. 하지만 휴식을 취하는 것도 기회비용을 발생시킨다. 여가의 비용은 빌이 쉬지 않고 그 시간에 일을 했다면 얻을 수 있는 것의 가치이다.

2인 이상 경제의 희소성과 선택

비행기 사고에서 콜린도 살아남았다고 가정하자. 빌은 이제 혼자가 아니며 일이 더 복잡해지고 새로운 의사결정을 해야 한다. 무엇을 생산해야 할지에 대한 빌과 콜린의 선호가 다를 가능성이 많으며, 그들이 지닌 지식과 기술이 다를 수도 있다. 콜린은 사냥을 잘하고 빌은 무언가를 만드는 데 소질이 더 있을 수도 있다. 이들은 필요한 것을 얻기 위해 어떻게 시간을 할애해야 할까? 원하는 것을 생산한 후 두 사람은 어떻게 나누어 가질지 결정해야 한다. 그렇다면 그것을 어떻게 분배해야 하는가?

빌이 혼자 섬에 표류했다면 이러한 질문에 대한 답은 간단하다. 빌은 자신이 원하는 것이 무엇인지, 그것을 얻기 위해 무엇을 할 것인지만 결정하면 된다. 그러나 다른 사람이 있을 때는 의사결정 방법이 여러 가지이다. 한 사람이 맡아서 의사결정을 할 수도 있고, 둘이 합의를 거쳐 선택한 것을 실현하기 위해 협력하거나 일을 나누어 할 수도 있다. 아니면 따로 떨어져서 각자 살기로 할 수도 있다. 따로 사는 경우라도 이들은 전문화와 거래를 통해 혜택을 볼 수 있다.

현대 경제에서도 콜린과 빌이 답해야 하는 똑같은 질문에 답해야 한다. 더 큰 경제의 경우 답을 얻는 과정이 더 복잡할 뿐이다. 오늘날 미국에는 3억 명 이상이 살고 있지만 두 사람이 살 때와 마찬가지로 무엇을, 어떻게, 누가라는 문제에 대한 의사결정이 이루어져야 한다.

전문화, 교환, 비교우위 각자 더 잘할 수 있는 일에 전문화하면 사회 구성원 모두가 혜택을 본다는 것은 오래전부터 경제학에서 인식된 개념으로서 가장 중요하면서도 가장 확고한 것이다. 19세기 영국의 경제학자인 리카도는 이러한 점을 확실히 했다. 리카도의 **비교우위론**(theory of comparative advantage)에 따르면 어떤 사람이 다른 사람보다 모든 생산에서 절대적으로 더 효율적이더라도 전문화와 자유로운 거래는 거래 당사자 모두에게 혜택을 안겨준다. 리카도가 제시한 내용은 콜린과 빌에게만 적용되는 것이 아니라 여러 국가 간에도 적용된다.

비교우위론 어떤 사람이 다른 사람보다 모든 생산에서 절대적으로 더 효율적이더라도 전문화와 자유로운 거래를 통해 거래 당사자 모두가 이득을 얻을 수 있다는 리카도의 이론

쉽게 이해할 수 있도록 콜린과 빌이 한 주에 식량을 채집하고 땔감을 장만하는 두 가지 일만 한다고 가정하자. 콜린이 빌보다 나무를 더 잘 자르고 빌이 콜린보다 식량을 더 잘 채집하는 경우 각각 자기가 상대적으로 더 잘하는 일에 전문화한다면 총생산량이 더 많아진다. 이들이 생산한 것을 자유롭게 거래할 수 있다면 콜린은 나무만 자르고 빌은 식량 채집만 하여 둘 다 혜택을 누릴 수 있다.

콜린이 빌보다 나무 자르기와 식량 채집을 둘 다 더 잘한다고 하자. 구체적으로 콜린이 하루에 식량을 10부셸, 빌이 8부셸을 채집할 수 있고 콜린이 하루에 나무를 10개, 빌이 4개를 자를 수 있다고 하자. 이 경우에 콜린이 빌에 대해 두 활동 모두에서 **절대우위**(absolute advantage)를 가지고 있다고 일컫는다.

절대우위 재화나 서비스를 생산할 때 한 생산자가 다른 생산자보다 적은 자원을 사용하여(단위당 더 낮은 비용으로) 생산할 수 있다면 그는 다른 생산자에 대해 절대우위를 가지고 있음

이러한 상황에서 생산능력만 살피면 콜린이 빌과 따로 떨어져서 사는 편이 콜린에게 더 나을 것이라는 생각이 들지도 모른다. 콜린이 두 활동 모두에서 더 생산적이기 때문에 콜린은 혼자 사는 것이 더 낫지 않을까? 빌과 지내면서 각자 생산한 것을 나누는 것이 어떻게 콜린에게 더 많은 혜택을 가져다줄 수 있을까? 리카도가 경제학에 크게 기여한 것은 바로 이러한 상황에 대한 분석으로, 그림 2.2는 이를 잘 보여준다.

여기서 핵심은 콜린에게 주어진 시간이 한정적이라는 점이다. 이러한 제약은 기회비용을 발생시킨다. 비록 빌이 모든 일에서 콜린보다 능력이 뒤떨어지지만 그가 무언가를 생산하는 데 자신의 시간을 사용하면 콜린에게 일할 시간이 더 생기게 되고 이는 가치가 있다. 빌의 시간이 지닌 가치는 그의 비교우위에 따라 달라진다. 어떤 재화나 서비스를 생산할 때 한 생산자가 다른 생산자보다 더 낮은 기회비용을 발생시키면 그 생산자는 다른 생산자에 대해 재화나 서비스 생산에서 **비교우위**(comparative advantage)를 가지고 있다.

비교우위 어떤 재화나 서비스를 생산할 때 한 국가가 다른 국가보다 더 낮은 기회비용(포기해야 하는 다른 재화의 양으로 측정)을 발생시키면 그 국가는 다른 국가에 대해 비교우위를 가지고 있음

먼저 빌에 대해 생각해보자. 그는 하루에 식량 8부셸을 생산하거나 나무 4개를 자를 수 있기 때문에 식량 8부셸을 더 얻으려면 나무 4개 자르기를 포기해야 한다. 따라서 빌의 경우 식량 8부셸의 기회비용은 나무 4개이다. 다음으로 콜린의 경우를 살펴보자. 콜린은 하루에 식량 10부셸을 생산하거나 나무 10개를 자를 수 있기 때문에 식량 1부셸을 더 얻으려면 나무 1개 자르기를 포기해야 한다. 즉 콜린의 경우 식량 8부셸의 기회비용은 나무 8개이다. 따라서 빌은 식량 생산에서 콜린에 대해 비교우위를 가지고 있다. 식량 8부셸을 더 생산하려면 빌은 콜린처럼 나무 8개를 포기하는 것이 아니라 4개만 포기하면 되기 때문이다.

이제 콜린이 나무 10개를 얻기 위해 식량을 얼마나 포기해야 하는지 알아보자. 나무 10개를 얻으려면 콜린은 하루 종일 일해야 한다. 하루 동안 나무 10개를 자른다면 그녀는 식량 10부셸을 얻을 수 있는 기회를 포기해야 한다. 따라서 콜린의 경우 나무 10개의 기회비용은 식량 10부셸이다. 그렇다면 나무 10개를 얻기 위해 빌이 포기해야 하는 식량은 얼마인가? 하루 동안 나무 4개를 자른다면 빌은 식량 8부셸을 얻을 수 있는 기회를 포기해야 한다. 즉 나무 1개당 식량 2부셸을 포기해야 한다. 따라서 빌의 경우 나무 10개의 기회비용은 식량 20부셸이다. 콜린은 나무 생산에서 빌에 대해 비교우위를 가지고 있다. 나무 10개를 더 생산하려면 콜린은 빌처럼 식량 20부셸을 포기하는 것이 아니라 10부셸만 포기하면 되기 때문이다.

리카도는 한 사람이 다른 사람에 대해 두 재화의 생산 모두에서 절대우위를 가진 경우라도 각자가 비교우위를 가진 것에 전문화하여 생산한 다음 결과물을 자유롭게 교환할 수 있다면 두 사람 모두 전문화와 자유거래로 이득을 얻는다고 주장했다. 예를 통해 리카도의 주장을 살펴보자.

콜린과 빌이 둘 다 동일한 양의 나무와 식량을 원한다고 하자. 만약 콜린이 자기 시간의 반을 나무 자르기에 사용하고 반을 식량 채집에 사용한다면 하루에 나무 5개와 식량 5부셸을 생산할 수 있다. 한편 빌의 경우에는 식량 채집보다 나무 자르기에 더 많은 시간을 쏟아야 나무와 식량의 양이 동일할 것이다. 빌이 자기 시간의 $\frac{1}{3}$을 식량 채집에 사용하고 $\frac{2}{3}$를 나무 자르기에 사용한다면 하루에 나무 $2\frac{2}{3}$개와 식량 $2\frac{2}{3}$부셸을 생산할 수 있다. 이렇게 각자 나무와 식량을 생산할 때 두 사람이 하루에 생산하는 나무와 식량의 양을 모두 합하면 나무 $7\frac{2}{3}$개, 식량 $7\frac{2}{3}$부셸이다. 콜린이 대부분을 생산하므로 확실히 콜린은 빌보다 더 생산적이다. 그렇다면 왜 콜린은 서툴고 느린 빌과 협력해야 하는가?

그림 2.2에서 보듯이 전문화로 얻는 이득이 있기 때문이다. 그림 2.2(a)는 빌과 콜린이 각자 나무도 자르고 식량 채집도 하는 경우로, 하루에 나무 $7\frac{2}{3}$개와 식량 $7\frac{2}{3}$부셸을 얻는다. 앞에서 설명했듯이 콜린은 나무 자르기에서 비교우위이고 빌은 식량 채집에서 비교우위이다. 만약 하루 종일 콜린은 나무만 자르고 빌은 식량 채집만 한다면 어떤 결과가 나타날까? 그림 2.2(b)는 이렇게 전문화하여 생산하는 경우로, 하루에 나무 10개와 식량 8부셸을 얻는다. 두 재화의 생산량이 전보다 많아졌다. 생산량이 증가하므로 콜린과 빌은 같이 일하려는 인센티브를 가진다. 각자 따로 두 재화를 생산

경제학의 적용

냉동식품과 기회비용

2016년에 미국의 식품점은 530억 달러어치의 냉동식품을 판매했고 이 중 1/4은 저녁 식탁에 오르거나 앙트레(서양 코스 요리에서 생선 요리와 로스트 사이에 나오는 요리)로 쓰였다. 1950년대 중반에는 냉동식품 판매액이 10억 달러에 불과하여 미국 식품점의 전체 판매량에서 아주 미미한 부분을 차지했다. 한 식품업계 전문가는 냉동식품 시장이 성장한 이유가 과거보다 맛이 더 좋아졌기 때문이라고 했다. 또 다른 이유는 없을까?

지난 50년 동안 냉동식품 시장이 성장한 이유 중 하나로 우리 삶에서 차지하는 기회비용의 역할을 꼽을 수 있다. 이 기간 동안 미국에서 나타난 중요한 사회적 변화 중 하나는 여성의 노동시장 진입이 증가했다는 것이다. 1950년에는 미국의 기혼 여성 중 24%가 근로자였지만 2013년에는 여성 근로자의 노동시장 참가율이 58%에 달했다. 식사 준비는 식품과 시간이라는 두 가지 요소로 구성되며, 맞벌이 부부의 경우 식사 준비 등 집안일을 하는 시간의 기회비용이 증가한다. 이는 집에서 식사를 만드는 것이 지난 50년 동안 더 비싸졌음을 의미한다. 이에 사람들은 집에서 식사를 만들 때 노동을 덜 사용하는 쪽을 택했으며, 냉동식품은 증가하는 기회비용 문제를 해결하는 확실한 방법이었다.

또한 약간 미묘한 측면이기는 하지만 기회비용이 냉동식품 소비를 증가시킨 측면도 있다. 1960년에 등장한 전자레인지 오븐이 미국의 부엌을 빠르게 점령하여 냉동식품을 바로 먹을 수 있게 되었다. 전자레인지는 냉동식품을 식사로 만드는 기회비용을 낮추었으며, 이는 집에서 요리한 식사보다 냉동식품으로 만드는 식사가 우위를 갖는 데 영향을 미쳤다. 즉 전자레인지 덕분에 냉동식품으로 식사를 차리는 것의 (기회)비용이 집에서 요리하여 식사를 차리는 경우보다 낮아졌다.

사업가적 기질을 가진 사람이라면 집에서 요리하는 것의 기회비용이 증가한 탓에 전자레인지의 사용이 확산되었다는 이야기를 들었을 때 기회비용이 제품 개발에 매우 중요한 개념이라는 것을 알아챘을 것이다. 실제로 많은 기업가는 어떤 제품의 수익성이 좋을지 예측하는 데 기회비용이라는 개념처럼 간단한 경제학적 도구가 도움이 된다는 것을 깨달았다. 맞벌이 부부가 증가하면서 많은 기업가는 가사노동 시간을 절약해주는 제품에 관심을 가지게 되었다.

한편 냉동식품과 전자레인지로 인해 식사 준비의 기회비용이 크게 줄어든 것이 미국에서 비만이 증가한 이유 중 하나라는 한 연구 결과는 공공정책 측면에서 볼 때 흥미롭다(David M. Cutler, Edward L. Glaeser, and Jesse M. Shapiro, "Why Have Americans Become More Obese?" *Journal of Economic Perspectives*, *Summer* 2003: 93-118 참조).

질문

- 많은 사람은 탄산음료 섭취가 비만을 증가시킨다고 생각한다. 미국의 많은 학교에서는 탄산음료 자동판매기를 금지하고 있는데, 이것이 탄산음료의 소비를 감소시키는 이유가 된다는 것을 기회비용의 개념을 가지고 설명할 수 있다. 이 말에 동의하는가?

하는 것보다 전문화하여 같이 일한다면 이들은 하늘에서 떨어지는 보너스를 얻게 된다. 이 경우 보너스는 추가로 얻는 나무 $2\frac{1}{3}$ 개와 식량 $\frac{1}{3}$ 부셸이며, 이것이 전문화로 얻는 이득이다. 전문화는 총생산량을 증가시킨다.

빌과 콜린의 예는 대부분의 경제학자가 자유무역이 가치 있다고 주장하는 이유를 알려준다. 한 국가가 다른 국가에 비해 모든 재화의 생산에서 절대우위인 경우에도 전문화와 자유무역은 모두에게 추가 이득을 안겨준다.

생산가능곡선으로 나타낸 전문화의 이득 콜린과 빌의 전문화와 자유거래를 통한 이득을 생산가능곡선 그래프로 나타낼 수 있다. 그림 2.3은 콜린과 빌이 각자 일할 때 얻을 수 있는 식량과 나무의

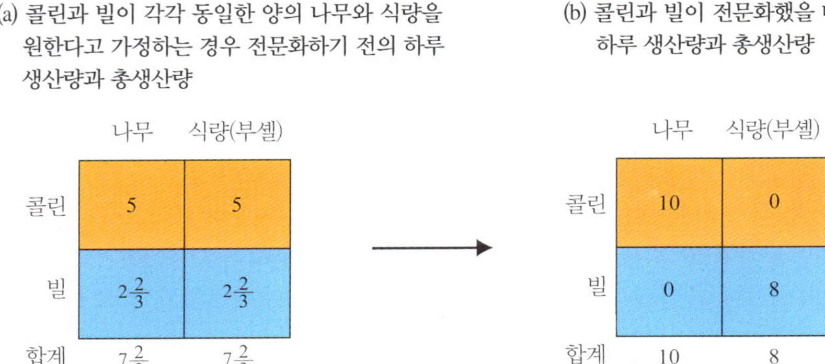

그림 2.2 비교우위와 거래를 통한 이득
(a)는 콜린과 빌이 둘 다 동일한 양의 나무와 식량을 원할 때 각자 일하여 하루에 얻을 수 있는 나무와 식량을 보여준다. 콜린은 자기 시간을 반으로 나누어 나무와 식량을 생산하고, 빌은 자기 시간의 2/3는 나무 생산에, 1/3은 식량 생산에 사용하여 동일한 양의 두 재화를 얻는다. (b)는 콜린과 빌이 전문화하여 생산하면 어떤 일이 일어나는지를 보여준다. 두 재화 모두 전보다 더 많이 생산할 수 있다.

생산 가능한 조합을 보여준다. 콜린이 자기 시간을 나무 생산에 모두 사용한다면 최대 나무 10개를 생산할 수 있으며, 이는 생산가능곡선이 세로축을 만나는 곳에 표시되어 있다. 생산가능곡선이 가로축과 만나는 곳은 식량 10부셸이다. 이는 콜린이 자기 시간을 모두 식량 생산에 사용할 때 생산할 수 있는 식량의 양이다. 생산가능곡선에 표시된 *C*점의 조합은 콜린이 자기 시간의 반을 나무 생산에, 나머지 반을 식량 생산에 사용할 때 얻게 되는 식량 5부셸과 나무 5개이다.

그림 2.3(b)의 생산가능곡선은 빌이 자기 시간을 전부 나무를 생산하거나 식량을 생산하는 데 사용할 때 얻게 되는 나무 4개와 식량 8부셸을 보여준다. 생산가능곡선에 표시된 *F*점은 식량 $2\frac{2}{3}$부셸과 나무 $2\frac{2}{3}$개를 나타낸다. 빌의 생산가능곡선이 콜린의 생산가능곡선보다 아래에 있는데, 생산가능곡선이 오른쪽(또는 위쪽)으로 이동하면 둘 다 더 생산적이 된다. 다시 말해 두 재화 모두 전보다 더 많이 생산할 수 있게 된다. 한편 빌의 생산가능곡선과 콜린의 생산가능곡선은 기울기가 다르다.

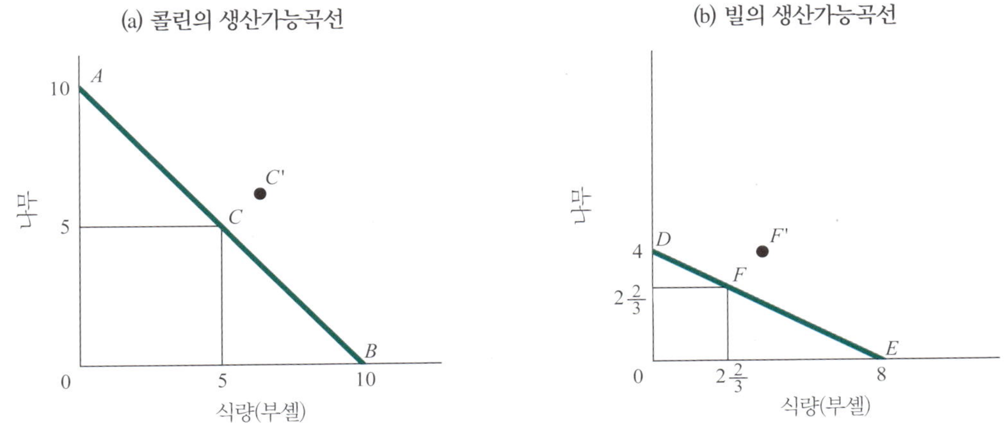

그림 2.3 자유거래가 있는 경우와 없는 경우의 생산가능곡선
콜린과 빌이 각자 두 재화를 모두 생산할 때 하루에 얻을 수 있는 식량과 나무의 양을 보여준다. 콜린은 *ACB* 선상의 모든 조합을 생산할 수 있고, 빌은 *DFE* 선상의 모든 조합을 생산할 수 있다. 전문화와 자유거래는 처음에 빌과 콜린이 얻을 수 있었던 두 재화의 조합에서 더 오른쪽(또는 위쪽)으로 이동하여 *C'*점과 *F'*점 같은 두 재화의 조합을 얻을 수 있게 해준다. 즉 전문화와 자유거래로 전보다 더 나은 상황이 될 수 있다.

나무 1개를 더 얻으려면 콜린은 식량 1부셸을 포기해야 하고 빌은 식량 2부셸을 포기해야 한다. 생산가능곡선의 기울기가 다르다는 것은 이처럼 두 사람의 기회비용이 다르다는 것을 뜻한다. 이렇게 다른 기울기는 전문화를 통한 이득이 발생할 수 있음을 나타낸다. 기울기가 같은 경우를 생각해보면 기울기가 다른 것이 왜 중요한지 이해할 수 있을 것이다.

콜린과 빌이 전문화하여 같이 일하면 총생산량이 식량 $7\frac{2}{3}$부셸, 나무 $7\frac{2}{3}$개에서 식량 8부셸, 나무 10개로 증가한다는 것을 그림 2.2에서 확인했다. 콜린과 빌은 추가로 얻은 나무 $2\frac{1}{3}$개와 식량 $\frac{1}{3}$부셸을 반씩 나누어 가질 수 있다. 이 경우에 콜린과 빌은 그림 2.3의 C'점과 F'점 같은 두 재화의 조합을 얻을 수 있다. 이는 둘이 협력하지 않으면 도달할 수 없는 조합이다. 추가로 얻은 것을 콜린과 빌이 어떻게 나눌지는 모르겠지만, 전문화를 통해 총생산량이 전보다 더 많아졌으므로 둘 다 이득이 되도록 나눌 수 있을 것이다.

현재와 미래의 비용과 혜택 우리는 오늘 얻는 혜택과 내일 얻을 수 있는 혜택을 저울질하곤 한다. 이러한 경우에도 기회비용의 개념을 유용하게 써먹을 수 있다.

무인도에 혼자 있는 빌은 땅을 일구어 씨앗을 심을지, 단순히 식량을 채집할지 선택해야 한다. 식량을 채집하는 것은 현재의 먹거리를 준비하는 것이고, 땅을 일구어 씨앗을 심는 것은 내일의 먹거리를 준비하는 것이다. 오늘의 시간을 사용하여 농사를 지음으로써 미래에 더 많은 먹거리를 얻을 수 있다면 가치 있는 노력이다. 농사를 짓는 것은 현재의 가치를 미래의 가치와 교환하는 셈이다.

현재의 가치를 미래의 가치와 교환하는 대표적인 예로는 저축을 꼽을 수 있다. 미래를 위해 오늘의 소득을 저축한다면 현재 가지고 있는 것을 미래에 가질 수 있는 것과 교환하는 것이다. 모든 것이 불확실하므로 10년 후 소득이 얼마가 될지, 얼마나 오래 살지 등 미래의 일을 예측하여 그에 따라 미래의 기대되는 가치를 판단해야 한다.

우리는 늘 미래의 혜택을 위해 현재의 혜택을 포기한다. 즉 현재의 혜택을 미래의 혜택과 교환한다. 놀러 가지 않고 공부하기로 한다면 현재의 재미를 미래의 좋은 성적과 교환하는 것이다. 추운 날 밖에 나가서 5킬로미터를 달린다면 현재의 괴로움과 미래의 날씬한 몸을 교환하는 것이다.

자본재와 소비재 한 사회가 자원의 일부를 연구개발에 사용하거나 자본에 투자한다면 현재의 것을 미래의 혜택과 교환하는 것이다. 앞에서 언급했듯이 자본의 넓은 정의는 이미 생산된 것으로서 다른 가치 있는 재화와 서비스를 계속 생산하는 데 사용되는 어떤 것이다. 자본을 쌓는 것은 현재의 혜택을 미래의 혜택과 바꾸는 것이다.

빌과 콜린은 식량을 채취하거나 햇볕을 쬐면서 쉬는 것을 미래에 좋은 집을 가지기 위해 나무를 자르는 것과 거래한다. 자본재를 생산하는 데 사용되는 자원은 **소비재**(consumer goods), 즉 현재의 소비를 위한 재화를 생산하는 데 사용될 수 있다. 산업용 생산 장비는 어느 누구의 소비 욕구를 만족시키지 않는다. 산업용 생산 장비를 생산하는 데 사용되는 자원은 식품, 의류, 장난감, 골프채 등과 같은 소비재를 생산하는 데 사용될 수도 있는 자원이다.

소비재 현재의 소비를 위해 생산되는 재화

자본재는 도처에 깔려 있다. 도로는 자본재이다. 도로가 건설되면 자동차가 다니고 재화와 서비스를 수년간 수송할 수 있다. 집 또한 자본재이다. 신생 기업이 생산을 하려면 먼저 자본재를 갖추어야 한다. 건물, 장비 등은 기업의 자본이며, 이러한 자본을 생산에 사용하여 가치 있는 재화와 서비스를 계속 쏟아내고 있다.

자본에 유형재만 있는 것은 아니다. 당신이 기술 개발을 위해 또는 교육을 받기 위해 시간과 자원을 사용한다면 이는 당신의 인적자본에 투자하는 것이다. 당신이 가지고 있는 인적자본은 앞으로 수년 동안 당신에게 혜택을 가져다줄 것이다. 새로운 앱을 개발한 소프트웨어 회사가 그것을 온라인상에서 배포하는 데에는 비용이 거의 들지 않지만 그 프로그램에 존재하는 아이디어에는 무형의 가치가 있다. 이러한 것도 자본이다.

새로운 자본을 생산하기 위해 자원을 사용하는 것을 **투자**(investment)라고 한다. [일상적으로 사용되는 투자라는 말은 '나는 오늘 미국 재무부 채권에 투자했다'라고 할 때처럼 흔히 주식이나 채권을 사는 행동을 가리킨다. 그러나 경제학에서 투자는 건물을 세우거나, 생산 장비를 구축하거나, 도로를 건설하거나, 집을 짓는 것처럼 자본(재)을 만드는 것을 의미한다.] 자본에 대한 현명한 투자는 현재의 비용보다 더 큰 미래의 혜택을 가져다주는 투자이다. 예를 들어 집을 짓는 데 돈을 쓴다면 아마도 집이 미래에 가져다줄 혜택을 가치 있게 평가하기 때문일 것이다. 다시 말해 동일한 금액으로 현재에 살 수 있는 것으로 얻는 가치보다 집이 주는 혜택의 가치가 더 크다고 생각하기 때문이다. 자원이 희소하므로 자본에 대한 투자로 발생하는 기회비용은 그로 인해 잃게 되는 현재의 소비이다.

투자 기존의 자본(재)에 추가로 새로운 자본을 더하는 것. 자본은 특정 시점에 측정되는 현재의 양이고 투자는 어떤 기간 동안 이루어진 자본의 증가량으로, 유량인 투자는 저량인 자본을 증가시킴

생산가능곡선

생산가능곡선(production possibility frontier, PPF)이라는 간단한 그래프로 제약 조건하에서의 선택, 기회비용, 희소성을 나타낼 수 있다. PPF는 한 사회가 자원을 모두 효율적으로 사용할 때 생산할 수 있는 재화와 서비스의 조합을 보여준다. 그림 2.4는 가상의 경제에 대한 PPF이다. 이미 그림 2.3에서 콜린과 빌의 선택을 다루면서 단순한 형태의 PPF를 보았는데, 여기서는 보다 일반적인 PPF를 살펴보자.

생산가능곡선(PPF) 한 사회가 자원을 모두 효율적으로 사용할 때 생산할 수 있는 재화와 서비스의 조합을 보여주는 그래프

*Y*축은 생산된 자본재의 양이고 *X*축은 생산된 소비재의 양이다. 푸른색 음영으로 처리된 생산가능곡선의 아래와 왼쪽 및 생산가능곡선상의 점은 한 사회가 주어진 기술하에서 사용 가능한 자원을 가지고 생산할 수 있는 자본재와 소비재의 조합을 나타낸다. *G*점과 같이 생산가능곡선의 오른쪽 위에 있는 점은 현재로서는 생산할 수 없는 자본재와 소비재의 조합이다. 콜린과 빌의 경우 전문화와 자유거래로 둘이 생산할 수 있는 총생산량이 증가하여 생산가능곡선이 *G*점과 같은 위치로 이동할

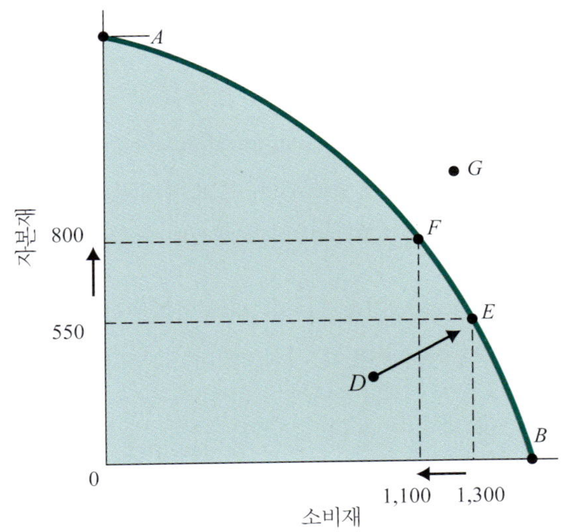

그림 2.4 생산가능곡선
생산가능곡선은 여러 가지 경제 개념을 보여주는데 그중 가장 중요한 것은 기회비용이다. 자본재를 더 생산할 때 지불하는 기회비용은 더 적은 양의 소비재 생산이다. 점 *E*에서 *F*로 이동하면 자본재 생산량은 550에서 800으로 증가하지만 소비재 생산량은 1,300에서 1,100으로 감소한다.

수 있다. 한 경제가 *A*점에 있다면 소비재를 전혀 생산하지 않고 모든 자원을 자본재 생산에 사용하고 있는 것이다. 한 경제가 *B*점에 있다면 반대로 자본재를 전혀 생산하지 않고 모든 자원을 소비재 생산에 사용하고 있는 것이다.

현실의 모든 경제는 자본재와 소비재를 둘 다 생산하지만 국가에 따라 생산 비중이 다르다. 2017년에 미국 총생산물의 약 16%는 새로운 자본재였다. 일본의 경우에는 역사적으로 볼 때 다른 국가에 비해 자본재 생산이 더 높은 비율을 차지하고 있다. 반면에 콩고는 총생산물 중 자본재의 생산 비중이 약 7%이다. 그러므로 PPF상에서 일본은 *A*점에 더 가깝고 콩고는 *B*점에 더 가까우며 미국은 중간 정도에 있다.

생산가능곡선상에 있는 점은 자원이 완전고용인 상태이고 생산이 효율적으로 이루어질 때 자본재와 소비재의 조합이다(생산적 효율성은 최저 비용으로 생산되는 것임을 상기하라). 어떤 재화의 생산에 자원이 덜 사용되지도 더 사용되지도 않기 때문에 자원의 낭비가 없다. 생산가능곡선상에 있지 않고 푸른색 음영 영역 안에 있는 점은 자원이 충분히 고용되지 않거나 생산의 비효율성이 발생할 때 자본재와 소비재의 조합이다. 예를 들어 그림 2.4의 *D*점에서는 자본재와 소비재를 더 많이 생산하는 방향으로 이동할 수 있다. *D*점에서는 자원의 완전고용이 아니거나 자원이 효율적으로 사용되고 있지 않다. 미국은 1930년대의 대공황 기간에 장기적인 불완전고용을 겪었으며 수백만 명이 일자리를 구하지 못했다. 1933년에는 실업률이 25%에 달했다. 최근인 2007년 말~2010년에는 급여를 받을 수 있는 800만 개의 일자리가 사라졌고 실업자가 1,500만 명을 넘어섰다. 이 기간 동안 미국 경제는 생산할 수 있는 것보다 더 적게 생산하면서 *D*점과 같은 위치에 있었다. 민간 기업의 부실 경영이나 정부의 잘못된 정책이 한 경제를 PPF의 안쪽으로 내몰 수도 있다.

음의 기울기와 기회비용 PPF의 기울기는 음(−)의 값이다. 이는 사용 가능한 자원의 양이나 현재의 기술로 인해 한 사회의 선택이 제약을 받는다는 것을 나타낸다. 한 사회가 자원을 완전히 그리고 효율적으로 사용하고 있을 때 자본재를 더 많이 생산하려면 소비재의 생산을 줄여야만 한다. 자본재를 추가로 생산할 때 발생하는 기회비용은 그로 인해 포기해야 하는 소비재의 생산량이다.

희소성이 존재한다는 것은 PPF의 기울기가 음의 값이라는 데에서 알 수 있다. 그림 2.4의 *E*점에서 *F*점으로 이동하면 자본재 생산량이 800 − 550 = 250단위 증가한다. 그러나 자본재의 증가는 소비재 생산에 사용되는 자원을 자본재 생산으로 돌리는 경우에만 가능하므로 *E*점에서 *F*점으로 이동할 때 소비재 생산량이 1,300 − 1,100 = 200단위 감소한다. 따라서 자본재 생산량 증가분(+)과 소비재 생산량 감소분(−)의 비율인 PPF의 기울기는 음의 값이다.

한계대체율(MRT) 생산가능곡선(PPF)의 기울기

PPF의 기울기 값은 **한계대체율**(marginal rate of transformation, MRT)이라고 한다. 그림 2.4에서 *E*점과 *F*점 사이의 MRT는 자본재 생산량 증가분(+)을 소비재 생산량 감소분(−)으로 나눈 것이다. MRT는 어떤 재화를 1단위 얻기 위해 포기해야 다른 재화의 양을 나타낸다.

기회비용 증가의 법칙 PPF의 음의 기울기는 두 재화 사이에서 한 사회가 직면하는 상호 교환관계를 드러낸다. 콜린과 빌의 경우에는 PPF가 직선이었다. 그렇다면 밖으로 볼록한 모양의 PPF는 무엇을 의미하는가?

빌은 나무 하나를 더 생산하기 위해 식량 2부셸을 포기해야 했다. 식량 또는 나무 생산에 대해 빌이 가진 시간당 능력은 그가 식량 또는 나무 생산에 들이는 시간에 따라 달라지지 않고 일정하다. 마

찬가지로 식량 또는 나무 생산에 대해 콜린이 가진 시간당 능력은 그녀가 식량 또는 나무 생산에 들이는 시간에 따라 달라지지 않고 일정하다. 따라서 콜린의 경우도 식량과 나무의 교환 비율이 일정하다. 한계대체율의 개념으로 설명하자면 빌과 콜린의 경우 한계대체율의 값이 일정하므로 PPF가 직선이 된다.

그러나 항상 그런 것은 아니다. 예컨대 처음에는 낮게 매달린 과일을 딸 수 있기 때문에 처음 식량 1부셸을 생산하기는 쉬울 것이다. 또한 첫 번째 나무보다 두 번째 나무는 더 멀리 가서 잘라 와야 하기 때문에 더 힘들 것이다. 밖으로 볼록한 모양의 PPF는 한 재화의 생산량을 늘려갈수록 그 재화를 얻기가 점점 더 힘들어진다는 것을 나타낸다. 그림 2.4에서는 자본재 생산에 자원을 더 많이 사용할수록 자본재 생산에 사용되는 자원의 기회비용이 증가한다. 왜 그런가? 일반적인 설명은 이렇다. 한 사회가 어떤 재화를 소량 생산하는 경우에는 그 재화를 생산하는 데 가장 적합한 자원(인력, 토지 등)을 사용할 수 있다. 그러나 어떤 재화의 생산을 다른 재화보다 더 많이 늘려갈수록 그 재화를 생산하는 데 적합한 자원을 구하기가 어려워져서 그 재화의 생산을 증가시키기가 점점 더 힘들다.

예를 들어 오하이오주와 캔자스주의 옥수수, 밀 생산에 대한 상호 교환관계를 생각해보자. 어떤 해에 오하이오주와 캔자스주는 둘이 합쳐서 옥수수 5억 1,000만 부셸, 밀 3억 8,000만 부셸을 생산했다. 이 경우 옥수수와 밀의 가상적인 생산량 조합은 표 2.1과 같으며, 그림 2.5는 이를 그래프로 나타낸 것이다.

이제 밀 수요가 급격히 증가했다고 가정하자. 그러면 농부는 농지의 일부를 옥수수 생산에서 밀

표 2.1 오하이오주와 캔자스주의 연간 옥수수, 밀 생산 가능량

PPF상의 점	옥수수(100만 부셸)	밀(100만 부셸)
A	700	100
B	650	200
C	510	380
D	400	500
E	300	550

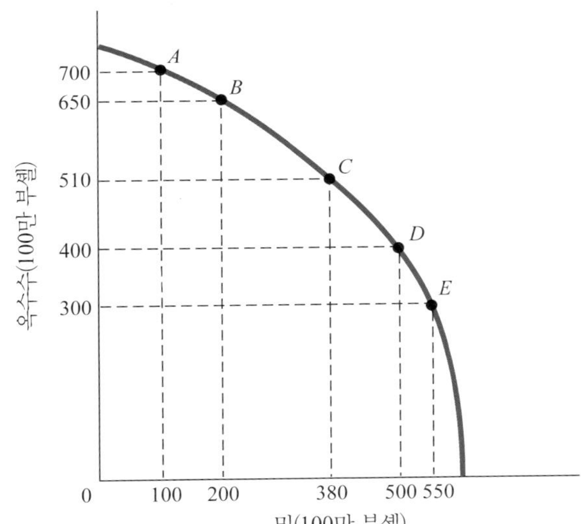

그림 2.5 오하이오주와 캔자스주의 연간 옥수수, 밀 생산 가능량

PPF는 옥수수 생산을 줄이고 밀 생산에 자원을 점점 더 많이 사용할수록 밀 생산의 기회비용이 증가하는 것을 보여준다. *A*점에서 *B*점으로 이동하면 밀 1억 부셸을 더 생산하기 위해 옥수수 5,000만 부셸을 포기해야 한다. 그러나 *D*점에서 *E*점으로 이동할 때는 밀 5,000만 부셸을 더 생산하기 위해 포기하는 옥수수가 1억 부셸이나 된다. 포기하는 옥수수의 양으로 나타낸 밀 생산의 기회비용이 증가한다.

생산으로 전환할 것이다. 이는 그림 2.5의 *C*점(옥수수 = 510, 밀 = 380)에서 PPF를 따라 오른쪽 아래의 *D*점이나 *E*점으로 이동하는 경우이다. 이러한 상황이 발생하면 추가로 밀을 생산하기가 점점 힘들어진다. 밀 생산에 적합한 농지에서는 이미 밀이 생산되고 있고, 옥수수 생산에 적합한 농지에서는 이미 옥수수가 생산되고 있을 것이다. 따라서 밀을 점점 더 생산하기 위해 사용하는 농지는 밀 생산에 점점 덜 적합한 토지일 것이다. 옥수수를 생산하던 농지를 밀 생산에 점점 더 많이 사용할수록 옥수수 생산에 적합한 농지를 밀 생산에 사용하게 된다. 달리 말해 밀을 더 생산함에 따라 포기해야 하는 옥수수의 양이 점점 더 커질 것이다.

표 2.1에서 보듯이 *A*점에서 *B*점으로 이동하면 밀 1억(2억 − 1억) 부셸을 얻기 위해 옥수수 5,000만(7억 − 6억 5,000만) 부셸을 포기하는 것이다. 즉 포기하는 옥수수 1부셸당 밀 2부셸을 얻는다. 그러나 PPF를 따라 오른쪽 아래로 내려오면서 밀 생산에 적합한 농지가 점점 줄어들어 밀 생산을 증가시키기가 점점 더 어려워진다. 다시 말해 기회비용이 증가한다. *D*점에서 *E*점으로 이동할 때는 옥수수 1억(4억 − 3억) 부셸을 희생하여 밀 5,000만(5억 5,000만 − 5억) 부셸을 얻을 뿐이다. 포기하는 옥수수 1부셸당 그 절반인 밀 1/2부셸을 얻는다. 이와 반대로 옥수수 수요가 크게 증가하면 PPF를 따라 왼쪽 위로 이동하여 옥수수를 생산하기가 점점 더 어려워진다. 즉 포기하는 밀의 양으로 나타낸 옥수수 생산의 기회비용이 증가하는데, 이러한 현상을 기회비용 증가의 법칙이라고 한다.

생산물의 효율적 조합 한 경제는 생산 효율성을 달성하여 PPF상에 있어야 하나 효율적인 경제란 이에 더하여 사람들이 원하는 것을 생산하는 경제이다. 즉 생산가능곡선상에서 사회 구성원이 원하는 점에 있어야 하는데, 이를 생산물 효율성이라고 한다. 앞에서 언급한 배분적 효율성은 이 두 효율성이 동시에 있는 것을 말한다. 한 경제가 쇠고기를 생산하는 데 자원의 100%를 사용하고 주어진 기술(최신 기술)하에서 생산 효율성을 달성하더라도 사회 구성원이 모두 채식주의자이고 다른 국가와 무역을 하지도 않는다면 자원을 낭비하는 셈이다. PPF는 현재의 가장 최신 기술이라는 제약 조건하에서 이루어지는 생산물의 조합을 나타내므로 기술 발전이 이루어진다면 경제가 성장하고 PPF가 이동한다.

경제성장 한 경제의 총생산물이 증가하는 것으로, 새로운 자원을 얻거나 기존의 자원으로 더 많이 생산하는 방법을 알게 될 때 나타남

경제성장 경제성장(economic growth)은 한 경제의 총생산물이 증가하는 것을 말한다. 경제성장은 한 사회가 새로운 자원을 얻거나 기존의 자원으로 더 많이 생산하는 방법을 알게 될 때 나타난다.

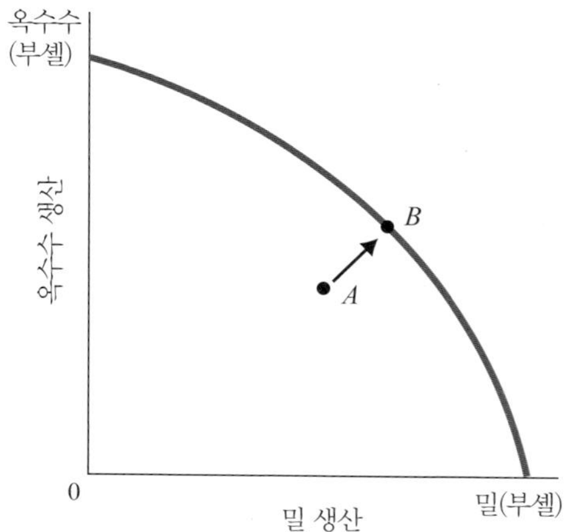

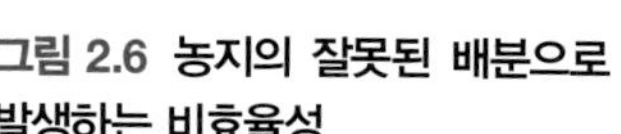
그림 2.6 농지의 잘못된 배분으로 발생하는 비효율성

비효율적 생산은 *A*점과 같이 항상 PPF 안에 있는 점으로 나타난다. 효율성이 증가하면 *B*점과 같은 PPF 상의 점으로 이동한다.

표 2.2 1935~2017년 미국 옥수수, 밀 생산의 생산성 증가

	1에이커당 옥수수 생산량(부셸)	1에이커당 밀 생산량(부셸)		1에이커당 옥수수 생산량(부셸)	1에이커당 밀 생산량(부셸)
1935~1939	26.1	13.2	2007	152.8	40.6
1945~1949	36.1	16.9	2008	153.9	44.9
1955~1959	48.7	22.3	2009	164.9	44.3
1965~1969	78.5	27.5	2010	152.8	46.4
1975~1979	95.3	31.3	2011	147.2	43.7
1981~1985	107.2	36.9	2012	123.4	46.3
1985~1990	112.8	38.0	2013	158.8	47.2
1990~1995	120.6	38.1	2014	171.0	43.7
1998	134.4	43.2	2015	168.4	43.6
2001	138.2	43.5	2016	174.6	52.7
2006	145.6	42.3	2017	176.6	46.3

출처: U.S. Department of Agriculture, Economic Research Service, Agricultural Statistics, Crop Summary.

새로운 자원은 노동력의 증가일 수도 있고 자본재의 증가일 수도 있다. 자본재인 새 기계나 장비를 만들어 사용하면 근로자의 생산성이 향상된다(예: 삽을 이용하면 더 큰 구덩이를 팔 수 있고, 굴착기를 이용하면 훨씬 더 큰 구덩이를 짧은 시간 안에 많이 팔 수 있다). 또한 더 효율적인 신기술의 적용과 같은 기술 혁신에 의해서도 생산성이 향상된다.

지난 수십 년 동안 미국의 농업 생산성은 놀랄 만큼 증가했다. 미국 농무부의 자료를 바탕으로 만든 표 2.2를 보면 1에이커당 옥수수 생산량이 1930년대 후반부에 비해 6배 이상 증가했다. 또한 옥수수를 생산하는 데 드는 노동력이 크게 줄어들었다. 밀 생산성도 상당히 증가하여 1에이커당 생산량이 3배 이상 증가하고 필요한 노동력은 거의 90% 줄어들었다. 이는 더 좋은 자본재(트랙터, 콤바인 등), 과학 지식과 기술 발전(개량 종자, 비료 등), 더 효율적인 농업 기술이 적용된 결과이다. 이러한 변화는 그림 2.7에서 보듯이 PPF를 오른쪽 위로 움직인다.

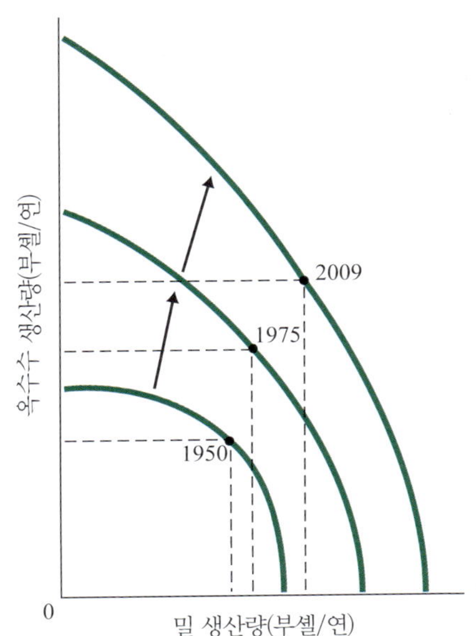

그림 2.7 경제성장에 의해 오른쪽 위로 이동하는 PPF
생산성 증가는 미국의 옥수수와 밀 생산을 증가시킨다. 표 2.2는 이러한 생산성 증가가 밀보다 옥수수 생산에 더 큰 영향을 미쳤음을 보여준다. 따라서 PPF는 평행적으로 이동하지 않는다.

성장의 원천과 빈곤국의 딜레마 경제성장의 원천은 다양하지만 가장 중요한 것은 자본재의 축적과 기술 발전이다. 가난한 국가의 경우 특히 자본재의 축적이 중요하다. 이러한 국가는 통신망과 운송망을 잘 갖추어 생산이 효율적으로 이루어지게 해야 한다. 또한 농업 부문에 필요한 자본재도 갖추어야 한다.

자본재 생산은 소비재 생산의 희생으로만 가능하다고 했는데, 기술 발전 또한 이에 필요한 자금을 지원하기 위해 현재의 소비를 희생해야 한다. 그러나 대다수 인구가 가난한 국가는 소비재(식품, 의류 등) 생산을 희생하여 필요한 자원을 확보하기가 어렵다. 또한 일부 국가에서는 투자할 수 있는 부를 지닌 사람들이 정치적 상황이 불안한 국내에 투자하지 않고 외국에 투자하려고 한다. 따라서 빈곤국의 정부는 자본재 생산과 연구개발을 위한 비용을 세금으로 확보해야 하는 문제에 부닥친다.

이러한 이유로 가난한 국가와 부유한 국가의 격차가 점점 더 벌어졌으며, 그림 2.8은 이를 PPF로 나타낸 것이다. 왼쪽 아래의 PPF에서 부유한 국가는 자본재를 많이 생산하고, 왼쪽 위의 PPF에서 가난한 국가는 대부분의 자원을 소비재 생산에 사용하고 있다. 그 결과를 보여주는 오른쪽 그림에서 부유한 국가의 PPF는 더 빠르게 더 멀리 이동한다.

한 연구는 자본재와 기술 발전의 중요성이 개발도상국의 근로자에게 미치는 영향을 밝혔다. 전통적인 전화망을 구축하는 데에는 많은 전선이 필요하고 중계탑도 많이 세워야 하므로 상당한 투자가 필요한데 개발도상국은 이를 제대로 갖추지 못하고 있다. 한편 휴대전화를 사용하는 데에는 이보다 훨씬 적은 투자가 필요하다. 따라서 많은 지역에서 전화를 사용하지 못하던 사람들이 갑자기 스마트폰을 사용할 수 있게 되었다. 연구에 따르면 인도 남부 작은 어촌의 어부들은 스마트폰 덕분에 매일

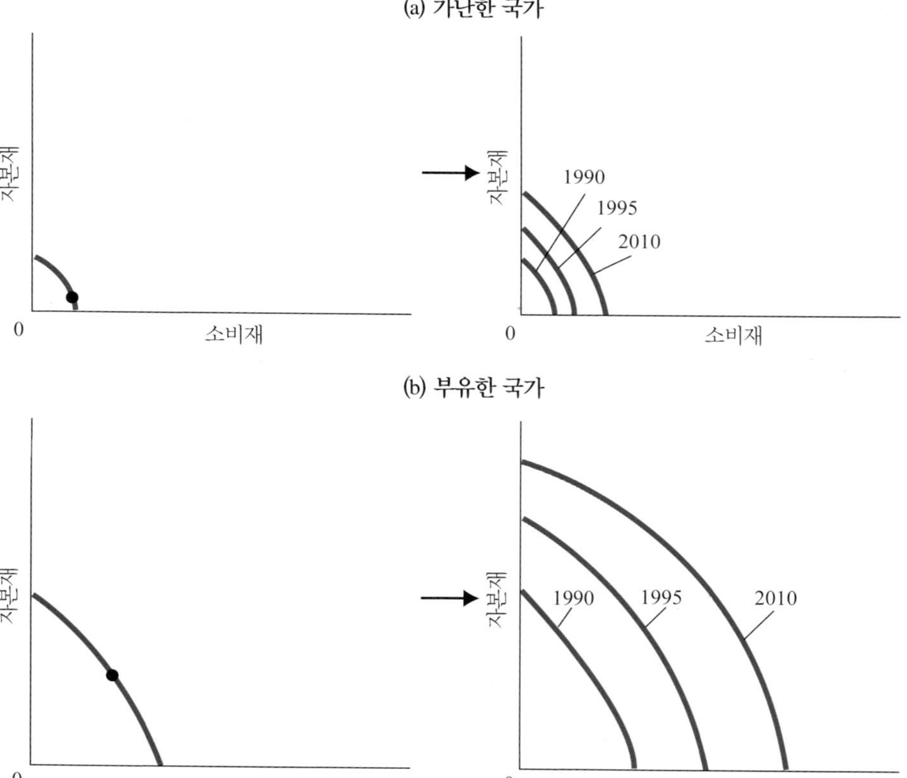

그림 2.8 가난한 국가와 부유한 국가의 자본재와 성장
부유한 국가는 가난한 국가에 비해 상대적으로 자본재 생산에 자원을 사용하기가 더 쉽고, 자본재 생산에 더 많은 자원을 사용할수록 경제성장이 더 빨라진다. 이로 인해 가난한 국가와 부유한 국가 간의 격차가 점점 더 벌어졌다.

경제학의 적용

중국의 소비 패턴 변화

모든 사회는 사람들의 수요에 비해 자원이 한정적이다. 자원의 희소함 때문에 우리는 상호 교환관계에 직면하게 된다. 그러나 경제가 성장하여 더 많은 자원을 사용할 수 있게 되면 그에 따라 직면하는 상호 교환관계가 변화한다.

중국 경제는 세계에서 두 번째로 크고 지난 10여 년 동안 세계 경제에 성장 동력을 제공해왔다. 21세기로 넘어올 무렵 중국의 가구는 평균적으로 소득의 약 1/3을 식품을 구입하는 데 지출했다. 그러나 2015년 이후 식품 이외의 소비로 빠르게 이동하면서 식품 구입을 위한 지출이 소득에서 차지하는 비율이 약 28%로 줄어들었다. 이 기간 동안 소득 중에서 집을 위한 지출은 13.2%에서 15.4%로, 건강관리를 위한 지출은 10%에서 11.3%로, 통신이나 운송비는 10.4%에서 12%로 증가했다.[1]

경제성장과 함께 소득이 증가하면 지출 예산에서 식품이 차지하는 비율이 작아진다. 이러한 소비 패턴의 변화는 물가에도 영향을 미쳤다. 어떤 재화나 서비스를 더 많이 생산하려면 그 재화의 생산에 필요한 생산요소의 수요도 증가하여 생산요소의 가격이 오르고, 그에 따라 해당 재화의 가격도 상승하게 된다. 2017년에는 식품 가격의 상승이 비식품 가격의 상승보다 훨씬 낮았는데, 이는 건강, 통신, 의복, 교육, 엔터테인먼트, 금융 서비스, 반려동물에 대한 수요가 증가한 것이 주된 이유였다. 작은 국가라면 소비 패턴의 변화가 미치는 영향이 그렇게 크지 않았겠지만 중국처럼 방대한 시장에서는 그 영향이 더 빠르게 더 두드러지게 나타난다. 따라서 많은 중국 기업과 외국 기업은 사업 기회를 포착하기 위해 중국 소비자의 소비 패턴을 항상 유심히 주목하고 있다.

질문

- 중국 소비자의 소비 패턴 변화는 기회비용 증가의 법칙과 어떻게 연관되는가?

[1] China National Bureau of Statistics, *China Statistical Yearbook – 2016*. Beijing: China Statistics Press.

물고기를 어디서 팔아야 할지 알게 되었고, 이로 인해 낭비되는 물고기가 크게 줄어들어 전보다 더 많은 이윤을 얻었다. 오늘날 새로운 통신 수단은 경제개발을 촉진하고 있다.[1]

PPF는 단출한 그래프이지만 희소성, 불완전고용, 비효율성, 기회비용, 기회비용 증가의 법칙, 경제성장, 거래를 통해 얻는 이득 등 중요한 경제 개념을 잘 보여준다.

경제적 문제

모든 경제시스템이 직면하는 기본적인 질문, 즉 '무엇을 생산할 것인가? 어떻게 생산할 것인가? 생산된 것을 누가 가질 것인가?'를 상기하라.

빌이 혼자 무인도에 있다면 이 세 가지 질문에 대한 답은 간단하다. 그는 원하는 것이 무엇인지 생각해보고 섬의 자원과 자신의 기술이라는 제약 조건하에서 의사결정을 하면 된다. 일을 시작하면서 빌은 하고자 하는 일에 시간을 배분한다. 빌은 자기가 생산한 것을 전부 차지하기 때문에 생산된 것을 어떻게 분배할 것인가는 문제가 되지 않는다.

그렇지만 섬에 한 사람이라도 더 있으면 상황이 크게 달라진다. 협력(cooperation)과 조정

1 Robert Jensen, "The Digital Provide: Information Technology, Market Performance, and Welfare in the South Indian Fisheries Sector," *Quarterly Journal of Economics*, 2007: 879–924.

(coordination)은 그렇게 하지 않았을 때는 얻을 수 없는 이득을 가져다준다. 한 사회가 수백만 명으로 이루어져 있으면 사람들 간의 협력과 조정이 매우 힘들지만 이를 통해 얻을 수 있는 이득이 더 커진다. 많은 사람으로 구성된 복잡한 경제에서는 전문화가 크게 향상될 수 있다. 현대 산업 사회에서 나타나는 제품의 다양성은 100년 전에는 상상조차 할 수 없었던 것이며 직업의 다양성도 마찬가지이다. 전문화는 이러한 다양성이 나타나는 데 큰 역할을 했다.

현대 산업 사회에서 이루어지는 협력과 조정은 상상을 초월할 만큼 방대하다. 가끔 서투르고 비효율적인 경우도 있기는 하지만 현대 산업 사회에는 사람들이 원하는 재화나 서비스를 생산하는 방향으로 경제시스템을 끌고 가는 무언가가 있다. 매우 크고 복잡한 현대 사회는 기본적인 세 가지 경제 문제를 어떻게 해결하는가? 이는 경제적인 문제이고 이 책의 주제는 이를 살펴보는 것이다.

학습목표

무엇을 얼마나 생산해야 하는지를 결정할 때 명령경제와 시장경제의 차이를 이해한다.

2.2 경제시스템과 정부의 역할

경제시스템의 운영 메커니즘을 간단히 살펴보자. 무엇을 어떻게 생산하는지를 결정하는 데 정부는 어떤 역할을 할 수 있는가? 많은 경우에 정부는 시장의 기능을 개선할 수 있다.

명령경제

명령경제 중앙정부가 직간접적으로 목표 생산량, 소득, 가격을 결정하는 경제

과거의 소비에트연방이나 중국과 같은 완전 **명령경제**(command economy)에서는 경제의 기본적 문제를 중앙정부가 해결한다. 정부가 소유한 기업과 중앙계획에 따라 정부는 직간접적으로 목표 생산량, 소득, 가격을 결정한다.

오늘날 거의 모든 국가에서는 민간 기업이 생산과 관련된 의사결정을 하고 있으며, 정부가 경제에 얼마나 관여해야 하는지, 어떤 역할을 해야 하는지는 논쟁의 대상이다. 이론상으로 정부 정책은 국가 자원의 효율적 배분에 기여할 수 있으나, 잘못된 정부 정책은 인센티브를 파괴하고 부정부패를 증가시키며 국가 자원의 낭비를 초래한다.

무간섭경제: 자유시장

무간섭(레세페르)경제 'laissez-faire'는 '그냥 놔둬라'라는 뜻의 프랑스어로, 개인이나 기업이 정부의 명령이나 규제를 받지 않고 자유롭게 자신의 이익을 추구하는 행동을 하도록 허용하는 경제

시장 구매자와 판매자가 상호작용하면서 교환을 하는 기구

명령경제의 반대편에는 **무간섭(레세페르)경제**(laissez-faire economy)가 있다. 'laissez-faire'는 '그냥 놔둬라'라는 뜻의 프랑스어로, 정부의 경제 간섭을 완전히 배제한다는 의미를 담고 있다. 무간섭경제에서 개인이나 기업은 정부의 명령이나 규제를 받지 않고 자신의 이익을 추구하는 행동을 하며, 이러한 수많은 개인의 의사결정의 총합으로 모든 기본적 경제 문제를 해결한다. 무간섭 시스템을 통해 기본적 경제 문제에 대해 답하는 중앙 기구는 자유로운 시장이다. **시장**(market)은 구매자와 판매자가 상호작용하면서 교환을 하는 기구이다.

어떤 시장은 간단하고 어떤 시장은 복잡하다. 그러나 모든 시장은 교환을 하려는 구매자와 판매자로 이루어져 있다. 무간섭경제에서는 구매자와 판매자의 거래를 통해 무엇을 생산할 것인지, 어떻게 생산할 것인지, 생산된 것을 누가 가질 것인지가 결정된다.

소비자 주권 규제를 받지 않는 자유로운 시장에서는 생산자가 이윤을 낼 수 있는 재화와 서비스

만 생산된다. 이윤을 낸다는 것은 간단히 말해 생산비용보다 높은 가격에 재화와 서비스를 파는 경우에만 가능한 일이다. 어떤 생산자가 내놓는 제품을 사람들이 원하지 않는다면 그 생산자는 제품을 팔지 못하여 이윤을 얻을 수 없다. 자유로운 시장시스템에서 어떤 생산물이 생산되느냐는 구매행위를 통해 드러나는 소비자의 기호와 선호에 의해 결정되는데, 경제학자들은 이를 **소비자 주권**(consumer sovereignty)이라고 부른다. 기업은 소비자 수요의 변화에 따라 흥하기도 하고 망하기도 한다. 이 경우에 중앙정부의 명령이나 계획은 필요하지 않다.

소비자 주권 무엇을 생산하느냐 생산하지 않느냐는 결국 소비자가 무엇을 구매하느냐 구매하지 않느냐에 따라 결정된다는 개념

개별적인 생산 결정: 자유기업 자유시장시스템에서 각 생산자는 재화나 서비스를 생산하기 위해 생산을 어떻게 조직화하고 조정해야 할지 결정해야 한다. 자유시장경제에는 작은 생산자도 있고 큰 생산자도 있다. 컴퓨터 프로그램을 잘 다루는 사람은 웹사이트를 설계하는 1인 기업을 창업할 수 있고, 가구 디자이너들은 큰 자금을 모아 공동으로 큰 가구 사업을 할 수 있다. 마이크로소프트, 삼성, 애플, 인텔처럼 매년 수백억 달러의 제품을 판매하는 대기업도 있다. 그러나 기업의 규모에 관계없이 시장경제에서는 자신의 이익을 추구하는 행동을 하는 개별 민간 기업이 생산에 관한 의사결정을 한다.

자유시장시스템을 옹호하는 사람들은 시장 덕분에 더 효율적으로 생산할 수 있고, 변화하는 소비자의 다양한 기호에 더 잘 대응할 수 있다고 주장한다. 생산자가 비효율적이라면 경쟁자가 나타나서로 경쟁하다 비효율적인 생산자는 시장을 떠나게 된다. 그러므로 자유시장경제에서 경쟁은 생산자가 더 효율적인 생산기술을 사용하고 소비자가 원하는 제품을 만들도록 독려한다.

생산물의 분배 자유시장시스템에서는 생산물의 분배(누가 무엇을 가질 것인가)도 분산된 의사결정을 통해 이루어진다. 일한 대가로 받는 임금에 의해 소득이 결정되는 한 이는 적어도 부분적으로는 개인의 선택에 따라 결정되는 것이다. 시장을 통해 어떤 임금을 주는 일을 선택한다는 것은 그 일을 함으로써 잃게 되는 것을 보상하고도 남는 임금(또는 그 임금으로 구매할 수 있는 재화나 서비스)을 받기 때문이다. 교육이나 훈련을 더 많이 받으면 더 큰 소득을 얻을 수 있다는 것도 알게 될 것이다.

가격 이론 자유시장시스템에서 사람들 간의 거래를 통해 조정되게 하는 기본적인 메커니즘은 가격이다. 제품 1단위당 거래되는 금액인 가격에는 그 사회가 지불하려는 금액이 반영된다. 투입물(노동, 토지, 자본)의 가격은 해당 제품의 생산에 드는 비용을 결정한다. 다양한 종류의 노동 가격, 즉 임금은 다양한 직무와 직업에 대한 보상을 결정한다. 시장경제에서 독립적으로 이루어지는 많은 의사결정에는 가격과 비용의 저울질이 포함되기 때문에 경제이론의 상당 부분이 가격에 영향을 주거나 가격을 결정하는 요인에 초점을 맞추고 있다. 이는 미시경제학 이론을 흔히 가격 이론이라고 부르는 이유이기도 하다.

자유시장시스템에서는 기본적 경제 문제를 해결하는 데 중앙정부의 명령이나 계획을 필요로 하지 않는다. 자유시장이라는 용어에서의 '자유'는 이를 의미하여 시장 밖의 어떤 것으로부터 간섭을 받지 않고 시스템이 스스로 작동하도록 되어 있다. 자신의 이익을 추구하는 개인들은 사람들이 원하는 서비스와 제품을 생산하는 사업을 한다. 또한 기술을 배울 것인지, 일을 할 것인지, 판매할 것인지, 구매할 것인지, 투자할 것인지, 소득의 일부를 저축할 것인지에 대한 결정도 한다. 이 모든 것이 조정되도록 만드는 메커니즘은 바로 가격이다.

혼합경제, 시장, 정부

완전 명령경제와 완전 무간섭(레세페르)경제의 차이는 엄청나다. 실제로 완전 명령경제나 완전 무간섭경제는 존재하지 않으며 현실에 있는 모든 시스템은 '혼합형'이다. 정부가 주요 역할을 하는 경제에서도 개별 기업이 있어 독립적인 선택을 한다.

반대로 정부의 간섭이나 규제가 전혀 없는 시장경제도 존재하지 않는다. 미국은 기본적으로 자유시장경제이지만 2017년에만도 미국 정부는 미국 총생산물의 17% 이상을 구매했다. 미국 정부(지방정부, 주정부, 연방정부)는 미국 전체 근로자의 약 14%를 직접 고용하고 있다. 또한 세금이나 사회복지기금으로 소득을 재분배하고 많은 경제활동을 규제한다.

규제를 받지 않는 자유시장의 이점과 정부 개입의 필요성 사이에는 긴장감이 존재한다. 시장이 잘하는 것과 시장이 실패할 가능성이 큰 경우를 파악하여 시장이 실패했을 때 정부가 어떤 역할을 해야 하는가를 살펴보는 것이 정책경제학이다. 이 책에서도 이러한 것을 다룰 것이다.

요약

01 어떤 사회든 자연과 이전 세대가 물려준 자원을 유용한 형태로 변환하는 과정이나 시스템을 가지고 있으며, 경제학은 그 과정이나 결과를 연구하는 학문이다.

02 생산자는 자원을 유용한 제품이나 생산물로 변환하며 기업, 가구, 정부 모두 어떤 것을 생산한다.

03 모든 경제는 기본적 경제 문제, 즉 무엇을 생산할 것인가, 어떻게 생산할 것인가, 생산된 것을 누가 가질 것인가를 해결해야 한다.

04 섬에 혼자 살고 있는 사람이든 복잡한 사회든 기본적 경제 문제에 대한 의사결정을 해야 한다. 사회 구성원이 둘 이상이면 전문화, 협력, 분배의 문제가 발생한다.

05 모든 사회는 인간의 욕구에 비해 상대적으로 자원이 부족하므로 이러한 희소성하에서 어떤 재화나 서비스를 생산하는 데 자원을 사용한다는 것은 다른 것을 생산하는 데 그 자원을 사용하지 않는다는 의미이다. 기회비용의 개념은 경제학을 이해하는 데 필수적이다.

06 미래의 혜택을 위해 자본재 생산에 자원을 사용하는 것은 현재의 소비재 생산을 위해 그 자원을 사용하지 않는다는 것을 의미한다.

07 한 국가나 개인이 다른 국가나 개인에 비해 모든 재화나 서비스의 생산에서 더 효율적이더라도 비교우위를 가진 재화나 서비스를 생산하는 데 전문화하고 자유로운 거래를 통해 생산물을 교환하면 당사자 모두가 이득을 얻을 수 있다.

08 생산가능곡선(PPF)은 한 사회가 주어진 자원과 기술을 가장 효율적으로 사용하여 생산할 수 있는 재화와 서비스의 조합을 보여주는 그래프로 희소성, 불완전고용, 비효율성, 증가하는 기회비용, 경제성장과 같은 중요한 경제 개념을 잘 나타낼 수 있다.

09 경제성장은 한 사회가 새로운 자원을 얻거나 기존의 자원으로 더 많이 생산하는 방법을 알게 될 때 나타난다. 추가 자본이나 보다 효율적인 생산기술에 의해 생산성이 향상될 수 있다.

10 일부 사회에서는 기본적인 경제 문제를 해결하는 데 정부가 큰 역할을 한다. 완전 명령경제에서는 중앙정부가 직간접적으로 목표 생산량, 소득, 가격을 결정한다.

11 무간섭(레세페르)경제는 개인이나 기업이 정부의 명령이나 규제를 받지 않고 자유롭게 자신의 이익을 추구하는 행동을 하도록 허용함으로써 기본적인 경제 문제를 해결하는 경제이다.

12 시장이란 구매자와 판매자가 상호작용하면서 교환을 하는 기구이다. 어떤 시장에서는 직접 대면하여 거래가 이루어지고, 또 어떤 시장에서는 서로 멀리 떨어져 있는 구매자와 판매자가 전자거래를 이용한다.

13 실제로 완전 명령경제나 완전 무간섭경제는 존재하지 않으며 현실에 있는 모든 시스템은 혼합형이다. 중앙계획경제에도 개별 기업, 독립적인 선택, 어느 정도 자유로운 시장이 존재하며, 미국과 같은 시장경제라도 정부가 상당히 간섭을 한다.

14 규제를 받지 않는 자유시장의 이점을 옹호하는 쪽과 정부 개입의 필요성을 주장하는 쪽이 팽팽하게 대립하곤 한다. 자유로운 시장

에서는 사람들이 원하는 것을 생산하고 경쟁으로 인해 기업이 더 효율적인 생산기술을 갖추게 된다. 그러나 이러한 시장의 비효율성, 불공평한 소득 분배, 인플레이션, 실업 등으로 정부 개입의 필요성이 제기된다.

핵심 용어

경제성장(economic growth)
기회비용(opportunity cost)
무간섭(레세페르)경제(laissez-faire economy)
명령경제(command economy)
비교우위(comparative advantage)
비교우위론(theory of comparative advantage)
생산(production)
생산가능곡선(production possibility frontier, PPF)
생산물(output)
생산요소(factor of production)/요소(factor)
소비자 주권(consumer sovereignty)
소비재(consumer goods)
시장(market)
자본(capital)
절대우위(absolute advantage)
투입물(input)
투자(investment)
한계대체율(marginal rate of transformation, MRT)

연습문제

01 다음의 각 경우에 발생하는 기회비용을 설명하라.

a. 주말에 부모님 댁을 방문한다.
b. 이틀에 한 번씩 운동을 한다.
c. 정부가 1,000년 된 유적을 수리한다.
d. 버스 요금을 저렴하게 유지하기 위해 지방정부가 운송업체에 보조금을 지급한다.
e. 공휴일에 비행기의 비즈니스석을 이용한다.
f. 넷플릭스의 새 드라마를 보면서 잡담을 한다.

02 기업이 자원을 완전고용하면서 현재 사용 가능한 최신 기술로 생산하고 있다면 경제적으로 효율적인 것이다. 이 말에 동의하는지, 동의하지 않는지 밝히고 그 이유를 설명하라.

03 당신이 한 신문사의 인턴이라고 가정하자. 편집장이 상하이에서 홍콩까지 연결되는 새로운 고속철도 건설의 비용과 혜택에 관한 사설을 써보라고 했다. 상하이에서 홍콩까지 자동차로 가는 데에는 19시간이 걸리며 중간에 교통체증이 심하다. 고속철도 건설에 드는 비용은 844억 홍콩 달러이고 정부나 민간이 자금을 조달한다. 고속철도를 건설하는 데 따르는 기회비용은 얼마인가? 고속철도가 건설되면 시민은 어떤 혜택을 누릴 수 있는가? 이 사설을 작성할 때 추가로 고려해야 할 요소는 무엇인가?

04 알렉시와 토니는 푸드트럭에서 타코와 쿠바 샌드위치를 판매한다. 다음 표와 같이 알렉시는 1시간에 타코를 80개 만들 수 있지만 쿠바 샌드위치는 20개밖에 만들지 못한다. 또한 토니는 1시간에 타코 100개 또는 쿠바 샌드위치 30개를 만들 수 있다. 알렉시와 토니는 만든 타코와 쿠바 샌드위치를 모두 팔 수 있다.

	시간당 생산량	
	타코	쿠바 샌드위치
알렉시	80	20
토니	100	30

a. 알렉시와 토니가 타코를 만드는 데 드는 기회비용은 각각 얼마인가? 타코 만들기에서 비교우위를 가진 사람은 누구인가?
b. 쿠바 샌드위치 만들기에서 비교우위를 가진 사람은 누구인가?
c. 알렉시는 1주일에 20시간을 일한다. 알렉시 혼자 음식을 만들어 파는 경우 1주일 동안 만들 수 있는 타코와 쿠바 샌드위치의 조합을 그래프로 나타내라. 마찬가지로 토니 혼자 음식을 만들어 파는 경우도 그래프로 나타내라.
d. 알렉시가 근로 시간의 반(10시간)을 타코를 만드는 데 사용하고 나머지 반을 쿠바 샌드위치를 만드는 데 사용한다면 1주일 동안 생산되는 타코와 쿠바 샌드위치는 각각 몇 개인가?
e. 알렉시가 타코를 만드는 데 20시간을 모두 사용하고 토니가 쿠바 샌드위치를 만드는 데 17시간, 타코를 만드는 데 3시간을 사용한다면 생산되는 타코와 쿠바 샌드위치는 각각 몇 개인가?

f. 타코는 개당 2달러, 쿠바 샌드위치는 개당 7.25달러에 판매된다. 알렉시와 토니가 1주일에 20시간을 일한다면 이들이 각각 타코와 쿠바 샌드위치 생산에 사용해야 하는 시간은 얼마인가? 이들이 벌어들이는 수입은 총 얼마인가?

05 다음의 각 경우에 발생하는 상호 교환에 대해 간단히 설명하라. 현재 소비와 미래 소비 간의 상호 교환에 주목하면서 각 의사결정과 관련된 기회비용을 열거하라.

a. 빅터는 대학을 졸업한 후 취직하는 대신 1년간 쉬기로 했다.

b. 알리아는 수업료를 내고 매일 수학을 배우기로 했다.

c. 메리는 반려견의 털을 손질하기 위해 강아지 미용실에 간다. 반려견의 털을 손질하는 데 2시간이 걸리고 비용은 45파운드이다.

d. 샨차이는 비행기를 놓치지 않으려고 서두른다. 그녀는 공항까지 제한 속도를 초과하여 운전한다.

*06 오리온과 스코피어스는 작은 산악국이다. 두 국가 모두 화강암과 블루베리를 생산하고 근로자가 각각 800명이다. 각국의 근로자 한 사람이 한 달에 생산할 수 있는 양은 다음과 같다. 근로자의 생산성은 동일하며 변하지 않는다고 가정한다.

	화강암 생산량(톤)	블루베리 생산량(부셸)
오리온 근로자	6	18
스코피어스 근로자	3	12

근로자 1명당 생산성

a. 화강암 생산에서 절대우위를 가진 국가는 어디인가? 블루베리 생산에서 절대우위를 가진 국가는 어디인가?

b. 화강암 생산에서 비교우위를 가진 국가는 어디인가? 블루베리 생산에서 비교우위를 가진 국가는 어디인가?

c. 두 국가의 PPF를 그려라.

d. 두 국가 사이에 거래가 없다고 가정하자. 두 국가가 각각 화강암의 톤 수와 블루베리의 부셸 수를 동일하게 생산하려고 한다면 근로자들의 시간을 어떻게 배분해야 하는가?

e. 전문화와 자유로운 거래를 통해 두 국가가 PPF 밖의 점으로 이동할 수 있음을 밝혀라.

*07 다음 그래프를 아래 항목과 연결하라. 이 사회는 A점에 있거나 A점에 도달하고자 하며, 사회 구성원은 대부분 생선보다 고기를 좋아한다. 아래 항목은 여러 그래프에 해당될 수도 있고, 한 그래프가 여러 항목에 적용될 수도 있다.

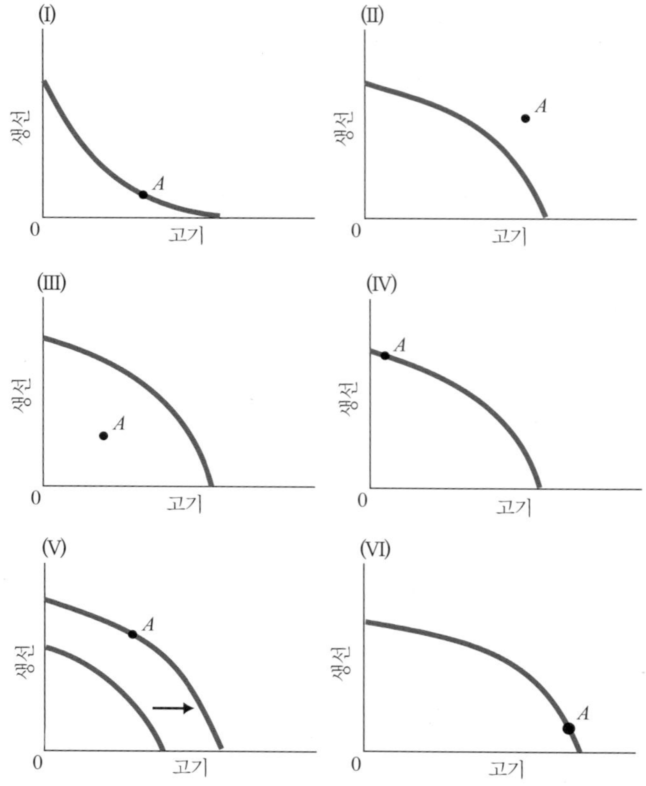

a. 비효율적인 고기와 생선 생산

b. 생산 효율성

c. 비효율적인 생산량 조합

d. 고기와 생선 생산의 기술 발전

e. 기회비용 증가의 법칙

f. 고기와 생선 생산량의 불가능한 조합

08 다음은 한정된 자원을 가지고 있는 한 국가가 생산할 수 있는 카펫과 카펫 직기의 생산량 조합이다. 이는 이전에 생산된 직기의 일부가 현재의 카펫 생산에 사용될 수 있다고 가정한 수치이다.

카펫의 양(100만 야드)	카펫 직기(1,000개)
0	45
12	42
24	36
36	27
48	15
60	0

a. 표를 이용하여 세로축에 카펫의 양을 표시한 PPF를 그려라.

b. 기회비용 증가의 법칙이 이 국가에도 적용되는지 간단히 설명하라. (힌트: 카펫 생산이 증가함에 따라 카펫 직기의 수로 측

2 더 어려운 문제는 별표(*)로 표시했다.

정된 카펫 생산의 기회비용에 어떤 현상이 나타나는가?)

c. 이 국가가 카펫과 카펫 직기를 모두 생산하기로 했다면 PPF는 시간이 지남에 따라 어떻게 변하는가? 그 이유를 설명하라.

새로운 기술을 발견하여 기존 직기로 생산할 수 있는 카펫의 양이 50% 증가했다고 하자.

d. 이로 인한 영향을 앞에서 그린 PPF에 나타내라.

e. 새로운 기술이 도입되기 전의 카펫 직기 생산량은 15,000개였으나 새로운 기술이 도입된 후 생산량이 27,000개로 증가했다. 새로운 기술은 카펫 생산량에 어떤 영향을 미치는가? (변화 전후의 카펫의 수치로 나타내라.)

09 방대한 설문조사 자료를 분석한 한 연구에 따르면 은퇴한 사람들이 식품 구입에 지출하는 금액이 은퇴하지 않은 사람들이 식품 구입에 지출하는 금액보다 적은 것으로 나타났다. 기회비용의 개념을 이용하여 이에 대해 설명하라.

출처: Mark Aguiar and Erik Hurst, "Consumption versus Expenditure," *Journal of Political Economy*, October 2005.

*10 베티는 세차와 내부 세차 서비스 사업을 한다. 세차는 대당 20달러를 받으며 별도로 들어가는 재료나 인력 없이 20분이 소요된다. 내부 세차는 재료비를 빼고 50달러를 받으며 별도의 인력 없이 1시간이 소요된다. 베티의 가격 정책에 이상한 점이 없는지 설명하라.

11 1903년에 세실 로즈(Cecil Rhodes)가 설립한 로즈 장학금은 세계에서 가장 권위 있는 장학금 중 하나로, 외국인 학생에게 옥스퍼드대학에서 공부할 수 있는 기회를 제공하고 학비, 개인 용돈, 왕복 항공료 등을 지원한다. 당신이 이 장학금의 수혜자로 선정되었다면 이 경우에도 경제적 비용이 발생하는가?

12 영국의 케임브리지와 옥스퍼드에서는 펀팅(펀트라는 배를 장대로 밀어서 저어 가는 것)이 인기 있다. 날씨가 따뜻한 날에는 이 지역의 강이 수많은 펀트로 가득하다. 케임브리지와 옥스퍼드가 대도시에서 수백 킬로미터 이상 떨어져 있다는 점을 고려할 때 이러한 대학에서 펀팅의 인기가 높은 경제적 이유는 무엇인가?

13 테메리아공화국은 보트와 말을 생산할 수 있으며 생산량은 다음과 같다(단위는 100). 다음 자료가 테메리아공화국이 증가하는 기회비용에 직면한다는 것을 보여주는 이유를 설명하라.

	A	B	C	D	E
말	1,000	900	700	400	0
보트	0	3	6	9	12

14 다음의 각 경우가 한 국가의 생산가능곡선에 미치는 영향을 설명하라.

a. 기술이 없는 성인을 위해 직업훈련 센터를 설립했다.

b. 오스트레일리아의 농촌 지역에 가뭄이 들었다.

c. 불안한 정치 상황 때문에 한 국가의 일부 국민이 다른 국가로 이주했다.

d. 한 국가가 실업수당을 20% 늘리자 더 많은 사람이 더 오랫동안 일을 하지 않게 되었다.

e. 태양광 기술이 발전하여 더 많은 에너지를 얻게 되었다.

f. 한 국가의 사회간접자본이 지진으로 파괴되어 생산능력이 현저히 줄어들었다.

15 명령경제와 무간섭경제에 대해 설명하라. 완전 명령경제 또는 완전 무간섭경제인 국가가 현실에 존재하는지 설명하라.

경제학적 사고 키우기

01 경제성장은 PPF를 밖으로 이동시킨다. 실업률의 감소도 PPF를 밖으로 이동시키는가?

02 본문에서 소비재 생산과 자본재 생산 간의 상호 교환관계에 대해 설명하고 개발도상국에서 휴대전화(무선통신) 기술이 중요하다는 것을 살펴보았다. 빈곤국에서 휴대전화를 사용할 수 있게 되면 소비재와 실물자본(자본재)의 PPF에 어떤 영향을 미치는가?

CHAPTER 3

수요, 공급과 시장균형

목차와 학습목표

3.1 기업과 가구: 의사결정의 기본 단위

시장에서 기업, 기업가, 가구의 역할을 이해한다.

3.2 투입물시장과 생산물시장: 순환도

기업에 생산요소를 공급하는 공급자이자 기업이 만드는 생산물의 구매자인 가구의 역할을 이해한다.

3.3 생산물시장의 수요

수요곡선의 모양과 위치를 결정하는 요인, 수요곡선의 이동을 유발하는 요인, 수요곡선 자체를 이동하는 요인을 파악한다.

3.4 생산물시장의 공급

공급곡선 자체를 이동하는 요인과 공급곡선상의 이동을 유발하는 요인을 파악한다.

3.5 시장균형

균형을 벗어난 시장이 균형으로 되돌아가기 위해 어떻게 반응하는지를 이해한다.

이제 시장경제가 어떻게 작동하는지에 대해 알아보자. 이 장과 다음 장은 미시경제학과 거시경제학의 개념을 이용하여 개별 시장이 전반적으로 어떻게 작동하는지 살펴본다.

2장에서 제시한 단순한 섬 경제에서는 빌과 콜린이 경제 문제를 직접 해결했다. 이들은 자기 시간을 배분하여 일하고 자신의 요구를 충족하기 위해 자원을 사용했다. 그러나 많은 사람으로 구성된 큰 사회에서는 사람들이 서로 멀리 떨어져서 일하고 거래(교환)가 더 복잡하게 이루어진다. 시장은 이러한 교환을 가능하게 하는 기구이다.

시장에서 작동하는 기본 작용을 살펴보는 것으로 시작한다. 그리고 중앙기관의 계획이나 지침도 없이 어떻게 수많은 사람과 기업의 의사결정이 세 가지 기본 질문(무엇을 생산하고, 어떻게 생산하고, 생산된 것을 누가 소비하는가)에 답하는지 알아본다.

3.1 기업과 가구: 의사결정의 기본 단위

학습목표

시장에서 기업, 기업가, 가구의 역할을 이해한다.

이 책에서는 두 가지 기본적인 의사결정 단위인 기업과 가구의 행위를 살펴보고 분석한다. 기업은 생산과 관련된 의사결정을 하는 기본 단위이고, 가구는 소비와 관련된 의사결정을 하는 기본 단위이다. 기업과 가구는 서로 다른 기능과 역할을 하는 사람들로 구성되어 있으며, 경제학은 이들의 행동과 이들 간의 상호작용에 관심을 둔다.

기업(firm)은 한 사람이나 한 집단의 사람들이 투입물, 즉 생산요소(넓은 의미에서 자원)를 생산물로 전환하는 생산을 하기로 하고 그렇게 해서 만들어진 제품이 시장에서 팔릴 때 존재한다. 어떤 기업은 재화를 생산하고 어떤 기업은 서비스를 생산한다. 또한 많은 기업이 대부분 작지만 어떤 기업은 규모가 크고 그 중간 크기인 기업도 있다. 모든 기업은 자원을 사람들이 원하는 재화와 서비스로 전환하는 존재이다. 콜로라도 심포니 오케스트라는 콘서트를 생산하기 위해 노동, 토지, 건물, 음악적 재능을 가진 사람, 악기, 기타 투입물을 혼합한다. 생산 과정은 많은 것이 매우 복잡하게 얽혀 있다. 예를 들어 오케스트라의 플루트 연주자는 훈련, 재능, 연주 경험, 악보, 악기, 지휘자의 해석, 곡에 대한 개인적인 느낌 등을 혼합하여 오케스트라 전체의 결과물에 기여하는 한 부분을 담당한다.

기업 한 사람이나 한 집단의 사람들이 수요를 기대하고 재화나 서비스를 생산하기로 할 때 생성되는 조직

대부분의 기업은 기업 소유자에게 이윤을 가져다주기 위해 존재하지만 모든 기업이 그런 것은 아니다. 예를 들어 많은 대학을 비롯해 컬럼비아대학도 기업에 속한다. 대학은 노동, 토지, 기술, 책, 건물 등의 투입물을 가지고 교육이라는 서비스를 생산한다. 컬럼비아대학은 교육 서비스 제공에 대해 학비를 지불하도록 하고는 있지만 이윤을 얻기 위해 존재하는 것이 아니다. 컬럼비아대학은 최고 수준의 교육 서비스를 제공하고 최고 수준의 연구가 가능하도록 돕는 서비스를 제공한다.

그러나 대부분의 기업은 이윤을 창출하기 위해 존재한다. 기업이 생산을 하는 이유는 자신의 제품을 생산비용보다 더 높은 금액에 판매할 수 있기 때문이다. 기업의 행위에 대한 분석은 기업이 이윤을 극대화하려는 의사결정을 한다는 가정에서 출발한다. 적자를 볼 때는 적자를 최소화하려는 의사결정을 한다고 가정한다.

새로운 기업이 탄생하려면 누군가가 새로운 기업을 조직하고, 필요한 자금을 마련하고, 근로자를 고용하고, 위험을 감수해야 하는데, 이러한 사람을 **기업가**(entrepreneur)라고 한다. 기존 기업이 새로운 제품을 만들기도 하고, 새로운 기업이 기존 아이디어를 개선하거나 기존 아이디어에 새로운 아이디어를 덧붙이기도 한다. 그러나 이 모든 것의 뿌리에는 기업가 정신(entrepreneurship)이 자리 잡

기업가 기업을 조직하고 관리하며 위험을 감수하면서 새로운 아이디어나 제품을 시장에 내놓아 사업을 성공시키는 사람

고 있다.

가구, 가계 한 사람 또는 여러 사람으로 구성된 소비 단위

한 경제의 소비 단위는 **가구** 또는 **가계**(household)[1]이다. 한 가구에는 여러 명이 있을 수도 있고, 한 사람만 있을 수 있고, 네 자식을 가진 부부도 있고, 혈연관계가 아니지만 한집에 모여 사는 15명일 수도 있다. 가구의 의사결정은 개인의 기호와 선호에 따라 이루어진다. 가구는 스스로 원하며 지불 능력이 있는 것을 구매한다. 일반적으로 미국처럼 다양하고 열린 사회에서는 매우 다양한 사람들의 기호가 시장에 나타난다.

가구의 선호는 매우 다양한 동시에 공통점도 있다. 모든 사람은(아주 부유한 사람이라도) 결국 한정된 소득을 가지고 있으며, 자신이 소비하는 재화와 서비스를 얻기 위해 어떤 식으로든 대가를 지불해야 한다. 가구는 일을 더 하거나 덜 하여 어느 정도 소득을 조절할 수 있지만 선택할 수 있는 일, 받을 수 있는 임금, 자신의 능력, 축적했거나 물려받은 부에 따라 제약을 받는다.

학습목표

기업에 생산요소를 공급하는 공급자이자 기업이 만드는 생산물의 구매자인 가구의 역할을 이해한다.

3.2 투입물시장과 생산물시장: 순환도

생산물시장, 제품시장 재화와 서비스가 거래되는 시장

투입물시장, (생산)요소시장 재화와 서비스의 생산에 사용되는 자원이 거래되는 시장

가구와 기업은 생산물(제품)시장과 투입물(생산요소)시장에서 상호작용을 한다. 가구가 원하는 재화와 서비스는 **생산물시장**(output market) 또는 **제품시장**(product market)에서 거래된다. 생산물시장에서는 기업이 공급자이고 가구가 수요자이다.

재화와 서비스를 생산하기 위해 기업은 **투입물시장**(input market) 또는 **(생산)요소시장**(factor market)에서 자원을 구매해야 한다. 기업은 생산요소를 가구로부터 구매한다. 기업이 제품을 얼마나 생산(공급)할 것인지 결정할 때는 동시에 목표 생산량을 생산하기 위해 각 생산요소를 얼마나 구입해야 할지 결정해야 한다. 삼성(Samsung)과 애플(Apple)은 스마트폰을 생산하기 위해 하드웨어와 소프트웨어, 다양한 종류의 노동, 숙련노동, 비숙련노동 등 많은 생산요소를 필요로 한다.

그림 3.1은 단순한 시장경제에서 나타나는 경제활동의 순환 과정을 나타낸 순환도이다. 순환이 어떻게 이루어지는지 살펴보라. 재화와 서비스는 생산물(제품)시장을 통해 기업에서 가구로 흘러가고, 노동 서비스는 투입물(생산요소)시장을 통해 가구에서 기업으로 흘러간다. 재화와 서비스에 대한 대가(주로 돈의 형태)는 반대 방향으로 순환한다.

노동시장 가구가 임금을 받고 기업이 필요로 하는 노동을 공급하는 시장

자본시장 기업이 자본재를 구입하는 데 필요로 하는 자금을 가구가 이자를 받거나 미래의 이익을 기대하면서 기업에 공급하는 시장

토지시장 가구가 토지 등의 실물 자산을 공급하고 임대료를 받는 시장

생산요소 생산에 사용되는 투입물로, 생산의 세 가지 기본 요소는 토지, 노동, 자본임

투입물시장에서 가구는 자원을 공급한다. 대부분의 가구는 노동으로 소득을 얻는다. 가구는 **노동시장**(labor market)에서 기업에 노동을 공급한다. 노동을 필요로 하는 기업은 근로자가 공급하는 시간과 기술에 대가를 지불한다. 가구는 보유한 자금으로 기업이 발행하는 채권을 구입하여 기업으로부터 이자를 받거나, 기업이 발행하는 주식을 구입하여 미래의 이윤을 기대하기도 한다. **자본시장**(capital market)에서 가구는 기업이 자본재를 구매하는 데 사용하는 자금을 공급한다. 또한 가구는 **토지시장**(land market)에서 토지 등의 실물 자산을 공급하고 임대료를 받기도 한다.

생산에 사용되는 투입물은 **생산요소**(factors of production)라고도 한다. 생산의 세 가지 기본 요소는 토지, 노동, 자본이다. 투입물시장과 생산요소시장은 동일한 의미이므로 이 책에서는 투입물과 생산요소라는 용어를 혼용할 것이다.

---

1 역자 주: 미시경제학에서는 주로 '가구'라 칭하고 거시경제학에서는 주로 '가계'라 칭하므로 이 책의 1~19장에서는 '가구'로 번역하고 20~35장에서는 '가계'로 번역했다.

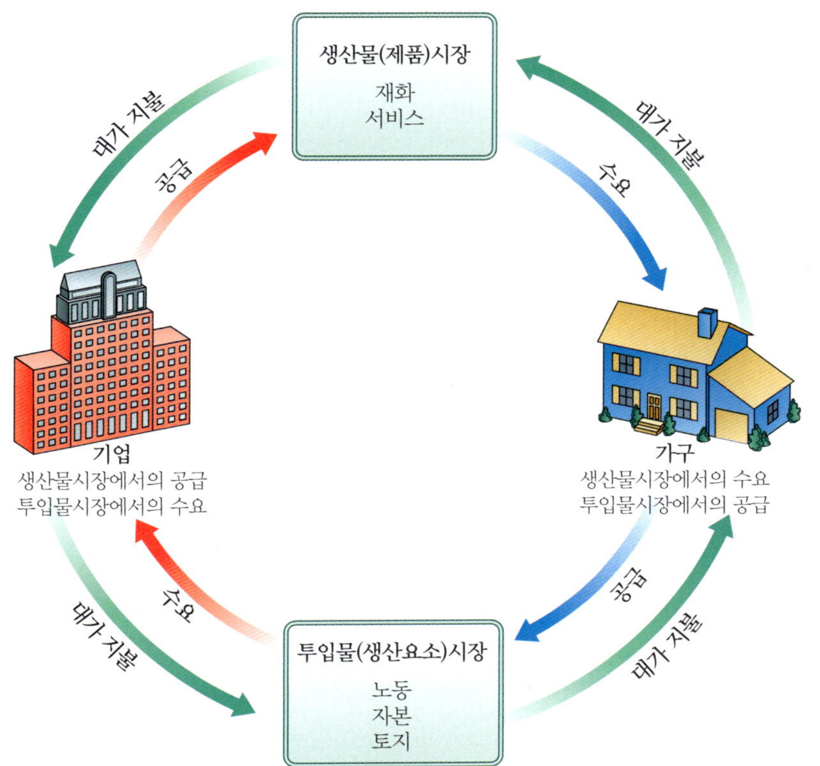

그림 3.1 경제활동의 순환도
이 순환도는 경제활동이 어떻게 순환하는지를 보여준다. 재화와 서비스는 시곗바늘 방향으로 순환한다. 즉 가구가 공급하는 노동 서비스는 기업으로 흐르고 기업이 생산하는 재화와 서비스는 가구로 흐른다. 대가(주로 돈의 형태)는 시곗바늘 반대 방향으로 순환한다. 즉 재화와 서비스에 대한 대가는 가구에서 기업으로 흐르고 노동 서비스에 대한 대가는 기업에서 가구로 흐른다.
참고: 가구는 파란색, 기업은 빨간색, 돈의 흐름은 초록색으로 나타냈다. 앞으로 모든 그림에서 가구의 행위와 관련된 것은 파란색으로, 기업의 행위와 관련된 것은 빨간색으로 나타낼 것이다.

가구의 소득을 결정하는 것은 투입물(생산요소)의 공급과 가격이다. 따라서 한 가구가 벌어들이는 소득은 어떤 생산요소를 얼마나 공급할 것인지에 대한 가구의 의사결정에 따라 달라진다. 계속 학교에 다닐 것인지, 어떤 종류의 교육과 훈련을 얼마나 받을 것인지, 사업을 시작할 것인지, 몇 시간 일할 것인지, 저축을 어디에 투자할 것인지 등에 대한 의사결정은 가구가 얻는 소득에 영향을 미친다.

투입물시장과 생산물시장은 가구와 기업의 행위를 통해 서로 연결되어 있다. 기업은 판매할 생산물(제품)의 종류와 생산량, 생산에 필요한 투입물(생산요소)의 수요를 결정한다. 가구는 구매할 생산물(제품)의 종류와 수량, 공급하려는 투입물(생산요소)의 종류와 공급량을 결정한다.

미국 대학생이 한번쯤은 마셔보았을 12온스짜리 소다수의 가격은 2018년에 12팩이 약 5달러였다. 소다수 가격을 결정하는 것은 무엇인가? 이 장을 읽고 나면 소다수 공급자인 코카콜라(Coca-Cola)나 펩시(Pepsi)와 구매자의 상호작용이 시장에서 소다수 가격을 결정한다는 것을 알게 될 것이다. 이 장에서 살펴보는 수요와 공급 모형은 경제학에서 사용하는 가장 강력한 분석 도구임을 기억하기 바란다. 이 장을 공부한 후 쇼핑의 시각이 달라질 것이다.

3.3 생산물시장의 수요

학습목표

수요곡선의 모양과 위치를 결정하는 요인, 수요곡선상의 이동을 유발하는 요인, 수요곡선 자체를 이동하는 요인을 파악한다.

매주 우리는 무엇을 살지 수백 번 의사결정을 한다. 우리의 선택은 친구나 부모의 선택과 다를 가능성이 높다. 그러나 무엇을 얼마나 구매할 것인가에 대한 우리 모두의 의사결정은 다음과 같은 요소에 달려 있다.

- 해당 재화의 가격
- 가구의 소득
- 가구의 부
- 가구가 구매할 수 있는 다른 재화의 가격
- 가구의 기호와 선호
- 미래의 소득, 부, 가격에 대한 가구의 기대

수요량 현재의 가격에서 한 가구가 일정 기간 동안 구매할 용의가 있고 구매할 수 있는 어떤 제품의 양

수요량(quantity demanded)은 현재의 가격에서 한 가구가 주어진 기간 동안 구매할 의향이 있고 구매할 수 있는 어떤 제품의 양이다. 물론 가구가 구매할 수 있는 실제 양은 시장에서 공급되는 양에 따라 제한된다. 수요량의 정의에서 '구매할 수 있는 양'이라는 표현이 중요한데, 수요량과 공급량이 일치하지 않을 수도 있고 가구가 구매할 용의가 있더라도 구매할 능력이 없을 수도 있기 때문이다.

수요량의 변화와 수요의 변화

어떤 제품의 수요량을 결정하는 요소로 가장 먼저 언급되는 것은 그 제품의 가격이다. 개별 시장에서는 시장가격과 수요량의 관계가 가장 중요하다. 따라서 다른 것들이 일정하고 가격만 변할 때 수요량이 어떻게 달라지는지를 먼저 살펴보자. 여기서는 소득, 부, 다른 제품의 가격, 선호, 기대 등이 모두 일정하다고 가정하고 가격 변화와 그에 따른 수요량 변화의 관계를 알아본다. 소다수 12팩의 가격이 절반으로 떨어진다면 한 주에 소다수를 얼마나 구매할 것인가?

이에 답할 때 중요한 점은 가격 변화에만 초점을 맞추고 수요에 영향을 미치는 다른 것들은 변하지 않는다는 가정을 유지하는 것이다. 다음 주에 갑자기 돈이 생겼다면 소다수 가격이 변하지 않았음에도 소다수 12팩을 더 살 수도 있다. 가격 변화가 수요에 영향을 미치는 것과 다른 것들의 변화가 수요에 영향을 미치는 것을 구별하기 위해 앞으로는 용어를 정확히 구분하여 사용할 것이다.

가격 변화는 기간당 수요량에 영향을 미친다. 소득, 선호 등과 같은 다른 요소의 변화는 수요에 영향을 미친다. 따라서 코카콜라 가격의 상승은 코카콜라 수요량을 감소시키고 소득의 증가는 모든 재화의 수요를 증가시킨다고 말한다.

가격과 수요량: 수요의 법칙

수요표 한 가구가 특정 기간 동안 어떤 제품을 각기 다른 가격에서 얼마나 구매하려고 하는지를 보여주는 표

수요표(demand schedule)는 한 가구가 특정 기간 동안 어떤 제품을 각기 다른 가격에서 얼마나 구매하려고 하는지를 보여준다. 이러한 의사결정에는 많은 요인이 영향을 미친다. 대학을 갓 졸업한 앨릭스가 은행원으로 일한다고 가정하자. 앨릭스는 연비가 갤런당 25마일인 중고차를 샀다. 그녀는 직장에서 10마일 떨어진 곳에서 여러 친구와 함께 살며 가끔 50마일 떨어진 부모님 댁에 방문한다.

앨릭스가 얼마나 자주 자동차로 출근하거나 파티에 가는지, 부모님 댁에 얼마나 자주 가는지, 얼마나 자주 드라이브를 즐기는지는 그녀의 소득, 운전에 대한 선호 등을 포함한 많은 요인의 영향을 받는다. 이때 휘발유 가격도 매우 중요한 역할을 한다. 그러나 수요의 법칙을 언급할 때 초점을 맞추는 것은 가격과 수요량의 관계이다. 휘발유 가격이 갤런당 3달러일 때 앨릭스는 매일 차를 몰고 출근하고, 1주일에 한 번 부모님을 찾아뵙고, 다른 활동을 하기 위해 1주일에 차를 50마일 더 운행

표 3.1 앨릭스의 휘발유 수요표

가격(갤런당)	수요량(주당 갤런)	가격(갤런당)	수요량(주당 갤런)
$8.00	0	$3.00	10
7.00	2	2.00	14
6.00	3	1.00	20
5.00	5	0.00	26
4.00	7		

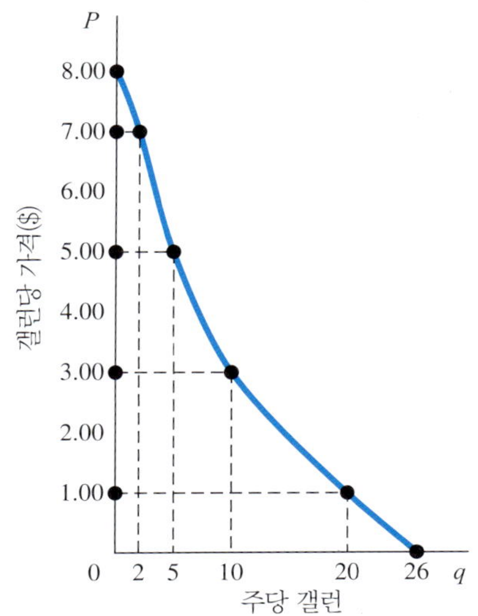

그림 3.2 앨릭스의 수요곡선
수요곡선은 가격(*P*)과 수요량(*q*)의 관계를 보여준다. 수요곡선의 기울기는 음의 값인데, 이는 가격이 하락하면 수요량이 증가한다는 것을 나타낸다. 앨릭스의 수요곡선은 파란색이다. 생산물시장의 수요는 가구의 선택에 따라 결정된다.

할 수도 있다. 이를 모두 합하여 1주일에 250마일을 주행한다면 1주일에 휘발유 10갤런을 소비하게 된다. 표 3.1의 수요표는 휘발유 가격이 갤런당 3달러일 때 앨릭스가 10갤런을 구매할 용의가 있음을 보여준다. 이러한 수요표에는 앨릭스가 어디에 살고, 어디서 일하며, 여가 시간에 무엇을 하고 싶어 하는지와 같은 다양한 요인이 반영되어 있다.

이제 중동에서 전쟁이 발발하여 휘발유 가격이 갤런당 5달러로 상승했다고 하자. 다른 것들이 변하지 않는다고 가정할 때 이러한 가격 상승은 앨릭스의 휘발유 수요에 어떤 영향을 미치는가? 차 운행이 비싸져서 아마도 앨릭스는 어떤 날은 버스로 출근하거나 친구 차를 얻어 타고 부모님을 덜 찾아뵐 것이다. 표 3.1에서 보듯이 가격이 5달러로 상승하면 앨릭스는 휘발유 소비를 반으로 줄이고, 휘발유 가격이 크게 하락하면 차를 더 많이 운행한다. 수요표는 이러한 패턴을 보여주며, 이 정보를 그래프로 나타낸 것이 **수요곡선**(demand curve)이다. 그림 3.2는 앨릭스의 수요곡선으로 수량(q)이 가로축에, 가격(P)이 세로축에 표시되어 있다. 이것은 관행이며 우리도 이를 따를 것이다.

수요곡선 다른 것들이 일정하다는 가정하에 소비자가 각기 다른 가격에서 구매하려고 하고 구매할 수 있는 어떤 재화의 양을 보여주는 그래프

우하향하는 수요곡선 표 3.1의 자료는 가격이 하락하면 앨릭스가 휘발유를 더 많이 구매하고 가격이 상승하면 덜 구매한다는 것을 보여준다. 따라서 수요량과 가격은 음(–)의 관계, 즉 반대로 움직이는 관계이다. 다시 말해 가격이 오르면 수요량이 감소하고 가격이 내리면 수요량은 증가한다. 따라서 수요곡선은 언제나 우하향한다. 가격과 수요량 사이의 음의 관계를 **수요의 법칙**(law of demand)이라고 하는데, 이는 경제학자 앨프리드 마셜(Alfred Marshall)이 1890년에 펴낸 교재에서 처음으로 언급한 표현이다.

수요의 법칙 가격과 수요량 사이의 음의 관계. 특정 기간 동안 다른 것들이 일정할 때 가격이 오르면 수요량이 감소하고 가격이 내리면 수요량이 증가함

어떤 사람들은 수요곡선을 도출하는 것을 꺼리기도 한다. 물론 우리는 어떤 제품을 살 때 실제로 수요곡선을 그리지는 않는다. 어떤 제품을 구매할 때 우리가 대하는 것은 가격일 뿐이며, 다른 가격에서 얼마나 구매할지는 현재의 구매와 상관없는 일이다. 하지만 수요곡선은 실제로 가격이 오르내릴 때 사람들이 어떤 행동을 할 가능성이 높은지 분석하는 데 도움이 된다. 한 재화의 가격이 너무 많이 오른다면 그 재화의 수요량은 결국 0이 될 것이다. 따라서 수요곡선은 사람들의 경제적 행동을 설명하는 데 도움이 될 뿐 아니라 가격 변화에 대한 사람들의 반응을 예측하는 데에도 도움이 된다.

사회적 '법칙'에 대해 마셜은 다음과 같이 정의했다.

> '법칙'이라는 용어는 어느 정도 확실하고 어느 정도 견고한 일반적인 경향이나 성향을 나타내는 말일 뿐이다. … 사회적 법칙은 사회적 경향에 대한 표현이다. 다시 말해 어떤 상황에서 사회 구성원이 취할 것으로 예상되는 행동에 대한 것이다.[2]

가격이 내리면 수요량이 증가하고 가격이 오르면 수요량이 감소할 것이라는 기대는 합리적이다. 가구는 자신의 수입을 다양한 범주의 재화와 서비스를 구매하는 데 나누어야 한다. 휘발유 가격이 갤런당 3달러일 때 앨릭스가 연비가 갤런당 25마일인 차를 몰고 직장까지 왕복 20마일을 달리는 데 드는 비용은 2.40달러이다. 이는 버스를 타는 것보다 더 나은 선택일 수 있다. 하지만 휘발유 가격이 갤런당 5달러가 되면 이 비용이 4달러가 된다. 휘발유 가격이 올랐는데도 계속 자동차를 운행한다면 모닝 라테를 포기해야 할 수도 있으며, 이는 그녀에게 매우 큰 희생일지도 모른다. 따라서 버스를 이용하는 것이 더 나은 듯하다. 휘발유 가격이 상승하면 자동차 사용에 따르는 (다른 형태의 소비로 표시된) 기회비용도 상승한다. 휘발유 가격이 오를 때 앨릭스가 자동차를 덜 운행하는 이유가 바로 여기에 있다. 재화는 우리의 지출을 놓고 서로 경쟁을 하고 있는 것이다.

경제학자들은 수요곡선의 기울기를 설명할 때 효용(utility)이라는 개념을 사용한다. 우리가 재화와 서비스를 소비하는 것은 그것이 효용(만족감)을 주기 때문이다. 일정 기간 동안 어떤 제품을 점점 더 많이 소비할수록 추가로 소비하는 1단위로부터 얻는 만족감이 점점 줄어든다. 첫 번째 아이스크림보다 두 번째 아이스크림으로부터 얻는 효용이 적고, 세 번째 아이스크림으로부터 얻는 효용은 두 번째 아이스크림보다 더 적을 것이다. 계속 추가로 아이스크림을 소비함으로써 얻는 효용이 점점 더 줄어드는데, 이를 한계효용 체감의 법칙(law of diminishing marginal utility)이라고 한다. 체감은 점점 더 줄어든다는 의미이다. 한계효용 체감의 법칙은 경제학에서 중요한 개념이다. 계속해서 추가되는 1단위의 가치가 점점 더 작아지면 그 1단위에 소비자가 지불할 용의가 있는 금액도 작아질 것이다. 따라서 수요곡선이 우하향할 것이라고 생각하는 것은 합리적이다.

가격 변화로 사람들이 어떤 영향을 받는지 생각해보면 수요의 법칙 이면에 있는 것을 쉽게 이해할 수 있다. 예를 들어 로사는 멕시코시티에 살면서 일하고 그녀의 엄마는 칠레 산티아고에 산다고 하자. 작년에 남아메리카를 운항하는 항공사 간에 가격경쟁이 붙어서 멕시코시티와 산티아고 왕복 항공료가 2만 페소에서 1만 페소로 하락했다. 로사의 행동은 어떻게 변할까?

첫째, 그녀의 금전적 형편이 전보다 나아진다. 작년에 로사는 산티아고에 세 번 갔다 오는 데 항공료로 6만 페소를 썼다. 올해 로사는 똑같이 산티아고에 세 번 갔다 올 수 있고, 작년에 구매했던

---

2 Alfred Marshall, *Principles of Economics*, 8th ed. (New York: Macmillan, 1948), p. 33. (초판은 1890년에 출간됨)

재화와 서비스의 조합을 그대로 구매하고도 3만 페소가 남는다. 형편이 더 나아졌으므로(동일한 소득으로 더 많이 구매할 수 있으므로) 그녀는 고향에 더 자주 갈 수 있다.

둘째, 비행기를 타고 고향에 가는 것의 기회비용이 달라졌다. 가격경쟁이 있기 전에는 고향에 한 번 갈 때마다 2만 페소어치의 다른 재화와 서비스를 포기해야 했다. 그러나 가격경쟁이 있은 후에는 고향에 한 번 갈 때마다 1만 페소어치의 다른 재화와 서비스를 포기하게 된다. 즉 비행기를 한 번 타는 데 발생하는 기회비용이 낮아졌다. 상호 교환관계가 변한 것이다.

이러한 두 가지 효과가 합쳐져서 가격 하락이 수요량 증가로 나타날 가능성이 높다. 즉 수요곡선이 우하향한다.

다른 것들이 일정할 때 가격이 오르면 수요량이 감소하고 가격이 내리면 수요량이 증가한다고 생각하는 것은 합리적이다. 즉 수요곡선은 음(–)의 기울기를 갖는다.

수요곡선의 기타 특성 앨릭스의 수요곡선에서는 두 가지가 눈에 띈다. 첫째, 수요곡선이 Y축(가격 축)과 만난다. 이는 어떤 가격 이상으로 휘발유 가격이 오르면 앨릭스가 휘발유를 구매하지 않는다는 것을 의미한다. 즉 휘발유 가격이 갤런당 8달러를 넘어서면 앨릭스는 자동차를 사용하지 않는다. 가구의 소득과 부가 한정적이라면 모든 수요곡선은 가격 축과 만난다. 어떤 재화나 서비스든 가구가 구매하려 하지 않거나 지불할 수 없는 수준의 가격이 있다. 아무리 중요한 재화나 서비스라도 모든 가구는 결국 제한된 소득이나 부의 제약을 받는다.

둘째, 앨릭스의 수요곡선은 X축(수량 축)과 만난다. 휘발유 가격이 0이 되더라도 앨릭스가 운전을 하는 데에는 한계가 있다. 휘발유가 공짜라면 앨릭스는 1주일에 최대 26갤런을 사용한다. 수요곡선이 수량 축과 만난다는 것은 상식적으로도 이해가 된다. 가격이 0이라 하더라도 일정 기간 동안의 수요량에 한계가 있다는 것은 시간 때문에라도 당연한 일이다.

수요곡선의 모양에 대한 내용은 다음과 같이 정리할 수 있다.

- 수요곡선은 음의 기울기를 갖는다. 가격 상승은 수요량을 감소시키고 가격 하락은 수요량을 증가시킬 가능성이 높다.
- 시간적 제약과 한계효용 체감 때문에 수요곡선은 X축(수량 축)과 만난다.
- 한정된 소득과 부라는 제약 때문에 수요곡선은 Y축(가격 축)과 만난다.

이것이 전부이다. 일반화할 수 있는 것이 더 이상 없다. 개별 가구의 수요곡선의 실제 모양(급하거나 완만한 경사, 밖으로 또는 안으로 볼록)은 가구의 기호나 선호, 기타 요인에 따라 달라진다. 가격 변화에 민감한 가구도 있고 둔감한 가구도 있다. 어떤 재화는 많은 종류의 대체재가 있을 수도 있고 어떤 재화는 대체재가 아예 없을 수도 있다. 따라서 수요곡선의 모양과 위치를 이해하려면 수요에 영향을 주는 다른 요인을 살펴보아야 한다.

수요에 영향을 주는 기타 요인

어떤 재화의 수요에 영향을 주는 다양한 요인 중 가격만을 살펴보았으나 사람들의 소득, 부, 다른 재화와 서비스의 가격, 기호와 선호, 미래에 대한 기대 등도 수요에 영향을 미친다.

소득 임금, 봉급, 이윤, 이자, 임대료, 기타 다른 형태의 수익을 모두 합한 것으로, 특정 기간을 전제로 측정되는 유량

소득과 부 일정 기간 동안 한 가구가 얻는 **소득**(income)은 임금, 봉급, 이윤, 이자, 임대료, 기타 다른 형태의 수익을 모두 합한 것이다. 소득은 특정 기간을 전제로 측정되는 유량(flow)이다. 따라서 1개월, 1년 등 정해진 기간을 기준으로 측정된다. 일정 기간 동안 사람들은 자신의 소득보다 더 많이 소비하기도 하고 더 조금 소비하기도 한다. 소득보다 덜 소비한다면 저축을 하는 것이고, 소득보다 더 많이 소비하려면 돈을 빌리거나 과거에 저축해둔 돈을 찾아 써야 한다.

부, 순자산 한 가구가 소유한 총가치에서 부채를 차감한 것으로, 한 시점을 기준으로 측정되는 저량

부(wealth) 또는 **순자산**(net worth)은 한 가구가 소유한 총가치에서 부채를 차감한 것이다. 이는 한 가구가 가지고 있는 것을 모두 판 뒤 빚을 모두 갚고 남은 금액과 같다. 부는 한 시점을 기준으로 측정되는 저량(stock)이다. 일정 기간 동안 소득보다 덜 지출한다면 저축을 하는 것이고 이 저축은 부에 추가된다. 저축은 유량이며 부의 크기를 증가시킨다. 반대로 소득보다 더 많이 지출한다면 부가 감소한다.

소득이 더 높거나, 저축을 많이 했거나, 물려받는 부가 더 많은 사람들은 재화와 서비스를 더 많이 구매할 수 있다. 따라서 소득(부)이 높은 사람들의 수요가 더 많고 소득(부)이 낮은 사람들의 수요가 더 적을 것이라고 생각할 수 있다. 소득이 높을수록 수요가 증가하고 소득이 낮을수록 수요가 감소하는 재화를 **정상재**(normal goods)라고 하며, 그 예로 영화 티켓, 외식, 셔츠 등이 있다.

정상재 소득이 높을수록 수요가 증가하고 소득이 낮을수록 수요가 감소하는 재화

한편 소득이 높을수록 수요가 감소하는 재화도 있다. 소득이 증가하면 더 질 좋은 쇠고기(필레미뇽)를 사 먹으려고 하여 질 낮은 쇠고기(척스테이크)의 수요가 감소할 것이다. 또한 비행기를 이용할 만한 여유가 생겨서 장거리 버스의 수요가 감소할 것이다. 이처럼 소득이 높을수록 수요가 감소하는 재화를 **열등재**(inferior goods)라고 한다.

열등재 소득이 높을수록 수요가 감소하는 재화

다른 재화와 서비스의 가격 소비자는 한 재화의 구매량을 따로 결정하지 않으며, 각 재화의 구매량은 동시에 이루어지는 다양한 의사결정의 집합이라는 큰 틀의 한 부분이다. 사람들은 자신의 소득을 다양한 재화와 서비스를 구매하는 데 할당한다. 따라서 어떤 재화의 가격이 다른 재화의 수요에 영향을 미치는데, 이는 서로 대체할 수 있는 재화의 경우 가장 뚜렷하게 나타난다. 휘발유가 비싸지면 앨릭스는 자동차 대신 버스를 이용할 것이다.

대체재 서로 바꾸어 사용할 수 있는 재화로, 한 재화의 가격이 상승하면 다른 재화의 수요가 증가함

한 재화의 가격이 상승할 때 다른 재화의 수요가 증가한다면(같은 방향의 움직임) 그것들은 **대체재**(substitutes)이다. 한 재화의 가격이 하락하면 그것의 대체재인 다른 재화의 수요도 감소한다. 대체재는 서로 바꾸어 사용할 수 있는 재화이다.

완전대체재 똑같은 제품

대체재가 되기 위해 두 재화가 완전히 똑같을 필요는 없다. 똑같은 제품은 **완전대체재**(perfect substitutes)라고 한다. 일본산 자동차와 미국산 자동차는 똑같지 않지만 모두 바퀴가 4개이고 사람과 물건을 실어 나를 수 있으며 연료를 사용한다. 따라서 한 국가의 자동차 가격이 크게 변동하면 다른 국가의 자동차 수요에 영향을 줄 수 있다. 외식은 집밥의 대체재이고, 서울에서 부산까지 비행기를 타고 가는 것은 기차를 타고 가는 것의 대체재이다.

보완재 서로 보완적인 재화로, 한 재화의 가격 하락이 다른 재화의 수요 증가를 가져오고, 한 재화의 가격 상승이 다른 재화의 수요 감소를 가져옴

서로 보완적인 재화도 있다. 베이컨과 달걀, 자동차와 휘발유는 **보완재**(complementary goods, complements)이다. 보완재의 경우 한 재화의 가격 하락이 다른 재화의 수요 증가를 가져오고, 한 재화의 가격 상승이 다른 재화의 수요 감소를 가져온다. 아이패드와 킨들은 서로 보완재이다. 어떤 기기를 사용하는 프로그램의 가격이 하락하면 그 기기의 수요에 영향을 미친다.

기호와 선호 한 가구가 구매할 수 있는 재화와 서비스의 조합을 결정하는 요인은 소득, 부, 재화

경제학의 적용

비 오는 날에 사람들은 차를 마신다

많은 나라에서 차는 특히 비 오는 계절에 인기 있는 음료이다. 두통, 인후통, 발열, 감기 등의 증세를 완화하는 플라보노이드와 폴리페놀 같은 치료 성분이 포함되어 있어 건강과 관련된 가치가 있기 때문이다.[1]

인지도, 소득, 다른 재화의 가격 등은 어떤 재화의 수요를 변화시킨다. 생산비용의 다양성, 기후 조건, 생산기술, 관련된 재화의 가격 등은 어떤 재화의 공급을 변화시킨다. 이러한 변화로 인해 수요와 공급이 달라지면 시장의 균형가격이 변한다. 따라서 수요의 증가나 공급의 감소는 균형가격을 상승시킨다. 수요의 증가는 어떻게 균형가격을 상승시키는가? 차의 긍정적인 특성이 널리 알려지면 차에 대한 수요가 증가하고, 이는 차의 수요곡선을 오른쪽으로 옮긴다. 처음의 균형가격에서 수요량이 공급량을 능가함으로써 가격이 오르기 시작한다. 가격이 상승함에 따라 공급량과 수요량이 같아지는 새로운 균형점에 도달할 때까지 수요량이 감소하고 공급량이 증가한다(그림 a).

공급의 감소도 균형가격을 상승시킨다. 기후 탓에 차의 생산이 줄어들거나 경작 비용이 증가하는 등 여러 가지 요인으로 차의 공급이 줄어들 수 있고,[2] 이는 공급곡선을 왼쪽으로 옮긴다. 처음의 균형가격에서 수요량이 공급량을 능가함으로써 가격이 오르기 시작한다. 가격이 상승함에 따라 공급량과 수요량이 같아지는 새로운 균형점에 도달할 때까지 수요량이 감소하고 공급량이 증가한다(그림 b).

(a) 차 수요곡선이 오른쪽으로 이동

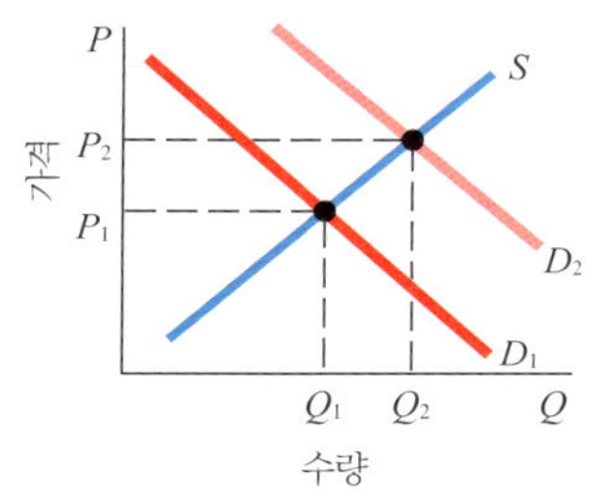

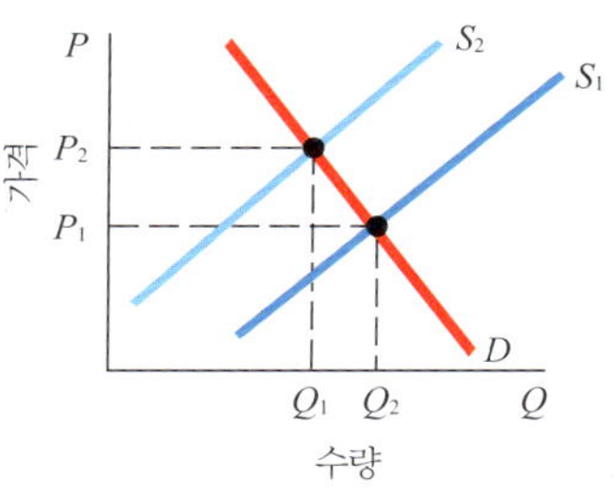

차는 일상적인 건강 음료로 자리를 잡았지만 알맞은 기후 조건을 갖춘 국가에서만 재배된다. 따라서 공급의 하락이 수요의 증가보다 더 큰 경우가 많으며, 균형가격이 상승하고 균형수량이 줄어드는 그림 b와 같은 상황이 나타날 가능성이 크다.

질문

- 수요곡선과 공급곡선이 동시에 이동한다면 균형가격과 균형수량의 변화 방향을 결정하는 것은 무엇인가?

[1] Marcia Da Silva Pinto, "Tea: A New Perspective on Health Benefits," *Food Research International*, 558-567, October, 2013.

[2] BS reporter, "Tea Prices Set to Increase on Lower Production," *Business Standard*, June, 2014.

의 가격이다. 소득이 월 400달러라면 한 달 임대료가 1,200달러인 아파트를 임대할 수 없다. 그러나 주어진 제약 조건 내에서 무엇을 살 것인지를 어느 정도 자유롭게 결정할 수 있다. 우리의 최종 선택은 우리의 기호나 선호에 따라 달라진다.

사람들의 선호 변화는 사람들이 시장에서의 행동을 통해 잘 드러난다. 30년 전만 해도 미국의 대도시에서 개최하는 마라톤에 참가하는 사람이 몇백 명뿐이었으나 지금은 수만 명이 참가하며, 이에 따라 운동화, 운동복, 스톱워치 등 달리기 용품의 수요가 크게 증가했다.

가격과 소득의 제약하에서 기호와 선호는 수요곡선의 모양을 결정하지만 이를 일반화하기는 어렵다. 첫째, 선호는 변화무쌍하다. 5년 전만 해도 지금보다 훨씬 많은 사람이 담배를 피우고 지금보다 훨씬 적은 사람이 스마트폰을 사용했다. 둘째, 선호는 다양하다. 어떤 사람은 종이 문서를 좋아하고 어떤 사람은 이메일을 좋아한다. 어떤 사람은 강아지를 좋아하고 어떤 사람은 고양이를 좋아한다. 수요의 다양성은 한도 끝도 없다.

경제학에서 흥미로운 질문 중 하나는 왜 어떤 시장에서는 다양한 소비자의 기호에 따라 다양한 제품이 있는데 어떤 시장에서는 소비자의 기호가 다양함에도 한두 종류의 제품만 있는가이다. 미국의 인도는 거의 회색이지만 집은 다양한 색깔로 칠해져 있다. 이를 보고 사람들이 다양한 색깔의 인도를 선호하지 않는다고 말하기는 어렵다.

기대 우리가 오늘 사려고 하는 것은 분명히 오늘의 가격, 현재 소득과 부의 영향을 받는다. 한편 우리는 미래에 어떤 상황이 될지 기대(예상)도 한다. 따라서 미래 가격이 변할 것이라는 기대도 하게 되고, 이는 우리가 오늘 내리는 결정에 영향을 줄 수 있다. 기대가 수요에 영향을 주는 예는 많다. 집이나 자동차를 구매할 때 사람들은 대금의 일부를 빚을 내어 지불하고 그 빚을 여러 해에 걸쳐 갚곤 한다. 어떤 종류의 집이나 자동차를 살지 결정할 때 사람들은 현재 소득뿐만 아니라 미래 소득도 고려하여 결정할 것이다.

예를 들어 장학금 25,000달러로 생활하며 의과대학 졸업을 앞둔 학생과 현재 정직원으로 일하면서 시간당 12달러를 벌고 미래 소득이 크게 변하지 않을 것이라고 예상하는 사람이 있다고 하자. 이들의 현재 소득은 거의 동일하다. 이들의 기호가 같다 하더라도 자신의 전공이 미래에 더 많은 소득을 안겨줄 것이라고 기대하는 의과대학생의 현재 수요는 정직원으로 일하고 있는 사람의 현재 수요와 다를 가능성이 크다.

경제학은 사람들이 가진 기대의 중요성을 점점 더 깨닫게 되었다. 이에 대해서는 더 자세히 살펴볼 테지만 지금은 수요가 현재의 소득, 가격, 기호의 영향만 받는 것은 아니라는 사실을 새겨두기 바란다.

수요곡선의 이동과 수요곡선상의 이동

한 재화의 수요곡선은 그 재화의 수요량과 가격의 관계를 보여준다는 것을 상기하라. 수요곡선은 수요에 영향을 주는 소득, 기호, 다른 재화의 가격 등을 고정한 상태에서 가격의 변화에 따른 수요량의 변화를 보여준다. 만약 소득, 기호, 다른 재화의 가격이 달라진다면 가격과 수요량은 관계를 새로이 도출해야 한다.

앨릭스의 예를 다시 살펴보자(표 3.1과 그림 3.2 참조). 그림 3.2에서 앨릭스의 수요곡선을 도출할 때 주당 세후소득을 500달러로 가정했다고 하자. 휘발유 가격이 갤런당 3달러라면 앨릭스는 1주일에 250마일 자동차를 운행한다. 자동차의 연비가 갤런당 25마일이므로 주당 지출하는 금액은 30달러이고 이는 소득의 6%에 해당한다.

표 3.2 소득이 증가한 앨릭스의 휘발유 수요표

	표 D_0	표 D_1
가격(갤런당)	소득이 500달러일 때 수요량 (주당 갤런)	소득이 700달러일 때 수요량 (주당 갤런)
$8.00	0	3
7.00	2	5
6.00	3	7
5.00	5	10
4.00	7	12
3.00	10	15
2.00	14	19
1.00	20	24
0.00	26	30

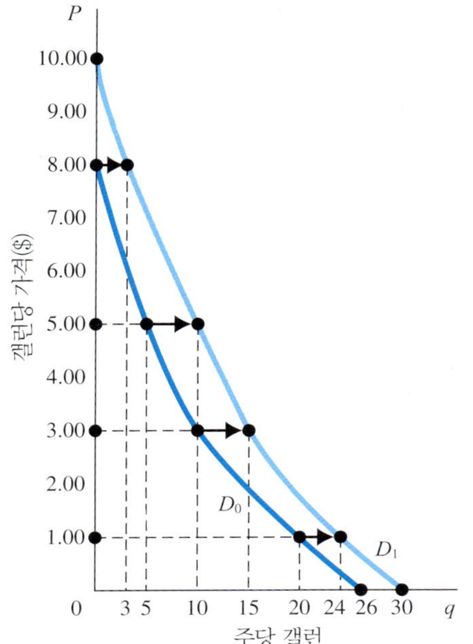

그림 3.3 소득 증가에 따른 수요곡선의 이동
재화의 가격이 변동하면 우리는 그 재화의 수요곡선상에서 움직인다. 가격 이외에 수요에 영향을 미치는 다른 요소(소득, 기호 등)가 변하면 수요곡선이 이동한다(D_0에서 D_1로). 휘발유는 정상재이므로 소득이 증가하면 수요곡선이 오른쪽으로 이동한다.

이제 앨릭스의 주당 세후소득이 700달러로 올랐다고 하자. 높아진 소득으로 앨릭스는 이전에 휘발유를 얼마 사용했는지에 관계없이 휘발유 사용량을 늘릴 것이다. 표 3.2는 이러한 새로운 상황을 보여주며, 그림 3.3은 이를 그래프로 나타낸 것이다. 그림 3.3에서 앨릭스의 전체 수요곡선이 오른쪽으로 이동한 것에 주목하라. 수요곡선을 보면 갤런당 3달러일 때 수요량이 10갤런에서 15갤런으로 증가하고, 갤런당 5달러일 때 수요량이 5갤런에서 10갤런으로 증가한다. 소득이 증가했을 때 수요량이 증가했다는 것은 앨릭스에게 휘발유가 정상재임을 의미한다.

앨릭스의 처음 수요곡선을 그렸던 상황이 이제 바뀌었다. 앨릭스의 휘발유 수요를 변화시키는 요소 중 하나(소득)가 달라졌으며, 이로 인해 가격과 수요량 간에 새로운 관계가 도출된다. 이러한 새로운 관계는 **수요곡선의 이동**(shift of a demand curve)으로 나타난다.

수요곡선의 이동 한 재화의 가격과 수요량 간의 새로운 관계로 수요곡선에 나타나는 변화. 처음 상황에서 새로운 상황으로의 변화는 수요곡선의 이동을 유발함

수요곡선상의 이동 가격의 변화에 따른 수요량의 변화

수요량의 변화, 즉 수요곡선상의 이동과 수요곡선의 이동을 구별하는 것이 중요하다. 수요표와 수요곡선은 다른 것들이 일정하다는 가정하에 특정 기간 동안 나타나는 재화나 서비스의 가격과 수요량 간의 관계를 보여준다. 가격이 변하면 수요량도 변하는 것은 **수요곡선상의 이동**(movement along a demand curve)이다. 반면에 수요에 영향을 미치는 다른 요인이 변할 때 가격과 수요량 간에 새로운 관계가 나타나는 것은 수요곡선 자체의 이동이며, 그 결과 새로운 수요곡선이 생성된다. 소득, 선호, 다른 재화의 가격 등의 변화는 수요곡선의 이동을 유발한다.

한 재화나 서비스의 가격 변화는
→ 수요량의 변화를 가져온다(수요곡선상의 이동).

소득, 선호, 다른 재화나 서비스의 가격 변화는
→ 수요의 변화를 가져온다(수요곡선의 이동).

그림 3.4는 수요곡선상의 이동과 수요곡선의 이동을 비교하여 보여준다. 그림 3.4(a)에서 가구의 소득 증가는 햄버거(열등재)의 수요를 감소시키고, 이는 햄버거의 수요곡선을 D_0에서 D_1로 옮긴다(수량이 가로축이므로 감소는 왼쪽으로의 이동을 의미한다). 반대로 소득 증가는 스테이크(정상

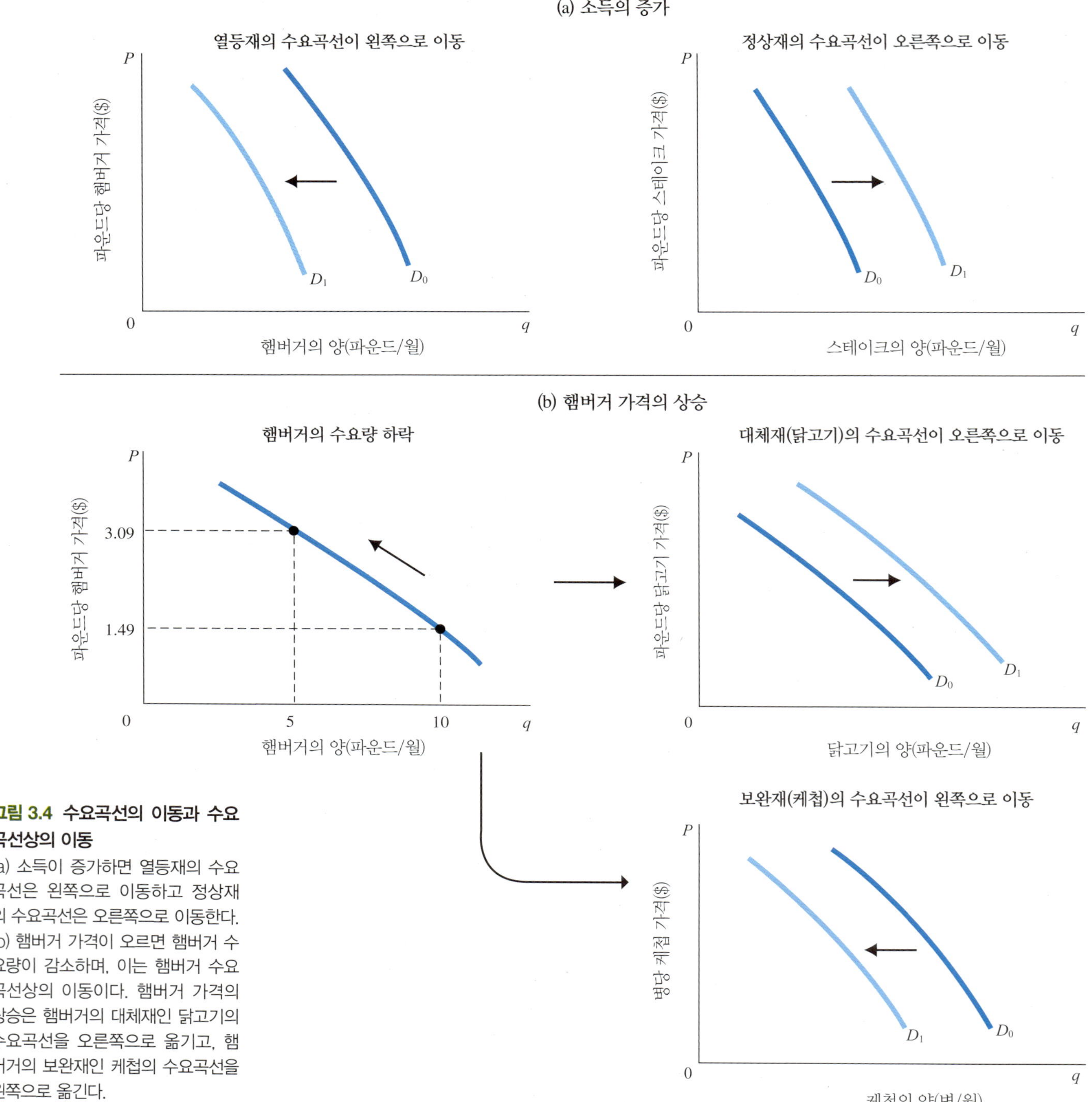

그림 3.4 수요곡선의 이동과 수요곡선상의 이동

(a) 소득이 증가하면 열등재의 수요곡선은 왼쪽으로 이동하고 정상재의 수요곡선은 오른쪽으로 이동한다. (b) 햄버거 가격이 오르면 햄버거 수요량이 감소하며, 이는 햄버거 수요곡선상의 이동이다. 햄버거 가격의 상승은 햄버거의 대체재인 닭고기의 수요곡선을 오른쪽으로 옮기고, 햄버거의 보완재인 케첩의 수요곡선을 왼쪽으로 옮긴다.

재)의 수요를 증가시키고, 이는 스테이크의 수요곡선을 D_0에서 D_1로(오른쪽으로) 옮긴다.

그림 3.4(b)에서 햄버거 가격이 파운드당 1.49달러에서 3.09달러로 오르면 매달 한 가구가 구매하는 햄버거 소비량이 줄어든다. 달리 말해 햄버거 가격이 오르면 매달 햄버거 수요량이 10파운드에서 5파운드로 감소한다. 이러한 변화는 햄버거 수요곡선상의 이동으로 나타난다. 가구는 햄버거 대신 닭고기를 더 구매하고, 이 가구의 닭고기(햄버거의 대체재) 수요가 증가한다. 따라서 닭고기의 수요곡선이 오른쪽으로 이동한다. 동시에 케첩(햄버거의 보완재) 수요가 감소하고 케첩의 수요

곡선이 왼쪽으로 이동한다.

가구의 수요에서 시장의 수요로

지금까지는 한 제품에 대한 한 가구나 개인의 수요를 결정짓는 것에 대해 설명했다. 소다수 12팩의 가격이 5달러라면 1주일에 소다수 12팩을 얼마나 구매할 용의가 있는가와 같은 질문을 했다. 사실 우리는 가게에 갈 때마다 이 질문을 받는 셈이다. 이 질문에 대한 답은 가지고 있는 돈, 소다수를 좋아하는 정도, 그 가격에 살 수 있는 다른 제품 등에 따라 달라진다. 다음에 가게에 갔을 때 소다수 가격이 달라졌다면 스스로 자신의 구매 반응을 살펴보기 바란다.

가격 변화에 대한 한 개인의 반응은 특히 그 개인에게 흥미로운 일일 수 있다. 그러나 시장가격에 대해 일반적으로 말할 수 있으려면 시장수요를 알아야 한다.

시장수요(market demand)는 일정 기간 동안 각 가구가 시장에서 구매하는 한 재화나 서비스의 구매량을 단순히 합한 것이다. 그림 3.5는 개인 수요곡선 3개를 가지고 시장수요곡선을 구하는 것을 보여준다(이 시장수요곡선은 단 3명의 수요곡선을 가지고 구한 것이지만 실제 시장의 수요자는 수천, 수백만 명이다). 그림 3.5의 표를 보면 커피 가격이 파운드당 3.50달러일 때 A 가구와 C 가구는 매달 커피 4파운드를 구매하지만 B 가구는 전혀 구매하지 않는다. 이 수준의 가격에서 아마도 B 가구는 차나 물을 마실 것이다. 따라서 3.50달러의 가격에서 시장의 수요량은 총 4 + 4 = 8파운드

시장수요 일정 기간 동안 각 가구가 특정 재화나 서비스 시장에서 구매하는 해당 재화나 서비스의 수요량을 모두 합한 것

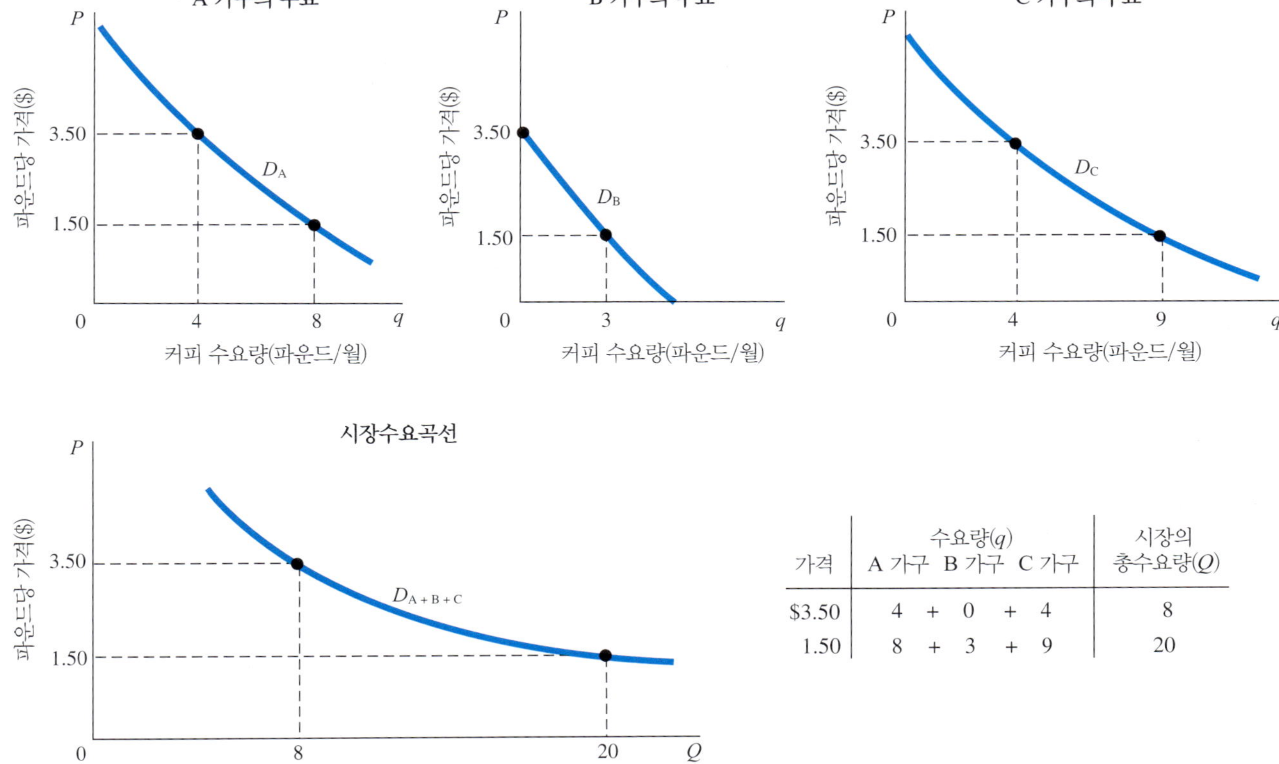

가격	수요량(q) A 가구	B 가구	C 가구	시장의 총수요량(Q)
$3.50	4 +	0 +	4	8
1.50	8 +	3 +	9	20

그림 3.5 개별 수요곡선으로 시장수요곡선 구하기
시장의 총수요는 그 시장에서 구매하는 모든 가구의 수요를 단순히 합한 것이다. 시장수요곡선은 개별 수요곡선을 수평으로 합한 것이다. 즉 각 가격에서 나타나는 개별 수요량을 모두 합한 것이다.

이다. 그러나 커피 가격이 파운드당 1.50달러라면 A 가구는 한 달에 8파운드, B 가구는 3파운드, C 가구는 9파운드를 구매한다. 따라서 파운드당 1.50달러의 가격에서 월간 시장의 수요량은 8 + 3 + 9 = 20파운드이다.

주어진 가격에서의 시장수요량은 그 가격에서 구매하는 모든 가구의 수요량을 합한 것이다. 또한 시장수요곡선은 각 가격에서 구매하고자 하는 모든 사람이 구매할 수 있는 경우의 구매량을 합한 것으로 구한다. 그림 3.5에서 보듯이 시장수요곡선은 모든 개별 수요곡선의 합, 즉 해당 가격에서 나타나는 개별 수요량을 모두 합한 것이다. 따라서 시장수요곡선의 모양과 위치는 개별 수요곡선의 모양, 위치, 개별 수요곡선의 수에 따라 달라진다. 시장에 사람이 많을수록 더 많은 수요곡선이 합쳐져서 시장수요곡선이 오른쪽으로 이동한다. 개별 수요곡선의 합이 시장수요곡선이므로 시장수요곡선도 사람들의 선호 변화, 소득 변화, 대체재와 보완재의 가격 변화에 따라 이동할 수 있다.

이 책에서는 개별 가구나 기업의 경우 소문자로 표시하고 시장 전체는 대문자로 표시하겠다. 그러므로 그림 3.5에서 Q는 시장의 총수요량을 나타내고 q는 개별 가구의 수요량을 나타낸다.

그림 3.5의 시장수요곡선의 흥미로운 점 중 하나는 각기 다른 가격에서 해당 제품을 구매하려는 사람들의 타입이 다를 수 있다는 것이다. 2007년 가을에 애플은 더 많은 사람이 아이폰을 사용할 수 있도록 가격을 반으로 내린다고 발표했다. 가격이 떨어지면 그림 3.5의 B 가구와 같은 사람들은 제품을 구매할 수 있을 것이다. 2018년에 애플이 훨씬 더 비싼 아이폰을 시장에 내놓았을 때 구형 아이폰을 사용하는 일반 사람들보다 구매력과 기술 적응력이 더 높은 사람들이 맨 먼저 구매했을 가능성이 높다. 신제품을 보다 빨리 구매하는 사람들과 나중에 구매하는 사람들은 서로 다른 타입이다.

학습목표

공급곡선 자체를 이동하는 요인과 공급곡선상의 이동을 유발하는 요인을 파악한다.

3.4 생산물시장의 공급

앞에서 수요와 공급을 다루기 시작할 때 다음과 같은 질문을 던졌다. 2018년에 소다수 12팩의 가격이 약 5달러였는데, 소다수 가격을 결정하는 것은 무엇인가? 지금까지 그 답의 한 측면을 살펴보았다. 기호, 소득, 미국에서 구매할 수 있는 대체재의 가능성 등이 주어졌을 때 소다수 12팩을 최소 5달러에 구매하려는 사람이 많다. 이제 시장의 나머지 반을 살펴보자. 소다수를 파는 기업의 행위를 어떻게 이해할 수 있는가? 기업이 소다수를 판매할 마음을 먹게 하는 것은 무엇인가? 이제 시장의 공급에 대해 살펴보자.

이윤 총수입과 총비용의 차이

기업은 공장을 짓고, 근로자를 고용하며, 원재료를 구매한다. 제품을 만들기 위해 지불하는 비용보다 더 높은 금액을 받고 제품을 팔 수 있다고 생각하기 때문이다. 다시 말해 기업이 소다수와 같은 재화나 서비스를 공급하는 것은 이윤을 얻을 수 있다고 믿기 때문이다. 따라서 공급 여부에 대한 의사결정은 실현될 것으로 기대되는 잠재적 이윤에 달려 있다. **이윤**(profit)은 수입과 비용의 차이이므로 공급은 수입의 변화나 생산비용의 변화에 반응한다. 소다수 가격이 높아지면 소다수를 판매하는 기업은 더 많이 만들어서 더 많은 수입을 얻으려고 한다. 따라서 구매자의 경우와 마찬가지로 시장에서 공급자의 행위를 설명할 때에도 가격이 매우 중요하다. 또한 공급자가 시장에서 무엇을 팔려고 하든 무언가를 만들려면 비용이 든다. 이들은 근로자를 고용하고, 공장을 짓고, 투입물을 구매해야 하므로 기업의 공급 행위는 생산비용의 영향도 받는다.

이후 장에서 기업이 재화나 서비스를 어떻게 생산할 것인지 결정하는 방식에 초점을 맞출 때 비용 측면을 다룰 것이다. 그러나 여기서는 다른 것들이 일정하다는 가정하에 기업의 공급량(생산량)에 대한 의사결정 및 공급량과 가격의 관계에 초점을 맞춘다.

가격과 공급량: 공급의 법칙

공급량(quantity supplied)은 판매자(기업)가 일정 기간 동안 주어진 가격에서 특정 제품을 판매할 용의와 판매할 능력을 가진 양을 말한다. 이는 수요량이 구매자(가구)가 일정 기간 동안 주어진 가격에서 특정 제품을 구매할 용의와 구매할 능력을 가진 양이라는 것과 대응되는 표현이다. **공급표**(supply schedule)는 다양한 가격에서 기업이 판매하려고 하는 재화의 양을 보여주는 표이다.

공급량 판매자(기업)가 일정 기간 동안 주어진 가격에서 특정 제품을 판매할 용의와 판매할 능력을 가진 양

공급표 다양한 가격에서 기업이 판매하려고 하는 재화의 양을 보여주는 표

농산물 시장을 예로 살펴보자. 표 3.3은 브라운이라는 대표적인 농부가 다양한 가격수준에서 공급할 수 있는 콩 공급량을 보여준다. 콩의 시장가격이 부셸당 1.50달러 이하일 때 브라운은 콩을 공급하지 않는다. 브라운은 자신의 노동 시간과 농지의 기회비용 등 콩을 재배하는 데 따르는 비용을 고려하면 부셸당 1.50달러로는 이러한 비용을 보상받지 못한다고 생각한다. 그러나 부셸당 1.75달러가 된다면 브라운의 농장에서 콩이 일부 생산된다. 부셸당 가격이 1.75달러에서 2.25달러로 상승하면 콩 공급량이 연간 10,000부셸에서 20,000부셸로 증가한다. 가격이 더 많이 오르면 밀 생산 농지를 콩 생산으로 전환하거나, 놀리던 농지에 콩을 심거나, 콩 가격이 낮을 때는 비용 탓에 사용할 수 없었던 비싼 비료나 장비를 사용하여 콩 생산을 늘릴 수도 있다.

브라운의 경험을 일반화하면, 다른 것들이 일정할 때 시장가격이 오르면 브라운을 포함한 농부들이 생산하여 공급하려는 양이 증가할 것이라고 기대할 수 있다. 달리 말해 가격과 공급량은 양(+)의 관계이며, 이를 **공급의 법칙**(law of supply)이라고 한다. 시장가격이 상승하면 공급량이 증가하고 시장가격이 하락하면 공급량이 감소한다.

공급의 법칙 어떤 재화의 가격과 공급량 간의 양의 관계. 다른 것들이 일정할 때 시장가격이 상승하면 공급량이 증가하고 시장가격이 하락하면 공급량이 감소함

공급표의 정보는 **공급곡선**(supply curve)으로 나타낼 수 있다. 공급곡선은 우상향하며, 그림 3.6은 양(+)의 기울기인 브라운의 공급곡선을 보여준다.

공급곡선 다양한 가격에서 기업이 판매하려고 하는 재화의 양을 보여주는 그래프

그러나 브라운의 공급표를 보면 가격이 4달러에서 5달러로 상승해도 공급량이 증가하지 않는다. 가격 상승에 따라 공급량을 늘리는 개별 기업의 능력은 단기적으로는 기존 생산규모 또는 생산능력에 의해 제약을 받곤 한다. 예를 들어 브라운이 콩을 더 많이 생산할 수 있는 능력은 농지의 크기, 비옥도, 사용하는 농사 장비에 좌우된다. 가격이 상승함에도 연간 콩 생산량이 45,000부셸에 머물러 있다는 것은 브라운이 농지의 크기, 비옥도, 농사 기술의 한계점에서 생산하고 있음을 드러낸다.

그러나 좀 더 장기적으로 보면 브라운이 농지를 구매하거나 콩 생산을 증가시킬 수 있는 기술이 발전할 것이다. 단기와 장기라는 용어는 경제학에서 정확한 의미를 담고 있는데 이는 뒤에서 살펴보겠다. 여기서는 시간이 공급량에 관한 의사결정에서 매우 중요한 역할을 한다는 것만 알아두기 바란다. 가격이 변동할 때 기업이 보이는 즉각적인 반응은 1개월 뒤나 1년 뒤에 할 수 있는 것에 따라 달

표 3.3 브라운의 콩 공급표

가격(부셸당)	공급량(부셸/연)	가격(부셸당)	공급량(부셸/연)
$1.50	0	3.00	30,000
1.75	10,000	4.00	45,000
2.25	20,000	5.00	45,000

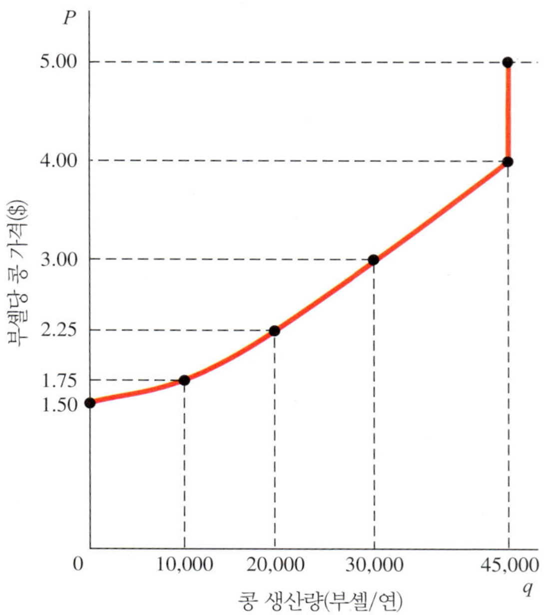

그림 3.6 브라운의 공급곡선
생산물의 가격이 오르면 생산자는 더 많은 양을 생산하려고 한다. 공급곡선의 기울기는 양의 값이다.

라질 수 있다. 단기 공급곡선과 장기 공급곡선은 종종 서로 다를 수 있다.

공급에 영향을 주는 기타 요인

기업의 공급에 영향을 주는 요인 중 가격에 대해서만 살펴보았으나 생산비용, 관련 제품의 가격 등도 공급에 영향을 미친다.

생산비용 기업이 이윤을 창출하려면 수입이 비용보다 커야 한다. 개별 생산자로서 브라운은 특정 가격에서 얼마나 공급할지를 고려할 때 자신의 생산비용을 살펴볼 것이다. 브라운의 공급량에 대한 의사결정은 생산비용의 변화에 따라 달라질 수 있다. 생산비용은 기업이 필요로 하는 투입물(노동, 토지, 자본, 에너지 등)의 양과 가격, 이용 가능한 기술 등 다양한 요인의 영향을 받는다.

특히 기술 변화(기술 발전)가 생산비용에 미치는 영향은 엄청나다. 생산량을 증가시키는 비료, 영농 기계, 바이오엔지니어링 등은 농산물의 생산비용에 큰 영향을 준다. 기술은 평판 TV 같은 제품의 생산비용도 크게 낮춰준다. 기술 발전으로 생산비용이 줄어들면 생산량을 늘리기가 쉽다. 에이커당 농작물 생산량이 증가하면 각 농부는 더 많이 생산할 수 있고 실제로도 더 많이 생산한다. 마이크로프로세서를 저렴한 비용에 생산할 수 있는 기술 발전 덕분에 전자계산기, 개인용 컴퓨터, 스마트폰 등의 생산량이 크게 증가했다.

생산요소의 가격 변화도 생산비용에 곧바로 영향을 미친다. 2002년에 배럴당 20달러 미만이었던 원유 가격이 2008년 봄에 배럴당 100달러를 넘어서자 택시 기사는 더 높은 휘발유 가격, 항공사는 더 높은 연료비, 제조 기업은 더 높은 난방비에 직면했다. 그 결과 택시 기사는 승객을 찾아 돌아다니는 시간을 줄이고, 항공사는 수익이 적은 노선을 폐지하고, 일부 제조 기업은 작업 시간을 줄였다. 이를 통해 투입물(생산요소)의 가격 상승이 생산비용을 증가시켜 공급량을 줄일 가능성이 크다는 것을 알 수 있다. 2009~2010년에는 원유 가격이 배럴당 75달러로 하락하여 이와 반대되는 현상이 나타났다. 보다 최근인 2014~2015년에는 원유 가격이 다시 하락했다.

관련 제품의 가격 기업은 관련 제품의 가격 변화에 반응하곤 한다. 예를 들어 농지를 옥수수 재배에도 사용할 수 있고 콩 재배에도 사용할 수 있다면 농부는 옥수수 가격이 오를 때 콩을 생산하던 농지를 옥수수 생산으로 돌릴 것이다. 따라서 옥수수 가격의 상승은 콩 공급량을 감소시킬 수 있다. 마찬가지로 소가죽 가격이 오르면 농부는 소를 더 키우려 할 것이고, 따라서 소가죽 가격의 상승은 쇠고기 공급량을 증가시킬 수 있다.

기업의 목적이 이윤 극대화라면 생산물(제품)의 공급량에 대한 기업의 의사결정은 다음에 따라 달라진다.

1. 생산물의 가격
2. 다음 항목의 영향을 받는 생산비용
   - 투입물(노동, 자본, 토지)의 가격
   - 생산기술
3. 관련 제품의 가격

공급곡선의 이동과 공급곡선상의 이동

공급곡선은 기업이 공급하는 재화나 서비스의 공급량과 그 시장가격의 관계를 보여준다. 다른 것들이 일정하다면 가격 상승은 공급량을 증가시킨다. 공급곡선은 가격을 제외한 다른 것들이 일정하다고 가정하고 도출되는 것임을 기억하라. 다른 것들이 일정할 때 한 재화의 가격 변화는 그 재화의 공급량을 변화시키며, 이는 **공급곡선상의 이동**(movement along a supply curve)으로 나타난다. 앞에서 언급했듯이 공급량에 대한 의사결정은 가격뿐만 아니라 다른 요인의 영향도 받는다. 가격 이외의 요인이 변하면 가격과 공급량 간에 새로운 관계가 나타나며, 이는 **공급곡선의 이동**(shift of a supply curve)을 유발한다. 이러한 경우에 공급량의 변화가 아니라 공급의 변화라고 한다.

공급곡선상의 이동 가격의 변화에 따른 공급량의 변화

공급곡선의 이동 한 재화의 가격과 공급량 간의 새로운 관계로 공급곡선에 나타나는 변화. 처음 상황에서 새로운 상황으로의 변화는 공급곡선의 이동을 유발함

생산비용은 생산요소의 가격과 생산기술에 따라 달라진다는 것을 상기하라. 이제 콩 생산에 혁신적인 기술이 도입되었다고 하자. 병충해에 강한 슈퍼 콩을 생산하는 기술이 개발되었는데, 이러한 기술 혁신은 농부가 모든 가격수준에서 공급량을 늘릴 수 있게 해준다. 표 3.4와 그림 3.7은 그 변화를 보여준다. 과거에 농부는 부셸당 3달러에서 30,000부셸을 생산했다(표 3.4의 스케줄 S_0). 그러나 신종 콩 개발로 생산비용이 낮아지고 수확량이 증가함에 따라 부셸당 3달러에서 40,000부셸을

표 3.4 신종 콩 개발에 따른 콩 공급표

	스케줄 S_0	스케줄 S_1
가격(부셸당)	과거의 연간 공급량(부셸)	새로운 연간 공급량(부셸)
$1.50	0	5,000
1.75	10,000	23,000
2.25	20,000	33,000
3.00	30,000	40,000
4.00	45,000	54,000
5.00	45,000	54,000

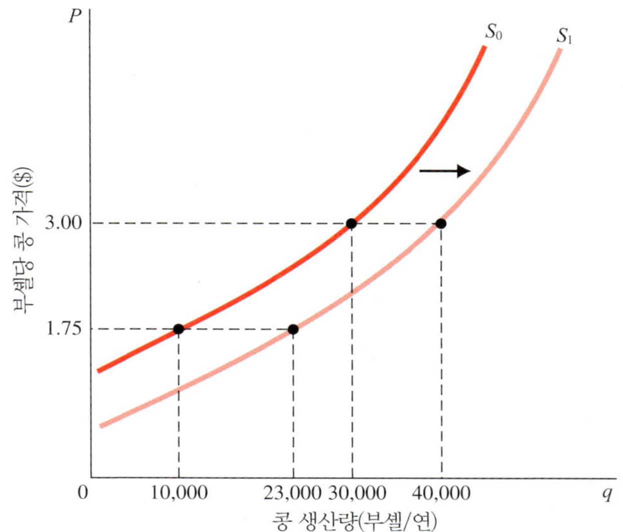

그림 3.7 신종 콩 개발에 따른 공급곡선의 이동
재화 가격이 변동하면 공급량이 증가 또는 감소하여 공급곡선상에서 이동한다. 공급에 영향을 미치는 가격 이외 요소의 변화는 공급곡선을 움직인다.

생산할 수 있게 되었다(표 3.4의 스케줄 S_1). 기술 혁신이 있기 전에는 부셸당 1.75달러의 가격에서 10,000부셸을 생산했으나 생산비용의 감소와 수확량의 증가로 23,000부셸을 생산할 수 있다.

생산요소의 가격이 상승하면 공급곡선이 이동한다. 예를 들어 연료 가격이 상승하면 브라운의 공급곡선이 왼쪽으로 이동한다. 즉 그는 모든 시장가격에서 전보다 적은 양을 생산한다. 브라운의 공급곡선이 왼쪽으로 이동함에 따라 새로운 공급곡선이 더 높은 가격에서 가격 축과 만난다. 이는 브라운이 조금이라도 콩을 생산하게 하려면 시장가격이 전보다 높아져야 함을 의미한다. 수요와 마찬가지로 공급곡선상의 이동(공급량의 변화)과 공급곡선 자체의 이동(공급의 변화)을 구별하는 것이 중요하다.

한 재화나 서비스의 가격 변화는
→ 공급량의 변화를 가져온다(공급곡선상의 이동).

생산비용의 변화, 생산요소의 가격 변화, 기술의 변화, 관련된 재화와 서비스의 가격 변화는
→ 공급의 변화를 가져온다(공급곡선의 이동).

개별 공급곡선에서 시장공급곡선으로

지금까지는 생산자 한 사람의 공급행위에 초점을 맞추었다. 대부분의 시장에서는 많은 생산자들이 소비자에게 제품을 공급한다. 이러한 공급자들 모두의 행동을 합한 행동이 시장의 공급을 결정한다.

시장공급 일정 기간 동안 특정 재화를 생산하는 모든 생산자의 생산량을 합한 것

시장공급(market supply)은 시장수요와 같은 방식으로 결정된다. 일정 기간 동안 특정 재화를 생산하는 모든 생산자의 생산량을 합하면 시장의 공급량이 된다. 그림 3.8은 개별 기업의 공급곡선 3개를 가지고 시장공급곡선을 구하는 것을 보여준다. 그림 3.8의 표를 보면 가격이 부셸당 3달러일 때 A 농장은 콩을 30,000부셸, B 농장은 10,000부셸, C 농장은 25,000부셸 공급한다. 이 가격에서 시장의 공급량은 30,000 + 10,000 + 25,000 = 65,000부셸이다. 그러나 가격이 부셸당 1.75달러라면 총공급량이 25,000부셸(10,000 + 5,000 + 10,000)밖에 되지 않는다. 시장공급곡선은 모든 기업의 개별 공급곡선을 더한 것으로, 각 가격에서 나타나는 개별 공급량을 모두 합한 것이다.

시장공급곡선은 개별 기업의 공급곡선을 합하여 도출하므로 시장공급곡선의 모양과 위치는 개별

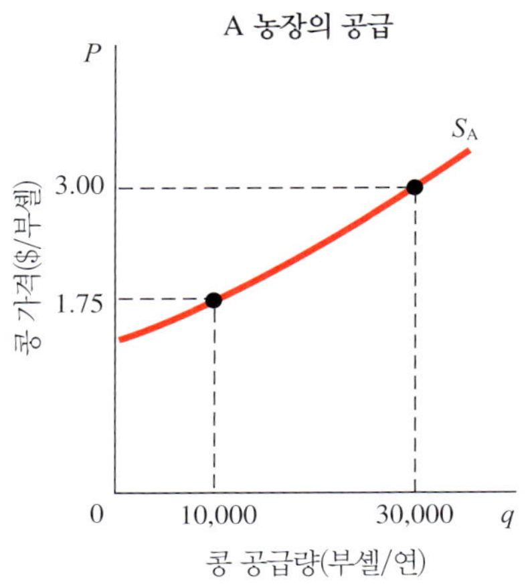

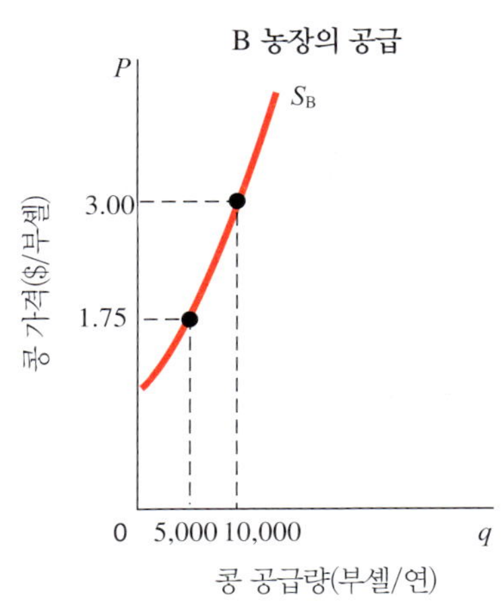

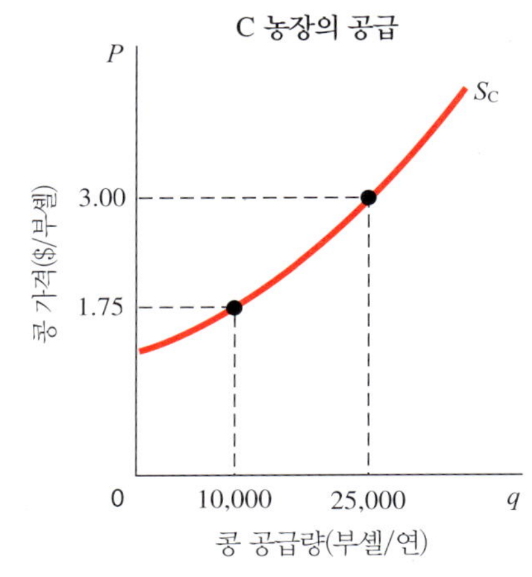

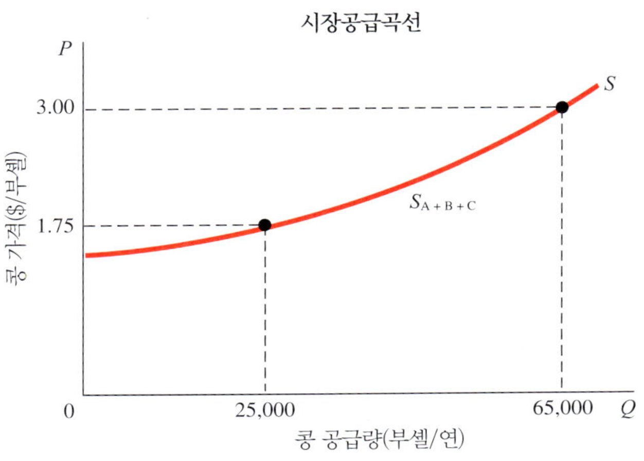

가격	공급량(q) A 농장		공급량(q) B 농장		공급량(q) C 농장	시장의 총공급량(Q)
$3.00	30,000	+	10,000	+	25,000	65,000
1.75	10,000	+	5,000	+	10,000	25,000

그림 3.8 개별 공급곡선으로 시장공급곡선 구하기
시장의 공급량은 그 시장에 있는 기업의 공급량을 모두 합한 것이다. 즉 각 가격에서 나타나는 개별 기업의 공급량을 합한 것이다.

공급곡선의 모양과 위치에 따라 달라진다. 시장공급곡선은 시장에 있는 기업의 수에 따라서도 달라진다. 어떤 기업이 한 시장에서 제품을 팔아 높은 이윤을 얻고 있다면 다른 기업도 그러한 제품을 팔려고 시장에 진입할 것이다. 새로운 기업이 시장에 진입하면 시장공급곡선이 오른쪽으로 이동하고, 기존 기업이 시장에서 퇴출되면 시장공급곡선이 왼쪽으로 이동한다.

3.5 시장균형

학습목표

균형을 벗어난 시장이 균형으로 되돌아가기 위해 어떻게 반응하는지를 이해한다.

시장가격이 수요량과 공급량을 결정짓는 중요한 역할을 한다는 것을 강조했다. 이제 시장에서 공급과 수요가 어떻게 상호작용을 하여 최종 시장가격을 결정하는지 알아보자.

지금까지는 수요량에 대한 가구의 의사결정과 공급량에 대한 기업의 의사결정을 분리해서 살펴보았다. 그러나 시장은 공급자와 수요자의 상호작용으로 움직인다. 모든 시장에서는 다음 세 가지 중 하나가 나타난다. ① 현재의 가격에서 수요량이 공급량보다 많으며, 이는 초과수요라고 부르는 상황이다. ② 현재의 가격에서 공급량이 수요량보다 많으며, 이는 초과공급이라고 부르는 상황이다.

균형 공급량과 수요량이 일치하는 상황으로, 균형에서는 가격이 변하지 않음

③ 현재의 가격에서 공급량과 수요량이 일치하며, 이는 **균형**(equilibrium)이라고 부르는 상황이다. 균형에서는 가격이 변하지 않는다.

초과수요

초과수요, 부족 현재의 가격에서 수요량이 공급량보다 큰 경우

초과수요(excess demand) 또는 **부족**(shortage)은 현재의 가격에서 수요량이 공급량보다 큰 경우를 말한다. 그림 3.9는 공급곡선과 수요곡선을 한 그래프에 그려서 이러한 상황을 나타낸 것이다. 그림에서 보듯이 부셸당 1.75달러에서 시장수요량(50,000부셸)이 현재 공급되는 시장공급량(25,000부셸)보다 많다.

초과수요가 발생하면 수요자들이 부족한 공급량을 서로 차지하기 위해 경쟁하여 시장가격이 오르기 시작한다. 가격이 조정되는 과정은 다를지 몰라도 결과는 늘 동일하다. 경매 과정을 예로 살펴보자. 경매에서는 가장 높은 가격을 부르는 사람이 경매품을 차지한다. 경매인이 낮은 가격부터 부르기 시작하면 많은 사람이 입찰을 한다. 처음에는 부족이 발생한다. 즉 수요량이 공급량을 능가한다. 그러나 경매가 진행되면서 잠재적 구매자가 입찰가를 점점 높이면 상대적으로 낮은 가격을 부른 입찰자가 계속 탈락하고 마지막에 가장 높은 가격을 부른 입찰자가 경매품을 차지하게 된다. 수요량과 공급량이 일치할 때까지 가격이 계속 올라가는 것이다.

그림 3.9를 다시 보면 가격이 1.75달러일 때 농부들은 연간 콩 25,000부셸을 생산한다. 그러나 그 가격에서 수요량은 50,000부셸이다. 대부분의 농작물은 지역 판매상에게 넘어가고 이 판매상은 확보한 물량을 대형 유통시장에서 경매로 판매한다. 수요량이 공급량을 능가하면 경매를 통해 가격이 상승한다. 가격이 1.75달러보다 높아지면 두 가지 상황이 나타난다. ① 구매자들이 (아마도 대체품을 선택하여) 시장에서 퇴출하면서 수요량이 감소한다. ② 더 높은 가격을 받을 수 있게 되자 농부들이 공급량을 증가시킨다.[3]

이러한 과정은 초과수요가 사라질 때까지 계속된다. 그림 3.9에서 부셸당 가격이 2달러가 되면 연간 수요량이 50,000부셸에서 40,000부셸로 감소하고 공급량이 25,000부셸에서 40,000부셸로 증가한다. 수요량과 공급량이 일치하면 더 이상 경매가 진행되지 않고 가격이 더 이상 조정되지 않는 균형에 도달한다. 그래프에서 균형점은 공급곡선과 수요곡선이 만나는 점이다.

점점 더 많은 재화가 인터넷을 통해 경매되고 있다. 이베이(eBay)는 자동차, 와인, 컴퓨터, 비행기 티켓 등 수많은 재화의 구매자와 판매자를 연결해준다. 경매에서 가격이 결정되는 원칙은 동일하다. 초과수요가 발생하면 가격이 오른다. 우버(Uber)와 같은 기업은 경제학자를 고용하여 택시 수요가 아주 많을 때 적용할 서지가격(surge price)을 계산하여 책정하는 시스템을 운영하고 있다.

수요량이 공급량을 능가할 때 가격이 오르기 시작한다. 시장가격이 오르면 수요량과 공급량이 같은 균형에 도달할 때까지 수요량이 하락하고 공급량이 증가하는데, 이러한 과정을 가격에 의한 할당

---

3 농부는 수확을 마치면 더 생산하고 싶어도 다시 수확할 때까지 기다려야 한다. 브라운의 공급표(표 3.3)를 도출할 때는 그 당시의 가격에서 그가 얼마나 넓은 농지에 콩을 심을 것인지를 결정한다고 가정했다. 그림 3.9에서 우상향하는 공급곡선은 다른 곡물 생산에서 콩 생산으로 농지를 전환한다고 가정한 것이다. 최종 생산량이 결정될 때까지는 최종 시장가격이 결정되지 않는다. 우리는 설명의 목적을 위해 농작물을 재배하는 데 시간이 걸린다는 것을 무시했다. 수요량과 공급량은 유량의 개념이므로 어떤 기간의 생산량에 대해 말하고 있다고 생각하면 편할 것이다. 생산량의 조절은 여러 기간에 걸쳐 나타날 수도 있다. 공장에서 제조되는 제품의 경우, 일반적으로 가격에 대해 반응하여 생산량을 조절하는 데 농산물처럼 많은 시간이 걸리지 않을 것이다. 또한 농산물이라도 저장 창고를 이용하여 가격에 대응하면서 공급량을 조절할 수 있다.

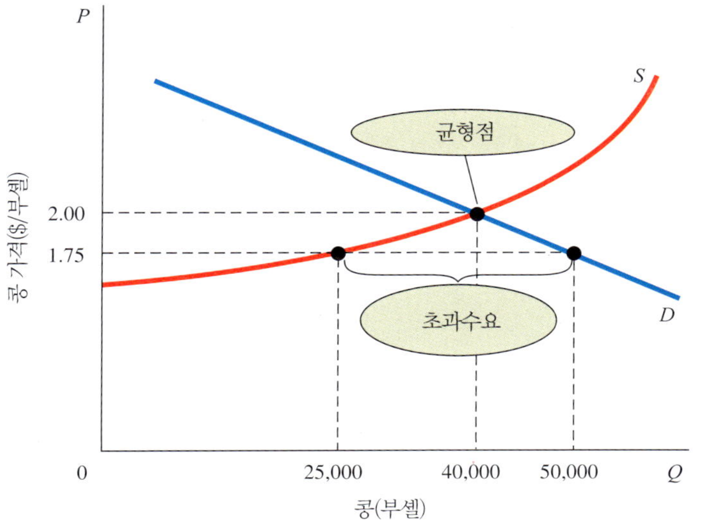

그림 3.9 초과수요(부족)
부셸당 1.75달러에서 수요량이 공급량을 능가한다. 이러한 초과수요가 발생할 때는 가격이 상승한다. 수요량이 공급량과 일치하면 초과수요가 사라지고 시장은 균형 상태가 된다. 이 그림에서는 균형가격이 2.00달러이고 균형수량이 40,000부셸이다.

(price rationing)이라고 한다.

초과공급

초과공급, 잉여 현재의 가격에서 공급량이 수요량보다 큰 경우

초과공급(excess supply) 또는 **잉여**(surplus)는 현재의 가격에서 공급량이 수요량보다 큰 경우를 말한다. 초과수요와 마찬가지로 잉여로 인해 가격이 조정되는 과정은 시장에 따라 다를 수 있다. 예를 들어 신차가 나오는 가을에 미처 팔지 못한 자동차를 가지고 있는 자동차 딜러는 가격을 할인하여 판매할 수도 있고, 때로는 자동차를 구매하려는 사람이 딜러가 요구하는 가격보다 낮은 가격을 제시할 수도 있다. 미국에서는 크리스마스가 지나면 대부분의 상점이 재고를 처리하기 위해 빅세일에 들어간다. 따라서 현재의 가격에서 공급량이 수요량을 능가하여 상점들이 가격을 내린다. 철 지난 옷과 기타 재화를 할인 가격에 판매하는 웹사이트도 많이 있다.

그림 3.10은 초과공급(잉여) 상황을 보여준다. 농부들이 부셸당 3달러에서 연간 콩 65,000부셸을 공급한다고 하자. 하지만 수요가 25,000부셸밖에 되지 않기 때문에 팔리지 않은 40,000부셸로

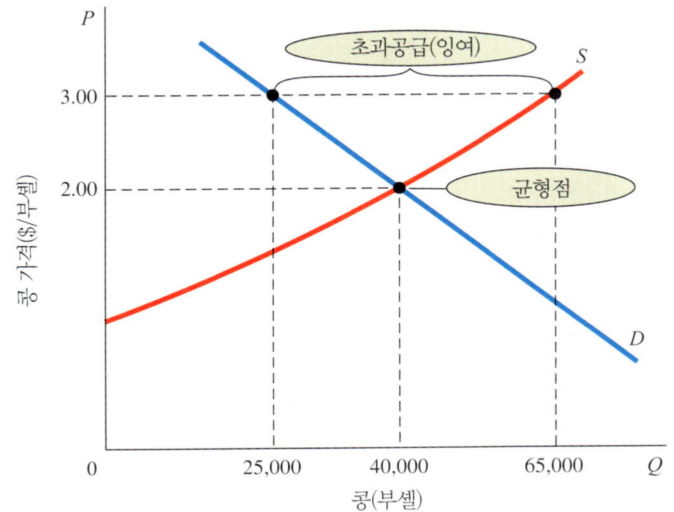

그림 3.10 초과공급(잉여)
부셸당 3달러에서 공급량이 수요량보다 40,000부셸 더 많다. 이러한 초과공급은 가격을 하락시킨다.

인해 시장가격이 하락한다. 가격이 3달러에서 2달러로 하락하면서 공급량이 연간 65,000부셸에서 40,000부셸로 감소한다. 가격이 낮아지자 수요량이 25,000부셸에서 40,000부셸로 증가하고, 부셸당 2달러에서 수요량과 공급량이 일치한다. 즉 균형가격은 2달러, 균형수량은 40,000부셸이다.

가격이 조정되는 과정은 시장에 따라 다를 수 있으나 그 결과는 동일하다.

현재의 가격에서 공급량이 수요량보다 많으면 가격이 하락한다. 가격이 하락하면 공급량과 수요량이 일치하는 균형점에 도달할 때까지 공급량이 감소하고 수요량이 증가하는 가격 메커니즘(가격에 의한 할당)이 작동한다.

방정식으로 살펴보는 시장균형

지금까지는 그래프를 통해 수요와 공급을 살펴보았는데 경제학자는 수요와 공급을 분석하거나 설명할 때 방정식을 사용하기도 한다. 시장의 상황을 계량적으로 파악하는 실증 연구를 할 때 방정식을 이용하면 매우 편리하다.

쉽게 이해할 수 있도록 수요곡선과 공급곡선이 모두 직선이라고 가정하자. 경제학에서 수요 그래프의 y축에 가격을 표시하고 x축에 수량을 표시하는 것은 오래된 관습이다. 하지만 수요에 대해 설명하는 대부분의 경우에 수량은 종속변수이고 가격은 독립변수이다. '수요량이 Q일 때 가격이 얼마인가?'라고 묻지 않고 '주어진 가격에서 시장의 수요량이 얼마인가?'라고 묻는다. 직선을 가지고 살펴볼 것이므로 가격을 식의 오른쪽에 놓고 수량을 식의 왼쪽에 놓는 방정식(수요곡선의 방정식)을 수량을 오른쪽에 놓고 가격을 왼쪽에 놓는 방정식(역수요곡선)으로 전환하거나 그 반대로 하기가 간단하다. 실제로 경제학자는 연구에 두 가지 형태를 모두 사용한다.

수요곡선이 y축(가격 축)과 만나며 음의 기울기를 갖는다는 것은 이미 알고 있다. 수요곡선이 직선이라고 가정하면 역수요곡선은 다음과 같이 나타낼 수 있다.

$$P = a - bQ_d$$

Q_d는 수요량이고 P는 가격이다. a는 y축의 절편 값으로 수요량이 0일 때의 가격이다. b는 수요곡선의 기울기 값이다.

수요곡선은 다음과 같다.

$$Q_d = \frac{a}{b} - \frac{1}{b}P$$

공급곡선은 어떨까? 우리는 공급곡선이 양의 기울기를 갖는다는 것은 알고 있다. 이는 가격이 상승하면 생산자들이 시장에 제품을 더 많이 공급하려 한다는 것을 의미한다. 공급곡선은 y축과 만날 수도 있고 만나지 않을 수도 있다(이에 대해서는 이후 장에서 살펴보겠다). 만약 만난다면 그리고 직선이라면 역공급곡선은 다음과 같이 나타낼 수 있다.

$$P = c + dQ_s$$

P는 가격이고 Q_s는 공급량이다. c는 y축의 절편의 값이고 d는 양의 기울기 값이다. 이 식에서는 공급량이 1단위 증가하면 가격이 d만큼 상승한다.

공급곡선은 다음과 같다.

$$Q_s = \frac{c}{d} + \frac{1}{d}P$$

그래프에서 수요곡선과 공급곡선이 만나는 점으로 균형가격과 균형수량은 알 수 있다. 어떤 가격에서 수요량이 공급량과 일치하는가? 이를 알아내기 위해 $Q_d = Q_s$로 놓는다. 이제 두 방정식과 미지수 Q, P를 가지고 있으므로 문제를 풀 수 있다.

구체적인 수치를 가지고 살펴보면 편리하다. 어떤 수요곡선과 공급곡선이 다음과 같은 직선의 방정식으로 표현된다고 하자.

$$Q_d = 14 - 2P$$
$$Q_s = 2 + 4P$$

수요량과 공급량을 일치시키면 다음과 같이 된다.

$$14 - 2P = 2 + 4P$$

이를 풀면 가격이 2달러이고, 이를 수요 방정식이나 공급 방정식에 대입하면 균형수량이 10단위임을 알 수 있다.

균형점의 변화

공급곡선과 수요곡선이 이동하면 균형가격과 균형수량이 달라진다. 수요와 공급이 변동할 때 어떻게 다시 시장균형을 이루는지를 다음 예에서 살펴보자.

남미는 주요 커피 생산지이다. 1990년대 중반에 브라질과 콜롬비아에 심한 한파가 닥치는 바람에 세계 시장에서 커피 가격이 파운드당 2.40달러로 뛰어올랐다. 2005년과 2012년 콜롬비아의 기상 악화는 이와 비슷한 공급곡선의 이동을 초래했다.

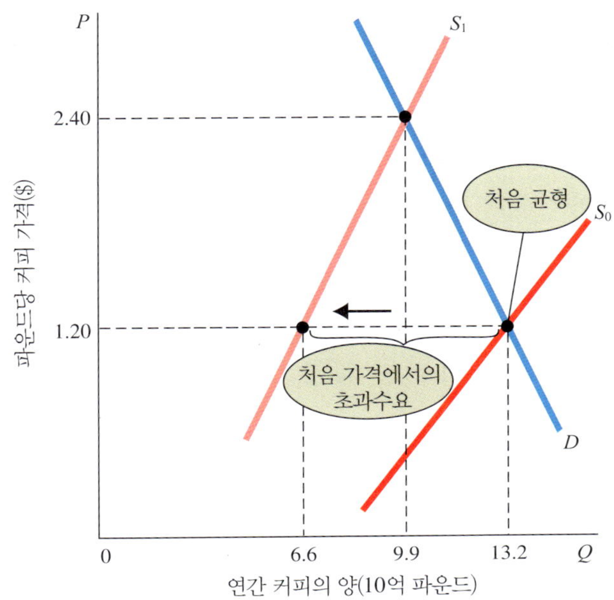

그림 3.11 커피 시장: 공급곡선의 이동과 그에 따른 가격 조정
한파가 덮치기 전에 커피 시장은 파운드당 1.20달러에서 균형을 이루어 수요량과 공급량이 일치했다. 한파로 인해 공급곡선이 왼쪽으로 이동하여(S_0에서 S_1로) 새로운 균형가격이 2.40달러가 되었다.

그림 3.11은 한파로 인한 커피 가격의 상승을 보여준다. 처음에 커피 시장은 파운드당 1.20달러에서 균형을 이루어 수요량과 공급량이 일치했다(132억 파운드). 즉 가격 1.20달러, 수량 132억 파운드에서 수요곡선(D)이 처음의 공급곡선(S_0)과 교차했다. 그러나 한파로 인해 커피 공급량이 감소하여 공급곡선이 왼쪽으로 이동했다. 그림 3.11에서 S_1은 새로운 공급곡선이다.

처음 균형가격이었던 1.20달러에서 커피의 공급 부족이 발생한다. 커피 가격이 1.20달러에 머물러 있으면 수요량 132억 파운드도 변하지 않을 것이다. 하지만 그 가격에서는 공급량이 66억 파운드로 줄어든다. 따라서 1.20달러의 가격에서는 수요량이 공급량보다 크다.

초과수요가 발생하면 가격이 상승한다. 그림에서 보듯이 새로운 균형가격인 2.40달러로 상승하며 이 가격에서 수요량과 공급량이 일치한다. 새로운 공급곡선(S_1)이 수요곡선과 교차하는 점에서의 새로운 균형량은 99억 파운드이다.

커피 가격이 1.20달러에서 2.40달러로 오르면 두 가지 상황이 나타난다. ① 사람들이 차나 코코아와 같은 대체재로 이동하여 수요량이 감소한다(수요곡선상의 이동). ② 한파로 생산량이 제약을 받지만 그 범위 안에서 공급량이 증가하기 시작한다(그동안 높은 생산비용으로 수익성이 없어서 커피를 생산하지 않던 다른 국가가 가격 상승으로 수익성이 생기자 커피를 생산하여 세계 시장에 공급할 수도 있다). 즉 상승한 가격에 반응하여 처음의 공급곡선에서 왼쪽으로 이동한 새로운 공급곡선을 따라 공급량이 증가한다. 최종적으로 커피 가격이 상승하고(2.40달러) 전보다 적은 수량이 시장에서 거래되었다(99억 파운드). 이제 파운드당 2.40달러에 구매할 용의가 있고 지불할 능력도 있는 사람들만 커피를 살 수 있다.

시장에서 나타날 수 있는 다양한 종류의 공급곡선, 수요곡선의 이동과 그에 따른 새로운 균형가격, 균형수량은 그림 3.12와 같다. 그래프를 주의 깊게 살펴보고 그 결과를 이해하기 바란다.

경제학의 적용

퀴노아

채식주의자나 미식가라면 페루나 볼리비아 사람들이 먹는 고단백 곡식인 퀴노아를 먹어보았을 것이다. 퀴노아는 미식가들 사이에서 인기가 있고 상당한 시장이 형성되어 있다. 퀴노아의 소비 증가로 퀴노아의 수요곡선이 오른쪽으로 이동했다.

공급곡선은 우상향하기 때문에 수요곡선이 오른쪽으로 이동하자 퀴노아 가격이 상승했다. 시간이 지남에 따라 높아진 가격은 더 많은 농부를 퀴노아 시장으로 끌어들였다. 이로 인해 공급곡선이 오른쪽으로 이동했으며, 이러한 공급 증가는 큰 가격 상승을 어느 정도 상쇄했다. 그러나 퀴노아는 재배하기가 까다로운 작물이다. 퀴노아는 라마나 산양의 배설물을 비료로 사용하는 고랭지에서 잘 자란다. 따라서 농부들이 시장에 진입하여 공급이 늘기는 했지만 재배 여건이 독특하기 때문에 공급곡선이 오른쪽으로 이동하는 데 한계가 있었다. 따라서 공급이 증가했음에도 불구하고 가격이 상승했다.

질문

- 퀴노아 시장의 가격과 수량 변화를 그래프로 나타내라.

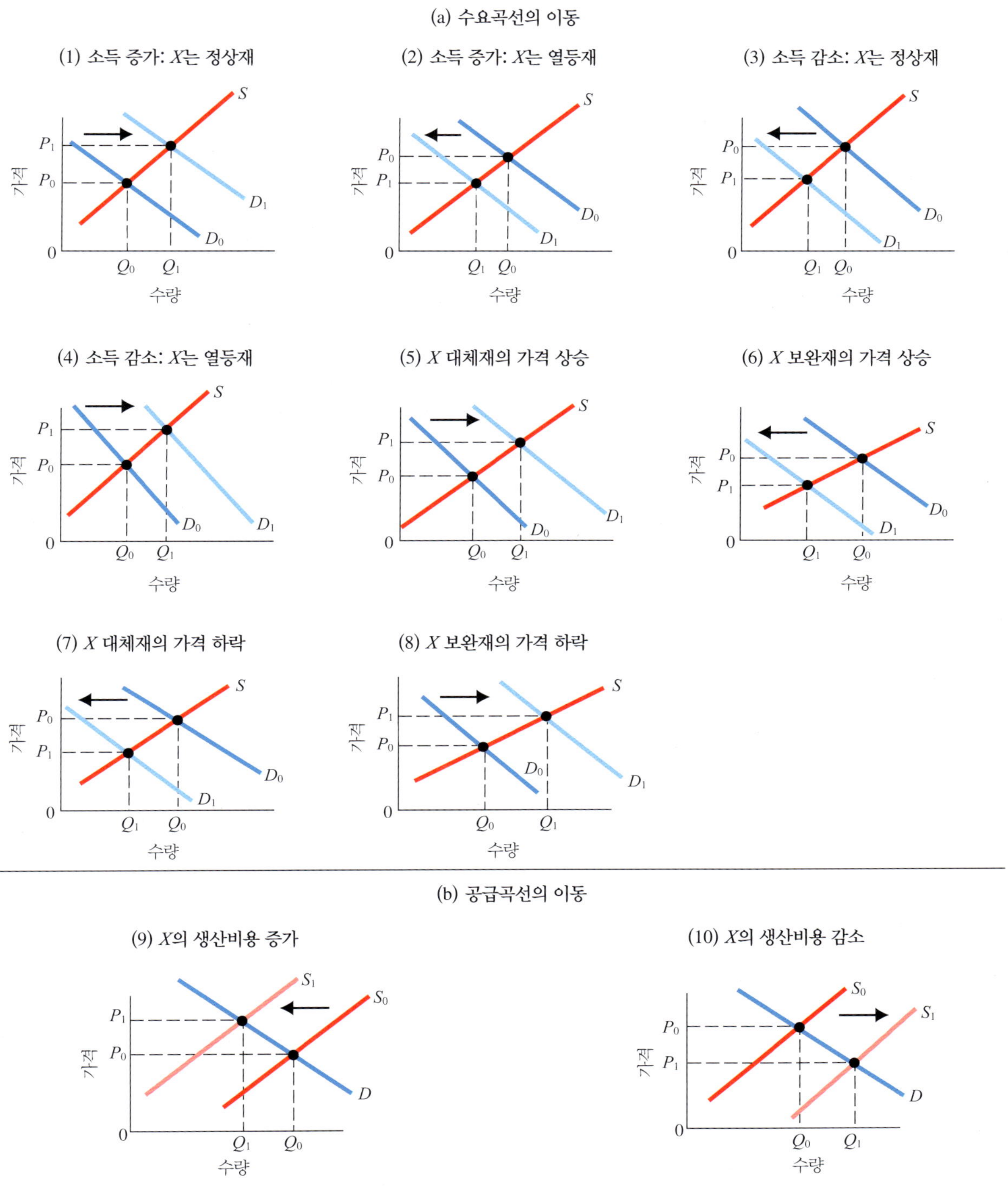

(a) 수요곡선의 이동

(1) 소득 증가: X는 정상재

(2) 소득 증가: X는 열등재

(3) 소득 감소: X는 정상재

(4) 소득 감소: X는 열등재

(5) X 대체재의 가격 상승

(6) X 보완재의 가격 상승

(7) X 대체재의 가격 하락

(8) X 보완재의 가격 하락

(b) 공급곡선의 이동

(9) X의 생산비용 증가

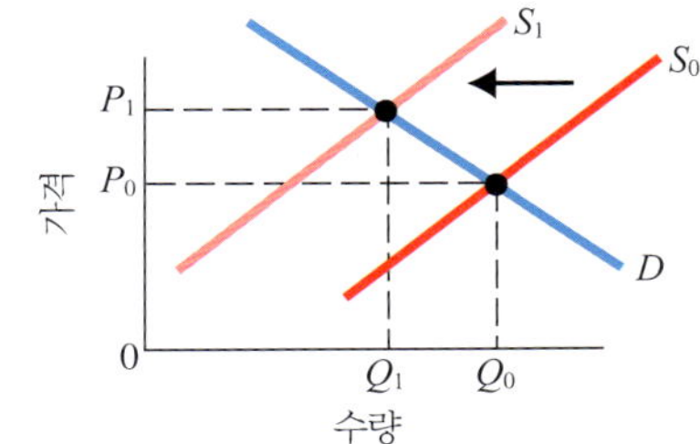

(10) X의 생산비용 감소

그림 3.12 *X*재의 공급곡선과 수요곡선의 이동

생산물시장의 수요와 공급: 재검토

경제학 공부를 계속하다 보면 논쟁이 가득한 학문이라는 것을 알게 될 것이다. 그러나 자유로운 시장에서 공급과 수요가 작동하는 기본 방향에 대한 논쟁은 거의 없다. 한파로 플로리다주의 오렌지 농장이 큰 피해를 입었다는 소식을 들었다면 오렌지 가격이 오를 것이라고 판단할 수 있다. 미국 중

부 지방의 날씨가 좋아서 옥수수 수확량이 크게 증가할 것으로 예상된다면 옥수수 가격이 떨어질 것이라고 판단할 수 있다. 매사추세츠주의 어부들이 파업을 한다면 그 지역의 생선 가격이 오를 것으로 예상할 수 있다.

생산물시장의 공급과 수요에 대해 기억해야 할 사항은 다음과 같다.

1. 수요곡선은 주어진 가격에서 한 가구가 구매할 용의가 있고 구매할 능력이 있는 재화의 양을 보여준다. 공급곡선은 주어진 가격에서 한 기업이 공급할 용의가 있고 공급할 수 있는 재화의 양을 보여준다.
2. 수요와 공급은 방정식으로 나타낼 수도 있다.
3. 수요량과 공급량은 항상 1일, 1개월, 1년 등의 특정 기간을 전제로 한다.
4. 재화의 수요는 그 재화의 가격, 사람들의 소득과 부, 다른 재화와 서비스의 가격, 사람들의 선호와 기호, 미래에 대한 기대 등에 따라 결정된다.
5. 재화의 공급은 그 재화의 가격, 생산비용, 관련 제품의 가격 등에 따라 결정된다. 생산비는 이용 가능한 기술, 투입물(생산요소)의 가격 등에 따라 달라진다.
6. 공급곡선이나 수요곡선에서 곡선상의 이동과 곡선 자체의 이동을 구별해야 한다. 재화의 가격이 변동하면 그 재화의 수요량이나 공급량이 변하는데, 이는 곡선상의 이동이다. 공급곡선이나 수요곡선에 영향을 주는 가격 이외의 다른 것이 변하면 공급과 수요가 변하는데, 이는 곡선의 이동이다. 따라서 곡선의 위치가 달라진다.
7. 현재의 가격에서 공급량과 수요량이 일치하면 시장균형이 나타난다. 균형가격과 균형수량은 공급곡선과 수요곡선이 만나는 점에서의 가격과 수량이다.

시장과 자원 배분

독자는 경제학의 세 가지 기본 질문(무엇을 생산하고, 어떻게 생산하고, 생산된 것을 누가 가져가는가)에 대한 답을 알게 되었을 것이다. 기업은 이윤이 생기는 것을 생산할 것이다. 생산비용을 빼고도 이윤이 발생하는 가격에 팔 수 있다면 기업은 제품을 생산하여 판매할 것이다. 자원은 이윤 기회가 있는 쪽으로 흘러 들어간다.

- 수요곡선은 사람들이 지불할 용의가 있고 지불할 능력이 있는 재화의 가격과 수요량의 조합을 보여준다. 수요곡선은 사람들의 소득, 부, 선호, 기대, 다른 재화의 가격 등의 영향을 받는다. 시장(균형)가격은 수요곡선과 공급곡선이 교차함으로써 결정되기 때문에 사람들이 지불할 용의가 있는 금액을 나타내는 것이기도 하다. 사람들의 선호나 소득이 변하면 자원의 배분이 달라진다. 예를 들어 수요가 증가(시장수요곡선이 이동)하는 경우 처음의 균형에서 사람들이 더 많이 사기 시작하여 수요량이 공급량보다 많아진다. 초과수요로 인해 가격이 상승하고, 높아진 가격은 그 산업(시장)에 있는 기업이 더 많은 이윤을 얻는다는 것을 의미한다. 높은 이윤은 기존 기업이 생산량을 늘리거나 새로운 기업을 해당 산업(시장)에 끌어들이는 인센티브가 된다. 따라서 가격과 이윤 기회에 반응하는 독립적인 민간 기업의 의사결정에 따라 무엇을 생산할 것인지가 결정된다. 정부의 명령은 필요 없다.

  애덤 스미스는 220여 년 전에 스스로 결정하는 시장의 자율적 특징을 발견했다.

"모든 사람은 … 자신의 이득만을 추구하는 행동을 함으로써 … 사회를 발전시킨다. 보이지 않는 손(invisible hand)은 사람들의 의도와는 전혀 상관없이 사람들의 이기적 행동이 사회를 발전시키도록 만든다."[4]

스미스가 만들어낸 '보이지 않는 손'이라는 말은 일반적인 표현이 되었으며, 경제학자는 시장의 자율성을 언급할 때 이 말을 사용하곤 한다.

- 이윤을 얻을 수 있는 사업을 해야 하는 기업은 당연히 가장 좋은 기술을 선택해야 한다. 그 이유는 간단하다. 더 낮은 생산비용이 더 큰 이윤을 가져다주기 때문이다. 따라서 기업은 정부의 명령 없이 제품을 어떻게 생산해야 할지 결정한다.
- 생산된 것을 누가 가져가느냐 하는 분배에 대해서는 아직 살펴보지 않았다. 그러나 그 답의 일부를 수요와 공급 그래프에서 찾을 수 있다. 어떤 재화의 공급이 부족하면 그 재화의 가격은 오르고, 이를 구매할 용의와 능력을 가진 사람은 계속 구매하지만 그렇지 않은 사람은 더 이상 구매하지 않는다.

요약

01 많은 사람이 사는 사회에서는 다양한 종류의 기호와 선호를 충족하는 생산이 이루어져야 하므로 생산자는 전문화를 해야 한다.

02 기업은 한 사람이나 한 집단의 사람들이 투입물(생산요소)을 생산물로 전환하는 생산을 하기로 하고 그렇게 해서 만들어진 제품이 시장에서 팔릴 때 존재한다. 시장경제에서는 기업이 주요 생산 주체이며, 우리는 기업이 이윤 극대화를 위한 의사결정을 한다고 가정한다.

03 가구는 한 경제의 주요 소비 주체이다. 모든 가구는 한정된 소득이라는 제약을 받는다.

04 가구와 기업은 생산물(제품)시장과 투입물(생산요소)시장에서 상호작용을 한다. 가구가 사용하는 재화와 서비스는 생산물시장에서 거래된다. 생산물시장에서 기업은 서로 경쟁하면서 공급하고 가구는 서로 경쟁하면서 소비한다. 투입물시장에서 기업은 서로 경쟁하면서 수요하고 가구는 서로 경쟁하면서 공급한다.

05 기업은 자신이 공급할 제품의 특성과 생산량, 필요한 생산요소의 종류와 수량, 사용할 생산기술을 결정한다. 가구는 필요한 생산물의 종류와 수량, 자신이 공급할 생산요소의 종류와 수량을 결정한다.

06 수요량은 사람들의 소득, 부, 기호와 선호, 해당 재화의 가격, 다른 제품의 가격, 미래에 대한 기대의 영향을 받는다.

07 수요량은 현재의 가격에서 한 가구가 일정 기간 동안 구매할 용의가 있고 구매할 수 있는 어떤 제품의 양이다.

08 수요표는 한 가구가 특정 기간 동안 어떤 제품을 각기 다른 가격에서 얼마나 구매하려고 하는지를 보여준다. 수요표의 정보를 가지고 수요곡선을 그릴 수 있다.

09 수요의 법칙은 다른 것들이 일정하다고 가정할 때 가격과 수요량 사이의 음의 관계를 말한다. 가격이 오르면 수요량이 감소하고 가격이 내리면 수요량이 증가한다.

10 모든 수요곡선은 가격 축과 만난다. 어떤 재화나 서비스든 사람들이 구매할 의향이 없거나 구매할 능력이 없는 어떤 수준의 가격이 있기 때문이다. 또한 모든 수요곡선은 수량 축과 만난다. 대부분의 재화는 가격이 0이라 하더라도 수요량에 한계가 있는데, 이는 시간 때문에라도 당연한 일이다.

11 소득이 높을수록 수요가 증가하는 재화는 정상재이고, 소득이 높을수록 수요가 감소하는 재화는 열등재이다.

12 X라는 재화의 가격 상승이 Y라는 재화의 수요를 증가시키면 두 재화는 대체재이고, X라는 재화의 가격 상승이 Y라는 재화의 수요를 감소시키면 두 재화는 보완재이다.

4 Adam Smith, *The Wealth of Nations*, Modern Library Edition (New York: Random House, 1937), p. 456 (1st ed., 1776).

13 시장수요량은 일정 기간 동안 각 가구가 구매하는 재화나 서비스의 수요량을 모두 합한 것이다. 즉 각 가격에서 나타나는 개별 수요량을 모두 합한 것이다.

14 해당 재화나 서비스의 가격, 사용되는 투입물의 가격과 기술에 따른 생산비용, 관련 재화의 가격은 기업의 공급량에 영향을 미친다.

15 시장공급은 일정 기간 동안 특정 재화를 생산하는 모든 생산자의 생산량을 합한 것이다. 즉 각 가격에서 나타나는 개별 기업의 공급량을 합한 것이다.

16 수요곡선상의 이동과 수요곡선 자체의 이동, 공급곡선상의 이동과 공급곡선 자체의 이동을 구별하는 것이 중요하다. 수요곡선은 가격과 수요량의 관계를 보여주고, 공급곡선은 가격과 공급량의 관계를 보여준다. 가격의 변화는 곡선상의 이동이다. 사람들의 기호나 선호, 소득, 부, 기대, 다른 재화나 서비스의 가격 변화는 수요곡선 자체를 이동하고 비용, 생산요소(투입물) 가격, 기술, 관련된 재화나 서비스의 가격 변화는 공급곡선 자체를 이동한다.

17 현재의 가격에서 수요량이 공급량보다 많으면 초과수요(부족)가 발생하고 가격이 오르기 시작한다. 가격 상승은 수요량과 공급량이 일치하는 새로운 시장균형에 도달할 때까지 수요량을 감소시키고 공급량을 증가시킨다. 균형가격은 변하지 않으려는 속성이 있다.

18 현재의 가격에서 공급량이 수요량보다 많으면 초과공급(잉여)이 발생하고 가격은 떨어지기 시작한다. 가격 하락은 공급량과 수요량이 일치하는 새로운 시장균형에 도달할 때까지 공급량을 감소시키고 수요량을 증가시킨다. 균형가격은 변하지 않으려는 속성이 있다.

핵심 용어

가구/가계(household)
공급곡선(supply curve)
공급곡선상의 이동(movement along a supply curve)
공급곡선의 이동(shift of a supply curve)
공급량(quantity supplied)
공급의 법칙(law of supply)
공급표(supply schedule)
균형(equilibrium)
기업(firm)
기업가(entrepreneur)
노동시장(labor market)
대체재(substitutes)
보완재(complements, complementary goods)
부(wealth)/순자산(net worth)
생산물시장(output market)/제품시장(product market)
생산요소(factors of production)
소득(income)
수요곡선(demand curve)
수요곡선상의 이동(movement along a demand curve)
수요곡선의 이동(shift of a demand curve)
수요량(quantity demanded)
수요의 법칙(law of demand)
수요표(demand schedule)
시장공급(market supply)
시장수요(market demand)
열등재(inferior goods)
완전대체재(perfect substitutes)
이윤(profit)
자본시장(capital market)
정상재(normal goods)
초과공급(excess supply)/잉여(surplus)
초과수요(excess demand)/부족(shortage)
토지시장(land market)
투입물시장(input market)/(생산)요소시장(factor market)

연습문제

01 첨단 기술 산업을 이끌고 있는 기업가 3명과 그 기업을 제시하라. 이들이 기업가라는 정의에 어떻게 부합하는지 설명하라.

02 다음의 각 거래는 생산물시장에서 발생하는가, 투입물시장에서 발생하는가? 또한 기업이 해당 재화나 서비스를 공급하는가, 수요하는가?

a. 제인은 뉴저지에 있는 러트거스대학에서 주당 40시간 일한다.
b. 마일리는 여름방학에 중앙아시아를 여행하기로 결정했다.
c. 철강 가격이 상승하여 포드는 미국 내 공장 한 곳의 문을 닫았다.
d. 카오이건설은 홍콩에서 고가 콘도를 짓는 건설 프로젝트를 수주했다.

03 보잉 사이트에서는 비행기 모형을 구매할 수 있다. 그 사이트에서 한 모형을 선택하여 가격을 살펴보고 다른 두 모형의 가격도 살펴보라. 당신이 선택한 모형들은 완전대체재인가, 그냥 대체재인가? 그 이유는 무엇인가? 그 사이트에서 비행기 모형의 대체재라고 할 수 있는 다른 제품을 판매하고 있는가? 간단히 설명하라.

04 다음의 각 경우는 수요의 변화를 의미하는가, 수요량의 변화를 의미하는가? 또한 그 변화는 수요나 수요량의 증가를 의미하는가, 감소를 의미하는가?

a. 줄리아는 다음 달에 타이어 가격이 오를 것으로 예상하여 오늘 자동차 타이어 4개를 구매했다.
b. 퀴노아를 먹으면 머리가 빠질 수도 있다는 기사가 나오자 퀴노아의 판매가 75% 감소했다.
c. 껌 회사가 베이컨 향이 나는 자사 풍선껌의 가격을 2배로 올린 후 그 껌의 매출이 크게 줄어들었다.
d. 연방정부가 최저임금을 인상하여 패스트푸드의 판매가 감소했다.
e. 예상치 못한 땅콩버터 가격의 하락으로 바나나의 판매가 증가했다.

05 4번 문제의 답을 그래프로 나타내라.

06 2015년에 홍콩의 공공주택에 공급되는 수돗물의 납 성분이 세계보건기구(WHO)의 최고 기준치인 10마이크로그램을 넘는 것으로 밝혀졌다. 납은 인체의 신경계통과 여러 장기를 손상한다. 이러한 예기치 못한 상황에 홍콩 가구의 정수기 구매가 크게 증가했다. 수요에 영향을 주는 다양한 요인 중 홍콩 가구의 정수기 구매에 영향을 미친 것은 무엇인가? 이러한 구매는 정수기의 수요곡선에 어떤 영향을 미치는가?

07 건강 추적기(피트니스 트래커) 시장에 다섯 기업이 있으며, 여러 가격에서 각 기업이 공급하는 공급량은 다음과 같다. 시장공급량의 빈칸을 채우고 시장공급곡선을 그려라.

	공급량					
가격	A	B	C	D	E	시장
$ 25	5	3	2	0	5	
50	7	5	5	3	6	
75	9	7	8	6	7	
100	11	10	11	9	8	

08 다음 각 설명의 오류를 지적하고 설명하라.

a. 공급이 감소하여 가격이 상승했다. 가격 상승으로 공급이 증가했다. 따라서 가격이 원래의 수준으로 돌아갔다.
b. 하와이에서 파인애플 공급이 증가함에 따라 파인애플 가격이 하락했다. 낮아진 가격은 파인애플 수요가 증가한다는 것을 의미한다. 이로 인해 파인애플 공급이 감소하고 가격이 상승할 것이다.

09 다음의 각 경우를 공급곡선과 수요곡선으로 나타내라.

a. 무선통신 기술의 발달과 경량화로 2-in-1 랩톱 컴퓨터의 수요가 크게 증가했다. 새로운 생산기술로 2-in-1 랩톱 컴퓨터의 생산비용이 줄어들어 랩톱 컴퓨터의 수요가 증가했음에도 가격이 하락했다.
b. 2017년에 매사추세츠주의 크랜베리 생산량은 191만 배럴이었다. 이는 2016년의 222만 배럴보다 16% 감소한 양이다. 수요 또한 감소했으나 공급보다는 덜 감소했다. 따라서 2017년에 크랜베리 가격이 2016년의 배럴당 44.50달러에서 48.70달러로 상승했다.
c. 1990년대 후반에 첨단 기술이 붐을 이루었을 때 새너제이(실리콘밸리)에서는 사무실 수요가 크게 증가하여 임대료가 매우 높았다. 그러나 2001년 3월부터 미국의 경기침체가 시작되면서 새너제이의 사무실 시장이 크게 위축되어 평방피트당 임대료가 하락했다. 2005년부터 실리콘밸리의 고용이 서서히 증가하자 임대료도 다시 상승하기 시작했다. 상황을 단순화하기 위해 이 기간 동안 오피스 건물의 신축이 없었다고 가정한다.
d. 경제 개혁이 시행되기 전에 동유럽 국가의 빵 가격은 정부의 통제로 균형가격보다 훨씬 낮은 수준이었다. 그러나 경제 개혁으로 가격 통제가 해제됨에 따라 빵 가격이 크게 올랐다. 그 결과 빵 수요량이 감소하고 빵 공급량이 크게 증가했다.

e. 미국의 철강업계는 수입 철강에 높은 관세를 부과하도록 미국 정부를 상대로 로비를 벌였다. 러시아, 브라질, 일본 등은 세계 시장에서 톤당 593달러에 철을 판매했다. 이는 철강을 수입하지 않는 경우 미국에서 나타날 수 있는 균형가격인 1,006달러보다 훨씬 낮은 가격이었다. 미국이 철강을 수입하지 않는 경우 철의 공급곡선과 수요곡선을 그려라. 또한 미국의 철강 수입업체가 세계 시장에서 자유롭게 톤당 593달러에 철을 수입할 수 있는 경우 철의 공급곡선과 수요곡선을 그려라. 수입된 철의 양을 그래프에 표시하라.

10 다음의 각 경우에 동의하는가, 동의하지 않는가? 간단히 설명하고 각 경우를 공급곡선과 수요곡선으로 나타내라.

a. 커피 가격이 상승하여 설탕 수요가 감소했다. 따라서 두 재화는 대체재이다.

b. 커피 공급이 감소하여 커피 가격이 하락했다.

c. 2008~2009년의 금융위기로 2009년 미국인의 소득이 크게 줄어들었다. 이러한 변화는 정상재와 열등재의 가격을 떨어뜨릴 가능성이 높다.

d. 커피와 차가 정상재라면 커피 가격의 상승은 차의 수요를 증가시킬 것이다.

e. 충분치 않은 수요로 레모네이드 가격이 하락하고 공급도 줄어든다면 레모네이드 가격이 상승할 것이다.

f. 우유 가격의 하락으로 커피 가격이 상승한다면 우유와 커피는 대체재이다.

11 지난 10년간 유럽연합의 회원국은 담배 소비를 줄이는 데 동의했다. 이러한 협정에 따라 각국은 담배세를 꾸준히 인상하고, 술집이나 카페에서의 흡연을 금지하고, 담배 광고도 규제했다. 이러한 조치가 어떻게 담배 소비를 줄이는지 그래프를 이용하여 설명하라.

12 다음의 각 경우가 어떻게 달걀 시장에 영향을 미칠 수 있는지 그래프를 이용하여 설명하라. 각 경우가 균형가격과 균형수량에 미치는 영향을 포함하라.

a. 의사는 콜레스테롤이 많이 함유된 달걀을 섭취하면 심장마비를 초래할 수 있다고 경고했다.

b. 달걀의 보완재인 베이컨의 가격이 하락했다.

c. 닭 사료의 가격이 상승했다.

d. 단찬에서 시저샐러드가 유행했다(시저샐러드에 뿌리는 드레싱은 달걀로 만든다).

e. 달걀 포장 기술의 개발로 달걀 파손율이 줄어들었다.

*13 한국 쌀의 수요곡선과 공급곡선이 다음과 같은 방정식으로 주어졌다고 하자.

$$Q_d = 120 - 30P$$
$$Q_s = 40 + 10P$$

Q_d는 한국인의 연간 쌀 소비량, Q_s는 한국 농부의 연간 쌀 공급량(단위는 100만 톤), P는 톤당 쌀 가격이다(단위는 100달러).

a. 다음 표의 수요량과 공급량을 채워넣어라.

가격(톤당)	수요량(Q_d)	공급량(Q_s)
$0.50		
1.00		
1.50		
2.00		
2.50		

b. 표의 정보를 이용하여 균형가격과 균형수량을 구하라.

c. 수요곡선과 공급곡선을 그리고 균형가격과 균형수량을 표시하라.

14 교육정책 분석가들이 저소득층 가구에 양질의 교육을 제공하는 가장 좋은 방법에 대해 논의하고 있다. 하나는 수요 측면과 관련된 전략으로, 저소득층에게 사립학교 학비의 일부를 충당하는 데 사용할 수 있는 교육 바우처를 제공하는 것이다. 또 하나는 공급 측면과 관련된 전략으로, 정부가 사립학교에 보조금을 주거나 공립학교를 더 많이 짓는 것이다.

a. 수요 측면의 전략과 공급 측면의 전략을 수요 및 공급곡선을 이용하여 설명하라. 학비를 더 상승시키는 결과를 초래하는 전략은 무엇인가?

b. 교육 바우처 제공(수요 측면의 전략)을 부정적으로 생각하는 사람들은 저소득층에 대한 교육 공급이 충분하지 않으며, 학비가 높아지면 저소득층이 사립학교를 회피하므로 바우처 제공이 학비를 상승시켜 사립학교에 이득만 안겨주는 정책이라고 주장한다. 수요곡선과 공급곡선을 이용하여 이들의 주장을 설명하라.

*15 피자의 시장수요는 $Q_d = 300 - 20P$, 피자의 시장공급은 $Q_s = 20P - 100$으로 나타낼 수 있다고 하자. P는 피자 한 판당 가격이다.

a. 피자 한 판의 가격이 5~15달러일 때 피자의 공급곡선과 수요곡선을 그려라.

b. 균형에서 판매되는 피자의 수량과 가격은 얼마인가?

c. 공급자들이 피자 가격을 15달러로 책정하면 어떤 일이 발생하

5 더 어려운 문제는 별표(*)로 표시했다.

는가? 시장의 조정 과정을 설명하라.

d. 피자의 대체재인 햄버거의 가격이 2배로 올라 피자 수요가 2배로 증가했다(각 가격에서 소비자의 피자 수요량이 2배로 증가한다). 피자의 새로운 시장수요를 방정식으로 나타내라.

e. 새로운 균형가격과 균형수량은 얼마인가?

16 섬유질, 단백질, 철이 풍부한 퀴노아의 인기가 높아지자 현미 시장이 타격을 받았다. 건강에 신경을 쓰는 사람들이 현미를 퀴노아로 대체했기 때문이다. 퀴노아의 수요 증가가 현미 시장에 끼친 영향을 공급곡선과 수요곡선으로 설명하라. 현미 시장의 균형가격과 균형수량에 어떤 변화가 일어났는가? 현미 생산자는 현미의 가격과 수요량을 처음 가격과 수요량으로 되돌릴 수 있는가? 소비자 행동의 변화가 없어도 가능한 일인가?

17 다음은 햇볕으로 충전되는 무선 키보드의 시장에 관한 정보이다. 공급곡선과 수요곡선의 점을 연결하여 균형가격과 균형수량을 확인하라. 시장가격이 60달러로 책정되면 어떤 일이 발생하는지 그래프로 나타내고 설명하라. 시장가격이 30달러로 책정되면 어떤 일이 발생하는지 그래프로 나타내고 설명하라.

가격	수요량	공급량
$10.00	28	0
20.00	24	3
30.00	20	6
40.00	16	9
50.00	12	12
60.00	8	15
70.00	4	18

경제학적 사고 키우기

01 지난여름 플로리다의 과일 가게에서는 복숭아를 구경하기 힘들었다. 이는 복숭아 시장과 가격에 대해 무엇을 알려주는가?

02 지난 10년간 쇠고기 가격이 상승하여 쇠고기 구매가 줄어들었다. 분석가들은 이에 대해 다양한 설명을 내놓았다. 예를 들어 분석가 1은 건강식에 대한 소비자의 선호를 나타낸다고 주장하고, 분석가 2는 소를 키우는 데 드는 비용이 상승했기 때문이라고 주장한다. 두 주장 중 하나가 다른 주장에 비해 더 설득력이 있는가?

CHAPTER 4

수요와 공급의 응용

목차와 학습목표

4.1 가격시스템: 가격에 의한 할당과 자원 배분

가격하한제와 가격상한제가 시장에 미치는 영향을 이해한다.

4.2 공급 및 수요 분석: 관세

수입 원유에 대한 관세 부과의 경제적 영향을 분석한다.

4.3 공급과 수요, 시장의 효율성

소비자잉여와 생산자잉여가 어떻게 발생하는지 이해한다.

모든 사회는 무엇을 생산하고, 어떻게 생산하며, 생산된 것을 누가 가질 것인지를 결정하는 시스템을 갖추고 있다. 어떤 사회에서는 이러한 결정의 대부분을 정부가 한다. 그러나 대부분의 사회에서는 많은 의사결정이 시장의 작용을 통해 분산된 형태로 이루어진다. 3장에서 시장이 작동하는 기본 골격을 파악했으니 이제 수요, 공급, 가격시스템을 자세히 살펴보자.

4.1 가격시스템: 가격에 의한 할당과 자원 배분

학습목표

가격하한제와 가격상한제가 시장에 미치는 영향을 이해한다.

시장시스템(가격시스템)은 밀접하게 관련된 두 가지 기능을 한다. 첫째, 희소한 재화와 서비스를 **가격에 의한 할당**(price rationing)을 통해 자동적으로 분배한다. 즉 수요량이 공급량보다 많을 때 가격 변화를 통해 소비자에게 재화와 서비스를 분배한다. 둘째, 생산자에게 자원을 배분하고 어떤 생산물을 얼마나 생산해야 하는지를 결정한다.

가격에 의한 할당 수요량이 공급량보다 많을 때 시장이 가격 변화를 통해 소비자에게 재화와 서비스를 분배하는 것

가격에 의한 할당

가격시스템이 공급 부족 상황을 어떻게 극복하는지 알아보자. 그림 4.1은 가상적인 밀의 수요곡선과 공급곡선이다. 밀은 전 세계적으로 재배되지만 러시아와 미국이 많은 양을 공급하고 있다. 전 세계 시장에 판매된 밀은 시리얼, 빵 등 다양한 식품을 만드는 데 사용된다. 따라서 빵, 시리얼, 케이크를 생산하는 대규모 식품 회사가 밀을 필요로 한다.

그림 4.1의 *C*점에서 밀의 시장 균형가격은 톤당 160달러이며, 이 가격에서 전 세계의 밀 경작 농부는 6,000만 톤의 밀을 공급한다. 이는 그 가격에서 소비자가 원하는 밀의 양이기도 하다. 균형가격에서 수요량과 공급량이 일치하기 때문이다.

주요 밀 생산국 중 하나인 러시아에서 여름의 무더위와 화재로 밀 생산량이 급격히 줄어들었다고 하자. 전 세계 밀 생산량의 약 1/3을 생산하는 러시아의 재해로 전 세계 밀 공급량이 크게 감소하여 그림 4.1에서 보듯이 밀 공급곡선이 $S_{\text{봄 2010}}$에서 $S_{\text{가을 2010}}$으로 이동한다. 이러한 공급곡선의 이동은 처음 가격 160달러에서 초과수요를 유발한다. 160달러의 가격에서는 수요량이 6,000만 톤이지만

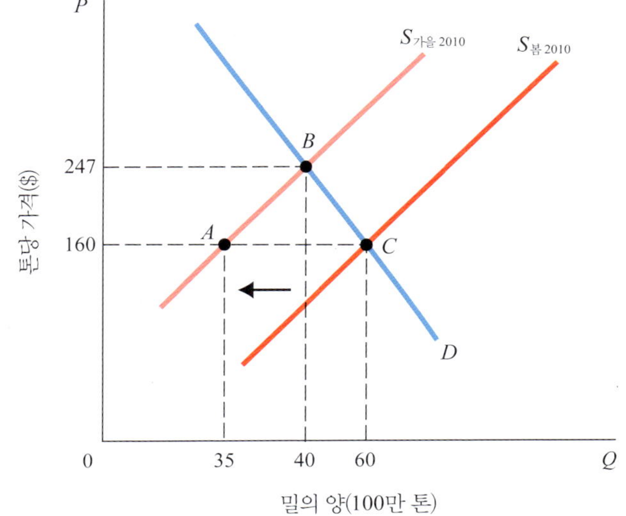

그림 4.1 밀의 세계 시장
2010년 여름 러시아 밀 경작지의 화재로 밀 공급이 감소하여 전 세계 밀 공급곡선이 왼쪽으로 이동했다. 이에 따라 밀의 가격이 톤당 160달러에서 247달러로 상승하고 균형이 *C*점에서 *B*점으로 이동했다.

러시아의 재해 때문에 그 가격에서 3,500만 톤이 공급될 것으로 예상된다. 처음 가격에서 수요량이 공급량보다 2,500만 톤 더 많다.

공급 감소로 밀 가격이 크게 오른다. 가격이 오르면서 공급 가능한 양이 '할당'된다. 높아진 가격에도 밀을 구매할 용의와 능력을 지닌 사람이 밀을 가져간다. 그림 4.1은 시장의 할당 기능을 보여준다. 가격이 160달러에서 오르기 시작하여 수요량이 수요곡선을 따라 *C*점(6,000만 톤)에서 *B*점(4,000만 톤)으로 이동하면서 감소한다. 밀 가격이 상승하면 밀로 만드는 빵이나 시리얼의 가격도 상승하므로 사람들은 밀가루로 만든 빵 대신 호밀빵을, 밀로 만든 시리얼 대신 옥수수로 만든 시리얼을 먹는다.

가격이 오르면 밀 경작 농부도 (단기적으로는 공급량 조절에 한계가 있기는 하지만) 행동을 바꾼다. 러시아 이외 지역의 밀 경작 농부는 가격 상승을 보고 밀을 더 조심스럽게 수확하면서 더 많은 밀을 수확하려고 한다. 또한 곡물 저장소에 저장해두었던 밀이 시장에 공급될 것이다. 따라서 공급량이 3,500만 톤(*A*점)에서 4,000만 톤(*B*점)으로 증가한다. 가격 상승에 힘입어 농부들은 러시아의 재해로 인한 밀 손실의 일부를 만회한다.

가격 247달러, 거래량 4,000만 톤에서 새로운 균형이 이루어진다. 시장은 누가 밀을 가질 것인지 결정해준다. 줄어든 총공급량은 더 높은 가격을 지불할 용의가 있는 사람들에게 할당된다.

'지불할 용의(willingness to pay)'와 '지불할 능력(ability to pay)'은 공급 가능한 양을 사람들에게 분배하는 데 중심적인 개념이다.[1] 이는 사람들의 욕구(선호)와 소득(부)의 영향을 받는다. 이는 밀 가격이 오를 때 소득이나 부가 많은 사람만이 밀을 계속 살 수 있음을 의미하는 것이 아니다. 밀을 구매할 능력이 있다고 하더라도 더 높아진 기회비용(더 높아진 밀 가격으로 구매할 수 있는 다른 재화나 서비스)을 지불하고 이전과 같은 양의 밀을 구매할 용의가 없는 경우에는 소득이 높은 사람이라 하더라도 밀 소비량을 줄일 것이다.

> 자유로운 시장에서 나타나는 가격 변화는 재화나 서비스의 수요량과 공급량을 조절(할당)하는 기능을 한다. 이러한 가격에 의한 할당(price rationing)은 예를 들어 어떤 재화가 부족할 때 그 재화의 공급량과 수요량이 일치할 때까지(시장이 청산될 때까지) 가격이 상승하는 것을 의미한다.

어떤 시장에서든 균형을 가져오는 가격이 존재한다. 예를 들어 잭슨 폴록(Jackson Pollock)의 작품 〈No. 5, 1948〉의 시장을 살펴보자(그림 4.2 참조). 어떤 구매 가격이 제시되든 이 시장에는 단 한 점의 그림만 존재한다. 가격이 낮을 때는 어마어마한 초과수요가 있으므로 한 수요자만 남을 때까지 시장가격이 상승한다. 아마도 그 가격은 엄청나게 높을 것이다. 실제로 〈No. 5, 1948〉은 2006년에 1억 4,000만 달러라는 기록적인 가격에 팔렸다. 미술 작품처럼 어떤 재화의 공급량이 극히 제한적일 때 그 재화의 가격을 수요에 의한 가격(demand- determined)이라고 한다. 이는 가장 높은 가격을 부르는 사람에 의해 가격이 결정된다는 것을 의미한다.

'어떤 시장이든 시장을 청산하는 가격이 존재한다'는 표현을 '어떤 것이든 가격이 있다'라는 의미

---

1 역자 주: 지불(구매)할 용의와 지불(구매)할 능력은 엄밀히 다르지만, 지불할 능력이 없는 사람은 지불할 용의를 가지지 않는다고 가정하면 이 둘을 합쳐서 간단히 '지불할 용의'라고 표현할 수도 있다. 한 아이가 어떤 장난감을 가지고 싶어 하는 경우 이 아이는 지불(구매)할 용의는 있지만 지불(구매)할 능력이 없다. 지불할 능력을 가지려면 장난감을 사러 갈 때 엄마나 아빠와 같이 가야 할 것이다.

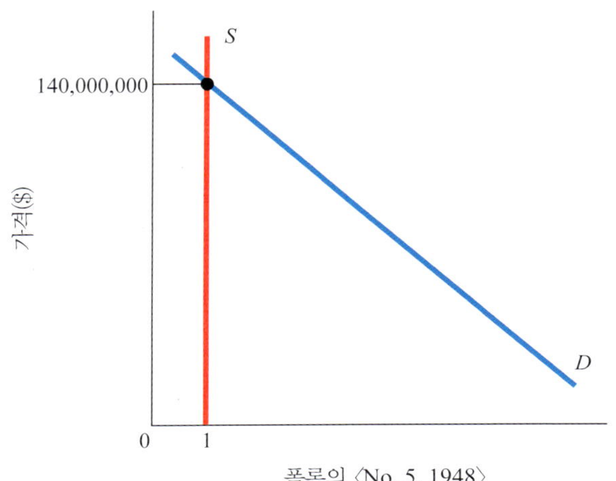

그림 4.2 희귀한 그림의 시장
공급량이 극히 제한적이더라도 시장을 청산하는 가격이 존재한다. 단 한 점의 그림만 있는 경우에는 초과수요가 다 사라져서 그 작품을 살 수 있는 사람이 1명만 남을 때까지 가격이 계속 상승한다. 어떤 사람들은 〈모나리자〉가 경매에 부처지면 6억 달러에 팔릴 것이라고 예측하기도 한다.

로 해석하는 사람이 있지만 이는 옳지 않다. 예를 들어 당신이 집안 대대로 물려받은 은팔찌를 가지고 있다고 하자. 억만금을 준대도 당신은 이 팔찌를 팔지 않을 수 있다. 그렇다면 이는 시장이 작동하지 않는다는 것을 의미하는가, 공급량과 수요량이 일치하지 않는다는 것을 의미하는가? 둘 다 아니다. 당신이 가장 높은 가격을 부르는 입찰자라는 것을 의미할 뿐이다. 이는 다른 입찰자들을 모두 물리친다는 것이며, 다른 입찰자들이 제시하는 가격을 당신이 무시할 수 있는 능력을 지녔음을 의미한다.

시장의 제약과 다른 할당 메커니즘

가끔 정부와 기업은 현재 가격에서 초과수요가 발생하는 어떤 제품을 할당하기 위해 시장 메커니즘 대신 다른 메커니즘을 사용하기도 한다. 가격에 의한 할당을 취하지 않고 다른 할당 메커니즘을 사용하는 이유로 여러 가지가 거론되고 있다.

가장 흔히 언급되는 이유는 공정성이다. 집주인이 임대료를 많이 올리는 것, 정유 회사가 휘발유 가격을 많이 올리는 것, 보험 회사가 보험료를 많이 올리는 것 등이 '공정'하지 않다는 것이다. 이는 임대료가 올라도 결국 살 수밖에 없고, 보험료는 피할 수 없는 것이며, 직장에 가려면 차를 이용해야 하기 때문에 휘발유도 사용할 수밖에 없다는 주장으로 이어진다. 가격을 통제하는 데에는 이유가 있을 것이다. 그러나 그 이유가 무엇이든 간에 가격시스템 대신 다른 방법을 사용하면 상황이 더 어려워지는 경우가 많고, 생각보다 더 많은 비용을 초래하기도 한다.

원유, 휘발유와 OPEC 세계적으로 가장 중요한 가격은 아마도 원유 가격일 것이다. 매일 수백만 배럴의 원유가 거래된다. 원유는 거의 모든 제품에 들어가는 주요 투입물(생산요소)로서 이로 인해 전쟁과 환경적 재앙이 일어나기도 한다. 또한 원유 가격이 크게 변동하면 세계 경제에 거시적 문제가 나타난다. 그러나 원유도 다른 재화나 서비스와 마찬가지로 수요와 공급에 의해 가격이 결정된다. 원유는 시장이 어떻게 작동하는지, 때로는 시장이 어떻게 실패하는지를 보여주는 대표적인 예를 제공한다.

석유수출국기구(Organization of the Petroleum Exporting Countries, OPEC)는 14개국(알제리, 앙골라, 에콰도르, 적도기니, 가봉, 이란, 이라크, 쿠웨이트, 리비아, 나이지리아, 카타르, 사우디아라비아, 아랍에미리트, 베네수엘라)으로 구성되었으며, 여기에 가입된 국가가 생산하는 원유는 2018년에 전 세계 원유 생산량의 약 40%를 차지했다. 1973~1974년에 OPEC은 미국으로의 원유 수출을 금지했다. 그 당시에 OPEC이 원유 생산에서 차지하던 비중이 매우 컸으므로 미국의 주유소는 휘발유 부족으로 어려움을 겪었다.

상한가격 판매자가 책정할 수 있는 최고가격으로 보통은 정부가 책정함

시장시스템이 작동했더라면 휘발유 가격은 공급량과 수요량이 일치할 때까지 크게 올랐을 것이다. 그러나 미국 정부는 휘발유를 구매할 용의가 있고 능력도 있는 사람들에게만 할당하는 것이 불공정하다고 생각했다. 따라서 미국 의회는 일반 휘발유에 갤런당 0.57달러라는 최고가격, 즉 **상한가격**(price ceiling)을 책정했다. 상한가격은 많은 사람이 휘발유를 살 수 있도록 하기 위해 책정된 것이었다. 그러나 이로 인해 만성적인 부족 현상이 나타났다. 억제된 가격하에 수요량이 공급량보다 많았으며, 공급 가능한 휘발유를 모든 수요자에게 조금씩 나누어 분배해야 했다.

그림 4.3은 상한가격 책정이 초래하는 결과를 보여준다. 수요곡선과 공급곡선이 만날 때의 가격은 갤런당 약 1.50달러이다. 미국 의회는 갤런당 0.57달러보다 높은 가격에 휘발유를 판매하는 것을 불법으로 규정했다. 그러나 그 가격에서는 수요량이 공급량을 초과하여 부족이 발생했으며, 가격시스템의 작동이 허용되지 않았으므로 공급 가능한 휘발유를 분배하는 가격 이외의 할당 시스템이 필요했다.

줄서기 재화와 서비스를 분배하는 방법 중 하나로 사람들이 줄을 서서 기다리는 것. 비가격 할당 시스템

여러 가지 방법이 시도되었는데 가장 일반적으로 사용된 것은 **줄서기**(queuing)이다. 1974년에는 매일 아침 5시부터 주유소 앞에서 주유를 기다리는 긴 자동차 행렬을 미국 곳곳에서 볼 수 있었다. 이러한 제도하에서도 가장 많이 지불하려고 하는 사람들이 휘발유를 가져가며, 사람들이 지불하려고 하는 것에는 휘발유 가격뿐만이 아니라 짜증나는 대기 시간이 포함된다.[2]

휘발유 부족 상황에서 사용된 두 번째 비가격적 할당 방법은 아는 사람이나 우호적인 사람에게 휘

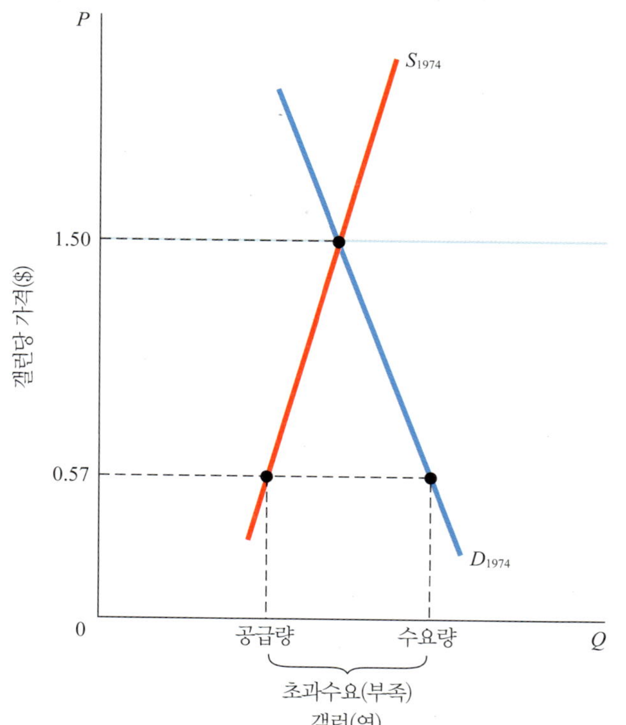

그림 4.3 상한가격으로 인한 초과수요(부족)

1974년에 미국은 일반 휘발유에 갤런당 0.57달러라는 상한가격을 책정했다. 수요곡선과 공급곡선이 만나는 점에서의 가격으로 책정되었다면 휘발유 가격이 갤런당 약 1.50달러로 상승했을 것이다. 갤런당 0.57달러에서는 수요량이 공급량을 초과했으며, 가격시스템의 작동이 허용되지 않았으므로 공급 가능한 휘발유를 분배하는 가격 이외의 할당 시스템이 필요했다.

발유를 파는 것이다. 많은 주유소는 자신이 가지고 있는 희소한 휘발유를 일반 사람들에게 판매하지 않고 잘 아는 사람이나 선호하는 **특혜고객**(favored customer)에게 팔았다. 고객은 주유소에 웃돈을 줌으로써 우호적인 사람이 되었다. 또한 주유소는 상한가격 위반을 피하기 위해 주유 서비스에 대해 별도의 금액을 받았다. 그래서 고객이 지불하는 실제의 휘발유 가격이 상한가격보다 높았다.

특혜고객 초과수요(부족) 상황에서 판매자에게 특별 대접을 받는 고객

부족한 공급량을 쪼개어 나누어주는 또 다른 방법은 **배급 쿠폰**(ration coupon)을 지급하는 것이다. 1974년과 1979년에는 가구당 매달 구매할 수 있는 휘발유의 양을 정한 쿠폰을 지급하자는 안이 나오기도 했다. 이렇게 하면 모든 사람이 소득수준과 관계없이 동일한 양의 휘발유를 구매하게 된다. 미국은 이러한 분배 시스템을 1940년대의 전쟁 상황 중 고기, 설탕, 버터, 타이어, 나일론 스타킹 등에 상한가격을 책정할 때 사용했다.

배급 쿠폰 일정 기간 동안 일정량을 구매할 수 있는 권리를 주는 쿠폰

그러나 배급 쿠폰의 매매를 금지하지 않는 한 이는 가격시스템에 의한 할당과 마찬가지인 셈이다. 가장 많이 지불할 용의가 있는 사람은 쿠폰을 사서 휘발유, 초콜릿, 달걀 등 가격 규제를 받는 재화를 마음껏 살 수 있다. 이는 가격 규제를 받는 재화의 가격이 시장청산수준의 가격(균형가격)으로 상승한다는 것을 의미한다. 쿠폰 거래가 불법이라 하더라도 암시장이 생기는 것을 막을 수는 없다. **암시장**(black market)에서의 거래는 불법이지만 거래는 시장가격으로 이루어진다.

암시장 불법적인 거래가 시장가격으로 이루어지는 시장

콘서트와 운동경기 티켓의 할당 메커니즘 유명한 운동경기, 공연, 콘서트 티켓 가격은 발행가보다 훨씬 높은 경우가 많다. 2017년에 가장 비싼 극장 티켓 중 하나는 뉴욕 브로드웨이에서 열린 린마누엘 미란다(Lin-Manuel Miranda)의 유명한 뮤지컬 〈해밀턴(Hamilton)〉의 티켓으로 한 장에 1,000달러가 넘었다.

티켓 값이 비싼 이유는 대개 처음 발행될 때부터 비싸게 파는 것이 아니라 티켓을 사서 웃돈을 받고 파는 중간업체가 있기 때문이다. 이러한 회사 중 하나인 스텁허브(Stub Hub)는 티켓 재판매로 수익을 올리는 온라인 예매 서비스 업체이다. 그렇다면 이윤 극대화를 추구하는 기업이 왜 처음부터 티켓을 높은 가격으로 판매하지 않고 중간업체가 이윤을 가져가게 하는지 궁금할 것이다. 그 답은 경우에 따라 다르다. 운동경기라면 챔피언을 가리는 마지막 경기의 티켓 가격이 높다. 시카고 컵스가 2016년 월드시리즈에 참가하게 되었을 때 재판매시장에서 티켓이 한 장에 약 3,500달러였다. 만약 컵스가 티켓을 장당 3,500달러에 판매했다면 열성 팬들이 분노했을 것이다. 그랬다면 아마 '탐욕스러운 컵스 팬을 착취하다'라는 제목이 신문을 장식했을 것이다. 보통의 봉급을 받는 팬은 3,500달러라는 비싼 가격에 티켓을 구매할 수 없다. 화가 난 팬 중 일부는 다음 시즌에 컵스 대신 화이트삭스를 응원할 것이다. 부분적인 이유일 수 있으나 충성스러운 팬을 지키기 위해 종종 챔피언 경기의 티켓 가격을 낮게 책정하기도 한다.

---

2 이러한 방법의 할당은 사회의 총가치를 감소시키는 비효율적인 것이기도 하다. 첫째, 줄서기에는 대기 시간이라는 비용이 발생한다. 시간은 가치가 있다. 그러나 가격에 의한 할당이 작용하는 경우에는 줄을 서서 기다릴 필요가 없으므로 시간의 가치가 절약된다. 둘째, 휘발유에 낮은 가치를 부여하는 사람이 휘발유를 가져가고 휘발유에 높은 가치를 부여하는 사람이 휘발유를 가져가지 못한다면 사회에 그만큼의 손실이 발생한다. 예를 들어 가격 규제가 없는 시장에서 휘발유의 시장가격이 2달러인데 정부가 가격을 1달러로 고정한 경우를 생각해보자. 이 경우 사람들은 휘발유를 사려고 긴 줄을 설 것이다. 운전자 A에게 휘발유 10갤런은 35달러의 가치가 있지만 줄을 서서 기다리는 시간이 너무 아까워서 휘발유 구매를 포기한다고 하자. 한편 운전자 B의 경우 휘발유 10갤런의 가치가 15달러밖에 안 되고 시간도 널널하여 줄을 서서 휘발유를 구매한다고 하자. 이때 A가 B에게 휘발유를 산다면 두 사람 모두 전보다 나아지는 상황이 된다. 예를 들어 A가 B에게 휘발유 값으로 30달러를 지불하면 A는 5달러를 벌게 되고 B는 15달러를 벌게 된다. 또한 A는 줄을 서는 데 시간을 낭비할 필요도 없다. 따라서 비가격적 할당 방법은 사회에 순손실을 초래하며, 이러한 손실을 사장손실이라고 한다. 이는 잠시 뒤 살펴볼 것이다.

많은 연극 기획사도 티켓 가격이 비쌀 때 팬이 등을 돌릴 수도 있다는 데 신경을 쓴다. 브로드웨이에서 공연되는 〈해밀턴〉의 경우에는 매주 뉴욕시 거주민에게 공짜표 몇 장을 나누어 주고 있다. 2018년에 〈해리 포터와 저주받은 아이(Harry Potter and the Cursed Child)〉가 뉴욕에서 공연되었을 때는 팬을 상대로 매주 금요일에 그 주의 공연 티켓을 싼 값에 살 수 있는 기회를 주는 추첨 행사를 했다. 또한 기획사는 사전에 연극의 인기를 알아보기 위해 일찍 티켓을 구매하는 팬에게 싼 가격에 티켓을 팔기도 한다. 싼 값에 티켓을 구매한 팬은 연극을 보거나 더 높은 가격에 티켓을 사려는 다른 사람에게 팔기도 한다.

판매자가 (아마도 공정성이라는 이유로) 시장가격보다 낮은 가격에 티켓을 판다면 어떤 상황이 벌어질까? 로스앤젤레스의 스테이플스센터에서 열리는 한 콘서트를 예로 살펴보자. 이 체육관은 좌석이 20,000석이므로 공급되는 티켓이 20,000개로 정해져 있다. 물론 좋은 좌석도 있고 나쁜 좌석도 있지만 간단히 설명하기 위해 모든 좌석이 동일하다고 가정하자. 기획사는 팬을 끌어모을 수 있도록 티켓 가격을 장당 50달러로 책정한다(그림 4.4 참조). 티켓 공급량을 20,000장에서 수직선으로 나타냈다. 티켓 가격이 변동해도 좌석 공급량이 달라지지 않는다. 그림에서 보듯이 가격이 50달러일 때는 티켓 수요량이 38,000장이므로 이 가격에서 18,000장의 초과수요가 발생한다.

누가 50달러짜리 티켓을 살 수 있는가? 앞에서 살펴본 휘발유의 경우처럼 여러 가지 할당 방법이 사용될 수도 있다. 가장 일반적인 것은 줄서기이다. 특정 시간부터 티켓을 판매하면 티켓을 사려는 사람들이 일찍부터 줄을 서서 기다릴 것이다. 요즘은 온라인 구매자를 위해 티켓 판매자가 온라인 상에 대기실을 만들어둔다. 물론 이 경우에도 특혜고객이 있다. 줄을 서지 않고 티켓을 얻는 사람은 정치인, 후원자, 출연자의 친지 등이다.

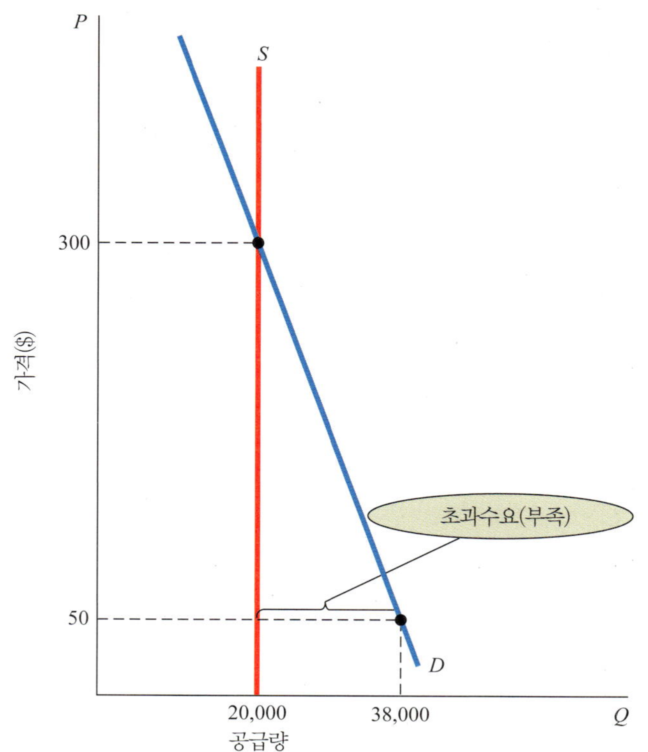

그림 4.4 스테이플스센터에서 열리는 콘서트 티켓의 공급과 수요
티켓에 적혀 있는 50달러의 가격에서는 20,000개로 한정된 좌석 수보다 수요가 훨씬 더 많다. 티켓 가격이 장당 300달러일 때 수요량과 공급량이 일치한다.

최종적으로 티켓이 장당 300달러에 거래되었다고 하자. 그렇다면 당신이 이 콘서트 티켓을 50달러에 구매할 수 있었다 하더라고 실제로 지불하는 가격은 50달러가 아니다. 당신이 콘서트를 보는 데 지불하는 진짜 비용은 그것을 보기 위해 포기하는 금액이다. 이베이, 스텁허브, 티켓마스터에서 티켓을 구매하는 사람들은 당신이 가지고 있는 티켓을 300달러에 구매할 의향이 있다. 따라서 당신이 그 콘서트를 보러 간다면 당신이 운 좋게 50달러에 티켓을 구입했더라도 당신이 지불하는 진짜 가격, 당신이 포기하는 진짜 금액은 300달러이다. 실제로 열성 팬을 포함한 많은 사람은 50달러에 구매한 티켓을 300달러에 판다. 따라서 결국 가장 높은 가격을 지불할 용의가 있는 사람에게 티켓이 할당되며, 이는 시장 메커니즘을 통한 할당(가격에 의한 할당)이 이루어진다는 것을 의미한다.

민간단체나 정부가 아무리 좋은 의도를 가지고 시장을 통한(가격에 따른) 분배를 하지 않는다 하더라도 사람들의 지불하려는 용의에 의해 가격이 형성되고 그에 따라 분배가 이루어지는 가격시스템이 작동하는 것을 막기는 어렵다. 가격시스템이 아닌 다른 방법을 사용할 때마다 가격시스템이 뒷문으로 몰래 들어와서 작동한다. 특혜고객과 암시장을 통한 최종 분배는 가격에 의한 할당보다 오히려 더 불공정한 결과를 가져올 수 있다.

가격과 자원 배분

시장이 경쟁하는 수요자들 사이에 재화와 서비스를 배분하는 메커니즘이라는 것은 쉽게 이해할 수 있다. 하지만 시장은 생산된 재화와 서비스라는 최종 생산물의 분배만 결정하는 것이 아니다. 시장은 무엇을 생산할 것이지, 자원을 어디에 할당하여 생산할 것인지도 결정한다.

소비자의 선호가 변하여 어떤 재화나 서비스의 수요가 증가한 경우를 생각해보자. 예를 들어 1980년대에 사람들은 이전보다 더 자주 레스토랑에서 외식을 하기 시작했다. 이러한 트렌드는 오늘날까지도 이어지고 있는데, 분석가들은 그 이유 중 하나가 사회적 변화(맞벌이 부부의 급증)와 소득 증가라고 생각한다. 이러한 수요 변화에 대해 시장은 더 많은 레스토랑, 더 좋은 레스토랑으로의 자원(자본과 노동) 이전으로 반응했다.

외식 수요가 증가하면서 외식 가격이 상승하여 레스토랑 사업은 더 많은 이윤을 벌었다. 이윤이 커지자 새로운 레스토랑이 시장으로 진입하고 기존의 레스토랑은 사업을 확장했다. 이윤을 좇아 자본이 레스토랑 사업 쪽으로 흘러 들어가고 노동도 그쪽으로 몰려들었다. 새로운 레스토랑에는 셰프가 필요하므로 그 수요가 증가하여 셰프의 임금이 상승했다. 셰프가 되려면 교육을 받아야 하는데, 임금 상승은 더 많은 사람이 이러한 교육을 받으려 하는 인센티브를 제공했다. 셰프 교육에 대한 수요 증가로 새로운 요리 학원이 생겨나고 기존의 요리 학원은 강좌를 증설했다. 이렇게 계속 이어지는 것이다.

생산물시장에서 수요곡선의 이동으로 발생하는 가격 변화는 이윤을 증가시키거나 감소시킨다. 이윤이 증가하면 자본이 유입되고 손실이 발생하면 자본이 이탈한다. 임금 상승은 노동을 유입시키고 근로자에게 기술 습득의 인센티브를 제공한다. 시장시스템의 핵심을 구성하는 투입물시장과 생산물시장에서 공급, 수요, 가격은 자원(투입물, 생산요소)의 배분과 생산물(재화와 서비스)의 최종 조합을 결정한다.

하한가격

앞에서 살펴보았듯이 가격에 의한 할당이 불공정하다고 인식되면 정부는 상한가격을 책정하고 다른 할당 메커니즘을 선택한다. 그러나 가격 이외의 할당 메커니즘은 비효율적이고 불공정한 것일 수도 있다. 하한가격의 경우도 마찬가지 결과를 초래할 수 있다. **하한가격**(price floor)은 그보다 낮은 가격에서는 거래가 허용되지 않는 최저가격으로, 하한가격이 시장 균형가격보다 높게 책정되면 공급량이 수요량보다 더 많은 초과공급이 발생한다.

하한가격 그보다 낮은 가격에서는 거래가 허용되지 않는 최저가격

최저임금 노동에 대해 책정되는 하한가격

하한가격의 대표적인 예는 노동에 대해 책정되는 최저가격인 **최저임금**(minimum wage)이다. 2018년에 미국 정부는 고용주(노동의 수요자)가 시간당 7.25달러보다 적은 임금을 근로자(노동의 공급자)에게 지불하는 것을 법으로 금지했다.

미국의 많은 주에서는 연방정부가 정한 최저임금보다 더 높은 최저임금을 책정하고 있다. 예를 들어 2018년 캘리포니아주의 최저임금은 시간당 11달러였다. 최저임금을 비판하는 사람들의 주장은 최저임금 때문에 시장가격보다 더 높은 임금이 유지된다면 그로 인해 고용이 줄어든다는 것이다. 대부분의 경제학자는 최저임금으로 인해 일자리가 줄어든다는 데 동의하지만 일자리가 많이 줄어드는지 조금 줄어드는지에 대해서는 경제학자들 사이에 논쟁이 있다.

학습목표

수입 원유에 대한 관세 부과의 경제적 영향을 분석한다.

4.2 공급 및 수요 분석: 관세

수요와 공급이라는 논리는 매우 강력한 분석 도구이다. 이러한 분석 도구를 사용하여 수입 원유의 관세를 예로 들어 수입품에 부과되는 세금인 관세의 영향을 살펴보자.

미국은 국내 원유 수요량의 절반 이상을 외국에서 수입하는데 그중 상당 부분을 페르시아만 국가에서 수입한다. 그러나 이러한 국가의 정치적 변동성 때문에 많은 미국 정치인은 수입 원유의 의존성을 줄이자고 강조해왔으며, 이를 목표로 정치인과 경제학자가 제시한 방법 중 하나가 수입 원유에 관세를 부과하는 것이었다.

수요와 공급을 분석해보면 수입 원유에 대한 세금 부과를 주장하는 사람들의 논점을 쉽게 파악할 수 있다. 그림 4.5(a)는 2012년 미국의 원유 시장을 나타낸 것이다. 세계 시장의 원유 가격이 배럴당 약 80달러이고, 이 가격에서 미국이 원하는 만큼의 원유를 구입할 수 있다고 가정하자. 이는 미국 내 원유 생산자가 배럴당 80달러보다 더 높은 가격을 책정할 수 없음을 의미한다. $공급_{미국}$이라는 공급곡선은 각 가격에서 미국 내 생산자가 생산하는 원유량을 보여주는데, 80달러의 가격에서 미국 내 원유 생산량은 하루 700만 배럴이다. 미국 내 생산자의 생산량은 공급곡선상 *A*점에서의 생산량이다. 미국의 원유 수요량은 하루 약 1,300만 배럴이며, 80달러의 가격에서 미국의 수요량은 수요곡선상 *B*점에서의 수요량이다. 차이는 1,300만 배럴에서 700만 배럴을 뺀 600만 배럴의 초과수요이다.

2012년에 세계 시장의 원유 가격은 배럴당 약 80달러였다. 미국 내 원유 생산량은 하루 평균 700만 배럴이고 수입 원유 수요량은 하루 평균 1,300만 배럴 정도였다. 생산량과 수요량의 차이는 (a)에서 보듯이 하루 평균 약 600만 배럴의 수입 원유로 충당했다. 그러나 미국 정부가 수입 원유에 배럴당 33.33%, 금액으로 26.64달러의 관세를 부과한다면 가격이 106.64달러가 된다. 가격 상승

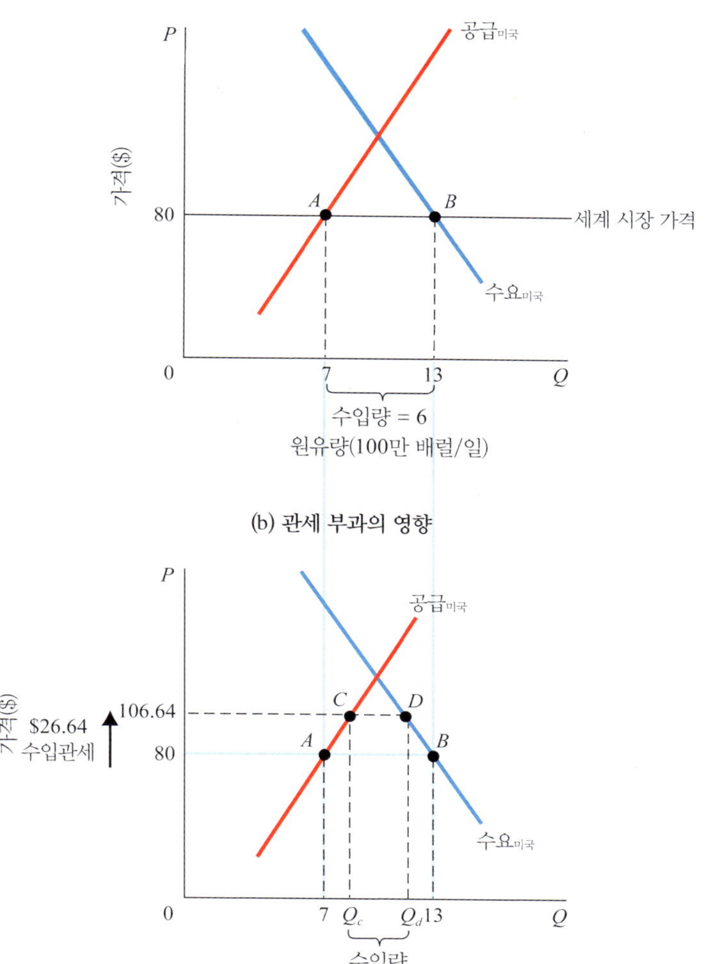

그림 4.5 2012년 미국의 원유 시장
2012년에 세계 시장의 원유 가격은 배럴당 약 80달러였다. 미국 내 원유 생산량은 하루 평균 700만 배럴이고 수입 원유 수요량은 하루 평균 1,300만 배럴 정도였다. 생산량과 수요량의 차이는 (a)에서 보듯이 하루 평균 약 600만 배럴의 수입 원유로 충당했다. 그러나 미국 정부가 수입 원유에 배럴당 33.33%, 금액으로 26.64달러의 관세를 부과한다면 가격이 106.64달러가 된다. 가격 상승으로 수요량이 관세 부과 이전 수준인 1,300만 배럴 아래로 떨어지고 미국 내 원유 생산량이 관세 부과 이전보다 늘어났다. (b)에서 보듯이 이는 원유 수입량을 감소시킨다.

으로 수요량이 관세 부과 이전 수준인 1,300만 배럴 아래로 떨어지고 미국 내 원유 생산량이 관세 부과 이전보다 늘어났다. (b)에서 보듯이 이는 원유 수입량을 감소시킨다.

이제 미국 정부가 수입 원유에 대해 배럴당 가격의 $33\frac{1}{3}$%에 달하는 세금을 부과한다고 하자. 수입 원유의 가격이 80달러이므로 세금은 배럴당 26.64달러이고, 수입 원유의 가격이 배럴당 106.64(80 + 26.64)달러로 치솟는다. 높아진 이 가격은 미국 내 생산자가 배럴당 106.64달러를 받을 수 있게 되었음을 나타낸다. 그러나 세금은 수입 원유에만 부과되므로 미국 내 생산자는 배럴당 106.64달러를 받는 셈이다. 국내 생산자가 종종 외국 경쟁제품에 대한 관세 부과를 주장하는 이유가 바로 여기에 있다. 관세는 동일 제품을 생산하는 국내 생산자가 책정할 수 있는 가격을 높여준다.

그림 4.5(b)는 세금 부과의 결과를 보여준다. 첫째, 가격 상승으로 수요량이 줄어들었다. 사람들은 원유를 덜 산다. 이는 수요곡선상의 이동으로 B점에서 D점으로 이동한다. 동시에 미국 내 생산자의 공급량이 증가한다. 이는 공급곡선상의 이동으로 A점에서 C점으로 이동한다. 미국 내 공급량이 증가하고 수요량이 감소함으로써 수입량이 감소한다. 그림에서 보듯이 하루 $Q_d - Q_c$는 처음의 하루 600만 배럴보다 적은 양이다. 미국 내 생산자의 생산량이 증가하면서 이 산업에서 고용하는

경제학의 적용

셰익스피어 연극의 가격 메커니즘

뉴욕시는 매년 여름 셰익스피어 연극을 센트럴파크에서 무료로 공연하는 〈셰익스피어 인 더 파크(Shakespeare in the Park)〉라는 이벤트를 열고 있다. 관람 티켓은 공연이 있는 날 오후 1시부터 공원 안에 있는 델라코트 극장에서 오는 순서대로 나누어준다. 사람들은 이 공연을 보기 위해 보통 아침 6시부터 줄을 선다. 아침 10시가 되면 판매 가능한 티켓이 모두 소진될 정도로 줄이 길어진다.

이 티켓을 구하려고 줄을 선 사람은 대부분이 젊은이이다. 많은 사람이 가방을 메고 있는 것으로 보아 뉴욕시 소재 대학의 대학생임을 알 수 있다. 물론 이들이 모두 셰익스피어 연극의 팬일지도 모르지만 이들이 줄을 서서 기다리는 데에는 다른 이유도 있을 것이다. 한편 셰익스피어 연극 공연 중 주위를 둘러보면 관객이 줄을 섰던 사람들보다 훨씬 나이 많고 더 단정한 옷차림을 한 사람들이라는 것을 알게 될 것이다. 무슨 일이 벌어진 것일까?

〈셰익스피어 인 더 파크〉의 티켓은 돈으로 지불하는 가격만 보자면 '공짜'이다. 그러나 진짜 가격에는 줄을 서서 기다리는 시간의 가치가 포함되어야 한다. 따라서 시간의 가치가 상대적으로 낮은 사람들(예: 학생)에게는 티켓 가격이 상대적으로 싸지만 높은 임금을 받는 사람들(예: 골드만삭스 임원)에게는 상대적으로 비싼 셈이다. 즉 0달러에 줄을 서서 기다리는 시간의 기회비용을 합한 것이 티켓의 진짜 가격이다. 평균적으로 4시간 줄을 서야 티켓을 얻을 수 있다면 높은 임금을 받는 사람들이 줄을 서서 얻는 티켓의 진짜 가격은 매우 비싸다. 예를 들어 시간당 300달러를 버는 변호사라면 1,200달러를 포기해야 한다. 따라서 티켓 가격이 상대적으로 저렴한 사람들이 줄을 서서 기다린다.

그렇다면 줄을 서서 기다리는 사람들은 어떤 역할을 할까? 이 경우에는 줄을 서서 티켓을 받는 소비자가 생산자의 역할도 한다. 실제로

학생들은 줄을 서서 기다리면서 티켓을 상대적으로 싼 가격에 생산하는 생산자이며, 이들은 고소득자이면서 셰익스피어 연극을 보고 싶어하는 사람들에게 티켓을 판매한다. 오늘날에는 기회비용이 낮은 사람들이 줄을 서서 구한 공짜 티켓을 이베이에서 판매한다. 크레이그리스트(Craigslist)는 줄을 서서 기다리는 사람의 명단을 보여주기도 한다.

물론 바쁜 비즈니스맨이 직접 줄을 서는 경우도 있다. 이 책의 저자 중 한 사람이 이러한 사람에게 그 이유를 물어본 적이 있다. 그는 줄을 서서 기다리면 젊었을 때 록 콘서트를 보려고 줄을 섰던 일이 떠올라 추억에 젖게 된다고 답했다.

질문

- 많은 박물관은 주중 평일 하루 무료입장을 제공하는데, 그날 박물관에 가보면 나이 든 사람이 대부분이다. 그 이유는 무엇인가?

근로자도 증가할 것이다.

한편 관세 부과로 미국 정부가 걷어가는 세금도 증가한다. 미국 정부가 얻는 세금은 배럴당 세금(26.64달러) × 수입 원유의 배럴 수($Q_d - Q_c$)이다.

관세 부과로 나타나는 최종적인 결과는 국내 생산량 증가, 수입량 감소, 전체적인 소비 감소이다. 미국 내 원유 가격이 상승함에 따라 자동차 휘발유 가격이나 난방비가 증가한다. 사람들이 관세 부과에 찬성하는지 반대하는지는 이러한 결과에 대한 종합적인 판단에 달려 있다.

원유 시장을 살펴볼 때 많은 경제학자를 비롯한 일부 사람들은 환경적인 이유로 현재 소비하는 원유량보다 덜 소비해야 한다고 생각한다. 이러한 관점에서 보자면 원유 가격의 상승이 부정적인 것만은 아니다. 그러나 관세 부과를 고려 중인 다른 많은 재화의 경우 관세 부과로 인해 줄어드는 소비량과 오르는 가격이 반길 만한 일이 아닐 수도 있다.

2018년에 미국 정부는 많이 수입하는 재화 중 하나인 철강에 대한 관세 부과를 시사했다. 독자는

이제 이러한 관세가 가져오는 결과를 알 것이다. 미국 내 철강 제품의 생산량이 증가하고, 이는 미국 철강 회사와 철강 산업 근로자의 입장을 강화하여 철강 가격이 오를 것이다. 철강은 자동차 제조와 빌딩 건축에 사용되므로 철강 제품의 가격 인상은 자동차 생산비용을 증가시키고 자동차 산업, 자동차 구매자, 자동차 산업 근로자에게 불리하게 작용할 것이다. 또한 빌딩을 짓는 데 드는 비용을 증가시켜 빌딩 가격도 올라갈 것이다. 철강과 같은 재화의 경우 관세로 인한 전체적인 영향이 상당히 복잡하게 얽혀서 나타난다. 그러나 수요곡선과 공급곡선은 정부 정책의 변화에 따른 다양한 영향을 전반적으로 살펴보는 데 큰 도움이 되는 강력한 분석 도구이다.

4.3 공급과 수요, 시장의 효율성

학습목표

소비자잉여와 생산자잉여가 어떻게 발생하는지 이해한다.

공급 및 수요곡선은 시장과 시장가격이 어떻게 작동하여 희소한 자원을 배분하는지 설명하는 데 도움을 준다. '시스템이 어떻게 작동하는지'를 살펴보는 것은 '실증경제학'이라는 사실을 상기하라. 공급 및 수요곡선은 규범경제학에서 다루는 중요한 주제인 시장의 효율성을 살펴보는 데에도 사용할 수 있다. 그 개념을 이해하려면 먼저 소비자잉여와 생산자잉여를 알아야 한다.

소비자잉여

공급 및 수요 분석에서 설명한 내용을 깊이 생각해보면 시장이 우리에게 개인의 선호를 드러내도록 강요한다는 것을 알 수 있다. 가격, 소득의 제약하에서 당신이 마음대로 선택할 수 있을 때 2.50달러짜리 햄버거를 사기로 했다면 이는 그 햄버거가 당신에게 적어도 2.50달러의 가치가 있음을 드러내는 셈이다. 소비자는 자신이 구매하는 것을 통해 자신이 어떤 사람인지 드러낸다.

소비자의 구매 행위가 선호를 나타낸다는 것은 경제학자들이 행하는 많은 평가와 판단의 저변에 깔

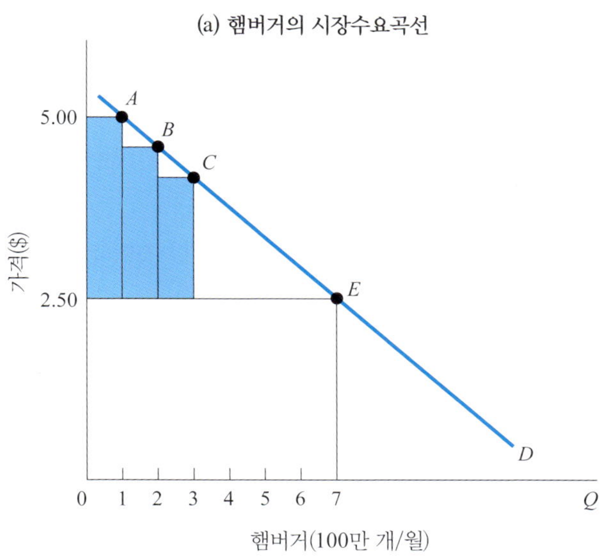

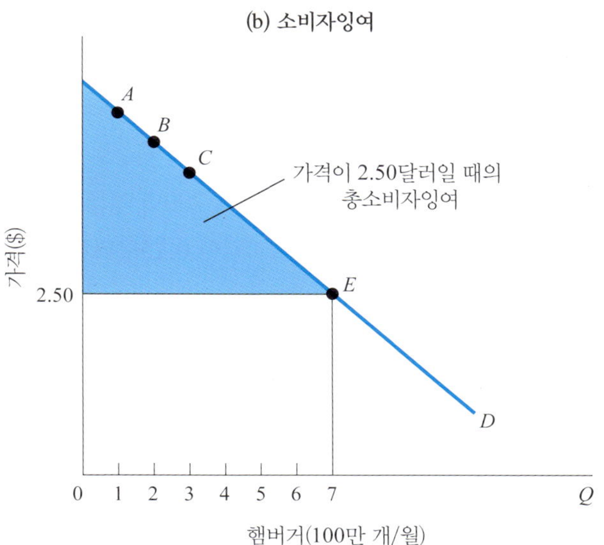

그림 4.6 시장수요곡선과 소비자잉여

(a)에서 보듯이 일부 소비자는 햄버거 하나에 5.00달러를 지불할 용의가 있다(*A*점을 보라). 시장가격이 2.50달러밖에 안 되므로 이들은 소비하는 햄버거 하나당 2.50달러의 소비자잉여를 가져간다. 다른 사람들은 햄버거 하나당 5.00달러보다 조금 낮은 가격을 지불할 용의가 있으므로 조금 적은 소비자잉여를 가져간다(*B*점을 보라). 현재 햄버거의 시장가격이 2.50달러이므로 (b)의 파란색 삼각형은 총소비자잉여의 크기를 나타낸다.

려 있는 기본적인 개념이다. 그림 4.6(a)를 살펴보자. 현재의 시장가격인 2.50달러에서 소비자는 매달 햄버거 700만 개를 구매한다. 이 시장에서 햄버거 하나에 2.50달러 이상의 가치를 부여하는 소비자는 햄버거를 구매하고, 그보다 낮은 가치를 부여하는 소비자는 햄버거를 구매하지 않을 것이다.

그러나 그림에서 보듯이 일부 사람들은 햄버거 하나에 2.50달러보다 더 높은 가치를 부여한다. 예를 들어 개당 5달러에도 햄버거 100만 개가 팔린다. 이 100만 개는 그 구매자 각각에게 개당 5달러의 가치가 있다. 만약 이들이 햄버거를 2.50달러에 구매할 수 있다면 개당 2.50달러의 **소비자잉여**(consumer surplus)를 가져가게 된다. 소비자잉여는 사람들이 한 재화에 지불할 용의가 있는 최대 금액과 현재 시장에서 거래되고 있는 시장가격의 차이이다. 햄버거 하나에 5달러를 지불할 용의가 있는 소비자가 벌어가는(가져가는) 소비자잉여는 *A*점과 가격 2.50달러 사이의 파란색 면적이다.

소비자잉여 소비자가 한 재화에 지불할 용의가 있는 최대 금액과 현재 시장에서 거래되고 있는 시장가격의 차이

그림 4.6(a)에서 일부 소비자들은 두 번째 햄버거 100만 개에 대해서도 시장가격보다 가치가 크다고 평가한다. 시장수요곡선상의 *B*점은 두 번째 햄버거 100만 개를 구매하는 소비자가 지불할 용의가 있는 최고 금액을 나타낸다. 이들이 가져가는 소비자잉여는 *B*점과 가격 2.50달러 사이의 파란색 면적으로, 이는 5달러를 지불할 용의가 있는 소비자의 경우보다 좀 더 적다. 마찬가지로 일부 소비자들은 세 번째 햄버거 100만 개에 대해서도 시장가격보다 가치가 크다고 평가한다. 시장수요곡선상의 *C*점은 세 번째 햄버거 100만 개를 구매하는 소비자가 지불할 용의가 있는 최고 금액을 나타낸다. 이들이 가져가는 소비자잉여는 *A*점과 *B*점에서보다 적지만 여전히 소비자잉여가 매우 크다.

그림 4.6(a)의 총소비자잉여는 그림 4.6(b)에서 파란색 삼각형의 면적과 대략 일치한다. 이는 계속해서 햄버거를 소비자에게 점점 더 낮은 가격에 제공하는 것을 생각해보면 쉽게 이해된다. 수요곡선상의 *E*점에서는 소비자가 가져가는 소비자잉여가 없다.

생산자잉여

시장의 공급곡선은 다양한 가격에서 기업이 생산 및 공급할 용의가 있는 수량을 보여준다. 생산자는 가격이 생산비용(생산의 기회비용)보다 높아서 생산을 계속할 만한 이윤을 얻기 때문에 공급할 용의가 생긴다. 생산비용에는 재화를 생산하기 위해 포기해야 하는 모든 것이 포함된다.

그림 4.7(a)의 단순한 시장공급곡선은 이를 잘 보여준다. 현재의 시장가격인 2.50달러에서 생산자는 햄버거 700만 개를 생산하여 판매하려고 한다.

시장가격이 0.75달러(75센트)라면 대부분의 생산자는 사업을 접고 시장을 떠날 것이다. 따라서 햄버거 공급량이 아주 작아지고 소수의 생산자만 시장에 남아 햄버거를 공급할 것이다. 시장에 남아 있는 생산자는 햄버거 100만 개를 시장에 공급할 것이다. 이들은 매우 낮은 생산비용으로 햄버거를 생산할 수 있는 것이 분명하다. 즉 더 효율적으로 생산하거나, 쇠고기를 더 낮은 가격에 조달하거나, 임금이 더 낮은 근로자를 고용할 수 있을 것이다. 이처럼 더 효율적이고 생산비용이 더 낮은 생산자는 햄버거를 시장가격인 2.50달러에 판매할 수 있으므로 **생산자잉여**(producer surplus)를 가져가게 된다. 생산자잉여는 현재 시장가격과 기업이 생산하는 데 드는 비용의 차이이다. 처음 햄버거 100만 개는 생산자에게 개당 1.75(2.50 − 0.75)달러의 생산자잉여를 안겨준다. 생산자가 가져가는 생산자잉여의 총금액은 175만 달러이다. 두 번째 햄버거 100만 개도 생산자에게 생산자잉여를 안겨준다. 시장가격인 2.50달러가 생산자의 생산비용보다 크기 때문이다. 이 경우 생산자의 생산비

생산자잉여 어떤 재화의 현재 시장가격과 기업이 생산하는 데 드는 비용의 차이

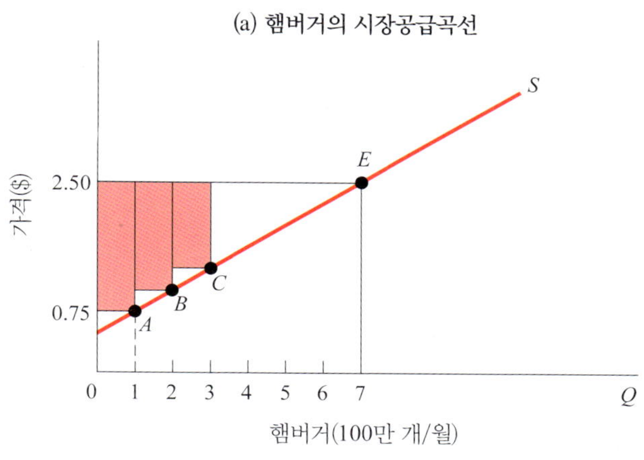

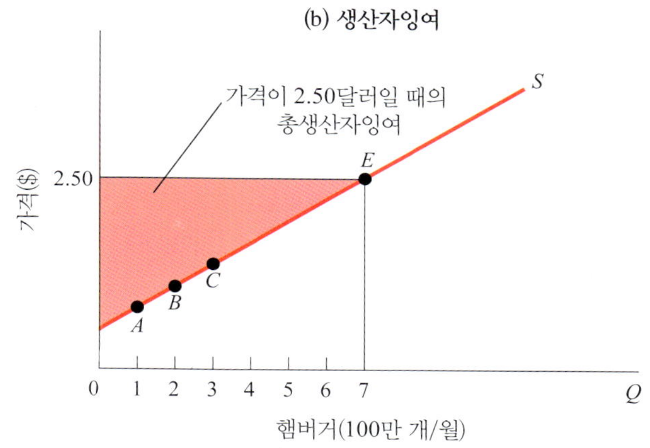

그림 4.7 시장공급곡선과 생산자잉여
(a)에서 보듯이 일부 생산자는 개당 0.75달러에 햄버거를 생산 및 공급할 용의와 능력을 가지고 있다(*A*점을 보라). 이들은 시장에서 햄버거 하나당 2.50달러를 받으므로 개당 1.75달러의 생산자잉여를 가져간다. 2.50달러보다 낮은 가격에 햄버거를 공급할 용의와 능력을 가지고 있는 기업도 소비자잉여를 가져간다. 현재 햄버거의 시장가격이 2.50달러이므로 (b)의 빨간색 삼각형은 총생산자잉여의 크기를 나타낸다.

용은 0.75달러보다는 크지만 2.50달러보다는 훨씬 작다.

햄버거 하나당 2.50달러의 가격에서 생산자잉여의 총가치는 그림 4.7(b)에서 빨간색 삼각형의 면적에 해당하는 금액이다. 공급곡선상의 *E*점에서는 생산자가 가져가는 생산자잉여가 없다.

생산자잉여와 소비자잉여의 합을 극대화하는 경쟁적 시장

앞의 예에서는 2.50달러의 가격에서 햄버거의 시장 공급량과 수요량이 일치한다. 그림 4.8은 햄버거 700만 개를 생산 및 소비할 때 소비자와 생산자에게 돌아가는 총순혜택을 보여준다. 소비자는 지불하는 가격을 초과하는 혜택을 가져가며, 수요곡선과 2.50달러의 가격 선 사이 파란색 삼각형의 크기는 이를 나타낸다. 이 면적은 소비자가 햄버거 700만 개를 소비하면서 가져가는 총소비자잉여의 금액이다. 생산자는 생산비용을 초과하는 금액의 보상을 받으며, 공급곡선과 2.50달러의 가격 선 사이 빨간색 삼각형의 크기는 이를 나타낸다. 이 면적은 생산자가 햄버거 700만 개를 생산 및 공급하면서 가져가는 총생산자잉여의 금액이다.

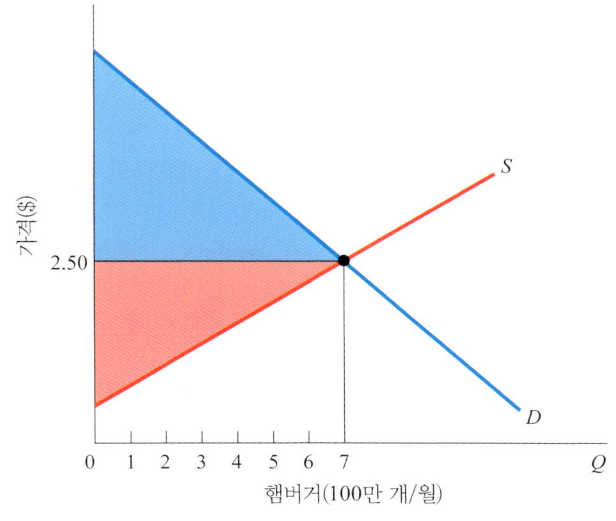

그림 4.8 생산자잉여와 소비자잉여의 합
생산자잉여와 소비자잉여의 합은 수요곡선과 공급곡선이 교차하는 균형점에서 가장 크다.

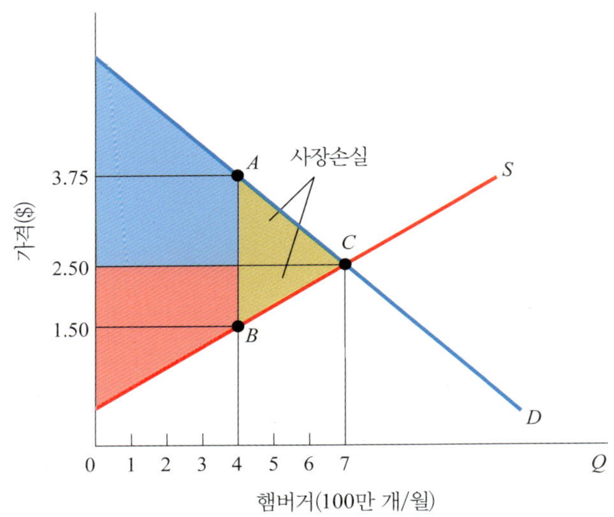

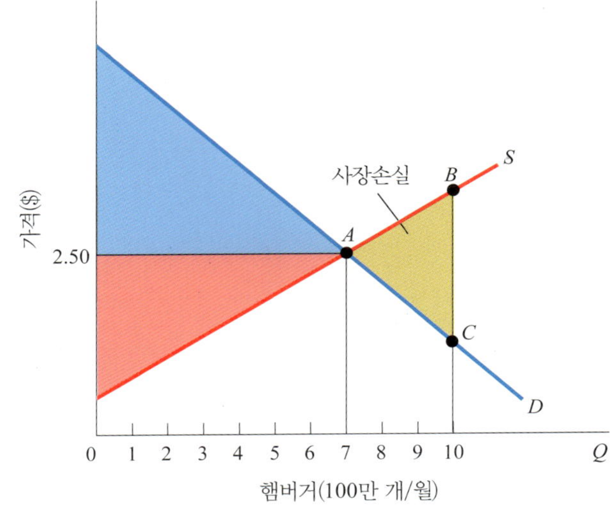

그림 4.9 사장손실

(a)는 햄버거 생산량을 매달 700만 개에서 400만 개로 줄일 때 나타나는 결과를 보여준다. 생산자잉여와 소비자잉여의 합이 노란색 삼각형 *ABC*의 면적만큼 줄어든다. 이는 시장의 균형생산량보다 생산량이 적을 때 발생하는 사장손실의 크기이다. (b)는 햄버거 생산량을 매달 700만 개에서 1,000만 개로 늘렸을 때 나타나는 결과를 보여준다. 생산량이 증가하여 소비자가 지불할 용의가 있는 금액보다 생산비용이 커짐에 따라 생산자잉여와 소비자잉여의 합이 노란색 삼각형 *ABC*의 면적만큼 줄어든다. 이는 시장의 균형생산량보다 생산량이 많을 때 발생하는 사장손실의 크기이다. 이 경우 생산자잉여와 소비자잉여의 합은 파란색 삼각형과 빨간색 삼각형을 합한 면적에서 노란색 삼각형의 면적을 뺀 것이다.

이제 햄버거 생산량을 매달 400만 개로 줄일 때 나타나는 결과를 살펴보자. 그림 4.9(a)를 보면 400만 개의 생산량에서 소비자가 햄버거 하나에 지불하는 가격은 3.75달러이다. 또한 개당 1.50달러를 받고 생산할 수 있는 생산자만 햄버거를 공급할 것이다. 이에 따라 나타나는 결과는 소비자잉여와 생산자잉여의 손실이다. 그림 4.9(a)에서 햄버거 생산량을 400만 개에서 700만 개로 증가시키면 더 많은 소비자잉여와 생산자잉여가 발생한다. 이처럼 시장의 균형생산량보다 많이 또는 적게 생산할 때 발생하는 소비자잉여와 생산자잉여의 손실을 **사장손실**(deadweight loss)이라고 한다. 그림 4.9(a)에서 사장손실의 크기는 노란색 삼각형 *ABC*의 면적에 해당하는 금액이다.

사장손실 시장의 균형생산량보다 많이 또는 적게 생산할 때 발생하는 소비자잉여와 생산자잉여의 손실

그림 4.9(b)는 시장의 균형생산량보다 많이 생산될 때 어떻게 사장손실이 발생하는지를 보여준다. 700만 개를 넘어선 햄버거 각각에 대해 소비자는 생산비용보다 낮은 가격을 지불하려고 한다. 700만 개를 넘어선 추가 햄버거 300만 개를 생산하는 데 드는 비용은 소비자가 이 300만 개를 소비할 때 얻는 혜택보다 크다. 이는 300만 개를 더 생산하면 생산자잉여와 소비자잉여의 손실이 발생한다는 것을 뜻한다. 즉 사장손실이 발생한다. 사장손실의 크기는 노란색 삼각형 *ABC*의 면적에 해당하는 금액이다. 만약 정부가 강제로 햄버거 생산을 월 1,000만 개로 증가시키게 한다면 사회는 이만큼의 손실을 입는다.

적정량보다 많이 또는 덜 생산되어 사장손실을 초래하는 경우

이후의 여러 장에서는 완전경쟁시장을 다룰 것이다. 완전경쟁시장에서는 수요와 공급의 자유로운 상호작용에 의해 가격이 형성된다. 수요와 공급이 자유롭게 상호작용할 때 경쟁시장은 사람들이 원하는 만큼을 최소의 비용으로 생산한다. 즉 자원을 낭비하지 않고 효율적인 결과를 얻는다. 그러나 13장부터는 가정을 조금 완화하여 시장이 실패하는 경우를 살펴볼 것이다. 독점력이 있는 기업은

적정량보다 더 생산하거나 덜 생산하려는 인센티브를 가지며, 정부의 세금과 보조금은 소비자의 선택을 왜곡할 수 있다. 또한 공해나 혼잡으로 인한 외부비용은 일부 재화의 생산량 부족 또는 과잉을 초래하고, 정부의 하한가격 또는 상한가격 책정과 같은 인위적인 가격 규제도 같은 결과를 가져온다.

미리 보기

공급과 수요라는 기본적인 개념과 시장시스템(가격시스템)을 살펴보았다. 이 개념은 앞으로 더 자세히 살펴볼 내용의 토대가 된다. 미시경제학에서든 거시경제학에서든 수요와 공급은 시장의 작동과 시장 참가자의 행동을 살펴보는 데 골격을 이룬다. 1~4장에서 다룬 개념은 앞으로의 내용을 이해하는 데 매우 중요하니 다시 한번 되새겨보기 바란다. 핵심 용어를 중심으로 짚어보면 도움이 될 것이다.

요약

01 시장경제에서 시장시스템(가격시스템)은 두 가지 기능을 한다. 생산자에게 자원을 배분하고 최종적으로 생산할 생산물의 조합을 결정한다. 또한 구매할 용의와 지불할 능력에 따라 재화와 서비스를 분배한다. 이러한 의미에서 시장시스템은 가격에 의한 할당을 하는 기구이다.

02 가끔 정부와 기업은 현재 가격에서 초과수요가 발생하는 재화나 서비스를 할당하기 위해 시장 메커니즘 대신 다른 메커니즘을 사용하기도 한다. 줄서기, 특혜고객, 배급 쿠폰 등에 의한 비가격적 할당 시스템을 사용하는 이유로 가장 많이 거론되는 것은 '공정성'이다.

03 시장을 피하여 다른 할당 시스템을 사용하면 상황이 더 어려워지는 경우가 많고, 생각보다 더 많은 비용을 초래하기도 한다. 특혜고객, 암시장, 부정한 돈거래를 양산하는 비가격적 할당 시스템은 자유로운 시장보다 더 불공정한 결과를 초래하는 경우가 많다.

04 공급과 수요라는 기본 논리는 경제적 현상을 분석하는 데 사용되는 강력한 도구이다. 예를 들어 수입 원유에 대한 관세 부과가 원유 수요량을 감소시키고, 국내 원유 생산을 증가시키며, 정부에 수입을 안겨준다는 것을 수요곡선과 공급곡선을 통한 분석으로 확인할 수 있다.

05 공급 및 수요곡선은 규범경제학에서 다루는 중요한 주제인 시장의 효율성을 살펴보는 데에도 사용할 수 있다.

06 소비자잉여는 소비자가 한 재화에 지불할 용의가 있는 최대 금액과 현재 시장에서 거래되고 있는 시장가격의 차이이다.

07 생산자잉여는 어떤 재화의 현재 시장가격과 기업이 생산하는 데 드는 비용의 차이이다.

08 경쟁시장의 시장균형에서 소비자잉여와 생산자잉여의 합이 극대화된다.

09 사장손실은 시장의 균형생산량보다 많이 또는 적게 생산할 때 발생하는 소비자잉여와 생산자잉여의 손실이다.

핵심 용어

가격에 의한 할당(price rationing)
배급 쿠폰(ration coupon)
사장손실(deadweight loss)
상한가격(price ceiling)
생산자잉여(producer surplus)
소비자잉여(consumer surplus)
암시장(black market)
줄서기(queuing)
최저임금(minimum wage)
특혜고객(favored customer)
하한가격(price floor)

연습문제

01 다음의 각 경우를 공급곡선과 수요곡선으로 나타내라.

a. 2018년 11월에 에드워드 호퍼(Edward Hopper)의 〈차프 수이(Chop Suey)〉가 크리스티 경매장에서 9,190만 달러에 거래되었다.

b. 2015년 8월에 국제낙농거래(Global Dairy Trade, GDT) 물가지수는 1년 전의 880에서 514로 떨어졌는데, 이는 공급량 증가가 가장 큰 원인이었다.

c. 2017년에 전 세계적으로 태양광 발전 전력의 수요는 약 85기가와트였다. 태양광 전력이 전 세계 전력 생산에서 차지하는 비중은 2004년 0.01%에서 2014년 0.79%로 증가했다. 또한 2010년에는 시간당 1메가와트를 생산하는 데 500달러가 들었으나 2015년에는 200달러로 감소했다.

02 소득이 제한적이기 때문에 모든 수요곡선은 수량 축과 만난다. 수요가 0이 될 정도의 높은 가격이 항상 존재한다. 이에 동의하는지, 동의하지 않는지 밝히고 그 이유를 설명하라.

03 주요 운동경기나 콘서트 티켓의 초과수요가 발생하면 이 티켓을 사서 되팔아 이윤을 챙길 수 있는 기회가 존재한다. 이러한 상황을 수요곡선과 공급곡선으로 나타내라. 일부 사람들은 스캘퍼(scalper)가 모든 사람에게 도움을 주는 행위를 하므로 시장의 효율성을 높여준다고 주장한다. 이에 동의하는지, 동의하지 않는지 밝히고 그 이유를 간단히 설명하라.

04 우유와 낙농 제품의 생산을 안정시키기 위해 일부 낙농업자들은 미국 정부가 우유 생산에 이용되지 않는 젖소에 대해 보조금을 지원해줄 것을 주장한다. 그러나 어떤 사람들은 보조금 지원이 낙농업의 생산비용을 증가시켜 공급을 감소시키고 경쟁하는 수입 낙농 제품의 가격을 올린다고 주장한다. 또 어떤 사람들은 보조금이 낙농업자에게 지급되므로 낙농 제품의 생산비용을 감소시켜 낙농 제품의 가격을 낮춰줄 것이라고 주장한다. 어떤 주장이 맞는지 설명하라.

05 2015~2018년에 부다페스트의 평균 월세는 2배가 되었다. 평균적으로 2017년 13만 포린트(HUF = Э420)였던 월세가 2018년에 14만 포린트(HUF = Э450)가 되었다. 같은 시기에 부다페스트에서는 대규모 콘도가 건설되고 있었다. 어떻게 이러한 현상이 동시에 나타날 수 있는가?

06 다음의 각 경우를 공급곡선과 수요곡선으로 나타내라.

a. 2017년에 텍사스주 포트아더에 있는 모티바 정유 공장이 허리케인 하비 때문에 문을 닫았다. 모티바 정유 공장은 미국에서 가장 큰 정유 공장이었다. 이 지역에 있는 다른 정유 공장도 문을 닫았는데 이는 미국 정유 능력의 약 20%에 해당했다. 원유 가격에 어떤 변화가 있었을 것으로 예상되는가?

b. 봄철의 갑작스러운 서리로 많은 체리나무의 꽃이 떨어졌다. 체리 가격에 어떤 변화가 있을 것으로 예상되는가?

c. 2018년에 영국은 역사상 가장 더운 여름을 겪었으며 에어컨의 인기가 치솟았다. 에어컨 가격에 어떤 변화가 있었을 것으로 예상되는가?

07 다음의 각 경우를 공급곡선과 수요곡선으로 나타내라.

a. 2015년 6월 1일 이전에 중국 정부가 대부분의 의약품에 상한가격을 책정하여 의약품의 초과 수요가 발생한 상황

b. 닭 사료 가격의 큰 하락이 다른 고기의 수요에 미치는 영향

08 승객과 운전기사를 연결해주는 플랫폼인 우버는 공급량이 부족할 때 기본요금과 킬로미터당 요금을 올리는 '서지가격' 시스템을 운영하고 있다. 예를 들어 인도의 뉴델리에서는 수요가 아주 많을 때 우버 운전기사가 최대 20%의 할증료를 받는다. 평상시에는 시간당 승객이 20명이지만 출퇴근 시간에는 시간당 승객이 100명이므로 우버 운전기사는 요금을 20% 올린다. 이러한 상황을 수요곡선과 공급곡선으로 나타내라.

09 2008년에는 금 1온스의 가격이 약 750달러였으나 2011년 9월에는 약 1,800달러가 되었다. 이렇게 가격이 오른 이유는 무엇인가? 2011년 이후에는 금값이 어떻게 변동했는가?

10 많은 크루즈 여행사는 5일짜리 여행 상품을 제공한다. 또한 다른 요일보다도 목요일에 항구를 떠나서 월요일에 돌아오는 일정이 많다. 그 이유는 무엇인가?

11 여름에 뉴욕시 센트럴파크에서는 셰익스피어 연극 공짜 티켓을 받기 위해 사람들이 긴 줄을 늘어선 것을 볼 수 있다. 이에 한 지방 정치인은 줄을 서서 기다리는 사람들에게 공원 관리소가 음악을 들려주는 서비스를 제안했다. 이 제안에 대해 어떻게 생각하는가? 깊이 생각해보고 답하라.

12 다음 그래프는 밀 시장을 나타낸 것으로, 균형가격이 부셸당 20달러이고 균형수량이 1,400만 부셸이다.

a. 이 시장에 정부가 부셸당 10달러의 상한가격을 책정한다면 어떤 결과가 나타날지 설명하라. 부셸당 30달러의 상한가격을 책정한다면 어떻게 되겠는가?

b. 이 시장에 정부가 부셸당 30달러의 하한가격을 책정한다면 어떤 결과가 나타날지 설명하라. 부셸당 10달러의 하한가격을 책정한다면 어떻게 되겠는가?

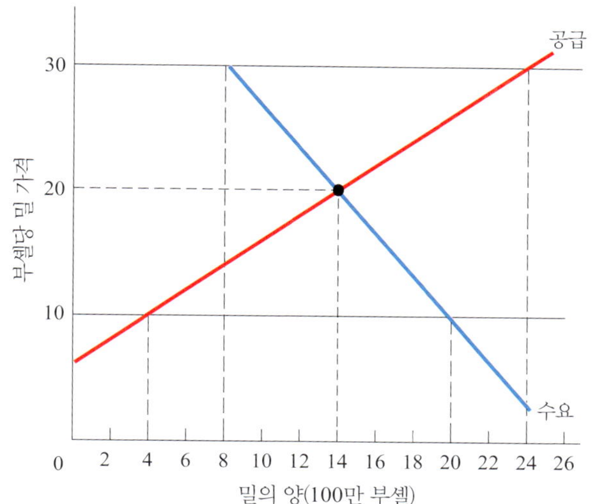

13 국제 원유 가격이 배럴당 60달러이고 이 가격에서 미국은 원하는 만큼 원유를 구매할 수 있다고 하자. 다양한 가격수준에서 미국의 원유 수요량과 공급량은 다음과 같다.

배럴당 가격	수요량	공급량
$55	26	14
60	24	16
65	22	18
70	20	20
75	18	22

a. 원유에 대한 미국의 수요곡선과 공급곡선을 나타내라.

b. 원유가 자유롭게 거래될 때 미국인이 원유에 대해 지불하는 가격은 얼마인가? 미국인은 원유를 얼마나 구매하는가? 미국 내 원유 생산자의 공급량은 얼마인가? 원유 수입량은 얼마인가? 미국이 수입하는 원유의 양을 그래프에 표시하라.

c. 미국 정부가 수입 원유에 배럴당 5달러의 관세를 부과한다고 하자. 이 경우에 미국인은 원유를 얼마나 구매하는가? 미국 내 원유 생산자의 공급량은 얼마인가? 원유 수입량은 얼마인가? 관세 부과로 미국 정부는 얼마의 조세수입을 얻는가?

d. 미국 내 소비자, 미국 내 원유 생산자, 미국 정부 중 수입 원유에 대한 관세 부과로 이득을 얻는 쪽과 손해를 보는 쪽을 구분하라.

14 13번 문제의 자료를 이용하여 다음 질문에 답하라. 미국 정부가 원유 수입을 금지한다고 가정하라.

a. 미국 원유 시장의 균형가격과 균형수량은 얼마인가?

b. 미국 정부가 배럴당 65달러의 상한가격을 책정하고 수입을 금지한다면 초과공급이나 초과수요가 발생하는가? 초과공급이나 초과수요가 발생한다면 그 양은 얼마나 되는가?

c. 상한가격하에서는 공급량과 수요량이 다르다. 둘 중 원유 구매량을 결정하는 것은 무엇인가? 간단히 설명하라.

15 다음 그래프를 이용하여 가격 12달러, 하루 50만 병의 독감 백신 공급량에서의 소비자잉여와 공급자잉여를 구하라. 가격은 그대로인데 하루 생산량이 20만 병으로 줄어들었을 때의 생산자잉여와 소비자잉여를 구하라. 과소 생산량으로 인한 사장손실의 금액은 얼마인가?

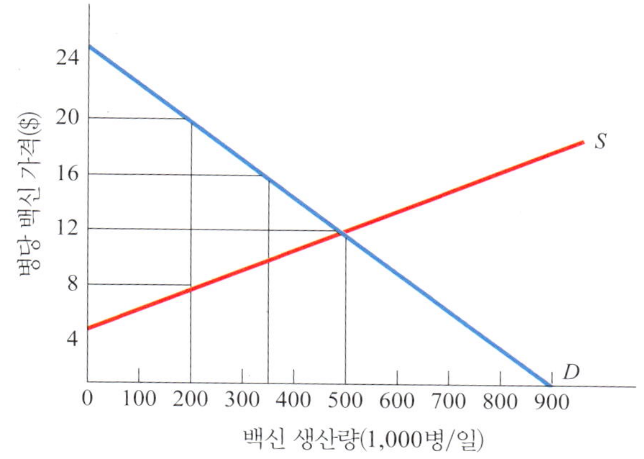

16 카푸치노 1잔의 수요곡선은 $Q_D = 24 - 4P$, 공급곡선은 $Q_S = 8P - 12$이다. P는 1잔당 가격이다.

a. 카푸치노의 공급곡선과 수요곡선을 나타내라.

b. 균형가격과 균형수량은 얼마인가?

c. 소비자잉여와 생산자잉여의 크기를 계산하고 그래프에 표시하라.

17 2017년 9월에 우버는 기업의 사회적 책임 소홀, 법규 위반, 세법 미준수 등의 혐의로 런던에서의 사업권을 상실했으며 2018년에 항소하여 사업권을 다시 얻었다. 우버에 대한 런던에서의 사업 금지가 런던의 소비자잉여와 생산자잉여에 미친 영향을 설명하고 그에 따른 변화를 그래프로 나타내라.

18 다음 그래프는 DVD 시장을 나타낸 것이다.

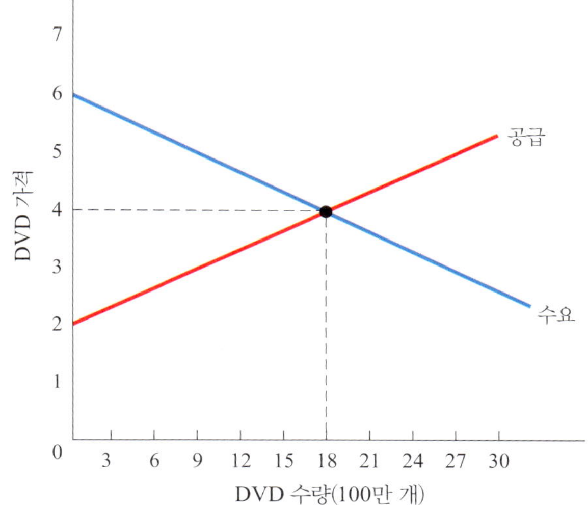

a. 시장이 균형 상태일 때 소비자잉여와 생산자잉여의 가치를 구하고 이를 그래프에 표시하라.

b. DVD가 900만 개만 생산되어 과소 생산이 나타났다고 하자. 이 경우에 소비자잉여와 생산자잉여는 어떻게 되는가? 사장 손실의 금액을 구하고 그래프에 나타내라.

c. DVD가 2,700만 개 생산되어 과잉 생산이 나타났다고 하자. 이 경우에 소비자잉여와 생산자잉여의 가치는 얼마인가? 과잉 생산은 사장손실을 초래하는가? 사장손실이 발생한다면 그 크기를 구하고 그래프에 나타내라.

경제학적 사고 키우기

01 플로리다주는 허리케인이나 기타 자연재해 이후에 가격이 급상승하는 것을 막기 위해 바가지요금 금지법을 통과시켰다. 허리케인이 휩쓸고 나면 많은 재화의 생산 시설이 파괴된다. 바가지요금 금지법이 이러한 재화의 시장에 미치는 영향을 설명하라.

02 당신이 좋아하는 밴드의 콘서트 티켓을 사려고 웹사이트에 접속했다고 하자. 로그인을 하고 20분을 기다린 끝에 티켓 2장을 각각 45달러에 구매하는 데 성공했다. 당신이 티켓을 구입하고 몇 분 뒤 티켓이 매진되었다. 당신이 이 콘서트 관람에 지불하는 진짜 비용은 얼마인가?

CHAPTER 5

탄력성

목차와 학습목표

5.1 수요의 가격탄력성

변화의 반응을 측정할 때 탄력성이 왜 기울기보다 더 나은 척도인지, 탄력성을 어떻게 측정하는지를 이해한다.

5.2 탄력성의 측정

다양한 방법으로 탄력성을 계산하고 수입(revenue)과 탄력성의 관계를 이해한다.

5.3 수요의 가격탄력성에 영향을 미치는 요인

수요의 가격탄력성에 영향을 미치는 요인을 파악한다.

5.4 그 밖의 중요한 탄력성

소득탄력성, 교차탄력성, 공급탄력성의 정의를 이해하고 예를 알아본다.

5.5 세금 부과와 탄력성의 활용

소비세가 소비자에게 전가되는 방식을 이해한다.

앞에서 살펴본 수요 및 공급 모형은 가격 변화가 어떻게 소비자와 생산자의 행동에 영향을 주는지를 알려준다. 이제 독자는 맥도날드(McDonald's)가 햄버거 가격을 내리면 맥도날드의 햄버거 판매량이 증가한다는 것을 알 것이다. 많은 사람이 콘서트 또는 경기를 보러 오게 하거나 많은 양을 판매하려면 가격이 낮아야 한다는 것도, 정부가 담배세를 인상하여 담배 가격을 올리는 것이 흡연 인구를 줄이는 한 가지 방법이라는 것도 알 것이다.

그러나 이러한 예를 비롯해 많은 경우에 변화의 방향을 아는 것만으로는 충분하지 않다. 올바른 의사결정을 내리기 위해서는 시장의 반응이 어느 정도인지 알아야 한다. 더 낮은 가격에 얼마나 더 많이 팔릴지 아는 것은 이윤을 추구하는 기업이 갖추어야 할 핵심 능력 중 하나이다. 맥도날드는 빅맥의 가격을 낮추어야 하는가? 그 답은 맥도날드가 가격 인하로 빅맥을 얼마나 더 팔 수 있는지, 그리고 빅맥 판매량의 증가가 서브웨이(Subway)로 가는 소비자가 맥도날드로 발길을 돌렸기 때문인지, 아니면 치킨맥너겟 판매량이 줄어들었기 때문인지에 달려 있다. 정부가 담배세를 인상하여 담배 가격을 올리면 흡연자를 얼마나 줄일 수 있는가? '얼마나' 변할 것인가는 경제학의 핵심 질문 중 하나이다. 이러한 질문에 답하려면 시장이 반응하는 크기를 알아야 한다.

실제로 측정하는 것이 갖는 중요성은 아무리 강조해도 지나치지 않다. 최근의 많은 경제학 연구는 방대한 수량적 자료를 수집·분석하여 그것이 행동 변화와 어떻게 연결되는지 살펴보고 행동 변화를 예측하는 쪽으로 나아가고 있다. 또한 방대한 자료(빅데이터)의 분석을 통해 보다 나은 의사결정을 하는 것이 정부나 기업의 핵심 능력 중 하나로 자리 잡고 있다.

탄력성 한 변수가 다른 변수의 변화에 얼마나 민감하게 반응하는지를 측정하는 척도로, 일반적으로 한 변수의 퍼센트 변화에 대한 다른 변수의 퍼센트 변화로 측정함

경제학자가 시장의 반응 정도를 측정하는 데 흔히 사용하는 개념은 **탄력성**(elasticity)이다. 탄력성은 한 변수가 다른 변수의 변화에 얼마나 민감하게 반응하는지를 측정하는 척도이다. 우리는 많은 경우에 가격에 대한 탄력성을 살펴본다. 가격이 변동할 때 수요량이 얼마나 달라지는가? 이는 수요의 가격탄력성이다. 가격이 변동할 때 공급량이 얼마나 달라지는가? 이는 공급의 가격탄력성이다. 예를 들어 맥도날드의 경우 때로 빅맥의 가격 변화가 다른 재화(치킨맥너겟)의 수요량에 어떤 영향을 미치는지 아는 것도 중요하다. 이는 수요의 교차가격탄력성이다.

하지만 탄력성이 가격 변화에 따른 수요량이나 공급량 변화의 반응을 보는 데에만 사용되는 것은 아니다. 소득 등 수요와 공급에 영향을 미치는 다양한 변수의 변화에 대해 공급량이나 수요량이 어느 정도 민감하게 반응하는지를 측정하는 데에도 탄력성이 사용된다. 일반적으로 말해 한 변수의 변화율에 대해 다른 변수가 어느 정도로 민감한 변화율을 보이는지를 측정하는 것이 탄력성이다. 먼저 수요의 가격탄력성을 살펴보자.

학습목표

변화의 반응을 측정할 때 탄력성이 왜 기울기보다 더 나은 척도인지, 탄력성을 어떻게 측정하는지를 이해한다.

5.1 수요의 가격탄력성

다른 것들이 일정할 때 가격이 오르면 수요량이 감소하고 가격이 내리면 수요량이 증가한다는 수요의 법칙을 이미 살펴보았다. 가격과 수요량은 음의 관계이며, 따라서 수요곡선은 우하향한다.

기울기와 탄력성

수요곡선의 기울기는 가격 변화에 대한 수요량의 변화를 나타낸다. 하지만 기울기는 오해를 불러일

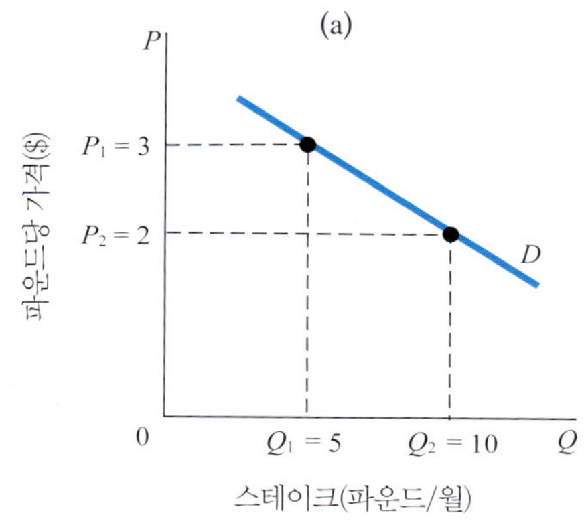

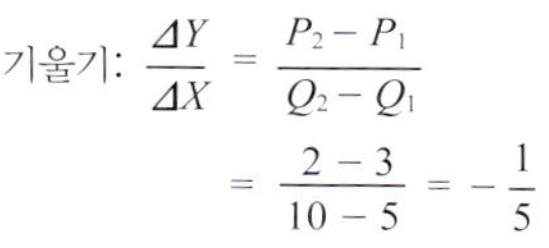

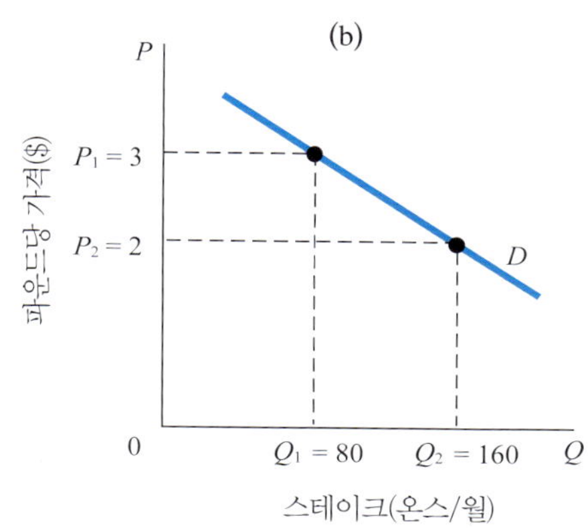

기울기: $\frac{\Delta Y}{\Delta X} = \frac{P_2 - P_1}{Q_2 - Q_1}$

$= \frac{2-3}{160-80} = -\frac{1}{80}$

그림 5.1 반응도를 측정하는 척도로는 적절하지 않은 기울기
측정 단위를 파운드에서 온스로 바꾸면 수요곡선의 기울기 값이 크게 달라지지만 두 수요곡선에서 구매자의 행위는 동일하다.

으킬 수 있다. 그림 5.1은 수치가 똑같은 수요곡선 2개를 보여준다. 왼쪽의 수요곡선은 수요량의 단위가 파운드이고, 오른쪽의 수요곡선은 수요량의 단위가 온스라는 것만 다를 뿐이다. 이 두 수요곡선의 기울기를 계산해보면 다른 값이 나온다. 왼쪽 수요곡선의 기울기는 $-\frac{1}{5}$이고 오른쪽 수요곡선의 기울기는 $-\frac{1}{80}$이다. 그러나 이 두 수요곡선은 동일한 변화를 나타낸 것이다. y축의 단위를 달러에서 센트로 바꾸면 두 기울기는 각각 −20, −1.25가 된다.

각 축의 변수를 측정하는 단위에 따라 기울기 값이 달라진다. 사용하는 단위의 영향을 받지 않으면서 일관성 있게 민감도를 측정하는 것은 가격 변화와 수량 변화를 퍼센트로 측정하는 것이다. 가격 변화율에 대한 수량 변화율을 살펴봄으로써 측정 단위의 영향을 받지 않는 반응도(민감도) 척도를 얻게 된다. 그림 5.1에서 가격 상승은 스테이크 수요량의 5파운드, 즉 80온스의 감소를 가져온다. 수량을 파운드로 측정하든 온스로 측정하든 처음의 수량에서 50% 감소한 것이다.

일반적으로 탄력성은 한 변수의 퍼센트 변화에 대한 다른 변수의 퍼센트 변화를 나눈 것으로 정의된다. 따라서 **수요의 가격탄력성**(price elasticity of demand)은 수요량의 퍼센트 변화를 가격의 퍼센트 변화로 나눈 것이다.

수요의 가격탄력성 수요량의 퍼센트 변화를 가격의 퍼센트 변화로 나눈 것으로, 가격 변화에 대한 수요량 변화의 민감도를 측정함

$$\text{수요의 가격탄력성} = \frac{\text{수요량의 퍼센트 변화}}{\text{가격의 퍼센트 변화}}$$

퍼센트 변화에는 변화의 방향을 나타내는 + 또는 − 부호가 항상 따른다. + 부호는 증가를 나타내고 − 부호는 감소를 나타낸다. 수요의 법칙은 수요의 가격탄력성이 항상 − 부호라는 것을 의미한다. 가격의 상승(+)은 수요량의 감소(−)를 가져오고 그 반대도 성립한다. 분자와 분모는 부호가 반대여야 하며 결과적으로 수요의 가격탄력성은 − 부호가 된다.

탄력성의 종류

수요의 가격탄력성은 0에서 음의 무한대 값을 가지며 변할 수 있다. 탄력성의 값이 0이라는 것은 어떠한 가격 변화에도 수요량이 변화(반응)하지 않는다는 것을 나타낸다. 탄력성의 값이 0인 수요곡선을 **완전비탄력적 수요**(perfectly inelastic demand) 곡선이라고 한다[그림 5.2(a) 참조]. 반대로 아

완전비탄력적 수요 가격 변화에 수요량이 전혀 반응하지 않는 수요

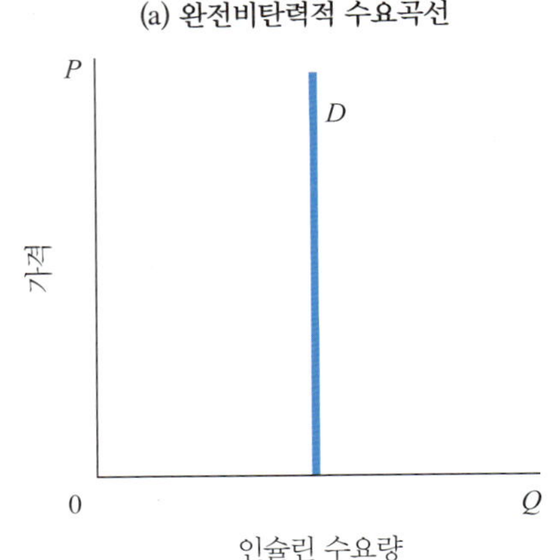

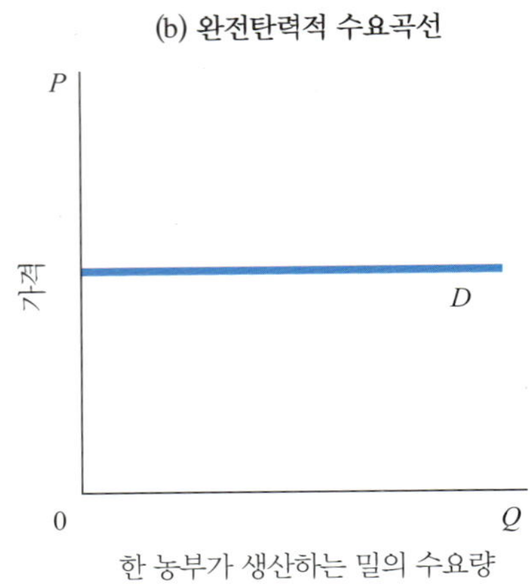

그림 5.2 완전비탄력적 수요곡선과 완전탄력적 수요곡선
(a)는 완전비탄력적인 인슐린의 수요곡선으로 수요의 가격탄력성이 0이다. 즉 수요량이 고정되어 있어 가격이 변동해도 수요량이 전혀 변하지 않는다. (b)는 한 농부가 생산하는 밀에 대한 완전탄력적 수요곡선이다. 완전탄력적 수요곡선의 핵심은 개별 생산자가 현재의 시장가격에서 제품을 판매할 수는 있지만 그보다 높은 가격을 책정할 수 없다는 것이다.

완전탄력적 수요 작은 가격 상승에도 수요량이 0이 되는 수요

주 작은 가격 상승에도 수요량이 0이 되는 수요곡선을 **완전탄력적 수요**(perfectly elastic demand) 곡선이라고 한다[그림 5.2(b) 참조]. 다음은 완전비탄력적 수요와 완전탄력적 수요를 기억하는 좋은 방법이다.(가격이 항상 수직축에 있고 수량은 수평축에 있다고 가정할 때이다.)

Perfectly Elastic
Perfectly Inelastic

어떤 종류의 재화가 완전탄력적 수요곡선일까? 굿유머(Good Humor) 아이스바를 파는 두 노점상이 해변가에 나란히 자리 잡고 있다고 하자. 둘 중 한 곳이 가격을 올리면 사람들은 모두 다른 가게로 갈 것이다. 이 경우 아주 조금 가격을 올려도 아이스바를 하나도 팔지 못할 것이다. 즉 수요가 완전탄력적이다. 완전비탄력적 수요를 가진 제품을 찾기는 더 어렵다. 그러나 인슐린과 같이 생명과 직결된 일부 의약품의 경우 거의 완전비탄력적인 수요곡선이 될 수 있다. 즉 가격이 많이 오르더라도 수요량이 거의 줄어들지 않을 것이다.

탄력적 수요 수요량의 퍼센트 변화가 가격의 퍼센트 변화보다 절댓값이 더 큰 경우의 수요로, 가격탄력성의 절댓값이 1보다 큼

비탄력적 수요 가격 변화에 그다지 크게 반응하지 않는 수요로, 가격탄력성의 절댓값이 0과 1 사이임

대부분의 제품은 이 두 극단적 탄력성 사이의 탄력성을 갖는다. 탄력성의 절댓값이 1.0을 넘으면 **탄력적 수요**(elastic demand)라고 한다. 이 경우 수요량의 퍼센트 변화가 가격의 퍼센트 변화보다 절댓값이 더 크며, 이는 소비자가 가격 변화에 크게 반응한다는 것을 의미한다. 탄력성의 절댓값이 1.0보다 작으면 **비탄력적 수요**(inelastic demand)라고 한다.[1] 이는 소비자가 가격 변화에 조금 반응한다는 것을 의미한다. 예를 들어 원유 수요의 가격탄력성은 비탄력적이다. 원유의 가격이 오르더라도 대체재로 사용할 만한 것이 별로 없기 때문이다. 반면에 네슬레(Nestlé) 크런치 초콜릿바의 수요는 이보다 더 탄력적인데, 대체재가 많다는 것이 그 이유 중 하나이다.

단위탄력성 수요량의 퍼센트 변화 절댓값과 가격의 퍼센트 변화 절댓값이 정확히 같은 경우

수요의 탄력성이 −1인 특별한 경우도 있는데 이를 수요가 **단위탄력성**(unitary elasticity)을 갖는다고 일컫는다. 이는 수요량의 퍼센트 변화 절댓값과 가격의 퍼센트 변화 절댓값이 정확히 같은 경우이다. 이 장의 후반부에서 수요의 가격탄력성과 수입(매출액)의 관계를 살펴볼 테지만 단위탄력적인 수요곡선은 매우 흥미로운 속성을 갖는다.

유의 사항 수요의 가격탄력성은 부호에 유의해야 한다. 다만 수요의 가격탄력성 값이 음이라는

1 절댓값은 부호를 무시한 값이다. 예를 들어 −4의 절댓값은 4이다.

것을 알고 있기 때문에 일반적으로 부호를 빼고 말한다. 예를 들어 '집에 대한 수요의 가격탄력성이 0.6 정도로 나타났다'고 하는 경우 정확한 의미는 −0.6이다.

5.2 탄력성의 측정

학습목표

다양한 방법으로 탄력성을 계산하고 수입(revenue)과 탄력성의 관계를 이해한다.

수요와 공급의 탄력성을 알면 정부의 정책이 현명한 것인지, 기업의 조치가 이윤을 개선할 것인지를 아는 데 큰 도움이 된다. 따라서 탄력성을 계산하는 법, 수요곡선과 공급곡선상의 위치에 따라 탄력성의 값이 어떻게 달라지는지를 아는 것은 중요하다.

퍼센트 변화의 계산

그림 5.1(a)를 이용하여 탄력성의 값을 계산해보자. 그림을 보면 가격이 파운드당 3달러에서 2달러로 하락할 때 스테이크 수요량이 5파운드(Q_1)에서 10파운드(Q_2)로 증가했다. 따라서 수요량의 변화는 5파운드($Q_2 - Q_1$)이다. 이 변화를 퍼센트 변화로 전환할 때는 초기의 기준점을 결정해야 하는데, 일반적으로 처음의 수요량 크기(Q_1)를 기준점으로 사용한다. 이렇게 계산하면 다음과 같은 탄력성의 값을 얻는다.

$$\text{수요량의 퍼센트 변화} = \frac{\text{수요량의 변화}}{Q_1} \times 100\%$$
$$= \frac{Q_2 - Q_1}{Q_1} \times 100\%$$

그림 5.1(a)에서 $Q_2 = 10$, $Q_1 = 5$이다. 따라서

$$\text{수요량의 퍼센트 변화} = \frac{10 - 5}{5} \times 100\% = \frac{5}{5} \times 100\% = 100\%$$

이 식을 말로 표현하면, 수요량이 5파운드에서 10파운드로 변동하는 것은 100%의 변화이다. 이는 수요량을 온스로 나타낸 그림 5.1(b)의 경우에도 똑같이 적용된다. Q_1(80온스)에서 Q_2(160온스)로 증가하는 것은 100% 증가이다.

가격의 퍼센트 변화도 같은 방식으로 계산할 수 있다. 처음 가격인 P_1을 기준점으로 하여 퍼센트 변화를 계산하면 다음과 같다.

$$\text{가격의 퍼센트 변화} = \frac{\text{가격의 변화}}{P_1} \times 100\%$$
$$= \frac{P_2 - P_1}{P_1} \times 100\%$$

그림 5.1(a)에서 $P_2 = 2$, $P_1 = 3$이다. 가격의 변화 ΔP는 $P_2 - P_1 = 2 - 3 = -1$이다. 앞의 식에 P_1과 P_2의 값을 대입하면 다음과 같다.

$$\text{가격의 퍼센트 변화} = \frac{2-3}{2} \times 100\% = \frac{-1}{3} \times 100\% = -33.3\%$$

달리 말해 3달러에서 2달러로 가격이 하락하는 것은 33.3%의 가격 하락이다.

퍼센트의 비율인 탄력성

수요량과 가격의 변화를 퍼센트로 계산했다면 탄력성의 값을 간단히 구할 수 있다. 탄력성의 정의를 다시 한번 짚고 넘어가자.

$$\text{수요의 가격탄력성} = \frac{\text{수요량의 퍼센트 변화}}{\text{가격의 퍼센트 변화}}$$

수요가 탄력적이라면 수요량의 퍼센트 변화를 가격의 퍼센트 변화로 나눈 값의 절댓값은 1보다 크다. 수요가 비탄력적이라면 수요량의 퍼센트 변화를 가격의 퍼센트 변화로 나눈 값의 절댓값은 0과 1 사이이다. 수요량의 퍼센트 변화와 가격의 퍼센트 변화가 똑같다면 가격의 퍼센트 변화는 수요량의 똑같은 퍼센트 변화를 가져오고 탄력성의 절댓값이 1.0이다. 즉 이는 단위탄력성이다.

앞의 계산에 따르면 33.3%의 가격 하락이 수요량의 100% 증가를 가져온다. 따라서 수요의 가격탄력성은 다음과 같다.

$$\text{수요의 가격탄력성} = \frac{+100\%}{-33.3\%} = -3.0\%$$

이러한 계산에 따르면 스테이크의 수요는 2달러와 3달러의 가격 사이에서 탄력적이다. 이 범위에서 스테이크의 작은 가격 하락은 스테이크 수요량을 크게 증가시킨다.

중간점 공식

처음의 가격과 수요량을 기준점으로 삼는 것은 간단할지는 몰라도 오해를 불러일으킬 수 있다. 예를 들어 그림 5.1(a)에서 수요량의 변화는 5파운드이다. $Q_1(5)$을 기준점으로 하면 이 변화량은 기준점에서 100% 증가한 것이다. 이제 스테이크 가격이 2달러에서 3달러로 오른 경우를 생각해보자. 이때 수요량이 5파운드 줄어드는데, 이는 수요량이 몇 퍼센트 감소한 것인가? 이제 출발점의 수요량이 $Q_2 = 10$, 가격이 오른 후의 수요량이 $Q_1 = 5$가 된다. 앞의 공식에 대입하면 다음과 같다.

$$\begin{aligned}\text{수요량의 퍼센트 변화} &= \frac{\text{수요량의 변화}}{Q_2} \times 100\% \\ &= \frac{Q_1 - Q_2}{Q_2} \times 100\% \\ &= \frac{5-10}{10} \times 100\% = -50\%\end{aligned}$$

따라서 5파운드에서 10파운드로 증가한 것은 100% 증가이고(출발 기준점의 수량이 5파운드이므로), 10파운드에서 5파운드로 감소한 것은 50% 감소이다(출발 기준점의 수량이 10파운드이므로). 그러나 이는 옳지 않다. 두 경우는 수요곡선상 같은 구간에서의 탄력성을 구한 것이기 때문이다. 계산의 '방향'을 바꾸더라도 탄력성의 값이 바뀌어서는 안 되기 때문이다.

출발점을 어디로 하느냐에 따라 탄력성의 값이 달라지는 문제를 해결하기 위해 간단한 약속을 정했다. 퍼센트 변화를 측정할 때 출발점의 P와 Q를 기준점으로 하는 대신 P_1과 P_2의 중간점(둘의 평균), Q_1과 Q_2의 중간점(둘의 평균)을 기준점으로 하여 가격 변화의 퍼센트와 수요량 변화의 퍼센트를 구하는 것이다. 이렇게 탄력성을 구할 때 사용하는 공식을 **중간점 공식**(midpoint formula)이라고 한다.

중간점 공식 어떤 구간에서의 수요의 가격탄력성을 구할 때 출발점의 가격과 수요량에 따라 탄력성의 값이 달라지는 문제를 해결하기 위해 기준 가격을 처음 가격(P_1) + 나중 가격(P_2)의 중간 값(평균)으로 하고, 기준 수요량을 처음 수요량(Q_1) + 나중 수요량(Q_2)의 중간 값(평균)으로 하여 탄력성을 구하는 공식

점탄력성 기준점 근처에서 가격의 미세한 퍼센트 변화에 따른 수요량의 퍼센트 변화를 살펴보는 것으로, 수요곡선의 기울기를 이용하여 구함

점탄력성 끝으로 살펴볼 **점탄력성**(point elasticity)은 수요곡선의 기울기를 이용하여 탄력성을 구하는 것이다.

점탄력성은 수요량의 퍼센트 변화를 가격의 퍼센트 변화로 나누어 구하므로 다음과 같이 나타낼 수 있다.

$$\frac{\dfrac{\Delta Q}{Q_1}}{\dfrac{\Delta P}{P_1}}$$

여기서 Δ는 아주 작은 변화를 의미하며 Q_1은 출발점의 가격, P_1은 출발점의 수요량이다. 이를 다시 정리하면 다음과 같다.

$$\frac{\Delta Q}{\Delta P} \times \frac{P_1}{Q_1}$$

$\frac{\Delta Q}{\Delta P}$는 수요곡선의 기울기의 역수이다.

따라서 처음의 가격 및 수요량인 P_1, Q_1에서 아주 작은 가격의 변화에 따른 수요의 가격탄력성을 구하는 경우에는 기울기의 역수에 $\frac{P_1}{Q_1}$을 곱하면 된다. 그림 5.1(a)에서는 기울기가 $-\frac{1}{5}$이므로 기울기의 역수는 -5이다. $P_1 = 3$, $Q_1 = 5$에서 아주 작은 가격 변화가 있을 때 수요의 가격탄력성을 구하면 $(-5)\frac{3}{5} = -3$이며, 이는 앞에서 구한 값과 같다.

이렇게 어떤 점에서의 작은 변화를 살펴보기 위해 점탄력성을 사용하면 수요곡선상 어느 구간에서의 탄력성을 구할 때 나타나는 문제가 사라진다.

수요곡선상의 이동에 따른 탄력성의 변화

수요곡선이 직선일 때는 수요곡선상 모든 점에서의 기울기가 동일하다. 즉 직선은 모든 점에서의 기울기가 동일하다. 하지만 수요곡선을 따라 이동하면 각 점에서 수요의 가격탄력성 값이 달라진다. 수요곡선이 직선이 아니라 곡선이라 하더라도 수요곡선상에서 이동할 때 수요의 가격탄력성이 바뀐다.

계산을 통해 이를 살펴보기 전에 가격이 변동할 때 탄력성의 값이 달라지는 이유를 생각해보자. 맥도날드가 빅맥 가격을 내리는 결정을 예로 살펴보자. 맥도날드가 빅맥의 현재 가격인 3달러에서 2.50달러로 내리면 고객을 더 확보할 수 있을 것으로 판단했다고 하자. 즉 수요가 탄력적이라고 판단했다. 맥도날드가 가격을 계속 내리면 어떤 일이 발생할까? 처음 가격인 3달러에서는 상대적으로 고객이 적었으며, 고객이 많지 않으므로 가격을 내리면 판매량이 증가하는 퍼센트가 크게 나타날 것

표 5.1 구내식당 점심의 수요표

한 끼 가격	수요량(월 점심 횟수)	한 끼 가격	수요량(월 점심 횟수)
$11	0	$5	12
10	2	4	14
9	4	3	16
8	6	2	18
7	8	1	20
6	10	0	22

이다. 가격을 2.50달러에서 2.00달러로 더 내리면 이미 확보한 고객이 많기 때문에 판매량을 10%나 20% 올리기가 더 힘들 것이다. 그러므로 수요곡선을 따라 내려오면서 수요의 가격탄력성(절댓값)이 작아지는 것이다.

이는 가격 측면에서도 설명이 가능하다. 가격 인하로 판매량이 많이 늘어난 상태에서는 판매량을 10%나 20% 올리기가 더 어렵기 때문에 이미 낮아진 가격에서 더 큰 퍼센트를 내려야 한다. 가격이 하락함에 따라 수요량이 증가하면서 수요는 점점 비탄력적이 되어간다. 이는 기업이 가격 책정 전략을 수립하는 데 중요한 교훈이 된다. 기업이 가격을 계속 내리면 판매량 증가율이 점점 작아지고 결국 가격 인하의 의미가 사라져버릴 것이다.

예를 들어 허브라는 사람이 직장 구내식당에서 점심을 얼마나 자주 먹어야 하는지에 대한 선택을 살펴보자. 표 5.1의 수요표와 그림 5.3의 수요곡선은 이를 나타낸 것이다. 구내식당의 점심값이 10달러이면 허브는 한 달에 두 번 구내식당에서 점심을 먹고, 점심값이 9달러로 낮아지면 한 달에 네 번 구내식당에서 점심을 먹는다. 점심값이 단돈 1달러라면 한 달에 스무 번 구내식당에서 점심을 먹는다.

그림 5.3의 수요곡선상 *A*점과 *B*점 사이에서의 수요의 가격탄력성을 구해보자. *A*점에서 *B*점으로 이동하면서 점심 가격이 10달러에서 9달러로 1달러 감소하고, 허브가 구내식당에서 점심을 먹

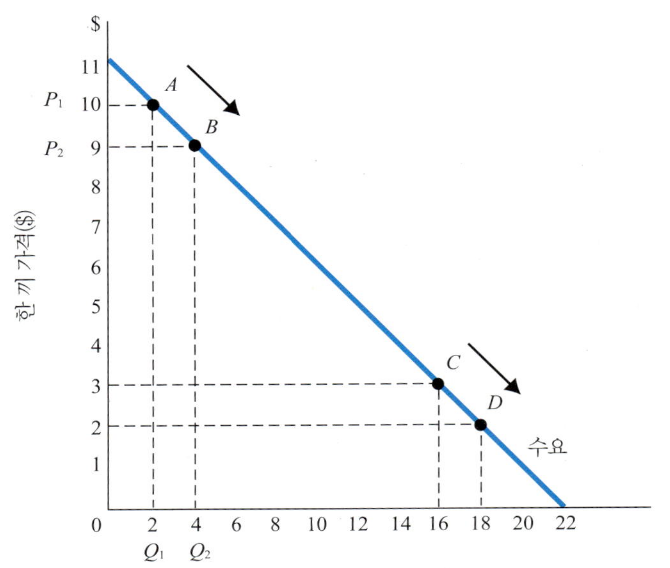

그림 5.3 구내식당 점심의 수요곡선
*A*점과 *B*점 사이에서는 수요의 가격탄력성이 −6.33으로 매우 탄력적이고 *C*점과 *D*점 사이에서는 −0.294로 매우 비탄력적이다.

는 횟수가 한 달에 두 번에서 네 번으로 두 번 증가한다.

중간점 공식을 사용하여 표 5.1의 수치를 대입하면 수요량의 퍼센트 변화와 가격의 퍼센트 변화 값을 구할 수 있다.

$$\text{수요량의 퍼센트 변화} = \frac{4-2}{(2+4)/2} \times 100\% = \frac{2}{3} \times 100\% = 66.7\%$$

$$\text{가격의 퍼센트 변화} = \frac{9-10}{(10+9)/2} \times 100\% = \frac{-1}{9.5} \times 100\% = -10.5\%$$

이제 다음과 같이 탄력성의 값을 구한다.

$$\text{수요의 가격탄력성} = \frac{\text{수요량의 퍼센트 변화}}{\text{가격의 퍼센트 변화}}$$

$$= \frac{66.7\%}{-10.5\%} = -6.33$$

수요량의 퍼센트 변화는 가격의 퍼센트 변화보다 6.33배나 크다. 달리 말해 허브의 수요는 A점과 B점 사이에서 민감하게 반응한다. A점과 B점 사이에서 허브의 수요는 탄력적이다.

이제 C점과 D점 사이에서의 탄력성을 살펴보자. 가격이 3달러일 때 허브는 한 달에 열여섯 번 구내식당에서 점심을 먹고, 가격이 2달러로 내려가면 한 달에 열여덟 번 구내식당에서 점심을 먹는다. A점에서 B점으로의 이동과 마찬가지로 가격이 1달러 하락하고 점심을 먹는 횟수(수요량)가 두 번 증가했다. 그러나 이를 퍼센트로 표현하면 이 둘은 다른 변화가 된다.

중간점을 기준점으로 하면 A점과 B점 사이에서 1달러의 가격 하락은 기준점인 9.50달러에서 10.5% 하락한 것이다. 그러나 C점과 D점 사이에서 1달러의 가격 하락은 기준점인 2.50달러에서 40% 하락한 것이다. 허브가 한 달에 평균 세 번 구내식당에서 점심을 먹을 때 두 번 더 먹으면 수요량이 66.7% 증가한다. 그러나 허브가 한 달에 평균 열일곱 번 구내식당에서 점심을 먹을 때 두 번 더 먹으면 수요량이 11.76% 증가한다. 따라서 C점과 D점 사이에서의 수요의 가격탄력성 값은 11.76%를 −40%로 나눈 −0.294이다(중간점 공식을 사용하여 직접 계산해보기 바란다).

A점과 B점 사이의 퍼센트 변화는 C점과 D점 사이의 퍼센트 변화와 다르며, 따라서 탄력성도 다르게 나타난다. 구내식당 점심 식사에 대한 허브의 수요는 A점과 B점 사이에서 매우 탄력적이다(−6.4). 10.5%의 가격 하락은 수요량을 66.7% 증가시킨다. 그러나 C점과 D점 사이에서는 40%의 가격 하락이 수요량을 고작 11.76% 증가시킨다. 구내식당 점심 식사에 대한 허브의 수요는 C점과 D점 사이에서 비탄력적이다(−0.294).

이 예를 통해 허브의 수요가 수요곡선을 따라 내려오면서 점점 비탄력적이 되는 것을 확인할 수 있다. 직선의 수요곡선에서는 항상 이렇게 나타나며, 점탄력성을 구하는 공식을 통해 이를 쉽게 알 수 있다. 탄력성은 $\frac{\Delta Q}{\Delta P} \times \frac{P}{Q}$로 측정된다. 기울기의 역수인 $\frac{\Delta Q}{\Delta P}$는 수요곡선을 따라 이동할 때 일정하게 고정되어 있지만 $\frac{P}{Q}$는 수요곡선을 따라 아래로 이동하면서 점점 작아진다. 따라서 탄력성(절댓값)도 수요곡선을 따라 아래로 이동하면서 점점 작아진다.

그림 5.4는 수요곡선을 따라 내려가면서 탄력성이 변하는 것을 보여준다. 수요곡선의 가운데 점에서는 탄력성이 단위탄력적(−1)이다. 높은 가격에서는 수요가 탄력적이고, 낮은 가격에서는 수요

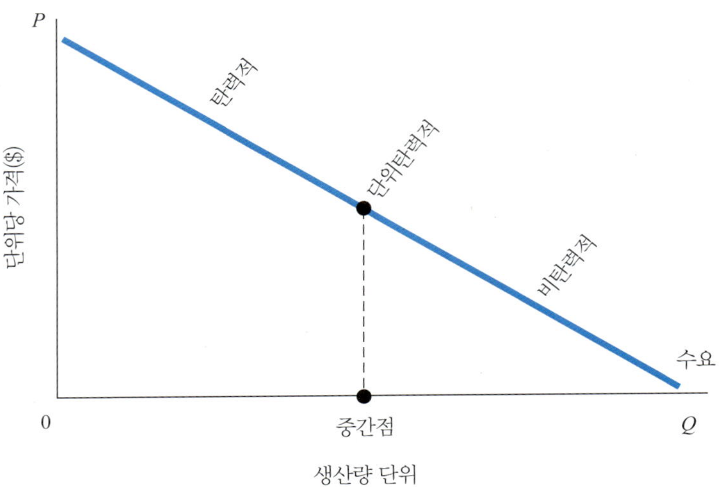

그림 5.4 수요곡선상의 점탄력성

가 비탄력적이다.

탄력성의 공식도 중요하지만 탄력성의 측정에 숨어 있는 경제적인 의미 또한 중요하다. 높은 가격, 작은 수요량에서는 일정한 퍼센트의 가격 변화로 판매량을 큰 퍼센트 변화시키기가 상대적으로 쉽지만, 낮은 가격에서는 동일한 퍼센트의 가격 변화로 판매량을 큰 퍼센트 변화시키기가 어렵다. 사업을 할 때는 이것을 명심해야 한다.

탄력성과 총수입

원유 생산국은 원유 공급량을 통제함으로써 원유 가격을 높여 원유 수출로 얻는 수입을 증가시키기도 했다. 그러나 이러한 전략이 모든 경우에 통하는 것은 아니다. 바나나를 수출하는 국가들의 카르텔인 바나나수출국가연합(OBEC)도 바나나 수출로 얻는 수입을 증가시키려고 바나나 공급량을 통제하여 바나나 가격을 올렸지만 수입을 증가시키는 데 실패했다.

그 이유는 무엇인가? 바나나 시장과 원유 시장의 중요한 차이점은 가격 변화에 소비자가 반응하는 정도가 크게 다르다는 것이다. 바나나의 경우 많은 대체재가 있기 때문에 바나나 가격이 오르면 사람들은 바나나 대신 파인애플이나 오렌지를 먹는다. 다시 말해 사람들은 더 높은 가격을 주고 바나나를 구매할 용의가 없다. 바나나 카르텔이 가격을 올리면 바나나 수요가 떨어져 바나나 판매량이 많이 줄어들므로 수입 또한 감소하게 된다.

그렇다면 원유 시장은 왜 다른가? 답은 수요의 가격탄력성에 있다. 원유 수요량은 바나나의 경우와 달리 가격 변화에 크게 반응하지 않는다. 달리 말해 원유 수요는 바나나 수요보다 덜 탄력적이다. 원유 가격이 오르는 것에 비해 사람들의 소비량이 크게 줄어들지는 않기 때문에 원유 가격의 인상이 원유 수출국의 수입 증가로 이어질 수 있는 것이다. 탄력성의 유용한 용도 중 하나는 탄력성의 값을 알면 기업이 제품의 가격을 올리거나 내릴 때 수입(매출액)에 어떤 변화가 나타나는지 알 수 있다는 것이다. 수요가 비탄력적일 때는 가격을 올리면 수입이 증가한다. 그러나 바나나처럼 수요가 탄력적인 경우 가격을 올리면 수입이 줄어든다.

원유 생산자가 가격 인상으로 수입을 증가시키는 데 성공한 반면 바나나 생산자가 실패한 이유를 좀 더 깊이 살펴보자. 어떤 시장에서든 생산자가 가져가는 총수입(총매출액)은 단위당 가격에 판매량을 곱한 것이다. 즉 총수입(TR) = $P \times Q$이다.

$$TR = P \times Q$$

총수입 = 가격 × 수량

원유 생산자의 총수입은 배럴당 원유 가격(P)과 판매되는 원유 배럴 수(Q)를 곱한 것이고, 바나나 생산자의 총수입은 묶음당 가격과 판매되는 묶음 수를 곱한 것이다.

가격이 오르면 수요량이 감소하고 가격이 내리면 수요량이 증가하는 것은 모든 시장에서 나타나는 진리이다. 가격(P)과 수요량(Q_D)이라는 요소는 서로 반대 방향으로 움직인다.

가격 변화가 수요량에 미치는 영향: $P\uparrow \rightarrow Q_D\downarrow \quad P\downarrow \rightarrow Q_D\uparrow$

총수입(TR) = $P \times Q$이므로 가격이 오를 때 TR이 커지는지 작아지는지는 가격의 퍼센트 증가와 수요량의 퍼센트 감소 중 어느 것의 절댓값이 더 큰가에 달려 있다. 수요량의 퍼센트 감소가 가격의 퍼센트 증가보다 작으면 총수입이 증가하는데, 이는 수요가 비탄력적일 때 나타난다. 이 경우에 가격의 퍼센트 증가가 수요량의 퍼센트 감소보다 크다. 따라서 $TR(P \times Q)$이 증가한다.

비탄력적 수요를 가진 제품의 경우 가격 상승의 효과: $\uparrow P \times Q_D\downarrow = TR\uparrow$

한편 가격 상승에 따른 수요량의 퍼센트 감소가 가격의 퍼센트 증가보다 크면 총수입이 감소하는데, 이는 수요가 탄력적일 때 나타난다.

탄력적 수요를 가진 제품의 경우 가격 상승의 효과: $\uparrow P \times Q_D\downarrow = TR\downarrow$

가격이 하락하는 경우는 이와 반대이다. 수요가 탄력적일 때 가격이 하락하면 총수입이 증가한다.

탄력적 수요를 가진 제품의 경우 가격 하락의 효과: $\downarrow P \times Q_D\uparrow = TR\uparrow$

수요가 비탄력적일 때 가격이 하락하면 총수입이 감소한다.

비탄력적 수요를 가진 제품의 경우 가격 하락의 효과: $\downarrow P \times Q_D\uparrow = TR\downarrow$

탄력적인 시장에서는 가격을 낮추면 판매량이 크게 늘어나므로 수입이 증가하지만, 가격을 올리면 판매량이 크게 줄어들므로 수입이 감소한다. 또한 비탄력적인 시장에서는 반대 현상이 나타난다. 만약 수요가 단위탄력적이라면 가격을 올리거나 내려도 총수입이 변하지 않는다.

5.3 수요의 가격탄력성에 영향을 미치는 요인

학습목표

수요의 가격탄력성에 영향을 미치는 요인을 파악한다.

이제 독자는 탄력성이 매우 중요한 역할을 한다는 것을 알게 되었을 것이다. 그렇다면 탄력성의 크기에 영향을 미치는 것은 무엇인가? 원유의 수요는 비탄력적이고 바나나의 수요는 탄력적이라고 생각하는 이유는 무엇인가?

대체재 구매 가능성

수요의 가격탄력성에 가장 큰 영향을 주는 것은 대체재 구매 가능성이다. 여러 농부가 길가에서 농작물을 팔고 있다고 하자. 모든 가판대에서 거의 비슷한 품질의 옥수수를 판매하고 있다면 그중 한 농부인 맘스는 다른 농부가 매긴 가격보다 더 높은 가격을 매기기 어려울 것이다. 거의 똑같은 대체품이 바로 옆에서 팔리고 있기 때문이다. 맘스의 옥수수에 대한 수요는 탄력적일 것이다. 즉 맘스가 옥수수 가격을 올리면 맘스의 옥수수 수요량이 급격히 줄어들 것이다.

한편 원유는 대체재가 별로 없기 때문에 수요가 비탄력적이다. 자동차는 물론이고 대부분의 산업과 가정에서는 원유에서 추출한 재료로 만든 제품을 사용한다. 환경오염을 줄이려는 노력은 탄소를 배출하는 원유를 대신할 마땅한 대체재가 없다는 현실에서 출발한다. 공해를 줄이기 힘들다는 것은 원유 시장 자체의 문제라기보다 원유의 수요가 비탄력적이기 때문이다.

예산에서 차지하는 비중

생활비에서 어떤 제품이 차지하는 비중이 상대적으로 작을 때 소비자는 그 제품의 가격 상승을 그다지 신경 쓰지 않는 경향이 있다. 예를 들어 어쩌다 한 번 사는 자일리톨 껌이 2,500원에서 3,500원으로 올랐어도 크게 상관하지 않을 것이다. 그러나 이는 가격이 40%(중간점 공식을 사용하면 33.3%)나 상승한 것이다. 가격 상승에 크게 신경 쓰지 않기 때문에 수요가 비탄력적일 가능성이 높다.

사치품과 필수품

식품과 같은 필수품은 수요가 상대적으로 가격비탄력적이지만 요트나 아르마니 옷과 같은 사치품은 필수품에 비해 상대적으로 가격탄력적이다. 요트 가격이 오르면 요트 구매를 쉽게 포기할 수 있지만 식품 가격이 올랐다고 해서 식품 구매를 포기하는 경우는 거의 없기 때문이다. 많은 경우에 사치품과 필수품의 탄력성에 차이가 있는 것은 대체재 구매 가능성과도 관련이 있다. 요트와 정확히 똑같은 제품은 없겠지만 요트 대신 즐거움을 주는 것이 많다. 그러나 식품은 다른 것으로 대체할 수가 없다. 유의할 점은 식품의 수요가 가격비탄력적이라고 할 때 넓은 의미의 식품을 말한다는 것이다. 특정한 식품(예: 바나나)의 수요는 매우 가격탄력적일 수 있다. 이러한 점에 비추어볼 때 대체재 구매 가능성 여부는 어떤 제품의 탄력성을 예측하는 데 도움이 된다.

시간

원유 수출국이 원유 공급량을 줄여서 원유 가격을 올렸을 때 당장은 원유 대신 사용할 수 있는 대체재가 거의 없다. 따라서 단기적으로 원유의 수요가 비탄력적이고 원유 가격이 높은 수준을 유지했다. 그러나 지난 30년 동안 높은 원유 가격에 대한 대응이 지속적으로 이루어졌다. 자동차 회사는 과거보다 연비가 좋은 자동차를 개발하고 일부 사람들은 자동차 운행을 줄였다. 또한 수많은 가정은 집에 단열 처리를 했으며, 어떤 사람들은 실내 온도를 낮추는가 하면 다른 에너지원을 사용하는 경우도 있다.

대학이 기숙사비를 올리거나 구내식당의 가격을 올리면 학생들이 학기 중간에 바로 대응하기가

경제학의 적용

샌드위치 수요의 가격탄력성: 단기와 장기

샌드위치 가게를 운영하는 레티시아는 월요일 아침부터 샌드위치의 가격을 10% 올리기로 결정했다. 레티시아는 수요곡선이 우하향한다는 것만 알 뿐 경제학에 문외한이다. 그래서 그녀는 가격을 올리면 고객이 줄어든다는 것만 예상했으며, 그럼에도 가격을 올렸다. 하루 영업이 끝날 무렵 레티시아는 샌드위치 판매 수입이 증가한 것을 발견했다. 그녀는 속으로 좋아하면서 새로운 샌드위치 가격표를 만들어 붙였다. 그러나 가격을 올린 지 거의 한 달이 되어갈 때쯤 샌드위치 판매 수입이 줄어들었음을 알게 되었다. 무슨 일이 일어난 것일까?

가격 인상과 수입의 변화 관계를 파악하려면 탄력성을 알아야 한다는 것을 앞서 배웠다. 다시 요약하자면, 수요가 탄력적일 때(탄력성의 절댓값이 1보다 클 때) 가격을 올리면 수요량이 크게 감소하므로 총수입이 감소한다. 반대로 수요가 비탄력적일 때(탄력성의 절댓값이 1보다 작을 때) 가격을 올리면 수요량이 조금만 감소하므로 총수입이 오히려 증가한다. 레티시아의 경우 월요일에 가격을 인상하여 수입이 증가했는데, 이는 수요의 가격탄력성이 비탄력적이라는 것을 나타낸다. 그러나 한 달 뒤에 샌드위치 판매 수입이 줄어들었으므로 수요가 가격탄력적인 것으로 나타났다. 그렇다면 월간 수요곡선의 가격탄력성이 일간 수요와 다른 이유는 무엇인가?

그 답을 알려면 탄력성을 결정하는 요인에 대해 생각해보아야 한다. 수요의 가격탄력성을 결정하는 가장 기본적인 요인은 대체재 구매 가능성이다. 얼핏 생각하기에 월요일의 샌드위치 대체재가 한 달 동안의 샌드위치 대체재와 다를 것이 없어 보인다. 하지만 그렇지 않다. 샌드위치를 사려고 레티시아의 가게에 발을 들여놓은 고객은 상대적으로 가격비탄력적이 된다. 일단 가게에 들어서면 다른 곳으로 가서 대체재를 사거나 다른 점심거리를 선택하는 것이 상대적으로 제한되기 때문이다. 이미 레티시아의 매장이 있는 곳에 왔고, 샌드위치와 함께 먹을 칩이나 음료수를 미리 결정했을 수도 있다. 그러나 레티시아의 샌드위치를 한번 먹어보고 가격이 비싸다고 느낀 후로는 다른 것을 사 먹으려 할 것이다. 이렇게 되면 고객의 대체재 선택 폭이 넓어지고 레티시아의 샌드위치에 대한 수요의 가격탄력성이 커진다. 일반적으로 장기 수요곡선은 단기 수요곡선보다 더 탄력적이다. 고객이 선택 가능한 대체재를 생각해볼 시간이 더 많아서 대체재 선택 폭이 넓어지기 때문이다.

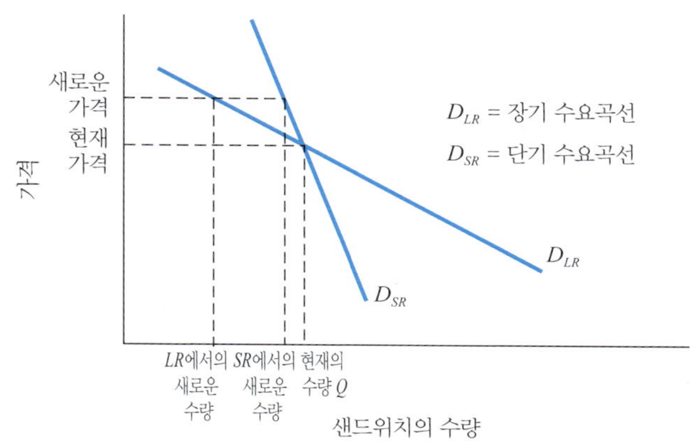

위의 그림은 레티시아의 샌드위치에 대한 장기 수요곡선과 단기 수요곡선을 보여준다. 현재 가격에서 가격을 올리면 단기 수요곡선의 예상 수요량 감소가 장기 수요곡선의 예상 수요량 감소보다 작다.

질문

- 자신의 장기 탄력성과 단기 탄력성이 매우 다른 경우와 크게 다르지 않은 예를 들라. 이러한 차이가 나타나는 이유는 무엇인가?

어렵다. 단기적으로 기숙사나 학교 급식에 대한 학생의 수요는 비교적 가격비탄력적이다. 그러나 다음 학기에는 많은 학생이 기숙사 대신 다른 거처를 선택할 것이다.

이러한 예는 수요의 단기 탄력성과 장기 탄력성이 다를 수 있음을 알려준다. 기간이 길어질수록 소비자가 더 잘 대응하거나 공급자가 대체품을 개발하여 내놓을 수 있기 때문에 수요가 더 탄력적이 될 수 있다.

5.4 그 밖의 중요한 탄력성

학습목표

소득탄력성, 교차탄력성, 공급탄력성의 정의를 이해하고 예를 살펴본다.

지금까지는 가격 변화에 대한 수요량의 반응 정도를 측정하는 수요의 가격탄력성을 살펴보았다. 그러나 앞에서도 말했듯이 탄력성은 일반적인 개념이다. 여기서는 그 밖의 중요한 탄력성을 간단히 살펴보겠다.

수요의 소득탄력성

수요의 소득탄력성 소득 변화에 대한 수요량의 반응 정도를 측정하는 척도

수요의 소득탄력성(income elasticity of demand)은 소득 변화에 대한 수요량의 반응 정도를 측정하는 것으로, 다음과 같이 정의된다.

$$\text{수요의 소득탄력성} = \frac{\text{수요량의 퍼센트 변화}}{\text{소득의 퍼센트 변화}}$$

소득탄력성의 측정은 여러 측면에서 중요하다. 지난 10여 년간 중국은 엄청난 성장을 이루어 가구의 소득이 증가했다. 이렇게 풍족해진 소비자가 요구하는 새로운 재화는 무엇인가? 소득탄력성이 높은 재화 중 하나는 깨끗한 공기이다. 중국 사람들이 부유해짐에 따라 깨끗한 공기의 수요가 크게 증가하고 있다. 공기청정기 필터의 수요 증가가 그 증거 중 하나이다. 정부와 기업은 미래의 수요를 판단할 때 수요의 소득탄력성에 관심을 갖는다.

소득탄력성은 양의 값일 수도 있고 음의 값일 수도 있다. 소득이 증가하는 기간에 사람들은 어떤 재화의 구매를 늘리기도 하고(소득탄력성: 양) 줄이기도 한다(소득탄력성: 음). 보석에 대한 수요의 소득탄력성은 양의 값이고 담배에 대한 수요의 소득탄력성은 음의 값이다. 국민소득이 낮은 많은 국가에서는 소득이 오르면 출산율이 감소하는데, 이는 자녀에 대한 수요가 음의 소득탄력성을 갖는다는 것을 의미한다. 대부분의 국가에서는 소득이 오르면 교육과 의료 서비스의 수요가 증가하는데, 이는 교육과 의료 서비스가 양의 소득탄력성을 갖는다는 것을 의미한다.

수요의 교차가격탄력성

수요의 교차가격탄력성 한 재화의 가격 변화에 대해 다른 재화의 수요량이 얼마나 변하는지를 측정하는 척도

수요의 교차가격탄력성(cross-price elasticity of demand)은 한 재화의 가격 변화에 대해 다른 재화의 수요량이 얼마나 변하는지를 측정하는 것으로, 다음과 같이 정의된다.

$$\text{수요의 교차가격탄력성} = \frac{Y\text{재 수요량의 퍼센트 변화}}{X\text{재 가격의 퍼센트 변화}}$$

소득탄력성과 마찬가지로 교차가격탄력성도 양 또는 음의 값일 수 있다. X재의 가격이 오르면 Y재의 수요가 증가하는 것은 양의 교차가격탄력성으로, 이는 두 재화가 대체재임을 의미한다. 맥도날드에서 빅맥과 치킨맥너겟은 양의 교차가격탄력성을 가진 대체재이다. 맥도날드는 빅맥 가격을 내리면 치킨맥너겟 수요량이 감소한다는 것을 발견했는데, 이는 일부 소비자가 치킨맥너겟 대신 빅맥을 먹기 때문이다. 교차가격탄력성이 음이라면 X재의 가격 상승이 Y재의 수요량을 감소시키며, 이는 두 재화가 보완재임을 의미한다. 핫도그와 미식축구는 음의 교차가격탄력성을 가진 보완재이다.

교차가격탄력성은 기업이 사업 전략을 짤 때 중요하다. 비디오게임과 게임기 사이의 교차가격탄력성은 매우 큰 양의 값을 갖는다. 비디오게임이 더 재미있고 더 저렴할수록 더 많은 사람이 게임기를 사려고 한다. 마이크로소프트(Microsoft)와 소니(Sony) 등은 자사 게임기로 할 수 있는 게임을 더 재미있고 저렴하게 만들기 위해 많은 노력을 기울인다.

공급의 가격탄력성

지금까지는 소비자 측면의 탄력성을 다루었으나 공급자 측면의 탄력성도 중요하다. **공급의 가격탄력성**(elasticity of supply)은 한 재화의 가격 변화에 대해 그 재화의 공급량이 반응하는 정도를 측정하는 것으로, 다음과 같이 정의된다.

공급의 가격탄력성 한 재화의 가격 변화에 대해 그 재화의 공급량이 반응하는 정도를 측정하는 척도로, 생산물시장에서는 대부분 양의 값임

$$\text{공급의 가격탄력성} = \frac{\text{공급량의 퍼센트 변화}}{\text{가격의 퍼센트 변화}}$$

생산물시장에서 공급의 가격탄력성은 대부분 양의 값을 갖는다. 이는 다른 것들이 일정할 때 한 재화의 가격이 상승하면 그 재화의 공급량이 증가한다는 것을 의미한다(공급곡선이 우상향한다는 것을 상기하라).

공급의 가격탄력성은 시장가격이 상승할 때 생산자가 이에 반응하여 공급량을 얼마나 많이 늘리는지를 나타낸다. 많은 산업에서 시장가격이 상승할 때 기업은 생산량을 어느 정도 쉽게 증가시킬 수 있는데, 이는 공급의 가격탄력성이 높은 경우이다. 그러나 원유 생산의 경우 원유 수요와 마찬가지로 원유 공급의 가격탄력성이 비탄력적이다. 가격이 상승하더라도 원유 공급량을 빨리 증가시킬 수 없기 때문이다. 특히 단기간에는 더욱 그렇다.

투입물시장에서도 공급의 가격탄력성이 매우 중요하다. 가장 많이 연구된 투입물 공급의 가격탄력성은 **노동공급의 가격탄력성**(price elasticity of labor supply)일 것이다. 이는 노동의 가격(임금)이 변동할 때 노동공급량이 반응하는 정도를 측정하는 것이다. 경제학자들은 정부의 후생 지원, 사회보장제도, 소득세제, 학자금 지원, 실업급여 등에 대해 노동의 공급이 어떻게 반응하는지를 연구했다.

노동공급의 가격탄력성 노동의 가격(임금) 변화에 대해 노동공급량이 반응하는 정도를 측정하는 척도

노동공급의 가격탄력성은 다음과 같이 정의된다.

$$\text{노동공급의 가격탄력성} = \frac{\text{노동공급의 퍼센트 변화}}{\text{임금의 퍼센트 변화}}$$

임금이 오르면 노동공급량이 증가한다고 예측하는 것은 합리적일 수 있다. 이는 노동의 공급곡선이 우상향한다는 것을 의미하며, 따라서 노동공급의 가격탄력성은 양의 값이다. 그러나 항상 그런 것은 아니다. 임금이 상승하면 근로자의 생활이 더 풍요로워진다. 근로자는 동일한 시간을 일하고 더 높은 소득을 얻게 된다. 임금이 상승할 때 근로자가 구매하고 싶어 하는 것 중 하나는 여가이다. 여가를 '구매'한다는 것은 근로 시간을 줄인다는 의미이다. 여가의 '가격'은 그로 인해 잃는 임금이다. 따라서 어떤 사람들은 임금이 일정 수준 이상으로 상승하면 노동공급량을 줄이기도 한다.

5.5 세금 부과와 탄력성의 활용

학습목표

소비세가 소비자에게 전가되는 방식을 이해한다.

당신이 항상 예산이 부족한 어떤 도시의 시장으로 당선되었다고 가정하자. 어느 날 당신은 시장에 나갔다가 건강에 신경 쓰기 시작한 많은 사람이 아보카도를 사 가는 것을 목격했는데, 구매자는

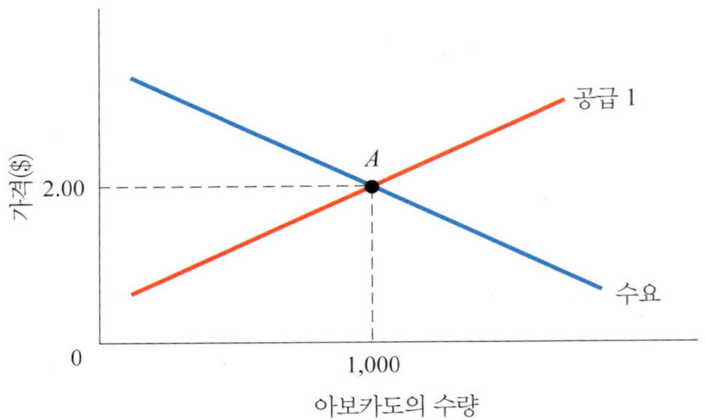

그림 5.5 아보카도 시장의 균형

대부분 부자 같았다. 사무실에 돌아와 자료를 살펴보니 그 도시에서 하루에 판매되는 아보카도가 1,000개라는 것을 알게 되었다. 당신은 이것이 부족한 예산 문제를 해결할 수 있는 좋은 기회라고 판단했다. 아보카도 1개당 1달러의 세금을 부과하면 1년에 365,000달러를 세금으로 거둬들일 수 있기 때문이다. 이처럼 판매되는 특정 재화에 단위당 일정액을 부과하는 세금을 **엑사이스택스** 또는 **특별소비세**(excise tax)라고 한다. 미국은 휘발유와 담배 등에 특별소비세를 부과하고 있다.

엑사이스택스, 특별소비세 판매되는 특정 재화에 단위당 일정액을 부과하는 세금

당신이 아보카도에 특별소비세를 부과하여 아보카도를 파는 모든 가게는 팔리는 아보카도 1개당 1달러의 세금을 시에 납부하게 되었다. 그런데 1년 뒤 아보카도로 거둬들인 세금을 확인해보니 182,500달러로, 기대했던 것의 절반 수준밖에 되지 않았다. 당신의 계산은 어디가 잘못된 것일까?

그 답은 탄력성에 대한 내용에서 찾을 수 있다. 이 상황은 2개의 그래프를 가지고 설명할 수 있다. 세금을 부과하기 전에는 도시 전체적으로 하루에 아보카도 1,000개가 판매되고 있었다. 가격이 아보카도 1개당(단위당) 2달러였다고 하자. 이를 나타낸 그림 5.5를 보면 수요량과 공급량이 *A*점에서 일치하고 2달러의 가격에서 시장균형이 이루어진다. 공급곡선만 보면 가게 주인은 2달러의 가격에 아보카도 1,000개를 판매할 용의가 있다. 이 가격에서 가게 주인은 농부에게 아보카도 대금을 지불하여 비용을 충당할 수 있으며, 소비자도 아보카도 1,000개를 구매할 용의가 있다.

그러나 세금이 부과된 후 가게 주인은 새로운 비용을 부담해야 한다. 농부에게 아보카도 대금을 지불할 뿐 아니라 시에 세금을 내게 되었다. 이로 인해 비용이 아보카도 1개당 1달러가 증가했다. 가게 주인은 원래 2달러의 가격에서 아보카도 1,000개를 판매할 용의가 있었다. 그러나 이제 같은 양의 아보카도를 공급하려면 아보카도 1개당 3달러가 소요된다. 가게 주인은 아보카도 1개당 3달러를 받아서 세금으로 1달러를 내고 나면 세금이 부과되기 전의 상황이 되면서 시장에 아보카도 1,000개를 공급한다.

이는 공급곡선 전체에 적용되므로 공급곡선상의 모든 점은 세금의 크기인 1달러만큼 위로 이동한다. 공급자의 (생산)비용이 증가하면 공급곡선은 위로 이동한다. 여기서 증가하는 (생산)비용은 세금이다. 그림 5.6은 세금이 부과된 후의 공급곡선을 보여준다. 공급곡선이 1달러만큼 위로 이동했다. 공급 2라는 공급곡선은 1달러의 세금이 부과된 후 각 가격에서 가게 주인이 공급하려고 하는 공급량을 나타낸다. 이제 *B*점에서 공급량과 수요량이 일치하는 새로운 균형이 이루어진다. 새로운 균형에서는 아보카도가 500개 판매되고 가격이 2.50달러이다. 그러나 이 2.50달러가 모두 가게 주인에게 돌아가는 것은 아니다. 2.50달러에서 세금 1달러를 빼고 나면 가게 주인에게는 1.50달러만

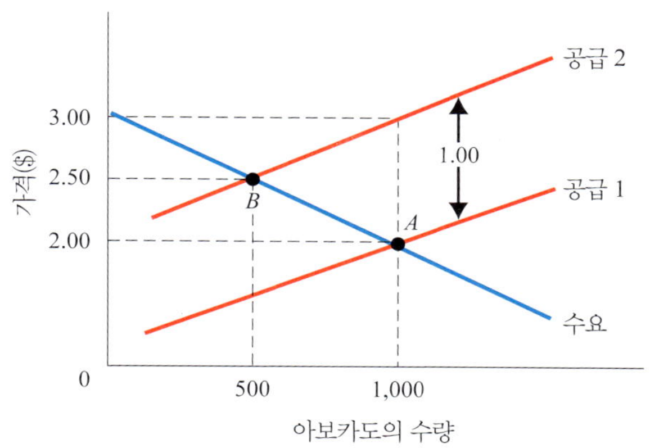

그림 5.6 단위당 1달러의 특별소비세가 부과된 후 아보카도 시장의 균형

남는다. 따라서 소비자가 지불하는 가격(2.50달러)과 가게 주인이 가져가는 가격(1.50달러) 사이에 차이가 발생하는데, 이것이 바로 시가 부과한 특별소비세의 크기이다.

이러한 결과에 대해 몇 가지 살펴보아야 할 것이 있다. 첫째, 예상했던 금액의 반 정도만 세금으로 걷힌 것은 세금이 부과된 후 아보카도 판매량이 절반으로 줄어들었기 때문이다. 아보카도 판매량이 줄어든 이유는 무엇인가? 가게 주인은 세금 때문에 상승한 비용을 아보카도 가격을 올려서 충당하려고 했다. 그러나 이러한 가격 인상에 소비자는 아보카도 구매를 줄이는 것으로 대응했으며, 소비자가 아보카도 구매를 줄이는 경우 발생할 손실을 예상한 가게 주인은 실제로 세금만큼 가격을 올리지 못한다. 따라서 결국 가격은 세금만큼 오르지는 않는 것이다. 이 경우에는 세금의 절반만큼만 가격이 올랐다. 아보카도의 수요곡선이 우하향한다는 것은 아보카도 가격이 오르면 사람들이 아보카도를 덜 소비한다는 것을 말한다. 아보카도의 수요곡선은 이 가격 변화 범위에서는 어느 정도 탄력적인 것으로 나타났다. 가격이 25% 오를 때 수요량이 50% 감소했기 때문이다. 아보카도 수요의 가격탄력성이 높은 것은 놀랄 일이 아니다. 아보카도 대신 먹을 만한 대체재가 많으니 말이다.

또 살펴보아야 할 것은 세금 납부를 반기는 사람이 아무도 없다는 것이다. 아보카도를 계속 구매하는 소비자는 아보카도 가격이 0.50달러 오른 것을 알게 되고, 어떤 소비자는 아보카도 가격이 너무 비싸져서 아예 구매하지 않는다. 따라서 가게 주인은 전보다 적은 양을 팔 수밖에 없는데다 팔리는 아보카도 1개당 전보다 더 적은 이익을 얻는다. 아보카도 1개당 2.50달러를 받아서 시에 1달러를 내고 남는 금액이 1.50달러이기 때문이다. 한편 시는 예상보다 훨씬 적은 세금을 거둬들이게 된다.

이렇게 모든 이에게 피해를 끼친 범인은 누구인가? 바로 수요의 가격탄력성이다. 세금 때문에 증가한 생산비용은 소비자의 구매량을 감소시킨다. 수요곡선이 더 탄력적일수록 소비자의 구매량 감소는 더 커진다. 소비자의 수요가 완전가격비탄력적이라면 가게 주인은 아보카도 가격을 세금(1달러)만큼 올리고 소비자는 1개당 3달러를 내고 원래대로 1,000개를 구매할 것이다. 그리고 시는 세금을 365,000달러 거둬들였을 것이다. 이 경우에는 소비자만 전보다 더 높은 가격을 지불하는 피해를 보게 된다. 따라서 조세수입을 예상한 대로 거둬들이려면 시장(mayor)은 탄력성이 낮은 제품을 골라서 세금을 부과해야 한다.

세금을 부과하면 어떤 일이 발생하는지 분석하는 것은 경제학적으로도 흥미로울 뿐 아니라 정부 정책을 수립하는 데에도 매우 중요하다.

미리 보기

이 장의 목적은 측정의 중요성을 강조하는 것이었다. 한 경제 변수의 변화가 다른 경제 변수의 변화를 초래한다고만 말할 수 있다면 그러한 변화가 중요한지 또는 어떤 정책이 성공할 가능성이 있는지에 대해서는 말할 수 없는 것이다. 탄력성은 가장 자주 사용되는 측정 척도 중 하나이며, 경제학을 계속 공부한다면 여러 곳에서 탄력성을 접하게 될 것이다.

이제 가구의 행동을 자세히 살펴볼 차례이다. 가구는 재화와 서비스의 생산물시장에서는 수요자이지만 투입물(생산요소)시장에서는 노동이나 저축을 공급하는 공급자라는 것을 잊지 말자.

요약

01 탄력성은 시장의 반응 정도를 측정하는 일반적인 척도이며 여러 변수의 관계를 수치화하는 데 사용된다. 한 변수 A의 변화에 반응하여 변수 B가 변할 때 B의 퍼센트 변화를 A의 퍼센트 변화로 나눈 것은 B의 A탄력성 값이다. 예를 들어 가격 변화에 반응하여 수요(공급)가 변할 때 수요(공급)의 퍼센트 변화를 가격의 퍼센트 변화로 나눈 것은 수요(공급)의 가격탄력성 값이다.

02 수요곡선의 기울기는 측정 단위에 따라 값이 달라지므로 어떤 반응을 측정하는 척도로 부적합하다. 따라서 변화율(퍼센트 변화)을 가지고 계산하는 탄력성을 척도로 사용한다.

03 수요의 가격탄력성은 수요량의 퍼센트 변화를 가격의 퍼센트 변화로 나눈 것이다.

04 완전비탄력적 수요는 어떠한 가격 변화에도 수요량이 전혀 변화(반응)하지 않는 수요로, 가격탄력성의 값이 0이다.

05 비탄력적 수요는 가격 변화에 그다지 크게 반응하지 않는 수요로, 가격탄력성의 절댓값이 0과 1 사이이다.

06 탄력적 수요는 수요량의 퍼센트 변화가 가격의 퍼센트 변화보다 절댓값이 더 큰 경우의 수요로, 가격탄력성의 절댓값이 1보다 크다.

07 단위탄력적 수요는 수요량의 퍼센트 변화 절댓값과 가격의 퍼센트 변화 절댓값이 동일할 때의 수요로, 단위탄력성의 절댓값이 1이다.

08 완전탄력적 수요는 작은 가격 상승에도 수요량이 0이 되는 수요이다.

09 탄력성을 계산하는 방법은 여러 가지인데 가장 일반적인 방법은 중간점 공식을 사용하는 것이다. 이는 수요곡선상에 있는 두 점 사이의 탄력성을 구하는 것으로, 처음 가격 및 수량과 나중 가격 및 수량의 평균치를 기준점으로 하여 탄력성을 구한다. 또한 점 탄력성은 수요곡선상 한 점에서의 탄력성을 구하는 것으로, 그 점의 기울기와 가격, 수량을 이용한다.

10 수요가 탄력적이면 가격이 상승할 때 수요량의 퍼센트 감소가 가격의 퍼센트 증가보다 크므로 기업의 총수입($P \times Q$)이 감소한다. 수요가 비탄력적이면 가격이 상승할 때 수요량의 퍼센트 감소가 가격의 퍼센트 증가보다 작으므로 기업의 총수입이 증가한다.

11 수요가 탄력적이면 가격이 하락할 때 수요량의 퍼센트 증가가 가격의 퍼센트 감소보다 크므로 기업의 총수입이 증가한다. 수요가 비탄력적이면 수요량의 퍼센트 증가가 가격의 퍼센트 감소보다 작으므로 기업의 총수입이 감소한다.

12 수요의 가격탄력성은 ① 소비자의 대체재 구매 가능성, ② 제품이 사치품인지 필수품인지 여부, ③ 기간에 따라 달라진다.

소비자가 대신 이용할 수 있는 대체재가 거의 없으면 수요가 비탄력적이며, 이러한 재화는 대개 필수품이다. 일반적으로 탄력성에 대해 말할 때는 단기를 가정한다. 장기 탄력성이 단기 탄력성보다 더 클 수도 있고 그 반대일 수도 있다.

13 일반적으로 수요의 탄력성이라고 하면 수요의 가격탄력성을 의미하지만 이 밖에도 수요의 탄력성은 여러 가지가 있다. 수요의 소득탄력성은 소득 변화에 대한 수요량의 반응 정도를 측정하고, 수요의 교차가격탄력성은 한 재화의 가격 변화에 대해 다른 재화의 수요량이 얼마나 변하는지를 측정한다. 또한 공급의 가격탄력성은 한 재화의 가격 변화에 대해 그 재화의 공급량이 반응하는 정도를 측정하고, 노동공급의 가격탄력성은 노동의 가격(임금) 변화에 대해 노동공급량이 반응하는 정도를 측정한다.

14 수요의 가격탄력성은 판매세가 소비자, 공급자, 정부의 조세수입에 어떤 영향을 미치는지를 결정한다.

핵심 용어

공급의 가격탄력성(elasticity of supply)
노동공급의 가격탄력성(price elasticity of labor supply)
단위탄력성(unitary elasticity)
비탄력적 수요(inelastic demand)
수요의 가격탄력성(price elasticity of demand)
수요의 교차가격탄력성(cross-price elasticity of demand)
수요의 소득탄력성(income elasticity of demand)
엑사이스택스/특별소비세(excise tax)
완전비탄력적 수요(perfectly inelastic demand)
완전탄력적 수요(perfectly elastic demand)
점탄력성(point elasticity)
중간점 공식(midpoint formula)
탄력성(elasticity)
탄력적 수요(elastic demand)

연습문제

01 다음 그림은 햄버거의 수요곡선이다. (a)의 경우 햄버거 가격을 달러로 측정하고 (b)의 경우 페니(penny)로 측정했다. 각 수요곡선의 기울기를 계산해보고, 가격 변화에 따른 수요량의 변화를 나타내는 척도로 기울기를 사용할 수 없는 이유를 설명하라. 가격 변화에 대한 수요량의 반응 정도를 측정하기 위해 이 그림의 정보를 어떻게 사용할 수 있는지도 설명하라.

5
3
D
0
10
20
햄버거 수량

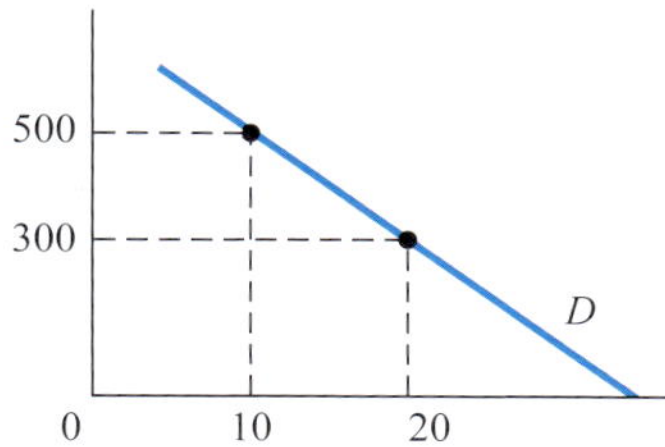

02 다음 표의 빈칸을 채워라.

	가격의 퍼센트 변화	수량의 퍼센트 변화	공급량
애플워치 수요	a	−25%	−1.0
밸런타인데이의 장미 수요	+50%	b	−0.2
전자담배 수요	−10%	+38%	c

03 2번 문제의 표에 제시된 정보를 이용하여 다음 질문에 답하라.

a. 애플의 수입을 증가시키기 위해 애플워치의 가격 인상을 추천하겠는가, 가격 인하를 추천하겠는가?

b. 꽃 가게의 수입을 증가시키기 위해 장미의 가격 인상을 추천하겠는가?

c. 전자담배 가게의 수입을 증가시키기 위해 전자담배의 가격 인하를 추천하겠는가?

04 중간점 공식을 이용하여 다음 각 경우의 탄력성을 계산하라.

수요	P_1	P_2
a. 캐슈	$7.50/파운드	$6.00/파운드
b. 외장형 하드디스크(4TB)	$80	$120
c. 6게이지 구리철사	$0.60/피트	$0.45/피트
d. 치약	$2.00/개	$2.40/개
수요	Q_1	Q_2
a. 캐슈	800파운드/월	1,000파운드/월
b. 외장형 하드디스크(4TB)	75개/연	65개/연
c. 6게이지 구리철사	2,500피트/주	5,000피트/주
d. 치약	10개/월	9개/월

05 한 스포츠 용품점이 자신이 판매하는 운동화의 수요곡선을 다음과 같이 추정했다. 이 수요곡선을 이용하여 다음 질문에 답하라.

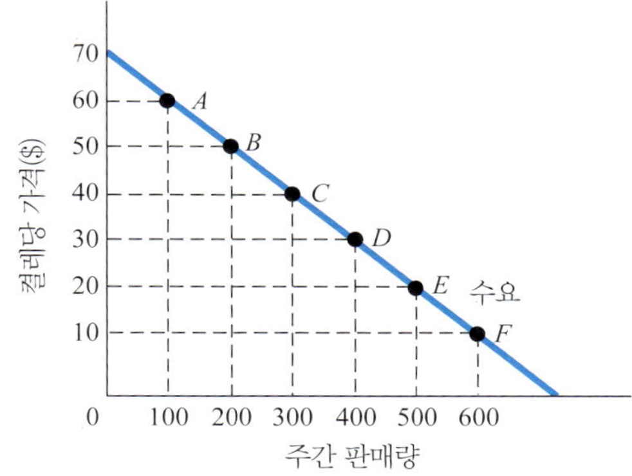

a. *A*점과 *B*점 사이, *C*점과 *D*점 사이, *E*점과 *F*점 사이 수요의 가격탄력성을 중간점 공식을 이용하여 계산하라.

b. 현재 50달러인 운동화 가격을 60달러로 올리면 운동화 판매로 발생하는 총수입이 어떻게 변하는가? 가격을 40달러, 20

달러로 내리면 총수입이 각각 어떻게 변하는가?

c. (a)에서 구한 답을 (b)의 답을 구하는 데 사용할 수 있는 이유를 설명하라.

06 다음의 각 경우에 동의하는지, 동의하지 않는지 밝히고 그 이유를 설명하라.

a. 병원 의료 서비스에 대한 수요의 가격탄력성이 −0.15이다. 영국 정부는 영국인이 아닌 외국인에게 50%를 더 받는다. 영국 건강복지부는 외국인에 대한 가격 인상이 의료 서비스 비용을 일부 충당하는 데 도움이 될 것이라고 희망적으로 생각한다.

b. 2017년에 전 세계적으로 2,580만 명이 크루즈 여행을 했으며, 2018년에는 크루즈 여행객이 2,720만 명으로 증가할 것으로 예상되었다. 크루즈 여행 시장은 매우 경쟁적이므로 크루즈 여행 상품 가격이 약 20% 하락했다. 수요의 가격탄력성은 −1.6이다. 따라서 이러한 가격 하락으로 크루즈 여행 상품을 파는 여행사의 수입이 감소할 것이다. 지난 3년간 수요곡선의 이동이 없었다고 가정한다.

c. 한 재화의 수요가 단위탄력적이면 이 재화의 가격 하락은 항상 이 재화 판매자 전체의 수입을 감소시킨다.

07 다음의 각 경우에 동의하는지, 동의하지 않는지 밝히고 그 이유를 설명하라.

a. 그림 (a)의 수요곡선은 그림 (b)의 수요곡선에 비해 탄력적이다.

b. 그림 (b)의 수요곡선은 그림 (a)의 수요곡선에 비해 비탄력적이다.

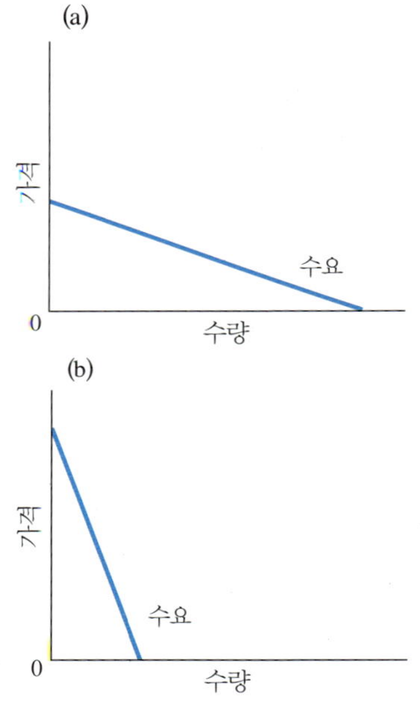

08 2013년에 홍콩의 신문사인 《애플데일리(Apple Daily)》, 《오리엔탈데일리뉴스(Oriental Daily News)》, 《더선(The Sun)》이 신문 가격을 6 홍콩 달러에서 7 홍콩 달러로 약 20% 인상했다. 세 신문사는 가격 인상으로 수입(매출액)이 약 20% 증가할 것이라고 예상했으나 약 10% 증가에 그쳤다. 세 신문사에 대한 수요의 가격탄력성은 어떠하다고 생각되는가? 세 신문사가 수요의 가격탄력성에 대해 가정했던 것은 무엇인가?

*09 HPV 백신에 대한 수요의 단기 가격탄력성이 −0.25로 측정되었다. 또한 운송 노조의 파업으로 HPV 백신의 공급량이 20% 줄어들었다.

a. 파업이 있기 전에는 HPV 백신 1병이 130달러에 판매되었다. 다음 달에 가격이 얼마로 오를 것이라고 예상하는가?

b. 정부가 HPV 백신에 1병당 130달러라는 상한가격을 책정했다. 백신 접종자와 백신 공급자의 관계에 어떤 변화가 있을 것이라고 예상하는가?

10 다음의 각 경우에 총수입이 어떻게 변하는지 설명하라.

a. 수요가 탄력적일 때 가격이 하락하는 경우
b. 수요가 비탄력적일 때 가격이 하락하는 경우
c. 수요가 탄력적일 때 가격이 상승하는 경우
d. 수요가 비탄력적일 때 가격이 상승하는 경우
e. 수요가 단위탄력적일 때 가격이 상승하는 경우
f. 수요가 완전비탄력적일 때 가격이 하락하는 경우
g. 수요가 완전탄력적일 때 가격이 상승하는 경우

11 다음 수요곡선과 중간점 공식을 이용하여 가격이 3달러에서 8달러로 상승하는 경우, 8달러에서 14달러로 상승하는 경우 수요의 가격탄력성을 계산하라.

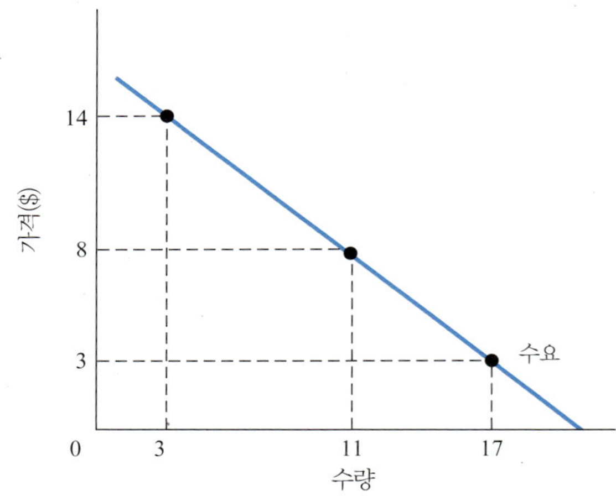

12 다음 총수입곡선에서 가격탄력적인 수요에 해당하는 부분, 가격

2 더 어려운 문제는 별표(*)로 표시했다.

비탄력적 수요에 해당하는 부분, 단위탄력적인 수요에 해당하는 부분을 식별하고 설명하라.

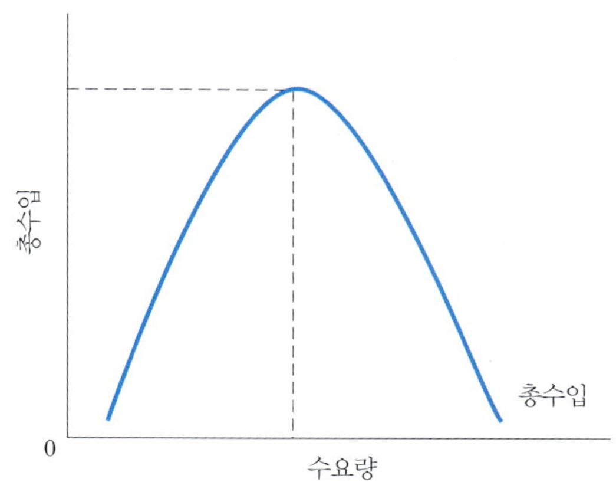

13 샌드위치 가게를 운영하는 레티시아는 고객의 수요의 가격탄력성이 단기와 장기에 따라 다르다는 것을 발견했다. 또한 샌드위치 가격을 인상했을 때 다른 제품의 판매에 영향을 준다는 것도 알게 되었다. 특히 소다수 판매량이 줄어들고 요구르트 판매량이 증가하는 것으로 나타났다. 이러한 현상에 대해 설명하라.

14 다음의 각 경우에 수요가 가격탄력적일 가능성이 큰지, 가격비탄력적일 가능성이 큰지 밝혀라.

a. 소금
b. 사과주스
c. 케밥
d. HIV/AIDS 복합 치료제인 HAART
e. 닌텐도 위(Wii) 게임기
f. 컴퓨터 마우스

15 2018년에 중국의 주택 가격은 5% 정도 상승할 것으로 예상되었으며 2019년 전반기에 3.3% 상승했다. 중국의 주택 가격은 항상 오르기만 하고 떨어지는 일이 없었다. 그러나 2008년에는 주택 가격이 그렇게 많이 오르지 않았다. 주택 수요가 증가하기 시작했을 때 주택 가격도 상승하기 시작했지만 많이 오르지는 않았다. 가격이 크게 오르는 것은 주택 공급이 상대적으로 비탄력적이기 때문이다. 다시 말해 가격이 상승할 때 공급량이 빠르게 증가하면 가격 상승 폭은 그다지 크지 않다. 많은 사람은 중국 정부가 주택의 공급탄력성을 높여야 한다고 제안했다. 수요가 증가할 때 가격 상승을 최대한 억제할 수 있는 정책이 무엇인가?

16 다음의 각 경우는 어떤 탄력성을 의미하는지 밝혀라. 또한 탄력성의 값이 음인지 양인지, 절댓값이 1보다 큰지, 1보다 작은지, 0인지도 밝혀라.

a. 노동공급은 가격에 대해 비탄력적이고 약간 후방굴절이다.
b. 소득이 증가하면 유럽 사람들은 휴가를 더 많이 간다.
c. 핫도그 가격이 하락하면 핫도그빵의 수요가 증가한다.
d. 삼성 갤럭시 탭의 가격이 하락하면 애플 아이패드 미니의 수요가 감소한다.
e. 피카소의 작품 중 가장 유명한 〈게르니카(Guernica)〉는 마드리드의 레이나소피아박물관이 소장 중이며 어떤 가격에도 판매되지 않는다.
f. 경기가 침체되고 소득이 하락하면 맥도날드 맥앤드치즈의 수요가 증가한다.

17 세 가지 제품군의 교차가격탄력성이 다음과 같다. 이러한 제품군 간의 관계에 대해 어떤 결론을 내릴 수 있는가?

	A와 B	C와 D	E와 F
교차가격탄력성	−8.7	+5.5	0.0

18 다음은 수요의 소득탄력성에 대한 설명이다. 소득이 증가하면 수요가 어떻게 되는지, 각각은 어떤 종류의 재화인지 설명하라.

a. 소득이 증가하고 있으며 수요의 소득탄력성 값이 양이다.
b. 소득이 증가하고 있으며 수요의 소득탄력성 값이 음이다.
c. 소득이 하락하고 있으며 수요의 소득탄력성 값이 양이다.
d. 소득이 하락하고 있으며 수요의 소득탄력성 값이 음이다.

19 체코 프라하시에 있는 캡틴캔디(Captain Candy)는 해적을 소재로 한 캔디를 판매한다. 프라하시는 캡틴캔디에 1봉지당 1유로의 세금을 부과하고, 캡틴캔디는 캔디 1봉지당 15유로에 연간 15,000봉지를 판매하고 있다. 프라하시의 시장이 프라하시를 1/100로 축소한 나무 모형을 만들어 중앙 광장에 전시하기로 결정했다고 하자. 여기에 드는 비용은 15,000유로이다. 시장은 필요한 자금을 캡틴캔디의 판매 수입에 세금을 추가로 부과하여 조달하려고 한다. 시장은 시의회 의원 3명에게 15,000유로를 조달할 수 있는 방법을 제안해달라고 부탁했다. 시의원인 라인하르트는 캔디 1봉지당 1유로의 세금을 더 걷자고 제안했고, 카렐은 캔디 1봉지당 1.50유로의 세금을 더 걷자고 제안했다. 한편 아델라는 캔디 1봉지당 세금을 0.25유로 줄이자고 제안했다. 세 시의원의 각 제안에 대해 다음 질문에 답하라.

a. 세금을 15,000유로 더 거둬들이려면 캔디를 몇 봉지 만들어야 하는가?
b. 세금을 15,000유로 더 거둬들이려면 캡틴캔디의 수요의 가격탄력성이 얼마여야 하는가?
c. 세금을 15,000유로 더 거둬들일 때 캡틴캔디의 총수입은 얼마인가?

20 2017년에 스페인 정부는 베컴법(Beckham law)으로 알려진 새로운 세법을 외국인 선수에게 적용하기 시작했다. 이 법에 따르

면 소득이 60,000유로가 넘는 외국인 선수에게는 2005년에 제정된 최고 24%의 소득세율 대신 스페인 표준세율인 45%를 적용한다. 이 베컴법으로 인해 유명 선수들이 다른 국가로 이주하는 탄력성은 연평균 세율을 기준점으로 했을 때 1.87로 추정되었다. 이러한 탄력성을 이용하여 새로운 세법에 따른 소득세율 인상이 스페인에서 활동 중인 외국인 선수의 해외 이주에 어떤 영향을 미칠 것으로 예상하는가?

경제학적 사고 키우기

01 소상공인은 자신이 판매하는 제품의 수요곡선을 알지 못한다. 예를 들어 동네 빵집은 자신이 판매하는 효모빵의 수요곡선을 그릴 수 없다. 동네 빵집은 수요곡선의 정보 없이 어떻게 수입을 극대화할 수 있는가?

02 정부는 의류와 담배에 세금을 부과한다. 두 재화에 대한 세율이 거의 비슷하다면 세율이 변동할 때 의류 수요량과 담배 수요량 중 어느 것이 더 큰 영향을 받겠는가?

PART 2

시장시스템

가구와 기업의 선택

시장을 움직이는 기본적인 힘인 수요와 공급을 살펴보았으니 이제 경제의 가장 기본적인 의사결정 주체인 가구와 기업의 행동을 다룰 차례이다. 그림 II.1은 단순한 시장경제를 나타낸 순환도이다. 그림 3.1을 확장한 이 그림은 2부(6~12장)의 내용이 어떻게 연결되는지를 보여준다.

가구와 기업은 생산물(제품)시장과 투입물(생산요소)시장에서 상호작용을 한다. 가구는 생산물을 소비하고 투입물을 공급한다. 반대로 기업은 생산물을 공급하고 투입물을 사용한다. 6장에서는 생산물에 대한 가구의 수요에 초점을 맞추어 살펴본 후 노동시장과 자본시장에서 가구의 노동공급과 자본 공급을 간단히 설명한다.

2부의 나머지 장에서는 기업에 초점을 맞추어 살펴본 후 기업과 가구의 상호작용을 다룬다. 7~9장에서는 생산물시장에서 기업의 행동을 단기와 장기를 나누어 살펴보고, 10장에서는 투입물시장 중 노동시장과 토지시장에서 일반적인 기업의 행동을 살펴본다. 11장에서는 자본시장에 대해 자세히 알아보고, 12장에서는 앞서 설명한 것을 종합하여 가구와 기업의 행동이 상호작용하는 시장의

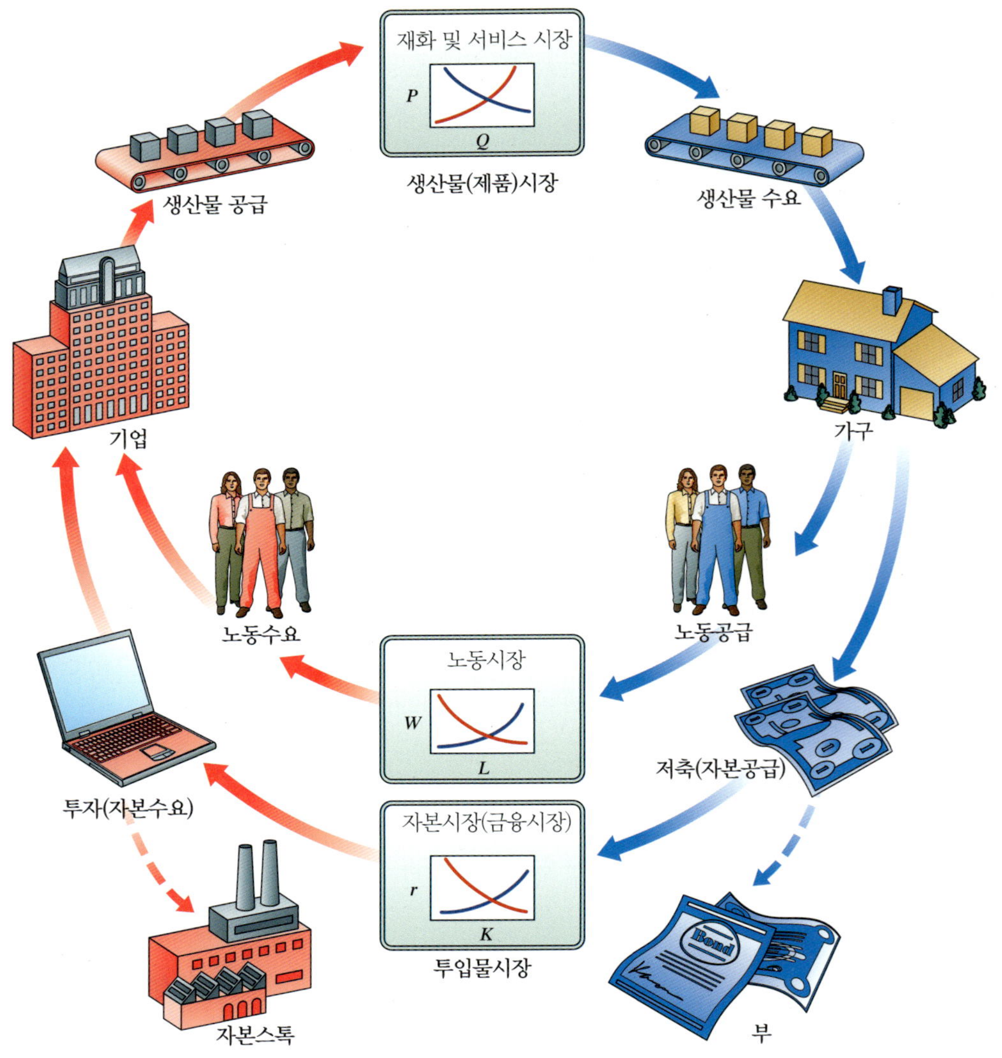

그림 II.1 가구와 기업의 의사결정
가구는 생산물시장에서는 생산물을 소비하고 투입물시장에서는 노동과 자본이라는 투입물을 공급한다. 그림을 단순화하기 위해 정부와 국제 부문을 제외했다.

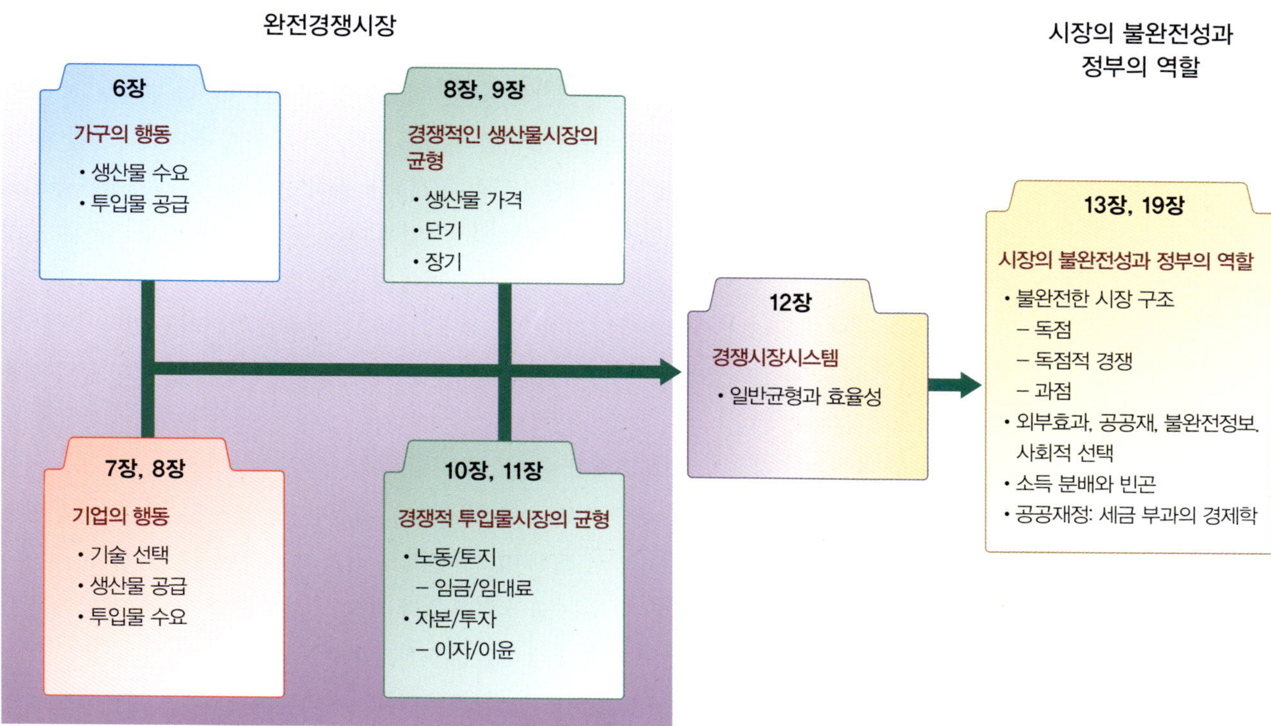

그림 II.2 미시경제와 정부의 역할

밑에서부터 위로 올라가면서 살펴보면 경제가 어떻게 작동하는지 이해하는 데 도움이 된다. 6~8장에서는 완전경쟁시장에서 가구와 기업의 의사결정을 개관하고, 9~11장에서는 기업과 가구가 생산물시장(제품시장), 투입물시장(노동/토지시장과 자본시장)에서 어떻게 상호작용하여 가격, 임금, 이윤이 결정되는지를 살펴본다. 완전경쟁시장이 어떻게 작동하는지 전체 그림을 파악한 후 12장에서 완전경쟁시장이라는 가정을 완화하고 시장의 불완전성과 정부의 역할을 살펴본다. 13~19장에서는 세 가지 형태의 비경쟁적 시장(독점, 독점적 경쟁, 과점)을, 16장에서는 외부 효과, 공공재를 다룬다. 17장에서는 불확실성과 비대칭적 정보를 살펴보고, 18장에서는 소득 분배에 대해 설명한다. 미시경제학에 대한 마지막 장인 19장에서는 정부의 재정과 세금 부과, 사회적 선택을 간단히 살펴본다.

기능을 설명한다. 3부에서는 시장의 불완전성과 함께 시장에 대한 정부 개입의 가능성과 정부 개입의 문제점을 알아본다. 그림 II.2는 6~19장의 개요를 보여준다.

이 책에서는 가구에 관한 그림이나 그래프는 모두 파란색으로 나타내고, 기업에 관한 그림이나 그래프는 모두 빨간색으로 나타냈다. 그림 II.1에서 노동시장과 자본시장의 공급곡선이 파란색인 것은 가구가 노동과 자본을 공급하기 때문이다. 노동과 자본의 수요곡선이 빨간색인 것은 기업이 제품을 생산하기 위해 그러한 투입물을 필요로 하기 때문이다.

그림 II.1은 실제로 이루어지는 경제활동의 자세한 부분을 감추고 고속도로만 표시된 지도처럼 중요한 흐름만 나타낸 것이다. 이 그림은 복잡한 시장 구조와 정부의 역할을 살펴보기 전에 시장에서 작동하는 두 가지 기본적인 시장 기능이 어떻게 상호작용하는지를 보여주는 지도 역할을 한다.

6~12장에서는 가구의 선택과 기업의 선택, 그리고 그 선택의 결과가 시장에서 어떻게 나타나는지를 알아본다. 그러나 6~12장의 내용은 몇 가지 기본적인 가정을 바탕으로 한다는 것을 알아두어야 한다.

첫 번째 가정은 가구나 기업이 선택을 하는 데 필요한 모든 정보를 가지고 있다는 것이다. 가구는 시장에서 구매 가능한 모든 생산물의 가격이나 품질에 관한 모든 정보를 가지고 있고, 기업도 투입물의 가격(임금, 자본비용), 기술, 생산물의 가격 등 선택에 필요한 모든 정보를 가지고 있다고 가

완전지식 가구는 시장에서 구매 가능한 모든 생산물의 품질과 가격 등 구매 의사결정에 필요한 모든 정보를 가지고 있고, 기업도 임금, 자본비용, 기술, 생산물의 가격 등 선택에 필요한 모든 정보를 가지고 있다는 가정

완전경쟁 시장(산업) 규모에 비해 상대적으로 매우 작은 수많은 기업이 완전히 똑같은 제품을 생산하는 상황으로, 어떤 기업도 시장가격에 영향을 미칠 수 있는 힘이 없음

동일 제품 차별화되어 있지 않아서 구별이 불가능한 생산물

정한다. 이러한 가정을 흔히 **완전지식**(perfect knowledge)의 가정이라고 한다.

두 번째 가정은 **완전경쟁**(perfect competition)이라는 것이다. 완전경쟁은 정확하게 정의되어 있는 시장 구조(산업 구조)[1]이다(여기서 '완전'이라는 말은 도덕적인 의미가 아니라 단순히 '전적인', '완벽한'이라는 의미이다). 완전경쟁산업에서는 어떤 기업도 시장가격을 자기 뜻대로 조정할 수 있는 힘이 없다. 다시 말해 어떤 기업도 자신이 공급하는 제품의 가격이나 자신이 구매하는 투입물의 가격에 영향을 줄 수 있을 만큼 크지 않다. 이는 완전산업에 대한 두 가지 가정에서 비롯된다. 첫째, 완전산업은 수많은 기업으로 이루어져 있으며, 각 기업은 산업 전체에 비해 상대적으로 크기가 매우 작다. 둘째, 완전경쟁산업에 있는 각 기업은 완전히 똑같은 제품을 생산하고 있다. 즉 한 기업의 생산물과 다른 기업의 생산물을 구별할 수 없다. 완전경쟁산업에 있는 제품은 모두 **동일 제품**(homogeneous product)이다.

이러한 가정은 경쟁시장에 있는 기업이 할 수 있는 의사결정에 제약을 가하지만, 한편으로는 기업의 경쟁적 행동에 대한 분석을 보다 간단히 할 수 있게 해준다. 완전경쟁산업에 있는 모든 기업이 동일 제품을 생산하고 각 기업이 시장 규모에 비해 미미할 정도로 작기 때문에 완전경쟁기업은 자신이 판매하는 생산물의 가격에 영향을 줄 수 있는 힘이 전혀 없다. 따라서 시장에 의해 제품의 가격이 주어지고 완전경쟁기업은 얼마나 생산하고 어떻게 생산할 것인지만 결정할 수 있다.

완전경쟁산업에 가장 가까운 전통적인 예는 농업이다. 미국 사우스다코다주에서 밀농사를 짓는 농부는 밀 가격을 변화시킬 수 있는 힘을 가지고 있지 않다. 밀 가격은 개별 농부가 결정하는 것이 아니라 많은 공급자와 수요자의 상호작용으로 결정된다. 밀농사를 짓는 농부가 할 수 있는 의사결정은 밀을 얼마나 많이 심을지, 어떻게 밀을 생산할지, 밀을 언제 수확할지뿐이다.

그리고 개별 가구의 구매량이 전체 시장의 구매량에 비해 아주 미미하다고 가정한다. 따라서 가구가 개별적으로 영향을 미칠 수 없는 제품 가격이 시장에 의해 주어진다. 제품의 가격은 많은 공급자와 수요자의 상호작용으로 결정된다.

12장까지 마치면 한 경제에 대한 전체적인 그림을 보게 되는데, 이 그림은 앞에서 언급한 상당히 제한적인 가정에 기초한 것이다. 이것이 비현실적이라고 생각하는 독자도 있을 것이다. 그러나 비현실적인 가정하에 설명하는 내용을 통해, 복잡한 현실 시장에 충분히 적용할 수 있는 경제적 교훈을 얻게 된다. 어떤 가정하에 그림을 단순화하면 경제학이 알려주려는 유용한 교훈을 더 잘 이해할 수 있다.

---

1 역자 주: 엄밀하게 말하면 산업 구조라는 표현은 기업(공급자)만을 대상으로 한 것으로 그 기업이 속한 산업의 구조를 의미하며, 시장 구조란 말 그대로 기업이 생산물의 소비자나 투입물의 공급자와 만나는 시장을 의미한다. 그러나 시장 구조를 산업 구조라고 표현하는 경우도 종종 있다.

CHAPTER 6

가구의 행동과 소비자의 선택

목차와 학습목표

6.1 생산물시장에서 가구의 선택

예산 제약은 어디서 비롯되고 가구의 수요에 어떤 작용을 하는지 이해한다.

6.2 선택의 기준: 효용

생산물을 선택할 때 효용 극대화 원칙이 어떻게 작동하는지 이해한다.

6.3 소득효과와 대체효과

가격 변화에 따른 소득효과와 대체효과를 이해한다.

6.4 투입물시장에서 가구의 선택

가구의 노동과 저축에 대한 의사결정에 영향을 미치는 요인을 파악한다.

시장경제에서는 사람들이 매일 의사결정을 한다. 그중 일부는 구매할 제품에 대한 의사결정이다. 점심 때 콜라를 사 먹을까, 차를 사 먹을까, 물을 사 먹을까? 태블릿 컴퓨터를 새로 살까, 아니면 지금 쓰고 있는 랩톱 컴퓨터를 그냥 쓸까? 노동시장에 대한 의사결정도 있다. 학교를 계속 다닐까, 아니면 일을 할까? 많은 의사결정에는 시간적 요소가 포함되어 있다. 태블릿 컴퓨터를 사기로 결정했다면 저축해두었던 돈을 찾거나 돈을 빌려야 할 것이다. 그러나 이렇게 되면 미래에 구매할 수 있는 것에 대한 선택이 줄어들 것이다.

앞에서 예로 든 의사결정은 서로 달라 보인다. 그러나 경제적 관점에서 보자면 이러한 의사결정은 많은 공통적 요소를 가지고 있다. 이 장에서는 생산물시장과 노동시장에서의 현재와 미래를 위한 의사결정에 적용할 수 있는 원칙을 알아본다.

의사결정에 대한 원칙을 살펴보는 분석에서의 공통적인 주제는 '제약 조건하에서의 선택'이라는 것이다. 우리는 시장에 존재하는 제약 조건하에서 의사결정을 한다. 가구의 소비 의사결정은 소득, 부, 가격이라는 제약 조건하에서 이루어지는 것이다. 가구의 노동공급에 대한 의사결정과 직업 선택은 열려 있는 일자리와 시장에 형성되어 있는 임금이라는 제약 조건하에서 이루어지는 것이다.

6.1 생산물시장에서 가구의 선택

학습목표

예산 제약은 어디서 비롯되고 가구의 수요에 어떤 작용을 하는지 이해한다.

모든 가구는 다음과 같은 것에 대한 기본적인 의사결정을 해야 한다.

- 각 제품(생산물)의 구매량(수요량)
- 노동의 공급량
- 현재를 위한 지출액과 미래를 위한 저축액

생산물시장의 수요를 살펴보기 전에 새겨두어야 할 것은 생산물에 대한 수요가 가구가 해야 할 더 큰 선택의 일부라는 사실이다. 얼마나 일할지, 미래를 위해 얼마나 저축할지에 대한 의사결정도 무엇을 얼마나 소비할지와 마찬가지로 중요하며, 무엇을 얼마나 소비할지에 대한 의사결정과 함께 이루어져야 한다.

가구의 수요를 결정하는 요인

3장에서 살펴보았듯이 한 가구가 필요로 하는 재화나 서비스의 양은 다음과 같은 다양한 요인의 영향을 받는다.

- 해당 재화의 가격
- 가구의 소득
- 가구의 부
- 가구가 구매할 수 있는 다른 재화의 가격
- 가구의 기호와 선호
- 미래의 소득, 부, 가격에 대한 가구의 예상

이미 알고 있겠지만 수요표와 수요곡선은 다른 것들이 일정하다고 가정했을 때 해당 재화의 가격과 그에 따른 수요량의 관계를 보여준다. 가격의 변화는 수요곡선상의 이동을 가져온다. 가격 이외의 것, 즉 소득, 다른 재화 가격, 기호의 변화는 수요곡선을 왼쪽 또는 오른쪽으로 움직인다. 이제 수요곡선을 좀 더 깊이 파고들어 수요곡선의 밑바탕에 무엇이 있는지 알아보자. 그러면 수요곡선과 공급곡선이 주는 교훈을 더 잘 이해할 수 있을 것이다.

예산 제약

가구의 선택 과정을 이해하기 위해 우선 가구가 할 수 있는 선택이 무엇인지 알아보자. 앞에서 언급한 수요에 영향을 주는 요인을 잘 살펴보면 첫 번째부터 네 번째까지는 가구에 주어지는 선택의 범위를 결정짓는 것이다. 가구의 소득, 가구의 부, 해당 재화와 다른 재화의 가격에 관한 정보는 가구가 구매할 능력이 있는 재화와 서비스의 조합, 가구가 구매할 능력이 없는 재화와 서비스의 조합에 대해 알려준다.[2] 소득, 부, 가격에 의해 가구가 구매할 수 있는 재화와 서비스의 조합이 제한되는 것을 가구(소비자)의 **예산 제약**(budget constraint)이라고 한다.

예산 제약 가구의 소득, 부, 재화의 가격에 의해 가구가 구매할 수 있는 재화와 서비스의 조합이 제한되는 것

이를 쉽게 이해할 수 있도록 예를 들어보겠다. 막 대학을 졸업한 바버라가 홍보 관련 회사의 회계부서에 취직하여 세후 1,000달러의 월급을 받는다고 가정하자. 또한 바버라는 재산(부)도 없고 부채도 없다. 바버라가 한 달 동안 지출할 수 있는 금액은 소득에 따라 제한된다. 표 6.1은 바버라가 선택할 수 있는 몇 가지 조합을 보여준다.

바버라는 부동산 사이트를 뒤져서 관리비를 포함한 월 임대료가 400달러이고 부엌이 딸린 원룸을 찾아냈다(선택 A). 이 원룸을 선택한다면 식비로 한 달에 250달러를 지출하고 남는 돈 350달러로 다른 것을 살 수 있다.

이 원룸에서 네 블록 떨어진 곳의 아파트는 마루 전체에 카펫이 깔려 있고 부엌이 좀 더 큰데 관리비를 포함한 월 임대료가 600달러이다. 이 아파트를 선택한다면 바버라는 식비를 한 달에 50달러 줄여야 하고 남는 돈 200달러로 다른 것을 살 수 있다.

또한 같은 아파트인데 발코니가 있고 석양을 볼 수 있는 곳도 있다. 그러나 관리비를 포함한 월 임대료가 700달러이므로 이곳을 선택한다면 나머지 300달러의 절반을 식비로 지출하고 남는 돈 150달러로 다른 것을 살 수 있다.

바버라는 그냥 호기심에 월 임대료가 1,000달러인 교외의 타운하우스도 보러 갔다. 이 타운하우스를 선택한다면 바버라는 아무것도 먹지 않고 아무것도 사지 말아야 하지만 그렇게는 할 수 없을

표 6.1 세후 1,000달러의 월급을 받는 바버라가 선택할 수 있는 예산 배정

선택	월세	식비	기타 지출	총금액	선택 가능 여부
A	$400	$250	$350	$1,000	예
B	600	200	200	1,000	예
C	700	150	150	1,000	예
D	1,000	100	100	1,200	아니요

2 소득과 부는 다르다고 3장에서 설명했던 것을 되새겨보라. 소득은 일정 기간 동안 가구가 얻는 수익의 합이므로 일정 기간을 전제로 하는 유량의 개념이다. 반면에 부는 일정 시점에 가구가 보유한 것에서 부채를 차감한 금액으로 저량의 개념이다.

것이다. 타운하우스에 살면서 식품이나 다른 것을 구매하는 것은 바버라의 예산 제약을 넘어선다.

이 예는 한 가구의 소득과 가격에 관한 정보를 가지고 그 가구가 선택할 수 있는 주거, 식비, 기타 제품의 조합을 보여준다. 우리는 이 가구(사람)가 무엇을 선택해야 하는지에 대해서는 아직 다루지 않았다. 우리가 살펴본 것은 월 소득이 1,000달러인 가구가 선택할 수 있는 **선택집합**(choice set) 또는 **기회집합**(opportunity set)이다. 즉 바버라가 예산 제약하에 고를 수 있는 선택을 살펴보았을 뿐이다.

선택집합, 기회집합 예산 제약하에 가능한 선택

선호, 기호, 상호 교환관계, 기회비용 앞에서 바버라가 선택할 수 있는 재화와 서비스의 조합, 선택할 수 없는 재화와 서비스의 조합을 구분했다. 그러나 소득과 가격에 따른 제약하에 가구는 원하는 것을 사고 원치 않는 것은 사지 않는 자유로운 선택을 할 수 있다. 따라서 선택 가능한 재화와 서비스의 조합 가운데 어떤 것을 선택하는 결정은 전적으로 가구의 선호와 기호에 달려 있다.

가구의 선택을 가구가 자신의 소득을 구매 가능한 여러 재화와 서비스에 분배하는 것으로 생각하면 유용하다. 한 재화의 가격 변화는 가구에 주어진 제약 조건을 변화시키며, 그에 따라 가구가 선택할 수 있는 재화와 서비스의 조합이 달라진다. 바버라의 경우에서도 볼 수 있듯이 어떤 재화와 서비스에 대한 지출을 늘리거나 줄이면 다른 재화와 서비스에 대한 지출이 줄어들거나 늘어난다. 무언가를 사면 다른 것을 살 돈이 당연히 줄어든다. 한 가구가 재화나 서비스를 선택할 때는 예산으로 살 수 있는 다른 재화나 서비스와 비교하면서 선택한다. 달리 말해 재화와 서비스는 예산 제약이라는 조건하에 소비자의 예산을 차지하려고 경쟁하는 셈이다. 한 가구의 한 재화에 대한 수요곡선의 모양과 위치 이면에는 재화와 서비스 간의 다양한 상호 교환관계가 존재한다.

이제 표 6.1에 제시한 선택에 대해 살펴보자. 바버라가 요리를 싫어하고 외식을 좋아하여 1주일에 세 번 저녁을 사 먹는다면 바버라는 임대료 지출을 줄이고 외식이나 의복에 예산을 더 배분할 것이다. 따라서 바버라는 월 임대료가 400달러인 원룸을 택할 것이다. 그러나 바버라가 집에서 독서와 음악 감상을 즐기고 노을을 보면서 차 마시기를 좋아한다면 외식비와 여행비 등을 아끼는 대신 발코니가 딸린 아파트를 택할 수도 있다. 한 가구의 예산이 한정적인 한(모든 가구의 예산은 한정적이다) 어떤 재화나 서비스를 선택할 때 지불하는 진짜 비용은 동일한 금액을 가지고 구매할 수 있는 다른 재화나 서비스의 가치이다. 한 재화나 서비스를 선택할 때 발생하는 진짜 비용은 그러한 선택의 기회비용이며, 이 기회비용은 재화나 서비스 간의 상대적 가격으로 측정된다.

다시 살펴보는 예산 제약 앤과 톰은 열심히 공부하는 대학원생으로 장학금을 받아 학비를 충당하며, 기숙사의 감독관으로 일하면서 주거와 식사를 해결하고 있다. 장학금에는 매달 200달러의 용돈이 포함되어 있어 이 돈으로 사고 싶은 것을 산다. 설명을 간단히 하기 위해 앤과 톰이 용돈을 타이 음식점과 재즈클럽에 가는 데에만 지출한다고 하자. 타이 음식점 외식은 커플당 20달러이고 재즈클럽 입장료는 에스프레소를 포함하여 10달러이다.

그림 6.1은 이 커플이 택할 수 있는 선택을 나타낸 그래프이다. 가로축은 매달 타이 음식점에 가서 외식을 할 수 있는 횟수이고, 세로축은 매달 재즈클럽에 가는 횟수이다(수요곡선이 아니라 예산 제약 선이므로 세로축은 가격이 아니다). 두 축 사이의 평면에 있는 모든 점은 타이 음식점과 재즈클럽에 가는 횟수의 조합을 나타낸다. 한 달에 200달러라는 고정된 금액을 가지고 앤과 톰은 이러한 조합(점) 가운데 어떤 것을 선택할 수 있는가? 어떤 조합이 기회집합 안에 있고, 어떤 조합이 기

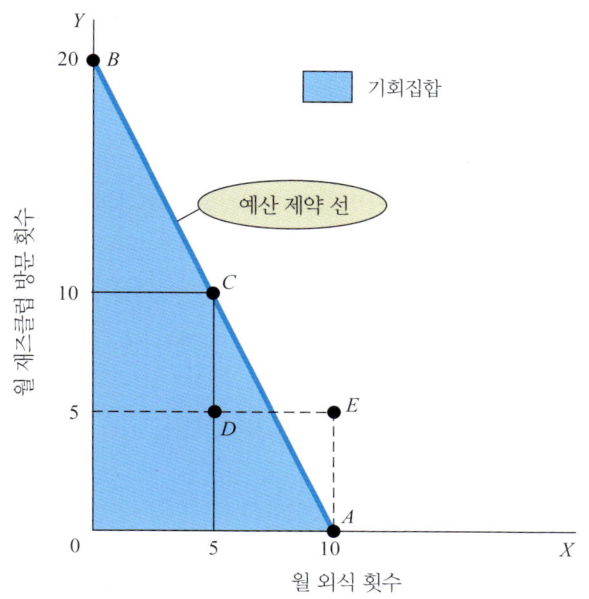

그림 6.1 앤과 톰의 예산 제약과 기회집합
예산 제약 선은 주어진 소득으로 선택 가능한 재화와 서비스의 집합과 선택 불가능한 집합을 구별해준다. 기회집합은 선택 가능한 재화와 서비스의 조합들로 구성된다.

회집합 밖에 있는가?

기숙사에 있는 학생들이 식사 중 너무 떠들어서 두 사람은 기숙사에서 절대로 식사를 하지 않기로 했다고 하자. 앤과 톰이 외식하는 데 용돈을 전부 사용한다면 한 달에 외식을 몇 번 할 수 있는가? 답은 간단하다. 두 사람이 쓸 수 있는 돈이 200달러이고 타이 음식점 외식 가격이 20달러이므로 200달러 ÷ 20달러 = 10, 즉 외식을 열 번 할 수 있다. 이는 그림 6.1의 예산 제약 선상에 *A*점으로 표시되어 있다. 가로축에 있는 모든 점은 재즈클럽에 전혀 가지 않고 타이 음식점만 가는 횟수를 나타낸다.

다른 선택은 다가오는 시험으로 인한 스트레스를 풀기 위해 재즈클럽에도 가는 것이다. 앤과 톰이 재즈클럽에 가는 데 용돈을 몽땅 쓰고 타이 음식점에는 가지 않기로 했다면 한 달에 재즈클럽을 몇 번 갈 수 있는가? 역시나 답은 간단하다. 소득이 200달러이고 재즈클럽 입장료가 10달러이므로 200달러 ÷ 10달러 = 20, 즉 재즈클럽에 스무 번 갈 수 있다. 이는 그림 6.1의 예산 제약 선상에 *B*점으로 표시되어 있다.

*A*점과 *B*점은 용돈을 전부 외식 또는 재즈클럽에 사용하는 경우의 구매 의사결정을 나타낸다. 물론 앤과 톰은 외식과 재즈클럽 둘 다에 용돈을 쓸 수도 있다. *A*점과 *B*점을 연결하는 직선상의 점은 앤과 톰이 200달러를 가지고 선택할 수 있는 두 재화의 조합을 나타낸다. *B*점에서 시작하여 앤과 톰이 재즈클럽에 가는 것을 줄이고 외식을 더 하기로 했다고 하자. 외식을 한 번 더 할 때 발생하는 (추가) 비용은 재즈클럽에 두 번 가는 것이다. 즉 외식 한 끼의 기회비용은 재즈클럽 두 번 가기이다.

예산 제약 선상의 *C*점은 외식과 재즈클럽 방문의 타협점 중 하나이다. 이 경우 앤과 톰은 재즈클럽에 열 번 가고 외식을 다섯 번 한다. *C*점이 200달러라는 예산 제약 안에 있다는 것을 확인해보자. 재즈클럽 열 번 방문의 비용은 10달러 × 10 = 100달러이고, 외식 다섯 번의 비용은 20달러 × 5 = 100달러이다. 따라서 총비용은 100달러 + 100달러 = 200달러이다.

예산 제약 선은 두 축 사이에 있는 모든 점을 200달러나 그 이하의 금액으로 선택 가능한 점(두 재화의 조합)과 200달러로 구매 가능하지 않은 점으로 구분한다. *D*점은 200달러보다 적은 금액으로도 선택할 수 있는 반면 E점은 200달러로 선택할 수 없는 조합이다. 그림 6.1에서 파란색으로 표시된 부분이 기회집합이다.

실질소득 가구의 화폐소득(명목소득)과 가격에 따라 정해지는, 한 가구가 구매할 수 있는 재화와 서비스의 기회집합

제품의 가격과 가구의 소득 변화는 가구에 주어지는 기회집합을 변화시킨다. 소득이 증가하거나, 소득은 그대로이지만 가격이 하락하면 기회집합이 커져서 가구는 전보다 더 부유해진다. **실질소득**(real income)을 구매할 수 있는 재화나 서비스의 기회집합으로 정의한다면, 가구가 받는 화폐소득(명목소득)이 변화하지 않는 경우에도 생산물의 가격이 하락하면 '실질소득'이 증가한다. 즉 가격이 하락하면 소비자의 실질소득(기회집합)이 더 커지고, 반대로 가격이 상승하면 소비자의 실질소득(기회집합)이 더 작아진다. 또한 물가가 비싼 지역보다 물가가 싼 지역에서 소비자의 실질소득(기회집합)이 더 커진다.

실질소득은 거시경제학에서 실질생산물과 가격수준을 측정할 때도 매우 중요한 개념이다.

예산 제약 선의 방정식

소비자의 예산 제약은 그래프뿐만 아니라 방정식으로도 나타낼 수 있다. 앤과 톰의 경우 외식과 재즈클럽에 지출하는 총지출액이 소득보다 작거나 같아야 한다. 외식에 드는 총지출액은 식사 가격에 횟수(수량)를 곱한 것이고, 재즈클럽에 가는 데 드는 총지출액은 입장료에 횟수(수량)를 곱한 것이므로 총지출액은 다음과 같다.

$$\$20 \times \text{외식 횟수} + \$10 \times \text{재즈클럽 방문 횟수} \leq \$200$$

외식 횟수를 X, 재즈클럽 방문 횟수를 Y라 하고 앤과 톰이 모든 소득을 사용한다고 가정하면 위의 식을 다음과 같이 나타낼 수 있다.

$$20X + 10Y = \$200$$

이것이 그림 6.1에서 A점과 B점을 잇는 직선으로 표시된 예산 제약 선의 방정식이다. 앤과 톰이 재즈클럽을 전혀 가지 않는다면 $Y = 0$이고, 예산 제약 선의 방정식에 $Y = 0$을 대입하면 $20X = 200$, $X = 10$을 얻는다. X는 외식 횟수이므로 앤과 톰은 한 달에 외식을 열 번 하게 된다. 마찬가지로 $X = 0$을 대입하면 $Y = 20$이다. 앤과 톰이 외식을 전혀 하지 않으면 재즈클럽에 스무 번 갈 수 있다.

예산 제약 선의 일반적 공식은 다음과 같다.

$$P_X X + P_Y Y = I$$

$P_X = X$의 가격, $X = X$의 소비 수량, $P_Y = Y$의 가격, $Y = Y$의 소비 수량, $I =$ 가구의 소득이다.[3]

가격의 변화에 따른 예산 제약의 변화 이제 타이 음식점이 한 달간 반값 할인 행사를 한다고 하자. 그래서 앤과 톰이 외식을 한 번 하는 데 드는 비용이 10달러로 낮아졌다. 이 경우 그림 6.1의 예산 제약 선이 어떻게 달라지는가?

3 예산 제약 선의 기울기는 X의 가격을 Y의 가격으로 나눈 $-P_X/P_Y$로 계산된다. 이는 시장이 정해주는, 즉 소비자에게 주어지는 두 재화 간의 교환 비율을 나타낸다. 예를 들어 $-P_X/P_Y = -2$는 앤과 톰이 외식을 한 번 하기 위해 재즈클럽 방문을 두 번 줄여야 한다는 것을 의미한다.

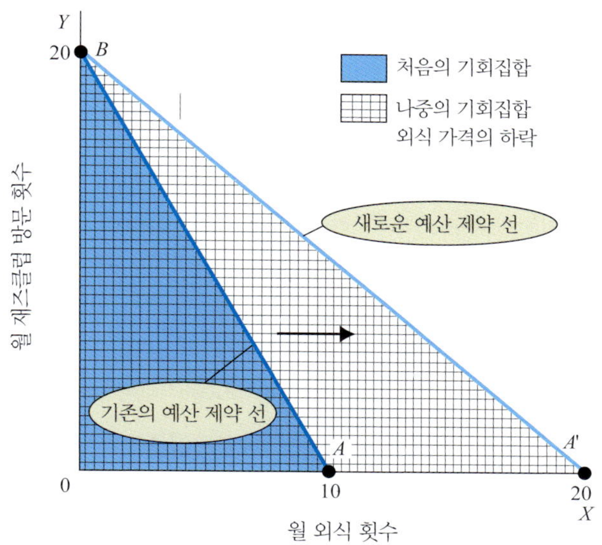

그림 6.2 가격 하락이 앤과 톰의 예산 제약에 미치는 영향
X축에 표시된 재화나 서비스(외식)의 가격이 하락하면 예산 제약 선이 Y축에 표시된 재화나 서비스(재즈클럽 방문)의 최대 소비 가능량(점 B)을 축으로 하여 오른쪽으로 회전한다. 이에 따라 기회집합이 더 커져서 기회가 증가하고 선택의 폭이 넓어진다.

첫째, B점은 변화가 없다. 앤과 톰이 재즈클럽에 가는 데 모든 용돈을 사용한다면 외식 가격의 변화는 아무런 관계가 없으며, 앤과 톰은 재즈클럽에 스무 번 갈 수 있다. 그러나 A점은 달라진다. 그림 6.2에서 A점은 A'로 이동한다. 낮아진 가격 10달러에서 앤과 톰이 용돈을 전부 외식에 사용한다면 전보다 2배 더 외식을 할 수 있다(200달러 ÷ 10달러 = 20). 그림 6.2에서 보듯이 예산 제약 선이 회전한다.

더 평평해진 새로운 예산 제약 선으로 인해 외식과 재즈클럽 방문 간의 새로운 상호 교환관계가 발생한다. 외식 가격이 10달러로 하락한 후 외식 한 번의 기회비용은 재즈클럽 한 번 가기이다. 낮아진 외식 가격으로 인해 전보다 더 많은 외식과 재즈클럽 방문이 가능해졌다. 즉 기회집합이 확장된 것이다. 따라서 그림 6.2는 한 재화의 가격이 변동하면 그 재화의 수요량만 달라지는 것이 아니라는 중요한 사실을 알려준다. 기회집합이 확장되면서 이제 앤과 톰은 전혀 다른 선택에 직면한다. 외식 가격이 낮아짐으로써 200달러라는 변함없는 화폐소득을 가지고 외식을 더 많이 할 수도 있고 재즈클럽에 더 많이 갈 수도 있게 되었다. 이들은 더 부유해진 것이다. 외식 가격이 10달러로 하락하는 경우 예산 제약 선의 방정식은 $10X + 10Y = 200$이며, 이는 그림 6.2에서 A'점과 B점을 잇는 직선이다.

6.2 선택의 기준: 효용

학습목표

생산물을 선택할 때 효용 극대화 원칙이 어떻게 작동하는지 이해한다.

예산 제약 선은 선택 가능한 것을 보여준다. 그러나 그중에서 사람들이 무엇을 선택하는지를 알려면 사람들의 마음, 보다 정확히 말하면 사람들이 좋아하는 것, 즉 기호를 알아야 한다.

19세기에 가치를 측정하는 기준으로 경제학에서 효용이라는 개념이 사용되기 시작했다. 사람들이 어떤 재화를 다른 재화보다 더 좋아하는지는 어느 것의 **효용**(utility)이 더 큰가, 즉 어느 것이 더 큰 만족을 주는가에 달렸다는 것이다. 강아지 한 마리와 고슴도치 한 마리의 상대적 가치를 어떻게 결정하는가? 주말에 등산을 가는 것과 박물관에 가는 것 중 무엇이 더 가치 있는가? 어떤 선택을 할 때 우리는 선택 가능한 모든 것으로부터 얻을 수 있는 효용(만족감)을 서로 비교한다.

효용 한 제품이 주는 만족도

효용의 크기를 직접 측정할 수는 없지만, 사람들의 선호와 기호를 측정하는 도구로 효용이라는 개념을 사용하면 사람들의 선택 과정을 더 잘 이해할 수 있다. 효용을 측정하기는 불가능하더라도 효용이라는 개념을 이용하여 소비자의 선택에 대해 많은 것을 알아낼 수 있다.

한계효용 체감의 법칙

당신이 맛있는 수제 아이스크림 가게 가까이에 살고 있다고 하자. 아이스크림을 먹으면 큰 즐거움(효용)을 얻는다고 해도 당신은 모든 소득을 아이스크림을 사 먹는 데 쓰지는 않을 것이다. 하루에 맨 처음 먹는 아이스크림은 아주 맛있다. 그러나 두 번째 아이스크림은 그냥 맛있다 정도일 것이다. 세 번째 아이스크림도 여전히 맛있을 수 있다. 그러나 확실한 것은 아이스크림을 먹으면서 느끼는 행복감이 점점 줄어든다는 것이다. 왜 그럴까? 일정 기간 동안 어떤 재화를 점점 더 많이 소비할수록 추가적인 1단위(한계적 단위)로부터 얻는 만족감(효용)이 점점 작아지기 때문이다.[4]

한계효용 체감의 법칙 일정 기간 동안 어떤 재화를 점점 더 많이 소비할수록 추가적인 1단위(한계적 단위)로부터 얻는 만족감(효용)이 점점 작아지는 것

1890년에 앨프리드 마셜은 이러한 '인간 본성의 매우 친숙하고 기본적인 경향'을 **한계효용 체감의 법칙**(law of diminishing marginal utility)이라고 일컬었다. 마셜이 법칙이라고 부른 이 인간 본성의 경향은 생산물시장, 금융시장, 노동시장 등 다양한 시장에서 사람들의 행동을 이해하는 데 큰 도움이 되는 것으로 밝혀졌다.

총효용 한 재화나 서비스의 소비로 얻는 총만족도

한계효용(*MU*) 재화나 서비스를 1단위 더 소비하거나 사용할 때 추가로 얻는 만족감

수치를 사용하여 이를 확인해보자. 컨트리 음악을 좋아하는 프랭크는 컨트리 음악 공연을 들을 수 있는 클럽에 매일 간다. 표 6.2는 프랭크가 컨트리 음악 클럽에 감으로써 얻는 효용을 보여준다. 처음 컨트리 음악 클럽에 갔을 때 프랭크가 얻는 효용이 12유틸(효용의 단위)이라고 하자. 두 번째 갔을 때는 처음 갔을 때보다 만족도가 작을 것이다. 두 번째 방문하여 추가로 얻는 효용이 10유틸이라고 하자. 따라서 두 번 갔을 때 얻을 수 있는 **총효용**(total utility)은 22유틸이다. 한 주에 세 번 간다면 얻게 되는 총효용이 28유틸이다. 따라서 세 번째 갔을 때 추가로 얻는 만족감, 즉 **한계효용**(marginal utility, *MU*)은 6유틸(28유틸 − 22유틸)이다.

그림 6.3은 표 6.2의 자료를 이용하여 총효용과 한계효용을 그래프로 나타낸 것이다. 총효용은 프랭크가 컨트리 음악 클럽에 다섯 번 갈 때까지 계속 증가한다. 그러나 여섯 번째부터는 총효용이 증가하지 않는다. 표 6.2에서 보듯이 여섯 번째 방문으로 얻는 추가적인 효용(한계효용)이 0이다. 방문 횟수가 증가할수록 점점 작아지던 한계효용이 마침내 0이 된다.

표 6.2 프랭크가 한 주간 클럽 방문으로 얻는 총효용과 한계효용

클럽 방문	총효용	한계효용
1	12	12
2	22	10
3	28	6
4	32	4
5	34	2
6	34	0

4 역자 주: 효용을 대신할 수 있는 일상적인 단어는 즐거움(pleasure), 행복감(happiness), 만족감(satisfaction, glow) 등이다. 또한 한계적인(marginal), 증분적인(incremental), 추가적인(additional)은 모두 동일한 의미라고 생각하면 된다.

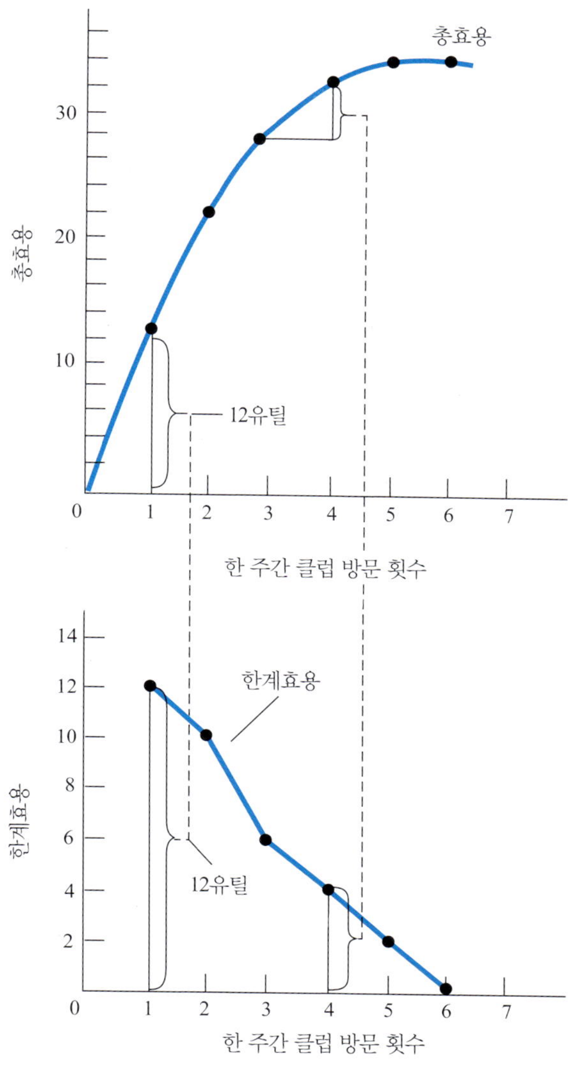

그림 6.3 프랭크의 총효용과 한계효용

한계효용은 재화나 서비스를 1단위 더 소비할 때(여기서는 클럽에 한 번 더 갈 때) 추가로 얻는 효용이다. 한계효용이 0이면 총효용이 더 이상 증가하지 않는다.

한계효용 체감 현상은 영화 상영 기간이 한정되어 있거나 무한 리필 음식점이 장사가 되는 이유 등을 이해하는 데 도움이 된다. 프로 스포츠가 시즌제인 것도 이러한 이유 때문이다. 한계효용 체감(한계효용이 점점 감소함)은 간단하고 직관적인 개념이지만 경제적 현상을 이해하는 데 매우 유용하다.

효용 극대화를 위한 소득 배분

프랭크는 한 주에 몇 번 컨트리 음악 클럽에 갈까? 답은 프랭크의 소득, 클럽 입장료, 선택 가능한 대안에 따라 달라진다. 입장료가 공짜이고 선택 가능한 다른 대안이 없다면 한 주에 다섯 번 컨트리 음악 클럽에 갈 것이다(여섯 번째 갈 때 추가로 얻는 만족감이 0라는 것을 기억하라). 한편 프랭크는 농구도 좋아하여 원한다면 한 주에 여섯 번 농구 경기를 보러 갈 수 있다고 하자.

컨트리 음악 클럽의 입장료나 농구 경기 입장료가 모두 무료라고 하자. 따라서 가격이나 소득에 의한 제약이 없다. 그러나 1주일은 저녁이 일곱 번뿐이므로 시간적인 제약이 있다. 표 6.3은 프랭크가 클럽 또는 농구 경기에 감으로써 얻는 총효용과 한계효용을 보여준다. 셋째 열을 보면 첫 번째 저

표 6.3 정해진 주당 예산의 배분

한 주간 클럽 방문 횟수	총효용	한계효용(MU)	가격(P)	달러당 한계효용(MU/P)
1	12	12	$3.00	4.0
2	22	10	3.00	3.3
3	28	6	3.00	2.0
4	32	4	3.00	1.3
5	34	2	3.00	0.7
6	34	0	3.00	0
한 주간 농구 경기 관람 횟수	**총효용**	**한계효용(MU)**	**가격(P)**	**달러당 한계효용(MU/P)**
1	21	21	$6.00	3.5
2	33	12	6.00	2.0
3	42	9	6.00	1.5
4	48	6	6.00	1.0
5	51	3	6.00	0.5
6	51	0	6.00	0

녁에 프랭크가 농기 경기를 보러 갈 것이라고 결론 내릴 수 있다. 농구 경기 관람(21유틸)은 클럽 방문(12유틸)보다 프랭크에게 더 가치가 있다.

두 번째 저녁은 결정하기가 그렇게 쉽지 않다. 그 주에 이미 농구 경기를 한 번 보았으므로 두 번째 농구 경기 관람(12유틸)은 첫 번째(21유틸)보다 만족감이 작기 때문이다. 이는 클럽에 처음 가는 것과 같은 만족감을 준다. 프랭크는 첫 번째 클럽 방문과 두 번째 농구 경기 관람의 차이를 못 느낀다. 즉 무차별적이다. 따라서 하루 저녁은 농구 경기를 보러 가고(12유틸) 그다음 날 저녁은 클럽에 간다(12유틸). 그렇다면 프랭크는 농구 경기를 두 번 보고 클럽에 한 번 간 것이다. 네 번째 저녁에는 어떻게 할까? 그는 클럽에 갈 것이다. 두 번째 클럽에 갈 때의 한계효용(10유틸)이 세 번째 농구 경기를 보러 갈 때의 한계효용(9유틸)보다 크기 때문이다.

프랭크는 효용을 극대화하기 위해 시간을 두 활동에 적절히 나눈다. 한계효용을 비교하여 한계효용이 더 큰 활동을 선택함으로써 효용을 극대화하는 방향으로 시간을 배분하는 것이다. 이렇게 해서 프랭크는 클럽에 세 번 가고 농구 경기를 네 번 봄으로써 한 주 동안 얻는 총효용이 최대 크기인 76유틸(28유틸 + 48유틸)이 되게 한다. 이보다 더 큰 효용을 가져다주는 조합은 없다. 이러한 프랭크의 결정은 우리가 일상생활에서 매일 이것을 할까, 저것을 할까 결정하는 것과 크게 다르지 않다.

지금까지는 클럽에 가서 음악을 듣는 경우 발생하는 비용이 보지 못하는 농구 경기이고, 농구 경기를 보러 가는 경우 발생하는 비용이 클럽에 가서 음악을 듣지 못하는 것이었다. 이제 클럽 입장료가 3달러, 농구 경기 입장료가 6달러이고, 프랭크가 월세와 기타 경비를 지불하고 난 후 유흥에 쓸 수 있는 돈이 21달러밖에 없다고 가정하자. 소비자는 한정된 소득(예산)을 여러 재화와 서비스를 구매하는 데 배분한다. 프랭크도 마찬가지로 한정된 소득(21달러)을 두 재화를 구매하는 데 배분해야 한다. 그러나 이 경우에도 우리가 적용하는 원칙은 동일하다. 즉 소득(21달러)과 가격(3달러, 6달러)이라는 예산 제약하에 프랭크는 효용을 극대화하는 선택을 한다.

두 활동에 드는 비용이 다르기 때문에 각 활동에 지출하는 달러(금액)당 한계효용을 살펴보아야 한다. 프랭크는 예산 제약하에 가장 큰 효용을 얻을 수 있는 두 활동의 조합을 찾아야 한다. 다시 말해 매일 저녁 그는 지출하는 달러당 더 큰 효용을 가져다주는 활동을 선택해야 한다. 표 6.3의 다섯째 열을 보면 프랭크는 클럽에 처음 갈 때 달러당 4유틸(12유틸 ÷ 3달러 = 4유틸/달러)을 얻는다. 두 번째 저녁에는 농구 경기를 보러 가면 달러당 3.5유틸(21유틸 ÷ 6달러 = 3.5유틸/달러)을 얻고, 세 번째 저녁에는 다시 클럽에 간다. 그다음 저녁에는 어디를 가야 할까? 예산(21달러)을 모두 사용하여 두 활동 중 무엇을 할지에 대한 결정이 다 끝났을 때 프랭크는 농구 경기를 두 번 보고 클럽에 세 번 간다. 21달러를 가지고 선택할 수 있는 두 활동의 조합 중에서 이보다 더 많은 총효용(총만족도)를 얻을 수 있는 것은 없다. 프랭크는 예산 제약 때문에 1주일 내내 농구 경기를 가러 보거나 클럽에 갈 수 없다.

효용 극대화의 공식

효용을 극대화하는 소비자는 다음 조건이 만족될 때까지 자신의 지출을 조절하여 배분해야 한다. 즉 다음 조건이 성립하면 효용이 극대화된다.

$$\text{모든 재화를 비교할 때 } \frac{MU_X}{P_X} = \frac{MU_Y}{P_Y}$$

MU_X는 X재의 마지막 1단위 소비로부터 얻는 한계효용이고, MU_Y는 Y재의 마지막 1단위 소비로부터 얻는 한계효용이다. P_X는 X재의 단위당 가격($), P_Y는 Y재의 단위당 가격($)이다.

이것이 왜 효용 극대화를 가져다주는 공식인지, 즉 **효용 극대화 원칙**(utility-maximizing rule)을 이해하기 위해 이러한 관계가 성립하지 않는 경우 어떤 일이 일어나는지 살펴보자. 예를 들어 MU_X/P_X가 MU_Y/P_Y보다 크다고 하자. 다시 말해 한 소비자가 어떤 재화의 묶음인 X를 구매하기 위해 지출한 마지막 1달러로부터 얻는 한계효용이 다른 재화의 묶음인 Y를 구매하기 위해 지출한 마지막 1달러로부터 얻는 효용보다 크다. 이는 이 소비자가 Y를 구매하는 데 쓰는 돈을 줄여서 X를 더 구매하면 효용을 증가시킬 수 있음을 의미한다. 그런데 Y를 덜 사고 X를 더 산다면 한계효용 체감의 법칙과 만나게 된다. 즉 X를 더 많이 구매하면 X를 1단위 더 소비함으로써 얻는 한계효용(MU_X)이 감소함으로써 X 구매에 지출하는 달러당 한계효용이 감소한다. 또한 Y를 덜 구매하면 Y를 덜 소비하게 되어 마지막 1단위의 Y로부터 얻는 한계효용(MU_Y)이 증가한다. 따라서 Y 구매에 지출하는 마지막 달러당 한계효용이 증가한다. Y를 점점 덜 구매하고 대신 X를 점점 더 구매하면서 효용을 증가시키는 것은 $MU_X/P_X = MU_Y/P_Y$가 될 때까지 계속되어야 할 것이다. 마지막으로 이 조건이 성립하고 나면 소비자는 X 묶음과 Y 묶음 사이에서 구매를 조정하더라도 더 이상 효용을 증가시킬 수 없다.

효용 극대화 원칙 모든 재화의 한계효용을 해당 재화의 가격으로 나눈 값이 동일해지게 하는 것

효용 극대화를 위해 클럽 방문과 농구 경기 관람 사이에서 프랭크의 선택이 조정되는 과정에서도 이를 확인할 수 있다. 단계마다 프랭크는 지출하는 달러당 가장 큰 효용을 얻는 활동을 선택한다. 농구 경기를 한 번 보러 가면 다음번 농구 경기 관람으로 얻는 효용(한계효용)이 감소하고, 클럽에 한 번 가면 다음번 클럽 방문으로 얻는 효용(한계효용)이 감소한다. 어떤 활동을 점점 더 할수록 한계효용이 점점 더 작아지는 것이다.

한계효용 체감의 법칙은 플라톤 시대부터 애덤 스미스 시대까지 이어진 수수께끼를 풀 수 있게 해

준다. 애덤 스미스는 1776년 출간한《국부론》에 다음과 같이 썼다.

> 사용하는 데 가장 큰 가치가 있는 것이 교환에서는 거의 아무런 가치가 없는 경우가 흔히 있다. 반대로 교환에서 가장 큰 가치가 있는 것이 사용하는 데 거의 아무런 가치가 없는 경우도 흔히 있다. 물보다 더 유용한 것은 없다. 그러나 물을 가지고는 그 어떤 희소한 것과도 교환할 수 없다. 다이아몬드는 사용 가치가 거의 없다. 그러나 다이아몬드를 가지고는 다른 많은 것과 교환할 수 있다.[5]

다이아몬드/물 역설 큰 사용 가치가 있는 것이 교환 가치가 거의 없는 경우가 있고, 교환 가치가 큰 것이 사용 가치가 거의 없는 경우도 있다는 역설

다이아몬드의 사용 가치가 전혀 없는 것은 아니고(예: 유리 등을 절단하는 데 사용됨) 물도 세계 여러 지역에서 큰 가치가 있지만, 애덤 스미스의 **다이아몬드/물 역설**(diamond/water paradox)은 모든 것의 교환 가치가 그것의 한계 가치로 결정된다는 것을 알려준다.

세계 많은 지역에서 물 가격이 매우 낮은 것은 물이 충분히 많이 공급되기 때문이다. 물 가격이 0이라 하더라도 소비자는 물을 무한대로 소비하지 않는다. 소비자는 물의 한계효용이 0이 될 때까지 물을 소비한다. 물의 한계 가치가 0이어서 거의 공짜인 물을 소비할 때 우리는 엄청난 소비자잉여를 얻고 있는 것이다. 물 가격이 0일 때 물의 수요곡선 아래에 있는 모든 면적이 소비자잉여이다. 우리나라 사람들은 대개 물이 별게 아니라고 생각한다. 그러나 물 공급이 제한적인 국가도 있다. 물이 충분하지 않다고 상상해보라. 물이 굉장히 비싸질 것이다. 세계보건기구(WHO)의 발표에 따르면 파푸아뉴기니의 가난한 사람들은 매일 버는 돈의 절반을 깨끗한 물을 얻는 데 사용한다.

감소하는 한계효용과 우하향하는 수요곡선

한계효용 체감의 법칙은 사람들이 한두 가지를 구매하는 데 소득을 전부 사용하지 않고 여러 종류의 재화와 서비스를 분산 구매하는 데 사용하는 이유를 알려준다. 또한 이는 수요곡선이 우하향하는 이유이기도 하다.

왜 그런지 알아보기 위해 앤과 톰의 예를 다시 이용하겠다. 이들은 외식과 재즈클럽 방문 중에서 선택했다. 외식의 수요곡선을 나타낸 그림 6.4를 살펴보자. 외식 가격이 40달러일 때 앤과 톰은 외식을 하지 않는다. 이 경우 이들은 매달 40달러를 처음 외식에 지출할 때 얻는 효용이, 40달러로 다른 것을 구매함으로써 얻는 효용만큼 크지 않다고 판단한다.

이제 외식 가격이 25달러라고 하자. 이 가격에서 앤과 톰은 한 달에 다섯 번 외식을 한다. 첫 번째, 두 번째, 세 번째, 네 번째, 다섯 번째 외식으로 얻는 효용이 25달러로 다른 것을 구매함으로써 얻는 효용보다 크다. 톰과 앤은 다섯 번 외식을 함으로써 이러한 상황을 드러낸다. 한계효용 체감의 법칙에 따라 이들이 여섯 번째 외식으로 얻는 효용은 25달러로 다른 것을 구매함으로써 얻는 효용보다 작다.

따라서 한계효용 체감의 법칙에 의해 모든 수요곡선은 가로축(수량)과 만나게 된다. 달리 말해 수요곡선은 우하향한다. 만약 식사가 공짜라면 앤과 톰은 한 달에 스물다섯 번 외식을 할 것이다. 식사가 공짜라고 해도 한 달에 스물다섯 번보다 더 많이 외식을 하지는 않을 것이다. 아마도 타이 음

---

5 Adam Smith, *The Wealth of Nations*, Modern Library Edition (New York: Random House, 1937), p. 28 (1st ed. 1776). 물이 얼마나 값싼 것인가는 기원전 304년에 플라톤이《에우티데모스(Euthydemus)》에서 언급했다.

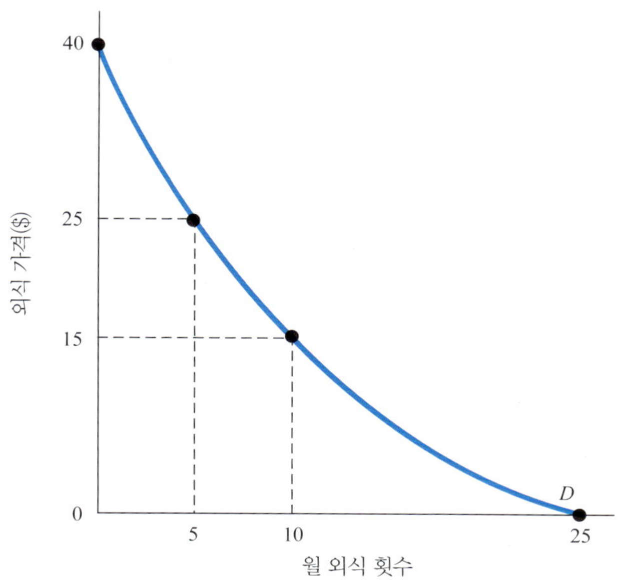

그림 6.4 한계효용 체감의 법칙과 우하향하는 수요곡선
가격이 40달러일 때 첫 번째 외식으로 얻는 효용(만족감)은 40달러를 주고 다른 것을 구매함으로써 얻는 효용보다 작다. 그러나 가격이 25달러일 때는 한 달에 다섯 번 외식을 한다(여섯 번째 외식으로 얻는 효용이 25달러를 주고 다른 것을 구매함으로써 얻는 효용보다 작다). 가격이 15달러라면 앤과 톰은 15달러를 주고 다른 것을 구매함으로써 얻는 효용보다 외식으로 얻는 효용이 작아지기 직전까지 외식을 하므로 한 달에 열 번 외식을 할 것이다. 식사가 공짜라고 해도 한 달에 스물다섯 번보다 더 많이 외식을 하지는 않을 것이다.

식에 질려서 스물여섯 번째부터는 먹고 싶다는 생각이 안 들 것이다. 마지막 스물다섯 번째 외식이 주는 효용, 즉 스물다섯 번째 외식의 한계효용은 0이 된다. 이러한 설명이 현실적이지 않다고 느껴진다면 오늘 하루 당신이 얼마나 많이 물을 마셨는지 생각해보라.

6.3 소득효과와 대체효과

학습목표

가격 변화에 따른 소득효과와 대체효과를 이해한다.

효용(만족감)과 한계효용(한계만족감) 체감의 법칙을 통해 소비자의 선택 과정과 우하향하는 수요곡선을 설명할 수 있을 뿐 아니라 소득효과와 대체효과를 가지고도 우하향하는 수요곡선을 설명할 수 있다.

소득효과

당신이 많이 소비하는 어떤 재화의 가격이 하락했다고 가정하자. 다른 것들이 일정하다면 가격 하락 자체만으로도 당신은 더 부유해진다. 가격이 떨어진 재화를 전과 똑같은 양만큼 구매한다면 소득 중 일부가 남기 때문에 실제로 더 부유해지는 것이다. 남은 소득으로 가격이 하락한 그 재화를 더 사거나 다른 재화를 살 수도 있다. 이처럼 가격 변화로 인해 전보다 더 부유해지는 것을 가격 변화의 소득효과라고 한다.

플로리다주에 살고 있는 당신이 1년에 네 번 비행기를 타고 내슈빌에 살고 있는 부모님을 뵈러 간다고 하자. 왕복 항공료가 400달러라면 당신은 1년에 항공료를 1,600달러 쓰게 된다. 그런데 올해 왕복 항공료가 300달러로 하락했다고 하자. 작년과 마찬가지로 네 번 부모님을 뵈러 간다면 항공료를 지불하고도 400달러가 남아 더 부유해진다. 그렇다면 당신은 무엇을 할까? 만약 비행기 여행이 정상재라면 소득이 증가할 때 비행기 여행의 수요도 증가할 것이다. 따라서 더 부유해진 당신은 부모님을 뵈러 가는 횟수를 늘리거나 다른 재화의 구매를 늘릴 것이다. 반대로 항공료가 오른다면 소득에 변화가 없더라도 당신은 더 가난해지는 셈이다. 이처럼 가격 변화로 더 부유해지거나 가난해짐에 따라 해당 재화의 구매량이 증가하거나 감소하는 것을 소득효과라고 한다. 소득효과는 지출에서 많은 부분을 차지하는 재화에 대해 특히 중요하다.

대체효과

가격 하락이 가구를 더 부유하게 만든다는 것은 전체 이야기의 일부일 뿐이다. 어떤 재화의 가격이 하락하면 그 재화는 다른 재화에 비해 상대적으로 더 저렴해진다. 따라서 소비자는 그 재화를 그것의 대체재보다 더 좋아하게 된다. X재의 가격이 하락하면 가구는 X재의 대체재를 멀리하고 X재를 더 많이 사는 방향으로 구매 패턴을 바꾸는데, 이를 가격 변화의 대체효과라고 한다.

앞에서 언급했듯이 어떤 재화를 구매하기 위해 지불하는 '진짜' 비용, 즉 그 재화의 가격은 그것의 기회비용으로 측정해야 한다. 비행기 타고 부모님을 뵈러 가는 경우를 생각해보자. 왕복 항공료가 400달러이므로 한 번 비행기를 탈 때마다 400달러 가치의 다른 재화나 서비스를 희생하게 된다. 만약 왕복 항공료가 300달러로 하락한다면 고향 방문의 기회비용이 100달러만큼 감소한다. 달리 말해 400달러가 아닌 300달러 가치의 다른 재화나 서비스를 희생하게 된다.

소득효과와 대체효과를 구분하기 위해 다음 두 가지 상황이 동시에 발생했을 때 당신의 행동에 어떤 영향을 미칠지 살펴보자. 첫째, 플로리다에서 내슈빌까지의 왕복 항공료가 400달러에서 300달러로 하락했다. 둘째, 당신의 소득이 400달러 감소했다. 당신이 부모님을 뵈러 가는 횟수가 작년과 동일하다고 가정하자. 이제 당신은 새로운 상대적 가격에 직면하게 된다. 소득이 400달러 줄어들었기 때문에 당신은 항공료가 하락해도 더 부유해지지 않는다.

이제 당신은 고향에 더 자주 갈 가능성이 있다. 다른 재화나 서비스의 가격에 변화가 없다고 가정했을 때 항공료의 기회비용이 더 낮아지기 때문이다. 이제 고향 방문은 다른 재화나 서비스의 희생을 400달러가 아닌 300달러만큼 요구한다. 따라서 당신은 다른 재화나 서비스의 소비를 줄이고 부모님을 뵈러 갈 것이다.

그러나 재화의 가격이 오르면 이와 반대되는 현상이 나타난다. 가격이 상승하면 가구는 더 빈곤해진다. 소득과 다른 재화의 가격에 변화가 없을 때 가구가 해당 재화를 구매하기 위해 전과 동일한 금액을 지출한다면 전보다 적은 양을 구매하게 되는데, 이러한 현상을 소득효과라고 한다. 한편 가격이 상승하면 소득이 변하지 않는다고 가정하더라도 그 재화는 다른 대체재에 비해 상대적으로 더 비싸진다. 다시 말해 그 재화의 기회비용이 증가한다. 따라서 가구는 해당 재화를 다른 재화로 대체할 가능성이 높은데, 이러한 현상을 대체효과라고 한다.

소득효과와 대체효과는 수요곡선에 대해 무엇을 알려주는가? 소득효과와 대체효과는 둘 다 일반적으로 가격과 수요량이 음의 관계라는 것, 즉 수요곡선이 우하향한다는 것을 의미한다. 다른 것들이 일정할 때 어떤 재화의 가격이 하락하면 소비자가 전보다 부유해지므로 그 재화나 다른 재화를 더 많이 구매할 가능성이 높다(소득효과). 또한 어떤 재화의 가격 하락은 그 재화가 '다른 대체재보다 상대적으로 저렴하다'는 것을 뜻하므로 소비자가 그 재화를 더 많이 구매할 가능성이 높다(대체효과). 반대로 어떤 재화의 가격이 상승하면 소비자가 전보다 빈곤해지므로 그 재화의 구매량이 줄어든다(소득효과). 또한 어떤 재화의 가격 상승은 그 재화가 '다른 대체재보다 상대적으로 비싸다'는 것을 뜻하므로 소비자가 그 재화를 덜 구매할 가능성이 높다(대체효과). 정상재의 가격 변화에 따른 소득효과와 대체효과를 간략하게 정리하여 그림 6.5에 제시했다.[6]

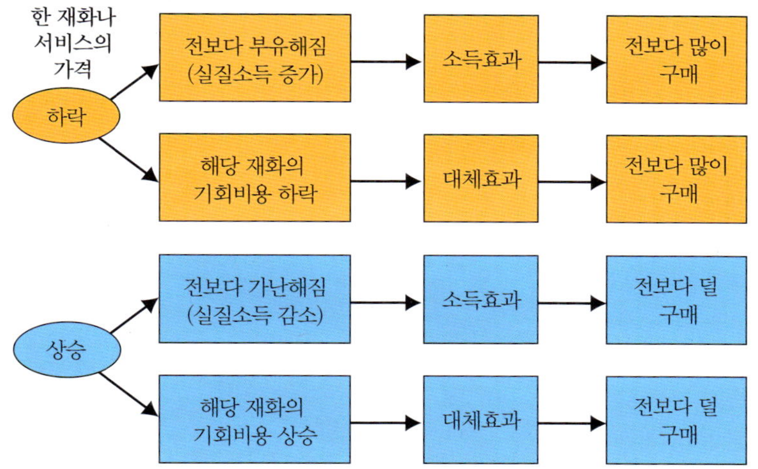

그림 6.5 가격 변화에 따른 소득효과와 대체효과
정상재의 경우 소득효과와 대체효과가 같은 방향으로 작용한다. 가격 상승은 수요량을 감소시키고 가격 하락은 수요량을 증가시킨다.

한편 휘발유 가격이 오를 때의 소득효과는 다른 재화의 수요를 감소시킨다. 휘발유는 많은 가구의 예산에서 차지하는 비중이 크기 때문에 휘발유의 가격 변화에 따른 소득효과가 매우 클 것이다. 일부에서는 휘발유의 가격 상승으로 인한 소득효과가 매우 커서 다른 고가 제품의 판매량이 감소한다고 주장하기도 한다.

6.4 투입물시장에서 가구의 선택

학습목표

가구의 노동과 저축에 대한 의사결정에 영향을 미치는 요인을 파악한다.

지금까지는 생산물의 수요곡선에 초점을 맞추었다. 가구는 한정된 소득을 구매 가능한 다양한 재화와 서비스의 조합에 배분한다. 앞에서 생산물에 대한 가구의 선택에 영향을 미치는 요인을 살펴볼 때 가구의 화폐소득이 고정되어 있다고 가정했다. 그러나 그림 II.1에서 보듯이 가구의 소득은 투입물(생산요소)시장에서의 선택에 따라 달라질 수 있다. 투입물시장에서 가구가 하는 노동공급에 대한 의사결정과 저축에 대한 의사결정을 간단히 살펴보자.

노동공급에 대한 의사결정

미국인의 전체 소득은 대부분 노동공급의 보상으로 받는 임금과 봉급으로 이루어져 있다. 가구의 구성원은 노동을 제공하고 그 대가로 임금이나 봉급을 받는다. 그들은 일을 할지 말지, 일을 한다면 어떤 종류의 일을 할지 의사결정을 한다. 가구의 이러한 결정은 생산물시장에서와 마찬가지로 어떤

---

6 일부 재화의 경우 소득효과와 대체효과가 반대 방향으로 작용한다. 소득이 오를 때 어떤 재화를 덜 사기도 하는데 그러한 재화를 열등재라고 한다(3장 참조). 한 열등재의 가격이 오르면 다른 재화의 경우와 마찬가지로 이 열등재는 다른 대체재에 비해 상대적으로 비싸진다. 따라서 소비자는 이 열등재를 덜 구매하고 더 낮은 가격의 대체재를 구매할 것이다. 그러나 열등재라 하더라고 가격 상승 때문에 빈곤해진 소비자는 그것을 전보다 더 많이 구매할 것이다. 따라서 소득효과로 인해 열등재의 구매가 증가하고, 이는 열등재의 가격 상승으로 인한 대체효과를 부분적으로 상쇄한다.

어떤 재화가 매우 심한 열등재라 하더라도 대체효과가 소득효과보다 더 크다면 열등재의 수요곡선이 우하향한다. 그러나 적어도 이론상으로는 열등재의 소득효과가 매우 커서 대체효과를 능가한다면 열등재의 가격 상승이 수요량의 증가로 나타날 수 있다. 앨프리드 마셜은 이러한 가능성을 자신의 《경제학 원리》에서 밝혔다. 마셜은 우상향하는 수요곡선의 가능성을 가진 열등재를 로버트 기펜 경(Sir Robert Giffen)의 이름을 따서 기펜재라고 불렀다. 이를 기펜재의 역설이라고도 한다. 최근에 한 연구진은 중국의 일부 지역에서 쌀이 기펜재가 되고 있다는 증거를 발견했다. 즉 그러한 지역에서는 쌀 가격이 상승하여 실질소득이 줄어들면 쌀을 더 많이 구매했다.

경제학의 적용

대체 구매와 장바구니에 담긴 품목

이 책의 저자 중 한 명이 해리스푸드(Harry's Food)라는 한 식료품점이 다음과 같이 광고하는 것을 보았다. "우리는 이 도시에서 최저가로 팔고 있으며 이를 증명할 수 있어요!" 그래서 우리는 보통의 소비자인 스미스를 대상으로 비교실험을 했다. 스미스는 해리스푸드에 가서 일주일 동안 먹을 것을 사는 데 125달러를 썼다. 우리는 해리스푸드와 경쟁하는 다른 식료품점에 가서 해리스푸드에서 구매한 것과 똑같은 것을 사서 장바구니에 담아오라고 스미스에게 부탁했다. 스미스가 경쟁 식료품점에서 똑같은 것을 구매하고 지불한 금액은 134달러였다.

해리스푸드의 광고는 흔히 볼 수 광고이다. 그러나 이러한 광고를 평가할 때 여러 가지를 생각해보아야 한다. 스미스가 일반적인 소비자를 대표하지 않는 소비자일 수도 있다. 따라서 해리스푸드의 광고가 스미스에게는 좋은 기회일지 몰라도 당신에게는 그렇지 않을 수도 있다(스미스의 수요곡선과 당신의 수요곡선이 다를 수도 있다). 아니면 해리스푸드가 그 광고를 내건 날이 마침 특별 세일을 하는 날일 수도 있다. 그러나 해리스푸드가 매일 그러한 광고를 하고 스미스가 보통의 소비자라면 해리스푸드의 광고에는 기본적으로 잘못된 점이 있다. 이 장에서 살펴본 내용을 되새겨보면 잘못된 점이 무엇인지 알 수 있다.

장을 볼 때 스미스는 여러 식품의 가격을 보고 그 가격에서 가족의 기호에 맞으면서도 자신이 고를 수 있는 최선의 선택을 했을 것이다. 이 장에서 배운 효용 극대화 원칙을 적용하면 스미스는 각 식품의 가격 대비 한계효용을 비교해보고 식품을 선택할 것이다. 예를 들어 스미스가 사과와 배를 거의 비슷하게 좋아하고, 해리스푸드에서 둘 중 가격이 싼 배를 골랐다고 하자. 그런데 그는 경쟁 식료품점에서도 해리스푸드에서 구매한 것과 똑같은 것을 사야 한다는 제약이 있다(경쟁 식료품점에서는 배가 사과보다 비싸더라도 어쩔 수 없이 배를 고를 수밖에 없다). 따라서 우리는 재화를 대체해서 구매할 수 있는 능력을 제한함으로써 스미스가 더 비싼 것을 구매하도록 강요한 것이다. 우리가 해야 할 진짜 질문은 해리스푸드와 경쟁 식료품점에서 각각 125달러를 지출한 스미스는 어느 쪽의 구매에 더 만족하는가이다. 스미스의 효용곡선의 모양과 가격에 대해 구체적으로 모르는 상태에서 이 질문에 답할 수는 없지만, 확실한 것은 광고에서 말하는 가격 비교가 전부는 아니라는 사실이다.

질문

• 사장이 직원을 유럽에 보내면서 "걱정하지 말아요. 당신이 여기서 구매하는 것과 동일한 것을 유럽의 거주지에서 구매할 수 있도록 봉급을 올려줄게요."라고 말한다면 적정한 봉급 조정인가?

제약하에 이루어지는데, 이러한 제약에는 그들이 지닌 기술, 선택 가능한 일자리, 시장에서 결정되는 임금수준 등이 있다. 또한 우리 모두에게 주어진 시간은 하루에 24시간뿐이라는 제약도 있다.

생산물시장에서의 의사결정처럼 노동의 공급에 대한 의사결정도 다양한 상호 교환관계를 포함하고 있다. 임금을 받기 위해 일을 하는 것에 대한 대안은 기본적으로 두 가지가 있다. 일을 하지 않는 것과 임금을 받지 않고 일하는 것이 그것이다. 일을 하지 않는다면 집에서 책을 읽거나, TV를 보거나, 잠을 자거나, 운동을 하는 등의 혜택을 위해 소득을 희생하는 것이다. 또 다른 선택은 일은 하지만 화폐임금을 받지 않는 것이다. 이 경우에는 먹거리를 직접 재배하거나, 자녀를 돌보거나, 집안일을 하는 등의 혜택을 위해 화폐소득을 희생하는 것이다.

생산물시장에서의 상호 교환관계처럼 최종 결정은 이러한 대안에 부여하는 가치에 따라 달라진다. 일을 한다면 원하는 것을 살 수 있는 임금을 얻게 되고, 일을 하지 않는다면 자녀 양육, 여가 등으로 가치를 얻을 수 있다. 그림 6.6은 이러한 선택을 보여준다. 임금은 무노동이나 여가가 주는 혜택의 가치(가격) 또는 기회비용이라고 생각할 수 있다. 소비를 할 때 선택 가능한 재화의 가격 대비

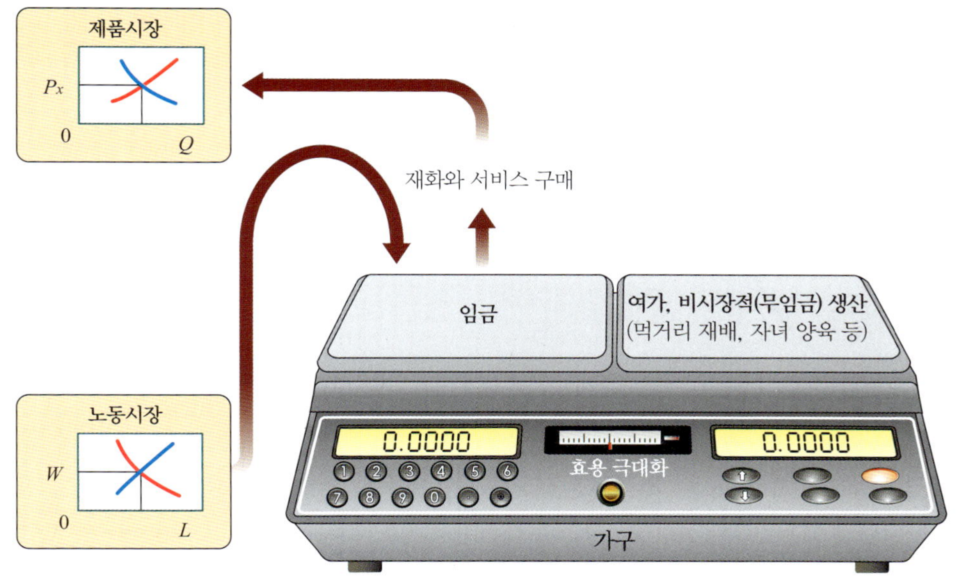

그림 6.6 가구가 직면한 상호 교환관계
일을 할지 말지에 대한 결정은 한편으로는 임금(임금으로 구매할 수 있는 재화와 서비스)과 여가 및 비시장적(무임금) 생산의 가치 간의 상호 교환관계를 포함하고 있다.

한계효용을 비교하여 구매할 것을 고르는 것처럼 여가와 다른 재화의 선택에서도 여가의 가격(임금) 대비 한계효용과 다른 재화의 가격 대비 한계효용을 비교하여 선택한다.

여가의 가격

제한된 예산을 여러 재화와 서비스를 구매하는 데 배분하는 가구는 재화, 서비스, 여가 중에서 선택을 해야 한다. 여가를 전체 그림에 추가할 때 한 가지 중요한 구별을 할 필요가 있다. 어떤 재화를 다른 재화와 교환하는 것은 하나를 덜 사고 하나를 더 사는 것이다. 따라서 가구는 단순히 소득을 한 재화에서 다른 재화로 다시 배분하는 것이다. 그러나 여가를 '구매'하는 것은 시간을 일과 일 이외의 활동에 사용하는 것이다. 이때 여가의 소비를 위해 사용하는 각 시간에 대해 시간당 임금을 포기하기 때문에 임금은 여가의 가격이다.

노동시장의 상황은 가구의 예산 제약과 최종 기회집합을 결정한다. 선택 가능한 일과 그 일로 받을 수 있는 임금에 따라 한 가구가 구매할 수 있는 재화와 서비스의 최종 조합이 결정된다. 이러한 제약하에서의 최종 선택은 각 가구의 기호와 선호에 달려 있다.

임금 변화의 소득효과와 대체효과

노동공급곡선(labor supply curve)은 다양한 임금수준에서 공급되는 노동의 양을 보여준다. 노동공급곡선의 모양은 가구가 임금 변화에 어떻게 반응하는가에 좌우된다.

노동공급곡선 주어진 각 임금에서 가구가 공급하고자 하는 노동의 양을 보여주는 그래프

시간당 임금이 상승하면 사람들은 어떤 반응을 보이는가? 첫째, 임금이 오르면 사람들이 더 부유해진다. 사람들이 전과 동일한 시간 동안 일한다면, 즉 전과 동일한 노동의 양을 공급한다면 더 높은 소득을 얻게 되어 더 많은 재화와 서비스를 구매할 수 있다. 또한 사람들은 더 많은 여가를 구매할 수도 있다. 여가가 정상재(소득이 증가하면 수요가 증가하는 재화)라면 소득의 증가는 여가의 수요를 증가시키고 노동의 공급을 감소시킨다. 이것이 임금의 소득효과이다.

그러나 임금 상승은 대체효과를 유발하기도 한다. 더 높아진 임금은 여가가 더 비싸졌음을 의미한

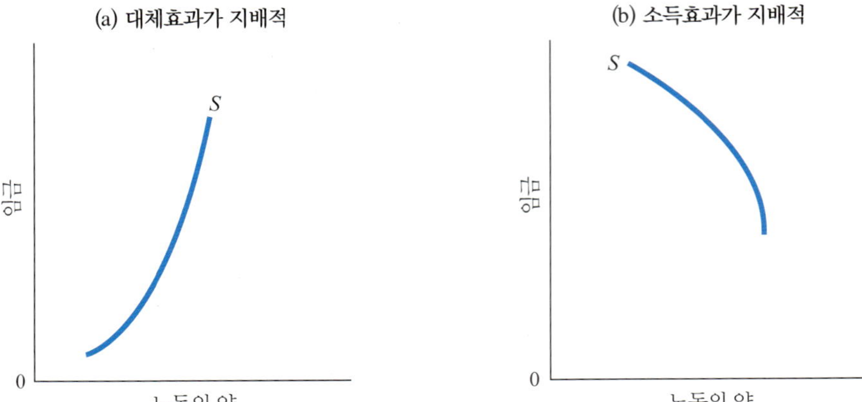

그림 6.7 두 종류의 노동공급곡선
(a) 대체효과가 소득효과보다 크면 노동공급곡선이 우상향한다. (b) 소득효과가 대체효과보다 크면 노동공급곡선이 후방 굴절하여 우하향한다.

다. 임금은 여가의 가격이므로 더 높아진 임금에서는 여가로 소비되는 시간에 대해 시간당 전보다 더 많은 임금을 잃는 셈이다. 따라서 우리는 가구가 여가를 다른 대체재로 대체할 것이라고 예상할 수 있는데, 이는 곧 일을 더 한다는 의미이다. 다시 말해 여가의 수요량은 줄어들고 노동의 공급량은 감소한다.

노동시장에서 소득효과와 대체효과는 여가가 정상재라면 반대 방향으로 작용한다는 것에 유의하라. 임금 상승의 소득효과는 여가를 더 많이 구매하는 것, 즉 일을 덜 하는 것이다. 임금 상승의 대체효과는 여가를 덜 구매하는 것, 즉 일을 더 많이 하는 것이다. 임금이 상승할 때 가구가 전보다 더 많은 노동을 공급할 것인지, 더 적은 노동을 공급할 것인지는 소득효과와 대체효과 중 어느 것이 더 큰가에 달려 있다.

대체효과가 소득효과보다 크면 임금 상승이 노동의 공급을 증가시킬 것이다. 이는 그림 6.7(a)와 같이 노동공급곡선이 우상향하고 기울기가 양의 값이라는 것을 의미한다. 반대로 소득효과가 대체효과보다 크면 임금 상승으로 여가의 소비가 증가하여 노동의 공급이 줄어들 것이다. 이 경우의 노동공급곡선은 그림 6.7(b)와 같은 후방 굴절형이다.

18세기 후반 영국의 산업혁명 초기에는 섬유 산업이 방적과 직조를 작은 농가에 하청하여 가내수공업으로 운영되었으며, 이는 농가의 소득에 보탬이 되었다. 당시에 임금이 상승하여 농가의 소득이 크게 증가했는데, 경제사를 연구하는 학자 중 일부는 그로 인해 많은 농가가 여가를 더 많이 취하고 일을 덜했다고 주장한다. 실증 자료를 토대로 한 연구에 따르면 그 시기에 영국 농가의 노동공급곡선은 후방 굴절 형태로 나타났다.

소득효과와 대체효과는 생산물시장에서 가구의 선택을 이해하는 데 도움을 줄 뿐만 아니라 투입물시장에서 가구의 선택을 이해하는 데에도 도움을 준다. 알아야 할 요점은 간단하다. 가구의 소비 선택 그림에 여가가 포함되면 투입물시장과 생산물시장의 구분이 모호해진다. 실제로 가구는 각 재화를 얼마나 소비할 것인지에 대한 선택과 여가를 얼마나 소비할 것인지에 대한 선택을 동시에 한다.

저축과 대여: 현재와 미래의 소비

지금까지는 가구의 의사결정을 살펴볼 때 현재라고 가정했다. 다양한 재화와 서비스의 선택 대안 중에서 하나를 고르는 경우 현재의 소득을 배분하는 것이었고, 일/여가의 선택은 현재의 선택에 관한 것이었다. 가구는 저축을 통해 현재의 소득을 가지고 미래의 지출을 지원할 수 있고, 차입을 통해 미래의 소득을 가지고 현재의 지출을 지원할 수 있다.

가구가 저축을 한다면 현재의 소득을 가지고 미래의 소비에 필요한 자금을 지원하는 것이다. 사람들은 젊었을 때 연금보험에 가입하여 일정 금액을 오랫동안 불입하고 늙었을 때 보험 회사가 주는 연금을 쓰면서 일을 하지 않기도 한다. 대부분의 사람들은 현재의 소득이나 저축으로는 주택과 같은 큰 구매를 할 수 있는 자금을 확보하지 못한다. 따라서 자금을 빌리거나 은행과 주택모기지(주택담보대출) 계약을 한다. 자금을 빌리는 것은 미래의 소득을 가지고 현재의 구매에 필요한 자금을 지원하는 것이다. 또한 미래의 소득을 가지고 빌린 돈의 원금과 이자를 갚는다. 저축이나 차입은 사람의 전 생애에 걸쳐 소득을 이동하는 것과 마찬가지이다.

2장에서 살펴본 콜린과 빌의 경우처럼 무인도에 둘만 있는 단순한 경제에서도 사람들은 현재와 미래의 소비에 대한 의사결정을 해야 한다. 콜린과 빌은 사냥이나 채집으로 현재의 소비를 위한 재화를 생산할 수 있다. 또한 해변에서 쉬면서 여가를 현재 소비할 수도 있다. 한편 미래의 소비 기회를 만들기 위해 계획을 세우고 일을 할 수도 있다. 집을 짓거나 수년간 사용할 수 있는 보트를 만드는 것은 현재의 소비를 미래의 소비와 맞바꾸는 의사결정을 하는 것이다. 이 장에서 살펴본 모든 선택의 경우에서처럼 원칙적으로 들여다보아야 할 것은 한계효용과 가격이다. 개인이나 가구는 현재에 무언가를 갖는 것과 미래에 무언가를 갖기 위해 기다리는 것에 어떤 가치를 부여하는가? 기다림으로써 얼마나 이득을 보는가?

사람들은 저축을 할 때 일반적으로 미래의 소득을 발생시키는 무언가에 돈을 넣어둔다. 예를 들어 은행의 예금계좌 또는 머니마켓펀드에 돈을 넣어두거나 기업이나 정부가 발행하는 채권을 매입한다. 이러한 종류의 금융상품은 대개 위험이 거의 없다. 당신이 이러한 금융상품에 돈을 묻어둔다면 돈을 빌려주는 셈이다. 돈을 빌린 사람은 당신의 돈을 사용한 것에 대해 일정한 사용료를 지불하는데, 이 사용료가 바로 이자이다.

임금의 변화가 노동시장에서 가구의 행동에 영향을 주듯이 이자율의 변화 또한 자본시장에서 가구의 행동에 영향을 준다. 더 높은 이자율은 돈을 빌리는 것이 더 비싸졌음을 의미한다. 집이나 자동차를 사기 위해 돈을 빌렸다면 매달 갚아나가는 금액이 더 커지는 것이다. 이자율의 상승은 저축으로 벌어들이는 수익이 많아진다는 것을 의미하기도 한다. 1,000달러를 5%의 연 이자를 지급하는 정기예금에 넣어두거나 연간 50달러를 주는 채권에 투자했는데 이자율이 10%로 오른다면 연 이자 수입이 100달러로 증가한다.

이자율의 변화는 저축 행위에 어떤 영향을 미치는가? 임금의 변화가 노동공급에 미치는 영향을 살펴볼 때처럼 이자율의 변화가 저축에 미치는 영향을 살펴볼 때도 소득효과와 대체효과를 통해 잘 이해할 수 있다. 만약 은퇴를 대비하여 몇 년간 저축을 했는데 이자율이 오른다면 저축액이 증가하겠는가, 감소하겠는가? 이에 대한 답은 확실치 않다. 첫째, 저축하는 금액은 달러당 더 높은 수익률을 올리기 때문에, 오늘 지출하는 것의 '가격'은 미래에 사용할 수 없는 지출이라는 측면에서 볼 때 더 높아진 것이다. 다시 말해 오늘 (저축하는 대신) 지출하는 달러당 발생하는 비용은 미래의 소비라는 측면에서 볼 때 더 증가한 것이다. 저축이 전보다 더 많은 수익을 올리기 때문이다. 이러한 이유로 전보다 더 많은 금액을 저축하게 되고, 이는 대체효과가 작동한다는 것을 의미한다.

그러나 이자율의 상승이 의미하는 바는 여기서 그치지 않는다. 이자율이 오르면 미래 목표 금액의 저축액에 도달하기 위해 오늘 저축해야 할 금액이 줄어든다. 즉 은퇴나 미래의 소비를 위해 저축해왔던 것과 동일한 금액을 저축하지 않아도 된다. 예를 들어 정기예금에 넣어둔 100달러는 복리 연이자율 5%를 적용하면 약 14년 후에 2배인 200달러가 된다. 그러나 이자율이 10%로 오르면 200달러가 되는 데 약 7년밖에 안 걸린다. 따라서 전보다 더 적은 금액을 저축하게 되고, 이는 소득효과가 작동한다는 것을 의미한다. 이자율의 상승은 저축하는 사람을 더 부유하게 만들어준다. 따라서 이자율이 오르면 저축액이 줄어들 수도 있다. 이자율의 변화가 저축에 미치는 영향은 소득효과와 대체효과의 상대적 크기에 따라 결정된다. 대부분의 실증적 증거는 이자율이 오르면 저축액이 증가하는 경향이 있음을 나타낸다. 달리 말해 대체효과가 소득효과보다 크다.

금융자본시장 자본의 공급자(저축을 하는 가구)와 수요자(투자하려는 기업)가 상호작용하는 거대하고 복잡한 기관의 집합체

저축과 투자에 대한 의사결정에는 자본의 공급자(저축을 하는 가구)와 수요자(투자하려는 기업)가 상호작용하는 거대하고 복잡한 기관의 집합체인 **금융자본시장**(financial capital market)의 작동을 포함된다. 한 경제에서 투자되는 자본의 크기는 장기적으로는 저축률의 제약을 받는다. 가구의 저축액은 한 경제가 자체적으로 공급하는 자본의 크기라고 볼 수 있다. 한 경제에 있는 가구가 이자라는 사용료를 받으면서 금융자본을 공급하기 때문에 그 경제에 있는 기업은 실물자본의 획득에 필요한 자금을 차입할 수 있다.[7] 금융자본시장은 11장에서 자세히 다룰 것이다.

복습: 생산물시장과 투입물시장의 가구

생산물시장에서 가구는 주어진 소득과 부, 재화와 서비스의 가격이라는 제약하에 자신의 기호나 선호에 따라 구매할 생산물의 양을 결정한다.

효용이라는 개념은 생산물에 대한 가구의 선택을 설명하는 데 유용하다. 또한 한계효용 체감의 법칙은 사람들이 왜 다양한 재화와 서비스를 구매하는 데 소득을 분산하는지, 그리고 수요곡선의 기울기가 왜 음의 값인지를 이해하는 데 도움이 된다. 가격과 수요량의 음의 관계를 확인하는 또 다른 방법은 소득효과와 대체효과를 살펴보는 것이다.

투입물시장을 살펴볼 때는 생산물시장에서 가구의 선택을 살펴볼 때처럼 가구의 화폐소득이 고정되어 있다고 가정하지 않는다. 노동시장에서 가구는 자신의 임금소득으로 구매할 수 있는 재화와 서비스의 가치, 여가의 가치를 서로 비교하여 일과 여가를 선택한다. 또한 투입물시장에서 가구는 시장에 의해 주어지는 가격(임금)이라는 제약 조건하에 자신의 선호에 따라 재화와 여가를 선택한다. 한편 가구는 소득과 소비를 여러 기간에 분산하여 배분하는 문제에 직면한다. 현재 소득 중 일부의 저축과 그에 따른 이자수입으로 미래의 지출을 지원할 수 있다. 또한 차입을 통해 미래의 소득을 현재의 소비로 전환할 수도 있다.

지금까지 생산물에 대한 가구의 수요와 투입물에 대한 가구의 공급에 영향을 미치는 요인을 살펴보았다. 이어지는 3개 장에서는 기업의 생산물에 대한 공급과 투입물에 대한 수요에 영향을 미치는 요인을 살펴볼 것이다.

7 이는 한 국가의 경제가 다른 국가와 분리되어 있다고 가정한 경우이다. 그러나 외국인이나 외국 정부가 제공하는 자금으로 실물자본에 대한 투자를 조달하기도 한다. 최근에는 외국인이 미국의 주식이나 채권, 기타 형태의 금융상품을 구매함으로써 외국인의 상당한 저축액이 미국의 금융자본시장을 통해 미국으로 유입되고 있다. 또한 미국을 비롯한 여러 국가는 세계은행(World Bank)이나 국제통화기금(IMF)에 수십억 달러의 기금을 조성하고 개발도상국의 실물자본 투자를 돕기 위해 차관 형태로 제공한다.

요약

01 모든 가구는 각 제품(생산물)의 구매량(수요량), 노동의 공급량, 현재를 위한 지출액과 미래를 위한 저축액에 대한 기본적인 의사결정을 한다.

02 소득, 부, 가격에 따라 가구의 예산 제약이 결정된다. 예산 제약선은 가구가 구매할 수 있는 재화와 서비스의 양, 구매할 수 없는 재화와 서비스의 양을 구분해준다. 선택집합(기회집합)은 예산 제약 선을 포함하여 예산 제약 선 아래와 왼쪽의 점으로 구성된다.

03 가구가 재화와 서비스를 선택하는 문제는 다양한 종류의 재화와 서비스에 소득을 배분하는 문제라고 볼 수 있다. 한 재화의 가격 변화는 이러한 배분을 전체적으로 변화시킬 수 있다. 따라서 어떤 재화의 수요는 증가하고 어떤 재화의 수요는 감소한다.

04 어떤 재화나 서비스를 선택할 때 지불하는 진짜 비용은 동일한 금액을 가지고 구매할 수 있는 다른 재화나 서비스의 가치이다.

05 가구는 소득, 부, 재화와 서비스의 가격이라는 제약하에 자신의 기호나 선호에 따라 최종 선택을 한다.

06 사람들이 어떤 재화를 다른 재화보다 더 좋아하는지는 어느 것의 효용이 더 큰가, 즉 어느 것이 더 큰 만족을 주는가에 달려 있다.

07 한계효용 체감의 법칙은 일정 기간 동안 어떤 재화를 점점 더 많이 소비할수록 추가적인 1단위(한계적 단위)로부터 얻는 만족감(효용)이 점점 작아지는 것을 말한다.

08 가구는 효용을 극대화하기 위해 소득을 다양한 재화와 서비스에 배분하며, 이는 달러당 한계효용이 더 큰 재화를 우선적으로 선택한다는 것을 의미한다. *X*재와 *Y*재만 있다고 가정할 때 가구는 *X*재의 소비를 위해 지출하는 달러당 한계효용과 *Y*재의 소비를 위해 지출하는 달러당 한계효용이 같아지는 *X*재와 *Y*재의 소비량을 선택하는데, 이를 한계효용 극대화 원칙이라고 한다.

09 수요곡선의 기울기가 우하향하는 이유는 다음과 같다. ① 모든 재화는 더 많이 소비할수록 한계효용이 점점 줄어든다. ② 정상재의 경우 가격 하락에 따른 소득효과와 대체효과가 소비를 증가시킨다.

10 노동시장에서 가구는 시장을 통해 자신이 공급하는 노동의 대가로 받는 임금으로 구매할 수 있는 재화 및 서비스의 가치와 여가의 가치를 비교하여 노동의 공급량을 결정한다. 임금을 받는 일의 기회비용은 여가나 기타 임금을 받지 않는 일의 가치이다. 임금은 여가나 기타 임금을 받지 않는 일의 가격 또는 기회비용이다.

11 임금의 변화에 따른 소득효과와 대체효과는 반대 방향으로 작용한다. 임금 상승은 두 가지 효과를 가져온다. ① 여가가 더 비싸진다. 즉 전보다 일을 더 많이 한다(대체효과). ② 같은 시간을 일하고도 더 많은 소득을 얻을 수 있으므로 근로 시간의 일부를 여가로 돌린다. 즉 전보다 일을 덜 한다(소득효과).

12 가구는 현재 소득을 다양한 재화와 서비스에 어떻게 배분할지에 대한 의사결정뿐만 아니라 저축과 차입에 대한 의사결정도 한다. 가구가 저축을 한다면 현재의 소득을 가지고 미래의 소비에 필요한 자금을 지원하는 것이고, 차입을 한다면 미래의 소득을 가지고 현재의 소비를 지원하는 것이다.

13 대체효과가 소득효과보다 크면 이자율의 상승이 저축을 증가시키지만 소득효과가 대체효과보다 크면 저축이 감소한다. 대부분의 실증적 증거는 이자율이 오르면 저축액이 증가하는 경향이 있음을 나타낸다. 달리 말해 대체효과가 소득효과보다 크다.

핵심 용어

금융자본시장(financial capital market)
노동공급곡선(labor supply curve)
다이아몬드/물 역설(diamond/water paradox)
동일 제품(homogeneous product)
선택집합(choice set)/기회집합(opportunity set)
실질소득(real income)
예산 제약(budget constraint)
완전경쟁(perfect competition)
완전지식(perfect knowledge)
총효용(total utility)
한계효용(marginal utility, *MU*)
한계효용 체감의 법칙(law of diminishing marginal)
효용(utility)
효용 극대화 원칙(utility-maximizing rule)

연습문제

01 다음의 각 경우를 나타내는 예산 제약 선을 그려라.

	P_X	P_Y	소득
a.	$ 100	$ 25	$ 5,000.00
b.	200	125	5,000.00
c.	50	400	2,000.00
d.	40	16	800.00
e.	3	2	12.00
f.	0.125	0.75	3.00
g.	0.75	0.125	3.00

02 1월 1일에 스미스 교수는 살을 빼고 돈을 저축하기로 결심했다. 그는 월 점심값으로 100달러만 지출하기로 했다. 그는 교수 식당에서 5달러짜리 점심을 사 먹거나 앨리스 레스토랑에서 10달러짜리 점심을 사 먹을 수 있다.

a. 스미스 교수가 어디서 점심을 먹든 월 점심값으로 100달러를 지출한다고 하자. 그의 예산 제약 선을 그리고 예산 제약 선이 양 축과 만나는 곳에 수량을 표시하라.

b. 지난달 스미스 교수는 교수 식당에서 열 번 점심을 먹고 앨리스 레스토랑에서 다섯 번 점심을 먹었다. 100달러의 예산을 가지고 이러한 선택이 가능한지 설명하라.

c. 지난달 앨리스 레스토랑이 반값 할인 행사를 하여 점심 식사 가격이 5달러가 되었다. 이러한 변화를 예산 제약 선으로 나타내라.

03 디에고는 매달 400달러를 가지고 페인트볼 게임을 하거나 골프를 친다. 페인트볼 게임을 하는 데에는 40달러가 들고 골프를 치는 데에는 20달러가 든다. 디에고가 한 달에 페인트볼 게임을 여섯 번 하고 골프를 여덟 번 친다고 하자.

a. 디에고의 예산 제약 선을 그려서 한 달에 페인트볼 게임을 여섯 번 하고 골프를 여덟 번 칠 수 있다는 것을 밝혀라.

b. 디에고가 이번 달에 예기치 않은 지출을 하게 되어 320달러밖에 사용할 수 없다고 하자. 이 경우의 예산 제약 선을 그려라.

c. 디에고는 소득이 감소하여 골프를 열한 번 치고 페인트볼 게임을 두 번만 하기로 했다. 페인트볼 게임과 골프는 각각 어떤 종류의 재화인가?

d. 디에고는 다시 매달 400달러를 지출할 수 있게 되었다. 또한 페인트볼 게임의 가격은 그대로이지만 골프 라운딩 가격이 2배가 되었다. 새로운 예산 제약 선을 그려라.

04 X의 가격이 5달러, Y의 가격이 10달러이다. 어떤 가구가 X와 Y를 구매하기 위해 매달 지출할 수 있는 금액이 500달러라고 하자.

a. 이 가구의 예산 제약 선을 그려라.

b. 이 가구가 소득을 X와 Y에 반씩 나누어 지출한다면 예산 제약 선의 어디에 위치하는지 표시하라.

c. 이 가구의 소득이 2배로 올라 1,000달러가 되었다. 새로운 예산 제약 선을 그려라.

d. 이 가구는 Y에 200달러를 지출한 후 X에 800달러를 지출했다. 이는 X가 정상재임을 나타내는가, 열등재임을 나타내는가? Y는 어떠한가?

05 크리스틴은 액션 영화와 클래식 콘서트를 좋아하여 이번 달에 영화와 콘서트를 보는 데 480유로를 지출했다. 예산 제약 선은 다음과 같으며 X축은 액션 영화 보기, Y축은 클래식 콘서트 가기이다.

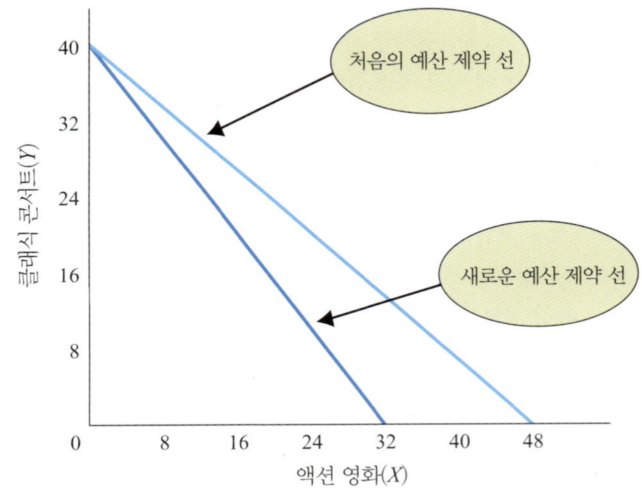

a. 처음 예산 제약 선의 방정식은 어떻게 나타낼 수 있는가?

b. 액션 영화 티켓과 클래식 콘서트 티켓의 가격은 얼마인가?

c. 가격이 변동하여 예산 제약 선에 변화가 생겼다. 새로운 예산 제약 선의 방정식은 어떻게 나타낼 수 있는가?

d. 새로운 예산 제약하에 액션 영화 티켓과 클래식 콘서트 티켓의 가격은 얼마인가?

06 다음 표는 쿠키 몬스터가 얻는 가상적인 총효용을 보여준다. 쿠키 몬스터의 한계효용표를 작성하고 한계효용과 총효용 그래프를 그려라. 쿠키 하나당 쿠키 몬스터가 지불하는 가격이 5센트이고 쿠키 몬스터의 소득이 충분하다면 쿠키 몬스터가 하루에 먹으

려는 쿠키는 최대 몇 개인가?

하루에 먹는 쿠키의 수	하루에 얻는 총효용
0	0
1	100
2	200
3	275
4	325
5	350
6	360
7	360

07 항공사가 항공료를 표시할 때 세금과 각종 수수료를 포함하라는 미국 운수부의 행정규제가 2012년부터 시행되었다. 이 규제가 시행되기 전에는 세금과 각종 수수료를 포함하지 않았기 때문에 실제로 지불하는 항공료의 절반에도 미치지 않는 금액으로 표시했다. 그러나 2018년 FAA 재승인법(FAA Reauthorization Act)에 따라 이러한 행정명령이 취소되어 항공사는 예전처럼 세금과 각종 수수료를 포함하지 않은 낮은 항공료를 표시할 수 있게 되었다. 다만 소비자가 항공료를 지불하기 전에 확인할 수 있도록 세금과 각종 수수료를 따로 표시해야 했다. 예전처럼 항공료만 따로 분리하여 표시할 수 있도록 한 이 법은 항공표 수요에 어떤 영향을 미치는가? 이 법은 세금과 각종 수수료에 대해 소비자가 민감하게 반응하도록 만들었겠는가, 둔감하게 반응하게 만들었겠는가?

08 켄드릭은 시가와 브랜디를 사는 데 매달 144달러를 지출할 수 있다. 시가는 1개에 6달러, 브랜디는 1병에 30달러이다. 시가와 브랜디에 대한 켄드릭의 선호는 다음과 같다.

시가 (개/월)	시가 *TU*	*MU*	*MU/S*	브랜디 (병/월)	브랜디 *TU*	*MU*	*MU/S*
1	28			1	150		
2	46			2	270		
3	62			3	360		
4	74			4	420		
5	80			5	450		
6	84			6	470		
7	86			7	480		

a. 시가와 브랜디의 한계효용(*MU*)과 달러당 한계효용(*MU/S*)을 채워넣어라.

b. 켄드릭의 선호는 한계효용 체감의 법칙을 드러내는지 간단히 설명하라.

c. 144달러의 예산을 가지고 시가 몇 개와 브랜디 몇 병을 사야 켄드릭의 효용이 극대화되는가?

d. 시가의 가격이 8달러가 되었다면 표의 어느 열을 다시 계산해야 하는가? 계산을 다시 해보라.

e. 가격 변화 후 켄드릭은 시가와 브랜디를 얼마나 구입하겠는가?

09 미셸은 요가와 무에타이를 하여 몸매를 가꾸며, 이를 위해 매달 72파운드를 쓸 수 있다. 요가와 무에타이를 한 번 하는 데 드는 비용은 둘 다 6파운드이다. 다음 그래프의 정보를 이용하여 미셸이 효용을 극대화하기 위해 요가와 무에타이를 한 달에 몇 번 해야 하는지 설명하라.

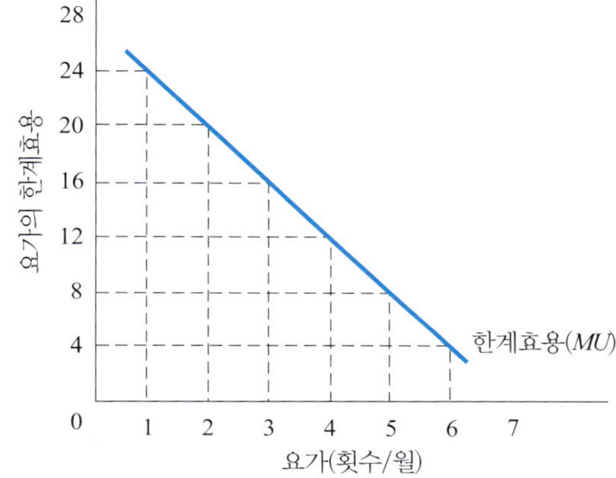

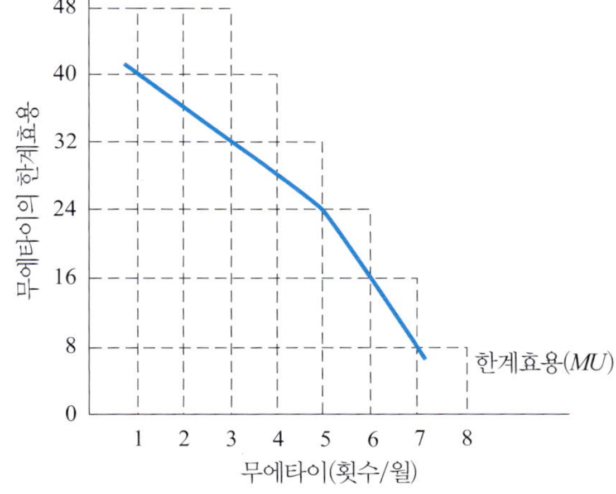

10 에이드리언은 21달러를 가지고 효용을 극대화하는 에너지 음료와 단백질 바를 사려고 한다. 다음 표의 자료를 이용하여 에이드리언이 에너지 음료와 단백질 바를 얼마나 구매해야 하는지, 이때 그가 얻는 총효용이 얼마인지 밝혀라. 또한 에이드리언의 선택이 효용 극대화 원칙에 부합하는지 설명하라.

에너지 음료($3.00)			단백질 바($1.50)		
수량	한계효용(*MU*)	총효용(*TU*)	수량	한계효용(*MU*)	총효용(*TU*)
1	84	84	1	36	36
2	72	156	2	30	66
3	60	216	3	24	90
4	48	264	4	18	108
5	36	300	5	12	120
6	24	324	6	6	126
7	12	336	7	0	126
8	0	336	8	−6	120

11 다음 표는 아이스크림선디와 밀크셰이크에 대한 달린의 한계효용을 보여준다. 달린은 지출하는 달러당 가장 큰 효용을 얻기 위해 어느 것을 먼저 사 먹어야 할지 결정해야 한다. 달린이 충분한 예산을 가지고 있다면 어느 것을 먼저 사 먹어야 하는지 설명하라.

아이스크림선디($6)		밀크셰이크($4)	
수량	*MU*	수량	*MU*
1	24	1	16
2	16	2	6
3	6	3	2

12 요나스는 경제학 석사를 따기 위해 영국에서 4년간 체류 중이다. 4년간 그는 매년 크리스마스, 부활절, 여름방학 때 독일로 돌아갔다. 2018년에 런던에서 프랑크푸르트까지의 왕복 기차표 가격이 109유로에서 50.50유로로 하락하여 요나스는 런던의 퀸스 극장에서 공연하는 〈레미제라블〉 연극표를 구매하기로 했다.

a. 기차표 가격의 하락이 연극 관람에 대한 요나스의 수요에 어떤 영향을 미치는지 설명하라.

b. 이 경우에 소득효과와 대체효과가 둘 다 요나스의 프랑크푸르트 방문 횟수를 증가시키는 방향으로 작동하는지 설명하라.

13 안동, 강릉, 전주에서 사는 데 드는 평균 생활비용이 비슷하고 어디서 살든 소득이 같다고 하자. 한계효용과 대체효과에 대해 배운 내용을 토대로 세 도시에서의 소비 선택이 거의 같을 것이라고 생각하는지 설명하라.

14 정상재의 경우 소득효과와 대체효과가 같은 방향으로 작용한다. 어떤 재화의 가격이 하락하면 소득효과와 대체효과에 의해 그 재화의 수요량이 증가한다. 열등재의 경우도 그러한가?

15 다음의 각 경우에 대해 당신이 어떻게 반응할지 생각해보라. 소비를 늘릴 것인가, 줄일 것인가? 일을 더 할 것인가, 덜 할 것인가? 저축을 늘릴 것인가, 줄일 것인가? 당신의 반응은 이 장에서 배운 내용과 일치하는가?

a. 휘발유 가격이 50% 하락하여 당신은 매일 학교까지 40킬로미터를 차로 다닌다.

b. 98세를 일기로 돌아가신 고모가 당신에게 50,000달러의 유산을 남겨주었다.

c. 당신의 어머니가 다른 지역의 지사로 발령을 받아 내려가고 나머지 가족은 그대로 살고 있다. 어머니는 주말마다 집에 온다. 가족의 소득에 변화가 없다고 가정한다.

d. 당신은 앞으로 3년 동안 학비의 절반을 지원해주는 장학금을 받게 되었다.

e. 당신은 2020년에 주당 30달러에 애플 주식 100주를 샀다. 그 동안 주식 분할로 주식이 700주로 늘어나고 주당 가격이 190달러가 되었다.

f. 당신이 파트타임으로 일하는 작은 회사의 올해 실적이 좋아서 사장이 파트타임 근로자의 임금을 25% 올려주었다.

16 어떤 정부가 근로자에 대한 세금을 낮추기로 했다. 그럼으로써 중산층을 더 두텁게 하고 사람들의 세금 회피를 줄일 수 있을 것으로 기대한다. 또한 사람들이 세금을 덜 내게 되어 실질소득이 증가함으로써 더 많은 노동을 공급할 것이라고도 기대한다. 그러나 감세가 가져오는 소득효과가 대체효과보다 클 때만 이러한 기대가 현실화될 수 있다. 이에 동의하는지, 동의하지 않는지 밝히고 그 이유를 설명하라.

17 생산물시장에서는 정상재의 경우 대체효과와 소득효과가 같은 방향으로 작용하지만, 노동시장에서는 여가가 정상재라면 소득효과와 대체효과가 반대 방향으로 작용하는 이유를 설명하라.

18 우버는 기존의 택시 서비스보다 편리하고 저렴하여 많은 사람이 이용하고 있으며, 소득효과와 대체효과가 수요 측면에 영향을 미친다. 또한 우버 운전기사는 대부분 다른 일을 병행하고 있으므로 우버 택시를 운행하여 추가 수입을 얻는 셈이며, 소득효과와 대체효과가 노동공급에 영향을 미친다. 우버가 유발하는 소득효과와 대체효과를 고객의 수요 측면과 운전기사의 노동공급 측면에서 각각 설명하라.

경제학적 사고 키우기

01 당신이 좋아하는 스포츠 팀이 시즌 티켓의 가격을 2배로 올려서 그 수입으로 더 좋은 선수를 뽑으려고 한다. 이러한 가격 인상이 당신의 내년 시즌 티켓 구매에 어떤 영향을 미칠지 소득효과와 대체효과를 이용하여 설명하라.

02 은행은 우리가 저축하는 돈을 다른 사람들에게 빌려준다. 저축액에 대한 이자율이 오르면 은행이 빌려줄 수 있는 대출액에 어떤 영향을 미치는지 설명하라.

CHAPTER 7

생산: 이윤 극대화를 위한 기업의 행동

목차와 학습목표

7.1 이윤 극대화 기업의 행동

경제적 이윤이라는 개념에서 기회비용이 차지하는 중요성을 이해하고 이윤 추구가 기업의 의사결정에 어떻게 반영되는지 알아본다.

7.2 생산 과정

총비용, 한계비용, 평균비용이 서로 어떻게 연관되는지 이해한다.

7.3 기술의 선택

생산기술을 선택할 때 기업이 고려하는 요인을 파악한다.

6장에서는 생산물시장에서 가구의 수요와 노동시장에서 가구의 노동공급을 살펴보고, 현재 소비와 미래 소비에 대한 가구의 선택을 통해 이루어지는 저축과 차입에 대해 설명했다. 이 장에서는 시장의 다른 측면인 기업의 행동을 살펴보려 한다. 기업은 투입물시장에서 생산요소를 구매하고 생산물시장에서 재화나 서비스를 판매한다. 이제 투입물을 생산물로 전환하는 기업의 생산에 대해 알아보자. 7~12장에서는 완전경쟁시장에 있는 기업의 행동에 대해 설명하지만 대부분의 내용은 완전경쟁시장이 아닌 시장에 있는 기업에도 적용이 가능하다. 경쟁기업이든 아니든 모든 기업은 투입물(생산요소)을 구매하고 생산물을 생산한다. 또한 어떤 종류의 기업이든 이윤을 극대화하려는 인센티브, 즉 비용을 최소화하려는 인센티브를 갖는다.

여기서는 **생산**(production)에 초점을 맞추어 분석할 것이다. 생산은 투입물(생산요소)을 혼합하고 변환하여 생산물로 만드는 과정이다. 기업은 규모, 내부 조직 등 여러 가지 측면이 서로 다르지만 투입물을 가지고 수요가 있는 재화나 서비스를 생산한다는 점에서는 동일하다. 예를 들어 한 개인 회계사는 노동, 컴퓨터, 전화, 이메일, 시간, 학습, 웹사이트를 혼합하여 납세자에게 세금 관련 서비스를 제공하고, 자동차 제조 공장은 철, 노동, 플라스틱, 전기, 기계, 기타 수많은 생산요소를 이용하여 자동차를 생산한다. 기업이 지불하는 생산비용에 대해 이해하려면 기업이 재화나 서비스를 생산하기 위해 얼마나 효율적으로 투입물을 혼합하는지 알아야 한다.

생산 희소한 자원을 유용한 재화와 서비스로 변환하는 과정

이어지는 여러 장에서는 이윤을 추구하는 기업에 초점을 맞추겠지만 생산과 생산적인 활동이 민간 기업에만 국한된 것은 아니라는 사실을 이해하는 것이 중요하다. 가구 또한 생산요소(자본, 노동, 에너지, 천연자원 등)를 이용하여 유용한 것을 만들어낸다. 예를 들어 집의 마당에서 토지, 노동, 비료, 씨앗, 농기구(자본)를 혼합하여 채소를 생산하거나 화초를 기른다. 정부도 토지, 노동, 자본을 혼합하여 국방, 치안, 소방, 교육 등 수많은 공공 서비스를 제공한다.

민간 기업은 추구하는 목적에 따라 가구나 정부와 같은 다른 생산자와 구별된다. 인지된 수요에 반응하여 한 사람이나 한 집단의 사람들이 재화나 서비스를 생산할 때 **기업**(firm)이 존재하게 된다. 기업이 생산(투입물을 생산물로 전환)을 하는 것은 생산한 제품을 생산비용보다 높은 가격에 팔 수 있기 때문이다. 즉 민간 기업은 이윤을 얻기 위해 생산을 한다.

기업 인지된 수요에 반응하여 사람이나 한 집단의 사람들이 재화나 서비스를 생산하기 위해 만든 조직

7.1 이윤 극대화 기업의 행동

학습목표

경제적 이윤이라는 개념에서 기회비용이 차지하는 중요성을 이해하고 이윤 추구가 기업의 의사결정에 어떻게 반영되는지 알아본다.

모든 기업은 자신의 목적인 이윤을 극대화하기 위해 다음과 같은 기본적인 의사결정을 해야 한다.

- 얼마나 생산할 것인가? (생산량의 결정)
- 어떻게 생산할 것인가? (생산기술의 선택)
- 각 투입물(생산요소)을 얼마나 사용할 것인가?

이 세 가지 의사결정은 서로 연관된다. 기업이 주어진 기술을 가지고 얼마나 생산해야 하는지를

얼마나 생산할 것인가?	어떻게 생산할 것인가?	각 투입물을 얼마나 사용할 것인가?

그림 7.1 모든 기업이 해야 하는 세 가지 의사결정

안다면 자동적으로 어떤 투입물을 얼마나 사용해야 하는지를 알게 된다. 예를 들어 한 스웨터 회사가 이번 달에 스웨터 5,000벌을 기존의 공장에서 생산하기로 했다면 이를 위해 얼마나 많은 근로자가 필요한지, 얼마나 많은 전기를 사용하는지, 얼마나 많은 실을 구매해야 하는지를 안다. 반대로 필요한 근로자의 수와 사용되는 실의 양 등을 알면 얼마나 많은 스웨터를 생산할 수 있는지를 안다.

생산기술을 변경하면 투입물의 투입량과 생산물의 생산량 관계가 달라진다. 스웨터를 만드는 기계를 한 벌당 더 적은 실, 더 적은 수의 근로자를 사용하는 기계로 교체하면 같은 투입물로 더 많은 스웨터를 생산할 수 있다. 시장에는 동일한 생산물을 만들 수 있는 많은 기술이 존재한다. 자동화된 기계를 사용하는 직물 공장은 적은 수의 근로자를 고용하고도 성능이 낮은 기계를 사용하면서 많은 근로자를 둔 직물 공장과 동일한 양의 스웨터를 생산할 수 있다. 이윤 극대화를 추구하는 기업은 주어진 생산량을 최소의 비용으로 생산하는 기술을 선택한다. 이 장에서는 모든 기업이 동일 제품을 생산하는 시장에 있는 기업의 생산에 초점을 맞춘다.

이윤과 경제적 비용

이윤 총수입에서 총기회비용(총 경제적 비용)을 뺀 것

기업은 이윤 극대화라는 목적에 따른 의사결정을 한다. 이때 **이윤**(profit)은 총수입과 총비용의 차이이다.

$$이윤 = 총수입 - 총비용$$

총수입 기업이 제품을 판매하여 벌어들이는 금액(매출액)으로, 판매량과 단위당 가격을 곱한 것

총비용 총고정비용과 총변동비용을 더한 것

경제적 이윤 총수입에서 총기회비용(보이는 기회비용 + 보이지 않는 기회비용)을 빼고 남은 이윤

총수입(total revenue)은 제품을 판매하여 벌어들이는 금액, 즉 매출액이다. 총수입은 판매량(q)과 단위당 가격(P)을 곱한 것과 같다. **총비용**(total cost)은 총수입처럼 간단히 정의되지 않는다. 총비용에는 실제로 지불되는 보이는 기회비용과 보이지 않는 기회비용이 모두 포함된다. 실제로 지불되는 비용은 명시적 비용(explicit cost) 또는 회계적 비용(accounting cost)이라고도 한다. 경제적 비용은 이러한 보이는 기회비용과 보이지 않는 기회비용을 모두 포함한 총기회비용이다. 보이지 않는 기회비용을 간단히 기회비용이라고 부르기도 하며 묵시적 비용(implicit cost)이라고도 한다.[1] **경제적 이윤**(economic profit)은 총수입에서 총 경제적 비용, 즉 총기회비용(보이는 기회비용 + 보이지 않는 기회비용)을 뺀 것이다.[2]

$$경제적 이윤 = 총수입 - 총기회비용$$

기업은 사용하는 투입물(생산요소)을 시장에서 대금을 지불하고 구입한다. 그러나 경우에 따라서 기업은 시장을 통해 명시적으로 가격이 표시되지는 않지만 가치를 지닌 자원도 사용한다. 바람직한 의사결정을 하기 위해서는 이러한 생산요소에 들어가는 비용도 포함해야 한다. 이러한 생산요소의 가치는 (묵시적) 기회비용으로 측정한다. 사업을 어떻게 운영할지, 사업을 확장할지, 계약을 할

---

1 역자 주: 실제로 지불되는 비용도 그 금액을 차선(의 선택)에 지출할 때 얻을 수 있는 그 금액만큼의 혜택을 포기하는 것이므로 (보이는) 기회비용이다. 다만 실제로 지불되는 비용이므로 굳이 '기회'라는 표현을 사용하지 않을 뿐이다. 비용을 기회비용으로 측정해야 한다는 것은, 명시적 비용은 당연히 기회비용에 포함되지만 보이지 않는 기회비용(묵시적 비용)을 비용에서 빠뜨리지 말라고 강조하는 것이다.

2 역자 주: 경제적 이윤이라는 개념은 경제학에서만 정의되는 이윤이 아니라 진정한 의미의 이윤이다. 현실적으로는 보이지 않는 비용을 측정하기 어려운 경우가 많기 때문에 회계에서는 보이는 비용만 비용으로 간주한다. 그러나 국제회계기준(IFRS)은 보이지 않는 비용도 적정한 시장가격으로 추정하여 비용에 반영하려는 움직임을 일부 보이고 있다. 이 책에서 이윤이라고 언급할 때는 항상 경제적 이윤을 의미하며, 경제적 이윤이 진정한 이윤의 개념이다.

지, 신규 사업을 벌일지 판단할 때는 생산에 따르는 모든 비용을 고려해야 한다.

3명이 운영하는 한 가족기업이 있는데 아무도 임금을 받지 않는다고 하자. 이 경우에도 비용이 발생한다. 즉 3명이 제공하는 노동의 기회비용이 발생한다. 사업을 확장하려고 한다면 이러한 가족 근로자의 기회비용을 명확히 비용에 포함하여 판단해야 한다. 기회비용의 개념을 사용하여 그 비용을 측정하는 중요한 생산요소는 자본이다. 자본의 기회비용은 그 자본을 투자했을 때 얻을 수 있는, 위험을 조정한 투자수익이다.

정상수익률 신규 기업을 시작하려면 자원이 필요하다. 제조업의 경우 공장과 장비가 필요하고, e비즈니스를 하려면 호스트 사이트, 컴퓨터 장비, 소프트웨어, 웹사이트 등이 필요하다. 이러한 투자는 기업이 사업을 지속하는 한 계속해서 자원을 기업에 묶어놓는 것을 의미한다. 오래된 기업은 낡은 장비를 새로 교체하는 등 끊임없이 투자를 해야 하고, 사업을 확장하는 기업은 새로운 자산을 구입해야 한다. 이는 개인이 직접 투자하는 개인 회사든 주주들로부터 투자를 받아서 자원을 구입하는 주식회사든 마찬가지이다.

사업을 위해 자원을 투자할 때는 항상 기회비용이 발생한다. 캔디 가게를 하는 대신 그 자금을 정기예금에 넣어두거나 정부 채권을 사는 경우에는 이자수입을 얻는다. 기업이 보유한 이익잉여금은 공장을 짓는 데 사용하지 않고 다른 금융상품에 투자하여 수익을 얻거나 주주들에게 배당을 지급할 수도 있다.

사업을 할 때 자본의 기회비용을 비용에서 빠뜨려서는 안 된다는 것을 간단한 예를 통해 알아보자. 수지와 앤이 덴버 공항에서 벨트를 파는 작은 사업을 하기로 했다고 하자. 사업을 시작하기 위해 이들은 멋있는 손수레를 장만해야 한다. 손수레의 가격은 20,000달러이다. 수지와 앤이 1년에 개당 10달러의 가격에 3,000개의 벨트를 팔 수 있을 것으로 판단했다고 하자. 또한 공급업자로부터 벨트를 개당 5달러에 구매하며, 손수레를 관리하는 직원 1명에게 지불하는 임금은 연간 14,000달러이다. 수지와 앤은 이 사업을 해야 하는가? 이 사업으로 이윤을 낼 수 있는가?

답을 알려면 총수입과 총비용을 계산해야 한다. 연 수입은 30,000달러(3,000개 × 10달러)이고, 총비용은 벨트 구입비 15,000달러(3,000개 × 5달러)와 임금 14,000달러를 더한 29,000달러이다. 따라서 이 사업은 1,000달러(30,000달러 − 29,000달러)의 이윤을 남기는 것으로 보인다.

그렇다면 손수레에 투자한 20,000달러는? 이는 수지와 앤이 벌이는 사업의 직접비용이 아니다. 손수레가 오랫동안 그 가치를 유지한다고 가정하면 수지와 앤이 포기하는 것은 손수레를 구매하는 데 투자한 20,000달러를 다른 곳에 투자했을 때 얻을 수 있는 이자이다. 다시 말해 실제로 발생하는 비용은 투자의 기회비용(20,000달러에 대한 이자수입)이다.

수지와 앤이 20,000달러를 기업이 발행하는 채권에 투자한다면 10%의 이자를 받을 수 있다고 하자. 이는 자본의 기회비용이 연간 2,000달러(20,000달러 × 0.10)라는 의미이다. 앞에서 수지와 앤이 연간 1,000달러의 이윤을 얻는다는 계산 결과를 얻었다. 그러나 실제로 이들은 투자한 자본의 기회비용도 벌지 못하고 있는 것이다. 실제로 발생하는 총비용은 31,000달러(29,000달러 + 투자 금액의 이자 2,000달러)이므로 손실을 본 것이다. 30,000달러에서 31,000달러를 빼면 −1,000달러이며, 표 7.1은 이러한 계산을 보여준다. 이윤이 음이라는 것은 수지와 앤이 벨트 사업으로 손실을 보고 있다는 것을 드러낸다.

표 7.1 총수입, 총비용, 이윤의 계산

초기 투자금	$20,000
시장이자율	10%
총수입(3,000개 × $10)	$30,000
비용	**$30,000**
벨트 구입비	$15,000
임금	14,000
정상수익 = 자본의 기회비용($20,000 × 0.10)	2,000
총비용	**$31,000**
이윤 = 총수입 − 총비용	**−$1,000***

*실제로 발생한 것은 1,000달러의 손실이다.

자본의 기회비용에 대해 좀 더 일반적으로 살펴볼 수 있다. 투자액으로부터 발생하는 연간 현금흐름은 투자금액의 퍼센트로 표시할 수 있으며, 이를 연간 투자수익률(annual rate of return)이라고 한다. 작은 레스토랑을 차리기 위해 어떤 사람이 100,000달러를 투자하여 연간 15,000달러의 이윤을 얻는다면 이 투자는 15%의 수익률(rate of return, yield)을 갖는 것이다.

정상수익률 소유주나 투자자가 얻어야 하는 자본의 최소 수익률. 위험이 거의 없는 기업의 정상수익률은 정부 채권의 이자율에 가까움

정상수익률(normal rate of return)은 소유주나 투자자가 하고 있는 투자와 가능한 차선 투자 간의 수익률로, 달리 말해 자본의 기회비용이다. 사업의 수익률이 정상수익률보다 낮으면 사업자는 실물자본(공장, 기계, 토지 등의 자본재)을 구입할 수 있는 금융자본을 얻기가 힘들거나 불가능하다. 어떤 실물투자로 얻는 수익률이 다른 곳에서 얻을 수 있는 수익률보다 낮다면 기업가에게는 그 실물투자를 할 인센티브가 없다.

어떤 기업이 꾸준히 수입을 얻고 있으며 미래에도 사업이 지속될 것으로 판단된다면 그 기업이 얻는 정상수익률은 위험이 없는 정부 채권의 이자율과 비슷할 것이다. 적어도 위험이 없는 정부 채권이나 안정적인 주식회사의 채권으로 얻을 수 있는 이자율에도 못 미치는 수익률을 보이는 기업은 투자자의 관심을 끌지 못할 것이다. 사업을 잘하고 있는 기업은 필요한 자금을 얻기 위해 높은 이자율의 기업 채권을 매도할 필요가 없다. 그러나 사업 전망이 매우 변동적이고 경제도 전반적으로 불안정하다면 기업은 투자자로부터 자금을 얻기 위해 높은 이자율의 기업 채권을 발행해야 할 것이다. 사업이 성공하면 큰 수익을 얻을 수 있지만 실패할 가능성도 매우 높다면, 즉 사업이 상당히 위험하다면 투자자가 요구하는(기대하는) 수익률은 매우 높을 것이다.

정상수익률은 사업에 따른 총비용에 포함되어야 한다. 정상수익률을 비용에 포함하는 것은 중요한 의미가 있다. 기업이 정상수익률을 올리고 있다면 벌어들이는 이윤이 없다. 즉 경제적 이윤이 0이다. 경제적 이윤이 양의 값인 기업은 투자한 자본에 대해 정상수익률보다 큰 수익률을 올리고 있는 것이다. 기업이 양의 이윤을 얻고 있다면 새로운 기업이 시장에 진입할 가능성이 높다(이는 이후 장에서 설명할 것이다). 그러나 수지와 앤처럼 투자한 자본의 기회비용, 즉 정상이윤도 벌어들이지 못하는 기업은 시장에서 퇴출될 것이다.

단기 의사결정과 장기 의사결정

기업의 의사결정[얼마나 생산할 것인가, 어떻게 생산할 것인가, 각 투입물(생산요소)을 얼마나 사

용할 것인가]은 실행하기까지 시간이 걸린다. 기업이 생산량을 2~3배로 늘리려면 자금을 조달하고 설계업체, 공사업체 등과 계약을 하여 건물을 지어야 하기 때문이다. 기업이 주요 생산시설을 확장하는 데에는 수년이 걸릴 수도 있다. 시설을 확장하는 동안에도 기업은 기존의 생산시설을 가지고 얼마나 생산해야 할지 결정해야 한다. 기업이 특정 사업에서 철수하려고 할 때도 이행해야 할 계약이 있으며, 생산장비를 팔고 근로자에게 보상을 해주어야 하므로 시간이 걸린다. 이렇게 철수하는 도중에도 기존의 것을 가지고 무엇을 할지 결정해야 한다.

경제 환경이 변할 때 기업의 반응은 오랜 기간에 걸친 기업의 반응과 다를 것이다. 예를 들어 자리가 20개인 맛집의 경우를 생각해보자. 맛집 주인이 당장 직면한 문제는 기존 공간이라는 제약하에 가장 많은 이윤을 얻는 것이다. 자리를 약간 늘리고 식사 서비스 속도를 좀 더 빠르게 하여 손님을 조금이라도 더 받을 수 있겠지만 받는 손님을 아주 많이 늘리지는 못할 것이다. 맛집 주인은 자리를 조금 늘리는 동시에 기존 공간을 확장하거나 더 넓은 매장으로 이전하는 것도 고려할 수 있다. 그러나 확장하는 경우 공사를 하든 다른 곳으로 옮기든 시간이 걸리는 일이다.

이러한 두 상황을 경제학에서는 생산에서의 단기와 장기로 구분한다. **단기**(short run)란 생산규모가 고정되어 있거나 새로운 기업의 시장 진입 또는 기존 기업의 시장 철수가 없는 기간을 말한다.[3] 맛집의 경우에는 새로운 공간을 임대하거나 기존 공간을 확대하여 많은 고객을 받을 수는 없는 기간을 말한다.

단기 생산에 사용되는 많은 투입물(생산요소) 중 적어도 하나의 투입량이 고정되어 있거나 새로운 기업의 시장 진입 또는 기존 기업의 시장 철수가 없는 기간

단기에 어떤 생산요소의 사용이 고정되는지는 산업에 따라 다르다. 제조 기업의 경우 공장의 물리적 규모가 가장 제한적인 생산요소일 것이다. 공장은 일정 생산량을 기준으로 건설된다. 물론 가동률을 높인다든가 해서 단기적으로 생산량을 증가시킬 수 있지만 일정 한도 이상으로는 불가능하다. 맛집도 단기적으로는 손님을 받는 공간에 제약이 있다. 의사의 경우도 체력적으로, 또 시간적으로 하루에 진료할 수 있는 환자의 수에 한계가 있으며, 장기적으로는 병원 시설을 확장하고 다른 의사를 고용해야 더 많은 환자를 받을 수 있다. 그러나 현재로서는 단기적인 생산을 할 수밖에 없다. 기업도 의사의 경우와 마찬가지로 단기적으로는 생산능력에 제약이 있다.

생산에서의 **장기**(long run)란 기업이 모든 생산요소의 사용량을 마음대로 조정할 수 있는 경우를 말한다.[4] 기업이 목표로 하는 모든 수준의 생산량에 맞는 계획을 세울 수 있는 상황이 장기이다. 예를 들어 기업은 기존 생산시설을 폐쇄하고 새 공장을 지어 생산량을 2~3배 증가시킬 수 있다. 또는 장기적으로 기업은 신규 사업을 시작할 수도 있는데, 이는 새로운 산업(시장)에 진입하는 것을 말한다. 또한 장기적으로 기업은 기존 사업을 접고 기존 산업(시장)에서 철수할 수도 있다.

장기 생산에 사용되는 모든 투입물(생산요소)의 투입량을 마음대로 조정할 수 있는 기간. 기업이 생산규모를 늘리거나 줄일 수 있고 새로운 기업의 시장 진입 또는 기존 기업의 시장 철수가 가능한 기간

단기와 장기가 어느 정도의 기간이라는 확실한 기준이 있는 것은 아니다. 맛집의 경우 매장을 넓히는 데 수개월이 걸릴 수도 있다. 이때 매장을 넓히기까지의 수개월을 단기라고 할 수 있다. 맛집 주인은 그 수개월 동안 기존 공간에서 이윤을 최대한 증가시키기 위해 노력해야 한다. 물론 단기적으로 사업을 하는 동안에도 앞으로 어떻게 할 것인지 장기 계획을 세울 것이다. 따라서 기업은 기본적으로 매일의 활동과 관련된 단기 의사결정과 전략적 계획을 포함하여 보다 멀리 내다보는 장기 의

3 역자 주: 5장에서 수요곡선의 단기 탄력성과 장기 탄력성을 다룰 때는 소비자가 가격 변화에 충분히 대응할 수 있는 기간을 장기, 부분적인 대응만 할 수 있는 기간을 단기로 구분했다. 이는 소비에서의 단기와 장기이고, 여기서는 생산에서의 단기와 장기를 구분한 것이다. 어느 경우든 장기는 단기보다 긴 시간을 말하지만 회계학이나 금융상품에서처럼 1년을 기준으로 단기와 장기를 구분하는 것은 아니다.

4 역자 주: 따라서 다양한 생산요소 중 단 하나라도 전체 사용량을 바꿀 수 없는 상황이 생산에서의 단기이다.

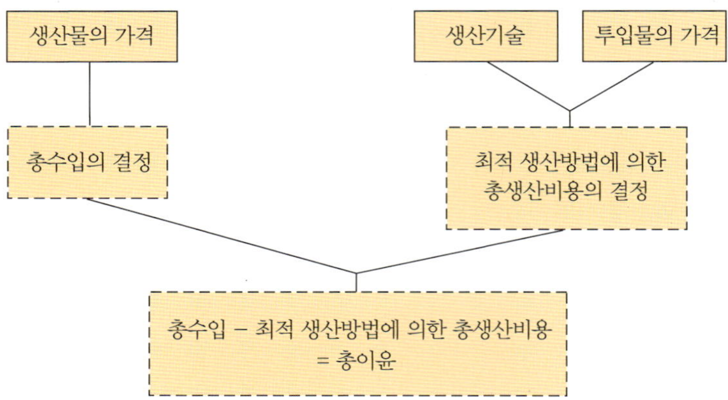

그림 7.2 최적 생산방법의 결정

사결정을 하게 된다. 장기 의사결정이라도 몇 주 안에 할 수 있지만 그것을 실행하는 데에는 수년이 걸린다. 많은 대기업에서는 단기 의사결정을 하는 사람과 장기 의사결정을 하는 사람이 구분되어 있다. 예를 들어 생산 관리자는 주어진 공장과 장비를 가지고 최선의 생산을 하는 데 집중하지만, 생산 부사장은 공장을 확장하는 것이 좋을지, 축소하는 것이 좋을지 판단을 할 것이다. 작은 개인 회사라면 소유주 한 사람이 현재 상황에서 어떻게 최고의 결과를 낼지, 그리고 앞으로 사업을 어떻게 확장해나갈지를 동시에 생각할 것이다.

의사결정의 기초: 생산물의 시장가격, 사용 가능한 기술, 투입물의 가격

기업의 기본적인 세 가지 의사결정은 이윤 극대화라는 목적에 맞게 이루어져야 한다. 이윤은 총수입에서 총기회비용을 뺀 것이므로 제품을 생산하는 데 드는 생산비용이 얼마인지, 생산물은 얼마나 판매할 수 있는지를 알아야 이윤 극대화를 위한 의사결정을 제대로 할 수 있다.

생산비용을 알기 위해 기업은 사용 가능한 생산기술과 사용되는 투입물(생산요소)의 가격을 파악해야 한다. 예를 들어 주유소를 운영하는 데 드는 비용을 알려면 필요한 장비, 근로자의 수, 시설 등을 파악해야 한다. 또한 숙련 근로자와 비숙련 근로자의 일반적인 임금수준, 휘발유 주입기의 가격, 이자율, 자동차 왕래가 많은 지역의 토지 임대료, 휘발유의 도매가격 등도 알아야 한다. 투입물의 가격과 생산기술을 파악하면 제품 생산에 따르는 비용을 알아낼 수 있다.

이 장과 다음 장에서는 생산비용에 초점을 맞춘다. 먼저 기업 활동의 핵심인 생산 과정을 살펴본다. 여러 투입물의 가격이 주어지면 기업은 가장 좋은 최적의 생산방법을 선택해야 한다(그림 7.2 참조). **최적 생산방법**(optimal method of production)은 주어진 생산량을 최소의 비용으로 생산하는 방법을 말한다.

최적 생산방법 주어진 생산량을 최소의 비용으로 생산하는 방법

7.2 생산 과정

학습목표

총비용, 한계비용, 평균비용이 서로 어떻게 연관되는지 이해한다.

생산은 투입물이 생산물로 변환되는 것을 말한다. **생산기술**(production technology)은 재화나 서비스의 생산물과 투입물의 관계를 알려준다. 빵 한 덩이를 생산하려면 일정량의 물·밀가루·이스트, 반죽과 모양 잡기, 오븐·전기가 필요하다. 서울에서 인천까지 가는 데에는 택시, 운전기사의 약 1시간 반에 걸친 노동, 휘발유 등이 필요하다.

생산기술 투입물과 생산물의 수량적 관계

대부분의 생산물은 다양한 기술로 생산할 수 있다. 예를 들어 오래된 건물을 허물고 공원을 조성하기 위한 공터를 만드는 방법은 여러 가지이다. 수백 명의 근로자가 쇠망치로 건물을 부수고 잔해를 옮겨 공터를 만들 수도 있는데, 이러한 방법을 **노동집약적 기술**(labor-intensive technology)이라고 한다. 또 다른 방법은 몇 명이 기중기, 굴착기, 덤프트럭 등을 사용하여 공터를 만드는 것인데, 이는 **자본집약적 기술**(capital-intensive technology)이라고 한다. 사람들을 서울에서 부산까지 데려가기 위해 KTX를 이용할 수도 있고 택시 여러 대를 이용할 수도 있다. KTX를 이용하는 것은 노동에 비해 자본을 많이 사용하는 생산기술이고, 택시를 이용하는 것은 자본에 비해 노동을 많이 사용하는 생산기술이다.

노동집약적 기술 자본재보다 인간의 노동에 훨씬 더 의존하는 생산기술

자본집약적 기술 인간의 노동보다 자본재에 훨씬 더 의존하는 생산기술

기업은 일정량의 생산물을 최소의 비용으로 생산할 수 있는 기술을 선택하려고 한다. 값싼 노동이 풍부한 경제에 있는 기업이라면 노동집약적 기술을 사용하는 것이 최적 생산 방법일 것이다. 예를 들어 러닝화 조립은 사람 손으로 하는 것이 가장 효율적이므로 나이키(Nike)는 모든 신발을 임금이 낮은 개발도상국에서 생산하고 있다. 반대로 임금이 매우 높은 경제에 있는 기업은 노동을 절약할 수 있는 자본집약적 기술을 사용하려고 한다. 교외의 사무실은 도심지의 사무실보다 더 넓은 공간을 활용하여 넓게 짓는데, 부분적인 이유는 토지가 도심지보다 저렴하여 건물을 높게 짓는 것보다 넓게 짓는 것이 더 효율적이기 때문이다.

생산함수: 총생산물, 한계생산물, 평균생산물[5]

투입물과 생산물의 관계를 의미하는 생산기술을 수치적 함수로 나타낸 것을 **생산함수**(production function) 또는 **총생산함수**(total product function)라고 한다. 생산함수는 생산물의 생산량을 투입물의 투입량의 함수로 나타낸다.

생산함수(총생산함수) 투입물과 생산물 간의 관계를 보여주는 함수로, 총생산량을 투입물의 함수로 나타냄

작은 샌드위치 가게를 예로 살펴보자. 이 가게에서는 식빵을 그릴에 구워 샌드위치를 만들며, 2명이 동시에 편하게 사용할 수 있는 그릴이 1대 있다. 표 7.2에 제시한 생산함수의 (1), (2)열을 보면 한 사람이 전화를 받고 손님을 맞이하고 테이블을 치우는 일 등을 하면서 시간당 샌드위치 10개를 만들 수 있다. 1명이 추가되어 두 번째 근로자가 다른 일에는 신경 쓰지 않으면서 오로지 식빵을

표 7.2 생산함수

노동 단위 (근로자의 수)	총생산물 (시간당 샌드위치의 수)	노동의 한계생산물	노동의 평균생산물 (총생산물 ÷ 투입된 노동 단위)
0	0	–	–
1	10	10	10.0
2	25	15	12.5
3	35	10	11.7
4	40	5	10.0
5	42	2	8.4
6	42	0	7.0

5 역자 주: 총생산물, 한계생산물, 평균생산물은 각각 total product, marginal product, average product라는 영어 표현을 그대로 번역하는 관행을 따른 것이다. 하지만 그 의미는 각각 총생산량, 한계생산량, 평균생산량이다.

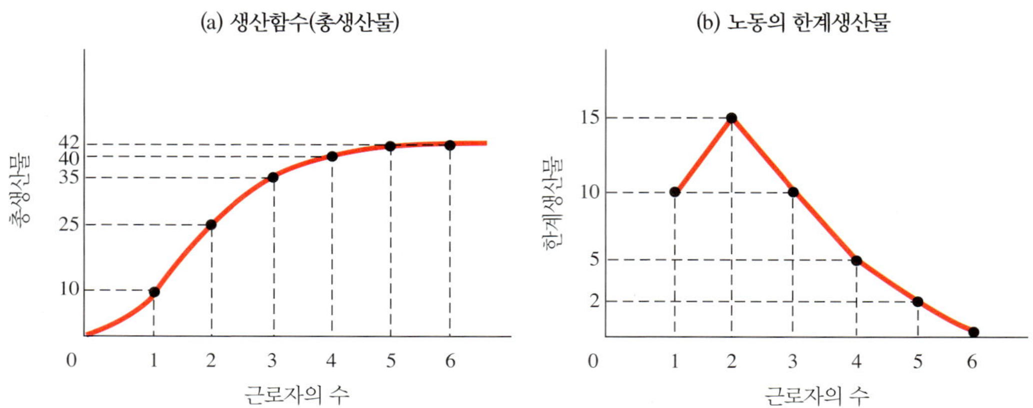

그림 7.3 샌드위치 가게의 생산함수
생산함수는 투입물과 생산물 간의 수치적 관계를 보여준다. (a)는 노동이라는 변동 생산요소의 함수로 나타낸 총생산물(샌드위치의 수)의 그래프이다. 노동의 한계생산물은 노동 1단위를 추가했을 때의 추가 생산량이다. (b)를 보면 두 번째 노동 단위의 한계생산물이 15개, 네 번째 노동 단위의 한계생산물이 5개이다.

구워 샌드위치를 만든다면 2명이 함께 일하여 시간당 샌드위치 25개를 만들 수 있다. 즉 두 번째 근로자 덕분에 시간당 25 − 10 = 15개의 샌드위치를 더 생산할 수 있다. 만약 3명이 함께 일한다면 비좁은 주방에서 그릴을 조심스럽게 사용하여 샌드위치를 10개 더 생산할 수 있다고 하자. 세 번째 근로자가 추가로 생산하는 양은 그릴이라는 자본재가 1대뿐이라는 제약 때문에 두 번째 근로자가 추가로 생산하는 양보다 적다. 이는 세 번째 근로자가 덜 효율적이거나 일을 열심히 하지 않기 때문이 아니다. 모든 근로자의 능력과 성실성이 동일하다고 가정한다.

그릴을 사용하는 근로자의 수가 많아질수록 그릴 주변이 북적대어 추가로 생산하는 샌드위치의 수가 점점 줄어든다. 네 번째 근로자는 시간당 샌드위치 5개를 더 생산할 수 있고, 다섯 번째 근로자는 시간당 샌드위치 2개를 더 생산할 수 있으며, 여섯 번째 근로자는 생산량을 전혀 증가시키지 못한다. 이 샌드위치 가게는 현재 상태로는 시간당 최대 42개의 샌드위치를 생산할 수 있다.

그림 7.3(a)는 표 7.2의 자료를 바탕으로 그린 총생산물 그래프이다. 표 7.2에서 한계생산물의 수치를 보면 기업이 생산함수를 아는 것이 얼마나 중요한지 깨닫게 된다. 샌드위치 가게는 네 번째 근로자를 고용하면 시간당 샌드위치 5개를 더 생산할 수 있는데 네 번째 근로자를 고용해야 할까? 그 답은 근로자에게 지출하는 비용(임금)과 판매할 수 있는 샌드위치의 수에 달려 있는데 이는 뒤에서 살펴보겠다.

한계생산물(MP) 다른 것들이 일정할 때 변동 생산요소(변동 투입물)를 1단위씩 더 투입하여 얻는 추가 생산량

한계생산물과 수확 체감의 법칙 **한계생산물**(marginal product, MP)은 다른 생산요소(투입물)의 투입량이 고정된 상태에서 특정 생산요소를 1단위 더 투입할 때 추가로 생산되는 생산물의 양이다. 표 7.2의 (3)열에서 보듯이 처음 노동 1단위의 한계생산물은 샌드위치 10개이고 두 번째 노동 단위의 한계생산물은 15개, 세 번째 노동 단위의 한계생산물은 10개이다. 여섯 번째 근로자의 한계생산물은 0이다. 그림 7.3(b)는 표 7.2의 한계생산물 자료를 가지고 나타낸 노동의 한계생산물 곡선이다.

수확 체감의 법칙 고정 생산요소에 변동 생산요소를 점점 더 투입하면 어떤 점을 지나고부터는 변동 생산요소의 한계생산물이 감소하는 것

고정 생산요소(이 경우 건물과 그릴)에 변동 생산요소(이 경우 노동)를 점점 더 투입하면 어떤 점을 지나고부터는 변동 생산요소의 한계생산물이 감소하는데, 이를 **수확 체감의 법칙**(law of diminishing return)이라고 한다. 영국의 경제학자 리카도는 19세기 영국의 농업에서 목격한 현상을 근거로 이를 공식화했다. 그는 일정한 넓이의 농지에서 노동이나 자본을 계속 1단위씩 더 투입하면 곡식 생산량이 증가하는 크기가 점점 작아진다고 지적했다. 즉 주어진 넓이의 농지에서 점점 더 집중적으로 농사를 지으면 추가로 얻는 생산량이 점점 줄어든다는 것이다. 제조업의 경우 기존 공장의

생산능력 한계에 근접하게 점점 더 생산량을 증가시키면 수확 체감 현상이 나타나기 시작한다.

샌드위치 가게에서는 세 번째 근로자를 추가할 때 수확 체감 현상이 나타나기 시작한다. 두 번째 근로자의 한계생산물은 첫 번째 근로자의 한계생산물보다 많다[그림 7.3(b) 참조]. 첫 번째 근로자는 전화를 받고 손님을 맞이하고 테이블을 치움으로써 두 번째 근로자가 샌드위치를 만드는 데 집중할 수 있게 해준다. 그러나 근로자가 더 추가되면 그릴이 혼잡해지기 시작한다. 수확 체감 현상이 나타나는 것은 세 번째 근로자가 앞의 두 근로자만 못하기 때문이 아니라(그들의 능력이 똑같다고 가정함), 근로자를 추가할수록 근로자 1명당 할당되는 자본재(그릴)의 양이 점점 작아지기 때문이다.

수확 체감(한계생산물 체감) 현상은 (공장규모와 같은) 고정 생산요소에 변동 생산요소가 점점 더 추가됨으로써 나타나기 시작한다. 생산에서의 단기는 어떤 고정 생산요소가 기업의 생산을 제약하는 기간이므로 수확 체감(한계생산물 체감) 현상은 항상 단기에서 나타난다. 모든 기업은 단기에서 궁극적으로 수확 체감의 법칙에 직면한다. 이는 모든 기업에 해당하기 때문에 기업이 공장의 생산능력 한계에 근접하게 생산량을 증가시킬수록 생산량 증가가 더욱더 어려워진다는 것을 의미한다.

평균생산물 변동 생산요소 단위당 생산되는 생산물의 양

한계생산물과 평균생산물 **평균생산물**(average product, AP)은 투입된 변동 생산요소 단위당 생산되는 생산물의 양을 말한다. 그릴 1대가 있는 샌드위치 가게의 변동 생산요소는 노동이다. 표 7.2에서 보듯이 처음 근로자 2명이 1시간에 샌드위치 25개를 생산하므로 이들의 평균생산물은 샌드위치 12.5개(25개 ÷ 2)이다. 세 번째 근로자가 투입되면 1시간에 샌드위치 10개를 더 생산할 수 있으며, 이 10개는 세 번째 근로자의 한계생산물이다. 그러나 처음 3단위 노동의 평균생산물은 샌드위치 11.7개(10개, 15개, 10개의 평균)이다. 이를 공식으로 나타내면 다음과 같다.

$$\text{노동의 평균생산물} = \frac{\text{총생산물}}{\text{노동의 총단위}}$$

평균생산물은 한계생산물을 뒤따르지만 빠르게 변하지는 않는다. 한계생산물이 평균생산물보다 크면 평균생산물이 증가하고, 한계생산물이 평균생산물보다 작으면 평균생산물이 감소한다. 보다 일반적으로 표현하면, 한계치가 평균치보다 크면 평균치가 증가하고, 한계치가 평균치보다 작으면 평균치가 하락한다. 예를 들어 당신이 시험을 6개 보았는데 평균점수가 86점이라고 하자. 만약 다음 시험에서 75점을 받는다면 평균점수가 하락한다. 그러나 평균점수가 바로 75점이 되는 것이 아니라 84.4점으로 떨어질 뿐이다. 만약 다음 시험에서 95점을 받는다면 평균점수가 87.3점으로 오른다. 표 7.2의 (3), (4)열에서 보듯이 세 번째 근로자부터 노동의 한계생산물이 노동의 평균생산물보다 작다. 따라서 노동의 평균생산물이 감소하는데, 다만 한계생산물보다 천천히 감소한다.

그림 7.4는 전형적인 생산함수의 총생산물 곡선과 이로부터 도출되는 한계생산물, 평균생산물 곡선을 보여준다. 한계생산물 곡선은 총생산물 곡선(생산함수)의 기울기 값을 나타낸 그래프이다. 표 7.2에서 보듯이 평균생산물과 한계생산물은 처음에 같은 값에서 시작한다. L_1(A점)에 도달할 때까지 한계생산물 곡선이 상승하며, 한계생산물이 평균생산물보다 크면 평균생산물 곡선도 뒤따라 상승하지만 보다 완만하다.

샌드위치 가게의 경우와 마찬가지로 처음에는 한계생산물이 증가한다. 대부분의 생산에서는 1명보다 더 많은 근로자가 있어야 작업이 더 잘 이루어진다. 예를 들어 조립 라인에서는 연결점마다 근

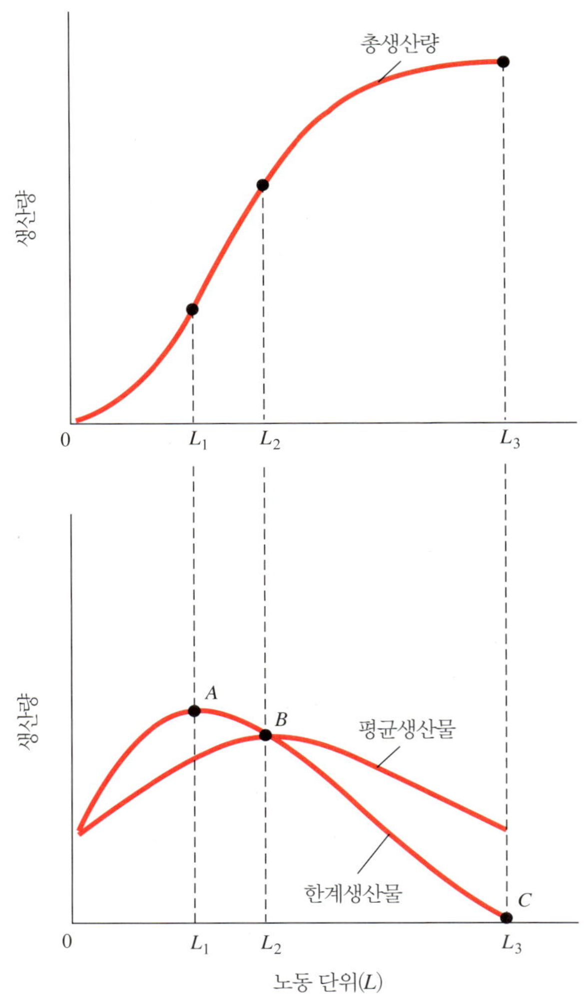

그림 7.4 총생산물, 평균생산물, 한계생산물
평균생산물이 한계생산물과 같아지는 점의 생산량에서 평균생산물이 극대화된다.

로자가 배치되어 협동적으로 작업을 한다. 첫 번째 근로자의 한계생산물은 매우 낮거나 0일 수 있지만 근로자가 추가로 배치되면서 점점 더 효율적으로 생산함으로써 한계생산물이 증가한다.

*A*점(L_1 단위의 노동)에서부터 한계생산물이 감소하기 시작한다. 모든 공장은 생산능력에 한계가 있기 때문에 생산량을 증가시키려는 노력은 항상 생산능력의 한계를 향해서 가는 것이다. *B*점(L_2 단위의 노동)에서는 한계생산물과 평균생산물이 같다. *B*점 이전까지는 한계생산물이 평균생산물보다 크기 때문에 평균생산물이 증가했다. 그러나 *B*점과 *C*점 사이(L_2와 L_3 사이의 노동 단위)에서 노동의 한계생산물이 노동의 평균생산물 아래로 떨어지면서 노동의 평균생산물도 뒤따라 하락하기 시작한다. *B*점에서 평균생산물이 최대가 되어 한계생산물과 같아진다. L_3에서는 노동을 추가해도 생산량이 증가하지 않고 결국 노동의 한계생산물이 0이 된다. 조립 라인의 경우 근로자를 배치할 연결점이 더 이상 없고, 샌드위치 가게의 경우 그릴이 근로자로 꽉 찬다.

생산요소가 둘인 경우의 생산함수

지금까지는 변동 생산요소가 하나인 경우를 살펴보았으나 생산에는 다양한 생산요소가 함께 사용된다. 일반적으로 자본재의 사용을 증가시키면 노동의 생산성이 증가한다. 건물이나 기계 등의 자본재는 그것을 사용하는 사람이 없으면 아무 쓸모가 없기 때문에 자본과 노동은 서로 보완적인 생산요소이다.

샌드위치 가게의 예를 통해 이를 살펴보자. 샌드위치의 수요가 가게가 생산할 수 있는 샌드위치의 수보다 커지면 가게 주인은 생산용량을 증가시키려고 할 수도 있다. 다시 말해 그릴을 추가로 들여 자본재를 더 많이 사용할 수도 있다.

두 번째 그릴은 가게의 생산용량을 2배로 증가시킨다. 생산용량이 더 커졌다는 것은 샌드위치 가게가 전처럼 빨리 수확 체감 현상을 겪지 않는다는 것을 의미한다. 그릴이 1대일 때 세 번째, 네 번째 근로자가 덜 생산적이었던 것은 그릴이 너무 붐볐기 때문이다. 그러나 그릴 1대를 추가하여 세 번째, 네 번째 근로자가 두 번째 그릴을 이용한다면 시간당 샌드위치 15개를 생산할 수 있다. 요컨대 자본(재)을 증가시키면 근로자 1명이 시간당 생산하는 생산량으로 나타낸 노동의 생산성이 증가한다.

이러한 간단한 관계는 한 국가의 생산성을 설명하거나 국가 간의 생산성을 비교하여 설명할 때 중요하다. 현대적인 신식 공장이나 장비를 갖추면 한 국가의 생산성이 향상된다. 중국은 지난 10년 동

경제학의 적용

경영의 현대화로 얻는 이득

이 장에서는 노동, 자본, 기타 생산요소를 사용하여 생산물을 생산하는 경우를 다루면서 모든 노동과 자본이 동일하다는 가정하에 간단한 생산함수를 살펴보았다. 그러나 실제로는 근로자들이 제각기 다르고 모든 기계가 똑같지도 않다. 최근의 한 연구는 근로자의 훈련과 기계의 현대화가 생산량을 증가시키는 데 매우 중요하다는 것을 밝혔다.[1]

제2차 세계대전 이후 미국은 마셜 플랜(Marshall Plan)을 통해 전쟁으로 폐허가 된 유럽 국가의 복구를 경제적·재정적으로 돕는 프로그램을 운영했다. 마셜 플랜의 일부는 유럽 국가 중소기업의 생산성을 향상하는 데 초점을 맞추었다. 당시 유럽의 많은 중소기업은 현대적 경영 기술을 갖추지 못하고 기계도 낡았었는데, 그러한 기업의 경영자들이 1952~1958년에 기술 지원 및 생산성 프로그램(Technical Assistance and Productivity Program, TAPP)을 통해 미국에서 경영관리, 생산계획, 주문관리 시스템, 마케팅 등을 배웠다. 또한 현대화된 미국 기계를 매우 저렴한 가격에 구입할 수 있는 기회도 얻었다. 이러한 훈련과 기계의 현대화를 통해 기업의 생산량과 매출액이 증가할 것으로 기대했다.

TAPP는 효과를 보았을까? 연구자는 이탈리아를 중심으로 TAPP에 참가한 3,000개 이상 기업의 성과에 관한 자료를 수집했다. 이러한 기업의 성과를, 이들과 비슷하지만 미국 정부의 예산 삭감으로 TAPP에 참가하지 못한 기업의 성과와 비교하여 TAPP의 효과를 통계적으로 분석했다. 연구자는 TAPP가 매우 효과적이었으며, 특히 프로그램의 일부였던 '경영관리 훈련'이 매우 크고 오래 지속된 긍정적 효과를 가져왔다고 밝혔다. TAPP에 참가한 기업의 생산성은 첫해에 15% 증가하고 그 이후로도 10년 넘게 꾸준히 증가한 것으로 나타났다. 이 연구는 경제학과 경영학에서 배우는 개념이나 관리 기술이 큰 보상을 가져다준다는 것을 알려준다.

질문

- 연구자는 TAPP에 참가한 기업과 참가하지 못한 기업의 성과를 비교했다. 이는 TAPP에 참가한 기업과 모든 기업의 성과를 비교하는 것과 어떻게 다른가?

[1] Michela Giorcelli, "The Long Term Effect of Management and Technology Transfers," *American Economic Review*, January 2019.

안 공장을 짓고 장비를 마련하여 급속도로 자본(재)을 축적한 결과 중국 근로자의 일인당 평균생산량이 증가했다. 일부 국가에서는 자본재의 부족으로 근로자의 일인당 생산량이 매우 낮다. 낙후한 기계를 가지고 생산량을 크게 증가시키기란 거의 불가능하다.

학습목표

생산기술을 선택할 때 기업이 고려하는 요인을 파악한다.

7.3 기술의 선택

샌드위치 가게의 경우에서 확인했듯이 투입물(생산요소)은 상호 보완적이다. 자본재는 노동의 생산성을 높여준다. 샌드위치 가게의 근로자는 그릴 1대를 가지고 북적이면서 일하지 않을 때 더 생산적이다. 마찬가지로 노동도 자본의 생산성을 높여준다. 생산용량의 50% 정도만 가동하는 공장에 근로자를 더 많이 투입하면 쉬고 있던 기계가 돌아가면서 생산적이 된다.

하지만 생산요소는 서로 대체적일 수도 있다. 노동의 가격(임금)이 오르면 노동 절약적인 기술을 채택하는 기업도 있다. 즉 기업은 노동을 자본으로 대체할 수 있다. 조립 라인의 경우 자동화를 통해 사람을 기계로 대체할 수 있다. 또한 토지가 희소해지면 자본이 토지를 대체하는 경우도 있고, 자본이 상대적으로 비싸면 노동이 자본을 대체하기도 한다. 간단히 말해 모든 재화와 서비스는 서로 다른 기술을 사용하여 다양한 방법으로 생산할 수 있다. 따라서 모든 기업이 해야 하는 가장 중요한 핵심적 의사결정은 어떤 기술을 사용할 것인가이다.

표 7.3은 다섯 가지 생산기술로 기저귀 100개를 생산하는 경우를 보여준다. 기술 *A*는 가장 노동집약적이며 기저귀 100개를 생산하는 데 노동 10시간, 자본 2단위가 필요하다(자본의 단위는 기계 가동 시간이라고 보아도 무방하다). 기술 *E*는 가장 자본집약적이며 기저귀 100개를 생산하는 데 노동 2시간, 자본 10단위가 필요하다.

생산기술을 선택하기 위해 기업은 투입물시장에서 현재 노동의 시장가격과 자본의 시장가격을 알아야 한다. 임금(P_L)이 얼마이고, 기계를 가동하는 데 시간당 얼마의 비용(P_k)이 발생하는가? 투입물을 올바르게 선택하는 방법은 각 투입물이 얼마나 생산적인지, 그 가격이 얼마인지에 달려 있다.

노동과 자본의 가격이 모두 단위당 1달러라고 하자. 가장 좋은 기술을 판단하는 데 필요한 계산 결과는 표 7.4의 (4)열에서 확인할 수 있다. 표에서 보듯이 기술 *C*를 선택하면 생산비용을 최소화할 수 있다. 기술 *C*의 경우 기저귀 100개를 8달러에 생산할 수 있으며, 나머지 기술은 생산비용이 더 크다. 기업이 기저귀 100개를 생산하려 한다면 기술 *C*를 선택함으로써 이윤을 극대화할 수 있다.

이제 임금(P_L)의 단위당 가격이 1달러에서 5달러로 급상승했다고 하자. 이러한 경우 기업이 근로자를 자본으로 대체해야 한다고 생각하는 독자도 있을 것이다. 그 생각이 맞다. 표 7.4의 (5)열을

표 7.3 다양한 기술로 기저귀를 생산하는 데 필요한 투입물

기술	자본 단위(K)	노동 단위(L)
A	2	10
B	3	6
C	4	4
D	6	3
E	10	2

표 7.4 다양한 기술 중 최소 생산비용을 가진 기술의 선택

(1) 기술	(2) 자본 단위(K)	(3) 노동 단위(L)	(4) P_L = \$1 P_k = \$1	(5) P_L = \$5 P_k = \$1
A	2	10	\$12	\$52
B	3	6	9	33
C	4	4	8	24
D	6	3	9	21
E	10	2	12	20

비용 = $(L \times P_L) + (K \times P_k)$

보면 임금이 상승한 탓에 기술 E가 생산비용을 최소화하는 선택이 되었다. 기업은 자본 10단위와 노동 2단위를 가지고 20달러의 생산비용으로 기저귀 100개를 생산할 수 있다. 나머지 기술은 생산비용이 이보다 더 크다. 표 7.4에서 기업이 생산기술을 자유롭게 선택할 수 있는 능력을 지닌 경우에는 임금 상승이 생산비용에 미치는 영향을 완화할 수 있다는 점에 주목하라. 기업이 처음에 채택한 기술 C를 그대로 사용할 수밖에 없다면 임금 상승 후 생산비용이 8달러에서 24달러로 3배가 될 것이다. 하지만 기술 E로 전환할 능력이 있다면 생산비용을 20달러로 낮출 수 있어 생산비용 상승이 2.5배에 그칠 것이다. 생산기술을 유연하게 변화시킬 수 있는 기업의 능력은 생산비용을 결정하는 중요한 요소 중 하나이다.

미리 보기: 비용과 공급

지금까지는 어떤 수준의 생산량을 가정하고 그에 따른 생산비용을 살펴보았다. 즉 여러 수준의 투입물 가격에서 가장 좋은 생산기술을 선택했을 때 기저귀 100개를 생산하는 데 드는 비용을 다루었다. 그러나 기저귀 1,000개를 생산하는 경우의 가장 좋은 생산기술은 10,000개를 생산하는 경우의 가장 좋은 기술과 완전히 다를 수 있다. 다음 장에서는 생산량과 비용의 관계를 좀 더 자세히 살펴볼 것이다.

요약

01 기업은 규모, 내부 조직 등 여러 가지 측면이 서로 다르지만 생산이라는 과정을 통해 투입물을 생산물로 전환한다는 점은 동일하다.

02 완전경쟁산업(시장)에서는 어떤 기업도 시장가격에 영향을 미칠 수 없는데, 이는 다음과 같은 두 가지 가정에서 비롯된다. ① 완전경쟁산업은 많은 기업으로 구성되어 있고 각 기업은 산업의 규모에 비해 미미할 정도로 작다. ② 완전경쟁산업에 있는 각 기업은 동일 제품을 생산한다.

03 완전경쟁기업은 완전가격탄력적 수요곡선에 직면한다. 만약 어떤 기업이 시장가격보다 높게 가격을 책정한다면 판매량은 0일 것이다. 완전경쟁기업은 시장가격에서 자신이 생산한 것을 전부 판매할 수 있기 때문에 가격을 낮추어 더 많이 판매하려는 인센티브가 없다.

04 모든 기업은 이윤을 극대화하기 위해 얼마나 생산할 것인가, 어떻게 생산할 것인가, 각 투입물(생산요소)을 얼마나 사용할 것인가에 대한 의사결정을 해야 한다.

05 이윤은 총수입에서 총비용을 뺀 것이다. 총비용(총 경제적 비용)에는 실제로 지불되는 보이는 기회비용, 자본에 대한 정상수익률을 포함하여 각 생산요소에서 발생하는 보이지 않는 모든 기회비용이 포함된다.

06 자본에 대한 정상이윤(정상수익)을 총비용에 포함해야 하는 이유는 그 자본을 생산에 투자하지 않고 다른 곳에 투자했을 때(예: 정부 채권 매입) 얻을 수 있는 혜택을 포기하기 때문이다. 즉 기회비용이 발생하기 때문이다. 우리가 사업을 하거나 주식을 사는 것은 적어도 정상수익률은 벌 수 있으리라 기대하기 때문이다. 투자자는 정상수익률도 벌지 못할 것이라고 판단되는 사업에는 투자하지 않는다.

07 자본 이외 모든 투입물의 비용을 모두 지불하고 남는 금액이 자본의 정상수익보다 크면 기업은 이윤을 얻는다.

08 생산규모가 고정되어 있거나 새로운 기업의 시장 진입 또는 기존 기업의 시장 퇴출이 없는 기간을 단기라고 한다. 또한 기업이 생산에 사용되는 모든 투입물(생산요소)의 투입량을 마음대로 조정할 수 있고, 새로운 기업의 시장 진입 또는 기존 기업의 시장 철수가 가능한 기간을 장기라고 한다.

09 기업이 의사결정을 하기 위해 기본적으로 알아야 할 것은 자신이 생산하는 생산물의 시장가격, 자신이 사용 가능한 생산기술, 투입물(생산요소)의 가격이다.

10 투입물과 생산물의 관계를 의미하는 생산기술을 수치적 함수로 나타낸 것을 생산함수(총생산함수)라고 한다.

11 변동 생산요소의 한계생산물은 다른 생산요소(투입물)의 투입량이 고정된 상태에서 특정 생산요소를 1단위 더 투입할 때 추가로 생산되는 생산물의 양이다. 수확 체감(한계생산물 체감)의 법칙에 따르면 고정 생산요소에 변동 생산요소를 점점 더 투입하면 어떤 점을 지나고부터는 변동 생산요소의 한계생산물이 감소한다.

12 평균생산물은 투입된 변동 생산요소 단위당 생산되는 생산물의 양을 말한다. 한계생산물이 평균생산물보다 크면 평균생산물이 증가하고, 한계생산물이 평균생산물보다 작으면 평균생산물이 감소한다.

13 자본과 노동은 서로 보완적인 생산요소일 수도 있고 서로 대체적인 생산요소일 수도 있다. 자본은 노동의 생산성을 높여주지만 노동을 대체하는 데 사용될 수도 있다.

14 사용할 기술을 선택하는 것은 모든 기업이 해야 하는 중요한 의사결정 중 하나이다. 이윤 극대화를 추구하는 기업은 주어진 생산량을 최소의 비용으로 생산할 수 있는 투입물의 배합을 선택한다.

핵심 용어

경제적 이윤(economic profit)
기업(firm)
노동집약적 기술(labor-intensive technology)
단기(short run)
생산(production)
생산기술(production technology)
생산함수(production function)
수확 체감의 법칙(law of diminishing return)
이윤(profit)
자본집약적 기술(capital-intensive technology)
장기(long run)
정상수익률(normal rate of return)
총비용(total cost)
총생산함수(total product function)
총수입(total revenue)
최적 생산 방법(optimal method of production)
평균생산물(average product)
한계생산물(marginal product)

연습문제

01 어떤 기업이 자본과 노동을 사용하여 매년 제품 20,000개를 판매하고 있다. 제품의 시장가격은 15달러이고 기업이 지불하는 총노동비용은 연간 250,000달러이다. 기업이 보유한 총자본(재)의 현재가치는 400,000달러이며, 이 금액을 이 사업과 동일한 위험이 있는 곳에 투자했을 때의 연간 수익률은 7%이다. 자본재에 대한 감가상각은 없다. 이 기업은 이윤을 얻고 있는지 설명하라.

02 지난 25년간 자녀를 키우면서 개인 피트니스 코치로 일한 경험이 있는 세 자매는 가지고 있던 채권을 매도하여 생긴 120,000달러로 작은 피트니스 센터를 운영하기로 했다. 이들은 사업에 필요한 운동 기구, 컴퓨터, 기타 사무용 가구의 구입과 광고 등에 120,000달러를 사용했다. 이후 3년 동안 이들은 매년 150,000달러의 수입을 얻었으며 각자 매년 35,000달러씩을 가져갔다. 또한 스트립몰의 작은 공간을 매년 36,000달러를 내고 임대했다. 이 사업에 투자하기 전에 이들이 가지고 있던 채권은 연간 8%의 이자를 안겨주었다. 이들은 경제적 이윤을 얻고 있는가?

03 2020년에 당신이 복권에 당첨되어 그 돈으로 패스트푸드점을 인수했다고 하자. 이 패스트푸드점은 100명의 고객을 받을 수 있으며 필요한 모든 설비가 잘 갖추어져 있다. 당신은 친구와 지인의 조언을 듣고 매장을 리모델링하여 이탈리아 음식도 팔기로 했다. 이 경우에 단기적으로 당신이 결정해야 하는 것은 무엇인가? 어떤 생산요소를 '고정 생산요소'로 보아야 하는가? 장기적으로는 어떤 의사결정을 해야 하는가?

04 어떤 기업의 경제적 이윤이 0이라면 회계적 관점에서는 손해를 보고 있는 것이다. 이 말에 동의하는지, 동의하지 않는지 밝히고 그 이유를 설명하라.

05 콜린스는 영국 런던에서 SC 스테이크하우스를 운영하고 있다. 이 레스토랑은 30년의 역사를 자랑하며 런던에서 가장 좋은 스테이크하우스로 인정받고 있다. 총자본은 400만 파운드이고 전부 콜린스의 소유이다. 올해 콜린스는 지불한 비용을 모두 빼고 총 180만 파운드의 수입을 올렸다. 자본의 기회비용을 계산에 넣지 않으면 콜린스는 투자한 자본에 대해 45%의 수익률을 올리고 있는 것이다. 위험이 없는 무위험 채권의 연간 이자율은 13%이다.

a. 자본의 기회비용은 무엇을 의미하는가?

b. (보이지 않는) 기회비용은 실제로 주머니에서 나가는 비용(보이는 기회비용)이 아니지만 실제로 발생하는 비용이다. 그 이유를 설명하라.

c. 콜린스가 보유한 자본의 기회비용은 얼마인가?

d. 콜린스가 얻고 있는 초과이윤(정상수익률을 넘는 이윤)은 얼마인가?

06 2017년에 《포브스》는 삼성 갤럭시 S8의 1대당 생산비가 307.5달러이고 실제 판매되는 가격이 720달러라는 기사를 실었다. 그렇다면 삼성은 1대당 412.5달러의 이윤을 얻고 있음을 의미하는가?

출처: Ian Morris, "Samsung Galaxy S8 is Monstrously Expensive to Produce," *Forbes*, April 21, 2017.

07 다음의 각 경우를 단기 의사결정 또는 장기 의사결정으로 구분하라.

a. 림 가족의 대표는 센트럴아시아은행이라는 인도네시아 은행의 연금 프로그램에 돈을 넣기로 결정했다.

b. 마쓰다는 내연 엔진 자동차 대신 하이브리드나 전기 자동차 개발에 초점을 맞추기로 했다.

c. 라이언에어의 조종사들은 임금 인상을 위한 파업에 들어간다고 발표했다.

d. 루프트한자는 뮌헨 터미널에 새로운 체크인 데스크를 만들기로 했다.

e. 유럽연합 집행위원회 회장이 관세 협상을 위해 미국 대통령을 만났다.

f. 페이스북이 고객 정보 보호 조치를 취한다고 발표한 후 페이스북의 성장이 둔화될 것이라는 우려로 페이스북의 주가는 20% 정도 하락했다.

08 웨딩 케이크를 전문적으로 만드는 안나 제과점의 연간 비용과 수입은 다음과 같다. 안나는 가게 건물을 소유하고 있으며 1주일에 60시간을 가게에서 일한다. 만약 가게 문을 닫으면 그녀는 연간 65,000달러를 받고 건물을 임대하면서 경쟁업체인 엘라 제과점에서 연봉 22,000달러를 받고 일할 수 있다. 안나 제과점의 경제적 이윤과 경제적 비용을 계산하라. 이러한 수치는 회계적 비용, 회계적 이익과 같은지 설명하라.

임금	$ 36,000
대출금의 이자	5,000
기타 생산요소에 지출된 비용	16,000
총수입	124,000

09 다음 표는 총생산물이 투입된 노동의 함수로 보여준다.

노동	총생산물
0	0
1	30
2	54
3	72
4	84
5	90

a. 수확 체감의 법칙을 설명하라.

b. 위의 표는 수확 체감 현상을 나타내는가?

10 다음은 생산함수 그래프이다.

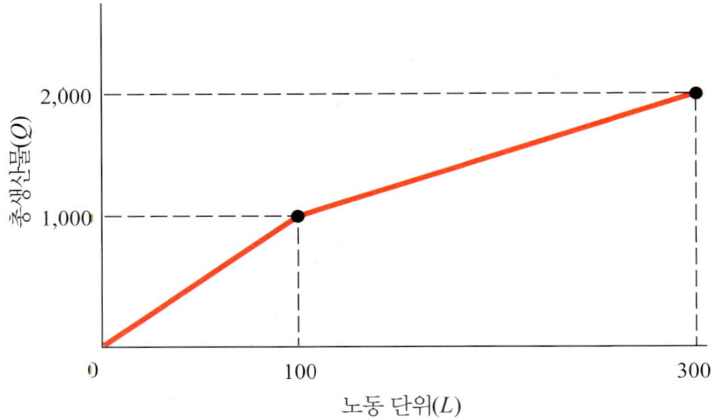

a. 노동의 한계생산물 그래프를 그려라.

b. 한계생산물 그래프는 수확 체감 현상을 나타내는가?

11 산업화 초기 단계에는 농산물의 생산이 증가하더라도 농업에 종사하는 사람의 수가 급격히 감소한다. 생산기술과 생산함수에 대해 알고 있는 것을 토대로 모순적으로 보이는 이 현상을 설명하라.

12 다음 표와 같이 근로자의 수에 따라 생산되는 모터사이클 대수가 달라진다.

주당 근로자의 수	주당 모터사이클 생산 대수
0	0
1	4
2	12
3	22
4	34
5	44
6	49
7	52
8	51
9	46

단기에서 노동을 제외한 모든 투입물(원재료, 기계, 전기, 수도)의 사용량이 고정되어 있다고 가정한다.

a. 표에 열을 2개 추가하여 근로자 1명당 한계생산물과 평균생산물의 수치를 채워넣어라.

b. 노동에 대한 수확 체증, 노동에 대한 수확 체감, 음의 추가적 생산량이 발생하는 노동 투입량은 각각 얼마인가?

c. 어떤 범위의 노동 투입량에서 노동의 한계생산물이 평균생산물보다 크게 나타나는가? 그러한 범위에서 근로자의 수가 증가할수록 평균생산물은 어떻게 변하는가?

d. 노동의 한계생산물이 평균생산물보다 작게 나타나는가? 그러한 범위에서 근로자의 수가 증가할수록 평균생산물은 어떻게 변하는가?

13 다음 표는 알리아스 살롱에 대한 자료이다. 노동의 총생산물, 한계생산물, 평균생산물 그래프를 그려라. 또한 총생산물 곡선의 어느 부분에서 수확 체증, 수확 체감, 음의 추가적 수확이 발생하는지 표시하라.

노동 단위 (근로자의 수)	총생산물 (일일 미용 횟수)	노동의 한계생산물	노동의 평균생산물
0	0	–	–
1	7	7	7.00
2	17	10	8.50
3	31	14	10.33
4	44	13	11.00
5	55	11	11.00
6	64	9	10.67
7	69	5	9.86
8	69	0	8.63
9	65	−4	7.22
10	59	−6	5.90

14 다음 중 옳은 설명은 무엇인가?

a. 총생산물은 한계생산물과 평균생산물이 일치할 때 가장 크다.

b. 한계생산물과 평균생산물은 한계생산물이 최대일 때 같다.

c. 한계생산물이 0일 때 평균생산물이 증가한다.

d. 한계생산물이 평균생산물보다 클 때 평균생산물이 증가한다.

15 A 기업은 현재 수확 체증 현상이 나타나는 생산량을 생산하고 있다. B 기업은 현재 수확 체감 현상이 나타나는 생산량을 생산하고 있다. C 기업은 현재 음의 추가적 수확을 보이는 생산량을 생산하고 있다.

a. 각 기업이 노동의 투입량을 줄이면 노동의 한계생산물이 어떻게 변하는가? 그 이유는 무엇인가?

b. 각 기업이 노동의 투입량을 늘리면 노동의 한계생산물이 어떻게 변하는가? 그 이유는 무엇인가?

16 A와 B라는 생산기술로 작은 장치를 생산할 수 있다. 생산량에 따라 투입해야 할 생산요소의 양은 다음과 같다.

	$Q=1$		$Q=2$		$Q=3$		$Q=4$		$Q=5$	
기술	K	L	K	L	K	L	K	L	K	L
A	4	1	6	2	9	4	12	7	11	8
B	1	3	2	5	4	8	5	12	7	15

a. 노동의 단위당 가격(P_L)이 2달러, 자본의 단위당 가격(P_K)이 3달러라고 가정하고, 최적 생산기술(생산비가 최소가 되는 기술)을 사용할 때 다섯 가지 생산량 각각에서 나타나는 총생산비용을 계산하라.

b. 각 생산량 수준에서 노동을 몇 단위 투입해야 하는가? 자본을 몇 단위 투입해야 하는가?

c. 생산물의 함수인 총생산물 그래프를 그려라(y축에 비용을, x축에 생산량을 표시한다). 최적 기술을 사용한다고 가정한다.

d. 노동의 가격(P_L)은 변함없이 2달러이고 자본의 가격(P_K)은 3달러에서 2달러로 하락했다고 가정하고 a~c를 다시 풀라.

17 패터슨앤드밀러스라는 다국적 로펌의 런던 본사 건물 5층에서 근무하는 변호사가 같은 건물 8층의 사무실을 배정받아 짐을 8층으로 옮겨야 한다. 짐은 무거운 서류 상자 9개와 기타 비품이다. 짐을 어떻게 옮기는 것이 좋을지 사용할 수 있는 자본과 노동을 가지고 설명하라. 만약 배정받은 사무실이 6킬로미터, 750킬로미터 떨어진 곳에 있다면 답이 각각 어떻게 달라지는가?

18 로버트는 파리에서 런던까지 약 450킬로미터 거리의 자동차 경주에 참가했다. 5시간 안에 도착하면(평균 시속 90킬로미터) 300유로의 상금을 받고, 6시간 안에 도착하면(평균 시속 75킬로미터) 270유로의 상금을 받는다. 휘발유 비용은 본인이 지불해야 한다. 로버트는 시속 90킬로미터로 가면 리터당 평균 20킬로미터를 갈 수 있으며, 시속 75킬로미터로 가면 리터당 평균 25킬로미터를 갈 수 있다고 계산했다. 휘발유 가격이 리터당 3유로라면 로버트는 얻게 될 순상금(상금 − 휘발유 비용)을 최대화하기 위해 시속 몇 킬로미터로 운전해야 하는가? 휘발유 가격이 리터당 4유로라면 시속 몇 킬로미터로 운전해야 하는가? 휘발유 가격이 리터당 얼마일 때 로버트는 5시간 안에 도착하는 것과 6시간 안에 도착하는 것이 순상금을 극대화한다는 측면에서 차이가 없겠는가? 로버트가 운전 속도를 결정할 때 순상금의 극대화 외에 고려해야 할 것이 무엇인지 간단히 설명하라.

19 최근에 유럽연합의 제조업과 중장비 산업 기업은 도시 외곽으로 꾸준히 이전하는 반면 은행, 금융, 광고 산업은 높은 빌딩이 많은 도심지로 본사를 옮기고 있다. 서비스 부문의 기업은 그렇지 않지만 제조업 부문의 기업은 토지를 자본으로 대체하기가 어렵다는 것이 그러한 추세의 한 이유이다.

a. 높은 빌딩과 낮고 넓은 빌딩 중 어느 것이 토지를 자본으로 대체하는 것을 보여주는가?

b. 서비스 부문의 기업보다 제조업 부문의 기업이 공간을 경제적으로 활용하기 어려운 이유는 무엇인가?

c. 서비스 부문의 기업이 토지를 자본으로 대체하기가 상대적으로 쉬운 이유는 무엇인가?

d. 도심지에서 토지에 대한 수요가 더 큰 이유는 무엇인가?

20 어떤 기업이 세 가지 생산기술을 사용할 수 있으며, 각 생산량에서 필요한 자본과 노동의 양은 다음과 같다.

	기술 1		기술 2		기술 3	
일일 생산량	K	L	K	L	K	L
100	4	6	2	8	5	3
150	5	9	3	10	7	5
200	6	12	5	14	8	8
250	7	15	6	18	10	12

a. 이 기업이 임금이 높은 국가에서 생산 활동을 한다고 가정하자. 자본비용은 단위당 일일 150달러이고 노동비용은 근로자 1명당 일일 100달러이다. 네 가지 생산량에서 가장 적은 비용을 발생시키는 생산기술은 무엇인가?

b. 이 기업이 임금이 낮은 국가에서 생산 활동을 한다고 가정하자. 자본비용은 단위당 일일 150달러이고 노동비용은 근로자 1명당 일일 60달러이다. 네 가지 생산량에서 가장 적은 비용을 발생시키는 생산기술은 무엇인가?

c. 이 기업이 임금이 낮은 국가에서 임금이 높은 국가로 생산 시설을 옮긴다고 하자. 그러나 생산량은 일일 100개로 일정하게 유지된다. 이 경우에 투입되는 근로자의 수는 어떻게 변하는가?

경제학적 사고 키우기

01 농업 부문에서 널리 쓰이고 있는 자동 관개 시스템은 매우 비싸지만 농작물을 관리하는 데 필요한 노동의 투입량을 크게 줄여준다. 자동 관개 시스템에 대한 수요는 농장 노동의 가격과 어떻게 연관되는가?

02 커피숍에서 일하는 근로자의 수는 시간대에 따라 달라서 바쁠 때는 근로자가 더 많다. 근로자를 1명에서 2명으로 늘리면 생산되는 커피가 2배가 될 것이라고 생각하는가? 근로자의 능력이 동일하다고 가정한다.

CHAPTER 8

단기의 생산비용과 생산량

목차와 학습목표

8.1 단기의 생산비용

생산비용의 중요한 개념을 이해하고 그래프를 그려본다.

8.2 생산량의 결정: 수입, 비용, 이윤 극대화

완전경쟁기업의 이윤 극대화를 위한 생산량이 수입과 비용에 따라 어떻게 결정되는지 이해한다.

이 장에서도 기업의 의사결정에 대해 살펴볼 것이다. 기업은 생산과 관련하여 기본적으로 다음과 같은 의사결정을 한다고 했다. 그림 8.1은 이를 요약하여 보여준다.

- 얼마나 생산할 것인가(생산량의 결정)
- 어떻게 생산할 것인가(생산기술의 선택)
- 각 투입물(생산요소)을 얼마나 사용할 것인가

이 장에서는 생산비용에 초점을 맞춘다. 다시 말해 생산물시장의 공급곡선 이면에 있는 것을 살펴보는 것이 이 장의 목적이다. 생산물을 공급한다는 것은 투입물을 소요한다는 의미이기도 하다. 생산물시장에서 기업은 자신이 생산하여 판매하는 생산물의 가격에 관한 정보를 얻고, 투입물(생산요소)시장에서 자본과 노동의 가격에 관한 정보를 얻는다.

학습목표

생산비용의 중요한 개념을 이해하고 그래프를 그려본다.

8.1 단기의 생산비용

이 장은 단기의 생산비용에만 초점을 맞춘다. 단기란 기존 기업이 고정 생산요소에 의해 생산의 제약을 받거나 새로운 기업의 시장 진입 또는 기존 기업의 시장 퇴출이 없는 기간을 말한다.

고정비용 기업의 생산량에 따라 크기가 변하지 않는 생산비용으로, 기업이 생산을 하지 않더라도 발생하는 비용. 장기에서는 고정비용이 없음

단기에서 모든 기업(경쟁 기업이든 비경쟁 기업이든)은 생산량에 관계없이 생산비를 지불해야 한다. 실제로 일부 비용은 생산이 멈추어 생산량이 0인 경우에도 지불해야 한다. 이러한 비용을 **고정비용**(fixed cost)이라고 하며, 단기에서 기업은 고정비용을 피하거나 변화시킬 수 없다. 그러나 장기에서 기업은 폐업하여 생산을 하지 않으면 모든 비용을 없앨 수 있다. 따라서 장기에서는 고정비용이 존재하지 않는다.

변동비용 생산량에 따라 크기가 변하는 생산비용

총비용(TC) 총고정비용과 총변동비용의 합

단기에서 기업은 생산량에 따라 변하는 비용을 유발하기도 하는데 이를 **변동비용**(variable cost)이라고 한다. 또한 **총비용**(total cost, TC)은 총고정비용과 총변동비용의 합이다.

$$TC = TFC + TVC$$

여기서 TC는 총비용, TFC는 총고정비용, TVC는 총변동비용이다.

고정비용

고정비용에 대해 언급할 때는 총고정비용과 평균고정비용을 구분해야 한다.

총고정비용(TFC), 간접비 생산량이 0일 때도 변하지 않는 모든 비용

총고정비용 **총고정비용**(total fixed cost, TFC) 또는 **간접비**(overhead)는 생산량과 관계없이 지불하는 일정한(고정된) 비용을 말한다. 공장을 가동할 때 겨울철에는 동파를 방지하기 위해 난방을

의사결정	사용하는 정보
• 생산물의 공급량	• 생산물의 가격
• 생산물의 생산 방법(생산 기술의 선택)	• 선택 가능한 기술*
• 각 생산요소의 수요량	• 투입물의 가격*

*생산비용을 결정함

그림 8.1 기업의 의사결정

해야 한다. 생산을 전혀 하지 않더라도 천장에서 물이 새는 것은 막고 도난 방지를 위해 경비원을 고용해야 하며, 리스를 한다면 일정한 리스 비용도 지불해야 한다.

총비용 중에서 고정비용이 차지하는 비중이 다른 기업보다 큰 기업도 있다. 예를 들어 전력 회사는 발전소, 수천 킬로미터의 전력선, 전봇대, 변압기 등을 유지해야 한다. 발전소는 일반적으로 일반인에게 채권을 매도하여 얻은 차입금으로 건설된다. 발행한 채권에 대해 지불하는 이자는 전력 회사의 운영비용 중 상당 부분을 차지하며, 이는 전력 회사가 전력을 얼마나 생산하느냐에 관계없이 일정액을 지불해야 하는 단기에서는 고정비용이다.

이해를 돕기 위해 이 장에서는 기업이 노동과 자본만 사용하여 생산물을 생산한다고 가정한다. 현실적이지는 않지만 이러한 가정하에 살펴보는 기업의 생산비용에 관한 내용은 다양한 생산요소를 사용하는 기업에도 똑같이 적용할 수 있다. 자본은 오랜 기간의 생산 활동을 돕는다. 제조업 기업의 경우 공장, 기계 등이 자본이고, 로펌 같은 서비스 기업의 경우 컴퓨터, 의자, 벽, 창문 등도 자본에 포함한다. 빌과 콜린이 섬에서 만든 배도 자본이다. 단기에서 자본은 고정 생산요소, 노동은 변동 생산요소로 가정하는 경우가 있다. 그러나 보다 현실적으로 여기서는 자본이 고정적인 부분과 변동적인 부분을 동시에 가지고 있다고 가정한다. 어떤 자본은 단기에도 구매 가능하기 때문이다. 다시 말해 어떤 자본재의 사용량이 고정되어 있는 단기에서 다른 자본재의 사용량을 조절할 수 있다.

예를 들어 경제학자와 연구 보조 인력, 비서를 고용한 작은 컨설팅 회사를 생각해보자. 사무실을 5년간 임대했는데 단기에서 임대료는 고정비용이다. 매달 나가는 전기료와 난방비 또한 (사용량이 매달 조금씩 다르기는 하지만) 기본적으로는 고정비용이다. 기본적인 관리를 위해 계약을 맺고 고용한 직원들에게 지급하는 봉급도 고정비용에 포함된다. 일부 장비(예: 대형 복사기, 메인 워드프로세서 시스템)에 들어가는 비용도 고정비용으로 볼 수 있다.

이 회사는 생산량에 따라 변하는 비용도 발생시킨다. 일이 많을 때는 전문가와 연구 보조 인력을 임시로 고용한다. 단기에서 이 회사가 사용하는 자본도 변할 수 있다. 컴퓨터 시스템을 사용하기 위해 지불하는 비용은 변하지 않지만 필요시 개인용 컴퓨터, 단말기, 데이터베이스 등을 바로 구입하거나 임대하기도 한다. 복사기는 일정액을 주고 임대할 수 있지만 복사기를 사용할 때는 사용하지 않을 때보다 더 많은 비용이 발생한다.

총고정비용 또는 간접비는 생산량이 0이라 하더라도 크기가 변하지 않고 발생하는 비용이다. 표 8.1의 (2)열은 이 가상 기업의 고정비용이다. 모든 생산량(q)에서 고정비용은 100달러로 고정되어 있다. 그림 8.2(a)는 생산량의 함수인 총고정비용의 그래프이다. 총고정비용은 생산량에 따라 변하

표 8.1 가상 기업의 단기 고정비용(총고정비용과 평균고정비용)

(1) q	(2) TFC	(3) $AFC\,(TFC/q)$
0	$100	$ –
1	100	100
2	100	50
3	100	33
4	100	25
5	100	20

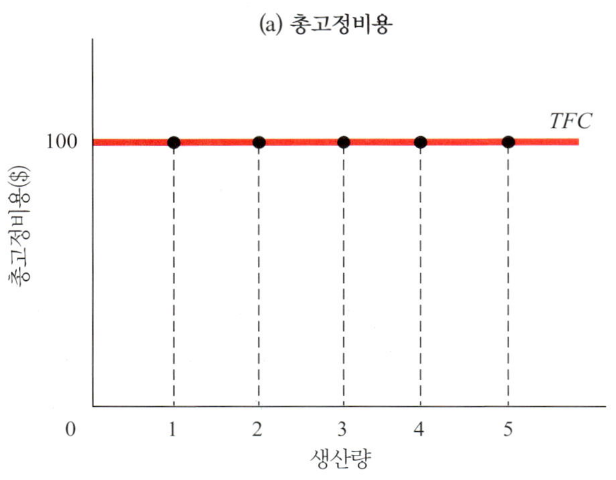

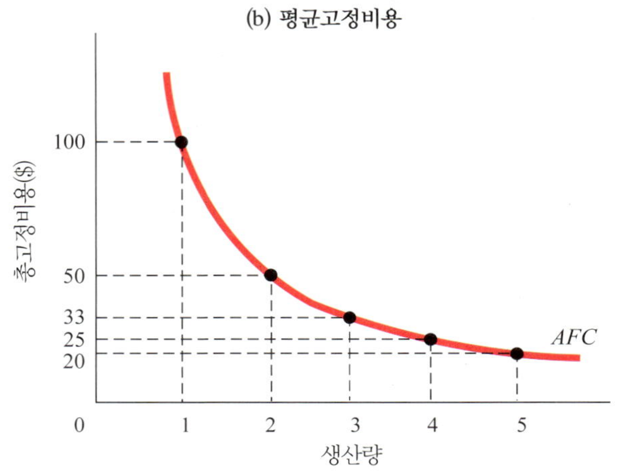

그림 8.2 가상 기업의 단기 고정비용(총고정비용과 평균고정비용)
평균고정비용은 단순히 총고정비용을 생산량으로 나눈 것이다. 생산량이 증가할수록 고정된 금액을 더 많은 수량으로 나누기 때문에 평균고정비용이 하락한다.

지 않기 때문에 그래프가 100달러에서 수평선이다. 단기에서 기업은 고정비용을 조절할 수 없다.

평균고정비용(*AFC*) 생산물 단위당 고정비용으로 총고정비용을 생산량으로 나눈 것

간접비(고정비)의 퍼짐 생산량이 증가할수록 총고정비용을 더 많은 생산량으로 나누기 때문에 평균고정비용이 하락함

평균고정비용 **평균고정비용**(average fixed cost, *AFC*)은 총고정비용을 생산량으로 나눈 것이다. 그림 8.2에서 기업의 생산량이 3단위라면 평균고정비용이 33달러(100달러 ÷ 3)이고, 생산량이 5단위라면 평균고정비용이 20달러(100달러 ÷ 5)이다. 생산량이 증가할수록 총고정비용을 더 많은 생산량으로 나누기 때문에 평균고정비용이 하락하는데[표 8.1의 (3)열 참조], 이러한 현상을 **간접비(고정비)의 퍼짐**(spreading overhead)이라고 한다.

표 8.1의 평균고정비용 자료를 그래프로 나타낸 그림 8.2(b)는 우하향하는 곡선이다. 생산량이 증가할수록 평균고정비용은 0에 가까워진다. 기업의 생산량이 10만 단위라면 평균고정비용은 생산량 1단위당 1센트밖에 되지 않는다. 평균고정비용이 실제로 0이 되는 경우는 없다. 그림을 통해 알 수 있듯이 기업이 생산물을 더 많이 판매할 때 유리한 점 중 하나는 고정비용이 더 넓게 퍼짐으로써 평균고정비용이 낮아진다는 것이다.

변동비용

총변동비용(*TVC*) 단기에서 생산량의 수준에 따라 변하는 모든 비용의 합

총변동비용 **총변동비용**(total variable cost, *TVC*)은 단기에서 생산량의 수준에 따라 변하는 모든 비용의 합이다. 생산물을 더 많이 생산하려면 더 많은 투입물을 사용해야 한다. 생산량의 증가로 발생하는 생산비용의 증가 크기는 투입물을 얼마나 더 사용해야 하는지, 그에 따른 비용이 얼마인지에 달려 있다.

7장에서 보았듯이 필요한 투입물은 생산기술에 따라 결정된다. 단기에서도 기업은 일반적으로 여러 생산기술을 사용할 수 있다. 또한 기업은 일정량의 생산물을 최소의 비용으로 생산할 수 있는 생산기술을 선택한다. 이를 위해 기업은 여러 가지 생산기술로 일정량을 생산할 때의 총변동비용을 비교해야 한다. 단기에서는 고정비용이 고정되어 있다는 것을 유념하라. 따라서 기업의 의사결정 과정에서 고정비용을 고려하지 않는다. 기업이 어떤 기술을 선택하든 고정비용이 변하지 않기 때문에 의사결정 과정에서 배제된다.

표 8.2 생산기술과 생산요소 가격에 따른 총변동비용

생산량	생산기술	필요한 투입물의 양 (생산함수) K	L	총변동비용 $P_K = \$2, P_L = \$1$ $TVC = (K \times P_K) + (L \times P_L)$
1단위	A	10	7	$(10 \times \$2) + (7 \times \$1) = \$27$
	B	6	8	$(6 \times \$2) + (8 \times \$1) = \boxed{\$20}$
2단위	A	16	8	$(16 \times \$2) + (8 \times \$1) = \$40$
	B	11	16	$(11 \times \$2) + (16 \times \$1) = \boxed{\$38}$
3단위	A	19	15	$(19 \times \$2) + (15 \times \$1) = \boxed{\$53}$
	B	18	22	$(18 \times \$2) + (22 \times \$1) = \$58$

당신이 120에이커의 농장을 가지고 있다고 하자. 곡식을 심고 수확하려면 어떤 양의 노동을 투입해야 한다. 당신은 일꾼 4명을 고용하고 각자 할 일을 나누어줄 수도 있고, 다기능 농기구(자본)를 임대하여 혼자 일할 수도 있다. 당신의 최종 선택은 여러 가지에 좌우된다. 어떤 농기계를 사용할 수 있는가? 그 농기계가 하는 일을 무엇인가? 그 농기계는 농지의 크기에 적합한가? 각 농기계를 구매하거나 임대하는 데 얼마가 드는가? 일꾼의 임금은 얼마인가? 일꾼을 몇 명 고용해야 하는가? 농기계의 가격이나 임대료가 비싸고 노동의 가격이 싸다면 아마도 당신은 노동집약적인 기술을 선택할 것이다. 반대로 노동의 가격이 비싸고 마침 농기계 회사가 폐업하여 농기계를 헐값에 팔고 있다면 아마도 당신은 자본집약적인 기술을 택할 것이다.

총변동비용곡선(total variable cost curve)은 생산량(q)의 수준과 총변동비용의 관계를 보여주는 그래프이다. 일정량을 생산할 때 발생하는 총변동비용은 사용 가능한 생산기술과 각 생산기술이 요구하는 투입물의 가격에 의해 결정된다. 이를 이해할 수 있도록 가상적인 생산 상황을 살펴보자.

총변동비용곡선 생산량의 수준과 총변동비용의 관계를 보여주는 그래프

표 8.2는 가상 기업의 총변동비용곡선상 세 점의 수치이다. 사용 가능한 생산기술은 A와 B이고 둘 중 하나는 다른 것보다 더 자본집약적이다. 노동 1단위의 가격은 1달러, 자본 1단위의 가격은 2달러라고 하자. 여기서는 변동자본, 즉 단기에서 변할 수 있는 자본(예: 잠시 임대하는 장비)에 초점을 맞춘다. 건물이나 토지 등의 자본은 단기에서 고정되어 있으므로 단기 의사결정과 상관이 없다. 따라서 K는 변동자본을 나타낸다.

표 8.2에서 총변동비용은 생산량과 생산요소의 가격으로부터 도출된 것이다. 그림 8.3의 총변동비용곡선은 총변동비용과 총생산량의 관계를 보여준다. 표 8.2에서 보듯이 1단위를 생산할 때 노동집약적인 기술의 생산비용이 더 낮다. 기술 A는 자본 6단위와 노동 8단위를 필요로 하며 총변동비용이 27달러이다. 한편 기술 B는 총변동비용이 20달러로 더 저렴하다. 1단위만 생산한다면 이 기업은 이윤을 극대화하기 위해 기술 B를 선택해야 한다. 상대적으로 노동집약적인 기술 B는 2단위를 생산할 때도 가장 좋은 생산기술이다. 그러나 3단위를 생산한다면 기술 A의 총변동비용이 더 낮다.

그림 8.3은 이 기업이 총변동비용이 가장 적은 기술을 선택한다는 가정하에 표 8.2의 자료를 바탕으로 총변동비용과 생산량의 관계를 보여준다. 총변동비용곡선은 생산요소의 사용량과 가격, 생산기술에 관한 정보를 내포하고 있으며, 이를 통해 현재 주어진 생산요소의 가격에서 각 생산량에 따라 가장 좋은 생산기술을 사용했을 때 발생하는 총변동비용을 알 수 있다.

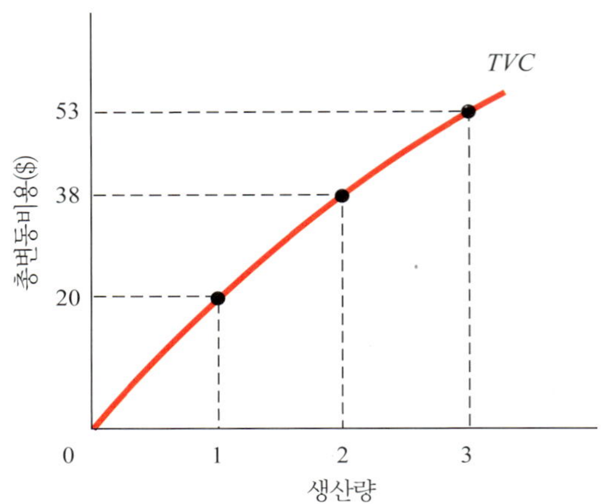

그림 8.3 총변동비용곡선

한계비용(*MC*) 생산물을 1단위 더 생산할 때 발생하는 총비용의 증가분. 단기에서 한계비용은 총변동비용의 변화를 나타냄

한계비용 모든 비용 중에서 가장 중요한 것은 **한계비용**(marginal cost, *MC*)이다. 한계비용은 생산물을 1단위 더 생산할 때 발생하는 총비용의 증가분이다. 예를 들어 어떤 기업이 특정 기간 동안 1,000단위를 생산하고 있는데 1단위 증가시켜 1,001단위를 생산하기로 결정했을 때 증가하는 총비용이 바로 한계비용이다. 단기에서는 생산량이 증가해도 고정비용이 변하지 않기 때문에 증가하는 총비용은 결국 증가하는 총변동비용이다. 따라서 한계비용은 한계변동비용을 의미한다.

표 8.3은 총변동비용으로부터 한계비용을 도출하는 것을 보여준다. 첫 번째 단위의 생산량에서 발생하는 총변동비용은 20달러이다. 생산량을 1단위에서 2단위로 증가시키면 총변동비용이 20달러에서 38달러로 증가하며, 그 차이인 18달러는 두 번째 생산량의 한계비용이다. 생산량을 2단위에서 3단위로 증가시키면 총변동비용이 38달러에서 53달러로 증가하며, 따라서 세 번째 생산량의 한계비용은 15달러이다.

여기서 잠깐 한계비용의 성격을 짚고 넘어가자. 정확히 말해 한계비용은 생산물을 1단위 더 생산하기 위해 추가로 투입해야 되는 생산요소(자원)의 비용이다. 표 8.2에서 생산량을 1단위에서 2단위로 증가시키는 데 필요한 추가 자본과 노동을 살펴보면, 두 번째 단위의 생산물은 자본 5단위와 노동 8단위를 추가로 요구한다. 그렇다면 두 번째 단위를 생산하기 위해 추가로 발생하는 비용, 즉 두 번째 단위의 한계비용은 얼마인가? 1단위에 2달러인 자본 5단위의 비용은 10달러이고, 1단위에 1달러인 노동 8단위의 비용은 8달러이다. 따라서 총한계비용은 18달러이다. 이는 표 8.3에서 도출한 수치와 일치한다. 한계비용을 파악하는 가장 쉬운 방법은 생산량 증가 전후의 총변동비용을 비교하여 그 차이를 확인하는 것이다. 다만 기업이 생산량을 증가시킬 때는 더 많은 생산요소가 투입된다는 사실을 유념해야 한다. 한계비용은 생산물을 1단위씩 더 생산하는 데 필요한 추가 투입물의 비용이다.

표 8.3 총변동비용으로부터의 한계비용 도출

생산량	총변동비용($)	한계비용($)
0	0	
1	20	20
2	38	18
3	53	15

한계비용은 7장에서 살펴본 한계생산물과 직접적으로 관련이 있다. 예를 들어 노동을 1시간 더 투입하여 생산량을 증가시킨다고 하자. 추가로 노동을 1시간 투입하는 데 드는 비용이 w이고 노동 1시간이 증가시키는 생산량, 즉 노동의 한계생산물이 MP_L이라면 한계비용은 시간당 임금 w를 노동의 한계생산물로 나눈 것이다.

$$MC = \frac{w}{MP_L}$$

예를 들어 노동 1시간의 비용이 10달러이고 현재의 생산량에서 노동을 1시간 더 투입할 때 생산물이 2단위 증가한다면, 다시 말해 노동 1시간의 한계생산물이 생산물 2단위라면 한계비용은 5달러이다. 변동 생산요소를 제대로 사용하려면 기업은 생산요소를 투입하기 위해 지불하는 금액(달러)당 생산성(가장 큰 한계생산물)이 가장 높은 생산요소를 사용해야 할 것이다. 비용 측면에서 말하자면 한계비용(추가 생산량 1단위의 비용)이 가장 낮은 생산요소를 사용해야 할 것이다. 기업이 변동 생산요소의 사용량을 최적화하고 있다면 각 변동 생산요소에 동일한 금액을 투입하여 얻는 한계생산물의 크기가 동일할 것이다. 비용 측면에서 말하자면 생산요소를 추가로 투입하여 얻는 추가 생산량 1단위의 비용(한계비용)이 모든 변동 생산요소 간에 동일할 것이다. 생산요소의 사용량이 최적화된 경우는 변동 생산요소 간의 사용량 조절이 필요 없는 균형 상태인 것이다.

단기에서 한계비용곡선의 모양 단기에서 고정 생산요소가 존재한다는 것은 기업이 현재의 생산규모(예: 공장규모)로 인해 생산이 제한된다는 것을 의미한다. 단기에서 기업이 생산량을 계속 증가시키려 해도 결국 생산규모 때문에 한계에 부딪힌다. 따라서 단기라는 가정은 생산량의 증가와 함께 궁극적으로 한계비용의 증가를 의미한다. 기업은 더 많은 노동, 변동자본, 원재료를 투입할 수 있다. 즉 변동 생산요소를 계속해서 추가로 투입할 수 있다. 그러나 변동 생산요소의 추가 투입으로 증가하는 총생산량이 점점 적어지면서 수확 체감 현상이 나타나게 된다. 앞 장에서 언급한 한계생산물 체감의 법칙 때문에 한계비용이 증가하는 것이다.

7장에서 예로 들었던 샌드위치 가게의 경우를 다시 살펴보자. 그릴 1대를 가지고 근로자를 더 많이 고용하면 샌드위치를 더 많이 만들 수 있다. 그러나 많은 근로자가 그릴을 함께 사용함으로써 각 근로자의 한계생산물이 감소한다. 즉 추가 근로자로 인해 증가하는 총생산물이 점점 줄어든다. 근로자 1명당 지불되는 임금은 변함이 없기 때문에 추가 생산량 1단위당 비용이 점점 더 커지는 것이다. 따라서 수확 체감(한계생산물 체감)은 한계비용의 증가를 의미한다(그림 8.4 참조).

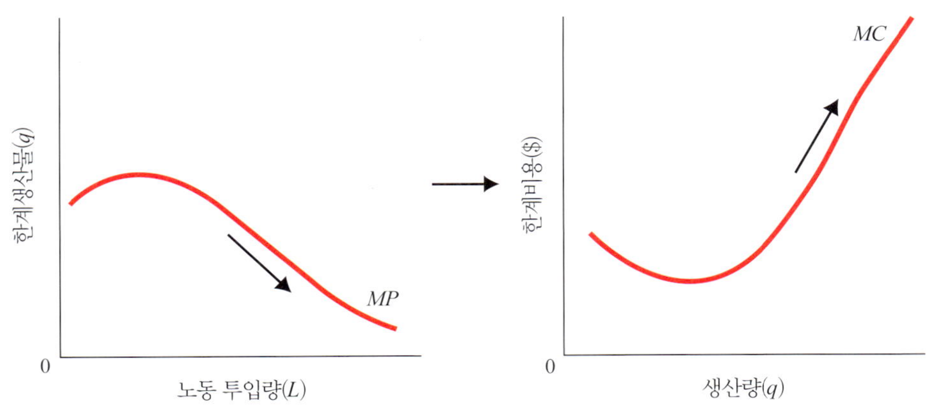

그림 8.4 생산량의 증가와 함께 한계비용의 증가를 나타내는 한계생산물 곡선

단기에서 모든 기업은 일부 고정 생산요소 때문에 생산량을 증가시키는 데 한계가 있다. 고정 생산요소가 존재한다는 것은 수확 체감(한계생산물 체감) 현상이 발생하고 생산용량이 한정적이라는 것을 의미한다. 생산량이 늘어나 최대 생산용량에 근접할수록 한계비용이 증가한다.

단기에서 모든 기업은 고정 생산요소 때문에 생산량을 증가시키는 데 한계를 갖는다. 이러한 고정 생산요소로 인해 변동 생산요소의 수확 체감 현상이 발생하고, 단기에서 기업의 최대 생산능력이 제한된다. 기업의 생산량이 최대 생산용량에 근접할수록 생산량을 늘리는 데 드는 비용이 점점 더 커진다. 단기에서는 결국 한계비용이 증가한다.

총변동비용과 한계비용의 그래프 그림 8.5는 한 기업의 총변동비용곡선과 한계비용곡선으로, 총변동비용(TVC)이 생산량과 함께 증가하는 것을 볼 수 있다. 더 많은 양을 생산하려면 더 많은 변동 생산요소를 사용해야 하므로 비용도 증가한다. 따라서 총변동비용곡선의 기울기는 양의 값이다.

또한 한계비용곡선의 모양이 단기에서 나타나는 수확 체감과 일치하는 것을 볼 수 있다. 처음에는 한계비용(MC)이 감소하지만 고정 생산요소로 인해 수확 체감 현상이 나타나기 시작하여 한계비용이 증가한다. 생산량이 q 단위가 될 때까지는 생산량을 1단위씩 증가시키는 데 드는 추가 비용(한계비용)이 이전 1단위를 증가시키는 데 드는 추가 비용(한계비용)보다 작다. 그러나 생산량이 q 단위를 넘어서면 생산량을 1단위씩 증가시키는 데 드는 추가 비용(한계비용)이 이전 1단위를 증가시키는 데 드는 추가 비용(한계비용)보다 크다.

어떤 선의 기울기는 y축에 표시된 변수의 변화분을 x축에 표시된 변수의 변화분으로 나눈 값이다. 따라서 총변동비용곡선의 기울기는 총변동비용의 변화분을 생산량의 변화분으로 나눈 것

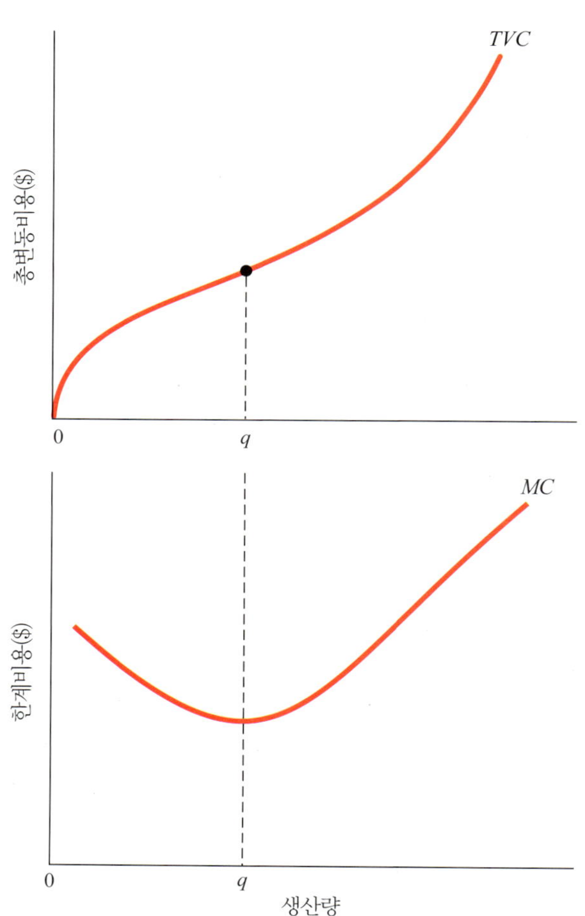

그림 8.5 한 기업의 총변동비용곡선과 한계비용곡선
생산량이 증가함에 따라 항상 총변동비용도 증가한다. 한계비용은 생산물을 1단위 더 생산하는 데 드는 생산비용이다. 한계비용곡선은 생산량이 1단위씩 증가할 때 총변동비용이 어떻게 변하는지를 보여준다.

$(\Delta TVC/\Delta q)$이다. 한계비용은 정의상 생산량의 1단위 변화$(\Delta q = 1)$로 발생하는 총변동비용의 변화분(ΔTVC)이다. 따라서 한계비용은 총변동비용곡선의 기울기 값이다.

$$TVC \text{ 곡선의 기울기} = \frac{\Delta TVC}{\Delta q} = \frac{\Delta TVC}{1} = \Delta TVC = MC$$

생산량이 q 단위가 될 때까지는 한계비용이 감소하고 총변동비용곡선이 점점 평평해진다. 즉 총변동비용곡선의 기울기가 점점 낮아진다. 이는 총변동비용이 증가하는 크기가 작아지면서 증가한다는 것을 의미한다. 생산량이 q 단위를 넘어서면서 한계비용이 증가하고 총변동비용곡선이 점점 가팔라진다. 이는 총변동비용이 증가하는 크기가 커지면서 증가한다는 것을 의미한다.

평균변동비용 **평균변동비용**(average variable cost, *AVC*)은 총변동비용을 생산량(q)으로 나눈 것이다.

평균변동비용(*AVC*) 생산물 단위당 변동비용으로, 총변동비용을 생산량으로 나눈 것

$$AVC = \frac{TVC}{q}$$

표 8.4의 (4)열은 (2)열의 총변동비용(TVC)을 (1)열의 생산량(q)으로 나누어 구한 평균변동비용(AVC)이다. 두 번째 생산물의 한계비용은 18달러이다.

평균변동비용과 한계비용의 그래프 그림 8.6은 표 8.4의 자료를 가지고 그린 한계비용곡선과 평균변동비용곡선이다. 기업이 1단위보다 더 작은 단위로 생산량을 변화시킬 수 있다는 가정하에 그렸기 때문에 곡선이 부드러운 모양이다. 그림에서 보듯이 평균변동비용곡선이 한계비용곡선을 뒤따른다. 생산량을 0에서 6단위로 증가시킬 때 한계비용이 20달러에서 8달러로 감소하는데, 이는 평균변동비용을 아래로 끌어내린다. 이러한 범위의 생산량에서는 근로자를 추가하면 샌드위치 가게에서처럼 근로자의 협업이 증가한다. 생산량을 6단위에서 더 증가시키면 샌드위치 가게의 주방이 비좁아서 근로자가 그릴을 사용하기 어렵듯이 근로자들이 서로에게 방해가 된다. 따라서 생산량이

표 8.4 한 기업의 단기비용

(1) q	(2) TVC	(3) MC (ΔTVC)	(4) AVC (TVC/q)	(5) TFC	(6) TC $(TVC+TFC)$	(7) AFC (TFC/q)	(8) ATC (TC/q 또는 $AFC+AVC$)
0	$0.00	$ –	$ –	$100.00	$100.00	$ –	$ –
1	20.00	20.00	20.00	100.00	120.00	100.00	120.00
2	38.00	18.00	19.00	100.00	138.00	50.00	69.00
3	53.00	15.00	17.66	100.00	153.00	33.33	51.00
4	65.00	12.00	16.25	100.00	165.00	25.00	41.25
5	75.00	10.00	15.00	100.00	175.00	20.00	35.00
6	83.00	8.00	13.83	100.00	183.00	16.67	30.50
7	94.50	11.50	13.50	100.00	194.50	14.28	27.78
8	108.00	13.50	13.50	100.00	208.00	12.50	26.00
9	128.50	20.50	14.28	100.00	228.50	11.11	25.39
10	168.50	40.00	16.85	100.00	268.50	10.00	26.85

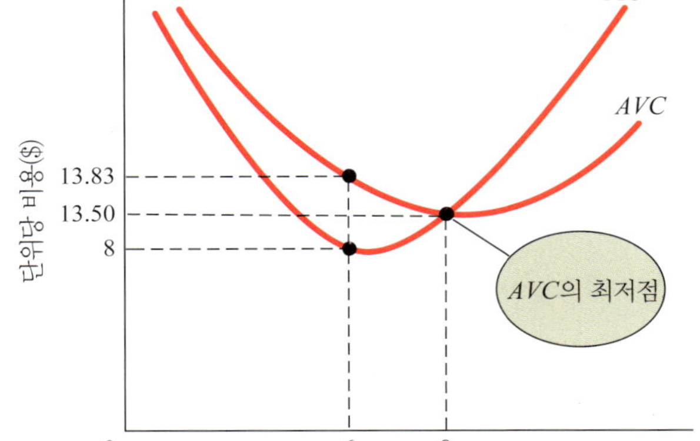

그림 8.6 단기비용곡선
한계비용곡선이 평균변동비용곡선 아래에 있을 때는 평균변동비용곡선이 하락하고, 한계비용곡선이 평균변동비용곡선 위에 있을 때는 평균변동비용곡선이 상승한다. 증가하는 한계비용(곡선)은 평균변동비용(곡선)의 최저점을 통과한다.

6단위를 넘어서면 수확 체감(한계생산물 체감) 현상이 나타나 한계비용곡선이 상승한다. 그러나 생산량이 8단위가 될 때까지 평균변동비용이 계속 하락한다는 것에 주목하라. 이는 생산량이 8단위가 될 때까지는 한계비용이 평균변동비용보다 작기 때문이다. 달리 말해 한계비용곡선이 평균비용곡선 아래에 있기 때문이다.

그림 8.6에서 보듯이 평균변동비용(*AVC*)이 최저가 되는 점에서 한계비용(*MC*)곡선이 평균변동비용(*AVC*)곡선과 교차하면서 두 비용이 같아진다. 표 8.4에 따르면 이는 생산량이 8단위일 때이다. 생산량이 8단위보다 적을 때 한계비용이 평균변동비용보다 작다는 것은 평균변동비용을 감소시킨다. 생산량이 8단위를 넘어서면서 한계비용이 평균변동비용보다 더 커지면 평균변동비용이 증가하기 시작한다.

한계비용과 평균변동비용의 관계를 쉽게 이해할 수 있도록 시험 성적을 예로 들어보겠다. 네 과목의 시험 성적이 95점, 85점, 92점, 88점으로 평균 점수가 90점이라고 하자. 이제 당신이 다섯 번째 시험에서 80점을 받았다고 하자. 이 성적은 평균 점수를 88점으로 떨어뜨린다. 또한 여섯 번째 시험에서 85점을 받았는데, 이 점수는 80점보다는 높지만 그래도 평균 점수인 88점보다는 낮다. 따라서 당신이 얻은 한계 점수(추가 점수)가 올라간다고 하더라도 평균 점수는 하락한다(88점에서 87.5점으로). 여덟 번째 시험에서 89점을 받았다면 드디어 평균 점수가 올라갈 것이다. 7장에서 이러한 식으로 한계생산물과 평균생산물의 관계를 설명했던 것을 상기하라.

총비용

이제 총변동비용에 총고정비용을 더하여 비용에 대한 전체 그림을 그려보자. 우리는 총비용이 총고정비용과 총변동비용의 합이라는 것을 알고 있다.

$$TC = TFC + TVC$$

표 8.4의 (6)열은 총변동비용에 총고정비용 100달러를 합한 총비용이고, 그림 8.7은 이러한 총비용을 나타낸 그래프이다. 각 생산량에서 총비용(*TC*)곡선은 총변동비용(*TVC*)곡선의 수직 위로 100달러만큼 떨어져 있다.

평균총비용(*ATC*) 생산물 단위당 생산비용으로, 총비용을 생산량으로 나눈 것

평균총비용

평균총비용(average total cost, *ATC*)은 총비용을 생산량으로 나눈 것이다.

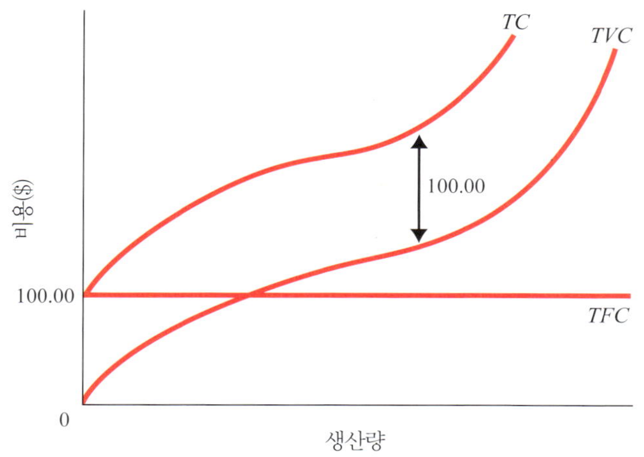

그림 8.7 총비용 = 총고정비용 + 총변동비용
각 생산량에서 *TVC*곡선에 고정된 비용인 *TFC*를 더하면 *TC*곡선이 된다. 따라서 *TC*곡선은 *TVC*곡선과 동일한 모양이며 *TVC*곡선의 수직 위로 *TFC*의 크기만큼 떨어져 있다.

경제학의 적용

뮤지컬 〈팬텀 오브 오페라〉 티켓의 생산비용

개연한 1986년 이래 15,000번이 넘게 공연된 〈팬텀 오브 오페라(Phantom of Opera)〉는 가장 성공한 뮤지컬 중 하나이다. 이 뮤지컬은 런던 웨스트엔드에 있는 허머제스티 극장(Her Majesty's Theatre)에서 공연되고 있다. 〈팬텀 오브 오페라〉는 화려한 1톤짜리 샹들리에가 천장에서 관객의 머리 쪽으로 떨어지는 장면으로도 유명하다. 우리는 경제학자로서 팬텀의 비용 구조를 살펴보려 한다.

뮤지컬의 경우 극장의 좌석을 생산물로 볼 수 있다. 허머제스티 극장은 좌석이 1,167개이므로 최대 생산량이 1,167개로 고정되어 있다. 웨스트엔드에서 뮤지컬을 공연하는 데 드는 고정비용은 평균적으로 작은 쇼는 60만 파운드, 〈팬텀 오브 오페라〉 같은 대형 쇼는 200만~300만 파운드이다. 고정비용에는 극장 장기 임대료, 로열티 등이 포함된다. 2018년의 연구에 따르면 고정비용이 전체 비용 중 약 24%를 차지하는 것으로 나타났다.[1]

이는 나머지 76%가 변동비용이라는 의미이다. 의상, 특수효과, 자동지시 신호, 조명, 음향 등에 드는 비용은 공연 횟수에 따라 달라지는 변동비용이다. 변동비용 중 21%는 전기, 수도, 의상, 17%는 세금, 10%는 예약과 결제 처리, 9%는 마케팅과 광고, 3%는 무대 정리에 드는 비용이다.

변동비용 중 중요한 부분을 차지하는 또 하나는 출연자와 연출 지원자의 임금이다. 영국 문화계와 관련된 몇몇 기관은 주당 최저임금을 배우의 경우 695파운드, 연주자의 경우 1,000파운드, 극장 관리자의 경우 815파운드로 책정하라고 압력을 가하고 있다. 이렇게 계산하면 총변동비용의 약 40%가 임금과 봉급으로 나간다.

매주 일곱 번 공연을 하는 데 드는 비용은 2010년 이후 약 50% 상승하여 현재는 거의 40만 파운드에 달한다.[2] 이렇게 계산하고 나면 〈팬텀 오브 오페라〉 공연으로 얻는 이윤은 티켓 가격의 약 15%이다. 일반 티켓의 평균 가격은 55.5파운드이고 프리미엄 티켓의 평균 가격은 102파운드이다. 이러한 티켓 가격이 내려가려면 현재 전체 좌석의 77%를 채우는 관람객을 더 많이 끌어들임으로써 고정비용이 더 많은 생산물 단위(좌석)에 분산되도록 해야 할 것이다.

질문

- 모든 뮤지컬의 생산비용에서 차지하는 고정비용과 변동비용의 비율이 비슷할 것이라고 생각하는가? 그 이유는 무엇인가?

[1] Stephen Armstrong, "Theatre Tickets: Where Does the Money Go?" *The Sunday Times*, 25 June.

[2] Richard Howle, 2018. "Think West End Tickets Are Overpriced? Why a Breakdown of the Costs Proves They're Not a Rip-Off," *The Stage*, 28 March.

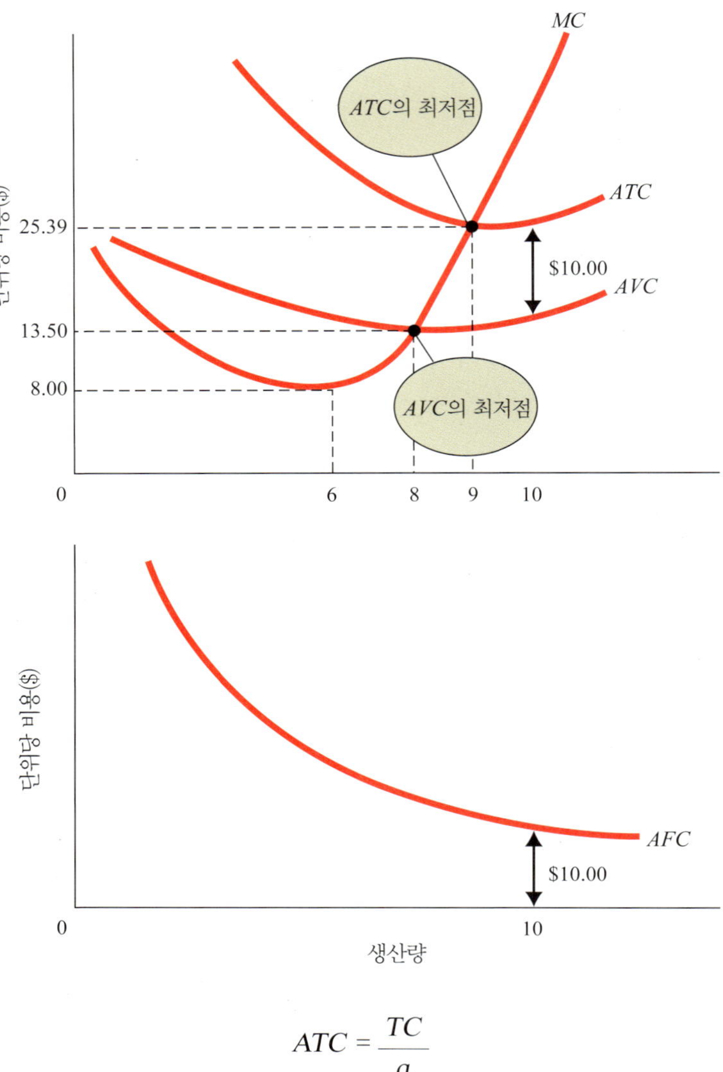

그림 8.8 평균총비용 = 평균변동비용 + 평균고정비용
모든 생산량 수준에서 *AFC*와 *AVC*를 합하면 평균총비용이 된다. 생산량이 증가하면 *AFC*가 줄어드는데 이렇게 감소한 금액과 *AVC*가 합쳐진다. 따라서 생산량이 증가할수록 *AVC*와 *ATC*가 점점 가까워진다. 그러나 두 곡선이 만나지는 않는다.

$$ATC = \frac{TC}{q}$$

표 8.4의 (8)열은 평균총비용이다. 예를 들어 5단위의 생산량에서 총비용이 175달러이므로 평균총비용은 175달러 ÷ 5 = 35달러이다. 따라서 생산량이 5단위일 때 단위당 생산비용은 35달러이다.

평균총비용은 평균고정비용과 평균변동비용의 합으로 나타낼 수 있다. 표 8.4의 (8)열은 (4)열과 (7)열의 수치를 합한 것이다.

그림 8.8은 표 8.4의 자료를 가지고 그린 그래프로, 아래 그래프는 평균고정비용을 보여준다. 5단위의 생산량에서 평균고정비용은 TFC/q = 100달러 ÷ 5 = 20달러이고, 10단위의 생산량에서는 100달러 ÷ 10 = 10달러이다. 그림 8.8은 각 생산량에서 평균변동비용(*AVC*)곡선에 하락하는 평균고정비용(*AFC*)을 더하여 평균총비용(*ATC*)곡선을 얻는 것을 보여준다. 생산량이 증가할수록 평균고정비용이 점점 작아지고 평균총비용곡선이 평균변동비용곡선에 점점 가까워진다. 하지만 두 곡선이 서로 만나는 경우는 없다.

평균총비용과 한계비용의 관계 평균총비용과 한계비용의 관계는 평균변동비용과 한계비용의 관계와 정확히 일치한다. 평균총비용은 생산량 전체에 걸친 평균이므로 평균총비용곡선은 한계비용곡선을 뒤따른다. 평균총비용곡선의 최저점은 평균변동비용곡선의 최저점보다 오른쪽에 위치한

표 8.5 비용 개념의 요약

용어	정의	공식
회계적 비용	주머니에서 나가는 비용으로 회계학에서 비용으로 간주하는 비용. 명시적 비용이라고도 한다.	
경제적 비용	명시적 비용인 눈에 보이는 기회비용과 눈에 보이지 않는 기회비용을 모두 포함한 비용. 눈에 보이지 않는 비용은 묵시적 비용이라고도 한다. 따라서 명시적 비용 + 묵시적 비용 = 경제적 비용이다. 경제적 비용은 경제학에서만 비용으로 정의되는 비용의 개념이 아니며 진정한 의미의 비용 개념이다.	
총고정비용(TFC)	생산량과 관계없이 지불하는 일정한(고정된) 비용. 생산량이 0일 때도 지불해야 한다.	
총변동비용(TVC)	생산량에 따라 변하는 비용	
총비용(TC)	생산에 사용되는 모든 생산요소의 경제적 비용을 합한 것	$TC = TFC + TVC$
평균고정비용(AFC)	생산량 단위당 고정비용	$AFC = TFC/q$
평균변동비용(AVC)	생산량 단위당 변동비용	$AVC = TVC/q$
평균총비용(ATC)	생산량 단위당 총비용	$ATC = TC/q$ $ATC = AFC + AVC$
한계비용(MC)	생산량을 1단위 더 생산할 때 총비용(또는 총변동비용)의 증가분	$MC = \Delta TC/\Delta q$

다. 생산량이 증가하면서 하락하는 평균고정비용이 평균총비용을 낮추는 데 영향을 미치기 때문이다. 물론 궁극적으로는 한계생산물 체감에 의한 한계비용의 증가가 생산량 증가에 따른 고정비용의 퍼짐으로부터 얻는 평균비용 하락의 이득을 상쇄하고도 남을 정도로 커짐에 따라 평균총비용곡선이 상승하게 된다.

고정비용 100달러는 생산량이 0일 때도 발생한다. 표 8.4를 보면 1단위의 생산량에서 20달러의 변동비용이 발생한다. 따라서 1단위를 생산하는 데 드는 평균총비용은 120달러이다. 두 번째 단위를 생산하는 데 더 드는 변동비용은 18달러이다. 따라서 2단위를 생산하는 데 드는 평균총비용은 138달러 ÷ 2 = 69달러이다. 고정비용이 생산량 전체에 분산되기 때문에 특히 이 구간에서 생산량이 증가하면서 평균총비용이 급격히 하락한다. 생산량이 9단위일 때 평균총비용이 25.39달러로 최저가 된다.[1] 이 중 100달러 ÷ 9 = 11.11달러가 고정비용이고 나머지가 변동비용이다.

시험 점수의 예에서 확인했듯이 평균총비용을 변화시키는 것은 한계비용이다. 한계비용이 평균총비용보다 낮으면 평균총비용이 한계비용 쪽으로 낮아지고, 한계비용이 평균총비용보다 높으면 평균총비용이 증가한다. 따라서 한계비용곡선은 평균총비용곡선의 최저점에서 평균총비용곡선을 가로지른다. 이는 한계비용곡선이 평균변동비용곡선의 최저점에서 평균변동비용곡선을 가로지르는 이유와 같다.

1 실제로는 생산량이 9단위를 조금 넘을 때 25.39달러보다 조금 낮은 금액에서 $MC = ATC$이므로 ATC가 최저가 된다. 표 8.4에서 9단위의 생산량에서 MC가 여전히 ATC를 끌어내리는 것을 살펴보라. 단위를 정수로 한정했기 때문에 수치와 부드러운 그래프를 일치시키는 데 어려움이 있다.

단기의 생산비용: 복습

기업이 무엇보다도 먼저 해야 할 일은 제품을 생산하기 위해 어떤 기술을 사용할 수 있는지 알아내는 것이다. 선택하는 기술에 따라 생산요소의 배합이 달라진다. 기업은 목표 생산량을 최소의 비용으로 생산할 수 있는 생산기술을 선택해야 한다. 생산비용곡선은 선택 가능한 최선의 생산기술을 사용하여 생산할 때의 비용을 보여준다.

지금까지 살펴본 것은 어디까지나 단기비용에 관한 것임을 잊지 말기 바란다. 여기서 보여준 비용곡선은 모두 단기비용곡선이다. 이러한 곡선의 모양은 고정 생산요소 때문에 발생하는 수확 체감 현상이 특징적이다. 수확 체감 현상에 의해 결국 한계비용이 상승하고 평균비용곡선이 U자 형태를 띤다. 지금까지 살펴본 비용 개념을 표 8.5에 요약·정리했다.

제품 생산을 위한 생산 방법과 생산량에 따른 생산비용을 파악했다면 기업은 제품을 판매할 시장에 대해 알아야 한다. 이제 생산물시장에 대해 살펴보자.

학습목표

완전경쟁기업의 이윤 극대화를 위한 생산량이 수입과 비용에 따라 어떻게 결정되는지 이해한다.

8.2 생산량의 결정: 수입, 비용, 이윤 극대화

기업은 이윤을 극대화하는 생산량을 생산하려고 한다. 예상되는 이윤을 극대화하기 위해 기업은 제품 판매의 예상 수입과 생산비용에 관한 정보를 같이 살펴보아야 한다. 기업은 제품을 얼마에 팔 수 있는가? 그 열쇠는 바로 시장가격이다. 생산비용보다 높은 가격에 제품을 팔 수 없는 기업은 오래가지 못할 것이다. 반대로 시장 덕분에 생산비용보다 훨씬 높은 가격에 제품을 팔 수 있다면 기업은 생산량을 증가시키려 할 것이다. 하지만 이윤이 크다면 새로운 경쟁기업이 시장에 진입할 수도 있다. 여기서는 완전경쟁기업의 생산량 결정에 시장가격이 어떤 영향을 미치는지 알아보자.

완전경쟁

완전경쟁 시장(산업) 규모에 비해 상대적으로 매우 작은 수많은 기업이 동일 제품을 생산하고, 어떤 기업도 시장가격을 통제할 수 있을 만큼 크지 않은 상황

동일 제품 차별화되어 있지 않아서 구별이 불가능한 생산물

완전경쟁(perfect competition)은 시장 규모에 비해 상대적으로 아주 작은 수많은 기업이 **동일 제품**(homogeneous product)을 생산하는 경우에 존재한다. 완전경쟁시장에서는 어떤 기업도 시장가격을 통제할 수 없다. 이는 완전경쟁기업이 자사 제품에 가격을 마음대로 표시할 수 없음을 의미하는 것이 아니다. 모든 기업은 자기 마음대로 가격을 표시할 수 있다. 여기서 말하고자 하는 바는 수많은 완전대체재가 존재하는 완전경쟁시장에서 시장가격보다 비싼 제품은 전혀 팔리지 않기 때문에 어떤 기업도 시장가격을 통제할 수 없다는 것이다. 가격은 개별 기업에 의해 결정되는 것이 아니라 시장에서 수많은 기업과 소비자의 상호작용으로 결정된다. 따라서 완전경쟁기업을 가격 순응자(price taker)라고 부른다.

물론 이러한 가정은 완전경쟁시장(산업)에 있는 기업의 의사결정을 제한하는 것이지만 완전경쟁시장에 있는 기업의 행동을 쉽게 분석할 수 있게 해준다. 완전경쟁산업에서 기업은 자사 제품을 다른 기업의 제품과 차별화하지 않으며 가격을 결정하지도 않는다. 그 대신 각 기업은 수요와 공급 법칙에 따라 시장에서 정해진 가격을 그대로 받아들인다. 따라서 기업은 얼마나 생산할 것인지, 어떻게 생산할 것인지만 결정한다.

완전경쟁시장에 있는 기업이 가격 순응자라는 것은 각 기업의 수요곡선이 완전탄력적인 수요곡선

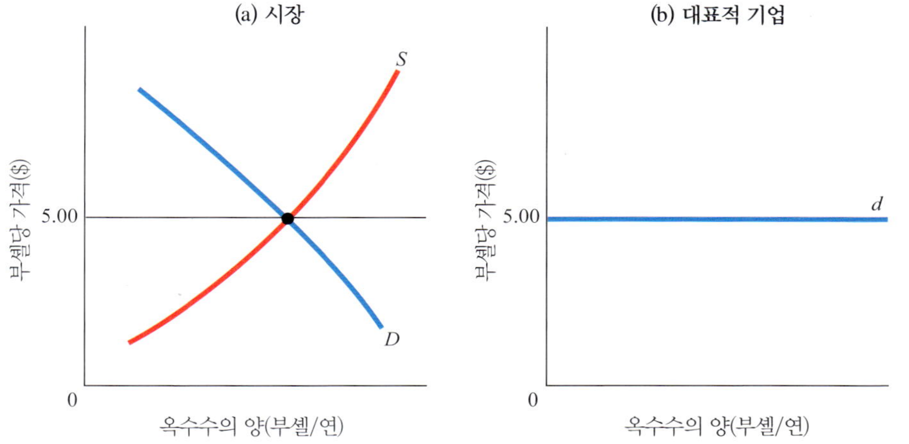

그림 8.9 완전경쟁시장에서 한 기업의 수요곡선
완전경쟁시장에 있는 대표적 기업이 제품 가격을 5달러보다 높게 책정한다면 수요량이 0으로 떨어진다. 각 기업은 완전탄력적인 수요곡선에 직면한다.

이라는 의미이다. 그림 8.9는 오하이오주에서 옥수수를 경작하는 한 농부의 예를 보여준다. (a)는 현재의 시장 상황을 나타낸 것으로, 옥수수가 부셸당 5달러에 팔리고 있다.[2] (b)는 이 농부의 옥수수에 대한 수요곡선이다. 만약 이 농부가 옥수수 가격을 올린다면 옥수수를 전혀 팔지 못할 것이다. 그 옥수수의 완전대체재가 수없이 많기 때문에 그 옥수수의 수요량이 0이 된다. 그렇다고 농부가 옥수수 가격을 시장가격보다 낮추는 것도 어리석은 짓이다. 농부는 팔고자 하는 옥수수를 시장가격으로 모두 팔 수 있기 때문이다(각 농부의 생산량은 전체 옥수수 시장의 거래량에 비해 극히 미미하다는 것을 기억하라). 옥수수의 수요곡선은 시장 전체적으로는 우하향한다는 것을 유의하라. 가격이 상승하면 옥수수 소비량이 줄어들겠지만 0이 되지는 않는다. 옥수수의 대체재를 큰 범주로 구분하면 콩과 같은 것이 있지만 이는 완전한 대체재가 아니다. 그러나 한 농부의 입장에서 다른 농부의 옥수수는 완전한 대체재이므로 이러한 경우 한 농부(기업)의 수요곡선은 완전탄력적인 수요곡선이다. 따라서 한 농부(기업)를 시장 전체와 구분하는 것이 중요한 것이다.

완전경쟁 상황의 경우 장기에서 기업이 자유롭게 진입하고 퇴출할 수 있다고 가정한다. 즉 시장의 장기란 기업이 산업에 쉽게 드나들 수 있는 시장 상황을 의미하며, 다음 장에서 이에 대해 살펴볼 것이다.

총수입과 한계수입

이윤은 총수입과 총비용의 차이이다. **총수입**(total revenue, *TR*)은 기업이 제품을 판매하여 얻는 총금액, 즉 매출액이다. 완전경쟁기업은 자신이 결정한 생산량과 관계없이 제품을 모두 동일한 시장가격에 판매한다. 따라서 완전경쟁기업의 총수입은 단위당 가격과 생산량(판매량)을 곱한 것이다.

총수입(*TR*) 기업이 제품을 판매하여 얻는 총금액(매출액)으로, 단위당 가격과 생산량(판매량)을 곱한 것

$$\text{총수입} = \text{가격} \times \text{수량}$$

$$TR = P \times q$$

한계수입(marginal revenue, *MR*)은 제품을 1단위 더 판매할 때 얻는 추가 수입이다. 한 달에 제품 100개를 판매하는 기업이 101개를 판매하고 시장가격이 단위당 5달러라면 1단위를 더 판매함으로

한계수입 생산량이 1단위 증가할 때 얻는 추가 수입으로, 완전경쟁기업의 한계수입은 시장가격과 동일함

2 시장 전체에 대한 것은 대문자로 나타내고 한 기업의 경우는 소문자로 나타냈다. 예를 들어 그림 8.9에서 시장수요곡선은 *D*, 한 기업의 수요곡선은 *d*이다.

써 얻는 한계수입은 5달러이다. 완전경쟁기업이 1단위를 더 판매할 때 얻는 한계수입은 현재의 단위당 시장가격이다.

기업의 한계수입곡선은 각 생산량에서 1단위를 더 생산하여 판매할 때 추가로 얻는 수입을 보여준다. 완전경쟁기업의 한계수입곡선과 수요곡선은 동일하다. 그림 8.9(b)의 수평선은 완전경쟁기업의 수요곡선이자 한계수입곡선이다.

$$P^* = d = MR$$

이윤 극대화를 위한 비용과 수입의 비교

여기서는 미시경제학에서 가장 중요한 개념 중 하나를 다룬다. 다음과 같은 가정하의 설명이라는 것을 유념하라. ① 우리가 살펴보는 시장은 완전경쟁시장이다. ② 기업은 이윤을 극대화하는 생산량을 선택한다.

이윤이 극대화되는 생산량 그림 8.10의 그래프를 자세히 살펴보자. (a)는 전체 시장(산업)이고 (b)는 이 산업에 있는 1,000개의 기업 중 대표적인 기업이다. 현재의 시장가격은 P^*이다.

기업은 단위당 P^* = 5달러의 시장가격에 제품을 판매할 수 있다는 것을 안다[그림 8.10(a) 참조]. 그렇다면 얼마나 생산하여 판매해야 하는가? 기업의 목표는 이윤을 극대화하는 생산량을 생산하여 판매하는 것이다. 우선 생산량이 100단위인 경우를 확인하고, 그보다 많이 생산하면 이윤이 증가하는지 알아보자.

이윤을 극대화하려면 총수입과 총비용의 차이를 극대화해야 한다. 생산량을 101단위로 증가시키면 어떻게 될지 101번째 단위를 살펴보자. 1단위를 더 생산하여 판매하면 기간당 5달러의 수입이 증가하지만 추가로 발생하는 비용이 2.50달러이다. 기간당 이윤은 약 2.50달러만큼 더 많아질 것

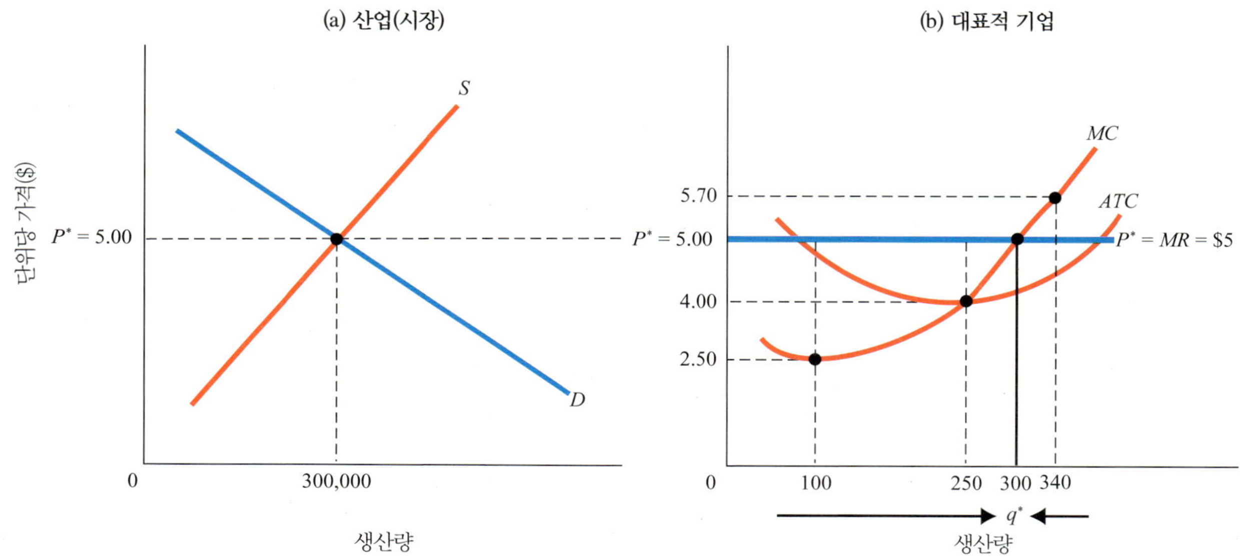

그림 8.10 완전경쟁기업의 이윤을 극대화하는 생산량
300단위보다 적은 생산량에서는 가격이 한계비용보다 높기 때문에($P > MC$) 생산량을 늘리면 이윤이 증가한다. 추가로 생산되는 각 단위는 추가 생산비용보다 높은 추가 수입을 가져온다. 그러나 $q^* = 300$을 넘어서면 이윤이 감소한다. 예를 들어 생산량이 340단위일 때 생산량을 1단위 증가시켜서 얻는 추가 수입이 1단위를 더 생산하는 데 드는 추가 비용보다 낮다. 따라서 이윤을 극대화하는 생산량은 q^*이며, 이는 $P = MC$인 생산량이다.

이다. 따라서 최적(이윤 극대화) 생산량은 100단위를 넘어선다.

이윤을 극대화하는 생산량(판매량)을 찾기 위해 지금 우리는 무엇을 하고 있는가? 각 추가 단위의 생산비용보다 추가 수입이 더 큰지 확인하고 있다. 달리 말해 1단위당 한계비용과 한계수입을 비교해보고 있다. 생산물 1단위의 한계수입이 한계비용보다 클 때 생산을 증가시키면 이윤이 증가하고, 한계비용이 한계수입보다 클 때 생산량을 증가시키면 이윤이 감소한다.

이제 생산량이 250단위인 경우를 살펴보자. 250단위의 생산량에서도 1단위를 더 생산하여 판매하면 이윤이 증가한다. 251번째 생산물을 생산하여 얻는 수입(한계수입)은 여전히 5달러이고, 251번째 생산물의 비용(한계비용)은 약 4달러이다. 한계수입과 한계비용의 차이가 작아지고는 있지만 여전히 양(+)의 값이기 때문에 생산량을 증가시키면 이윤이 증가한다. 한계수입이 한계비용보다 클 때는 1단위를 더 생산하여 판매하면 이윤이 증가하는 것이다. 이러한 식으로 확인해보면 이윤을 극대화하는 최적 생산량(판매량)이 300단위임을 알 수 있다. 300단위의 생산량에서는 한계비용이 5달러가 되고 $P^* = MR = MC = 5$달러이다. 완전경쟁시장에 있는 기업의 한계수입은 시장가격과 같으므로 이윤 극대화 조건은 '$MR = MC$, 즉 $P = MC$인 생산량을 선택하는 것'이다.

만약 이 기업이 300단위보다 많이 생산하여 판매한다면 한계비용이 한계수입보다 커진다. 예를 들어 340단위의 생산량에서 1단위 증가시키면 추가 생산비용이 약 5.70달러이고 추가 수입이 5달러이므로 이윤이 감소한다. 한계비용이 한계수입보다 커질 때까지 생산량을 증가시켜서 판매하면 오히려 이윤이 감소하는 것이다. 이윤을 극대화하는 완전경쟁기업은 자신이 받는 가격이 단기 한계비용과 같아지는 점까지 생산량을 증가시켜야 한다. 그러한 생산량에서 $P^* = MC$가 된다. 따라서 그림 8.10에서 이윤을 극대화하는 생산량은 $q^* = 300$이다.

최적 생산량인 300단위에서 평균총비용이 최소가 되지 않는다는 것을 확인할 수 있다. 평균총비용은 생산량이 250단위일 때 최소가 된다. 생산량을 증가시키면 기업의 단위당 비용(평균총비용)이 증가하지만 생산량을 300단위까지 증가시키면 기업의 총이윤이 증가한다. 총이윤을 극대화하는 생산량(판매량)을 결정할 때는 한계수입과 한계비용을 비교하는 것이 중요하다.

간단한 노트 이윤 극대화를 위한 핵심 개념은 한계수입이 한계비용보다 높을 때까지 기업이 생산을 증가시켜야 한다는 것이다. 그림 8.10에서 보듯이 한계비용이 부드럽게 상승한다면 이윤 극대화 조건은 $MR(P)$이 정확히 MC와 일치할 때까지 생산량을 증가시켜 판매하는 것이다. 표 8.6과 같

표 8.6 기업의 이윤 분석

(1) q	(2) TFC	(3) TVC	(4) MC	(5) $P = MR$	(6) $TR (P \times q)$	(7) $TC (TFC + TVC)$	(8) 이윤($TR - TC$)
0	$ 10	$ 0	$ –	$ 15	$ 0	$ 10	$ −10
1	10	10	10	15	15	20	−5
2	10	15	5	15	30	25	5
3	10	20	5	15	45	30	15
4	10	30	10	15	60	40	20
5	10	50	20	15	75	60	15
6	10	80	30	15	90	90	0

이 한계비용이 정수로 증가하는 경우에는 한계수입(가격)이 한계비용과 정확히 일치하지 않을 수도 있다. 최적 생산량은 분수로 표시될 수도 있지만 $P = MC$인 생산량을 찾는 것은 여전히 유효하다.

수치로 살펴보는 예 표 8.6은 가상 기업의 총비용, 한계비용, 평균비용, 총수입, 이윤을 보여준다. 시장은 이 기업의 제품에 대해 단위당 15달러라는 가격을 책정했다. (6)열의 총수입은 $p \times q$[(1)열의 생산량 × 15달러]이다.

(8)열을 보면 이윤 극대화 기업은 4단위(정수 단위로만 생산하는 경우)를 생산해야 한다는 것을 알 수 있다. 이 생산량(판매량)에서의 이윤은 20달러이고 다른 생산량에서의 이윤은 이보다 적다. 이제 한계치에 근거한 판단으로도 동일한 결론에 이르는지 살펴보자.

첫째, 기업은 생산을 해야 하는가? 아무것도 생산하지 않으면 10달러의 손해가 발생한다. 생산량(판매량)을 1단위로 증가시키면 한계수입이 15달러(각 단위는 15달러에 판매됨), 한계비용이 10달러이다. 따라서 1단위를 생산하면 5달러의 이득을 얻고 기간당 손해가 10달러에서 5달러로 감소한다.

이 기업은 생산량을 2단위로 증가시켜야 하는가? 두 번째 단위에서 발생하는 한계수입은 여전히 15달러이지만 한계비용이 5달러로 줄어든다. 따라서 두 번째 단위를 생산하면 10달러(15달러 − 5달러)의 이득을 얻고 5달러의 손해가 5달러의 이윤으로 변한다. 또한 세 번째 단위를 생산하면 이윤이 10달러 추가된다. 한계수입은 여전히 15달러이지만 한계비용이 5달러이므로 이윤이 10달러 추가되어 총이윤이 15달러가 된다.

네 번째 단위를 생산할 때도 이윤이 증가한다. 여전히 한계수입이 한계비용보다 높은데, 이는 네 번째 단위를 생산하면 이윤이 증가한다는 것을 뜻한다. 네 번째 단위의 한계수입은 15달러, 한계비용은 10달러이므로 이윤이 5달러 증가하여 총이윤이 20달러가 된다. 그러나 다섯 번째 단위의 생산량부터는 수확 체감 현상으로 인해 한계비용이 한계수입보다 높다. 다섯 번째 단위의 한계수입은 15달러, 한계비용은 20달러이므로 기간당 이윤이 5달러 줄어들어 15달러가 된다. 따라서 기업은 다섯 번째 단위를 생산하지 않을 것이다. 만약 기업이 생산량을 소수점 단위로 조절할 수 있다면 이윤을 극대화하는 최적 생산·판매량은 4단위와 5단위 사이일 것이다. 한계수입(가격)이 한계비용보다 큰 한, 기업은 생산량을 계속 증가시킬 것이다.

단기 공급곡선

앞에서는 한계비용과 주어진 시장가격(한계수입)을 비교하면서 이윤 극대화를 위해 기업이 얼마나 생산해야 하는지 살펴보았다. 이제 기업이 시장가격의 변화에 따라 어떻게 반응하는지 알아보자.

그림 8.11(b)는 가격 변화의 효과를 살펴보기 위해 더 넓은 수치 범위에서 그림 8.10(b)를 복사해 넣은 것이다. 앞에서 보았듯이 시장가격이 5달러일 때 이 기업은 300단위를 생산하며, 이 산업(시장)에는 1,000개의 기업이 있으므로 산업 전체의 생산량은 총 30만 단위이다. 그림 8.11(a)에서 수요곡선이 D_0일 때 수요량과 공급량이 일치하는 균형점의 시장가격은 5달러이다. 가격이 5달러일 때 이 기업은 300단위를 생산하고 산업 전체의 공급량은 30만 단위이다. 따라서 5달러, 300의 점이 이 기업의 공급곡선상에 있고 5달러, 30만의 점이 산업(시장) 공급곡선상에 있다. 수요곡선이 D_1로 이동하면 가격이 상승하고 기업은 생산량 증가의 가치를 알게 된다. 한계비용곡선은 가격

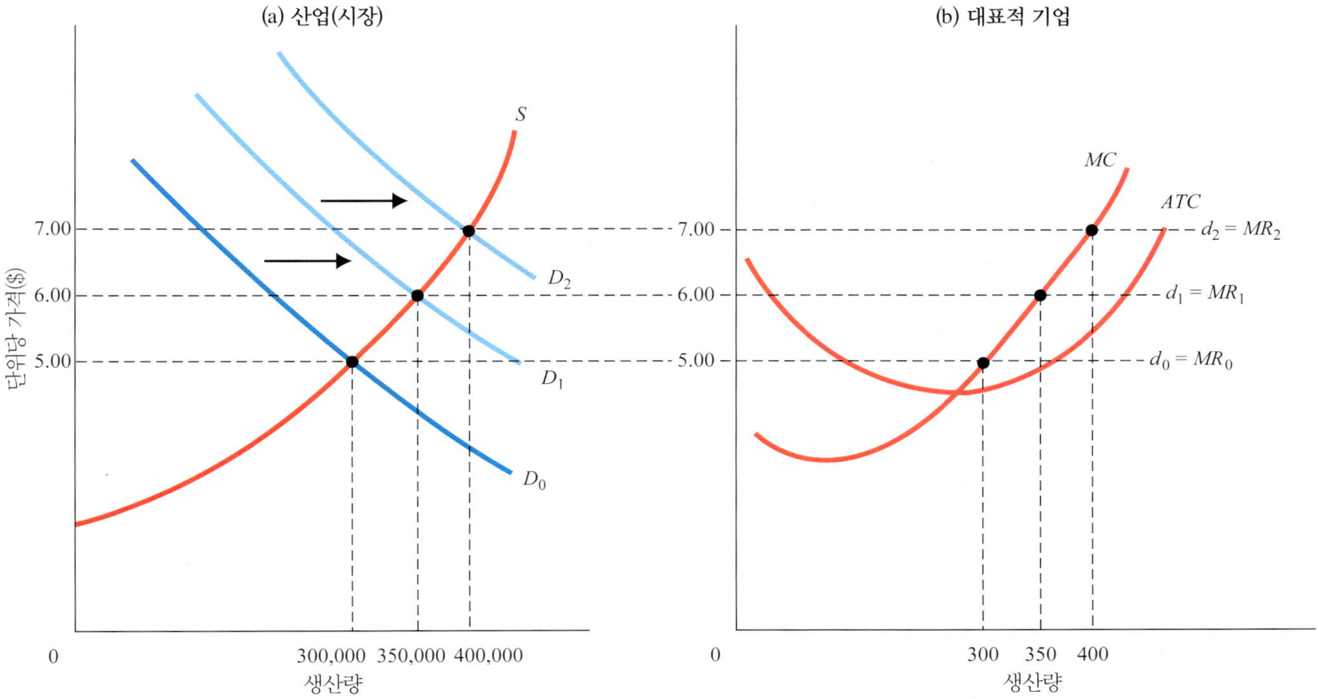

그림 8.11 공급곡선과 동일한 완전경쟁기업의 한계비용곡선
어떤 시장가격에서든* 한계비용곡선은 이윤을 극대화하는 생산량을 보여준다. 따라서 이윤을 극대화하는 완전경쟁기업의 한계비용곡선은 곧 그 기업의 단기 공급곡선이다.
* 가격이 너무 낮아서 차라리 조업을 중단하는 것이 이득인 경우를 제외하고는 항상 맞는 말이다. 조업 중단은 9장에서 다룰 것이다.

이 6달러로 상승했을 때 이 기업과 산업 내 다른 기업이 350단위를 생산하려 한다는 것을 보여준다. 따라서 시장가격이 6달러일 때 산업 전체의 생산량은 35만 단위이다. 수요곡선이 D_2로 이동하여 시장가격이 7달러가 되면 이 기업은 400단위를 생산하고 산업 전체의 생산량은 40만 단위가 된다.

이 모든 점은 각 가격수준에서 이 기업이 얼마나 공급할 것인가를 알려주기 때문에 이 기업의 공급곡선상에 있는 점들이다. 이러한 가격들에서 기업이 공급할 용의가 있는 공급량들을 알려주는 것은 무엇인가? 이에 대한 답은 바로 기업의 한계비용곡선이다. 따라서 기업의 한계비용곡선은 그 기업의 단기 공급곡선이다. 또한 이러한 기업의 공급곡선을 수평적으로 합하면 산업(시장)의 공급곡선이 된다.

미리 보기

이 장에서는 생산기술, 생산요소의 가격, 생산물의 가격 등에 대한 설명으로 시작하여 완전경쟁기업의 공급곡선 도출로 마무리 지었다.

한계비용은 미시경제학에서 매우 중요한 개념이므로 완전히 이해하지 못한 부분이 있다면 다시 읽어보기 바란다. 무엇보다도 한계비용곡선에는 생산요소의 가격과 생산기술에 관한 정보가 담겨 있다. 기업은 잠재적 수입에 대한 정보를 얻기 위해 생산물시장을 살펴보며, 현재의 시장가격은 완전경쟁기업의 한계수입곡선을 결정한다. 가격(완전경쟁시장에서는 시장가격이 기업의 한계수입과 같음)과 한계비용이 만나는 점이 완전경쟁기업의 이윤이 극대화되는 생산량이다. 따라서 다음 장에서 살펴볼 한 가지 예외를 제외하면 완전경쟁기업의 한계비용곡선은 곧 그 기업의 단기 공급곡선이다.

다음 장에서는 장기에 대해 살펴볼 것이다. 기업이 고정 생산요소의 제약을 받지 않고 생산규모를 마음대로 변화시킬 수 있다면 어떤 상황이 전개되는가? 생산규모가 고정되어 있기 때문에 발생하는 수확 체감의 법칙이 없다면 비용곡선의 모양을 결정하는 것은 무엇인가? 기존 기업이 이윤을 얻고 있는 산업에 새로운 기업이 진입하면 어떤 일이 발생하는가? 기존 기업이 손해를 보고 있을 때 해당 산업은 어떻게 조정되는가? 한 산업의 구조는 시간이 흐를수록 어떻게 변하는가?

요약

01 이윤 극대화 기업은 이윤(총수입에서 총비용을 뺀 것)을 극대화하는 의사결정을 한다.

02 생산비용을 계산하기 위해 기업은 제품을 생산하는 데 필요한 생산요소의 투입량과 그 배합, 생산요소의 가격을 알아야 한다.

03 고정비용은 기업의 생산량에 따라 변하지 않고 일정한(고정된) 비용으로, 생산량이 0일 때도 발생한다. 단기에서 기업은 고정비용을 피할 수 없을 뿐만 아니라 변화시킬 수도 없다.

04 변동비용은 생산량에 따라 변하는 비용이다. 총비용은 총고정비용과 총변동비용의 합이다($TC = TFC + TVC$).

05 평균고정비용(AFC)은 총고정비용을 생산량으로 나눈 것이다. 생산량이 증가할수록 총고정비용을 더 많은 생산량으로 나누기 때문에 평균고정비용이 하락하는데, 이러한 현상을 간접비(고정비)의 퍼짐이라고 한다.

06 일정량을 생산하기 위해 투입물(생산요소)을 다양하게 조합할 수 있으며, 비용을 최소화하는 투입물의 배합이 최적 배합이다. 총변동비용(TVC)은 단기에서 생산량의 수준에 따라 변하는 모든 비용의 합이다.

07 한계비용(MC)은 생산물을 1단위 더 생산할 때 총비용의 증가분이다. 고정비용이 변하지 않기 때문에 한계비용은 생산물을 1단위 더 생산할 때 증가하는 총변동비용의 크기이기도 하다.

08 한계비용은 생산요소의 한계생산물 및 가격과 관련이 있다. 한계비용은 어떤 생산요소의 가격을 그 생산요소의 한계생산물로 나눈 것이기도 하다.

09 단기에서는 고정 생산요소와 공장규모로 인해 생산이 제한된다. 단기에서 기업이 생산량을 계속 증가시키려 해도 결국 생산규모 때문에 한계에 부딪힌다. 공장규모가 고정되어 있기 때문에 생산량이 증가함에 따라 결국 한계비용이 증가한다.

10 한계비용은 총변동비용곡선의 기울기이다. 총변동비용은 생산량과 함께 증가하기 때문에 총변동비용곡선의 기울기는 양의 값이다. 그러나 한계비용이 증가하므로 총변동비용과 총비용은 증가하는 크기가 커지면서 증가한다.

11 평균변동비용(AVC)은 총변동비용을 생산량으로 나눈 것이다.

12 한계비용이 평균변동비용보다 크면 평균변동비용이 증가하고, 한계비용이 평균변동비용보다 작으면 평균변동비용이 감소한다. 한계비용곡선은 평균변동비용곡선의 최저점을 지난다.

13 평균총비용(ATC)은 총비용을 생산량으로 나눈 것이며, 평균고정비용과 평균변동비용의 합으로 나타낼 수 있다.

14 한계비용이 평균총비용보다 낮으면 평균총비용이 한계비용 쪽으로 낮아지고, 한계비용이 평균총비용보다 높으면 평균총비용이 증가한다. 따라서 한계비용곡선은 평균총비용곡선의 최저점에서 평균총비용곡선을 가로지른다.

15 완전경쟁기업의 수요곡선은 시장가격에서 수평선이다. 즉 완전경쟁기업의 수요곡선은 완전탄력적인 수요곡선이다.

16 총수입(TR)은 단위당 가격과 생산량(판매량)을 곱한 것이다. 한계수입(MR)은 생산량이 1단위 증가할 때 얻는 추가 수입이다.

17 완전경쟁기업의 한계수입은 시장가격과 동일하다.

18 이윤을 극대화하는 완전경쟁기업은 자신이 받는 가격이 단기 한계비용과 같아지는 점($P = MC$)까지 생산량을 증가시킨다. 보다 일반적인 기업의 이윤 극대화 공식은 $MR = MC$이다(완전경쟁시장에서는 $P = MR$이다). 9장에서 살펴볼 한 가지 예외를 제외하면 완전경쟁기업의 한계비용곡선은 곧 그 기업의 단기 공급곡선이다.

핵심 용어

간접비의 퍼짐(spreading overhead)
고정비용(fixed cost)
동일 제품(homogeneous product)
변동비용(variable cost)
완전경쟁(perfect competition)
총고정비용(total fixed cost, *TFC*)
총변동비용(total variable cost, *TVC*)
총변동비용곡선(total variable cost curve)
총비용(total cost, *TC*)
총수입(total revenue, *TR*)
평균고정비용(average fixed cost, *AFC*)
평균변동비용(average variable cost, *AVC*)
평균총비용(average total cost, *ATC*)
한계비용(marginal cost, *MC*)
한계수입(marginal revenue, *MR*)

연습문제

01 자동차를 소유하고 운영하는 데 드는 비용이 다음과 같다고 하자. 2,300만 원짜리 소나타 구매 대금을 연 4%의 이자를 지불하면서 48개월에 걸쳐 갚는다면 월 상환액이 약 52만 원이다. 보험비는 매달 20만 원이고 차의 연비는 리터당 30킬로미터, 보통 휘발유의 가격이 리터당 4,000원이라고 하자. 또한 이 차의 마모비용은 킬로미터당 50원이다. 고정비용과 변동비용은 각각 얼마인가? 1킬로미터를 운행할 때 발생하는 한계비용은 얼마인가? 서울에서 부산까지 갔다 오는 경우(약 800킬로미터) 고려해야 할 비용은 무엇인가? 왜 그런가?

02 2018년에 댄 브라운(Dan Brown)의 소설 《오리진(Origin)》은 23주간 《뉴욕타임스》의 베스트셀러 목록에 올랐으며 약 580만 부가 판매되었다. 도서 출판은 고정비용(작가에게 지급하는 로열티, 마케팅비, 편집비, 초기 비용 등)이 높고 한계비용이 낮다. 《오리진》을 출판하는 데 드는 고정비용이 200만 달러라면 100만 부를 찍는 데 드는 평균고정비용은 얼마인가? 200만 부, 500만 부를 찍는 경우에는 평균고정비용이 각각 얼마인가?

《오리진》을 1부 찍는 데 드는 한계비용이 1.80달러이고, 500만 부를 찍을 때까지는 한계비용이 동일하다고 하자. 한계비용에 모든 변동비용이 포함된다면 500만 부를 찍을 때까지 한계비용과 평균변동비용이 동일한가? 출판사가 100만 부를 찍어낸다면 평균총비용이 얼마인가? 200만 부, 500만 부를 찍는 경우에는 평균총비용이 각각 얼마인가? 출판사의 한계비용곡선, 평균변동비용곡선, 평균고정비용곡선, 평균총비용곡선을 그려라.

03 한 박물관의 성인 입장료는 인당 2,000원이지만 매주 수요일은 입장료를 받지 않는다. 이처럼 1주일 중 하루의 입장료를 받지 않는 이유는 무엇인가? 또한 토요일이 아니라 수요일에 입장료를 받지 않는 이유는 무엇인가?

04 다음 표는 다양한 생산량 수준에서 필요한 자본과 노동의 양을 보여준다.

q	*K*	*L*	*q*	*K*	*L*
0	0	0	6	25	11
1	6	1	7	31	13
2	10	3	8	38	15
3	13	5	9	46	17
4	16	7	10	55	19
5	20	9			

a. 노동의 가격(P_L)은 단위당 6달러이고 자본의 가격(P_K)은 단위당 4달러이다. 이 기업의 총비용, 한계비용, 평균변동비용을 계산하고 그래프로 나타내라.
b. 그래프의 모양이 예상했던 것과 같은지 설명하라.
c. 표의 수치를 이용하여 한계비용과 평균변동비용의 관계를 설명하라.
d. 표의 수치를 이용하여 추가로 필요한 투입물로 계산한 한계비용을 설명하라.

05 다음 사업에서 단기에서의 고정비용이 되는 항목은 무엇인가?
a. 공항
b. 콘서트홀
c. 회계 사무소
d. 자동차 제조 공장
e. 리조트

06 다음 각 항목을 현대자동차의 고정비용 또는 변동비용으로 구분

하라.

a. 자동차에 들어가는 알루미늄 비용
b. 현대자동차 공장의 재산세
c. 조립 라인에서 작업하는 근로자의 임금
d. 자동차 경주 시험장의 성명권(경기장의 명칭에 기업명이나 브랜드명을 붙일 수 있는 권리)에 매년 지불하는 비용
e. 현대자동차 대표에게 지급하는 봉급
f. 현대자동차에 장착하는 타이어 대금

07 다음 그래프의 정보를 이용하여 생산량이 500단위일 때의 각 비용을 계산하라.

a. 총고정비용
b. 총변동비용
c. 총비용
d. 한계비용

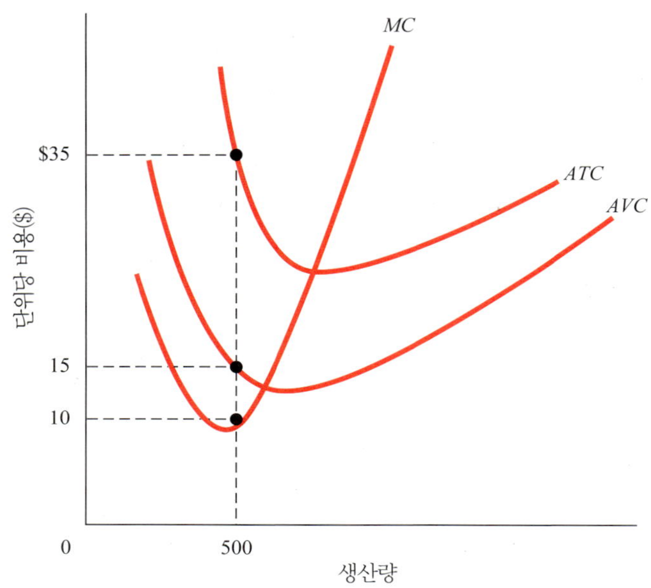

08 다음의 각 상황이 7번 문제의 그래프에 어떤 영향을 미치는지 설명하라.

a. 근로자의 시간당 임금이 올랐다.
b. 월 임대료를 10% 낮추어 빌딩 주인과 3년 임대차 계약을 맺었다.
c. 전기, 수도 요금 등을 절약할 수 있는 새로운 생산기술을 사용했다.
d. 재해 보험료가 5% 인상되었다.
e. 이 회사의 주요 부품 공급업체가 부품 가격을 3% 인상한다고 통보했다.

09 총변동비용이 추가로 1단위를 생산하는 데 드는 한계비용을 모두 합한 것이라면 총변동비용을 생산량으로 나누어 한계비용을 구할 수 있다. 이 말에 동의하는지, 동의하지 않는지 밝히고 그 이유를 설명하라.

10 영국의 유명한 극장가인 런던 웨스트엔드에 있는 극장들이 최근 들어 할인 사이트를 통해 티켓 가격을 반값에 판매하고 있다. 이 반값 티켓은 연극이 공연되는 당일에 선착순으로 판매된다. 극장이 이렇게 판매하는 이유를 한계비용의 개념을 사용하여 설명하라. 반값 티켓을 가장 선호하는 고객과 그다지 선호하지 않는 고객은 어떤 고객이겠는가? 반값 티켓을 판매하지 않는 극장도 있는데 그 이유는 무엇인가?

11 기업은 생산비용을 최소화한다. 따라서 단기적으로 경제적 이윤을 얻으려는 기업은 평균총비용곡선의 최저점에서 생산하려고 한다. 이 말에 동의하는지, 동의하지 않는지 밝히고 그 이유를 설명하라.

12 비용이 다음과 같으며 총고정비용은 60달러이다.

q	*TVC*	*q*	*TVC*
0	0	4	90
1	25	5	130
2	40	6	185
3	60		

시장가격이 22달러일 때 이 기업은 얼마나 생산하여 판매하겠는가? 시장가격이 42달러일 때는 얼마나 생산하여 판매하겠는가? 각 가격에서 총수입과 이윤은 각각 얼마인가? 한계비용의 개념을 이용하여 간단히 설명하라.

13 다음의 각 설명에 동의하는지, 동의하지 않는지 밝히고 그 이유를 설명하라.

a. 평균총비용보다 높은 시장가격에 직면한 기업이 이윤을 내고 있다는 것은 단기에서 가격이 한계비용보다 낮아질 때까지 생산을 증가시켜야 한다는 것을 의미한다.
b. 생산량이 증가함에 따라 한계비용이 증가한다면 평균비용도 증가한다.
c. 생산량이 0인 경우를 제외하고는 모든 생산량에서 고정비용이 일정하다. 기업이 생산을 하지 않으면 단기에서 고정비용이 0이다.

14 어떤 기업의 생산비용이 다음과 같다.

q	*TC*	*TFC*	*TVC*	*AVC*	*ATC*	*MC*
0	$ 50					
1	70					
2	80					
3	90					
4	110					
5	140					
6	175					
7	220					
8	280					
9	360					
10	450					

a. 표의 빈칸을 채워라.

b. 한 그래프에 *AVC*, *ATC*, *MC* 곡선을 그려라. *MC*와 *ATC*, *MC*와 *AVC*는 어떤 관계인가?

c. 시장가격이 20달러라면 단기에서 기업은 얼마나 생산하는가? 총이윤은 얼마인가?

d. 시장가격이 60달러라면 단기에서 기업은 얼마나 생산하는가? 총이윤은 얼마인가?

15 마지쿠키는 다양한 맛과 모양의 쿠키와 컵케이크를 만들어 팔고 있다. 이 가게의 자본은 기계 3대이다. 모든 기계는 잘 작동하며 동시에 사용할 수 있다.

	컵케이크당 생산비용	일일 최대 컵케이크 생산량
기계 1	€ 0.20	100
기계 2	0.30	200
기계 3	0.50	250

a. 컵케이크를 만드는 데 드는 비용에는 노동, 원료, 주인의 임금 등이 모두 포함된다. 또한 마지쿠키는 기계를 관리해주는 회사와 20년 장기 계약을 맺고 연간 2,190유로(하루 6유로)를 지불하고 있다. 마지쿠키의 한계비용곡선과 총비용곡선을 그려라.

b. 컵케이크의 가격이 0.40유로라면 마지쿠키는 얼마나 많은 컵케이크를 만들어 팔겠는가? 이 경우의 총수입, 총비용, 총이윤은 얼마인가?

16 총비용곡선이 다음과 같을 때 한계비용곡선을 그려라. 생산물의 가격은 3달러이고 고정비용은 없다. 이윤을 극대화하는 생산량은 얼마인가?

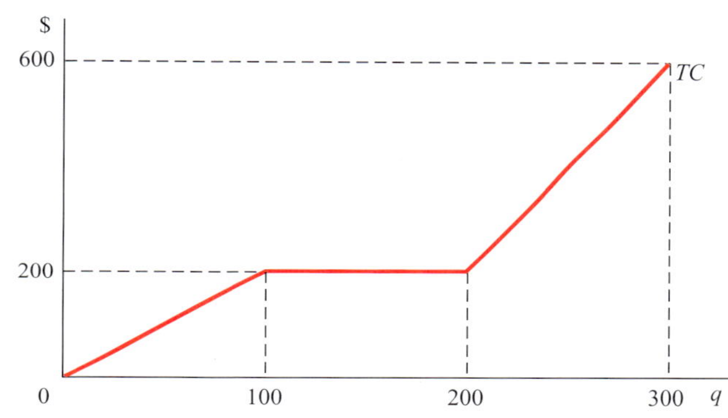

17 다음은 노동이라는 변동 생산요소 하나만을 사용하는 기업의 생산함수 그래프로, 투입되는 노동의 양에 따른 생산량을 나타냈다.

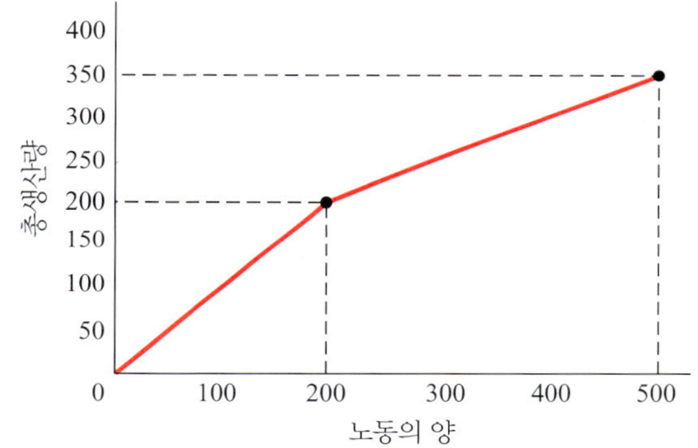

a. 한계생산물 곡선을 그려라.

b. 임금이 단위당 3유로일 때의 한계비용곡선을 그려라.

c. 생산물이 단위당 5유로에 판매된다면 이윤을 극대화하는 생산량은 얼마인가? 이 경우에 기업이 고용하는 노동의 양은 얼마인가?

18 다음 표의 빈칸을 채워라. 이윤을 극대화하는 생산량은 얼마인가? 한계치에 근거한 판단으로 답에 대해 설명하라.

q	*TFC*	*TVC*	*MC*	*P* = *MR*	*TR*	*TC*	이윤
0	$ 5	$ 0		$ 5			
1	5	3		5			
2	5	5		5			
3	5	9		5			
4	5	16		5			
5	5	25		5			
6	5	36		5			

19 18번 문제의 답을 토대로 한계수입, 한계비용, 평균총비용곡선을 그리되 부드러운 모양으로 표현하라. 이윤을 극대화하는 생산량을 그래프에 표시하라. 평균총비용곡선을 그리려면 평균총비용을 구해야 할 것이다.

20 한계비용은 생산량을 1단위 증가시킬 때 증가하는 총비용을 말한다. 한계생산물은 다른 생산요소의 투입량을 고정한 상태에서 특정 생산요소의 투입량을 1단위 증가시킬 때 얻는 추가 생산량이다. 이는 한계비용과 한계생산물의 관계에 대해 무엇을 의미하는가? (힌트: 둘 사이의 변화 방향을 살펴보라.)

경제학적 사고 키우기

01 옥수수 시장은 완전경쟁시장이며, 정부는 다양한 보조금 프로그램을 통해 옥수수 생산을 지원하고 있다. 정부가 옥수수 생산 단위당 일정한 보조금을 지원한다고 하자. 이러한 보조금이 옥수수 생산량을 증가시키는지 감소시키는지 그림 8.10(b)와 같은 그래프를 이용하여 밝혀라.

02 콩 시장은 완전경쟁시장이며, 정부는 다양한 보조금 프로그램을 통해 콩 생산을 지원하고 있다. 정부가 농부에게 농지를 무료로 제공하여 콩 생산을 지원한다고 하자. 이러한 지원 정책이 콩의 총생산량에 영향을 미치지 않는다면 그 이유는 무엇인가?

CHAPTER 9

장기의 생산비용과 생산량

목차와 학습목표

9.1 단기적 상황과 장기적 선택

단기적 상황이 기업의 단기적 행동과 장기적 행동에 어떤 영향을 미치는지 이해한다.

9.2 장기비용: 규모의 경제 및 비경제

규모의 경제의 원인과 결과를 이해한다.

9.3 단기적 상황에 따른 장기적 대응

단기적 이윤과 손실에 대한 장기적 대응을 알아본다.

7장과 8장에서는 단기에서 이윤 극대화 기업의 행동을 다루었다. 8장에서는 생산함수와 생산요소의 가격으로부터 생산비용곡선을 어떻게 도출하는지를 살펴보았다. 기업이 단기비용에 대한 명확한 그림을 가지고 있다면 이윤을 극대화하는 생산량(판매량)은 시장가격에 의해 결정된다. 이윤을 극대화하는 완전경쟁기업은 가격(한계수입)이 한계비용과 같아지는 점까지 생산하여 공급한다. 따라서 완전경쟁기업의 한계비용곡선은 공급곡선과 같다.

이제 단기에서 장기로 이동한다. 기업의 단기적 상황(이윤을 얻거나 손실을 보는 상황)은 장기에서 어떤 일이 발생할 것인지를 알려준다. 장기에서의 생산량 결정(공급량 결정)은 단기에 비해 덜 제약을 받는다. 그 이유는 두 가지이다. 첫째, 장기에서 기업은 공장규모를 마음대로 선택할 수 있다. 장기에서는 모든 생산요소의 양을 조절할 수 있기 때문에 단기에서처럼 생산을 제약하는 고정 생산요소(예: 공장규모)가 없다. 둘째, 기업은 이윤을 좇아 자유롭게 산업(시장)에 진입할 수도 있고 손실을 피하기 위해 자유롭게 산업(시장)을 떠날 수도 있다.

단기와 장기의 관계를 살펴볼 때는 자신이 기업의 경영자라고 생각하는 것이 좋다. 때로는 단기적 의사결정을 할 것이다. 일정한 공장규모에 일정한 기계 대수를 갖추고 일정량을 생산하기 위해 생산요소를 어떻게 배합해야 하는지 판단해야 한다. 동시에 좀 더 전략적인 장기 의사결정도 해야 한다. 사업을 계속할 것인가, 아니면 문을 닫을 것인가? 상황이 좋다면 규모 확장을 생각할 수도 있다. 또한 다른 기업이 시장에 드나드는 것도 고려해야 한다. 이처럼 경영자는 현재 주어진 제약하에 최선을 다하는 단기적 의사결정과 미래를 위한 계획을 짜는 장기 의사결정을 동시에 한다.

생산량에 대한 의사결정이나 시장 구조를 이해하려고 할 때는 비용을 아는 것이 중요하다. 단기에서 보았듯이 고정 생산요소는 궁극적으로 생산량과 함께 한계비용을 상승시킨다. 장기에서는 모든 생산요소의 사용량을 마음대로 다룰 수 있다. 이러한 상황에서는 생산량이 크게 증가한다고 해서 단기에서처럼 반드시 평균생산비용이 증가하는 것은 아니다. 앞으로 살펴보겠지만 장기 평균비용곡선은 항상 우상향하는 것이 아니다. 미국의 경우 왜 자동차 제조 회사나 철강 회사가 몇 안 되고 소프트웨어 애플리케이션이나 가구를 만드는 회사가 많은지 궁금해하는 독자도 있을 것이다. 이러한 산업에서 나타나는 장기 평균비용곡선 모양의 차이는 산업(시장) 구조의 차이를 잘 드러낸다.

세 가지 단기적 상황의 기업을 살펴보면서 장기에 대한 설명을 시작한다. ① 기업은 경제적 이윤을 얻고 있다. ② 기업은 경제적 손실을 입고 있지만 손실을 줄이거나 최소화하기 위해 계속 생산 활동을 하고 있다. ③ 기업은 폐업을 결정하고 고정비용만큼의 손실을 감수한다. 이러한 기업이 시장 상황에 따라 어떤 장기 의사결정을 하는지 살펴볼 것이다.

우리는 완전경쟁시장에 있는 완전경쟁기업을 다루지만 시장 구조에 상관없이 모든 기업은 단기적으로 이윤 또는 손실을 발생시킨다. 완전경쟁시장이라고 가정하면 분석이 간단해질 뿐만 아니라 불완전경쟁시장에서 기업의 행동을 이해하는 데 도움이 된다.

9.1 단기적 상황과 장기적 선택

학습목표

단기적 상황이 기업의 단기적 행동과 장기적 행동에 어떤 영향을 미치는지 이해한다.

기업의 행동을 살펴보기 전에 이윤의 개념을 다시 생각해보자. 총비용에는 정상수익률에 의한 정상이윤이 포함된다는 것을 상기하라(7장). 이윤은 총수입에서 총비용을 뺀 것이고, 총비용에는 정상이윤이 포함되기 때문에 이윤의 개념에는 자본의 기회비용이 비용으로 반영된다. 기업이 정상이윤보다 높은 이윤을 얻는다면 양의 경제적 이윤을 얻고 있는 것이다. 따라서 기존 기업이 얻고 있는 이윤을 보고 새로운 기업이 해당 산업에 진입할 가능성이 높다. 하지만 기업이 정상이윤보다 낮은 이윤을 얻는다면 손실을 보고 있는 것이며, 따라서 기업은 해당 산업을 떠나 이윤이 생길 것으로 판단되는 다른 산업으로 이동할 가능성이 높다. 기업이 **손익분기점**(breaking even)에 있다면, 즉 (경제적) 이윤이 0이라면 정확히 정상이윤만큼 벌고 있는 것이다. 이 경우에는 새로운 기업이 진입하지도 않고 기존 기업이 다른 산업으로 이동하지도 않을 것이다.

손익분기점 기업이 정확히 정상이윤(율)만큼 벌고 있는 상황

단기적 상황을 이렇게 구분하면 기업은 다음 세 가지 중 하나에 속한다. ① 기업은 이윤을 내고 있다. ② 기업은 손실을 내고 있다. ③ 기업은 손익분기점에 있다. 이 세 가지 상황에서 나타나는 기업의 장기적 행동을 자세히 살펴보자.

이윤 극대화

다음은 경제적 이윤을 얻고 있는 기업의 행동을 보여주는 예이다.

예: 블루벨벳 세차장 몇 가지 수치를 통해 블루벨벳 세차장이 구체적으로 어떻게 경영되는지 알아보자. 세차장에는 시설이 있어야 한다. 블루벨벳의 경우 소유자가 건물과 필요한 장비를 구매하는 데 50만 달러를 투자했다. 세차장이 폐업하면 건물과 세차 장비를 처음 구매 가격에 판매할 수 있으나 세차장을 운영하는 한 이 투자액은 계속 묶여 있다. 만약 투자자가 다른 사업에 투자했을 때 연간 10%의 수익을 얻을 수 있다면 블루벨벳에 투자할 때도 10%의 수익을 기대할 것이다. 따라서 블루벨벳에 투자된 자본의 연간 비용은 5만 달러(50만 달러의 10%)이다.

이 세차장은 1주일에 800대를 세차하며, 장비를 유지·보수하기 위한 2주를 빼고 1년에 50주 동안 영업한다. 연간 장비 유지·보수비용은 5만 달러이고, 이 비용은 세차장이 영업을 하든 안 하든 나가는 비용이다. 따라서 블루벨벳에서 발생하는 연간 고정비용은 10만 달러(자본비용 5만 달러 + 장비 유지·보수비용 5만 달러)이다. 이는 주당 2,000달러의 비용이며, 1주일에 800대를 세차한다면 차 1대당 발생하는 고정비용은 2.50달러(2,000달러 ÷ 800)이다.

한편 세차장 운영에는 변동비용도 발생한다. 세차를 하기 위해 근로자, 물, 세제 등이 필요하다. 근로자는 시간당 10달러에 고용할 수 있으며, 1주일에 800대를 세차하는 경우 근로자 1명당 1시간에 8대를 세차할 수 있다. 이러한 서비스량에서 블루벨벳은 100시간의 노동력을 고용하여 1,000달러를 지불한다. 800대를 세차하는 경우 차 1대당 노동비용은 1.25달러(10달러 ÷ 8)이다. 또한 차 1대를 세차하는 데 드는 세제의 비용은 0.75달러이며, 1주일에 800대를 세차하는 경우 600달러이다. 블루벨벳이 1주일에 800대를 세차하는 데 드는 비용을 표 9.1에 요약했다.

표 9.1 블루벨벳 세차장의 주당 생산비용

TFC (총고정비용)		*TVC* (총변동비용: 800대 세차)		*TC* (총비용: 800대 세차)	*TR* (총수입: P = $5)
(1) 투자자에 대한 정상이윤	$1,000	(1) 노동	$1,000	*TC* = *TFC* + *TVC*	*TR* = $5 × 800
(2) 기타 고정비용(장비 유지·보수)	1,000	(2) 세제	600	= $2,000 + $1,600	= $4,000
	$2,000		$1,600	= $3,600	이윤 = *TR* − *TC*
					= $400

블루벨벳이 있는 지역의 세차 시장가격은 5달러이므로 블루벨벳이 5달러보다 높은 가격을 책정하면 고객이 모두 다른 세차장으로 가버릴 것이다. 가격이 5달러일 때 블루벨벳은 자본의 기회비용(주당 1,000달러)을 포함한 모든 비용의 합보다 큰 수입을 올려 초과이윤을 얻는다. 이러한 상황이 계속되면 블루벨벳 소유자는 (초과이윤을 얻고 있는 지역 내 다른 세차장 소유자처럼) 세차장 확장을 고려할지도 모른다.

세차 가격이 계속 하락한다면 어떻게 되는가? 가격이 하락함에 따라 결국은 기업의 초과이윤이 감소할 것이다. 가격 하락에 따라 세차 대수를 조절한다 하더라도 가격이 평균총비용보다 더 낮아지면 손실이 발생하기 시작할 것이다. 이때 블루벨벳 소유주는 장기적으로 폐업을 고려할지도 모른다. 그러나 단기적으로는 어려운 결정을 내려야 한다. 문을 닫으면 장비 유지·보수 계약으로 인해 주당 1,000달러를 잃고, 건물을 파는 데 시간이 걸리므로 투자의 기회비용 1,000달러도 벌지 못하게 된다. 만약 세차장을 운영하더라도 주당 2,000달러(주당 고정비용)보다 손실이 적다면 소유주는 세차장을 계속 운영해야 할 것이다. 그러나 시장가격인 평균변동비용 아래로 하락할 때는 세차장을 폐업하는 것이 손실을 줄이는 방법이다. 세차장을 계속 운영하려면 시장가격이 적어도 차 1대당 0.75달러의 세제 값과 노동비용(평균변동비용)을 충당해야 한다.

단기에서 사업을 그만둘 수 없는 경우 소유주는 최선을 다하여 손실을 최소화하려 할 것이다. 좋은 시절이 다시 오면 초과이윤을 얻을 수 있을 것이다. 하지만 시장가격이 매우 높거나 낮을 때 경영자는 장기적 선택을 고려하게 된다. 세차 가격이 차 1대당 5달러라면 세차장 소유주는 사업 확장을 고려할 것이다. 그러나 세차 가격이 평균총비용보다 낮은 경우에는 손실을 보기 때문에 사업을 접는 장기적 선택을 고려할 것이다. 이제 그래프를 통해 이를 자세히 살펴보자.

그래프로 살펴보기 그림 9.1은 완전경쟁시장에 있는 대표적 기업이 높은 시장가격으로 초과이윤을 얻고 있는 상황을 보여준다.

시장가격은 5달러이고, 완전경쟁시장에는 각자 800단위를 생산하는 10개의 기업이 있으며, 이들은 모두 경제적 (초과)이윤을 얻고 있다. 그래프에는 세 가지 중요한 곡선이 있다. 평균변동비용(*AVC*)곡선은 생산량이 변할 때 생산물 1단위당 노동을 포함한 기타 변동 생산요소에 들어가는 비용을 보여준다. 이 경우에는 생산량을 증가시키면 처음에는 근로자의 생산성이 증가하여 평균변동비용이 하락한다. 그러나 생산량이 점점 더 증가하면 수확 체감 현상이 나타나 근로자의 생산성이 떨어지면서 평균변동비용이 상승한다. 그리고 평균총비용(*ATC*)곡선은 생산량이 증가함에 따라 처음에는 고정비용의 퍼짐 현상으로 인해 하락하지만 근로자의 생산성이 떨어지면서 결국에는 상승한다. 이는 고정비용의 퍼짐 현상에 의한 평균비용 감소액보다 수확 체감 현상에 의한 한계비용 상승액이 더 커지기 때문이다. 또한 한계비용(*MC*)곡선은 고정 생산요소로 인한 수확 체감 현상 때문에 어떤 점을 지나면서 상승한다.

시장가격이 5달러일 때 기업은 이윤을 얻는다. 즉 정상이윤보다 높은 초과이윤(회색 사각형)을 얻는다. 각 기업은 가격이 한계비용과 같은 생산량인 800단위를 생산함으로써 이윤을 극대화한다. 800단위보다 많은 생산량은 추가 수입(한계수입)보다 추가 비용(한계비용)이 더 크다. 이윤 극대화를 위해 기업이 평균총비용을 최소화하는 생산량보다 더 많이 생산하고 있음을 주목하라. 시장가격이 높기 때문에 노동생산성이 더 낮아지고 단위당 생산비용(평균총비용)이 좀 더 높아지더라도

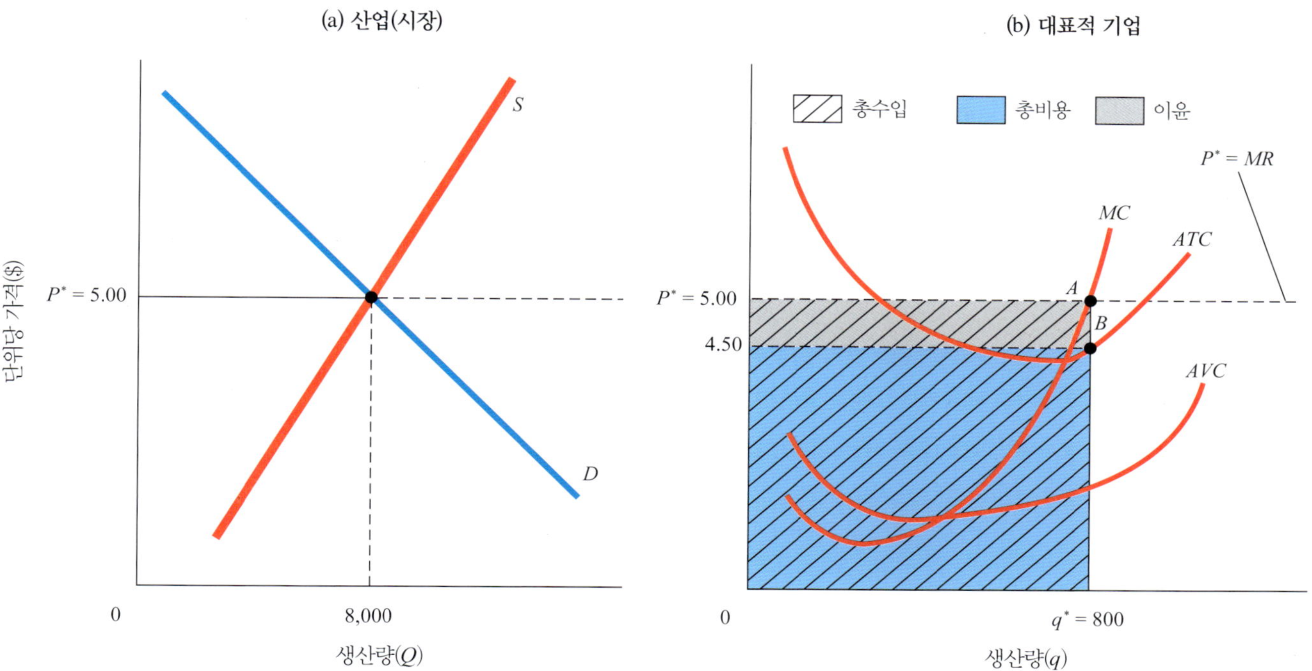

그림 9.1 단기에서 이윤을 얻고 있는 기업

이윤을 극대화하는 완전경쟁기업은 $P^* = MC$인 생산량 q^*를 생산한다. $q^* = 800$에서 총수입은 5달러 × 800 = 4,000달러, 총비용은 4.50달러 × 800 = 3,600달러이다. 따라서 이윤은 4,000달러 − 3,600달러 = 400달러이다.

기업은 생산량을 증가시키게 된다.

총수입과 총비용도 그래프에 표시되어 있다. 총수입(TR)은 $P^* \times q^* = 5$달러 $\times$ 800 = 4,000달러로, 이는 사각형 P^*Aq^*0의 면적이다. q^*의 생산량에서 평균총비용은 4.50달러(B점)로, 이는 수직선 q^*B의 길이이다. 평균총비용은 총비용을 생산량으로 나눈 것이므로 총비용은 평균총비용과 q를 곱한 것이다.

$$ATC = \frac{TC}{q}$$

따라서

$$TC = ATC \times q$$

총비용(TC)은 4.50달러 × 800 = 3,600달러로, 이는 파란색 사각형의 면적이다. 그러므로 총이윤은 400달러이며 이는 회색 사각형의 면적이다. 이 기업은 양의 이윤을 얻고 있다.

단기에서 이윤을 얻고 있고 이 상태가 지속되리라 기대하는 기업은 장기에서 생산규모를 확장하려는 인센티브를 갖는다. 기업들이 이윤에 반응하여 장기적으로 생산규모를 확대한다면 생산량은 증가할 것이다.

손실 최소화

손실을 보고 있는 기업은 두 가지 범주로 구분할 수 있다. 바로 생산을 중단하고 총고정비용과 동일한 크기의 손실을 보는 것이 더 나은 기업과, 손실을 최소화하기 위해 단기적으로 사업을 계속하는 것이 더 나은 기업이 그것이다. 여기서 기억해야 할 핵심은 단기의 경우 기업이 산업(시장)에서 철수할 수 없다는 것이다. 단기에서 기업은 조업을 중단할 수는 있어도 사업을 그만두고 고정비용을 제거할 수는 없다. 단기에서는 기업이 무엇을 하든 고정비용을 지불해야 한다.

블루벨벳 세차장의 경우 조업을 중단하면 1주일에 2,000달러의 손실이 발생한다. 건물에 투자한 자본의 기회비용과 유지·보수 계약에 따른 비용은 피할 수 없다. 블루벨벳이 세차라는 서비스를 팔아 노동과 세제(변동 생산요소)에 드는 비용보다 더 벌 수 있다면 세차장을 열고 조업 중단 시 발생하는 2,000달러의 손실을 조금이라도 줄이는 것이 단기적으로는 올바른 선택이다. 때로는 돈을 잃더라도 손실을 줄이는 것이 가장 좋은 전략일 수 있다.

손실을 보고 있는 기업이 단기에서 생산을 계속할지 말지는 생산을 계속할 때 발생하는 이익과 불이익에 달려 있다. 기업이 조업을 중단하면 수입도 발생하지 않고 변동비용도 발생하지 않는다. 반대로 조업을 계속하면 수입과 함께 변동비용이 발생한다. 조업을 하든 안 하든 고정비용을 부담해야 하기 때문에 조업을 할지 말지에 대한 의사결정은 총수입으로 총변동비용을 충당할 수 있느냐에 전적으로 달려 있다.

- 총수입이 총변동비용보다 크면 총변동비용을 충당하고 남은 수입으로 고정비용을 일부 상쇄할 수 있기 때문에 손실이 줄어든다. 따라서 이 경우에는 단기적으로는 조업을 계속하는 것이 유리하다.
- 총수입이 총변동비용보다 작으면 고정비용보다 더 큰 손실이 발생한다. 이 경우에는 단기적으로 조업을 중단함으로써 손실을 최소화할 수 있다.

고정비용을 상쇄하기 위해 손실이 발생해도 생산하는 경우 시장가격이 평균변동비용곡선의 최저점보다 아래에 있다면 기업은 초기 투자금액의 기회비용만 잃는 것이 아니라 생산하는 단위마다 손실이 추가된다. 평균변동비용곡선의 최저점을 **조업중단점**(shutdown point)이라고 하는데, 가격이 조업중단점보다 높으면 한계비용곡선은 이윤을 극대화하는 생산량을 보여준다. 그러나 가격이 조업중단점 아래에 있다면 최적 단기 생산량이 0이다.

조업중단점 평균변동비용곡선의 최저점. 시장가격이 조업중단점 아래에 있다면 기업은 조업(생산)을 중단하고 고정비용만큼의 손실을 보는 것이 단기적으로 유리함

8장에서 완전경쟁기업의 한계비용곡선이 곧 단기 공급곡선이라고 설명했던 것을 좀 더 자세히 들

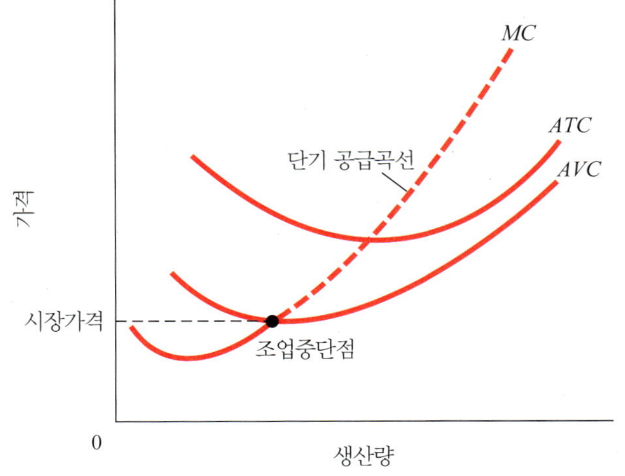

그림 9.2 완전경쟁기업의 단기 공급곡선
가격이 평균변동비용보다 낮을 때는 기업이 조업을 계속하는 것보다 중단하는 것이 더 낫다. 따라서 완전경쟁기업의 단기 공급곡선은 평균변동비용곡선 위에 있는 한계비용곡선 부분이다.

여다보자. 앞서 언급했듯이 시장가격이 조업중단점(평균변동비용곡선의 최저점) 아래에 있으면 기업은 생산을 중단한다. 한계비용곡선이 평균변동비용곡선의 최저점을 통과하므로 완전경쟁기업의 단기 공급곡선은 평균변동비용곡선 위에 있는 한계비용곡선 부분이다. 블루벨벳과 같은 완전경쟁기업의 단기 공급곡선은 그림 9.2와 같다.

단기 시장공급곡선

완전경쟁시장의 공급량은 각 가격에서 개별 기업의 공급량을 모두 합한 것이다. 따라서 **단기 시장공급곡선**(short-run industry supply curve)은 개별 기업의 공급곡선을 수평으로 합한 것이다. 즉 해당 산업(시장) 내 모든 기업의 평균변동비용 위에 있는 한계비용곡선 부분을 수평으로 합한 것이다.

단기 시장공급곡선 해당 산업 내 모든 기업의 평균변동비용 위에 있는 한계비용곡선 부분을 수평으로 합한 것

그림 9.3은 동일한 세 기업이 있는 산업(시장)의 공급곡선을 보여준다.[1] 시장가격이 6달러일 때 각 기업이 150단위를 생산하는데, 이는 $P = MC$인 생산량이다. 6달러의 가격에서 시장에 공급되는 총량은 450단위이다. 가격이 5달러일 때는 각 기업이 120단위를 생산하므로 산업 전체의 공급량이 360단위이다. 가격이 4.50달러보다 낮으면($P < AVC$) 모든 기업은 조업을 중단한다.

시장공급곡선이 이동하는 경우는 두 가지이다. 단기에서 일부 생산요소의 가격 하락과 같은 것이 모든 기업의 한계비용곡선을 동시에 이동한다면 산업공급곡선이 이동한다. 예를 들어 일부 PC 부품의 생산비용이 낮아지면 모든 PC 제조 기업의 한계비용곡선이 아래로 이동한다. 한계비용곡선의 이러한 이동은 기업의 공급곡선을 밖으로 이동하는 것과 마찬가지이다. 각 기업은 PC를 더 싸게 생산할 수 있기 때문에 각 가격수준에서 전보다 더 많은 PC를 공급하려고 할 것이다.

장기에서 기업의 수가 증가하거나 감소하면 (따라서 기업의 공급곡선 수가 많아지거나 줄어들면) 시장공급곡선이 이동한다. 새로운 기업이 시장에 진입하면 시장공급곡선이 오른쪽으로 이동하고, 기존 기업이 시장을 떠나면 시장공급곡선이 왼쪽으로 이동한다.

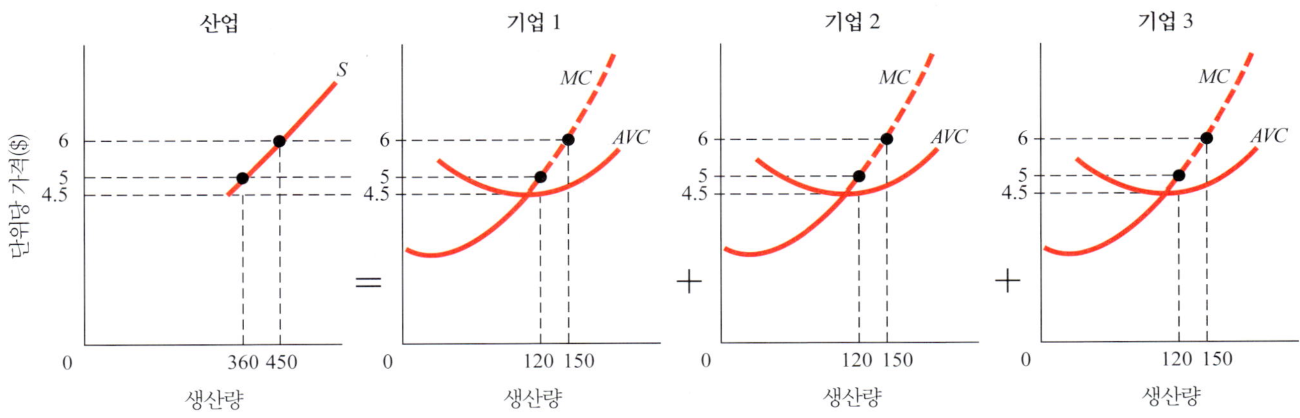

그림 9.3 단기 시장공급곡선
산업에 세 기업만 있을 때 시장공급곡선은 각 가격에서 세 기업의 공급량을 합한 것이다. 예를 들어 시장가격이 6달러일 때 각 기업이 150단위를 생산하면 산업 전체의 공급량은 450단위이다.

---

1 완전경쟁시장에는 수많은 기업이 있다고 가정한다. 많다는 것은 물론 3개 이상을 의미하지만 여기서는 간단히 설명하기 위해 세 기업만 있다고 가정한 것이다. 또한 세 기업이 모두 동일하다는 것은 완전경쟁시장에 대해 설명할 때 자주 쓰이는 가정이다.

표 9.2 장기와 단기에서의 이윤과 손실 및 완전경쟁기업

	단기 상황	단기 의사결정	장기 의사결정
이윤	$TR > TC$	$P = MC$: 영업	확장: 새로운 기업의 시장 진입
손실	(1) $TR \geq TVC$	$P = MC$: 영업 (손실액 < 총고정비용)	축소: 기업의 시장 철수
	(2) $TR < TVC$	조업 중단: 손실액 = 총고정비용	축소: 기업의 시장 철수

장기적 선택: 다시 살펴보기

완전경쟁기업이 장기 계획을 세우면서 직면하는 여러 가지 상황을 표 9.2에 요약했다. 이윤을 극대화하는 기업은 단기에서 시장가격이 한계비용과 일치하는 점까지 생산한다. 시장에 있는 기업이 이윤을 얻고 있다면 장기에서 기업이 공장규모를 확대하려고 하고, 또한 새로운 기업이 시장에 들어오려고 한다.

손실이 발생하는 기업은 총수입이 총변동비용을 충당하기에 충분할 때만 생산을 계속할 것이다. 이러한 기업도 이윤을 얻는 기업과 마찬가지로 $P = MC$인 생산량을 생산할 것이다. 따라서 단기에서 시장가격이 하락하면 시장의 공급량이 감소한다. 손실이 발생하는 기업은 총변동비용을 충당할 수 없다면 생산을 중단하고 총고정비용만큼의 손실을 감수할 것이다. 손실을 보고 있는 기업이 단기에서 조업을 중단하든 안 하든 손실의 발생은 장기적으로 기업에 사업을 축소할 인센티브를 준다. 일반적으로 이러한 기업은 장기에서 해당 시장(산업)을 떠난다.

따라서 단기적 이윤이나 손실은 기업이 생산규모를 바꿀 수 있는 기회가 있을 때 사업을 확장하거나 축소하게 만든다. 경제적 이윤을 얻고 있는 기업은 다양한 생산규모에서 생산비용이 어떻게 달라질 가능성이 있는지 판단해야 한다. 단기에서 기업이 다양한 생산기술에 따른 생산비용을 분석하는 것처럼 장기에서도 다양한 공장규모에 따른 생산비용을 비교하여 장기비용을 판단해야 한다. 생산규모가 커지면 평균생산비용이 하락할 가능성이 높으며, 이는 이윤을 내고 있는 기업이 확장하려는 인센티브를 더 갖게 만든다. 한편 기업은 확장에 따르는 문제에 맞닥뜨릴 수도 있다. 장기적 가능성에 대한 분석은 장기에서는 모든 것을 변화시킬 수 있기 때문에(공장규모도 고정되어 있지 않음) 단기적 분석보다 더 복잡하다. 장기에서 기업은 산업을 떠날 수 있기 때문에 고정비용이 없다. 이론상으로 장기에서 기업은 생산규모를 마음대로 선택할 수 있다. 따라서 기업은 (선택 가능한) 많은 옵션을 분석해야 할 것이다. 이제 장기에서의 비용곡선을 분석해보자.

학습목표

규모의 경제의 원인과 결과를 이해한다.

9.2 장기비용: 규모의 경제 및 비경제

단기비용곡선의 모양은 고정 생산요소로 인한 수확 체감 현상의 영향을 받는다. 그러나 장기에서는 고정 생산요소가 없으며 기업은 어떤 생산규모든 선택할 수 있다. 작은 공장을 지을 수도 있고 큰 공장을 지을 수도 있다. 생산량을 2배, 3배로 증가시킬 수도 있고 사업을 완전히 접을 수도 있다.

장기 평균비용곡선(*LRAC*) 장기에서 생산규모에 따른 단위당 비용(평균생산비용)의 변화를 보여주는 곡선

기업의 **장기 평균비용곡선**(long-run average cos curve, *LRAC*)은 생산규모에 따라 비용이 어떻게 변하는지를 보여준다. 어떤 기업의 경우 생산기술이 생산규모를 증가시키면 단위당 비용(평균생산

비용)이 감소한다. 또 어떤 기업은 생산기술이 생산규모를 증가시키면 단위당 비용(평균생산비용)이 증가한다. 생산규모가 증가할 때 평균생산비용이 하락한다면 **규모에 대한 수확 증가**(increasing returns to scale, IRS) 또는 **규모의 경제**(economies of scale, EOS)가 있다고 한다. 생산규모가 변할 때 평균생산비용이 변하지 않는다면 **규모에 대한 수확 불변**(constant returns to scale, CRS)이 있다고 한다. 또한 생산규모가 증가할 때 평균생산비용이 상승한다면 **규모에 대한 수확 감소**(decreasing returns to scale, DRS) 또는 **규모의 비경제**(diseconomies of scale, DOS)가 있다고 한다. 여기서 살펴보는 규모의 경제 및 비경제는 개별 기업의 생산기술이 지닌 속성이며, 따라서 내부적 규모의 경제(internal economies of scale)라고도 부른다.[2]

규모에 대한 수확 증가(IRS), 규모의 경제(EOS) 생산규모가 증가할 때 평균생산비용이 하락하는 경우

규모의 대한 수확 불변(CRS) 평균생산비용이 생산규모의 영향을 받지 않는 경우

규모에 대한 수확 감소(DRS), 규모의 비경제 생산규모가 증가할 때 평균생산비용이 상승하는 경우

규모에 대한 수확 증가

기술적인 의미에서 규모에 대한 수확 증가라는 말은 투입물과 생산물의 생산관계를 나타낸다. 생산함수가 규모에 대한 수확 증가를 보인다는 것은 모든 생산요소를 일정 비율 증가시키면 생산량이 그보다 더 큰 비율로 증가한다는 의미이다. 예를 들어 기업이 생산요소 투입량을 2~3배 증가시키면 생산량이 2~3배보다 더 많아진다는 것이다.

생산기술이 규모의 경제를 가진 경우 장기 평균비용곡선은 생산량이 증가함에 따라 감소한다. 그림 9.4는 생산량이 약 10만 단위가 될 때까지 규모의 경제를 보이는 기업의 단기 및 장기 평균비용곡선을 보여준다. 그림 9.4에서 10만 단위를 생산하는 생산규모를 이 기업의 **최소효율규모**(minimum efficient scale, MES)라고 한다. MES는 장기 평균비용이 최소가 되는 가장 작은 생산규모를 말한다. 이는 간단히 말해 '10만 단위의 생산량을 최소의 평균비용으로 생산하기 위해 이 기업이 갖춰야 할 최소 생산규모(공장규모)는 얼마인가?'라는 질문에 대한 답이다. 한 산업에 있는 모든 기업이 그림 9.4와 같은 장기 평균비용곡선을 가진 경우를 생각해보자. 시장에서 기업이 비용 면에

최소효율규모(MES) 장기 평균비용이 최소가 되는 가장 작은 생산규모

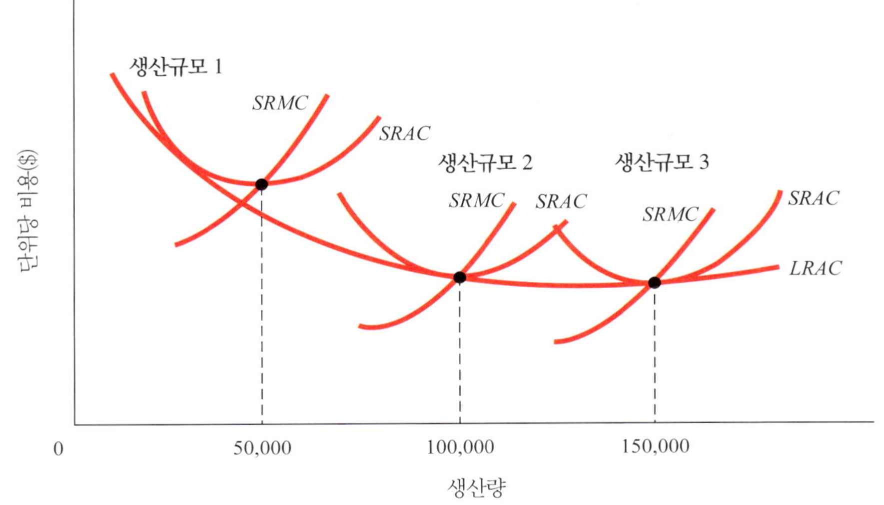

그림 9.4 규모의 경제를 보이는 기업
장기 평균비용곡선은 장기에서 기업이 선택하는 다양한 생산규모에 따른 평균생산비용을 보여준다. 장기 평균비용곡선의 각 점은 단기에서의 다양한 생산규모를 의미한다. 생산량이 증가하여 생산규모 1에서 생산규모 2로 이동하면 기업은 생산에서 규모의 경제(규모에 대한 수확 증가)를 갖는다.

2 산업 전체에 나타나는 규모의 경제는 외부적 규모의 경제(external economies of scale)라고 한다. 외부적 규모의 경제는 예컨대 산업이 커지면서 생산성 높은 더 우수한 인력이 산업에 참가하고 원재료의 공급망이 더 대형화·전문화되고 산업 전체에서 전문화가 촉진되어 그 산업에 있는 기업의 평균생산비용이 전반적으로 하락하는 것으로 나타난다.

경쟁력이 있으려면 적어도 10만 단위를 생산해야 한다. 이보다 적게 생산하면 다른 기업보다 더 높은 생산비용이 발생하기 때문에 시장에서 살아남기 힘들다. 정부는 종종 한 제품의 시장 전체 규모에 비해 상대적으로 MES가 얼마나 큰가에 관심을 둔다. 시장 전체 규모에 비해 상대적으로 MES가 크면 그 산업에는 상대적으로 적은 수의 기업이 있을 것이고, 그에 따라 기업 간 경쟁이 줄어들 수 있기 때문이다.

그림 9.4는 세 가지 생산규모 각각의 단기비용곡선을 보여준다. 장기 평균비용곡선(*LRAC*)상의 각 점은 생산규모를 변화시키면서 생산량을 변화시킬 때 그 점의 생산량에 따른 최소 단기 평균비용을 나타낸다. 기업이 생산규모를 선택하여 생산하면 단기 생산비용곡선을 얻게 된다. 기업이 생산규모 1을 선택하면 그보다 더 큰 규모로 생산할 때 얻을 수 있는 비용상의 우위를 차지할 수 없다. 생산규모를 약 2배로 하여 생산량을 5만 단위에서 10만 단위로 증가시키면(생산규모 2) 평균 생산비용을 크게 줄일 수 있다.

그림 9.4는 기업이 매순간 비용에 대한 두 가지 상황에 직면한다는 것을 보여준다. 장기에서 기업은 생산규모를 변화시킬 수 있어 생산비용이 달라진다. 그러나 장기 평균비용곡선의 어떤 점에서든 기업은 그 점에 해당하는 단기비용곡선을 갖게 되므로 단기적으로 생산용량(production capacity)의 제약을 받는다. 그림 9.4는 이 두 가지 상황을 동시에 보여준다.

규모의 경제를 가져오는 것 규모의 경제를 발생시키는 가장 첫 번째 것은 기술 그 자체이다. 자동차 생산을 예로 살펴보자. 1년에 자동차 100대를 사람 손으로 만든다면 1대당 생산비용이 매우 높을 것이다. 1900년대 초에 헨리 포드(Henry Ford)는 생산량을 획기적으로 증가시킬 수 있는 표준화된 생산 방법을 도입함으로써 자동차 1대당 생산비용이 크게 낮아져서 많은 사람이 자동차를 구매할 수 있게 되었다. 새 기술은 생산규모가 작을 때는 비용 효율적이지 않을 수 있지만 생산규모가 커지면 비용을 크게 줄여준다. 포드의 혁신으로 자동차 제조는 매우 큰 규모의 경제를 가지게 되었다. 쿠어스(Coors)는 원래 미국에서 가장 큰 맥주 공장 중 하나인, 콜로라도주 골든에 위치한 공장에서 모든 맥주를 생산했다. 공장규모(맥주 발효 탱크)가 클수록 생산비용이 절약되기 때문이다.

생산기술만이 규모의 경제를 발생시키는 것은 아니다. 기업의 규모가 커지면 생산 활동이 보다 전문화될 수 있고, 원재료의 대량 구매로 가격 협상력이 생긴다. 예를 들어 큰 기업은 대량의 투입물을 할인가로 구매할 수 있다. 또한 자체적으로 생산하는 투입물의 사용량도 보다 전문화된 생산을 통해 줄일 수 있고, 생산물을 대량 운송함으로써 생산물 단위당 운송비도 줄일 수 있다. 월마트(Wal-Mart)가 미국에서 가장 큰 소매상 중 하나가 된 이유 중 하나는 이와 같은 규모의 경제를 누릴 수 있었기 때문이다. 규모의 경제는 공장의 크기에 의해서만 나타나는 것이 아니라 기업의 규모가 커짐으로써 발생하기도 한다. 대부분의 전자 회사는 적당한 규모의 현대화된 여러 공장에서 제품을 생산하면서 기업의 규모가 커짐으로써 얻을 수 있는 비용 절약의 기회를 이용한다.

규모에 대한 수확 불변

기술적인 의미에서 규모에 대한 수확 불변이라는 말은 생산물의 양이 증가할 때 투입물(생산요소)과 생산물의 수량적 관계가 일정하게 유지되는 것을 의미한다. 투입물의 양을 2배로 늘리면 생산량이 2배가 되고, 투입물을 3배로 늘리면 생산량이 3배가 되는 것이다. 또한 투입물의 가격이 고정되어 있다면 생산규모와 관계없이 평균생산비용도 변하지 않는다는 것을 의미한다. 달리 말해 규모에 대한 수확 불변은 기업의 장기 평균비용곡선이 수평선이라는 의미이다.

그림 9.4의 기업은 생산규모 2와 생산규모 3 사이에서 대략적으로 규모에 대한 수확 불변(장기 평균비용곡선이 거의 수평)을 갖는다. 생산규모 2와 생산규모 3의 평균생산비용은 대략 비슷하다. 이 기업이 15만 단위보다 더 많은 생산량에서도 규모에 대한 수확 불변을 보인다면 장기 평균비용곡선(*LRAC*)이 계속 평평한 수평선이 될 것이다.

경제학자들은 기업의 비용 자료를 가지고 규모의 경제가 존재하는 생산량의 범위를 오랜 기간 연구해왔다. 이러한 연구의 결과물에 따르면 대부분의 산업에서 기업은 성장함에 따라 비용 절약을 경험하지만 시장 규모에 비해 MES가 그다지 크지 않은 것으로 나타났다. 또한 대부분의 현대 산업에서는 아주 크지 않은 적당한 규모의 기업도 그보다 훨씬 더 큰 규모의 기업과 거의 같은 수준의 생산비용을 달성할 수 있는 것으로 나타났다.

대부분의 현대 산업에서는 생산량이 일정한 수준을 넘으면 공장규모상 규모에 대한 수확 불변(평평한 *LRAC* 곡선)이 나타나는 것으로 보인다. 성장하려는 기업이 평균생산비용을 최소화하는 MES에 도달했다면 똑같은 공장을 하나 더 지음으로써 성장할 수 있기 때문이다. 따라서 대부분의 기업이 기존 공장과 똑같은 규모의 공장을 지어 생산량을 늘릴 수 있다면 공장 측면에서 규모에 대

경제학의 적용

중등학교 교육의 규모에 대한 수확 감소

1940년대에 미국에는 약 10만 개 학군이 있었으나 1990년대 후반에는 약 1만 개로 줄어들었다. 이렇게 줄어든 이유는 무엇인가? 지방 도시는 납세자가 낸 세금을 절약하고 교육 환경을 개선하기 위해 규모의 경제가 주는 이점을 활용하기로 했다.

교육에서도 규모의 경제를 기대할 수 있을까? 고등학교 시절을 돌이켜보면 학교 운영에 많은 고정비용이 발생한다는 것을 알 수 있다. 학생이 200명 정도인 작은 학교라도 체육관 시설과 코치, 도서관, 교장 선생님이 있어야 한다. 만약 학생 수를 2배로 늘린다면 더 많은 교사를 채용해야 하지만 학교 관리 인원은 처음과 거의 같은 수준을 유지할 수 있을 것이다. 학생 수가 증가하면 교육 기회도 늘어날 수 있다. 학생이 200명일 때는 컴퓨터 또는 그리스어 강의를 개설하기 어렵지만 학생 수가 2~3배 증가하면 이러한 강좌를 들으려는 충분한 수의 학생을 확보할 수 있을 것이다.

대부분의 연구 결과[1]와 마찬가지로 200명보다 500명이 더 낫다면 학생 수를 5,000명으로 늘리는 것은 어떨까? 제2차 세계대전이 끝나고 얼마 동안 미국 정부의 정책 입안자들은 학생 1명당 교육비용을 줄이고 더 다양한 강의를 개설할 수 있도록 학교를 점점 더 크게 지었다. 그러나 최근에는 학교 규모가 일정 수준을 넘어서면 학교 운영상 관료성이 증가하여 규모의 비경제가 나타나서 학생 1명당 교육비용이 증가하고, 시험 성적이나 졸업 비율로 측정한 학교의 질이 떨어진다는 인식이 커지고 있다. 교육과 같은 서비스에서는 제품의 질을 측정하고 적절한 생산규모를 파악하기가 쉽지는 않다.

질문

- 교육비용에만 초점을 맞춘다면 학교 규모를 확장할 때 비용을 줄일 수 있는 가장 큰 기회는 어디서 찾을 수 있겠는가?

[1] 예를 들어 Matthew Andrews, William Duncombe, and John Yinger, "Reviewing Economies of Size in American Education," *Economics of Education Review*, June 2002, 245–262를 참조하라.

한 수확 불변에 이른다는 것은 논리적인 결론이다.

규모에 대한 수확 감소

생산규모와 함께 평균비용이 증가하면 기업은 규모에 대한 수확 감소를 경험하며, 이때 장기 평균비용곡선이 우상향한다. 가장 자주 인용되는 예는 관료성 비효율성(bureaucratic inefficiency)으로, 일정 규모 이상이 되면 관료성이 증가하여 인센티브와 통제에 영향을 미친다. 큰 기업은 작은 기업에 비해 조정 기능이 더 복잡하여 조직 관리의 효율성이 떨어지기 때문에 생산 활동이나 기업 운영에 어려움을 겪곤 한다. 이러한 규모에 대한 수확 감소 현상은 기업 규모라는 측면에서 흔히 나타나는 것이기도 하다.

U형 장기 평균비용곡선

앞에서 보았듯이 기업의 장기 평균비용곡선이 어떤 모양인가는 생산규모의 변화에 따라 비용이 어떻게 반응하는가에 달려 있다. 어떤 기업은 규모의 경제를 이루어 장기 평균비용곡선이 우하향한다. 대부분의 기업은 장기 평균비용곡선이 평평하겠지만 일부 기업은 규모에 대한 수확 감소로 인해 장기 평균비용곡선이 우상향한다.

그림 9.5는 규모의 경제 및 비경제를 동시에 보여준다. 생산량이 q^*에 도달할 때까지 공장규모가 커지면서 평균비용이 하락한다.

U형 장기 평균비용곡선은 이미 살펴본 단기 평균비용곡선과 모양이 비슷하다. 그러나 둘을 혼동하면 안 된다. 모든 단기 평균비용곡선은 U형인데, 이는 고정된 공장규모가 생산 활동을 제약하여 한계생산물 체감 현상이 발생함으로써 결국 한계비용이 증가하기 때문이다. 장기에서는 공장규모가 변하기 때문에 평균생산비용곡선이 U형이 된다. 공장규모가 증가함에 따라 처음에는 비용이 절약되다가 공장규모가 일정 수준을 넘어서면 비용이 증가하는 것이다.

최적 공장규모 장기 평균비용을 최소화하는 공장규모

최적 공장규모(optimal scale of plant)는 장기 평균비용을 최소화하는 공장규모이다. 곧 살펴볼 테지만, 수요가 충분할 때 기업은 경쟁으로 인해 최적 공장규모를 갖추고 생산하게 된다. 그림 9.5에서는 q^*의 생산량에서 최적 공장규모가 된다.

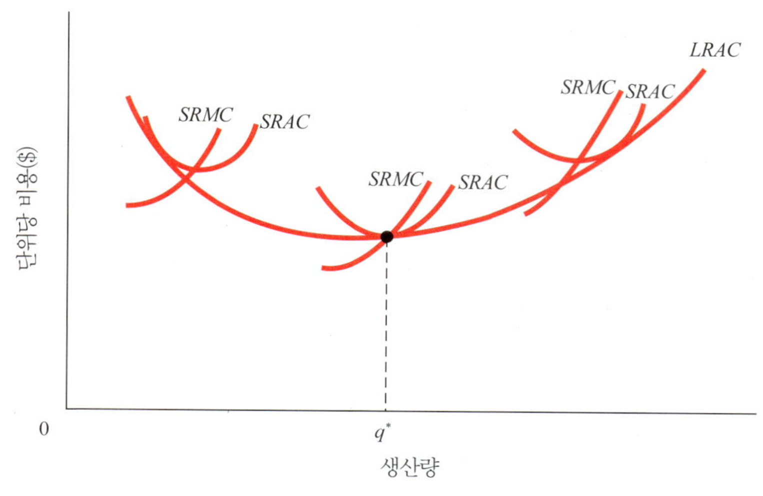

그림 9.5 규모의 경제 및 비경제
규모의 경제에서는 q^*를 생산하는 최적 생산규모가 될 때까지 생산규모가 커짐에 따라 기업의 평균비용이 하락한다. q^*보다 많이 생산하는 기업은 규모의 비경제를 겪는다. q^*는 최적 생산규모를 사용하여 가장 낮은 평균비용으로 생산하는 생산량을 의미한다.

경제학의 적용

장기 평균비용곡선의 모양

장기 평균비용곡선의 모양은 수년간 경제학자들 사이에서 논란거리였다. 제이컵 바이너(Jacob Viner)는 1931년에 발표한 논문에서 여러 단기 평균비용곡선을 감싸고 있는 외피 같은 장기 평균비용곡선을 처음 선보였다.[1] 이는 단기 평균비용곡선이 장기 평균비용곡선보다 아래에 위치할 수 없음을 의미했다. 또한 장기 평균비용곡선이 우하향하다가 우상향하면 그림 9.5에서 보듯이 모든 단기 평균비용곡선의 최저점이 장기 평균비용곡선과 만나는 것이 아님을 살펴보라. 장기 평균비용곡선이 U형일 때는 그림 9.5와 같이 단 하나의 단기 평균비용곡선의 최저점이 장기 평균비용곡선과 만난다.

1986년에 카네기멜론대학의 허버트 사이먼(Herbert Simon) 교수는 모든 경제학 교과서가 U형의 장기 평균비용곡선을 가지고 기업의 최적 규모를 설명하는 것이 잘못되었다고 주장했다. 사이먼 교수에 따르면 기업의 장기 평균비용곡선은 U형이 아니라 일정 구간 우하향하다가 평평해진다.[2]

장기 평균비용곡선에 우상향하는 부분이 없다는 것은 일단 어느 정도 규모의 공장이 되면 그 이후에 공장규모가 어떻게 커지든 평균비용이 변하지 않는다는 것을 의미한다. 그러나 장기 평균비용곡선이 일정 구간 우하향하다가 수평선이 되더라도 최소효율규모(MES)는 여전히 존재한다. 장기 평균비용곡선이 수평선이라면 장기 평균비용곡선상의 각 점은 그에 상응하는 각 단기 평균비용곡선의 최저점과 일치하게 된다. 하지만 이 경우에는 장기비용을 최소화하는 가장 효율적인 생산규모가 (그림 9.5와 같이) 하나만 있는 것이 아니다. 다시 말해 생산규모가 점점 더 커지면서 장기 평균비용곡선상에서 오른쪽으로 이동하더라도 여전히 평균생산비용은 최저 수준에 머물러 있다. 사이먼 교수의 주장은 장기 평균비용곡선을 가지고 특정 생산규모가 효율적인 생산규모라고 말할 수 없다는 것을 의미한다. 한편 어떤 학자들은 현실적인 장기 평균비용곡선은 처음에는 우하향하다가 일정 구간 동안 평평한 수평선이고 그다음에 우상향한다고 주장한다.

사이먼 교수는 U형의 장기 평균비용곡선을 가지고 기업의 최적 규모를 설명하는 것이 옳지 않다고 주장했지만, 그림 9.5과 같은 평균비용곡선은 우리에게 많은 것을 알려준다.

질문

- 일부 학자들은 *LRAC* 곡선이 궁극적으로 우상향한다고 하더라도 많은 기업이 규모의 비경제를 보이는 정도의 규모로 생산하는 것을 목격하기는 힘들 것이라고 주장한다. 그 이유는 무엇인가?

[1] Jacob Viner, "Cost Curves and Supply Curves," *Zeitschrift fur Nationalokonomie*, 3 (1-1931): 23-46.

[2] Based on interview with Herbert A. Simon, "The Failure of Armchair Economics," *Challenge* (November-December 1986): 23-24.

9.3 단기적 상황에 따른 장기적 대응

학습목표

단기적 이윤과 손실에 대한 장기적 대응을 알아본다.

앞에서도 언급했지만 단기에서 블루벨벳과 같은 기업은 여러 상황에 처할 수 있다. 이윤을 내고 있을 수도 있고 손실을 보고 있을 수도 있다. 손실을 보고 있는 기업은 조업을 계속하거나 중단할 수 있다. 기업이 정상이윤보다 높은 이윤(경제적 이윤)을 얻고 있거나 정상이윤보다 낮은 이윤(경제적 손실)을 얻고 있다면 시장은 장기균형 상태가 아니며, 기업은 행동을 바꾸려 할 것이다. 이러한 상황에서 기업이 어떤 행동을 취하는가는 부분적으로 장기 평균비용곡선의 영향을 받는다.

단기적 이윤: 기업의 진입과 퇴출에 따른 새로운 균형

완전경쟁시장이 다음과 같은 상황에 있다고 하자. 기업이 정상이윤(경제적 이윤 = 0, 초과이윤 = 0)만 얻을 정도로 시장가격이 형성되어 있고, 시장은 기업의 진입이나 퇴출이 없는 장기균형 상태이다. 기업은 가장 효율적으로 생산하고 있으며 공급과 수요가 일치한다. 그림 9.6은 이러한 상황을 나타낸 것으로, 시장가격이 6달러이고 생산량이 20만 단위이다. 산업의 장기 평균비용곡선은 U형

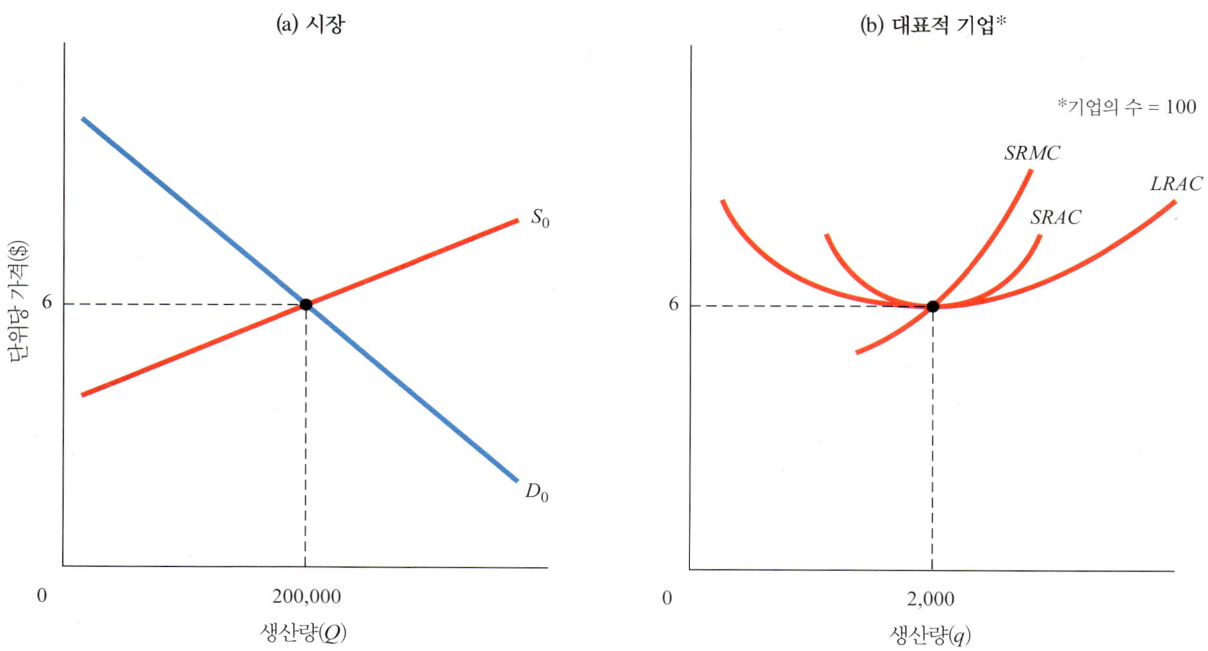

그림 9.6 비용곡선이 U형인 산업의 시장균형

(b)에서 개별 기업의 생산량은 2,000단위이고 이 산업에 100개의 기업이 있다. 모든 기업은 동일하며, 각 기업은 가장 효율적인 유일한 생산량인 2,000단위를 생산하고 있다.

이다.

이제 수요가 증가한다고 가정하자. 예를 들어 차가 건강에 좋다는 신문기사가 나간 다음 차 시장에서 이러한 현상이 나타나면 어떤 일이 일어나는가? 차 생산 기업의 경영자는 신문을 보고 수요 증가에 주목한다. 각 기업은 차 재배 시설이라는 고정자본을 가지고 있다. 단기에서는 기업의 진입이

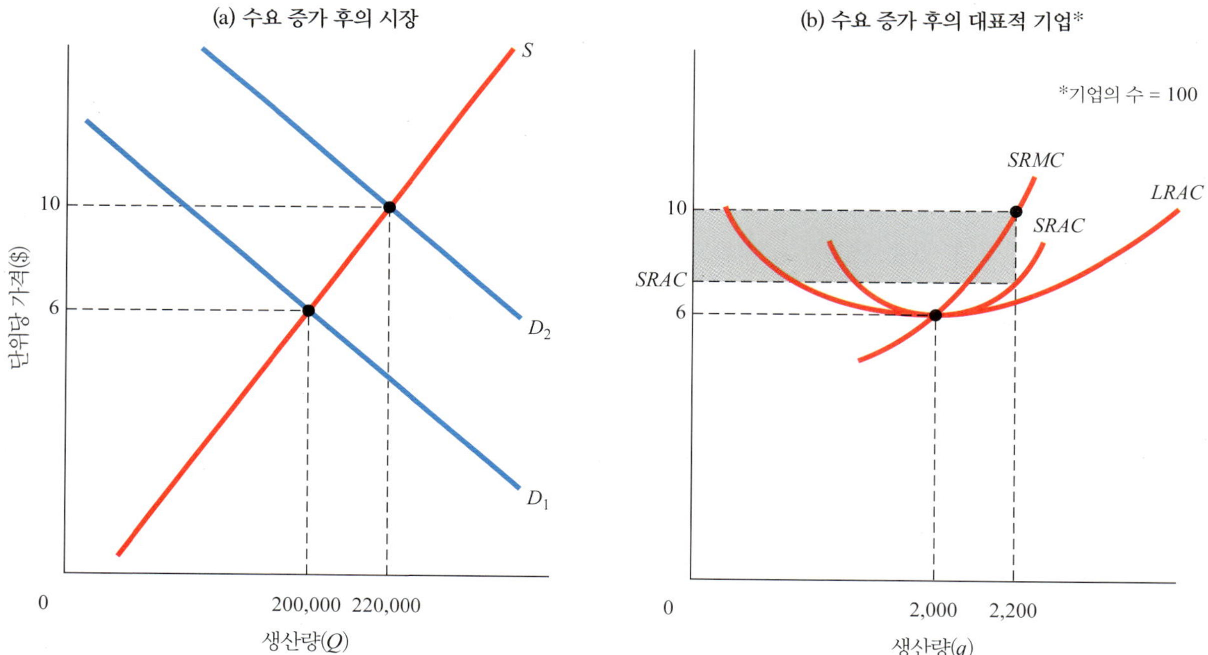

그림 9.7 수요 증가에 대한 시장의 반응

불가능하다. 기업은 기존 시설을 가지고도 새로운 수요에 대처하여 생산량을 늘릴 수 있다. 예를 들어 근로자를 더 고용하여 찻잎을 주의해서 따게 하거나 차 가공 과정에 근로자를 더 투입하여 생산량을 늘린다. 그러나 이는 한계비용과 평균생산비용을 높일 수 있다.

그림 9.7에서 보듯이 생산량이 2,000단위를 넘어서면 기업의 생산비용이 단기 한계비용곡선(*SRMC*)을 따라 위로 이동한다. 기업은 왜 이렇게 하는가? 증가한 수요가 가격을 상승시켰기 때문이다. 단기에서 생산량을 늘리면 생산비용이 증가한다 하더라도 가격이 더 높아졌기 때문에 기업 입장에서는 더 많은 이윤을 얻게 된다. 기업은 새로운 가격이 단기 한계비용곡선보다 더 높은 한, 생산량을 계속 증가시킨다. 그림 9.7(a)는 새로운 시장균형을 보여준다.

다시 공급량과 수요량이 일치한다. 그러나 새로운 균형의 경우 두 가지가 달라졌다. 첫째, 기업은 정상이윤보다 높은 초과이윤, 즉 경제적 이윤을 얻고 있다. 그림 9.7(b)의 회색 사각형이 이윤의 크기이다. 생산물 단위당 이윤은 높아진 가격과 높아진 평균비용의 차이이다. 둘째, 기업은 최소 평균생산비용보다 훨씬 더 높은 평균생산비용을 쓰면서 비효율적으로 생산하고 있다. 보다 적은 생산량에 맞추어진 시설 규모에서 차 생산량을 증가시키기 위해 근로자를 더 투입함으로써 작업 공간이 북적인다.

다음으로 어떤 일이 발생할까? 이 산업(시장)을 지켜본 다른 기업가가 초과이윤이 발생하는 것에 주목하고 시장에 진입한다. 기업은 이 산업에서 가장 효율적인 생산규모인 2,000단위를 생산하는 규모로 시장에 진입한다. 기존 기업도 새로운 시설을 지을 수 있는데, 이 경우에도 2,000단위를 생산하는 규모일 것이다. 새로운 기업의 진입과 기존 기업의 확장으로 인해 시장공급곡선이 오른쪽으로 이동한다. 생산 기업의 수가 증가하여 공급량이 더 많아짐으로써 가격이 하락하기 시작한다(시장공급곡선은 개별 기업의 공급곡선을 수평적으로 합한 것임을 상기하라). 가격이 6달러보다 높게 머물러 있는 한, 새로운 기업이든 기존 기업이든 경제적 이윤을 얻으므로 새로운 기업이 계

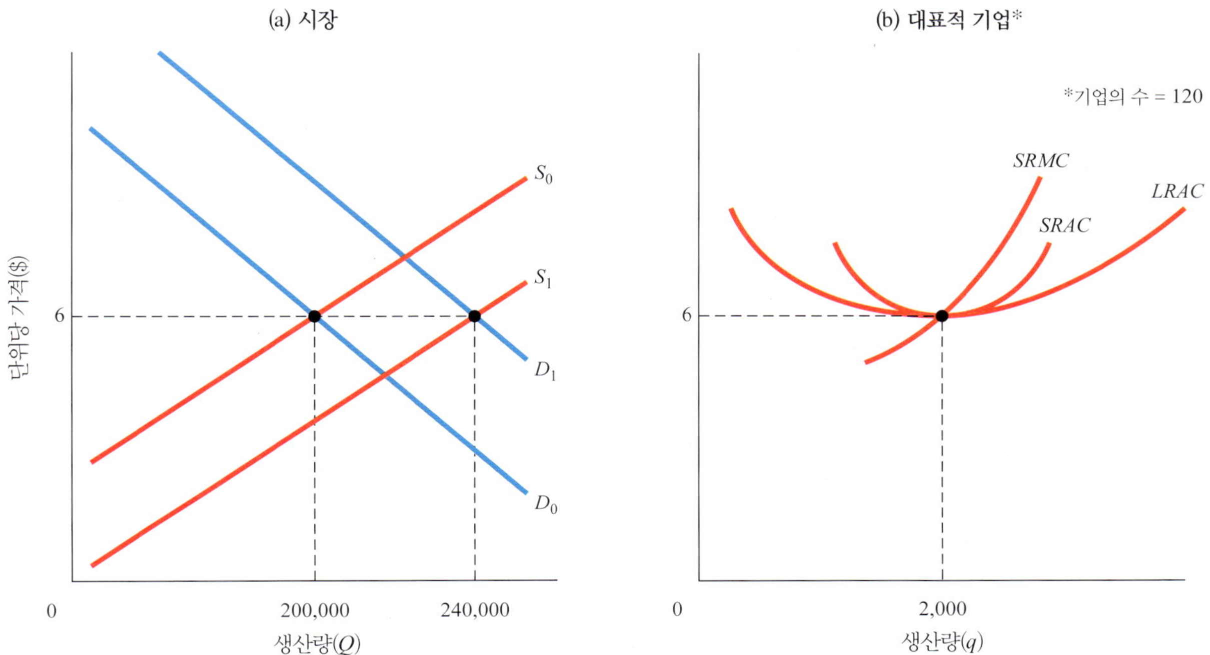

그림 9.8 수요 증가로 인한 새로운 시장균형

속 진입한다. 가격이 원래의 6달러로 돌아가면 기업은 더 이상 경제적 이윤을 얻지 못하며, 새로운 기업이 진입하지도 않는다. 그림 9.8은 공급곡선이 충분히 이동하여 시장가격이 다시 6달러가 되고 생산량(거래량)이 전보다 많아지는 새로운 균형을 보여준다.

새로운 시장균형에서 각 기업이 이전과 마찬가지로 장기 평균비용을 최소화하는 생산규모를 선택하여 생산한다는 것에 주목하라. 각 기업은 그러한 생산규모로 단기 평균비용을 최소화하는 생산량을 생산하는 것이다. 균형 상태에서 각 기업은 다음과 같다.

$$SRMC = SRAC = LRAC$$

기업의 경제적 이윤이 0이므로 균형에서는 다음과 같이 된다.

$$P = SRMC = SRAC = LRAC$$

또한 공급하려는 기업이 충분히 있기 때문에 증가한 수요량에 맞춘 공급량이 공급된다.

그렇다면 수요가 줄어드는 경우에는 어떻게 될까? 앞에서와 같은 경제적 논리가 성립한다. 수요가 감소하면(수요곡선의 왼쪽 이동) 시장가격이 하락한다. 단기에서 기업은 공장규모를 줄일 수도 없고 시장에서 철수할 수도 없다. 그러나 가격이 낮아지면 기업은 더 적은 양을 생산한다. 가격이 단기 한계생산비용과 같아질 때까지 기업은 생산량을 줄여나간다. 이때 손실이 발생하며 생산량이 줄어들어 평균비용이 높아진다. 따라서 기존 기업 중 일부가 시장을 떠나고 시장공급곡선은 왼쪽으로 이동한다. 얼마나 많은 기업이 시장을 떠날까? 시장가격이 다시 6달러로 돌아오고 줄어든 수요량에 맞추어 공급량이 줄어들 때까지 기존 기업이 시장을 떠날 것이다.

장기적 조정 과정: 이윤 기회를 따르는 투자

지금까지 설명한 기업의 시장 진입, 시장 퇴출, 생산 확대, 생산 축소의 핵심 개념은 효율적 시장에서는 이윤 기회가 있는 쪽으로 투자자본이 흐른다는 것이다. 실제로 투자가 일어나는 과정은 복잡하고 산업에 따라 다를 수 있지만, 이러한 현상은 모든 경우에 발생하는 시장경제의 매우 역동적 특징 중 하나이다.

1장에서 살펴보았듯이 효율적 시장에서는 이윤을 얻을 수 있는 기회가 생기더라도 바로 사라져 버린다. 이를 설명하기 위해 할인 매장의 여러 계산대에 줄을 서는 경우를 예로 들었다. 계산대마다 줄이 늘어서 있을 때 평균보다 짧은 줄은 사람들이 재빨리 차지하기 때문에 짧은 줄이 금방 사라지고 대기 줄의 길이가 거의 비슷해진다. 경쟁시장에서도 이와 마찬가지로 새로운 경쟁기업이 이윤 기회를 포착하고 시장에 들어오면 그 기회가 사라지는 것이다. 시장의 **장기 경쟁균형**(long-run competitive equilibrium)은 기업의 시장 진입과 퇴출로 인해 각 기업이 정상이윤(정상수익)만 얻는 상황으로 시장이 다시 돌아갈 때 발생한다. 동태적 경제에서는 수요와 기술이 빠르게 변화하면서 기업이 수시로 시장에 진입하거나 시장에서 철수하는 것을 목격할 수 있다. 이는 기업이 이윤 기회가 있는 곳으로 발 빠르게 이동하여 이윤을 얻고자 하기 때문이다.

장기 경쟁균형 $P = SRMC = SRAC = LRAC$이므로 기업의 경제적 이윤이 0인 상황

이윤 기회에 반응하면서 기업이 진입 또는 퇴출하는 것은 일반적으로 금융자본시장과 연결되어 있다. 자본시장에서 사람들은 끊임없이 이윤을 추구한다. 한 산업에 있는 기업이 이윤을 얻고 있을 때 금융자본은 다양한 형태로 그 산업에 흘러 들어간다. 기업가가 새로운 기업을 만들어 이윤이 나는 산업에 뛰어들기도 하고, 신기술을 지닌 기업이 이윤이 나는 산업(시장)에 진입하기도 한다.

새로운 기업의 진입이나 기존 기업의 확장을 통해 투자는 이윤이 발생하는 산업 쪽으로 흘러 들어가고, 손실이 발생하는 산업에서는 투자가 서서히 회수된다.

생산물시장: 마지막 설명

5~8장에서는 완전경쟁을 가정한 간단한 시장 모형을 통해 수요와 공급에 따른 시장의 반응과 그 결과에 대해 알아보았다. 마지막으로 소비자의 기호 변화에 반응한 경쟁시장의 대응을 보여주는 한 실례를 살펴보자.

지난 20년 동안 미국 소비자의 와인 선호, 특히 캘리포니아 와인에 대한 선호도가 꾸준히 높아졌다. 이미 알고 있듯이 가구의 수요는 소득, 부, 가격의 제약을 받고, 가구가 노동과 여가를 어떻게 선택하느냐에 따라 가구의 소득이 달라진다. 이러한 제약하에도 미국 가구의 와인 수요는 꾸준히 증가해왔다. 와인의 수요곡선이 오른쪽으로 이동했으며 이는 가격 상승과 추과수요로 이어졌다.

경제학의 적용

공항에서 파는 음식은 왜 비싼가

공항에서 샌드위치와 커피를 사 먹어본 적이 있다면 비싼 가격에 놀랐을 것이다. 수요와 공급을 이해하고자 하는 경제학자로서 공항의 음식이 왜 그렇게 비싼지 알아보자. 먼저 수요 측면을 살펴보자. 공항에서 파는 샌드위치가 더 비싼 것은 사람들이 더 많이 지불할 용의와 능력을 가지고 있기 때문일 것이다. 왜 그럴까?

첫째, 수요의 가격탄력성이 매우 낮다. 당신은 비행기를 타기 전에 배가 몹시 고플 수도 있지만 체크인을 마친 다음에는 음식을 사 먹으러 공항을 나올 수 없다. 많은 항공사는 식사를 제공하지 않거나 제공하더라도 아주 단출하다. 비행기 안에서 식사를 주문하면 공항에서 사 먹는 것보다 더 비쌀 것이다. 둘째, 다른 어디보다도 공항에서 비행기 탑승 시간을 기다리며 커피는 마시는 것이 더욱 즐거울 것이다. 커피를 마시면서 좋은 책을 읽는다면 서로 보완재가 된다. 셋째, 소득효과도 있다. 비행기 탑승객은 일 때문에 비행기를 이용하는 사람과 여가를 즐기기 위해 비행기를 이용하는 사람으로 크게 구분할 수 있다. 사업상 비행기를 타는 사람들은 보통의 소비자보다 더 부유할 것이다. 일반적으로 회사에서 여행 경비를 제공하기 때문에 수요가 완전비탄력적에 가깝다. 한편 여가를 즐기는 사람들도 기분을 망치지 않기 위해 비싼 가격을 기꺼이 받아들인다.

그러나 이러한 설명으로는 충분치 않으며 공급 측면도 살펴보아야 한다. 판매되는 커피의 수가 일정하고 커피 1잔을 생산하는 데 드는 장기 평균비용이 0.50유로, 판매가격이 3유로라고 가정하면 카페는 확실히 정상이윤보다 더 큰 이윤을 얻을 것이다. 만약 다른 카페가 진입하면 가격이 내려가 그러한 이윤을 얻지 못한다. 그럼에도 불구하고 샌드위치와 커피 가격이 합리적이라고 여겨지는 가격수준으로 내려가지

않는 것은 실제 발생하는 생산비용이 매우 높기 때문이라고 생각할 수 있는데, 이는 사실이기도 하다. 공항에 입점하기 위해 지불하는 임대료는 다른 곳보다 훨씬 높다. 임대료를 마음대로 책정할 수 있고, 위치적으로 한정된 공간과 지불하고자 하는 소비자의 용의가 합쳐지면 희소한 자원(공항)을 지닌 기업은 높은 이윤을 가져갈 수 있다. 한편 공항을 운영하는 데에는 아주 많은 비용이 들며, 입점한 매장이 지불하는 임대료로 그러한 비용을 일부 충당한다. 공항에서 파는 샌드위치와 커피 가격이 비싼 것은 매장이 아주 큰 이윤을 남기는 경우가 아니라면 아마도 높은 임대료 때문일 것이다.

질문

- 높은 임대료 때문에 공항에서 파는 커피 가격이 상승하는 것을 그래프로 나타내라.

가격이 오르자 와인 생산업자는 상당한 경제적 이윤을 얻었다. 가격 상승과 그에 따른 기업의 이윤 증가는 한 사회의 자원이 재분배되어야 한다는 신호를 보낸다. 단기적으로 와인 생산업자는 기존의 생산규모로 인해 제약을 받는다. 즉 캘리포니아는 한정된 포도밭과 양조 능력을 가지고 있다.

그러나 장기에서는 자원이 이윤을 서로 차지하기 위해 경쟁적으로 이동한다고 예상할 수 있다. 새로운 기업이 와인 산업에 진입하여 새로운 포도밭, 양조장, 생산 시설이 생겨났다. 로드아일랜드, 텍사스, 메릴랜드 등에서 새로이 포도밭을 일구었으며 기존의 와인 생산업자도 생산량을 증가시켰다. 전체적으로 새로운 소비수요를 충족하기 위해 더 많은 와인이 생산되는 동시에 경쟁으로 인해 기업들이 가장 효율적인 기술을 사용하게 되었다.

소비자의 기호 변화로 출발한 것이 자원의 이동이라는 결과로 이어졌다. 토지와 노동은 와인을 생산하는 쪽으로 재분배되었다. 그러나 이러한 모든 것은 중앙정부의 계획이나 지침에 따라 이루어진 것이 아니라는 사실에 주목하라.

요약

01 어떤 기업이든 다음의 세 가지 중 하나에 처할 수 있다. ① 기업이 이윤을 얻고 있다. ② 기업이 손실을 보고 있다. ③ 기업이 손익분기점에 있다. 즉 정상수익률(정상이윤)을 얻고 있으며 이윤이 0이다.

02 단기에서 이윤을 내고 있는 기업이 계속 그러한 상태에 있을 것으로 기대한다면 그 기업은 장기에서 기업을 확장하려는 인센티브를 갖는다. 기존 기업이 얻고 있는 이윤을 보고 새로운 기업이 해당 산업에 진입할 가능성이 높다.

03 단기에서 손실을 보고 있는 기업은 조업을 중단할 수 있지만(q = 0) 고정비용을 부담해야 한다. 장기에서 손실을 보고 있는 기업은 시장을 떠날 수 있다.

04 단기에서 기업이 조업을 중단할지 말지는 총수입으로 총변동비용을 충당할 수 있느냐에 전적으로 달려 있다. 총수입이 총변동비용보다 크면 총변동비용을 충당하고 남은 수입으로 고정비용을 일부 상쇄할 수 있기 때문에 손실이 줄어든다.

05 가격이 평균변동비용곡선의 최저점보다 아래에 있다면 총수입이 총변동비용보다 작기 때문에 기업은 조업을 중단할 것이다. 평균변동비용곡선의 최저점(한계비용이 평균변동비용과 교차하는 점)을 조업중단점이라고 하는데, 가격이 조업중단점보다 높으면 한계비용곡선은 이윤을 극대화하는 생산량을 보여준다. 그러나 가격이 조업중단점 아래에 있다면 최적 단기 생산량이 0이다.

06 완전경쟁산업에 있는 기업의 단기 공급곡선은 평균변동비용곡선 위에 있는 한계비용곡선 부분이다.

07 시장공급곡선이 이동하는 경우는 두 가지이다. 단기에서 일부 생산요소의 가격 하락과 같은 것이 모든 기업의 한계비용곡선을 동시에 이동한다면 시장공급곡선이 이동한다. 장기에서 기업의 수가 증가하거나 감소하면 시장공급곡선이 이동한다.

08 생산규모가 증가할 때 평균생산비용이 하락한다면 규모에 대한 수확 증가(IRS) 또는 규모의 경제(EOS)가 있다고 일컫는다. 생산규모가 변할 때 평균생산비용이 변하지 않는다면 규모에 대한 수확 불변(CRS)이 있다고 한다. 또한 생산규모가 증가할 때 평균생산비용이 상승한다면 규모에 대한 수확 감소(DRS) 또는 규모의 비경제가 있다고 한다.

09 기업의 장기 평균비용곡선($LRAC$)상 각 점은 생산규모를 변화시키면서 생산량을 변화시킬 때 그 점의 생산량에 따른 최소 단기 평균비용을 나타낸다.

10 산업에서 기업이 단기적 이윤을 얻고 있다면 새로운 기업이 산업에 진입하거나 기존 기업이 생산 시설을 확장하여 시장공급곡선이 오른쪽으로 이동한다. 이러한 상황이 발생하면 시장가격이 하락하고 결국 모든 기업은 경제적 이윤을 얻지 못한다.

11 단기적 손실을 보고 있다면 일부 기업은 시장을 떠나고 일부 기업은 생산규모를 줄일 것이다. 이 경우 시장공급곡선이 왼쪽으로 이동하고 시장가격이 상승하며 결국 모든 기업의 손실은 제거된다.

12 $P = SRMC = SRAC = LRAC$일 때 장기 경쟁균형이 이루어지며, 이때 기업이 얻는 이윤은 0이다.

13 효율적 시장에서는 이윤 기회가 있는 쪽으로 투자자본이 흐른다.

핵심 용어

규모에 대한 수확 감소(decreasing returns to scale, DRS)
규모에 대한 수확 불변(constant returns to scale, CRS)
규모에 대한 수확 증가(increasing returns to scale, IRS)
규모의 경제(economies of scale, EOS)
규모의 비경제(diseconomies of scale, DOS)
단기 시장공급곡선(short-run industry supply curve)
손익분기점(breaking even)
장기 경쟁균형(long-run competitive equilibrium)
장기 평균비용곡선(long-run average cost curve, *LRAC*)
조업중단점(shutdown point)
최소효율규모(minimum efficient scale, MES)
최적 공장규모(optimal scale of plant)

연습문제

01 다음의 각 설명에 동의하는지, 동의하지 않는지 밝히고 그 이유를 설명하라.

a. 단기에서 경제적 이윤을 내고 있는 기업은 장기에서 생산규모를 확대하려는 인센티브를 항상 갖는다.

b. 단기에서 손실을 보고 있는 기업은 총수입으로 최소한 고정비용을 충당할 수 있는 한 생산을 계속할 것이다.

02 원더월드는 제품 가격이 12유로, 이윤을 극대하는 생산량이 6만 단위, 6만 단위를 생산하는 데 드는 총비용(총 경제적 비용)이 80만 유로이다. 이 기업이 가지고 있는 유일한 고정 생산요소는 100만 유로의 자본(건물)이다. 이 기업의 사업과 위험이 비슷한 데 투자한다면 이자률이 10%이다. 원더월드는 단기에서 바로 조업을 중단해야 하는가?

03 A~F의 각 경우에 단기에서 생산을 할 것인가, 생산을 중단할 것인가? 장기에서 공장을 확장할 것인가, 산업을 떠날 것인가?

	A	*B*	*C*	*D*	*E*	*F*
총수입	500	1,500	2,500	5,000	5,000	5,000
총비용	800	1,000	3,200	4,500	5,000	5,000
총고정비용	150	500	200	1,500	1,500	1,500

04 다음 표는 비용 관련 자료이다.

q	*TFC*	*TVC*	*q*	*TFC*	*TVC*
0	20	0	5	20	29
1	20	6	6	20	40
2	20	10	7	20	53
3	20	15	8	20	69
4	20	21			

제품 가격이 12파운드라면 이 기업은 몇 단위를 생산하겠는가? 이 경우에 총수입과 총비용은 각각 얼마인가? 단기에서 이 기업은 생산을 계속하겠는가, 조업을 중단하겠는가? 장기에서는 어떻게 하겠는가? 간단히 설명하라.

05 완전경쟁시장에 있는 대표적 기업의 *AVC*, *ATC*, *MC* 곡선을 그려라. 이 기업은 p^*_1의 가격에서 이윤을 극대화하는데 이 경우의 *MR* 곡선을 비용곡선 그래프에 추가한다. p^*_2의 가격에서는 손실을 극소화하면서 계속 생산하는데 이 경우의 *MR* 곡선을 추가한다. p^*_3의 가격에서는 조업을 중단하는데 이 경우의 *MR* 곡선을 추가한다. 각 *MR* 곡선이 어디에 위치하는지 설명하고 조업중단점을 표시하라.

06 다음의 각 설명에 동의하는지, 동의하지 않는지 밝히고 그 이유를 설명하라.

a. 규모에 대한 수확 불변인 기업은 장기 평균비용곡선이 U형이다.

b. 규모에 대한 수확 증가인 기업의 장기 평균비용곡선은 일부분이 우상향한다.

07 규모에 대한 수확 증가인 생산함수를 가지고 있는 기업이 단기에서는 수확 체감 현상을 겪을 수 있다는 것을 설명하라.

08 클라우드 컴퓨팅은 인터넷상의 서버를 통해 데이터를 저장하거나 네트워크, 콘텐츠를 사용할 수 있는 컴퓨팅 환경으로, 이러한 혁신 덕분에 PC에 자료를 보관할 필요가 없게 되었다.

2018년에 아마존과 마이크로소프트는 클라우드 서비스 제공업체 중 1, 2위를 차지했다. 아마존의 제임스 해밀턴(James Hamilton) 부사장은 클라우딩을 사용하면 일반 기업의 컴퓨터 관련 서버 비용, 네트워킹 비용, 관리 비용이 1/5~1/7로 줄어든다고 주장하면서 클라우딩을 활용하라고 권장했다. 해밀턴의 주장은 클라우딩 산업에서 발생하는 규모의 경제에 대한 어떤 현상을 의미하는가? 장기적으로 클라우딩 산업에서는 어떤 규모의 기업이 시장을 지배할 가능성이 큰가?

출처: James Urquhart, "James Hamilton on cloud economies of scale," cnet.com, April 28, 2010.

09 다음의 각 설명에 동의하는지, 동의하지 않는지 밝히고 그 이유를 설명하라.

a. 기업은 제품을 생산하는 데 드는 비용보다 낮은 가격에는 절대로 팔지 않는다.

b. 단기 한계비용곡선이 U형이면 장기 평균비용곡선도 U형일 가능성이 높다.

10 프랑스 남부의 랑그도크루시용 지역은 3개의 포도 경작지로 구분된다. 샤토보르가르미루즈는 매달 와인 2,500병을 총비용 40,000유로에 생산하고, 샤토드브뤼텔은 매달 와인 1,500병을 총비용 27,000유로에 생산하며, 샤토드레스파루는 매달 와인 4,000병을 총비용 80,000유로에 생산하고 있다. 이러한 자료는 와인 생산에 매우 큰 규모의 경제가 있음을 의미한다. 이에 동의하는지, 동의하지 않는지 밝히고 그 이유를 설명하라.

11 다음의 각 설명에 동의하는지, 동의하지 않는지 밝히고 그 이유를 설명하라.

a. 규모에 대한 수확 증가는 기업이 생산규모를 증가시키면 생산물 단위당 생산비용이 증가하는 것을 말한다.

b. 규모에 대한 수확 불변은 기업이 생산규모를 증가시켜도 생산물 단위당 생산비용이 변하지 않는 것을 말한다.

c. 규모에 대한 수확 감소는 기업이 생산규모를 증가시키면 생산물 단위당 생산비용이 하락하는 것을 말한다.

12 규모가 커짐에 따라 단위당 평균비용이 하락하는 경우를 흔히 볼 수 있다. 다음의 각 경우에 규모의 경제가 어떻게 나타날지 설명하라.

a. 빌딩 건축

b. 클라우딩 서비스

c. e청구서와 종이 청구서 사용

d. 50평 아파트에 살던 은퇴 노부부가 30평 아파트로 이사하는 경우

e. 다른 도시를 여행할 때 박물관 입장권을 구매하는 경우

13 기업의 장기 평균비용곡선은 생산규모가 증가함에 따라 평균생산비용이 어떻게 변하는가에 따라 모양이 달라진다. 한 기업이 규모의 경제, 규모에 대한 수확 불변, 규모의 비경제를 보이는 경우의 장기 평균비용곡선을 그려라. 또한 곡선의 각 구간을 구별하고, 각 구간이 어떤 규모의 경제에 해당하는지 설명하라.

14 네바다 주정부는 클라크카운티 학군을 2018~2019년에 5개 구역으로 분할하는 법안을 2015년에 통과시켰다. 라스베이거스시가 포함된 클라크카운티는 미국에서 다섯 번째로 큰 학군으로 학생은 약 32만 명, 학교는 358개였다. 이렇게 학군을 쪼개기로 한 데에는 여러 가지 이유가 있지만 비용상의 문제가 가장 컸다. 클라크카운티의 분할 전후 상황을 나타내는 *SRMC*, *SRAC*, *LRAC* 곡선을 각각 그려라. 생산규모의 개념을 사용하여 *SRAC*, *SRMC* 곡선의 위치를 설명하라.

15 다음 그래프는 한 산업의 장기 평균비용곡선이다. 이 산업에는 각각 1만 단위, 2만 단위, 3만 단위를 생산하는 세 기업이 있다. 이 세 기업을 규모 1, 규모 2, 규모 3으로 표시하여 단기 평균비용곡선과 단기 한계비용곡선을 그려라. 장기에서 세 기업의 생산규모는 어떻게 될 가능성이 높은가?

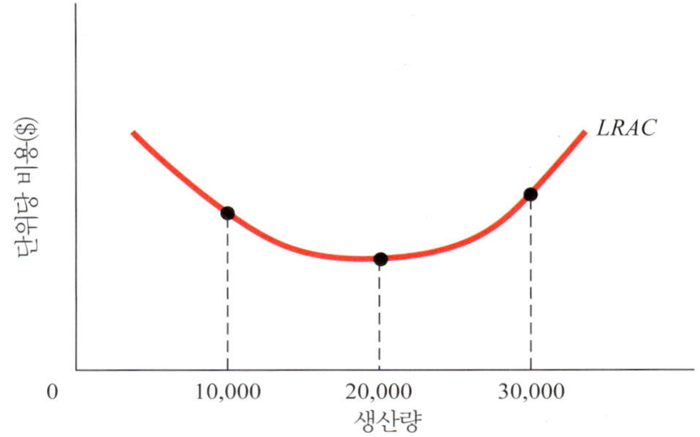

16 EU의 자료에 따르면 EU의 2008년 1분기 실업률은 1,600만 명 정도였으나 2013년 2분기에 2,650만 명으로 증가했으며 2018년 2분기에는 1,700만 명으로 떨어졌다. 2009~2013년의 경제위기 때는 낮은 투자율과 경기 하락으로 실업률이 크게 뛰어올랐다. 2013년 이후 EU의 실업률 변동을 인터넷을 통해 조사해보라. EU의 경제는 회복되었는가? 경제성장은 투자에 어떤 영향을 미쳤는가? www.ec.europa.eu/eurostat에서 EU의 실업률, 투자, 실질경제성장률에 관한 정보를 얻을 수 있다.

17 매년 다양한 곳에서 가장 빨리 성장하는 산업과 가장 빨리 사라지는 산업의 목록을 공개하고 있다. 자료 수집을 통해 현재 가장 빨리 성장하는 산업과 가장 빨리 사라지는 산업을 각각 3개씩 찾아보고, 빠르게 성장하거나 사라지는 이유를 간단히 설명하라. 또한 이러한 산업에서 일어나는 자본투자에 대해 설명하고, 이 자본투자가 산업의 장기 평균비용곡선에 미치는 영향을 설명하라.

18 이탈리아 베네치아에 있는 산마르코 광장은 많은 관광객이 찾는 명소이다. 광장 주변에 즐비한 카페에서는 카푸치노를 13유로에 판매하는데, 다른 곳에서 같은 품질의 카푸치노를 4유로에 사 마

실 수 있는 것에 비하면 매우 높은 가격이다. 산마르코 광장 주변에서 파는 카푸치노의 가격이 매우 높은 이유는 무엇인가?

19 완전경쟁시장에서 기업의 의사결정, 시장공급, 시장균형의 관계를 살펴보는 문제이다.

a. 다음 표는 한 기업의 단기 자료이다. 빈칸을 채워라.

생산량	*TFC*	*TVC*	*TC*	*AVC*	*ATC*	*MC*
0	$150	$ 0				
1		40				
2		100				
3		180				
4		280				
5		400				
6		560				
7		760				
8		1,000				
9		1,300				
10		1,850				

b. 한 완전경쟁기업의 공급표를 사용하여 각 생산량에서 발생하는 이윤을 계산하라. (힌트: 각 가격에서 한계수입은 얼마인가? 이를 한계비용과 비교하여 각 가격에서의 공급량을 계산한다.)

가격	공급량	이윤
$ 40		
70		
110		
140		
180		
220		
260		
400		

c. 이 산업에 100개의 기업이 있고 이들의 비용이 모두 동일하다고 하자. 각 가격에서의 시장공급량을 계산하라.

가격	시장공급량	시장수요량
$ 40		1,700
70		1,500
110		1,300
140		1,100
180		900
220		700
260		500
400		300

d. 위에서 구한 시장공급 및 시장수요 표에서 이 재화의 균형시장가격은 _____이고, 균형시장 수량은 _____이다. 각 기업의 생산량은 ____이고, 각 기업의 (이윤/손실)은 ____이다.

e. 위의 답은 이 시장의 단기균형에서의 상황이다. 이러한 균형은 장기균형이기도 한 것인가? 만약 장기균형이 아니라면 장기균형에서는 어떤 상황이 발생하는가?

*20 자신이 국제적 컨설팅 회사에 근무하는 애널리스트라고 가정하자. 최근에 받은 업무는 급성장하고 있는 텔리모니카 산업을 분석하는 것으로, 휴대전화와 하모니카 소리를 결합하는 것에 관한 자료 분석을 통해 다음과 같은 정보를 얻었다.

- 장기비용: 평균자본비용 40달러, 평균노동비용 25달러
- 규모의 경제나 규모의 비경제가 없다.
- 현재 이 산업은 자본에 대한 정상수익률을 벌고 있다(경제적 이윤이 0이다).
- 이 산업은 동일 제품을 생산하는 100개의 기업으로 구성된 완전경쟁산업이다.
- 이 산업의 총생산량은 텔리모니카 80만 개이다. 텔리모니카 수요는 앞으로 몇 년간 특히 해외시장을 중심으로 지금보다 4배 급증할 것으로 예상된다. 그러나 단기에서는 수확 체감 현상으로 인해 기존의 100개 기업 모두 100% 정도만 생산량을 늘릴 가능성이 높다.

a. 대표적 기업의 장기비용곡선을 그려라.

b. 이 산업에 대한 그래프와 이 산업에 있는 대표적 기업에 대한 그래프를 가지고 현재의 상황을 설명하라.

c. 수요 증가를 그래프로 나타내고, 단기와 장기에서 이 산업에 나타날 수 있는 상황을 설명하라.

21 다음 그래프는 완전경쟁시장의 공급곡선과 3개의 수요곡선이고, 표는 이 산업에 있는 대표적 기업의 비용에 관한 자료이다.

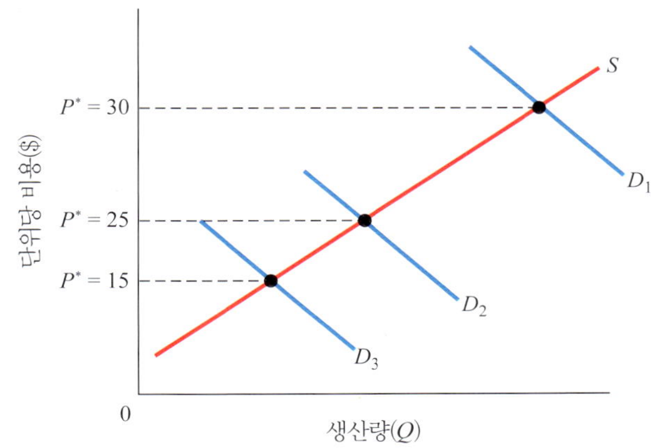

3 더 어려운 문제는 별표(*)로 표시했다.

시장가격	$p^* = MC$일 때의 q^*	$p^* = MC$일 때의 ATC	$p^* = MC$일 때의 AVC
$P^* = 30$	400	$24	$16
$P^* = 25$	300	28	18
$P^* = 15$	150	32	20

a. 이 시장의 수요곡선이 D_1일 때 표의 자료를 이용하여 이 산업에 있는 대표적 기업의 그래프를 그려라. 이 기업의 이윤이나 손실은 얼마인가? 그래프에 이윤이나 손실을 나타내는 면적을 표시하라.

b. 이 시장의 수요곡선이 D_2일 때 이 산업에 있는 대표적 기업의 그래프를 그려라. 이 기업의 이윤이나 손실은 얼마인가? 그래프에 이윤이나 손실을 나타내는 면적을 표시하라.

c. 이 시장의 수요곡선이 D_3일 때 이 산업에 있는 대표적 기업의 그래프를 그려라. 이 기업의 이윤이나 손실은 얼마인가? 그래프에 이윤이나 손실을 나타내는 면적을 표시하라.

22 21번 문제의 가격이 $P^* = 30$, $P^* = 25$, $P^* = 15$일 때 이 산업에 있는 각 기업의 장기적 인센티브에 대해 설명하라. 또한 각각의 경우에 산업 전체의 크기가 어떻게 되는지도 설명하라.

23 다음은 한 완전경쟁산업의 상황을 나타낸 그래프로, 규모 1은 대표적 기업의 단기 생산규모를 보여준다. 이 산업에 있는 기업들에 어떤 일이 발생하고 있는지 설명하라. 장기에서는 어떤 일이 발생할 가능성이 있는가?

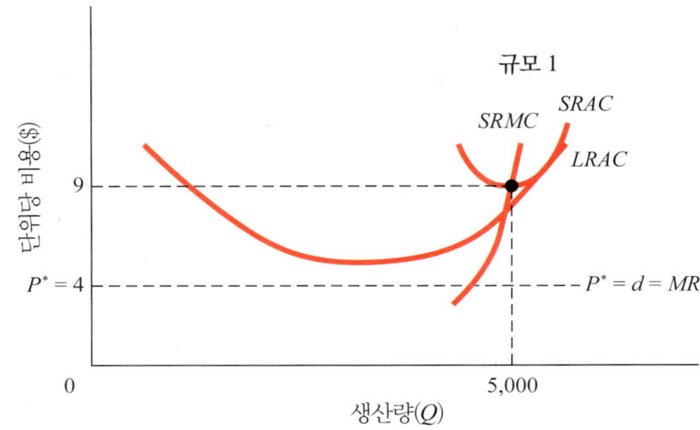

경제학적 사고 키우기

01 이 장에서는 시장가격이 기업의 평균변동비용곡선 최저점 아래로 떨어지면 기업이 조업을 중단해야 한다고 설명했다. 만약 시장가격이 기업의 평균변동비용곡선 최저점과 정확히 일치한다면 무엇의 가치와 동일한 크기의 손실이 발생하는가?

02 최소효율규모(MES)가 시장 규모에 비해 작을수록 기업 간의 경쟁이 더 치열해질 가능성이 있다. 이는 기업의 고정비용 크기가 시장에서 나타나는 기업 간의 경쟁 강도와 연관된다는 것을 드러내는가?

CHAPTER 10

생산요소의 수요: 노동시장과 토지시장

목차와 학습목표

10.1 생산요소시장의 기본 개념

생산요소시장의 기본 개념을 이해한다.

10.2 노동시장

노동의 공급과 수요에 영향을 미치는 것을 파악한다.

10.3 토지시장

토지시장에서 공급과 수요의 관계를 이해한다.

10.4 생산요소의 수요곡선

생산요소의 수요곡선을 이동하는 요인을 파악한다.

10.5 생산요소시장의 이윤 극대화 조건

여러 생산요소의 가격이 상대적 생산성과 어떻게 관련되는지 이해한다.

2016년 미국 고등학교 교사의 연봉은 평균 58,000달러였으나 컴퓨터 프로그래머의 연봉은 평균 79,840달러였다. 임금을 결정하는 것은 무엇인가? 오하이오주 털리도의 땅값은 왜 샌프란시스코의 땅값보다 더 싼가? 우리가 소비하는 재화나 서비스의 가격이 시장의 공급과 수요에 의해 결정되는 것처럼 노동, 토지, 자본과 같은 생산요소(투입물)의 가격도 투입물시장의 공급과 수요에 의해 결정된다. 이 장에서는 노동과 토지의 수요와 공급을 살펴보고 자본은 11장에서 다룰 것이다.

학습목표

생산요소시장의 기본 개념을 이해한다.

10.1 생산요소시장의 기본 개념

생산요소의 수요: 파생수요

파생수요 생산요소(투입물)의 수요는 그 생산요소를 사용하여 생산하는 생산물의 수요로 파생되는 수요라는 의미

9장에서 블루벨벳 세차장의 경우를 예로 살펴보면서 세차 가격과 세차 대수에 영향을 미치는 것이 많지만 무엇보다도 얼마나 많은 사람이 세차를 하고 싶어 하는가라는 세차 수요의 영향을 확인했다. 아이스크림 가격을 설명할 때는 대부분의 사람이 단것을 좋아한다는 것을 알면 도움이 된다. 그렇다면 용접기사에 대한 수요는 어떤가? 누가 용접기사를 필요로 하는가? 생산요소시장에서 어떤 생산요소를 필요로 하는 것은 그것 자체가 필요해서가 아니라 어떤 것을 만드는 데 그 생산요소가 사용되기 때문이다. 좀 더 정확히 말해 기업은 용접기사를 필요로 한다. 우리에게 가치가 있는 자동차를 만드는 데 용접기사가 필요하기 때문이다. 생산요소의 수요가 **파생수요**(derived demand)라는 점은 생산요소의 수요가 최종 재화나 서비스의 수요와 구분되는 기본적인 차이점이다. 자동차의 수요가 커질수록 용접기사의 수요도 커진다.

> 생산요소에 대한 수요는 어떤 기업이 만들어 공급하는 재화나 서비스의 수요가 있을 때만 존재한다.

뉴스나 신문은 노동조합과 자동차 제조 회사 간의 갈등을 종종 다룬다. 노동의 수요가 파생수요임을 이해하는 것은 노사 간 공동의 장이 있음을 이해하는 셈이다. 한 기업의 제품을 원하는 수요가 증가하면 그 기업 소유자의 위치가 올라갈 뿐만 아니라 노동을 제공하는 그 기업 근로자의 위치도 올라간다. 트럼프 행정부가 수입 자동차의 관세를 올려서 외국 기업과의 경쟁을 제한하려고 했을 때 그러한 보호 조치의 혜택을 입는 기업의 주주는 물론이고 근로자도 그러한 조치를 지지했다.

생산요소의 생산성 생산요소 단위당 생산되는 생산물의 양

한 기업이나 산업의 특정 근로자에 대한 수요는 그 근로자가 기업에 안겨주는 가치에 좌우된다. 그리고 그 가치는 근로자가 얼마나 많은 양의 제품을 생산할 수 있는지를 나타내는 **생산요소의 생산성**(productivity of an input)과 제품의 판매량에 달려 있다.

한계생산물 수입

노동의 한계생산물(MP_L) 노동을 1단위 더 투입하여 얻는 추가 생산량

7장에서는 **노동의 한계생산물**(marginal product of labor, MP_L)을 기업이 노동을 1단위 더 투입할 때 얻을 수 있는 추가적인 생산량이라고 정의했다. 예를 들어 어떤 기업이 주당 400시간의 근로에 대한 임금을 지불하는(근로자 10명이 각각 주당 40시간 일하는) 경우, 한 근로자가 1시간을 더 일할 때 401시간째 노동이 가져다주는 생산물(생산량)이 노동의 한계생산물이다. 7장에서 예로 든 샌드

표 10.1 샌드위치 생산에서 노동의 한계생산물 수입

(1) 노동의 단위 (근로자 수)	(2) 총생산물 (시간당 샌드위치 수)	(3) 노동의 한계생산물(MP_L) (시간당 추가 샌드위치 수)	(4) 가격(P_X) (개당 추가되는 가치)*	(5) 한계생산물 수입(시간당) ($MP_L \times P_X$)
0	0	–	–	–
1	10	10	$0.50	$5.00
2	25	15	0.50	7.50
3	35	10	0.50	5.00
4	40	5	0.50	2.50
5	42	2	0.50	1.00
6	42	0	0.50	0.00

*0.50달러라는 가격은 샌드위치 1개를 만드는 데 드는 재료비를 제외한 판매가격을 말한다.

위치 가게의 경우 그릴이 1대일 때 근로자의 수를 늘리면 한계생산물이 점점 줄어들었다. 표 10.1의 (1), (2) (3)열은 표 7.2의 첫째, 둘째, 셋째 열과 동일하다.

표 10.1에서는 첫 번째, 두 번째, 세 번째 등의 근로자가 생산하는 샌드위치의 수를 확인할 수 있다. 그러나 이 가게가 주어진 임금에서 얼마나 많은 근로자를 고용하려 하는지를 알려면 샌드위치가 어떤 가격에 얼마나 많이 팔리는지를 알아야 한다.

한계생산물 수입(*MRP*), 한계생산물의 가치(*VMP*) 다른 것들이 일정하다고 가정할 때 생산요소를 1단위 더 사용하여 추가로 생산된 재화나 서비스를 판매하여 얻는 수입

한 변동 생산요소의 **한계생산물 수입**(marginal revenue product, *MRP*)은 다른 것들이 일정하다고 가정할 때 그 생산요소를 1단위 더 사용하여 얻는 추가 수입을 말한다. 노동이 변동 생산요소라면 노동을 1단위 더 투입하여 추가로 얻는 생산물이 노동의 한계생산물이다. 추가로 생산된 생산물을 판매하면 수입이 발생하는데, 한계생산물 수입은 노동을 1단위 더 투입했을 때 추가로 생산된 재화나 서비스를 판매하여 얻는 수입이다. 따라서 한계생산물 수입은 생산요소의 **한계생산물의 가치**(value of the marginal product, *VMP*)이기도 하다.

이는 다음과 같이 노동의 한계생산물(MP_L)과 생산물의 가격(P_X)을 곱하면 노동의 한계생산물 수입이 된다는 의미이다.

$$MRP_L = MP_L \times P_x$$

한계생산물 수입을 계산할 때는 무엇이 판매되는가를 명확히 해야 한다. 샌드위치 가게는 샌드위치를 판다. 샌드위치에 들어가는 빵, 고기, 치즈, 머스터드, 마요네즈는 팔지 않는다. 샌드위치 가게가 판매하는 것은 샌드위치 및 이를 만들기 위해 재료를 섞는 서비스이다. 샌드위치 가게는 빵, 고기, 기타 재료를 한데 모아 먹기 좋은 샌드위치로 만듦으로써 재료에 가치를 더한다. 이러한 사실을 유념하면서 샌드위치 1개당 재료비를 제외한 판매가격이 0.50달러라고 하자. 즉 샌드위치 제조 서비스의 가격이 1개당 0.50달러이다. 또한 이러한 서비스를 제공하는 데 발생하는 유일한 변동비용은 샌드위치를 만드는 노동에 대한 비용이다. 샌드위치를 X라고 하면 샌드위치 제조 서비스의 가격은 P_X = 0.50달러이다.

표 10.1의 (5)열은 재료비를 제외하고 샌드위치 1개당 0.50달러를 받을 때 각 근로자의 한계생산물 수입이다. 첫 번째 근로자는 시간당 샌드위치 10개를 만들며, 1개당 0.50달러이므로 시간당

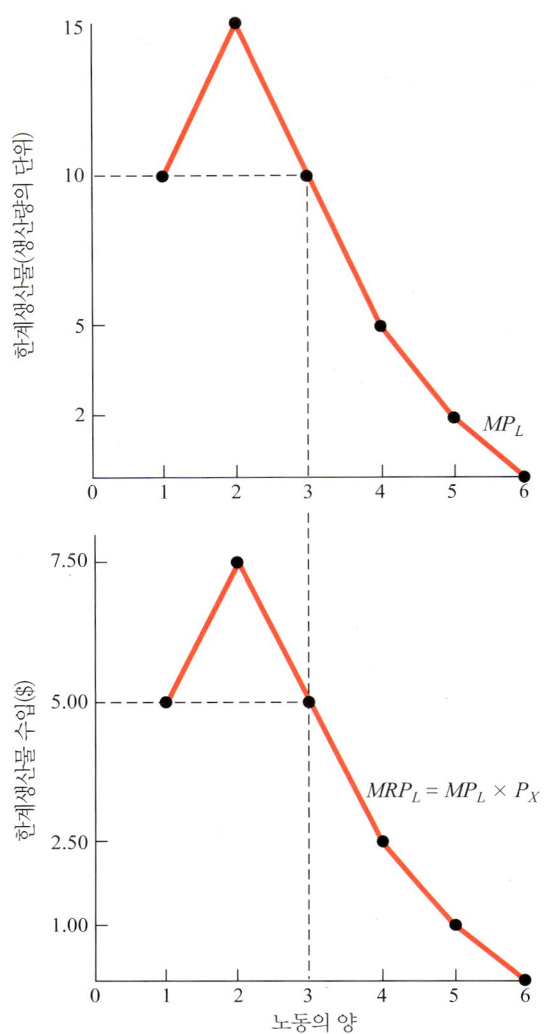

그림 10.1 한계생산물로부터 도출한 한계생산물 수입 곡선
노동의 한계생산물 수입은 노동 투입의 보상으로 받는 생산물의 가격인 P_X에 노동의 한계생산물(MP_L)을 곱한 것이다.

5달러의 수입이 발생한다. 두 번째 근로자는 시간당 7.50달러의 수입을 추가하지만 두 번째 근로자 이후 한계수확 체감 현상이 나타나 노동의 한계생산물 수입이 하락한다. 세 번째 근로자의 시간당 한계생산물 수입은 5달러이고, 네 번째 근로자의 시간당 한계생산물 수입은 2.50달러이다.

그림 10.1은 표 10.1을 그래프로 나타낸 것이다. 한계생산물 수입(MRP_L) 곡선은 한계생산물(MP_L) 곡선과 같은 모양이면서 우하향한다. 그러나 한계생산물 곡선에는 생산량을 표시하는 반면 한계생산물 수입 곡선에는 금액을 표시한다. 한계생산물 수입 곡선은 한계생산물의 금전적 가치를 나타낸다.

샌드위치 가게가 근로자 몇 명을 채용해야 하는지 알려면 *MRP* 곡선을 살펴보아야 한다. 샌드위치를 만드는 근로자의 임금이 시간당 4달러라고 하자. 이윤 극대화 기업은 근로자 3명을 고용할 것이다. 첫 번째 근로자는 시간당 5달러의 수입을 안겨주고 두 번째 근로자는 시간당 7.50달러의 수입을 안겨준다. 그러나 이들을 고용하는 데에는 각각 시간당 4달러의 비용이 발생한다. 세 번째 근로자는 시간당 5달러의 수입을 안겨주고 임금이 4달러이다. 그러나 네 번째 근로자의 한계생산물 수입은 그에게 지급하는 임금보다 적은 시간당 2.50달러이다. 따라서 총이윤을 극대화하는 고용량은 근로자 3명이다. 만약 임금이 시간당 2달러라면 4명을 고용하려 할 것이다.

그림 10.1의 아래쪽 그래프는 샌드위치 가게 주인이 각 시장임금수준에서 근로자를 몇 명 고용하는지를 보여준다. 시장임금이 하락하면 근로자의 수요가 증가하고 시장임금이 상승하면 근로자의 수요가 감소한다.

따라서 단기에서 한 생산요소의 한계생산물 수입 곡선은 그 생산요소의 수요곡선이다. 한계생산물 수입 곡선은 다양한 임금수준에서 기업이 얼마나 많은 근로자(노동)를 고용할지를 보여주기 때문이다.

노동의 공급

가구의 노동공급에 대한 선택을 6장에서 설명했다. 일을 할 것인지, 한다면 얼마나 할 것인지와 같은 선택은 기본적으로 일을 하고 받는 임금으로 구매할 수 있는 재화와 여가 간의 상호 교환관계로 결정된다. 근로자는 자신의 효용을 극대화하는 선택을 한다. 따라서 근로자가 선택하는 노동공급량(근로 시간)은 추가 근로로 얻는 추가 임금의 한계효용과 추가 근로로 잃는 여가의 한계효용이 같아지는 노동공급량(근로 시간)이다. 대부분의 사람들은 임금이 오르면 적어도 어떤 수준까지는 더 많은 시간을 일하려고 한다.[1] 따라서 이 경우에 다양한 수준의 임금에서 근로자가 공급하려는 노동의 양을 보여주는 개별 근로자의 노동공급곡선이 우상향한다.

노동의 시장공급곡선(market labor supply curve)은 어떻게 도출하는가? 생산물시장에서 개별 기업의 공급곡선을 수평으로 합하여 시장공급곡선을 구했던 것처럼 하면 된다. 즉 특정 노동에 대해 기업이 직면하는 노동공급곡선은 노동을 공급하려는 각 근로자의 노동공급곡선을 수평으로 합한 것이다. 각 근로자의 공급곡선이 우상향하면 노동시장의 공급곡선도 우상향한다.

노동의 시장공급곡선 각 근로자의 노동공급곡선을 수평으로 합한 것

다른 것들이 일정하다고 가정할 때 노동공급곡선은 각 임금수준에 대해 근로자가 공급하려는 노동의 양을 보여준다. 근로자가 공급하려는 노동의 양은 임금뿐 아니라 다른 요인의 영향을 받으며, 이러한 요인이 변동하면 공급곡선이 이동한다. 각 근로자 차원에서는 개인의 선호나 규범이 노동의 양을 결정하는 데 영향을 미친다.

미국의 경우 1970년대 초반부터 경제활동이 가능한 연령층의 여성 근로자가 급증했는데, 이는 경제적 이유에 따른 변화라기보다는 문화적 규범의 변화에 기인한 것이다. 근로에 대한 태도, 여가의 기회 등도 노동공급곡선을 움직일 수 있다. 최근 한 기사는 2004년 이후 비디오게임이 확산되면서 젊은 남성의 노동공급이 줄어들었다고 밝혔다.[2]

부의 수준도 노동공급곡선을 이동한다. 사람들이 부유해짐에 따라 돈의 한계효용이 하락하고, 이로 인해 주어진 임금수준에서 공급되는 노동의 양이 감소한다. 또한 사람들은 부유해지면 여가를 더 많이 구매한다. 인구 변화도 노동공급곡선을 이동한다. 노동의 시장공급곡선은 모든 근로자의 개별 노동공급곡선을 수평으로 합한 것이다. 따라서 노동공급자의 수가 증가하면 노동의 시장공급곡선이 자연스레 오른쪽으로 이동한다.

---

1 노동공급곡선이 우상향하려면 대체효과가 소득효과를 지배해야 한다. 6장을 참조하라.

2 Mark Aguiar, Mark Bils, Kerwin Charles, and Erik Hurst, "Leisure Luxuries and the Labor Supply of Young Men," *NBER Working Paper 2355*, June 2017.

학습목표

노동의 공급과 수요에 영향을 미치는 것을 파악한다.

10.2 노동시장

노동시장과 기업의 의사결정

기업이 고용할 근로자의 수를 어떻게 결정하는지 알아보기 위해 노동의 수요와 공급을 함께 살펴보자. 개별 기업의 생산요소(투입물)에 대한 수요는 그 생산요소의 한계생산물 수입과 생산요소 단위당 비용(가격)에 따라 달라진다고 앞서 언급했다. 특정 노동의 시장수요는 그 노동을 원하는 모든 기업의 노동수요를 합한 것이다.

그림 10.2(a)는 어떤 지역에서 특정 노동에 대한 노동시장의 대표적 공급곡선과 수요곡선을 보여준다. 노동의 시장수요곡선은 그 지역에 있는 모든 기업의 노동수요곡선을 수평으로 합한 것으로, 그들의 한계생산물 수입 곡선이 반영된다. 또한 노동의 시장공급곡선은 그 지역에 있는 모든 근로자의 개별 노동공급곡선을 수평으로 합한 것이다. 노동의 시장가격, 즉 임금은 노동시장에서 결정된다. 그림 10.2에서 보듯이 시간당 10달러의 임금과 56만 시간의 노동에서 이 지역의 노동시장이 청산된다.

그림 10.2(b)는 이 노동시장에 있는 대표적 기업의 경우를 보여준다. 이 기업의 노동수요는 노동시장의 전체 수요에서 일부분에 지나지 않으며, 이 기업은 수십만 시간의 시장수요 중 몇백 시간만을 고용하려 한다. 기업의 노동수요가 시장 전체의 노동수요 규모에 비해 아주 미미하기 때문에 이 기업은 생산물시장에서 가격 순응자이듯이 생산요소시장에서도 가격 순응자이다. 이러한 기업은 시장에서 결정된 임금을 지불하면 필요한 양의 노동을 모두 고용할 수 있다.

이 기업은 근로자를 몇 명 고용하려 하는가? 이 기업의 경우 노동 1시간의 비용이 10달러이며, 이러한 시간당 임금은 노동 1단위의 한계비용으로 볼 수 있다. 노동을 1단위 더 고용함으로써 얻는 한계수입을 나타낸 것이 노동의 한계생산물 수입 곡선이므로 기업은 주어진 임금과 같은 크기의 한계생산물 수입을 안겨주는 노동의 양을 고용해야 한다. 다시 말해 노동의 한계생산물 곡선은 주어진 임금에서 기업이 고용해야 하는 노동의 양을 나타낸다. 이는 노동의 한계생산물 수입 곡선이 기업의 노동수요곡선임을 의미한다. 이윤을 극대화하는 기업은 노동의 한계생산물 수입이 시장가격(임금)과 같아질 때까지 노동을 고용할 것이다.

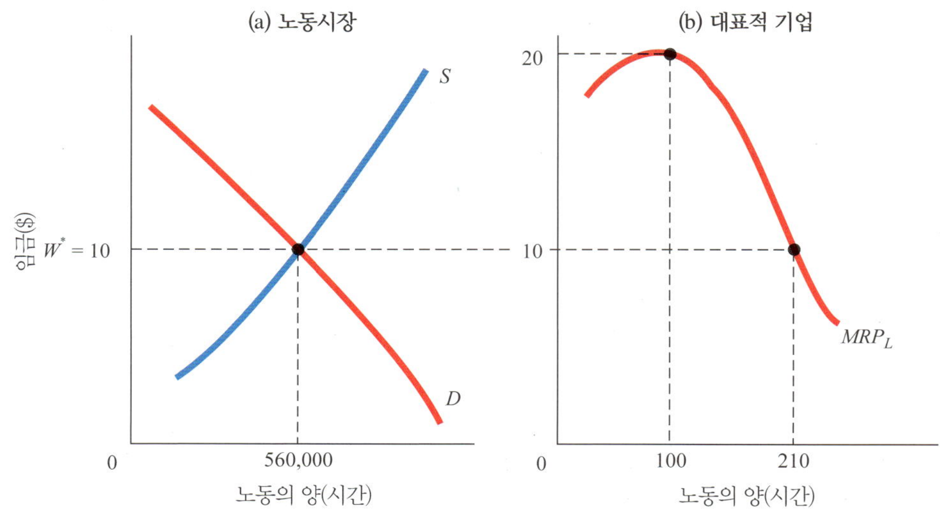

그림 10.2 하나의 변동 생산요소(노동)를 사용하는 기업의 한계생산물 수입과 노동의 수요
완전경쟁기업은 한 생산요소의 한계생산물 수입이 단위당 비용보다 크면 그 생산요소의 사용을 증가시킨다. 완전경쟁기업은 노동의 한계생산물 수입(MRP_L)이 시장가격, 즉 임금(W^*)보다 크면 노동의 사용을 증가시킨다. 이 그림에서 기업은 노동 210단위를 필요로 한다.

각 근로자의 한계생산물 수입(MRP_L)이 10달러보다 높은 한 기업은 고용한 각 근로자로부터 양(+)의 가치를 얻는다. 기업이 노동 210시간을 고용할 때 임금과 노동의 한계생산물 수입이 일치한다. 즉 $W^* = MRP_L = 10$이다. 기업은 210시간을 초과하는 노동을 고용하지 않는다. 211번째 시간의 노동을 고용하는 데 드는 추가 비용(한계비용)이 그 1시간의 노동으로 얻는 추가 가치(한계수입)보다 크기 때문이다.

이윤 극대화를 위한 한계수입과 한계비용 비교 완전경쟁기업의 한계비용곡선이 그 기업의 공급곡선이라는 것은 8장에서 확인했다. 즉 한계비용곡선은 각 생산물 가격수준에서 기업이 이윤 극대화를 위해 생산(공급)해야 하는 양을 결정한다. 이는 생산물을 1단위 더 생산하여 얻는 한계수입과 이때 들어가는 한계비용을 비교하여 얻은 결론이다.

8장과 이 장의 논리는 일맥상통한다. 한계치로 측정하는 대상이 다르다는 것이 유일한 차이점이다. 8장에서는 기업이 생산물을 1단위 더 생산할 때 얻는 한계수입과 지불하는 한계비용을 비교했고, 이 장에서는 생산요소(투입물)를 1단위 더 고용할 때 얻는 한계수입과 지불하는 한계비용을 비교했다. 두 경우 모두에서 기업은 제품 판매로 발생하는 추가 수입과 지불해야 하는 추가 생산비용을 비교한다. 8장에서 기업은 생산물의 가격(P, 완전경쟁시장에서 $P = MR$)과 추가 생산비용(MC)을 비교했다. 추가 생산비용은 생산요소의 가격과 기술에 따라 달라진다. (잘 이해되지 않는다면 8장의 비용곡선 도출 과정을 다시 살펴보라.) 이 장에서는 생산물의 가격과 기술에 관한 정보가 한계생산물 수입 곡선에 반영되고, 기업은 이를 생산요소 가격에 관한 정보와 비교하여 생산요소(투입물)의 최적 수요량을 결정한다는 것을 확인했다.

수많은 노동시장

그림 10.1은 대표적인 노동시장을 나타낸 것이지만, 현실에는 야구 선수 노동시장, 목수 노동시장, 화학자 노동시장, 대학교수 노동시장, 비숙련 근로자 노동시장, 택시기사 노동시장, 조립 라인 근로자 노동시장, 비서 노동시장, 기업 임원 노동시장 등 수많은 종류의 노동시장이 존재한다. 각 노동시장은 그 시장이 요구하는 기술을 지닌 사람들을 공급하고 있다. 노동시장이 경쟁적이라면 그 시장의 임금은 수요와 공급 간 상호작용에 의해 결정된다. 앞에서 보았듯이 기업은 제품 판매로부터 발생하는 가치가 시장임금을 능가하는 한 근로자를 추가로 고용하며, 이는 모든 경쟁노동시장에 해당하는 사실이다.

10.3 토지시장

학습목표

토지시장에서 공급과 수요의 관계를 이해한다.

노동이나 자본과 달리 토지는 지금까지 다루지 않았던 특징을 지니고 있다. 토지는 그 전체 공급량이 고정되어 있으므로 토지의 공급곡선은 완전비탄력적인 수직선이다. 토지의 경우 그 가치가 얼마인지, 어떻게 사용해야 하는지를 살펴보아야 한다.

토지는 공급량이 고정되어 있으므로 **수요만으로 가격이 결정**(demand-determined price)된다. 달리 말해 토지의 가격은 가구나 기업이 토지에 대해 얼마를 지불할 용의가 있는가에 전적으로 좌우된다. 공급이 고정된 모든 생산요소로부터 얻는 수익은 **순수 렌트**(pure rent)라고 한다.

수요만으로 결정되는 가격 공급이 고정된 재화의 가격. 이러한 재화는 가구나 기업이 지불하려는 금액만으로 가격이 결정됨

순수 렌트 공급이 고정된 모든 생산요소로부터 얻는 수익

토지의 가격이 토지의 수요에 의해서만 결정된다는 것은 어떤 토지는 다른 토지보다 더 큰 가치가 있음을 의미한다. 그렇다면 가치의 차이는 어디서 비롯되는가? 다른 생산요소와 마찬가지로 토지도 가장 많은 금액을 지불하려는 사용자에게 판매 또는 임대된다. 토지의 가치는 그 위치나 특징에 따라 달라진다. 예를 들어 비옥한 토지는 단위 면적당 더 많은 농작물을 생산할 수 있으므로 척박한 토지보다 가격이 더 높을 것이다. 또한 두 고속도로가 만나는 지점의 토지는 통행하는 차량이 아주 많기 때문에 주유소 부지로서의 가치가 매우 클 것이다.

쉽게 이해할 수 있도록 예를 살펴보자. 앨런은 미국 캔자스시티 근교에 의류 매장을 지으려고 하며, 그곳에서 연간 10,000달러의 경제적 이윤을 얻을 것으로 기대한다. 한편 벨라는 그곳에 약국을 지으면 매년 35,000달러의 경제적 이윤을 얻을 것으로 기대한다. 벨라는 앨런보다 더 큰 이윤을 얻을 것으로 기대하므로 앨런보다 더 높은 가격을 부를 것이다. 토지 소유주는 가장 높은 값을 부르는 사람에게 토지를 팔거나 임대할 것이다.

이윤과 직결된 핵심 요인은 토지의 위치이므로 좋은 위치의 토지 소유주는 임차인에게 되도록 많은 임대료를 받아내려고 한다. 예를 들어 미국 보스턴에서 가장 인기 있는 위치는 하버드광장이며, 그 주변의 많은 레스토랑은 항상 손님이 가득하다. 그래서 겉으로 보기에는 레스토랑 주인이 큰돈을 벌고 있는 것 같지만 실상은 그렇지 않다. 레스토랑의 위치 때문에 상당히 높은 임대료를 지불하고 있기 때문이다. 레스토랑 수입의 상당 부분이 임대료로 나가는데, 이러한 임대료를 파악하면 레스토랑의 수입을 이해하는 데 도움이 된다.

그림 10.3은 토지의 완전비탄력적(수직선) 공급곡선을 보여준다. 특정 용도로 사용되는 토지의 공급량은 완전히 고정되어 있거나 공급곡선이 완전비탄력적이지 않을 수도 있다. 예를 들어 택지로 개발할 수 있는 농지를 살펴보자. 도시의 인구가 증가함에 따라 토지 개발자는 농지에 더 많은 금액을 지불하려고 할 것이다. 농지의 개발 가치가 높아지면 일부 농부가 농지를 매각함으로써 택지 개발을 위한 토지 공급량이 증가할 것이다. 따라서 택지로 개발할 수 있는 토지라는 범주에서 볼 때는 토지의 공급곡선이 우상향할 것이다(완전비탄력적 공급곡선이 아니다). 많은 도시에는 개발제한구역이 있고 빌딩의 높이에도 제한이 있으며, 이러한 규제가 풀리면 기본적으로 토지의 공급(위로의 수직적 공급)이 증가하게 된다.

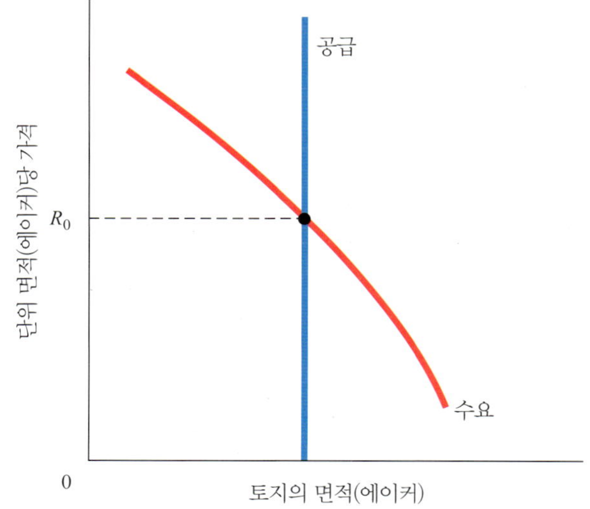

그림 10.3 수요만으로 결정되는 토지의 가격
일반적으로 토지(특히 특정 구역의 토지)는 공급량이 고정되어 있으므로 수요만으로 가격이 결정된다. 고정된 공급량은 수직인 완전비탄력적 공급곡선으로 표현되고, 토지의 가격 R_0은 수요(사람들이 지불할 용의가 있는 금액)에 의해서만 결정된다.

그럼에도 불구하고 토지가 순수 렌트를 발생시킨다는 우리의 주장은 여전히 유효하다. 특정 위치에 있는 특정 품질의 토지는 공급이 고정되어 있으며, 이러한 토지의 가치는 최고가를 지불하려는 사람이 부르는 가격에 전적으로 달려 있다. 특정 토지는 공급이 완전비탄력적이다.

토지의 가격과 토지에서 생산된 생산물의 가치

토지의 가격이 수요만으로 결정되기 때문에 토지 단위 면적당 렌트(가격)는 그 토지를 사용하려는 사람이 지불할 용의가 있는 금액에 좌우된다. 물론 가장 높은 가격을 지불하려는 사람이 그 토지를 사용할 수 있다. 그렇다면 토지에 대해 지불할 용의가 있는 금액을 결정하는 것은 무엇인가? 이제 일반적인 생산요소에 대한 내용을 토지와 연관 지어 생각해보자.

앨런과 벨라의 예에서 구매자가 부르는 가격은 그 토지로부터 얻을 수 있는 잠재적 이윤에 따라 달라진다. 앨런의 계획은 연간 10,000달러의 이윤을 내고 벨라의 계획은 연간 35,000달러의 이윤을 낼 것으로 예상된다. 그렇지만 이러한 이윤은 이들이 생산하여 판매하려는 제품의 가치로 발생하는 수입에 의해 실현되는 것이다. 인기 있는 도심지의 높은 가치는 그곳에서 생산되는 것에서 비롯된다. 토지는 거의 모든 재화와 서비스의 생산에 투입되는 생산요소이다. 인기 있는 극장 옆에 위치한 레스토랑은 많은 고객이 찾기 때문에 프리미엄 가격을 책정할 수 있다. 물론 사업을 계속 유지하려면 질 높은 식사를 제공해야 할 테지만 위치 그 자체만도 상당한 이윤 기회를 제공한다.

토지의 수요에도 일반적인 생산요소에 대한 수요 원칙이 적용되는 것은 어찌 보면 당연하다. 이윤을 극대화하는 기업은 한 생산요소의 한계생산물 수입이 그 생산요소의 시장가격보다 높으면 그 생산요소의 사용을 계속 증가시킬 것이다. 이러한 기업은 노동 1단위를 더 투입하여 생산하는 추가 생산물을 판매함으로써 얻는 추가 수입(MRP_L)이 노동 1단위를 더 사용하는 데 드는 비용(임금)을 충당하고도 남는다면 노동을 더 고용할 것이다. 이는 토지의 경우도 마찬가지이다. 기업은 토지를 사용하여 생산한 제품의 판매로 얻은 수입이 기간당 해당 토지의 가격을 충당하기에 충분하다면 토지를 사용하고 대가를 지불할 것이다. 이를 공식으로 나타내면 기업은 $MRP_A = P_A$(A는 토지의 면적인 에이커)인 점까지 토지를 사용할 것이다.

노동의 수요곡선이 노동이 생산한 생산물이 생산물시장에서 받는 가격(가치)에 따라 결정되듯이 토지의 수요곡선도 토지가 생산한 생산물이 생산물시장에서 받는 가격(가치)에 따라 결정된다. 예를 들어 극장 옆에 위치한 레스토랑의 이윤(수익성)은 그 레스토랑에서 생산된 식사의 가격과 판매량에 달려 있다.

따라서 다양한 용도로 사용할 수 있는 일정 크기의 토지를 누가 차지하느냐는 그 토지에서 생산 가능한 제품 간의 가치 경쟁으로 결정된다. 농지는 옥수수를 생산할 때의 가치보다 주택이나 쇼핑몰로 사용할 때의 가치가 더 크다면 그러한 용도로 개발된다. 캔자스시티 근교의 토지는 의류 매장이 아닌 약국이 될 것이다. 그 지역의 주민이 약국을 더 필요로 하기 때문이다.

토지에 대해 한 가지 더 알아두어야 할 점은, 토지는 물리적인 이동이 불가능하기 때문에 어떤 구역의 가치가 이웃한 토지의 용도에 따라 큰 영향을 받는다는 것이다. 불쾌한 연기를 배출하는 공장은 주변 토지의 가치를 떨어뜨리고, 새로운 전철역이나 도로가 생긴다면 접근성이 좋아지므로 토지의 가치가 올라갈 것이다.

경제학의 적용

토지의 평가

어떤 토지가 앞으로 어떻게 될 것인지 정확한 정보를 가지고 있다면 토지 구매는 확실한 투자가 된다. 약 30만 달러의 초기자본을 가지고 있다면 세계 곳곳에서 다양한 크기, 다양한 유형의 토지를 구매할 수 있다. 일본, 타이, 인도를 예로 살펴보자. 도쿄, 방콕, 뭄바이에서는 30만 달러로 아주 작은 토지를 구입할 수 있지만 홋카이도, 코팡안, 타밀나두에서는 그보다 넓은 토지를 구매할 수 있다. 이 세 국가의 일부 지역에서는 30만 달러로 아주 넓은 토지를 구매할 수도 있다.

왜 이렇게 가격에 차이가 있을까? 토지 소유권과 사용에 대한 정치적·사회적·법적 규제가 국가에 따라, 지역에 따라 다를 수도 있다. 토지의 가치는 토지의 물리적 특성, 법적·행정적 강제력, 사회적 요소, 경제적 요소 등에 따라 달라진다. 뭄바이에 있는 땅을 델리로 옮길 수도 없을뿐더러 많은 도시는 주택이 밀집되는 것을 제한하며, 일정한 넓이에 지을 수 있는 주택의 수도 제한적이다. 따라서 토지의 수요에 따라 가격의 차이가 발생한다.

토지에 따라 수요자가 다른 것은 무슨 이유일까? 일부 연구에 따르면 고소득자는 임대료가 올라 생활비가 증가하더라도 생활환경이 좋은 곳은 그만한 가치가 있다고 받아들이지만, 저소득자는 좋은 생활환경을 원하더라도 높은 임대료를 감당할 수 없어 다른 지역으로 옮겨가 별도의 수요를 형성한다. 그 결과 한 도시에서도 고소득자와 저소득자의 주거지가 점점 분리되고 있다.

또한 토지 개발 계획이 있는 구역이나 저렴한 가격에 사서 더 비싸게 되팔 수 있는 토지의 경우 사람들은 더 높은 가격을 지불하려고 한다. 택지로 개발되어 도시의 일부가 될 가능성이 높은 농촌 지역은 그 잠재적 가치가 충분히 반영된 가격이 형성된다.

질문

- 그곳에서 생산되는 생산물의 가격이 크게 낮아졌음에도 불구하고 일부 농촌의 토지 가격이 급상승하는 이유는 무엇인가?

학습목표

생산요소의 수요곡선을 이동하는 요인을 파악한다.

10.4 생산요소의 수요곡선

3장에서는 생산물(제품)의 수요곡선을 이동하는 요인을 살펴보았다. 여기서는 생산요소(투입물)의 수요곡선을 이동하는 요인을 살펴보자.

생산요소의 수요곡선 이동

생산요소의 수요곡선은 기술(생산함수)과 생산물의 가격에 관한 정보로 도출할 수 있다. 생산물의 수요 변화, 보완 생산요소와 대체 생산요소의 사용량 변화, 다른 생산요소의 가격 변화, 기술 변화 등으로 인해 생산요소의 수요곡선이 이동하기도 한다. 생산요소의 수요곡선 이동은 자원 배분에 직접적인 영향을 미칠 뿐만 아니라 소득수준이나 소득 분배에도 영향을 주기 때문에 매우 중요하다.

생산물의 수요 기업은 한 생산요소의 시장가격이 한계생산물 수입보다 크면 그 생산요소를 사용한다. 완전경쟁시장에서 한계생산물 수입은 그 생산요소의 한계생산물과 제품(생산물)의 가격을 곱한 것이다. 앞서 언급했듯이 노동의 경우 다음과 같이 나타낼 수 있다.

$$MRP_L = MP_L \times P_X$$

기업이 한 생산요소에 지불하고자 하는 금액은 기업이 생산하는 제품의 가치, 그 생산요소의 한계생산성과 바로 연관된다. 생산물(제품)의 수요가 증가하면 한계생산물 수입(생산요소의 수요)도 증가하며, 이로 인해 한계생산물 수입 곡선이 위쪽(오른쪽)으로 이동한다.[3] 반대로 생산물(제품)의 수요가 감소하면 한계생산물 수입(생산요소의 수요)도 감소하며, 이로 인해 한계생산물 수입 곡선이 아래쪽(왼쪽)으로 이동한다. 표 10.1에서 샌드위치 가격이 0.50달러에서 1달러로 오른 경우를 보면 이를 쉽게 이해할 수 있다.

생산물의 생산에서 어떤 생산요소가 차지하는 부분이 클수록 생산물의 수요 변화가 그 생산요소의 수요곡선을 크게 움직임으로써 생산요소의 가격이 변동한다. 예를 들어 가치가 낮았던 지역이 주변의 주택 수요가 폭증하면서 임대료가 올라 토지의 한계생산물 수입이 증가함으로써 토지나 주택이 매우 높은 가격에 거래되기도 한다. 주택의 수요 급증이 토지의 한계생산물 수입을 대폭 끌어올림에 따라 토지 가격이 크게 상승하는 것이다.

보완 생산요소와 대체 생산요소의 사용량 샌드위치 가게의 예에서는 그릴을 1대만 사용할 때 노동의 한계생산물을 살펴본 다음 그릴을 1대 더 증가시키면 근로자의 한계생산물이 증가한다고 설명했다. 따라서 어떤 생산요소의 생산성과 그에 따른 수요는 그 생산요소와 같이 사용되는 다른 생산요소의 질과 양에 따라 달라진다.

자본의 축적이 임금에 끼치는 영향은 모든 경제에서 가장 중요한 주제 중 하나이다. 일반적으로 자본재의 생산과 사용은 노동의 생산성을 높여서 노동의 수요가 증가하고 임금이 상승한다. 운송을 예로 살펴보자. 방글라데시와 같은 빈곤국에서는 소가 끄는 수레에 작은 짐을 실어 열악한 도로를 천천히 이동한다. 이에 비해 미국의 운송 산업에서 근로자가 사용하는 자본의 양은 엄청나다. 미국의 트럭 운전기사는 엄청난 양의 자본재를 다룬다. 예를 들어 바퀴가 18개인 견인 트레일러는 1대가 10만 달러 이상인 자본재이고, 도로는 정부가 제공하는 자본재이다. 한 트럭 운전기사가 짧은 시간에 실어 나를 수 있는 물동량은 100년 전에 비해 엄청나게 증가했다. 지난 수십 년간 중국은 사회기반시설에 막대한 투자를 한 덕분에 다른 생산요소(자원)의 생산성이 크게 증가한 결과 급속한 경제성장을 이루었다.

다른 생산요소의 가격 기업이 선택 가능한 생산기술 중에서 하나를 선택하는 데에는 생산요소의 상대적 가격이 영향을 미친다. 최근 몇 년간 다른 생산요소의 가격에 비해 에너지 가격이 크게 상승하면서 다른 생산요소의 수요에 많은 영향을 미쳤다. 예를 들어 빌딩을 지을 때 단열재를 더 보강하거나 보다 에너지 효율적인 난방 시스템을 설치하게 되었고, 이는 다시 이러한 생산요소를 생산하는 자본재의 수요를 증가시켰다. 에너지 위기는 노동의 수요도 증가시킨다는 주장도 제기되고 있다. 자본과 에너지가 서로 보완적인 생산요소일 때(자본집약적 기술이 에너지집약적 기술일 때) 에너지 가격이 상승하면 기업은 자본집약적 기술을 덜 사용하고 노동집약적 기술을 더 사용하게 된다. 자동화된 새로운 생산기술은 근로자를 덜 필요로 하지만 엄청난 전기를 사용한다. 높은 전기료 때문에 기업은 새로운 기술을 멀리하고 노동집약적 옛날 방식의 생산기술을 계속 사용할 수도 있다.

---

3 역자 주: 생산물의 가격이 오르면 한계생산물 수입이 커져서 우하향하는 한계생산물 수입 곡선이 위로 이동하지만, 한계생산물 수입 곡선이 생산요소의 수요곡선이라는 점에서 볼 때 주어진 생산요소의 가격에서 그 생산요소의 수요량이 증가하는 것이므로 수요곡선의 오른쪽 이동으로 해석해도 된다. 그 반대의 경우도 마찬가지이다.

기술 변화 기존 생산요소의 생산성(한계생산물)을 증가시키는 새로운 생산 방식이나 새로운 제품 개발

기술 변화 기술 변화(technological change)도 생산요소의 수요에 영향을 준다. 기술 변화는 새로운 생산 방식이나 새로운 제품 개발을 의미한다. 새로운 기술은 일반적으로 기존 생산요소를 덜 사용하면서 생산성(한계생산물)을 증가시킨다. 한계생산물 수입은 생산요소의 생산성을 반영하는 것이므로 생산요소의 생산성이 증가한다는 것은 생산요소의 수요곡선이 오른쪽으로 이동한다는 것을 의미한다. 예를 들어 노동의 한계생산물이 상승하면 노동의 수요곡선이 오른쪽으로 이동한다(수요의 증가). 한편 기술 변화는 생산요소의 수요에 엄청난 영향을 미칠 수 있고, 실제로 미치기도 한다. 새로운 제품이나 새로운 생산기술이 등장하면 새로운 생산요소와 새로운 기술의 수요가 생겨나 기존 제품이 쓸모없어지는 동시에 기존 제품을 만드는 데 필요한 기술이나 생산요소도 쓸모없게 된다.

학습목표

여러 생산요소의 가격이 상대적 생산성과 어떻게 관련되는지 이해한다.

10.5 생산요소시장의 이윤 극대화 조건

지금까지 노동시장과 토지시장을 살펴보았다. 자본시장은 다음 장에서 다룰 것이지만, 완전경쟁시장에서 모든 생산요소의 수요에 적용되는 일반 원칙을 알아보자. 기업은 한계치를 기준으로 하여 변동 생산요소에 따른 수입(한계수입)이 그 생산요소를 사용할 때 발생하는 비용(한계비용)보다 크면 그것을 사용하려고 할 것이다. 보다 공식적으로 말하면 기업은 생산요소의 가격이 한계생산물 수입과 같아질 때까지 그 생산요소를 생산에 투입한다. 이러한 조건은 모든 생산량 수준에서 모든 생산요소에 대해 성립한다.

생산요소를 노동, 자본, 토지로 구분할 때 완전경쟁기업의 이윤 극대화 조건은 다음과 같다.

$$P_L = MRP_L = (MP_L \times P_X)$$

$$P_K = MRP_K = (MP_K \times P_X)$$

$$P_A = MRP_A = (MP_A \times P_X)$$

L은 노동, K는 자본, A는 토지, X는 생산물이고 P_X는 생산물의 가격이다.

이러한 조건이 모두 충족되면 기업은 비용이 최소인 최적 생산요소 배합을 사용하는 것이다. 이 모든 조건이 동시에 성립하면 다음과 같이 된다.

$$\frac{MP_L}{P_L} = \frac{MP_K}{P_K} = \frac{MP_A}{P_A}$$

직관적으로도 이 공식의 의미를 설명할 수 있다. 즉 노동 투입에 지출된 마지막 1단위의 금액이 안겨주는 한계생산물(추가 생산량)이 자본 투입에 지출된 마지막 1단위의 금액이 안겨주는 한계생산물과 일치해야 하며, 또한 토지 투입에 지출된 마지막 1단위의 금액이 안겨주는 한계생산물과도 일치해야 한다. 만약 이러한 조건이 성립하지 않는다면 기업은 더 낮은 생산비용으로 더 많이 생산할 수 있다. 예를 들어 $MP_L/P_L > MP_K/P_K$일 때 기업은 자본 투입에 지출할 금액을 노동에 사용하여 생산량을 증가시킬 수 있다. 노동을 더 많이 고용하면 노동의 한계생산물이 감소하고 자본을 덜 사용하면 자본의 한계생산물이 증가한다. 이렇게 기업이 자본을 점점 덜 사용하고 노동을 점점 더 사용하면 이 비율이 일치하게 된다.

미리 보기

이제 가구와 기업의 의사결정을 이해할 수 있는 완전하고 간단한 그림을 얻었다. 또한 자원(생산요소) 배분을 결정하는 기본적인 원리를 깨닫고, 완전경쟁시장에 있는 기업의 이윤 극대화 생산량이 어떻게 결정되는지도 알게 되었다.

경쟁시장이라는 환경에서 기업은 기본적으로 세 가지 의사결정을 해야 한다. ① 얼마나 생산할 것인가? ② 어떻게 생산할 것인가(어떤 생산기술을 사용할 것인가)? ③ 각 투입물(생산요소)을 얼마나 사용할 것인가? 7~9장에서는 생산물시장이라는 측면에서 이 세 가지 의사결정을 살펴보았다. 완전경쟁기업의 단기 공급곡선을 도출했고, 생산물시장의 장기적 조정에 대해서도 살펴보았다. 비용곡선을 도출하는 과정에서 선택 가능한 생산기술을 평가하고 적절한 생산기술을 선택해야 한다는 것에 대해서도 설명했다. 마지막으로 기업의 공급량(생산량)에 대한 결정이 생산요소의 수요를 결정짓는다는 것도 알게 되었다. 생산요소의 수요는 생산물의 수요에서 파생되는 파생수요이다. 즉 생산요소의 수요는 궁극적으로 생산물의 수요와 연결되어 있다.

이 장에서는 생산물시장과 생산요소시장의 관련성을 밝히기 위해 위의 세 가지 의사결정을 생산요소시장의 관점에서 살펴본다. 기업은 각 생산요소의 한계생산물 수입이 그 생산요소의 가격과 일치할 때까지 그 생산요소를 생산에 투입한다.

다음 장에서는 약간 느슨하게 지칭했던 자본시장을 살펴본다. 실물자본시장과 금융자본시장의 관계를 파헤치면서 기업의 투자 의사결정을 다룰 것이다. 12장에서 경쟁시장의 균형을 전반적으로 설명한 다음 13장부터는 생산요소시장과 생산물시장이 완전경쟁시장이라는 가정을 완화할 것이다.

요약

01 생산물의 공급곡선 이면에 있는 기업의 의사결정은 생산요소의 수요곡선 이면에 있는 기업의 의사결정과 기본적으로 동일하다. 바라보는 관점이 다를 뿐이다.

02 생산요소의 수요는 생산물의 수요에서 파생되므로 생산요소의 수요는 파생수요이다. 생산요소의 생산성이란 생산요소 단위당 생산되는 생산물의 양이다.

03 일반적으로 기업은 근로자가 생산하는 가치가 근로자에게 지급하는 시장임금을 능가하는 한 근로자를 추가로 고용한다. 가구는 임금이 여가의 가치 또는 비급여 노동으로부터 얻는 가치보다 클 때 노동을 공급한다.

04 단기에서 일부 생산요소는 사용량이 고정되어 있는데, 이는 단기에서 모든 기업이 수확 체감 현상에 직면한다는 것을 의미한다. 달리 말해 모든 기업은 변동 생산요소의 투입량을 증가시키면 그 생산요소의 한계생산물이 점점 감소하는 현상에 직면한다.

05 한 변동 생산요소의 한계생산물 수입(MRP)은 다른 것들이 일정할 때 그 생산요소를 1단위 더 투입하여 생산된 재화나 서비스를 판매함으로써 얻는 추가 수입을 말한다. 한계생산물 수입은 그 생산요소의 한계생산물(추가 생산량)과 생산물의 가격을 곱한 것이다.

06 개인의 노동공급곡선은 일을 하고 받은 임금으로 구매할 수 있는 재화의 가치와 여가의 가치 간 선택에 따라 결정된다.

07 노동의 시장공급곡선은 각 근로자의 노동공급곡선을 수평으로 합한 것이다.

08 노동의 시장공급곡선은 개인의 기호, 부, 인구 등의 변화로 인해 이동한다.

09 한 생산요소의 수요는 그 생산요소의 한계생산물 수입의 크기에 따라 달라진다. 이윤을 극대화하는 완전경쟁기업은 생산요소의 한계생산물 수입이 그 생산요소의 가격과 일치할 때까지 그 생산요소를 추가로 사용한다. 단기에서 한 변동 생산요소의 한계생산물 수입 곡선은 그 생산요소의 수요곡선이다.

10 완전경쟁기업의 경우 $W = MRP_L$이라는 조건은 $P = MC$라는 조건과 마찬가지이다. 기업은 생산물의 가격에 반영된 생산물의 가치와 한계비용에 반영된 생산요소의 가치를 비교한다.

11 토지는 공급량이 고정되어 있으므로 수요만으로 가격이 결정된다. 달리 말해 토지의 가격은 가구나 기업이 토지에 대해 얼마를 지불할 용의가 있는가에 전적으로 좌우된다. 공급이 고정된 모든 생산요소로부터 얻는 수익은 순수 렌트라고 한다. 기업은 토지를 사용하여 생산한 제품의 판매로 얻은 수입이 기간당 해당 토지의 가격을 충당하기에 충분하다면 토지를 사용하고 대가를 지불한다. 기업은 $MRP_A = P_A$인 점까지 토지를 사용한다.

12 생산물의 수요 변화, 보완 생산요소와 대체 생산요소의 사용량 변화, 다른 생산요소의 가격 변화, 기술 변화 등으로 인해 생산요소의 수요곡선이 이동할 수 있다.

13 기업은 변동 생산요소에 따른 수입(한계수입)이 그 생산요소를 사용할 때 발생하는 비용(한계비용)보다 크면 그것을 사용하려고 할 것이다. 즉 기업은 생산요소의 가격이 한계생산물 수입과 같아질 때까지 그 생산요소를 생산에 투입한다. 이러한 조건은 모든 생산량 수준에서 모든 생산요소에 대해 성립한다.

핵심 용어

기술 변화(technological change)
노동의 시장공급곡선(market labor supply curve)
노동의 한계생산물(marginal product of labor, MP_L)
생산요소의 생산성(productivity of an input)
수요만으로 결정되는 가격(demand-determined price)
순수 렌트(pure rent)
파생수요(derived demand)
한계생산물 수입(marginal revenue product, MRP)/한계생산물의 가치(value of the marginal product, VMP)

연습문제

01 영국 통계청에 따르면 영국 항공기 조종사의 평균 세전 연봉이 2011년 71,555파운드에서 2016년 86,915파운드로 증가했다. 다른 것들이 일정할 때 이러한 임금 상승은 노동의 수요를 감소시킬 것으로 예상되었으나 반대로 영국 조종사의 노동수요량이 증가했다. 이러한 현상에 대해 설명하라.

02 와인 생산지인 비노비타의 안도라에서 생산되는 와인의 생산량(배럴)은 다음과 같다.

근로자	주당 와인 생산량(배럴)
0	0
1	100
2	160
3	190
4	210
5	220
6	200

와인 1톤이 배럴당 120유로에 판매되고 근로자의 주당 임금이 300유로라면 근로자를 몇 명 고용해야 하는가? 경기침체로 주당 임금이 200유로로 하락한다면 근로자를 몇 명 고용해야 하는가? (힌트: 한계생산물과 한계생산물 수입을 계산하라.) 답에 대해 설명하라.

03 한 양식장에서 생산된 물고기는 킬로그램당 5유로에서 완전탄력적 수요곡선을 보인다. 다음 표는 이 양식장에 관한 자료이다.

근로자 수	주당 생산된 물고기(kg)	MP_L	TR	MRP_L
0	0	–	–	–
1	20	–	–	–
2	60	–	–	–
3	100	–	–	–
4	150	50	–	–
5	–	–	–	350
6	–	–	1,500	–
7	–	60	–	–
8	410	–	–	–
9	–	40	–	–
10	–	–	2,400	–

a. 표의 빈칸을 채워라.

b. 이 양식장의 노동의 MRP_L을 다음 두 가지 방법으로 계산할 수 있음을 밝혀라.

(1) 근로자 1명을 추가할 때 발생하는 총수입의 변화액

(2) 노동의 MP_L과 생산물 가격의 곱

c. 주당 임금이 240유로라면 근로자를 몇 명 고용해야 하는가? 그 이유를 간단히 설명하라.

d. 주당 임금이 290유로로 상승한다면 근로자를 몇 명 고용해야 하는가? 그 이유를 간단히 설명하라.

e. 양식장의 오염으로 물고기 생산량이 5% 감소했다. 이는 MP_L과 MRP_L에 어떤 영향을 미치는가? 주당 임금이 240유로라면 근로자를 몇 명 고용해야 하는가?

04 OECD의 자료에 따르면 오스트레일리아는 2013~2014년에 노동의 생산성이 증가했으나 동시에 실업도 증가했다. 장기에서는 노동생산성의 증가와 실업의 증가가 동시에 나타날 가능성이 적은 이유를 설명하라. 장기에서 노동생산성의 증가와 실업의 증가가 동시에 나타날 가능성이 있는 예를 들 수 있는가?

05 세계 2위의 사탕수수 생산국인 인도는 2015년 9월 몬순으로 사탕수수밭이 피해를 입어 사탕수수의 공급이 줄어들었다. 이러한 공급 감소가 다음 각 항목에 미치는 영향을 설명하라.

a. 설탕의 가격

b. 사탕수수 줄기를 자르는 근로자의 한계생산물

c. 사탕수수 줄기를 자르는 근로자의 수요

06 완전경쟁기업의 한계비용곡선은 이윤을 극대화하는 기업이 얼마나 생산해야 하는지를 알려준다. 노동의 한계생산물 수입 곡선은 이윤을 극대화하는 기업이 완전경쟁 노동시장에서 노동을 얼마나 고용해야 하는지를 알려준다. 이 두 가지 설명이 어떻게 연관되는지 설명하라.

07 소프트웨어 산업의 모든 고용주가 프로그래머와 웹디자이너의 재택근무를 허용한다고 가정하자. 이는 출퇴근 비용을 덜어주고 근로자가 시간을 더 효율적으로 사용할 수 있게 한다는 점에서 환영을 받았다. 그러나 얼마 후 고용주들은 프로그래머와 웹디자이너가 회사에 나와서 근무해야 생산성이 더 커진다고 판단하여 재택근무가 사라지게 되었다. 회사에서 근무하면 창의성이 향상되고 기업 환경이 근로자를 자극한다는 것이다. 소프트웨어 산업에서 일어난 이러한 변화가 노동시장에 미치는 영향을 설명하라.

08 오늘날 많은 근로자는 보다 유연한 근로 시간을 원하는 것으로 나타났다. 근로자는 유연한 근로 시간으로 혜택을 보는 것 같지만 기업에도 이득이 되는지는 확실치 않다. 노동생산성과 노동공급이라는 측면에서 기업이 근로자에게 유연한 근로 시간을 제공하려는 이유와 제공하지 않으려는 이유를 각각 세 가지 제시하라.

출처: Susan Hornbuckle, "2018: The Year of the Flexible Workforce," utahbusiness.com, March 8, 2018.

09 다음은 노동이라는 변동 생산요소만 사용하는 기업의 생산함수 그래프이다.

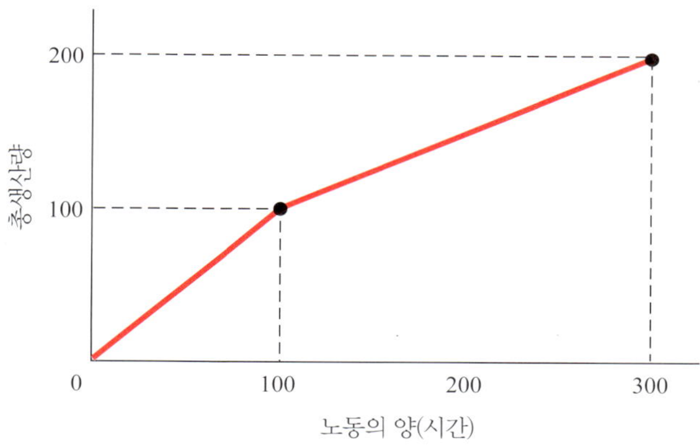

a. 노동의 한계생산물을 고용된 근로 단위(시간)의 함수로 나타낸 그래프를 그려라.

b. 생산물의 가격인 P_X가 단위당 6달러일 때 기업의 한계생산물 수입을 고용된 근로 단위의 함수로 나타낸 그래프를 그려라.

c. 시장의 균형임금이 시간당 4달러라면 얼마나 많은 근로 시간을 투입해야 하는가? 또한 얼마나 생산해야 하는가?

10 당신이 두 룸메이트와 함께 한 주택에서 살고 있다고 하자. 이 주택에는 넓은 잔디밭이 있어 잔디는 깎아야 한다. 바깥에서 일하기를 싫어하는 룸메이트 중 한 사람이 이웃집 아이에게 주당 40달러를 주고 잔디 깎는 일을 부탁하자고 제안했다. 잔디 깎을 사람을 어떻게 결정하겠는가? 이때 어떤 요소를 고려하겠는가? 이 경우의 상호 교환관계는 무엇인가?

11 크리스티아누 호날두(Cristiano Ronaldo)는 2018년에 레알마드리드에서 유벤투스로 이적하면서 1억 유로에 4년 계약을 체결했다. 2018년 유벤투스 선수들의 평균 계약금이 1,918만 유로였다면 호날드에게 이렇게 많은 돈을 지불하는 것을 어떻게 설명할 수 있는가?

출처: "Ronaldo Signs for Juventus from Real Madrid," Reuters, July 10, 2018; and "How Much Did Juventus and Real Madrid's Squads Cost to Put Together?" goal.com, 2018.

12 2017년에 구글의 CEO 순다르 피차이(Sundar Pichai)는 봉급, 보너스, 기타 보상금을 모두 합하여 1,333,557달러를 받았다. 한편 비영리단체인 야생동물보호협회(Wildlife Conservation Society)의 CEO 크리스티안 삼페르(Cristian Samper)는

1,320,978달러를 받았다. 비영리단체인 야생동물보호협회가 구글과 같은 영리 기업의 CEO가 받는 보상과 비슷한 수준의 보상을 CEO에게 주는 것을 어떻게 정당화할 수 있는지 설명하라.

출처: Salary.com and "Top Compensation Packages," Charitywatch.org.

13 토지의 수요는 파생수요이다. 모교 근처의 인기 있는 지역에서 토지의 수요를 결정하는 것은 무엇인가? 그 지역에 있는 기업은 어떤 제품을 판매하는가? 토지 가격과 그러한 기업이 판매하는 제품의 가격 사이에 어떤 연관이 있는지 설명하라.

14 앙골라의 한 광물 채굴 회사는 5개의 광산에서 구리를 캐내고 있다. 각 광산의 연간 생산량은 다음과 같다.

광산 1: 1,800만 파운드
광산 2: 1,100만 파운드
광산 3: 800만 파운드
광산 4: 500만 파운드
광산 5: 400만 파운드

이 회사는 몇 개의 광산을 운영해야 하는지 결정해야 한다. 5개 광산의 크기가 동일하고 각 광산의 연간 변동비용이 1,800만 달러라고 하자. 변동비용은 노동과 임대한 기계에 지불하는 비용이다. 구리의 평균 가격이 2014년에 파운드당 3.50달러였으나 2015년에는 파운드당 2달러로 떨어졌다. 이러한 변화는 이 회사의 결정에 어떤 영향을 미치는가? 이 회사의 노동의 수요에는 어떤 영향을 미치는가? 이 회사가 가지고 있는 토지 특허권에는 어떤 영향을 미치는가?

15 디즈니가 상하이에 테마파크를 만든다는 소문이 퍼져 2016년 상반기에 예상 부지의 가격이 급등했다. 이러한 토지 가격의 상승을 어떻게 설명할 수 있는가?

16 토지의 가격은 수요만으로 결정된다. 이 말의 의미를 설명하고 이를 나타내는 그래프를 그려라.

17 미국의 텍사스주 휴스턴은 미국에서 유일하게 토지 사용 제한법이 없는 도시이다. 이는 단독주택, 아파트, 쇼핑센터, 빌딩 등을 이웃하여 지을 수 있다는 의미이다. 휴스턴은 2008년 주택시장 위기 때 미국에서 가장 영향을 덜 받은 도시 중 하나이기도 하다. 2009년에 42,697개의 건축 허가를 내준 휴스턴은 미국에서 가장 건강한 주택시장을 가진 도시로 손꼽힌다. 토지 사용 제한법의 부재는 휴스턴이 건강한 부동산시장을 이루는 데 어떤 역할을 했겠는가?

출처: La Familia, "Zoning in on Zoning Laws," *El Gato*, June 2, 2010.

18 어떤 기업이 다음 공정 중 하나를 사용하거나 공정을 혼합하여 기즈모를 생산하고 있다고 하자. 각 공정에서 기즈모 1개를 생산하는 데 필요한 노동과 자본의 양은 다음과 같다.

	노동의 양	자본의 양
공정 1	5	2
공정 2	3	3
공정 3	1	6

a. 자본비용이 단위당 5달러, 노동비용이 단위당 3달러일 때 어떤 공정을 사용해야 하는가?

b. 생산량 $q = 25$, $q = 50$, $q = 100$에 대응하는 총변동비용곡선상의 세 점을 표시하라.

c. $q = 25$, $q = 50$, $q = 100$에서 이 기업은 각각 얼마만큼의 자본과 노동을 사용하는가?

d. 노동비용은 변함없이 단위당 3달러이고 자본비용이 단위당 7달러로 상승했을 때 (a)~(c)를 다시 풀라.

19 1980년 이후 미국은 소득 불균형이 극심해졌다. 미국 통계청에 따르면 상위 20%의 가구가 미국 경제의 전체 소득에서 차지하는 비중이 1980년 44%에서 2016년 51%로 상승한 반면 하위 20%의 가구가 차지하는 비중은 4.2%에서 3.1%로 하락했다. 한계생산물 수입과 관련된 논리를 사용하여 이러한 소득 분배의 변화를 설명하라. 첨단 기술이나 고숙련노동을 요하는 산업의 부상과 비숙련노동을 요하는 산업의 쇠퇴를 고려하라.

20 다음의 각 항목이 아스토리아공화국에서 전기 자동차를 생산하는 갈락티카의 자동차 생산 근로자의 수요에 어떤 영향을 미치는지 설명하라. 또한 자동차 생산 근로자의 임금에 어떤 영향을 미치는지 설명하라. 공급곡선과 수요곡선을 이용하라.

a. 할부로 새 차를 구매할 때 지불하는 이자율이 급격히 하락하여 새 차의 수요가 증가했다.

b. 아스토리아공화국 정부는 전기 자동차 구매 시 세금을 20% 감면해준다.

c. 아스토리아공화국의 경제가 휘청거리면서 실업률이 5%에서 15%로 상승했다.

d. 휘발유 가격이 30% 하락하여 전기 자동차의 수요가 감소했다.

21 시드니시의 시장은 초등교사 부족 문제를 해결하기 위해 초등교사에게 주택 보조금을 지급할 계획이다. 주택 보조금은 시드니시에 거주하는 초등교사의 생활비를 줄여줄 것으로 기대된다. 이러한 정책은 시드니시의 초등교사 고용에 어떤 영향을 미치는가?

22 어떤 기업의 현재 상황은 MRP_L = 75달러, MRP_K = 150달러, P_L = 50달러, P_K = 200달러이다.

a. 이 기업은 이윤을 극대화하고 있는가, 그렇지 않은가? 그 이

유는 무엇인가?

b. 만약 이윤을 극대화하지 않는다면 이 기업의 이윤을 증가시키기 위해 할 수 있는 일을 설명하라.

*23 다음 표는 한 완전경쟁기업에 관한 자료이고 이 기업의 제품은 단위당 2달러이다. 각 생산요소의 생산성은 다른 두 생산요소의 사용량과 무관하다고 가정한다.

a. 표의 빈칸을 채워라.

b. 노동이 단위당 4달러, 자본이 단위당 10달러, 토지가 단위당 80달러일 때 이윤 극대화를 위해 이러한 자원을 어떻게 배합해야 하는가? 한계생산물 수입을 이용하여 설명하라.

총 노동 사용량	총생산량	MP_L	TR ($)	MRP_L ($)	총 자본 사용량	총생산량	MP_K	TR ($)	MRP_K ($)	총 토지 사용량	총생산량	MP_A	TR ($)	MRP_A ($)
0	0				0	0				0	0			
1	12				1	20				1	100			
2	20				2	35				2	180			
3	26				3	45				3	240			
4	30				4	50				4	280			
5	32				5	52				5	300			
6	32				6	53				6	310			

경제학적 사고 키우기

01 극단적인 경우에 매우 높은 시간당 임금에서 임금이 더 상승하면 노동의 공급곡선이 우하향할 수 있다. 즉 임금이 상승하면 근로자가 일을 덜 한다. 이러한 행동과 일치하는 노동의 공급곡선을 그려라.

02 극단적인 경우에 매우 높은 시간당 임금에서 임금이 더 상승하면 노동의 공급곡선이 우하향할 수 있다. 즉 임금이 상승하면 근로자가 일을 덜 한다. 그 이유는 무엇인가?

3 더 어려운 문제는 별표(*)로 표시했다.

CHAPTER 11

생산요소의 수요: 자본시장과 투자 의사결정

목차와 학습목표

11.1 자본과 투자

자본과 투자의 개념을 이해한다.

11.2 새로운 자본의 수요와 투자 의사결정

새로운 자본의 수요와 투자 의사결정 과정을 이해한다.

11.3 자본시장

자본소득의 형태와 역할을 파악하고 자본시장과 주택담보시장의 기본 내용을 이해한다.

10장에서는 노동시장과 토지시장을 살펴보았으니 이제 자본시장을 살펴볼 차례이다. 노동시장과 토지시장에서 가구와 기업 간의 거래는 직접적이다. 노동시장에서 가구는 기업에 노동을 직접 공급하고 그 대가로 임금을 받는다. 토지시장에서 토지 소유자는 임대료를 받고 기업에 토지를 직접 임대하거나 합의한 가격에 직접 판매한다. 자본시장에서 가구는 기업이 실물자본을 구입하는 데 필요로 하는 금융자본을 간접적으로 공급한다. 예를 들어 가구가 은행 계좌에 저축을 하면 기업은 은행에서 돈을 빌려 필요한 실물자본을 구입한다.

시장경제에서 개인으로부터 기업으로 흘러 들어가는 자본의 이동은 매우 중요하다. 기업이 새로운 산업에 진입하거나 신제품을 생산하는 데에는 자본이 필요하다. 자본주의 시장경제에서 자본의 공급을 통해 어떤 기업을 지원할 것인가는 자신의 이득을 추구하는 민간인이 결정한다. 어떤 기업이 성공할지, 어떤 기업이 실패할지 미리 알 수는 없는 노릇이니 이러한 결정에는 위험이 따른다.

11.1 자본과 투자

학습목표

자본과 투자의 개념을 이해한다.

자본시장에 대한 분석을 시작하기 전에 기본적인 경제 원칙과 관련 개념을 몇 가지 살펴보자.

자본

모든 경제에서 가장 중요한 개념 중 하나는 **자본**(capital)이다. 자본(재)은 다른 재화와 서비스를 생산하는 데 사용되는 재화를 말한다. 자본은 시간이 지남에 따라 가치 있는 생산적인 서비스를 창출한다. 따라서 자본의 가치는 시간이 지남에 따라 자본이 가져다주는 서비스의 가치에 의해 결정된다.

자본 다른 재화나 서비스를 생산하는 데 사용되는 재화

자본의 수요와 공급을 다룰 때는 노동과 같은 생산요소를 다룰 때와 달리 두 가지를 더 살펴보아야 한다. 첫째, 자본은 한 기간에 구매하고 미래의 여러 기간에 걸쳐 제품을 생산하는 데 사용되므로 자본의 가치 측정은 조금 복잡하다. 둘째, 노동시장은 가구가 노동 서비스를 기업에 직접 공급한다는 점에서 직접적인 시장이지만 자본시장은 일반적으로 간접적인 시장이다. 기업이 자본재를 구입하는 데 필요로 하는 자금을 가구가 공급하는 과정은 흔히 금융 중계기관의 서비스를 통해 이루어진다. 이 장에서는 이러한 자본시장의 두 가지 측면을 살펴보려 한다.

유형자본 일반적으로 자본(재)은 기업이 사용하는 물리적 자본(실물자본)을 가리킨다. 이러한 **물리적 자본**(physical capital) 또는 **유형자본**(tangible capital)의 주요 범주에는 ① 비거주 구조물(예: 오피스 빌딩, 발전소, 공장, 쇼핑센터, 창고, 항만 시설), ② 내구 장비(예: 기계, 트럭, 컴퓨터, 샌드위치 만드는 그릴, 자동차), ③ 거주 구조물, ④ 기업이 보유한 생산물이나 생산요소(투입물)의 재고 등이 있다.

물리적 자본, 유형자본 재화나 서비스를 생산하는 데 사용되는 실물자본. 물리적 자본의 주요 범주에는 비거주 구조물, 내구 장비, 거주 구조물, 재고 등이 있다.

기업이 제품을 생산하려면 노동, 토지와 함께 유형자본이 필요하다. 한 레스토랑에 필요한 유형자본은 주방, 오븐과 그릴, 테이블, 의자, 식기, 조명 기구 등으로, 이러한 것은 레스토랑을 운영하기 전에 미리 구입해두어야 한다. 제조 회사는 공장, 특화된 장비, 트럭, 부품의 재고 등을 갖추어야 한다. 와인 생산업체는 술통, 대형 보관 창고, 배관 시설, 온도 유지 장치, 병입 기계 등을 갖추어야 한다.

소매 약국의 자본재는 대부분 재고품이다. 약국은 아스피린, 영양제, 파스, 칫솔 등을 생산하지는

않고 판매만 한다. 약국은 제약 회사로부터 제품을 구매하여 매장에 진열해놓는다. 제약 회사가 만들어 약국이 판매하는 제품은 편의품이다. 이 밖에도 다양한 제품을 창고에 보관해두고 매장에 진열하여 판매하는 일반 편의점도 노동, 토지, 자본을 사용하여 서비스를 생산한다. 제조 회사가 보유하고 있는 생산요소나 생산물의 재고 또한 자본이다. 소비자의 수요에 잘 대응하기 위해 자동차 회사는 많은 자동차 부품과 완성된 차를 재고라는 자본으로 가지고 있다.

아파트도 자본이다. 아파트는 오랜 기간에 걸쳐 가치 있는 주거 서비스를 제공하는 생산요소로 사용되고 있다.

사회적 자본, 사회기반시설 대중에게 서비스를 제공하는 자본. 대부분의 사회적 자본은 공공시설물(길, 다리 등)과 공공서비스(경찰 서비스, 소방 서비스 등)로 운영됨

사회적 자본: 사회기반시설 어떤 유형자본은 민간 기업이 아니라 정부나 공공기관이 소유하고 있다. **사회적 자본**(social capital) 또는 **사회기반시설**(infrastructure)이라고도 하는 자본은 대중에게 서비스를 제공한다. 고속도로, 길, 다리, 철도, 상하수도 등 대부분의 사회적 자본은 공공시설물로 운영된다. 경찰서, 소방서, 시청, 법원, 경찰차 등은 정부가 제공하는 서비스를 생산하기 위한 생산요소로 사용되는 사회적 자본이다.

모든 기업은 제품을 생산하는 데 사회적 자본을 이용한다. 한 국가의 사회적 자본은 민간 기업이 제품을 효율적으로 생산하는 데 매우 중요한 역할을 한다. 공공자본이 제대로 공급되지 않으면, 예컨대 도로나 공항이 교통량을 감당하지 못할 만큼 열악하면 효율적인 수송망에 의존하는 민간 기업의 생산에 차질이 생긴다.

무형자본 재화나 서비스의 생산에 기여하는 보이지 않는(비실물적) 자본

무형자본 자본에는 유형자본만 있는 것이 아니라 보이지 않는(비실물적) 자본도 있다. 기업이 제품의 브랜드 네임을 확립하기 위해 광고에 투자한다면 영업권(good will)이라는 **무형자본**(intangible capital)을 생산하는 것이다. 영업권은 여러 기간에 걸쳐 기업에 가치 있는 서비스를 제공한다.

인적자본 교육이나 훈련을 통해 근로자가 습득하는 지식, 기술 등의 무형자본으로, 시간이 지남에 따라 기업에 매우 가치 있는 서비스를 제공함

기업이 근로자 훈련 프로그램을 운영하고 있다면 근로자의 기술에 투자하는 것이다. 이러한 투자로 생산되는 무형자본인 **인적자본**(human capital)은 노동(강사)과 실물자본(강의실, 컴퓨터, 프로젝터, 책)에 의해 생산된다. 보다 새롭고 더 나은 기술의 형태로 나타나는 인적자본은 생산요소의 하나로서 기업에 매우 가치 있는 서비스를 제공한다. 경제학 공부를 한다는 것은 독자의 인적자본을 증가시키는 것이다.

생산비용을 낮추는 새로운 생산공정이나 신제품을 만드는 새로운 공식과 같은 가치 있는 결과를 창출하는 신기술도 자본재이다. 이러한 것에 대한 지적재산권은 특허를 받거나 판매할 수도 있다.

신경제를 가져온 많은 스타트업 기업은 인터넷 기술의 발달과 함께 성장했다. 이러한 닷컴과 이커머스 회사는 일반적으로 유형자본이 얼마 되지 않고 대부분의 자본이 근로자의 기술과 지식, 즉 인적자본이다.

자본스톡 기업이 보유하고 있는 공장, 장비, 재고, 무형자산 등으로, 이러한 것의 현재 시장가치로 측정됨

자본의 측정 노동은 시간으로 측정되고 토지는 측정 단위당 면적으로 측정된다. 자본은 아주 다양한 형태로 존재하기 때문에 자본을 물리적인 단위로 직접 측정하기는 불가능하다. 간접적으로 자본을 측정하는 일반적인 방법은 현재의 시장가격으로 측정하는 것이다. 한 기업이 지닌 **자본스톡**(capital stock)을 측정하는 방법은 그 기업의 공장, 장비, 재고, 무형자산의 현재 시장가치를 측정하는 것이다.

자본은 현재의 양(stock), 즉 자본스톡으로 측정되는데, 이는 어떤 시점을 기준으로 측정된다는 것을 의미한다. 미국 상무성의 통계에 따르면 미국의 자본스톡은 2013년 현재 약 50조 9,000억 달러이다. 이 중 12조 9,000억 달러가 연방정부, 주정부, 지방정부 소유이고 나머지 38조 달러 중 17조 4,000억 달러가 거주 자본, 20조 6,000억 달러가 비거주 자본이다.

자본스톡을 화폐의 가치로 측정하기는 하지만 실물 자본스톡을 생각하는 것이 중요하다. 경제학에서 자본에 대해 말할 때는 채권, 주식과 같은 금융자산이나 화폐를 의미하는 것이 아니라 기업의 공장, 장비, 재고, 무형자산을 가리킨다.

11.2 새로운 자본의 수요와 투자 의사결정

학습목표

새로운 자본의 수요와 투자 의사결정 과정을 이해한다.

노동과 토지의 수요가 파생수요라는 것을 상기하라. 기업은 단순히 소유를 목적으로 공장이나 기계와 같은 자본을 가지고 있는 것이 아니라, 가구에 판매하여 이윤을 얻을 수 있는 재화를 생산하는 데 사용하기 위해 자본을 가지고 있다. 자본을 사용하여 만드는 재화의 수요가 클수록 자본의 수요도 커진다.

어떤 의미에서 기업은 노동을 고용하듯이 시간당 일정한 임대료를 지불하면서 자본을 고용하는 셈이다. 이러한 임대료를 r로 표시한다. 이렇게 생각하면 노동에 대한 기업의 수요를 알아내는 것과 같은 방법으로 자본에 대한 기업의 수요를 알아낼 수 있다. 자본이 사용되는 시간당 자본의 한계생산물(MP_k)과 생산물의 가격(P_x)을 곱하면 다음과 같이 **자본의 한계생산물 수입**(marginal revenue product of capital)을 구할 수 있다.

자본의 한계생산물 수입 다른 것들이 일정할 때 기업이 자본 1단위를 더 사용함으로써 얻는 추가 수입

$$MRP_k = MP_k \times P_x$$

생산물의 가격이 주어졌을 때 자본의 한계생산물 수입은 자본 1단위(예: 1시간)에 대한 가치를 알려준다. 다른 생산요소의 사용량이 고정되어 있다면 노동과 마찬가지로 자본의 투입량이 증가할수록 생산에서의 수확 체감 현상에 의해 자본의 한계생산물 수입이 감소한다.

기업이 얼마나 많은 자본을 필요로 하는지는 자본의 가격에 따라 달라진다. 자본을 시간당 일정한 금액(r)으로 임대하는 경우, 자본의 한계적 가치(MRP_k)가 임대료(r)보다 크면 기업은 자본을 필요로 할 것이다. 따라서 기업은 다음과 같은 균형에 도달할 때까지 자본의 수요를 계속 증가시킬 것이다.

$$MRP_k = r$$

이는 노동의 수요를 분석할 때와 정확히 같은 설명이며, 따라서 단기에서 기업의 자본에 대한 수요곡선은 우하향한다.

위의 경우 기업은 자본을 단위당(시간당) 임대료를 기준으로 고용한다. 기업은 일부 자본을 이러한 형태로 사용하는 한편 공장이나 기계를 구입하여(자본에 투자하여) 자본을 사용한다. **투자**(investment)는 특정 시점을 기준으로 측정되는 기존의 자본스톡에 추가되는 새로운 자본이다. 즉 어떤 기간에 걸쳐 추가되는 자본을 말한다. 기업은 미래에 이윤을 내는 생산물을 생산할 수 있으리라는 기대로 현재 투자를 한다. 이제 기업의 자본투자 의사결정을 살펴보자.

투자 기존의 자본스톡에 새로운 자본을 추가하는 것. 자본의 크기는 특정 시점을 기준으로 측정되지만 투자는 어떤 기간에 걸쳐 측정됨

어떤 기업이 새 기계를 구입하기 위해 100만 달러를 투자할지 고민 중이다. 설명을 간단히 하기 위해 기계의 수명이 10년이고, 경영진은 이 기계로 10년 동안 예상 추가 판매량을 생산할 수 있어 매년 10만 달러의 현금 수입이 증가할 것으로 기대한다. 이 기업은 새 기계를 구입해야 하는가?

이자 돈을 사용하는 것에 대한 대가로 지불하는 비용 또는 돈을 빌려주는 대가로 받는 수입

이 문제는 앞의 문제와 다른 측면이 있다. 기계에 대한 투자는 오늘의 일이지만 그것이 기업에 창출하는 가치는 미래의 여러 해에 걸친 일이다. 지금부터 5년 뒤, 10년 뒤에 받는 돈은 동일한 금액이라 하더라도 오늘의 가치와 다르다. 오늘 돈을 투자하면 이자를 받을 수 있기 때문이다. 내년의 돈을 오늘 투자할 수는 없다. 지금 그 돈을 가지고 있지 않으니 말이다. **이자**(interest)는 돈을 사용(임대)하는 것에 대한 대가로 지불하는 비용이다. 아파트를 빌릴 때 임대료를 지불하듯이 돈을 빌릴 때도 임대료를 지불하는 것이다. 독자는 저축과 차입이라는 은행과의 거래에 따르는 이자에 대해 익히 알고 있을 것이다. 투자 의사결정을 살펴볼 때는 돈이 나가고 들어오는 시기를 고려해야 한다.

x달러가 벌어들이는 연이자율이 r이라고 하면 오늘 x달러의 1년 후 가치는 다음과 같을 것이다.

$$(x)(1 + r)$$

이 공식으로 1년 후 받는 x달러의 가치를 알 수 있다. 1년 후 x달러를 받기 위해 오늘 저축(투자)해야 하는 금액은 다음과 같다.

$$\frac{x}{(1 + r)}$$

이 금액을 1년 동안 투자하면 1년 후 정확히 x달러를 받을 수 있다. 달리 말해 1년 후 받는 x달러의 오늘(현재) 가치는 $x/(1 + r)$ 달러밖에 되지 않는다. 따라서 2년 후 받는 x달러의 오늘(현재) 가치는 $x/(1 + r)^2$ 달러이다. 2년 후 x달러를 받으려면 오늘 $x/(1 + r)^2$ 달러를 투자해야 하기 때문이다. 일반적으로 t년 후 받는 x달러의 **현재가치**(present value, *PV*) 또는 **현재할인가치**(present discounted value, *PDV*)는 $x/(1 + r)^t$ 달러이다. 더 먼 미래일수록 발생하는 미래 일정 금액의 (현재)가치는 더 작아진다.

현재가치(*PV*), 현재할인가치(*PDV*) 미래에 발생하는 현금흐름의 현재가치로, 미래에 발생하는 현금을 이자율(할인율)로 할인하여 구함

앞의 예에서 100만 달러의 투자로 인한 매년 현금흐름 10만 달러의 현재(할인)가치는 이자율이 10%일 때 고작 614,000달러이다. 따라서 100만 달러(새 기계 구입)를 투자하여 10년 동안 매년 10만 달러(총합 100만 달러)를 가져다주는 투자는 100만 달러로 10년 동안 벌 수 있는 이자를 고려하면 바람직하지 않은 투자이다.[1]

기업은 새로운 자본에 투자할지 말지 결정하기 위해 어떤 원칙을 사용해야 하는가? 현재의 비용과 수입을 비교해보아야 한다. 어떤 투자로 얻게 되는 모든 미래 현금흐름의 현재가치가 투자비용보다 크면 투자를 해야 한다는 것이 투자의 판단 기준이다. 한 생산요소를 얼마나 투입할지 판단할 때 노동의 한계생산물 수입(MRP_L)과 그 비용(임금)을 비교하고, 자본이라는 생산요소를 얼마나 투입할지 판단할 때도 자본의 한계생산물 수입(MRP_k)과 그 비용을 비교한다는 기본 개념이 이 경우에도 적용된다. 다만 자본의 비용이 현재의 투자액으로 한 번에 발생하며, 자본이 가져다주는 수입인 자본의 한계생산물 수입은 여러 기간에 걸쳐 발생하는 것만 다를 뿐이다.[2] 따라서 화폐의 시간적

1 역자 주: $100,000/(1 + 0.1) + $100,000/(1 + 0.1)^2 + $100,000/(1 + 0.1)^3 + $100,000/(1 + 0.1)^4 + $100,000/(1 + 0.1)^5 + $100,000/(1 + 0.1)^6 + $100,000/(1 + 0.1)^7 + $100,000/(1 + 0.1)^8 + $100,000/(1 + 0.1)^9 + $100,000/(1 + 0.1)^{10} = $614,000

가치(time value of money)를 주의 깊게 살펴보아야 한다.

기대하기

자본의 핵심 요소는 시간이다. 자본은 미래의 여러 기간에 걸쳐 유용한 서비스를 생산한다. 예를 들어 오피스 빌딩을 짓는 개발업체는 수십 년간 효과를 얻는 투자를 하는 것이다. 공장을 짓는 제조업체는 오랫동안 사용되는 자본을 구입하기 위해 많은 자금을 투자하는 것이다. 빌딩을 지을 것인가, 어떤 장비를 구입할 것인가에 관한 의사결정은 실제로 그것이 실행되기 전에 이루어진다. 개인사업용 컴퓨터를 구입하는 데에는 며칠밖에 걸리지 않지만 대도시의 개발 계획을 실행하는 데에는 수십 년이 걸리기도 한다. 우리는 미래에 발생할 수입의 가치를 구할 때 할인이라는 방법을 통해 시간을 고려해야 한다는 것을 이미 확인했다. 한편 수입이 미래에 발생한다는 것은 미래에 대해 확실히 모르기 때문에 자본투자가 위험하다는 것(불확실하다는 것)을 의미한다.

위험을 고려한 투자의 기대(예상) 혜택 자본투자로 얻는 혜택을 계산하기 위해 의사결정자는 미래에 어떤 일이 일어날 것으로 예상되는지 알아야 한다. 새로운 공장에서 더 많은 양을 생산·판매하여 이윤이 증가한다면 가치가 있다. 하지만 경제가 침체에 빠지고 소비자가 해당 기업의 제품을 선호하지 않는다면 똑같은 공장이라 하더라도 가치가 없다. 테슬라의 성공은 전기 자동차에 대한 소비자의 기호뿐만 아니라 미국 정부의 에너지 정책에 달려 있다. 투자 판단에는 해당 투자가 가져다 줄 것이라고 예상되는 미래의 서비스 흐름에 대한 투자자의 평가가 포함된다.

제너럴일렉트릭(General Electric, GE)의 한 임원은 미래에 대한 예측에 따르는 어려움을 토로한 바 있다. GE는 여러 경기 예측 서비스 회사로부터 정보를 얻는다. 1980년대 초에 이러한 회사들은 향후 10년간 신축 주택의 수가 매년 적게는 40만 채에서 많게는 400만 채에 달할 것이라는 정보를 GE에 알려주었다. GE는 집, 콘도, 아파트를 짓는 건설업체에 전기 제품을 판매하기 때문에 경기 예측이 매우 중요하다. 만약 높은 수치가 더 정확하다고 판단한다면 GE는 추가 수요에 대비하여 새로운 공장과 장비를 마련하는 데 수십억 달러를 지출해야 했다. 반대로 낮은 수치가 더 정확하다고 판단한다면 공장 몇 개를 폐쇄해야 했다. 결국 GE는 중간을 택하여 신축 주택이 150만~200만 채일 것이라고 가정했으며 실제로도 그렇게 나타났다.

이는 예외적인 경우가 아니다. 모든 기업은 합리적 투자와 생산 결정을 위해 예측을 해야 하지만, 사전에는 알 수 없는 수많은 사건이 영향을 미치기 때문에 예측은 정확한 과학이 아니다. 투자를 할 때 기업은 기대(예측)했던 것과 미래에 나타나는 것이 상당히 다를 수도 있다는 위험에 직면한다.

그렇다면 기업은 투자 의사결정을 할 때 이러한 불확실성(위험)을 어떻게 반영하는가? (현재)가치를 구하기 위해 미래의 현금흐름을 할인하는 것에 대해 다시 살펴보자. 현재 1달러의 가치가 미래 1달러의 가치와 다르다는 것을 설명하기 위해 할인이라는 방법을 사용했는데, 위험을 반영하는 데에도 이 방법이 사용된다. 투자의 기대수익이 상당히 불확실할 때 기업은 **위험 프리미엄**(risk premium)을 추가한 더 높은 할인율을 사용하여 투자의 가치를 판단한다. 위험의 크기를 반영하여 할인율을 높이면 더 위험한 투자의 (현재)가치는 그보다 덜 위험한 투자의 (현재)가치보다 작아진

위험 프리미엄 미래 현금흐름의 위험(불확실성)을 보상받기 위해 투자자가 추가로 요구하는 수익(률)

---

2 역자 주: 투자도 여러 기간에 걸쳐 이루어질 수 있다. 이 경우에도 여러 기간에 걸쳐 투자된 금액의 현재가치를 모두 합하면 전체 투자액의 가치를 얻을 수 있다.

다. 새로운 모험적인 기업들이 투자자로부터 투자를 유치하려는 경우에는 이러한 모험적인 기업들의 사업이 가진 높은 위험(높은 불확실성)이 할인율의 위험 프리미엄에 반영되어 이들 기업이 예상하는 미래의 현금흐름을 매우 높은 할인율로 할인하여 그 투자의 가치를 구한다.

비용과 기대수익의 비교

통상적으로 기업은 여러 가지 자본투자를 고려하며, 각 투자가 가져다줄 것으로 기대되는 미래 수익을 위험이 반영된 할인율로 할인하여 미래 수익의 (현재)가치를 구한다. 그런 다음 표 11.1과 같이 수익률의 순서대로 투자안을 나열한다.

기대수익률 한 자산으로부터 예상되는 평균 수익률

내부수익률 한 투자의 순현재가치[투자로 기대되는 미래 현금흐름의 현재가치에서 현재비용(현재투자액)을 뺀 것]를 0으로 만드는 할인율

선택 가능한 투자안을 제시한 표 11.1은 위험이 반영된 할인율로 미래 수익을 할인한 투자안의 현재할인가치 대신 각 투자안의 **기대수익률**(expected rate of return) 또는 각 투자안 자체의 수익률인 **내부수익률**(internal rate of return)을 보여준다. 투자안의 내부수익률은 어떤 투자로 기대되는 미래 수익(미래 현금흐름)의 현재가치와 그 투자안의 현재비용이 같아지게 만드는 할인율이다. 이렇게 구한 각 투자안의 내부수익률을 그 투자를 위한 자금을 빌리는 데 지불하는 실제 비용과 비교한다. 기업은 기대수익률(내부수익률)이 자본의 차입비용(자본비용)보다 큰 투자안을 선택한다.

그림 11.1은 시장의 다양한 차입이자율에서 기업이 선택할 수 있는 총투자액을 나타낸 그래프이다. 차입이자율이 24%라면 기업은 투자안 A(새 컴퓨터 네트워크)에만 투자해야 하며, 투자안 A의 기대수익률은 25%이다. 이 경우 기업의 총투자액은 40만 달러이다. 그림 11.1의 첫 번째 붉은 수직선은 차입이자율이 20~25%일 때 투자안 A에만 40만 달러를 투자해야 한다는 것을 보여준다.

차입이자율이 18%라면 기업은 투자안 A와 B에 투자할 것이며, 이때 총투자액은 300만 달러(40만 달러 + 260만 달러)이다. 투자안 A와 B의 기대수익률(내부수익률)은 각각 25%, 20%이고, 이는 차입이자율 18%보다 높다. 이 기업이 7개의 투자안에 모두 투자하는 경우는 차입이자율이 5%보다 낮을 때이다.

표 11.1과 그림 11.1은 차입비용(차입이자율)의 함수로 표현되는 새로운 자본에 대한 기업의 수요를 알려준다. 모든 기업의 투자수요 표를 합하면 한 경제 전체의 자본에 대한 수요를 알 수 있다. 즉 다른 수요곡선과 마찬가지로 자본의 시장수요곡선은 한 경제에 있는 개별 자본의 수요곡선을 모두 합한 것이다(그림 11.2 참조). 한 경제의 투자수요 표는 그 경제에 존재하는 모든 투자 기회를 기대수익률 순서로 나열한 것이라고 생각할 수 있다. 경제 전체적으로 보면 시장이자율(차입이자율)보다 기대수익률이 높은 투자안만 채택될 것이다. 따라서 시장이자율이 낮아지면 채택되는 투자

표 11.1 가상 기업의 잠재적 투자안과 각 투자안의 기대수익률(내부수익률)

투자안	총투자액($)	기대수익률(%)
A. 새 컴퓨터 네트워크	400,000	25
B. 새 공장	2,600,000	20
C. 새 판매 매장	1,500,000	15
D. 자동 청구서 발송 시스템	100,000	12
E. 새 트럭 10대	400,000	10
F. 광고 캠페인	1,000,000	7
G. 구내식당	100,000	5

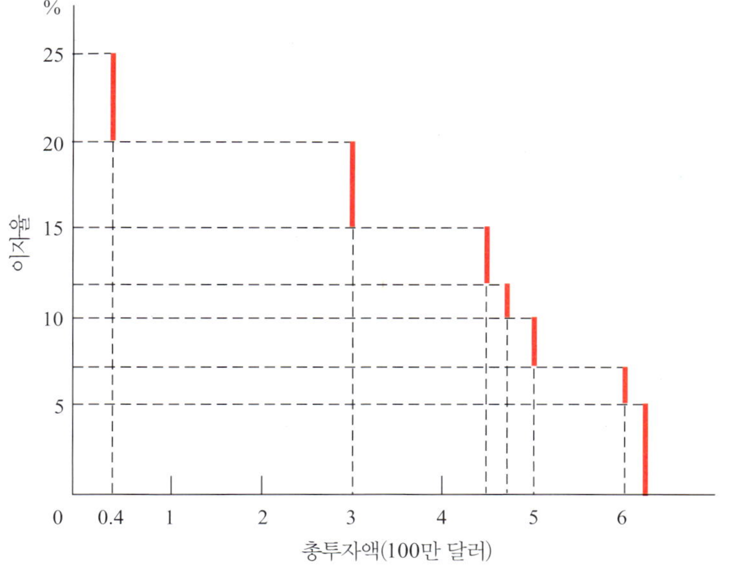

그림 11.1 시장이자율의 함수인 총투자액
새로운 자본에 대한 수요는 이자율에 따라 달라진다. 기업은 이자율이 높을 때보다 낮을 때 새 공장과 설비에 투자하려고 할 것이다. 이는 각 투자안의 직접비용(대출이자) 또는 기회비용(대체투자의 가치)이 이자율에 따라 달라지기 때문이다.

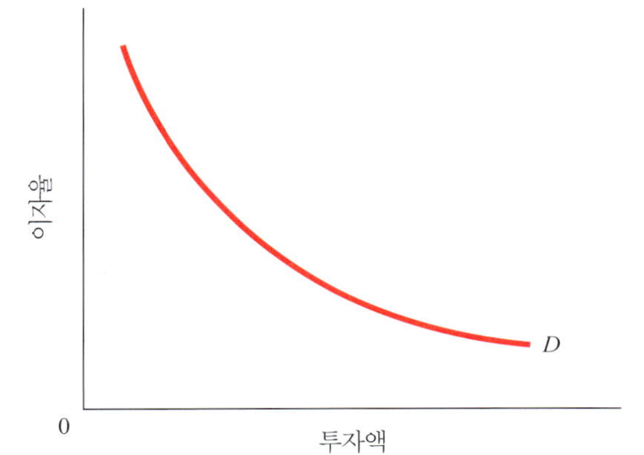

그림 11.2 투자의 수요곡선
낮은 이자율은 한 경제의 투자를 촉진하고, 높은 이자율은 한 경제의 투자를 위축시킨다.

안이 더 많아진다. 이는 다른 조건이 동일할 때 경제 전체의 이자율이 낮아지면 경제 전체의 투자가 증가한다는 것을 말해준다.

투자수요곡선에 대해 기억해야 할 핵심은 투자수요곡선의 모양이나 위치가 투자 의사결정을 하는 기업의 기대에 따라 달라진다는 것이다. 기업의 기대에 영향을 미치는 요인은 다양하면서도 매우 변동적이다. 따라서 낮은 이자율이 투자를 촉진하고 높은 이자율이 투자를 위축시키겠지만 이 밖에도 측정 및 예측이 어려운 많은 요인이 한 경제 전체의 투자액 크기에 영향을 준다.

투자안의 내부수익률(IRR)을 차입이자율(r)과 비교하여 IRR $>$ r인 투자안을 선택하고, 또한 이 둘의 차이가 더 큰 것을 먼저 선택해야 한다는 투자 판단법을 기업 재무에서는 내부수익률(IRR)법이라고 부른다. 이는 현실에서 널리 쓰이는 투자 판단 기법이며, 하나의 투자안에 대해 선택 여부를 판단할 때는 전혀 문제가 없는 투자 판단법이다.

한편 투자안이 가진 순현가[미래 추가 수입의 현재가치 − (미래) 비용의 현재가치]가 양(+)인 투자안을 선택해야 하고, 또한 순현가가 더 큰 투자안을 선택해야 한다는 투자 판단법을 기업 재무에서는 순현가(net present value, NPV)법이라고 부른다. IRR법과 NPV법의 투자 판단 수익률(이윤율)로 판단할 것인가, 순수익금(이윤의 크기)으로 판단할 것인가의 차이이다.

IRR법과 NPV법은 하나의 투자안에 대해 그 투자 타당성(투자안의 선택 여부)을 판단하는 경우에는 항상 똑같은 판단을 한다. 그러나 투자액의 크기가 다르거나 투자의 회수 기간이 다른 투자안 중에서 더 좋은 것을 선택하는 경우에는 서로 다른 판단을 하는 경우가 있다. 예를 들어 15억 원을 투자하여 1년 뒤 수익률이 8%인 투자와 10억 원을 투자하여 1년 뒤 수익률이 10%인 투자를 비교해보자[두 투자안의 위험(불확실성)이 같고, 투자 수명도 1년으로 동일하며, 자본비용(이자율)도 연 2%로 동일하다고 하자].

- 15억 원을 투자하여 1년 뒤 얻는 순수입은 15억 원(8% − 2%) = 0.9억 원이다[순현가: 0.9억 원/(1 + 0.02) = 0.88억 원].
- 10억 원을 투자하여 1년 뒤 얻는 순수입은 10억 원(10% − 2%) = 0.8억 원이다[순현가: 0.8억 원/(1 + 0.02) = 0.78억 원].

NPV법은 15억 원짜리 투자가 더 좋다고 알려주고(0.88억 원 − 0.78억 원 = 0.1억 원을 더 얻음), IRR법은 단순히 수익률 10%가 수익률 8%보다 더 크기 때문에 수익률이 10%인 투자를 선택하라고 알려준다. 투자의 목적은 수익(이윤)의 크기를 극대화하는 것이지 수익률(이윤율)을 극대화하는 것이 아니다. 이렇게 볼 때 NPV법의 판단이 옳다고 할 수 있다.[3]

학습목표

자본소득의 형태와 역할을 파악하고 자본시장과 주택담보시장의 기본 내용을 이해한다.

11.3 자본시장

지금까지 기업이 자본에 대한 투자를 결정할 때 어떻게 생각하는지를 살펴보았다. 그렇다면 기업은 투자를 위한 금융자본을 어디서 구하는가? 우리는 순환도에서 기업이 사용하는 금융자본의 대부분을 가구가 공급한다는 것을 확인했다. 이러한 자본의 공급은 대부분 간접적으로 이루어지며, 가구가 공급하는 자금을 기업에 연결해주는 금융기관이 존재한다. 자금을 공급하는 가구와 자금을 필요로 하는 기업, 그리고 이들 사이에서 자금을 연결해주는 금융기관이 활동하는 곳을 통틀어 **자본시장**(capital market)이라고 한다. 자본시장을 실물자본(물리적 자본)시장과 구별하기 위해 **금융자본시장**(financial capital market)이라고도 부른다.

자본시장, 금융자본시장 자금을 공급하는 가구와 자금을 필요로 하는 기업, 그리고 이들 사이에서 자금을 연결해주는 금융기관이 활동하는 곳

정부나 가구도 어느 정도 자본투자에 대한 의사결정을 하지만 대부분의 자본투자는 투자의 생산성과 비용을 비교하여 투자 여부를 판단하는 기업이 한다. 그러나 기업은 투자에 필요한 자금을 마련하지 못하면 투자를 할 수 없다. 기업이 필요로 하는 자금을 직간접적으로 공급하는 것은 가구이다. 가구가 소득 중 일부를 소비하지 않고 저축하는 것이 바로 자본의 공급이며, 기업이 하는 투자는 자본의 수요가 된다. 다양한 금융기관은 가구와 기업의 중간에서 자본 공급과 자본 수요의 다리 역할을 한다.

이러한 시스템이 어떻게 작동하는지 간단한 예를 통해 살펴보자. 한 기업이 1,000달러짜리 기계를 구입하려고 하고, 동시에 한 가구가 소득 중 1,000달러를 저축한다고 하자. 그림 11.3은 가구의

3 역자 주: 원서에는 내부수익률법과 순현가법에 대한 설명이 없으나 독자의 이해를 돕기 위해 덧붙였다. 참고로, 표 11.1에서 차입이자율이 10%일 때 투자 가능 금액이 일정하다면(예: 460만 달러) 투자안 A, B, C, D의 순서로 고르는 것이 기대수익률을 가장 크게 하는 투자 선택이다. 이 경우에는 투자 금액이 460만 달러로 정해져 있기 때문에 투자수익률을 가장 크게 하는 것이 투자수익도 가장 크게 하는 것이다.

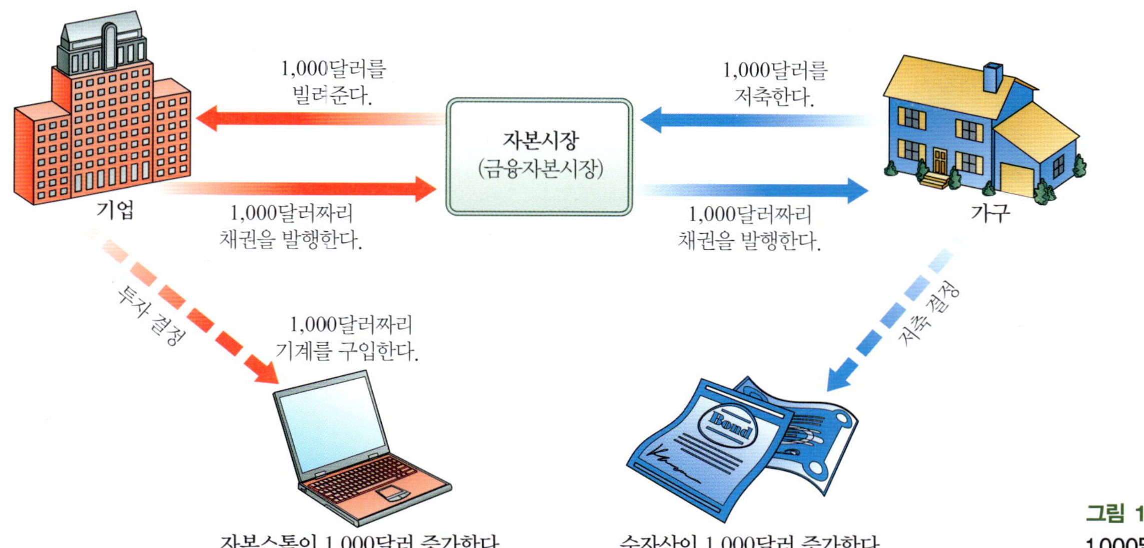

그림 11.3 1,000달러의 저축이 1,000달러의 투자가 되는 과정

저축 결정이 기업의 투자 결정과 연결되는 과정을 보여준다.

직접적으로 또는 금융 중계기관(은행 등)을 통해 가구는 자신의 돈(저축)을 기업에 빌려주는 데 동의한다. 이에 대해 기업은 매년 또는 약정한 기간마다 가구에 이자를 지불하는 계약을 체결한다. 이자는 차입자가 대여자에게 직접 지불하거나, 대여자의 저축으로 기업에 자금을 공급한 은행이 대여자에게 지불한다. 이자는 차입액이나 저축액의 퍼센트로 표시된다. 가구가 직접 기업에 자금을 공급하면 기업은 가구에 채권을 발행한다. **채권**(bond)은 기업이 차입한 돈을 미래의 특정 시점에 갚기로 약정하는 계약서이다. 채권에는 차입금을 갚을 때까지 기간마다 기업이 지급해야 하는 이자가 명시되어 있다.

채권 자금의 차입자가 대여자에게 미래의 특정 시점에 차입금을 갚기로 약정하는 계약서. 일부 채권은 1년에 1~2회 약정 이자를 지불함

가구의 1,000달러 저축은 가구의 부를 그만큼 증가시킨다. 가구의 순자산은 1,000달러만큼 증가하며, 이 1,000달러를 채권의 형태로 소유하게 된다.[4] 채권은 기업이 미래의 특정 시점에 이자와 함께 원금 1,000달러를 갚는다는 약속을 나타낸다. 기업은 새 기계를 구입하기 위해 1,000달러를 사용하는데, 이는 기업의 자본스톡을 그만큼 증가시킨다. 간단히 말해 가구는 기업이 원하는 자본을 공급한 것이다. 이는 가구가 기계를 구입하여 매년 일정한 사용료를 받고 기업에 빌려주는 것과 마찬가지이다. 이자를 받지 못하게 되어 있는 아랍권 국가에서는 실제로 이러한 방법으로 이자를 지급하기도 한다. 아마도 기업은 이러한 투자를 통해 가구로부터 빌린 원금과 그 이자를 갚고도 남을 만큼의 수입을 얻을 것이다.

가구의 저축과 기업의 투자는 금융기관의 매개 없이도 가능하다. 새로운 사업의 위험을 감수하고 이를 위해 기업을 조직하여 경영하는 사람을 기업가(entrepreneur)라고 한다. 기업가는 새로운 사업을 시작할 때 자신이 저축한 돈으로 자본재를 구입할 수도 있다. 이때 기업가는 자본의 수요자일 뿐만 아니라 공급자이기도 하며, 이러한 경우에는 제삼자가 개입하지 않는다. 그러나 대부분의 투자는 자금의 공급자(저축하는 가구)와 수요자(투자하는 기업)의 중간에 있는 은행, 보험 회사, 연금 기금과 같은 금융 중계기관의 중계를 통해 이루어진다.

4 가구의 저축이 가구의 부를 증가시키는 것이지, 채권을 매입하는 것이 가구의 부를 증가시키는 것은 아니다. 채권을 매입하는 것은 한 금융자산(화폐)을 다른 형태의 금융자산(채권)으로 전환하는 것일 뿐이다.

자본소득: 이자와 이윤

자본시장이 순환도의 어디에 있는지 확인했다. 자본시장은 가구의 저축이 가장 생산적인 투자로 이동하는 것을 돕는다. 기업이 자본재를 구입하는 데 사용하도록 저축을 빌려준 가구는 그 대가를 받으며, 이는 임금 이외의 수입이 된다. 이러한 수입은 가구가 벌어들인 돈을 소비하지 않고 다른 곳에 쓰이도록 빌려주는 대가로 받는 보상이다. 가구가 금융기관을 통해 저축을 다른 곳에 빌려줌으로써 얻는 소득을 **자본소득**(capital income)이라고 한다. 가구는 이자와 이윤이라는 형태로 자본소득을 얻는다.

자본소득 금융자본시장을 통해 유용한 용도에 사용되는 저축이 벌어들이는 소득

이자 가구가 얻는 자본소득의 가장 일반적인 형태는 이자이다. 간단히 말해 이자는 돈을 사용하는 것에 대한 보상으로 주는 금액이다. 은행은 예금주가 저축한 돈에 대해 이자를 지불하고, 그 저축액을 기업이나 다른 개인에게 빌려준다. 은행 또한 돈을 빌려가는 기업이나 개인으로부터 이자를 받는다.[5] 한편 기업은 채권을 매입한 가구에 이자를 지불한다. 또한 정부도 정부 채권을 발행하여 필요한 자금을 빌리고, 정부 채권을 매입한 사람들에게 이자를 지불한다.

이자율 차입액이나 저축액의 일정 퍼센트로 표시되는 지급액

이자율(interest rate)은 대개 차입액이나 저축액의 연간 퍼센트로 표시된다. 예를 들어 가구가 기업에 빌려주는 금액이 1,000달러임을 나타내는 1,000달러짜리 채권이 10%라는 고정이자율을 지불한다면 가구는 매년 100달러(1,000달러 × 0.10)의 이자를 받는다. 연간 이자율이 5%인 저축계좌에 1,000달러가 들어 있다면 은행은 연간 50달러의 이자를 지급한다. 한편 저축계좌를 가지고 있는 독자라면 지난 몇 년간 은행 이자율이 매우 낮다는 것을 알 것이다.

이자율은 자금을 빌려주거나 저축할 때 고정이자율로 결정되기도 하고, 차입자와 대여자의 동의하에 시장 상황에 따라 이자율이 기간마다 달라지는 변동이자율로 결정되기도 한다. 대여금에 대한 이자는 다양한 요인의 영향을 받는다. 더 위험한 곳에 투자되는 대여금은 위험이 적은 곳에 투자되는 대여금보다 더 높은 이자를 지급한다. 마찬가지로 신용도가 낮은 기업은 신용도가 높은 기업보다 높은 이자를 지급한다. 신용도에 관계없이 돈을 빌려주겠다는 금융기관의 광고를 본 적이 있을 것이다. 이는 그 금융기관이 돈을 갚지 못할 가능성이 큰 사람들에게도 돈을 빌려준다는 것을 뜻한다. 이는 곧 그 금융기관의 이자율이 매우 높다는 뜻이다.

일반적으로 미국 정부는 가장 안전한 차입자이다. 미국 정부는 재무부 장기채권이나 단기채권을 매입하는 사람들에게 확실히 돈을 갚고 이자도 지불한다는 약속을 하기 때문에 미국 정부가 돈을 갚지 않거나 이자를 지불하지 않을 것이라고 생각하는 사람은 거의 없다. 이러한 이유로 미국 정부는 어떤 차입자보다도 낮은 이자율로 돈을 빌릴 수 있다.

이윤 기업의 이윤(profit)을 영어로는 'net income'이라고도 한다. 이는 수입에서 생산비용을 뺀 것이라는 의미이다. 일부 기업은 개인이나 동업자들이 소유하며, 이들이 기업을 운영하여 벌어들인 이윤이 이들에게 돌아간다. 반면에 주식회사는 주주가 소유하고 있다. 그러나 주주는 주식회사의 경영 활동에 참여하지 않으며 이들이 뽑은 이사진이 기업을 운영한다. 주식회사의 주주는 그 주식회사가 채무를 갚지 못하더라도 자신이 그 주식회사의 주식에 투자한 금액보다 더 큰 금액을 잃지는

---

5 기업의 투자에 초점을 맞추고 있지만 가구도 투자를 할 수 있다. 가구가 하는 투자 중 가장 중요한 것은 주택 신축으로, 이 경우에는 대개 주택담보대출의 형태로 가구에 자금이 공급된다. 가구는 이미 지어진 주택을 구입할 때도 자금을 빌리는데, 이 경우에는 새로운 투자가 발생하지 않는다.

않는, 한정된 채무를 갖는다. 즉 주주는 해당 기업의 채무에 대해 무한책임을 지지 않는다.

보통주(common stock) 1주는 주식회사에 대한 소유 지분을 나타낸다. 마이크로소프트(Microsoft)는 시장가치가 7,090억 달러로 미국에서 가장 큰 주식회사 중 하나이다. 마이크로소프트가 발행한 주식은 70억 주가 넘으며 일반인, 마이크로소프트의 근로자, 연금기금, 기타 금융기관이 이를 소유하고 있다. 기업의 이윤 중 일부를 주주에게 지급하는 것을 **배당**(dividend)이라고 한다. 또한 주주에게 지불하지 않고 기업이 가지고 있는 나머지 이윤은 유보이익(retained earning)이라고 한다. 2017년에 90억 달러 이상의 회계상 이윤을 낸 마이크로소프트는 그중 일부를 주주에게 배당으로 지급했는데, 주당 배당액이 주식가격의 2%에 조금 못 미쳤다.

보통주 기업의 소유권에 대한 지분이 있는 주식으로, 어떤 기업의 보통주를 소유한 사람은 해당 기업의 이윤에 대해 일정한 청구권을 가짐

배당 기업이 이윤의 일부를 기간마다 주주에게 지급하는 것

이자와 이윤의 역할 자본소득은 여러 가지 역할을 한다. 첫째, 이자는 사람들이 만족감을 얻는 것을 뒤로 미루게 한다. 우리가 저축을 한다는 것은 지금 어떤 물건을 구입하여 만족감을 얻는 기회를 다음으로 미루는 것이다. 이자가 소비를 연기하는 것(현재의 소비를 참는 것)에 대한 보상이라는 시각도 있다.

둘째, 이윤은 혁신을 하거나 위험을 감수하는 것에 대한 보상이다. 많은 사람은 혁신과 위험 감수에 대한 보상이 미국이라는 자유 기업 시스템의 핵심이라고 주장한다. 혁신은 경제성장과 경제발전의 핵심 요소이다. 보다 효율적인 생산기술은 절약한 자원을 새로운 것을 만드는 데 사용할 수 있음을 의미한다. 그러나 이와 반대되는 의견을 가진 사람들도 있다. 자유 기업 시스템을 비판하는 사람들은 일부 기업이 가져가는 혁신의 보상이 너무 크며, 한쪽에 쏠리는 부와 권력은 사회가 추구하는 것과 거리가 멀다고 주장하기도 한다.

가구의 저축이 기업의 투자로 연결되는 다양한 방식

기업은 일정한 이자율을 명시한 채권을 가구에 매도하여 자금을 조달하고, 채권에 약정된 금액을 채권 소유자에게 지불한다. 그러나 그림 11.4에서 보듯이 가구의 저축이 기업의 투자로 흘러 들어가는 방식은 여러 가지이다.

투자안 A: 사업융자 주변을 둘러보니 장사가 잘되는 아이스크림 가게가 많이 있다. 하지만 누구보다도 아이스크림을 맛있게 만들 수 있다고 자신하는 나는 아이스크림 가게를 하기로 했다. 가게를 차리려면 아이스크림 제조 기계, 테이블, 의자, 냉동고, 광고판, 매장 등의 실물자본을 갖추어야 하고 이를 구입하기 위한 금융자본도 필요하다. 나는 살고 있는 집을 담보로 하여 은행에서 돈을 빌린다. 담보물을 확보한 은행은 낮은 이자율로 나에게 사업 자금을 빌려준다. 은행이 이렇게 돈을 빌려줄 수 있는 것은 다른 가구들이 은행에 저축을 하기 때문이다.

투자안 B: 벤처캐피털펀드 한 과학자가 유전자 접합 방법으로 만든 미생물을 이용하여 항바이러스 약품을 저렴하게 제조하는 방법을 개발했다. 이를 생산하는 사업은 12개월 내에 실패할 수도 있으나 성공하면 막대한 이윤을 얻을 수 있다.

이 과학자는 벤처캐피털펀드로부터 융자를 받기로 했다. 벤처캐피털펀드는 위험이 큰 사업에 자금을 투자하고 그 사업이 성공하면 이윤을 공유하는 것을 목적으로 하는 금융 회사이다. 벤처캐피털펀드는 다양한 벤처 사업에 투자하여 위험을 줄이고 있다. 이 경우에도 벤처 기업은 가구가 제공하

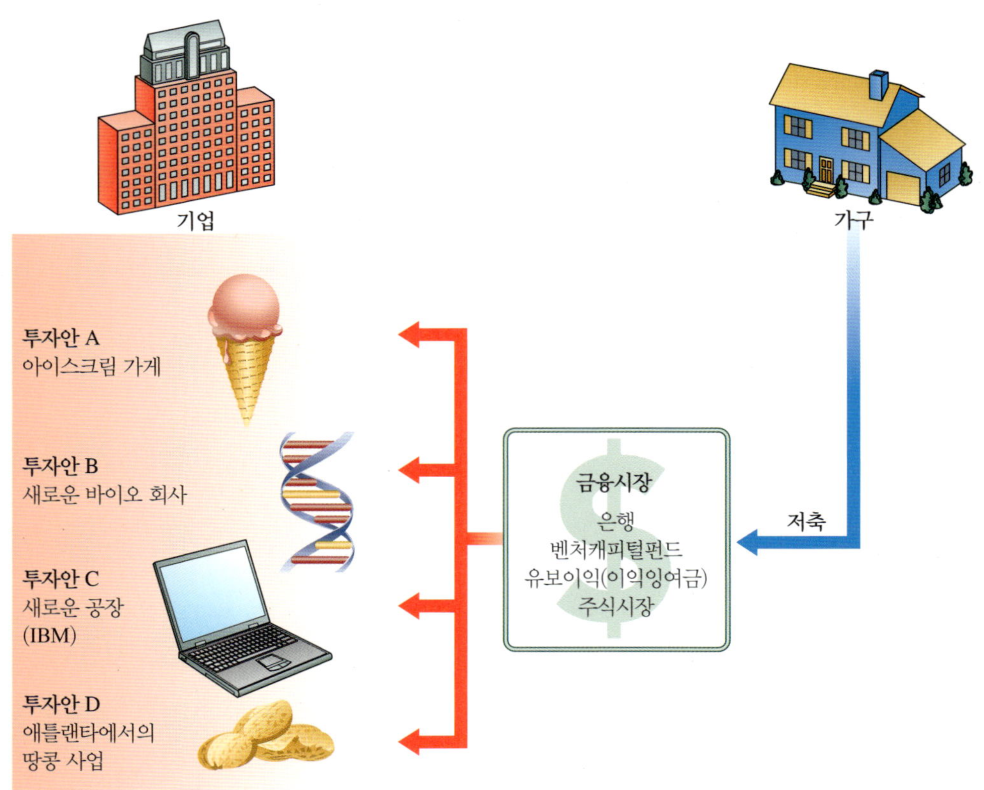

그림 11.4 가구의 저축이 기업의 투자로 이어지는 다양한 방식

는 자금으로 사업을 할 수 있다. 벤처캐피털펀드에 돈을 투자하여 지분을 가지고 있는 가구는 벤처기업이 성공하면 상당한 이윤을 얻게 된다.

투자안 C: 유보이익 예를 들어 새 공장을 지을 때 기업은 외부(금융시장)에서 조달한 자금이 아니라 자신의 자금을 사용하기도 한다. 즉 새로운 투자를 위한 자금을 기업이 가지고 있던 내부자금(유보이익, 이익잉여금)으로 조달하는 것이다. 그러나 그 결과는 기업이 가구의 저축으로 조성된 자금을 금융기관을 통해 사용하는 것과 동일하다. IBM이 배당을 지급하고 남은 이윤의 일부로 새 공장을 짓는 것은 주주의 묵시적 동의하에 이루어지는 일이며, 또한 그렇게 하는 것이 자신의 자금을 가장 잘 활용하는 방법이라고 판단했기 때문이다. 기업이 주주에게 배당을 지급하는 대신 자본재를 구입하는 데 이윤을 사용하면 그 기업의 총가치가 올라가고 주주가 보유한 주식의 가치도 올라간다. 새 공장에 투자함으로써 IBM의 자본스톡이 증가함에 따라 주주의 부도 증가하는 것이다.

가구가 보유한 주식의 가격이 오르면 그 상승분은 가구 소득의 일부가 된다. 가구가 주식을 팔아 소비하지 않는 한 가구는 상승분을 기업에 저축하고 있는 셈이다. 기업이 유보이익을 투자에 사용하는 것은 주주인 가구를 대신하여 저축을 하는 것과 마찬가지이다. 주주가 주식을 매입가격보다 높은 가격에 매도하여 얻는 이득을 **자본이득**(capital gain)이라고 한다.

자본이득 주식을 매입가격보다 높은 가격에 매도하여 얻는 이득

투자안 D: 주식시장 미국의 전직 고위 공무원이 애틀랜타에서 땅콩 가공 사업을 시작하기 위해 주식을 발행하여 필요한 자금을 조달하기로 했다. 가구는 소비하지 않고 남겨둔 소득으로 그 기업의 주식을 구매한다. 주식을 구매함으로써 가구는 땅콩 가공 기업이 얻는 이윤의 청구권에 대한 지분을 확보한다.

요약

01 시장 자본주의 경제에서는 가구의 저축이 기업의 투자로 연결된다. 가구의 저축과 기업의 투자를 연결해주는 활동은 자본시장에서 이루어진다.

02 자본(재)은 다른 재화와 서비스를 생산하는 데 사용되는 재화를 말한다. 자본은 시간이 지남에 따라 가치 있는 생산적인 서비스를 창출한다.

03 물리적 자본 또는 유형자본의 주요 범주는 비거주 구조물, 내구장비, 거주 구조물, 재고 등이다. 사회적 자본(사회기반시설)은 대중에게 서비스를 제공한다. 무형자본에는 인적자본과 기업의 영업권이 포함된다.

04 자본의 가장 중요한 특징 중 하나는 오랫동안 존재한다는 것이다. 자본의 가치는 자본이 가져다주는 오랜 기간에 걸친 서비스의 가치이다. 따라서 자본의 가치는 자본으로 인한 미래 수입을 할인하여 구한다.

05 한 기업의 자본스톡을 측정하는 일반적인 방법은 그 기업의 공장, 장비, 재고, 무형자산의 현재 시장가치를 측정하는 것이다. 그러나 자본이라고 할 때는 자본의 금전적 가치가 아니라 실제의 자본을 생각하는 것이 중요하다.

06 경제학에서 투자는 주식이나 채권의 매입을 의미하는 것이 아니라 새로운 자본을 만드는 것을 의미한다. 투자는 기존의 자본스톡에 새로운 자본을 추가하는 것으로, 어떤 기간에 걸쳐 측정되는 유량의 개념이다.

07 자본을 얼마나 사용할지 판단할 때 기업은 그 비용과 생산량의 증가로 얻는 수입을 비교한다. 자본의 한계생산물 수입은 자본의 가치를 나타내는 척도로, 자본의 한계생산물과 생산물(최종 제품)의 가격을 곱하여 구할 수 있다. 기업은 자본의 한계생산물 수입이 임대료와 같아질 때까지 자본을 사용한다.

08 자본의 구입 여부를 판단할 때 기업은 자본이 가져다줄 것으로 예상되는 미래 수입을 할인한 미래 가치의 현재가치를 파악해야 한다.

09 기업은 투자의 순현가(NPV)가 양(+)의 값이면 투자를 한다. 마찬가지로 투자의 내부수익률이 차입이자율보다 크면 투자를 한다.[6]

10 금융자본시장을 통해 유용한 용도에 사용되는 저축이 벌어들이는 소득을 자본소득이라고 한다. 자본소득의 중요한 두 가지 형태는 이자와 이윤(배당)이다. 이자는 자금의 차입자가 대여자에게 지불하는 사용료이다.

11 현대 산업 사회에서는 주로 기업이 투자 의사결정을 하고, 가구는 얼마나 저축할지를 결정한다. 장기적으로 볼 때 가구의 저축은 기업의 투자를 제한한다. 자본시장은 가구의 저축을 이윤을 내는 투자로 연결해주기 위해 존재한다.

핵심 용어

기대수익률(expected rate of return)
내부수익률(internal rate of return)
무형자본(intangible capital)
물리적 자본(physical capital)/유형자본(tangible capital)
배당(dividend)
보통주(common stock)
사회적 자본(social capital)/사회기반시설(infrastructure)
위험 프리미엄(risk premium)
이자(interest)
이자율(interest rate)
인적자본(human capital)
자본(capital)
자본소득(capital income)
자본스톡(capital stock)
자본시장(capital market)/금융자본시장(financial capital market)
자본의 한계생산물 수입(marginal revenue product of capital)
자본이득(capital gain)
채권(bond)
투자(investment)
현재가치(present value, *PV*)/현재할인가치(present discounted value, PDV)

6 역자 주: 순현가는 투자로 얻는 미래 추가 수입의 현재가치에서 자본에 들어가는 비용의 현재가치를 뺀 것이다. 어떤 투자의 순현가가 0보다 크면 내부수익률이 차입이자율보다 크다.

연습문제

01 다음의 각 항목을 자본재와 자본재가 아닌 것으로 구분하라.

a. 인명구조 훈련을 받고 적십자로부터 받은 자격증
b. 인도의 한 제지 공장
c. 영국 템스강에 있는 대형 선박
d. 한 개인이 신한은행의 통장에 넣어둔 저축액
e. 영국에 있는 자연사박물관
f. 삼성전자 주식 1,000주
g. 한강 인명구조대가 사용하는 자동차
h. 철물상에 있는 시멘트 한 포대
i. 10유로짜리 동전
j. 장충체육관

02 다음의 각 설명에 동의하는지, 동의하지 않는지 밝히고 그 이유를 설명하라.

a. 경제학에서 자본은 화폐나 재산 형태의 부를 말한다.
b. 인적자본은 근로자가 가진 기술이나 지식 등의 유형자본이다.
c. 사회적 자본은 대중에게 서비스를 제공하는 무형자본이다.

03 대학이 가지고 있는 자본스톡에 대해 설명하라. 그 가치를 어떻게 측정하겠는가? 모교는 최근에 중요한 투자를 했는가? 만약 그렇다면 그 투자에 대해 설명하라. 모교는 그러한 투자로 무엇을 얻으려 하는가?

04 당신이 프로 농구 선수가 되기 위해 열심히 훈련을 하고 있다고 하자. 프로 선수가 되면 경기당 약 100만 달러를 벌 수 있으나 프로 선수로 성공할 확률은 2% 미만이다. 한편 차선책은 기술 훈련을 받는 것으로, 기술자가 되어 매달 24,000달러를 벌 수 있는 확률은 80%이다. 어떤 투자안을 선택하겠는가? 그 이유는 무엇인가?

05 브라질의 에스텔라라는 회사의 이사진은 2020년에 시행할 다음과 같은 투자안을 받았다.

투자안	총비용($)	기대수익률(%)
아르헨티나 부에노스아이레스에 공장 건설	22,480,000	17
베네수엘라 카라카스에 공장 건설	16,550,000	9
리우데자네이루의 본사 건물 신축	6,450,000	13
새로운 물류 시스템 구축	8,000,000	12
새로운 물류 창고 건설	4,200,000	14
트럭 수송단 창설	3,650,000	11

이자율을 y축으로 하여 총투자를 이자율의 함수로 나타내라. 현재 브라질의 이자율은 12.5%이다. 에스텔라 이사진에게 어떤 투자를 하라고 권하겠는가?

06 2018년 2월에 홍콩의 한 오피스 빌딩이 6명의 투자자로 이루어진 컨소시엄에 51억 5,000만 달러에 판매되었다. 당신은 부동산 투자 회사의 임원으로서 이 빌딩에 관심이 있다고 하자. 당신이 가장 먼저 알고 싶은 것은 무엇인가? 어떤 요인에 대한 기대치를 알아야 한다고 생각하는가?

07 벤처캐피털펀드의 분석가인 애비게일은 새로운 벤처사업에 필요한 자금을 구하는 토머스를 만났다. 토머스는 소규모 공장용 태양광 전기 생산 설비를 만드는 사업을 하려고 한다. 토머스에게 자금을 대여할지 판단할 때 애비게일은 어떤 정보를 먼저 살펴보아야 하는가?

08 이자율을 y축, 투자액을 x축으로 하여 투자 수요곡선을 그려라.

09 다섯 자매가 꽃 도매 회사를 인수할 수 있는 기회를 잡았다. 자매는 각자 인수 자금으로 30만 달러를 내놓기로 했다. 꽃 도매 사업은 앞으로 몇 년간 매년 65만 달러의 수입을 올릴 것으로 예상된다. 또한 회사를 운영하는 데 드는 비용(투자에 대한 기회비용은 제외함)이 앞으로 몇 년간 매년 53만 달러가 발생할 것으로 예상된다. 현재 이 회사와 비슷한 위험을 가진 회사에 대해 자본시장이 요구하는 이자율은 9.25%이다. 자매가 꽃 도매 회사를 인수해야 할지 설명하라.

10 유럽중앙은행(European Central Bank, ECB)은 인플레이션을 관리하는 데 초점을 맞추고 있어 경제 상황에 따라 기준 이자율을 올리거나 내린다. 이자율을 올리거나 내리는 것은 한 경제의 투자에 어떤 영향을 미치는가?

11 가구의 저축이 기업의 투자와 연결되는 세 가지 예를 제시하라. 한 경제에서 투자가 중요한 이유는 무엇인가? 당신이 오늘 저축할 때 희생하는 것은 무엇인가?

12 인터넷에서 우대금리, 기업의 채권 수익률, 10년짜리 미국 정부의 채권 이자율을 조사하고 이것들이 다른 이유를 설명하라.

13 가구는 자본을 공급하고 기업은 자본을 필요로 한다는 말은 무슨 의미인가?

14 넷스케이프라는 기업이 주식시장에 상장하여 필요한 자금을 조달하려고 한다. 이 기업이 사업 융자를 받거나 밴처캐피털을 이용하거나 채권을 발행하지 않고 주식시장에 상장하여 자금을 확

보하려는 이유는 무엇인가? (힌트: 사업 융자, 밴처캐피털, 채권 발행의 한계나 단점을 알아보라.)

15 미국 정부가 발행하는 채권의 수익률(이자율)이 상승하면 투자자가 보유한 외국 화폐를 팔고(공급하고) 미국 달러를 구매함에 따라 다른 국가의 화폐에 비해 미국 달러의 가치가 올라간다. 투자자가 이러한 행동을 하는 이유는 무엇인가?

16 자금의 공급이 증가하면 이자율이 하락하고, 자금의 수요가 증가하면 이자율이 상승한다. 자금의 공급곡선을 오른쪽으로 움직이는 요인은 무엇인가? 이 경우에 시장의 균형이자율이 어떻게 변하는가? 자금의 수요곡선을 오른쪽으로 움직이는 요인은 무엇인가? 이 경우에 시장의 균형이자율이 어떻게 변하는가? 자금의 수요곡선과 공급곡선이 동시에 오른쪽으로 이동한다면 시장의 균형이자율이 어떻게 변하는가?

17 국내 기업을 몇 개 골라 각 기업의 주식 중 일반 가구가 보유하고 있는 비중, 기업 내부인이 보유하고 있는 비중, 국민연금이나 기타 대형 기금이 보유하고 있는 비중을 비교해보라. 다시 말해 기업의 주식을 보유하고 있는 주체의 주식 보유 비중을 살펴보라. 이를 통해 무엇을 알 수 있는가?

18 다음의 각 설명에 동의하는지, 동의하지 않는지 밝히고 그 이유를 설명하라.

a. 저축과 투자는 말만 다를 뿐 결국 동일한 것이다.

b. LG전자의 주식을 구매하는 것은 투자이고, 한국 정부가 발행하는 채권을 구매하는 것은 투자가 아니다.

c. 높은 이자율은 투자를 증가시킨다. 이는 투자가 더 높은 수익률을 가져다주기 때문이다.

19 갤럽(Gallup)은 미국 경제와 미국인의 주식 투자에 관한 자료를 매년 공개한다. 2001~ 2007년과 2008~2018년에 18~34세 미국인의 주식 투자 성향이 어떻게 달라졌는가? 소득, 성별, 교육 수준에 따른 변화에 초점을 맞추어 설명하라.

경제학적 사고 키우기

01 그림 11.2는 투자의 수요곡선을 보여준다. 만약 정부가 기업의 이윤에 대한 세율을 높인다면 이러한 세금 인상은 투자의 수요곡선에 어떤 영향을 미치는가?

02 경제가 확장하는 기간에는 일반적으로 자산의 가치가 상승한다. 이는 특별한 행동을 하지 않아도 가구의 부가 증가한다는 것을 의미한다. 이러한 상황은 가구의 저축에 어떤 영향을 미치는가? 다시 말해 가구의 부가 증가하면 가구는 저축을 늘리는가, 줄이는가?

CHAPTER 12

일반균형과 완전경쟁시장의 효율성

목차와 학습목표

12.1 수요 변화에 대한 시장의 조정
수요곡선의 이동과 그에 따른 일반균형을 이해한다.

12.2 배분적 효율성과 경쟁시장의 균형
경제적 효율성의 원칙을 이해한다.

12.3 시장실패의 원인
시장실패의 네 가지 원인을 파악한다.

12.4 시장 메커니즘의 평가
시장의 불완전성이 시장이 달성하려는 효율성을 어떻게 방해하는지 알아본다.

3~11장에서는 간단한 완전경쟁시장을 가정하고 경제의 의사결정 주체 중 가구와 기업이 생산요소시장과 생산물시장에서 서로 상호작용하는 것에 대해 살펴보았다(그림 II.1 참조). 기업과 가구는 생산물시장과 생산요소시장에서 각자 동시에 선택을 하기 때문에 두 시장이 서로 연결되어 있다. 또한 시장은 서로 관련이 있다. 기업은 자본시장과 노동시장에서 구매하면서 노동을 자본으로 대체할 수도 있고 자본을 노동으로 대체할 수도 있다. 또한 어떤 생산요소의 가격 변화는 다른 생산요소의 수요에 영향을 미친다. 마찬가지로 어떤 재화나 서비스의 가격 변화는 다른 재화나 서비스의 수요에 영향을 미친다. 한 재화의 가격이 하락하면 그 대체재의 수요가 감소하며, 이러한 변화로 가구의 실질소득이 증가하면 가구는 해당 재화를 더 많이 구입하거나 대체재가 아닌 다른 재화와 서비스를 더 많이 구입할 수 있다.

이러한 내용은 다음과 같이 요약된다.

생산요소시장과 생산물시장이 분리되어 각각 독립적으로 작동한다고 생각하면 안 된다. 개별 기업과 가구의 의사결정, 개별 시장의 기능을 이해하는 것도 중요하지만, 이것들을 종합하여 경제시스템 전체의 작동을 살펴보아야 한다.

우리는 시장과 의사결정 단위인 기업, 가구에 적용되는 균형이라는 개념을 알고 있다. 개별 시장에서는 수요와 공급이 균형가격을 결정한다. 완전경쟁기업은 시장가격이 한계비용과 같아질 때($P = MC$) 단기균형을 이룬다. 그러나 경쟁시장의 장기균형은 시장에 있는 개별 기업의 경제적 이윤이 완전히 제거될 때 달성된다. 가구는 각 재화에 지출한 화폐 단위당(달러당) 한계효용이 모두 동일할 때 효용을 극대화하는 소비 균형을 이루게 된다. 이러한 각 시장, 각 가구, 각 기업의 균형을 살펴보는 것을 **부분균형분석**(partial equilibrium analysis)이라고 한다.

부분균형분석 각 가구, 각 기업, 각 시장을 분리하여 각각의 균형 조건을 살펴보는 분석

일반균형 한 경제에 있는 모든 시장이 동시에 균형을 이루는 상황

한 경제에 있는 모든 시장이 동시에 균형을 이루는 상황을 **일반균형**(general equilibrium)이라고 한다. 한 시장의 균형을 깨뜨리는 사건이 발생하면 다른 시장의 균형도 깨질 수 있다. 그러한 사건이 초래하는 최종 결과는 모든 시장이 그 사건에 어떻게 반응하는가에 달려 있다. 따라서 분리된 한 시장의 조정 기능을 살펴보는 부분균형분석으로는 전체 그림을 확인할 수 없다. 어떤 재화에 대한 세금 인상이나 한 산업에서의 투자 지원과 같은 정부 정책의 변화로 인한 영향을 알고 싶을 때는 일반균형을 살펴보는 것이 매우 중요하다.

이 장의 전반부에서는 일반균형에 대해 설명할 때 실증경제학적 측면에서 살펴볼 것이다. 즉 결과에 대한 가치 판단을 하지 않고 시스템이 어떻게 작동하는지만 살펴본다. 이 장의 후반부에서 경제시스템에 대해 판단할 때는 실증경제학에서 규범경제학으로 방향을 전환하여 그 결과가 좋은지 나쁜지, 결과를 개선할 수 있는지와 같은 문제를 다룬다.

어떤 경제시스템의 성과를 판단할 때 맨 먼저 해야 할 일은 판단 기준을 정하는 것이다. 이 장에서는 효율성과 공평성(형평성) 또는 공정이라는 기준을 사용한다. 먼저 자원 배분의 **효율성**(efficiency)을 살펴본다. 다시 말해 우리가 가정하는 것이 모두 성립한다면 자유시장경제시스템은 사람들이 원하는 것을 최소의 비용으로 생산하게 만든다는 것을 살펴본다. 그러나 가정의 일부를 완화하면 자유시장경제는 효율적이지 않을 수 있다. 규제되지 않은 시장시스템에서 비효율성이 발생하는 원인은 여러 가지이다. 이 장의 마지막 부분에서는 시장의 비효율성을 교정하고 공정성을 달성

효율성 경제학에서 '효율성'은 '배분적 효율성'을 의미하는데, 이는 한 경제가 사람들이 원하는 재화를 최소의 생산비용으로 원하는 만큼 생산하는 것을 말함

하기 위한 정부의 잠재적 역할을 설명한다.

학습목표

수요곡선의 이동과 그에 따른 일반균형을 이해한다.

12.1 수요 변화에 대한 시장의 조정

모든 경제 중에서도 특히 시장경제는 매우 역동적이다. 수요가 오르락내리락하고 생산비용, 기술, 제품 가격이 변동한다. 이러한 변화가 개별 시장에 어떤 영향을 미치는지는 이미 살펴보았다. 그러나 시장은 서로 연결되어 있다. 자본이 한 시장에 흘러 들어가면 다른 시장에서 자본이 흘러나간다. 소비자가 기차를 이용한다면 이는 버스를 덜 이용한다는 것을 의미한다. 여기서는 시장들이 서로 어떤 영향을 미치는지 간단히 살펴보자.

시장이 어떻게 서로 연결되어 영향을 미치는지 쉽게 이해할 수 있도록 예를 들어보겠다. 2007년에 아마존(Amazon)은 킨들(Kindle)이라는 전자책 단말기를 처음 선보였다. 우리는 킨들의 가격과 품질 변화에 대한 잠재적 구매자의 반응을 살펴보는 부분균형분석을 해볼 수 있다. 그러나 아마존의 전자책 단말기 시장 진입과 가격 정책은 다른 시장에 영향을 미친다. 전자책은 일부 종이책을 대체한다. 따라서 킨들의 시장 진입과 그에 따른 가격 인하는 종이책의 수요곡선을 왼쪽으로 옮긴다. 종이책의 수요가 감소하면 서점을 통해 책을 판매하는 반스앤드노블(Barnes and Noble)과 같은 기업의 이윤이 줄어들거나 손실이 발생할 수 있다. 서점에 있는 종이책의 보완재인 다른 제품의 판매도 떨어질 수 있다. 많은 종이책은 인터넷에서도 판매되며 실제로 아마존에서 종이책을 구매하는 사람이 많다. 한편 종이책의 수요가 감소하면 배송 회사인 UPS도 타격을 입게 된다. 또한 종이책에는 종이가 사용되므로 종이책의 수요가 감소하면 종이의 수요가 감소함으로써 목재의 수요도 감소한다.

이야기는 여기서 그치지 않는다. 킨들의 가격을 책정할 때 아마존은 종이책 시장의 상황을 고려할 것이다. 만약 반스앤드노블이 수요 감소에 대해 가격 인하로 대응한다면 이는 아마존이 결정하려는 킨들의 최적 가격에 영향을 미칠 것이다. 종이의 수요 감소가 종이의 생산비용을 낮춘다면 종이책의 생산비용도 낮아져서 종이책의 가격이 낮아질 것이다. 아마존은 이러한 상황도 고려해야 한다. 일반균형분석에서는 최종 결과를 알아내기 위해 여러 산업(시장) 간의 연쇄적인 반응에 대해 모두 살펴보아야 한다.

그림 12.1과 같은 시장 간의 일반적인 연결 관계를 가지고 설명을 시작하려 한다. 한 경제에 X와 Y 시장이 있고 두 시장 모두 현재 장기균형 상태라고 가정하자. X 시장에서는 총생산량이 Q_X^0, 가격이 P_X^0이다. 이 시장에 있는 각 기업은 P_X^0가 자신의 한계비용과 같아지는 생산량인 q_X^0를 생산한다. 이 점에서 시장가격은 기업의 평균생산비용과 같고 기업의 경제적 이윤은 0이다. 이는 Y 시장도 마찬가지이다. 기업의 이윤이 0인 균형점에서 시장 Y의 균형가격은 P_Y^0이다.

이제 소비자의 기호 또는 인구의 연령 분포 등의 이유로 X의 수요곡선이 D_X^0에서 D_X^1로 이동했다고 하자. 이러한 수요곡선의 이동으로 X의 가격이 P_X^1로 상승한다. 소득이 증가하지 않은 상태에서 가구가 X를 더 많이 구매한다면 다른 재화를 덜 구매할 것이다. 이 경우에 다른 재화가 Y이다. Y의 수요가 줄어들어 Y의 수요곡선이 D_Y^0에서 P_Y^1로 이동한다.

X의 수요곡선이 오른쪽으로 이동함에 따라 X의 가격이 P_X^1로 오르며, 이윤을 극대화하는 기업은 생산량을 $q_X^1(P_X^1 = MC_X)$로 증가시킨다. 이제 X를 생산하는 기업은 이윤을 얻게 된다. 또한 Y의

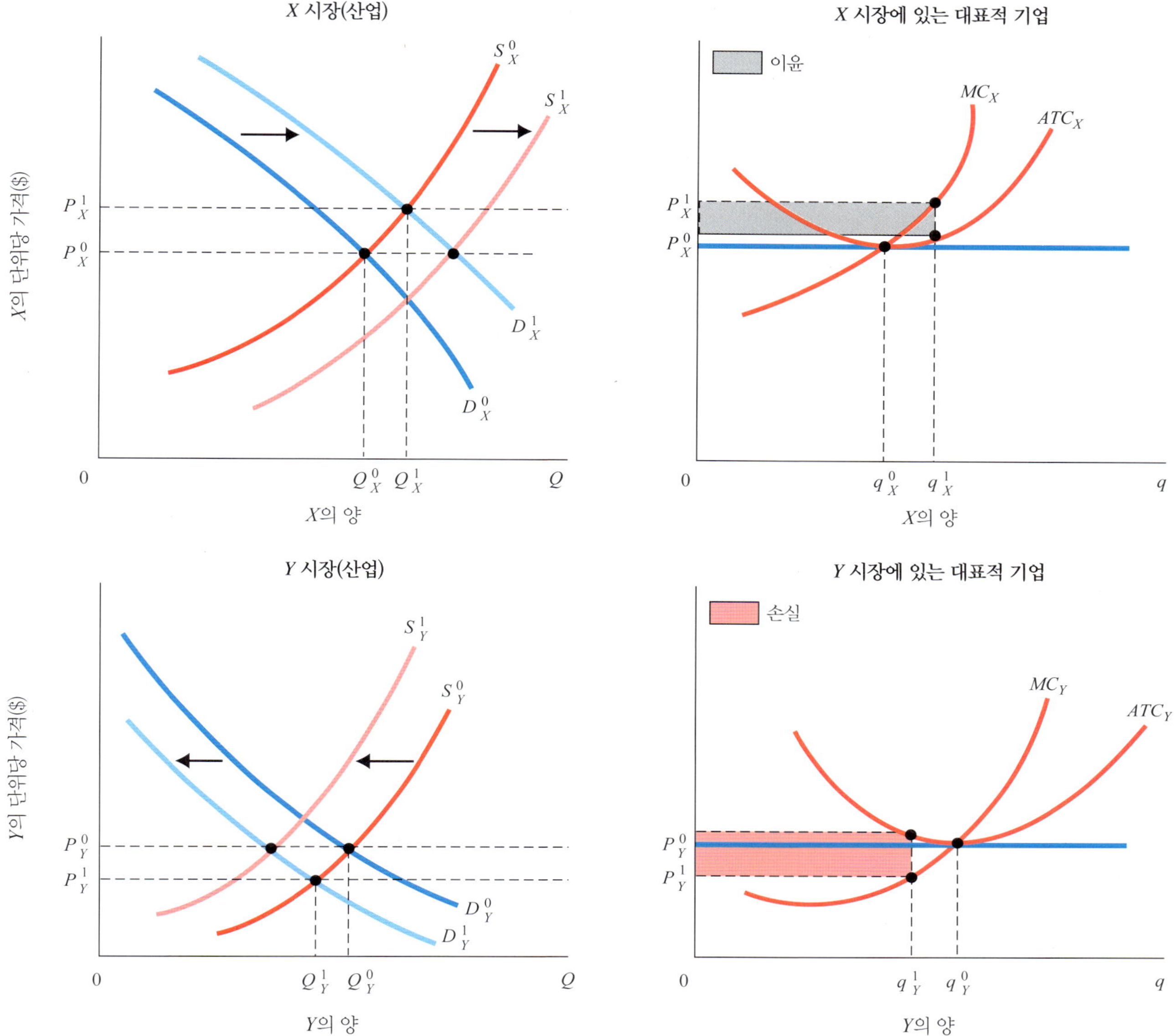

그림 12.1 두 시장이 있는 한 경제의 시장 간 조정 과정

처음에 X의 수요가 D_X^0에서 D_X^1로 이동함에 따라 X의 가격이 P_X^1로 상승하고 기업은 이윤을 얻는다. 처음에 Y의 수요가 D_Y^0에서 D_Y^1로 이동함에 따라 Y의 가격이 P_Y^0에서 P_Y^1로 하락하고 기업은 손실을 입는다. 따라서 기업은 Y 시장을 떠나 X 시장에 진입하려는 인센티브를 가지게 된다. 기업이 Y 시장을 떠남에 따라 Y 시장의 공급곡선이 S_Y^1로 이동하게 되어 가격이 상승하고 기업의 손실이 감소하다 결국 제거된다. 한편 기업이 X 시장에 진입함에 따라 X 시장의 공급곡선이 S_X^1로 이동함으로써 기업의 이윤은 감소하다 결국 제거된다.

수요곡선이 왼쪽으로 이동함에 따라 Y의 가격이 P_Y^1로 떨어지며, Y 시장에 있는 기업은 생산량을 $q_Y^1(P_Y^1 = MC_Y)$로 감소시킨다. 가격 하락으로 Y를 생산하는 기업은 손실을 입는다.

단기에서는 조정이 간단하다. 두 시장에서 기업은 공장규모의 제약을 받는다. 기업은 시장에 진입하거나 시장에서 퇴출할 수 없다. X 시장에 있는 각 기업은 생산량을 q_X^0에서 q_X^1로 늘리고, Y 시장에 있는 각 기업은 생산량을 q_Y^0에서 q_X^1로 줄인다.

X 시장에서 이윤이 발생하면 자본시장이 이를 감지한다. 이윤이 발생하는 사업에는 새로운 기업이 진입할 가능성이 높다고 9장에서 설명했다. 금융분석가는 기업이 이윤을 얻는다는 것을 미래에 성장할 수 있는 산업이라는 신호로 받아들이며, 기업가는 그러한 산업에 진입하는 데 관심이 있다.

이러한 상황을 종합하면 X 산업에 대한 투자가 이루어질 것이라고 예상할 수 있으며 실제로도 투자가 이루어진다. 그리하여 자본이 X 산업으로 흘러 들어가기 시작한다. 새로운 기업이 X 산업에 진입함에 따라 이 산업(시장)의 공급곡선이 오른쪽으로 이동하는데, 이윤이 0이 될 때까지 계속 오른쪽으로 이동한다. 그림 12.1에서 왼쪽 위 그래프의 공급곡선이 S_X^0에서 S_X^1로 이동하며, 이로 인해 가격이 P_X^0로 하락한다.

또한 Y 시장에서 손실을 보고 있는 기업이 시장에서 퇴출할 것이라고 예상할 수 있다. 그러므로 그림 12.1에서 왼쪽 아래 그래프의 공급곡선이 S_Y^0에서 S_Y^1로 이동하며, 이로 인해 가격이 P_Y^0로 상승하고 이 가격에서 기업의 손실이 사라지게 된다.

모든 시장이 균형에 도달할 때 새로운 일반균형을 이룬다는 것에 주목하라. 규모에 대한 수확 불변(CRS)을 가정할 때 그림 12.1에서 보듯이 일반균형에서 가격은 처음 가격수준으로 돌아가며, X의 생산에 더 많은 자원이 사용되어 X의 수급량이 증가하고, Y의 생산에는 더 적은 자원이 사용되어 Y의 수급량이 감소한다. 만약 X 시장이 커지면서 X의 생산에 사용되는 자원의 가격이 오르면 X의 비용곡선이 위로 이동하고, 시장 확장 후 경제적 이윤이 0이 되는 균형이 처음보다 높은 가격에서 나타나는데, 이러한 산업을 비용 상승 산업(increasing-cost industry)이라고 한다. 만약 X 시장이 커지면서 X의 생산에 사용되는 자원의 가격이 떨어지면 X의 비용곡선이 아래로 이동하고, 시장 확장 후 경제적 이윤이 0이 되는 균형이 처음보다 낮은 가격에서 나타나는데, 이러한 산업을 비용 하락 산업(decreasing-cost industry)이라고 한다.

학습목표

경제적 효율성의 원칙을 이해한다.

12.2 배분적 효율성과 경쟁시장의 균형

우리가 살펴보고 있는 것은 완전경쟁시장 모형이기 때문에 완전경쟁시장의 효율성에 대해 알아보아야 한다. 많은 시장이 서로 연결되어 있을 때 일반균형이 가져오는 효율성을 어떻게 살펴보아야 하는가?

파레토 효율성

1장에서는 경제학자가 경제시스템의 성과를 판단하거나 어떤 경제정책을 평가할 때 사용하는 기준인 효율성, 공평성(형평성), 성장성, 안정성에 대해 설명했다. 또한 효율적 경제란 사람들이 원하는 재화나 서비스를 최저 비용으로 원하는 만큼 생산하는 경제라고 했다. 효율성이라는 기준의 이면에는 경제시스템이 사람들이 원하는 것과 요구하는 것을 만족시키기 위해 존재한다는 관념이 있다. 만약 자원을 재배분하여 사람들을 전보다 더 나은 상태로 만들 수 있다면 그렇게 해야 한다. 우리는 사람들의 복지(웰빙)를 최대화하기 위해 자원을 사용해야 한다. 그렇다면 최대 복지의 정의는 무엇인가?

여러 해 동안 많은 사회철학자는 그 답을 찾으려고 노력했다. 우리가 최대 복지라고 말할 때 이는 사회 전체의 복지를 의미한다. 사회는 많은 사람으로 이루어져 있으니 문제는 사회 모든 구성원의 만족(복지)을 어떻게 최대화하느냐이다. 현재 널리 받아들여지는 기준은 배분적 효율성(allocative efficiency)으로, 이는 19세기 이탈리아의 경제학자 빌프레도 파레토(Vilfredo Pareto)가 처음 제시한 개념이다. 따라서 이 효율성의 개념을 **파레토 효율성**(Pareto efficiency) 또는 **파레토 최적**(Pareto optimality)이라고 한다.

파레토 효율성, 파레토 최적 사회 구성원의 일부를 전보다 못한 상태에 빠뜨리지 않고는 사회 구성원의 일부를 전보다 나은 상태로 만들 수 없는 상황

파레토 효율성에 의하면 어떤 변화가 사회 구성원의 일부를 전보다 못한 상태에 빠뜨리지 않고 사회 구성원의 일부를 전보다 나은 상태로 만들 수 있다면 그것은 효율적 변화이다. 효율성이 극대화된 상태, 파레토 최적인 상태는 그러한 변화가 불가능한 상황을 말한다. 일부 사람을 전보다 못한 상태에 빠뜨리지 않고 일부 사람을 전보다 나은 상태로 만드는 변화를 가져다주는 것은 사람들 간의 자발적인 교환이다. 나는 사과를 가지고 있고 당신은 배를 가지고 있다. 나는 배를 가지고 싶고 당신은 사과를 가지고 싶다. 이 경우 둘은 가진 것을 서로 교환함으로써 둘 다 이득을 얻고 아무도 손해를 보지 않는다. 따라서 자유로운 교환을 통한 배분이 발생하기 전의 상태는 파레토 최적이 아니다.

효율성이라는 개념이 현실적인 의미를 지니려면 다음과 같은 질문에 답해야 한다. ① '더 나아졌다'거나 '더 나빠졌다'는 것을 누가 판단하는가? ② 일부 사람은 전보다 나아지게 하지만 일부 사람은 전보다 나빠지게 만드는 변화가 효율적인 변화인지 아닌지를 어떻게 판단하는가?

첫 번째 질문의 답은 간단하다. 전보다 나아졌는지 나빠졌는지는 사람이 결정한다. 어떤 변화가 있은 후 전보다 나아졌는지 전만 못한지는 당사자만이 알 수 있다. 나는 당신이 가진 것을 좋아하고 당신은 내가 가진 것을 좋아하기 때문에 서로 교환한다면 이는 자발적인 교환이므로 교환 후 둘은 자신이 전보다 더 나아진다는 것을 드러낸 것이다. 동네 사람들이 다 공원을 원하여 공원을 지을 기금 마련에 동참했다면 이들은 의식적으로 자원 배분을 변화시킴으로써 모두 전보다 나아진 것이다.

두 번째 질문의 답은 현실적으로 조금 복잡하다. 거의 모든 변화는 일부 사람을 전보다 더 나아지게 만들지만 동시에 일부 사람은 전보다 못한 상태가 된다. 어떤 변화의 결과로 일부는 이득을 얻고 일부는 손해를 본다면, 그리고 이득의 가치가 손실의 가치보다 크다는 것을 증명할 수만 있다면 그러한 변화는 잠재적으로 효율적이라고 말할 수 있다.

예: 매사추세츠주의 예산 삭감 미국의 주 중에서 최초로 자동차 번호판을 달게 했던 매사추세츠주는 몇 해 전 주정부의 지출을 줄이기 위해 자동차 등록소의 예산을 대폭 삭감했다. 대표적으로 자동차 등록소의 공무원을 크게 줄였다. 그러자 자동차를 등록하거나 면허증을 발급받으려는 사람들이 4시간 동안이나 기다리는 사태가 곧바로 발생했다. 자동차 소유주와 운전자는 이렇게 줄서서 기다리느라 다른 곳에 생산적으로 사용할 수 있는 시간과 에너지를 낭비하는 비용을 지불했다. 이 경우의 효율성 문제에 대해 이성적으로 판단하려면 주정부의 예산 삭감으로 인한 이득과 손실의 크기를 대략적으로라도 측정할 수 있어야 한다. 운전자나 자동차 소유주가 대기함으로써 입는 손실을 측정하려면 이들에게 줄서서 기다리는 것을 피하기 위해 얼마를 지불할 용의가 있는지 물어볼 수도 있다.

한 자동차 등록소는 매일 500명이 1시간 정도 기다린다고 추정했다. 각 사람이 줄서서 기다리는 것을 피하는 데 2달러를 지불할 용의가 있다면 하루에 발생하는 손실액이 1,000달러(500 × 2달러)이다. 등록소가 1년에 250일 문을 연다면 인원 감축으로 자동차 소유주에게 발생하는 비용은 보수적으로 측정해도 연간 25만 달러(250 × 1,000달러)이다.

한편 등록소의 인원 감축으로 매사추세츠주 사람들이 절약하는 세금은 연간 약 8만 달러로 추정

되었다. 공무원을 원래대로 충원한다면 일부 사람은 이득을 보고 일부 사람은 손실을 볼 것이다. 즉 자동차 소유주나 운전자는 이득을 보겠지만 세금을 내는 사람들은 손실을 본다. 그러나 공무원을 다시 충원했을 때 얻는 이득의 가치가 손실의 가치보다 훨씬 크기 때문에 공무원을 다시 충원하는 것이 효율적인 변화라고 주장할 수도 있다. 이 경우에 순손실을 보는 사람은 자동차도 없고 운전면허증도 소지하지 않은 납세자이다.[1]

완전경쟁시장의 효율성

모든 사회는 경제시스템을 설계할 때 다음과 같은 기본적인 질문에 답해야 한다.

- 무엇을 생산할 것인가? 생산물의 최종 조합을 결정하는 것은 무엇인가?
- 어떻게 생산할 것인가? 자본, 노동, 토지를 기업 간에 어떻게 배분해야 하는가? 즉 생산자 간의 자원 배분이 어떻게 되어야 하는가?
- 생산된 것을 누가 가질 것인가? 어떤 가구가 얼마나 가질지를 결정하는 것은 무엇인가? 생산물을 소비 가구에 어떻게 분배해야 하는가?

효율성에 대한 다음 설명은 이러한 질문의 답을 찾으면서 완전경쟁시장이 효율적임을 증명한다. 완전경쟁시스템에서는 효율적인(파레토 최적인) 자원 배분이 이루어진다는 것을 증명하기 위해 일부 사람을 전보다 못한 상황에 빠뜨리지 않고도 일부 사람을 전보다 더 나아지게 할 수 있는 변화가 불가능하다는 것을 보여주어야 한다. 구체적으로 완전경쟁시스템에서는 다음 세 가지가 달성된다는 것을 설명해야 한다. ① 자원이 기업 간에 효율적으로 배분된다. ② 최종 제품이 가구 간에 효율적으로 분배된다. ③ 완전경제시스템은 사람들이 원하는 것을 원하는 만큼 생산한다.

기업 간 자원의 효율적 배분 효율성은 기업이 이용 가능한 가장 좋은(최저 비용의) 기술을 선택하여 제품을 생산한다는 것을 의미한다. 동일한 양의 생산요소를 가지고 더 많은 생산물을 생산할 수 있다면 일부 사람을 전보다 못한 상태에 빠뜨리지 않으면서 일부 사람을 전보다 나은 상태로 만들 수 있다.

우리가 사용했던 완전경쟁시장 모형은 여러 가지 가정에 기초한 것이며, 이러한 가정 때문에 완전경쟁시장에서는 기업 간에 자원이 효율적으로 배분된다. 그 가정 중 가장 중요한 것은 각 기업이 이윤을 극대화한다는 가정이다. 이윤을 극대화하기 위해 기업은 자신이 정한 생산량을 생산할 때 발생하는 생산비용을 최소화해야 한다. 또한 기존의 기술을 모두 알고 있다면 기업은 제품을 최소의 비용으로 생산할 수 있는 기술을 선택할 것이다.

또한 생산요소(투입물)가 기업 간에 최선의 방식으로 배분되어야 한다. 예를 들어 A 기업의 자본을 B 기업의 노동과 교환하여 생산할 때 두 기업 모두 전보다 더 많은 양을 생산할 수 있다면 처음의 자원(생산요소) 배분이 비효율적이었던 것이다. 그러나 이러한 교환은 거의 있을 수 없다. A 기

---

1 이득을 보거나 손실을 보는 또 다른 사람이 있다고 생각하는 독자도 있을 것이다. 감축된 공무원의 경우는 어떤가? 이러한 분석에서는 세금을 덜 내게 되어 소득이 증가한 사람들이 증가한 소득을 다른 것을 구입하는 데 사용할 것이라고 가정한다. 다른 것을 생산하는 사람들은 증가한 수요를 충족하기 위해 노동을 더 고용한다. 따라서 공무원이 100명 감축되면 민간 부문에서 100명의 일자리가 발생한다. 경제가 완전고용 상태에 있다면 공공 부문의 인력 감축이 민간 부문의 인력 증가로 이전되므로 근로자에게 순이득이나 순손실이 발생하지 않는다고 가정한다.

업과 B 기업은 독립적인 의사결정 주체이다. 따라서 A 기업은 근로자를 더 고용할지, 자본에 더 투자할지를 결정할 때 어떤 생산요소가 B 기업에 더 생산적일지를 생각하지 않는다. 그렇다면 시장경제에서 독립적인 의사결정자인 기업은 생산요소를 어떻게 최적 배분할 수 있는가?

그 답은 가격 메커니즘에 있다. 10장에서 완전경쟁기업은 한 생산요소의 한계생산물 수입이 그 시장가격과 같아질 때까지 그 생산요소를 추가로 사용한다고 했던 것을 상기하라. 모든 기업이 동일한 생산요소시장에 접근할 수 있고 모든 기업의 입장에서 생산요소의 가격이 동일하다면 생산에 투입되는 모든 생산요소 마지막 1단위의 가치가 모든 기업에게 동일하다. 각 기업은 독립적인 의사결정을 하면서 각 생산요소 마지막 1단위의 한계생산물 수입이 그 생산요소의 가격과 일치할 때까지 각 생산요소를 사용하고, 또한 각 생산요소에 대해 모든 기업이 동일한 가격을 지불하기 때문에 균형에서 각 생산요소 마지막 1단위의 한계생산물 수입이 (그 생산요소의 가격과 같아지면서) 기업 간에 모두 동일하게 되는 것이다. 물론 기업이 사용하는 기술이 각기 다르고 생산요소의 배합도 각기 다르다. 그러나 이윤을 극대화하는 기업은 생산요소의 현재 시장가격보다 더 많은 가치를 그 생산요소의 마지막 1단위를 사용할 때 얻을 수 없다.

예를 들어 노동시장에서 근로자의 임금이 6.50달러일 때 모든 기업은 마지막 한 근로자로부터 얻는 한계생산물 수입이 6.50달러보다 크면 근로자를 고용할 것이다. 그러나 마지막 한 근로자로부터 얻는 한계생산물 수입이 6.50달러보다 작으면 근로자를 추가로 고용하지 않을 것이다. 그러므로 균형에서 어떤 기업도 추가 근로자의 가치가 6.50달러보다 크지 않으며, 기업 간에 노동을 교환한다 하더라도 사회에 더 큰 가치를 가져다주지 않는다. 각 기업은 이윤을 극대화하는 만큼의 노동을 고용한다. 이를 다음과 같이 간단히 정리할 수 있다.

생산요소시장이 경쟁적이고 모든 기업에 열려 있다는 가정은 모든 기업이 각 생산요소에 대해 동일한 가격을 지불한다는 것을 의미하며, 또한 이러한 상황에서 모든 기업이 이윤을 극대화한다는 가정은 기업 간의 자원 배분이 효율적으로 이루어지게 만든다.

이제 시장경제가 가진 가격 메커니즘의 힘에 대해 다시 한번 높이 평가해야 한다. 각 기업은 자신이 사용하는 노동, 자본, 토지의 생산성과 그 가격을 비교하여 어떤 생산요소를 얼마나 사용해야 할지를 결정하지만 가격 메커니즘에 의해 모든 기업이 동일한 생산요소 가격에 직면하기 때문에 시장경제에서는 기업 간의 효율적인 생산요소 사용(자원 배분)이 이루어진다. 가격은 애덤 스미스가 말한 '보이지 않는 손'이 사용하는 도구이며, 인위적인 조정이나 계획 없이도 효율성을 달성하게 해준다.

가구 간 생산물의 효율적 분배 한 경제시스템이 생산해야 할 것을 효율적으로 생산하고 있다 하더라도 그 생산물이 사람들에게 효율적으로 분배되어야 한다. 열린 경쟁적 생산요소시장에서 가격 메커니즘이 기업이 생산요소를 효율적으로 사용하도록 만들 듯이 열린 경쟁적 생산물시장에서도 가격 메커니즘은 가구가 재화나 서비스의 효율적인 소비량을 선택하도록 만든다.

소득과 부라는 제약 조건하에서 가구는 생산물시장에서 구입 가능한 모든 재화와 서비스 가운데 마음대로 고를 수 있다. 가구는 어떤 재화의 효용 또는 그 재화에 대한 주관적 가치가 시장가격보다 크면 그것을 구입한다. 그 효용의 가치는 가구가 시장에서 하는 행동으로 드러난다. 적어도 재화의 시장가격만큼 지불할 용의가 없다면 우리는 그 재화를 사지 않는다.

당신이 어떤 재화에 부여하는 가치는 당신이 그 재화를 사기 위해 포기해야 하는 것에 따라 달라진다는 것을 기억하라. 당신이 선택할 수 있는 재화 간의 교환은 당신의 예산에 따라 제약을 받지만 바람직한(효용을 극대화하는) 재화 간의 교환은 당신의 선호에 따라 달라진다. 만약 당신이 고향에 한 번 가는 것을 포기하고 300달러로 아이폰을 구입하고, 내가 자동차 타이어 교체를 포기하고 300달러로 아이폰을 구입한다면 우리 둘은 아이폰의 가치가 300달러로 구입할 수 있는 다른 모든 것의 가치만큼은 된다는 자신의 선호를 표출한 것이다. 300달러로 살 수 있는 모든 것을 자유롭게 선택할 수 있고 우리 둘 다 아이폰에 300달러의 가격을 지불한다면 우리는 잘못된 소비 선택을 한 것이 아니다. 다시 말해 우리 둘을 전보다 더 나은 상태로 만들 수 있는 거래는 불가능하다. 이 경우에도 가격 메커니즘이 중요한 역할을 한다. 우리 각자는 선택하는 재화에 대해 동일한 가격에 직면하며, 이는 소비자 간에 재화가 효율적으로 분배되는 선택을 소비자가 하게 만드는 것이다.

우리는 사람들의 기호와 선호가 다르고 사람들이 구입하는 재화와 서비스의 조합이 제각각이라는 것을 알고 있다. 모든 사람이 동일한 시장에서 자유롭게 구매할 수 있는 경우에는 사람들을 전보다 더 나은 상태로 만드는 생산물(최종 제품)의 재분배가 존재하지 않는다. 당신과 내가 동일한 시장에서 동일한 가격을 지불하고 나는 내가 원하는 것을 사고 당신은 당신이 원하는 것을 산다면 우리는 잘못된 소비 조합을 가질 수 없다. 이러한 결과를 가져오는 데 핵심적인 역할을 하는 것은 자유롭고 열린 시장의 가격 메커니즘이다.

사람들이 원하는 것을 생산하기: 생산물의 효율적 조합 한 경제시스템이 소비자가 원하는 것을 생산하지 않고 다른 것을 생산한다면 생산물을 효율적으로 생산하여 분배하는 것이 아니다. 경쟁시장은 사람들이 원하는 것을 원하는 만큼 생산하는가?

만약 한 경제시스템이 잘못된 생산물의 조합을 생산하고 있다면 어떤 재화를 더 생산하고 어떤 재화를 덜 생산하여 사람들이 전보다 더 나아지게 변화시킬 수 있다. 완전경쟁시장이 효율적인 결과를 가져온다는 것을 증명하려면 완전경쟁시장에서 나타나는 생산물의 최종 조합을 변화시키더라도 사람들을 전보다 더 나은 상태로 만드는 변화를 가져올 수 없다는 것을 보여주어야 한다.

생산물의 조합이 파레토 최적(배분적 효율성)이 될 수 있는 조건은 $P = MC$이다. 즉 장기에서든 단기에서든 완전경쟁기업은 제품의 시장가격이 자신의 한계비용과 일치하는 점까지 생산한다. 제품의 시장가격이 자신의 한계(생산)비용보다 높은 한, 기업은 생산량을 증가시켜 이윤을 더 많이 얻을 수 있다. 가격과 한계비용을 비교할 때 기업은 제품의 추가 1단위에 대해 사회가 인정하는 가

$P_X > MC_X$일 때는 X를 더 생산하면 사회에 이득이 된다.
$P_X < MC_X$일 때는 X를 덜 생산하면 사회에 이득이 된다.

시장을 통해 한 사회가 부여하는 X 재화의 가치, 즉 X 재화의 추가 1단위(한계 단위)에 대해 사회가 부여하는 가치이다.

X 재화를 1단위 더 생산하는 데 필요한 자원의 시장가치. MC_X는 이러한 자원의 기회비용이다. 즉 생산하지 못하게 된 다른 재화의 가치 또는 생산에 투입되지 않는 자원의 가치(여가, 공터 등)이다.

그림 12.2 효율성을 달성하는 핵심 조건: 가격과 한계비용의 일치

치와 추가 1단위를 생산하는 데 사용되는 자원의 가치(그 자원으로 다른 재화를 생산했을 때 얻는 가치)를 비교하는 것이다. 그림 12.2는 이러한 논리를 요약하여 보여준다.

논리는 간단하다. 첫째, 한 재화의 시장가격은 가구가 그 재화에 대해 지불할 용의가 있는 금액을 나타낸다. 어떤 재화를 구입할 때 가구는 그 재화의 가치가 동일한 금액으로 살 수 있는 다른 재화의 가치와 적어도 같다는 것을 드러내는 셈이다. 따라서 어떤 재화의 현재 가격은 가구가 그 재화에 부여하는 가치를 나타낸다.

둘째, 한계비용은 어떤 재화를 1단위 더 생산하는 데 필요한 자원의 기회비용을 말한다. 따라서 어떤 재화의 가격이 한계비용보다 높다면 가구가 그 기회비용보다 높은 가치를 부여하는 재화를 생산하는 것이며, 이는 사회에 이득을 가져다준다. 반대로 어떤 재화의 가격이 한계비용보다 낮다면 가구가 그 기회비용보다 낮은 가치를 부여하는 재화를 생산하는 데 자원이 사용되고 있는 것이다. 이러한 재화는 덜 생산해야 사회에 이득이 된다.[2]

한 사회의 모든 기업이 제품의 시장가격과 한계비용이 일치하는 점의 생산량을 생산하면 그 사회는 생산물의 효율적 조합을 달성하게 된다.

그림 12.3은 경쟁시장이 어떻게 각 가구와 각 기업이 투입물(생산요소)시장과 생산물시장에서 효

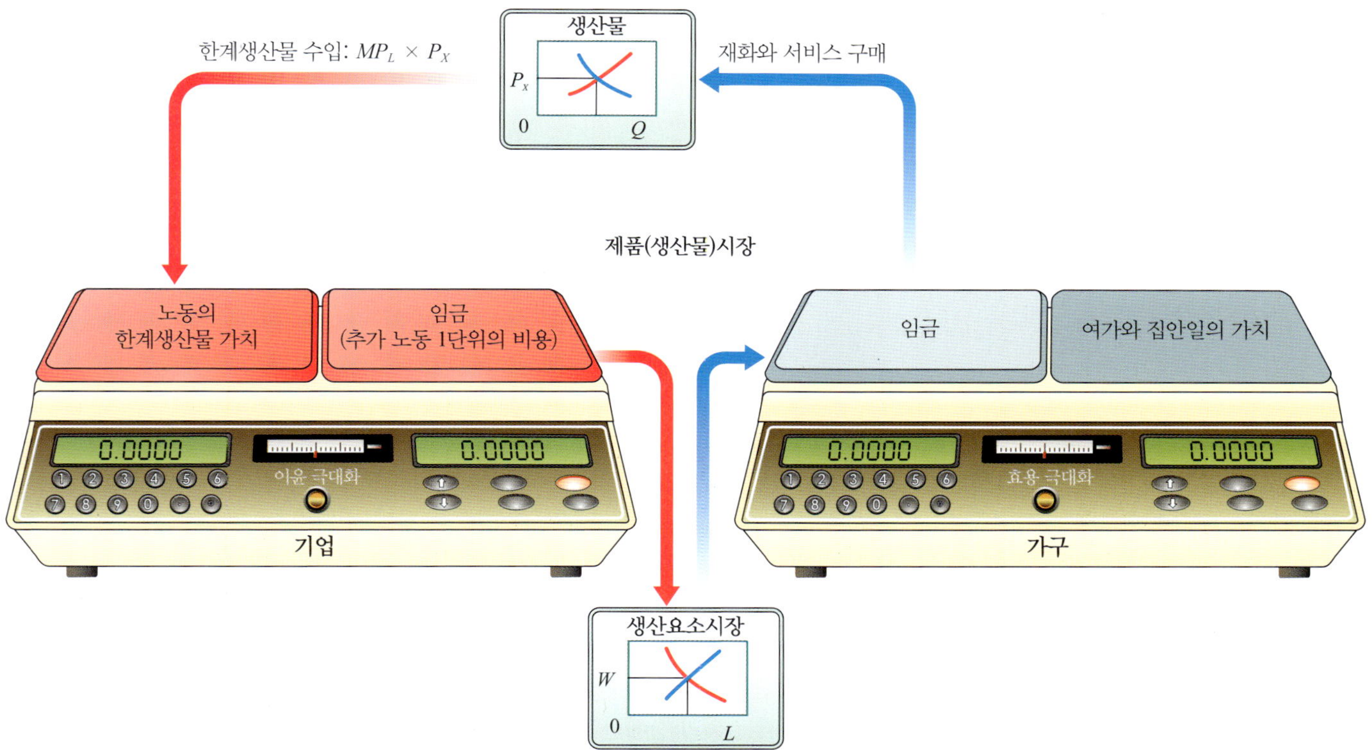

그림 12.3 가구와 기업에 의한 가치 비교가 가져다주는 완전경쟁시장의 효율성

2 기업이 사회적 비용과 사회적 혜택을 의식하면서 행동하지는 않는다는 것을 알아야 한다. 일반적인 가정은 기업이 사적 이윤을 극대화하는 행동을 한다는 것이다. 완전경쟁시장에서 기업은 사적 혜택과 사적 비용을 비교할 때 실제로는 (아마도 의식하지 못하면서) 사회적 혜택과 사회적 비용을 비교한다. 이것은 애덤 스미스가 언급한 보이지 않는 손의 작용이다.

율적인 결과를 얻는 선택을 하도록 이끄는지를 보여준다. 설명을 간단히 하기 위해 그림 12.3에서는 노동만 사용한다고 가정했다.

가구는 여가 및 임금이 없는 집안일을 하는 시간의 가치를 임금(노동의 시장가격)과 비교한다. 한편 임금은 노동으로 생산할 수 있는 추가적 가치를 나타내는 것이기도 하다. 기업은 임금과 노동이 생산하는 추가 생산량의 가치를 비교하면서 $W = MRP_L$인 노동을 고용한다. 시장에서 생산되는 재화를 구매하는 데 가구는 임금을 사용한다. 따라서 가구는 시장에서 생산되는 재화의 가치와 여가 및 집안일의 가치를 묵시적으로 비교한다.

기업의 생산량이 균형을 이루면 기업은 이윤 극대화를 달성하고, 각 재화에 대한 가구의 소비량이 균형을 이루면 가구는 효용 극대화를 달성한다. 이러한 상황에서는 어떤 변화도 효율성을 더 증가시킬 수 없다. 한편 경쟁시장이 가져다주는 효율성은 다른 이유로 매력적이지 않을 수 있다는 점에 주목할 필요가 있다. 예를 들어 시장시스템은 생산물의 공정하고 평등한 분배를 약속하지는 않는다. 형평성 문제는 나중에 살펴보겠지만 경쟁시장도 한계가 있다는 것을 염두에 두기 바란다.

완전경쟁시장과 실제 시장

지금까지 생산물을 효율적으로 생산하는 생산요소의 배분을 가져다주고, 생산물이 효율적으로 분배되게 하여 자원의 효율적 배분을 가져다주는 완전경쟁시장 모형에 대해 살펴보았다. 완전경쟁시장 모형은 일련의 가정을 기반으로 하기 때문에 우리가 내린 결론이 유효하려면 이러한 가정이 모두 충족되어야 한다. 우리는 모든 기업과 가구가 투입물(생산요소)시장과 생산물시장에서 가격 순응자이고, 기업과 가구가 완전한 정보를 가지고 있으며, 모든 가구가 효율(만족감)을 극대화하는 선택을 하고, 모든 기업이 이윤을 극대화하는 선택을 한다고 가정했다.

이러한 가정은 실제 시장에서 종종 성립하지 않는다. 따라서 규제가 없는 자유로운 시장이 효율적인 결과를 가져온다는 결론을 실제 시장에는 적용하기 어려울 수 있다. 이 장의 나머지 부분에서는 시장에서 나타나는 비효율성, 시장 메커니즘의 강점과 약점을 간단히 다루고, 실제의 경제를 이해하는 데 경쟁시장 모형이 가진 유용성에 대해 살펴볼 것이다.

12.3 시장실패의 원인

학습목표

시장실패의 네 가지 원인을 파악한다.

시장실패 시장이 자원을 효율적으로 배분하지 못하는 경우로, 그 결과 자원이 낭비되고 사회적 잉여의 손실이 발생함

시장실패(market failure)는 시장이 자원을 효율적으로 배분하지 못하는 경우를 말한다. 시장실패는 낭비나 사회적 잉여(소비자잉여와 생산자잉여의 합)의 손실을 초래한다. 여기서는 시장실패의 중요한 원인인 불완전경쟁 또는 비경쟁적 행위, 공공재의 존재, 외부비용과 외부혜택의 존재, 불완전 정보에 대해 간단히 살펴보자. 각각의 원인은 완전경쟁을 위한 기본 가정 중 하나가 성립하지 않을 때 발생한다. 이에 대해서는 뒤의 장에서 더 자세히 살펴볼 것이다. 이러한 경우에는 정부의 잠재적 역할이 필요하기도 하다. 정부의 시장개입이 바람직한지, 개입한다면 어느 정도로 개입해야 하는지를 놓고 열띤 논쟁이 벌어지곤 한다. 어떤 경우에는 정부가 시장실패를 개선하는 데 도움을 주지만, 또 어떤 경우에는 정부의 개입이 또 다른 문제를 야기하여 상황을 더 악화하기도 한다.

불완전경쟁

완전경쟁시장이 가져오는 효율성 중 하나는 생산물의 효율적 조합이다. 재화의 생산비용과 가구의 선호가 주어졌을 때 제품이 한계비용과 일치하는 가격에 생산 및 판매되면 생산물의 효율적인 조합이 이루어진다.

예를 들어 사과와 배라는 재화를 생각해보자. 효율성을 위해 시장균형에서 사과와 배의 상대적 가격은 그 상대적 생산비용을 반영해야 한다. 사과 생산의 한계비용이 배 생산의 한계비용의 2배라면 효율성은 사과의 상대적 가격이 배 가격의 2배가 되도록 소비가 조정되어야 한다는 것을 의미한다. 그렇지 않으면 그 사회는 자원을 다르게 사용하여 더 좋아질 수 있다. 완전경쟁시장에서는 이러한 결과가 쉽게 나타난다. 만약 두 재화 모두 한계비용과 일치하는 가격으로 판매된다면 두 재화의 가격 비율이 한계비용의 비율과 같아질 것이다. 각 시장에서의 균형은 일반균형의 효율성으로 이어진다. 두 재화 중 하나의 가격이 어떤 이유로 인해 한계비용보다 높다면 두 재화의 상대적 가격은 두 재화의 상대적 한계비용을 반영하고 있지 않은 것이다.

따라서 생산물의 효율적 조합이라는 효율성이 한계비용과 가격을 일치시키는 기업의 행동에서 비롯되는 것임을 알 수 있다. 이어지는 여러 장에서 살펴볼 테지만, 몇 안 되는 기업이 서로 경쟁하고 새로운 기업의 시장 진입이 제한적인 불완전경쟁시장에서는 가격이 한계비용과 일치하지 않는다. 그 결과 지배력을 가진 기업이 가격 순응자로 행동하지 않는 시장에서는 생산물의 효율적 조합이라는 효율성을 이루지 못한다.

공공재

비효율성을 유발하는 두 번째 원인은 사회 구성원이 원하는 어떤 재화를 기업이 생산하지 않는 것이다. 기업이 그 재화를 생산하지 않는 것은 사회 구성원이 그 재화에 부여하는 가치가 반영된 가격을 기업이 책정할 수 없기 때문이다. 구체적으로 말해 **공공재**(public goods) 또는 **사회적 재화**(social goods)라고 불리는 일단의 재화는 규제가 아예 없는 자유시장경제에서는 전혀 생산되지 않거나 필요한 양보다 적게 생산된다.[3]

공공재, 사회적 재화 소비가 비경합적이고 혜택이 비배타적인 재화

공공재는 사회에게 집단적인 혜택을 주는 재화와 서비스로, 어떤 의미에서 집단적으로 소비된다. 공공재의 대표적 예로는 국방을 들 수 있으며 이 밖에도 경찰, 국토 안보, 야생동물 보호, 국민 건강 등이 있다. 다른 재화와 마찬가지로 공공재도 토지, 노동, 자본을 사용하여 생산된다. 국방과 같은 일부 공공재는 국가 전체에 혜택을 준다. 그러나 일부 지역의 맑은 공기는 그 지역에만 혜택을 준다. 공공재는 대가를 지불하는 사람만 소비하는 것이 아니라 모든 사람이 소비한다. 대가를 지불하지 않는 사람을 배제할 수 없는 공공재의 성격 탓에 공공재를 소비하는 사람만 가격을 지불하게 하기가 매우 어렵다.

지불을 강제할 아무런 힘도 없이 이윤을 추구하는 민간 생산자에게 공공재의 공급을 맡기면 심각한 문제가 발생한다. 예를 들어 당신이 어떤 공공재 X를 가치 있게 생각한다고 하자. 만약 X가 거래되는 시장이 존재한다면 당신은 X에 대해 지불할 용의가 있을 것이다. 그러나 공공재인 X를 생산하는 데 드는 비용의 일부를 기부해달라는 요청을 받았다면 당신은 기부해야 하는가? 도덕적 측

3 통상적으로 재화라는 의미에서 공공재라고 부르지만 재화보다 서비스가 많다.

면에서는 기부해야 할지도 모르지만 사적 이익이라는 측면에서는 아마도 기부하지 않을 것이다.

첫째, 당신이 X를 사용하는 대가를 지불하지 않는다고 해서 X를 사용하지 못하도록 배제되지 않는다. 기부를 하든 안 하든 그 재화를 사용할 수 있다. 지불하지 않아도 사용할 수 있다면 굳이 왜 지불하겠는가?

둘째, 많은 사람을 상대로 집단적인 혜택을 주는 공공재는 생산하는 데 엄청난 비용이 든다. 따라서 한 사람의 기여가 공공재를 공급하는 데 미치는 영향이 미미하다. 예를 들어 당신이 비용을 지불하는 데 참여하지 않는다고 해서 국방 서비스가 제공되지 않을까? 아마도 그렇지 않을 것이다. 당신이 대가를 지불하지 않는다 하더라도 아무 일도 일어나지 않는다. 공공재의 생산은 크게 변하지 않으며, 대가를 지불하든 안 하든 당신은 그 재화를 얻을 수 있다. 따라서 민간은 공공재를 공급할 수 없다.

시장경제시스템에서는 사회 구성원 모두가 원한다고 해서 전부 다 생산되는 것은 아니다. 어떤 공공재가 생산되기를 바라는 사람들은 뭉쳐야 하는데, 일반적으로 그러한 공공재는 정부가 세금을 사용하여 생산한다. 공공재는 16장에서 더 자세히 살펴볼 것이다.

외부효과

외부효과 거래 당사자나 행위 당사자와 관계가 없는 제삼자인 개인이나 집단이 부담하는 비용 또는 부여받는 혜택

비효율성을 유발하는 세 번째 원인은 외부적 비용과 외부적 혜택, 즉 음의 외부효과와 양의 외부효과의 존재이다. **외부효과**(externality)는 거래 밖, 외부에 있는, 달리 말해 제삼자인 개인 또는 집단이 부담하는 비용이나 부여받는 혜택을 말한다. 도시의 경우에는 외부비용이 곳곳에서 발생한다. 대표적인 예인 공기와 물의 오염을 비롯해 소음, 혼잡, 이웃이 보기 싫어하는 어떤 집의 벽화 등 셀 수 없이 많은 외부비용이 있다. 지구 온난화는 전 세계적 외부비용이다.

그러나 모든 외부효과가 음인 것은 아니다. 예를 들어 당신이 잘 가꾼 정원은 이웃에게 혜택을 준다. 도시 가까이에 있는 농장은 그 지역 사람들에게 좋은 경치와 덜 혼잡한 환경을 제공한다.

외부효과로 인한 비효율성은 의사결정자가 외부효과를 고려하지 않고 의사결정을 할 때 나타난다. 앞에서 효율성을 설명할 때 기업이 사회적 혜택과 사회적 비용을 비교한다고 했다. 경쟁시장에서 기업이 어떤 재화를 생산하는 것은 그 재화가 사회에 주는 가치가 그 재화를 생산하는 데 드는 사회적 비용을 능가하기 때문이다. 이러한 효율성의 논리에 따라 효율성의 지수로 $P = MC$를 설명했다. 만약 사회적 비용이나 사회적 혜택을 무시하고 계산에서 제외한다면 비효율적인 결과를 초래하는 의사결정을 하게 된다. 간단히 말해 MC나 P를 잘못 계산함으로써 둘을 일치시킬 때 최적 결과를 얻지 못한다.

외부효과가 미치는 영향은 엄청나게 크다. 수년간 많은 기업은 수많은 화학 폐기물을 상수도원이나 거주지 인근에 무차별적으로 버렸다. 어떤 지역에서는 이러한 폐기물이 땅에 스며들어 토양과 식수원이 오염되었다. 흡연이 흡연자뿐만 아니라 주변 사람들에게도 해를 끼친다는 사실이 밝혀지자 정부는 공항, 공공장소 등 금연 장소를 계속 확대해나가고 있다.

불완전정보

불완전정보 제품의 특성, 가격 등에 대한 충분한 정보가 없는 것

비효율성을 유발하는 네 번째 원인은 구매자나 판매자 측이 가지고 있는 **불완전정보**(imperfect information)이다. 자유시장이 효율적인 결과를 가져온다는 결론은 소비자나 생산자가 제품의 특성,

가격 등에 대해 충분한 정보를 가지고 있다는 가정에 크게 의존한다. 완전한 정보가 없을 때는 불이익을 초래하는 거래가 이루어질 수 있다.

일부 제품은 너무 복잡하여 소비자가 그 제품을 구매함으로써 지불하는 비용이나 혜택을 판단할 수 없다. 생명보험에 가입하는 사람은 복잡한 약관을 통해 그 보험의 진짜 가치(가격)를 파악하기가 어렵다. 의료, 배관 등 전문 지식을 요하는 서비스는 대부분 소비자가 실제로 필요한 것이 무엇인지, 서비스의 품질이 어떤지를 평가하기 어렵다. 행동경제학은 소비자가 편견을 가지고 잘못된 의사결정을 하는 다양한 의사결정 상황에 대해 연구한다. 정보가 불완전할 때는 가격이 개별 소비자의 기호를 제대로 반영하지 않을 수 있다.

정부의 규제는 잘못된 일부 정보를 바로잡을 수 있다. 정부가 영양제나 약의 성분을 반드시 명시하도록 규제하는 것이 그러한 예이다.

12.4 시장 메커니즘의 평가

학습목표

시장의 불완전성이 시장이 달성하려는 효율성을 어떻게 방해하는지 알아본다.

시장시스템은 좋은 것인가, 나쁜 것인가? 정부가 시장에 개입해야 하는가, 아니면 자유로운 시장이 자원 배분을 결정하도록 내버려두어야 하는가? 이에 대한 판단은 복잡하고 불완전하다. 우리가 가정한 완전경쟁 모형이 실제 시장의 작동 방식을 그대로 반영한다면 시장시스템은 확실히 우월적인 측면이 있다. 완전경쟁시장에 대한 가정 중 일부를 완화하고 비경쟁적 행위, 공공재, 외부효과, 불완전정보의 가능성 등을 고려하여 판단한다면 어느 정도 정부의 역할이 필요하다고 판단되기도 한다.

시장시스템은 시장 참가자가 비용과 혜택을 비교하여 효율적인 행동을 하게 만드는 인센티브를 제공하지 않을 수도 있다. 외부효과가 없거나 존재하더라도 그에 따른 비용이나 혜택을 제대로 내부화한다면 기업은 생산 결정에서 사회적 혜택과 사회적 비용을 제대로 비교하게 된다. 이러한 경우 이윤 동기는 비용을 최소화하고 가장 효율적인 기술을 사용하여 생산하도록 하는 인센티브를 기업에 제공한다. 마찬가지로 경쟁적인 생산요소(투입물)시장은 자기 시간의 가치와 노동에 대해 시장이 인정하는 사회적 가치(노동시장에서 결정되는 임금)를 비교하게 만드는 인센티브를 가구에 제공한다.

그러나 실제 시장은 완벽함과 거리가 멀 수도 있다. 따라서 자유롭게 작동하는 시장이라 하더라도 항상 자원을 효율적으로 배분하는 것은 아니라서 정부의 역할이 필요하기도 하다. 많은 사람은 시장 실패를 바로잡기 위해 정부가 개입할 것을 요구한다. 시장이 효율적으로 작동하도록 돕는 정부의 역할이 필요하다는 것이다. 그러나 정부의 시장 개입이 비효율성을 고치는 것이 아니라 오히려 더 키운다고 주장하는 사람도 많다.

이 장에서는 효율성이라는 기준만 가지고 설명했으나 경제시스템과 경제정책은 공평성(형평성)이나 공정성과 같은 기준으로도 판단해야 한다. 어떤 사람들은 자유시장이 일부는 부자가 되고 일부는 가난해지는 불공정한 결과를 가져온다고 주장한다.

요약

01 기업과 가구는 생산물시장과 생산요소시장에서 각자 동시에 의사결정을 한다. 예를 들어 투입물(생산요소)의 가격은 생산물의 생산비용을 결정하고 기업의 생산물 공급 결정에 영향을 미친다. 노동시장의 임금은 가구의 노동공급 결정과 소득에 영향을 미치고 가구가 구매할 수 있는 생산물의 양에도 영향을 미친다.

02 한 경제에 있는 모든 시장이 동시에 균형을 이루는 상황을 일반균형이라고 한다. 한 시장의 균형을 깨뜨리는 사건이 발생하면 다른 시장의 균형도 깨질 수 있다. 부분균형분석은 분리된 한 시장의 조정 기능을 살펴보는 것이므로 전체적인 최종 결과를 제대로 확인할 수 없다.

03 모든 시장이 균형에 도달할 때 일반균형이 달성된다.

04 효율적 경제는 사람들이 원하는 재화나 서비스를 최저 비용으로 원하는 만큼 생산하는 경제이다. 사회 구성원의 일부를 전보다 못한 상태에 빠뜨리지 않고 사회 구성원의 일부를 전보다 나은 상태로 만들어주는 변화는 효율적 변화이다. 효율성이 극대화된 상태, 파레토 최적은 그러한 변화가 불가능한 상황을 말한다.

05 어떤 변화가 일부 사람은 전보다 나아지게 하지만 일부 사람은 전보다 못한 상태로 만들 때 혜택의 가치가 손실의 가치보다 크다면 이는 효율성을 증가시키는 변화이다.

06 완전경쟁시장에 대한 모든 가정이 성립한다면 완전경쟁시장은 자원의 효율적 배분을 달성하여 파레토 최적이 된다. 이를 증명하려면 완전경쟁시장에서 자원이 기업 간에 효율적으로 배분되고, 최종 제품이 가구 간에 효율적으로 분배되며, 사람들이 원하는 것을 원하는 만큼 생산한다는 것을 보여주어야 한다.

07 생산요소시장이 경쟁적이고 모든 기업에 열려 있다는 가정은 모든 기업이 각 생산요소에 대해 동일한 가격을 지불한다는 것을 의미하며, 또한 이러한 상황에서 모든 기업이 이윤을 극대화한다는 가정으로 인해 기업 간의 자원 배분이 효율적으로 이루어진다.

08 사람들의 기호와 선호가 다르고 사람들이 구입하는 재화와 서비스의 조합은 제각각이다. 모든 사람이 동일한 시장에서 자유롭게 구매할 수 있는 경우에는 사람들을 전보다 더 나은 상태로 만드는 생산물의 재분배는 존재하지 않는다. 이는 완전경쟁시장에서 최종 제품이 가구 간에 효율적으로 분배된다는 것을 의미한다.

09 완전경쟁기업은 제품의 가격이 한계생산비용보다 크면 생산량을 계속 증가시켜 자신의 이윤은 물론이고 사회적 이득도 증가시킨다. 따라서 완전경쟁시장에서는 올바른 생산물과 올바른 생산량이 생산된다. 달리 말해 사람들이 원하는 생산물을 원하는 양만큼 생산한다.

10 완전경쟁을 위한 가정이 성립하지 않으면 규제가 없는 자유로운 시장이 자원의 효율적 배분을 가져온다는 결론이 성립하지 않는다.

11 불완전경쟁시장은 각 기업이 제품의 가격과 경쟁을 어느 정도 통제할 수 있는 힘을 가진 시장을 말한다. 불완전경쟁시장에서 기업은 가격과 한계비용을 일치시키지 않기 때문에 불완전경쟁은 시장의 비효율성을 유발하는 주요 원인 중 하나이다.

12 공공재(사회적 재화)는 사회 구성원의 일부에게 집단적인 혜택을 안겨준다. 공공재의 혜택이 집단적이기 때문에 대부분의 경우 공공재에 대한 대가를 지불하지 않는 사람도 공공재를 소비할 수 있다. 따라서 민간 기업은 공공재를 생산하여 이윤을 낼 수 없다. 공공재의 존재는 비효율성을 유발하는 또 하나의 원인이다.

13 외부효과는 거래 밖, 외부에 있는, 달리 말해 제삼자인 개인이나 집단이 부담하는 비용 또는 부여받는 혜택을 말한다. 가구나 기업이 그러한 사회적 비용이나 사회적 혜택을 무시한 의사결정을 하면 비효율적인 결과가 초래된다.

14 완전경쟁시장의 효율성은 소비자가 제품의 특성, 가격 등에 대해 완전한 정보를 가지고 있다는 가정과 기업이 투입물(생산요소)의 특성, 가격에 대해 완전한 정보를 가지고 있다는 가정을 토대로 한다. 불완전정보는 잘못된 선택과 비효율성을 초래한다.

15 시장실패의 원인(불완전경쟁, 공공재, 외부효과, 불완전정보)은 비용이나 소득의 재분배를 통해 효율성이나 공평성 또는 둘 다를 증진하는 시장 개입적 정부 정책의 필요성을 정당화한다. 그러나 정부의 시장 개입이 오히려 비효율성을 더 키울 수도 있다.

핵심 용어

공공재(public goods)/사회적 재화(social goods)
부분균형분석(partial equilibrium analysis)
불완전정보(imperfect information)
시장실패(market failure)
외부효과(externality)
일반균형(general equilibrium)
파레토 효율성(Pareto efficiency)/파레토 최적(Pareto optimality)
효율성(efficiency)

연습문제

01 미국 정부가 연료 생산 기업에 옥수수에서 추출한 에탄올을 일정 부분 사용할 것을 강제한 경우를 살펴보자. 2012년 1월까지 연료 생산 기업은 연료에 섞는 에탄올 1갤런당 정부 보조금을 0.45달러 받았다. 이러한 보조금으로 인해 밀과 같은 다른 농산물의 가격이 상승함에 따라 농지 가격도 크게 상승했다. 보조금이 아직도 지급된다고 가정하고, 원유 가격이 큰 폭으로 상승한다면 다른 농산물의 가격과 농지 가격은 어떻게 되겠는가? 원유 가격이 큰 폭으로 하락한다면 어떻게 되겠는가? 수요곡선과 공급곡선을 이용하여 이러한 변화를 설명하라.

02 감귤 시장의 변화에 대한 (a)와 (b)의 설명이 옳은지 그른지 설명하라. (c)의 경우 어떤 결과가 나타날지 그래프를 이용하여 설명하라.

a. 소비자의 소득이 증가하고 감귤 생산에 투입되는 노동의 임금이 하락했다. 이로 인해 감귤의 판매량이 증가하면서 가격이 급락했다.
b. 감귤의 수요 감소로 가격이 하락하고 감귤나무에 대한 세금이 낮아졌다. 이로 인해 감귤의 수요량이 감소하고 가격이 상승했다.
c. 추운 12월에 감귤의 수요가 감소하고 가격이 하락했다. 동시에 감귤 용기로 사용되는 깡통을 제조하는 기계(감귤의 보완재)의 가격이 상승했다.

03 키르기스스탄 경제에 4개의 시장(에너지, 식품, 노동, 자본)과 두 종류의 가구(부유한 가구와 가난한 가구)만 있다고 하자. 이러한 경제에서 에너지에 대한 단위판매세를 부과하면 블루칼라 가구보다 화이트칼라 가구가 더 피해를 보는 이유를 설명하라. 단위판매세로 걷은 세금은 사회기반시설을 건설하는 데 사용된다고 가정한다. (힌트: 사회기반시설을 건설하는 데에는 블루칼라 가구의 노동이 필요하다.)

04 두 항공사가 오스트레일리아와 남아프리카 간 항공 운송을 나누어 독점하고 있다. 두 항공사는 비용을 줄이고, 항공료를 올리고, 탑승률을 높여서 이윤을 증가시키기 위해 협약하여 비행기 운항 횟수를 줄였다. 이에 대해 오스트레일리아 정부는 그 협약을 무효화하겠다고 공표했으며, 두 항공사 중 하나인 퀀타스(Qantas)는 그에 맞서 협약을 유지할 수 없다면 해당 노선의 운항을 취소하겠다고 발표했다. 많은 사람은 두 항공사 간의 협약을 무효화하면 사회 전체적으로 볼 때 효율성이 증가한다고 주장했다. 그러나 협약을 무효화하면 두 항공사의 소유주(주주)가 피해를 보게 되므로 협약의 무효화가 파레토 효율적인 변화를 가져오는 것은 아니다. 이에 대해 동의하는지, 동의하지 않는지 밝히고 그 이유를 설명하라.

05 포르타 이집트 공장 근로자의 생산량은 감독관을 얼마나 고용하느냐에 따라 달라진다. 생산물을 단위당 0.50달러에 판매하며 하루에 100달러의 임금을 주고 근로자 50명을 고용하는 이 공장은 감독관을 몇 명 고용할지 결정해야 한다. 다음 표를 통해 감독관의 생산함수를 알 수 있다.

감독관	일일 생산량
0	11,000
1	14,800
2	18,000
3	19,500
4	20,200
5	20,600

a. 감독관의 임금이 일일 500달러라면 포르타 이집트 공장은 감독관을 몇 명 고용해야 하는가?
b. 감독관의 노동에 대한 수요가 증가하여 감독관의 임금이 일일 550달러로 상승했다고 하자. 이 공장 생산물의 단위당 가격이 1달러라면 비용 상승은 감독관의 고용과 생산량에 어떤 영향을 미치는가?
c. 모든 공장이 포르타 이집트 공장처럼 행동한다면 이집트의 자

원 배분이 효율적으로 이루어지는가?

06 에메랄드 아일랜드는 바나나 생산에 적합한 기후라 에이커당 840파운드의 바나나를 생산하는 반면, 트로피컬 스프링스는 바나나 생산에 적합하지 않은 기후라 에이커당 250파운드의 바나나를 생산하고 있다. 또한 에메랄드 아일랜드는 망고 생산에 적합하지 않은 기후라 에이커당 325파운드의 망고를 생산하는 반면, 트로피컬 스프링스는 망고 생산에 적합한 기후라 에이커당 950파운드의 망고를 생산하고 있다. 이 두 국가는 높은 관세로 인해 망고와 바나나의 교역이 이루어지지 않았으나 최근 두 국가 간의 관세를 철폐하는 협약이 체결되었다. 이에 따라 어떤 상황이 나타날 것인가? 두 국가 간의 관세 철폐가 파레토 효율성이라는 측면에서 정당화될 수 있다고 생각하는가? 그렇게 생각하는 이유는 무엇인가?

07 홍콩 정부는 공연 티켓을 사서 되팔아 이윤을 챙기는 스캘핑(scalping) 행위에 대해 소비자 보호 측면에서 너무 과하게 비싼 가격으로 되파는 것을 규제하기로 했다. 일부 사람들은 스캘핑이 효율성을 높이는 행위라고 주장한다. 이를 지지하는 설명을 해보라. 한편 어떤 사람들은 부자만 대부분의 콘서트에 갈 수 있게 해주는 행위가 어떻게 효율적이냐고 반문한다. 이에 동의하는지, 동의하지 않는지 밝히고 그 이유를 설명하라.

08 다음의 각 경우가 파레토 효율적인 변화인지 설명하라.

a. 에스토니아 정부는 국민이 온라인으로 세금 신고를 할 수 있도록 전자정부 프로그램을 개발했다.

b. 아스널은 올리비에 지루를 첼시에 팔고, 첼시는 미키 바추아이를 보루시아 도르트문트에 팔고, 보루시아 도르트문트는 피에르 오바메양을 아스널에 팔았다.

c. 존은 일하는 주중에 자신의 보트를 친구인 조지가 사용하도록 허락했다.

d. 콘라트는 밀라노에 가 있는 동안 자신의 자동차를 에어비앤비에 내놓았다.

09 2018년에 일본항공은 도쿄발 후쿠오카행 비행기의 예약을 400명분 받았다. 하지만 탑승 가능한 승객 수는 375명밖에 되지 않기 때문에 25명은 예약을 취소해야 한다. 어떤 고객이 취소해야 할지 결정하기 위한 선택안은 다음과 같다. 효율성과 평등성이라는 관점에서 두 가지 선택안을 비교하라.

a. 동전 던지기

b. 가장 높은 가격을 부르는 사람에게 항공권 팔기

10 한 경제에 재화(G) 시장과 서비스(S) 시장만 있고, 둘 다 많은 기업이 존재하는 완전경쟁시장이라고 하자. 생산에서 규모에 대한 수확은 일정하다. 가구는 소득이 증가하면 S에 더 많이 지출하고 G에 덜 지출한다. 가구의 소득이 증가하면 단기와 장기에서 각각 생산량과 가격이 어떻게 되는지를 두 시장의 공급곡선 및 수요곡선, 각 시장에 있는 대표적 기업의 그래프를 이용하여 설명하라(소득 증가는 G의 수요곡선을 왼쪽으로 옮기고 S의 수요곡선을 오른쪽으로 옮긴다). 장기에서 G 시장과 S 시장에서의 고용은 각각 어떻게 되는가?

11 다음 중 실제로 파레토 효율적인 변화를 찾고 간단히 설명하라.

a. 기후 변화로 여름이 더 더워져서 에어컨을 샀다.

b. 낚시를 해서 잡은 연어를 담아놓는 통을 강물에 빠뜨렸다.

c. 당신은 돈을 절약하기 위해 아버지의 차를 사용한다. 다만 아버지가 차를 몰고 나가지 않을 때만 사용한다.

d. 당신이 다니는 학교의 경제학 교수가 강의를 빼먹고 보충수업도 하지 않는다.

12 한 리조트에 골프장이 3개 있고 각 골프장은 능력이 같은 관리인을 두고 있다. 관리인에게 지불하는 임금은 오션 오크의 경우 시간당 12달러, 럭셔리 링크의 경우 시간당 11달러, 퍼시픽 파라다이스의 경우 시간당 14달러이다. 각 골프장은 이윤을 극대화하는 인원의 관리인을 고용하고 있다. 세 골프장 간의 노동 배분이 효율적인지 비효율적인지 설명하라.

13 완전경쟁시장에서 기업 간에 자원이 효율적으로 배분되고 가구 간에 생산물이 효율적으로 분배되는 이유를 설명하라.

14 한 사회가 재화를 더 많이 생산함으로써 혜택을 얻을 수 있는 조건은 무엇인가? 한 사회가 재화를 덜 생산함으로써 혜택을 얻을 수 있는 조건은 무엇인가?

15 다음의 각 경우에 동의하는지, 동의하지 않는지 밝히고 설명하라.

a. 영양보조식품은 공공재이므로 공공 부문에서 생산해야 한다. 민간 시장에서는 적절한 양(효율적인 양)을 생산하지 못하기 때문이다.

b. 불완전한 시장은 비효율적인 결과를 가져온다. 이러한 시장에 있는 기업은 항상 가격을 한계비용보다 낮게 책정하기 때문이다.

c. 재무계획 서비스 시장은 비효율적일 가능성이 높다. 이 시장에서 공급되는 재무계획 서비스에 대해 소비자가 완전한 정보를 가지고 있지 않기 때문이다.

16 다음의 각 경우는 시장실패의 네 가지 원인 중 무엇에 해당하는지 밝혀라.

a. 당신의 냉장고가 고장이 났는데 수리기사는 냉장고를 고치는

대신 새로 사라고 권했다.

b. 당신의 이웃이 자녀에게 홍역 예방 주사 맞히기를 거부했다.

c. 당신이 살고 있는 지역의 공립학교가 리모델링을 해야 한다. 그러나 지방정부가 리모델링 자금을 마련하지 못하고 있다.

d. 우리나라의 은행이 일제히 이자율을 10% 인상했다.

17 클라리스는 지난 5년 동안 홍수를 세 번 겪은 후 집 앞에 배수로를 팠다. 덕분에 클라리스는 홍수 피해를 입지 않게 되었고 이웃 사람들도 혜택을 보았다. 클라리스가 판 배수로가 비효율적인 결과를 초래할 수 있는 이유를 설명하라.

18 다음 각 항목이 공공재를 의미하는지 간단히 설명하라.

a. 모나코에서 열린 모나코 그랑프리 자동차 경주 대회

b. 브라질 리우데자네이루 카니발 기간에 열린 길거리 삼바 축제

c. 세계 럭비 대회 결승전 관람 티켓

d. 남아프리카 케이프타운에 있는 마운트넬슨 호텔의 저녁 식사

e. 파리의 에펠탑

f. 런던 센트럴파크 근처 가게에서 구입한 모자

19 양의 외부효과와 음의 외부효과의 차이를 설명하라. 두 외부효과 모두 시장실패를 초래할 수 있는가? 그 이유를 설명하라.

경제학적 사고 키우기

01 외부효과의 문제는 시장 부재의 문제라고도 할 수 있다. 당신이 집 앞에 아름다운 정원을 가꾸었을 때 나타나는 양의 외부효과를 이용하여, 시장의 부재로 어떻게 외부효과가 발생하는지를 설명하라.

02 최근 종합검진을 받던 중 의사가 유전자 검사를 해보라고 권했다. 당신은 이 검사를 처음 들어보는데다 이 검사는 당신이 가입한 보험의 혜택에 포함되지 않는다. 이러한 상황은 어떻게 시장실패로 연결될 수 있는가?

PART 3

시장의 불완전성과 정부의 역할

CHAPTER 13

독점과 반독점법

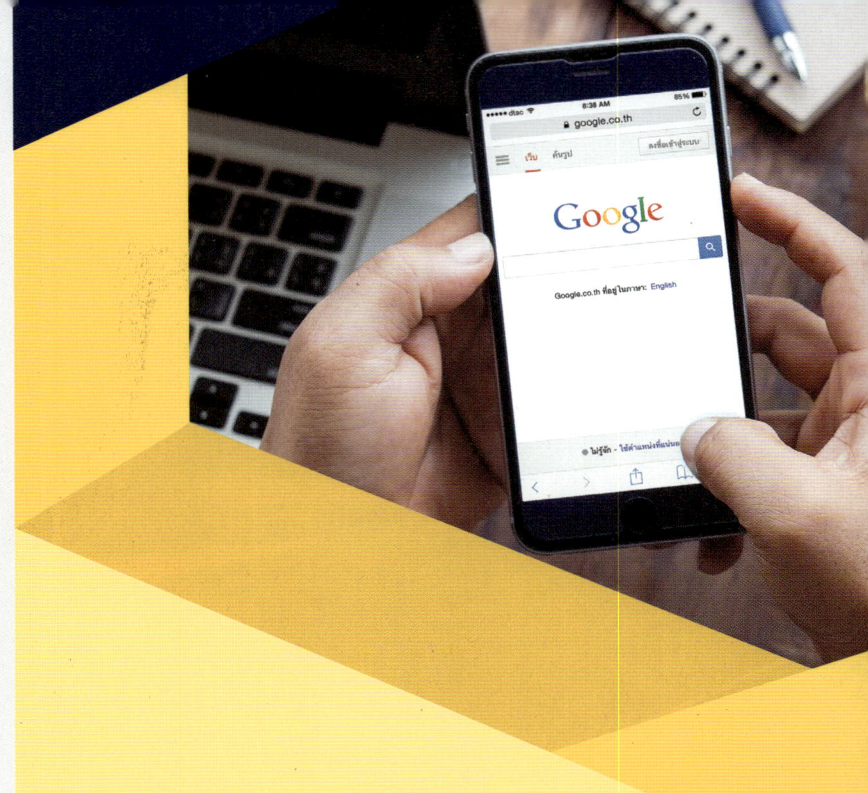

목차와 학습목표

13.1 불완전경쟁과 시장지배력: 핵심 개념

불완전경쟁과 시장지배력의 기본 내용을 이해한다.

13.2 순수독점시장의 가격과 생산량

독점시장에서 기업의 수입과 수요에 대해 알아본다.

13.3 독점의 사회적 비용

독점이 유발하는 사회적 비용의 근원을 파악한다.

13.4 가격차별

기업이 가격차별을 할 수 있는 상황과 가격차별이 초래하는 결과를 이해한다.

13.5 독점의 치유: 미국의 반독점정책

미국 연방정부의 반독점법에 대해 알아본다.

1911년에 미국 연방대법원은 미국에서 가장 큰 석유 회사인 스탠더드오일(Standard Oil)을 독점으로 판결하고 회사의 분할을 명령했다. 1999년에 미국 법원은 이와 비슷하게 마이크로소프트(Microsoft)가 독점력을 행사한 것으로 판단하고 여러 사업 관행을 시정하라고 명령했다. 2010년부터 2013년 초까지 미국 연방거래위원회(FTC)—미국 정부기관의 하나로 소비자 보호를 목적으로 설립되었다—는 구글(Google)이 독점력을 행사했는지와 구글의 사업 관행을 규제해야 할 것인지를 판단하기 위한 조사를 했다. 독점의 의미는 무엇이고, 정부와 법원은 왜 독점 기업을 통제하려고 하는가? 신기술이 계속 개발되고 있는 상황에서 독점의 판단 기준이 바뀌어야 하는가?

앞의 장들에서는 완전경쟁시장이 어떻게 작동하는지와 완전경쟁시장을 통해 얻는 혜택을 살펴보았다. 차별화되지 않는 동일한 제품을 생산하는 기업은 스스로 결정해야 하는 것에 한계가 있다. 이들은 생산량과 생산 방법을 결정할 수는 있지만 가격은 스스로 결정하지 않고 시장가격을 그대로 받아들인다. 또한 새로운 기업의 시장 진입과 경쟁으로 인해 장기적으로는 자본의 기회비용만큼만 벌기 때문에 기업의 (경제적) 이윤은 0이 된다. 구글이나 마이크로소프트와 같은 기업은 차별화된 제품을 생산하면서 몇 안 되는 경쟁자만 상대하므로 가능한 경제적 의사결정이 다양하며, 그로 인해 이윤을 증가시킬 수 있는 잠재력도 크다.

13~15장에서는 기업의 수가 적거나 제품이 차별화되어 있어 기업 간의 경쟁이 한정적인 시장을 살펴본다. 이 장에서는 시장 구조를 간단히 짚어본 다음 독점시장에 대해 알아보고, 14장과 15장에서는 각각 과점시장과 독점적 경쟁시장을 다룰 것이다.

13.1 불완전경쟁과 시장지배력: 핵심 개념

학습목표

불완전경쟁과 시장지배력의 기본 내용을 이해한다.

완전경쟁시장에서는 모든 기업이 동일한 가격을 책정한다. 동일한 제품을 생산하는 많은 기업이 있는 시장에서는 소비자가 고를 수 있는 선택의 폭이 넓기 때문에 자사 제품에 대한 개별 기업의 가격 결정력이 제한된다. 이는 장기적으로 기업이 자신이 투자한 자본에 대해 정상이윤만 벌게 된다는 것을 의미하기도 한다. 그러나 **불완전경쟁시장**(imperfectly competitive market)에서는 경쟁자의 수가 많지 않고 제품이 차별화되어 있어 때로는 기업이 제품의 가격을 인상할 수도 있으며, 이렇게 하더라도 고객을 모두 잃지는 않는다. 따라서 기업은 가격 순응자가 아니라 가격 책정자이며, 이러한 기업은 **시장지배력**(market power)을 가지고 있다고 할 수 있다. 이러한 시장에서는 기업이 초과이윤을 벌고, 자사 제품을 타사 제품과 차별화하며, 차별화된 제품에 타사와는 다른 가격을 매길 수도 있다. 우리는 기업의 가격 행위뿐만 아니라 기업이 제품의 질과 타입을 어떻게 결정하는지도 살펴보아야 하므로 이러한 시장을 연구하는 것은 흥미진진한 일이다.

불완전경쟁시장 개별 기업이 자사 제품의 가격을 어느 정도 통제할 수 있는 시장(산업)

시장지배력 자사 제품의 수요를 전부 잃지 않으면서 가격을 올릴 수 있는 불완전경쟁기업의 능력

불완전경쟁의 형태와 시장의 범위

많은 기업이 있고 제품이 차별화되지 않은 완전경쟁시장을 떠나면 다양한 형태의 시장 구조가 있다. 시장 구조의 한쪽 끝에는 독점이 있다. 독점시장은 새로운 기업의 진입이 봉쇄된 상태에서 하나의 기업만 존재하는 시장 구조이며, 과점시장은 기업의 수가 적고 각 기업의 규모가 가격에 영향을 줄 정도로 큰 시장 구조이다. 또한 독점적 경쟁시장은 다른 기업의 제품과 차별화된 제품을 생산하

는 많은 기업이 있으며, 새로운 기업의 시장 진입이 자유로운 시장 구조이다. 이 장에서는 독점시장을 자세히 살펴본다.

한 산업(시장)에 하나밖에 없는 기업을 독점기업이라고 한다면 이는 무엇을 의미하는가? 실제로 많은 기업이 다양한 브랜드의 제품을 팔고 있지만(특히 소비자 제품시장에서) 특정 제품을 파는 기업은 하나뿐이다. 예를 들어 아이보리(Ivory) 비누는 프록터앤드갬블(P&G)만이 생산하고, 코크 클래식(Coke Classic)은 코카콜라(Coca-Cola)만이 생산한다. 그러나 이 두 기업을 독점기업이라고 하지는 않는다. 이 두 기업을 비롯한 많은 기업이 매우 비슷한 대체재를 팔고 있기 때문이다. 우리는 코크 대신 펩시(Pepsi)를 마실 수 있고, 아이보리 대신 유니레버(Unilever)의 도브(Dove)로 세수를 할 수 있다. 따라서 독점시장의 의미를 정확히 정의해야 한다. ① 비슷한 대체재가 없는 제품을 생산하는 기업이 하나뿐이고, ② 이윤을 보고 시장에 진입하려는 다른 기업의 진입이 불가능한 시장(산업)을 **순수독점**(pure monopoly)이라고 한다.

순수독점 비슷한 대체재가 없는 제품을 생산하는 기업이 하나뿐이고, 이윤을 보고 시장에 진입하려는 다른 기업의 진입이 불가능한 시장

대체재의 존재와 시장지배력에 대해 생각할 때 완전경쟁시장을 고려하면 도움이 된다. 차별화되지 않은 햄버거 브랜드인 X 햄버거를 생산하는 기업을 살펴보자. 그림 13.1에서 보듯이 이 기업의 수요곡선은 수평선으로 완전탄력적이다. 그러나 전체 햄버거의 수요곡선은 우하향한다. 햄버거의 대체재가 많지만 완전한 대체성이 있는 것은 아니며, 어떤 사람들은 다른 식품보다 상대적으로 햄버거가 더 비싸더라도 햄버거를 사 먹을 것이다. 어떤 재화의 범위를 더 넓힐수록(예: 식품 전체로) 그 범위를 벗어난 재화와의 대체성이 감소하고 수요는 매우 가격비탄력적이 된다. 설령 X 햄버거를 생산하는 기업이 하나밖에 없더라도 그 기업은 시장지배력을 가지지 못한다. 만약 이 기업이 X 햄버거의 가격을 올리면 모든 사람은 다른 브랜드인 Z 햄버거를 사 먹을 것이기 때문이다. 한편 미국 내의 모든 햄버거를 생산하는 기업이 있다면 이러한 기업은 시장지배력을 가지며, 이 경우에는 그 기업이 햄버거의 가격을 올린다 해도 계속 팔릴 것이다. 한 국가 내의 모든 식품을 생산하는 기업이 있다면 그 기업은 엄청난 시장지배력을 차지할 것이다. 사람들은 먹지 않고는 살 수 없으니 말이다.

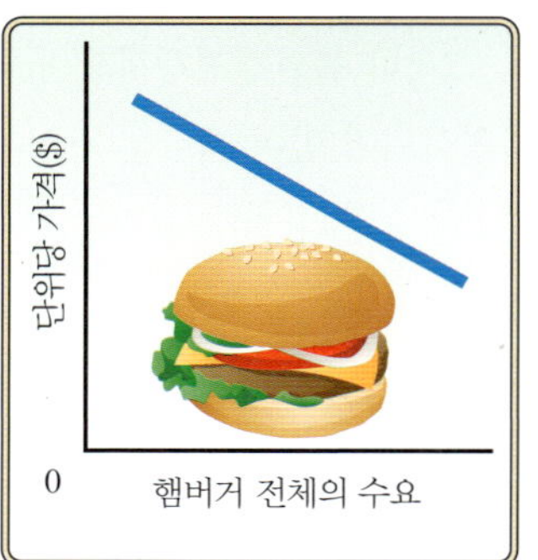

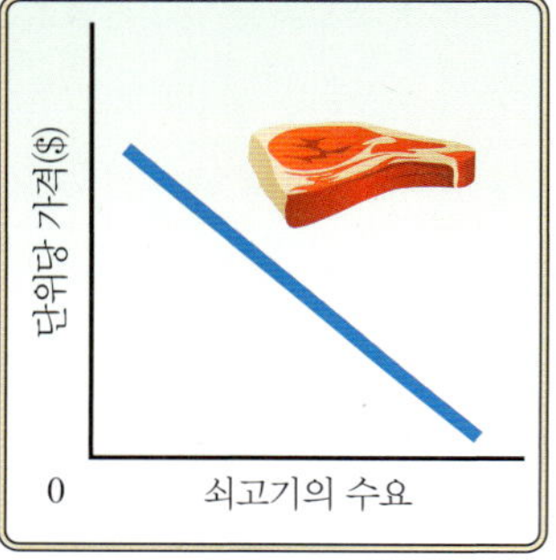

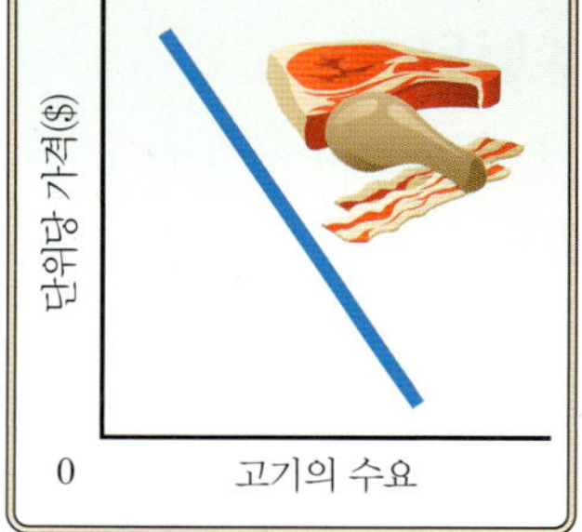

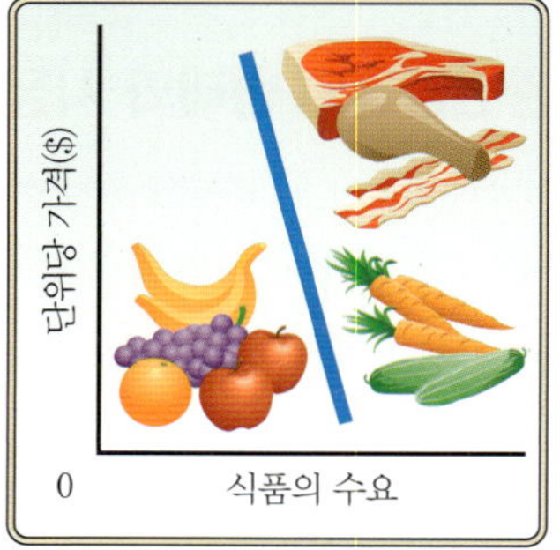

그림 13.1 시장의 범위와 가격탄력성

한 시장(산업)을 넓게 정의할수록 대체재의 수가 줄어들어 그 시장의 제품 수요는 점점 비탄력적이 된다. 독점시장은 비슷한 대체재가 없는 제품을 생산하는 기업이 하나뿐이고, 새로운 기업의 시장 진입도 불가능한 시장이다. 따라서 독점기업의 수요곡선은 상대적으로 비탄력적이다. X 햄버거를 생산하는 기업은 독점기업이라고 할 수 없다. X 햄버거의 대체제가 많아서 이 기업은 시장가격에 대한 통제력이 없기 때문이다.

기업의 시장지배력을 판단하기 위해 어떤 제품들이 서로 관련이 깊은 대체재인지 알아내기란 실제로 어려울 수 있다. 햄버거와 핫도그는 강한 대체재이므로 햄버거를 독점생산하는 기업은 햄버거의 가격을 올릴 수 있는 시장지배력이 없을까? 직불카드와 수표는 신용카드의 강한 대체재이므로 신용카드 회사는 시장지배력이 없을까? 최근 미국 법원의 반독점 소송 판결에 따르면 그 답은 '그렇지 않다'이다. 마이크로소프트는 독점기업인가, 아니면 소프트웨어 사용자를 대상으로 리눅스(Linux), 애플(Apple)과 경쟁하고 있는가? 경제학자, 법률가, 반독점 법원은 오랫동안 이러한 질문과 씨름하고 있다.

13.2 순수독점시장의 가격과 생산량

학습목표

독점시장에서 기업의 수입과 수요에 대해 알아본다.

대체재가 거의 없는 재화를 생산하는 한 기업만 있는 시장을 생각해보자. 이 독점기업은 이윤을 극대화하는 생산량을 어떻게 결정하는가? 우리는 이 독점기업이 가격차별을 하지 않는다고 가정한다. 이 기업은 제품을 모든 수요자에게 동일한 가격에 판매한다. (가격차별은 동일한 제품을 여러 소비자나 소비자 집단에 다양한 가격으로 판매하는 것을 말한다. 이는 이 장의 뒷부분에서 살펴볼 것이다.)

이러한 순수독점이 경쟁적인 생산요소시장에서 생산요소를 구매한다고 가정한다. 이 기업은 제품을 판매하는 생산물시장에서는 유일무이하지만 생산요소시장에서는 생산요소를 구입하는 많은 기업 중 하나일 뿐이다. 지역 독점기업인 지역 케이블 방송 회사는 다른 회사처럼 근로자를 채용한다. 근로자를 채용하기 위해 경쟁노동시장에서 형성된 임금을 지불해야 하고, 광케이블을 구매하기 위해 광케이블 시장에서 형성된 가격을 지불해야 한다. 즉 이 독점기업은 생산요소시장에서 가격 순응자일 뿐이다.

이윤 공식의 비용 측면을 보면 순수독점기업과 완전경쟁기업은 다르지 않다. 둘 다 생산비용을 최소화하는 기술을 선택한다. 두 기업의 비용곡선은 각 수준의 생산량을 생산하는 데 따르는 최소비용을 나타낸다. 둘의 차이는 수입, 즉 이윤 공식의 판매 측면에서 발생하는데 이에 대해 살펴보자.

독점시장의 수요

독자도 알다시피 완전경쟁기업은 시장가격에서 자신이 팔고자 하는 만큼 팔 수 있다. 시장에 비해 아주 미미한 규모인 완전경쟁기업의 수요곡선은 가격에 대해 완전탄력적인 수평선이다. 완전대체재가 많이 존재하기 때문에 완전경쟁기업은 제품의 가격을 올리면 수요를 몽땅 잃게 된다. 또한 완전경쟁기업은 시장가격보다 낮은 가격에 팔려는 인센티브도 가지지 않는다. 시장가격에서 원하는 만큼 얼마든지 팔 수 있기 때문이다.

그러나 독점기업은 이와 다르다. 독점기업은 시장을 구성하는 작은 부분이 아니라 기업 자체가 시장이다. 독점기업은 가격을 책정하기 위해 시장가격을 살펴보지 않는다. 독점기업이 시장가격을 정한다. 그렇다면 독점기업은 어떻게 가격을 책정하는가? 자기 시장의 유일한 기업이라 하더라도 독점기업은 다른 시장에 있는 다른 기업과 소비자의 돈을 놓고 경쟁을 벌이기 때문에 가격을 올리면 일부 고객을 잃게 된다. 독점기업은 가격을 올려 추가로 얻는 수입과 그로 인한 판매량 감소로 줄어

경제학의 적용

적절한 가격 알아내기

기업들이 경쟁하고 있는 기존 시장에 진입하는 새로운 기업이 돈을 벌기는 힘들겠지만, 책정해야 할 가격수준을 파악하기는 상대적으로 쉽다. 그냥 기존 시장에서 다른 기업들의 가격을 보면 된다. 그렇다면 세상에 없던 신제품을 내놓는 기업가는 사람들이 그 제품에 지불할 용의가 있는 가격을 어떻게 알아낼 수 있을까?

때로는 시행착오를 거쳐 가격을 책정하는 것이 도움이 되기도 한다. 한 번 마시면 머리카락이 금발이 되는 인체에 무해한 주스를 당신이 개발했다고 가정하자. 이 주스의 가격을 어떻게 책정해야 할까? 한 가지 방법은 비슷한 여러 시장에 각기 다른 가격으로 내놓고 판매량을 비교해보는 것이다. 기업이 흔히 사용하는 이 방법은 '테스트 마케팅'이라고 불린다. 그러나 당신이 이 주스를 개발하기 위해 거액을 투자해야 하고 그 전에 가격을 알아야 한다면 어떻게 해야 할까? 사람들이 이 주스에 기껏해야 5달러를 지불하려고 하고 주스의 평균생산비용이 10달러라면 공장을 짓기 전에 미리 책정 가능한 가격을 알아보는 것이 매우 유용하다. 기업은 대표적 그룹(들)을 만들어 이 그룹(들)에 제품을 설명하고 여러 수준의 가격에 대해 어떻게 반응하는지 살펴봄으로써 제품의 잠재적 수요를 살펴보기도 한다. 마케팅 관계자들이 '포커스 그룹(focus groups)'이라고 부르는 이 방법도 자주 사용된다. 또 다른 방법은 당신이 개발하려는 제품과 비슷하게 소비자의 욕구를 충족하고 현재 시장에서 판매 중인 다른 제품을 살펴보는 것이다. 여기서는 머리카락을 금발로 만들어주는 염색약이 그러한 제품일 것이다. 물론 염색약은 완전대체재가 아니기 때문에 그와 비슷하게 가격을 책정해야 할 이유는 없다. 그러나 비슷한 욕구를 충족하는 제품의 가격이 비슷해야 한다는 것은 상식적이며, 일부에서는 이러한 방법으로 가격을 책정하는 것을 '벤치마크(benchmark)' 가격 책정이라고 한다.

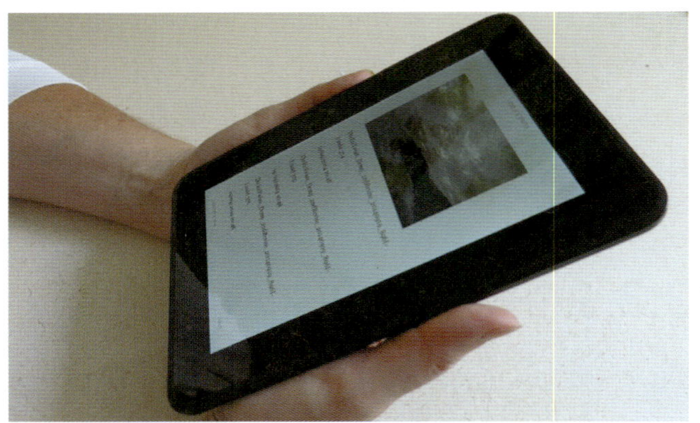

질문

- 아마존이 전자책 단말기 킨들을 처음 시장에 소개할 때 벤치마크로 사용한 제품은 무엇일 것이라고 생각하는가?

드는 수입의 상호 교환관계가 이윤에 미치는 영향을 판단하여 독점가격을 책정한다.

독점기업이 판단하는 이러한 상호 교환관계는 잠시 뒤에 살펴보고, 좀 더 공식적으로 설명하기 전에 완전경쟁기업과 독점기업의 의사결정을 비교해보자. 완전경쟁기업의 경우 시장이 상당한 정보를 제공한다. 모든 완전경쟁기업은 현재의 시장가격과 자신의 생산비용을 비교하여 현재의 시장가격으로 판매했을 때 이윤을 얻을 수 있는지 확인하면 되지만, 독점기업은 자사 제품의 수요곡선을 알아야 한다. 아이팟(iPod)을 처음 시장에 내놓았을 때 애플은 사람들이 이 신제품에 얼마나 지불할 용의가 있는지를 알아야 했다. 애플과 같은 기업은 아이팟의 수요곡선이 어떤 모양인지 파악하기 위해 전문적인 마케팅 부서를 두고 잠재적 소비자에 대해 조사하고 관련 시장의 자료를 수집하며 시행착오적인 방법도 사용한다.

한계수입과 시장수요 한계수입이 한계비용보다 크면 완전경쟁기업이 계속 생산하여 이윤 극대화를 추구한다는 것을 7장에서 배웠다. 이러한 상황에서는 추가 생산량이 추가 수입(+)을 안겨주는 동시에 추가 비용(−)을 유발한다. 이는 이윤 극대화의 원칙으로서 독점기업에도 그대로 적용된다. 한계수입이 한계비용보다 크면 독점기업도 생산량을 증가시켜 이윤 극대화를 추구한다. 완전경쟁기업과 독점기업의 차이는 한계수입에 있다.

완전경쟁기업의 경우 한계수입이 단순히 시장가격이므로 기업이 판매하는 단위마다 추가로 얻는

표 13.1 독점기업의 한계수입

(1) 수량	(2) 가격	(3) 총수입	(4) 한계수입
0	$11	0	–
1	10	$10	$10
2	9	18	8
3	8	24	6
4	7	28	4
5	6	30	2
6	5	30	0
7	4	28	−2
8	3	24	−4
9	2	18	−6
10	1	10	−8

수입은 현재의 시장가격이다. 완전경쟁기업은 전체 시장 규모에 비하면 아주 미미하기 때문에 각 기업의 행위가 시장 전체에 아무런 영향을 미치지 못한다. 따라서 완전경쟁기업이 1단위를 더 판매함으로써 얻는 추가 수입, 즉 한계수입은 가격이다. 반면에 독점기업의 경우에는 그 자체가 시장이다. 따라서 독점기업이 생산량을 2배로 증가시키면 시장의 공급량도 2배르 늘어난다. 따라서 2배로 늘어난 생산량을 판매하려면 가격을 낮추어야 한다는 것은 쉽게 알 수 있다. 독점기업의 생산량이 시장가격에 영향을 미친다는 것은 가격과 한계수입이 달라진다는 것을 의미하며, 이는 간단한 수학으로 쉽게 확인할 수 있다.

표 13.1과 같은 수요표가 있다고 하자. (3)열은 독점기업이 얻는 총수입으로, 1단위를 생산한다면 가격이 10달러, 총수입이 10달러이고, 2단위를 생산한다면 각각 9달러에 판매하여 총수입이 18달러이다. (4)열은 두 번째 단위의 한계수입으로 8달러(18달러 − 10달러)이다. 1단위에서 2단위로 판매량을 늘릴 때 추가로 얻는 수입인 한계수입이 두 번째 단위의 가격(9달러)보다 낮다는 것에 주목하라.

이 기업이 3단위 대신 4단위를 판매할 때 어떤 상황이 발생하는지 살펴보자. 네 번째 단위는 7달러에 판매된다. 이 독점기업은 가격차별을 하지 않기 때문에 4단위를 각각 7달러에 판매해야 한다. 만약 3단위를 판매한다면 각각 8달러에 판매할 수 있다. 따라서 네 번째 단위가 가져다주는 수입인 7달러를 상쇄하는 것은 3달러의 손실(8달러에 판매할 수 있었던 3단위 각각의 1달러 손실)이다. 네 번째 단위의 한계수입은 7달러에서 3달러를 뺀 4달러이며, 이는 가격인 7달러보다 훨씬 낮다. (독점기업과 달리 완전경쟁기업은 더 많이 판매하기 위해 가격을 낮출 필요가 없다. 따라서 완전경쟁기업은 $MR = P$이다.) 독점기업의 경우에 판매량 증가는 더 많이 생산하여 판매하는 것뿐 아니라 판매량 전체의 가격을 낮추어야 한다는 것을 의미한다.

정의상 한계수입은 판매량을 1단위 증가시킬 때 총수입이 변하는 크기로도 구할 수 있다. 판매량이 3단위일 때 총수입이 24달러이고 판매량이 4단위일 때 총수입이 28달러이므로 네 번째 단위의 한계수입은 4달러이다.

그런데 판매량을 6단위에서 7단위로 증가시키면 오히려 총수입이 줄어든다. 이는 7단위를 판매

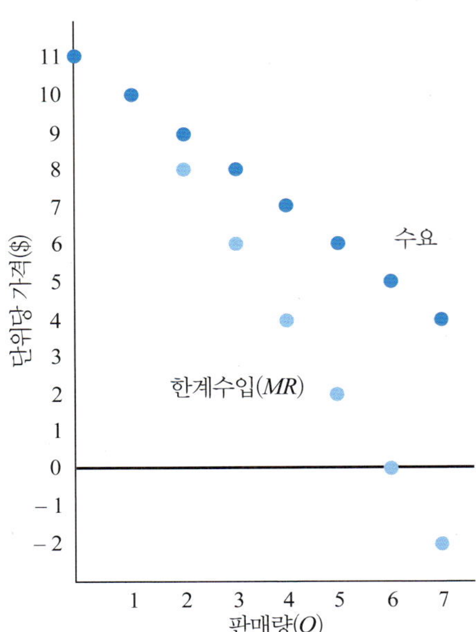

그림 13.2 독점기업의 한계수입 곡선

이 독점기업은 첫 번째 단위를 제외한 모든 판매량에서 한계수입이 가격보다 낮다. 이는 ① 독점기업이 가격차별을 하지 않고 모든 단위를 동일한 가격에 판매한다고 가정하고, ② 독점기업은 판매량을 증가시키려면 가격을 낮추어야 하기 때문이다. 추가 판매량은 수입을 증가시키지만, 이러한 수입 증가는 판매되는 모든 단위의 가격이 전보다 낮아짐으로써 발생하는 수입 감소로 인해 어느 정도 상쇄된다. 따라서 판매량을 1단위 증가시킬 때 발생하는 수입 증가액(한계수입)이 가격보다 적다.

할 때의 한계수입이 음(−)이 된다는 것을 의미한다. 일곱 번째 단위가 양의 값인 4달러에 판매되는 것은 맞지만 7단위를 각각 4달러에 판매해야 하므로 총수입이 28달러이다. 판매량이 6단위로 제한된다면 각 단위를 5달러에 판매했을 것이다. 따라서 일곱 번째 단위가 가져다주는 수입 증가(4달러)를 상쇄하는 것은 수입 감소분 6달러(5달러에 판매할 수 있었던 6단위 각각의 1달러 손실)이다. 판매량을 6단위에서 7단위로 증가시키려면 이 독점기업은 총수입이 2달러 감소하는 것을 받아들여야 한다. 그림 13.2는 표 13.1의 한계수입을 그래프로 나타낸 것이다. 첫 번째 단위를 제외한 모든 판매량에서 한계수입이 가격보다 낮다는 것에 주목하라. 따라서 여섯 번째 단위 이후로 한계수입이 양의 값에서 음의 값으로 변한다.

수요곡선이 직선이고 수량이 연속적으로 이어진다면 한계수입과 가격의 관계를 수식으로도 나타낼 수 있다. 한계수입은 판매량의 작은 변화가 가져오는 총수입의 변화이다. 독점기업이 판매량 Q를 1단위 증가시키는 경우를 살펴보자. 판매량의 증가로 독점기업의 총수입에 두 가지 효과는 나타난다. 첫 번째 효과는 증가하는 판매량이 기업의 총수입을 증가시키는 것이다. 보다 정확히 말해 증가하는 판매량의 1단위당 가격만큼 총수입이 증가한다. 예에서는 증가하는 판매량이 1단위이다. 두 번째 효과는 판매량 Q의 증가가 독점기업의 모든 판매량 가격을 떨어뜨리는 것이다. 판매량의 증가는 가격을 얼마나 하락시킬까? 수요곡선이 직선일 때 이는 역수요곡선의 기울기, 즉 $\Delta P/\Delta Q$이다. 이 두 가지 효과를 하나로 묶으면 다음과 같이 한계수입을 나타낼 수 있다.

$$MR = P + (\Delta P/\Delta Q) \times Q$$

따라서 한계수입은 역수요곡선의 기울기와 Q의 곱을 가격과 더한 것이다. 수요곡선은 우하향이므로 $\Delta P/\Delta Q$는 음의 값이고, 이는 독점기업의 한계수입이 가격보다 낮다는 것을 나타낸다.

위의 공식을 이용하여 완전경쟁기업과 독점기업의 차이를 또다시 확인할 수 있다. 완전경쟁기업은 생산량을 늘리더라도 시장가격에 영향을 줄 수 없다. 시장가격에 영향을 미치기에는 너무 작기 때문이다. 따라서 $\Delta P/\Delta Q$의 값이 0이고 한계수입과 가격이 같다. 한편 독점기업은 생산량을 늘리면 가격이 하락하며, 이는 한계수입을 감소시키는 음의 효과를 초래한다.

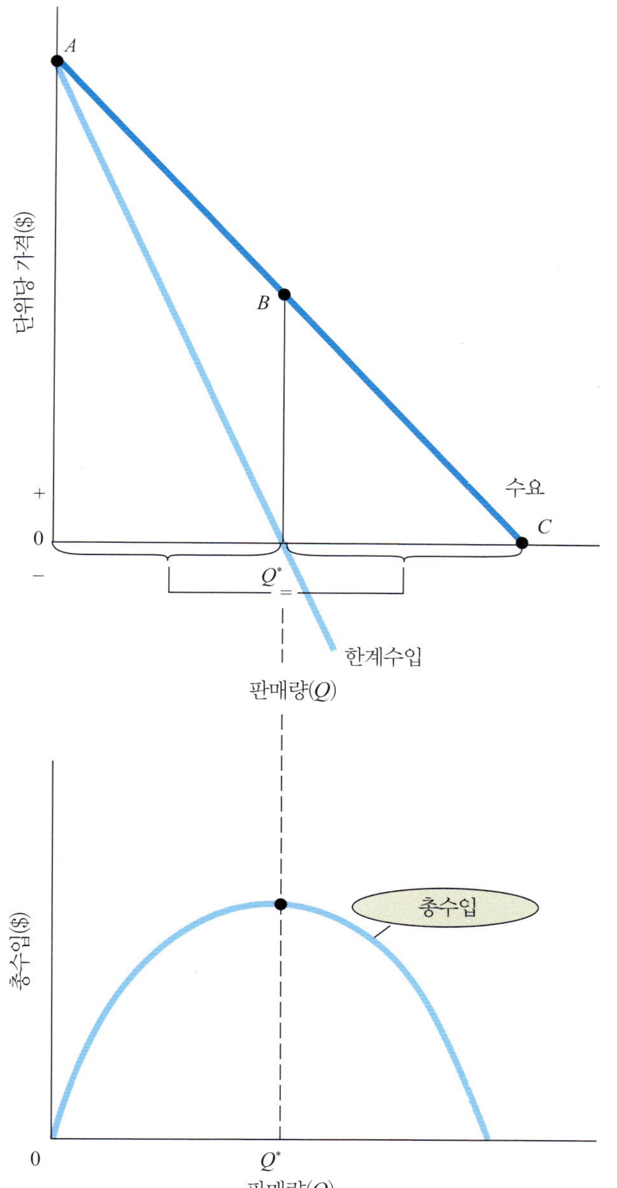

그림 13.3 한계수입과 총수입
독점기업의 한계수입곡선은 원점과 수요곡선이 가로축과 만나는 점의 한가운데를 지나간다. 독점기업의 한계수입곡선은 바로 위에 있는 수요곡선을 따라 독점기업이 가격을 인하할 때 총수입의 변화 크기를 보여준다.

그림 13.3을 세심히 살펴보라. 한계수입곡선은 자기 자신 바로 위에 있는 수요곡선을 따라 이동할 때 나타나는 총수입의 변화를 보여준다. 위쪽 그래프의 A점에서 출발해보자. 이 점(또는 이 점보다 높은 가격)에서의 판매량은 0이며, 따라서 아래 그래프에서 보듯이 총수입이 0이다. 제품을 팔려면 가격을 낮추어야 한다. A점보다 낮은 가격에서 한계수입은 양의 값이 되고 총수입이 증가하기 시작한다. 점점 더 많이 팔기 위해 독점기업은 가격을 점점 더 내려야 한다.

판매량이 0에서 Q^*로 증가하면서 독점기업은 자신의 수요곡선을 따라 A점에서 B점으로 이동하며, 한계수입이 계속 양의 값을 유지하면서 총수입이 꾸준히 증가한다. 판매량(Q)의 증가는 총수입($P \times Q$)을 증가시킨다. 동시에 가격(P)의 하락은 총수입($P \times Q$)을 감소시킨다. B점에 도달할 때까지 생산량의 증가가 총수입을 증가시키는 효과가 가격 하락이 총수입을 감소시키는 효과보다 크기 때문에 총수입이 증가한다. 한계수입은 가로축 위에 있으면서 양의 값이다.

판매량이 Q^*보다 클 때, 다시 말해 수요곡선상의 B점에서 C점까지 계속 아래로 내려가면 무슨 일이 일어나는가? 더 많이 판매하려면 가격을 계속 내려야 하지만 판매량이 Q^*보다 많아지면 한계수입이 음의 값이 되며, 그림 13.3의 아래쪽 그래프에서 보듯이 총수입이 감소하기 시작한다. 판매량이 Q^*점을 넘어서면 판매량 증가의 효과보다 가격 인하의 효과가 더 커져 총수입($P \times Q$)이 감소한다. C점에서 가격이 0으로 떨어져 총수입이 다시 0이 된다.[1]

수요곡선이 직선이고 판매량을 연속적으로 표시할 수 있다면 그림 13.3과 같이 한계수입곡선이 판매량 축의 원점과 C점의 한가운데를 통과한다. 이는 앞서 제시한 한계수입곡선 공식을 통해 쉽게 알 수 있다.

$$MR = P + (\Delta P/\Delta Q) \times Q$$

수요곡선이 직선이면 $P = a - bQ$이다. 위 공식에 P의 값과 수요곡선의 기울기 값을 대입하면 다음과 같다.

$$MR = (a - bQ) + (-b)Q$$

다시 정리하면

$$MR = a - 2bQ$$

한계수입곡선은 수요곡선처럼 y축의 a 절편을 지나고 기울기는 수요곡선의 2배이다. 따라서 원점 및 수요곡선이 가로축과 만나는 점의 한가운데를 지난다.

독점기업의 이윤 극대화 가격과 생산량 한계수입을 정의하고 설명하는 데 많은 부분을 할애한 것은, 독점기업이 이윤을 극대화하는 가격과 생산량을 결정하는 데 한계수입이 매우 중요한 요소이기 때문이다. 그림 13.4는 수요곡선 및 이로부터 구한 한계수입곡선을 비용곡선과 함께 그린 것이다. 가격과 생산량(판매량)을 결정할 때 독점기업은 경쟁기업과 똑같은 과정을 거친다. 이윤을 극대화하는 모든 기업은 추가 수입이 추가 비용보다 크면 생산량을 증가시킨다. 독점기업을 비롯해 모든 기업은 한계수입이 한계비용보다 크면 생산량을 증가시킨다. 한계수입이 한계비용보다 크면 그 차이가 한계이윤이다.

그림 13.4에서 독점기업의 최적 가격/수량 조합은 P_m = 6달러, Q_m = 5단위이다. 이는 한계수입곡선과 한계비용곡선이 만나는 수량이다. 5단위보다 적은 판매량에서는 한계수입이 한계비용보다 크다. 그러나 5단위보다 많은 판매량에서는 한계비용이 한계수입보다 크므로 5단위보다 많이 팔면 이윤이 감소한다. 따라서 독점기업의 이윤을 극대화하는 것은 한계수입과 한계비용이 일치하는($MR = MC$) 판매량이다.

독점기업의 한계수입곡선이 수요곡선 아래에 있기 때문에 독점기업이 택하는 이윤 극대화 가격은

---

1 5장에서 수요곡선을 따라 내려오면서 처음에는 Q의 퍼센트 변화가 P의 퍼센트 변화보다 크기 때문에 수요의 가격탄력성 절댓값이 1보다 크다고 했던 것을 상기하라. 따라서 그림 13.3의 A점과 B점 사이에서는 수요가 탄력적이다. 한편 판매량이 Q^*를 넘는 그림 13.3의 수요곡선상 B점과 C점 사이에서 가격 하락의 퍼센트는 판매량 증가의 퍼센트보다 크다. 따라서 B점을 넘어서는 수요의 가격탄력성 절댓값이 1보다 작고 수요가 비탄력적이다. B점에서는 한계수입이 0이다. P의 하락이 한계수입에 미치는 영향은 Q의 증가가 한계수입에 미치는 영향을 정확히 상쇄한다. B점에서 수요의 가격탄력성 값은 −1이다.

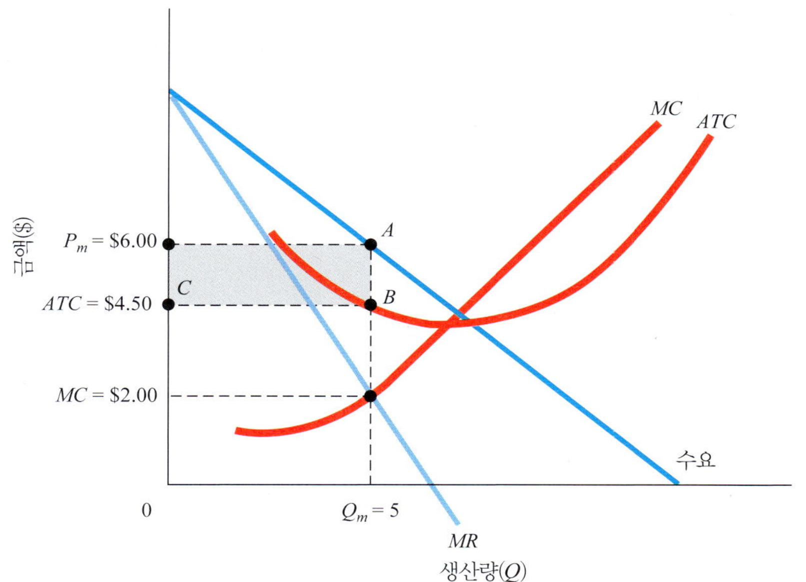

그림 13.4 이윤을 극대화하는 독점기업의 가격과 생산량 선택
이윤을 극대화하는 독점기업은 한계수입이 한계비용보다 크면 생산량을 증가시킨다. 6달러의 가격에서 기간당 5단위를 판매할 때 최대 이윤을 얻는다. 5단위보다 많은 판매량에서는 한계비용이 한계수입보다 크기 때문에 5단위보다 더 많이 판매하면 이윤이 줄어든다. 판매량이 5단위일 때 총수입 = P_mAQ_m0, 총비용 = CBQ_m0, 이윤 = P_mABC이다.

한계비용의 위에 있다(P_m = 6달러는 MC = 2달러보다 크다). 5단위의 판매량에서는 가격이 6달러가 될 것이며(수요곡선상의 A 점), 이는 독점기업이 시장에서 5단위를 팔 수 있는 최대 가격이다. 총수입은 $P_m \times Q_m$ = 6달러 × 5 = 30달러(P_mAQ_m0의 면적)이다. 총비용은 평균총비용과 판매량을 곱한 것으로 4.50달러 × 5 = 22.50달러(CBQ_m0의 면적)이다. 총이윤은 총수입과 총비용의 차이인 30달러 − 22.50달러 = 7.50달러(P_mABC의 면적)이다.

지금까지 독점기업의 최적 생산량(판매량)에 대해 설명하면서 일반적인 오해를 지적했다. 독점기업이라 하더라도 자신이 책정하는 가격에 한계가 있다는 것이다. 예를 들어 자전거 시장의 독점기업은 경쟁시장에서 책정할 수 있는 가격보다 더 높은 가격을 매길 수 있는 능력이 있다. 그러나 독점기업이 가격을 올리는 데에는 한계가 있다. 자전거 가격이 오르면 많은 사람이 자전거 대신 인라인스케이트를 타거나 그냥 걸어 다닐 것이다. 특히 독점기업이 비교적 오랫동안 사용하는 내구재를 판매할 때 흥미로운 상황을 목격할 수 있다. 마이크로소프트는 PC의 운영체제 시장을 지배하고 있는 윈도우(Windows)를 생산하는 유일한 기업이다. 이러한 마이크로소프트가 새 운영체제를 판매하려고 했을 때, 많은 잠재적 소비자가 이미 마이크로소프트의 운영체제를 사용하고 있다는 사실이 가격 책정에 걸림돌이 되었다. 새 운영체제의 가격이 너무 높으면 소비자는 구 버전을 그대로 사용할 것이기 때문이다. 애플도 신형 아이폰을 시장에 내놓을 때 비슷한 상황에 처했다. 구형 아이폰이 신형 아이폰의 가격을 효과적으로 제약한 것이다. 한편 일부 독점기업의 경우 판매하는 제품의 성격상 수요곡선 자체가 매우 탄력적일 수도 있다.

독점기업의 공급곡선 완전경쟁시장에 있는 기업의 단기 공급곡선은 그 기업의 평균변동비용곡선 위에 있는 한계비용곡선이다. 시장가격이 변하면 완전경쟁기업은 단순히 자신의 한계비용곡선을 따라 위아래로 이동하면서 이윤을 극대화하는 생산량을 선택한다.

그러나 그림 13.4에서 보듯이 독점기업의 경우에는 공급곡선이라고 말할 수 있는 것이 아무것도 없다. 독점기업의 생산량은 자신의 한계비용곡선과 수요곡선의 모양에 따라 결정된다. 달리 말해 독점기업의 공급량은 자신의 수요곡선에 따라 달라진다. 독점기업의 경우 자사 제품의 수요곡선과 관계없는 별개의 공급곡선이 없다.

왜 그런지 알아보기 위해 한 기업의 공급곡선이 의미하는 것을 생각해보자. 공급곡선은 각 가격에서 기업이 공급할 용의가 있는 수량을 나타낸다. 주어진 가격에서 얼마나 많은 양을 공급할 용의가 있는지 한 독점기업에 물어본다면 그 독점기업은 자신의 한계비용뿐만 아니라 가격과 관련된 한계수입에 따라서도 공급량이 달라진다고 답할 것이다. 독점기업이 한계수입을 파악하려면 자신의 수요곡선이 어떤 모양인지 알아야 한다.

요컨대 완전경쟁에서는 기업의 한계비용곡선을 알면 공급곡선을 그릴 수 있지만 독점기업의 경우 상황이 더 복잡하다. 독점기업은 가격과 공급량을 결정할 뿐만 아니라 독점기업의 공급량은 해당 기업의 한계비용곡선과 수요곡선에 따라 달라진다. 달리 말해 불완전경쟁시장에 있는 기업의 경우 공급곡선이 없다.

완전경쟁시장과 독점시장의 비교

독점기업에 대해 이해하는 한 가지 방법은 완전경쟁시장에서의 균형량 및 균형가격을 그 시장이 독점시장이 되었을 때 독점기업이 선택하는 공급량 및 가격과 비교해보는 것이다. 이러한 비교를 위해 하나의 큰 기업이 누릴 수 있는 기술이나 생산비용상의 우위가 없다고 가정한다.

장기에서 규모의 경제가 일정한 생산기술을 사용하면서 생산하는 많은 기업이 존재하는 완전경쟁산업을 가지고 비교해보자[규모에 대한 수확 불변(CRS)은 작은 규모의 여러 공장에서 생산하든 하나의 큰 공장에서 생산하든 평균생산비용이 동일함을 의미한다는 것을 상기하라]. 그림 13.5는 완전경쟁시장의 장기균형을 보여준다. 이는 가격이 장기 평균비용과 일치하고 기업에 경제적 이윤이 발생하지 않는 상황이다. 그림 13.5에는 단기 한계비용곡선과 단기 평균비용곡선도 표시되어 있다.

이제 이 시장을 하나의 독점기업이 차지하게 되었다고 하자. 이 경우에 독점기업은 많은 공장을

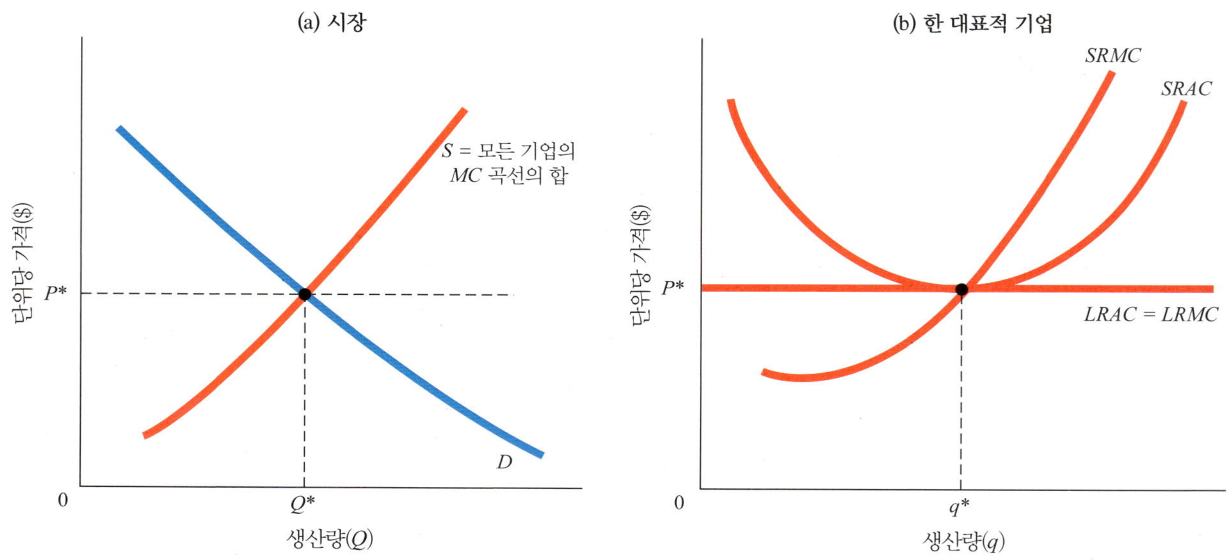

그림 13.5 완전경쟁시장의 장기균형

완전경쟁시장의 장기에서는 가격과 장기 평균비용이 일치한다. 시장공급곡선은 그 시장(산업)에 있는 모든 기업의 단기 한계비용곡선을 합한 것이다. 우리는 기업이 규모에 대한 수확 불변인 생산기술을 사용한다고 가정한다. 즉 장기 평균비용곡선(*LRAC*)이 수평이다. 큰 기업이라고 생산비용상의 우위를 갖는 것은 아니다.

소유한 하나의 기업이다. 생산기술이 변하지 않고 의사결정을 하는 주체만 달라졌다. 독점기업의 의사결정을 분석하기 전에 독점기업이 가지고 있는 여러 공장의 비용곡선을 통합한 비용곡선을 도출해야 한다.

이 새로운 독점기업의 한계비용곡선은 이전의 완전경쟁시장에 있었던 많은 작은 기업의 한계비용곡선을 수평으로 모두 합한 것으로, 이러한 작은 기업이 독점기업의 자회사가 된 셈이다. 이는 독점기업의 한계비용곡선을 구하기 위해 각 한계비용 수준에서 개별 공장이 생산하는 생산량을 모두 합하는 것을 의미한다. 예에서는 생산기술이 규모에 대한 수확 불변(CRS)이므로 모든 기업은 크든 작든 동일한 장기 평균비용곡선과 한계비용곡선을 가진다. 따라서 독점기업도 마찬가지로 동일한 장기 평균비용곡선을 가진다. 독점기업은 자신이 소유한 여러 공장 중 일부나 전부를 사용하여 생산할 것이기 때문이다.

그림 13.6은 많은 공장을 소유한 독점기업의 비용곡선, 한계수입곡선, 수요곡선을 보여준다. 그 시장이 경쟁시장이라면 총생산량은 Q_c = 4,000, 가격은 2달러일 것이다. 이는 경쟁기업의 장기 한계비용곡선과 시장수요곡선이 만나는 점에서 결정되는 가격과 생산량이다.

한편 독점기업은 경쟁을 겪지 않기 때문에 수요곡선상의 가격/수량 조합 중 무엇이든 원하는 것을 선택할 수 있다. 물론 직접적인 경쟁이 없다고 하더라도 독점기업은 가격을 올리면 일부 고객을 잃게 된다는 것을 알고 있다. 독점기업의 이윤을 극대화하는 판매량(생산량)은 Q_m = 2,000이며, 이 수량에서 한계수입과 한계비용이 일치한다. 이 생산량을 판매하려면 가격은 P_m = 4달러로 책정해야 한다. 2,000단위보다 더 많이 생산하거나 가격을 4달러보다 낮게 책정하면 독점기업의 이윤이 줄어든다. 완전경쟁시장과 달리 독점기업은 생산량을 제한하고, 더 높은 가격을 책정하며, 양(+)의 경제적 이윤을 가져간다. 가정에서처럼 생산기술이 규모에 대한 수확 불변을 보인다면 독점기업의 생산량은 경쟁시장의 공급량의 절반이 된다. 장기에서 독점기업은 경쟁시장보다 적은 생산량을 생산하기 때문에 자신의 공장(이전의 완전경쟁시장에서 완전경쟁기업이 소유했던 공장) 중 일부를 폐쇄해야 할 것이다.

이 예에서는 경쟁시장에 있었던 모든 작은 개별 기업의 의사결정권을 통합된 한 의사결정권자에

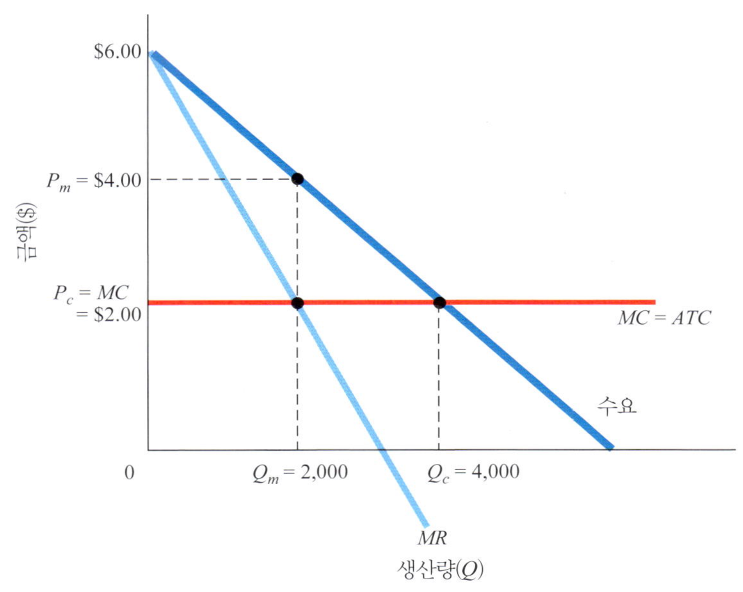

그림 13.6 독점시장과 완전경쟁시장의 비교(규모에 대한 수확 불변이라고 가정)
시장이 완전경쟁시장에서 독점시장으로 변하면 독점기업의 한계비용곡선은 이전 개별 완전경쟁기업의 공급곡선을 수평으로 모두 합한 것과 같다. 독점기업의 생산량은 완전경쟁시장에서의 생산량보다 적으며, 독점시장에서 독점기업이 책정하는 가격은 완전경쟁시장에서의 시장가격보다 높다. 독점시장에서의 가격은 $P = P_m$ = 4달러, 생산량은 $Q = Q_m$ = 2,000이다. 완전경쟁시장에서의 가격은 $P = P_c$ = 2달러, 생산량은 $Q = Q_c$ = 4,000이다.

게 넘겼다고 가정했음을 기억하라. 새로운 (독점)기업은 전보다 규모가 커졌을 뿐, 규모에 대한 수확 불변이라고 가정했으므로 이전의 완전경쟁기업에 비해 기술적 우위를 갖는 것은 아니다. 독점기업은 자신의 공장들이 서로 경쟁하지 않는다는 단순한 사실에 의해 시장가격을 책정할 수 있는 시장 지배력을 지닌 것이다.

장기에서의 독점기업: 진입장벽

다른 기업의 시장 진입 가능성을 포함하는 개념인 시장의 장기에서 독점기업에는 어떤 일이 일어나는가? 손실을 보는 독점기업이 있다는 것도 당연히 가능한 이야기이다. 기업이 독점생산자라는 단순한 사실이 사람들이 그 제품을 구매한다고 보장하는 것은 아니다. 독점기업도 경쟁기업처럼 사업을 접고 시장을 떠나기도 한다. 만약 독점기업이 그림 13.4와 같이 양의 이윤(정상이윤보다 높은 수익)을 벌고 있다면 경쟁시장에서처럼 다른 기업이 시장에 진입할 수도 있다. 사업가적 아이디어로 시작한 기업이 잠시 독점적 지위에 있다가 금방 경쟁기업 중 하나로 전락한 경우가 실제로 많다. 1970년대 중반에 미국 캘리포니아에서 게리 달(Gary Dahl)은 애완돌(Pet Rock)을 만들어 약 6개월 동안 혼자 시장을 독차지하고 수백만 달러를 벌었으나 이후 수많은 경쟁자가 시장에 진입하여 가격과 이윤이 낮아졌다(당연한 일이겠지만 이 제품은 결국 사라졌다). 독점기업이 계속 지위를 유지하려면 새로운 기업의 진입을 막는 요소가 있어야 한다.

잠깐 그림 13.4나 13.6을 다시 살펴보자. 그림에서 독점기업은 양의 경제적 이윤을 얻고 있다. 그러나 이 이윤은 다른 기업이 시장에 들어올 수 없거나 경쟁을 통해 그들을 시장에서 몰아낼 때만 유지될 수 있는 것이다. 초과이윤을 내고 있는 시장에 새로운 기업이 진입하는 것을 막는 요소를 통틀어 **진입장벽**(barriers to entry)이라고 한다. 독점은 이러한 진입장벽이 있을 때만 유지가 가능하다. 이제 진입장벽에 대해 살펴보자.

진입장벽 새로운 기업이 불완전경쟁 시장에 진입하여 경쟁하는 것을 가로막는 요소

규모의 경제 생산량이 증가하면서 평균생산비용이 하락하는 생산기술에 대해 9장에서 언급한 바 있다. 이러한 규모의 경제가 전체 시장 규모에 비해 매우 클 때 생산규모에 의해 비용상의 우위를 차지함으로써 독점력을 가질 수 있다.

규모의 경제는 다양한 형태로 나타날 수 있다. 전선을 사용하는 서비스를 제공하려면 전선을 깔아야 하며, 여기에는 많은 비용이 발생한다. 또한 통신선을 통한 전화 서비스를 제공하려면 전봇대와 통신선을 설치해야 한다. 이러한 경우 한 기업이 중심 통신선을 설치한 후 추가적인 고객 서비스를 제공하기 위해 큰 비용을 들이지 않고 간선 통신만 설치하면 비용상의 우위를 가지게 된다. 탐색 서비스를 제공하는 사업에서도 규모의 경제 현상이 나타날 수 있으며, 이는 구글과 같은 기업이 시장을 지배하는 이유 중 하나이다. 규모의 경제 현상은 마케팅이나 광고에서도 나타난다. 예를 들어 시리얼은 작은 규모의 기업도 얼마든지 생산할 수 있다. 큰 규모로 생산해야만 생산비용이 낮아지는 것은 아니다. 그러나 상대적으로 규모가 작은 새로운 기업이 기존 기업과 경쟁을 하려면 큰돈이 드는 광고를 해야 한다. 사전에 대규모 투자를 광고에 쏟아붓는 것은 매우 위험한 탓에 새로운 기업의 시리얼 시장 진입이 가로막히게 된다.

자연독점 규모의 경제를 가져오는 생산량 수준이 시장 규모에 비해 매우 커서 하나의 기업만이 생산할 때 생산비용이 최소화되므로 그 기업이 독점 생산하는 경우

규모의 경제를 가져오는 생산량 수준이 시장 규모에 비해 매우 커서 하나의 기업만이 생산할 때 생산비용이 최소화되므로 그 기업이 독점 생산하는 경우를 **자연독점**(natural monopoly)이라고 한다.

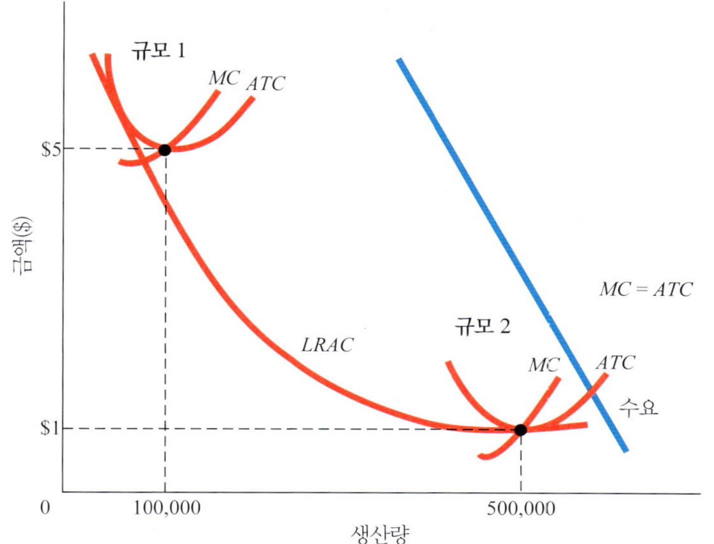

그림 13.7 자연독점
자연독점기업은 최소효율규모(MES)의 생산량이 매우 크다. 이러한 기업의 평균비용은 시장 전체의 수요량에 근접할 때까지 계속 하락한다. 한 기업이 50만 단위를 생산하면 단위당 평균비용이 1달러이지만, 5개 기업이 각각 10만 단위를 생산하는 경우에는 단위당 평균비용이 5달러이다.

그림 13.7은 자연독점인 경우를 나타낸 것이다. 큰 규모(규모 2)의 생산 공장은 단위당 평균비용 1달러로 생산물 50만 단위를 생산할 수 있다. 그러나 이 시장이 작은 규모(규모 1)의 5개 기업으로 재구성되어 동일한 양을 생산한다면 시장 전체의 생산량은 전과 동일하지만 단위당 평균비용이 5달러로 5배가 된다. 규모의 경제가 실현된다면 소비자에게도 상당한 이득이 생길 것이다. 여기서 중요한 점은 자연독점이 이루어지려면 규모의 경제를 가져오는 생산량이 시장 전체의 수요량에 근접해야 한다는 것이다.

그림 13.7에서 장기 평균비용곡선이 시장수요곡선을 거의 만날 때까지 계속 하락하는 것을 주목하라. 하지만 가격이 1달러일 때 시장수요량이 50만 단위가 아니라 500만 단위라면 이 시장에 기업이 하나뿐일 이유가 없다. 10개 기업이 각각 50만 단위를 생산한다면 각 기업은 규모의 경제로 인한 혜택을 누릴 수 있다.

역사적으로 미국의 자연독점은 주정부의 규제를 받았다. 각 주의 공익사업위원회는 전력 회사와 지역 케이블 회사를 감독하면서 규모의 경제가 가져오는 혜택을 얻는 한편 (자연)독점기업의 독점가격 책정으로 인한 비효율성을 제거하기 위해 가격을 규제하고 있다. 다른 국가에서는 정부가 직접 자연독점기업을 운영한다. 이는 규모의 경제로 인한 혜택을 살리면서 시장지배력을 가진 민간 기업의 독점가격 책정에 의한 비효율성을 초래하지 않기 위함이다.

특허 특허(patent)는 새로운 제품이나 생산공정의 발명자에게 배타적 독점권을 부여하여 새로운 기업의 시장 진입을 법적으로 봉쇄하는 것이다. 미국은 의회가 과학과 예술의 발전을 증진하기 위해 작가나 발명자에게 저서나 발견에 대해 일정 기간 동안 배타적 권리를 부여하는 권리를 줄 수 있도록 규정된 헌법 1조 8항에 따라 특허를 부여하고 있다. 현재 미국에서는 특허 출원일로부터 20년 동안 특허를 보호해준다.

특허 특허를 받은 제품이나 생산공정의 발명자에게 배타적 사용권을 주는 진입장벽

특허는 발명이나 혁신을 하게 만드는 인센티브가 된다. 신제품이나 신공정은 개인 발명가나 기업의 연구로 개발되는데, 연구에는 자원과 시간이 소요되므로 기회비용이 생긴다. 특허라는 보호 장치가 없다면 누구나 그 결과물을 공용할 수 있기 때문에 특허자가 상당 기간 얻을 수 있는 이윤이 바

로 사라져 결국 발명이나 혁신을 위한 연구가 줄어들게 된다. 한편 특허는 경쟁을 제한하여 연구 결과물의 혜택이 시장을 통해 소비자에게 흘러가는 속도를 늦춘다는 부정적인 측면도 있다.

일정 기간이 지나면 특허가 만료되게 한 데에는 기업의 혜택과 가구의 혜택이 균형을 이루게 하려는 의도가 담겨 있다. 발명이나 혁신을 자극하는 것은 매우 중요하지만, 일반 대중이 발명이나 혁신으로 얻는 혜택을 제한하는 것 또한 사회 전체적으로는 바람직하지 않다.[2]

정부의 규제 정부의 규제가 독점을 유발하는 예 중 하나가 특허이다. 특허의 경우 정부의 규제가 혁신을 자극한다는 정당성이 있다. 어떤 경우에는 정부가 기업의 시장 진입을 제한하기 위해 활동을 규제하기도 한다. 미국에서 대부분의 주정부는 알코올 판매를 제한하고 있으며, 실제로 아이오와, 메인, 뉴햄프셔, 오하이오, 펜실베이니아 등에서는 주정부가 술을 관리하고 상점에서만 판매한다. 또한 대부분의 주는 복권 판매를 정부 독점기업에 맡기고 있다. 그러나 규모의 경제가 발생하지 않거나 평등성이 문제가 되지 않을 때 정부가 독점적으로 어떤 사업을 해야 한다는 주장은 호응을 얻지 못하고 있다. 정부의 역할을 옹호하는 주장은 특히 사회 전체에 큰 피해를 주는 '범죄와 같은 행위(sin)'를 민간 기업이 하여 이로부터 이윤을 챙기는 것을 정부가 막아야 한다는 것이다. 한편 정부에 의한 독점은 정부의 수입을 증가시키는 편한 방법 중 하나일 수도 있다.

희소한 자원의 소유 세계적으로 다이아몬드 광산이 흔치 않으며 남아프리카의 드비어스(DeBeers)라는 기업이 대부분을 독차지하고 있다. 또한 알코아(Alcoa)는 1940년대까지 전 세계 보크사이트 광산을 100% 소유하고 알루미늄의 생산과 판매를 독점했다. 어떤 제품의 생산에 특정 투입물이 필요하고 한 기업이 그 투입물을 전부 소유하고 있다면 그 기업은 그 투입물시장을 통제할 수 있다. 따라서 소유권만으로도 진입장벽이 생길 수 있다.

망 효과 당신은 전화기나 팩스기로 얼마나 많은 가치를 얻는가? 그 가치는 얼마나 많은 사람이 당신과 통신할 수 있는 기계를 가지고 있느냐에 따라 달라진다. 이처럼 얼마나 많은 사람이 서로 연결되어 있느냐에 따라 그로부터 얻는 혜택이 달라지는 제품을 **망 외부효과**(network externalities)를 가진 제품이라고 한다. 전화기나 팩스의 경우에는 망 외부효과가 직접적이다. 페이스북(Facebook)과 같은 소셜 사이트도 망 외부효과를 가지고 있다. 윈도우 같은 PC 운영체제와 이를 기반으로 하는 게임 프로그램인 엑스박스(Xbox) 같은 제품의 망 외부효과는 간접적이다. 소비자 기반이 거대한 제품의 경우 그 보완재를 개발하면 그에 대한 소비자 기반이 작을 때보다 소비자가 더 많은 가치를 부여한다. 많은 사람이 엑스박스를 가지고 있다면 게임 개발자는 엑스박스로 할 수 있는 게임을 개발하려는 인센티브를 가지게 된다. 재미있는 게임은 엑스박스의 가치를 증가시킨다. 온라인으로 운영되는 실시간 게임의 경우에는 게임에 접속하는 사람이 많을수록 더 큰 망 외부효과가 발생한다.

망 외부효과 시장에서 판매되는 수량이나 사용 횟수가 많은 제품일수록 그 제품에 대해 소비자가 부여하는 가치가 증가하는 것

그렇다면 망 외부효과는 어떻게 진입장벽을 만드는가? 망 외부효과가 존재하는 경우 사업을 일찍 시작하여 큰 제품 기반을 지닌 기업은 새로 진입하는 기업에 비해 경쟁우위에 있다. PC 운영체제 시장에서 지배적인 위치를 차지하고 있는 마이크로소프트는 망 외부효과를 보여주는 대표적인 예이

2 특허의 대안은 면허(licensing)이다. 발명자가 자신이 개발한 신기술을 다른 생산자가 사용하도록 면허를 주면 발명자는 자신의 발명으로 인한 혜택을 소비자와 나눌 수 있다. 특허를 받지 못한 생산자가 신기술을 사용하지 못하고 비효율적인 기술을 계속 사용하는 것은 낭비를 초래하기 때문에 일부 전문가들은 현재의 특허 제도에 발명가가 타인에게 면허를 주도록 강제하는 조항을 삽입할 것을 주장한다. 이 경우 특허 사용료를 얼마로 책정하는 것이 정당한가 하는 문제가 발생한다.

다. 게임기 시장에서 소수의 기업(마이크로소프트, 닌텐도, 소니)이 지배적인 위치를 차지하고 있는 것도 부분적으로는 망 외부효과 덕분이고, 페이스북의 강력한 시장 위치도 망 외부효과에서 비롯된다. 당신이 친구들과 공유하고 싶은 정보를 페이스북에 올리면 더 많은 친구가 페이스북을 사용하게 되어 당신은 페이스북에 더 많은 가치를 부여할 것이다.

13.3 독점의 사회적 비용

학습목표

독점이 유발하는 사회적 비용의 근원을 파악한다.

상당한 규모의 경제가 존재하지 않는 한 독점시장은 경쟁시장보다 생산량이 적고 가격이 더 높다는 것을 앞에서 확인했다. 또한 진입장벽 때문에 독점기업이 오랜 기간 유지될 수 있다는 것도 알았다. 독자는 독점기업이 더 적은 양을 생산하고 더 높은 가격을 책정하여 초과이윤을 가져가는 것이 소비자에게는 좋은 일이 아니라고 생각할지도 모른다. 만약 이렇게 생각했다면 틀리지 않았다.

비효율성과 소비자의 손실

경쟁기업에 비해 독점기업이 책정하는 가격이 더 높다는 것은 소비자가 더 많은 돈을 주고 그 제품을 구매하고, 독점기업이 경쟁기업보다 더 많은 이윤을 얻는다는 것을 의미한다. 눈에는 덜 띄지만, 더 높아진 가격 때문에 발생하는 더 큰 문제는 소비자의 선택이 왜곡된다는 것이다. 이러한 왜곡으로 인해 독점가격은 돈을 소비자에서 독점기업으로 이전할 뿐만 아니라 실제로 아무도 책임을 지지 않는 사회적 손실을 초래한다.

외부효과가 존재하지 않는 경우 한계생산비용은 그 제품을 생산하는 데 드는 사회적 기회비용을 말한다. 한편 시장가격은 그 재화에 대한 소비자의 가치 평가, 즉 소비자가 지불할 용의가 있는 금액을 나타낸다. 당신이 5달러에 판매되고 있는 피자 한 조각을 구매한다면 그 피자 한 조각은 당신에게 적어도 5달러의 가치가 있는 것이다. 정확히 말하면 한계적 소비자(맨 마지막으로 피자 한 조각을 구매하는 소비자)가 지불하려는 가격이 5달러이다. 이 두 가지 사실을 결합하면 가격이 한계비용과 같아진다는 것을 알 수 있다. 소비자는 재화를 생산하는 데 드는 기회비용을 지불하는 것이지, 그보다 더 많이 지불하는 것이 아니다. 재화의 각 단위는 그에 대해 소비자가 판단하는 가치와 동일한 한계비용이나 금액 또는 그보다 낮은 한계비용으로 생산 가능한 경우에만 생산된다. 12장에서 살펴보았듯이 이러한 경우 사회적으로 최적인 생산물의 배합이 생산되는 것이다.

이제 독점기업이 피자를 생산한다고 하자. 독점기업의 한계생산비용은 마찬가지로 5달러이지만 독점이 책정한 가격은 7달러라고 가정하자. 피자 한 조각에 7달러 또는 그 이상의 가치를 부여하는 소비자만이 피자를 구매하고, 5달러보다는 높고 7달러보다는 낮은 가치를 부여하는 모든 소비자는 피자 대신 다른 것을 사 먹을 것이다. 이렇게 잃어버린 고객은 피자 한 조각의 가치를 그 한계생산비용보다는 높게 평가하지만 독점가격 때문에 시장에서 배제된다. 독점기업이 한계생산비용보다 높은 가격을 책정할 수 있는 능력은 사회 전체적으로 볼 때 이득이 되는 거래의 일부를 막는다. 경제학자는 해당 재화의 가치를 그 사회적 생산비용보다 높게 평가하는 소비자가 높은 가격 때문에 소비하지 못함으로써 발생하는 경제적 손실을 **사장손실**(deadweight loss) 또는 **독점의 초과부담**(excess burden of a monopoly)이라고 한다. 이미 4장에서 재화가 적정량보다 덜 생산되거나 많이 생산되는

사장손실, 독점의 초과부담 독점가격으로 인해 발생하는 왜곡된 소비의 사회적 비용

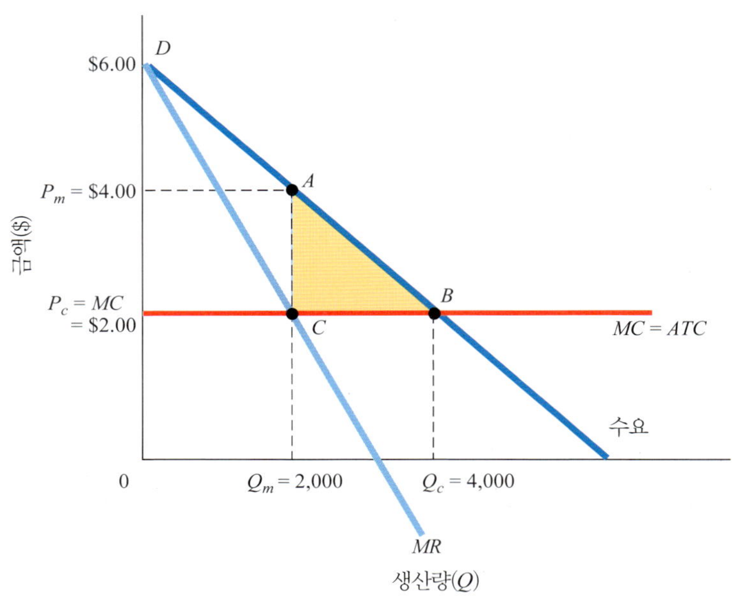

그림 13.8 독점으로 인한 후생손실 수요곡선은 생산물의 각 생산량에서 사람들이 지불하고자 하는 금액을 나타내므로 생산량을 2,000단위보다 더 늘릴 때 소비자가 얻는 혜택을 측정하는 데 수요곡선을 사용할 수 있다. *MC*는 생산에 필요한 자원의 한계비용을 나타낸다. 삼각형 *ABC*는 생산량을 2,000단위에서 4,000단위로 증가시킬 때 사회가 얻는 순혜택이며, 이는 독점기업이 생산량을 4,000단위에서 2,000단위로 감소시킬 때 사회가 입는 손실의 크기이기도 하다.

경우 사장손실이 발생한다는 것을 간단히 살펴보았다.

독점시장의 그래프를 다시 나타낸 그림 13.8을 보면 독점으로 인해 발생하는 사회적 후생손실의 크기를 대략적으로 추정할 수 있다. 규모에 대한 수확 불변이라고 가정했음을 상기하라. 완전경쟁의 상황에서 기업은 Q_c = 4,000단위를 생산하고, 가격은 최종적으로 P_c = 2달러에서 안정된다. 이는 장기 평균비용과 일치한다. 2달러보다 높은 가격은 기업이 양의 이윤을 얻는다는 것을 의미하며, 이는 장기에서 새로운 경쟁기업의 시장 진입에 의해 제거된다(9장에서 이에 대해 설명했다).

그러나 이 시장이 독점시장이라면 기간당 생산량은 Q_m = 2,000단위밖에 되지 않으며, 가격은 P_m = 4달러이다. 이는 $MR = MC$인 생산량 Q_m = 2,000단위에서의 가격이다. 독점기업의 이윤은 총수입($P_m \times Q_m$)에서 총비용($ATC \times Q_m$)을 차감한 것이다. 따라서 독점기업의 이윤은 P_mACP_c의 면적으로, (4달러 × 2,000) − (2달러 × 2,000) = 8,000달러 − 4,000달러 = 4,000달러이다.

이제 가격이 2달러에서 4달러로 오르고 생산량이 4,000단위에서 2,000단위로 줄어들 때 발생하는 이득이나 손실에 대해 알아보자. 독자도 예상하듯이 승자는 독점기업이고 패자는 소비자일 것이다. 그러나 결과가 어떠한지 좀 더 자세히 살펴보자.

완전경쟁시장의 가격인 P_c = 2달러에서는 기업이 (경제적) 이윤을 얻지 못한다. 소비자는 2달러를 지불하지만, 수요곡선에서 보듯이 많은 소비자는 2달러보다 높은 가격을 지불할 용의가 있다. 즉 2달러보다 높은 가치를 부여한다. 예를 들어 많은 소비자가 4달러보다 높은 가격을 지불할 용의가 있다. 2달러보다 높은 가격을 지불할 용의가 있는 사람들은 소비자잉여를 얻고 있다. 소비자잉여는 소비자가 해당 제품에 대해 지불할 용의가 있는 금액과 현재 시장가격의 차이를 말한다. 수요곡선은 각 수준의 생산량에서 소비자가 얼마나 많은 금액을 지불할 용의가 있는지를 보여준다. 따라서 DBP_c는 시장가격이 2달러일 때 소비자가 얻는 '소비자잉여'의 크기를 대략적으로 나타낸다. 정확히 4달러를 지불할 용의가 있는 소비자는 2달러의 잉여를 얻고, 가장 높은 가격(6달러)을 지불할 용의가 있는 소비자는 4달러(DP_c)의 잉여를 얻는다.

이 시장이 독점시장이 되어 생산량이 2,000단위로 줄어들고 가격이 4달러로 올랐다고 하자. 승자인 독점기업은 4,000달러의 이윤을 얻고 소비자는 패자가 된다. 소비자가 가져갔던 잉여는 삼각형 DBP_c에서 DAP_m으로 줄어들며, 소비자가 잃어버리는 손실의 전부(P_mABP_c의 면적)가 아닌 일부(P_mACP_c)가 독점기업의 이득으로 돌아간다. 따라서 소비자가 잃는 손실은 독점기업이 얻는 이득보다 ABC ($P_mABP_c - P_mACP_c$)의 면적만큼 크다. ABC의 면적은 독점시장이기 때문에 발생하는 사회적 후생손실의 크기를 대략적으로 나타낸다. 삼각형의 면적은 밑변과 높이의 1/2을 곱하여 구하므로 후생손실의 크기는 1/2 × 2,000 × 2달러 = 2,000달러이다. 만약 경쟁시장의 가격으로 되돌리고 생산량을 4,000단위로 증가시킨다면 소비자는 독점기업이 잃는 금액보다 더 많은 금액을 얻는다. 이에 따라 사회적 후생은 대략 ABC의 면적인 2,000달러만큼 증가한다.

사장손실은 가격 상승으로 인해 일부 소비자가 시장을 떠나기 때문에 발생한다는 점에 유념하라. 한편 사장손실은 시장수요가 가격비탄력적일 때보다 가격탄력적일 때 더 커진다. 이는 시장수요가 더 가격탄력적일 때 가격 상승으로 인한 수요량의 감소가 더 크기 때문이다.

렌트 추구 행위

경제학자들이 독점에 대해 우려하는 것은 사회적 비용만이 아니다. 그림 13.8에서 삼각형 ABC는 사회에 발생하는 실제 손실을 나타낸다. 그러나 사각형 P_mACP_c (4,000달러의 독점이윤)의 일부를 잃어버릴 수도 있는데, 이를 이해하려면 잠재적 독점기업이 가진 인센티브를 고려해야 한다.

사각형 P_mACP_c의 면적은 독점이윤을 나타낸다. 만약 시장 진입이 쉽고 경쟁이 열려 있다면 이 독점이윤은 경쟁에 의해 결국 0이 되는데, 이윤을 얻고 있는 기업의 소유주는 이러한 상황이 발생하는 것을 막으려고 할 것이다. 그림 13.8을 보면 이들이 경쟁을 막기 위해 얼마를 지불할 용의가 있는지를 알 수 있다. 독점기업의 이성적인 소유자는 사각형 P_mACP_c의 면적보다 적은 금액을 지불할 용의가 있을 것이다. 이윤이 0이 되는 것보다는 경쟁을 막기 위한 금액을 지불하고도 이윤이 남는 것이 더 낫다. 자유경쟁은 기업에 0의 이윤을 안겨준다.

독점기업은 자신의 이윤을 보호하기 위해 많은 일을 한다. 한 가지 확실한 방법은 정부가 경쟁을 제한하게 만드는 것이다. 뉴욕시를 비롯한 미국 대도시의 영업용 택시 시장을 대표적인 예로 꼽을 수 있다. 뉴욕시에서 택시를 합법적으로 운행하려면 면허가 있어야 하며, 뉴욕시는 이 면허의 수를 제한하고 있다. 택시 사업에의 진입이 허용되어 경쟁이 발생하면 택시 운행에 드는 비용수준으로 택시비가 하락할 것이다. 그러나 택시 운행 면허증을 가지고 있는 기사들은 강력한 힘을 행사하고 있으며, 최근에는 잠재적 경쟁자인 우버의 택시 사업 진입에 항의하는 시위를 곳곳에서 벌였다.

이와 비슷한 예는 수도 없이 많다. 미국의 철강 산업과 자동차 산업은 수입 철강이나 수입 자동차에 관세를 부과하도록 미 의회를 상대로 많은 로비 자금을 썼다. 어떤 전문가들은 과거에 미국 민간 항공운송산업이나 미국 주 간 트럭운송산업에 대해 미국 정부의 규제가 많았던 이유 중 일부는 이러한 산업에 있는 기존 기업이 경쟁을 제한하여 자신의 이윤을 보호하려고 했기 때문이라고 주장한다.

가구나 기업이 자신의 경제적 이윤을 보호하기 위해 하는 이러한 행동을 **렌트 추구 행위**(rent-seeking behavior)라고 한다. 공급이 엄격히 제한된 생산요소로부터 얻는 수익을 렌트라고 한다는 것을 10장에서 이미 설명했다. 렌트 추구 행위에는 두 가지 중요한 측면이 있다.

렌트 추구 행위 가구나 기업이 자신의 경제적 이윤을 보호하기 위해 하는 행동

첫째, 렌트 추구 행위는 자원을 소비한다. 로비를 하거나 진입장벽을 만드는 데에는 비용이 든다. 로비스트에게 지불하는 임금, 규제기관이 지출하는 비용 등은 공짜가 아니다. 뉴욕시에서 정기적으

로 새 택시 운행 면허증을 발급할 때마다 잘 조직된 택시 기사나 택시 소유자들은 도로를 마비시키는 파업을 하거나 택시 운행을 중단하기도 한다. 독점기업이 얻는 경제적 이윤이 사회적으로 아무런 가치도 없는 렌트 추구 행위에 모두 소진될 수도 있다. 렌트 추구 행위는 현재의 소득 분배를 보호할 뿐이다.

정부 실패 정부가 렌트 추구자의 도구가 됨으로써 정부의 개입으로 인해 자원 배분이 전보다 더 나빠지는 것

둘째, 자주 발생하는 렌트 추구 행위는 정부의 행동을 변화시켜 정부가 렌트 추구자의 도구가 되게 함으로써 이로 인해 자원 배분이 전보다 더 나빠지는 **정부 실패**(government failure)를 초래할 수도 있다.[3]

학습목표

기업이 가격차별을 할 수 있는 상황과 가격차별이 초래하는 결과를 이해한다.

13.4 가격차별

지금까지는 우하향하는 수요곡선을 가진 독점기업이 하나의 가격을 책정하고 그에 따른 생산량을 생산하는 경우를 살펴보았다. 완전경쟁기업의 경우 가격이 한계수입과 같지만 독점기업의 경우 가격이 한계수입과 다르다. 완전경쟁기업과 달리 독점기업은 더 많이 팔기 위해 가격을 낮추어야 하기 때문이다.

가격차별 동일한 제품에 대해 다양한 구매자에게 각기 다른 가격을 책정하는 것. 이러한 가격차이는 생산비용의 차이를 반영하지 않음

완전가격차별 각 구매자가 지불할 용의가 있는 단위당 최고 금액을 가격으로 책정하는 것

그러나 실제로는 독점기업이 생산비용이 동일한 제품을 여러 소비자(집단)에게 각기 다른 가격에 판매하는 예가 많다. 이처럼 동일한 제품을 다양한 소비자에게 각기 다른 가격에 판매하는 것을 **가격차별**(price discrimination)이라고 한다. 가격차별을 하는 이유는 명백하다. 기업이 자사 제품에 더 높은 가격을 지불할 용의가 있는 소비자를 확인할 수 있다면 그들에게 더 높은 가격을 받음으로써 이윤을 증가시킬 수 있기 때문이다. 만약 기업이 각 구매자가 지불할 용의가 있는 금액을 전부 파악한다면 구매자가 지불하려는 단위당 최고 금액을 가격으로 책정할 것이다. 이러한 가격차별을 **완전가격차별**(perfect price discrimination)이라고 한다.

그림 13.8과 마찬가지로 그림 13.9에서는 한계비용이 단위당 2달러로 일정하다고 가정한다. 가격차별을 하지 않는 독점기업은 하나의 가격을 책정할 것이다. 이 경우 독점기업의 한계수입곡선은 그림 13.9와 같으며, MR이 MC보다 큰 한, 생산을 계속 늘려나갈 것이다. 이에 따라 생산량은 Q_m이 되고, 가격은 단위당 4달러로 책정될 것이다. 이 기업은 생산량 Q_m을 판매할 때까지 단위마다 2달러의 경제적 이윤을 가져가며, 소비자가 가져가는 소비자잉여는 파란색 삼각형 부분이다. 예를 들어 소비자 A는 5.75달러를 지불할 용의가 있지만 실제로 지불하는 금액은 4달러이다.

이제 이 기업이 각 소비자가 지불할 용의가 있는 최고 금액을 각 소비자에 대한 가격으로 책정하는 경우 어떤 일이 벌어지는지 살펴보자. 그림 13.9(a)에서 이 기업은 1단위를 소비자 A에게 5.75달러의 가격에 판매하여 3.75달러의 이윤을 얻을 수 있다. 소비자 A가 가져가는 소비자잉여는 없다. 그다음 단위를 소비자 B에게 판매할 때 기업은 소비자 B가 지불할 용의가 있는 최고 금액인 5.50달러를 가격으로 책정하여 판매하고 3.50달러의 이윤을 얻을 것이다. 소비자 B가 가져가는 소비자잉여도 0이다. 이러한 상황은 수요곡선상의 C점에 도달할 때까지 계속될 것이다. 그림 13.9(b)에서 보듯이 C점의 생산량(판매량)에서 완전가격차별을 하는 독점기업이 가져가는 이윤

---

3 역자 주: 이를 일컫는 이론은 포획이론(capture theory)이다. 이는 조지 스티글러(George Stigler) 교수가 제시한 이론으로, 규제기관(정부)이 오히려 피규제자(기업 또는 집단)에 의해 조정(포획)당하는 현상을 말한다.

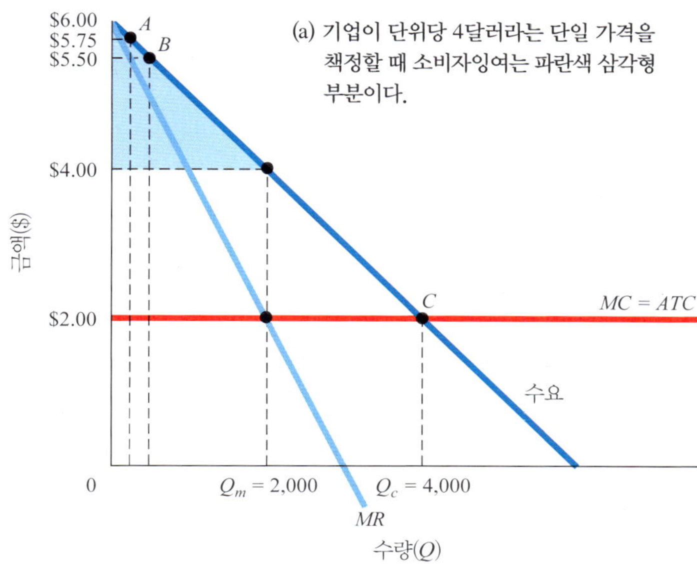

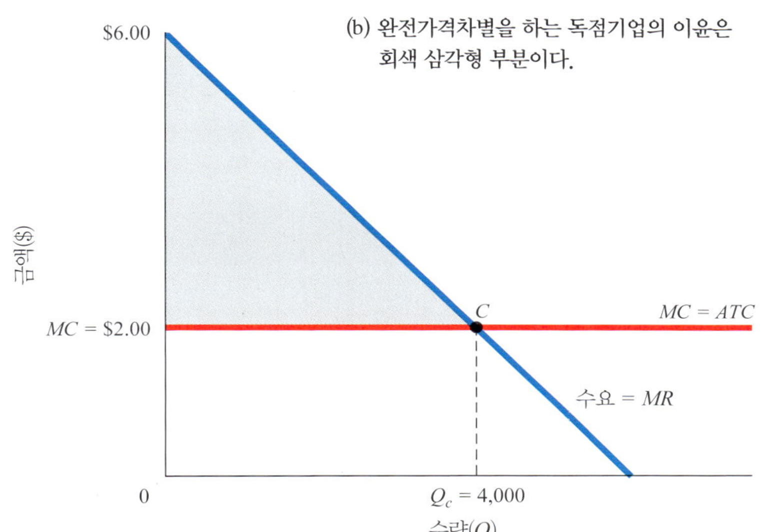

그림 13.9 가격차별
(a)에서 소비자 *A*는 5.75달러를 지불할 용의가 있다. 가격차별을 하는 기업이 소비자 *A*에게 5.75달러의 가격을 책정한다면 3.75달러의 이윤을 얻는다. 가격차별을 할 수 없는 독점기업은 가격을 4달러로 책정함으로써 이윤을 극대화할 수 있다. 4달러의 가격에서 이 기업은 2달러의 이윤을 얻고, 소비자 *A*는 1.75달러의 소비자잉여를 얻는다. (b)에서 완전가격차별을 하는 독점기업의 수요곡선은 이 독점기업의 한계수입곡선이 된다. $MR > MC$이면 이 기업은 Q_c까지 계속 생산을 증가시킨다. 생산량이 Q_c일 때 이 기업의 이윤은 회색 삼각형의 면적이고 소비자잉여는 0이다.

은 수요곡선 아래이면서 $MC = ATC$ 선 위에 있는 면적과 같다.

완전가격차별을 하는 경우 독점기업의 수요곡선은 사실상 독점기업의 한계수입곡선이기 때문에 그림 13.9(b)의 수요곡선은 독점기업의 한계수입곡선이다. 각 단위에 대해 각 소비자가 지불할 용의가 있는 최고 금액을 가격으로 책정하여 판매한다면 가격이 바로 기업의 한계수입이기 때문이다. 앞서 다룬 한계수입 공식[$MR = P + (\Delta P/\Delta Q) \times Q$]으로 살펴보면 각 소비자에게 각기 다른 가격을 책정하는 경우 한 사람에게 더 판매하기 위해 다른 사람에게 판매한 가격이 변하지는 않는다. 따라서 한계수입 공식에서 완전가격차별의 경우 $\Delta P/\Delta Q = 0$이 되어 $MR = P$이다. 기업이 모든 소비자에 대해 단일 가격을 책정할 때처럼 별도의 MR곡선을 그릴 필요가 없다. 다시 말하지만 이때 기업의 이윤은 그림 13.9(b)에서 회색 삼각형의 면적이고 소비자잉여는 0이다.

완전가격차별을 하는 독점기업의 생산량이 효율적인 생산량[그림 13.9(b)의 Q_c]이라는 것은 흥미롭다. 이는 완전경쟁시장의 생산량과 동일한 생산량이다. 이 독점기업은 그림 13.9(a)의 Q_m에서 생산을 멈추지 않고 소비자가 얻는 혜택이 자신의 한계생산비용보다 큰 한, 생산량을 계속 증가시킨다. 완전가격차별을 할 수 있을 때 독점기업은 그렇지 않은 경우보다 더 많이 생산하여 소비자가 얻는 순혜택을 모두 걷어간다. 이때 사장손실이 발생하지 않지만 소비자잉여도 발생하지 않는다.

가격차별의 예

가격차별의 예는 흔히 볼 수 있다. 항공사는 토요일 밤을 집 밖에서 보내는 사람에게는 그렇지 않은 사람에 비해 훨씬 낮은 요금을 받고, 비행기의 같은 구역에 있는 좌석에 다양한 가격을 매기기도 한다. 또한 기차, 영화관, 레스토랑, 호텔 등은 노인에게 더 낮은 요금을 받는다.

기업은 누구에게 높은 가격을 받고 누구에게 낮은 가격을 받는가? 기업이 가격을 올리면 자사 제품을 계속 구매하는 고객한테서는 더 많은 수입을 얻지만 일부 고객을 잃게 된다. 따라서 기업이 가격차별을 할 때는 가격을 올리더라도 자사 제품을 계속 구매할 고객인지 살펴볼 것이다. 알다시피 이들은 비탄력적인 수요의 고객으로, 가격 상승에 불만을 품을지언정 구매를 멈추지는 않는다. 정부가 제품에 세금을 부과할 때도 이와 같은 전략을 취하여 비탄력적인 수요를 가진 시장을 겨냥하여 세금을 부과한다.

업무차 비행기를 이용하는 사람들은 비행기를 타게 될지, 또 언제 타게 될지를 미리 알기 어렵다. 따라서 업무차 비행기를 이용하는 여행자의 수요는 비탄력적이다. 이들은 하루에 비행기를 타고 왕복하기도 하며, 주말을 집 밖에서 보내는 경우가 드물다. 이에 항공사는 여행자의 여행 패턴을 보고

경제학의 적용

가격차별: 우피치 미술관

이탈리아 피렌체에 있는 우피치 미술관은 세계에서 가장 크고 가장 많은 방문객이 찾는 박물관이다. 르네상스 시대 예술가인 다빈치와 미켈란젤로 등 많은 이탈리아 예술가의 걸작과 값을 매길 수 없는 작품을 소장하고 있다. 2017년에 대대적인 보수를 한 후 우치피 미술관은 입장료를 8유로에서 20유로로 올렸다(예약하는 경우에는 할증료 4유로가 붙었다).

다른 곳에 비해 이 미술관의 입장료는 매우 비싼 편이다. 얼핏 보기에는 모두가 높은 가격을 지불해야 하는 것 같지만 자세히 살펴보면 네 가지 기준이 적용된 가격차별을 확인할 수 있다. 첫 번째 기준은 계절이다. 관광객이 줄어드는 11월부터 2월까지 겨울철에는 입장료가 12유로이다. 두 번째 기준은 방문객이 피렌체에서 보고자 하는 범위로, 피티궁전과 보볼리정원 관람을 포함한 3일용 티켓이 18~38유로이다. 이는 관광객이 피렌체에 더 오래 머물도록 하기 위함이다. 세 번째 기준은 주민이 싼 값에 이용할 수 있도록 하는 것으로, 우피치 관람만은 50유로, 우피치·피티·보볼리 관람은 70유로인 연간 입장권이다. 네 번째 기준은 유럽연합의 청년을 끌어들이기 위한 것으로, 18~26세인 모든 유럽 시민은 50% 할인을 해준다. 여기에 덧붙여 유럽연합의 예술가나 예술 지망생은 무료입장을 시켜준다.

이를 통해 알 수 있듯이 우피치 미술관은 가장 비탄력적인 수요를 가진 관광객에게 가장 높은 가격을 책정하고 있다. 이 미술관의 수입 극대화에 도움을 주는 것은 시간이 여유롭지 않고 평균적으로 구매력이 아주 높은 관광객이다.

질문

- 1980년대에 영국은 중요한 박물관의 입장료를 받지 않았다. 여기에 어떤 경제적 이유가 있다고 생각하는가, 아니면 순전히 문화적인 행사였다고 생각하는가?

이들을 구별해내어 더 높은 요금을 받는다. 나이 든 사람들은 비행기 여행에 대해 유연하고 소득이 낮은 경우가 많다. 따라서 이들의 수요는 더 탄력적이며 저렴하게 여행할 가능성이 높다. 예를 들어 미국의 철도 회사인 앰트랙(Amtrak)은 65세 이상 노인에게 할인 티켓을 판매하지만 고속열차인 아셀라(Acela)에는 이 할인 티켓을 사용할 수 없다. 어떤 유명한 절을 방문하는 관광객은 그 지역에 사는 사람들에 비해 수요가 더 비탄력적이다. 기업이 가격차별을 하려면 수요가 더 탄력적인 소비자와 덜 탄력적인 소비자를 구별할 수 있어야 한다.[4]

또한 가격차별을 하는 기업은 고객 간의 거래를 막을 수 있어야 한다. 당신이 시리얼 한 상자를 나에게는 5달러에 팔고 이웃에게는 4달러에 판다는 것을 내가 알게 되었다면 나는 그 이웃에게 대신 시리얼을 사달라고 부탁할 것이다. 그리고 이렇게 해서 얻는 이득(1달러)을 이웃과 나누어 가질 수도 있다. 가격차별의 예로 언급한 것은 대부분 서비스 가격이었다. 비행기표나 기차표는 다른 사람에게 이전할 수 없다. 대학생이 노인용 할인 티켓을 철도 승무원에게 보여준다면 기차에서 쫓겨날 것이다. 이렇게 차익 거래를 할 수 없는 조건을 **무차익 거래 조건**(no-arbitrage condition)이라고 부르며, 이러한 조건하에서만 독점기업의 가격차별이 성공할 수 있다.

무차익 거래 조건 고객이 재판매하는 것을 막아야 기업이 가격차별을 할 수 있다는 것

13.5 독점의 치유: 미국의 반독점정책

학습목표

미국 연방정부의 반독점법에 대해 알아본다.

앞서 살펴보았듯이 독점력의 행사는 상당한 사회적 비용을 유발한다. 하지만 다른 한편으로 독점은 규모의 경제나 혁신을 통해 사회에 혜택을 가져다준다. 독점은 시장과 기술의 자연스러운 상호작용에 의해 발생하기도 하고, 기업이 경쟁을 제거하기 위해 엄청난 노력을 기울이면서 적극적·공격적으로 독점력을 추구하기 때문에 발생하기도 한다. 미국의 경우 기업이 시장에서 무엇을 할 수 있고 무엇을 할 수 없는지가 두 가지 반독점법에 명시되어 있다. 1890년에 미 의회를 통과한 셔먼법과 1914년에 통과한 클레이턴법이 그것이다.

미국의 주요 반독점법

셔먼법과 클레이턴법을 간단히 살펴보자.

셔먼법 셔먼법(Sherman Act)의 주요 내용은 다음과 같이 간략하게 요약할 수 있다.

- 1조: 미국 주 간에 또는 외국과의 거래나 상업을 제한하는 모든 계약, 트러스트, 기타 형태의 결합, 공모를 불법으로 간주한다.
- 2조: 미국 주 간에 또는 외국과의 거래나 상업의 어떤 부분을 독점하거나, 독점을 시도하거나, 다른 사람과 공모하는 것을 범죄 행위로 간주한다.

셔먼법 2조는 독점이나 독점 시도를 불법으로 규정하고 있으나 그 표현이 매우 광범위하여 기업

---

4 역자 주: 고객마다 다른 가격을 책정하여 기업이 소비자잉여를 모두 가져가는 그림 13.9와 같은 가격차별을 1차 가격차별(first degree price discrimination)이라고 한다. 2차 가격차별(second degree price discrimination)은 소비자의 다양한 특성(예: 구매량)에 따라 다른 가격을 받는 경우를 말한다. 여기서 설명하고 있는 소비자의 탄력성 차이를 이용하여 수요가 탄력적인 소비자에게는 상대적으로 낮은 가격을 받고 수요가 비탄력적인 소비자에게는 상대적으로 높은 가격을 받는 가격차별은 3차 가격차별(third degree price discrimination)이라고 부르기도 한다.

의 행위가 불법인지 아닌지에 대한 구체적 판단을 법원이 해야 한다. 기업이 사업에 성공하기 위해 다른 기업과 경쟁할 때 기업의 어떤 행위가 경쟁적인지 불법적인지를 법원이 판가름한다. 미국 정부 대신 반독점법을 위반한 개인이나 기업의 행위를 추적하여 법적 소송을 담당하는 행정기관은 법무부 반독점국(Antitrust Division of the Justice Department)과 연방거래위원회(FTC)이다. 이에 더하여 일반 시민도 반독점 위반에 대해 소송을 제기할 수 있다.

1911년에 연방대법원은 두 가지 중요한 반독점법 위반에 대해 판결을 내렸다. 여기에 연관된 기업은 스탠더드오일과 아메리칸타바코(American Tobacco)이다. 이는 독점의 교과서적 정의를 잘 보여주는 경우로, 둘 다 셔먼법이 불법으로 규정한 시장 구조와 기업의 행위를 여실히 드러냈다. 스탠더드오일은 미국 원유 정제 산업의 약 91%를 장악하고 있었고, 정확한 수치는 여전히 논란의 여지가 있지만 아메리칸타바코 트러스트는 시가를 제외한 모든 담배 시장의 75~90%를 장악하고 있었다. 이 두 기업은 경쟁자를 집어삼키거나 시장에서 몰아내는 거친 전략을 사용했으며, 연방대법원은 이에 대해 셔먼법 1, 2조를 위반했다고 판결하고 두 기업을 여러 개로 쪼개라고 명령했다.[5]

합리성 기준 1911년에 미국 대법원이 기업의 특정 행위가 셔먼법이 규정한 불법 행위인지 합법 행위인지를 판단하는 데 사용한 판결 기준

한편 연방대법원은 셔먼법이 거래를 제한하는 것처럼 보이는 모든 행위를 불법으로 규정하는 것이 아니라 '비합리적인' 거래 제한 행위를 불법으로 규정한다는 점을 분명히 했다. **합리성 기준**(rule of reason)을 밝히면서 법원은 시장 구조 자체가 비합리성의 기준이 될 수 없다는 점을 말하고 있다. 따라서 독점에 가까운 기업이 합리적인 전략을 통해 시장을 차지했다면 셔먼법 위반이 아닐 수 있다.

이후의 여러 판결을 통해 기업이 비합리적인 행위를 했을 때만 셔먼법 위반으로 간주될 수 있음이 명확해졌다. 1911~1920년에 이스트먼코닥(Eastman Kodak), 인터내셔널하베스터(International Harvester), 유나이티드슈머시너리(United Shoe Machinery), US스틸(U.S. Steel)에 대한 소송이 제기되었다. 이스트먼코닥, 인터내셔널하베스터, 유나이티드슈머시너리는 각자의 시장에서 압도적인 시장점유율을 차지하고 있었고, US스틸은 미국 철강 생산능력의 60%를 장악하고 있었다. 그런데도 불구하고 이 네 기업은 '비합리적인 행위'를 했다는 증거가 없다는 이유로 모두 반독점 위반 행위가 없다는 판결을 받았다.

신기술의 등장으로 법원은 합리적 행위 여부를 판단하는 데 어려움을 겪고 있다. 최근에 미국에서 제기된 반독점법 위반 소송 중에서 가장 규모가 큰 것은 법무부 반독점국이 마이크로소프트에 대해 제기한 소송일 것이다. 1990년대에 마이크로소프트는 PC 운영체제 시장의 90% 이상을 차지하고 있었다. 미국 정부는 마이크로소프트가 불법적인 거래를 통해 이러한 시장점유율을 얻게 되었다고 주장했다. 이에 마이크로소프트는 정부가 망 외부효과와 역동적 경쟁이 발생하는 시장에서의 경쟁을 제대로 이해하지 못하고 있다고 주장했다. 이 소송은 1994년 7월에 동의 판결(consent decree)로 끝이 났다. 동의 판결은 법원이 승인한 소송인(정부)과 피소송인 간의 공식적인 합의를 말한다. 동의 판결은 법원의 판결이 나기 전이나 판결 도중, 판결 이후에도 이루어질 수 있는 것으로, 소송 관련 비용을 절약하기 위해 사용되는 법적 장치이다. 동의 판결에 따라 마이크로소프트는 컴퓨터 제작사가 다른 소프트웨어 회사의 제품을 PC에 장착할 수 있게 했다. 1997년에 마이크로소프트는 동의 판결을 위반했다는 혐의로 다시 법정에 서게 되었다. 2000년에 마이크로소프트는 반독점법

---

5 *United States v. Standard Oil Co. of New Jersey*, 221 U.S. 1 (1911); *United States v. American Tobacco Co.*, 221 U.S. 106 (1911).

경제학의 적용

독점력과 유사한 시장지배력을 발휘하는 테슬라

테슬라(Tesla) 전기 자동차는 기술 발전과 환경 친화적 제품의 상징이다. 테슬라는 전기 자동차가 경제성을 가질 때까지 오랜 기간을 기다려왔다. 다른 자동차 제조 기업은 비용이 많이 드는 불확실한 전기 자동차 대신 하이브리드 자동차를 선택했다. 전기 자동차의 선구자로서 테슬라는 전기 자동차에서 거의 독점에 가까운 지위를 차지하고 있다. 그러나 독점기업이라는 것이 법 위반은 아니다. 문제는 그러한 독점력을 가지고 무엇을 하느냐이다.

테슬라의 장기 계획은 고급 고객을 위한 전기 자동차를 먼저 만든 다음에 규모의 경제를 달성하는 판매량에 이르면 일반 고객에게도 전기 자동차를 판매하는 것이었다. 값비싼 럭셔리 전기 자동차인 모델S와 모델X를 4년 동안 생산한 후 테슬라는 2017년에 대중을 겨냥한 모델3를 내놓았다. 모델3는 1주일당 2,500대라는 적은 생산능력 때문에 생산비용이 높아 60,000~70,000달러에 판매되었다. 그러나 생산능력이 주당 5,000~6,000대가 되고 배터리 제조 기술이 개선되면 생산비용이 35,000달러 수준으로 하락할 것으로 예상된다.[1] 모델S나 모델 X는 2018년에 68,000~138,800달러에 판매되었다.

2014년 6월 12일, 테슬라의 창업주인 일론 머스크(Elon Musk)는 테슬라가 소유한 전기 자동차 관련 특허를 모두 무료로 사용할 수 있게 풀어주었다. 순전히 경제학적 관점에서 볼 때 테슬라가 진입장벽을 없애고 자신의 기술을 무료로 제공하여 혁신을 고무하는 것은 경쟁자가 전기 자동차 시장에 진입하는 것을 막을 의도가 전혀 없음을 드러낸다.

질문

- 테슬라가 특허를 공짜로 사용할 수 있게 한 이유는 무엇인가?

[1] Peter Campbell and Richard Waters, 2018. "Tesla Seeks to Convince It Has Turned the Corner," *The Financial Times*, 2 August.

을 위반했다는 판결을 받았고, 법원은 회사를 둘로 쪼개라고 명령했다. 이를 받아들이지 않은 마이크로소프트는 상소를 했으며, 법원은 회사를 쪼개라는 판결을 마이크로소프트가 좀 더 경쟁적으로 행동하게 하는 동의 명령으로 대체했다. 이 동의 판결에는 컴퓨터 제작사가 마이크로소프트 경쟁기업의 소프트웨어를 마이크로소프트의 보복 위협을 받지 않고 판매할 수 있다는 내용이 포함되었다. 2005년 가을 마침내 마이크로소프트는 리얼네트웍스(RealNetworks)에 7억 6,100만 달러를 지불하는 데 동의함으로써 반독점 소송건을 마무리 지을 수 있었다.

2005년에 AMD는 전 세계 PC의 대부분에 사용되는 x-86 프로세서의 80%를 공급하는 인텔(Intel)을 상대로 반독점 위반 소송을 제기했다. AMD는 인텔이 반경쟁적 행위를 했을 뿐만 아니라 독점을 시도했다고 주장했다. 미국에서는 기업이 다른 기업을 상대로 제기하는 반독점 위반 소송건수가 미국 정부가 주도하는 소송건수의 20배 이상이다.

클레이턴법과 연방거래위원회 셔먼법을 보강하여 합리성 기준을 보다 명확히 하기 위해 1914년에 제정된 **클레이턴법**(Clayton Act)에는 몇몇 위법 행위가 구체적으로 기술되어 있다. 첫째, 끼워팔기 계약(tying contract)을 불법으로 규정했다. 끼워팔기 계약은 고객이 어떤 제품을 구매하기 위해 다른 제품도 같이 구매해야 한다는 조건의 계약을 말한다. 둘째, 경쟁을 심하게 약화하거나 독점을 의도하는 합병을 제한한다. 셋째, 생산비용의 차이를 반영하거나 경쟁자의 가격에 맞추려는 경우를 제외하고는 고객들에게 각기 다른 가격을 책정하는 가격차별을 금지한다. 그러나 이 조항은 거의 사멸되고 있다.

클레이턴법 셔먼법을 보강하여 합리성 기준을 보다 명확히 하기 위해 1914년에 제정된 법. 끼워팔기 계약, 가격차별, 불법적 합병에 대한 제한 등 기업의 독점적 행위가 몇 가지 명시되어 있음

연방거래위원회(FTC) 미국 의회가 1914년에 설립한 연방 반독점 규제 기관. 기업의 불공정한 행위 여부를 판단하고 불공정한 행위에 대해 정지 명령을 내릴 수 있는 권한을 가지고 있음

1914년에 미국 의회에 의해 설립된 **연방거래위원회**(Federal Trade Commission, FTC)는 미국 주 간의 상업에 종사하는 기업의 '조직, 사업 행위, 관행, 경영'에 대한 조사권을 가지고 있다. 한편 FTC를 만든 법 조항에는 '불공정한 방법에 의한 경쟁을 불법으로 규정한다'는 애매한 표현이 포함되어 있다. 무엇이 '불공정한' 것인지는 FTC가 판단하며, 법을 위반한 기업의 행위를 발견했을 때 정지 명령(cease-and-desist-orders)을 내릴 수 있는 권한도 FTC가 쥐고 있다.

1914년에 입법된 FTC와 관련된 반독점법은 시장 구조보다 기업의 행위에 초점을 맞추었다. 이에 따라 합리성 기준은 미국 법원이 반독점법 위반 여부를 판단하는 중심 기준으로 자리 잡고 있다.

불완전시장: 복습과 미리 보기

자신의 생산물이나 자신이 사용하는 생산요소의 가격에 대해 어느 정도의 통제력이 있는 기업은 시장지배력을 가지고 있다. 시장지배력의 극단적인 경우는 순수독점이다. 순수독점은 비슷한 대체재가 없는 제품을 생산하는 기업이 하나뿐이고 새로운 기업의 시장 진입도 봉쇄된 시장에서 제품을 혼자 생산하는 경우를 말한다.

이 장에서 가정한 순수독점 모형은 여러 가지를 알려준다. 첫째, 순수독점 모형은 몇몇 산업을 잘 설명해준다. 둘째, 순수독점 모형은 불완전경쟁시장이 자원의 비효율적 배분을 초래한다는 것을 알려준다. 셋째, 순수독점 모형은 보다 일반적으로 나타나는 독점적 경쟁시장이나 과점시장에 대한 통찰력을 제공한다. 독점적 경쟁시장과 과점시장은 이어지는 장에서 자세히 살펴볼 것이다.

요약

01 완전경쟁시장을 전제로 한 논리는 다음과 같은 가정을 근거로 한다. ① 많은 기업과 가구가 각 시장에서 상호작용을 한다. ② 주어진 시장에 있는 기업의 제품은 차별화되지 않은 동일한 제품이다. ③ 새로운 기업이 자유롭게 시장에 진입하고 이윤을 얻기 위해 경쟁한다. 첫 번째와 두 번째 가정은 경쟁기업이 생산요소나 생산물의 가격에 아무런 영향력을 행사할 수 없다는 것을 의미하고, 세 번째 가정은 장기적으로 기업이 얻는 경제적 이윤이 0임을 의미한다.

02 불완전경쟁시장은 개별 기업이 자신의 가격을 어느 정도 통제할 수 있는 시장이며, 이러한 기업은 시장지배력을 가지고 있다. 불완전경쟁시장의 세 가지 형태는 독점시장, 과점시장, 독점적 경쟁시장이다.

03 순수독점은 비슷한 대체재가 없는 제품을 생산하는 기업이 하나뿐이고, 이윤을 보고 시장에 진입하려는 다른 기업의 진입이 불가능한 시장이다.

04 시장지배력은 기업이 세 가지 의사결정이 아닌 네 가지 의사결정을 해야 한다는 것을 의미한다. ① 얼마나 생산해야 하는가? ② 어떻게 생산해야 하는가? ③ 생산요소를 얼마나 구입해야 하는가? ④ 제품 가격을 얼마로 책정해야 하는가?

05 시장지배력은 독점기업이 자기 마음대로 가격을 책정할 수 있음을 의미하는 것이 아니다. 독점기업도 시장수요의 제한을 받는다. 독점기업은 소비자가 구매하려는 양만 판매할 수 있으며, 소비자가 지불할 용의가 있는 가격으로만 판매할 수 있다.

06 완전경쟁시장에서는 많은 기업이 동일한 제품을 판매한다. 그러나 기업이 하나뿐인 독점시장에서는 기업과 시장(산업)의 구분이 없고 기업 자체가 시장(산업)이다. 따라서 시장의 수요곡선이 기업의 수요곡선이며, 시장에 공급되는 총량은 독점기업이 결정하는 생산량과 같다.

07 독점기업의 판매량 증가는 단순히 더 많이 생산하여 더 많이 판매하는 것만을 의미하지 않는다. 독점기업이 판매량을 늘리려면 가격을 내려야 한다. 따라서 완전경쟁기업은 한계수입과 가격이 일치하지만 독점기업은 한계수입과 가격이 일치하지 않는다. 독점기업의 경우 1단위를 더 판매하기 위해 모든 구매자에게 낮은 가격을 책정해야 하기 때문에 한계수입이 가격보다 낮다.

08 이윤을 극대화하는 기업은 어떤 시장에서든 한계수입이 한계비용과 같아지는 점($MR = MC$)까지 생산한다.

09 독점기업의 공급곡선은 없으며 독점기업은 단순히 시장수요곡선의 한 점을 선택한다. 다시 말해 독점기업은 이윤을 극대화하는 생산량을 선택한 후 그 생산량을 판매할 수 있는 가격을 선택한다. 따라서 독점기업의 공급량은 자신의 한계비용곡선과 수요곡선의 모양에 따라 달라진다.

10 단기에서는 독점기업도 경쟁기업처럼 고정 생산요소에 의한 제약을 받는다. 비용을 감당할 만한 수입을 얻지 못하는 독점기업은 장기적으로 사업을 접고 시장을 떠난다.

11 완전경쟁시장과 달리 독점기업은 훨씬 적은 양을 생산하고 더 높은 가격을 받으면서 경제적 이윤을 얻는다. MR곡선이 항상 수요곡선 아래에 위치하기 때문에 독점기업은 MC보다 높은 가격을 책정한다(경쟁시장에서는 $MC = P$이다).

12 진입장벽은 새로운 기업이 시장에 진입함으로써 기업의 초과이윤이 사라지는 것을 막는다.

13 규모의 경제, 특허, 정부의 규제, 희소한 자원의 소유, 망 외부효과 등으로 인해 진입장벽이 발생한다.

14 규모의 경제를 가져오는 생산량 수준이 시장 규모에 비해 매우 커서 하나의 기업만이 생산할 때 생산비용이 최소화되므로 그 기업이 독점 생산하는 경우를 자연독점이라고 한다.

15 기업이 한계비용보다 높은 가격을 책정하면 비효율적인 생산량이 생산된다. 이 경우 독점기업이 얻는 이윤보다 소비자가 잃는 소비자잉여가 크기 때문에 사회 전체의 후생이 감소한다.

16 기업이 자신의 경제적 이윤을 보호하기 위해 하는 행위(예: 경쟁을 제한하는 규제를 만들기 위해 정부나 의회를 상대로 벌이는 로비)를 렌트 추구 행위라고 한다. 렌트 추구 행위는 자원을 소비하고 사회적 비용을 증가시켜 사회적 후생을 감소시킨다.

17 동일한 제품을 다양한 소비자에게 각기 다른 가격에 판매하는 것을 가격차별이라고 한다. 가격차별을 하는 이유는 명백하다. 기업이 자사 제품에 더 높은 가격을 지불할 용의가 있는 소비자를 확인할 수 있다면 그들에게 더 높은 가격을 받음으로써 이윤을 증가시킬 수 있기 때문이다.

18 기업이 각 구매자가 지불할 용의가 있는 단위당 최고 금액을 가격으로 책정하는 것을 완전가격차별이라고 한다.

19 완전가격차별을 하는 독점기업의 생산량이 효율적인 생산량이라는 사실은 흥미롭다.

20 가격차별의 예는 흔히 볼 수 있다. 항공사는 토요일 밤을 집 밖에서 보내는 사람에게는 그렇지 않은 사람에 비해 훨씬 낮은 요금을 받는다. 또한 주중에 비행기를 이용하는 비즈니스 여행자에게는 일반적으로 더 높은 요금을 받는다.

21 정부는 불완전경쟁시장에 대해 두 가지 역할을 한다. ① 반독점법이나 기타 의회의 입법을 통해 시장에서의 경쟁을 촉진하고 기업의 시장지배력을 제한한다. ② 시장(산업)을 규제하면서 경쟁을 제한한다.

22 셔먼법을 보강하고 합리성 기준을 명확히 하기 위해 1914년에 제정된 클레이턴법에는 끼워팔기 계약, 가격차별, 불법적 합병에 대한 제한 등 기업의 독점적 행위가 몇 가지 명시되어 있다. 같은 해에 설립된 연방거래위원회(FTC)는 기업의 불공정한 행위 여부를 판단하고 불공정한 행위에 대해 정지 명령을 내릴 수 있는 권한을 가지고 있다.

핵심 용어

가격차별(price discrimination)
렌트 추구 행위(rent-seeking behavior)
망 외부효과(network externalities)
무차익 거래 조건(no-arbitrage condition)
불완전경쟁시장(imperfectly competitive market)
사장손실(deadweight loss)/독점의 초과부담(excess burden of a monopoly)
순수독점(pure monopoly)
시장지배력(market power)
연방거래위원회(Federal Trade Commission, FTC)
완전가격차별(perfect price discrimination)
자연독점(natural monopoly)
정부 실패(government failure)
진입장벽(barriers to entry)
클레이턴법(Clayton Act)
특허(patent)
합리성 기준(rule of reason)

연습문제

01 이지젯은 영국 맨체스터와 그리스 테살로니키 사이를 운항하는 유일한 항공사이다. 이지젯이 이 노선을 운항하는 유일한 항공사라는 것이 이 항공사가 독점기업이라는 의미인지 설명하라.

02 다음의 각 설명에 동의하는지, 동의하지 않는지 밝히고 그 이유를 설명하라.

a. 독점기업은 자신의 가격을 통제할 수 있는 힘을 가지고 있기 때문에 독점기업의 가격은 한계수입과 일치한다.

b. 독점기업은 시장에 있는 유일한 기업이기 때문에 제품에 대해 원하는 대로 가격을 책정할 수 있다.

c. 수요의 가격탄력성이 −1이라면 한계수입이 0이라는 것은 항상 맞는 말이다.

03 경쟁기업의 한계수입곡선이 독점기업의 한계수입곡선과 다른 이유를 설명하라.

04 2018년에 벨기에에는 불법 약품을 파는 많은 약국이 존재하여 불법 약품 시장이 경쟁적인 시장 구조를 이루고 있었다. 3년에 걸쳐 마르크글렌이라는 기업은 부정한 수단을 동원하여 경쟁자를 시장에서 몰아내고 벨기에 불법 약품 시장을 독차지했다.

a. 불법 약품을 공급하는 데 발생하는 평균생산비용과 한계비용이 일정하다고 가정하고, 벨기에 불법 약품 시장의 2018년 균형을 그래프로 나타내라.

b. 마르크글렌이 이윤을 극대화한다고 가정하고, 마르크글렌이 출현한 후의 불법 약품 시장의 새로운 균형을 그래프에 표시하라.

c. 가격, 생산량, 이윤이라는 측면에서 (a)와 (b)의 결과를 비교하라.

d. 벨기에 사람들은 불법 약품을 파는 약국에 대한 불만을 자주 제기했다. 이에 벨기에정의실현공익재단은 사람들의 불만을 해소하는 활동을 벌이려 한다. 하지만 가진 예산이 부족하여 가장 효율적인 방법을 이용해야 한다. 이 재단은 (a)와 (b) 중 어떤 시장 구조를 선호할지 설명하라.

e. 사회가 불법 약품을 '나쁜 재화'라고 생각한다면 (a)와 (b) 중 어떤 시장 구조가 더 좋은지 설명하라.

05 AG는 독일에서 슈퍼히어로 공식 제품을 배타적으로 판매하는 유일한 기업이다. AG가 판매하는 슈퍼히어로 티셔츠의 주당 수요량은 다음과 같다.

가격 (€)	10	25	45	70	90	100
주당 수요량	100	80	60	40	20	0

각 수요량 간격에서 나타나는 한계수입(MR)을 계산하라(예: q = 0에서 q = 20 사이). 각 판매량 간격에서는 한계수입이 일정하다고 가정한다.

한계비용(MC)이 20유로로 일정하고 고정비용이 400유로라면 이윤 극대화 생산량은 얼마인가? 이 생산량에서 이윤은 얼마인가? 한계비용과 한계수입을 이용하여 설명하라. 한계비용이 50유로라면 이윤 극대화 생산량에서의 이윤은 얼마인가?

06 다음 그래프는 규모의 경제도 규모의 비경제도 없고 고정비용도 없는 독점기업의 수요곡선이다. 단기와 장기에서 $MC = ATC$이다. 이 그래프를 이용하여 아래 항목을 나타내라.

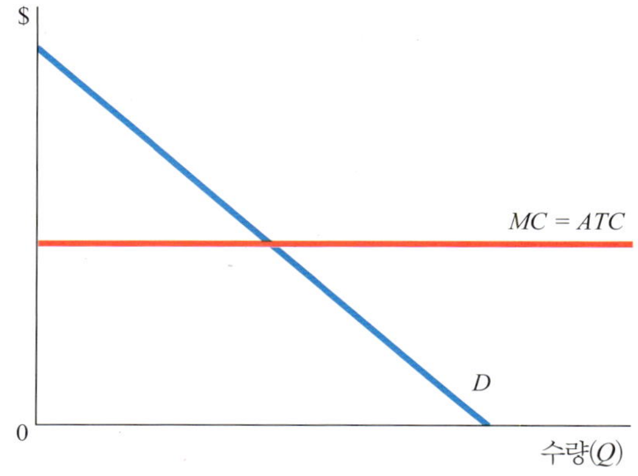

a. 최적 생산량

b. 최적 가격

c. 총수입

d. 총비용

e. 총독점이윤

f. 독점의 초과부담 또는 독점이 유발하는 후생비용

07 다음 그래프는 독점기업의 비용 구조와 시장수요곡선을 보여준다. 이 그래프에서 아래 항목을 확인하고 그 값을 구하라.

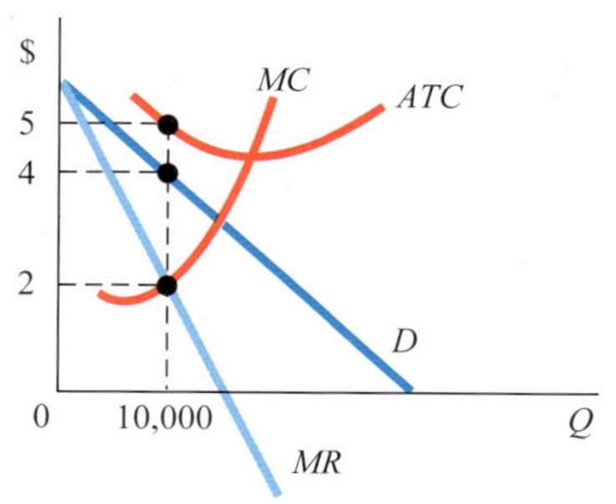

a. 이윤 극대화 생산량

b. 이윤 극대화 가격

c. 총수입

d. 총비용

e. 총이윤 또는 총손실

08 2017년에 미국은 국제특허를 59,624건 출원했다. 인터넷에서 검색하여 국제특허를 가장 많이 신청한 10개국을 확인해보라.

2013년 이후 미국상공회의소(U.S. Chamber of Commerce)는 'Create'라는 보고서를 통해 국가별 국제특허 출원 건수 순위와 지적재산권 보호(IP) 지수를 공개하고 있다. 가장 최근의 'Create' 보고서를 살펴보고 국제특허를 가장 많이 신청한 10개국의 순위와 IP 지수의 순위를 제시하라. IP 지수와 특허 출원 건수는 상관관계가 있는가? 특허 출원 건수의 순위와 IP 지수 간의 격차가 가장 큰 국가는 어디인가?

09 일본 자동차 제조 기업인 토요타는 2001년에 프리우스를 미국 시장에 처음 내놓았다. 이는 미국 시장에서 처음으로 대량 생산된 하이브리드 자동차이다. 프리우스에 대한 토요타의 권장 판매가격은 19,995달러였고 2,000대가 사전 판매되었다. 3년 뒤인 2004년에 프리우스는 처음 모델보다 더 커지고 파워트레인도 업그레이드되었지만 토요타의 권장 판매가격은 그대로 19,995달러였다. 프리우스의 수요가 계속 증가하여 많은 미국 소비자가 구매 대기자 명단에 이름을 올렸다. 토요타가 2001년 당시 유일한 하이브리드 자동차였던 프리우스의 가격을 어떻게 19,995달러로 책정한 것인지에 대해 자신의 생각을 설명하라. 수요가 크게 증가한 상황에서 차체가 커지고 성능도 더 좋아진 2004년의 프리우스에 2001년의 가격을 그대로 책정한 이유는 무엇인가?

10 에드 시런은 2017년에 미국에서 〈디바이드(Divide)〉라는 팝 앨범으로 가장 큰 인기를 얻은 싱어송라이터이다. 팝 뮤지션이 성공을 거두려면 자기 음악에 대한 수요의 가격탄력성을 줄이고 진입장벽을 만들어야 한다. 경제학자가 떠드는 소리라고 할지도 모르지만 이는 중요한 의미가 있다. 이 장에서 배운 내용을 적용하여 에드 시런이 수요의 가격탄력성을 낮추고 진입장벽을 만들었음을 설명하라.

11 독점기업의 공급곡선이 없는 이유를 설명하라.

12 다음 그래프는 자본에 대한 정상수익만 벌고 있는 경쟁기업의 경우를 보여준다. 경쟁시장의 가격은 P_c이다. 한계생산비용은 단위당 250달러로 고정되어 있고 규모의 경제도 규모의 비경제도 없다. 시장수요곡선은 $P = 500 - \frac{1}{20}Q$이다.

자유롭게 시장에 진입할 수 있다고 가정하고 완전경쟁기업의 총수입, 총비용, 소비자잉여를 계산하라.

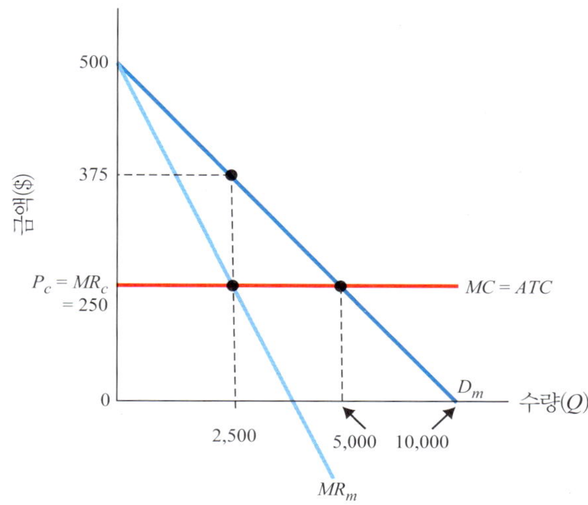

당신이 이 시장의 모든 기업을 사들여서 하나의 독점기업을 만들고, 특허에 의해 기업의 진입이 봉쇄되었다고 가정하자. 당신이 만든 독점기업의 이윤 극대화 가격 P_m, 총수입, 총비용, 이윤, 소비자잉여를 계산하라. 그리고 경쟁시장의 결과와 독점시장의 결과를 비교하여 설명하라. 독점에 의한 사장손실액을 계산하라. 어떤 방법으로 독점을 치유할 수 있는가?

13 다음 그래프는 독점기업의 수요곡선과 한계수입곡선이다. 이 독점기업의 생산기술은 규모에 대한 수확 불변(CRS)이며, 단기와 장기에서 $MC = ATC$이다.

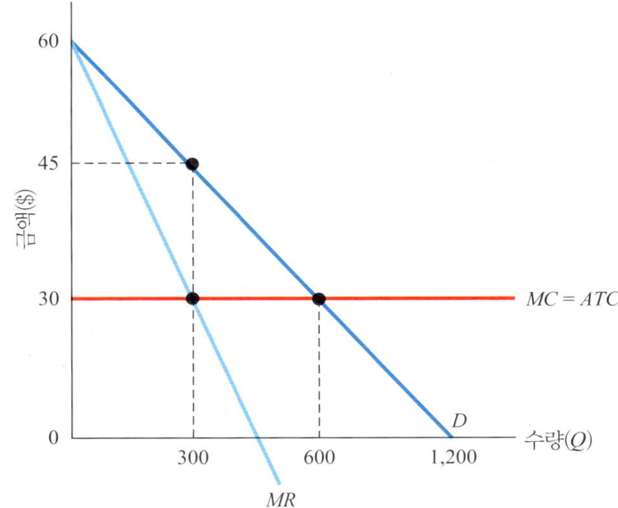

a. 이 기업의 이윤, 소비자잉여, 사장손실을 그래프에 나타내라.

b. 이 기업이 완전가격차별을 한다고 가정하고 (a)를 다시 풀라.

14 미국에서 가장 인기 있는 관광지는 카지노, 호텔, 쇼핑, 식사, 라이브 공연으로 유명한 라스베이거스이다. 미국의 많은 관광지와 달리 라스베이거스에서는 가격차별이 일상적이어서 많은 업소가 현지 주민에게 식음료, 공연, 호텔 숙박료를 할인해준다. 라스베

이거스에서 광범위하게 지역 거주 할인을 일상적으로 하는 이유가 무엇이라고 생각하는가?

15 유나이티드항공의 웹사이트에서는 표준요금과 기본요금의 차이를 다음과 같이 설명하고 있다. 기본요금에는 좌석이나 항공권 업그레이드 불가, 그룹이나 가족 좌석의 별도 배정 없음, 기내 반입물 크기 제한, 탑승기 변경 및 환급 불가, 포인트 적립 제한, 후순위 탑승 등이 적용된다. 두 요금의 차이를 볼 때 유나이티드항공은 가격차별을 하고 있다고 생각하는가?

경제학적 사고 키우기

01 한계수입 공식 $MR = P + (\Delta P/\Delta Q) \times Q$는 1단위를 더 생산하여 얻는 한계수입이 가격보다 항상 적다는 것을 나타낸다. $(\Delta P/\Delta Q) \times Q$는 항상 음(−)이기 때문이다. $(\Delta P/\Delta Q) \times Q$가 양(+)의 값이 되려면 어떤 수요곡선이어야 하는가?

02 경제학자들은 독점에 의해 사장손실이 발생한다고 말한다. 즉 독점시장의 경제적 잉여가 완전경쟁시장보다 적다는 것이다. 독점기업이 이윤을 극대화하는 의사결정의 어떤 측면이 이러한 비효율성을 초래하는가?

CHAPTER 14

과점

목차와 학습목표

앞에서는 완전경쟁시장과 순수독점시장이라는 극단적인 시장 구조를 살펴보았다. 그러나 현실의 시장은 대개 이 두 시장의 중간에 위치한다. 15장과 16장에서는 기업이 시장지배력을 가지고 있는 동시에 서로 경쟁하는 과점시장과 독점적 경쟁시장을 다루고, 이 장에서는 과점시장에 대해 살펴본다.

과점시장 몇 개의 지배적 기업이 있는 산업(시장) 구조. 기업들의 제품은 동일할 수도 있고 차별화되어 있을 수도 있음

과점시장(oligopoly)은 시장가격에 영향을 미칠 정도로 규모가 큰 몇 개의 기업이 있는 시장이다. 과점시장은 다양한 형태로 존재한다.

미국에서는 음악의 90%를 유니버설(Universal), 소니(Sony), 워너(Warner)가 생산한다. 이 세 기업의 경쟁은 매우 치열하며, 이러한 경쟁은 주로 유망한 신인을 발굴·육성하여 마케팅하는 데 집중된다.

스마트폰은 전 세계를 대상으로 하는 글로벌 제품이다. 2014년에 팔린 13억 개의 스마트폰 중 절반 이상은 삼성(Samsung)과 애플(Apple)이 공급했다. 이 두 하마의 경쟁은 스마트폰 운영체계의 경쟁이기도 하지만 디자인, 혁신적인 기능 등을 놓고도 치열한 다툼이 벌어지고 있다.

항공운송 산업도 또 다른 과점산업이다. 이 시장에서는 항공사들의 치열한 가격경쟁이 자주 발생한다. 사우스웨스트항공(Southwest Airlines)이 이 시장에 뛰어든 후 여행자는 낮아진 요금의 혜택을 자주 보게 되었다.

이러한 예를 통해 과점기업 간의 경쟁이 다양한 면에서 이루어지고 있음을 알 수 있다. 과점기업은 가격뿐만 아니라 신제품의 개발, 광고와 마케팅, 신제품의 보완재를 만드는 것에서도 경쟁을 벌인다. 이렇게 과점기업은 치열하게 경쟁하면서도 때로는 경쟁자를 신경 쓰지 않고 자기 사업에만 몰두하기도 한다. 과점기업 간의 복잡한 상호 의존성과 과점기업이 사용하는 광범위한 경쟁 전략 때문에 과점기업에 대한 분석은 쉽지 않다. 올바른 전략을 선택하기 위해 과점기업은 고객의 반응과 경쟁기업의 반응을 예측해야 한다. 내가 가격을 올리면 경쟁기업도 가격을 올릴까? 만약 경쟁기업이 가격을 올리지 않는다면 내 고객 중 얼마나 많은 고객이 떠날까? 만약 유니버설이 제품이나 서비스의 가격을 크게 내리고 뮤지션들과 재계약을 하여 더 많은 수입을 얻기로 결정한다면 소니도 이와 같은 전략을 취할까? 만약 소니도 그렇게 한다면 유니버설은 어떤 영향을 받을까? 앞으로 살펴볼 테지만 이는 답하기 어렵지만 중요한 질문이다. 이 장에서는 이러한 질문의 답을 찾는 데 도움을 얻기 위해 게임이론과 경쟁전략 모형을 살펴볼 것이다.

과점기업의 상호작용에 대한 공식적인 모형을 살펴보기 전에 과점기업이 속하는 시장 구조를 분석하는 데 사용하는 도구를 미리 알아두는 것이 좋다. 경영전략 분야에서 개발되어 경영대학이나 경영 컨설팅 회사가 사용하는 도구를 알아보자.

학습목표

과점시장의 구조와 특징을 파악한다.

14.1 과점시장의 구조

5 경쟁압력 모형 기존 시장의 경쟁도와 수익성(이윤성)을 결정하는 다섯 가지 경쟁압력을 이해하는 데 도움이 되는 모형으로, 마이클 포터가 개발함

과점시장의 구조를 살펴보기 위해 경쟁전략 분야에서 사용하는 표준 모형 중 하나는 하버드대학의 마이클 포터(Michael Porter) 교수가 개발한 **5 경쟁압력 모형**(Five Forces model)이다(그림 14.1 참조). 이 모형은 과점시장에서의 상대적 수익성과 어떤 부분에서 기업 간의 라이벌 경쟁이 가장 치열하게 나타날 가능성이 있는지를 파악하는 데 도움을 준다.

한가운데 상자는 시장에 있는 기존 기업 간의 경쟁을 나타낸다. 완전경쟁시장에서는 이 상자에 많

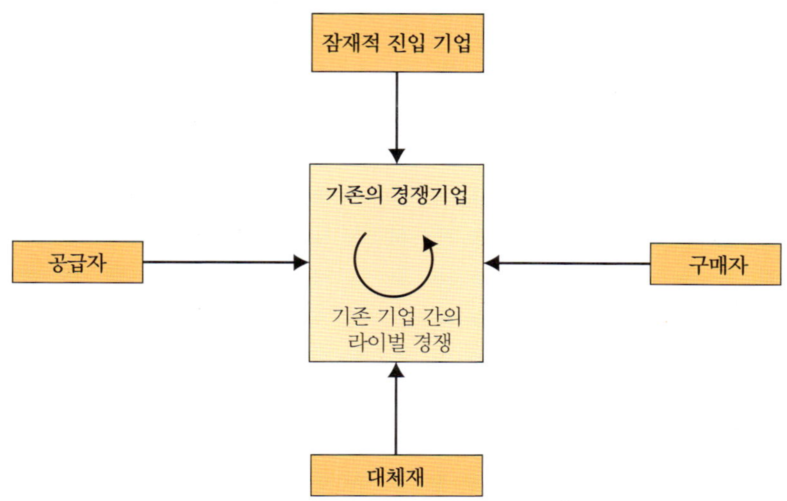

그림 14.1 5 경쟁압력 모형

은 경쟁자가 있기 때문에 어떤 기업이 다른 기업에 대해 전략적으로 생각할 필요가 없다. 독점시장의 경우에는 이 상자에 한 기업만 있다. 과점시장에서는 소수의 기업이 존재하며, 각 기업은 어떻게 하면 경쟁에서 이길 수 있을지 생각하는 데 많은 시간을 쏟아붓는다.

기존 기업의 어떤 특징을 살펴보아야 경쟁이 어떻게 될지 알 수 있는가? 시장의 구조적 특징 중에서도 시장에 있는 기업의 수와 기업 규모의 분포를 살펴보아야 할 것이다. 상위 두 기업이 시장의 90%를 차지하는가, 20%만 차지하는가? 하나의 큰 기업과 이보다 작은 여러 기업이 있는가, 아니면 기업의 규모가 비슷비슷한가?

표 14.1은 공장 출하 가치를 기준으로 미국의 여러 산업에서 나타나는 시장점유율의 분포를 보여준다. 시장점유율은 근로자의 고용 비율로도 나타낼 수 있다. 시장집중도가 높은 산업 내에서도 기업 간의 상대적 크기는 매우 다르게 나타날 수 있다. 미국 맥주의 90%는 상위 4개 기업이 생산하고 있으며[앤하이저부시(Anheuser-Busch)는 미국 맥주 판매액의 50%를 차지함] 그 주변에는 훨씬 작은 규모의 기업이 포진해 있다. 한편 구리 산업에는 규모가 큰 기업만 있다.

표 14.1 2002년 시장집중도가 높은 미국 산업에서 공장 출하액을 기준으로 나타낸 대기업의 시장점유율

산업	상위 4대 기업	상위 8대 기업	기업의 수
Primary copper	99	100	10
Cigarettes	95	99	15
Household laundry equipment	93	100	13
Cellulosic man-made fiber	93	100	8
Breweries	90	94	344
Electric lamp bulbs	89	94	57
Household refrigerators and freezers	85	95	18
Small arms ammunition	83	89	109
Cereal breakfast foods	82	93	45
Motor vehicles	81	91	308

출처: U.S. Department of Commerce, Bureau of the Census, 2002 Economic Census, *Concentration Ratios: 2002* ECO2-315R-1, May 2006.

따라서 상위 기업의 규모의 분포에도 관심을 가져야 한다. 예를 들어 맥주 산업에서 앤하이저부시는 다양한 라벨을 붙여 미국 맥주 소비량의 절반을 생산하지만 밀러쿠어스(MillerCoors)도 시장의 30%를 차지하고 있다. 따라서 상위 2대 기업의 **집중률**(concentration ratio)은 80%이다.

집중률 산업(시장) 전체의 판매액이나 고용량에서 상위 몇 개 기업이 차지하는 점유율

기존 기업의 특징 중 마지막으로 살펴볼 것은 과점시장에서의 제품 차별화이다. 과점시장에서 기업은 동일한 제품을 생산하는가, 제품이 차별화되어 있는가? 독점시장에서도 언급했듯이 제품 차별화는 제품이 얼마나 근접한 대체품인가와도 관련이 있다. 아이폰과 삼성 갤럭시는 얼마나 다른가? 〈마인크래프트(Minecraft)〉와 〈콜 오브 듀티(Call of Duty)〉는 서로 경쟁하는 게임인가, 매우 상이한 게이머를 위한 게임인가? 과점기업의 제품이 더 많이 차별화될수록 과점기업의 행위는 독점기업의 행위와 비슷하게 나타날 것이다.

그림 14.1의 위아래 상자를 살펴보자. 위의 상자에는 잠재적 진입 기업이 있다. 앞 장에서 진입장벽을 살펴보았는데, 진입장벽이 낮을 때는 새로운 기업이 시장에 진입함으로써 경쟁이 심해짐에 따라 기존 기업이 누리는 초과이윤이 사라지게 된다. 과점시장에서는 새로운 기업의 진입 위협이 기존 시장에서 경쟁이 어떻게 전개되는지에 큰 영향을 미친다. 잠재적 진입 기업의 강한 위협은 시장에 있는 소수의 과점기업이 완전경쟁기업처럼 행동하게 만들 수도 있다. 시장 진입과 퇴출이 자유로워서 잠재적 진입 기업의 위협이 기존 과점시장의 가격을 경쟁시장의 가격수준까지 끌어내릴 수도 있는 과점시장을 **경합시장**(contestable market)이라고 한다.

경합시장 새로운 기업의 시장 진입과 퇴출이 쉬워서 실제로 새로운 기업이 진입하지 않더라도 기존 기업이 이를 위협으로 생각하여 자신의 가격을 경쟁시장의 가격수준까지 낮출 가능성이 있는 시장

비용을 별로 들이지 않고 비행기를 한 시장에서 다른 시장으로 옮기면서 운항하는 작은 항공사들 간의 경쟁은 이러한 시장의 예이다. 케이프에어(Cape Air)는 여름철에는 미국 보스턴과 마서스비니어드, 낸터킷, 코드곶 사이를 운항하고, 겨울철에는 같은 비행기로 네이플스, 포트마이어스, 탬파 등 플로리다주의 서해안을 운항한다. 상당히 떨어진 산업 단지로 수송하는 트럭 회사에서도 이와 비슷한 일이 벌어진다. 트럭은 큰 비용을 들이지 않고 간단히 옮길 수 있으므로 수익이 나지 않는 곳에서 철수하고 다른 곳으로 이동하여 수송 서비스를 제공할 수 있다. 따라서 이러한 시장에 있는 기존 기업은 잠재적 경쟁기업의 위협을 끊임없이 받는다. 경합시장에서는 매우 큰 과점기업이라 하더라도 완전경쟁기업처럼 행동할 수 있다. 가격은 기존 기업과의 경쟁과 잠재적 경쟁으로 인해 장기 평균비용 수준으로 내려가고, 초과이윤이 발생하더라도 오래가지는 않을 것이다.

그림 14.1의 아래 상자는 대체재의 존재가 가하는 경쟁압력을 나타낸다. 과점기업의 경우(독점기업도 마찬가지이지만) 다른 산업에 있는 대체재의 존재가 과점기업이 높은 이윤을 가져가는 것을 제한한다.

그림 14.1은 생산요소시장과 생산물시장이 연결되어 있음을 보여준다. 생산물시장에서 제품을 판매하는 기업은 생산요소시장에서 구매자가 된다. 항공운송 산업에서 시장지배력을 지닌 항공사는 항공기를 구매하거나 임대할 때 강한 과점기업과 만나게 된다. 보잉(Boeing)과 에어버스(Airbus)는 상업용 항공기 판매 시장을 거의 전부 점유하고 있으며, 항공기 임대 시장에서는 제너럴일렉트릭(GE)이 지배적 위치를 차지하고 있다. 생산물시장에서 시장지배력을 지닌 기업이 생산요소시장에서 시장지배력을 지닌 기업을 만났을 때는 두 기업 간의 협상력에 따라 누가 더 이윤을 가져가는지가 결정된다.

5 경쟁압력 모형의 오른쪽에는 구매자(소비자)가 있다. 소비자가 가하는 경쟁압력은 어떤 의미에서 가장 중요하기도 하다. 구매자(소비자)의 선호는 기업이 얼마나 성공적으로 제품을 차별화할

경제학의 적용

스마트폰 산업의 특허

앞에서 언급했듯이 스마트폰 산업은 시장집중도가 매우 높고 수익도 높으며 성장하는 산업이다. 스마트폰 판매 전쟁에서 기업들이 사용하는 핵심 무기 중 하나는 특허 소송이다.

지난 몇 년간 수백 개의 특허 소송건이 미국 법원에 제기되었고 다른 국가의 법원에도 많은 소송건이 제기되었다. 2006년 이후 7건의 소송을 제기한 애플은 100건이 넘는 소송에서는 피고인 신분이 되기도 했다. 애플은 삼성이 특허를 침해했다고 고소하고, 삼성은 애플이 특허를 침해했다고 고소한 적도 있다. 구글(Google), 마이크로소프트(Microsoft), 노키아(Nokia), HTC, 블랙베리(Blackberry), 심지어 코넬대학도 소송전에 뛰어들었다. 다른 기업의 특허를 구매한 후 변호사를 고용하여 대기업을 특허 침해로 고소하는 것을 전문으로 하는 기업도 많았다. 사람들은 이들을 '특허 낚시꾼'이라 부르며 비난했다. 반독점법 관련 판결로 잘 알려진 리처드 포즈너(Richard Posner) 판사도 이러한 행위가 초래하는 사회적 비용에 대해 불만을 드러냈다.[1] 모든 소송이 기술과 관련된 것은 아니다. 애플은 갤럭시 패드의 제품 디자인과 관련하여 삼성을 상대로 소송을 제기한 바 있는데, 영국 법원은 삼성이 애플의 디자인 특허를 침해하지 않았다고 판결했다.[2]

스마트폰 시장에서 벌어지는 과점기업의 경쟁적 특허 소송전을 지켜본 많은 경제학자, 변호사, 판사, 산업 관련자는 특허법이 바뀌어야 한다고 생각한다.

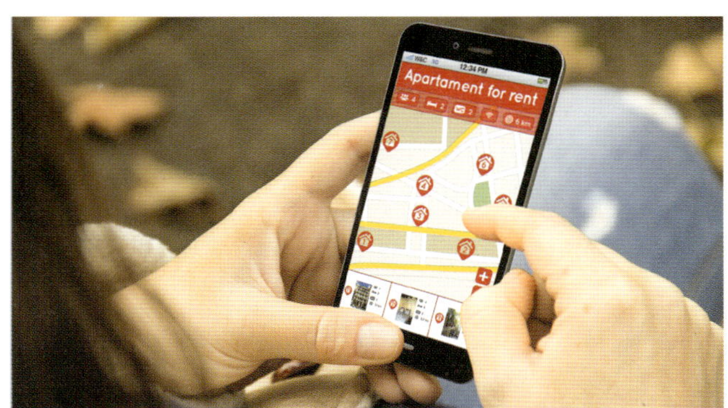

질문

- 스마트폰은 여러 기업이 받는 많은 특허 기술을 이용하여 생산된다. 이는 어떻게 경쟁 구도를 복잡하게 만드는가?

[1] Richard Posner, "Why There are Too Many Patents in America," *Atlantic Monthly*, July 12, 2012.
[2] *Bloomberg News*, October 18, 2012.

수 있는지를 결정한다. 일부 구매자는 시장지배력이 있는 판매자를 만나는 경우에도 협상력을 가질 수 있다. 구매자라고 하면 사람들은 소비재를 소매로 구입하는 일반 소비자를 먼저 떠올린다. 그러나 많은 제품이 기업에 판매되고 있다. 그러므로 이러한 시장에서 기업은 시장지배력을 가진 구매자를 만나게 된다. 자신의 시장에서 지배력을 지닌 인텔(Intel)은 상당한 시장지배력을 가지고 있는 레노버(Lenovo)나 델(Dell)과 같은 PC 제조사에 프로세서를 판매한다. 프록터앤드갬블(P&G)은 소매 판매 시장에서 점유율이 25%인 월마트(Walmart)에 소비재를 판매한다. 월마트가 P&G에 가하는 압력은 P&G가 시장에서 어떻게 경쟁을 헤쳐나가느냐에 엄청난 영향을 미친다.

지금까지 과점시장의 중요한 특징을 확인했다. 이러한 특징을 이해하면 과점기업이 자신의 경쟁기업과 경쟁할 때 사용하는 전략을 예측하는 데 도움이 될 것이다. 다음으로 과점기업의 행동을 설명하는 모형을 살펴보자.

14.2 과점 모형

학습목표

세 가지 과점 모형을 비교해본다.

과점은 그 형태가 다양하므로 여러 가지 과점 모형이 개발되었다. 여기서 소개하는 모형은 과점기업의 행동을 다양한 방식으로 설명한다. 곧 알게 되겠지만 과점기업은 한 가지 공통점을 가지고 있다. 어떤 과점기업이든 그 행동이 시장에 있는 다른 과점기업의 행동에 따라 달라진다는 것이다. 크게 볼 때 한 과점기업이 다른 과점기업의 시장에서의 위치나 행동에 대해 어떻게 생각하느냐에 따라 과점 모형에 차이가 나타난다.

담합 모형

13장에서는 완전경쟁시장이 이윤을 극대화하는 기업이 하나뿐인 독점시장으로 변하면 어떤 결과가 나타나는지를 알아보았다. 많은 기업이 서로 독립적으로 행동하면서 경쟁하는 경우, 한 기업만 있을 때보다도 가격이 더 낮아지고 생산량이 더 많아지며 기업이 가져가는 이윤이 더 적어진다는 것을 확인했다. 그러나 기업들이 서로 단합하여 생산량을 줄이고 가격을 높이기로 합의하면, 즉 기업들이 가격경쟁을 하지 않기로 합의하면 그들이 나누어 가질 수 있는 이윤 파이가 커질 것이다. 이윤을 극대화하는 과점기업들이 가격과 생산량에 대해 담합을 하면 나타나는 결과는 독점기업의 결과와 동일하다. 다시 말해 담합을 하는 이윤 극대화 과점기업들의 수요곡선이 시장수요곡선이 됨에 따라 이들은 한계수입이 한계비용과 일치하는($MR = MC$) 점까지만 생산하며, 가격이 한계비용보다 높아질 것이다.

카르텔 서로 단합하여 가격과 생산량을 공동으로 결정함으로써 공동의 이윤을 극대화하려는 기업군

한 무리의 기업이 단합하여 가격과 생산량을 공동으로 결정하는 것을 **카르텔**(cartel)이라고 한다. 오늘날 가장 유명한 카르텔은 석유수출국기구(Organization of Petroleum Exporting Countries, OPEC)일 것이다. 사우디아라비아, 쿠웨이트 등 13개국으로 구성된 OPEC은 원유 생산량 수준에 대해 서로 협의한다. 일찍이 1970년대부터 OPEC 카르텔은 원유 생산량을 감축하기 시작했으며, 이로 인해 1973~1974년에 세계 원유 가격이 400% 뛰어올랐다. 지난 수년간 OPEC 카르텔은 공급량을 조절함으로써 원유 가격을 자신이 원하는 안정적인 수준으로 유지하고 있다.

OPEC은 국가들이 만든 카르텔이다. 그러나 미국의 반독점법은 기업들이 카르텔을 형성하는 것은 불법으로 규정하고 있다. 미국 법원은 가격고정(price-fixing)을 개별 경쟁기업이 가격에 대해 합의하는 것으로 정의한다. 미국에서는 가격 또는 생산량을 고정하기 위한 목적으로 이루어지는 기업들의 합의가 그 결과로 나타나는 가격수준에 관계없이 모두 불법이다. 게다가 가격고정은 범죄 행위로 간주되기 때문에 발각되면 징역형과 벌금형을 동시에 받는다.

한편 카르텔 기업이 기꺼이 법을 위반하여 가격을 올리려고 하더라도 다음과 같은 경제적 조건이 충족되지 않으면 카르텔은 가격을 올릴 수 없다. 첫째, 카르텔 기업의 제품에 대한 가격탄력성이 비탄력적이어야 한다. 많은 대체재가 있을 때 카르텔이 가격을 올린다면 소비자는 대체품을 구입하기 때문에 많은 대체재가 있는 경우 카르텔이 가격을 올리는 것은 자폭이나 마찬가지이다. 따라서 그림 14.1에서 대체재를 나타내는 상자의 중요성을 알 수 있다. 한 재화의 대체재가 많을수록 그 재화의 수요는 더욱 가격탄력적이다. 둘째, 카르텔 구성원이 카르텔에서 합의한 규칙을 따라야 한다. 카르텔이 생산량을 줄여서 가격을 올리면 카르텔의 각 구성원은 다른 구성원 몰래 생산량을 늘려서 더 많은 이윤을 얻으려는 인센티브를 가지게 된다. 무리에서 이탈하면 일시적으로 엄청난 이윤을 얻을 수 있기 때문이다. 셋째, 카르텔 구성원이 아닌 기업의 시장 진입이 어려워야 한다.

카르텔을 구성하는 기업이 약속을 지키지 않고 배반하려는 인센티브의 크기는 기업의 규모에 따라 달라질 수 있다. 하나의 큰 기업과 그보다 작은 규모의 여러 기업으로 구성된 카르텔이 가격을 올리기로 합의한 경우를 생각해보자. 가격이 각 기업의 한계생산비용보다 높기 때문에 더 많은 양을 판매하여 시장점유율을 높이고 싶은 유혹이 아주 클 것이다. 만약 각 기업이 시장점유율을 더 차지하기 위해 몰래 가격을 약간 낮춘다면 카르텔이 붕괴될 것이다. 작은 기업의 입장에서는 마켓셰어

(market share)를 높이는 것의 매력을 거부하기 어렵다. 하지만 카르텔 구성원 중 상위에 있는 기업은 약속을 배반했을 때 추가로 얻는 마켓셰어가 그다지 크지 않고 카르텔 붕괴로 잃는 손실이 더 클 것이다. 카르텔이 정한 것보다 낮은 가격에 팔려는 구성원은 대부분 작은 기업이다.

(명시적) 담합은 카르텔처럼 기업들이 가격 또는 생산량의 고정을 명시적으로 할 때 발생한다. 기업들이 서로 특정한 합의 없이 가격을 고정하거나, 그러한 합의가 묵시적(암묵적)으로 이루어질 때 나타나는 담합을 **묵시적 담합**(tacit collusion)이라고 한다. 과점시장이 시장지배력을 가진 소수의 기업으로 구성되어 있다면 이들은 공식적인 합의를 위해 만나지 않고도 비슷한 가격을 책정하거나 선도 기업의 가격을 따를 수도 있다. 기업의 수가 더 적고 서로 더 비슷할 때 묵시적 담합이 발생할 가능성이 크다. 미국의 반독점법은 이러한 묵시적 담합을 막는다.

묵시적 담합 생산자들의 가격 또는 생산량의 고정에 대한 담합이 명시적 협약 없이 묵시적으로 이루어지는 것

가격선도 모형

과점시장은 시장을 지배하는 한 기업과 그 기업의 가격정책을 따르는 작은 기업들로 구성되기도 한다. 이러한 과점시장에 대한 분석 모형을 **가격선도 모형**(price-leadership model)이라고 한다. 작은 기업들이 자신을 따른다는 것을 아는 선도 기업은 각 가격의 시장 전체 수요량에서 작은 기업 전체의 수요량을 차감한 것을 각 가격에서 자신의 수요량으로 생각하고 수요곡선을 도출할 것이다.

가격선도 모형 지배적인 한 기업이 가격을 책정하고 나머지 작은 기업들이 선도 기업의 가격정책을 따르는 식으로 과점시장에 대해 분석한 모형

가격선도 모형은 한 대기업과 그보다 작은 경쟁기업들로 구성된 과점시장에 가장 잘 적용할 수 있다. 이러한 시장 상황에서는 지배적 대기업이 주어진 시장수요와 작은 기업들의 행동이라는 제약하에서 자신의 이윤을 극대화한다고 볼 수 있다. 이 경우 작은 기업들은 기본적으로 시장가격에서 자신이 원하는 만큼 판매할 수 있다. 시장 전체의 수요량과 작은 기업들이 공급하는 양의 차이는 지배적 대기업의 생산량이 된다.

가격선도 모형에서 시장의 수요량은 지배적 기업과 작은 여러 기업에 의해 생산된다. 이러한 상황을 독점기업의 경우와 비교해보자. 독점기업이 직면하는 유일한 제약은 어떤 가격수준에서는 독점기업의 제품을 사지 않는 소비자로부터 비롯된다. 그러나 가격을 선드하는 지배적 기업이 있는 과점시장에서 지배적 기업이 추가로 받는 제약은 원하는 생산량을 생산하려는 작은 기업들의 존재에서 비롯된다. 이러한 이유로 가격선도 모형에서 예상되는 생산량은 독점기업의 생산량과 경쟁기업의 생산량 사이이고, 가격 또한 독점가격과 경쟁가격 사이에서 결정된다.

작은 기업들이 지배적 기업의 행동을 제약한다는 사실은 지배적 기업이 작은 기업을 사들이거나 이들을 합병함으로써 시장에서 몰아내려 할 수도 있음을 나타낸다. 이 경우 시장이 독점화되어 사회적 후생이 줄어든다는 것은 독점시장에 대한 분석에서 이미 확인했다. 미국의 반독점법이 합병을 규제하는 것은 합병으로 인해 발생할 수 있는 사회적 비용을 줄이려는 미국 정부의 의도가 반영된 것이다.

지배적 기업이 작은 기업의 수를 줄이는 또 다른 방법은 공격적인 가격정책이다. 가격선도 모형에서처럼 작은 기업을 포용하는 대신 지배적 기업은 가격을 공격적으로 인하하여 생산비용 이하로 낮출 수 있다. 이렇게 하면 상대적으로 약하고 작은 기업은 큰 손실을 입고 시장을 떠날 것이다. 시장을 지배하는 힘 있는 대기업이 시장에서 작은 기업을 몰아내기 위해 일정 기간 인위적으로 아주 낮은 가격을 책정하는 것을 약탈적 가격 책정(predatory pricing)이라고 한다. 이러한 대기업의 행동은 자기 자신에게도 피해를 주기 때문에 효과적으로 실행되지 못하는 경우도 있다. 또한 약탈적 가격

경제학의 적용

필리핀의 쌀 카르텔

필리핀은 주식인 쌀의 공급이 모자라서 매년 약 100만 톤을 수입한다. 인구가 거의 1억 500만 명에 달하는 필리핀은 2017~2018년에 전 세계에서 여덟 번째로 큰 쌀 수입국이었다. 필리핀 정부는 쌀의 자급자족을 위해 수입 쌀에 35%의 관세를 부과하는 동시에 농부에게는 보조금을 지급하여 쌀의 생산량을 늘리도록 권장하고 있다. 필리핀 국가식품청(National Food Authority, NFA)은 15~30일간의 전략 쌀 비축량을 확보하기 위해 농부에게 쌀을 구매한다. NFA는 전략 쌀 비축량이 부족해지면 관세를 내지 않고 쌀을 수입할 수 있다.

2018년 2월에 전략 쌀 비축량이 하루치 소비량보다 적은 수준으로 떨어지자 필리핀 하원은 즉각적인 조사에 나섰다. 하원의 조사단과 NFA는 쌀 부족의 이유 중 하나가 곡물 중개 기업 50개 중 13개가 묵시적 담합을 통해 불법적으로 은밀한 카르텔을 형성했기 때문이라는 것을 발견하고 이들을 고발했다. 더욱이 이 13개 기업이 보조금을 받고 생산된 저렴한 쌀을 NFA로부터 불법적으로 사들여 다른 쌀과 혼합하고 시장가격에 판매했다는 사실도 드러났다.

이 일이 있은 후 필리핀 하원은 2018년에 쌀 안보와 안정에 관한 법을 통과시켰다. 이 법에는 쌀 사재기, 쌀을 이용한 폭리, 담합 행위에 대해 100만 달러의 벌금과 최소 6년의 징역형을 명시했다.[1]

질문

- 필리핀 하원이 쌀과 관련된 불법적 행위에 대한 벌을 강화한 이유는 무엇인가? 묵시적 카르텔에 의한 부당한 행위를 억제할 수 있는 다른 방법에는 어떤 것이 있는가?

[1] House of Representatives, 2018. Explanatory Note-House Bill # 7417, Seventeenth Congress–Second Regular Session, 19 March.

책정은 대기업이 낮은 가격을 책정하는 동안에는 작은 기업들이 시장에서 나가 있다가 대기업이 가격을 올리면 시장에 다시 들어올 수 있기 때문에 효과적이지 않을 수도 있다. 미국 반독점법은 다른 기업을 시장에서 쫓아내기 위해 가격을 평균생산비용보다 낮은 수준으로 유지하고 다른 기업이 시장을 떠난 후 다시 가격을 올리는 것을 불법 행위로 본다.

쿠르노 모형

담합이 없고 기업의 규모 측면에서 가격선도가 가능하지 않은 과점시장을 살펴보자. 이러한 시장에서 기업은 경쟁기업의 행동을 자신의 의사결정에 어떻게 반영하는가?

과점기업 간의 상호 의존성을 보여주는 가장 간단한 모형은 쿠르노 모형이다. 19세기의 수학자인 앙투안 오귀스탱 쿠르노(Antoine Augustin Cournot)가 소개한 이 모형은 샘물을 생산하는 두 생산자의 경쟁을 관찰한 것을 근거로 한다. 쿠르노 모형은 오래된 데다 매우 제한적인 가정을 하고 있음에도 불구하고 경제학자나 정부의 정책 입안자에게 큰 도움이 된다.

복점 두 기업만 있는 과점

쿠르노 모형은 동일한 제품을 생산하면서 담합하지 않는 두 기업만이 있는 과점시장에 초점을 맞춘다. 이러한 두 기업 과점을 **복점**(duopoly)이라고 한다. 완전경쟁기업과 과점기업의 중요한 차이는, 과점기업은 시장에 있는 다른 기업의 행동을 고려하여 자신에게 최적인 의사결정을 해야 한다는 것이다. 복점의 경우 각 기업의 최적 생산량 선택이 다른 기업의 생산량에 따라 달라진다. 쿠르노 모형은 기업이 다른 기업의 행동을 어떻게 고려하는지에 관한 한 가지 예를 보여준다.

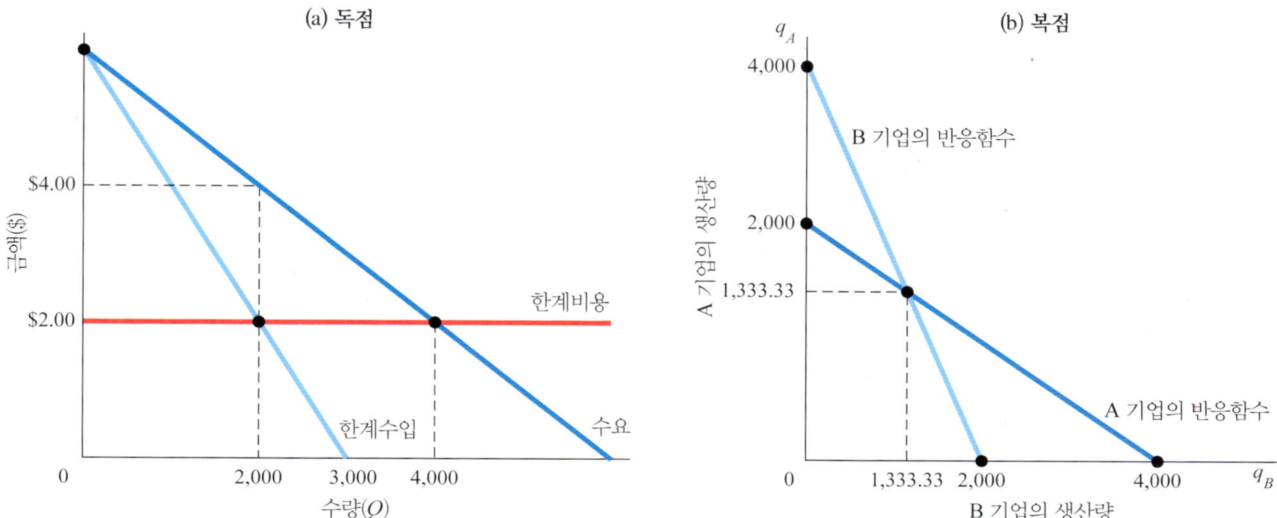

그림 14.2 쿠르노 모형의 그래프

(a)는 한계비용이 2달러일 때 독점기업의 이윤 극대화 생산량이 2,000단위임을 보여준다. (b)는 수요곡선이 동일하고 한계비용도 마찬가지로 2달러일 때 복점기업은 각각 1,333.33단위를 생산한다는 것을 보여준다. 독점시장이 쿠르노 복점시장이 되면 산업(시장)의 총생산량(판매량)이 증가한다. 그러나 복점시장의 생산량은 완전경쟁시장의 생산량인 4,000단위보다 적다.

그림 14.2(a)는 독점을 설명할 때 사용했던 그림 13.8이다. 한계비용은 2달러로 고정되어 있고, 독점기업의 수요곡선은 우하향하는 시장수요곡선과 같다. 한계수입곡선은 수요곡선 아래에 위치한다는 것을 상기하라. 이는 독점기업이 판매량을 늘리려면 이전에 판매되던 모든 단위에 대해서도 가격을 낮추어야 하기 때문이다. 이 예에서 한계수입곡선은 생산량이 3,000단위일 때 가로축과 만난다. 앞 장에서 확인했듯이 이 시장에서 독점기업은 2,000단위를 단위당 4달러에 판매함으로써 이윤을 극대화한다. 만약 이 시장이 독점시장에서 쿠르노 복점시장으로 바뀌면 어떤 일이 발생할까? 복점시장의 균형은 어떻게 나타날까?

독점기업은 최적 생산량을 선택할 때 자신의 비용과 수요곡선만 고려하면 된다. 그러나 복점기업은 라이벌 경쟁기업이 얼마나 생산할 것인지를 추가로 고려해야 한다. 경쟁기업이 더 많이 생산할 때 자신이 생산량을 변화시키지 않으면 시장가격이 낮아진다. 복점시장에서는 라이벌 경쟁기업이 더 많이 생산할수록 자신에게 남는 수요량이 줄어든다. 쿠르노 모형에서는 각 기업이 시장수요를 보고 경쟁기업이 생산할 것으로 예상되는 수량을 빼고 남은 시장수요를 가지고 자신의 이윤을 극대화하는 생산량을 선택한다.

A 기업과 B 기업이 있는 쿠르노 복점시장의 결과를 살펴보자. 기억해야 할 점은 기업이 생산량을 결정할 때 라이벌 경쟁기업의 생산량을 고려한다는 것이다. 따라서 라이벌 경쟁기업의 생산량이 주어졌을 때 각 기업의 이윤을 극대화하는 최적 생산량이 어떻게 변하는지를 살펴보면 도움이 될 것이다. 그림 14.2(b)는 A 기업과 B 기업의 반응함수를 나타낸 반응곡선을 보여준다. 반응곡선은 상대 기업의 생산량이 주어졌을 때 각 기업의 최적(이윤 극대화) 생산량을 알려준다. q_A로 표시된 세로축은 A 기업의 생산량을 나타내고, q_B로 표시된 가로축은 B 기업의 생산량을 나타낸다.

A 기업의 반응곡선상에 있는 몇몇 점은 우리에게 익숙하다. A 기업의 반응곡선과 세로축이 만나는 점을 보자. 이 점에서 A 기업은 B 기업의 생산량을 0으로 가정하고 최적 생산량을 선택한다. 그 점은 독점기업이 선택하는 점이라는 것을 우리는 알고 있다. B 기업이 전혀 생산하지 않는다면 A

기업은 독점기업이 되며, 따라서 A 기업은 2,000단위를 생산함으로써 이윤을 극대화한다.

이제 A 기업의 반응곡선이 가로축과 만나는 점을 보자. 이 점에서 B 기업의 생산량은 4,000단위이다. 그림 14.2(a)를 보면 생산량(판매량)이 4,000단위일 때 시장가격이 2달러이며 이는 한계생산비용과 같다. B 기업의 생산량이 4,000단위라고 예상한다면 A 기업의 입장에서는 생산(판매)으로 이윤을 낼 수 있는 시장이 존재하지 않는다. 따라서 A 기업의 생산량은 0이 될 것이다. B 기업의 생산량이 4,000단위인 점에서부터 왼쪽으로 이동하면서 B 기업의 생산량을 점점 줄이면 A 기업은 자신의 생산량을 증가시켜 이득을 얻을 수 있음을 안다. B 기업의 생산량이 줄어들면서 시장가격이 한계비용보다 높아지면 A 기업은 생산량을 증가시키려는 인센티브를 가지게 된다. B 기업이 생산할 가능성이 있는 각 생산량에서 A 기업의 이윤 극대화 생산량을 잘 살펴보면 A 기업의 반응곡선이 세로축의 2,000단위, 가로축의 4,000단위를 통과하면서 우하향하는 직선이라는 것을 알 수 있다. 우하향하는 A 기업의 반응곡선은 A 기업이 선택하는 생산량을 알려준다. A 기업은 시장수요곡선을 보고 시장수요량에서 경쟁기업의 생산량을 차감하여 자신의 최적 생산량을 생산한다. 복점시장에서는 경쟁기업이 더 많이 생산할수록 다른 기업의 이윤 극대화 생산량이 줄어든다.

B 기업도 살펴보자. 주어진 A 기업의 생산량을 받아들일 때 B 기업의 이윤 극대화 생산량은 얼마인가? 두 기업은 비용과 제품이 동일하기 때문에 B 기업의 반응곡선은 A 기업의 반응곡선과 같은 모양일 것이다. B 기업은 시장에 자기만 있다고 생각하면(세로축에서 A 기업의 생산량은 0) 독점기업의 생산량인 2,000단위를 생산할 것이다. 그러나 A 기업의 생산량이 4,000단위일 것이라고 예상한다면 B 기업의 생산량은 0이 될 것이다.

그림 14.2에서 보듯이 두 반응곡선은 교차한다. 다른 기업의 생산량이 주어졌을 때 각 기업의 반응곡선은 각 기업이 생산하고자 하는 생산량을 나타낸다. 반응곡선이 만나는 점을 쿠르노 균형점이라고 하며, 이 점에서 각 기업은 1,333.33단위를 생산하고 시장(산업) 전체의 생산량은 2,666.66단위이다. 이는 독점시장의 생산량인 2,000단위보다는 많지만 경쟁시장의 생산량인 4,000단위보다는 적다.

그림 14.2(b)의 쿠르노 균형점은 유일한 균형점이다. 이를 살펴보기 위해 한 기업이 독점기업이고 다른 기업이 이 독점기업과 경쟁한다고 가정하자. 예를 들어 A 기업은 B 기업이 전혀 생산하지 않고 시장 밖에 있을 것이라고 예상한다고 하자. 즉 A 기업은 독점기업이다. 이러한 예상하에 A 기업은 2,000단위를 생산할 것이다. 이제 B 기업의 반응곡선을 보자. 만약 A 기업이 2,000단위를 생산하고 있다면 B 기업의 이윤 극대화 생산량은 0이 아니라 1,000단위이다. A 기업의 생산량인 2,000단위에서 B 기업의 반응곡선 쪽으로 수평선을 그어 B 기업의 반응곡선을 만났을 때 가로축으로 내려가면 B 기업의 최적 생산량이 1,000단위임을 알 수 있다. 따라서 A 기업의 생산량인 2,000단위는 균형 생산량이 아니다. A 기업은 B 기업의 생산량을 잘못 예상한 것이다. 이제 B 기업이 1,000단위를 생산함에 따라 A 기업은 생산량을 2,000단위 아래로 줄인다. 이에 B 기업은 생산량을 더 늘린다. 이러한 과정은 두 기업이 각각 1,333.33단위를 생산할 때까지 계속된다.[1]

---

1 약간의 수학을 이용하면 각 기업이 1,333단위를 생산하는 것이 쿠르노 균형점이라는 것을 알 수 있다. 그림에서 수요곡선을 나타내는 공식은 $P = 6 - 0.001 \times Q$이다. 역수요곡선의 공식은 $Q = 6{,}000 - 1{,}000 \times P$이다. A 기업의 생산량이 1,333.33단위일 것이라고 믿는 B 기업의 역수요곡선의 공식은 $Q = 4{,}666.67 - 1{,}000 \times P$이다. 이 공식은 처음 역수요곡선의 절편에서 1,333.33단위를 차감한 것이다. 수요곡선은 $P = 4.66667 - 0.001 \times Q$이다. B 기업은 이를 자신의 수요곡

경제학의 적용

암 치료의 경제학

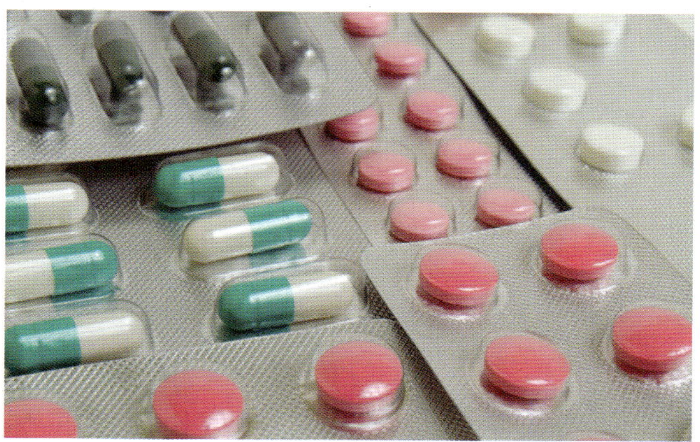

세계 시장을 대상으로 의약품을 판매하는 대형 제약 회사는 필수적인 약에 너무 높은 가격을 매긴다는 비난을 받곤 한다. 이익률이 10~42%에 이르는 제약 산업은 모든 산업 중에서 이익률이 가장 높다. 대형 제약 회사는 이윤의 약 23%를 항암제에서 얻는다. 대형 제약 회사는 항암제 하나를 개발하는 데 평균적으로 25억 달러가 들기 때문에 항암제의 가격이 높을 수밖에 없다고 주장한다. 그러나 최근 한 연구에 따르면 실제로 발생하는 비용이 6억 4,800만 달러에 그치는 것으로 밝혀졌다. 더욱이 대형 제약 회사는 매출액의 8.2% 정도만 연구개발비로 사용하고 판매 및 마케팅에 약 11%를 사용하는 것으로 나타났다.[1]

항암제 시장의 구조를 결정하는 경제적 힘은 무엇인가? 지난 수년간 화이자(Pfizer)는 말기 유방암에 효과가 있는 입랜스(Ibrance)를 개발했다. 입랜스는 호르몬 요법과 함께 사용된다. 시장을 선도한 항암제인 입랜스는 2016~2018년에 화이자 매출액의 약 5%를 차지했다.

입랜스가 승인을 받고 시장에 판매되기 시작한 지 거의 1년 후 노바티스(Novartis)는 젊은 여성의 진행된 암에 잘 듣는 키스칼리(Kisqali)를 시장에 내놓았다. 또한 나이 든 암 환자를 겨냥하여 호르몬 요법과 같이 사용하는 차별화된 키스칼리도 선보였다.

얼마 지나지 않아 일라이릴리(Eli Lilly)는 경쟁 항암제로 버지니오(Verzinio)를 시장에 내놓았다. 이 약은 부작용을 보이는 호르몬 요법을 병행하지 않기 때문에 다른 항암제와 차별화되었다. 시장에 뒤늦게 등장했지만 버지니오는 차별화를 통해 경쟁기업의 항암제보다 우위를 차지할지도 모른다. 이에 따라 3개의 유방암 항암제가 해당 시장을 지배하게 되었다. 이러한 항암제를 생산하는 데 드는 고정생산비용은 세 기업이 모두 시장에 존재할 수 있을 만큼 낮지만, 한편으로는 다른 기업의 시장 진입이 어려울 만큼 높다.

질문

- 노바티스가 키스칼리를 개발하여 독점시장이 복점시장으로 변하는 경우를 쿠르노 모형을 이용하여 설명하라.

[1] Vinay Prasad and Sham Mailankody, 2017. "Research and Development Spending to Bring a Single Cancer Drug to Market and Revenues after Approval," *JAMA Internal Medicine*, Vol. 177, No. 11, pp. 1549–1703.

이상과 같이 쿠르노 모형이 예측하는 생산량은 독점시장의 생산량과 완전경쟁시장의 생산량 사이에 있다. 기업의 수가 더 많은 확장된 쿠르노 모형을 살펴보면 (쿠르노가 가정한 것처럼 기업이 행동한다고 할 때) 기업의 수가 증가할수록 과점시장의 생산량과 가격이 완전경쟁시장의 생산량과 가격에 더 가까워진다. 쿠르노 모형은 기업 간의 상호작용에 대해 단순한 가정을 한다. 그럼에도 불구하고 쿠르노 모형이 널리 사용되는 것은 그 결과가 우리의 직관에 따른 결과와 일치하기 때문이다.

14.3 게임이론

학습목표

게임이론의 원칙과 전략을 파악한다.

쿠르노 모형은 기업 간의 경쟁 행동을 가정하지는 않는다. 기업은 경쟁기업의 생산량을 추측한 후에 자신의 최적 생산량을 결정한다. 다시 말해 기업은 자신의 행동에 대해 경쟁기업이 어떻게 반응할

선으로 보고 한계수입곡선을 구한다. 이미 알고 있듯이 한계수입곡선은 수요곡선과 절편의 값이 같고 기울기는 2배이다. 따라서 한계수입곡선의 공식은 $MR = 4.66667 - 0.002 \times Q$이다. 이윤 극대화를 위한 조건인 $MR = MC$에 따라 이 한계수입을 한계비용 2와 일치시키면 B 기업의 이윤 극대화 생산량은 1,333.33단위가 된다. 따라서 B 기업과 A 기업은 각각 1,333.33단위를 생산하며, 둘 다 이 생산량을 변화시키려 하지 않기 때문에 이는 쿠르노 균형점(의 생산량)이다.

지를 예측하거나 경쟁기업의 반응에 영향을 미치려 하지 않는다. 기업이 자신의 생산량과 경쟁기업의 생산량이 독립적으로 결정된다고 생각하는 것은 그렇게 현실적이지 않을 수 있다. 우리는 인텔이 스마트폰 칩 시장에서 퀄컴(Qualcomm)이 중요한 위치를 차지하고 있음을 알기 때문에 자신의 생산량이나 가격을 책정할 때 퀄컴의 의사결정에 영향을 주려 한다고 생각할 수도 있다. **게임이론**(game theory)은 자신의 행동에 대해 상대방이 취할 수 있는 행동이나 반응을 예측하여 자신의 후생을 극대화하려는 기업, 사람, 정부의 선택을 분석하는 수학 분야이다.

게임이론 자신의 행동에 대해 상대방이 취할 수 있는 행동이나 반응을 예측하여 자신의 후생을 극대화하려는 기업, 사람, 정부의 선택을 분석하는 수학 분야

게임이론은 1944년 수학자인 요한 루트비히 폰노이만(Johann Ludwig von Neumann)과 경제학자인 오스카르 모르겐슈테른(Oskar Morgenstern)의 연구에서 비롯되었다. 이후 게임이론은 많은 분야의 연구에서 광범위하게 활용되었다. 게임이론은 기업의 행동, 정치학, 국제관계, 핵전쟁, 군사 전략, 외교정책 등 수많은 분야에서 분석 도구로 사용되고 있다. 1994년에는 존 내시(John F. Nash) 등 초기 게임이론 학자 3명이 노벨 경제학상을 받았다. 내시의 생애와 게임이론은 〈뷰티풀 마인드(A Beautiful Mind)〉라는 영화를 통해 더욱 유명해졌다.

게임이론은 모든 갈등을 의사결정자인 참가자(player), 게임의 룰, 보상(payoff, prize)으로 표현한다. 참가자는 상대방이 어떤 전략을 선택할지 확실히 모르는 상태에서 자신의 전략을 선택한다. 하지만 상대방이 어떤 경향일지에 대한 약간의 정보가 주어질 수는 있다. 또한 가장 중요한 것은 상대방이 자신에게 최선의 선택을 할 것이라고 생각하여 그 행동을 예측한다는 것이다.

그림 14.3은 간단한 게임에서 사용되는 보수 행렬(payoff matrix)을 보여준다. A 기업과 B 기업은 각각 비용이 많이 드는 광고 캠페인을 할지 말지 결정해야 한다. 두 기업이 광고를 하지 않으면 각 기업은 50,000달러의 이윤을 얻는다. 그러나 한 기업이 광고를 하고 다른 기업이 광고를 하지 않는다면 광고를 한 기업은 75,000달러의 이윤을 얻고 광고를 하지 않은 기업은 25,000달러의 손실을 입는다. 만약 두 기업이 광고를 하면 각자 10,000달러의 이윤을 얻는다. 광고를 하면 판매 수입이 증가하지만 광고비를 제하고 나면 이윤이 줄어드는 것이다.

만약 A와 B가 담합을 한다면 이들의 최적 전략은 광고를 하지 않기로 합의하는 것이다. 그러면 A와 B는 공동 이익을 최대화할 수 있다. 둘 다 광고를 하지 않으면 공동 이익이 100,000달러이고, 둘 다 광고를 하면 공동 이익이 20,000달러이다. 한 기업이 광고를 하고 다른 기업이 광고를 하지 않는다면 공동 이익이 75,000달러 − 25,000달러 = 50,000달러이다. (하지만 우리는 이들이 담

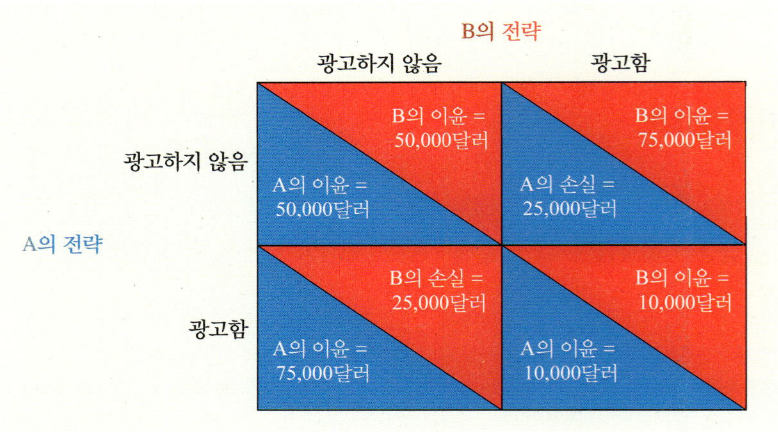

그림 14.3 광고 게임의 보수 행렬
두 참가자는 모두 우월 전략을 가지고 있다. 만약 B가 광고를 하지 않으면 A가 광고를 한다. 75,000달러의 이윤이 50,000달러의 이윤보다 크기 때문이다. B가 광고를 하면 A도 광고를 할 것이다. 10,000달러의 이윤이 25,000달러의 손실보다 낫기 때문이다. 따라서 A는 B의 선택과 상관없이 광고를 한다. 마찬가지로 B도 A의 선택과 상관없이 광고를 한다. A가 광고를 하지 않으면 B가 광고를 한다. 75,000달러의 이윤이 50,000달러의 이윤보다 크기 때문이다. A가 광고를 하면 B도 광고를 한다. 10,000달러의 이윤이 25,000달러의 손실보다 낫기 때문이다.

합을 할 수 없다고 가정한다.)

그림 14.3에서 각 기업이 받는 보수는 상대 기업이 어떻게 하느냐에 따라 달라진다. 그러나 기업이 어떤 전략을 취할지 판단할 때, 상대방이 어떻게 하느냐에 따라 기업의 전략이 달라지는지를 우선 살펴보는 것이 중요하다. A의 전략적 선택에 대해 살펴보자. B가 어떻게 하는지에 상관없이 A는 광고를 하는 것이 이득이다. B가 광고를 하지 않을 때 A가 광고를 하면 광고를 하지 않는 경우보다 25,000달러나 더 많은 이윤을 얻는다. 따라서 A는 광고를 한다. 만약 B가 광고를 하면 A는 손실을 피하기 위해 광고를 해야 한다. 이러한 논리는 B에도 똑같이 적용된다. A가 택하는 전략에 상관없이 B는 광고를 하는 것이 이득이다. 상대방이 무엇을 하든 자신에게 가장 좋은 전략을 **우월 전략**(dominant strategy)이라고 한다. 이 게임에서는 참가자 둘 다 우월 전략을 가지며, 그러한 전략은 광고를 하는 것이다.

우월 전략 게임이론에서 상대방이 무엇을 하든 상관없이 자신에게 가장 좋은 전략

그림 14.4의 게임은 **죄수의 딜레마**(prisoner's dilemma)라는 결과를 보여준다. 이 용어는 두 죄수가 함께 절도죄로 붙잡혔는데 증거가 부족한 게임(상황)에서 유래했다(두 죄수의 이름을 진저, 로키라고 하자). 경찰은 둘을 분리하여 각 죄수의 자백을 유도하고 그 자백이 상대방에게 영향을 미치도록 했다. 둘 다 자백을 하면 각각 무장강도 혐의로 5년형을 받고, 둘 다 자백을 거부하면 단순절도 혐의로 각각 1년형을 받는다. 담당 검사는 두 죄수에게 각각 거래를 제안했다. 만약 진저가 자백을 하고 로키가 자백을 하지 않으면 진저는 석방되고 로키는 7년형을 받는다. 반대로 로키가 자백을 하고 진저가 자백을 하지 않으면 로키는 석방되고 진저는 7년형을 받는다. 그림 14.4는 이러한 죄수의 딜레마 게임의 보수 행렬을 나타낸 것이다.

죄수의 딜레마 참가자의 협력이 금지된 상황에서 서로 협력할 때보다 자신들을 더 나쁜 상황에 빠뜨리는 우월 전략을 각 참가자가 가지고 있는 게임

보수 행렬을 자세히 살펴보면 진저와 로키는 둘 다 자백이라는 우월 전략을 가지고 있음을 알 수 있다. 즉 진저는 로키가 어떻게 하든 상관없이 자백하는 것이 이득이다. 로키도 진저가 어떻게 하든 상관없이 자백하는 것이 이득이다. 따라서 둘 다 입 다물고 자백하지 않는 것이 둘에게 더 이득이더라도 둘 다 자백하는 결과가 나타날 가능성이 높다.

우리는 이와 같은 게임(상황)을 흔히 볼 수 있다. 예를 들어 성적이 상대 평가로 이루어져 학생들의 성적이 전반적으로 모두 낮든 높든 어차피 성적순으로 등수가 매겨지므로 모든 학생이 적당히 공부하기로 합의했다고 하자. 이러한 경우에 약속을 저버리고 더 열심히 공부하는 우월 전략이 갖는 배반의 인센티브를 뿌리치기 힘들다. 과점시장에서 기업들이 생산량을 줄이기로 담합했을 때 가격

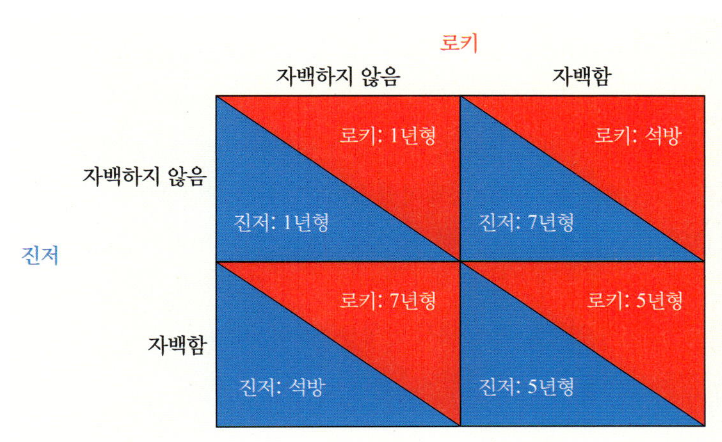

그림 14.4 죄수의 딜레마
죄수 둘 다 자백이라는 우월 전략을 가지고 있기 때문에 자백을 한다. 로키가 자백하지 않더라도 진저는 자백할 것이다. 1년형을 받는 것보다 석방되는 것이 낫기 때문이다. 또한 로키가 자백하는 경우에도 진저는 자백할 것이다. 7년형보다 5년형이 낫기 때문이다. 로키도 같은 선택을 한다. 진저가 자백하지 않더라도 로키는 자백할 것이다. 1년형을 받는 것보다 석방되는 것이 낫기 때문이다. 또한 진저가 자백하는 경우에도 로키는 자백할 것이다. 7년형보다 5년형이 낫기 때문이다. 두 죄수는 상대방의 선택에 상관없이 자백을 한다.

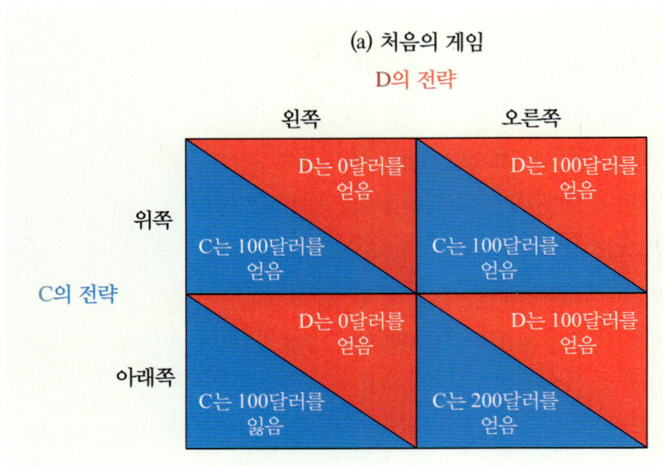

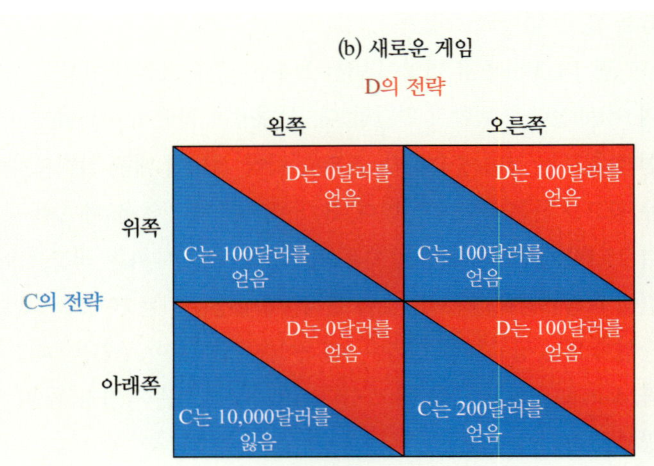

그림 14.5 왼쪽/오른쪽-위쪽/아래쪽 전략의 보수 행렬

(a)에서 C는 우월 전략을 가지고 있지 않다. D가 왼쪽을 선택하면 C는 위쪽을 선택한다. D가 오른쪽을 선택하면 C는 아래쪽을 선택한다. 한편 D는 우월 전략을 가지고 있다. C가 무엇을 선택하든 D는 오른쪽을 선택한다. D가 이성적이라고 믿는다면 C는 D가 오른쪽을 선택한다고 예측할 것이다. D의 선택이 오른쪽이라고 결론을 내린 C는 아래쪽을 선택할 것이다. 이는 내시 균형이다. 상대방의 선택이 주어졌을 때 각 참가자가 자신에게 최선인 선택을 한 결과가 나타나기 때문이다.

이 한계비용보다 높다는 사실은 기업이 약속을 깨고 제품을 하나라도 더 팔려는 인센티브를 부여한다. 이러한 이유로 서로 감시할 수 없거나, 감시하더라도 배반에 대해 가혹한 응징을 할 수 없다면 기업의 담합은 깨지기 쉽다고 보는 사람도 많다.

이러한 딜레마에서 벗어날 방법이 없을까? 게임이 반복되는 상황에서는 죄수의 딜레마가 발생하지 않을 수도 있다. 그림 14.3을 다시 보면 광고를 하지 않을 때 공동 이익이 가장 크다. 하지만 우월 전략이 존재하기 때문에 둘 다 광고를 하지 않는 경우(왼쪽 위)가 나타나기 어렵다. 이제 기업이 여러 해에 걸쳐 반복적으로 선택하는 경우를 생각해보자. 이러한 상황에서는 기업이 협동할 가능성이 높아진다. A가 B의 반응을 알아보기 위해 한 기간 동안만 광고를 하지 않는다고 하자. 만약 B가 계속 광고를 한다면 A는 살아남기 위해 광고를 다시 시작할 것이다. 그러나 B가 A와 동일한 전략을 취한다면 A가 B의 행동을 확인한 후 (명시적인 담합을 하지 않더라도) 두 기업은 광고를 하지 않는 결과를 얻을 것이다. 잠시 후 반복 게임을 설명하면서 이에 대해 다시 살펴볼 것이다.

한 참가자가 우월 전략을 가지고 있지 않은 경우라 하더라도 결과를 예측할 수 있는 게임(상황)이 많다. 그림 14.5(a)를 보자. 이 경우에 C는 우월 전략을 가지고 있지 않다. D가 왼쪽 전략을 선택하면 C는 위쪽 전략을 선택한다. D가 오른쪽 전략을 선택하면 C는 아래쪽 전략을 선택한다. D는 어떤 전략을 선택할까? 만약 두 참가자가 서로가 얻는 보수에 대해 모두 안다면 C는 D가 오른쪽이라는 우월 전략을 가지고 있음을 안다. D는 C가 무엇을 선택하든 상관없이 오른쪽 전략을 취하는 것이 더 낫다. D는 오른쪽 전략을 선택하면 100달러를 보장받고 왼쪽 전략을 선택하면 0달러를 보장받는다. D의 행동은 예측 가능하며(오른쪽 전략 선택), 따라서 C는 아래쪽 전략을 선택할 것이다. 모든 참가자가 상대 경쟁자의 선택이 주어졌을 때 자신에게 가장 좋은 선택을 하는 경우에 나타나는 결과를 존 내시의 이름을 따서 **내시 균형**(Nash equilibrium)이라고 한다. 쿠르노 모형에서 살펴본 쿠르노 균형도 내시 균형 중 하나이다.[2]

내시 균형 게임이론에서 모든 참가자가 상대 경쟁자의 선택이 주어졌을 때 자신에게 가장 좋은 선택을 하는 경우의 결과

2 역자 주: 따라서 내시 균형을 쿠르노-내시 균형이라고도 부른다.

새로운 게임인 그림 14.5(b)의 경우 C는 D가 오른쪽을 선택한다고 확신해야 한다. D가 왼쪽을 선택하고 C가 아래쪽을 선택하는 경우 C는 10,000달러를 잃기 때문이다. D가 왼쪽을 선택할 가능성이 조금이라도 있다면 C는 손실을 최소화하기 위해 위쪽을 선택할 것이다.

그림 14.5(b)는 그림 14.5(a)에서 D가 왼쪽을 선택하고 C가 아래쪽을 선택했을 때 C가 10,000달러를 잃는 것으로 바뀐 것이다. D는 여전히 우월 전략을 가지고 있지만(오른쪽 선택), 만약 D가 왼쪽을 선택하면 C는 엄청난 손실을 입게 된다. 불확실성과 위험이 있는 상황에서는 게임이 변한다. C는 D가 왼쪽을 선택할 때 자신이 아래쪽을 선택하면 10,000달러의 손실을 볼지도 모를 위험 때문에 이를 피해 위쪽을 선택하여 100달러를 보장받으려 할 것이다. **미니맥스 전략**(maximin strategy)은 이 경우처럼 자신의 최소 이득을 최대화하는 게임 전략을 말한다. 자신에게 큰 피해를 초래하는 전략을 상대방이 택할 것이라고 생각하는 참가자는 미니맥스 전략을 선택한다.

미니맥스 전략 자신의 최소 이득을 최대화하는 게임 전략

반복 게임

게임은 반복되는 경우가 많다. 기업은 광고 예산, 투자 전략, 가격정책에 대한 의사결정을 끊임없이 한다. 펩시(Pepsi)와 코카콜라(Coca-Cola)는 전 세계 시장에서 100년 동안 경쟁해왔다. 명시적인 담합은 반독점법을 위반하는 행위이지만 전략적 행동은 그렇지 않다. 그러나 반복되는 게임에서 전략적 행동은 묵시적 담합과 동일한 효과를 나타낼 수 있다.

그림 14.6의 게임을 보자. 비성수기에 영국항공(British Airways)과 루프트한자(Lufthansa)가 뉴욕–런던 노선을 놓고 경쟁한다고 하자. 두 항공사는 저렴한 요금으로 여행자를 끌어들이려 했다. 문제는 요금을 얼마나 낮추어야 하는가이다. 두 항공사는 모두 왕복 요금을 400달러 수준으로 크게 낮추거나 600달러 수준으로 적당히 낮추는 것을 고려하고 있다. 600달러짜리 티켓은 400달러의 이윤을 가져다주고, 400달러짜리 티켓은 200달러의 이윤을 가져다준다고 하자.

수요는 가격에 민감하다. 수요의 가격탄력성을 조사한 결과, 두 항공사가 모두 600달러짜리 티켓을 팔면 주당 6,000명(항공사당 3,000명)이 탑승하여 주당 이윤이 120만 달러(400달러 × 3,000)가 될 것으로 예측되었다. 그러나 두 항공사가 모두 400달러짜리 티켓을 팔면 주당 승객이 2,000명 증가하여 승객이 8,000명(항공사당 4,000명)이 될 것으로 예측되었다. 승객의 수가 증가하더라도 티켓 하나당 발생하는 이윤이 적기 때문에 주당 이윤은 80만 달러(200달러 × 4,000)

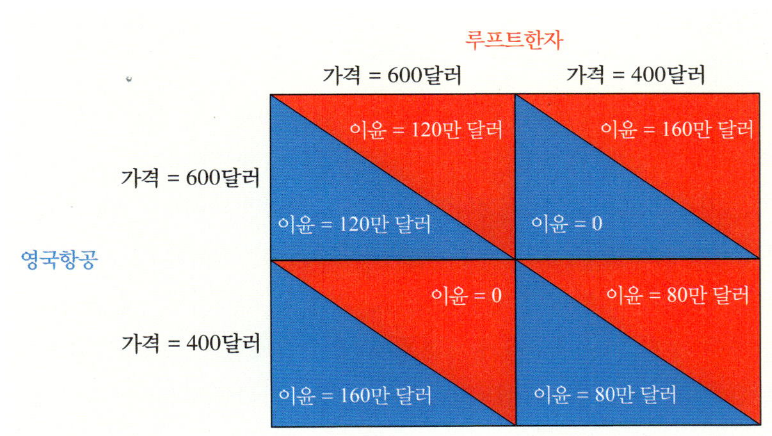

그림 14.6 항공사의 게임 보수 행렬
게임을 한 번 하는 경우 영국항공과 루프트한자는 모두 우월 전략을 가지게 된다. 루프트한자가 가격을 600달러로 책정하면 영국항공은 400달러로 책정할 것이다. 160만 달러는 120만 달러보다 낫다. 루프트한자가 가격을 400달러로 책정하더라도 영국항공은 400달러로 책정할 것이다. 80만 달러는 0달러보다 낫다. 마찬가지로 루프트한자도 영국항공이 어떤 전략을 선택하든 상관없이 가격을 400달러로 책정할 것이다.

로 떨어진다. 이 경우 수요의 가격탄력성에 대해 약간의 추론을 할 수 있다. 가격이 600달러에서 400달러로 낮아지면 수입은 360만 달러(6,000명 × 600달러)에서 320만 달러(8,000명 × 400달러)로 줄어든다. 가격을 내릴 때 수입이 감소하면 수요곡선의 비탄력적인 부분에 있다는 것을 5장에서 배웠다.

두 항공사가 각기 다른 가격을 책정하면 어떤 일이 벌어질까? 문제를 단순화하기 위해 여행자가 특정 항공사를 선호하지 않는다고 가정한다. 또한 어느 항공사든 더 낮은 가격을 책정하는 항공사가 승객 8,000명을 모두 가져간다고 가정한다. 영국항공이 가격을 400달러로 책정하면 주당 8,000장의 티켓을 판매할 수 있고, 장당 200달러의 이윤이 발생하므로 주당 160만 달러의 이윤을 얻는다. 만약 루프트한자가 가격을 600달러로 책정하면 티켓을 전혀 팔지 못하고 이윤도 얻지 못한다. 마찬가지로 루프트한자가 가격을 400달러로 책정하면 주당 160만 달러의 이윤을 가져가고 영국항공은 아무런 이윤을 얻지 못한다.

그림 14.6을 잘 살펴보면 어느 한 항공사 또는 두 항공사가 모두 우월 전략을 가지고 있음을 알 수 있는가? 사실 두 항공사 모두 우월 전략을 가지고 있다. 루프트한자가 가격을 600달러로 책정하면 영국항공은 400달러로 책정할 것이다. 160만 달러는 120만 달러보다 크다. 한편 루프트한자가 가격을 400달러로 책정하면 영국항공도 400달러로 책정해야 한다. 그렇게 하지 않으면 영국항공은 아무것도 얻지 못한다. 아무런 이윤을 얻지 못하는 것보다는 80만 달러라도 얻는 것이 훨씬 낫다. 마찬가지로 루프트한자의 우월 전략도 가격을 400달러로 책정하는 것이다. 그래야 루프트한자는 영국항공이 어떤 선택을 하든 상관없이 더 많은 이윤을 얻기 때문이다.

결과적으로 두 항공사는 요금을 크게 낮추고 각자 주당 80만 달러의 이윤을 가져가게 된다. 이는 전형적인 죄수의 딜레마 게임이다. 만약 두 항공사의 가격 담합이 허용된다면 이들은 가격을 600달러로 책정하여 주당 이윤으로 50% 증가한 120만 달러를 가져갈 것이다.

이는 1983년에 아메리칸항공(American Airlines)의 대표였던 로버트 크랜들(Robert Crandall)이 브래니프항공(Braniff Airways)의 하워드 퍼트넘(Howard Putnam) 대표에게 전화로 다음과 같이 말한 논리와 같다. "나는 가만히 앉아서 서로 …하면서 둘 다 …도 안 되는 돈을 가져가는 것처럼 멍청한 짓은 없다고 생각합니다. … 나는 당신에게 …을 20% 올릴 것을 제안합니다. 당신이 그렇게 한다면 그다음 날 아침에 바로 나도 따라서 올리겠습니다."

서로 경쟁하는 기업끼리는 가격 담합에 대해 이야기하는 것도 금지되어 있다. 퍼트넘은 이 전화통화 내용을 녹음하여 미국 법무부에 제출했고, 크랜들은 반독점법 위반으로 조사를 받은 뒤 제재를 받았다. 그런데 이들이 대화를 나누지 않고 담합할 수는 없었을까?

항공료가 매주 특정 시간에 발표된다고 하자. 이는 그림 14.6과 같은 게임을 여러 번 반복하는 것과 같다. 몇 주 동안 두 항공사가 80만 달러의 이윤을 얻다가 영국항공이 가격을 600달러로 올렸다. 루프트한자는 가격을 400달러로 책정하면 주당 이윤이 80만 달러에서 160만 달러로 2배가 된다는 것을 안다. 그렇다면 영국항공이 기대하는 것은 무엇일까? 영국항공은 루프트한자가 같이 가격을 올리지 않는다면 자신의 이윤이 0달러가 된다는 것을 안다. 그럼에도 불구하고 영국항공이 가격을 인상하는 것은 둘 다 높은 요금을 받으면 둘 다 이윤이 증가한다는 것을 루프트한자에게 알려주는 신호 역할을 한다. 한 기업이 선도하고 다른 기업이 거기에 따른다면 두 기업 모두 전보다 좋은 상태가 된다. 이처럼 경쟁자의 행동(선택)을 보고 그에 맞추어 같은 행동(선택)을 취하는 전

경제학의 적용

혼란스러운 가격

본문에서는 주로 재화의 단위당 가격에 대해 이야기했다. 물론 대개의 경우 소비자는 이렇게 가격을 본다. 우리는 마트의 진열대에 놓인 시리얼 한 상자당 가격이 얼마인지 금방 알 수 있다. 또한 바로 옆에 있는 다른 브랜드의 시리얼도 가격을 바로 확인할 수 있다. 그러나 이렇게 가격이 항상 뚜렷이 보이는 것은 아니다.

대형 마트에서도 쉽게 이해할 수 있는 가격표가 늘 붙어 있는 것은 아니다. 단위당 가격을 표시하기도 하고, 킬로그램당 가격을 표시하기도 한다. 때로는 시리얼 위의 쪽지에 일부 시리얼을 20% 할인 판매한다고 쓰여 있거나, 어떤 시리얼은 표시된 가격에서 1달러를 깎아준다고 쓰여 있기도 하다. 그렇다면 시리얼을 비교해보고 살 때 상자당 가격을 비교해야 할까, 무게당 가격을 비교해야 할까? 시리얼이 놓인 진열대 앞에서 1달러를 깎아주는 것과 20% 할인해주는 것 중 무엇이 더 나은지 판단하기가 쉬운가? 일부 소매상은 누적할인(stackable discount)도 해준다. 당신이 보고 있는 옷은 20% 할인이라고 적혀 있는 선반에 있는 옷이다. 그런데 그 옆에는 이미 할인된 옷을 추가로 15% 할인해준다는 표시가 있다. 많은 사람은 이 경우 총 35%가 할인된다고 생각한다. 그러나 15% 할인은 이미 할인된 가격에서 15%를 깎아준다는 의미이다. (그렇다면 실제로 얼마가 할인되는 것일까? 사람들로 북적이는 가게에서 계산기도 없이 머릿속으로 계산하는 상황을 상상해보라.)

기업은 제품의 가격을 단위당 가격, 무게당 가격, 세금이 포함된 가격, 배송비가 포함되거나 포함되지 않은 가격, 퍼센트로 표시된 할인가격, 할인액으로 표시된 할인가격 등 다양한 방식으로 표시한다. 소비자나 경제학자는 이렇게 표시되어 있는 가격으로 인한 혼동이 한탄스럽기만 하다. 그러나 경제학자는 한 걸음 더 나가서 기업이 왜 이렇게 다양한 방식으로 가격을 표시하는지, 또한 어떤 상황에서 가격 표시 방식이 더 복잡해지는지에 대해 생각해본다. 그것은 이 장에서 다루었던 기업 간의 가격경쟁과 관련이 있다. 여러 기업이 비슷한 제품을 판매하고 있을 때 투명한 가격은 기업 간의 극심한 경쟁을 유발한다. 따라서 가격 표시를 다르게 하고 여기에 복잡성을 조금 추가하면 제품의 가격을 비교하기가 힘들어진다. 경제학적 용어로는 복잡성이 경쟁을 부드럽게 한다고 표현한다. 한 연구는 많은 경우 경쟁기업의 수가 늘어나면 기업이 사용하는 가격 표시 방식이 더 복잡해진다는 것을 밝혀냈다.[1]

질문

- 전자레인지를 구매할 때 가격의 투명성을 낮추면 어떻게 전자레인지 판매자 간의 경쟁이 부드러워지는가?

[1] Ioana Chioveanu and Jidong Zhou, "Price Competition with Consumer Confusion," *Management Science*, 2013, 59(11) 2450–2469.

략을 **팃포탯 전략**(tit-for-tat strategy)이라고 한다.

팃포탯 전략 한 참가자가 상대방의 선택에 맞추어 자신도 같은 선택을 하는 반복 게임의 전략

두 기업 간에 가격고정에 대한 명시적인 합의가 없다 하더라도, 만약 루프트한자(영국항공)가 자신의 전략을 따라 영국항공(루프트한자)이 항상 똑같이 따라 하는 전략을 취할 것임을 안다면 두 기업은 400달러의 가격으로 주당 80만 달러의 이윤을 얻는 대신 600달러의 가격으로 주당 120만 달러의 이윤을 얻을 것이다.

참가자가 많은 게임: 최적 집단행동을 막는 죄수의 딜레마

많은 참가자가 있는 게임에서도 죄수의 딜레마와 같은 결과가 나타날 수 있다. 여기서 소개하는 게임은 집단에 속한 모두에게 이득이 될 수 있는 집단행동이 죄수의 딜레마 현상으로 인해 실행될 수 없는 경우를 보여준다.

자신이 수강생이 100명인 경제학 강의를 하는 교수라고 가정하자. 나는 각 학생에게 10달러를

가져오라고 하고, A와 B라고 표시된 상자 2개를 강의실 앞에 놓아두고는 각 학생에게 10달러를 마음대로 상자에 나누어 넣으라고 말한다. A 상자 또는 B 상자에 10달러를 모두 넣을 수도 있고, A 상자에는 2.50달러를 넣고 B 상자에는 7.50달러를 넣을 수도 있다. 어떻게 나누어 넣든 총금액은 10달러이며, 나는 각 학생이 돈을 어떻게 나누어 넣었는지를 아는 유일한 사람이다.

강의가 끝난 후 나는 A 상자에 있는 돈을 그 돈을 넣은 학생들에게 돌려준다. 즉 학생들은 자신이 넣은 돈을 그대로 돌려받는다. 하지만 B 상자의 경우는 좀 다르다. 나는 B 상자에 있는 각 1달러에 대해 20센트를 보태준다. 만약 B 상자에 100달러가 있다면 20달러를 보태주는 것이다. 단, 한 가지 조건이 있다. 내가 보태주는 20%를 포함하여 B 상자에 있는 돈은 각 학생이 B 상자에 얼마를 넣었는지에 관계없이 학생 100명에게 똑같이 나누어준다.

A 상자는 민간 시장을 대표한다고 생각할 수 있다. 각자는 자신이 넣은 것만큼 다시 돌려받는다. 10달러를 넣었으면 10달러를 돌려받는 것이다. B 상자는 자신이 공헌한 정도에 상관없이 집단에 속한 구성원 모두에게 골고루 혜택이 돌아가는 것을 대표한다고 생각할 수 있다. 이는 12장에서 설명한 공공재의 개념이다. 공공재(맑은 공기, 국방, 낮은 범죄율 등)는 비배제성이 있으므로 그로 인한 혜택을 일부 사람이 받지 못하도록 배제할 수 없다. B 상자는 공공재를 나타낸다고 볼 수 있다.

당신이 학생이라면 어디에 돈을 넣겠는가? 당신은 회의를 열고 모든 학생이 10달러를 B 상자에 넣는 데 동의하도록 만들 수 있다. 이 경우에 각 학생은 12달러를 받고 강의실을 나갈 것이다. 상자 안에는 1,000달러가 있고 내가 거기에 200달러를 보태기 때문에 총 1,200달러를 학생들이 공평하게 나누어 가지게 된다.

그러나 학생들이 모이는 것이 허용되지 않는다고 하자. 이는 진저와 로키가 분리되어 조사를 받는 것과 같다고 할 수 있다. 또한 각자가 자신의 이익을 위해서만 행동한다고 가정하자. 각 학생은 자신이 가지고 나갈 돈이 최대가 되는 전략을 택한다. 잘 생각해보면 당신은 10달러를 모두 A 상자에 넣는 것이 당신의 우월 전략임을 알 수 있다. 다른 사람들이 어떻게 하든 당신은 10달러를 A 상자에 넣을 때 더 많이 돌려받을 것이다. 당신이 10달러를 모두 A 상자에 넣는다면 누구도 당신보다 더 많은 돈을 가지고 강의실을 나가지 못할 것이다.

왜 그럴까? 알고 보면 간단하다. 다른 사람들이 모두 10달러를 B 상자에 넣고 당신만 10달러를 A 상자에 넣는다고 하자. B 상자에 있는 돈은 990달러이고 내가 보태는 20%의 보너스는 198달러이므로 총금액이 1,188달러이다. 이는 1,200달러에서 12달러가 모자라는 금액이다. 그러면 당신은 얼마를 돌려받는가? 당신이 돌려받는 돈은 B 상자로부터 받는 11.88달러에 A 상자로부터 돌려받는 10달러를 합하여 총 21.88달러이다. 이러한 행동은 약간 떳떳하지 못하지만 당신에게는 분명히 최적이다. 만약 당신이 10달러를 B 상자에 넣는다면 당신이 돌려받는 돈은 12달러밖에 되지 않는다. 다른 사람들이 자신의 돈을 두 상자에 나누어 넣는 모든 경우를 분석해보아도 당신의 최적 전략은 10달러를 A 상자에 넣는 것이다.

이를 달리 생각해볼 수도 있다. 당신이 최종적으로 돌려받는 돈 중에서 당신이 어느 상자에 넣는가에 따라 달라지는 돈은 무엇인가? A에 넣은 돈은 그대로 돌려받지만 B에 넣은 돈은 1/100만 돌려받는다. B에 넣은 당신의 돈은 100명에게 골고루 나누어지기 때문이다.

이 게임은 전형적인 죄수의 딜레마 게임이다. 담합하여 약속한 그대로 실행하면 최적의 결과를 얻지만, 각자가 가진 우월 전략으로 인해 비최적인 결과를 얻게 된다.

이러한 딜레마는 어떻게 해결할 수 있는가? 법을 제정하여 공공재를 생산하는 데 각자 세금을 내어 공헌하게 하는 방법이 있을 것이다. 이 경우에도 정부가 참여한다는 문제가 있기는 하다.

이제 과점시장에 대해 간단히 요약해보자. 과점시장은 기업의 다양한 행동이 나타나는 시장 구조라고 할 수 있다. 과점시장이 되기 위한 유일한 필요조건은 자사 제품의 가격을 어느 정도 통제할 수 있을 정도로 큰 기업들이 있다는 것이다. 과점시장은 시장집중도가 높다. 과점시장의 한쪽 끝에는 카르텔이 있다. 소수의 기업이 모여서 같은 행동을 취하는 협약을 하여 카르텔을 형성한다. 카르텔은 공동 이익의 극대화를 목적으로 하기 때문에 독점기업처럼 행동한다. 과점시장의 다른 한쪽 끝에는 경합시장이 있다. 경합시장은 시장의 진입과 퇴출이 자유로운 과점시장으로, 기존 과점시장에서 이윤이 발생하면 새로운 기업이 바로 시장에 들어올지 모를 위협으로 인해 기존 과점기업이 새로운 기업의 시장 진입을 막으려고 경쟁시장과 유사한 가격수준을 유지하는 시장이다. 이 두 극단적 과점시장 사이에 있는 과점시장을 분석하려고 하는 다양한 모형이 있으며, 이러한 모형은 모두 과점기업 간의 상호 의존성을 강조한다.

14.4 과점과 경제적 성과

학습목표

과점시장의 경제적 결과를 이해한다.

과점시장은 얼마나 좋은 결과를 가져오는가? 과점시장을 규제하거나 다른 시장 구조로 바꾸어야 하는가? 과점시장은 자원을 효율적으로 배분하는가? 전체적으로 볼 때 과점시장은 좋은가, 나쁜가?

경합시장의 경우를 제외하고 앞서 살펴본 과점시장에 대한 모형은 모두 시장이 집중화되면 가격이 한계생산비용보다 높아지고 생산량도 효율적인 생산량보다 줄어든다는 것을 알려준다. 균형에서 가격이 한계비용보다 높으면 소비자는 해당 재화를 생산하는 데 드는 비용(그 재화를 생산하기 위해 포기해야 하는 다른 재화의 양)보다 더 많이 지불하게 된다. 해당 재화의 생산량을 늘리는 것은 해당 재화의 사회적 비용을 능가하는 가치를 창조하는 것이다. 그러나 이윤을 극대화하는 과점기업은 생산량을 증가시키지 않으려는 인센티브를 가지고 있다.

많은 과점시장에 있는 진입장벽은 새로운 자본이나 다른 자원이 이윤의 신호를 보고 그에 반응하여 이동하는 것을 막는다. 경쟁시장이나 경합시장에서는 이윤이 새로운 기업을 유인함으로써 생산량이 증가된다. 이러한 현상이 대부분의 과점산업(시장)에서는 발생하지 않는다. 가장 심각한 경우는 진입장벽과 함께 과점기업이 명시적으로나 묵시적으로 담합을 하는 것이다. 과점기업들의 담합은 독점기업이 가져다주는 결과와 같다. 과점기업들은 가격을 높은 수준으로 고정하여 공동의 이윤을 극대화하고 그 이윤을 나누어 가진다.

과점시장이 왜 나타나는지, 큰 기업이 시장에 가져다주는 혜택이 무엇인지 생각해보는 것도 유용할 것이다. 규모의 경제 현상이 있을 때 적은 수의 큰 기업으로 인해 가격경쟁이 줄어들지만 생산의 효율성이 커질 수 있다.

과점기업들이 벌이는 다양한 제품 경쟁은 소비자의 다양한 선호와 기호에 맞춘 제품을 내놓는다는 긍정적인 측면이 있으며, 혁신적인 신제품의 개발로 이어질 수도 있다. 시장 구조와 혁신의 관계는 학자들 사이에 논란을 일으키는 주제이기도 하다.

시장집중도와 기술혁신

역사적으로 볼 때 기술발전은 경제발전을 가져오는 중요한 요인 중 하나이다. 새로운 생산 방법이나 신제품, 개선된 제품을 창출하는 혁신은 경제성장을 불러일으키는 엔진이기도 하다. 많은 혁신은 이윤을 추구하는 기업의 연구개발(R&D)로 시작된다.

많은 경제학자, 그중에서도 특히 '창조적 파괴'라는 표현으로 유명한 조지프 슘페터(Joseph Schumpeter) 교수와 '풍요한 사회'(그가 쓴 책의 제목이기도 함)라는 표현으로 유명한 존 갤브레이스(John K. Galbraith) 교수는 저서를 통해 적은 수의 기업이 존재하여 집중도가 높은 산업(시장)은 실제로 기술발전의 속도를 증가시킨다는 주장을 펼쳤다. 슘페터가 1942년에 출간한 저서에는 다음과 같은 글이 담겨 있다.

> 가장 발전된 제품 하나하나를 보는 순간 우리가 알 수 있는 것은 그것이 자유로운 경쟁하에 있는 기업이 만든 것이 아니라 대기업이 만들었다는 것이다. … 그리고 우리가 품은 놀라운 의심은 대기업이 우리 삶의 기준을 낮추는 것이 아니라 오히려 높인다는 것이다.[3]

기존의 경제학자들은 슘페터와 갤브레이스가 전개한 이론을 충격적으로 받아들였다. 경제학자들의 전통적인 견해는 시장(산업)의 높은 집중도나 진입장벽이 기업 간의 경쟁을 막아서 경제적 성과를 낮추고 경제성장을 저해한다는 것이었다.

혁신이 어떤 기업에서 비롯되는가에 대한 증거는 혼합적으로 나타난다. 작은 회사는 대부분 연구개발에 조금 투자하고 큰 기업은 대부분 연구개발에 더 많이 투자한다는 것은 거의 확실하다. 매출액 대비 연구개발비의 비율을 비교해보면 집중도가 높은 산업에 있는 기업이 집중도가 낮은 산업에 있는 기업보다 더 높은 비율을 보인다.

많은 과점기업은 상당한 규모의 연구를 한다. 애플과 삼성은 스마트폰 시장을 지배하고 있다. 2012년에 애플은 연구개발에 34억 달러를 지출했다. 이 시장에서는 연구개발이 큰 역할을 하며, 이는 지배적 기업을 통해 이루어지고 있다.

그러나 하이테크 혁신은 많은 소규모 스타트업 기업에서 일어난다. 애플, 시스코시스템스(Cisco Systems), 마이크로소프트 등은 한 세대 전만 해도 거의 눈에 띄지 않았다. 새로운 바이오테크 기업은 대학 연구실의 개인 과학자가 운영하는 경우가 흔히 있다.

학습목표

과점시장에 대한 정부의 역할을 이해한다.

14.5 정부의 역할

과점기업이 시장점유율을 높이는 방법 중 하나는 합병이다. 놀랄 일은 아니지만, 많은 국가에서는 기업이 합병을 통해 시장지배력을 강화하는 것을 통제할 수 있는 법이 마련되어 있다.

합병의 규제

미국에서 1914년에 제정된 클레이턴법에 의해 미국 정부는 해당 산업에서 경쟁을 심하게 제한하는

---

3 J. A. Schumpeter, *Capitalism, Socialism, and Democracy* (New York: Harper, 1942); J. K. Galbraith, *American Capitalism* (Boston: Houghton Mifflin, 1952).

합병을 막을 수 있다. 또한 1950년에 제정된 **셀러-키포버법**(Celler-Kefauver Act)에 의해 미국 법무부는 기업의 합병에 대해 클레이턴법에 명시된 사항을 실천할 수 있다. 클레이턴법 시행 초반에는 합병을 원하는 기업이 자신의 예상과는 다르게 미국 정부가 해당 합병을 금지할 수도 있다는 것을 잘 알고 있었다. 따라서 기업은 합병의 법적 측면을 검토하기 위해 변호사를 고용하고, 피합병 기업과 합병 협상을 진행하는 과정에서 많은 돈을 썼다. 그럼에도 불구하고 미국 정부가 해당 합병에 대해 반독점법 위반으로 소송을 제기할 수도 있는 가능성에 그대로 노출되어 있었다.

이에 따라 1968년에 미국 법무부는 허용되는 합병에 대한 가이드라인을 만들어 합병과 관련하여 기업이 품는 불확실성을 덜어주었다. 1968년의 합병 가이드라인은 엄격했다. 예를 들어 상위 4대 기업이 시장의 75% 이상을 차지할 때 시장점유율이 15%인 기업이 시장점유율이 1%인 기업을 합병하는 경우라도 반독점법 위반으로 소송이 제기될 수 있었다.

1982년에 미국 법무부 반독점국은 레이건 대통령의 시장 불간섭 정책에 발맞추어 새로운 합병 가이드라인을 내놓았고, 이는 1984년에 개정되었다. 시장 구조를 측정하는 척도로는 **허핀달-허시먼 지수**(Herfindahl-Hirschman Index, HHI)가 사용되었다. HHI는 시장에 있는 각 기업의 시장점유율 퍼센트를 제곱한 것을 모두 더한 값이다. 예를 들어 두 기업의 시장점유율이 각각 50%라면 HHI는 $50^2 + 50^2 = 2{,}500 + 2{,}500 = 5{,}000$이다.

허핀달-허시먼 지수(HHI) 시장집중도를 측정하는 지수로, 시장에 있는 각 기업의 시장점유율 퍼센트를 제곱한 것을 모두 더한 값

4개의 기업이 각각 25%를 차지하고 있는 시장의 HHI는 다음과 같이 계산한다.

$$25^2 + 25^2 + 25^2 + 25^2 = 625 + 625 + 625 + 625 = 2{,}500$$

표 14.2는 여러 가상의 시장에 대해 계산한 HHI를 보여준다. 그림 14.7에 요약된 미국 법무부의 조치는 이렇다. HHI가 1,000보다 낮으면 집중되지 않은 시장으로 보고 기업의 합병에 대해 문제 삼지 않는다. HHI가 1,000~1,800이고 합병으로 인해 HHI가 100보다 더 증가하면 문제를 제기한다. HHI가 1,800을 넘으면 이미 집중도가 높은 시장으로 판단하고 HHI가 50보다 더 증가시키는 모든 합병을 문제 삼는다.

HHI에는 시장의 두 가지 측면이 동시에 반영된다. 하나는 시장에 있는 기업의 수이고, 또 하나는 기업의 상대적 크기이다. 시장점유율을 제곱하기 때문에, 표 14.2에서 C 시장과 D 시장을 비교하면 알 수 있듯이 큰 기업이 하나 있는 경우에는 HHI의 값이 더 증가한다.

HHI의 값은 각 기업의 시장점유율을 가지고 간단히 계산된다. 그러나 이러한 계산을 하기 전에 다음과 같은 질문을 해야 한다. 시장의 범위를 어떻게 정의하는가? 우리가 말하고 있는 점유율은 어떻게 정의된 시장에 대한 점유율인가? 코카콜라는 코크(Coke) 생산에 있어서는 독점기업이라고 할 수 있다. 그러나 다른 기업들도 콜라를 생산하며 코카콜라는 그중 하나이다. 또한 코카콜라는 소다

표 14.2 4개의 기업이 있는 시장의 허핀달-허시먼 지수

	시장점유율				
	기업 1	기업 2	기업 3	기업 4	허핀달-허시먼 지수
A 시장	50	50	–	–	$50^2 + 50^2 = 5{,}000$
B 시장	80	10	10	–	$80 + 10^2 + 10^2 = 6{,}600$
C 시장	25	25	25	25	$25^2 + 25^2 + 25^2 + 25^2 = 2{,}500$
D 시장	40	20	20	20	$40^2 + 20^2 + 20^2 + 20^2 = 2{,}800$

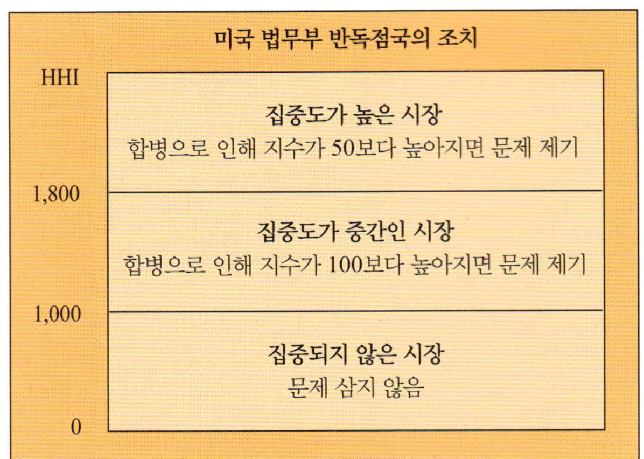

그림 14.7 미국 법무부의 합병 가이드라인(1984년 수정안)

수를 생산하는 훨씬 더 많은 기업 중 하나이다. 더 나아가서는 음료를 생산하는 수백 개 기업 중 하나이다. 코카콜라의 시장지배력은 다른 콜라 제품과의 대체성이 어느 정도인지, 넓게는 소다수와의 대체성이 어느 정도인지, 보다 넓게는 음료와의 대체성이 어느 정도인지에 달렸다. 미국 정부는 HHI를 계산하기 전에 먼저 시장의 범위를 정의해야 한다. 이를 위해 합병기업 제품의 좋은 대체재가 될 수 있는 제품에는 어떤 것들이 있는지 우선 판단해야 한다.

시장을 정의하고 그에 따른 HHI를 사용하여 합병 가능 여부를 판단하는 것의 어려움을 잘 보여주는 흥미로운 예는 1997년에 미국 사무용품 시장에서 시장점유율 1, 2위를 차지하던 오피스디포(Office Depot)와 스테이플스(Staples)의 합병을 FTC가 반대한 경우이다. FTC는 이 두 기업이 사무용품의 판매에 있어 소비자의 마음에 강한 우위를 차지하고 있으며, 다른 기업들이 판매하는 사무용품은 이 두 기업의 사무용품 전문 매장에서 원스톱 쇼핑으로 구입할 수 있는 사무용품의 좋은 대체재가 아니라고 주장했다. 따라서 FTC는 자신이 합병 허용 여부를 판단하는 데 사용하는 HHI를 계산하는 대상이 되는 시장이 사무용품 전문 매장에서 판매되는 사무용품 시장이라고 정의했다.

오피스디포와 스테이플스가 사무용품 전문 매장에서 사무용품을 판매하는 기업이라는 것은 동네 문구점이나 월마트에서 파는 사무용품이 해당 시장의 한 부분을 차지하지 않는다는 것을 의미하며, 또한 동네 문구점이나 월마트 등이 오피스디포와 스테이플스가 자신의 사무용품에 책정하는 가격에 대해 상당한 억지력을 가지지 않는다는 것을 의미한다. 이렇게 정의한 시장의 범위를 가지고 미국 내 어떤 지역을 보는가에 따라 해당 합병이 가져오는 HHI의 값은 5,000~10,000이었다. 이는 분명히 합병을 허용할 수 있는 선을 넘은 수치였다.

한편 스테이플스를 대변한 경제학자들은 사무용품을 파는 모든 판매자를 하나의 시장에 포함해야 한다고 주장했다. 시장을 이렇게 정의하는 경우 오피스디포와 스테이플스를 합한 시장점유율이 전체 시장의 5% 정도밖에 되지 않고, 시장의 HHI는 1,000보다 훨씬 낮았다. 이는 합병을 허용하기에 충분할 정도로 낮은 수치였다.

결국 미국 정부는 이 합병을 허용하지 않았다. 하지만 2015년에 오피스디포와 스테이플스는 합병을 허용해달라고 다시 요청했다. 아마존(Amazon)과 같은 기업으로 인해 경쟁시장의 범위가 바뀌었기 때문에 미국 정부가 다른 결정을 내릴 것이라고 생각한 모양이다.

표 14.3은 다양한 시장의 HHI를 보여준다. 그중 라스베이거스 카지노 시장은 제품과 지역을 동

표 14.3 여러 시장의 HHI

시장	HHI
맥주 시장	3,525
에탄올 시장	326
라스베이거스 카지노 시장	1,497
중환자 감시 장치 시장	2,661

시에 고려하여 정의한 시장을 가지고 HHI를 계산했다. 카지노 시장에 대한 이 정의는 미국 정부가 어떤 합병 건에 적용했던 것이다. 라스베이거스의 카지노는 애틀랜틱시티의 카지노와 효과적으로 경쟁하고 있지 않다는 것이다. 다른 시장(예: 맥주나 반도체)은 그 범위가 전국적이거나 전 세계적이다. 시장의 범위를 넓게 정의하면 HHI의 값이 낮아진다.

1997년에 미국 법무부와 FTC는 1984년의 가이드라인을 업그레이드하고 확장한 수평 합병에 대한 가이드라인을 공동으로 발표했다. 새로운 규정 중 가장 흥미로운 부분은 미국 정부가 각 합병 신청에 대해 그 합병으로 인해 새로 탄생한 기업이 시장에 있는 다른 기업과의 '조정된 상호작용'을 할 수 있는 지배력이 증가하는지를 살펴본다는 것이다. '조정된 상호작용'이란 간단히 말해 다른 기업의 행동에 맞춘 조율된 행동을 통해 자신의 이윤을 증가시키는 행위를 말한다. 그러한 행동에는 명시적·묵시적 담합이 포함된다.

경제학의 적용

브라질의 펄프 거인

오늘날 많은 종이 제품은 펄프, 재활용 목재, 생분해성 물질로 만들어진다. 펄프를 만드는 목재를 펄프 나무라고 부르기도 한다. 가장 인기 있는 펄프 나무는 코알라가 좋아하는 유칼립투스이다. 브라질은 알맞은 기후와 산림 산업에 대한 대규모 투자로 전 세계에서 가장 큰 유칼립투스 생산국이다.

피브리아(Fibria)와 수자노(Suzano)는 브라질 펄프의 거의 절반을 생산하고 있었다. 2018년 초에 이 두 기업의 시장점유율은 각각 26.1%, 17%였다. 그해 3월에 수자노는 피브리아를 360억 리알(110억 달러)에 사들여 연간 펄프 1,100만 톤을 생산하는 세계 최대의 펄프 기업이 탄생했다. 이 기업은 전 세계를 대상으로 사업을 하기 때문에 이 인수합병은 브라질, 미국, 유럽연합, 중국 정부의 승인을 받아야 했다. 미국 정부는 바로 승인해주었다.

인수합병으로 탄생한 기업은 브라질 시장에서 43%, 세계 시장에서 17%의 시장점유율을 차지하여 더욱 강력한 가격지배력을 가지게 되었다. 하지만 이 기업의 최고경영층은 시장지배력을 남용하지 않을 것이며, 생산기술의 개선과 규제의 경제를 통해 생산비용을 절감하고 제품의 질을 높여서 소비자의 좋은 반응을 끌어낼 것이라고 주장했다.

질문

- 이 인수합병이 브라질뿐만 아니라 다른 국가의 승인을 받아야 하는 이유는 무엇인가?

정부의 적절한 역할

집중도가 높은 시장에서는 대기업의 비경쟁적 행위를 제어해야 할 것이다. 그러나 여러 가지 이유로 경제학자들은 과거와 같이 강한 열정을 가지고 시장집중도에 대해 공격하지 않는다. 첫째, 집중도가 매우 높은 시장에 있는 기업도 어떤 시장 여건하에서는 효율적인 생산을 할 수밖에 없다. 둘째, 소비자에게 혜택을 가져다주는 제품 차별화와 제품 간의 경쟁이 실제로 잘 나타나고 있다. 거의 매일 신제품과 개선된 제품이 꾸준히 시장에 나오고 있다. 셋째, 시장집중도가 연구개발의 투자에 미치는 부정적인 영향은 최악의 경우를 보더라도 어떤 결론을 내릴 수 있을 정도가 아니며, 미국의 총 연구개발비 중에서 대기업의 연구개발비가 차지하는 비중이 매우 크다. 넷째, 일부 산업에서는 상당한 규모의 경제로 인해 매우 경쟁적인 시장 구조가 있을 수 없다. 물론 부정적인 측면으로는 집중도가 높아진 시장에서 종종 가격이 더 높아지는 것을 보기도 한다.

시장집중도에 대한 논쟁과 더불어 시장을 규제하는 정부의 역할에 대한 논쟁도 계속되고 있다. 높은 시장집중도는 비효율성을 초래하므로 자원의 효율적 배분을 위해 시장을 돕는다는 의미에서 정부가 개입해야 한다는 주장도 있다. 이러한 주장은 기업의 비경쟁적 행위를 줄이는 법이나 규제를 정당화하는 데 사용되었다.

이와 반대되는 주장은 정부가 오히려 경쟁을 저해하는 가장 효과적이고 확실한 진입장벽을 만든다는 것이다. 이러한 주장은 과거에 미국 정부가 만든 규제가 결국은 반경쟁적인 규제였으며, 그러한 규제로 인해 자원의 효율적 배분이 방해를 받았다고 한다. 13장에서 경제적 이윤을 얻고 있는 기업이 경쟁기업으로부터 자신의 이윤을 보호하려는 활동에 자원을 사용하려는 인센티브를 갖는다고 했던 것을 상기하라. 이러한 렌트 추구 행위에는 정부의 힘을 빌리는 것도 포함된다.

논쟁을 더 복잡하게 만드는 것은 국제적 경쟁이라는 측면을 포함할 때이다. 기업은 국내시장에서 외국 기업과의 극심한 경쟁을 벌이는 동시에 국제시장에서는 다른 다국적 기업과 경쟁하고 있다. 오늘날 우리는 확실히 글로벌한 경제에서 살고 있다. 따라서 국내시장을 지배하고 있는 기업이라도 국제 무대에서는 치열한 경쟁에 직면할 수 있다.

요약

01 과점시장은 시장가격에 영향을 미칠 정도로 규모가 큰 몇 개의 기업이 있는 시장이다. 과점기업의 행동은 그 행동에 대해 해당 시장에 있는 다른 기업이 어떻게 반응할 것인가에 대한 예상(기대)에 따라 달라진다. 기업의 전략은 복잡하기 때문에 일반화하기가 어렵다.

02 5 경쟁압력 모형은 과점시장의 구조에 대한 경제적 지식을 체계화하는 데 도움을 준다. 현재의 경쟁기업, 새로운 진입 기업, 대체재의 존재, 구매자와 공급자의 특징이라는 측면에서의 시장 구조에 대한 자료를 수집한다면 과점기업이 초과이윤을 얻는 이유를 더 잘 이해할 수 있다.

03 과점기업이 담합(명시적·묵시적)을 하면 공동의 생산량을 줄이고 서로 합의한 가격에 제품을 판매하여 공동의 이윤을 극대화한 후 이를 나누어 가진다. 이는 독점시장의 결과와 동일하다. 기업은 $MR = MC$인 생산량을 생산하고 가격을 한계비용보다 높게 책정한다.

04 과점시장을 설명하는 가격선도 모형의 결과는 담합 모형과 비슷하지만 똑같지는 않다. 지배적인 한 기업이 가격을 책정하고 나머지 작은 기업들은 그에 따른다. 서로 경쟁하고 있는 작은 기업들은 지배적인 기업이 책정한 가격에서 자신이 원하는 만큼 판매할 수 있다. 가격을 선도하는 지배적 기업이 있는 과점시장의 생산량은 경쟁시장의 생산량과 독점시장의 생산량 사이이고, 가격

또한 독점가격과 경쟁가격 사이에서 결정된다.

05 과점시장에 대한 쿠르노 모형은 세 가지 가정을 바탕으로 한다. ① 시장에 적은 수의 기업이 있다. ② 각 기업은 상대 기업의 생산량을 주어진 것으로 받아들인다. ③ 기업은 이윤을 극대화한다. 이 모형은 여러 번에 걸친 기업 간의 생산량 조정을 통해 완전경쟁시장의 생산량과 독점시장의 생산량 사이에서 최종 생산량이 결정된다는 것을 보여준다.

06 게임이론은 기업들 상호 간의 전략적 선택을 살펴봄으로써 과점 기업의 행동에 대해 분석한다.

07 집중화된 시장은 종종 한계비용보다 높은 가격, 효율적인 생산량보다 적은 생산량을 초래한다. 한편 집중화된 시장은 규모의 경제로 인한 이득을 가져오거나 혁신을 촉진하기도 한다.

08 미국에서 1914년에 제정된 클레이턴법에 의해 미국 정부는 해당 산업에서 경쟁을 심하게 제한하는 합병을 막을 수 있다. 또한 1950년에 제정된 셀러-키포버법에 의해 미국 법무부는 기업의 합병에 대해 클레이턴법에 명시된 사항을 집행할 수 있다. 현재 미국 법무부는 제안된 합병에 대한 이의 제기 여부를 판단하는 기준으로 허핀달-허시먼 지수를 사용하고 있다.

09 일부 학자들은 합병을 규제하는 것은 더 이상 정부의 적절한 역할이 아니라고 주장한다.

핵심 용어

가격선도 모형(price-leadership model)
게임이론(game theory)
경합시장(contestable market)
과점시장(oligopoly)
내시 균형(Nash equilibrium)
묵시적 담합(tacit collusion)
미니맥스 전략(maximin strategy)
복점(duopoly)
셀러-키포버법(Celler-Kefauver Act)
우월 전략(dominant strategy)
죄수의 딜레마(prisoners' dilemma)
집중률(concentration ratio)
카르텔(cartel)
팃포탯 전략(tit-for-tat strategy)
허핀달-허시먼 지수(Herfindahl-Hirschman Index, HHI)
5 경쟁압력 모형(Five Forces model)

연습문제

01 다음 중 과점시장이라고 볼 수 있는 시장은 무엇인가? 만약 명확히 답할 수 없다면 어떤 정보가 더 필요한가?

a. 의류
b. 화장품
c. 휴대전화
d. 항공운송
e. 은행

02 2004년 6월에 미국 연방법원은 특허 인정 가능성에 대한 중대한 판결을 내렸다. 앨리스주식회사(Alice Corp.)와 CLS은행(CLS Bank) 간의 특허 분쟁에서 연방법원은 추상적인 아이디어에 대해서는 특허를 인정할 수 없다고 판결했다. 이러한 판결은 특허 소송에 어떤 영향을 미쳤겠는가?

03 다음 중 완전경합시장일 가능성이 큰 시장은 무엇인가?

a. 석탄 채굴
b. 보험
c. 풍력 발전
d. 조경
e. 광고

04 당신이 건강보험을 판매하는 사업을 하고 있다고 하자. 시장을 면밀히 분석한 결과 연간 6,000달러의 가격에서는 연 4만 건의 보험을 판매할 수 있을 것으로 판단되었다. 또한 가격을 6,000달러 이상으로 책정하면 아무도 보험에 가입하지 않을 것으로 판단되었다. 미국 정부가 당신의 보험이 제공하는 혜택과 동일한 혜택의 보험을 연간 6,000달러에 팔고 있기 때문이다. 또한 당신이 가격을 1,000달러씩 낮출 때마다 추가로 1만 건의 보험을 더 판매할 수 있을 것이다(예: 5,000달러의 가격에서 5만 건 판매,

4,000달러의 가격에서 6만 건 판매 등).

a. 이 기업의 수요곡선을 그려라.

b. 이 기업의 한계수입곡선을 그려라.

c. 건강보험 1건당 발생하는 한계비용이 5,000달러라면 당신은 얼마나 많은 보험을 얼마에 판매하겠는가? 한계비용이 4,500달러인 경우는 어떻겠는가?

05 2018년에 유럽위원회(EC)는 에이수스(Asus), 필립스(Philips), 파이어니어(Pioneer) 등이 제품을 온라인에서 파는 소매상에게 높은 가격을 유지하도록 간섭한 것에 대해 벌금을 부과했다. 2018년 이후 유럽위원회와 전자 회사 간에 벌어진 이와 비슷한 사건의 구체적인 경제적·법적 사항에 대해 설명하라.

06 만약 한 시장에 있는 모든 기업이 성공적으로 담합하면 그들이 책정하는 이윤 극대화 가격과 생산량은 독점기업의 경우와 같다. 이 말에 동의하는지, 동의하지 않는지 밝히고 그 이유를 설명하라.

07 쿠르노 모형이란 무엇인가? 독점기업의 생산량 결정과 쿠르노 모형에서 기업의 생산량은 어떻게 다른가?

08 티모바일(T-Mobile)은 미국에서 버라이즌(Verizon)과 ATT보다는 작지만 스프린트(Sprint)보다는 큰 무선통신 회사이다. 티모바일은 서비스를 세 경쟁기업과 차별화하기 위해 고객이 다른 회사의 무선 서비스에서 티모바일의 무선 서비스로 바로 전환할 수 있게 했으며, 이때 신규 고객이 기존의 통신 회사에 지불해야 하는 조기 종료 위약금을 대신 내주기로 했다. 이러한 무선통신 서비스 회사의 시장점유율이 지난 수년간 어떻게 변했는지 살펴보고, 티모바일의 이러한 정책에 대해 다른 무선통신 회사가 어떻게 대응했는지 설명하라.

09 다음 그림은 두 기업의 선택에 따른 보수 행렬을 보여준다. 이들이 담합하여 가격을 10달러로 유지하면 각 기업은 500만 달러의 이윤을 얻는다. A가 약속을 어기고 가격을 낮추고 B가 약속을 지키면 A는 800만 달러의 이윤을 얻고 B는 200만 달러의 손실을 입는다. 마찬가지로 B가 약속을 어기고 A가 약속을 지키면 B는 800만 달러의 이윤을 얻고 A는 200만 달러의 손실을 입는다. 만약 두 기업이 모두 약속을 어기고 가격을 낮추면 각각 200만 달러의 이윤을 얻는다.

A와 B에게 잠재적 손실을 최소화하는 전략은 무엇인가? 당신이 A라면 어떤 전략을 취하겠는가? 그 이유는 무엇인가? A가 약속을 어기면 B는 어떻게 하는가? B가 약속을 어기면 A는 어떻게 하는가? 이 게임에서 나타날 가능성이 가장 큰 결과는 무엇인가?

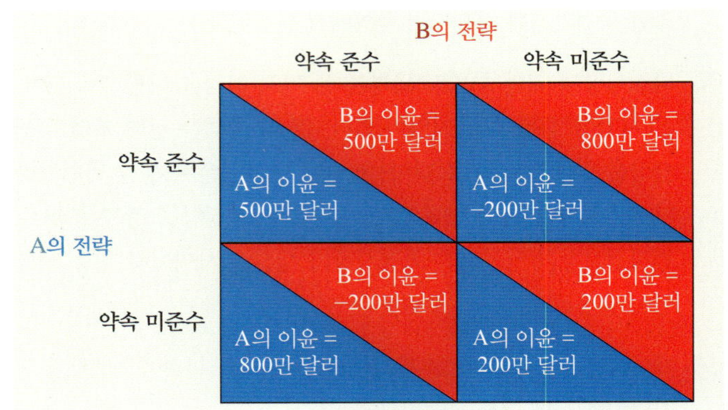

10 다음 그림은 두 게임의 보수 행렬을 보여준다. 왼쪽에 있는 숫자는 A의 보수, 오른쪽에 있는 숫자는 B의 보수이다. 예를 들어 (2, 25)는 A가 2달러를 가져가고 B가 25달러를 가져간다는 의미이다.

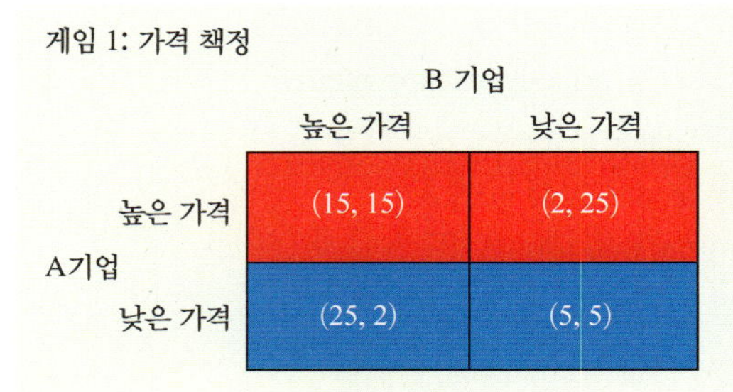
게임 1: 가격 책정

A기업 \ B 기업	높은 가격	낮은 가격
높은 가격	(15, 15)	(2, 25)
낮은 가격	(25, 2)	(5, 5)

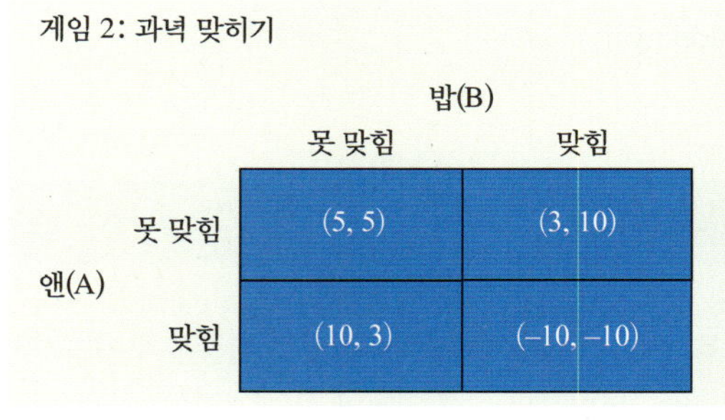
게임 2: 과녁 맞히기

앤(A) \ 밥(B)	못 맞힘	맞힘
못 맞힘	(5, 5)	(3, 10)
맞힘	(10, 3)	(−10, −10)

a. 각 참가자는 각 게임에서 우월 전략을 가지고 있는가?

b. 만약 게임 1이 아주 많이 반복되고, 당신이 A인데 전략을 바꿀 수 있다면 어떻게 하겠는가?

c. 게임 2에서 당신은 어떤 전략을 택하겠는가? 그 이유는 무엇인가?

11 런던-뉴욕을 두 항공사만 운항하고 있다고 하자. 운항 횟수는 매일 100번인데, 그중 90번은 런던항공사가 운항하고 나머지는 10번은 뉴욕항공사가 운항한다. 편도 항공료는 500파운드이고, 두 항공사의 한계비용은 300파운드로 동일하다. 평균적으로 한 번 비행에 승객 250명이 탑승한다. 두 항공사는 상대 항공사의 승객을 끌어오기 위해 가격을 낮추려는 인센티브를 가지고 있는가?

어떤 항공사가 가격을 낮출 가능성이 더 큰가?

12 어떤 기업의 경영진과 노동조합 대표들이 임금 협상을 하고 있다. 이들에게는 각각 다음과 같은 제안이 주어졌다. 만약 양쪽이 동의한다면 차이가 나는 금액을 반으로 나눈다. 따라서 근로자는 100유로의 임금을 받고 기업은 5,000유로의 이윤을 얻는다. 만약 노동조합이 경영진의 제의를 받아들이면 근로자는 50유로의 임금을 받고 기업은 7,000유로의 이윤을 얻는다. 경영진이 노동조합의 제의를 받아들이면 근로자는 150유로의 임금을 받고 기업은 4,000유로의 이윤을 얻는다. 만약 양쪽이 모두 버틴다면 파업이 일어나고 파업 기간 동안에는 임금도 이윤도 발생하지 않는다.

a. 이러한 정보를 이용하여 노동조합과 기업의 보수 행렬을 만들라.

b. 노동조합과 기업의 지배 전략은 무엇인가?

c. 이 게임의 내시 균형은 무엇인가?

d. 파업이 유지될 수 있는가?

13 다음의 각 설명에 동의하는지, 동의하지 않는지 밝히고 그 이유를 설명하라.

a. 경합시장을 제외한 모든 과점시장에서는 생산량이 효율적인 생산량보다 적기 때문에 생산량을 증가시키면 그로 인해 발생하는 사회적 비용보다 더 많은 가치가 창출된다. 따라서 이윤을 극대화하는 과점기업은 생산량을 증가시키려는 인센티브를 가지고 있다.

b. 대부분의 과점시장에서 초과이윤은 새로운 기업의 시장 진입을 유도함으로써 생산량이 증가한다.

14 스웨덴의 유아식 시장에서 각 기업이 차지하고 있는 시장점유율(%)은 다음과 같다.

	2000	2001	2002	2003	2004	2005	2006	2007	2008
비치넛	13	13	12	11	12	13	12	11	12
어스베스트	2	1	1	1	1	2	3	4	6
거버	72	73	76	78	79	78	79	81	80
하인즈	13	12	10	8	7	6	5	4	2

a. 각 연도의 상위 3대 기업의 시장집중도를 계산하라.

b. 각 연도의 허핀달-허시먼 지수(HHI)를 계산하라.

c. 이 시장은 이 기간 동안 집중화가 더 커졌는가, 작아졌는가?

d. 합병이 시장집중도에 미치는 영향에 대해 설명하라.

15 17개월간의 긴 토론 끝에 2008년 7월 미국 연방통신위원회(Federal Communications Commission)는 전 세계적으로 2개뿐인 위성 라디오 방송 회사 시리우스(Sirius)와 XM의 합병을 승인했다. 합병 후 탄생한 시리우스XM홀딩스는 위성방송 시장을 100% 장악했다. 이 합병을 반대한 사람들은 이 새로운 기업이 경쟁자의 시장 진입을 막고 가격을 올릴 것이라고 주장했고, 이 합병에 찬성한 사람들은 대체재가 있기 때문에 경쟁이 존재한다고 주장했다. 위성방송의 대체재에는 어떤 것들이 있는가? 두 회사의 합병이 정당화될 수 있을 정도로 대체재가 위성방송과 매우 유사하다고 생각하는가?

경제학적 사고 키우기

01 집중률(concentration ratio)을 사용하는 것의 문제는 집중률이 시장 간의 구체적 차이를 무시한다는 것이다. 다음 표는 두 시장에서 가장 큰 네 기업의 시장점유율을 보여준다.

	시장 1에서의 시장점유율	시장 2에서의 시장점유율
A 기업	40%	45%
B 기업	25%	30%
C 기업	10%	3%
D 기업	5%	2%

각 시장에서 4대 집중률은 얼마인가? 한 시장이 다른 시장보다 더 집중화되어 있는가?

02 게임이론에서 미니맥스 전략을 취하는 참가자를 위험 회피자라고 한다. 이렇게 부르는 이유는 무엇인가?

CHAPTER 15

독점적 경쟁

목차와 학습목표

15.1 시장의 특징

독점적 경쟁시장의 특징을 이해한다.

15.2 제품 차별화와 광고

독점적 경쟁시장에서 제품 차별화의 방법과 의미를 파악한다.

15.3 독점적 경쟁시장의 가격과 생산량

독점적 경쟁기업의 가격과 생산량 결정에 대해 알아본다.

15.4 경제적 효율성과 자원 배분

독점적 경쟁시장의 경제적 장점과 단점을 이해한다.

우리가 살펴볼 시장 구조의 마지막 형태로 독점적 경쟁시장이 남았다. 완전경쟁시장과 마찬가지로 독점적 경쟁시장도 시장에 많은 기업이 있고 새로운 기업의 시장 진입이 수월하다. 그러나 이 시장에 있는 기업은 완전경쟁기업과 달리 동일한 제품을 판매하지 않는다. 각 기업은 서로 조금 다른 차별화된 제품을 생산하며, 이러한 제품의 차이로 인해 기업은 약간의 시장지배력을 가지고 있다. 독점적 경쟁시장에서 기업은 경쟁기업보다 높은 가격을 책정할 수 있으며, 그렇게 하더라도 자신의 고객을 전부 잃지는 않는다.

독점적 경쟁시장에서 살펴보아야 할 것은 기업의 가격만이 아니다. 독점적 경쟁시장에 있는 기업을 살펴볼 때는 기업이 어떤 종류의 제품을 만들고, 어떻게 마케팅하고 광고할 것인지에 대해 어떤 결정을 하는지에 자연스레 관심을 두게 된다. 우리는 왜 한 마트에서 12개 종류의 샴푸를 보게 되는가? 12개 종류는 너무 다양한가, 다양성이 떨어지는가, 아니면 적절한 다양성인가? 왜 음료나 자동차는 광고를 엄청나게 하는데 반도체나 경제학 교재는 광고를 하지 않는가? 광고에는 비용이 많이 든다. 광고는 돈을 낭비하는 것인가, 아니면 어떤 사회적 기능을 하는 것인가? 이 장에서는 행동경제학에서 설명하는 몇 가지 개념에 대해서도 간단히 언급할 것이다.

이 장을 마지막으로 네 가지 기본적 시장 구조에 대한 설명을 마무리한다. 완전경쟁시장, 독점시장, 과점시장, 독점적 경쟁시장의 특징을 그림 15.1에 정리했다. 한 시장에 있는 기업의 행동, 기업이 하는 중요한 의사결정, 기업에 대해 취하는 정부의 정책 등은 시장 구조에 따라 달라진다. 모든 시장이 네 가지 시장 중 하나와 정확히 일치하지 않더라도 이러한 시장 구분은 시장 구조와 그 시장에 있는 기업의 행동을 분석하고 이해하는 데 유용한 분석의 틀을 제공한다.

15.1 시장의 특징

학습목표

독점적 경쟁시장의 특징을 이해한다.

독점적 경쟁시장 흔히 볼 수 있는 산업(시장) 구조로 많은 수의 기업, 자유로운 시장 진입과 퇴출, 차별화된 제품을 특징으로 함

독점적 경쟁시장(monopolistically competitive market)의 특징은 다음과 같다.

- 많은 수의 기업
- 자유로운 시장 진입과 퇴출
- 차별화된 제품

순수독점시장이나 완전경쟁시장은 현실에서 보기 드물지만 독점적 경쟁시장은 일반적으로 볼 수 있는 시장이다. 가장 흔히 볼 수 있는 시장은 음식점이다. 음식점은 저마다 조금씩 다른 음식을 가

	기업의 수	제품의 차별성 또는 동일성	가격 책정	새로운 기업의 시장 진입	차이점	예
완전경쟁시장	많음	동일한 제품	기업이 책정하지 않음	쉬움	시장이 가격을 결정함	밀농사를 짓는 농부
독점시장	하나	한 제품과 그것의 다양한 버전	기업이 책정함	없음	시장수요의 제약을 받음	특허를 받은 약품
독점적 경쟁시장	많음	차별화된 제품	기업이 책정하지만 제한적임	쉬움	가격과 품질 경쟁을 함	레스토랑
과점시장	적음	동일한 제품 또는 차별화된 제품	기업이 책정함	제한됨	기업이 전략적 행동을 함	항공사

그림 15.1 다양한 시장 구조의 특징 비교

지고 소비자의 마음속에 차별화하려 한다. 그리고 시장 진입이 봉쇄되지 않는다. 한 동네에 5개의 음식점이 문을 열고 장사를 하다가 5년 후 이 중 3개가 사라졌다 다시 3개가 새로 생기기도 한다. 망해서 사라지는 음식점도 있지만 수많은 작은 음식점이 서로 경쟁하면서 계속 유지되고 있다. 음식점 운영에는 규모의 경제가 거의 나타나지 않기 때문이다.

독점적 경쟁시장이 독점시장이나 과점시장과 다른 점은 독점적 경쟁기업이 자신의 규모를 이용하여 시장가격에 영향을 미칠 수 없다는 것이다. 각 음식점이 자신의 가격을 통제하지만 특정 음식의 시장가격을 통제할 수 있을 만큼 규모가 큰 음식점은 없다. 그 대신 기업은 제품을 차별화함으로써 자사 제품의 가격에 대한 통제력을 어느 정도 가지게 된다. 음식점의 경우 다른 음식점에서는 맛볼 수 없는 요리를 팔거나 청결과 친절한 서비스로 차별화하면 가격에 대해 어느 정도의 통제력을 가질 수 있다. 독특한 제품을 팔거나 특별한 명성을 얻은 기업은 어떤 의미에서는 독점기업이 된다. 아무도 정확히 똑같은 제품이나 서비스를 생산할 수 없기 때문이다.

독점적 경쟁시장과 독점시장을 구분 짓는 특징은 독점적 경쟁시장에는 좋은 대체재가 많다는 것이다. 어떤 대도시든 수많은 음식점이 수많은 종류의 음식을 팔고 있다. 중국 음식점만 하더라도 거의 똑같은 메뉴를 거의 비슷한 가격에 파는 곳이 많다. 그중 일부는 맛집으로 알려져서 음식 가격이 생산비용보다 훨씬 높은데도 예약이 항상 밀려 있다. 모든 음식점 주인은 이러한 음식점이 되겠다는 목표를 가지고 있을 것이다. 음식점은 실제로 다르든, 소비자가 마음속으로 느끼는 것이 다르든 무언가가 달라야 성공할 수 있다.

표 15.1은 독점적 경쟁의 특징을 지닌 미국 제조업 산업(시장)의 집중도에 관한 일부 자료이다. 각 산업에는 수많은 기업이 존재하며 그중 몇 개는 다른 기업보다 크지만 시장 규모에 비하면 모든 기업이 미미하다. 예를 들어 책 인쇄업 시장에서는 상위 4대 기업이 산업(시장) 총출하액(매출액)의 약 42%를 차지하고 있다. 상위 20대 기업이 시장의 66%를 차지하고 나머지 34%를 538개 기업이 나누어 가진다.

독점적 경쟁시장에 있는 기업의 규모는 시장 전체에 비해 아주 작으며, 이미 상당히 많은 대체재가 존재하는 시장에 새로운 기업이 이윤을 얻기 위해 자유롭게 들어갈 수 있다. 독점적 경쟁시장에 있는 기업은 제품을 차별화하여 어느 정도의 시장지배력을 가지려고 한다. 이러한 차별화는 새로운 것을 생산하거나, 다른 것을 생산하거나, 더 좋은 것을 생산하거나, 소비자의 마음속에 나름의 정체성을 새김으로써 이루어진다.

표 15.1 2007년 공장 출하액으로 나타낸 미국 일부 제조업의 상위 기업 시장점유율(%)

산업	상위 4대 기업	상위 8대 기업	상위 20대 기업	기업의 수
여행·캠핑 트레일러	40	50	63	756
장난감	34	48	62	721
사무용 목재가구	40	52	65	438
책 인쇄업	42	54	66	558
신선·냉동식품	28	41	60	481

출처: U.S. Department of Commerce, Bureau of the Census, 2007 Census of Manufacturers, *Concentration Ratios in Manufacturing*. SubjectECO731SR12, May 2009.

15.2 제품 차별화와 광고

학습목표

독점적 경쟁시장에서 제품 차별화의 방법과 의미를 파악한다.

제품 차별화 시장에 있는 다른 제품과 차별화된 제품을 통해 시장지배력을 얻으려는 기업의 전략

독점적 경쟁기업은 다른 기업의 제품과 다른 제품을 생산함으로써, 즉 **제품 차별화**(product differentiation)를 통해 크든 작든 자신의 시장지배력을 일군다. 그렇다면 우리가 시장에서 보는 차별화를 가져오는 것은 무엇이며, 어떤 형태를 띠고 있는가?

제품 또는 서비스의 다양성

어떤 제품은 종류가 한두 가지뿐이고 어떤 제품은 종류가 다양한 이유는 무엇인가? 예를 들어 보도블록은 대개 회색이다. 어떤 제품의 다양성이 제한적일 때 모든 소비자의 취향이나 선호가 비슷하기 때문이라고 생각할 수도 있다. 어쩌면 사람들이 회색 보도블록이나 콘크리트를 자연스레 더 좋아할지도 모른다. 아니면 회색으로 통일하는 것이 더 편안하고 안정된 느낌을 줄지도 모른다. 자기 집 앞의 보도블록이 남의 집 앞의 보도블록과 같은 회색이면 조화롭게 연결된다고 느껴질 수도 있다. 보도블록 색이 회색이든 다른 색이든 이 경우에는 일치해야 한다는 것이 매우 중요한 기준으로 작용할 수 있다. 어떤 옷의 유행이나 유명 셀럽의 차림새를 따라 하는 것은 일치됨을 선호하는 소비자의 자연스러운 성향일지도 모른다.

한편 보도블록 색이 한 가지(주로 회색)인 것은 생산비용과 관련이 있을지도 모른다. 다양한 색의 콘크리트를 만들려면 그때마다 다른 염료를 섞어야 하고, 사용하고 남은 경우 그 색의 콘크리트를 마땅히 사용할 데가 없다면 금방 굳어서 버려야 할 것이다. 즉 동일한 제품을 생산하면 생산비용이 줄어들기 때문에 제품의 다양성이 떨어지는 것일 수도 있다.

그러나 어떤 제품은 소비자의 취향이나 선호가 다르기 때문에 그에 맞추어 더 다양한 제품을 생산하기도 한다. 세계 곳곳에서 모여든 이민자로 구성된 미국에는 이들의 취향에 맞춘 다양한 레스토랑이 있고, 식품 매장에서도 다양한 식재료를 팔고 있다.

13장에서는 망 외부효과에 대해 설명했다. 이러한 제품의 경우에는 일치성이 제품의 다양성을 크게 제한한다. 예를 들어 대부분의 사람들은 자신에게 특별히 맞는 워드프로세서보다 친구들이 사용하는 워드프로세서와 동일한 것을 사용하는 것을 더 중요하게 여긴다. 또한 규모의 경제로 인해 다양한 제품을 생산하는 것보다 한 가지 유형의 제품을 대량 생산하면 생산비용이 절약되기 때문에 규모의 경제와 같은 생산기술의 특징이 제품의 다양성을 떨어뜨리는 경우도 있다. 어떤 사람들은 자신에게 딱 맞지만 더 비싼 맞춤형 재화보다 상대적으로 저렴하지만 표준화된 재화를 더 좋아한다. 예를 들어 레빗하우스(levitt house) 또는 트랙트하우스(tract house)라고 불리는 규격화된 주택을 여러 채 연달아 지으면 건축비용을 낮출 수 있어 주택을 보다 저렴한 가격에 공급하는 방법으로 이용되기도 한다.

요약하자면, 잘 작동하는 시장에서 나타나는 제품의 다양성에는 소비자 선호의 다양성이 반영되거나 동일성, 일치성으로 얻는 이득 또는 표준화로 얻는 비용상의 이득이 반영된다. 소비자 기호가 다양하고 일치성이나 표준화로 얻는 생산비용상의 우위가 크지 않은 독점적 경쟁시장에는 많은 기업이 각자 다른 제품을 생산한다. 그러나 독점적 경쟁시장에서도 제품의 다양성 정도가 매우 다르게 나타날 수 있다.

달리기를 즐기는 사람이 증가하자 시장이 크게 반응하고 있다. 관련 잡지가 출판되고, 달리기 스

경제학의 적용

합리적인 수준의 다양성인가, 다양성 편견인가

'다양성은 인생의 양념이다', '달걀을 한 바구니에 담지 말라'와 같은 표현을 들어본 적이 있을 것이다. 이러한 말은 다양성이 인생을 더 재미있게 해준다는 것, 무엇이든 하나에 올인하면 결국 손해를 볼 가능성이 있다는 것을 의미한다. 그리고 그 교훈은 무엇이든 어느 정도는 분산화·다양화해야 하고 여러 가지 선택권이 있어야 한다는 것이다. 그렇다면 어느 정도의 다양화나 분산화가 충분한지, 다양성이 소비자의 후생을 증가시키는지 궁금하지 않은가?

서적 수집가의 집에 가보면 다양한 종류의 책이 책장에 가지런히 꽂혀 있다. 이를 보고 당신은 책 주인이 그 책을 다 읽었을 것이라고 생각하는가, 앞으로 읽을 것이라고 생각하는가? 또 다른 예로, 흔히 젊은 여성의 옷장과 신발장에는 수많은 종류의 옷과 신발이 가득하다. 만약 그들에게 그 옷을 다 입어보았는지 물어본다면 앞으로 필요할 때를 대비하여 모아둔 것이라고 답할 것이다. 옷장에 200벌을 넣어두었다고 해서 200배의 가치를 얻는 것은 아니다. 실상은 대부분이 유행에 뒤떨어져 결국 버려질 것이다.

소비의 다양성이 하는 역할을 분석한 한 논문에서는 비이성적으로 보이는 소비자의 이러한 행동을 '분산화 편견(diversification bias)'이라고 일컬었다. 이 논문에 따르면 소비자는 미래의 소비를 위해 물건을 고를 때나 한 번에 여러 개를 고를 때 과다하게 많은 다양성을 찾는 편견을 가지게 된다고 한다. 소비자가 다양성을 선호하는 태도를 보인다는 것은 사실이지만, 실제로 구매할 때 대부분의 소비자는 위험을 피하여 자신에게 가장 잘 맞는 제품을 고른다. 그러나 실험을 통해 밝혀진 바에 따르면 소비자는 한 번에 여러 제품을 동시에 구입할 때 다양성의 다른 측면(더 많은 다양성, 더 많은 위험)에 빠지는 실수를 하기도 한다. 그러나 제품을 순차적으로 구매할 때는 한 제품을 결정하고 그것만 고른다(더 적은 다양성 = 더 적은 위험).[1]

질문

- 분산화 편견에 따르면 구매 빈도는 소비자의 효율적 선택에 어떤 영향을 미치는가?

[1] Daniel Read and George Loewnstein, "Diversification Bias: Explaining the Discrepancy in Variety Seeking Between Combined and Separated Choices," *Journal of Experimental Psychology*, 34-49, 1995.

타일이 독특한 사람들을 위해 특수 제작된 교정형 운동화가 개발되었다. 또한 러닝화의 색깔, 재질, 모양이 다양해지고 손목이나 발목에 차는 웨이트 장비, 스웨트밴드에 끼워서 사용하는 소형 라디오 등 다양한 제품이 끊임없이 쏟아지고 있다. 의사도 제품을 차별화했다. 스포츠 의학 클리닉은 러너를 위한 다이어트 식품을 개발하고 있으며, 정강이나 발가락 통증을 전문적으로 치료하는 의사도 등장했다.

달리기 시장에서 이러한 다양성이 나타나는 것은 무슨 이유일까? 사람들은 제각각 다른 신체, 달리기 스타일, 미적 감각을 지니고 있으며, 러너가 증가할수록 소비자의 다양성이 증가하기 때문이다. 또한 다양성의 증가를 가져오는 또 다른 중요한 원인은 시장의 크기이다. 시장이 크면 특별한 러닝 제품을 개발하기 위해 투자한 고정비용을 회수할 가능성이 더 높아진다. 따라서 시장의 규모는 제품의 다양성에 영향을 미친다. 미네소타주 에덴프레리시보다 뉴욕시에 있는 레스토랑이 훨씬 다양한 이유는 뉴욕시에 다양한 인종이 모여 살 뿐만 아니라 뉴욕시의 시장 규모가 에덴프레리시보다 훨씬 크다는 데 있다.

기업의 제품 차별화 방법

제품의 차별화는 일치성의 필요성이나 규모의 경제와 같은 생산비용상의 문제 때문에 제약을 받기는 하지만, 사람들의 욕구나 기호를 만족시키는 제품에 대한 수요에 반응함으로써 나타난다. 이제 한 걸음 더 나가서 시장에서 나타나는 차별화의 특성을 살펴보자.

샌프란시스코에 있는 수많은 레스토랑 중 어떤 곳은 프랑스 음식을 팔고 어떤 곳은 중국 음식을 팔고 어떤 곳은 이탈리아 음식을 판다. 경제학자는 이러한 식으로 차별화되는 것을 **수평적 차별화**(horizontal differentiation)라고 일컫는다. 수평적 차별화는 어떤 사람들은 좋아하지만 어떤 사람들은 싫어하는 제품의 차이를 말한다.

수평적 차별화 어떤 사람들은 좋아하지만 어떤 사람들은 싫어하는 제품의 차이

감자에 소금이나 설탕을 넣는 것을 어떤 사람은 좋아하지만 싫어하는 사람도 있다. 수평적 차별화는 소비자 기호의 차이가 반영된 다양성을 창출한다.

사람들은 어떤 제품의 경우 한 가지 유형을 오랜 기간 계속 선택한다. 사람들이 좋아하는 시리얼은 각기 다르다. 어떤 사람은 아침 식사로 치리오스(Cheerios)를 먹지만 어떤 사람은 콘플레이크를 먹는다. 마요네즈의 브랜드 선호도도 사람마다 다르다. 하지만 저녁에 외식을 하러 가는 레스토랑의 경우에는 다양성을 선호한다. 사람들은 매주 같은 곳에서 식사하는 데 싫증을 느끼기 때문에 작은 도시라도 다양한 레스토랑이 있다.

계획경제를 실시하던 국가에 가보면 제품의 다양성이 상당히 부족하다는 것을 느끼게 된다. 중국에 자주 가본 사람들은 1980년대 중반부터 경제개혁을 시작한 이후 중국에서 가장 눈에 띄게 나타난 변화로 제품이 다양해진 것을 꼽는다.

제품을 **수직적 차별화**(vertical differentiation)로도 구분할 수 있다. 거의 모든 사람은 고급 사운드 시스템을 갖춘 제네시스를 일반 사운드 시스템을 갖춘 제네시스보다 더 좋아한다. 용량이 더 큰 하드디스크는 용량이 작은 하드디스크보다 더 좋다. 한 지역의 호텔은 여관보다 더 좋다. 어떤 제품이 다른 제품보다 더 좋은데도 두 제품 모두 경쟁적인 시장에 존재하는 이유는 무엇인가? 물론 답은 가격에 있다. 더 좋은 제품을 구매하려면 더 많은 돈을 지불해야 한다. 가치가 있다고 생각하면서 지불할 능력도 있는 사람만 더 높은 가격을 지불하고 더 좋은 제품을 구매한다. 따라서 수직적 차별화를 유발하는 것은 바로 사람들 간의 차이이다. 어떤 사람은 한 제품의 질에 대해 다른 사람들보다 더 많은 가치를 부여하고 더 많이 지불할 용의가 있다. 또한 특별한 날에 고급 레스토랑에 가는 것은 가치가 있겠지만 일상적으로 친구들과 만나서 밥을 먹을 때는 예산에 더 신경을 쓸 것이다.

수직적 차별화 사람들이 한 제품에 대해 그것의 경쟁제품보다 더 좋다고 생각하는 제품의 차이

최근 행동경제학 분야에서 발표된 한 논문은 너무 높은 다양성이 나쁠 수도 있다는 주장을 제기했다.[1] **행동경제학**(behavioral economics)은 심리학과 경제학의 통찰력을 활용하여 사람들의 의사결정에 대해 연구하는 경제학 분야이다.

행동경제학 심리학과 경제학의 통찰력을 활용하여 사람들의 의사결정에 대해 연구하는 경제학 분야

행동경제학 분야의 연구자들은 캘리포니아 멘로파크에 있는 고급 식료품점인 드래저스(Draeger's)에서 한 가지 실험을 했다. 이 식료품점에서는 250가지 겨자를 팔고 있을 만큼 제품의 종류가 다양하다. 어느 토요일에 고객이 시식해볼 수 있게 6개 종류의 잼을 따로 진열해놓았다. 그다음 토요일에는 24개 종류의 잼을 따로 진열해놓았다. 이 실험의 결과는 놀라웠다. 6개 종류의 잼을 진열했을 때보다 24개 종류의 잼을 진열했을 때 더 많은 고객이 멈추어 시식을 했지만, 시식을 한 고객 중 잼을 실제로 구매한 사람은 1명도 없었다. 이와 대조적으로 6개 종류의 잼을 진열했을 때는 시식을 한

1 Sheena S. Iyengar and Mark R. Lepper, "When Choice Is Demotivating: Can One Desire Too Much of a Good Thing?" *Journal of Personality and Social Psychology*, 2000, 995–1006.

고객 중 약 30%가 잼을 구매했다.[2] 이 실험을 통해 연구자들은 소비자는 제품의 다양성을 좋아하지만 너무 많은 다양성과 마주하면 오히려 소비를 줄인다고 결론을 내렸다.

이 실험은 너무 폭넓은 다양성 앞에서 사람들이 아예 선택을 하지 않는 식으로 반응한다는 것을 보여준 예이다. 행동경제학자들은 선택권이 많을 때 사람들이 어림짐작으로 판단을 하거나 기본 옵션을 선택함으로써 선택의 중압감을 피한다는 것 또한 발견했다. 예를 들어 일부 연구자들은 사람들이 은퇴를 준비하기 위해 저축을 할 때 각 투자 대상의 수익성을 자세히 살펴보지 않고 다양한 투자 대상에 골고루 나누어 투자하는 경향이 있음을 발견했다. 또한 사람들은 어떤 옵션을 선택해야 할 때 대부분 기본 옵션을 선택하는 것으로 나타났다. 이러한 이유로 일부 경제학자들은 사람들의 저축을 증가시키기 위해 (저축이 바람직한 경우) 사람들이 연금에 가입하는 것을 기본 옵션으로 정해 놓고 가입하지 않는 것을 선택할 수 있게 하자고 주장한다. 이 경우 사람들은 연금에 가입하지 않겠다는 선택을 하지 않는 한 자동으로 연금에 가입하게 된다.

행동경제학은 패키지로 판매하거나, 가격 책정 형태에서 나타나는 수평적 차별화에 대해서도 설명한다.[3] 많은 소비재는 소, 대, 특대 형태의 포장으로 구분되어 판매된다. 또한 많은 재화는 예컨대 헬스장과 잡지의 경우 회당 또는 1부로 판매되거나 회원권 또는 구독 계약으로 판매된다. 우리는 이러한 차이가 편의성 때문이라고 생각한다. 그러나 기업은 타깃으로 삼은 소비자에게 맞는 제품을 만들기 위해 이러한 차이를 사용할 수도 있다. 식구가 적은 가구는 작은 상자의 시리얼을 구매하고, 식구가 많은 가구는 특대형 시리얼을 구매할 것이다. 《유에스위클리(Us Weekly)》를 가끔 읽는 사람은 가판대에서 구매하지만 이 잡지를 좋아하는 사람은 구독 계약으로 구매한다. 이러한 종류의 소비자 간 차이는 분명히 중요한 기능을 한다.

행동경제학자들은 이러한 차이가 사라지지 않고 계속 시장에서 나타나는 이유가 일부 소비자들이 자신의 구매 행동을 스스로 관리하는 데 관심이 있기 때문이라고 말한다. 사람들은 아이스크림은 작은 용기에 들어 있는 것을 사지만 비타민은 큰 용기에 들어 있는 것을 산다. 왜 그럴까? 아이스크림은 가끔 먹지만 비타민은 매일 먹기로 스스로 약속하려 하기 때문이다. 사람들이 헬스장 회원권을 구매하는 것은 헬스장을 한 번 갈 때마다 발생하는 한계비용을 0으로 만들어, 최종적으로 계산해보면 매번 갈 때마다 헬스장 입장권을 구매하는 것이 더 싸더라도 스스로 헬스장에 꾸준히 나가기 위함이다. 《이코노미스트(Economist)》는 정기 구독하고 《유에스위클리》는 가판대에서 높은 가격에 1부씩 구매하는 것은 《이코노미스트》는 더 읽어야 하고 《유에스위클리》는 덜 읽어도 된다고 생각하기 때문이다. 일부 학생들은 출석을 성적에 반영하는 강의를 일부러 택하여 수업에 빠지지 않으려 한다. 기업은 이처럼 소비자 스스로 지키게 하는 약속 장치를 만들어주고 소비자가 그 약속을 지키도록 돕는 방법으로 제품 차별화를 창의적으로 사용할 수 있다. **약속 장치**(commitment device)는 개인이 자신의 미래 행동을 통제하기 위해 현재 선택하는 행동을 의미한다.

약속 장치 개인이 자신의 미래 행동을 통제하기 위해 현재 선택하는 행동

---

2 실험을 위해 준비한 6개 종류의 잼은 가장 좋지도 가장 나쁘지도 않은 맛을 신중하게 선택했다. 또한 고객은 시식한 후 잼을 사기 위해 모든 잼이 진열되어 있는 진열대로 가도록 잼이 배치되어 있었다.

3 Klaus Wertenbroch, "Self-Signaling and the costs and benefits of Temptation," *Organizational Behavior and Human Decision Processes*, September 2015 on the package size topic; Ulrike Malmendier and Stefano DellaVigna, "Paying Not to Go to the Gym," AER, June 2006, 694–719, on health club memberships; and Sharon Oster and Fiona Scott Morton, "Behavioral Biases Meet the Market," *BEPress Journal of Economic Advance and Policy*, 2005, on magazines.

경제학의 적용

머리카락도 코치가 필요하다

사람들이 평생 머리카락을 관리하는 데 얼마나 많은 돈을 쓸 것 같은가? 미국과 영국은 헤어케어 관련 제품이나 서비스에 가장 많이 지출하는 국가 중 하나이다. 한 조사에 따르면 영국 여성은 평생 47,000파운드를 헤어케어에 지출하고 미국 여성은 52,500달러(44,925유로)를 지출하는 것으로 나타났다. 이는 많은 사람의 대학 학비보다도 더 큰 금액이다. 한편 남성이 헤어케어에 지출하는 금액은 여성이 지출하는 금액의 절반을 조금 넘는다.

헤어케어 관련 지출이 전 세계적으로 증가하고 있으며, 헤어케어와 미용 시장은 많은 기업이 참가한 독점적 경쟁시장이 되었다. 치열한 경쟁에서 살아남기 위해 기업은 제품을 차별화하는 방법을 찾아내야 한다. 헤어케어 시장에서 기업은 머리카락의 질감, 색상, 성별, 두상, 나이, 알레르기 등에 따라 제품을 차별화하고 있다.

천연 재료만 사용하거나 제품에 첨단 기술을 접목하는 방식으로 차별화한 제품을 내놓은 기업은 틈새시장에서 프리미엄 가격을 받기도 한다. 로레알 케라스타즈 헤어코치(L'Oreal's Kérastase Hair Coach)는 2017년에 로레알(L'Oreal)과 노키아(Nokia) 소유의 위딩스(Withings)가 함께 개발한 스마트 헤어브러시이다.

케라스타즈 헤어코치에는 머리를 빗을 때의 소리, 머리를 빗는 패턴, 머리를 빗는 횟수를 감지하는 칩과 건조한 머리카락인지, 젖은 머리카락인지를 감지하는 센서가 장착되어 있다. 이러한 데이터는 스마트 브러시 안에 내장된 칩에 기록되고 사용자의 스마트폰에 설치된 앱으로 전달된다. 앱은 이 정보를 분석하여 머리카락에 대한 점수를 매기고(점수가 매일 업데이트됨), 그에 따른 맞춤형 진단으로 케라스타즈 제품을 추천한다. 케라스타즈 헤어코치는 그 자체로 차별화된 브러시일 뿐만 아니라, 경쟁이 치열한 독점적 경쟁시장에서 로레알의 케라스타즈 제품을 차별화하여 판매 증진에 도움을 준다.

질문

- 로레알 케라스타즈 헤어코치의 처음 가격은 200달러였다. 이 가격이 적정하다고 생각하는가, 하락할 것으로 생각하는가?

매우 흥미롭고 새로운 분야인 행동경제학은 경제의 여러 부문에 대한 이해의 깊이를 더해준다. 행동경제학자가 제공하고 있는 새로운 아이디어는 미시경제학과 거시경제학에 반영되고 있다.

지금까지 제품 차별화를 결정하는 힘과 차별화의 주요 형태를 간단히 살펴보았다. 다음으로 독점적 경쟁시장에서 특별한 역할을 하는 광고에 대해 알아보자.

제품 차별화와 광고의 효과에 대해 부정적인 입장인 사람들의 결론은 그것이 자원의 낭비와 비효율성을 초래한다는 것이다. 광고는 생산비용을 증가시키고, 필요한 정보를 전달하는 경우도 드물며, 곧잘 짜증만 유발한다. 따라서 광고는 사회적 후생을 감소시키며, 시장으로의 진입을 억제하여 시장의 경쟁을 약화할 수도 있다는 것이다.

광고

광고는 두 가지 측면에서 차별화와 연관성이 있다. 광고가 하는 역할은 사람들에게 기존 제품 간의 실제 차이를 알려주는 것이다. 광고의 또 다른 역할은 제품의 물리적 특성과 거의 상관없이 브랜드 이미지를 창조하여 제품을 차별화하는 것이다. 이 두 가지에 대한 예를 살펴보자.

코카콜라(Coca-Cola)의 '코카콜라와 같은 인생(Coke Side of Life)'이라는 광고는 콜라의 맛과 아무런 관계가 없다. 에비앙(Evian)의 춤추는 아기 광고는 이 생수의 순도와 아무런 관계가 없다. 한편 지방 신문에 나오는 광고는 그 지역의 슈퍼마켓이 이번 주에 어떤 제품을 세일하는지 구체적인 정보를 알려준다.

칸타미디어(Kantar Media)는 2016년에 미국 내 광고비가 1,900억 달러를 넘는 것으로 추정했으며, 그중에서 TV 광고비가 가장 큰 부분을 차지했다. 2018년에 슈퍼볼 결승전이 중계될 때 내보낸 30초짜리 TV 광고의 비용은 500만 달러가 넘었다. 그러나 미디어 광고에서 가장 급성장하고 있는 것은 스마트폰, 태블릿을 이용한 디지털 광고이다. 상대적으로 신문 광고는 상당히 줄어들었다. 구글(Google)의 유튜브(YouTube)는 온라인상에서 기업이 고객과 활발하게 상호작용할 수 있는 기회를 제공하여 광고 시장에서 중요한 위치를 차지하고 있다. 기업은 유튜브를 통해 광고를 할 수 있을 뿐만 아니라, 쉽게 만들 수 있는 브랜드 채널(계정)을 통해 소비자의 선호에 관한 정보를 얻을 수도 있다. 인터넷 덕분에 광고는 정보를 서로 주고받는 쌍방향 도로의 역할을 하고 있다.

넓은 의미에서 제품 차별화(좁은 의미에서 광고)는 수년간 학자들 사이에서 적절한 자원 배분에 대한 논란을 불러일으켰다. 광고를 옹호하는 사람들은 광고가 시장시스템에 활력과 힘을 준다고 주장하고, 이를 반박하는 사람들은 광고가 낭비와 비효율성을 초래한다고 주장한다.

광고를 긍정적으로 보는 입장 제품 차별화가 성공하려면 소비자가 제품의 특징과 유용성에 대해 알아야 한다. 완전경쟁시장에서는 모든 제품이 동일하며 소비자가 제품에 대해 완전한 정보를 가지고 있다고 가정한다. 그렇지 않은 경우 완전경쟁시장은 자원을 효율적으로 배분하는 데 실패한다. 제품이 차별화되어 있을 때는 정보가 더욱 중요하다. 광고는 소비자가 일부 정보라도 얻는 것을 돕는다. 광고를 옹호하는 사람들은 광고의 기본 기능이 소비자가 이성적인 선택을 하는 데 필요한 정보를 제공하는 것이라고 주장한다.

광고라고 할 때 우리는 한 제품에 대해 우리가 가진 이미지를 바꾸려는 설득적인 광고를 떠올린다. 특히 주류 회사는 이러한 광고를 하기로 유명하다. 그러나 완전히 정보만 주는 광고도 아주 많다. 신문에 끼여 배달되는 광고 전단에는 세일하는 식품에 대한 구체적인 정보를 담은 슈퍼마켓의 광고도 있다. 신문사의 중요한 수입원인 이러한 광고는 소비자가 우유, 닭고기 등을 어디서 사야 할지를 알려주는, 이미지가 아닌 구체적인 정보를 전달하는 광고이다. 새로운 장난감이 많이 생산되는 연말에는 TV나 지면을 통한 장난감 광고가 많은데 이는 소비자에게도 도움이 된다.

광고를 지지하는 사람들은 광고가 경쟁을 촉진하는 역할을 한다고도 주장한다. 이미 자리를 잡은 기존 제품과 신제품이 경쟁하려면 신제품에 대한 정보가 소비자에게 전달되어야 한다. 사람들의 생활수준은 혁신적인 제품이나 더 좋은 신제품이 시장에 나올 때 높아진다. 현재 우리가 일상적으로 사용하고 있지만 20년 전에는 없었던 제품이 얼마나 많은가. 소비자가 다양한 대체재에 대한 정보를 얻을 수 있다면 선택을 통해 소비자의 기호와 동떨어진 제품은 시장에서 사라질 것이다.

브랜드 이미지를 만들고 강화하는 데 목적을 둔 광고라 하더라도 효율성을 증가시킬 수 있다. 기업은 제품의 이미지를 확립하기 위해 마케팅과 광고에 엄청난 돈을 쏟아부어야 한다. 브랜드 이미지가 강할수록 기업은 이를 위해 많은 비용을 지불해야 하며, 그러한 브랜드 이미지를 유지하기 위해서도 많은 비용을 지불해야 한다. 많은 경우 이러한 투자는 소비자에게 혜택을 가져다준다. 2007년에 중국에서 만든 장남감에서 납 성분이 검출되었다는 미국의 신문기사로 거대 장난감 제조 기업인

해즈브로(Hasbro)와 마텔(Mattel)은 이러한 장난감을 다시 검사하는 데 수백만 달러를 들였다. 장난감과 같은 제품의 경우 부모의 신뢰 회복에 기업의 명운이 걸렸기 때문이다.

차별화된 제품과 그에 따른 광고는 시장에 활력을 불어넣으며 시장이 지닌 힘의 밑거름이 된다. 또한 제품 차별화는 높은 품질과 다양성을 가져오고, 광고는 소비자에게 제품의 유용성, 품질, 가격, 구입처 등 시장에서 소비자가 효율적인 선택을 하는 데 필요한 가치 있는 정보를 제공한다.

제품 차별화와 광고를 부정적으로 보는 입장 이러한 입장의 사람들은 제품 차별화와 광고로 사회의 자원이 낭비된다고 생각한다. 이들은 제품 간에 의미 없는 미세한 차이를 만드는 데 엄청난 돈이 지출되고 있다고 주장한다.

당신은 50개 종류의 비누를 원하는가? 그중에는 광고비 때문에 가격이 더 높게 책정된 비누도 있을 수 있다. 차별화된 제품을 생산하는 기업에서 광고비는 제품을 판매하는 데 일상적으로 발생하는 비용 중 하나이다. 따라서 광고비는 단기에서든 장기에서든 기업의 평균생산비용곡선에 반영되고, 제품의 가격에도 당연히 반영된다. 소비자는 자신에게 필요하지도 않은 광고를 위해 비용을 지불하고 있는 것이다.

경제학의 적용

오프라 윈프리가 광고하는 책은 잘 팔린다

우리는 유명 연예인의 유명인 보증(celebrity endorsement) 광고에 익숙하다. 배우 닐 패트릭 해리스(Neil Patrick Harris)는 하이네켄 라이트(Heineken Light)의 광고 모델로, 샬리즈 세런(Charlize Theron)은 디올(Dior)의 모델로, 가수 겸 배우 리애나(Rihanna)는 푸마(Puma) 스니커즈 모델로 오랜 기간 활동했다. 그런데 이러한 이미지 광고는 정말 효과가 있을까? 유명인 보증 광고는 해당 제품의 판매를 실제로 증가시키는가? 그렇다면 판매 증가는 경쟁기업 제품의 판매 감소라는 희생에 의한 것인가, 아니면 추가적인 판매 증가에 의한 것인가?

이러한 질문에 대해 분석한 연구자가 있다.[1] 이러한 질문에 대한 명쾌한 답을 찾기는 쉽지 않다. 인과관계가 양방향일 수 있기 때문이다. 높은 판매량은 유명인 보증 광고로 판매량이 증가한 결과일 수도 있고, 높은 판매량을 달성한 기업이 이윤의 일부를 사용하여 유명 연예인 광고를 한 것일 수도 있기 때문이다. 그렇다면 어느 방향의 인과관계가 맞는가?

이 연구자는 이러한 문제를 풀 수 있는 흥미로운 경우를 발견했다. 이 글의 제목이 말해주듯이 연구자는 유명 방송인인 오프라 윈프리(Oprah Winfrey)가 소개하는 책의 광고 효과를 살펴보았다. 저자나 출판사는 오프라 윈프리가 책을 소개해주는 것에 대해 돈을 지불하지 않는다. 따라서 유명인 보증 광고가 책 판매에 미치는 영향을 확인할 수 있다. 그 반대 방향의 인과관계를 무시할 수 있기 때문이다.

연구자는 유명인 보증 광고의 엄청난 효과를 발견했다. 책을 소개한 후 몇 주 동안 판매량이 6,000%나 증가했다. 시간이 지남에 따라 그 효과가 줄어들기는 했지만 6개월 동안 상당한 판매량 증가를 유지했다. 더욱이 같은 작가가 쓴 다른 책의 판매도 크게 증가했다.

이러한 판매량 증가는 어디서 오는 것인가? 오프라가 광고한 책의 판매량 증가는 같은 장르에 속하는 다른 작가의 책 판매량이 이전한 것으로 나타났다. 이러한 경우에 오프라의 보증을 경제학적 용어로 '사업 도둑질(business stealing)'이라고 한다. 오프라의 광고 때문에 같은 장르의 책 전체 수요가 증가하지는 않은 것으로 나타났다.

질문

- 오프라 효과는 닐 패트릭 해리스나 샬리즈 세런의 보증 효과와 비슷한가?

[1] Craig Garthwaite, "Demand Spillovers, Combative Advertising, and Celebrity Endorsements," *American Economic Journal*, April 2014, 76–104.

광고는 진입장벽을 만들어 경쟁을 감소시킬 수도 있다. 미국의 많은 경영대학에서 살펴보는 사례연구 중 잘 알려진 것으로, 시리얼 시장에 새로운 기업이 진입하는 데 드는 비용을 계산한 사례가 있다. 이 사례에서는 새로운 기업이 시장에 성공적으로 진입하는 데 필요한 소비자의 브랜드 인지를 확립하기 위해 지출해야 하는 광고비가 수백만 달러로 언급되었다. 시리얼 시장에의 진입이 봉쇄되어 있지는 않지만 엄청난 금액을 투자해야 하기 때문에 새로운 기업의 진입이 어려운 것이다.

남은 질문 경제학을 공부하다 보면 많은 질문에 대해 부정적 측면과 긍정적 측면을 동시에 답할 수 있음을 알게 된다. 광고에 대한 논쟁도 예외는 아니다. 실증적 분석 결과도 일치하지 않는다. 어떤 연구는 광고가 시장집중도를 높이고 기업의 이윤을 증가시킨다는 결과를 보여주고, 또 어떤 연구는 광고가 시장의 작동을 보다 원활하게 해준다고 밝히고 있다.

학습목표

독점적 경쟁기업의 가격과 생산량 결정에 대해 알아본다.

15.3 독점적 경쟁시장의 가격과 생산량

독점적 경쟁시장은 많은 기업으로 구성되어 있으며 각 기업의 크기는 전체 시장에 비해 상당히 작다. 따라서 어떤 기업도 그 규모로는 시장가격에 영향을 미칠 수 없다. 그러나 기업은 제품 차별화를 통해 자신의 가격에 대한 통제권을 어느 정도 가질 수 있다. 그렇다면 독점적 경쟁기업은 가격을 어떻게 책정하는가?

제품 차별화와 수요의 탄력성

완전경쟁시장에 있는 기업의 제품은 모두 똑같고 완전경쟁기업의 수요곡선은 완전탄력적이다. 만약 한 기업이 가격을 조금이라도 올리면 소비자는 모두 다른 기업의 제품을 구매하므로 가격을 올린 기업의 판매량은 0이 된다. 그러나 독점적 경쟁시장에서는 기업이 제품 차별화를 통해 자신의 제품이 다른 기업의 제품과 다르다고 소비자를 인식시킨다면 판매량을 모두 잃지 않고도 제품의 가격을 어느 정도 올릴 수 있다. 그림 15.2는 제품 차별화로 기업의 수요곡선이 어떻게 달라지는지를 보여준다.

독점기업은 대체재가 없는 제품을 생산한다. 독점적 경쟁기업은 다른 기업의 제품과 차이가 나는 자신만의 제품을 생산하는 단 하나의 기업이라는 의미에서 독점기업과 같다. 치리오스 시리얼, 통

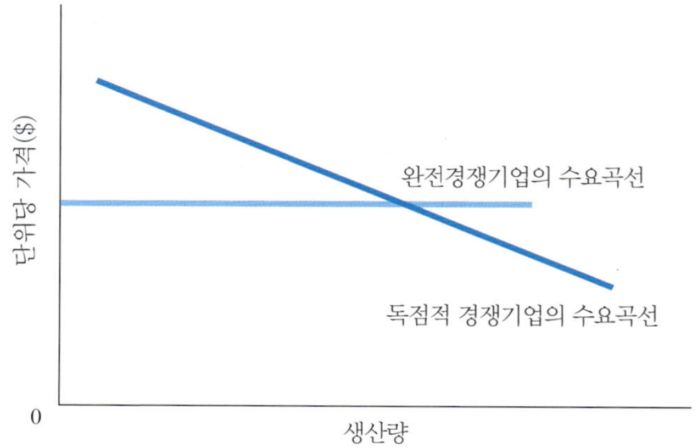

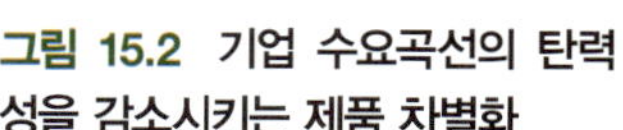
그림 15.2 기업 수요곡선의 탄력성을 감소시키는 제품 차별화
독점적 경쟁기업의 수요곡선은 완전경쟁기업의 수요곡선보다 비탄력적이다. 하지만 독점적 경쟁기업의 제품의 경우 유사한 대체재가 존재하므로 독점기업의 수요곡선보다 탄력적이다.

밀 과자 위트신스(Wheat Thins), 존슨스 베이비샴푸(Johnson's Baby Shampoo), 오레오(Oreo) 쿠키를 생산하는 기업은 단 하나이다. 그러나 독점기업의 제품과 달리 독점적 경쟁기업의 제품은 소비자의 지갑을 놓고 경쟁하는 유사한 대체재가 많다. 독점적 경쟁기업의 수요곡선은 완전경쟁기업의 수요곡선보다는 덜 탄력적이지만 독점기업의 수요곡선보다는 더 탄력적일 가능성이 높다.

단기에서의 가격/생산량 결정

단기에서 이윤을 극대화하는 독점적 경쟁기업은 독점기업처럼 행동한다. 첫째, 독점적 경쟁기업이 제품의 가격을 경쟁기업보다 조금 올리더라도 경쟁기업의 제품과 차별화되어 있어 고객을 전부 잃지는 않기 때문에 독점적 경쟁기업의 한계수입은 가격과 일치하지 않는다. 독점적 경쟁기업은 자신의 가격 변화에 대한 수요량의 변화를 보고 생산량을 결정한다. 독점적 경쟁기업의 한계수입곡선은 자신의 수요곡선 아래에 위치한다. 수요곡선이 직선이라고 가정하면 한계수입곡선은 원점과 수요곡선이 가로축(생산량)과 만나는 점의 가운데를 지나간다(잘 이해되지 않는다면 13장을 다시 읽어보기 바란다). 독점적 경쟁기업은 이윤을 극대화하는 생산량/가격 조합을 선택한다. 이윤을 극대화하기 위해 독점적 경쟁기업은 한계수입과 한계비용이 일치하는 점($MR = MC$)의 생산량을 생산하여 판매한다.

그림 15.3(a)에서 이윤 극대화 생산량은 $q_0 = 2{,}000$이며, 이는 한계비용과 한계수입을 일치시키는 생산량이다. 2,000단위를 판매하기 위해 기업은 가격을 6달러로 책정해야 한다. 이는 2,000단위를 판매하면서 책정할 수 있는 가장 높은 가격이다. 총수입은 $P_0 \times q_0 = 12{,}000$달러, 즉 P_0Aq_00의 면적이다. 총비용은 평균총비용에 q_0을 곱한 것으로 10,000달러, 즉 CBq_00의 면적이다. 총이윤은 총수입과 총비용의 차이인 2,000달러(회색으로 표시된 P_0ABC의 면적)이다.

단기에서 독점적 경쟁기업의 이윤을 보장하는 것은 아무것도 없다. 그림 15.3(b)는 독점적 경쟁기업의 제품에 대한 시장수요가 생산비용에 비해 상당히 약할 때 나타나는 결과를 보여준다. 이 기

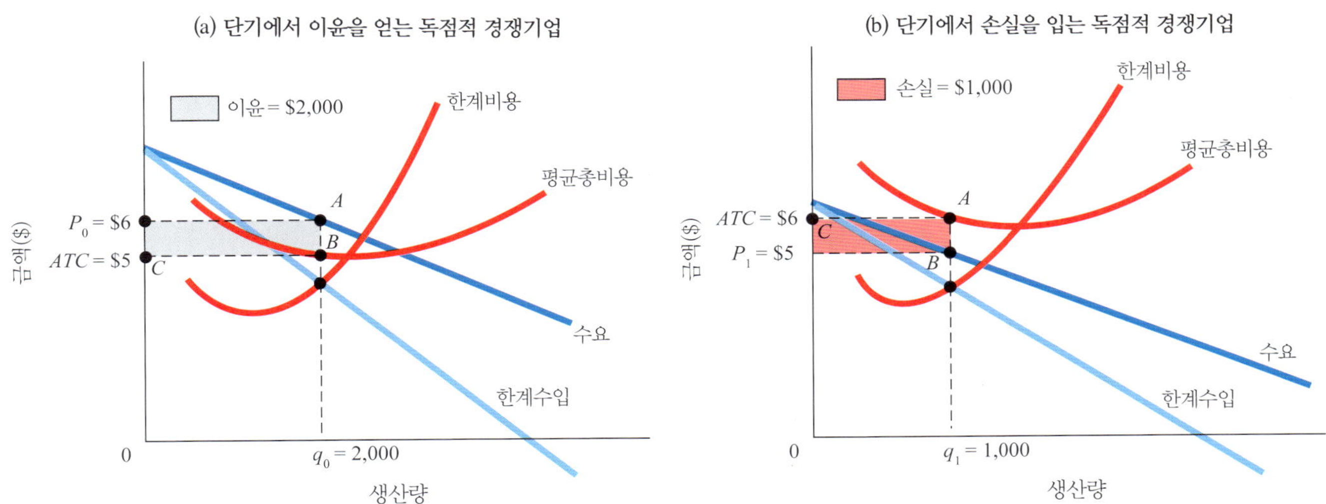

그림 15.3 단기에서의 독점적 경쟁
단기에서 독점적 경쟁기업은 $MR = MC$인 점까지 생산한다. (a) $q_0 = 2{,}000$에서 기업은 단기이윤을 얻으며, 단기이윤의 크기는 $P_0ABC = 2{,}000$달러이다. (b) 비슷한 비용 구조를 가지고 있는 다른 독점적 경쟁기업은 약한 수요 때문에 이윤을 극대화하는 생산량(손실을 극소화하는 생산량) $q_1 = 1{,}000$에서 $CABP_1 = 1{,}000$달러의 손실을 보고 있다.

업이 제품의 가격에 대해 어느 정도의 지배력을 가지고 있다 하더라도 제품의 시장수요가 이윤을 가져다줄 만큼 충분하지 않다.

완전경쟁기업과 마찬가지로 이 독점적 경쟁기업은 손실을 최소화하기 위해 한계수입과 한계비용이 일치하는 생산량을 생산한다. 물론 완전경쟁기업의 경우처럼 이 기업이 책정하는 가격은 평균변동비용을 감당할 수 있을 만큼 높아야 한다. 가격이 평균변동비용을 감당할 수 있을 정도로 높지 않다면 더 많이 생산하여 더 큰 손실을 보는 대신 조업을 중단하여 총고정비용과 같은 크기의 손실만 보아야 한다. 그림 15.3(b)에서 손실을 최소화하는 생산량은 q_1 = 1,000이며, 이 생산량은 5달러의 가격에서 모두 판매된다. 총수입은 $P_1 \times q_1$ = 5,000달러, 즉 P_1Bq_10의 면적이다. 총비용은 $ATC \times q_1$ = 6,000달러, 즉 CAq_10의 면적이다. 총비용이 총수입보다 크므로 이 기업은 1,000달러의 손실을 보며, 그 크기는 음영으로 표시된 $CABP_1$의 면적과 같다.

장기에서의 가격/생산량 결정

독점적 경쟁시장은 장기에서 기업의 진입과 퇴출이 자유롭다. 기업은 이윤을 얻을 것 같은 시장에 자유롭게 진입할 수 있으며, 손실을 보는 기업은 사업을 접고 시장을 빠져나올 수도 있다. 그러나 독점적 경쟁시장에의 진입은 완전경쟁시장의 경우와 다르다. 독점적 경쟁시장에서는 기업의 제품이 차별화되어 있기 때문이다. 독점적 경쟁시장에 진입하는 기업은 해당 시장에서 이미 판매되고 있는 제품과 비슷한 대체재를 생산하는 것이지 그와 똑같은 제품을 생산하는 것이 아니다.

그림 15.3(a)와 같이 단기에서 양의 이윤을 얻고 있는 한 기업을 살펴보자. 이러한 이윤은 새로운 기업이 이 시장에 진입하게 만드는 인센티브로 작용한다. 새로운 기업의 진입은 이윤을 얻고 있는 이 기업의 제품과 비슷한 새로운 대체재의 생산을 의미하며, 이로 인해 이 기업의 수요량이 감소한다. 예를 들어 어떤 지역에서 여러 음식점이 장사를 잘하고 있는데 새로운 음식점이 생기면 기존 음식점의 판매량이 줄어들 수 있다. 음식은 완전대체재는 아니지만 다른 음식점의 판매량에 영향을 줄 수 있을 정도의 대체성이 있다.

시장에서 기업이 이윤을 얻고 있는 한 새로운 기업이 계속해서 진입한다. 새로운 기업이 진입함에 따라 기존 기업의 수요곡선이 왼쪽으로 이동하고 한계수입곡선도 이동한다. 새로운 기업의 진입이 많아질수록 기존 기업의 수요는 점점 더 줄어든다. 기존 기업의 수요곡선은 이윤이 사라질 때까지 계속 이동한다. 이러한 이동은 수요곡선과 평균총비용곡선이 만날 때까지 계속된다(이렇게 만나는 점에서 두 곡선은 기울기가 같다). 그림 15.4는 장기에서 나타나는 독점적 경쟁시장의 균형을 보여준다. q^*와 P^*에서 가격과 평균총비용이 일치하므로 이윤도 손실도 발생하지 않는다.

그림 15.4를 자세히 살펴보면 두 곡선이 만나는 점에서의 생산량이 q^*이고, 이는 이윤을 극대화하는 생산량이라는 것을 알 수 있다. 이 점에서 한계비용과 한계수입이 일치한다. q^*를 벗어난 다른 모든 생산량 수준에서 ATC곡선은 수요곡선 위에 위치한다. 이는 다른 모든 생산량 수준에서는 ATC가 기업이 책정한 가격보다 크다는 것을 의미한다(수요곡선은 각 생산량에서의 가격을 보여주기도 한다). 따라서 생산량 q^*에서 가격이 평균총비용과 일치하고 기업의 이윤이 0이 된다.

이 균형점은 수요곡선과 평균총비용곡선이 만나는 점에서 나타나야만 한다. 만약 수요곡선이 평균총비용곡선을 통과하여 평균총비용곡선과 두 점에서 만난다면 어떤 생산량 수준에서는 수요곡선이 평균총비용곡선보다 위에 있게 되는데, 그러한 생산량을 생산하면 기업은 양의 이윤을 얻는다.

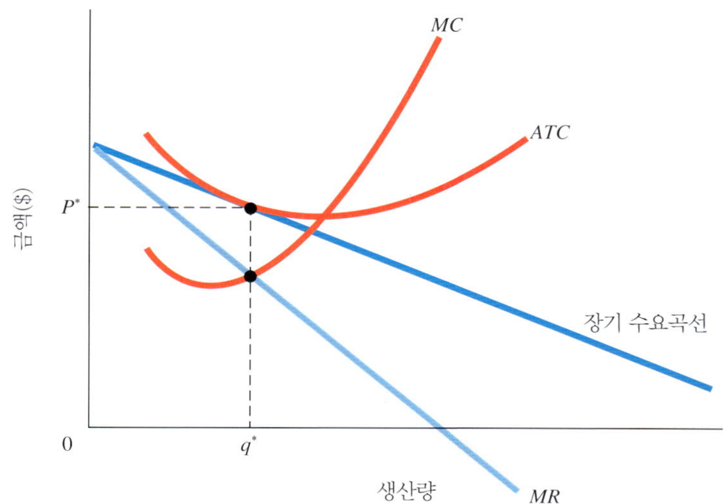

그림 15.4 장기균형에서의 독점적 경쟁기업
새로운 기업이 이윤을 좇아 독점적 경쟁시장에 진입하면 일부 소비자가 새로운 기업의 유사한 대체재를 구입함으로써 이윤을 극대화하는 기존 기업의 수요곡선은 왼쪽으로 이동하고 한계수입곡선도 같이 이동한다. 이러한 과정은 기업의 이윤이 모두 사라질 때까지 계속되며, 수요곡선과 평균총비용곡선이 만나는 점에서 균형을 이루면서 끝난다.

양의 이윤은 새로운 기업이 시장에 진입하게 만들고 다시 기업의 수요곡선을 왼쪽으로 옮기면서 기업의 이윤을 감소시킨다. 만약 기업의 수요곡선이 모든 생산량에서 평균총비용곡선 아래에 있다면 모든 생산량 수준에서 기업은 손실을 입는다. 이로 인해 기존 기업의 일부는 시장을 떠나고, 이에 따라 시장에 남아 있는 기업의 수요곡선이 오른쪽으로 이동하면서 남아 있는 기업의 이윤이 증가한다(손실이 감소한다). 따라서 기업의 이윤이 0이 되려면 기업의 수요곡선이 평균총비용곡선과 만나야 한다. 이것이 독점적 경쟁시장에서 장기균형이 성립하기 위한 조건이다.

그림 15.4에는 주목해야 할 점이 또 있다. 독점적 경쟁기업은 평균총생산비용이 최저가 되는 생산량을 생산하지 않는다는 것이다. 다시 말해 독점적 경쟁기업은 평균총비용을 최소화하는 생산량보다 더 적은 생산량을 생산한다. 어떤 의미에서 이것은 제품 차별화에 따르는 비용이라고 할 수 있다. 사람들의 개별적인 기호에 맞춘 제품이나 서비스를 제공하는 경우에는 모든 사람에게 동일한 것을 제공하는 경우보다 더 많은 생산비용이 발생한다. 차별화에서 언급한 회색 보도블록을 생각해보라. 회색 보도블록만 생산한다면 다양한 색의 보도블록을 생산할 때보다 생산비용이 더 낮을 것이다.

15.4 경제적 효율성과 자원 배분

학습목표

독점적 경쟁시장의 경제적 장점과 단점을 이해한다.

장기에서 시장 진입이 쉽고 기업의 초과이윤도 사라지기 때문에 독점적 경쟁시장이 효율적인 결과를 가져온다고 결론 내리기 쉽다. 그러나 두 가지 문제가 남아 있다.

첫째, 독점적 경쟁기업이 제품 차별화를 통해 일단 어느 정도의 시장지배력을 얻게 되면 그 기업의 이윤 극대화 전략은 생산량을 줄이고 한계비용보다 높은 가격을 책정하는 것이다. 이는 그림 15.3과 15.4에서 볼 수 있다. 한 재화의 가격은 그 재화에 대해 사회가 평가하는 가치를 나타내고, 한계비용은 그 재화를 생산하는 데 투입되는 자원에 대해 사회가 평가하는 가치를 나타낸다고 12장에서 설명했다. 그러므로 독점적 경쟁기업은 생산량을 줄여서 한계비용보다 높은 가격을 책정함으로써 자원의 효율적 사용을 막는 셈이다.

둘째, 그림 15.4에서 보듯이 독점적 경쟁기업의 최종 균형점은 평균총비용의 최저점보다 왼쪽에서 나타난다. 이는 독점적 경쟁기업이 비용 절감의 효과를 충분히 살리지 못한다는 것을 의미한다.

기존 기업이 이윤을 얻는 것을 보고 새로운 기업이 시장에 진입한다고 하자. 더 많은 기업이 이윤을 좇아 경쟁함에 따라 각 기업의 시장수요가 전보다 줄어든다. 따라서 결국 기업은 초과 생산능력을 가지게 된다. 그림 15.4의 기업은 수요곡선이 왼쪽으로 이동했기 때문에 자신의 생산능력을 충분히 사용하지 못하고 있다. 독점적 경쟁시장은 약간 다른 제품을 생산하는 많은 기업이 존재함으로써 각 기업이 평균총생산비용이 최저가 되는 최적 생산량을 생산하지 못하는 결과를 초래한다. 그렇다면 조금 적은 수의 기업이 각각 좀 더 많은 생산량을 생산하는 것이 더 효율적이지 않을까?

하지만 최적 생산량보다 적은 생산량을 생산함으로써 발생하는 생산비용의 증가를 더 많은 기업이 존재함으로써 커지는 제품의 다양성이 가져다주는 이득과 비교해야 한다. 제품 차별화가 신제품, 개선된 제품, 보다 큰 다양성을 가져온다면 이로 인한 경제적 후생의 증가는 한계비용보다 높은 가격 책정이나 최적 생산량보다 적은 생산량의 생산으로 발생하는 비효율성을 상쇄하고도 남을지 모른다.

독점적 경쟁시장에 해당하는 실제의 여러 시장에서 기업들은 경쟁적이다. 가격경쟁과 제품경쟁이 동시에 나타난다. 또한 기업은 경제적 이윤을 얻지 못하며 반독점법을 위반하는 경우도 거의 없다. 독점적 경쟁기업의 행동에 대해 미국 정부는 크게 신경을 쓰지 않는다. 독점적 경쟁기업의 행동은 시장의 경쟁 압력으로 충분히 통제되며, 미국 정부 또한 심각하게 독점적 경쟁기업의 행동을 규제하거나 통제하려고 한 적이 없다.

요약

01 독점적 경쟁시장은 많은 수의 기업, 자유로운 시장 진입과 퇴출, 차별화된 제품을 특징으로 한다. 독점적 경쟁시장에는 좋은 대체재가 많으며, 독점적 경쟁기업은 제품 차별화를 통해 어느 정도의 시장지배력을 확보하려고 한다.

02 시장에서 나타나는 제품 차별화의 정도는 그 시장의 특징에 따라 달라진다. 소비자의 기호가 얼마나 다른가? 다른 소비자가 구입한 제품과 똑같은 제품을 구입하는 것이 소비자에게 이득이 되는가? 한 종류의 재화만 생산하는 경우에 규모의 경제가 크게 나타나는가? 시장에 다양한 제품이 존재한다는 것은 그 시장에 있는 소비자의 이질성이 크다는 것과, 일치성으로부터 소비자가 얻는 효용이 증가하지 않거나 오히려 효용이 감소한다는 것을 반영한다. 또한 제품의 표준화에 따른 생산비용의 절약이 매우 적다는 것을 의미한다.

03 제품은 수평적·수직적으로 차별화될 수 있다. 수평적 차별화는 취향, 기호 등이 다른 사람들에게 각기 다른 재화를 생산하여 공급하는 것을 말한다. 수직적 차별화는 어떤 제품보다 더 나은 제품을 생산하여 공급하는 것을 말한다. 사람들은 더 좋은 재화에 대해 더 높은 가격을 지불할 용의를 갖지 않을 수도 있다.

04 행동경제학 분야의 한 연구는 실험을 통해 너무 많은 다양성이 오히려 소비자의 구매를 방해할 수 있다는 것을 밝혔다.

05 행동경제학의 또 다른 연구는 소비자가 현재 어떤 (소비) 행동을 선택하는 것은 그러한 선택을 통해 자신의 미래 행동을 통제하기 위한 것이라고 밝혔다.

06 시장에서의 자유롭고 열린 경쟁을 옹호하는 사람들은 차별화된 제품과 광고가 시장에 활력을 불어넣으며 시장이 지닌 힘의 밑거름이 된다고 주장한다. 반대 입장인 사람들은 제품 차별화와 광고가 자원을 낭비하고 사회에 비효율성을 초래한다고 주장한다.

07 제품 차별화를 통해 기업은 수요를 전부 잃지 않으면서 가격을 올릴 수 있는 능력을 가지게 된다. 독점적 경쟁기업의 수요곡선은 완전경쟁기업의 수요곡선보다 비탄력적이고 독점기업의 수요곡선보다는 탄력적이다.

08 단기에서 이윤을 극대화하는 독점적 경쟁기업은 추가 생산량(판매량)이 가져다주는 추가 수입(한계수입)이 추가 생산량을 생산하는 데 드는 추가 비용(한계비용)보다 크면 생산량(판매량)을 계속 증가시킨다.

09 새로운 기업이 이윤을 좇아 독점적 경쟁시장에 진입하면 일부 소비자가 새로운 기업의 유사한 대체재를 구입함으로써 기존 기업의 수요가 줄어들어 수요곡선이 왼쪽으로 이동하고 한계수입곡선도 같이 이동한다. 이러한 과정은 기업의 이윤이 모두 사라질 때까지 계속되며, 수요곡선과 평균총비용곡선이 만나는 점에서 균형을 이루면서 끝난다.

10 독점적 경쟁기업의 가격은 한계비용보다 높은데 이는 비효율적인 결과이다. 이에 따라 독점적 경쟁기업은 평균총비용을 최소화하는 최적 생산량보다 적은 생산량을 생산함으로써 초과 생산능력을 가지게 된다. 하지만 제품의 다양성이 가져다주는 혜택은 이러한 비효율성을 상쇄하거나 능가할 수도 있다.

핵심 용어

독점적 경쟁시장(monopolistic competitive market)
수직적 차별화(vertical differentiation)
수평적 차별화(horizontal differentiation)
약속 장치(commitment device)
제품 차별화(product differentiation)
행동경제학(behavioral economics)

연습문제

01 스페인 마드리드의 마요르 광장은 유럽에서 가장 큰 광장 중 하나로 주위에 관광객과 지역 주민을 위한 상점, 카페, 레스토랑이 즐비하다. 이 광장은 젊은이들이 만나서 친분과 우애를 쌓는 장소로도 유명하다. 따라서 이곳은 젊은이들이 만나서 친분을 만드는 시장이라고 볼 수도 있다. 그렇다면 이처럼 사람들 간의 친분을 생산하는 마요르 광장은 어떤 시장 구조라고 할 수 있는가?

02 당신이 인구가 20만 명인 도시의 대학에 다닌다고 하자. 당신의 부모님이 이 지역으로 와서 함께 저녁을 먹기로 했다. 당신은 지역 음식점이 어떤 특징을 가진 시장에 있다고 말하겠는가? 음식점은 제품 차별화를 하고 있는가? 음식점은 어떤 방법으로 경쟁하고 있는가? 음식점이 음식 가격을 책정할 수 있는 능력은 어느 정도인가? 이 시장에 진입장벽이 있는가? 음식점은 얼마나 많은 이윤을 얻고 있겠는가?

03 일반적으로 레이(REI)라고 불리는 레크리에이셔널이퀴프먼트(Recreational Equipment, Inc.)는 다양한 스포츠 용품, 캠핑 장비, 스포츠 의류를 파는 소매 기업이다. 레이는 미국 35개 주에 150개가 넘은 소매점을 두고 소매 웹사이트도 운영 중이다. 웹사이트에는 수천 가지 제품이 올라와 있지만 현지 소매점은 그중 일부만 가지고 있다. 웹사이트에는 그렇게 많은 제품을 전시해놓고 현지 소매점에는 그중 일부만 있는 이유는 무엇인가? 또한 소매점마다 보유하고 있는 제품이 다른데 그 이유는 무엇인가?

04 비틀스(The Beatles)는 한때 독점적 경쟁기업이었으나 나중에는 독점기업이 되었다. 이 말의 의미를 구체적으로 설명하라.

05 제품이 수직적으로 차별화되어 있는 시장에서는 제품의 가격이 각기 다르다. 반면에 제품이 수평적으로 차별화되어 있는 시장에서는 제품이 서로 다르지만 가격이 상당히 비슷하다. 수직적 차별화로 항상 가격 차이가 나는 이유는 무엇인가?

06 더 잘 알려진 브랜드 제품이 덜 알려진 브랜드 제품보다 낮은 가격에 판매되곤 한다. 이러한 현상이 항상 나타나는가? 이에 대해 설명하라.

07 라스베이거스는 볼거리가 많은 도시이다. 약 107미터의 높이의 유리 피라미드, 실제 크기의 반으로 축소한 에펠탑, 불 뿜는 화산 모형 등을 세계 어디에서 또 볼 수 있겠는가? 라스베이거스에는 미국에서 가장 큰 4개의 카지노가 있으며, 이들은 2007년부터 시작된 환경보호 프로그램에 각각 수백만 달러를 내놓고 있다. 카지노가 환경보호 프로그램에 참가하는 것의 긍정적 효과와 부정적 효과는 무엇인가? 카지노가 이 프로그램에 동참하는 이유는 무엇인가?

08 한 기업의 광고 매체당 광고비와 기대되는 판매량이 다음 표와 같으며, 이 기업은 한 번에 한 광고 수단만 사용할 수 있다. 이 기업은 제품을 단위당 400유로에 판매한다.

a. 광고 매체와 판매량의 이러한 관계를 경제학적 용어로 어떻게 표현할 수 있는가?

b. 단위당 한계비용이 350유로라면 이 기업은 얼마만큼의 광고를 해야 하는가?

광고 수단	광고비(100만)	P = €400에서의 판매량
소셜미디어	€15	500,000
TV	€25	800,000
팝업창 광고	€40	1,000,000
인터넷 라디오	€46	1,100,000
다이렉트메일	€50	1,150,000

09 그리스는 스페인, 이탈리아 다음으로 세계에서 세 번째로 큰 올리브유 생산국이다. 인터넷을 이용하여 그리스의 올리브유에 대해 조사해보라. 그리스 내 생산 지역에 따라 올리브유 가격이 어떻게 다른가? 올리브유 시장은 독점적 경쟁시장의 특징을 띠는가? (스페인, 이탈리아, 터키의 올리브유에 대해서도 조사해보라.)

10 경제학 교수인 이코스마트는 한 대학에서 경제학원론을 가르치고 있다. 이번 학기부터는 종전에 하던 강의에 새로운 강의 기법을 추가하기로 했는데, 그중에는 과제 발표, 특정한 이슈나 개념을 설명하는 모의실험이나 게임 활용, 소셜미디어 활용, 집단별 연구과제 부과, 강사 초빙, 브레인스토밍 등이 있다. 이코스마트 교수는 이러한 보조적 강의 기법을 간격을 두고 가끔씩 번갈아 활용하려고 한다. 보조적 강의 기법을 분산하여 간헐적으로 이용하려는 이유는 무엇인가?

11 유명 연예인에 의한 유명인 보증 광고는 일반적으로 해당 제품의 판매량을 (크게) 증가시킨다. 그러나 유명인 보증 광고가 역효과를 초래하는 경우도 종종 있어 오히려 해당 제품의 판매량이 줄어들기도 한다. 이러한 실례를 찾아내어 조사해보고 유명인 보증 광고가 역효과를 내는 데 영향을 미친 주요 요인을 설명하라.

12 마리아나는 스페인 마요르카섬에 있는 팔마데마요르카에서 작년부터 스튜디오 하우스를 운영하고 있다. 이 지역에는 관광객을 받는 호텔, 모텔, 빌라, 아파트, 스튜디오 하우스가 수백 개 있다. 마리아나는 매일 평균 12개의 스튜디오를 하루에 80유로를 받고 빌려준다. 이 스튜디오 하우스 전체를 유지·관리하는 데 드는 비용은 하루에 960유로이다.

a. 팔마데마요르카에 있는 관광객 투숙 시설은 어떤 시장 구조를 가지고 있는가? 그렇게 판단한 근거는 무엇인가?

b. 이 시장은 단기와 장기에서 균형을 이루는가? 문제의 수치를 이용하여 답하라.

c. 팔마데마요르카에 있는 관광객 투숙 시설의 공급량이 너무 많은지, 너무 적은지 설명하라.

13 다음 그래프는 단기에서 독점적 경쟁기업이 직면한 수요곡선과 생산비용을 나타낸 것이다.

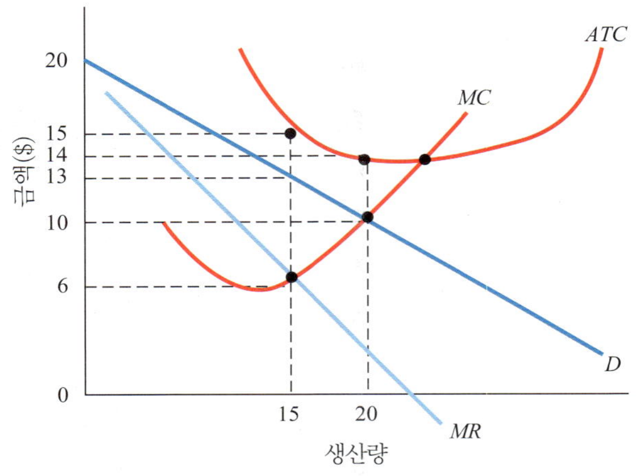

a. 다음 각 항목을 그래프에 표시하고 그 값을 계산하라.

i. 이윤 극대화 생산량

ii. 이윤 극대화 가격

iii. 총수입

iv. 총비용

v. 총이윤 또는 총손실

b. 장기에서 이 시장에는 어떤 일이 발생할 가능성이 높은가?

14 완전경쟁기업의 가격과 한계수입의 관계, 독점적 경쟁기업의 가격과 한계수입의 관계를 설명하라. 이들의 관계는 왜 서로 다른가?

15 다음의 각 설명에 동의하는지, 동의하지 않는지 밝히고 그 이유를 설명하라.

a. 독점적 경쟁기업은 진입장벽으로 보호받기 때문에 경제적 이윤을 얻는다.

b. 장기에서 독점적 경쟁기업의 가격은 그 한계비용 수준까지 떨어지기 때문에 독점적 경쟁시장은 장기에서 효율적인 결과를 가져온다.

경제학적 사고 키우기

01 독점적 경쟁기업의 제품에 대한 수요가 그와 유사한 대체재 전체에 대한 수요보다 더 탄력적인 이유를 설명하라.

02 독점적 경쟁시장에 작지만 무시 못 할 진입장벽이 존재하는 것은 이 시장에 있는 독점적 기업의 장기이윤에 어떤 영향을 주는가?

CHAPTER 16

외부효과, 공공재, 공유자원

목차와 학습목표

16.1 외부효과와 환경경제학

외부효과로 인한 시장실패와 그 해결책에 대해 알아본다.

16.2 공공재

공공재의 특징과 공공재의 공급에 대해 알아본다.

16.3 공유자원

시장이 적절한 양의 공유자원을 공급하지 못하는 이유를 이해한다.

6~12장에서는 완전경쟁시장 모형에 대해 살펴보았으며, 그 내용은 효율적인 경제적 결과를 어떻게 달성하는지 이해하는 데 큰 도움이 된다. 13~15장에서는 완전경쟁시장이 가져다주는 효율적인 결과를 달성하지 못하는 세 가지 시장 구조에 대해 살펴보았다. 이 세 시장에서 비효율적인 결과가 나타나는 근본 원인은 경쟁이 사라짐으로써 시장이 원활하게 작동하지 않기 때문이다. 이 장에서는 시장실패를 유발하는 다른 요인, 즉 환경 문제, 집단적 재화의 공급, 공유자원의 관리에 대해 알아본다. 이 세 경우에는 경쟁적 시장이 대개 효율적인 결과를 가져다주지 않는다는 것을 확인하게 될 것이다. 이때 효율성을 달성하기 위해 정부의 건설적인 역할이 필요하기도 하다.

우선 외부효과로 인한 비효율성에 대해 살펴볼 것이다. 자동차를 구입하거나 구입 후 얼마나 사용할지를 결정할 때 자동차가 배출하는 이산화탄소로 인한 환경 문제를 고려하는가? 오랫동안 제조기업이나 발전소는 자신이 배출하는 유해 물질이 공기를 오염시키는 것에 관심을 두지 않았다. 이 경우를 통해서도 알 수 있듯이 자신의 행동에 따른 비용을 그 행동을 한 의사결정자가 부담하지 않고 사회의 다른 구성원이 부담한다. 따라서 이러한 의사결정은 사회 전체적으로 볼 때 최적 의사결정이 아니다.

지금까지 다룬 재화는 사유재, 즉 민간재(private goods)이다. 내가 사과를 사 먹으면 나만 혜택을 얻는다. 그러나 어떤 재화는 집단적으로 소비된다. 국립공원, 국방, 공공교육 등은 사회 전체에 혜택을 주는데, 이러한 재화나 서비스를 공공재(화) 또는 사회적 재화라고 한다. 이러한 재화나 서비스는 많은 사람에게 큰 가치를 주는 것이지만 민간 시장은 대개 이를 공급하지 않는다. 공공재는 일반적으로 정부가 공급한다. 사회적 재화를 선택하는 과정은 개인적으로 선택하는 과정과 다르다.

이 장에서는 공유자원도 다룰 것이다. 민간 시장은 바다를 얼마나 잘 관리하는가? 여기서도 정부의 역할이 필요함을 깨닫게 되며, 세계적 차원에서도 각국 정부의 역할이 필요하다.

외부효과, 공공재, 공유자원은 시장실패의 예이며, 이러한 경우 정부의 행동이 필요하기는 하지만 정부의 개입으로 항상 문제가 해결되는 것은 아니다. 시장이 실패할 수 있듯이 정부도 실패할 수 있다.

학습목표

외부효과로 인한 시장실패와 그 해결책에 대해 알아본다.

외부효과 한 사람(집단)의 행동이나 의사결정이 다른 사람(집단)에 유발하는 비용이나 혜택

16.1 외부효과와 환경경제학

한 사람(집단)의 행동이나 의사결정이 다른 사람(집단)에게 비용을 유발하거나 혜택을 줄 때 **외부효과**(externality)가 존재한다고 일컫는다. 외부효과는 파급효과(spillover), 이웃효과(neighborhood effect)라고도 불린다. 의사결정자가 그로 인한 사회적 비용이나 혜택을 반영하지 않고 의사결정을 하는 경우에는 비효율적인 결과가 나타난다.

외부효과는 현대인의 생활 곳곳에서 볼 수 있는 중요한 현상이다. 대기·수질·토양 오염, 경관 저해, 소음, 교통체증, 자동차 사고, 폐가, 핵물질 유출, 2차 흡연 피해 등은 일부에 지나지 않는다. 전 세계 과학자는 지구 온난화를 경고하고 있으며, 개발도상국에서는 대기오염이 중요한 정치적 이슈이다. 환경경제학에서는 외부효과에 대한 연구가 많이 이루어지고 있다.

중국과 인도의 경제성장은 환경에 대한 우려를 증폭시키고 있다. 새로운 국가가 산업화하면 전 세계적으로 공기와 물의 오염을 피할 수 없다. 최근에는 외부효과의 글로벌적 성격에 대한 연구가 크게 증가하고 있다.

사회적 한계비용과 그에 따른 가격 책정

외부효과가 없다면 기업은 가격과 한계비용을 비교하여 생산량을 결정한다. 이 경우에 기업은 추가 생산으로 인해 사회가 부담하는 추가 비용과 사회가 얻는 추가 혜택을 비교한다. 한 재화의 생산으로 혜택을 얻는 것은 그 재화를 소비하는 사람들이다. 제품의 가격은 그 제품의 추가 1단위가 지닌 가치를 알려주는 좋은 지표이다. 그 제품에 현재 가격보다 더 높은 가치를 부여하는 사람은 그 제품을 구매하고, 현재 가격보다 더 낮은 가치를 부여하는 사람은 그 제품을 구매하지 않기 때문이다. 어떤 재화의 한계비용이 그 재화를 1단위 더 생산하는 데 드는 추가적인 모든 비용(즉 모든 추가적인 사회적 비용)을 포함하고 있을 때 가격(P)이 한계비용(MC)보다 크다면 추가적인 생산을 하는 것이 효율적이다. $P = MC$가 될 때까지 생산을 1단위씩 증가시킬 때 사회가 얻는 추가 혜택은 사회가 지불하는 추가 비용보다 크다. 그림 16.1(a)는 외부효과가 없는 경우 한 기업과 그 기업이 속한 시장(산업)을 보여준다.

그러나 한 기업의 생산이 사회에 외부적 비용을 발생시킨다고 가정해보자. 예를 들어 세제를 생산하는 기업이 세제를 생산할 때 발생하는 오염수를 강에 방류하면 수질이 나빠질 것이다. 철강 회사는 철강을 생산하면서 이산화탄소를 배출하여 대기오염과 지구 온난화를 촉진한다. 이러한 피해로

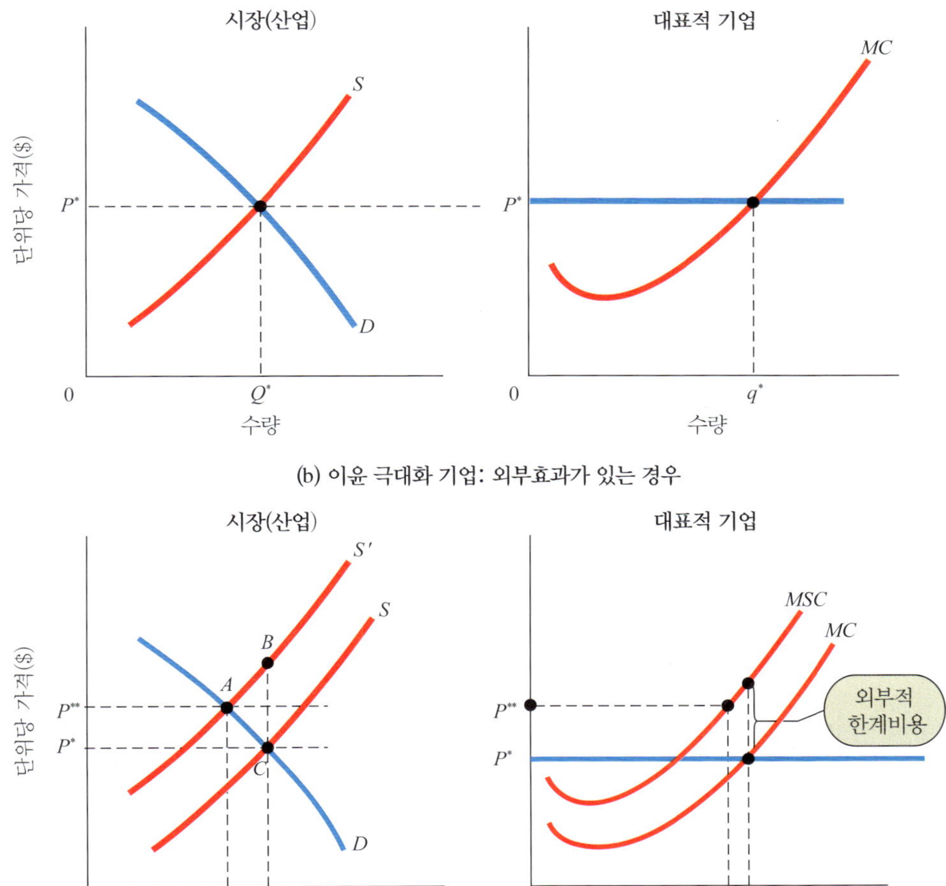

그림 16.1 외부효과의 존재 여부와 이윤 극대화 기업
(a) 외부효과가 없을 때 최적 생산량은 Q^*이고 이 생산량에서 $P = MC$이다. (b) 외부효과가 있을 때 생산량 Q^*는 비효율적인 생산량이다. 최적 생산량은 Q^{**}이고 가격은 P^*에서 P^{**}로 상승한다.

사회적 한계비용(*MSC*) 재화나 서비스를 1단위 더 생산할 때 사회에 발생하는 총비용으로, 해당 재화나 서비스를 생산하는 데 드는 한계비용과 정확하게 측정된 외부적 한계비용을 합한 것

인한 비용은 철강이나 세제 생산을 위해 지불하는 노동, 자본의 비용과 마찬가지로 비용이다. 만약 이러한 외부적 비용을 기업이 부담하게 한다면 그림 16.1(a)의 기업과 산업에 무슨 일이 일어날까? 그림 16.1(b)는 기업에 외부적 비용을 부과할 때 나타나는 결과를 보여준다. *MSC*곡선은 해당 제품의 한계생산비용과 제대로 측정된 외부적 한계비용을 합한 **사회적 한계비용**(marginal social cost, *MSC*)을 나타낸다.

정확한 외부적 비용을 기업이 부담하게 한다면 기업의 한계비용은 각 생산량에 따른 외부적 비용만큼 증가할 것이다. 따라서 기업의 한계비용곡선이 위로 이동하여 그림 16.1(b)의 오른쪽 그래프에 나타낸 *MSC*곡선이 될 것이다. 이 산업에 있는 모든 기업의 한계비용곡선을 합한 시장공급곡선도 위로 이동하여 S'곡선이 될 것이다. 새로운 균형점은 처음의 수요곡선과 새로운 공급곡선이 만나는 점이고, 새로운 이 공급곡선은 이 재화를 생산할 때 발생하는 모든 한계비용을 포함하고 있다. 새 가격은 P^{**}이고 각 기업은 q^{**}의 양을 생산한다. 각 기업의 생산량은 더 높아진 한계비용곡선과 새로운 시장가격이 만나는 점에서의 생산량이다. 시장의 생산량은 최적 생산량인 Q^{**}이다.

무슨 일이 일어났는가에 주목하라. 외부적 비용을 지불해야 하는 기업은 비용이 증가하며, 이는 기업과 산업의 생산량을 감소시키고 가격을 상승시킨다. 더 적은 양이 판매되지만 이제 이러한 제품의 가격에는 사적 생산비용과 사회적 생산비용이 모두 반영된다.

그림 16.1은 기업이 외부적 비용을 부담하지 않을 때 나타나는 결과도 보여준다. 이 경우에 기업은 q^{*}의 양을 계속 생산하며 산업(시장)의 생산량은 Q^{*}, 시장가격은 P^{*}가 된다. 따라서 이 시장의 생산량이 너무 많아진다. 과잉 생산량은 $Q^{*} - Q^{**}$이다. 적절한 양보다 많이 생산하는 과잉 생산은 사회적 손실을 초래한다. Q^{**}와 Q^{*}의 생산량 사이에서 각 기업의 *MSC*곡선을 수평으로 모두 합한 새로운 공급곡선(S')의 *AB* 구간을 보면 이러한 과잉 생산량으로 인한 비용을 알 수 있다. 수요곡선의 *AC* 구간은 이러한 초과 생산량의 가치를 나타낸다. 이를 보면 과잉 생산량이 초래하는 추가 비용(*AB* 구간)이 과잉 생산량이 소비자에게 가져다주는 추가 가치보다 크다는 것을 알 수 있다. 이러한 이유로 이를 과잉 생산이라고 하며, 따라서 이 경우에 생산되는 양(Q^{*})을 비효율적인 생산량이라고 부르는 것이다. 삼각형 *ABC*는 이 과잉 생산이 초래하는 효율성 손실의 크기를 나타낸다. 이러한 효율성 손실은 우리에게 익숙하다. 이는 4장에서 언급한 사장손실이나 독점시장이 유발하는 사장손실과 같은 것이기 때문이다.

지금까지의 분석은 환경 문제를 해결하는 데 도움이 되는 정책에 대한 통찰력을 준다. 외부효과의 핵심 문제는 전체 비용을 모두 반영하지 않은 채 의사결정이 이루어진다는 데 있다. 따라서 외부효과의 문제를 해결하려면 개인이나 기업이 모든 외부적 비용을 내부적 비용에 추가로 포함하여 의사결정을 하게 만드는 방법을 찾아내야 한다. 그것을 '외부효과의 내재화(internalizing the externality)'라고 하며, 이를 위한 정책은 이 장의 후반부에 살펴보겠다.

산성비와 클린에어법 산성비는 외부효과 및 외부효과를 다룰 때 발생하는 갈등과 갈등 요소를 잘 보여주는 예이다. 미국 중서부 지역에 있는 많은 제조 기업과 전력 회사는 황 함량이 높은 석탄을 사용하여 공장을 가동했다. 이러한 공장이 배출하는 매연은 주위의 습한 공기에 섞여 심각한 대기오염이 발생했고, 바람이 불면 오염된 공기가 캐나다 북부와 미국 북부의 뉴욕, 뉴잉글랜드 지역으로 날아가 이 지역에 산성비가 내렸다. 또한 독일, 스웨덴, 노르웨이 등 더 먼 지역에도 산성비가

내렸다.

산성비 문제는 관련 당사자에게 어떻게 비춰졌을까? 제조 기업이나 전력 회사가 황 함량이 높은 값싼 석탄을 태우는 바람에 발생한 아황산가스는 산성비를 만들었지만, 이들은 전기료와 공장 가동 비용을 낮게 유지할 수 있게 해주고 미국 중서부 지역의 일자리를 창출했다. 산성비로 인한 손해를 배상하거나 황 함량이 낮은 연료를 사용하면 전기료가 올라간다. 또한 일부 기업은 사업을 접고 그 지역을 떠나려 하여 일자리가 줄어들게 되었다. 미국과 캐나다의 다른 지역, 특히 야생동물이 사는 숲이 가까운 지역에서는 산성비 때문에 물고기가 죽고 숲이 황폐해졌다. 이러한 지역에 살고 있는 주민은 발전소에서 멀리 떨어져 있기 때문에 그동안 값싼 전기료의 혜택도 받지 못했다. 경제학의 다른 분야와 마찬가지로 여기서도 문제 해결의 핵심은 한쪽이 얻는 혜택을 다른 쪽이 지불하는 비용과 균형 있게 비교하여 적절한 판단을 내리는 것이었다.

산성비처럼 외부효과가 복잡한 문제를 유발하는 경우에는 정부가 종종 개입한다. 미국 정부는 1990년에 제정된 클린에어법(Clean Air Act)을 통해 산성비를 줄이기 위한 규제를 시작했으며, 이는 상당한 성과를 거두어 많은 호수와 강에 물고기가 돌아왔다. 미국 정부는 공해를 통제하기 위해 혁신적인 '배출권 거래(cap-and-trade)' 제도를 시행하고 있는데, 이는 이 장의 후반부에서 살펴보겠다. 한편 캐나다 정부와 미국 정부가 맺은 협약은 국경을 넘어 영향을 미치는 산성비를 줄이는 데 도움이 되었다.

기타 외부효과 가장 중요하고 많이 거론되는 외부효과는 지구 온난화이다. 2007년 노벨 평화상은 앨 고어 전 미국 부통령과 기후 변화에 관한 정부 간 협의체(Intergovernment Panel on Climate Change)에게 주어졌다. 기후 변화에 관한 정부 간 협의체는 지구의 평균온도를 높이는 인간의 활동에 대한 연구 결과를 발표하고 있다. 대부분의 과학자는 기후정책의 변화가 없다면 해수면이 크게 상승할 것이라고 경고한다. 지구 온난화는 글로벌한 문제이다. 따라서 지구 온난화로 더 큰 피해를 입을 수 있는 국가들(해안선이 길거나 현재 기온이 높은 국가들)을 중심으로 각국 정부가 함께 대처 방법을 모색하고 있다.

사람들의 개인적 행동도 외부효과를 유발할 수 있다. 당신이 혼잡한 출퇴근 시간에 자동차를 운행하면 교통체증을 가중하는 셈이다. 당신이 담배를 피우면 주위 사람의 건강에 해를 끼친다. 이러한 경우에도 문제 해결의 핵심은 한쪽이 얻는 혜택을 다른 쪽이 지불하는 비용과 어떻게 균형 있게 비교하여 적절한 판단을 내리는가이다.

양(+)의 외부효과의 예 지금까지 살펴본 외부효과는 전부 음(−)의 외부효과였다. 하지만 양의 외부효과도 있다. 개인이나 기업의 어떤 행동이 다른 이들에게 혜택을 주는 경우가 있다. 경제학적 측면에서 볼 때 양의 외부효과가 발생하는 경우에도 문제가 발생한다.

한 연구진은 로잭(LoJack)이라는 자동차 위치 추적기가 갖는 매우 큰 양의 외부효과에 대해 살펴보았다. 이 장치는 도둑맞은 자동차의 위치를 경찰에게 알려줄 뿐만 아니라 자동차 절도범을 잡는 데에도 큰 도움을 주었다. 만약 한 마을에서 운전자의 90%가 이 장치를 부착한다면 절도범 입장에서는 붙잡힐 확률이 90%이기 때문에 자동차 절도로 얻는 혜택이 크게 줄어들 것이다. 자동차 절도범이 얻는 혜택이 줄어들기 때문에 자동차 절도가 줄어든다. 연구진은 이 장치가 유발하는 양의 외부효과가 매우 크기 때문에 이 장치를 설치한 운전자가 얻는 혜택이 장치 구입 비용의 10%밖에 되

지 않는다고 추정했다.[1]

전염병 백신도 양의 외부효과를 가져온다. 더 많은 사람이 백신을 맞을수록 더 적은 사람이 병에 걸리며, 바이러스가 퍼질 가능성도 더욱 줄어든다. 그러나 병에 걸릴 가능성이 작아질수록 사람들이 백신을 맞음으로써 얻는 혜택이 줄어든다. 전염병에 대해 개인이 취하는 예방 조치는 다른 사람들에게 양의 외부적 혜택을 안겨준다.

양의 외부효과가 초래하는 문제는 분명하다. 어떤 행동이 매우 큰 양의 외부효과를 유발하는 경우 사람들이 그러한 행동을 하려는 인센티브가 줄어든다는 것이다. 즉 로잭의 구매량이 적어지고, 손을 자주 씻는 사람이 적어지며, 강제하지 않으면 자녀에게 예방접종을 하는 부모가 적어진다.

공해의 비용과 혜택

그림 16.1을 다시 보면 공해를 유발하는 기업의 최적 생산량은 양(+)의 값이다. 이는 기업이 최적 생산량을 생산할 때도 공해를 배출한다는 의미이다. 일반적으로 대부분의 공해물질의 최적 배출량은 0이 아니다. 이러한 사실에 놀라는 독자도 있겠지만 공해 문제에 경제학적으로 접근하는 것은 중요한 일이다.

이 절의 제목에 '비용'과 '혜택'이라는 말이 포함되어 있다는 것을 주목하라. 공해의 사회적 비용은 분명하다. 오염된 공기는 우리의 건강을 해치고 오염된 물에서는 물고기가 살 수 없다. 그렇다면 공해가 가져다주는 사회적 혜택은 무엇인가? 공해의 사회적 혜택은 공해를 유발할 때 우리가 피할 수 있는 비용이다. 당신이 자동차를 운행하지 않으면 이산화탄소를 배출하지는 않지만 당신에게 비용이 발생한다. 당신은 전기 자동차나 하이브리드 자동차를 사용할 수 있을 것이다. 하지만 이것도 비용이 발생한다. 자동차를 운행하는 것은 당신에게 혜택을 가져다주며, 따라서 당신이 자동차를 운행할 때 유발하는 사회적 비용을 당신이 자동차를 운행할 때 얻는 혜택과 비교해야 한다. 마찬가지로 철강 회사는 공해를 내뿜으며 철강 제품을 생산하면 이윤을 얻을 수 있고, 생산 시설을 재정비하는 데 드는 비용도 피할 수 있다. 이는 공해를 유발할 때 철강 회사가 얻는 혜택이다. **공해의 사회적 한계혜택**(marginal social benefit of pollution)은 공해를 1단위 더 생산함으로써 사회가 얻는 추가 혜택이다. 이 혜택은 (공해를 유발하는 제품을 생산하지 않거나 공해를 유발하지 않는 생산 방식을 택하여) 공해를 제거하지 않고 계속 발생시킴으로써 절약되는 비용이다.

공해의 사회적 한계혜택 공해를 1단위 더 생산함으로써 사회가 얻는 추가 혜택

이러한 개념을 이용하면 한 사회의 최적 공해량을 알 수 있다. 우리의 목표는 환경의 공해 흡수 능력을 가장 효율적인 수준으로 사용하는 것이다. 이 원칙은 우리에게 익숙한 다른 방법으로도 이해할 수 있다. 추가되는 공해 1단위마다 사회적 한계비용이 발생한다. 건강을 해친다거나 수질오염으로 야외 물놀이를 할 수 있는 기회가 줄어드는 것 등을 예로 들 수 있다. 공해를 1단위 더 생산하면 혜택도 발생하는데, 이는 공해의 사회적 한계혜택이다. 혜택은 외부효과를 제거하지 않았기 때문에 비용(자원)이 절약되거나 더 많은 재화를 얻음으로써 주어지는 것이다. 우리는 이 둘을 비교한다. 1단위의 공해 증가가 가져오는 사회적 한계혜택이 그 사회적 한계비용보다 크면 공해 1단위를 생산해야 한다. 하지만 사회적 한계혜택이 그 사회적 한계비용보다 크지 않으면 공해 1단위를 생산하지

1 Ian Ayres and Steven D. Levitt, "Measuring Positive Externalities from Unobservable Victim Precautions: An Empirical Analysis of Lojack," *Quarterly Journal of Economics* 108, (1), 1998.

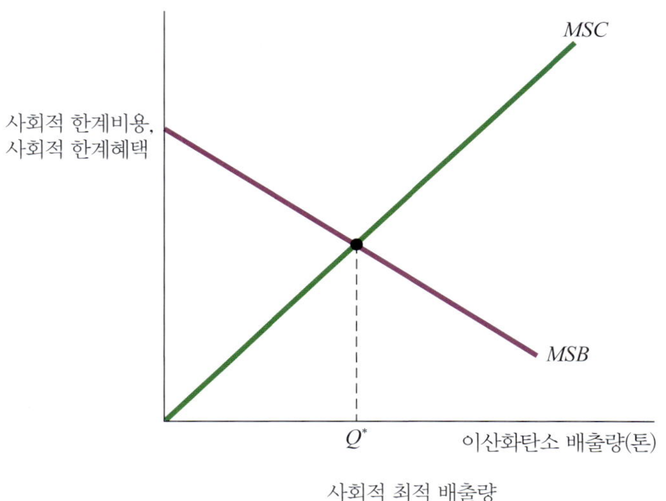

그림 16.2 사회적으로 최적인 공해 발생량
최적 생산량 Q^*에서 사회적 한계비용과 사회적 한계혜택이 일치한다.

말아야 한다. 달리 말해 공해를 통제함으로써 얻는 한계혜택이 공해를 통제하는 데 드는 한계비용보다 크면 공해를 통제해야 한다. 그 반대의 경우에는 그렇지 않다. 공해의 최적량에서는 공해의 사회적 한계비용이 공해의 사회적 한계혜택과 정확히 같다.

그림 16.2는 이를 그래프로 나타낸 것이다. 가로축은 공해의 양을 나타내며 이산화탄소 배출량(톤)으로 표시되어 있다. 세로축은 공해로 인한 사회적 한계비용과 사회적 한계혜택의 크기를 나타낸다. 먼저 두 곡선의 기울기를 살펴보자. 우리가 공해량을 증가시키면 *MSC*가 증가하므로 *MSC* 곡선이 우상향한다. 이는 공해를 1단위 증가시킬 때마다 추가되는 비용이 더 커진다는 것을 뜻한다. 많은 공해 물질의 경우 공해 수준이 낮을 때는 환경이 이를 잘 흡수한다. 따라서 낮은 공해 수준에서는 한계비용도 낮다. 그러나 공해 물질을 점점 더 많이 배출하면 자연이 받는 피해가 더 커진다. 맑은 하늘에 약간의 매연을 내뿜는 것은 큰 영향을 미치지 않겠지만, 공해로 이미 뿌연 하늘에 같은 양의 매연을 내뿜으면 사람들의 건강에 심각한 문제를 일으킬 수 있다.

그림 16.2에서는 *MSC*곡선이 직선이지만 보통은 공해 수준이 한계점 수준까지 올라가면 *MSC* 곡선의 기울기가 매우 급해진다. 이와 반대로 사회적 한계혜택곡선은 우하향한다. 일반적으로 심한 공해 수준(그래프의 오른쪽)에서는 공해를 일부 제거하는 데 드는 비용이 상대적으로 작다. 예를 들어 이산화탄소 1톤을 제거하는 데 드는 비용이 매우 작을 수 있다. 따라서 이 경우에 공해를 발생시킴으로써 얻는 혜택이 작다. 예를 들어 당신이 자동차 운행을 조금 줄일 때 잃는 혜택이 크지 않다. 그러나 공해를 점점 더 많이 줄임에 따라 가로축의 왼쪽으로 이동하면 추가로 공해를 줄이는 기술이 한계에 다다라 지불해야 하는 추가 비용이 점점 더 커지면서 마지막 1단위의 공해마저 없애려면 생산을 중단해야 한다. 만약 당신이 자동차를 전혀 운행하지 않는다면 그로 인해 잃는 혜택이 매우 클 것이다.

그림 16.2에서 최적 공해 배출량은 Q^*이며, 이는 *MSC*곡선과 *MSB*곡선이 만나는 곳에서 나타난다. 이 점에서 사회는 환경을 가장 효율적으로 사용하고 있는 것이다.

이렇게 한계곡선을 서로 비교하여 최적 공해 수준을 확인하는 것은 우리가 알고 있는 '한계치에 기초한 의사결정'이라는 원칙을 그대로 적용한 것일 뿐이다. 하지만 이러한 곡선을 실제로 측정하기는 매우 어렵다. *MSC*를 추정하는 데에는 건강 문제, 미적 문제, 종의 다양성 상실 문제, 해수면 상승으로 인한 인명 피해 문제 등 광범위한 문제가 포함된다. 이러한 위험 중 많은 것이 불확실하며 일부는 미래에 발생하는 것이다. 환경경제학자들은 자연과학자들과 같이 일하면서 이러한 비용에 대해 합리적인 추정값을 얻는 데 상당한 시간과 노력을 쏟고 있다. *MSB*곡선을 추정하는 것도 쉽지 않다. 이를 위해서는 공해를 줄이는 기술을 개발하고 사용하는 데 드는 비용도 추정해야 한다.

지금까지 공해에 초점을 맞추어 그 외부효과에 대해 살펴보면서 최적 공해량의 의미를 파악했다. 그렇다면 실제로 어떤 방법을 사용하여 최적 공해 수준에 접근할 수 있는가? 이를 위해 민간에 의한 해결 방법과 정부가 사용할 수 있는 올바른 정책 도구에 대한 논의가 이루어지고 있다.

외부효과의 내부화

의사결정자가 외부적 비용이나 외부적 혜택을 의사결정에 포함하려는 인센티브를 갖도록 하여 외부효과 문제를 풀고자 하는 것을 내부화(internalization)라고 한다. 어떤 경우에는 정부의 개입 없이 관련 민간 당사자 간의 거래나 협상을 통해 외부효과를 의사결정에 내부화할 수 있다. 반면에 당사자 간의 협상이 실패하여 정부의 개입이 유일한 대안인 경우도 있다.

외부효과의 문제를 해결하는 방법으로는 당사자 간의 거래와 협상, 환경 기준, 세금과 보조금, 외부효과를 발생시키는 권리의 판매나 경매가 있다. 이 중 어떤 것이 가장 좋은지는 상황에 따라 다르지만, 이러한 방법의 공통점은 의사결정자가 의사결정에 외부효과를 반영하여 의사결정을 하게 만든다는 것이다.

당사자 간의 거래와 협상 원룸에서 살다 보면 옆집 사람이 너무 큰 소리를 내는 경우도 있다. 당신에게 이 소리는 외부효과이며, 이 때문에 잠을 설치거나 공부에 방해가 된다. 그러나 옆집 사람 입장에서는 시끌벅적하게 파티를 하는 것이 혜택을 줄 수 있다. 그렇다면 이러한 외부효과를 어떻게 해결해야 할까? 이 경우 많은 사람이 가장 먼저 하는 일은 옆집의 현관문을 두드리고 조용히 해달라고 요청하는 것이다. 사실 좋은 매너는 외부효과에 대한 사회적 반응이다.

인구밀도가 높아지면서 '대중 앞에서 해서는 안 되는 행동'이 점점 더 많아지고 있다. 예를 들어 지난 몇십 년간 흡연에 대한 사람들의 태도가 어떻게 변했는지 생각해보라. 패션에서도 외부효과가 발생한다. 엑스포 개최를 앞두고 중국 정부는 상하이 시민이 파자마를 입고 집 밖에 나오지 못하도록 단속했다. 중국 정부는 집 밖에서 파자마를 입고 다니는 것이 외국인에게 음의 외부효과를 유발한다고 생각했다.

어떤 행동에 대한 사회적 규범이 없는 경우에도 종종 당사자 간의 거래나 협상으로 외부효과 문제가 해결되기도 한다. 1960년에 로널드 코스(Ronald Coase) 교수는 민간의 사적 협상의 작동을 설명하는 최초의 분석 모형을 개발했다.[2] 법대나 경제학 강의에서 주요 주제로 다루기도 하는 **코스 정리**(Coase theorem)는 어떤 특정 조건하에서는 정부의 개입 없이도 민간 당사자 간의 사적 거래와 협상을 통해 외부효과 문제를 효율적으로 해결할 수 있다고 밝혔다.

코스 정리 어떤 특정 조건하에서 외부효과가 발생할 때 정부의 개입 없이도 민간 당사자 간의 사적 거래와 협상을 통해 문제를 효율적으로 해결할 수 있다는 것

코스 정리가 어떻게 적용되는지 살펴보기 위해 원룸의 소음 사례로 돌아가보자. 당신이 정중하게 요구한 것을 옆집 사람이 받아들이지 않고 자주 시끄러운 파티를 한다고 하자. 코스 정리는 이 문제

2 Ronald Coase, "The Problem of Social Cost," *Journal of Law and Economics*, 1960. Coase won the 1991 Nobel Prize in Economics.

를 해결하는 데 도움이 될까? 어떤 거래를 해야 소음을 해결하고 제대로 잠을 잘 수 있을까? 코스는 첫 번째로 규칙이 무엇인지 알아야 한다고 말한다. 그 규칙이 어떤 규칙인지는 중요하지 않다. 중요한 것은 관련 당사자가 규칙에 대해 알아야 한다는 것이다. 누구에게 어떤 권리가 있는지에 대해 당사자 간에 동의가 이루어지지 않으면 협상을 하기 어렵다. 우선 원룸 건물이 소음에 관대하여 소음에 관한 규칙이 없다고 가정하자. 그렇다면 원룸의 소음 문제를 처리할 수 있는 규칙이 없고 옆집 사람은 매너가 없는 상황에서 당신이 스스로를 구제할 수 있는 방법이 있는가?

코스 교수는 방법이 있다고 말할 것이다. 옆집 사람이 계속 소음을 내고 당신은 그것을 없애고 싶다면 당신은 그에게 소음을 내지 않으면 금전적 보상을 하겠다고 제의할 수 있다. 옆집 사람이 매일 파티를 한다고 가정해보자. 이 경우 옆집 사람은 한계효용 체감의 법칙에 처할 가능성이 높다. 첫 번째 파티는 매우 큰 가치가 있지만 서른 번째 파티쯤 되면 싫증이 날 것이다. 30일째 가서 당신은 좋은 거래를 할 기회를 얻게 된다. 끊이지 않고 계속되는 파티에서 마지막 파티의 소음이 당신에게 유발하는 한계비용은 옆집 사람이 그 소음으로부터 얻는 한계혜택보다 클 것이다. 간단히 말해 현재의 소음량은 사회적으로 비효율적인 양이다. 따라서 거래를 할 수 있는 여지가 있다. 물론 당신이 뇌물을 주고 옆집 사람이 파티를 계속 줄여가면 옆집 사람의 소음 발생 시간이 가진 한계적 가치가 계속 증가하고 소음 발생 시간에 대한 당신의 한계비용이 계속 하락할 것이다. 그러다가 어떤 점에 이르면 당신은 더 이상 옆집 사람을 돈으로 매수할 수 없게 된다. 소음 발생 시간 1단위에 대해 옆집 사람이 가진 한계적 가치가 당신의 한계비용보다 크기 때문이다. 따라서 그러한 상황에 도달할 때 사회적으로 적절한 소음량이 되는 것이다. 이 수준의 소음량에서 당신이 조용함에 대해 부여하는 가치와 옆집 사람이 소란스러운 파티로부터 얻는 혜택이 균형을 이룬다.

한편 원룸 건물에 엄격한 소음 제한 규칙이 있다면 반대로 파티를 여는 옆집 사람이 당신에게 소음을 알리지 말아달라고 뇌물을 줄 것이다. 이 경우에도 마찬가지로 서로의 한계가치에 차이가 있는 한 뇌물이 계속 이어질 것이다. 최종적으로는 당사자 간의 이해관계가 균형을 이루는 양의 파티가 열릴 것이다. 코스는 외부효과를 경험할 때 발생하는 한계비용과 외부효과로부터 얻는 한계혜택이 정확히 일치할 때 나타나는 최적량이 당사자 간의 권리가 애초에 어떻게 설정되었든 상관없이 달성된다고 말한다. 누가 누구에게 지불하느냐만 다를 뿐이다.

코스는 외부효과가 발생하더라도 어떤 조건하에서는 당사자 간의 협상을 통해 적절한 수준의 생산량이 결정된다고 알려준다. 당사자끼리 문제를 해결할 수 있으려면 어떤 조건이 전제되어야 하는가? 첫째, 앞에서 언급했듯이 당사자가 기본 권리를 이해하고 있어야 한다. 각자 어떤 권리를 가지고 있는지 서로 명확히 인지하지 못한다면 누구에게 어떤 권리가 있느냐에 대한 논쟁으로 협상이 가로막힌다. 둘째, 사람들이 협상을 할 때 방해를 받거나 비용이 발생하지 않아야 한다. 사람들이 이웃이라면 협상이 보다 쉬워진다. 셋째, 협상 당사자의 수가 적으면 협상이 잘 작동한다. 한 집단이 한 도시 거주자 전부이거나, 산성비의 경우처럼 넓은 지역에 살고 있는 사람들과 같은 큰 집단과 협상을 하는 경우 민간 당사자 간의 협상이 잘 작동하지 않는다.

어떤 경우, 특히 사람들이 이웃인 경우에는 현금이 아닌 다른 것으로 보상이 이루어질 수도 있다. 원룸의 소음 사례에서 당신은 옆집 사람에게 호의를 베풀거나 분리수거를 도와줄 수 있다. 아니면 옆집 사람에게 돈을 주지 않고 당신의 방에 방음 장치를 할 수도 있다. 물론 이렇게 할 것인지는 방음 장치가 얼마인지, 소음 때문에 받는 고통이 얼마나 큰지, 원룸에 얼마나 살 것인지에 따라 달라질 것이다. 또 다른 선택은 이사를 가는 것이다. 공항 근처의 주택을 구매하는 사람들은 비행기 소음보다는 공항 근처라는 편리함과 저렴한 주택 가격에 더 가치를 부여한다는 것을 드러내는 셈이다.

코스의 이론을 반박하는 사람들은 협상이 작동하는 데 필요한 전제 조건이 현실적으로는 항상 충족되지 않는다는 점을 지적한다. 코스의 이론이 가진 문제는 일반적인 문제이기도 하다. 협상 당사자 중 한쪽이 큰 집단일 때 우리의 논리는 '구성의 오류(fallacy of composition)'에 빠질 수도 있다.[3]

한 발전소가 공기를 오염시키고 있다고 가정하자. 피해를 입는 당사자는 발전소 근처에 살고 있는 주민 10만 명이다. 발전소가 대기오염 물질을 배출할 수 있는 권리를 가지고 있다고 하자. 코스 정리는 발전소가 오염 물질을 배출하지 않도록 대기오염으로 피해를 보는 사람들이 금전적 보상을 할 수 있다고 한다. 그 보상금이 발전소가 대기오염 방지 장치를 설치하기에 충분한 금액이라면 발전소가 보상을 받아들임으로써 대기오염이 사라질 것이다. 반면에 보상금이 충분하지 않다면 대기오염 물질을 계속 배출할 것이다. 발전소는 보상금을 받은 만큼 모든 비용과 혜택을 저울질하면서 적절한 양의 오염 물질을 배출할 것이다.

한편 보상금을 지불하는 이러한 협상이 이루어지기 위해서는 대기오염으로 피해를 보는 주민 모두가 보상금 지불에 동의해야 하는데 그럴 가능성이 얼마나 될까? 전체 보상금에 비해 각 주민이 부담하는 보상금의 크기가 아주 작아 한 사람이 자기 몫의 보상금을 지불한다고 해서 보상금의 크기가 크게 달라지지 않는다. 따라서 각 주민은 자기 몫의 보상금을 내거나 내지 않는 것이 크게 중요하지 않다고 생각할 수 있으며, 일부는 자기 몫을 낼 필요가 없다고도 생각할 것이다. 더욱이 발전소가 오염 물질 배출을 멈추면 보상금을 낸 주민이든 내지 않은 주민이든 모두 맑은 공기라는 혜택을 누리게 된다. 따라서 각 주민이 보상금을 내려는 인센티브가 작기 때문에 강제성이 없다면 많은 사람이 보상금을 내지 않으려고 할 것이다. 이러한 창해일속의 무임승차자 문제는 이 장의 후반부에서 다루겠다. 이 경우 민간 당사자 간의 협상은 실패하고 만다. 따라서 피해를 입은 사람이 아주 많을 때는 정부가 세금을 부과하거나 직접 규제함으로써 문제를 해결하는 것이 유일한 수단일 수도 있다.

협상을 통해 효율적인 결과를 얻으려면 협상 당사자 간에 권리를 처음부터 확실히 짚고 넘어가야 한다. 어떤 권리가 법에 의해 주어질 때는 흔히 그러한 권리를 보호하는 장치도 같이 법에 명시된다. 어떤 경우에는 상대방이 해를 끼치는 행위를 하지 못하도록 법원이 **정지명령**(injunction)을 내려줄 것을 피해자가 신청할 수도 있다.

정지명령 해를 끼치는 행위를 하지 못하도록 법원이 내리는 명령

피해가 이미 발생한 경우에는 정지명령이 적용되지 않는다. 음주 운전으로 어떤 사람이 상해를 입었을 때 음주 운전을 하지 못하도록 정지명령을 내리는 것은 이미 늦었다. 이러한 경우에는 피해자가 보상을 받을 권리가 **손해배상법**(liability rule)으로 보호된다. 손해배상법은 가해자 A가 피해자 B에게 입힌 손해에 대해 보상하도록 요구하는 것이다. 이론적으로 볼 때 이러한 원칙은 공해 배출자에게 세금을 부과하는 것과 같이, 의사결정자가 자신의 의사결정이 실제적 또는 잠재적으로 초래할 수 있는 모든 결과를 고려하여 의사결정을 하도록 만드는 인센티브가 된다. 세금이 모든 공해를

손해배상법 A가 B에게 끼친 피해에 대해 A가 B에게 보상하게 하는 법

---

3 역자 주: 현실적으로 나타날 수 있는 것으로, 개인 또는 부분에 대해서는 맞는 것이 전체에 대해서는 맞지 않는다는 것, 달리 말해 개인이나 부분에 대해서는 잘 작동하는 것이 전체에 대해서는 잘 작동하지 않는 것을 의미한다. 자주 언급되는 예는 절약의 역설(paradox of thrift)이다. 절약은 개인적으로는 도움이 될 수 있지만 소비를 감소시켜 사회 전체적으로는 도움이 되지 않을 수도 있다.

막을 수 없는 것처럼 손해배상 원칙도 모든 사고를 막지는 못한다.

그러나 사람들은 손해배상을 해야 하는 행동이라는 사실에 위협을 느끼고 더 조심스럽게 행동하게 된다. 제조물 책임법(product liability)이 좋은 예이다. 제품 결함으로 어떤 사람이 손해를 입었을 때 제조사는 제조 과정에서 합리적인 주의를 기울였을지라도 대부분 손해배상의 책임을 진다. 이러한 법으로 인해 생산자는 제품 생산에 더욱 세심한 주의를 기울이려는 인센티브를 가지게 된다. 한편 소비자 입장에서는 자신이 입은 어떤 손해에 대해 손쉽게 배상을 받을 수 있다는 것을 안다면 제품을 사용할 때 조심하려는 인센티브가 크지 않을 수도 있다.

환경 기준 외부효과를 다루는 가장 중요한 정책 중 하나는 외부효과를 유발하는 기업이나 개인의 행동을 직접 규제하는 기준과 규칙이다. 미국에서는 연방정부, 주정부, 지방정부가 모두 외부효과를 규제하고 있다. 미국 환경보호청(Environmental Protection Agency, EPA)은 1970년 미국 의회가 통과시킨 법에 의해 설립된 정부기관이다. 1960년대 이후 미국은 공기나 물에 대해 허용되는 공해 배출량 기준에 관한 법을 여럿 제정했다. 미국의 각 주는 환경을 훼손하거나 훼손할 수도 있는 행위를 감독하는 기관이나 부서를 갖추고 있다. 미국의 공항은 대부분 비행기 착륙 시간과 착륙 패턴에 대해 지방정부의 규제를 받고 있다.

환경규제법을 위반하는 행위를 범죄 행위로 보고 벌금을 물리거나 제재를 가하는 것은 공해 유발자에게 세금을 부과하는 것과 마찬가지이다. 물론 이렇게 한다고 해서 모든 환경법 위반이나 환경범죄가 사라지는 것은 아니지만 법을 위반하는 사람은 '비용'을 지불하게 된다. 효율적인 결과를 얻기 위해서는 범죄자의 행동이 사회에 끼친 피해의 크기가 벌금에 제대로 반영되어야 한다.

정부가 정하는 기준은 얼마나 엄격해야 하는가? 우리는 이미 그 답을 살펴보았다. 그림 16.2를 다시 보자. 이 그림을 통해 혜택과 비용이라는 측면을 확인할 수 있으며, 최적 공해 수준이 Q^*라는 것을 안다. 기준을 설정할 때 대부분의 경제학자는 정부가 Q^*를 달성할 수 있는 환경 기준을 설정하려는 노력을 해야 한다고 생각한다. 정책 목표는 의사결정자가 최적 수준의 오염을 생산하게 만드는 기준을 세우는 것이다. 그러나 Q^*를 달성하는 기준을 정하기 어려운 경우도 있다.

정부는 기업이 공해를 줄이는 데 사용하는 방법까지 정하기도 한다. 예를 들어 공해를 줄이기 위해 기업이 공장 굴뚝에 필터를 설치하게 한다. 기업이 구체적으로 어떤 방법을 사용하여 매연을 줄여야 할지를 정부가 정해주면 다른 방법으로 공해를 줄이는 것보다 더 많은 비용이 발생할 수 있다. 필터를 사용하여 공해를 줄이도록 강제하는 것은 사용하는 연료를 바꾸어 같은 양의 공해를 줄이는 것보다 훨씬 더 많은 비용을 초래할 수도 있다. 공해를 줄이는 좋은 기술을 기업이 사용하도록 유도하는 기준을 정하는 것은 어려운 일이다. 공해를 유발하는 기업이 공해를 줄일 때 발생하는 한계비용의 크기는 기업에 따라 다르며, 공해를 줄일 수 있는 능력도 기업마다 다르다. 이러한 상황에서는 공해를 줄이는 방법이 달라질 수 있다. 대부분의 경제학자는 외부효과를 정부가 직접 규제하는 것보다는 세금이나 거래권 시장과 같은 가격시스템을 이용하는 것을 선호한다.

세금과 보조금 민간 당사자 간의 협상이 실패하는 경우 경제학자들은 한계세금이나 보조금을 이용하여 기업이 외부적 비용과 외부적 혜택을 반영한 의사결정을 하도록 강제하는 것을 오래전부터 옹호해왔다. 기업이 사회적 비용을 초래하면 외부적 한계비용과 같은 크기의 세금을 부과해야 한다. 기업이 추가로 생산하는 제품 1단위당 유발하는 피해와 동일한 크기의 단위당 세금이 부과되어

야 한다.[4]

그림 16.1(b)를 다시 보자. 기업이 올바른 한계비용곡선인 *MSC*곡선에 직면하면 적정한 양의 공해를 배출하게 되는데, 세금 부과로 이와 동일한 결과를 얻을 수 있다. 이 기업이 사회에 유발하는 외부적 한계비용과 정확히 똑같은 세금을 부과한다고 하자. 이제 이 기업의 한계비용곡선은 사회적 한계비용곡선과 동일하다. 즉 이 기업의 한계비용곡선은 *MSC*곡선이다.

기업의 외부적 한계비용은 기업이 지불해야 하는 금전적인 비용이다. 기업은 환경을 사용하기 위해(공해를 배출하기 위해) 정부에 세금을 낸다. 이는 기업이 근로자의 노동을 사용하기 위해 임금을 지급하는 것과 같다. 시장공급곡선이 각 기업의 한계비용곡선을 모두 합한 것임을 상기하라. 이는 세금이 부과되면 시장공급곡선이 왼쪽으로(위로) 이동한다는 것을 의미하며, 생산물의 최적 생산량이 줄어들고 가격이 상승한다. 소비자가 지불하는 새로운 가격은 제품을 생산하는 데 드는 자원의 한계비용과 기업이 해당 제품을 생산하면서 유발하는 공해로 인한 외부적 한계비용을 모두 커버하게 된다. 이윤 극대화 기업은 새로운 한계비용(*MSC*)과 가격을 일치시키기 때문이다. 이 소비량에서 사회적 한계혜택을 나타내는 가격과 해당 제품을 생산하는 데 드는 모든 사회적 한계비용이 같아지므로 소비자의 의사결정도 효율적이다.

앞에서는 오염을 줄이는 다양한 대안이 있고 기업이 공해를 감소시킬 때 얻는 한계혜택(또는 공해를 감소시킬 때 발생하는 한계비용)이 기업마다 다를 때 정부가 공해 감소 기준량을 정하여 각 기업이 그 기준량의 공해를 감소시키도록 하면 문제가 발생할 수 있다고 했다. 이러한 측면에서는 공해 배출에 대한 세금이 훨씬 나은 방법이다.

그림 16.2에서 사회적 한계혜택곡선을 그릴 때 공해 배출 기업이 2개라고 가정해보자. A 기업은 연료를 쉽게 바꿀 수 있는 신축 공장을 가지고 있어 공해를 쉽게 줄일 수 있다. 이처럼 공해를 쉽게 줄일 수 있는 A 기업은 공해를 줄임으로써 얻는 한계혜택이 상대적으로 작다. 반면에 B 기업은 오래된 공장에서 제품을 생산하고 있기 때문에 공해를 줄이는 데 드는 비용이 매우 크다. 공해를 줄이기 위해 지출하는 금액당 더 많은 공해를 줄이는 이상적인 방법은 공해를 줄이는 데 큰 비용이 들지 않는 기업이 공해를 더 많이 줄이도록 하는 것이다. 이러한 역할을 바로 세금이 한다.

정부가 각 기업이 배출하는 탄소에 대해 톤당 10달러의 세금을 부과하는 경우, 탄소 배출을 줄이는 데 톤당 10달러보다 적은 비용이 발생한다면 두 기업 모두 탄소 배출량을 줄일 것이다. A 기업은 탄소 배출을 줄이는 데 드는 비용이 톤당 10달러가 넘지 않을 때까지 계속해서 탄소 배출량을 감소시키려 하고, B 기업은 이보다 적은 탄소 배출량을 감소시킬 것이다. 정부 정책의 궁극적 목적은 일정한 수준까지 공해 배출량을 줄이는 것이다. 하지만 정부가 특정 공해 배출량 기준을 세우고 그 수준까지 공해 배출량을 줄이도록 강제하는 것보다는 공해 배출에 대해 세금을 부과하면 같은 양의 공해 배출량 감소를 더 적은 비용으로 이룰 수 있다.

그림 16.3은 세금이 A 기업과 B 기업에 어떻게 작동하는지를 보여준다. 세금이 부과되기 전에 각 기업은 공해 배출이 공짜라고 생각하여 제품 생산에 따른 최대한의 공해를 유발할 것이다. 각 기업은 Q_0의 공해를 배출하고, 따라서 이 산업의 총 공해 배출량은 $2Q_0$이다. 정부가 두 기업의 공해

---

4 피해액을 정확히 측정하기는 어렵다. 따라서 피해액이 공기나 하천에 방출되는 오염 물질의 양과 비례한다고 가정하곤 한다. 정부는 세금 대신 방출료를 부과하기도 하는데, 이는 공해 유발자의 공해량에 비례하여 부과된다. 우리가 세금이라고 할 때는 방출료도 포함하는 것이다.

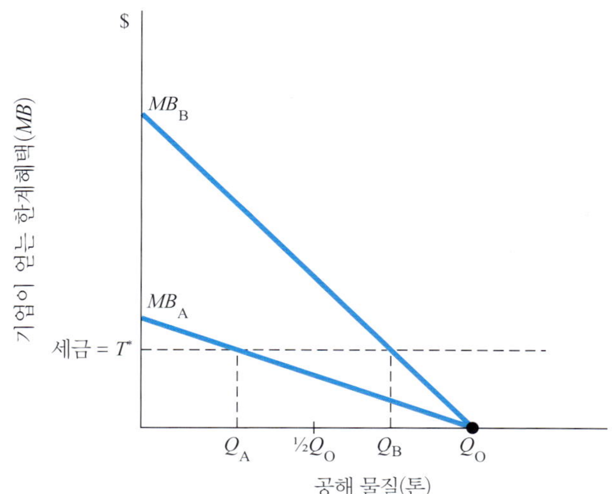

그림 16.3 한계혜택곡선이 다른 기업에 대한 최적 공해 배출세
외부적 한계비용과 일치하는 단위당 세금을 기업에 부과한다. 기업은 공해 배출로 얻는 한계혜택과 세금을 비교하여 최적 수준의 공해 배출량을 선택한다. 두 기업은 공해 배출로 얻는 한계혜택이 다르기 때문에 각기 다른 수준의 공해 배출량을 선택한다. 균형에서 각 기업은 MSB와 세금이 일치하는 공해 배출량을 선택한다. 결과적으로 최적 수준의 공해 배출량을 가장 낮은 비용으로 달성한다.

배출에 따른 *MSC*에 관한 정보를 가지고 각 기업의 공해 배출량을 Q_O의 반으로 줄이려 한다고 하자. 정부는 정보를 살펴본 후 T^*의 세금을 부과한다. 기업이 유발하는 공해 1단위마다 기업은 T^*의 비용을 지불해야 한다. 따라서 T^*는 배출되는 공해 1단위당 가격인 셈이다.

먼저 A 기업을 살펴보자. A 기업은 공해량 Q_O에서 한계혜택보다 단위당 세금이 크기 때문에 모든 기술적 기회를 사용하여 공해 배출량을 줄이기 시작한다. 공해 배출 가격이 공해 배출로 얻는 혜택보다 높으면 기업은 공해 배출량을 줄인다. A 기업의 공해 배출량은 Q_A 수준까지 내려간다. 이 점을 넘어서 공해 배출량을 더 줄이는 것은 A 기업의 입장에서 손해이다. A 기업에 비해 공해 배출로 더 많은 혜택을 얻는 B 기업의 공해 배출량은 Q_B이다. 세금이 제대로 책정되었다면 Q_A와 Q_B의 합은 처음의 공해 발생량 $2Q_O$의 절반인 Q_O가 된다. 세금은 정부의 목표대로 공해 배출량을 줄이는 업무를 완수했다.

다음으로 각 기업이 공해 배출을 줄이는 데 드는 비용에 따라 자율적으로 공해 배출량을 정하는 것이 아니라, 정부가 일괄적으로 각 기업에 공해 배출량 $\frac{1}{2}Q_O$라는 기준을 설정하는 경우를 살펴보자. B 기업의 경우 자율적으로 정할 때의 공해 배출량이 정부가 정한 기준치보다 더 많기 때문에 공해 배출량을 더 줄여야 한다. B 기업이 공해 배출량을 더 줄이면 얼마나 손실을 입는지는 B 기업의 한계혜택곡선을 통해 알 수 있다. 반면에 A 기업은 자율적으로 선택한 공해 배출량이 정부가 정한 기준치보다 적기 때문에 공해 배출량을 늘린다. 따라서 두 기업에 똑같이 적용되는 정부의 공해 배출량 기준이 A 기업에는 혜택을 주고 B 기업에는 비용을 초래한다. 그러나 A 기업이 공해를 더 유발하여 얻는 혜택은 B 기업이 공해를 더 줄이기 위해 지불하는 비용보다 작다. 따라서 특정 수준의 공해 배출량 기준을 정하여 강제하는 것은 세금을 부과하여 기업이 자율적으로 공해 배출량을 정하도록 하는 것보다 더 많은 비용을 초래한다. 공해 배출세는 기업이 공해 배출 가격을 알 수 있도록 하여 공해를 감소시킬 뿐만 아니라, 공해 배출에 따른 한계혜택이 상대적으로 작은 기업이 그렇지 않은 기업보다 더 적은 양의 공해를 발생시키도록 함으로써 공해 감소를 위한 비용을 최소화한다.

경제학자들은 탄소 배출을 관리하는 수단으로 세금을 이용할 것을 강력히 주장한다. 많은 산업과 많은 소비자는 각기 다른 사회적 한계혜택곡선을 가지면서 탄소를 배출한다. 자동차와 비행기는 공해 물질을 배출하고 전력 발전소도 상당한 양의 탄소를 배출한다. 그러나 이들은 연료의 선택, 공해 저감 장치, 생산기술 등 공해 배출량을 줄일 수 있는 다양한 수단도 가지고 있다.

앞에서 보았듯이 공해의 한계혜택곡선이 서로 많이 다를 때는 정부가 기준을 정하여 공해를 줄이는 것보다 세금을 부과하는 것이 더 낮은 비용으로 공해를 줄일 수 있다.

사회적 비용 측정 공해를 줄이기 위해 세금 부과, 보조금 지급과 같은 수단을 사용하려면 외부효과로 인한 사회적 비용을 화폐 가치로 추정해야 한다. 세제를 생산하는 공장이 부근의 하천을 오염시키는 것에 대해 적절한 세금을 부과하려면 정부는 하천 주변에 살고 있는 거주민이 입는 피해액을 추정해야 한다. 이러한 피해액을 추정하기는 어렵지만 불가능한 일은 아니다. 법적 보상금을 지급하라고 판결하는 판사는 보상금이 얼마인지 판단해야 한다. 공해로 인한 피해를 줄이기 위해 주민에게 얼마를 지불할 용의가 있는지 조사하여 피해액(보상금)을 추정할 수도 있고, 피해를 입는 지역과 피해를 입지 않는 지역의 재산 가치를 비교하여 피해액을 추정할 수도 있고, 맑은 하천에서 여가 활동을 하는 것의 시장가치를 추정하여 피해액을 추정할 수도 있다.[5]

일부 외부효과는 그 사회적 비용에 건강 악화나 사망과 같은 문제가 포함된다. 이 경우에는 금전적 피해액을 추정하기가 더욱 어렵다. 그럼에도 불구하고 정부의 정책 입안자는 인간의 생명이나 건강에 대한 금전적 가치를 자체적으로 추정하여 가지고 있다. 즉 교통사고나 업무 중 사고로 인한 인명 피해의 금전적 가치에 대한 정부기관의 자체 추정치가 있다. 개인도 어떤 위험한 일을 할 때 자신의 건강 악화나 생명에 대한 금전적 가치를 스스로 평가한다.

외부적 혜택에 대한 보조금 지급 어떤 활동이나 결정은 외부적 비용 대신 외부적 혜택을 가져온다. 예를 들어 한 도시의 낡은 지역을 개발하는 기업은 그 도시나 그 주변에 거주하는 많은 사람에게 혜택을 가져다준다.

사회적 외부혜택을 가져오는 행위에 대해서는 인센티브를 주기 위해 보조금을 지급할 수도 있다. 사회적 비용을 무시한 의사결정이 비효율적인 결과를 초래하듯이 사회적 혜택을 무시한 의사결정도 비효율적인 결과를 초래한다. 정부가 주택 건설이나 지역 개발 사업에 직접적으로 보조금을 지급하거나 세금 감면으로 지원하는 것은 그로 인한 외부적 혜택 때문이다.

공해 배출권의 거래: 공해 배출권의 판매 및 경매 앞에서 살펴보았듯이 외부적 비용을 유발하는 당사자가 그렇게 하도록 허용하는 것은 그들에게 혜택을 주는 것이다. 폐수를 공짜로 버릴 수 있는 권리, 공기나 바다를 공짜로 오염시킬 수 있는 권리는 공해 제거 비용을 지불하지 않고도 제품을 생산하게 허용하는 것이기 때문에 기업에는 가치 있는 자원인 셈이다. 공해를 공짜로 배출할 수 있는 권리를 이러한 시각으로 바라보는 것은 공해를 통제할 수 있는 다른 방법이 있음을 나타낸다. 그 방법은 공해를 배출할 수 있는 권리에 대해 가장 높은 가격을 부르는 사람에게 공해 배출 권리를 판매하거나 경매하는 것이다.

1990년에 제정된 미국의 클린에어법은 미국의 전력 발전소가 유발하는 공해를 통제하기 위한 수단으로 배출권 거래 제도를 이용한다. 산성비의 원인인 아황산가스와 산화질소의 최대 허용 배출량을 각 발전소에 부여한다. 허용 배출량이 낮을수록 공기가 더 맑아진다. 각 발전소가 받는 배출 권리증은 다른 발전소에 판매할 수도 있어 배출 권리증을 거래하는 큰 경매시장이 형성되었다. 따라서

5 Kenneth Arrow et al., "Report of the NOAA Panel on Contingent Valuations," January 1993.

공해를 낮은 비용으로 쉽게 제거할 수 있는 발전소는 최대 허용 배출량까지 공해를 줄이고, 남는 허용 배출량은 공해를 줄이는 데 많은 비용이 드는 발전소에 판매한다. 이렇게 하면 시장거래를 통해 가장 낮은 비용으로 정부가 정한 총 공해 허용량을 달성할 수 있다. 만약 환경주의자들도 이 배출 권리증을 구입하여 사용하지 않는다면 정부가 유지하려는 공기 수준보다 공기가 더 맑아질 것이다. 이러한 배출권 거래 제도는 지구 온난화를 초래하는 온실가스를 감소시키기 위해 각국에도 적용되어 전 세계적으로 사용되고 있다.

배출권 거래 제도의 이득은 앞서 다룬 A, B 두 기업의 예에 약간의 계산을 추가하여 간단히 살펴볼 수 있다. 표 16.1은 공해를 배출하는 두 기업의 상황을 보여준다. 각 기업이 기간당 5단위의 공해를 배출한다고 가정하자. 정부는 현재 두 기업이 배출하고 있는 총 공해 배출량을 10단위에서 4단위로 줄이려고 한다. 이렇게 하기 위해 정부는 각 기업의 최대 허용 배출량을 2단위로 제한한다. 따라서 각 기업은 공해 배출량을 3단위 줄이기 위한 비용을 지출해야 한다. 각 기업이 줄이는 공해 배

경제학의 적용

공해 배출의 비용

전 세계적으로 기후 온난화와 공해에 대한 우려가 커지면서 지구 온도를 산업화 이전에 비해 1.5~2℃만 높은 수준으로 제한하기 위해 각국 정부와 기업이 협력해야 한다는 데 일반적인 합의가 이루어지고 있다. 2015년에 196개국은 파리 협정을 통해 지구 온도의 상승을 억제하려는 노력을 기울이기로 합의했다. 파리 협정에 따라 각국 정부는 온실가스 감축 목표를 스스로 정하고 그 목표를 달성하기로 했다. 2018년 중반까지 18개국이 목표로 하는 온실가스 감축량을 제출했으며, 이는 전체 온실가스 배출량의 56%에 달하는 수준이다.

기업은 온실가스 배출량을 줄이는 행동을 장려하기 위해 자체적으로 탄소 가격을 책정하고 있다. 탄소를 덜 배출하는 공장에는 금융적인 인센티브를 제공하기도 한다. 탄소 가격을 책정한 국가는 2015년 25개국에서 2018년 51개국으로 증가했으며, 이 탄소 가격을 기반으로 한 탄소 배출권 거래 시스템이 25개 생겨나고 26개국이 탄소에 세금을 부과하고 있다. 이러한 방식으로 감소되는 온실가스 배출량은 전 세계 온실가스 배출량의 약 20%를 차지했다. 배출권 거래를 통해 거래된 탄소의 가치와 탄소세의 합계는 2018년에 820억 달러였다.[1]

2017~2018년에 남미와 아시아에서 탄소 가격이 56% 상승했다. 그러나 이러한 탄소 가격 상승에도 불구하고 지구 온도는 2020년까지의 목표 수준에 이르지 못했다. 온실가스 배출을 더 줄이기 위해 유럽연합은 탄소 가격을 2017년 5월 톤당 4.38유로에서 2018년 톤당 13.82유로로 인상하기로 결정했다. 하지만 목표로 한 지구 온도를 달성하려면 2020~2021년에는 탄소 가격을 톤당 25~30유로로 인상하고 2030년까지는 4배로 인상해야 한다.[2]

아직 많은 국가가 뒤처져 있어 지구 온도의 상승을 1.5~2℃ 수준으로 낮추려는 목표를 달성하기에는 충분치 않다. 이러한 국가는 연료세를 부과하거나, 화석연료 사용에 대해 지급하던 보조금을 없애거나, '탄소의 사회적 비용'을 부담시키는 간접적 정책을 이용하여 온실가스 배출량을 줄일 수 있을 것이다.

질문

- '탄소의 사회적 비용'이란 무엇을 의미하는가? 기업이나 사람들이 탄소의 사회적 비용을 부담하게 만드는 것은 온실가스 배출량을 어떻게 감소시킬 수 있는가?

[1] Climate Disclosure Project, 2017. "Putting a price on carbon Integrating climate risk into business planning," CDP, October.

[2] The World Bank Group, 2018. *State and Trends of Carbon Pricing–2018*, May, The World Bank, Washington D.C.

표 16.1 공해 배출권 거래

A 기업			B 기업		
공해 감축량 (공해 단위)	공해 감축량에 따른 한계비용(MC)	공해 감축량에 따른 총비용(TC)	공해 감축량 (공해 단위)	공해 감축량에 따른 한계비용(MC)	공해 감축량에 따른 총비용(TC)
1	$ 5	$ 5	1	$ 8	$ 8
2	7	12	2	14	22
3	9	21	3	23	45
4	12	33	4	35	80
5	17	50	5	50	130

출량의 한계비용과 총비용은 표 16.1과 같다(공해를 감소시킬 때 발생하는 한계비용이 공해를 감소시키지 않을 때 발생하는 한계혜택임을 상기하라).

A 기업의 경우 처음 1단위의 공해를 감소시키기 위해 지불해야 하는 비용이 5달러이다. 따라서 이 1단위의 공해를 유발함으로써 얻는 한계혜택이 5달러이다. A 기업이 공해를 더 줄이려고 하면 지불해야 하는 비용이 점점 더 커진다. 다시 말해 공해를 점점 더 감소시킬 때 발생하는 한계비용이 점점 더 커진다. 정부의 요구대로 공해 배출량을 5단위에서 2단위로 줄이려면 A 기업은 총 21달러를 지출해야 한다. 즉 첫 번째 단위에 대해 5달러, 두 번째 단위에 대해 7달러, 세 번째 단위에 대해 9달러를 지불해야 한다. 또한 B 기업이 공해를 줄이는 데에는 상대적으로 더 많은 비용이 발생한다. 공해를 3단위 줄이려면 B 기업은 총 45달러를 지출해야 한다. 배출권 거래 제도의 도입으로 정부는 각 기업에 2단위의 배출 권리증을 주고 기업은 원하면 이를 거래하여 사용할 수 있다. 두 기업은 어떻게 하고 싶겠는가?

A 기업은 12달러(네 번째 공해 1단위를 줄이는 데 드는 한계비용)를 들여 공해 배출량을 2단위에서 1단위로 줄일 수 있다. 이렇게 하면 A 기업은 배출권 하나를 B 기업에 판매할 수 있다. 이 배출권에 대해 B 기업은 얼마를 지불할 용의가 있을까? 현재 B 기업은 3단위의 공해를 줄이고 있으며, 이 중 마지막 1단위를 줄일 때 발생하는 한계비용이 23달러이다. 이는 B 기업이 1단위의 공해를 더 배출할 수 있는 배출권을 구매하기 위해 최대 23달러를 지불할 용의가 있음을 나타낸다. 따라서 이 경우에 거래가 이루어질 수 있다. 배출권의 가격은 A 기업이 요구할 수 있는 12달러와 B 기업이 지출할 용의가 있는 23달러 사이일 것이다. 공해 배출량을 1단위 줄일 때 발생하는 A 기업의 한계비용은 B 기업의 한계비용보다 낮다. 따라서 A 기업이 자신에게 허용된 공해 배출량보다 더 줄이고 남는 배출 권리증을 B 기업에 팔 것이라고 예상할 수 있다.

표 16.1의 수치를 보면 A 기업은 남은 마지막 배출 권리증 1장은 B 기업에 팔지 않을 것임을 알 수 있다. 공해 배출량을 1단위 더 줄이기 위해 A 기업은 17달러의 한계비용을 지불해야 하지만 B 기업은 14달러만 지불하면 된다. 따라서 이 경우에는 거래가 발생할 가능성이 없다. A 기업이 배출 권리증 1장을 B 기업에 팔 때 공해 배출량은 여전히 4단위이다. 그러나 이제 A 기업은 1단위를 배출하고 B 기업은 3단위를 배출한다.

공해 배출량을 4단위로 줄이는 데 드는 총비용은 얼마인가? 두 기업의 공해 배출량 감소가 동일하다면 A 기업이 지불하는 총비용이 21달러, B 기업이 지불하는 총비용이 45달러이므로 전체 비용은 66달러이다. 그러나 배출권이 거래되면 공해 배출량을 줄이기 위해 A 기업이 지불하는 총비용이 33달러, B 기업이 지불하는 총비용이 22달러이므로 공해 배출량을 줄이는 데 드는 총비용이 55달러로 줄어든다(물론 A 기업은 공해 배출권 1장을 팔아 수입을 얻는다).

유럽은 2005년에 지구 온난화를 막기 위한 노력으로 이산화탄소 거래 제도를 세계 최초로 도입하여 시행하고 있다. 이산화탄소는 지구 온난화의 주범이다. 이 계획의 첫 번째 단계인 2007년 말까지 정유 회사, 전력 발전소, 유리·제철·세라믹·석회·종이·화학 공장 등 12,000개 공장과 기타 시설이 이산화탄소 거래에 참여했다. 이 12,000개 공장이 배출하는 이산화탄소는 유럽연합 전체 이산화탄소 배출량의 45%를 차지했다. 유럽연합은 배출 가능한 이산화탄소의 총량을 정한 후 이를 각 회원국에 배당하고, 각 회원국은 다시 자국의 공장에 배당했다. 이 계획의 두 번째 단계인 2008~2012년에는 농업, 석유화학 등 더 많은 산업에서 이산화탄소 거래 제도를 도입했다.

16.2 공공재

시장실패의 또 다른 원인은 **공공재**(public goods)에 있다. 공공재는 **사회적 재화**(social goods) 또는 **집단적 재화**(collective goods)라고도 불린다. 공공재는 소비가 비경합적이고 혜택이 비배제적인 재화나 서비스이다. 공공재의 이러한 특징으로 시장이 적절한 양의 공공재를 공급하지 못하기 때문에 공공재는 시장실패의 원인이 된다. 정부의 규제를 받지 않는 시장경제에서는 공공재가 생산되더라도 충분한 양이 생산되지 않거나 전혀 생산되지 않을 수도 있다.

학습목표

공공재의 특징과 공공재의 공급에 대해 알아본다.

공공재, 사회적 재화, 집단적 재화 소비가 비경합적이고 혜택이 비배제적인 재화나 서비스

공공재의 특징

A의 소비가 B의 소비에 영향을 주지 않을 때 해당 재화는 **소비에서의 비경합성**(nonrivality in consumption)을 갖는다. 이는 해당 재화가 주는 혜택이 집단적이라는 것을 의미한다. 즉 그 혜택이 모든 사람에게 주어진다. 예를 들어 국방은 사회 전체 구성원에게 혜택을 안겨준다. 내가 보호를 받는다고 해서 당신이 받는 보호가 줄어들지 않는다. 모든 사람이 똑같은 보호를 받는다. 맑은 공기로 내가 호흡한다고 해서 당신의 호흡을 방해하지 않는다. 일반적인 상황에서는 더 많은 사람이 맑은 공기를 마신다 하더라도 맑은 공기의 양이 줄어들지 않는다. 이와 달리 사유재는 소비에서의 경합성(rival in consumption)을 갖는다. 내가 햄버거를 먹으면 당신은 내가 먹는 햄버거를 먹을 수 없다.

소비에서의 비경합성 공공재의 특징 중 하나로, 어떤 사람이 공공재의 혜택을 받는 것이 다른 사람이 그러한 혜택을 받는 것을 방해하지 않는 것

재화는 집단적 혜택을 유발하면서도 소비에서는 때로 부분적으로 경합적일 수 있다. 이는 과밀 현상이 발생할 때 나타난다. 한꺼번에 많은 사람을 수용하는 공원이나 수영장은 각 사람에게 집단적 혜택을 줄 수 있다. 그러나 더운 날 사람이 너무 많이 몰리면 각자의 즐거움이 서로를 방해한다.

또한 공공재는 **비배제성**(nonexcludability)을 갖는다. 일단 생산되고 나면 누구든 그 혜택을 누리는 것에서 배제될 수 없다. 예를 들어 국방은 한 사회의 모든 사람을 보호한다.

비배제성 공공재의 특징 중 하나로, 일단 생산되고 나면 누구든 그 혜택을 누리는 것에서 배제될 수 없는 것

여기서 한 가지 유의할 점은 비경합성과 비배제성이라는 특징에 의해 재화가 사유재와 공공재로 구분된다는 것이다. 정부나 공공기관이 생산하는 재화라고 해서 공공재가 되는 것은 아니라는 것이다. 모든 사람이 자유롭게 햄버거를 먹을 수 있고 그 비용을 정부가 지불하는 법을 통과시켰다고 해서 햄버거가 공공재가 되는 것은 아니다. 이는 사유재를 모든 사람이 공짜로 먹을 수 있게 한 것일

뿐이다. 정부가 일부 사람들이 햄버거를 공짜로 먹는 것을 배제하는 권한을 사용하지 않는다고 해서 햄버거라는 재화가 가진 특징이 변하는 것은 아니다.

공공재의 문제점은 민간 생산자가 공공재를 생산하려는 인센티브나 적절한 양을 생산할 인센티브를 가지지 않는다는 것이다. 민간 기업은 이윤이 나지 않는 제품을 생산하지 않는다. 맥도날드(McDonald's)가 햄버거를 팔아서 돈을 벌 수 있는 것은 돈을 내지 않는 사람에게는 햄버거를 팔지 않기 때문이다. 소비자 마음대로 돈을 내거나 내지 않는다면 맥도날드는 패스트푸드 사업을 하지 않을 것이다.

당신이 공공재를 소비하려는 잠재적 소비자 중 한 사람이라면 딜레마에 빠지게 된다. 예를 들어 당신이 경찰의 보호를 더 많이 받고 싶어 하고 이를 위해 한 달에 50달러를 지불할 용의가 있다고 하자. 첫째, 이 서비스가 생산되면 범죄가 줄어들어 모든 주민이 혜택을 받는다. 당신도 이에 대해 대가를 지불하건 하지 않건 혜택을 받는다. 다시 말해 당신은 무임승차를 할 수 있다. 따라서 이러한 딜레마를 **무임승차자 문제**(free-rider problem)라고 한다.

무임승차자 문제 공공재에 내재된 문제로, 사람들이 공공재를 공급받는 것에 대해 대가를 지불하든 하지 않든 공공재의 혜택을 누릴 수 있기 때문에 공공재에 대한 대가를 지불할 용의가 없다는 것

둘째, 당신이 지불하려는 금액은 이 서비스를 공급받는 데 필요한 총금액에 비하면 아주 작다. 따라서 실제로 공급되는 경찰의 보호량은 당신이 일정 금액을 내든 내지 않든 큰 영향을 받지 않는다. 이는 **창해일속 문제**(滄海一粟, drop-in-the-bucket problem)이다. 자신의 이익을 위해 행동하는 소비자는 공공재를 생산하는 데 자발적으로 기여하려는 인센티브를 가지지 않는다. 도덕적 의무감이나 기여에 대한 사회적 압력을 받는 일부 소비자들은 실제로 기여할 수도 있다. 그럼에도 불구하고 경제적인 인센티브가 존재하지는 않는다.

창해일속 문제 공공재에 내재된 문제로, 일반적으로 공공재를 공급하는 데에는 아주 큰 비용이 발생하므로 당신이 공공재를 공급받기 위해 일정 금액을 지불하더라고 전체 비용에 미치는 영향이 아주 미미하다는 것

정부의 공공재 공급

옛날이나 지금이나 모든 사회는 공공재 공급의 문제에 부딪친다. 한 사회의 구성원이 모여 정부를 만드는 이유 중 하나는 개인적으로 행동하면 공급할 수 없는 재화나 서비스를 공급하기 위함이다. 다른 많은 재화나 서비스처럼 법체계는 노동, 자본, 기타 여러 생산요소로 생산된다. 사회적 혜택을 가져다주는 법과 법원은 집단적인 협력으로 운영되어야 한다.

우리가 이야기하고 있는 것은 공공재의 공적 공급(public provision)이지 공공기관에 의한 공적 생산(public production)이 아니라는 것에 주목하라. 어떤 서비스를 공급할 것인지 일단 결정하면 정부는 민간 기업과 계약을 맺고 재화의 생산을 맡기곤 한다. 많은 국방재는 민간 방위사업체가 생산하고 고속도로, 정부 청사, 데이터 프로세싱 등도 일반적으로 민간 기업이 생산한다.

공적 공급이 당면하는 문제 중 하나는 공적 공급에 대한 대중의 불만이 자주 발생한다는 것이다. 이러한 불만의 이유 중 일부는 정부가 공급하는 재화의 성격에도 있다. 사유재를 생산하여 판매하는 기업은 제품의 가격을 표시하며, 소비자는 그 가격을 보고 마음에 들면 구매하고 그렇지 않으면 구매하지 않을 수 있다. 안 사면 그만이기 때문에 마음에 안 드는 구두를 파는 가게에 가서 항의할 필요가 없다.

그러나 집단적 혜택을 주는 공공재는 소비자가 마음에 드는 양을 선택할 수 없다. 국방의 경우 정부는 한 가지의 국방력(집단적 생산량)을 선택한다. 국방비에 얼마를 지출해야 하는지, 어디에 국방비를 사용해야 하는지를 개인이 정하지 못하기 때문에 불만을 가진 사람이 있을 수밖에 없다. 정부가 효율적으로 국방력을 유지한다 하더라고 일부 국민은 국방비 지출이 많다고 생각하고 일부 국

민은 국방비 지출이 적다고 생각할 것이다. 공립학교에 대해서도 마찬가지이다.

공공재의 최적 공급량

1950년대 초에 경제학자인 폴 새뮤얼슨(Paul Samuelson)은 리처드 머스그레이브(Richard Musgrave)의 이론을 바탕으로 모든 공공재에 대해 가장 효율적인 최적 공급량이 존재한다는 것을 보여주었다. 이를 통해 개인이 아닌 사회가 어떻게 의사결정을 하는지에 대해 알아보자.

새뮤얼슨-머스그레이브 이론 효율적인 경제는 사람들이 원하는 것을 원하는 만큼 생산한다. 완전경쟁기업이든 독점기업이든 민간 생산자는 자신의 제품에 대한 시장수요의 제약을 받는다. 이들은 제품을 생산하는 데 드는 비용보다 같거나 더 높은 가격에 판매할 수 없다면 사업을 계속할 수 없다. 사유재는 배제성이 있기 때문에 기업은 소비자가 대가를 지불할 때까지 제품을 판매하지 않을 수 있다. 소비자가 재화를 표시된 가격에 구매하는 것은 해당 재화가 자신을 비롯한 모든 구매자에게 적어도 그 정도의 가치가 있음을 드러내는 것이다.

사유재의 시장수요량은 각 가격에서 각 소비자가 구매하려는 양(가로축에 표시)을 수평으로 모두 합한 것이다. 그림 16.4는 사유재의 시장수요곡선을 어떻게 구하는지를 보여준다. 어떤 사회가 A와 B라는 사람으로 구성되어 있다고 가정해보자. 가격이 1달러일 때 A는 9단위의 사유재를 구매하고 B는 13단위를 구매한다. 따라서 가격이 1달러일 때 시장수요량은 22단위이다. 만약 가격이 3달러로 상승하면 A의 수요량은 2단위로 줄어들고 B의 수요량은 9단위로 줄어든다. 따라서 가격이 3달러일 때 시장수요량은 11단위이다. 여기서의 요점은 가격 메커니즘이 사람들이 선호를 드러내게 하고, 사람들이 지불할 용의가 있는 양만큼만 기업이 생산하게 만든다는 것이다. 그리고 이는 사유재의 배제성 때문이다.

개념적으로 공공재에 대한 사람들의 선호 및 수요는 사유재에 대한 사람들의 선호 및 수요와 차이가 없다. 우리가 소방 서비스를 원하고 그에 대해 지불할 용의가 있는 것은 우리가 음악 서비스를 원하고 그에 대해 지불할 용의가 있는 것과 다르지 않다. 공공재의 효율적 생산량이 존재한다는 것을

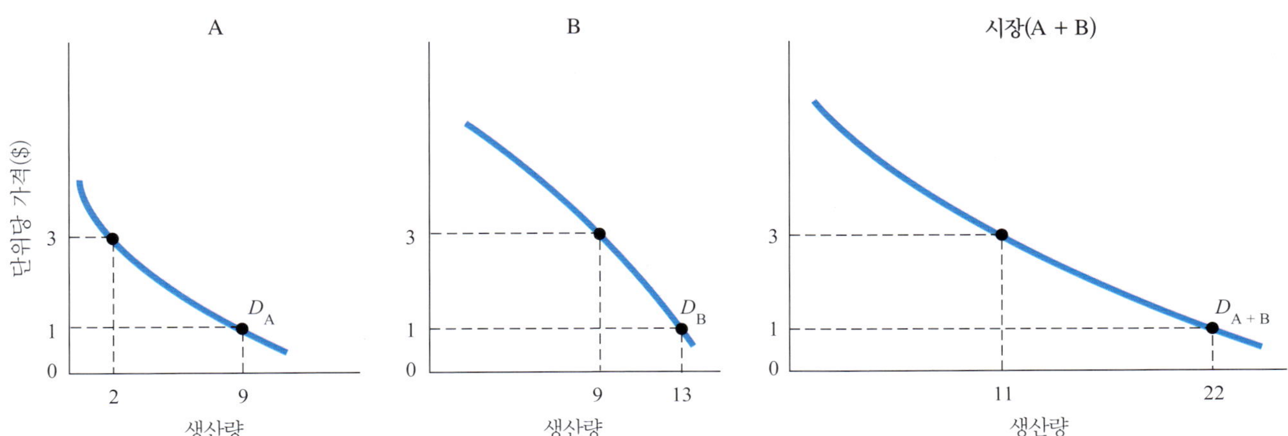

그림 16.4 사유재의 경우 소비자가 구매하려는 양을 결정한다. 시장수요량은 각 가격에서 각 소비자의 수요량을 수평으로 합한 것이다.
가격이 3달러일 때 A는 2단위를 구매하고 B는 9단위를 구매하여 시장수요량이 11단위이다. 가격이 1달러일 때 A는 9단위를 구매하고 B는 13단위를 구매하여 시장수요량이 22단위이다. 사유재의 경우 소비자가 구매하려는 양을 결정한다. 시장수요곡선은 개인의 수요곡선을 수평으로 모두 합한 것이다.

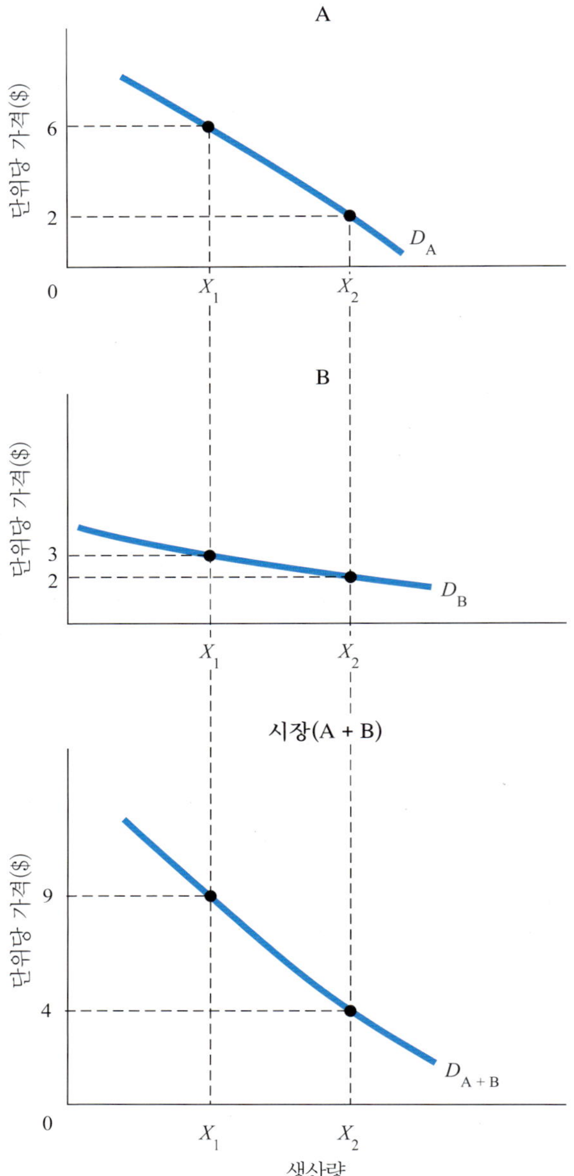

그림 16.5 공공재의 생산량은 하나로 정해지며, 각 잠재적 생산량에서 소비자가 지불할 용의가 있는 금액이 각기 다르다.
A는 단위당 6달러의 가격을 지불하고 X_1 단위의 공공재를 구매할 용의가 있다. B는 단위당 3달러의 가격을 지불하고 X_1 단위의 공공재를 구매할 용의가 있다. 사회(A와 B)는 X_1 단위의 공공재에 대해 총 9달러를 지불할 용의가 있다. 공공재의 시장 수요곡선을 도출하려면 공공재의 각 잠재적 생산량에서 A와 B가 지불할 용의가 있는 금액을 수직으로 합해야 한다. 공공재의 공급량 수준은 하나로 정해지고 모든 사람에게 동일하게 주어지기 때문이다. 이는 개인의 수요곡선을 수직으로 합해야 한다는 것을 의미한다.

보여주기 위해 새뮤얼슨은 우리가 사람들의 선호를 안다고 가정한다. 그림 16.5는 구매자 A와 B의 수요곡선을 나타낸 것이다. 공공재를 민간 시장에서 6달러의 가격에 구매할 수 있다면 A는 X_1 단위를 구매한다. 달리 말해 A는 단위당 6달러의 가격을 지불하고 X_1 단위의 공공재를 구매할 용의가 있다. 반면에 B는 가격이 단위당 3달러일 때 X_1 단위의 공공재를 구매할 용의가 있다.

공공재는 비경합적이고 비배타적이므로 공공재의 혜택이 모든 사람에게 주어진다. 공공재의 생산량 수준은 하나로 정해지고 모든 사람에게 동일하게 주어진다. X_1 단위가 생산된다면 A도 X_1을 가지고 B도 X_1을 가진다. X_2 단위가 생산된다면 A도 X_2를 가지고 B도 X_2를 가진다.

따라서 공공재의 시장수요곡선을 구할 때는 각각의 수요량을 수평으로 합하는 것이 아니라 각 생산량 수준에서 각각이 지불할 용의가 있는 금액을 합한다. 그림 16.5에서 A는 X_1 단위를 구매하기 위해 단위당 6달러를 지불할 용의가 있고, B는 X_1 단위를 구매하기 위해 단위당 3달러를 지불할 용

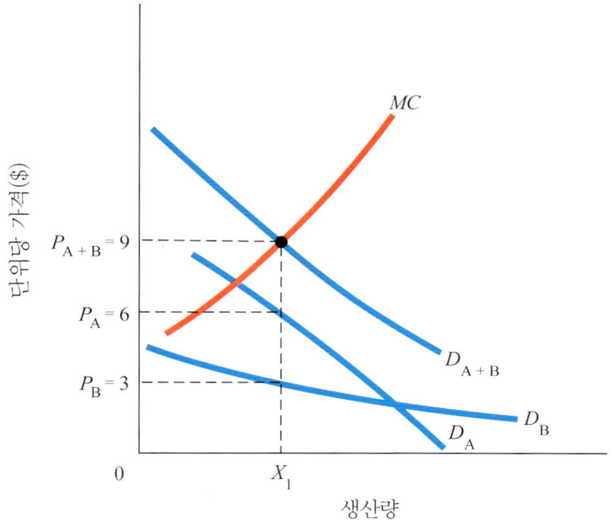

그림 16.6 공공재의 최적 생산량
공공재의 최적 생산량은 한 사회가 단위당 지불할 용의가 있는 총금액(D_{A+B})이 그 공공재를 생산하는 데 드는 한계비용과 같아질 때이다.

의가 있다. 따라서 A와 B로 이루어진 이 사회는 공공재 X를 X_1 단위 가지기 위해 단위당 9달러를 지불할 용의가 있다. 또한 X_2 단위를 가지기 위해서는 단위당 4달러를 지불할 용의가 있다.

사유재의 경우 개인의 수요곡선을 수평으로 모두 합한 것이 시장수요곡선이다. 즉 주어진 가격에서 각자가 소비하고자 하는 양을 모두 합한 것이다. 그러나 공공재의 경우에는 개인의 수요곡선을 수직으로 모두 합한 것이 시장수요곡선이다. 즉 각 생산량에서 개인이 지불할 용의가 있는 금액(세로축에 표시)을 모두 합하여 시장수요곡선을 구하면 된다.

새뮤얼슨은 사회가 공공재를 얻기 위해 얼마를 지불할 용의가 있는지를 안다면 그 금액을 생산비용과 비교하면 된다고 주장한다. 그림 16.6은 공공재에 대한 A와 B의 수요곡선과 총수요곡선을 다시 그린 것이다. A가 단위당 6달러를 지불할 용의가 있고 B가 단위당 3달러를 지불할 용의가 있다면 사회는 단위당 9달러를 지불할 용의가 있는 것이다.

그림 16.6과 같이 MC곡선이 주어졌을 때 공공재 X의 효율적인 생산량 수준은 X_1 단위이다. 이 생산량 수준에서 A에게는 단위당 6달러의 사용료가 책정되고 B에게는 단위당 3달러의 사용료가 책정된다. 모두가 만족할 것이다. 자원은 사람들이 지불할 용의가 있는 총금액으로 사람들이 원하는 양만큼의 공공재를 생산하는 데 사용될 것이다. 우리는 **공공재의 최적 공급량**(optimal level of provision for public goods)을 가지게 된다. 공공재의 최적 생산량에서 그 사회가 지불할 용의가 있는 단위당 총금액은 그 공공재를 생산하는 데 드는 한계비용과 일치한다.

공공재의 최적 공급량 한 사회가 단위당 지불할 용의가 있는 총금액이 그 재화를 생산하는 데 드는 한계비용과 일치할 때의 공급량

최적 공급량의 문제 그러나 최적 공급량에는 한 가지 문제가 따른다. 각 공공재의 최적 생산량을 생산하기 위해 정부는 현실적으로 알 수 없는 사회 구성원 각각의 선호를 알아야 한다. 공공재의 소비에서 개인을 배제할 수는 없다. 따라서 사람들이 선호를 드러내도록 강제할 수 있는 힘이 없다. 더욱이 직접 사람들에게 얼마를 지불할 용의가 있는지 물어본다 하더라도 제대로 답할 가능성이 희박하다. 지불해야 하는 금액이 자신의 답에 따라 결정된다면 사람들은 속마음을 감추려고 할 것이다. 공공재의 혜택에서 배제되지 않으며 당신이 지불하는 금액이 공공재의 생산량 수준에 거의 영향을 주지 않을 때 당신 같으면 진실(지불하고자 하는 금액)을 말하겠는가?

사회는 공급해야 할 공공재를 어떻게 결정하는가? 한 사회가 어떤 공공재를 원한다고 하자. 우리

가 아는 것은 시장에 있는 민간 생산자가 이 재화를 생산하여 이윤을 낼 수 없다는 것과 정부가 사회의 수요를 정확하게 측정할 수 있을 정도의 정보를 가지고 있지 않는 것이다. 이러한 딜레마를 모든 국가가 동일하게 해결하는 것은 아니다. 어떤 국가에서는 공급할 공공재를 독재자가 결정한다. 어떤 국가에서는 국민의 선호를 대변한다면서 정치인이 결정한다. 어떤 국가에서는 국민이 직접 투표로 결정한다. 그러나 이러한 방법 모두 완벽하지는 않다.

공공재의 지역적 공급: 티부 가설

1956년에 경제학자 찰스 티부(Charles Tiebout)는 지방정부가 공공재를 공급하는 데 책임을 지는 경우에 공공재에 대한 효율적 시장 선택 메커니즘이 존재한다고 주장했다. 경찰의 보호를 제외한 나머지 측면이 모두 동일한 작은 도시들이 있다고 하자. 경찰에 의한 주민 보호에 상당한 돈을 지출하는 도시는 범죄율이 낮을 가능성이 높다. 낮은 범죄율은 위험 회피적이고 범죄를 낮추는 것에 대해 더 많은 세금을 지불할 용의가 있는 가구를 그 도시로 끌어들일 것이다. 그러나 덜 위험 회피적이고 수입이 적은 가구는 세금을 덜 내는 대신 범죄율이 높은 도시를 선택할 수도 있다. 일부 도시가 범죄 예방에 효율적이라면 이는 사람들을 끌어들이고, 도시는 공간이 한정적이기 때문에 이러한 도시의 집이나 토지와 같은 자산 가치가 상승할 것이다. 따라서 더 높은 주택 가격은 더 낮은 범죄율에 대한 '가격'인 것이다.

티부 가설 (사유재 시장에서 가격이 소비자의 선호를 나타내는 것처럼) 각 지역의 가격(토지, 주택 가격과 세금의 형태로)이 소비자의 선호를 나타낼 때 공공재의 효율적 생산량이 달성될 수 있다는 것

티부 가설(Tiebout hypothesis)은 해당 지역의 가격(세금이나 높은 주택 가격)이 사유재 시장에서처럼 소비자의 선호를 나타낼 때 공공재의 효율적 생산이 이루어질 수 있다는 것이다. 일반 시장에서는 소비자가 서로 다른 조합의 재화를 구매함으로써 자신의 선호를 나타내지만, 티부 시장에서는 사람들이 '자신의 발로 투표함(voting with their feet)으로써'(도시가 생산하는 각기 다른 공공재의 양과 세율 중에서 가장 마음에 드는 조합을 공급하는 도시를 선택하거나 지방정부에 직접 참가함으로써) 자신의 선호를 나타낸다.

학습목표

시장이 적절한 양의 공유자원을 공급하지 못하는 이유를 이해한다.

16.3 공유자원

17세기 이전에 영국의 많은 마을에는 마을 사람들의 양이 풀을 자유롭게 뜯어 먹을 수 있는 넓은 풀밭이 있었다. 이 풀밭은 누구의 소유도 아니고 어떤 의미에서는 마을의 공동 소유지이므로 코먼스(commons)라고 불렸다.

공유자원 소비의 경합성이 있지만 배제성이 없는 자원

지구의 바다에는 각국의 관리 영역이 아닌 공해(open sea)가 존재한다. 공해는 공유지이다. 국제적 어업 규칙하에 각국은 마음대로 물고기를 잡을 수 있다. 경제학자들은 코먼스나 공해와 같은 것을 **공유자원**(common resources)이라고 일컫는다. 공유자원은 공공재와 마찬가지로 비배제적이다. 공유 풀밭에서 다른 사람들의 양이 풀을 뜯어 먹는 것을 막을 수 없고, 공해에서 다른 사람들이 고기잡이를 하는 것을 막을 수 없다. 하지만 공공재와 달리 한 사람의 공유자원 소비는 다른 사람의 공유자원 소비에 영향을 미친다. 내가 물고기를 너무 많이 잡으면 다른 사람들이 잡을 수 있는 물고기의 양이 줄어든다. 모든 사람이 물고기를 많이 잡으면 물고기의 씨가 마를 수도 있다. 내가 너무 많은 양을 공유 풀밭에 풀어놓으면 풀을 다 뜯어 먹어 당신의 양이 굶을 수도 있다.

경제학자들은 공유자원의 적절한 관리에 대해 걱정을 했다. 공유자원과 관련한 핵심 문제는 과도

한 사용(남용)이다. 내가 물고기가 많은 호수를 가지고 있는데 물고기를 마구 잡는다면 물고기가 거의 사라져서 낚시의 즐거움을 잃게 되고 호수의 가치도 크게 떨어진다. 내가 소유한 호수에서 고기잡이의 남용으로 나타나는 결과는 나에게만 해당되기 때문에 나는 호수의 물고기를 어느 정도 유지하려는 인센티브를 가지고 있다. 그러나 여러 사람이 공동으로 호수를 소유했을 때는 내가 물고기를 많이 잡으면 그 혜택을 나만 얻고 그에 따른 나쁜 결과와 비용이 모두에게 돌아간다. 따라서 공유자원의 경우 남용이 흔히 나타날 것이라고 쉽게 알 수 있다.

어떨 때 남용이 가장 문제가 될까? 농업국이었던 시절의 영국에서는 상대적으로 큰 마을에서 코먼스의 남용이 나타났다. 그러나 모든 코먼스가 과도하게 사용된 것은 아니다. 일부 마을 공동체에서는 관습이나 상호 간의 자제로 코먼스가 잘 관리되었다. 일반적으로 공유자원을 사용하는 기술의 생산성이 낮으면 공유자원의 남용이 크게 나타나지 않았다. 많은 사람이 공유자원을 소유하고 공유자원을 이용하는 기술이 발전하면 공유자원의 남용이 나타날 가능성이 높다.

외부효과와 마찬가지로 공유자원의 남용을 통제할 수 있는 여러 가지 방법이 있다. 가장 일반적인 방법은 공동의 준칙을 만드는 것이다. 고기잡이의 경우 어획 기간을 제한하고 어획할 수 있는 물고기의 크기를 제한하는 것 등이다. 어획 허가증 발급을 제한하거나 어획 허가증을 높은 가격에 판매하는 것도 일반적인 방법 중 하나이다. 일부 공유자원의 경우 영국이 인클로저 운동을 통해 그랬듯이 공유자원을 사유화하는 것도 하나의 방법이다. 공유지역이 사유화되면 소유주는 그 자원을 효율적으로 사용하려는 인센티브를 가지게 된다.

요약

01 한 사람(집단)의 행동이나 의사결정이 다른 사람(집단)에게 비용을 유발하거나 혜택을 줄 때 외부효과가 존재한다고 일컫는다. 외부적 비용을 유발하는, 즉 음의 외부효과를 초래하는 전형적인 예는 오염물질의 배출이다.

02 음의 외부적 비용이 의사결정에 반영되지 않을 때는 그만한 가치가 없는 활동을 너무 많이 하거나 그만한 가치가 없는 제품을 너무 많이 생산할 수도 있다. 양의 외부적 혜택이 의사결정에 반영되지 않을 때는 할 가치가 있는 것을 너무 적게 할 수도 있다. 이러한 결과는 모두 자원의 비효율적 배분을 초래한다.

03 외부효과의 문제를 해결하는 방법으로는 당사자 간의 거래와 협상, 환경 기준의 설정, 세금과 보조금, 외부효과를 발생시키는 권리의 판매나 경매가 있다.

04 자유로운 시장경제에서는 사람들이 원하는 어떤 재화나 서비스가 적절한 양만큼 생산되지 않거나 전혀 생산되지 않을 수도 있다. 공공재는 이익을 추구하는 민간 기업이 생산하기 어렵거나 생산할 수 없다.

05 공공재는 소비가 비경합적(혜택이 사회 전체 구성원에게 주어짐)이고 혜택이 비배제적(누구든 그 혜택을 누리는 것에서 배제될 수 없음)인 재화나 서비스이다. 공공재의 대표적인 예는 국방이다.

06 공공재의 공급과 관련한 문제 중 하나는 공공재에 대한 대중의 불만이 자주 발생한다는 것이다. 그 이유 중 하나는, 사유재는 자신이 원하는 만큼 구매하거나 구매하지 않을 수 있으나 국방과 같은 공공재의 경우 정부가 한 가지의 국방력(집단적 생산량)을 선택할 수밖에 없다는 것이다.

07 이론적으로 모든 공공재에 대해 최적 공급량이 존재한다. 공공재의 최적 공급량에서 그 사회가 해당 공공재 1단위에 대해 지불할 용의가 있는 금액과 그 공공재를 생산하는 데 드는 한계비용이 일치한다. 그러한 최적 생산량을 생산하기 위해 정부는 현실적으로 알 수 없는 사회 구성원 각각의 선호를 알아야 한다.

08 티부 가설에 따르면 각 지역의 가격(토지, 주택 가격과 세금의 형태로)이 소비자의 선호를 나타낼 때 공공재의 효율적 생산량이 달성될 수 있다.

09 공유자원은 혜택이 비배제적이지만 소비가 경합적이다. 공유자원과 관련한 핵심 문제는 과도한 사용(남용)이다.

핵심 용어

공공재(public goods)/사회적 재화(social goods)/집단적 재화(collective goods)
공공재의 최적 공급량(optimal level of provision for public goods)
공유자원(common resource)
공해의 사회적 한계혜택(marginal social benefit of pollution)
무임승차자 문제(free-rider problem)
비배제성(nonexcludability)
사회적 한계비용(marginal social cost, *MSC*)
소비에서의 비경합성(nonrival in consumption)
손해배상법(liability rule)
외부효과(externality)
정지명령(injunction)
창해일속 문제(滄海一粟, drop-in-the-bucket problem)
코스 정리(Coase theorem)
티부 가설(Tiebout hypothesis)

연습문제

01 환경에 대한 국제적인 우려가 커지면서 플라스틱 빨대를 사용하지 말자는 운동이 전개되어 많은 기업이 동참한다고 발표했다. 플라스틱 빨대의 사용을 금지하는 것은 세금을 부과하는 것보다 더 효율적인 해결책인가? 그 이유는 무엇인가? 빨대 수요의 어떤 경제적 요인이 이 운동에 영향을 미치는가? 어떤 부수적인 결과가 발생할 가능성이 있는가?

02 프리도니아 왕국은 동바발루와 서바발루로 이루어져 있다. 이산화탄소 배출량을 줄이려는 노력의 일환으로 프리도니아 왕국은 전력 회사에 탄소세를 부과했다. 동바발루는 매일 비가 오고 날씨가 흐려 음침한 탓에 가구의 90%가 전기를 사용한다. 반면에 서바발루는 열대의 낙원으로 매일 날씨가 맑아 가구의 10%만이 전력 회사의 전기를 사용하며, 나머지는 집에 설치된 태양광 에너지 설비로 자가발전을 하고 있다. 수요곡선과 공급곡선을 이용하여 탄소세가 이 두 국가의 국민에게 미치는 영향을 나타내라. 또한 어느 국가의 국민이 더 많은 탄소세를 부담하는지 설명하라. 단, 탄소세로 인해 프리도니아 왕국에 있는 전력 회사들의 전기 생산비용이 똑같이 상승한다고 가정한다.

03 많은 사람이 도시의 팽창을 우려하고 있다. 규격화된 주택들이 즐비하게 들어서고 외곽지역에 쇼핑몰이 계속 생기면서 대도시의 중앙부분은 더 혼잡해지고 공기는 더 오염되어 가고 있다. 사람들이 쉴 수 있는 공간은 점점 사라지고 삶의 질이 저하되고 있다. 외부효과라는 개념을 사용하여 토지의 사용이나 개발에 대한 문제에 대해 생각해보자. 개발과 관련하여 누가 외부효과를 발생시키는가? 이러한 외부효과는 누구에게 영향을 주는가? 외부효과의 크기를 측정할 수 있다고 생각하는가? 외부효과를 줄이기 위해서 어떤 방법들이 사용될 수 있는가? 미국 내에서 도시 팽창에 대해 가장 큰 주의를 기울이고 있는 곳은 오레곤주 포틀랜드시이다. 웹을 통해서 포틀랜드의 접근방법에 대해 살펴보라.

04 제지 공장이 강에 화학 물질을 쏟아버리고 있다. 이에 강 주변에 살고 있는 수많은 사람이 피해를 주장하며 이 제지 공장을 상대로 법원에 소송을 제기했다. 판사는 당신에게 재판에 참석하여 공정한 증언을 해달라고 요청했다. 법원은 다음과 같은 네 가지 해결책을 검토 중인데, 당신은 각각의 효율성과 공정성에 대해 간단히 증언해야 한다.

a. 제지 공장이 화학 물질을 버릴 수 있는 권한을 가지고 있다는 것을 확인한다. 정부의 개입 없이 당사자 간에 최적 해결책을 도출하게 한다.

b. 고소인의 권리를 인정한다. 제지 공장이 피해에 대해 책임을 지고 주민이 입은 과거의 피해와 앞으로 발생할 피해에 대해 충분히 보상하게 한다.

c. 화학 물질의 방류를 즉각 멈추게 하고 주민이 입은 피해에 대해 보상을 해주지 않는다.

d. 환경보호청에 이를 보고하고 환경보호청이 피해로 발생하는 한계비용과 동일한 크기의 세금을 제지 공장에 부과하게 한다. 정부가 얻는 조세수입을 피해 주민에게 지급하지 않는다.

05 마이크로소프트와 디즈니는 자체적인 탄소세를 부과하여 이산화탄소 배출량을 줄이려고 노력하는 대표적인 기업이다. 이들이 탄소세로 이용하는 탄소 배출 가격은 변화를 거쳤다(2018년에 마이크로소프트는 이산화탄소 1톤당 8달러의 가격을 책정하고 디즈니는 10~20달러의 가격을 책정했다). 탄소세를 내부적으로 부과하고 있는 또 다른 세 기업(조직)을 찾아보라. 이러한 기업(조직)은 내부적인 탄소세로 거둬들인 돈을 어디에 사용하는가?

이들이 단위당 이산화탄소 배출에 적용하는 가격은 얼마인가? 그러한 가격은 미국 환경보호청이 정한 탄소의 사회적 비용과 비교할 때 어떤 수준인가?

06 코스 정리는 관련된 당사자가 거래와 협력으로 효율적인 해결책을 찾을 수 있기 때문에 우리가 외부효과를 규제할 필요성이 없음을 의미한다. 이 말에 동의하는가, 동의하지 않는가? 그 이유를 설명하고 예를 들라.

07 경제학자들은 환경 재앙에 대응한 정책의 효과를 장기 효과와 단기 효과로 구분한다. 최근의 환경 재앙(2018년 미국 서부 지역의 대규모 산불, 2017년 허리케인 하비, 2018년 남아시아 지역의 몬순에 따른 홍수, 2017년 멕시코의 지진)을 조사해보라. 환경 재앙이 피해 지역의 환경에 미친 주요 영향은 무엇인가? 그 피해가 단기간에 회복될 것인지, 상당한 기간이 지나야 회복될 것인지 판단하고, 그러한 판단의 근거를 설명하라.

08 다음 그래프는 외부효과가 없는 완전경쟁시장에 있는 한 기업의 이윤 극대화 가격과 생산량을 보여준다. 이 기업이 제품을 생산하면서 외부적 비용을 유발한다면 어떤 결과가 나타나는지 그래프를 이용하여 설명하라. 단, 이러한 외부적 비용은 이 기업의 생산 의사결정에 반영되지 않는다.

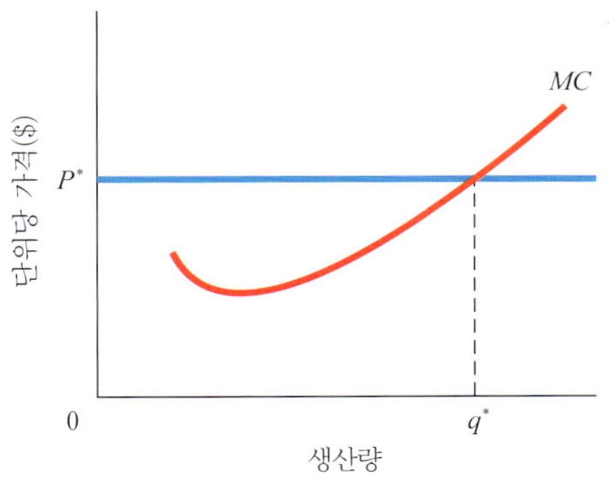

09 8번 문제에서 정부가 그 제품에 대해 사회적 한계비용과 같은 크기의 단위당 세금을 부과했다고 가정하자. 8번 문제의 그래프를 이용하여 생산량과 가격에 어떤 변화가 나타나는지 밝혀라.

10 베수비오와 에트나라는 기업이 각각 9단위의 공해를 배출하고 있다. 정부는 현재의 공해 배출량을 18단위에서 6단위로 줄이려고 한다. 이를 위해 정부는 각 기업에 3단위의 공해만 배출할 수 있도록 허용했다. 각 기업은 비용을 들여 6단위의 공해를 줄여야 한다. 각 기업에 장당 1단위의 공해를 배출할 수 있는 공해 배출권이 3장 발급되었으며, 기업은 배출 권리증을 거래할 수 있다. 두 기업의 상황이 다음 표와 같을 때 두 기업은 어떻게 하려고 하겠는가?

베수비오			에트나		
공해 감축 단위	공해 감축의 *MC*	공해 감축의 *TC*	공해 감축 단위	공해 감축의 *MC*	공해 감축의 *TC*
1	$5	$5	1	$10	$10
2	6	11	2	13	23
3	8	19	3	17	40
4	11	30	4	22	62
5	15	45	5	28	90
6	22	67	6	37	127
7	31	98	7	48	175
8	42	140	8	60	235
9	57	197	9	75	310

11 책 편집자인 벨마와 오페라 가수인 다프네는 타운하우스에서 함께 살고 있다. 벨마는 자기 방에서 책을 읽고 편집하는 것을 즐기고, 다프네는 자기 방에서 아리아 연습을 즐겨 한다. 다프네는 벨마가 다른 장소에서 책을 읽고 편집한다면 벨마에게 주당 200달러를 줄 용의가 있다. 한편 벨마는 다프네가 다른 장소에서 아리아를 연습한다면 다프네에게 주당 240달러를 줄 용의가 있다. 다프네가 자기 방에서 아리아를 연습할 권리를 가지고 있는 경우, 어떻게 하면 이 타운하우스에서 노랫소리가 들리지 않을 수 있는가? 반대로 벨마가 자기 방에서 책을 읽고 편집할 권리를 가지고 있는 경우, 어떻게 하면 이 타운하우스에서 노랫소리가 들리지 않을 수 있는가?

12 공공재의 존재는 시장실패가 발생할 수 있는 예이며, 정부가 자유로운 경쟁시장의 결과를 개선할 수 있음을 나타낸다. 공공재를 정부가 공급해야 한다는 주장에 대해 간단히 설명하라. 다음은 정부의 공공재 공급이 우리가 기대하는 만큼의 결과를 가져오지 못하는 이유에 대한 설명이다. 세 가지 설명 중에서 가장 설득력이 있는 것은 무엇인가?

a. **공공재 이론**: 공공재는 집단적으로 공급되는 재화이므로 정부는 사회 구성원 모두에 대해 한 가지 수준의 공급량만 공급할 수밖에 없다. 대표적인 예인 국방의 경우, 정부는 한 가지 수준의 국방비를 정한다. 이러한 국방비에 대해 일부 국민은 국방비가 너무 많다고 생각하고 일부 국민은 국방비가 너무 적다고 생각할 것이다. 따라서 아무도 정부가 정한 국방비 수준에 만족하지 않는다.

b. **사회적 선택의 문제**: 국민을 만족시킬 수 있는 공공재를 집단적으로 선택할 수 있는 합리적인 방법은 없다.

c. **공공 선택과 공무원**: 공무원이나 정치인은 일단 선출되거나 임명되고 나면 자신의 선호에 따라 행동하며, 대중의 입장에

서 행동하지 않는 경향이 있다.

13 다음의 각 재화가 사유재인지, 공공재인지, 혼합재인지 밝혀라. 또한 배제성과 경합성을 가지고 있는지 설명하라.
a. 수돗물
b. 강에서 잡히는 물고기
c. 햄버거
d. 인터넷

14 다음의 각 설명에 동의하는지, 동의하지 않는지 밝히고 그 이유를 설명하라.
a. 의료 서비스는 공공재이므로 정부는 국민에게 의료 서비스를 공급해야 한다.
b. 규제받지 않는 시장경제는 경제적으로 효율적인 양의 공공재를 생산하지 못하는 경향이 있다.

15 보니와 클라이드는 똑같은 길로 집에 돌아가며, 두 사람은 가로등을 더 설치하여 귀갓길의 보안을 개선하려고 한다. 보니는 가로등 설치에 4달러를 지불할 용의가 있고 클라이드는 6달러를 지불할 용의가 있다. 가로등을 생산하는 데 드는 한계비용은 $MC = 5Q$이며, Q는 가로등의 개수이다.

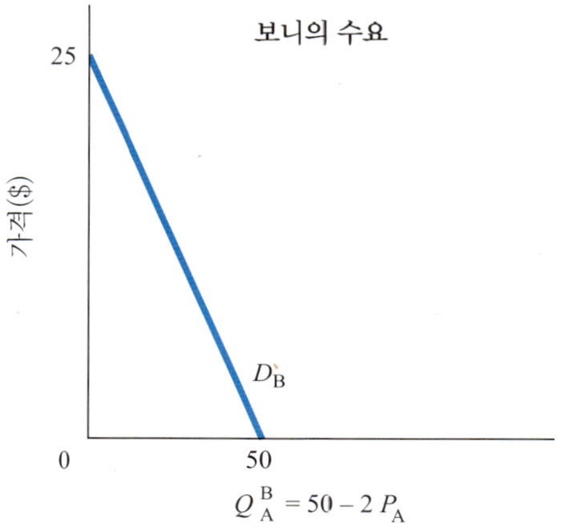

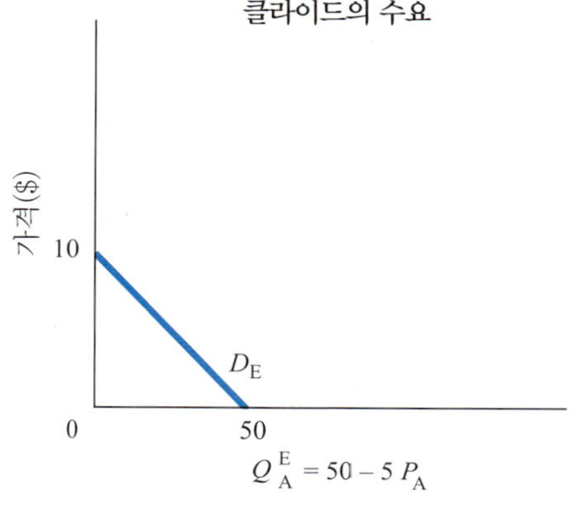

a. 몇 개의 가로등을 설치하는 것이 최적인가?
b. 보니와 클라이드 각각에게 얼마를 지불하도록 해야 하는가?
c. 그래프에 (a)와 (b)의 답을 표시하라.
d. MC = 3달러이라면 당신의 답은 어떻게 달라지는가? MC = 12달러라면 당신의 답은 어떻게 달라지는가?

16 연구개발로 얻은 기술이나 지식은 공공재이며, 이러한 정보를 추가적인 비용 없이 모든 분야에서 공유할 수 있다는 이유로 정부가 연구개발에 참여하는 것이 정당화되고 있다. 한 산업에서 개발된 새로운 생산기술을 모든 기업이 사용할 수 있으며, 모든 기업의 생산비용이 낮아짐에 따라 가격도 낮아져 사회 전체에 혜택을 가져다준다. 그러나 특허 제도는 새로운 기술이나 지식을 개발한 사람에게 다른 사람이 그 기술의 혜택을 얻지 못하도록 배제할 수 있는 권한을 준다. 새로운 발명으로 이윤을 얻을 가능성이 없다면 발명가는 새로운 지식이나 기술을 발명하려고 하지 않을 것이다. 한 기업이 개발한 신기술을 배타적으로 자신만 사용할 수 있다면 제품을 더 낮은 비용으로 생산할 수 있다. 그러나 이로 인해 이 기업은 독점력을 얻고 독점가격을 책정할 수 있다.
a. 전반적으로 볼 때 특허 제도는 좋은지 나쁜지 설명하라.
b. 정부가 연구개발에 참여하는 것이 좋은지 나쁜지 설명하라.

17 정부의 주도로 경제성장을 이룬 인도나 중국 같은 신흥 산업국은 공기와 물을 오염시켜 지구의 환경에 해를 끼치고 있다. 경제성장과 관련된 이러한 부정적 외부효과는 정부의 간섭 없이 모든 경제적 의사결정이 가구나 민간 기업에 의해 이루어지는 경제시스템이 가장 바람직하다는 것을 알려준다. 이에 대한 의견을 간단히 밝혀라.

18 아이슬란드의 물고기 남획으로 1960년대와 1970년대에 대구, 청어가 거의 사라졌다. 물고기와 같은 공유자원의 남획을 공유지의 비극(tragedy of the commons)이라고 일컫기도 한다.
a. 물고기와 같은 공유자원의 남획이 나타날 수 있는 이유를 설명하라.
b. 한 기간 동안 고기잡이를 할 수 있는 어선의 수를 제한하는 방법이 실패로 끝난 후 아이슬란드 정부는 1983년에 각 선박에 거래 가능한 쿼터(허가량)를 설정하는 방식으로 물고기 남획 문제를 해결하려고 시도했다. 이 제도가 도입된 지 30년이 지난 후 물고기의 수가 과거 수준으로 돌아갔다. 이 제도가 어떻게 효율적인 결과를 가져올 수 있었는지 설명하라.

경제학적 사고 키우기

01 그림 16.1(b)를 다시 보라. 외부효과의 크기가 완전히 내부화되면 해당 재화의 균형가격이 외부효과의 크기만큼 상승하는가?

02 어떤 고속도로가 혼잡한 것은 그 고속도로가 비배제성을 갖기 때문이다. 이러한 문제를 해결할 수 있는 공공정책이나 가격 메커니즘에 대해 설명하라.

CHAPTER 17

불확실성과 비대칭적 정보

목차와 학습목표

17.1 불확실성하에서의 의사결정을 위한 도구

기대치와 기대효용의 개념을 이해하고, 이러한 개념이 위험에 대한 태도와 어떤 관련이 있는지 알아본다.

17.2 비대칭적 정보

비대칭적 정보 상황의 특징과 의미, 그 해결책을 이해한다.

17.3 인센티브

효과적인 인센티브를 설계함으로써 얻을 수 있는 혜택을 이해한다.

앞에 장들에서는 소비자가 여러 재화에 대해 그 품질이나 가격 등 모든 정보를 가지고 있으며, 그러한 정보를 가지고 선택을 한다고 가정했다. 이러한 상황에서 소비자의 선택은 자신의 진정한 선호를 나타내는 것이라고 할 수 있다. 마찬가지로 기업도 근로자를 고용하거나 자본을 사용할 때 각 근로자의 생산성과 자본의 생산성을 알고 있다고 가정했다. 많은 경우 완전한 정보라는 가정은 합리적인 가정이라고 볼 수 있다. 매일 아침 우리는 밥을 먹을지, 빵을 먹을지 선택한다. 또한 매일 저녁에는 무엇을 먹을지, 어떤 영화를 볼지, 집에 있어야 할지, 공부를 할지 등을 결정한다. 이러한 선택을 할 때도 가령 새로운 시리얼이 시장에 나오거나 새로운 영화가 개봉될 때처럼 약간의 불확실성이 존재할 수 있다. 그러나 이러한 선택에서 완전한 정보를 가정하는 것은 그렇게 무리한 가정이 아니다.

그러나 어떤 시장에서는 소비자나 기업이 상당히 한정된 정보를 가지고 의사결정을 한다. 당신이 자동차 도난에 대비한 보험을 들려고 할 때, 설령 당신이 살고 있는 도시의 자동차 도난율에 관한 정보를 가지고 있다 하더라도 당신이 자동차를 도난당할지 아닐지는 모르는 일이다. 만약 당신이 일정한 봉급을 받는 판매직과 판매 실적에 따라 수수료를 받는 판매직 중 하나를 골라야 하는 상황이라면 둘 중 더 좋은 것이 무엇인지 판단하기 위해 자신의 판매 기술을 예측해야 한다. 많은 시장에서, 특히 일부 중요한 시장에서 소비자와 기업은 필요한 정보 중 일부만을 가지고 의사결정을 하게 된다. 이 장에서는 이러한 시장에 대한 경제학을 살펴볼 것이다.

17.1 불확실성하에서의 의사결정을 위한 도구

학습목표

기대치와 기대효용의 개념을 이해하고, 이러한 개념이 위험에 대한 태도와 어떤 관련이 있는지 알아본다.

6장에서는 완전한 정보를 가정하고 소비자 선택의 기본 원칙을 살펴보았다. 불확실성이 있는 경우에 이 모형을 적용하려면 좀 더 많은 도구가 필요하다.

기대치

당신이 다음과 같은 거래를 제안받았다고 가정하자. 당신은 동전을 100번 던진다. 동전의 앞면이 나오면 당신이 나에게 1달러를 주고, 동전의 뒷면이 나오면 내가 당신에게 1달러를 준다. 돈을 받는 사람의 금액을 **보수**(payoff)라고 한다. 앞면이 나오면 나의 보수는 +1달러이고, 뒷면이 나오면 나의 보수는 −1달러이다. 동전 던지기에서 앞면이 나올 확률과 뒷면이 나올 확률은 모두 1/2이다. 이는 나에게 이 거래의 금전적 가치 또는 기대(가)치가 0달러임을 뜻한다. 나는 게임의 절반에서 1달러를 받고 나머지 절반에서 1달러를 잃을 것이다. 공식적으로 말해 불확실한 상황이나 거래의 **기대치**(expected value)는 나타날 수 있는 각 결과에 따른 보수에 그 결과가 나타날 수 있는 확률을 곱한 것을 모두 합한 것이다. 이 동전 던지기의 기대치(EV)는 다음과 같다.

보수 발생 가능한 어떤 결과로부터 얻는 금액

기대치 한 상황에서 나타날 수 있는 각 결과에 따른 보수에 그 결과가 나타날 수 있는 확률을 곱한 것을 모두 합한 것으로, 나타날 수 있는 각 보수의 가중평균치

$$EV = \frac{1}{2}(\$1) + \frac{1}{2}(-\$1) = 0$$

동전 던지기는 나올 수 있는 결과가 2개뿐인 간단한 경우이다. 그러나 기대치의 정의는 다양한 결과가 나타날 수 있는 모든 상황에도 그대로 적용된다. 각 결과에 따른 보수에 그 결과가 나올 수 있는 확률을 곱한 것을 모두 합하면 그 불확실한 상황의 기대치를 구할 수 있다. 주사위를 던져서 짝수가 나올 때마다 내가 1달러를 받고 홀수가 나올 때마다 내가 1달러를 주는 게임의 기대치는 0달러이다. 나타날 가능성이 있는 결과 중 반(나타날 수 있는 6개의 결과 중 3개)의 경우에 내가 1달러를

받고, 나머지 절반의 경우(나타날 수 있는 6개의 결과 중 3개)에 내가 1달러를 준다.

공정한 게임, 공정한 내기 기대치가 0인 게임

앞서 제시한 두 게임은 **공정한 게임**(fair game) 또는 **공정한 내기**(fair bet)이다. 공정한 게임은 기대치가 0달러인 게임을 말한다. 공정한 게임으로 얻는 금전적 이득은 그 게임으로 잃는 금전적 손해와 크기가 같다. 앞의 두 공정한 게임은 판돈이 아주 적다. 1달러의 보수 대신 앞면이 나오면 1,000달러를 받고 뒷면이 나오면 1,000달러를 주는 경우의 기대치도 1달러짜리 게임과 마찬가지로 0달러이다. 1달러의 보수가 걸린 공정한 게임은 많은 사람이 하려고 하지만 1,000달러의 보수가 걸린 공정한 게임을 하려는 사람은 거의 없다. 공정한 게임에서 판돈이 매우 클 때 사람들의 마음을 뒤흔드는 것은 무엇인가? 6장에서 살펴본 도구 중 일부를 사용하여 이 질문의 답을 찾아보자.

기대효용

소비자는 자신의 효용을 극대화하는 선택을 한다고 6장에서 설명했다. 효용을 극대화한다는 개념은 위험한(불확실한) 상황에서 소비자가 하는 선택을 이해하는 데에도 도움이 된다.

6장에서는 **한계효용 체감의 법칙**(diminishing marginal utility)도 설명했다. 이는 특정 기간 동안 어떤 재화를 점점 더 많이 소비할 때 그 재화의 추가적인(한계적인) 단위로부터 얻는 추가적인(한계적인) 만족도의 크기가 점점 더 작아진다는 것을 말한다. 그림 6.3으로 돌아가서 한 재화에 대해 한계효용 체감의 법칙이 나타날 때 총효용곡선의 모양을 다시 살펴보라. 총효용곡선은 해당 재화를 점점 더 소비함에 따라 기울기가 점점 낮아진다.

이제 어떤 재화의 양이 아니라 당신의 총소득이 증가할 때 당신의 효용 크기가 어떻게 되는지 생각해보자. 그림 17.1은 한 대표 소비자의 소득 크기에 따른 총효용곡선을 보여준다. y축에는 총효용을 표시하고 x축에는 연간 소득을 표시했다. 총효용곡선의 모양은 이 소비자가 소득이 증가함에 따라 추가 소득으로부터 얻는 한계효용이 점점 작아진다는 것을 알려준다.

한계효용 체감의 법칙을 보이는 이 소비자의 효용함수 중 하나는 총효용 $= \sqrt{소득}$ 으로 나타낼 수 있다. 즉 이 소비자의 효용 크기는 소득의 제곱근이다. 그림 17.1의 총효용곡선은 이 공식을 사용하여 그린 것이다. 처음의 소득인 2만 달러는 이 소비자에게 중요하여 총효용의 크기를 0에서 141로 증가시킨다(0의 제곱근은 0이고 2만의 제곱근은 141이다). 처음의 2만 달러로 소비자는 먹을 것을 사고 방을 얻을 수 있다. 소득이 2만 달러에서 4만 달러로 증가하면 소비자의 효용이 141에서 200으로 증가한다. 두 번째 2만 달러는 총효용의 크기를 200 − 141 = 59만큼 증가시킨다. 이러한

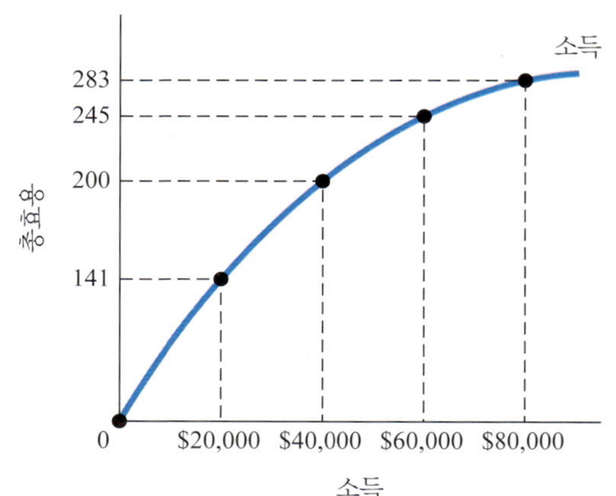

그림 17.1 소득과 총효용의 관계
이 그림은 한 소비자의 소득이 증가함에 따라 그의 총효용이 어떻게 증가하는지를 보여준다. 소득과 함께 총효용이 증가하지만 효용 증가의 크기는 점점 작아진다. 소득이 증가함에 따라 총효용곡선은 점점 평평해진다. 이 곡선은 소득의 한계효용이 체감하는 것을 보여준다. 그림의 수치는 효용이 소득의 제곱근인 효용함수의 경우이다.

증가 패턴은 소득이 2만 달러씩 증가하면서 그대로 나타난다.

매번 같은 금액의 소득이 증가함에 따라 총효용이 증가한다. 그러나 총효용의 증가 크기가 감소하면서 증가하는데, 그림 17.1은 이를 잘 보여준다. 왼쪽에서 오른쪽으로 이동하면서 같은 크기의 소득 증가액이 점점 더 줄어드는 총효용의 증가를 가져온다.[1]

소득에 대해 한계효용 체감의 법칙을 가정하는 것은 6장에서 살펴본 재화에 대한 한계효용 체감의 법칙을 반영하는 것이다. 증가하는 추가 소득으로 더 많은 재화를 구매할수록 그 재화로부터 얻는 추가 효용이 점점 작아지므로 추가 소득이 가져다주는 추가 효용도 점점 작아지는 것이다.

그림 17.1은 한 개인의 소득 크기에 따른 효용의 크기를 보여준다. 따라서 부자가 가난한 사람보다 추가 소득에 대해 더 적은 효용을 얻는다는 것을 보여주는 것이 아니다. 실제로 일부 부자가 돈을 벌기 위해 아주 열심히 일하는 것은 평균적인 사람에 비해 이들이 소득 증가로부터 얻는 효용이 매우 크기 때문이라고 말할 수 있다. 부자든 가난한 사람이든 그림 17.1은 사람들의 소득이 일정한 크기로 계속 증가하면 그 추가 소득이 가져다주는 한계효용(추가 만족도)이 감소한다는 것을 나타낸다.

그림 17.1은 판돈이 아주 클 때 사람들이 공정한 게임을 하려고 하지 않는다는 것을 설명하는 데 어떤 도움이 되는가? 제이컵이라는 사람이 그림 17.1과 같은 선호를 가지고 있고 현재 4만 달러를 벌고 있다고 하자. 4만 달러의 총효용은 200이다. 이제 제이컵이 다니는 직장의 사장이 제이컵에게 그냥 4만 달러를 주는 대신, 연말에 사장이 동전을 던져서 앞면이 나오면 제이컵에게 6만 달러를 주고 뒷면이 나오면 2만 달러를 주는 봉급 제도를 제시했다고 하자. 이는 판돈이 큰 게임과 마찬가지이다. 두 봉급의 기대치는 같다. 현재의 봉급 제도는 제이컵에게 확실히 4만 달러를 안겨주지만, 새로운 봉급 제도는 절반의 경우 2만 달러를 주고 나머지 절반의 경우 6만 달러를 준다. 이 봉급 제도의 기대치는 다음과 같다.

$$EV = \frac{1}{2}(\$20{,}000) + \frac{1}{2}(\$60{,}000) = \$40{,}000$$

기대치라는 측면에서는 두 봉급 제도가 동일하다. 따라서 기대치만 놓고 본다면 제이컵이 두 봉급 제도의 차이를 못 느낄 것이라고 생각할 수도 있다. 그러나 제이컵의 입장이라면 동전 던지기로 주는 봉급이 4만 달러의 고정 봉급보다 못하다고 생각할 것이다. 6장의 모형을 다시 살펴보면 그 이유를 알 수 있다. 소비자는 소득 그 자체를 극대화하는 선택을 하는 것이 아니라 자신의 효용을 극대화하는 선택을 한다. 그림 17.1은 소득이 증가함에 따라 효용도 증가하지만 그 관계가 직선적이 아님을 보여준다. 따라서 제이컵의 선택을 알기 위해서는 두 봉급 제도에서 나타나는 제이컵의 총효용 크기를 비교해보아야 한다.

두 봉급 계약에서 제이컵이 얻는 총효용은 얼마인가? 앞서 보았듯이 4만 달러의 고정 봉급에서는 총효용이 200이다. 제이컵의 소득이 2만 달러가 되면 총효용이 200에서 141로 떨어지는데, 이는 상당한 크기의 효용 하락이다. 소득이 6만 달러가 되면 총효용이 200에서 245로 올라가지만 이는 그다지 큰 상승이 아니다. 소득이 2만 달러 하락할 때 잃어버리는 효용(59단위)이 소득이 2만 달러 상승할 때 얻는 효용(45단위)보다 크다. 물론 이는 소득의 한계효용이 체감하기 때문에 나타나는

1 물론 제곱근은 가능한 효용함수 중 하나이다. 일반적으로 사용되는 또 다른 함수는 소득의 로그(log)이다.

기대효용 한 거래에서 발생 가능한 각 결과의 효용에 각 결과가 발생할 수 있는 확률을 곱하여 모두 합한 것으로, 각 결과가 가진 효용의 가중평균치

결과이다. **기대효용**(expected utility)은 발생 가능한 각 결과의 효용에 각 결과가 발생할 수 있는 확률을 곱하여 모두 합한 것으로 정의된다. 다시 말해 각 결과가 가진 효용의 가중평균치가 기대효용이다. 기대효용은 기대(가)치이다. 다만 보수를 금액이 아닌 효용으로 표시했을 뿐이다. 동전 던지기 봉급 제도의 기대효용(EU)은 다음과 같다.

$$EU = \frac{1}{2}U(\$20{,}000) + \frac{1}{2}U(\$60{,}000)$$

$$EU = \frac{1}{2}(141) + \frac{1}{2}(245) = 193$$

4만 달러의 고정 봉급에서 제이컵의 총효용은 200이다. 따라서 제이컵은 동전 던지기 봉급 제도를 받아들이지 않을 것이다.

물론 현실에서 근로자는 동전 던지기로 임금을 받지 않는다. 그러나 불확실성을 가진 봉급 계약이 많이 존재한다. 많은 사람은 자신이 통제할 수 없는 어떤 것의 영향에 따라 임금이 결정되는 직업에 종사하고 있다. 집집마다 돌아다니며 잡지를 판매하고 급여를 받는다면 노력뿐만 아니라 돌아다니는 지역의 소득수준이나 기호의 영향을 받는다. 기대(가)치의 극대화와 기대효용의 극대화 간의 차이를 이해하면 이러한 봉급 계약을 이해할 수 있다.

불확실한 상황에서 소비자는 자신의 기대효용을 극대화하는 선택을 한다. 그림 17.1을 보면 사람들이 판돈이 작은 공정한 게임은 하면서도 판돈이 큰 공정한 게임은 하지 않으려고 하는 이유를 알 수 있다. 판돈이 작은 게임에서 나타나는 결과는 효용곡선의 작은 범위 안에 있다. 1달러를 얻는 경우의 한계효용과 1달러를 잃는 경우의 한계효용이 거의 동일하다. 그러나 총효용곡선상에서 상당히 떨어진 두 점 간의 한계효용은 그 차이가 매우 크다. 바로 이 점 때문에 사람들은 판돈이 큰 공정한 게임을 꺼리는 것이다. 총효용곡선을 따라 아래로 내려갈 때 발생하는 상실감(−한계효용)의 크기는 효용곡선을 따라 위로 올라갈 때 얻는 만족감(+한계효용)의 크기보다 훨씬 더 크다.

위험에 대한 태도

위험 회피적 확실한 상황과 불확실한 상황의 기대치가 동일할 때 확실한 상황을 선택하는 사람들의 선호

위험 중립적 기대치가 0인 공정한 게임을 하려는 사람들의 선호

위험 선호적 기대치가 0이거나 0보다 작은 게임을 하려는 사람들의 선호

소득에 대한 한계효용 체감 현상 때문에 사람들이 판돈이 큰 게임을 하지 않는다는 것을 앞에서 확인했다. 제이컵처럼 확실한 상황과 불확실한 상황의 기대치가 동일할 때 확실한 상황을 선택하는 사람을 **위험 회피적**(risk-averse)인 사람(risk-averter)이라고 한다. 따라서 위험 회피적인 태도는 총효용곡선의 모양으로 알 수 있는 소득에 대한 한계효용 체감 현상 때문에 발생하는 것이다. 위험(불확실한 상황)을 택하려 하지 않는 이유는 잃는 경우의 비용(효용 상실의 크기)이 얻는 경우의 이득(효용 증가의 크기)보다 훨씬 크기 때문이다. 또한 기대치가 0인 공정한 게임을 하려는 사람은 **위험 중립적**(risk-neutral)인 사람(risk-neutralist)이라고 한다. 이러한 사람은 소득의 한계효용이 일정한 크기로 고정되어 있다. 따라서 그림 17.1의 총효용곡선은 우상향하는 직선이 된다. 사람들은 판돈이 작은 게임에서는 위험 중립자가 되곤 한다. 한편 어떤 환경에서 확실한 결과보다 불확실한 결과를 선호하는 사람도 있다. 이처럼 돈을 지불하고 기대치가 0이거나 0보다 작은 게임을 하려는 사람을 **위험 선호적**(risk-loving)인 사람(risk-lover)이라고 한다. 대부분의 사람들은 거의 모든 상황에서 위험 회피적이므로 우리는 사람들이 위험 회피자라고 가정할 것이다.

일반적으로 사람들이 위험 회피적이라는 것은 많은 시장에서 나타난다. 건물을 소유한 사람들은

강제하지 않더라도 화재보험에 가입한다. 일반적으로 보험료는 보험 회사가 예상(기대)하는 기대비용보다 높다. 그렇기 때문에 보험 회사가 돈을 버는 것이다. 그러나 사람들이 (화재)보험에 가입하여 보험료를 내는 것은 사람들이 위험 회피적이기 때문이다. 위험 회피적인 사람에게 화재로 인한 손해는 그 손해를 방지하기 위해 내는 보험료의 가치보다 상대적으로 더 중요하다.

사람들이 위험한 사업에 투자하게 만들려면 그 투자로 큰돈을 벌 수 있는 기회가 있어야 한다. 더 위험한 사업이라면 더 큰 돈을 벌 수 있는 기회가 주어져야 한다. 11장에서 보았듯이 주식시장에 위험 프리미엄이 존재한다는 것은 일반적으로 사람들이 위험 회피적임을 나타내는 것이기도 하다. 하지만 위험과 불확실성이 시장의 작동을 방해하지는 않는다. 화재로 피해를 입을 수도 있다는 것이 건물 구매를 막지는 못한다. 위험 회피자가 화재보험에 가입하도록 만들 뿐이다. 실제로 위험을 거래하는 시장이 많이 있다. 위험 회피자는 일정 금액을 받고 위험을 부담하려는 사람(대개는 기업)을 찾는다.

위험 회피자가 위험을 피하기 위해 지불하려고 하는 최대 금액은 얼마인가? 그림 17.2는 그림 17.1에 나타낸 제이컵의 경우를 다르게 보여준다. 제이컵이 현재 4만 달러를 벌고 있는데 소득을 0으로 만들 수 있는 장애를 입을 가능성이 50%라고 가정하자. 아무것도 하지 않을 때 제이컵이 얻는 소득의 기대치는 다음과 같다.

$$EV = \frac{1}{2}(\$40{,}000) + \frac{1}{2}(\$0) = \$20{,}000$$

이제 제이컵과 같은 사람이 많다고 하자. 평균적으로 이들 중 절반이 매년 장애를 입는다고 하자. 만약 어떤 보험 회사가 이들 모두에게 장애를 입었을 때 4만 달러를 지급하는 장애보험을 판다면 이 보험은 보험 회사에 일인당 평균 2만 달러의 비용(기대비용)을 유발한다. 만약 사람들이 이 기대치보다 더 큰 금액을 보험 회사에 지불하려고 한다면 거래가 발생할 것이다. 보험에 가입하지 않는 경우 제이컵이 0달러를 벌 가능성은 50%, 4만 달러를 벌 가능성은 50%이다. 제이컵의 효용함수가 소득의 제곱근이라고 가정하면 보험에 가입하지 않았을 때 제이컵의 기대효용은 다음과 같다.

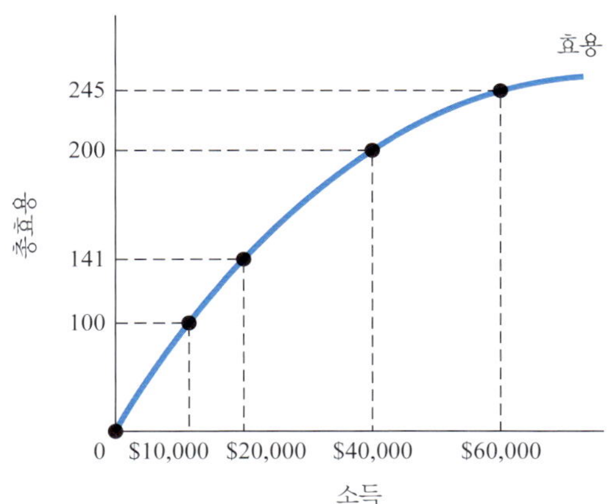

그림 17.2 위험 회피와 보험 시장

4만 달러를 벌 확률이 50%이고 장애를 입어 0달러를 벌 확률이 50%일 때 제이컵의 기대소득은 2만 달러이다. 제이컵의 효용을 소득의 제곱근으로 표현한다면 소득이 4만 달러일 때 효용이 200이고, 소득이 0달러일 때 효용이 0이다. 따라서 50/50의 경우 제이컵의 기대효용은 100이며, 이는 소득이 1만 달러일 때의 효용의 크기(100)와 같다. 보험 회사는 적어도 보험의 기대비용인 2만 달러를 요구할 것이며, 제이컵은 장애를 입었을 때 보험 회사로부터 4만 달러를 받기 위해 3만 달러까지 지불할 수 있다.

$$EU = \frac{1}{2}U(\$0) + \frac{1}{2}U(\$40,000)$$

$$EU = \frac{1}{2}(0) + \frac{1}{2}(200) = 100$$

100의 효용을 안겨주는 확실한 소득의 크기는 얼마인가? 100은 1만의 제곱근이므로 확실한 소득의 크기는 1만 달러이다. 소득이 0달러일 확률이 50%일 때 제이컵이 보험에 가입하지 않는다면, 이는 제이컵이 확실한 소득 1만 달러를 얻기 위해 3만 달러의 소득을 포기하는 것과 같다. 따라서 이러한 경우에 제이컵을 포함한 위험 회피자들이 보험 회사와 거래할 가능성이 존재하는 것이다.

보험 회사는 많은 사람이 가진 위험을 하나로 모을 수 있다. 따라서 보험 회사는 기대수입이 크면 거기에 비례해서 효용이 커지는(한계효용이 체감하지 않는) 위험 중립자가 되어, 달리 말해 어떤 가격을 받고 기대치가 0인 공정한 게임을 하려고 하는 위험 중립자가 되어 사람들의 위험을 떠안을 수 있는 것이다. 이 예에서 보험 회사는 적어도 보험의 기대비용인 2만 달러를 요구하고, 보험 가입자는 3만 달러까지 지불할 것이다. 이 예는 장애를 입을 확률이 아주 높아서 보험료가 매우 비싼 극단적인 경우이다. 하지만 이 예를 통해 알 수 있는 사실은 기업이 위험 회피자를 상대로 보험 상품을 팔 수 있는 보험 시장을 위험 회피자가 만들어준다는 것이다.

경제학자는 도박을 어떻게 설명할까? 많은 사람은 복권이 공정한 게임이 아니라는 것을 알면서도 복권을 구입한다. 미국의 파워볼(Powerball) 복권이 한 예이다. 59개의 숫자 중 5개를 뽑고 35개의 숫자 중 하나를 뽑아서 당첨 번호를 정한다. 이 6개의 숫자를 다 맞혀서 상금을 탈 확률은 1/1.75억이다. 상금은 보통 1,000만~1억 5,000만 달러이며, 상금에 세금이 부과되므로 당첨자는 약 40%의 세금을 내야 한다. 상금이 높아지면 더 많은 사람이 복권을 구입하기 때문에 여러 사람이 상금을 나누어 가져간다. 따라서 모든 경우를 감안할 때 복권의 기대(가)치는 매우 큰 음의 값이다. 카지노의 슬롯머신도 그 기대치가 음의 값이다. 사실상 모든 게임이 그렇다. 만약 그렇지 않다면 모든 카지노가 문을 닫을 것이고 정부도 복권으로 돈을 벌지 못할 것이다. 그럼에도 불구하고 많은 사람이 복권을 사고 도박을 한다.

이와 같은 위험 선호적인 행동에 대한 하나의 설명은 도박 자체가 재미있다는 것이다. 도박을 하는 이유가 돈을 벌려는 목적이라기보다는 재미있기 때문이라는 것이다. 그러나 어떤 사람들은 도박에 중독되기도 한다. 많은 경우에 사람들이 위험 회피적인 것 같은데 왜 도박을 하는지에 대해 제대로 설명하려면 경제학적 연구가 더 이루어져야 할 것이다.

학습목표

비대칭적 정보 상황의 특징과 의미, 그 해결책을 이해한다.

17.2 비대칭적 정보

지금까지 살펴본 불확실한 상황(위험한 상황)에서의 행동은 거래에 참가하는 모든 사람에게 똑같이 주어진 불확실한 상황을 전제로 한 것이다. 동전 던지기가 좋은 예이다. 당신이 내 봉급을 결정하기 위해 동전 던지기 게임을 하자고 할 때 당신이나 나나 동전의 어떤 면이 나올지 모른다. 당신이 동전에 어떤 장치를 하지 않았다면 동전 던지기는 아무도 그 결과를 미리 알 수 없는 불확실한 게임이다. 장애를 입는 것도 마찬가지이다. 모두에게 불확실한 이러한 상황에서의 선택을 이해하기 위해 우리는 기대효용이라는 개념을 사용했으며, 불확실성(위험)을 거래하는 시장이 생긴다는 것도 확인했다. 그러나 거래의 한쪽이 다른 쪽에 비해 거래와 관련된 정보를 더 많이 가지고 있는 경우도 많다. 경제학자는 이러한 상황을 **비대칭적 정보**(asymmetric information) 상황이라고 일컫는다. 비대칭적 정보 상황은 사람들의 거래를 힘들게 만듦으로써 시장실패를 가져올 수 있다.

비대칭적 정보 거래 당사자 중 한쪽이 거래와 관련된 정보를 가지고 있고 다른 쪽은 그보다 더 적은 정보를 가지고 있거나 정보가 아예 없는 경우

사실 우리는 비대칭적 정보 상황에 둘러싸여 있다고 해도 과언이 아니다. 집주인은 가족이 얼마나 화재에 신경을 쓰는지, 가족이 가스 밸브 잠그는 것을 얼마나 자주 깜빡하는지, 가족 중 누가 담배를 피우는지에 대해 보험 회사보다 더 좋은 정보를 가지고 있다. 이러한 것은 보험 회사가 보험료를 결정하는 데 중요한 요인이다. 당신이 어떤 기업에 입사하려고 지원할 때 당신은 그 기업보다 당신의 근면성에 대해 더 잘 알고 있을 가능성이 크다.

이 절에서는 비대칭적 정보 상황이 가져올 수 있는 시장실패의 성격과 개인이나 시장이 정보의 비대칭성을 줄이기 위해 사용하는 방법을 살펴볼 것이다.

역선택

자동차를 사서 잠깐 몰고 나면 곧바로 차 값이 확 떨어진다. 물리적인 마모가 거의 없는데도 말이다. 그 이유는 역선택이론에서 찾을 수 있다. 2001년에 노벨 경제학상을 받은 조지 애컬로프(George Akerlof)가 정립한 이론인 **역선택**(adverse selection)은 비대칭 정보가 초래하는 문제 중 하나이다. 예를 들어 소비자가 고품질 중고차를 사려고 할 때 어떤 중고차가 좋은지 나쁜지 알기 어렵고, 일반적으로 판매자는 정확한 품질에 대한 완전한 정보를 주려는 인센티브를 갖지 않는다. 보험 회사는 건강을 스스로 잘 챙기는 사람에게는 보험료가 낮은 건강보험을 제공할 의향이 있을지 모르나 누가 그런 사람인지 알아내기가 어렵고, 보험에 가입하려는 사람은 자신의 건강을 해치는 나쁜 습관에 대해 보험 회사에 밝히지 않을 가능성이 크다. 이러한 상황에서는 질 높은 제품과 질 높은 소비자가 시장의 거래에서 배제되곤 하는데, 이를 초래하는 것이 바로 역선택이다. 애컬로프가 논문에서 인용한 중고차 시장을 예로 들어 이에 대해 살펴보자.

역선택 질 좋은 제품을 판매하는 소비자가 구매자에게 자기 제품의 품질을 보여줄 수 없는 경우에 그러한 정보의 비대칭성 때문에 거래에서 배제되는 것

역선택과 레몬 당신이 한 자동차 회사에서 2016년에 생산한 중고차를 구입하려 한다고 가정하자. 자동차 잡지를 탐독한 후 당신은 시장에 나온 중고차의 절반이 질 낮은 중고차(레몬)이고 나머지 절반이 질 좋은 중고차(피치)라는 것을 알게 되었다. 당신은 2016년 식 피치는 12,000달러에 살 용의가 있고 레몬은 3,000달러에 살 용의가 있다. 이때 레몬과 피치를 구분할 수 없다면 당신은 얼마를 지불하겠는가?

이 문제를 풀 수 있는 한 가지 방법은 기대(가)치를 생각해보는 것이다. 앞의 수치를 가지고 구한 중고차의 기대치는 ($\frac{1}{2}$ × 12,000달러) + ($\frac{1}{2}$ × 3,000달러) = 7,500달러이다. 기대효용이론에 따라 위험 회피자인 당신은 이보다 약간 적은 금액을 지불하려고 할 것이다. 예를 들어 당신이 지불하려는 금액이 6,745달러이고, 당신의 효용함수는 소득의 제곱근이라고 가정하자.

그러나 이러한 계산의 문제점은 당신이 이성적이고 효용을 극대화하려는 판매자에게 중고차를 구매한다는 사실을 잊어버리고 있다는 것이다. 이러한 상황에서는 피치와 레몬이 판매될 가능성이 동일하지 않다. 따라서 기대치를 가지고 판단하는 것은 옳지 않을 것이다. 그렇다면 중고차를 판매하려는 쪽에서는 이 상황을 어떻게 인식하는지 알아보자.

당신이 2016년 식 자동차를 소유한 사람들에게 6,745달러를 구매 가격으로 제시한다고 하자. 어

떤 소유주가 판매하려고 하겠는가? 자동차 소유주는 자기 차를 몰아보았기 때문에 자기 차가 피치인지 레몬인지 잘 알고 있을 것이다. 지금 이 게임은 동전 던지기 게임과 다르다. 피치 소유주는 평균적으로 당신이 제안한 가격이 별로라고 생각할 것이다. 그들은 자기 차가 12,000달러의 가치가 있다고 생각할 것이다. 한편 레몬 소유주는 6,745달러에 얼른 팔아치우려고 할 것이다. 다시 말해 실지 레몬을 소유한 사람만이 6,745달러에 팔려고 할 것이다. 시간이 지나면서 구매자는 중고차 시장에서 레몬을 구매할 가능성이 피치를 구매할 가능성보다 크다는 것을 알게 되고, 이에 따라 사람들은 중고차 시장에서 주로 레몬이 판매될 것임을 알기 때문에 사람들이 제시하는 중고차 가격은 레몬의 가치인 3,000달러 정도일 것이다. 결과적으로 애컬로프의 말처럼 중고차 시장에는 레몬만 남아 있을 것이다. 애컬로프가 논문에 '레몬 시장(The Market for Lemons)'이라는 제목을 붙인 것도 이러한 결론 때문이다.

중고차 시장은 역선택에 의한 시장실패를 잘 보여준다. 거래 당사자 중 한쪽(이 경우 판매자)이 다른 쪽보다 더 좋은 정보를 가지고 있고 사람들이 기회주의적인 행동을 하기 때문에 고품질 중고차를 소유한 사람은 자기 차를 파는 데 어려움이 있다. 피치를 구매하려는 사람도 어떤 차가 레몬이고 어떤 차가 피치인지 구분하기 어렵기 때문에 피치의 구매를 성사시킬 수 있는 높은 가격을 지불하려고 하지 않는다. 따라서 설령 피치 소유주가 내놓으려는 가격보다 더 높은 가격에 피치를 구매하려는 사람이 있다 하더라도 거래가 발생하지 않을 것이다. 한 재화의 가치를 낮게 평가하는 소비자에게서 높게 평가하는 소비자에게로 해당 재화를 이전시키는 것을 잘하는 시장이 이 경우에는 제대로 작동하지 않는다.

이제 독자는 자동차를 사서 잠깐 몰고 나면 곧바로 차 값이 확 떨어지는 이유를 이해했을 것이다. 잠재적 구매자는 당신이 좋지 않은 자동차를 샀기 때문에 파는 것이라고 생각하며, 당신은 그렇지 않다는 것을 증명하기가 힘들다.

역선택과 보험 역선택은 많은 시장에서 문제를 일으킨다. 보험 시장에 대해 생각해보자. 사람들이 위험 회피적인 성향을 가지고 있기 때문에 건강보험을 구매한다는 것을 앞서 확인했다. 앞의 예에서는 장애를 입을 가능성이 개인의 통제 밖이며, 보험 가입자도 보험 회사와 마찬가지로 자신이 장애를 입을 가능성에 대해 잘 모른다고 가정했다. 그러나 보험 회사가 건강검진을 한다고 하더라도 사람들은 자신의 건강에 대해 누구보다도 더 잘 알고 있다. 어떤 보험료 수준에서 해당 건강보험에 가입할 필요가 가장 절실한 사람은 그 건강보험에 가입할 것이다. 따라서 건강에 자신이 없는 사람이 주로 건강보험에 가입하기 때문에 그렇지 않은 경우보다 보험료가 더 높아질 것이다. 보험료가 높을수록 건강한 사람은 건강보험에 가입하려 하지 않을 것이다. 이러한 문제는 자동차 도난 보험이나 화재보험의 경우에도 나타난다. 중고차의 경우처럼 보험 회사는 위험이 낮은(질이 높은) 사람과 거래하기(위험이 낮은 사람을 보험에 가입시키기)가 어렵다.

역선택 문제 줄이기 현실적으로 개인이나 시장은 역선택 문제를 해결하는 다양한 방법을 가지고 있다. 자동차 정비사는 잠재적 중고차 구매자에게 자동차 점검 서비스를 제공하기도 한다. 물론 자동차 점검 서비스를 받으려면 비용을 지불해야 한다. 구매자는 품질을 판단하는 데 도움이 되는 다른 수단을 이용할 수도 있다.

미국의 경우 다른 주로 이사를 가야 해서 자동차를 팔려는 사람에게 중고차를 구매하는 것이 최고

경제학의 적용

의료 시장에서의 역선택

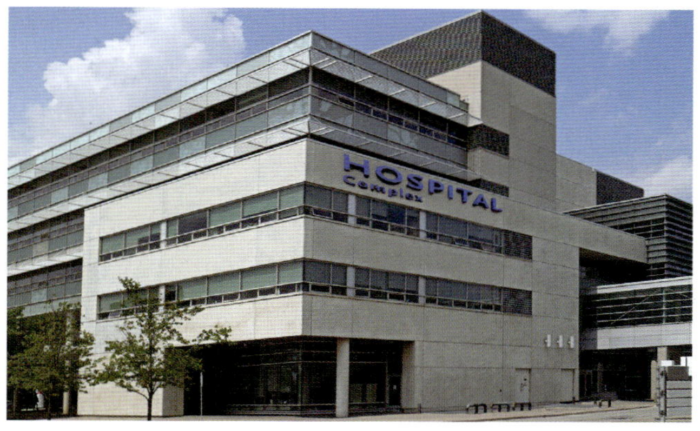

건강보험은 보험 회사가 역선택을 우려하는 보험 중 하나이다. 헌팅턴병 장기 보험 가입에 대해 분석한 최근의 한 연구는 건강보험 시장에서 나타나는 역선택의 문제를 밝혀냈다.[1]

신경계 질환인 헌팅턴병은 신경이 마비되는 유전병으로서 평균적으로 1만 명 중 1명에게 발병한다. 발병 연령층은 30~50세이며, 병이 진행되면서 몸을 잘 사용할 수 없고 발병한 지 20년 정도가 되면 사망에 이른다. 헌팅턴병은 유전병이기 때문에 부모가 헌팅턴병에 걸린 사람들은 자신이 이 병에 걸릴 확률이 50%라는 것을 알고 있다. 또한 1993년 이후 헌팅턴병을 정확히 예측하는 유전자 진단법이 개발되어 사람들은 가족력과 진단을 통해 자신이 이 병에 걸릴 가능성에 대한 상당한 정보를 알 수 있다.

한편 보험 회사는 잠재적 보험 가입자의 건강 상태에 대해 확인은 하지만 법에 따라 가족력이나 유전자 진단 결과를 가입자에게 물어보지 못한다. 2010년에 통과된 미국의 건강보험 개혁법(Affordable Care Act), 즉 오바마 케어는 나이를 근거로 장기 보험료를 조정할 수는 있지만 가족력이나 유전적 근거로 보험료를 책정할 수 없다고 규정하고 있다. 따라서 이 경우에 확실히 잠재적 보험 가입자에게 유리한 비대칭적 정보라는 환경이 만들어진다. 헌팅턴병은 오랫동안 심각한 장애를 일으키기 때문에 이 보험에 가입한 사람들은 상당한 혜택을 보게 된다.

헌팅턴병 환자에 대한 장기적 자료를 분석한 연구는 이 병의 유전인자를 지닌 사람들이 장기 보험에 가입한 경우가 보통 사람이 장기 보험에 가입한 경우보다 5배나 된다는 사실을 발견했다. 이는 역선택이 존재하며 그것도 장기적으로 이루어지고 있음을 나타낸다. 이 연구는 헌팅턴병에 걸릴 가능성이 있는 사람들에게 현재의 장기 보험료가 엄청 낮다는 것을 알려준다. 자신이 헌팅턴병에 걸릴 것이라고 확신하는 사람들이 이 보험에 가입하면 보험 회사는 가입자로부터 받는 보험료 1달러당 4달러의 비용을 지출하게 된다. 사람들이 유전자 검사를 점점 더 많이 받음으로써 이 보험에서 역선택이 증가할 가능성이 크며, 미국 정부는 개인이 유전자 검사 결과를 얼마나 공개하게 해야 할지를 놓고 어려운 선택을 해야 한다.

질문

- 경제학자들은 젊은이가 건강보험에 잘 가입하지 않는다는 사실을 발견했다. 그 이유는 무엇인가?

[1] Emily Oster, Kimberly Quaid, Ira Shoulson, E. Ray Dorsey, "Genetic Adverse Selection: Evidence from Long-Term Care Insurance and Huntington Disease," *Journal of Public Economics*, December 2010, 1048–1050.

의 중고차 구매 방법이다. 예를 들어 많은 미국 대학생은 졸업생에게 중고차를 구매한다. 졸업생처럼 거주지를 옮겨야 하는 사람들 중에는 자기 차가 피치일 때 받을 수 있는 가격보다 더 낮은 가격에 파는 경우도 많다.

중고차를 파는 딜러는 처음 몇 년 동안은 무료 수리를 해주는 증서를 끼워서 중고차를 판매하기도 한다. 딜러가 이러한 증서를 제공한다는 것은 잠재적 고객에게 그 차가 레몬일 가능성이 적다는 것을 드러낸다. 또한 딜러는 피치를 주로 파는 딜러인지, 레몬을 주로 파는 딜러인지에 대한 평판을 얻는다.

정부도 중고차 시장의 역선택 문제를 줄이기 위해 노력하고 있다. 미국의 모든 주에는 레몬법이 있다. 이 법에 따르면 중고차 구매자는 구매 후 며칠 내에 중대한 결함을 발견했을 때 구입비를 모두 돌려받을 수 있다.

보험 시장도 역선택 문제를 줄이기 위한 전략을 취하고 있다. 일부 보험 회사는 건강검진을 요구하며, 이미 걸려 있는 질병에 대한 치료비를 지불하지 않는다는 조건으로 건강보험을 판매하기도 한다. 어떤 보험 회사는 건강을 관리하는 행위(예: 금연)에 대한 보상으로 보험료를 낮춰주기도 한다.

시장신호이론

시장신호 불확실성하에서 구매자와 판매자가 품질에 대해 소통하기 위해 취하는 행동

구매자와 판매자 간의 비대칭적 정보가 어떻게 역선택을 유발하는지를 살펴보았는데, 정보의 비대칭성을 줄이거나 극복할 수 있는 다양한 방법이 있다. 조지 애컬로프, 조지프 시티글리츠(Joseph Stiglitz)와 2001년 노벨 경제학상을 공동 수상한 마이클 스펜스(Michael Spence)는 불확실성하에서 제품의 품질에 대해 구매자와 판매자 간의 소통을 돕는 데 **시장신호**(market signaling)라는 개념을 사용했다.

미국의 대입 전형은 신호가 어떻게 작동하는지를 보여주는 좋은 예이다. 입학 허가 과정에서 대학에 지원한 학생은 판매자의 입장이 되고, 학생을 뽑을 것인지를 결정하는 대학은 구매자의 입장이 된다. 학생을 선발하는 대학은 지원한 학생에 대해 불확실한 정보를 가지고 있다. 대학은 지원 학생의 성적이나 기타 학업 성과에 대해서는 확실한 정보를 가지고 있지만, 학생의 다른 자질을 파악할 수 있는 확실한 척도는 없다. 따라서 대학은 이러한 자질을 나타내는 신호를 살펴보아야 한다.

첫째, 대학은 성공할 가능성이 있는 학생을 뽑고자 한다. 대학은 성실히 공부하여 우수한 학업 성적을 낼 수 있는 학생을 찾는다. 또한 미래에 훌륭한 과학자, 예술가, 인문학자, 사업가, 정치 지도자가 되어 사회에 기여할 수 있는 학생을 찾는다. 미국 대학의 웹사이트나 입학 신청 서류를 보면 '차이를 창출할 수 있는 학생을 찾는다'는 표현을 흔히 볼 수 있다.

지원 학생의 자질을 나타내는 신호를 개발하는 것은 어려운 일이다. 그러나 미국 대학이 학생의 자질을 나타내는 신호로 공통적으로 받아들이는 것이 몇 가지 있다. 미국 대학은 성적과 같은 표준화된 기준 외에 다른 것을 반드시 살펴본다. '프로그램의 질(quality of the program)'이라는 표현은 대학 지원 학생이 고등학교에서 택한 강의의 난이도를 나타내는 말이다. 학생은 얼마나 어려운 강의를 택했는가? 수학, 과학, 외국어 강의를 듣는 데 얼마나 많은 시간을 할애했는가? 학생은 도전을 좋아하는가?

또한 고등학교 교과과정 이외의 활동도 미래의 성공을 알려주는 신호로 사용된다. 악기 연주나 스포츠 활동에 시간을 할애했다는 것은 학생이 무언가에 도전하려는 노력을 기울였음을 알려주는 신호이다. 대학이 이러한 것들을 학생의 자질을 나타내는 신호로 활용하는 것은 학생에 대한 충분한 정보를 가지고 있지 않기 때문이다.

신호이론을 모르는 미국 고등학생도 미국 대학이 합격 여부를 결정할 때 고등학교 교과과정 이외의 활동을 얼마나 했는지를 비중 있게 본다는 것은 알고 있다. 이를 안다는 것은 미국 고등학생이 과외 활동에 적극 참가하려는 인센티브를 가지게 한다. 그러나 모든 학생이 과외 활동에 참가한다면 과외 활동이 학생의 생산성이나 관심을 보여주는 신호 역할을 할 수 있을까? 모든 고등학생이 프랑스어 동아리에 가입하여 활동한다면 이 동아리의 회원이었다는 것은 더 이상 신호 효과가 없을 것이다.

과외 활동이 좋은 신호로 작동할 수 있으려면 재능 있고 생산적인 학생이 다른 학생들보다 더 잘할 수 있는 것이어야 한다. 만약 어떤 학생이 글쓰기에 관심이 있고 시간 관리도 잘한다면 학교 신문에 기고하고 발행일에 맞추어 신문을 발행하는 데 큰 어려움이 없을 것이다. 따라서 대학은 고등학교 신문반에서 활동했다는 것을 그 학생이 글쓰기에 관심이 있고 훌륭한 관리인이 될 소질을 갖추었

경제학의 적용

국민건강보험 가입의 의무화

2010년에 통과된 미국의 건강보험 개혁법(오바마 케어)과 관련하여 많은 논쟁을 불러일으킨 것 중 하나는 '개인에 대한 강요'라는 점이다. 이 법에는 개인이 건강보험을 구매하거나 정부에 세금을 내야 한다고 명시되어 있다. 국회의원을 비롯한 많은 사람이 특히 이것 때문에 이 법을 반대했다. 이들은 국민에게 원하지 않는 것을 강제로 사게 해서는 안 된다고 주장했다.

만약 강제적 가입을 찬성하는 경제학자에게 그 이유를 묻는다면 아마도 대부분은 역선택이 초래하는 문제를 거론할 것이다. 의료 시장은 비대칭적 정보 문제가 있는 시장이다. 건강보험에 가입하는 사람들은 건강보험을 파는 사람(보험 회사)보다 자신의 건강 상태에 대해 더 많은 것을 알고 있다. 따라서 상대적으로 건강한 사람들은 건강보험에 들지 않고 운에 맡기려는 선택을 선호한다. 반면에 덜 건강한 사람들은 보험 시장에 참가한다. 결과적으로 덜 건강한 사람들만 보험에 가입하기 때문에 보험 가격이 더 올라가고, 이에 따라 더 적은 사람들이 건강보험에 가입하려고 한다.

건강보험을 강제하는 것은 건강보험 시장에 참가하는 사람의 수를 증가시킨다. 특히 건강하게 잘 지낼 수 있다고 기대하면서 건강상 위급 상황이 발생하면 응급실에 가는 것이 보험료를 내는 것보다 더 낫다고 생각하는 젊은이들이 건강보험 시장에 참가하게 만든다. 이들을 강제적으로 보험 시장에 끌어들이면 사회가 지불하는 전체 의료비용이 낮아질 가능성이 있다.

사회가 지불하는 의료비용이 과연 낮아질까? 이를 판단하는 데에는 이론과 함께 현실의 자료가 필요하다. 최근의 한 연구는 매사추세츠주의 자료를 사용하여 이에 대해 밝혔다.[1] 매사추세츠주에서는 건강보험 개혁법이 시행되기 몇 해 전인 2006년부터 강제로 건강보험에 들게 했다. 건강보험 가입을 강제하지 않은 주들과 매사추세츠주를 비교한 이 연구에 따르면 매사추세츠주에서는 건강보험 가입 강제화가 보험 참가자의 수를 늘리고 역선택을 줄여서 연간 5,110만 달러의 의료비용이 절약되었고 주민의 복지가 연간 일인당 4% 증가했다.

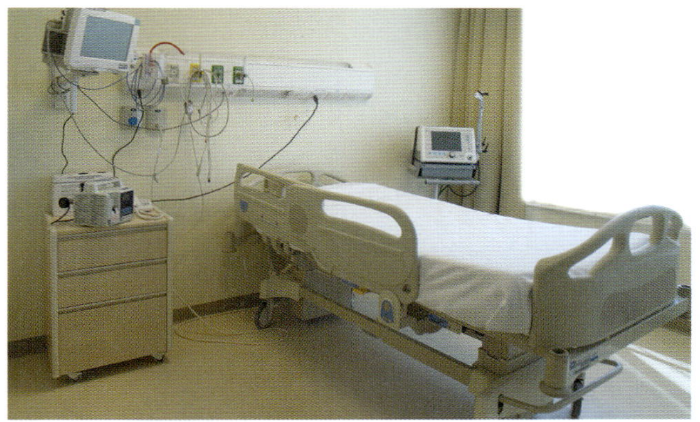

질문

• 건강보험에 가입한 사람만 응급실을 이용할 수 있게 한다면 건강보험 시장의 역선택 문제에 어떤 영향을 미칠 것으로 예상되는가?

[1] Martin Hackman, Jonathan Kolstad, and Amanda Kowalski, "Adverse Selection and the Individual Mandate: When Theory Meets Practice," *American Economic Review*, March 2015.

다는 신호로 받아들일 수 있다. 글쓰기에 관심이 없고 신문 발행에 참가하기를 원치 않는 학생이 고등학교 신문반에서 활동한다면, 이는 대학에 신호를 주기 위해 아까운 시간과 재미를 낭비하는 대가(비용)를 치르는 셈이다. 신호로 작동하려면 신호를 만들기 위해 비용이 들어야 하며, 그러한 신호를 만들기가 수월한 사람에게는 비용이 덜 들어야 한다. 이러한 이유로 대학은 지원한 학생이 해당 과외 활동에 얼마나 많은 시간을 할애했는지를 본다. 학생이 좋아하지도 않는 과외 활동에 많은 시간을 쏟는다면 큰 고통이 따르고 좋아하는 다른 과외 활동을 잃기 때문이다.

신호의 역선택 문제를 해소하려면 높은 자질을 가진 사람들이 신호를 발생시키는 데 지불하는 비용이 더 적어야 한다. 과외 활동은 자질을 갖춘 학생이 더 잘할 수 있고 학교생활도 더 잘하게 할 때 강한 신호로 작용한다. 고용 시장에서 교육은 강한 신호로 작용한다. 교육은 소비자, 시민, 근로자로서의 삶을 많은 부분에서 개선한다. 교육은 많은 직업의 생산성을 향상한다. 또한 잠재적 고용주에게 자신이 생산적이라는 신호를 보낸다. 왜 교육은 좋은 신호 역할을 하는가? 과외 활동처럼 교육도 스스로 규율할 줄 알고, 현명하고, 열심히 하는 사람이 잘 달성할 수 있다. 이와 같은 것들은 모든 직장에서 가치 있게 보는 자질이지만 확인하기가 쉽지 않다. 따라서 이에 대해 알려주는 신호가 필요한 것이다.

신호는 곳곳에 있다. 잠시 중고차의 예로 돌아가보자. 딜러가 보증서를 발급하는 중고차는 피치일 가능성이 많다고 했는데 왜 그럴까? 결함이 있는 경우 무상으로 수리해준다는 약속을 하는 보증서는 중고차가 레몬일 때 높은 비용을 발생시킨다. 레몬은 피치보다 더 많은 수리가 필요하기 때문에 레몬에 보증서를 발급하면 딜러는 높은 비용을 지불하게 된다. 따라서 판매자가 보증서를 발급한다는 것은 그 중고차가 피치라는 강력한 신호인 것이다.

어떤 상황에서는 기업명이 소비자에게 품질에 대한 신호를 주기도 한다. 미국의 많은 공항에는 여행자가 비행기 탑승 대기 시간에 손톱 손질을 받을 수 있는 네일살롱이 들어서 있다. 공항의 네일살롱 사업에 역선택 문제가 발생할 것이라고 생각할 수도 있다. 어떤 동네에서 가격에 비해 서비스가 형편없는 네일살롱은 결국 사라질 가능성이 크다. 서비스의 질이 나쁘다는 입소문이 빠르게 퍼져 찾는 고객이 거의 없을 것이다. 그러나 공항에 있는 네일살롱을 찾는 고객은 대부분 뜨내기손님이라 서비스의 질이 낮더라도 계속 장사를 할 수 있을 것 같다. 고품질 서비스를 제공하면 비용이 많이 발생하고, 고객 입장에서는 서비스를 받기 전에는 서비스의 질이 어떤지 판단하지 못한다. 따라서 공항에는 질 낮은 서비스를 제공하는 네일살롱만 남을 것이라고 생각할 수 있다. 분별력 있는 소비자는 품질을 크게 신경 쓰지 않으면서 손톱 손질을 꼭 받고 싶은 사람만 공항의 네일살롱을 이용할 것

경제학의 적용

광고를 어떻게 이해해야 하는가

대학 동문 잡지를 포함한 많은 고급 잡지의 마지막 부분에는 다음과 같은 관광지 숙박 임대료 광고가 실려 있다. "세인트토머스섬에서의 숙박: 카리브해의 세인트토머스섬에 있는 멋진 빌라. 6인용 객실. 아름다운 정원과 수영장. 지붕이 달린 베란다와 바비큐 장소. 주 또는 월 단위로 이용 가능."

분별력 있는 독자는 광고의 멋있는 숙박 시설에 대해 어떻게 이해했을까? 경제학을 공부한 사람이라면 이 광고에서 말하는 숙박 시설이 해변 근처가 아니라는 것을 알아챘을 것이다. 어떻게 이러한 결론을 얻었을까? 광고는 고객을 끌어들이기 위한 것이다. 따라서 빌라 소유주가 빌라의 매력적인 점과 긍정적인 특징에 대해서만 말한다는 사실을 우선 인식해야 한다. 카리브해의 섬이라면 해변이 가장 큰 매력인데 해변에 대한 언급이 없다는 것은 이 빌라의 위치가 해변 근처가 아니라는 것을 의미한다. 이윤을 추구하는 사람들이 올리는 광고는 광고가 주는 정보에만 소비자가 신경 쓰게 만든다는 것을 인식해야 한다. 따라서 소비자는 그들이 제공하지 않는 정보에 관심을 가져야 한다.

동일한 논리는 기업에도 적용된다. 2002년에 미국 의회와 행정부는 기업이 중역에게 주는 스톡옵션이 기업의 비용에 미치는 영향을 주주에게 알려야 한다는 새로운 회계규칙을 통과시켰는데, 그러한 정보는 재무제표에 넣어도 되고 주석으로 넣어도 된다. 별로 놀랄 일도 아니지만, 큰 옵션을 주는 기업(특히 닷컴 기업)은 눈에 잘 띄지 않는 주석에 그 비용을 넣었고, 옵션을 많이 주지 않는 전통적인 기업은 눈에 잘 띄게 넣었다. 이처럼 정보의 양이 신호 역할을 하기도 한다.

질문

- 건포도 상자에 '적어도' 100개의 건포도가 들어 있다고 쓰여 있다면 200개의 건포도가 들어 있을 가능성이 있겠는가?

이라고 생각한다.

그러나 실제로 미국 공항의 네일살롱에서는 이와 다른 상황이 나타났다. 미국 공항에는 네일살롱 체인점이 입점해 있으며, 이러한 체인 기업은 가령 댈러스 공항의 네일살롱에서 질 좋은 서비스를 제공하면 세인트루이스 공항의 네일살롱에서도 똑같은 서비스를 제공할 것이라고 인식하게 만든다. 따라서 네일살롱 체인 기업은 각 공항에서 질 좋은 서비스를 제공하려는 인센티브를 가지게 된다. 결과적으로 공항을 찾는 사람들은 네일살롱의 브랜드 네임을 그 질을 나타내는 신호로 인식하게 된다. 체인점의 경제적 우위 중 하나는 다른 지역에서도 동일한 서비스를 제공한다는 신호를 소비자에게 보낸다는 것이다. 이러한 이유로 미국에서는 많은 체인점을 볼 수 있다.

도덕적 해이

도덕적 해이 계약 당사자 중 한쪽이 계약이 체결된 후 자신의 행동을 바꾸어 그로 인해 발생하는 비용을 상대방에게 전가하는 것

정보와 관련된 또 하나의 문제는 **도덕적 해이**(moral hazard)이다. 사람들은 상대방의 미래 행동이 계약 결과에 영향을 미칠 수 있는 계약을 종종 맺는다. 도덕적 해이는 계약 당사자 중 한쪽이 계약이 체결된 후 자신의 행동을 바꾸어 그로 인해 발생하는 비용을 상대방에게 전가하는 것을 말한다. 예를 들어 자동차손해보험 계약은 보험 가입자가 자동차 사고를 당했을 때 자동차 수리비를 지급하는 계약이다. 보험 가입자가 사고를 낼 가능성은 부분적으로 그 가입자가 얼마나 조심스럽게 자동차를 운행하는가에 달려 있다. 다이어트, 운동, 위험한 행동 등은 당신이 건강보험에 가입하기 위해 얼마의 보험료를 내는가에 영향을 준다. 보험 가입자의 도덕적 해이가 매우 클 가능성이 있을 때는 건강보험에 가입하기가 어렵거나 아주 높은 보험료를 지불해야 한다.

도덕적 해이는 비효율적인 행동을 가져올 수 있다. 보험은 보험 가입자에게 자신의 행동이 유발하는 모든 비용을 고려하여 행동하게 하는 인센티브를 충분히 주지 않는 일종의 외부효과 문제를 초래한다. 자동차 도난 보험에 가입했다면 그렇지 않은 경우보다 자동차 문단속에 신경을 덜 쓸 것이다. 건강보험이 안경 분실 시 안경 비용을 지급한다면 안경을 챙기는 데 신경을 덜 쓸 것이다.

2009년에 미국 정부는 금융 지원을 통해 큰 은행, AIG 보험 회사, 제너럴모터스(GM) 등의 파산을 막아주었다. 많은 경제학자는 이러한 구제금융으로 인한 기업의 도적적 해이에 대해 경고했다. 정부가 은행의 파산을 막아준다면 은행의 무모한 짓을 어떻게 통제할 수 있겠는가? AIG와 GM을 구해준다면 이들이 미래에 또 방만하게 경영하지 않을까? 2009년에 미국에서는 많은 매체의 표제로 '모럴 헤저드(moral hazard)'라는 표현이 자주 등장했다.

역선택 문제와 마찬가지로 도덕적 해이 문제도 정보와 관련된 것이다. 계약 당사자는 자신이 계약하는 상대방의 미래 행동을 단정할 수 없다. 이러한 점이 계약을 하려는 의욕을 꺾고 계약의 가격을 상승시킨다. 미래의 모든 행동을 예측할 수 있다면 바람직하지 않은 행동을 열거하고 이를 하지 않는다는 조건으로 계약을 할 수도 있다. 이렇게 하는 것이 가능할 때도 있다. 생명보험 회사는 계약이 체결된 후 2년 내에 자살을 하면 보험금을 지급하지 않는다. 화재보험 회사는 가스나 연기 탐지기를 설치하지 않으면 보험 계약을 체결하지 않는다. 월세로 살고 있는 아파트를 고의로 망가뜨리면 집주인은 보증금을 돌려주지 않을 수 있다. 상대방의 모든 행동이나 의도를 파악하기는 불가능하다. 상대방이 한 행동의 결과에 대해 상대방이 책임지게 할 수 없고 각자가 자신의 이익만을 위해 행동하는 계약이라면 그 결과가 비효율적이라는 것은 불을 보듯 뻔하다.

학습목표

효과적인 인센티브를 설계함으로써 얻을 수 있는 혜택을 이해한다.

17.3 인센티브

도덕적 해이는 보험에 가입한 사람이 잘못된 행동을 하는 의사결정을 하도록 이끄는 인센티브의 예를 보여준다. 인센티브는 우리 삶의 곳곳에서 중요한 역할을 한다. 기업은 근로자가 열심히 일하려는 인센티브를 갖기를 바란다. 많은 기업은 근로자의 모범적인 성과에 대해 보너스를 지급하는 방식으로 근로자에게 인센티브를 주려고 한다. 교실에서 선생님은 학생이 낸 과제물을 평가하거나 성적을 매김으로써 학생이 학습 내용을 잘 익히도록 격려한다. 실업, 빈곤, 심지어 국제관계에 대해서도 정부는 적절한 인센티브를 설계하는 데 항상 관심을 기울이면서 정책을 입안한다.

사실 인센티브에 대한 관심은 대개 불확실성에서 비롯된다. 선생님이나 기업은 당신이 얼마나 열심히 공부하거나 일하는지 늘 지켜볼 수가 없다. 따라서 누군가가 지켜보지 않을 때도 열심히 공부하거나 일하게 북돋는 인센티브를 만들려고 하며, 성적이나 봉급 외의 보너스가 이러한 역할을 한다. 자동차 도난 보험 회사는 보험 가입자가 자동차 문을 잘 잠그는지 감시할 수 없으므로 자동차 문을 잘 잠그게 하는 인센티브를 만들고 싶어 한다.

메커니즘 설계 정보의 비대칭성 문제를 극복할 수 있는 계약이나 거래 구조를 연구하는 경제학 분야

메커니즘 설계(mechanism design)는 정보가 비대칭적일 때도 이기적인 개인이 적절한 행동을 하려는 인센티브를 가지게 하는 계약이나 거래의 설계를 연구하는 경제학 분야이다. 2007년에 레오니트 후르비치(Leonid Hurwicz), 로저 마이어슨(Roger Myerson), 에릭 매스킨(Eric Maskin)은 이 분야에서의 공로를 인정받아 노벨 경제학상을 수상했다. 메커니즘 설계는 상당히 복잡한 분석이 요

경제학의 적용

사용자의 후기와 별점으로 정보를 얻는 오늘날의 소비자

지금처럼 인터넷이 발달하기 전에 여행자는 호텔이나 여행사가 발행한 책자를 보고 호텔에 관한 정보를 얻었다. 이러한 정보의 한계를 극복할 수 있게 해준 것은 호텔 투숙객들이 인터넷에 올린 사용자 후기와 호텔의 메타 검색 엔진이다.

여행자는 이제 호텔스닷컴(Hotels.com), 부킹닷컴(Booking.com), 트리바고(trivago)와 같은 웹사이트에 들어가서 별의 개수로 매겨진 호텔 등급이 아니라 사용자의 평가를 보고 적절한 호텔을 선택할 수 있게 되었다. 이러한 웹사이트는 호텔에 대해 믿을 수 있는 평가가 이루어지도록 거짓 평가를 방지하는 프로그램을 이용하고 있다. 그 방법은 해당 웹사이트에 등록한 사람만 후기를 달 수 있게 하는 것, 정교한 알고리즘을 통해 편견이 담긴 후기를 찾아내어 지우는 것이다.

2016년의 한 연구는 웹사이트에서 사용자가 매긴 등급이나 작성한 후기가 여행자의 온라인 호텔 예약에 상당한 영향을 미친다는 것을 발견했다.[1] 2016년에 호텔을 예약한 여행자의 60% 이상이 호텔을 정하기 전에 온라인상의 후기를 읽은 것으로 나타났다. 사람들이 독립적으로 웹사이트에 올린 후기를 통해 여행자는 정보를 얻고 호텔 경영진은 서비스의 질을 개선하고 있다.

질문

- 호텔 검색 웹사이트의 어떤 특징이 호텔 예약 시장의 역선택 문제를 감소시키는지를 시장신호라는 개념을 이용하여 설명하라.

[1] Paolo Neirotti, Elisabetta Raguseo, and Emilio Paolucci, 2016. "Are Customers' Reviews Creating Value in the Hospitality Industry? Exploring the Moderating Effects of Market Positioning," *International Journal of Information Management*, Vol. 36, No. 6A, December, pp. 1133–1143.

구되는 분야이지만, 이 분야의 기본 개념은 간단히 말해 적절한 인센티브의 설계를 통해 사람들이 자신에 대한 진실을 표출하게 만들 수 있다는 것이다.

노동시장의 인센티브

기대효용과 기대(가)치를 설명할 때 고정 봉급 4만 달러를 주는 경우와 동전 던지기로 2만 달러나 6만 달러의 봉급을 주는 경우를 살펴보면서 근로자가 위험 회피적이라면 동전 던지기를 택하지 않을 것이라고 했다. 하지만 많은 사람은 불확실성을 가진 임금 계약을 하고 있다. 미국 대기업의 많은 CEO가 받는 보수 중 고정 봉급은 절반도 되지 않는다. 이들이 받은 보수는 대부분 기업의 이윤이나 주가 상승에 따른 보너스의 형태이다. 공장의 일부 작업에 대한 보수는 근로자가 얼마나 빨리 만들어내는가에 따른 성과급으로 지불된다. 또한 판매원은 보수의 일부 또는 거의 전부를 판매량에 따른 커미션 형태로 받는다. 대부분의 사람들이 위험 회피적인데도 이러한 계약이 이루어지는 이유는 무엇인가?

이는 변동적인 보상을 통해 기업은 근로자의 보다 나은 성과를 얻을 수 있기 때문이다. 당신이 판매원을 고용하려고 하는데 모니카와 엠마가 지원했다고 하자. 둘 다 고객에게 친절하고 열심히 일한다. 그렇다면 당신은 둘 중 누가 더 나은 판매원이라고 판단할 수 있을까? 이 경우에는 인센티브가 막강한 역할을 할 수 있다. 당신이 모니카와 엠마에게 기본급이 25,000달러이고 일정 수준을 넘은 판매량에 대해서는 각 단위마다 큰 커미션을 준다고 제안했다면 이러한 봉급은 얼마의 가치가 있는가? 이는 모니카와 엠마가 얼마나 유능한 판매원인가에 달려 있다. 모니카는 스스로 아주 유능한 판매원이라고 생각하고, 엠마는 자신이 성격은 좋지만 판매에는 소질이 없다고 생각한다면 모니카만이 그 제안을 받아들일 것이다. 이는 인센티브가 해당 직업에 보다 적합한 사람이 해당 직업을 선택하게 만든다는 것을 보여준다.

역선택의 경우와 반대로 이러한 인센티브 기획은 혜택을 가져다주는 선택이 이루어지게 한다는 점에 주목하라. 많은 기업이 성과에 따른 보상을 근로자의 보수에 포함하는 이유는 그 일에 맞는 근로자를 찾기 위함이다. 모니카와 엠마의 경우 인센티브 설계에 의해 좋은 성과를 내지 못할 것 같은 지원자가 배제되었다. 인센티브 설계는 모니카와 엠마가 직업 선택을 통해 자신의 기술과 능력을 표출하게 만든 것이다.

성과에 따른 보상은 또 다른 역할도 한다. 얼마나 열심히 일하는가에 따라 봉급이 달라진다는 사실은 모니카가 더 열심히 일하게 만든다. 물론 모니카에게 주어지는 보상이 모니카가 관리할 수 있는 것을 대상으로 주어져야 한다는 점이 중요하다. 이는 대부분의 CEO가 받는 보상이 비서가 받는 봉급보다 더욱더 기업의 이윤과 연관되어 결정되는 이유이기도 하다. CEO의 행동이나 의사결정은 기업의 이윤에 매우 큰 영향을 미친다. 따라서 이들은 강한 성과 인센티브를 가지게 된다.

투자은행의 중역은 대부분 성과에 따라 보수를 받는다. 2008년 미국발 금융위기가 발발하기 직전에 골드만삭스(Goldman Sachs)의 CEO는 7,300만 달러의 보수를 받았는데 그중에서 기본급은 60만 달러밖에 되지 않았다. 한편 미국 금융 산업에서 성과에 따른 보상이 점점 더 커짐에 따라 금융 산업을 이끄는 사람들이 점점 더 위험이 큰 투자를 선호한다는 우려도 제기되고 있다.

최근에 미국의 여러 주에서는 공립학교 교사에게 학생의 시험 성적과 연계한 보상 인센티브를 주었다. 뉴욕시에서는 성적이 좋은 학생에게 선물을 주기도 했다. 그러나 이러한 프로그램의 효과성에 대해서는 많은 논란이 있다. 교사 중에는 금전적 보상을 떠나서 교육에 헌신하려는 사람이 많고 현재의 봉급으로도 충분히 금전적 보상이 되기 때문에 추가적인 금전적 보상이 큰 효과를 거두지 못한다는 주장이 있다. 또한 이는 교육이 사랑으로 이루어지는 것이 아니라 상업적 목적으로 이루어지게 만드는 결과를 초래한다는 비판도 있다. 성적이 좋은 학생에게 선물을 주는 것 또한 학생이 흥미를 느껴서 공부를 하게 만드는 것이 아니라 돈을 벌기 위해 공부를 하게 만든다는 비판을 받고 있다. 인센티브와 관련한 이러한 이슈는 당분간 계속될 것으로 예상된다.

요약

01 어떤 거래의 기대(가)치를 구하려면 그 거래로 인해 발생할 수 있는 모든 결과와 그에 따른 보수를 알아야 한다. 기대치는 그러한 보수의 가중평균치이다. 가중치로 사용되는 것은 각 보수가 발생할 수 있는 확률이다.

02 일반적으로 사람들은 확실한 경우와 기대치가 동일한 불확실한 경우를 받아들이지 않고 확실한 경우를 선택한다.

03 확실한 상황과 불확실한 상황의 기대치가 동일할 때 확실한 상황을 선택하는 사람은 위험 회피적인 사람이다. 위험 중립적인 사람은 둘 중 어느 것이든 관계없다고 생각한다. 위험 선호적인 사람은 확실한 결과와 기대치가 동일한 불확실한 거래 중 불확실한 거래를 선택한다.

04 판돈이 작을 때를 제외하고 대부분의 경우에 사람들은 위험 회피적이다.

05 소득에도 한계효용 체감의 법칙이 작용한다. 소득의 한계효용 체감은 사람들이 위험 회피적임을 의미한다.

06 불완전한 정보를 가지고 하는 의사결정은 비효율적인 결과를 가져올 수 있다. 정보의 비대칭성은 거래 당사자 중 한쪽이 거래와 관련된 정보를 가지고 있고 다른 쪽은 그보다 더 적은 정보를 가지고 있거나 정보가 아예 없는 경우에 발생한다. 이러한 상황에서는 역선택이 나타날 수 있다. 더 나은 정보를 가지고 있는 구매자나 판매자 쪽의 기회주의적 행동은 후생을 증가시키는 거래의 발생을 막는다. 도덕적 해이는 계약 당사자 중 한쪽의 계약이 체결된 후 자신의 행동을 바꾸어 그로 인해 발생하는 비용을 상대방에게 전가하는 것을 말한다. 도덕적 해이가 만연한 사회에서는 후생을 증가시키는 계약이 이루어지기 어렵다.

07 시장신호는 판매자가 제품의 품질에 대해 구매자와 소통하는 과정을 말한다. 신호가 제대로 작동하게 하려면 정보의 정확성이 높고, 정보를 얻는 데 드는 비용이 낮으며, 정보의 전달 속도가 빨라야 한다.

08 많은 경우에 시장은 정보와 관련된 문제를 해결하는 데 도움을 준다. 이윤 극대화 기업은 지속적인 정보 탐색에 따르는 한계혜택이 그 한계비용보다 크면 정보를 계속 탐색한다. 마찬가지로 소비자도 더 큰 의사결정을 하기 위해 정보 수집에 더 많은 시간을 할애한다. 어떤 경우에는 정부가 정보를 수입하고 그러한 정보를 대중에게 널리 알릴 필요가 있다.

09 좋은 인센티브 설계는 도덕적 해이 문제를 줄이면서 적합한 근로자를 채용하는 데 도움을 준다.

10 노동시장에서 성과급 계약이나 건강보험 시장에서 보험 가입자가 치료비의 일부를 부담하는 본인 부담금(co-pay)은 인센티브 계약의 예이다.

핵심 용어

공정한 게임(fair game)/공정한 내기(fair bet)
기대치(expected value)
기대효용(expected utility)
도덕적 해이(moral hazard)
메커니즘 설계(mechanism design)
보수(payoff)
비대칭적 정보(asymmetric information)
시장신호(market signaling)

역선택(adverse selection)
위험 선호적(risk-loving)
위험 중립적(risk-neutral)
위험 회피적(risk-averse)
한계효용 체감의 법칙(diminishing marginal utility)

연습문제

01 다음은 위험에 대한 안나(A), 빌(B), 조(J)의 태도를 나타내는 효용함수이다. U는 총효용의 크기이고 I는 소득수준이다.

$$U_A = I + 1 \quad U_B = 2I^2 \quad U_J = 2\sqrt{I}$$

각자의 소득과 총효용의 관계를 그래프로 나타내라. 또한 안나, 빌, 조가 위험 회피적인지, 위험 중립적인지, 위험 선호적인지 설명하라.

*02 당신의 봉급이 연 115,600달러로 고정되어 있다고 하자. 당신은 다른 회사로부터 스카우트를 제안받았는데, 봉급이 75,000달러에 회사가 잘될 때 추가로 350,000달러를 준다는 조건이다. 당신이 소득으로부터 얻는 효용은 $U = \sqrt{소득}$이라고 하자. 소득이 100달러라면 당신의 효용수준은 10이므로 현재 당신이 받고 있는 115,600달러의 봉급으로부터 얻는 효용은 340이다. 스카우트를 제안한 회사가 잘될 확률이 얼마가 되어야 당신은 이직을 하는가?

03 당신은 신형 페라리를 빌려 여행을 하기 위해 보장이 가장 좋은 최고가 보험에 가입했다. 1주일 뒤에 당신은 차를 안전하게 돌려주었다. 그렇다면 보험에 가입한 것은 실수였는지 설명하라.

04 "도박장이 항상 딴다"는 속담이 있다. 도박하는 사람에게 도박이 불리한 게임인지를 기대치라는 개념을 이용하여 설명하라.

05 결혼 중매 시장은 남녀가 만나서 서로에 대해 알고 결혼 계약을 하는 과정으로 이루어져 있다.

a. 이 시장에서는 어떤 성격의 정보의 비대칭성이 나타나는가?
b. 이 시장에서 나타나는 역선택이나 도덕적 해이 문제에 대해 설명하라. 이러한 문제는 이 시장의 결과에 어떤 영향을 미치는가?

06 모든 채용 과정에서 면접은 빼놓을 수 없는 중요한 부분이다. 면접에서 발생할 수 있는 정보의 비대칭성에 대해 설명하라. 면접을 통해 가장 좋은 지원자를 고르지 못할 수도 있음을 역선택과 도덕적 해이라는 개념을 이용하여 설명하라. 이 문제를 완화하기 위해 어떤 기술을 사용할 수 있는가?

07 사회적 교제를 하는 데에도 신호를 사용할 수 있다. 새로운 장소에 갔을 때 당신은 관심사가 같은 사람을 찾기 위해 사람들의 어떤 신호를 살펴보는가?

08 잡지, 신문, 웹사이트에 나오는 제품 광고를 살펴보고 그 제품을 판단하는 데 매우 중요한 어떤 정보가 빠져 있는지 설명하라. 그러한 정보가 빠진 이유는 무엇인가?

09 건강보험 회사가 보험 가입 신청자의 가족력이나 유전자 검사 결과를 확인한 후 보험 가입 여부를 결정할 수 있게 해야 한다고 생각하는가? 그렇게 생각하는 이유는 무엇인가?

10 발렌티노는 Cycletrader.com에서 1974년 트라이엄프 보너빌 T140이 5,950달러에 매물로 나온 것을 보았다. 그는 이 오토바이의 품질이 좋다면 7,500달러를 지불할 용의가 있지만, 그렇지 않다면 2,000달러 정도만 지불하려고 한다. 이 오토바이의 구매를 결정하는 데 발렌티노에게 도움을 주는 추가 정보에는 어떤 것이 있는가?

11 보험 회사가 역선택 문제를 줄일 수 있는 한 가지 방법은 대기업을 상대로 그 기업의 모든 근로자가 보험을 들게 하는 그룹 보험을 제공하는 것이다. 이 방법이 어떻게 역선택 문제를 줄일 수 있는지 설명하라.

12 2017년에 미국에서 감세 및 일자리법(Tax Cuts and Jobs Act)이 통과됨에 따라 미국인은 2019년부터 건강보험에 가입하지 않아도 벌금을 내지 않게 되었다. 2018년에는 건강보험에 가입하지 않은 사람의 경우 성인은 일인당 695달러, 18세 미만은 일인당 347.50달러를 벌금으로 내야 했고, 가구를 기준으로 최대 2,085달러의 벌금을 내야 했다. 벌금이 없어진 것은 건강보험 시장에서 나타나는 역선택 문제에 어떤 영향을 미칠지, 건강보험료에 어떤 영향을 미칠지 설명하라.

13 기업의 CEO는 매년의 성과에 따라 보너스를 받는다. 보너스는 CEO의 행동에 어떤 영향을 미치는가?

2 더 어려운 문제는 별표(*) 로 표시했다.

14 미국에서 가장 혼잡한 공항은 애틀랜타, 시카고, 로스앤젤레스, 댈러스포트워스, 뉴욕시에 있는 공항이다. 이러한 공항에는 450개가 넘는 식품 판매점이 입점해 있다. 여행자는 맥도날드, 스타벅스, 잠바주스, 버거킹, 서브웨이, 칠리스와 같은 친숙한 이름을 보게 된다. 대형 공항에 체인점이 입점하는 이유는 무엇인가?

15 인터넷 시대에 뉴스가 가진 정보의 비대칭성이 매우 중요해지고 있다. 2013년에 옥스퍼드 인터넷 서베이(Oxford Internet Survey)는 사람들이 TV나 라디오와 같은 전통 매체에 대한 신뢰도가 인터넷보다 낮다고 발표했다. 인터넷 뉴스가 상대적으로 신뢰성이 높은 이유를 정보의 비대칭성이라는 개념을 이용하여 설명하라.

16 사이먼은 인터넷으로 영화 보기를 좋아한다. 인터넷으로 영화를 1편 보는 더 드는 비용은 3달러이고, 월 15달러를 내면 무제한으로 영화를 볼 수 있다. 사이먼은 한 달에 영화를 3편 볼 것으로 예상하기 때문에 영화를 볼 때마다 3달러를 내기로 했다.

a. 6개월이 지난 후 사이먼은 자신이 매달 영화를 2편 보았다는 것을 알았다. 그러나 사이먼은 무제한 영화 시청을 신청하면 한 달에 3편을 볼 것이라고 확신하며, 경제적 논리도 자신의 예측을 지지한다고 주장한다. 그가 염두에 두고 있는 경제적 원칙은 무엇인가?

b. 사이먼의 동생인 앤드루는 사이먼의 아파트에 와서 70인치 TV로 영화 보기를 즐긴다. 주머니 사정이 좋지 않은 앤드루는 한 달에 영화를 3편 이상 보고 싶지만, 영화를 더 보기 위해 사이먼에게 줄 수 있는 돈은 한 달에 2달러이다. 사이먼은 앤드루가 주는 2달러를 받고 영화를 더 보게 하겠는가? 그렇지 않다면 앤드루가 자신의 목적을 달성할 수 있는 방법은 무엇인가?

17 접대 분야 종사자의 임금은 일반적으로 낮으며 팁이 소득의 일정 부분을 차지한다. 그러나 호텔에서 일하는 어떤 직업은 다른 사람들이 받는 일일 평균 팁보다 훨씬 낮은 팁을 받는다. 예를 들어 방 청소를 하는 사람보다 룸서비스를 하는 사람이 훨씬 더 많은 팁을 받는다. 따라서 호텔 경영진은 이들이 받는 팁을 모두 모아서 미리 정한 비율에 따라 전체 직원에게 분배하라고 요구할 수도 있다. 이러한 팁 분배는 직원의 생산성에 어떤 영향을 미치는가?

경제학적 사고 키우기

01 일부 경제학자들은 화재보험에 가입하는 사람은 복권을 구매하면 안 되고, 복권을 구매하는 사람은 화재보험에 가입하면 안 된다고 주장한다. 이들은 왜 이렇게 주장하는가?

02 경제학자들은 혼자 독립적으로 일하면서 봉급을 받는 사람들의 경우에 이들이 일하는 것을 고용주가 쉽게 관찰할 수 없고 높은 성과를 보여도 보상을 받지 못하기 때문에 이들이 일을 열심히 하려는 인센티브를 갖지 않는다고 생각한다. 이는 역선택이나 도덕적 해이의 예인가?

CHAPTER 18

소득 분배와 빈곤

목차와 학습목표

18.1 가구소득의 원천

가구소득의 세 가지 주요 원천에 대해 알아본다.

18.2 시장소득의 분배

시장소득의 정의와 그 분포를 이해한다.

18.3 시장소득 불평등의 원인

시장소득의 불평등을 초래하는 주요 원인을 파악한다.

18.4 시장소득의 불평등 감소에 대한 찬성과 반대

소득 재분배를 찬성하는 입장과 반대하는 입장에 대해 알아본다.

18.5 세금과 이전지불에 의한 소득 재분배

소득 불평등을 개선하는 정부의 주요 수단을 알아본다.

18.6 빈곤

빈곤의 정의와 측정 방법을 이해한다.

18.7 최저임금

최저임금이 어떻게 고용을 줄일 수 있는지 이해한다.

18.8 부의 분배

부의 분배가 소득의 분배보다 더 불평등한 이유를 이해한다.

18.9 다른 국가의 소득 불평등

미국과 다른 국가의 소득 불평등을 어떻게 비교해야 하는지 알아본다.

2016년에 순자산이 500만 달러가 넘는 미국인의 수는 130만 명보다 많았다. 같은 시기에 공적으로 정의된 빈곤선보다 낮은 소득을 얻는 가구는 4,500만을 넘어섰다. 2013년에 소득 분배에서 상위 5분위, 즉 소득수준이 상위 20%에 속하는 가족이 미국민 총소득의 절반 이상을 벌었다. 상위 1%에 속하는 가족이 미국민 총소득의 22% 이상을 벌었던 것에 비해 하위 20%에 속하는 가족은 미국민 총소득의 3.6%밖에 벌지 못했다. 더욱이 소득상의 위치는 세대에 걸쳐 영향을 미쳤다. 1980년대에 소득 분포의 하위 5분위에 속한 부모 슬하의 자녀는 성장한 후에도 하위 5분위에 속할 가능성이 1/3보다 높았다. 이들이 성장하여 상위 1분위에 속할 가능성은 7.8% 정도였다.[1] 이러한 소득, 부, 소득계층 간 이동성은 무엇을 의미하는가? 전 세계적인 소득과 부의 분배는 어떠한가?

지금까지 설명한 시장경제는 효율성을 증진하는 경우에 잘 작동한다. 불완전경쟁, 외부효과, 공공재 문제가 있음에도 불구하고 시장경제는 효율적인 결과를 가져오는 데 매우 성공적인 역할을 한다. 그러나 시장경제의 작동으로 나타나는 소득과 부는 사람에 따라 상당히 고르지 않다. 왜 이러한 결과가 나타나는가? 이러한 결과는 공평하지 않은 것인가? 소득 불평등을 완화하기 위한 정부 정책이나 우리가 사용할 수 있는 수단이 있는가? 이러한 질문과 관련해서는 정부 정책 입안자뿐만 아니라 경제학자들의 의견이 다양하다.

학습목표

가구소득의 세 가지 주요 원천에 대해 알아본다.

18.1 가구소득의 원천

가구소득의 원천은 ① 노동을 제공하여 얻는 임금이나 봉급 소득, ② 금융자본, 토지 등과 같은 자본으로부터 얻는 소득, ③ 정부의 지원금으로 받는 소득으로 구분할 수 있다. 소득과 부의 분배에 대해 알아보기 전에 먼저 이러한 개인 소득의 원천이 개인 총소득에 기여하는 정도를 살펴보자.

임금과 봉급 소득

2017년 미국민 전체의 개인 소득은 16조 4,000억 달러였다. 개인 소득의 약 51%는 임금이나 봉급 형태로 받은 소득이다. 직장에서 부분적으로 지원해주는 건강보험이나 연금과 같은 것을 급여에 더하면 그 비중은 63%가 된다. 따라서 임금과 봉급은 많은 사람이 얻는 소득의 대부분을 차지한다.

재산소득

재산소득 실물자산과 금융자산의 소유권으로부터 발생하는 소득으로 이윤, 이자, 배당, 임대료 등이 있음

가구소득의 두 번째 원천은 실물자산(자본)이나 금융자산(자본)을 소유함으로써 얻는 **재산소득**(property income)이다. 임금은 노동에 대한 수익이고 재산소득은 자본에 대한 수익이다. 따라서 가구의 재산소득은 가구가 소유하고 있는 자산으로부터 발생하는 수익이다. 일반적으로 재산소득에는 이윤, 이자, 배당, 임대료가 포함된다. 2017년에 미국민의 재산소득은 미국민 전체 개인 소득의 28%를 차지했다.

1 미국 의회예산국의 자료인 "The Distribution of Household Income and Federal Taxes, 2013, June 2016"와 Alberto Alessina, Stefanie Stantcheva, and Edoardo Teso의 "Intergenerational Mobility and Support for Redistribution," NBER Working Paper, June 2017의 연구 결과이다.

정부 지원금 소득: 이전지불

이전지불(transfer payment)은 정부가 개인으로부터 재화, 서비스, 노동을 제공받지 않고 지불하는 현금이다. 예를 들어 실업급여는 이전지불이다. 미국 연방정부가 지원하는 이전지불 중 가장 큰 것은 사회보장 프로그램(Social Security program)에 의한 이전지불이다. 이 프로그램은 사회보장 기여금의 형태로 사람들의 근로소득 중 일정 부분을 정부가 가져가고, 이렇게 모인 기금은 사람들이 은퇴를 하거나 장애를 입었을 때 지원하는 지원금으로 사용된다. 사회보장 프로그램의 순이전지불액은 정부가 지불하는 이전지불액에서 사회보장 프로그램으로 근로자가 내는 기여금을 차감한 금액이다. 2017년에 사회보장 프로그램의 순이전지불액은 미국 전체 개인 소득의 9%를 차지했다.

이전지불 정부가 개인으로부터 재화, 서비스, 노동을 제공받지 않고 지불하는 현금으로 사회보장금, 참전용사 지원금, 복지수당 등이 있음

18.2 시장소득의 분배

학습목표

시장소득의 정의와 그 분포를 이해한다.

개인과 가구에 따라 소득에 차이가 있으므로 이러한 차이를 측정할 수 있는 척도가 필요하다. 소득 분배가 어떠한지를 알려주는 좋은 척도는 무엇인가? 우선 무엇을 소득이라고 하는지를 명확히 해야 한다. 이 장에서는 소득을 세 가지 주요 범주로 구분한다. 첫 번째는 **시장소득**(market income)으로, 이는 정부로부터 받는 이전지불액을 제외한, 세금을 납부하기 전의 임금소득과 재산소득이다. 두 번째는 시장소득과 정부로부터 받는 이전지불액을 합한 **세전소득**(before-tax income)이다. 예를 들어 어떤 사람이 정부로부터 사회보장금을 받으면 이는 세전소득에 속하지만 시장소득은 아니다. 세 번째는 세전소득에서 세금을 차감한 **세후소득**(after-tax income)이다. 이는 사람들이 마음대로 지출하거나 저축할 수 있기 때문에 흔히 처분가능소득(가처분소득)이라고 불린다.

시장소득 정부로부터 받는 이전지불액을 제외한, 세금을 납부하기 전의 임금소득과 재산소득

세전소득 시장소득과 정부로부터 받는 이전지불액을 합한 것

세후소득 세전소득에서 세금을 차감한 것

미국의 소득 불평등

표 18.1은 2013년 미국의 시장소득 분배 자료이다. 앞에서 말했듯이 시장소득은 임금소득, 재산소득이며 정부로부터 받는 이전지불금이 제외된다. 이러한 자료를 살펴보는 것은 세금이나 이전지불금과 같은 정부의 간섭이 있기 이전에 시장에 의한 소득 분배에 대해 알아보기 위함이다. 이 표에서는 전체 시장소득 중 각 5분위 가구가 차지하는 비율을 나타내는 간단한 기준을 사용했다.

가구는 소득 순위에 따라 같은 크기의 5개 집단으로 구분된다. 2013년에는 최상위 5분위가 미국민의 전체 시장소득 중 57.3%를 차지한 데 반해 최하위 5분위가 3.6%를 차지했다. 이는 오른쪽으로 상당히 기울어진 분배이다. 소득 분배가 어느 정도 기울어졌는지 살펴보는 또 다른 방법은 모든 가구의 평균 소득인 86,400달러를 중간 5분위의 평균 소득인 53,000달러와 비교하는 것이다. 가구의 하위 절반은 53,000달러보다 적은 소득을 얻으며 나머지 상위 절반은 이보다 많은 소득을 얻고 있다. 그러나 평균 소득 86,400달러는 중간 5분위의 평균 소득인 53,000달러보다 훨씬 높다.

표 18.1 2013년 미국의 시장소득 분포

	최하위 5분위	두 번째 5분위	중간 5분위	네 번째 5순위	최상위 5분위	모든 가구
금액($)	15,800	31,300	53,000	88,700	253,000	86,400
비율(%)	3.6	7.1	12.0	20.1	57.3	

출처: Congressional Budget Office, "The Distribution of Household Income and Federal Taxes, 2013," June 2016.

표 18.2 1979년과 2013년 미국의 시장소득 분포

	최하위 5분위(%)	두 번째 5분위(%)	중간 5분위(%)	네 번째 5순위(%)	최상위 5분위(%)
1979	3.0	10.0	15.0	22.0	50.0
2013	3.6	7.1	12.0	20.1	57.3

출처: Congressional Budget Office, "The Distribution of Household Income and Federal Taxes, 2013," June 2016, and Congressional Budget Office, "Trends in the Distribution of Household Income Between 1979 and 2007," October 2011.

이는 소득이 5분위의 상위 절반에 집중되어 있음을 드러낸다.

소득 분배의 변화 최근에는 미국의 소득 불평등이 커진다는 우려에서 비롯된 논쟁이 이어지고 있다. 표 18.2는 1979년과 2013년 미국 가구의 시장소득 분배를 보여준다. 표를 통해 알 수 있듯이 1979년 이후로 미국의 소득 불평등이 증가했다. 1979~2013년에 상위 20%가 차지하는 시장소득의 비중이 50.0%에서 57.3%로 증가하고 중간에 있는 3개 5분위의 비중이 줄어들었다. 최하위 5분위가 차지하는 비중은 매우 작지만 3.0%에서 3.6%로 약간 증가했다. 좀 더 긴 기간에 걸쳐서 살펴보면 1950년대 이후로 미국의 소득 불평등은 특히 상위 1%가 차지하는 비중이 1950년대 약 8%에서 2010년대 22%로 크게 증가했다.[2] 미국 의회예산국의 자료인 그림 18.1은 1979년 이후 최상위 5분위의 평균 소득이 이보다 낮은 5분위의 평균 소득보다 더 빠르게 증가했음을 보여준다.

로렌츠 곡선과 지니 계수 소득 분배를 알아보기 위해 앞에서는 5분위 척도를 사용했으나, 소득이 전체적으로 어떻게 분배되어 있는지를 나타내는 수치로 소득 분배를 표현하는 것이 더 편리할 때도 있다. 지니 계수는 기간별, 국가별 소득 불평등을 비교할 수 있는 소득 불평등 측정 척도이다.

로렌츠 곡선 소득 분배를 그래프로 나타내는 가장 일반적인 방법으로, 가로축에는 가구의 누적 비율(%)을 표시하고 세로축에는 소득의 누적 비율(%)을 표시함

지니 계수의 값은 소득 분배를 보여주는 **로렌츠 곡선**(Lorenz curve)을 가지고 설명하는 것이 가장 쉽다. 그림 18.2의 로렌츠 곡선은 표 18.1의 자료를 이용하여 그린 것이다. 가로축에는 소득수준이 낮은 가구에서 높은 가구 순으로 가구의 누적 비율(%)을 표시하고, 세로축에는 소득의 누적 비율(%)을 표시했다. 소득이 동일하게 분배되어 있다면(하위 20%의 가구가 소득의 20%를 벌고 하위 40%의 가구가 40%의 소득을 버는 등) 로렌츠 곡선은 0과 100% 사이의 45° 직선이 되고, 소득 분

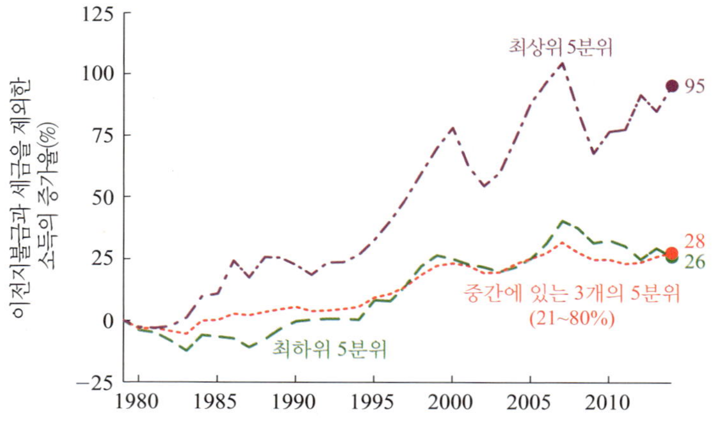

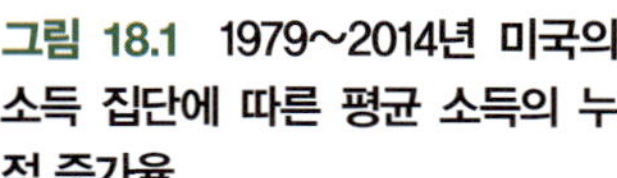
그림 18.1 1979~2014년 미국의 소득 집단에 따른 평균 소득의 누적 증가율

출처: CBO, "The Distribution of Household Income, 2014," March 2018.

2 Data from Emmanuel Saez, https://eml.berkeley.edu/saez-UStopincomes-2015.pdf 를 참조하라.

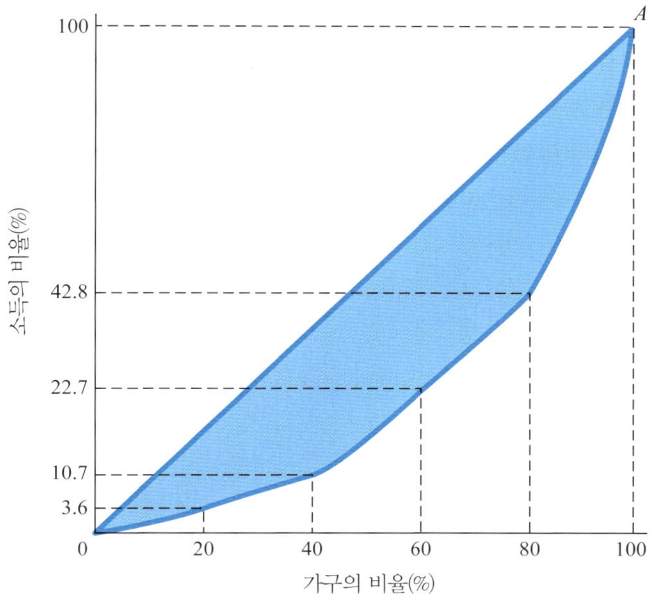

그림 18.2 2013년 미국의 로렌츠 곡선
로렌츠 곡선은 소득 분배를 그래프로 나타내는 가장 일반적인 방법이다. 파란색으로 표시된 면적이 더 클수록 소득 분배가 더 불평등하다. 소득 분배가 완전히 평등하면 로렌츠 곡선은 45° 직선인 $0A$가 된다.

배가 불평등할수록 45° 직선에서 멀어진다. 그림 18.2의 로렌츠 곡선은 2013년에 최하위 20% 가구의 소득이 미국민 총소득의 3.6%를, 하위 80% 가구의 소득이 미국민 총소득의 42.8%를 차지한다는 것을 보여준다.

지니 계수 로렌츠 곡선으로 도출되는 소득 불평등을 측정하는 척도로 그 값이 0~1임

지니 계수(Gini coefficient)는 로렌츠 곡선이 보여주는 것을 요약하여 수치로 나타낸 소득 불평등 척도이다. 그림 18.2에서 지니 계수는 파란색으로 표시된 면적을 45° 대각선 $0A$ 아래에 있는 삼각형 면적으로 나눈 값이다. 소득이 균등하게 분배되어 있다면 파란색으로 표시된 부분이 사라지고 (로렌츠 곡선과 45° 직선이 같아지므로) 지니 계수는 0이 된다. 점점 더 불평등해지는 소득 분배는 로렌츠 곡선을 오른쪽 아래로 점점 밀어내어 파란색으로 표시된 면적이 점점 더 커지고, 이에 따라 지니 계수도 높아진다. 지니 계수의 최댓값은 1이다. 로렌츠 곡선이 오른쪽 아래로 내려가면 파란색으로 표시된 면적이 $0A$ 아래 삼각형의 면적을 더 많이 차지한다. 만약 한 가구가 모든 소득을 가져간다면 (아무도 소득을 얻지 못하고) 파란색으로 표시된 면적이 삼각형의 면적과 같아져서 지니 계수는 1이 된다. 표 18.1에 제시한 2013년 미국 소득 분배의 지니 계수는 0.60이다(0.60은 표 18.1보다 더 자세한 자료를 가지고 계산된 것이다).

18.3 시장소득 불평등의 원인

학습목표
시장소득의 불평등을 초래하는 주요 원인을 파악한다.

미국의 소득 분배가 불평등하며, 시간이 갈수록 소득 불평등이 점점 더 커졌다는 것을 앞에서 확인했다. 시장소득은 임금소득과 재산소득으로 이루어지므로 임금소득과 재산소득에서 소득 불평등을 유발하는 주요 원인을 살펴보자.

임금소득의 불평등

소득 불평등을 초래하는 원인 중 하나는 개인마다 다른 임금이다. 2018년 뉴욕주에서 간호조무사

가 받는 시간당 평균 임금은 18달러였고, 뉴욕시의 1년 차 투자은행가가 받는 평균 연봉은 10만 달러를 훌쩍 넘었다. 10장에서 보았듯이 완전경쟁시장이론에 따르면 노동을 포함한 모든 생산요소는 그 한계생산물 수입(투입되는 마지막 1단위의 해당 생산요소가 발생시키는 시장가치)과 동일한 금액을 받는다. 따라서 이 두 직업의 임금 차이를 유발하는 원인 중 하나는 두 직업의 생산성 차이일 가능성이 높다. 그렇다면 먼저 가구의 생산성 차이를 유발하는 원인을 살펴보자.

필요한 기술과 인적자본 어떤 사람들은 가치 있는 것을 만들어낼 수 있는 재능을 가지고 태어난다. 비욘세(Beyoncé)와 켄드릭 라마(Kendrick Lamar)는 훌륭한 뮤지션이다. 평범한 사람이 아무리 음악 연습을 하더라도 이 둘 중 누구와도 견줄 수 없다. 또한 어떤 사람들은 다른 사람들에게는 없는 수학적 재능을 가지고 태어나 훗날 수학 교수가 되거나 소프트웨어 설계자가 된다.

공급이 한정된 어떤 기술에 주어지는 보상의 크기는 그 기술에 대한 수요가 얼마인지에 달려 있다. 프로 농구는 미국에서 엄청난 인기를 끌고 있으며, 최고의 NBA 선수들이 받는 연봉은 수백만 달러에 달한다. 훌륭한 여자 농구 선수도 많지만 여자 프로 농구는 미국에서 인기가 없기 때문에 이들의 기술은 상대적으로 보상을 받지 못한다. 일부 유럽 국가에서는 사람들이 다양한 스포츠에 폭넓은 관심을 보이기 때문에 여자 농구 선수가 받는 보상이 미국에서보다 훨씬 더 크다.

한편 모든 기술이 천부적인 것은 아니다. 어떤 사람들은 자신의 지식과 기술을 향상하기 위해서 훈련과 교육을 받는 데 투자하는데, 이는 임금의 차이를 가져오는 원인 중 하나이기도 하다. 우리가 학교에 다니는 것은 나중에 더 높은 임금의 형태로 더 높은 수익을 안겨주는 **인적자본**(human capital)에 투자하는 것이다. 투자은행가가 더 오랜 기간 교육에 투자한다는 것은 투자은행가가 간호조무사보다 더 많은 봉급을 받는 이유 중 하나일 것이다. 인적자본 축적의 가치는 교육을 받은 기간뿐만 아니라 교육의 질과 유형에 따라 달라진다.

인적자본 교육이나 훈련을 통해 근로자가 얻는 지식이나 기술이라는 무형자본으로, 시간에 걸쳐서 계속해서 가치 있는 서비스를 개인이나 기업에 제공함

교육은 가난의 대물림에도 영향을 준다. 흔히 소득수준에 따라 이웃이나 학교가 분리되어 있으며, 질 낮은 학교는 주로 가난한 지역에 자리 잡고 있다. 이는 저소득층 자녀가 교육을 통해 인적자본을 축적하는 것을 어렵게 만들 가능성이 있다. 대학 교육도 한몫을 한다. 1980년대에 미국 대학의 입학 허가를 받은 학생에 관한 자료를 분석한 한 연구는 아이비리그 대학이 하위 50% 소득계층에 속하는 가구의 자녀보다 상위 1% 소득계층에 속하는 가구의 자녀를 뽑은 비율이 더 높다는 것을 발견했다.[3] 이러한 차이는 훗날 자녀의 소득에도 영향을 미친다.

지난 10여 년 동안 미국에서 대학 교육이 안겨주는 보상은 크게 증가했다. 또한 낮은 소득계층의 부모를 둔 젊은이가 대학에 가는 비율도 크게 증가했다. 그렇다면 이러한 현상이 소득계층 간의 이동성을 개선하지 못하는 이유는 무엇인가? 최근의 한 연구는 대학을 졸업하는 비율을 그 이유로 꼽았다.[4] 1970년대에 저소득층 자녀가 대학에 다닌 비율과 오늘날의 저소득층 자녀가 대학에 다니는 비율을 비교해보면 하위 소득계층의 약 40%에 달하는 훨씬 많은 저소득층 자녀가 대학에 다니고 있다. 하지만 대학을 끝까지 다녀서 학사 학위를 받는 비율은 과거와 마찬가지로 11%를 약간 넘는 수준에 그친다. 이와 달리 고소득층 자녀가 대학을 마치는 비율은 같은 기간 동안 더 증가했다. 대학을 온전히 졸업하는 것이 임금수준에 중요한 영향을 미친다면 저소득층 자녀가 대학을 중도에 그만

3 Raj Chetty, John Friedman, Emmanuel Saez, Nicholas Turner, Danny Yagan, "Mobility Report Cards: The role of colleges in intergenerational mobility," Report July 2017.

4 Fabian Pfeffer, "Growing Wealth Gaps in Education," *Demography*, March 2018, pp 1033–1068.

두는 비율이 높다는 것이 저소득층 자녀가 향후 낮은 임금을 받는 이유 중 하나일 수 있다.

인적자본은 현장 교육(on-the-job training)으로도 축적할 수 있다. 사람들은 직장에 다니면서 그 직장(직업)에 특화된 기술을 배운다. 따라서 대부분의 직업에서는 경험에 따른 보수가 주어진다. 호봉제의 경우 근무한 연수에 따라 호봉이 올라간다. 경험이 많은 사람들은 경험이 적은 사람들보다 더 높은 임금을 받는다.

기술 변화도 인적자본에 영향을 미쳐 소득 불평등을 키우는 요인 중 하나로 여겨진다. 전 세계적으로 점점 더 많은 일이 컴퓨터로 처리되며 비숙련노동을 대량 투입하는 일이 점점 줄어들고 있다. 이에 따라 컴퓨터를 잘 다루는 기술이라는 인적자본을 축적한 사람과 그렇지 않은 사람 간의 임금 차이가 더 벌어지고 있다.

보상 격차 사람들은 어떤 직업을 다른 직업보다 더 선망하며 이는 임금에도 반영된다. 미디어와 같은 매력적인 산업에서 초급 직위인 사람들이 받는 봉급은 대부분 매우 낮다. 아주 재능 있는 사람들이 다른 직업을 가질 때보다 훨씬 낮은 봉급을 받는 이러한 산업에서 초급 직위를 기꺼이 받아들이는 것은 분명히 임금 말고 다른 보상이 주어지기 때문일 것이다. 그 이유는 그 직업 자체가 개인적으로 더 보람차기 때문일 수도 있고, 개인적 성공을 위한 인적자본을 축적하기 위한 유일한 방법이 저임금의 수습 과정을 거치는 것이기 때문일 수도 있다. 반대로 사람들이 그다지 선망하지 않는 직

경제학의 적용

남아프리카의 포용적 성장

대부분의 경제학자는 (특히 빠르게 성장하는 경제의 경우) GDP가 더 이상 사람들의 생활수준을 알려주는 적절한 척도가 아니라는 데 동의하고 있다. 이상적으로는 경제성장이나 발전을 위한 정부 정책이 GDP의 증가가 가져다주는 혜택을 사회 구성원에게 골고루 나누어줄 수 있어야 한다. 이는 경제성장(GDP의 증가)으로 사회 구성원이 더 많은 취업 기회를 얻고 더 좋은 건강, 더 좋은 교육, 더 좋은 기술을 가질 수 있어야 한다는 것을 의미한다.

유엔개발계획(United Nations Development Program)은 인간개발지수(Human Development Index, HDI)를 사용하여 가난의 다차원적 측면을 측정하고 있다. HDI는 일인당 소득, 교육, 기대수명이라는 범주로 구분한 10개의 지표로 만들어진다. 보다 최근에는 세계경제포럼(World Economic Forum, WEF)이 성장과 개발, 포용, 세대 간 형평성(천연자원과 금융자원의 유지·관리)이라는 중심축에 따른 12개 핵심 성과지표를 기준으로 103개국의 순위를 매기는 포용발전지수(Inclusive Development Index, IDI)를 공식화했다.

남아프리카는 개발도상국 중에서 일인당 GDP가 19번째로 높지만 IDI에서는 103개국 중 69위이며, HDI 지수는 185개국 중 119위를 차지하고 있다. 남아프리카 사람들의 기대수명은 54.4세이며 매우 높은 소득 불평등, 부의 불평등, GDP 대비 높은 이산화탄소 배출도 등을 보인다.[1] 남아프리카는 개발도상국 중에서 가장 앞서가는 국가 중 하나이지만 IDI를 높이기 위해서는 더 많은 일자리를 창출하고 건강에 더 많이 투자하며 많은 국민이 더 많은 인적자본을 축적하게 만드는 포용적 개발모형을 갖출 필요가 있다.

질문

- www3.weforum.org/docs/WEF_Forum_IncGrwth_2018.pdf에서 우리나라의 IDI 순위를 살펴보라. 우리나라의 전반적인 IDI 순위를 향상하는 데 도움이 될 수 있는 지표는 무엇인가?

[1] World Economic Forum, 2018. "The Inclusive Development Index 2018 Summary and Data Highlights," WEF: Geneva.

보상 격차 근로 조건의 차이로 발생하는 임금 차이. 위험한 직업은 일반적으로 더 높은 임금을 주고, 사람들이 선망하는 직업은 일반적으로 더 낮은 임금을 줌

업은 종종 임금이 더 높다. 따라서 근로 조건의 차이가 임금의 차이를 유발할 수도 있는데, 이를 **보상 격차**(compensating differentials)라고 한다. 대략적으로 동일한 수준의 경험과 기술을 요구하는 두 가지 직업 중에서 근로 조건이 나쁜 직업은 근로 조건이 좋은 직업보다 약간 더 높은 임금을 주면서 근로자의 선택을 유도하는 것이 일반적이다.

또한 보상 격차는 위험한 직업일 때도 발생한다. 위험이 큰 직업을 택하는 사람들에게는 더 높은 임금을 준다. 고층 건물이나 대교의 전등을 관리하는 근로자는 더 많은 임금을 받는다. 또한 낡고 오래된 건물이 많은 도시에서 근무하는 소방관은 조용한 시골에서 근무하는 소방관보다 봉급이 더 높다.

임금의 보상 격차는 근무지에 따라서도 나타난다. 앞의 예에서는 뉴욕주의 간호조무사와 투자은행가가 받는 임금의 차이에 대해 언급했다. 뉴욕주는 생활비가 많이 드는 곳이지만, 만약 간호조무사와 투자은행가가 생활비가 훨씬 덜 드는 미시시피주와 같은 곳에서 근무한다면 뉴욕주에서보다 낮은 임금을 받을 것이다. 뉴욕주의 높은 임금은 높은 생활비를 보상해주는 것이기도 하다.

차별 2017년에 미국에서 여성이 받은 임금은 남성이 받은 임금의 약 79%였고, 아프리카계 미국인이 받은 임금은 백인계 미국인이 받은 임금의 약 75%였다. 지난 20년 동안 임금 차이가 줄어들기는 했지만 여전히 차이가 크다. 이러한 임금 차이를 어떻게 설명할 수 있을까? 생산성의 차이에서 비롯되는 것과 단순한 차별에서 비롯되는 것은 어느 정도인가? 이는 노동경제학자에게 매우 어렵고도 흥미로운 질문이다.

성차별이나 인종차별에 대해 생각해보자. 일반적으로 노동경제학자는 이러한 임금 차이를 '설명되는 부분'과 설명하지 못하는 '나머지 부분'으로 구분한다. 설명되는 부분은 여성과 남성의 생산성 차이와 관련된 것이다. 여성보다 더 많은 남성이 MBA 자격을 획득하여 더 높은 봉급을 주는 기업의 일자리를 택한다. 또한 남성보다 더 많은 여성이 건강이나 교육과 관련된 학위를 받고 보다 낮은 임금을 받는 분야로 진출한다. 일반적으로 여성은 남성보다 더 적은 시간 일하며, 특히 자녀가 있을 때 휴직을 한다. 이러한 요인으로 인해 여성의 생산성이 낮아짐에 따라 임금수준도 낮아진다.

아프리카계 미국인과 백인계 미국인이 받는 교육수준의 차이가 줄어들고는 있지만 여전히 크다. 2012년에 아프리카계 미국인은 52%가 고등학교를 졸업했지만 백인계 미국인은 78%가 고등학교를 졸업했다. 대학 졸업률도 백인계 미국인보다 아프리카계 미국인이 훨씬 낮았다. 생산성과 관련된 이러한 요인을 계산에 포함하면 순수한 차별에 의한 여성과 남성 간의 임금 차이, 아프리카계 미국인과 백인계 미국인 간의 임금 차이가 줄어든다.

따라서 성이나 인종에 따른 임금 차이는 부분적으로는 인적자본 투자의 차이에 따른 것이라고 볼 수 있다. 이러한 분석은 두 집단의 임금 차이가 전체적으로는 줄어드는 이유를 이해하는 데 도움을 준다. 여성이 교육과 노동시장에서 점점 더 남성과 비슷해지면서 성에 따른 임금 차이가 점점 줄어들었으며, 아프리카계 미국인이 받는 교육수준이 백인계 미국인이 받는 교육수준에 근접함에 따라 이들 간의 임금 차이도 줄어들었다.

하지만 설명하지 못하는 '나머지 부분'이 초래하는 임금 차이가 여전히 남아 있다. 여성의 경우 생산성과 관련된 임금 차이로는 설명할 수 없는 '나머지 부분'에서의 임금 차이가 기업의 고임금 직종에서 특히 크게 나타난다. 기술이나 과학 분야에서는 '나머지 부분'의 임금 차이가 이보다 작다. 한

경제학의 적용

성 정체성과 기술직

미국의 고용시장에서 지속적으로 나타나는 특징 중 하나는 경제학자가 성에 따른 '직종 분리(occupational segregation)'라고 일컫는 것이다. 이는 간호사나 초등학교 교사에 여성이 많이 몰리는 경향이 있고 기술이나 금융 분야에는 상대적으로 여성이 적은 것을 의미한다. (여성의 참가가 저조한 분야인) 경제학의 한 연구는 자기 선택과 성 정체성이 직종 분리에 상당한 영향을 준다는 것을 실증분석을 통해 밝히고 직종 분리를 줄일 수 있는 방법을 제시했다.[1]

페루의 전체 코더(coder) 중에서 여성이 차지하는 비율은 약 7%이다. 인시아드(INSEAD)의 두 경제학자는 페루의 비영리 단체에서 일하면서 여성이 상대적으로 높은 임금을 받는 직종에 참가하는 비율이 낮은 이유를 알아보는 연구를 진행했다. 연구진은 여성이 이러한 직종에 지원하는 것을 성 규범이 막는 것은 아닌지에 주목했다. 남성이 지배하고 있어서 여성이 성공하기가 어려운 직종에 지원하는 것을 꺼리기 때문에 이러한 직종의 여성 진출률이 낮은 것은 아닐까? 만약 여성이 꺼리는 것이 원인이라면 상황을 바꿀 수 있는 촉진제가 있을까?

연구진은 페루의 저소득층 여성에게 코딩을 가르치는 비영리 코딩 부트캠프(coding boot camp, 단기간의 집중 교육으로 코딩을 가르치는 곳)에서 5개월 동안 근무했다. 무작위로 선택된 여성들이 이 캠프에 배정되었으며, 이들에게 일반적인 코딩 교육 과정을 설명하고 코딩 직종에 대한 오해를 바로잡는 메시지도 전달했다. 또한 여성이 코딩 훈련을 받고 난 후 기대할 수 있는 소득 관련 통계 자료와 이 분야에 종사하는 여성에 대한 소개를 덧붙였다. 이 추가 정보 덕분에 코딩 부트캠프에 지원하는 여성의 수가 2배로 증가했다. 이러한 촉진제는 특히 성 정체성이 강한 여성에게 큰 효력을 보였으며 더 많은 지원자, 보다 질 높은 지원자를 불러모았다. 여성의 성 정체성에 의한 자기 선택이 성에 따른 직종 분리 현상을 모두 설명해주는 것은 아니지만 꽤 중대한 영향을 미치는 것으로 보인다.

질문

- 학문 분야에서 박사 학위를 받는 여성이 남성에 비해 상당히 적다. 여성 교수의 수도 남성 교수의 수에 훨씬 못 미친다. 이러한 현상은 학문 분야에서 성적 불균형에 어떤 영향을 주는가?

[1] Maria Guadalupe and Lucia del Carpio, "More women in tech? Evidence from a field experiment addressing social identity," INSEAD, August 2021.

경제학자는 기업 관련 부문에서의 높은 임금이 초과 근무를 할 용의가 있는 사람들에게만 나타나는 것이며, 이들이 남성일 가능성이 매우 높다고 주장한다.[5] 그러나 이러한 주장은 많은 측면에서 생산성과 관련된 요인이기도 하다. 따라서 심도 깊은 연구가 필요하며, 해당 직종이 실제로 1주일에 80시간 이상 일해야 하는지에 대해서도 살펴보아야 한다. 다만 많은 경제학자는 임금 차이를 초래하는 '나머지 부분'이 전통적으로 남성이 지배하는 직종에서 여성이 계속 차별당하고 있음을 나타낸다고 생각한다.

아프리카계 미국인에 대한 '나머지 부분'의 임금 차이는 설명하기가 더 어렵지만, 많은 경제학자는 이 부분이 유발하는 임금 차이 중 상당 부분이 고용주의 인종차별에 따른 것이라고 생각한다. 여러 해 전 두 경제학자가 실시한 현장실험은 인종차별이 여전히 존재한다는 것을 여실히 드러냈다.[6]

5 Claudia Goldin, "A Grand Gender Convergence: Its Last Chapter," *American Economic Review*, April 2014. than, "Are Emily and Greg More Employable Than Lakisha and Jamal? A Field Experiment on Labor Market Discrimination," *American Economic Review*, September 2004, 991–1013.

6 Marianne Bertrand and Sendhil Mullainathan, "Are Emily and Greg More Employable Than Lakisha and Jamal? A Field Experiment on Labor Market Discrimination," *American Economic Review*, September 2004, 991–1013.

이 실험에서는 보스턴과 시카고에서 구인 광고를 낸 많은 기업에 이력서를 보냈다. 이력서는 모두 비슷했으나 절반은 지원자의 이름이 아프리카계 이름이고 절반은 백인계 이름이었다. 이름의 차이와 생산성의 차이가 무관한데도 불구하고 아프리카계 이름을 사용한 이력서보다 백인계 이름을 사용한 이력서가 거의 50%나 더 많은 응답을 받았다.

한 가지 더 알아야 할 점은 임금 차이가 인적자본에 대한 투자에 따른 뚜렷한 생산성의 차이에서 비롯된 것이라 하더라도 반드시 '공정'하다고는 할 수 없다는 것이다. 소득계층에 따른 거주지 환경의 차이는 불평등한 공교육을 초래하기도 한다. 어린 나이에 빈곤을 겪으면 교육에 대한 접근이 어려울 수도 있다. 현 세대의 소득 불평등은 그대로 미래 세대의 소득 불평등으로 이어질 수 있다.

가구의 구성 앞에서 가구의 소득 분배에 대해 살펴보았으나 모든 가구의 구성이 동일하지는 않다. 어떤 가구는 돈을 버는 사람이 한 사람뿐이고 어떤 가구는 여러 명이 돈을 번다. 가구에서 돈을 버는 사람의 수가 다르다는 것도 가구 간의 소득 불평등을 야기하는 요인이다. 미국에서 가구의 구성원 중 2~3명이 돈을 버는 것이 일반적인 상황이 된 지 오래되었다. 1960년에는 16세 이상 여성 중 약 38%가 노동시장에 참여했으나 1978년에는 이 수치가 50%, 1999년에는 60%로 뛰어올랐다. 그러나 최근에는 이 비율이 조금 하락하여 2017년에 57%를 기록했다.

재산소득의 불평등

미국을 비롯한 대부분의 국가에서 재산소득은 임금소득보다 더 불평등하게 분배되어 있다. 가구가 저축이나 유산을 통해 자산을 소유하면 이 자산은 재산소득을 발생시킨다. 한 가구가 소유한 부의 일부는 이전 세대로부터 물려받은 것이다. 록펠러가, 케네디가 등은 이전 세대가 축적한 재산의 상당 부분을 물려받아 소유하고 있다. 매년 미국의 수천 가구는 부모로부터 유산을 물려받는다. 그러나 대부분의 가구는 유산으로 받는 것이 거의 없다. 이들이 소유한 부나 재산은 스스로 저축을 통해 얻은 것이다. 따라서 현 세대의 저축이나 이전 세대의 저축은 가구 간의 재산 분배를 불평등하게 만드는 요인이다.

한편 자수성가한 기업가들도 있다. 대표적인 예로 빌 게이츠(Bill Gates)를 꼽을 수 있다. 이들이 엄청난 재산을 축적할 수 있었던 것은 기업가적 노력뿐만 아니라 운과 기막힌 타이밍이 작용한 결과이기도 하다.

이러한 여러 가지 요인으로 인해 가구 간에 부가 불평등하게 분배되어 있다. 이 장의 후반부에 있는 그림 18.5는 2013년 미국의 상위 3%가 미국민 전체 부의 54.4%를 소유했다는 것을 보여준다. 이러한 부의 쏠림 현상이 소득 불평등에 어느 정도 영향을 미치는가는 부분적으로 재산이 벌어들이는 수익에 따라 달라진다. 자본(재산)에 의한 수익이 매우 높으면 부의 불평등이 소득 불평등에 상당한 영향을 미친다.

2013년에 프랑스 경제학자 토마 피케티는 선진국에서 250년 동안 심화된 부와 소득의 불평등에 대해 쓴 《21세기 자본》을 출간하여 경제학자와 정부 정책 입안자 사이에 격렬한 논쟁을 불러일으켰다. 그는 임금을 상승시키는 생산성 증가율보다 자본수익률이 지속적으로 높기 때문에 부와 소득의 불평등이 심화되었다고 밝혔다.[7] 최근의 한 연구에 따르면 미국에서 고임금을 받는 사람들이 자본

---

7 Thomas Piketty, *Capital in the Twenty First Century*, Harvard University Press, 2013.

경제학의 적용

이집트인의 존엄을 위한 투쟁

2003~2010년에 이집트의 GDP는 연간 5%씩 성장했으나 저소득층의 생활과 빈민 지역의 상황이 나아지지 않았다. 이집트 국민의 1/4을 차지하는 빈곤선 아래에 속하는 국민의 상태를 개선하기 위한 노력이 이루어지지 않았다. 또한 거의 35%에 달하는 문맹률을 낮추려는 시도도 없었다. 이 기간 동안 사회의 중심축이라고 할 수 있는 교육받은 중산층이 빈곤층으로 추락하지 않기 위해 몸부림쳤던 것은 문제를 더 심각하게 만들었다.

지속적인 경제성장과 저소득층 및 중산층의 열악한 상황이 어떻게 함께 나타날 수 있었던 것일까? 경제개발 경제학자들은 개발도상국 정부가 경제성장을 추구하는 과정에서 GDP의 상승에만 초점을 맞추었기 때문이라고 설명한다. 개발도상국 정부는 재정적 부담 때문에 투자자를 끌어들이기 위해 도시나 그 주변의 기존 사회기반시설을 개선하는 데 집중한다. 이는 농촌 지역에 대한 지역적 차별화를 초래하고, 이로 인해 많은 인구가 도시로 몰린다. 이러한 이주민은 지리적 이동성은 있지만 사회적 이동성이 없어서 빈민촌을 벗어날 수 없고 불법 활동에 종사하곤 한다. 역사적으로 볼 때 빈곤 지역의 주민은 결국 비참한 생활 조건에 반기를 들게 된다.

2011년 1월 25일, 이집트의 전역에서 저소득층과 중산층은 성장의 열매를 나누지 않은 정부에 반대하는 폭동을 일으켰다. 정치적 안정성은 경제성장의 혜택을 사회 전 계층에 골고루 나누어주겠다는 정부의 의지에 달렸다는 것을 이해해야 한다.

질문

- 일반적으로 도시화는 지하경제 활동의 증가를 가져온다. 지하경제가 사회에 해로운 이유는 무엇인가?

도 더 많이 보유하여 높은 수익률을 얻는 현상이 증가하고 있는 것으로 나타났다.[8] 부유한 사람들이 대부분 일을 하지 않았던 19세기에 비하면 오늘날에는 임금소득과 이자소득이 함께 발생하며, 이 또한 소득 불평등을 증가시키는 요인으로 작용한다.

18.4 시장소득의 불평등 감소에 대한 찬성과 반대

학습목표

소득 재분배를 찬성하는 입장과 반대하는 입장에 대해 알아본다.

지금까지는 미국민의 시장소득 자료를 통해 소득 불평등이 발생하는 원인을 설명하고 세대 간의 소득 이동성에 대한 자료도 살펴보았다. 이제 경제적으로, 정치적으로, 또한 철학적으로 논쟁이 벌어지고 있는 더 복잡한 문제를 살펴보자. 소득 분배를 마음대로 정할 수 있다면 어떤 분배가 되어야 하는가? 어떤 소득 분배가 '공정'한 것인가? 어떤 소득 분배가 '정의로운' 것인가? 소득 분배를 어떤 방법으로 더 평등하게 만들어야 하는가? 소득 재분배 정책을 시행하는 데 비용이 발생하는가? 부나 소득을 부자와 고소득층으로부터 가져와서 저소득층에 나누어준다면 이는 저소득층이 일하려는 인센티브를 파괴하는 것인가? 소득 재분배의 효과는 무엇인가? 소득 재분배는 사장손실을 유발하는가?

8 Anthony Atkinson and Christoph Lakner, "Wages Capital and Top Incomes: The Factor Income Composition," SSRN, December 2017.

정책 입안자는 이 모든 문제를 살펴보아야 한다. 철학적 이슈를 먼저 다루는 것이 좋을 듯하다. 당신이 어디로 가기를 원하는지 모른다면 어떻게 거기에 도달할 수 있는지, 비용이 얼마나 드는지를 당신은 설명할 수 없다. 어쩌면 당신은 어디로 가고 싶지 않을지도 모른다. 어떤 소득 재분배가 이상적인가에 대한 생각은 (경제학자를 포함하여) 사람마다 다를 수 있다.

재분배를 반대하는 입장

정부가 소득 재분배를 위해 개입하는 것에 반대하는 사람들의 주장은 시장을 건드리지 않고 잘 작동하도록 놔두면 시장이 알아서 공정하게 소득을 분배한다는 것이다. 이러한 주장은 다음과 같은 명제에 의한 것이다. "사람은 자신이 기울인 노력의 결과물을 가져갈 권리를 가진다."[9] 시장이론이 옳다면 시장에서 주어지는 보상은 생산성에 따른 것임을 기억하라. 달리 말해 노동과 자본은 그것이 생산하는 가치에 따른 보상을 받는 것이다.

이러한 주장에 따르면 재산소득(토지나 자본으로부터의 소득)은 임금소득(노동소득)과 마찬가지로 정당한 소득이다. 모든 생산요소는 한계생산물을 가지고 있다. 자본 소유자는 가지고 있는 자본이 생산적이기 때문에 이윤이나 이자를 받는 것이다. 또한 많은 사람이 재산을 소유하고 있는 것은 그들이 저축을 했거나 그들의 부모가 저축을 했기 때문이다.

소득 재분배에 반대하는 주장은 또한 '계약의 자유(freedom of contract)'와 '재산권의 보호(protection of property rights)'라는 원칙에 근거하고 있다. 당신이 자신의 노동을 팔거나 자신의 자본을 다른 사람이 사용하는 데 동의하는 것은 당신의 자유에 속한다. 당신은 이에 대한 보상으로 돈을 받는 계약을 하며, 이렇게 해서 받는 돈은 당신의 '재산(property)'이 된다. 당신에게 세금을 부과하여 당신 소득의 일부를 다른 사람에게 주는 정부의 행위는 이 두 가지 기본 권리를 침해하는 것이다.

경제학자들이 소득 재분배를 반대하는 이유는 보다 실제적이다. 세금이나 이전지불 프로그램은 시장이 야기하는 기본적인 인센티브를 방해한다는 것이다. 고소득층 사람들에게 세금을 부과하는 것은 이들이 일하고 저축하고 투자하려는 인센티브를 감소시킨다. 경제적 게임에서 '승자'에게 세금을 부과하는 것은 위험(불확실성)을 감수하고 시도하려는 투자를 방해한다. 또한 저소득층에게 이전지불을 하는 것은 일에 대한 이들의 인센티브를 감소시킨다. 이 모든 것은 결국 한 경제의 총생산물을 감소시키므로 소득 재분배의 '비용'이다. 이러한 경우에 경제학자들은 소득 재분배가 유발하는, 노동시장과 자본시장이라는 생산요소(투입물)시장의 왜곡으로 인한 사장손실에 초점을 맞춘다. 소득 분배의 최상위층 사람들로부터 세금으로 받아낸 1달러를 최하위층 사람들에게 이전하는 것이 세금 납부자가 일하고 저축하려는 인센티브를 변화시키기 때문에 0.50달러의 사회적 비용을 발생시킨다면 소득 재분배로 얻은 이득은 그다지 매력적이지 않을 수도 있다.

재분배를 찬성하는 입장

사회적 의무론 소득 재분배를 찬성하는 사람들이 자주 거론하는 것은 미국과 같은 부자 나라는 살아가는 데 필요한 필수품을 국민 모두에게 제공해야 하는 도덕적 의무를 진다는 것이다. 미국 헌

9 '가질 권리'라는 개념은 17세기의 영국 철학자 홉스와 로크의 저서에서 발견할 수 있다.

법은 생명권을 보장하고 있다. 1964년에 가난과의 전쟁을 선포한 린든 존슨(Lyndon Johnson) 대통령은 다음과 같은 표현을 사용했다.

> 다른 사람들보다 더 나은 삶을 사는 미국인이 늘 존재한다. 그러나 이러한 사실이 '빈곤이 항상 우리와 함께한다'는 것을 의미하는 것은 아니다. 이제 빈곤 퇴치를 위한 노력을 배가하여 빈곤 퇴치에 집중할 수 있는 좋은 때이다. 우리는 무엇을 해야 하는지를 알고 있으며, 이 풍요한 나라는 분명히 그것을 해낼 수 있다.[10]

자신의 잘못이 아닌 이유로 개인적 자원을 거의 가지지 못한 사람이 많다. 어떤 사람들은 '생산능력'을 상당히 제한하는 정신적·육체적 문제를 가지고 태어난다. 가난한 부모 밑에서 태어난 아이들은 성인이 되었을 때 괜찮은 수준의 임금을 받을 수 있는 교육을 못 받기도 한다. 예상치 못한 병에 걸린 노인은 치료비로 쓸 돈이 없을 수도 있다. 불운의 희생자나 잘못된 선택을 한 사람들은 그에 대해 스스로 전적인 책임을 져야 하는가, 아니면 사회가 어떤 역할을 해야 하는가? 많은 사람은 이러한 경우에 사회가 역할을 해야 한다고 주장한다.

이러한 주장은 최하위 소득계층에 초점을 맞추고 있다. 최하위 소득계층을 돕는 공공 부문과 민간 부문의 역할에 대한 논쟁이 있지만 대부분의 사회에서는 최하위 소득계층을 위한 소득 재분배가 이루어지고 있다. 이보다 답을 찾기 더욱 어려운 질문은 최하위 소득계층을 돕는 것을 넘어선 소득 재분배에 대한 것이다. 이에 대해 살펴보자.

공리주의적 정의론 18세기 후반과 19세기 초에 영국의 철학자 제러미 벤담(Jeremy Bentham)과 존 스튜어트 밀(John Stuart Mill)이 처음 제시한 것으로, 앞에서 배운 수확 체감의 법칙을 바탕으로 소득 재분배를 지지하는 것이 공리주의적 주장의 핵심이다. 이 원칙은 당신이 1,000번째로 받은 1달러가 맨 처음에 받은 1달러보다 당신에게 가치가 더 작다는 것을 의미한다. 벤담과 밀은 이 원칙을 소득 분배의 다른 계층에 있는 사람들에게 1달러가 가진 가치에 적용했다. 이들은 '부자의 1달러는 가난한 사람의 1달러보다 가치가 작다'고 주장했다. 부자는 자신의 한계 금액을 사치품 구입에 사용하지만 가난한 사람은 식품, 옷, 의료와 같은 필수품 구입에 사용한다. 소득이 증가함에 따라 소득의 한계효용이 감소한다면 사치품 1달러의 가치는 필수품 1달러의 가치보다 작다. 따라서 공리주의자는 부자에게서 가난한 사람에게로 소득을 이전하면 사회의 총효용이 증가한다고 주장한다. 이러한 **공리주의적 정의론**(utilitarian justice)을 일상적인 말로 표현하면 이렇다. "소득 재분배를 통해 부자는 조금 희생하지만 가난한 사람은 많이 얻는다."

공리주의적 정의론 '부자의 1달러는 가난한 사람의 1달러보다 가치가 작다'는 개념을 바탕으로 하는 정의론. 소득이 증가함에 따라 소득의 한계효용이 감소한다면 부자에게서 가난한 사람에게로 소득을 이전함으로써 사회의 총효용이 증가한다고 주장함

경제학적 측면에서 보았을 때 공리주의적 입장은 문제가 있다. 한계효용 체감의 법칙에 대해 이야기할 때 첫 번째로 알아야 할 것 중 하나는 사람들 간의 효용은 서로 비교할 수 없다는 것이다. 내 입장에서는 처음에 받은 1달러보다 1,000번째로 받은 1달러의 가치가 더 작지만, 내가 받는 1,000번째의 1달러에 대해 내가 가진 가치가 나보다 적은 돈을 가지고 있는 사람이 1달러에 대해 가진 가치보다 클 수도 있다. 효용이라는 것은 볼 수도 없고 크기를 측정할 수도 없기 때문에 개인 간의 효용을 비교하는 것은 거의 불가능하다. 그럼에도 불구하고 많은 사람은 공리주의자의 기본 논리가 설득

---

10 *Economic Report of the President*, 1964.

력이 있다고 생각한다.

공리주의적 시각에만 의존하면 소득 분배를 완전히 평등하게 만드는 소득 재분배가 이루어져야 한다는 논리적 결론에 도달하게 된다. 그래야 사회의 총효용이 극대화되기 때문이다. 그러나 대부분의 공리주의자가 완전히 평등한 소득 분배를 요구하는 것은 아니다. 소득 재분배를 통해 생산물로부터 얻는 사회적 총효용이 증가할 수는 있지만, 현실적으로 소득 재분배가 사회의 총생산물을 감소시킬 가능성이 있기 때문이다.

사회계약론: 롤스의 정의론 하버드대학의 교수를 지낸 철학자 존 롤스(John Rawls)가 불평등에 관해 쓴 저서는 경제학자들 사이에서, 경제학 분야 내에서, 경제학자와 철학자 사이에서 많은 논쟁을 불러일으켰다.[11] 토머스 홉스(Thomas Hobbes), 존 로크(John Locke), 장자크 루소(Jean-Jacques Rousseau)의 전통을 물려받은 롤스는 우리가 사회 구성원으로서 서로 계약을 맺고 있는 것이라고 주장했다. 롤스가 상상하는 가상적인 이론적 세계에서 계약 당사자들은 자신이 누구인지 모르고 자신이 사회에서 누가 될지도 모른 채 원초적 사회계약을 맺는데, 롤스는 이러한 상태를 원초적 상태 또는 자연 상태라고 일컬었다. 원초적 상태는 보호할 기득권이 존재하지 않는 상태이므로 사회 구성원은 공정한 선택을 할 수 있다는 것이다.

원초적 사회계약 상태에서 사람들은 누구나 부자가 되거나 노숙자가 될 수 있다. 사람들이 '위험 회피적'이라는 가정하에 롤스는 사람들은 자신이 사회에서 가장 가난한 상황에 빠질 수 있다는 것을 가장 심각하게 생각한다고 주장했다. 사람들이 위험 회피적이라는 가정에서 출발하는 **롤스의 정의론**(Rawlsian justice)은 원초적 상태에서 이루어지는 사회계약이 '사회에서 가장 가난한 사람들의 복지를 극대화하는' 소득 분배를 요구한다고 결론을 내린다.

롤스의 정의론 원초적 상태에서 이루어지는 사회계약은 사회에서 가장 가난한 사람들의 복지를 극대화하는 소득 분배를 요구한다는 분배 정의에 대한 이론

롤스의 정의론에 따르면 계약이 사회적 불평등을 초래할 수 있는 경우에는 그 불평등이 극빈층의 처지를 개선하는 효과가 있을 때만 허용된다. 또한 사람들이 열심히 일하고 혁신하도록 동기를 부여하고 그로 인한 혜택의 일부가 최하위 소득계층에게 돌아가는 한 그러한 불평등이 용인될 수 있다고 한다.

18.5 세금과 이전지불에 의한 소득 재분배

학습목표

소득 불평등을 개선하는 정부의 주요 수단을 알아본다.

세계 각국의 정부는 앞에서 살펴본 여러 가지 이유로 소득 분배에 영향을 주는 행동을 취한다. 정부의 행동 중 가장 대표적인 것은 세금과 이전지불이다. 세금과 이전지불의 주요 특징과 세금과 이전지불이 실질 소득 분배에 어떻게 다르게 작용하는지 알아보자.

표 18.3은 2013년 미국의 소득 분배를 보여준다. 비율(%)로 표시된 부분의 첫 번째 줄은 표 18.1의 수치를 다시 옮겨온 것으로, 각 5분위 소득계층이 차지하는 시장소득의 비율이다. 두 번째 줄은 연방정부, 주정부, 지방정부에 의한 현물이나 현금의 모든 이전지불을 합하여 소득 분배의 비율을 다시 계산한 것이다. 이를 통해 미국 정부의 이전지불 프로그램으로 소득 분배가 전보다 더 평등해졌음을 알 수 있다. 또한 세 번째 줄에서 보듯이 세금도 같은 방향으로 작용하여 소득 분배를 더

---

11 John Rawls, *A Theory of Justice* (Cambridge, MA: Harvard University Press, 1972)를 참조하라.

표 18.3 2013년 미국의 세전과 세후 시장소득의 분배

	최하위 5분위	두 번째 5분위	중간 5분위	네 번째 5순위	최상위 5분위	모든 가구
금액($)						
시장소득	15,800	31,300	53,000	88,700	253,000	86,400
정부의 이전지불	9,600	16,200	16,700	15,000	12,000	13,900
세전소득	25,400	47,400	69,700	103,700	265,000	100,200
연방세	800	4,000	8,900	17,600	69,700	20,100
세후소득	24,500	43,400	60,800	86,100	195,300	80,100
비율(%)						
시장소득	3.6	7.1	12.0	20.1	57.3	
세전소득	5.0	9.3	13.6	20.3	51.8	
세후소득	6.0	10.6	14.8	21.0	47.6	

출처: Congressional Budget Office, "The Distribution of Household Income and Federal Taxes, 2013," June 2016.

평등하게 만들었다. 세금과 이전지불을 포함했을 때 최상위 5분위가 차지하는 비율은 57.3%에서 47.6%로 줄어드는 반면 최하위 5분위가 차지하는 비율은 3.6%에서 6.0%로 증가했다. 이제 소득 분배에 이러한 변화를 가져다주는 세금과 이전지불을 좀 더 자세히 살펴보자.

세금제도

개인소득세 미국의 세금제도에는 그 중심에 개인소득세(income tax)가 자리하고 있다. 미국의 개인소득세는 1913년에 16차 수정 헌법을 근거로 부과되기 시작했다. 소득세는 소득이 더 높은 사람이 소득의 더 높은 비율을 소득세로 내는 누진적인 세금이다. 소득세에는 납세자의 세금 부담을 일부 덜어주는 많은 면제 및 공제 항목이 있지만, 소득세에 대한 모든 연구는 소득이 증가함에 따라 소득에서 소득세가 차지하는 비율이 증가한다는 것을 밝혔다.

미국 소득세의 누진성은 여러 대통령과 의회가 조정을 함으로써 변화를 거듭했다. 1986년 제정된 미국의 세제개혁법(Tax Reform Act)은 의회가 주도한 것으로 소득세율과 규제의 중대한 변화를 가져왔다. 이 법은 세금 구조를 단순화하여 국민이 세법을 더 쉽게 준수할 수 있게 하고 세금 회피는 더 어렵게 만들었다. 이에 따라 과세대상 소득 구분(과세표준)의 수가 줄어들고 소득세의 전체적 누진성이 감소했다. 가장 큰 세율 감소는 최상위 과세표준의 한계소득세율을 50%에서 28%로 낮춘 것이다. 이 법에 의해 최하위 과세표준의 세금 부담도 크게 줄어들었다.

1993년에 클린턴 대통령은 과세대상 소득이 140,000달러를 넘는 가족이나 과세대상 소득이 115,000달러를 넘는 개인에 대한 한계소득세율을 36%로 올렸다. 여기에 덧붙여 과세대상 소득이 250,000달러를 넘은 가족에게는 10%의 가산세(surtax), 즉 세금에 대한 세금을 부과했다. 이 때문에 이러한 가족의 한계소득세율이 39.6%로 상승했다. 한편 저소득 가족에게는 보조금과 소득지원금을 주었다. 2003년에 부시 대통령은 최상위 과세대상 소득에 대한 한계세율을 35%로 낮추었다. 세율의 변화는 오바마와 트럼프 행정부에서도 계속되었다.

표 18.4는 연방정부 세법에 따른 2013년 실효소득세율을 보여준다. 미국의 소득세는 누진적이다. 최하위 5분위 소득계층은 평균적으로 세전소득의 3.1%를 연방 소득세로 냈다. 이 소득세율은

표 18.4 2013년 5분위로 나타낸 미국 연방정부의 실효소득세율

	최하위 5분위	두 번째 5분위	중간 5분위	네 번째 5순위	최상위 5분위	모든 가구
평균세율	0.031	0.084	0.128	0.170	0.263	0.201

출처: 표 18.3의 미국 연방 세금을 표 18.3의 세전소득으로 나눈 수치

높은 소득계층일수록 상승하여 최상위 5분위 소득계층의 평균소득세율이 26.3%였는데, 이는 2013년에 가장 높았던 한계세율에 비하면 훨씬 낮다. 이렇게 된 이유 중 하나는 상위 소득계층의 전체 소득 중 일부분에 대해서만 가장 높은 한계세율이 적용되고, 많은 공제 항목으로 인해 과세대상이 되는 소득의 크기가 줄어들기 때문이다.

근로연계형 소득 지원 근로연계형 소득 지원(Earned Income Tax Credit, EITC)은 저소득 가구를 위한 미국 정부의 최대 현금 이전지불 프로그램이다. 2014년에는 2,700만 이상의 가구가 EITC를 받았다. 세금제도를 통해 이루어지는 EITC는 일을 하고 있는 저소득층이 일을 계속하는 것을 장려하려는 목적으로 만들어진 현금 지원 프로그램으로, 가구의 소득이 어느 수준에 이를 때까지는 현금 지원금이 계속해서 증가한다. 2014년에는 자녀가 둘인 가구의 연소득이 25,000달러일 때 소득세 신고 기간에 현금 5,000달러를 정부로부터 지원받았다. 만약 이 가구의 소득이 15,000달러라면 정부가 주는 EITC 현금은 3,000달러로 오히려 줄어들었다. 연소득이 약 35,000달러까지 계속 상승할 때는 임금으로 받는 매 1달러에 대해 더 높은 EITC 현금 지원을 받는다. 소득이 특정 수준(두 자녀를 가진 가구의 연소득이 약 35,000달러인 경우)을 넘어서면 그때부터 EITC 지원금이 줄어들며, 연소득이 50,000달러를 넘으면 EITC 지원금을 지급하지 않는다.

EITC는 가구가 일을 하려는 인센티브를 가지게 하려는 목적으로 만들어졌다. EITC가 도입되기 이전의 저소득 가구 지원 프로그램은 가구의 소득이 증가하면 지원금이 감소하는 형태였기 때문에 저소득 가구의 근로 의욕이 줄어들었다. 그러나 EITC는 적어도 상당한 소득수준까지는 임금이 상승하면 지원금이 더 늘어나기 때문에 더 많은 근로에 인센티브를 주는 방식이다.

EITC는 보수와 진보 양쪽에서 많은 논쟁을 불러일으켰다. EITC는 가족에 초점을 맞추고 있기 때문에 자녀가 없는 경우에는 지급액이 그다지 많지 않다. 또한 EITC는 개인 소득보다 가족 소득에 초점을 맞추고 있어 두 사람이 일하는 가족의 일에 대한 인센티브가 줄어들 수 있다. 가족 중 두 번째 근로자가 버는 소득 때문에 가족이 EITC를 받지 못할 수도 있으므로 이 프로그램하에서는 가족 중 두 번째 근로자에게 적용되는 실제 세율이 매우 높다. 따라서 EITC는 근로자가 1명인 가족에게 가장 도움이 되는 세금제도이다. 그러나 이러한 결점에도 불구하고 EITC는 많은 가족을 극심한 가난에서 구제하고, 특히 가난한 가족 내 어린이들의 상황이 개선된다는 점에서 좋은 평가를 받고 있다.

이전지불 시스템

누진적인 연방 소득세와 EITC뿐만 아니라 미국 정부는 소득 분배에 영향을 미치는 다양한 프로그램을 갖추고 있다. 이러한 프로그램 중 일부는 금전적 지원을 하고 일부는 현물적 지원을 한다. 또한 이 프로그램의 성격을 구분하는 중요한 기준은 소득 검증(means-tested) 여부이다. 소득 검증 프

로그램은 소득이나 부에 따라 혜택의 크기가 달라지는 것이고, 소득 비검증 프로그램은 소득이나 부와 관계없이 혜택을 주는 것이다. 하지만 소득 비검증 프로그램도 소득 집단에 따라 미치는 영향이 많이 다르다. 미국 정부의 다양한 이전지불 프로그램에 대해 좀 더 살펴보자.[12]

사회보장제도 미국의 소득 재분배 프로그램 중 규모가 가장 큰 **사회보장제도**(Social Security system)는 미국 연방정부의 사회보험 프로그램이다. 사회보장제도는 별개의 기금으로 운영되는 세 가지 프로그램으로 구성되어 있다. 이 중 가장 큰 노령·유족 연금(Old Age and Survivors Insurance, OASI) 프로그램은 퇴직자, 그 유족과 부양가족에게 현금 혜택을 지급하고, 장애보험(Disability Insurance, DI) 프로그램은 장애인과 그 부양가족에게 현금 혜택을 지급하며, 건강보험(Health Insurance, HI) 프로그램인 메디케어는 OASI와 DI의 혜택을 받는 근로자와 철도 퇴직 프로그램의 혜택을 받는 사람들에게 의료 혜택을 제공한다.

사회보장제도 미국 연방정부의 사회보험 프로그램으로, 별개의 기금으로 운영되는 노령·유족 연금(OASI) 프로그램, 장애보험(DI) 프로그램, 건강보험(HI) 프로그램으로 구성됨

미국의 사회보장제도는 소득 검증 프로그램이 아니지만 노인층의 빈곤을 획기적으로 줄이는 데 기여하는 것으로 평가받고 있다. 사회보장제도에 가입하여 일정액을 납부한 모든 사람은 소득수준에 관계없이 이러한 혜택을 모두 받는다. 그럼에도 불구하고 미국의 사회보장제도는 소득 재분배의 효과를 내도록 설계되어 있다.

미국의 거의 모든 근로자는 사회보장제도에 가입해야 한다. 수년간 어떤 주나 시에서 근무하는 연방정부 공무원은 이 제도에 가입하지 않아도 되었지만 이제는 가입해야 한다. 현재 미국 근로자의 90% 이상이 사회보장제도에 가입되어 있다.

근로자와 그 고용주는 사회보장제도를 지원하기 위해 급여세를 내야 한다. 2015년에 OASI와 DI의 급여세율은 118,500달러 이하의 임금까지는 임금의 6.20%를 고용주가 내고 근로자도 6.20%를 냈다. HI의 경우 모든 임금수준에서 임금의 1.45%를 고용주가 내고 근로자도 1.45%를 냈다. 또한 HI는 근로소득이 20만 달러(부부 합산으로 세금을 내는 경우 25만 달러)를 넘으면 추가로 임금의 0.9%를 더 내야 한다. 한편 자영업자는 급여세를 전부 스스로 부담해야 한다.

당신이 미국의 사회보장제도에 가입하여 10년 이상 급여세를 납부했다면 당신의 소득이 아무리 높다 하더라고 사회보장제도의 혜택을 받을 권리가 생긴다. 혜택은 당신이 은퇴한 후 매달 지급되며, 당신이 사망한 경우 유족에게 지급된다. 당신이 퇴직 후 받는 혜택은 사회보장제도에 가입하여 일정액을 납부한 기간에 받은 봉급의 평균치에 근거하여 복잡한 공식으로 결정된다. 봉급이 높아서 더 많은 금액을 낸 사람들은 나중에 더 많은 혜택을 받는다. 그러나 매달 받는 혜택의 크기에는 최대치와 최저치가 책정되어 있다. 일반적으로 낮은 봉급을 받으면서 급여세를 낸 근로자는 기여도에 비해 상대적으로 더 많은 혜택을 받고, 높은 봉급을 받으면서 급여세를 낸 근로자는 납입한 급여세보다 적은 혜택을 받는다. 이러한 이유로 미국의 사회보장제도는 소득 재분배의 기능을 하고 있다.

빈곤가정 일시지원 사회보장제도 다음으로 큰 현금 지원 프로그램은 빈곤가정 일시지원

---

12 역자 주: 여기서 설명하는 이전지불 프로그램은 미국의 경우이지만 우리나라에서도 상대적으로 작은 규모이기는 하지만 같거나 유사한 형태로 시행되고 있다. 극빈자, 은퇴자, 장애인이나 그 가족을 돕는 이전지불제도의 종류만 훑어보고 지나치지 말고 어디에 어떤 방식으로 경제적 지원이 이루어지는지, 이를 위한 기금을 어떻게 마련하는지를 살펴보면 경제적 약자에 대한 지원 방식이나 형태에 대한 경제학적 사고력을 키우는 데 도움이 될 것이다. 경제학적 시각에서 볼 때 중요한 점은 어떤 지원 프로그램이든 효과적·효율적인 지원 프로그램을 선택해야 한다는 것이다.

(Temporary Assistance for Needy Families, TANF)이다. 이 프로그램은 1997년부터 시작되었으며, 그 전에는 부양 자녀가 있는 가정에 대한 지원 제도가 있었다. TANF는 연방정부가 주정부에 일정액을 교부하는 교부금 방식으로 운영된다. 주정부는 교부금을 받아서 자기 지역의 저소득 부모에게 현금이나 서비스를 제공한다. 사회보장제도와 달리 TANF는 소득 검증 프로그램이며 현물이나 현금 혜택을 지급한다. TANF는 말 그대로 저소득 가정에 일시적인 도움을 주는 것을 목적으로 한다. 현물 혜택은 직업훈련이나 보육 서비스 등으로 이루어지며, 이는 부모가 일을 계속할 수 있도록 돕는다. TANF는 처음에 빈곤한 가족의 문제를 해결하는 새로운 방법으로 찬사를 받았다.

TANF는 주정부가 연방정부의 교부금에 자신의 기금을 추가하기 때문에 주정부가 많은 재량권을 가지고 있다. 주정부는 이 프로그램으로 5년 이상 현금 지원을 하지 못하게 되어 있으며, 가구가 공적 지원을 받지 않도록 직업훈련을 시키는 데 더 많은 자금을 사용해야 한다. 많은 주는 결국 이 프로그램의 현금 지급 기간을 더욱 줄이고 기금을 보육 서비스와 직업훈련에 사용하고 있다. 또한 주마다 TANF 보조금이 다른데, 부분적으로는 생활비의 차이와 국가의 정치적 원칙 때문이다. 2014년에 미시시피주가 지급한 4인 가족 지원금은 월 200달러 미만이었으나 알래스카주의 지원금은 거의 1,000달러에 달했다. TANF는 EITC와 달리 직업을 얻어 노동시장에 참가하는 가족의 소득이 오르면 곧바로 혜택을 중단한다. 이처럼 혜택을 받지 못하는 것은 수혜자에게 세금처럼 작용하는데, 어떤 사람들은 이것이 수혜자의 구직을 방해한다고 주장한다.

실업수당 2014년에 미국 정부는 실업수당으로 약 370억 달러를 썼다. 실업수당을 지급하는 데 사용되는 자금은 고용주가 특별기금으로 납부한 세금으로 마련된다. 고용과 해고가 잦은 기업은 더 많은 세금을 내지만 고용수준이 비교적 안정적인 기업은 더 적은 세금을 낸다. 기업으로부터 거둬들이는 세금과 실업수당의 크기는 연방정부의 가이드라인 내에서 주정부가 정한다.

실업수당 주정부가 실직한 근로자에게 일정 기간 동안 현금을 지원하는 이전지불 프로그램. 실직하기 전에 일정 기간 동안 일정 임금을 받고 일을 했어야 실업수당을 받을 수 있으며, 실업수당 수혜자는 일자리를 찾으려는 능력과 노력을 보여야 함

근로자는 실업 즉시 **실업수당**(unemployment compensation)을 받을 수 있는 자격을 얻는다. 실업수당은 주정부가 정한 기간(대개 20주) 동안 지급된다. 경기침체기에는 주마다 자체적으로 지급기간을 연장하기도 한다. 평균적으로 실업자는 정상임금의 36% 정도를 받으며, 모든 실업자가 실업수당을 받는 것은 아니다. 실직하기 전에 일정 기간 동안 일정 임금을 받고 일을 했어야 실업수당을 받을 수 있다. 또한 실업수당 수혜자는 일자리를 찾으려는 노력을 보여야 한다. 실업수당은 소득 검증 프로그램이 아니지만 실업자 중에는 가난한 사람이 많기 때문에 소득 분배를 보다 평등하게 하는 데 기여한다.

의료 지원: 메디케이드와 메디케어 미국에서 현물로 지급되는 이전지불 프로그램 중에서 규모가 가장 큰 것은 메디케이드와 메디케어이다. **메디케이드**(Medicaid)는 저소득층에게 건강과 병원 치료 혜택을 제공하는 프로그램이므로 필요성을 검증하는 현물 지급 프로그램이다. 이 프로그램은 주정부가 운영하고 있지만 비용의 절반 이상을 연방정부가 부담한다. **메디케어**(Medicare)는 노인과 특정 장애인을 위한 건강보험 프로그램으로 미국 사회보장국이 운영한다. 65세 이상의 미국민은 대부분 소득수준에 관계없이 메디케어 서비스를 받는다. 이 프로그램의 수혜자는 처방약 비용을 지급하는 추가 보험에 가입할 수도 있다. 2014년에 메디케이드와 메디케어 프로그램에 미국 정부가 지출한 금액은 약 1조 1,000억 달러였다.

메디케이드, 메디케어 정부의 의료 지원 프로그램으로, 메디케이드는 저소득층에게 건강과 병원 치료 혜택을 제공하고 메디케어는 소득수준에 관계없이 노인과 특정 장애인에게 의료 지원을 함

영양보충 지원 프로그램 전에는 푸드스탬프 프로그램(Food Stamp Program)으로 불렸던 영양보충 지원 프로그램(Supplemental Nutrition Assistance Program, SNAP)은 연방정부가 지원하는 빈곤 퇴치 프로그램으로, 주정부는 이 프로그램을 관리하는 데 드는 비용의 50%만 부담한다. SNAP는 저소득층 중에서 소득이 특정 수준 이하인 가정의 식품 구매비를 보조한다. 수혜자는 일정액이 충전되는 카드를 받아 식품을 구매하는 데 사용한다. 2014년에 약 4,700만 명이 혜택을 받았으며, 2014년에 SNAP에 들어간 비용은 약 740억 달러였다.

거주 지원 프로그램 미국 연방정부와 주정부는 오래전부터 저소득층의 주거 환경을 개선하는 다양한 거주 지원 프로그램을 운영하고 있다. 이 중에서 가장 큰 것은 공공주택(Public Housing) 프로그램으로, 재정적인 지원은 연방정부가 하고 실제 관리는 해당 지역의 공공주택관리국이 하고 있다. 이 프로그램의 수혜자는 자기 소득의 30% 정도만을 공공주택 임대료로 내는데, 이는 많은 경우에 실제로는 임대료를 내지 않는다는 것을 의미한다. 일반주택 거주에 대한 정부의 지원 프로그램 중에서 가장 큰 것은 '섹션 8(Section 8)'이라고 불리는 임대료 지원 프로그램이다. 이 프로그램에 가입하여 주택이나 아파트를 임대하는 집주인은 시장 임대료보다 약간 높은 임대료를 보장받는다.

2013년 세금과 이전지불의 소득 재분배 효과

이제 미국의 세금과 이전지불 프로그램이 미국민의 소득 분배에 미친 영향을 알아보자. 표 18.3의 윗부분에서는 각 5분위 소득계층에 대한 세 가지 소득을 볼 수 있다.

첫 번째 줄은 시장경제에서 얻은 임금소득과 재산소득이다. 최하위 5분위 소득계층의 평균 소득인 15,800달러와 최상위 5분위 소득계층의 평균 소득인 253,000달러가 상당히 대조적이다.

두 번째 줄은 모든 수준의 정부(연방, 주, 지방)가 지급한 이전지불액이다. 모든 5분위 소득계층이 이전지불액을 받는다는 점에 주목하라. 앞에서도 언급했듯이 사회보장제도와 실업수당 등은 소득 검증 프로그램이 아니기 때문에 모든 수준의 소득계층에게 혜택이 주어지는 것이다. 그러나 이전지불 프로그램이 비례적인 측면에서 볼 때 저소득층에게 훨씬 더 많은 혜택을 준다는 점도 살펴보라. 최상위 소득계층의 경우 이전지불액이 시장소득의 5%보다 작지만, 최하위 소득계층의 경우 이전지불액이 시장소득의 약 61%이다. 많은 이전지불 프로그램이 이 계층의 지원에 방향을 맞추고 있다. 시장소득에 이전지불액을 더한 소득인 세전소득은 시장소득보다 더 평등하게 분배되어 있다. 최하위 소득계층이 세전소득에서 차지하는 비율은 6.0%이며, 이는 시장소득에서 차지하는 비율인 3.6%보다 증가한 것이다. 최상위 소득계층이 세전소득에서 차지하는 비율은 51.8%이며, 이는 시장소득에서 차지하는 비율인 57.3%보다 줄어든 것이다.

네 번째 줄은 연방세금이다. 최하위 소득계층의 경우에는 대부분 사회보장제도를 위해 모든 수준의 임금에 대해 부과되는 급여세가 대부분의 세금을 차지하고 있다. 예상할 수 있듯이 최상위 소득계층이 가장 많은 세금을 낸다. 다섯 번째 줄은 세전소득에서 연방정부 세금을 차감한 세후소득으로, 최하위 소득계층이 전체에서 차지하는 비율이 6.0%인 반면 최상위 소득계층이 차지하는 비율은 47.6%이다. 세후소득은 세 가지 소득 중에서 가장 평등하게 분배되어 있다. 이는 세금과 이전지불 시스템에 의해 어느 정도의 소득 재분배가 이루어졌다는 것을 나타낸다. 물론 표 18.3의 자료가 미국 정부가 보다 평등한 소득 분배를 위해 역할을 제대로 했음을 나타내는지, 그렇지 못하다는 것

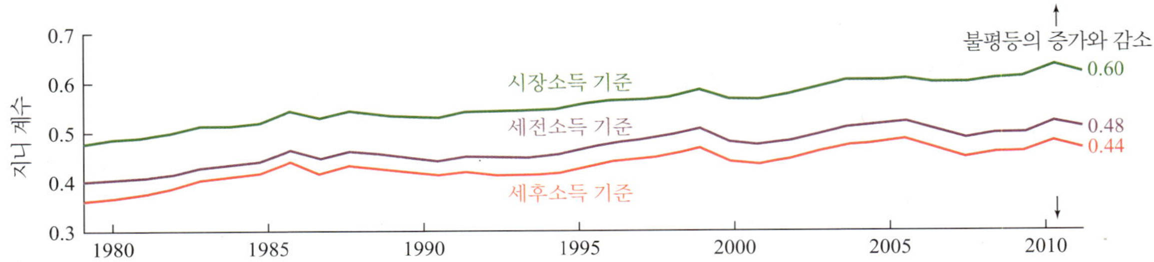

그림 18.3 시장소득, 세전소득, 세후소득을 가지고 계산한 1979~2013년 미국의 지니 계수
출처: Congressional Budget Office, "The Distribution of Household Income and Federal Taxes, 2013," June 2016.

을 나타내는지, 아니면 너무 과한 역할을 했다는 것을 나타내는지에 대해서는 보는 사람에 따라 의견이 다를 수 있다. 이는 다른 국가의 소득 분배와 표 18.3을 비교해보면 알 수 있는데, 이 장의 후반부에 이를 다룰 것이다. 하지만 먼저 시간의 흐름에 따라 미국의 소득 분배가 어떤 추세를 보였는지 살펴보는 것도 유익할 것이다.

1979~2013년 미국의 소득 불평등

그림 18.3은 시장소득, 세전소득, 세후소득을 가지고 계산한 1979~2013년 미국의 지니 계수를 보여준다. 2013년 지니 계수는 각각 0.60, 0.48, 0.44로, 이는 세금과 이전지불이 소득 불평등을 상당히 개선했다는 것을 나타낸다. 미국의 소득 불평등은 시간이 지남에 따라 어떻게 변화했는가? 그림을 보면 시장소득의 지니 계수는 0.48에서 0.60으로, 세전소득의 지니 계수는 0.40에서 0.48로, 세후소득의 지니 계수는 0.36에서 0.44로 증가했음을 알 수 있다. 2000년의 소득 불평등은 2002년의 소득 불평등보다 더 높았는데, 이는 2002년에 주가 하락으로 고소득층의 금융소득이 감소한 것이 일부 반영된 것이다.

18.6 빈곤

학습목표

빈곤의 정의와 측정 방법을 이해한다.

최근 들어 사람들은 피라미드의 꼭대기에 있는 계층이 차지하는 소득과 부의 몫에 대해 우려하지만, 전통적으로 각국 정부가 관심을 둔 것은 최하위 5분위 소득계층이다. 이러한 계층의 소득 문제는 빈곤 문제라고 불린다.

빈곤을 정의하기는 쉽지 않지만 미국을 포함한 대부분의 국가에서는 빈곤의 정의와 측정에 상대적으로 실용적인 접근 방식을 취하고 있다. 수년간 미국의 노동통계청은 최소 생활수준을 나타내는 것으로 여겨지는 식품, 의복, 주거의 특정 '묶음' 비용을 추적하기 위해 고안된 '가족 예산(family budget)' 데이터를 발표해왔다. 이러한 데이터를 수집하는 것은, 한 가구가 이러한 시장 묶음을 살 수 있는 돈이 있는지 없는지로 빈곤을 측정할 수 있다는 견해에 기초한 것이다. 이 접근 방식은 시장 묶음을 적절하게 구성하는 데 어려움이 있기는 하지만 미국 등 여러 국가에서 사용하고 있다.

공적 빈곤선 가난한 가족을 정의하는 공적 소득수준으로, 미국 농무부가 규정한 최소 식품 예산의 3배로 설정됨

1960년대 초에 미국 정부는 **공적 빈곤선**(official poverty line)을 규정했다. 가난한 가족은 일반적으로 소득 중 약 1/3을 식품 구매에 사용하는 경향이 있으므로 공적 빈곤선은 미국 농무부가 규정한 최소 식품 예산액의 3배로 설정되었다. 이 방법은 미국 노동통계청이 사용하는 시장 묶음 방법보다

표 18.5 인구통계 집단별 빈곤층의 비율(%)

	1966	1974	2000	2013
전체	14.7	11.2	11.3	14.5
백인(스페인계 제외)	NA	7.7	7.4	9.6
흑인	41.8	30.3	22.5	27.2
스페인계	NA	23.0	21.5	23.5
여성 가장(남편 부재)	39.8	36.5	28.5	33.2
65세 이상 노인	28.5	14.6	9.9	9.5
18세 미만	17.6	15.4	16.2	19.9

출처: U.S. Bureau of the Census, Historical Poverty Tables–People.

더 간단하다.

최소 식품 예산액은 1963년에 한 번 계산되었고 그 이후로는 매년 소비자물가지수를 사용하여 업데이트만 되었다. 이러한 식으로 하는 것은 약간 자의적이지만 미국의 공적 빈곤선은 이렇게 정해지고 있다. 2018년에 4인 가족의 공적 빈곤선은 24,755달러였다. 표 18.5는 1966~2013년에 공적 빈곤선 아래에 있는 가난한 사람들의 비율을 정리한 것이다. 1974년과 2000년 전체 가구의 빈곤 비율이 1966년보다 낮지만 2013년에는 1966년 수준으로 되돌아갔다.

한편 빈곤선으로 정해지는 소득수준에는 현물 이전지불이 포함되어 있지 않다는 점에 유의해야 한다. 앞에서 보았듯이 최하위 소득계층의 경우 현물 이전지불이 총소득의 상당 부분을 차지한다. 따라서 표 18.5의 수치를 볼 때 각각의 비율보다 시간이 지남에 따라 그 비율이 어떻게 달라졌는지에 주목해야 한다.

표 18.5는 지난 47년 동안 인구통계 집단별 빈곤층의 비율이 상당히 변화했음을 보여준다. 흑인의 빈곤율과 남편이 없는 여성 가장 가족의 빈곤율이 하락했다. 가장 크게 감소한 것은 노인의 빈곤율이며, 18세 미만의 빈곤율은 높은 상태를 유지하고 있다(18세 미만의 빈곤율이 높기는 하지만 많은 이전지불이 이들에게 초점을 맞추고 있다는 점이 고려되어야 한다).

수년간의 논의와 토론이 있은 후 미국 보건사회복지부(Department of Health and Human Services)는 빈곤 가이드라인(Poverty Guidelines)이라는 새로운 빈곤 척도를 개발했다. 이 척도로 SNAP, 메디케이드 등 미국 빈곤층 지원 프로그램의 혜택을 받을 수 있는 자격을 결정하는 소득 한도를 정하고 있다. 2018년에 미국 보건사회복지부가 정한 4인 가족의 빈곤선 소득은 25,008달러로, 이는 앞에서 언급한 2018년 공적 빈곤선 소득수준인 24,755달러와 비슷하다.

18.7 최저임금

학습목표

최저임금이 어떻게 고용을 줄일 수 있는지 이해한다.

최저임금 근로자에게 지불할 수 있는 가장 낮은 수준의 임금

최저임금(minimum wage)은 최하위 임금계층의 임금에 초점을 맞추어 임금 불평등을 줄이려는 전략으로 많은 국가에서 100년 넘게 사용되었다(4장에서 이미 최저임금과 가격하한에 대해 설명했다). 최저임금은 기업이 근로자에게 지불할 수 있는 가장 낮은 수준의 임금이다. 최초의 최저임금법은 1894년에 뉴질랜드에서 시행되었다. 미국에서는 1938년에 통과된 공정근로기준법(Fair Labor

Standards Act)과 함께 전국적으로 최저임금제가 시행되었다. 2017년에 미국의 최저임금은 시간당 7.25달러였으나 29개 주의 시간당 최저임금은 이보다 높았다.

최근 들어 최저임금을 반대하는 주장이 증가하고 있다. 반대론자는 최저임금을 법으로 정하면 노동시장의 순조로운 작동을 방해하여 실업을 유발한다고 주장한다. 그러나 찬성론자는 최저임금이 실업을 많이 일으키지 않으면서 최빈곤층의 임금을 높여 빈곤을 완화하는 데 성공했다고 주장한다.

이러한 주장은 간단한 수요·공급 그래프를 통해 쉽게 이해할 수 있다. 그림 18.4는 비숙련노동에 대한 가상의 수요·공급곡선이다. 균형임금은 6달러이며, 이 균형임금에서 비숙련노동의 공급량과 수요량이 일치한다. 그런데 최저임금을 7.25달러로 책정하는 법이 통과되었다고 하자. 이 수준의 임금에서는 노동공급량이 균형량 L^*에서 L_S로 증가하고, 높아진 임금은 기업의 노동수요량을 L^*에서 L_D로 감소시킨다. 이로 인해 기업은 $L^* - L_D$의 근로자를 해고하며, 기업에 남아 있는 비숙련 근로자는 시간당 6달러보다 높은 7.25달러를 받게 된다. 이는 가치 있는 일일까? 어떤 근로자들은 이득을 보지만 다른 근로자들(균형 상태에서 고용되어 있던 근로자를 포함하여)은 일자리를 잃으니 말이다.

실제로 최저임금이 어느 정도의 실업을 유발하는지에 대한 증거는 분명하지 않다. 그동안 많은 연구가 진행되었지만 다양한 상황에서 각기 다른 결과가 나타났다. 따라서 이 문제에 대한 경제학자들의 의견이 갈린다. 최근에 경제학자를 대상으로 한 설문조사에서 최저임금을 크게 증가시킬 때 비숙련 근로자의 구직이 훨씬 더 어렵다고 생각하는가에 대한 답이 반반으로 나뉘었다.[13] 대부분의 경제학자는 최저임금을 조금 증가시키면 부정적인 영향이 크게 나타나지 않을 것이라고 생각한다. 많은 실증 연구의 종합적인 결론은, 어떤 크기의 최저임금 인상이 발생시키는 실업 증가의 정도는 상황에 따라 다르다는 것이다.

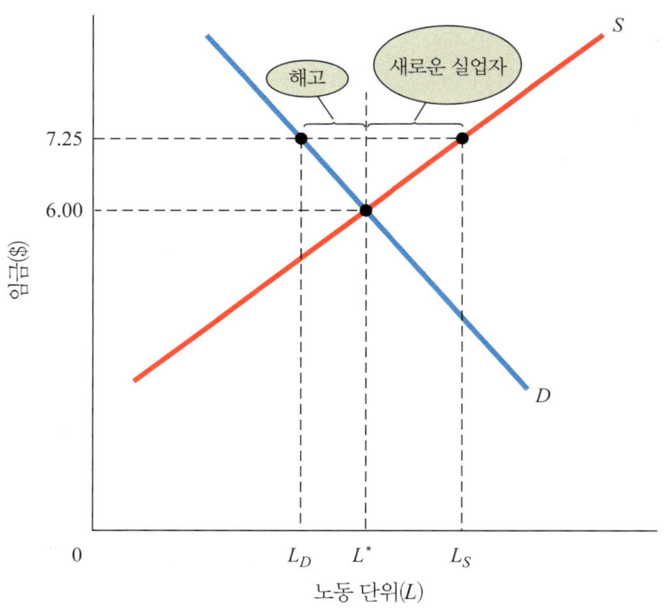

그림 18.4 최저임금법의 효과
시장에서 정해지는 비숙련 근로자의 균형임금이 법이 정한 최저임금보다 낮으면 실업이 발생한다. 임금이 상승하여 노동시장에 새로운 근로자가 진입하지만(노동공급량이 L^*에서 L_S로 증가) 기업은 더 적은 수(노동수요량이 L^*에서 L_D로 감소)의 근로자를 고용한다.

---

13 Anil Kashyap, IGM Forum web site, Survey done February 26, 2013.

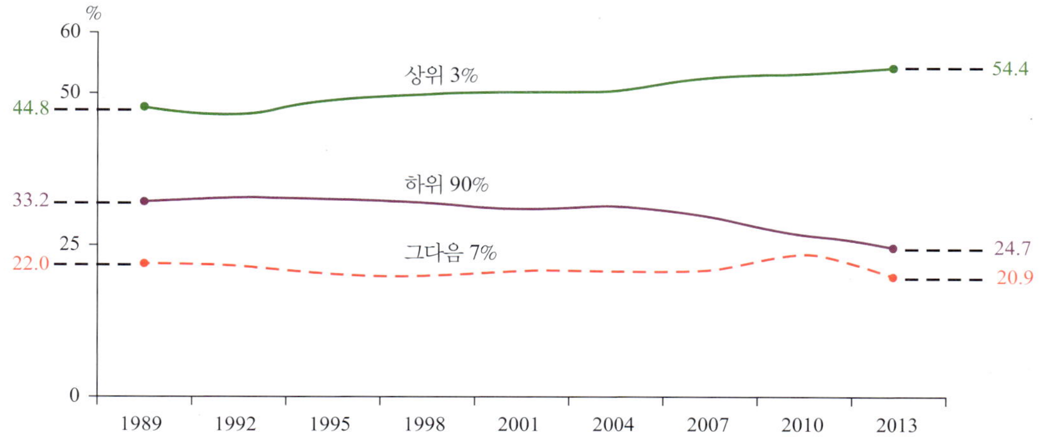

그림 18.5 1989~2013년 미국 가구의 부의 분배 비율
출처: Federal Reserve Bulletin, September 2014.

18.8 부의 분배

학습목표

부의 분배가 소득의 분배보다 더 불평등한 이유를 이해한다.

그림 18.5는 1989~2013년 미국 가구의 부의 분배를 보여준다. 이 그림을 통해 부의 분배가 소득의 분배보다 훨씬 더 불평등하다는 것을 알 수 있다. 2013년에는 상위 3%가 부의 54.5%를 소유하고 하위 90%의 부는 24.7%에 불과했다.

앞에서 재산소득의 불평등에 대해 설명할 때 이 경우에 대해 언급했다. 여기서 보듯이 자본이 불평등하게 분배되어 있다면 자본으로부터 얻는 소득인 이자, 임대료, 배당 등도 불평등하게 분배될 수밖에 없다. 따라서 부의 분배가 소득의 분배로 이어지는 것이다. 최상위 소득계층에게는 부가 가져다주는 수익이 매우 중요한 부분을 차지한다.

그림 18.5를 보면 시간의 흐름에 따른 추세도 확인할 수 있다. 상위 3%의 몫이 1989년 44.8%에서 2013년 54.4%로 증가하여 부의 불평등이 증가했음을 알 수 있다.

18.9 다른 국가의 소득 불평등

학습목표

미국과 다른 국가의 소득 불평등을 어떻게 비교해야 하는지 알아본다.

그림 18.6은 국가별 소득 불평등을 보여주는 시장소득과 세후소득의 지니 계수를 나타낸 것이다. 지니 계수가 높을수록 더 불평등하다. 왼쪽에서 오른쪽으로 갈수록 세후소득(가처분소득)의 불평등이 높아지는데, 슬로베니아와 덴마크의 불평등이 가장 낮고 멕시코와 칠레의 불평등이 가장 높다. 미국도 지니 계수가 높은 편에 속하는데, 이는 세후소득의 분배가 상대적으로 상당히 불평등하다는 것을 의미한다.

그리고 아일랜드, 한국, 아이슬란드는 시장소득에서 상대적으로 낮은 불평등을 보이는 반면 칠레, 캐나다, 이스라엘은 불평등이 상당히 크다. 미국은 여기서도 불평등이 높은 편에 속한다. 또한 시장소득과 세후소득 막대그래프의 차이를 보면 일부 국가에서는 지니 계수를 크게 낮추는 정부 정책을 시행하고 있다는 것을 알 수 있다. 한편 시장소득 지니 계수와 세후소득 지니 계수의 차이가 크지 않은 국가도 있지만 북유럽 국가들은 차이가 크다. 이는 북유럽 국가들이 소득 재분배적 세금 정책과 이전지불 정책을 더 강력하게 시행하고 있음을 나타낸다.

이 그림에 없는 큰 개발도상국은 중국과 인도인데, 여러 자료는 두 국가에서 불평등이 급증하고

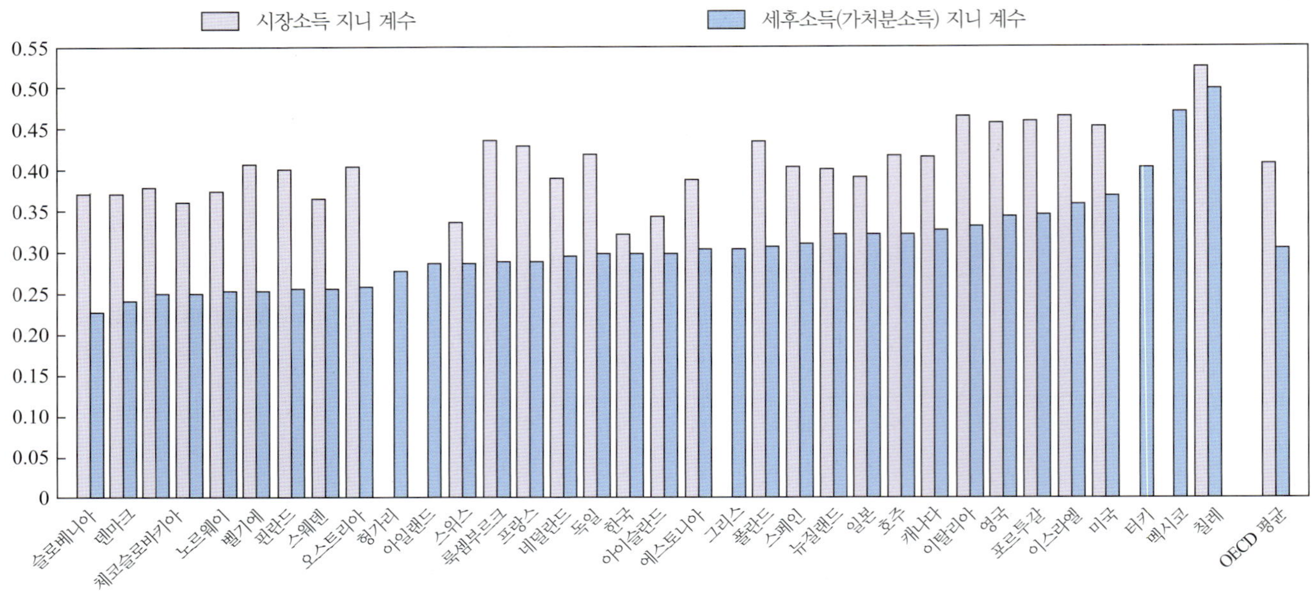

그림 18.6 2006~2009년의 국가별 소득 불평등

출처: OECD (2011), Divided We Stand: Why Inequality Keeps Rising, OECD Publishing, Paris. http://dx.doi.org/10.1787/9789264119536-en

있다고 밝혔다. 국제통화기금(IMF)의 연구에 따르면 기술 변화는 세계 각국의 소득 불평등을 증가시키는 핵심 요인이며, 이러한 현상은 특히 아시아 지역에서 두드러진다.

정부인가, 시장인가

이 책의 대부분의 장에서는 효율성에 초점을 맞추었으나 이 장에서는 평등성을 다루었으며, 시장 활동의 결과로 나타나는 소득 분배를 살펴본 다음 정부의 세금과 이전지불을 통해 나타나는 소득 분배를 살펴보았다. 분배를 변화시키는 것은 시장의 효율성에 영향을 미친다. 소득이나 부를 재분배하려는 정부의 정책은 노동시장과 자본시장의 인센티브에 영향을 미친다. 따라서 정부는 평등성을 위한 정책이 시장의 효율성에 영향을 준다는 것을 균형 있게 살펴보아야 할 것이다.

요약

01 가구소득의 원천은 ① 노동을 제공하여 얻는 임금이나 봉급 소득, ② 금융자본, 토지 등과 같은 자본으로부터 얻는 소득, ③ 정부의 지원금으로 받는 소득으로 구분할 수 있다.

02 정부의 이전지불은 대부분 저소득층을 위한 것이지만 사회보장제도처럼 소득 검증 프로그램이 아닌 이전지불은 저소득층만을 위한 것이 아니다.

03 미국의 소득 분배는 1979년 이후 더 불평등해졌다.

04 로렌츠 곡선은 소득 분배의 평등성을 보여주는 그래프이다. 소득 분배의 불평등을 나타내는 지니 계수의 값은 완전 평등을 나타내는 0부터 완전 불평등을 나타내는 1이다.

05 가구가 받는 임금이나 봉급의 차이는 근로자의 특징(기술, 교육, 경험 등)과 직업의 차이(위험한가, 신나는가, 매력적인가, 힘든가 등), 또 어떤 경우에는 차별 때문에 발생한다. 가구의 소득은 가구 구성원 중 일하는 사람이 몇 명인가에 따라 달라진다.

06 재산소득은 가구가 소유한 자본의 양과 자본이 벌어들이는 수익에 따라 달라진다.

07 정부의 소득 재분배 정책을 반대하는 입장은 사람들에게 스스로 노력한 결과를 가져갈 수 있는 권리가 있다고 주장한다. 이러한

주장은 계약의 자유와 사유재산권의 보호라는 원칙을 근거로 한다. 경제학자들이 소득 재분배에 대해 반대하는 이유는 보다 실제적인 것으로, 세금이나 이전지불 프로그램이 일, 저축, 투자에 대한 인센티브를 방해한다는 것이다.

08 정부의 소득 재분배 정책에 찬성하는 입장은 미국과 같은 부유한 나라의 경우 살아가는 데 필요한 필수품을 국민 모두에게 제공해야 하는 도덕적 의무를 진다고 주장한다. 보다 공식적인 주장은 공리주의자나 롤스의 주장에서 살펴볼 수 있다.

09 미국의 소득 재분배는 세금과 이전지불 프로그램을 통해 이루어진다. 이전지불 프로그램 중 가장 큰 것은 사회보장제도, 메디케어와 메디케이드, 빈곤가정 일시지원(TANF), 영양보충 지원 프로그램(SNAP)이다.

10 2011년 미국의 이전지불 프로그램과 세금은 지니 계수를 시장소득 기준 0.59에서 세후소득 기준 0.44로 감소시켰다.

11 미국의 공적 빈곤선은 미국 농무부가 규정한 최소 식품 예산액의 3배로 설정되었다. 2018년에 미국 4인 가족의 공적 빈곤선은 24,755달러였다.

12 미국 전체 인구에서 빈곤층이 차지하는 비율은 1966년 14.7%에서 2000년 11.3%로 줄어들었으나 2013년에는 1966년 수준으로 되돌아갔다.

13 오래전부터 많은 국가에서는 최하위 소득계층의 소득 분배를 개선하기 위해 최저임금을 사용했다. 경제학자들은 비숙련 근로자의 고용수준에 영향을 미치지 않으면서 최저임금을 대폭 인상할 수 있는가에 대해 의견이 갈린다.

14 미국의 부의 분배는 소득의 분배보다 훨씬 더 불평등하다. 2013년에는 상위 3%가 부의 54.5%를 소유하고 하위 90%의 부는 24.7%에 불과했다.

15 미국은 다른 선진국에 비해 시장소득이나 세후소득(가처분소득)에서 상대적으로 불평등이 높다.

핵심 용어

공리주의적 정의론(utilitarian justice)
공적 빈곤선(official poverty line)
로렌츠 곡선(Lorenz curve)
롤스의 정의론(Rawlsian justice)
메디케이드(Medicaid)/메디케어(Medicare)
보상 격차(compensating differentials)
사회보장제도(Social Security system)
세전소득(before-tax income)
세후소득(after-tax income)
시장소득(market income)
실업수당(unemployment compensation)
이전지불(transfer payment)
인적자본(human capital)
재산소득(property income)
지니 계수(Gini coefficient)
최저임금(minimum wage)

연습문제

01 다음의 각 경우는 소득의 세 가지 원천 중 어디에 속하는지를 밝혀라.

a. 조지는 파견으로 나가 있는 동안 고용주로부터 무료 숙박 서비스를 제공받았다.
b. 앤드루는 페이스북 주식으로 매년 배당을 1,000달러 받는다.
c. 제인은 집에서 자녀를 돌보는 동안 정부로부터 보육수당을 받는다.
d. 스티븐은 정부로부터 연금을 받는다.
e. 리비아는 매달 아파트 임대료로 500유로를 받는다.
f. 마르타는 직장에서 무료 급식을 받는다.

02 다음 자료를 이용하여 왼손잡이와 오른손잡이에 대한 로렌츠 곡선, 1998년의 모두와 2018년의 모두에 대한 로렌츠 곡선을 그려라. 각 그래프에서 지니 계수가 더 높은 것은 무엇인가? 결과에 대해 설명하라.

	소득의 비중(%)			
			2018	1998
	왼손잡이	오른손잡이	모두	모두
최하위 5분위	5.7	3.9	4.5	3.0
두 번째 5분위	9.1	7.3	8.7	7.2
세 번째 5분위	17.3	14.8	16.0	14.1
네 번째 5분위	22.2	26.0	23.3	25.2
최상위 5분위	45.7	48.0	47.5	50.5

03 다음 로렌츠 곡선을 보고 문제를 풀라.

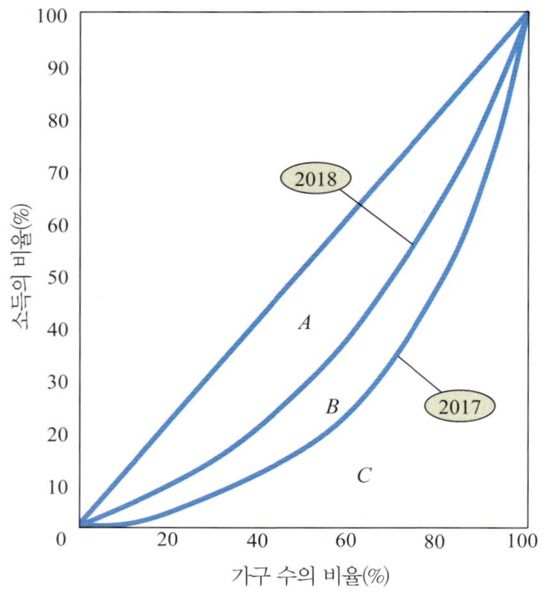

a. 2017년과 2018년 중 언제 소득 분배가 더 평등했는지 설명하라.

b. A의 면적이 2,450, B의 면적이 450이라면 C의 면적은 얼마인가? 2017년과 2018년의 지니 계수는 얼마인가?

04 아루굴라 왕국에는 5명이 살고 있으며 이들의 연소득은 다음과 같다. 표의 빈칸을 채우고 아루굴라의 소득 분배를 나타내는 로렌츠 곡선을 그려라.

	연소득	전체 소득에서의 비율	전체 소득에서의 누적 비율
빅토리아	$16,000		
완다	36,000		
그자비에	72,000		
야스민	112,000		
자카리아스	164,000		

05 일부 기업은 근로자가 공부를 더 하려고 하면 학비를 지원한다. 흔히 교육을 더 받은 사람에게는 더 높은 임금을 주어야 하는데 기업은 왜 근로자의 학비를 대주는가?

06 경제학자들은 교육을 '인적자본에 대한 투자'라고 일컫는다. 그렇다면 자본의 정의는 무엇인가? 교육은 어떤 의미에서 자본인가? 투자는 수익을 얻기 위한 것이다. 대학 교육에 대한 투자가 얻는 수익에 대해 설명하라. 수익을 어떻게 측정하겠는가? 대학교육에 대한 투자는 그러한 수익을 얻기 위해 투자할 만한 가치가 있는가?

07 다음은 여러 직종에 근무하는 일반 근로자가 받는 주당 평균 소득이다. 평균 소득에 왜 차이가 나타나는지 인적자본과 보상 격차의 개념을 이용하여 설명하라.

쓰레기 처리	$1,347.46
라디오 방송	1,026.56
석탄 채굴	1,500.59
의류 제조	565.86
네일살롱	329.48

08 취업 시장에 진입하려는 한 경제학 박사가 대학 강사와 같은 학문적 일자리가 은행이나 컨설팅과 같은 비학문적 일자리보다 임금이 약 30% 적다는 것을 알게 되었다. 학문적 일자리를 얻는 사람은 비학문적 일자리를 얻는 사람보다 더 못한 삶을 사는 것이 분명하다. 이 말에 동의하는지, 동의하지 않는지 밝히고 그 이유를 설명하라.

09 스웨덴과 덴마크의 복지 혜택은 루마니아의 복지 혜택보다 더 커야 하는가? 답에 대해 설명하라.

10 미국 노동통계청의 웹사이트인 https://www.bls.gov/cps/tables.htm에 들어가 '2017'을 선택하고 CPS Table 18인 'Employed persons by detailed industry, sex, race, and Hispanic or Latino ethnicity'를 클릭하라. 또한 2002년의 자료도 똑같이 살펴보라. 2017년과 2002년의 자료를 다운로드하여 두 기간 사이에 여성이 차지하는 비율이 증가한 두 직종과 여성이 차지하는 비율이 감소한 두 직종을 찾아보라. 이 장에서 배운 내용을 토대로 지난 15년 동안 왜 이러한 증가와 감소가 발생했는지 설명하라.

11 미국 대기업의 임원이 받는 보수는 논쟁거리가 되고 있다. 지난 40년 동안 미국 대기업의 CEO가 받는 보상은 금액으로도 그렇고 근로자의 평균 급여와 비교해서도 엄청나게 증가했다. 1980년에 주요 기업의 CEO가 받은 평균 시급은 근로자가 받은 평균 시급의 42배나 되었다. 이에 대한 논란은 워싱턴에서도 문제가

되어 2009년에 오바마 대통령은 연방정부의 구제금융을 받은 기업의 경영진에게 지급하는 급여 한도를 50만 달러로 제한했다. 기업의 임원이 받는 보수에 대해 간단한 에세이를 작성하고, 임원의 급여를 제한해야 하는지에 대해 설명하라. 정부는 민간 기업의 보상에 대해 간섭해야 하는가? 1980년 이후 근로자의 시급과 CEO의 시급 간 비율은 어떻게 변했는가? 다른 국가의 경우는 어떤가?

12 소득 불균형은 우리의 경제시스템이 좋지 않다는 것이 아니라 잘 작동하고 있음을 보여주는 증거이다. 이 말에 동의하는지, 동의하지 않는지 밝히고 그 이유를 설명하라.

13 지난 25년 동안 미국에서는 노인의 빈곤율이 급격히 줄어들었다. 이러한 결과가 나타난 이유는 무엇인가?

14 실업수당과 같은 정부의 이전지불 프로그램이 이러한 프로그램이 존재하지 않을 때보다 더 높은 실업을 초래할 수 있는 이유를 설명하라.

15 각국은 다양한 방법으로 빈곤선을 결정한다. 유럽연합과 기타 여러 국가는 중위 가구소득의 60%를 빈곤선으로 정한다. 어떤 가구의 소득이 중위 가구소득의 60%에 미치지 못하면 그 가구는 빈민층으로 분류된다. 이와 달리 인도 정부는 식품비를 가지고 빈곤선을 정한다. 농촌에서 하루에 32루피보다 많은 식품비를 지출하거나 도시에서 하루에 47루피보다 많은 식품비를 지출하는 사람은 빈곤선 위에 있다. 농촌의 빈곤선이 도시의 빈곤선보다 낮은 이유는 무엇인가? 식품비를 기준으로 빈곤선을 결정하는 것은 어떤 문제점이 있는가? 중위 가구소득의 일정 비율을 빈곤선으로 정하는 것은 어떤 장점이 있는가? 이 방법의 단점은 무엇인가?

16 유럽연합은 최저임금을 높은 범위, 중간 범위, 낮은 범위로 구분하여 실시하고 있다. 2018년에 헝가리의 월 최저임금은 444.1유로(약 143,133포린트), 영국의 월 최저임금은 1,462.6유로(약 1,315파운드)였다. 이는 헝가리의 최저임금 근로자가 영국의 최저임금 근로자에 비해 생활수준이 1/4 정도라는 의미인가?

17 현재 시장에서 형성된 균형임금이 시간당 24달러라고 하자. 최저임금이 시간당 32달러가 된다면 어떤 일이 일어나겠는가? 최저임금이 시간당 16달러가 된다면 어떤 일이 일어나겠는가?

18 유럽연합의 회원국은 일인당 소득의 차이가 매우 크다. 2017년에 유럽연합의 일인당 소득은 41,192달러였다. 어떤 회원국은 일인당 소득이 매우 높고(덴마크 51,364달러) 어떤 회원국은 일인당 소득이 훨씬 낮다(루마니아 26,657달러). 왜 그런가? 우리나라의 일인당 국민소득은 얼마인가? 우리나라의 일인당 국민소득은 유럽연합보다 높은가? 그 이유는 무엇인가?

출처: World Bank Open Data, https://data.worldbank.org

19 다음 표는 경제협력개발기구(OECD)에서 발췌한 자료로, 1980년대 중반부터 2000년대 후반까지 OECD 5개국의 소득계층에 따른 가구 실질소득의 연평균 변화 비율을 보여준다. '인구 전체' 열과 같이 5개국 국민의 연평균 실질소득이 증가했으나 최상위 10%와 최하위 10%의 소득의 연평균 실질소득 증가율은 다양하게 나타난다. 이 자료를 바탕으로 1980년대 중반부터 2000년대 후반에 이 5개국 각각에서 어떤 일이 발생했는지 설명하라.

	인구 전체	최하위 10%	최상위 10%
호주	3.6	3.0	4.5
벨기에	1.1	1.7	1.2
일본	0.3	−0.5	0.3
스페인	3.1	3.9	2.5
터키	0.5	0.8	0.1

출처: OECD (2011), "Divided We Stand: Why Inequality Keeps Rising", OECD Publishing, Paris. http://dx.doi.org/10.1787/9789264119536-en.

경제학적 사고 키우기

01 봉급을 더 많이 주는 새로운 직장을 얻기 위해 많은 근로자가 뉴욕시로 이동한다. 하지만 더 높은 봉급은 뉴욕시의 비싼 생활비를 충당하기에 충분치 않은데, 그렇다 해도 뉴욕시에 사는 것이 바람직한가?

02 최저임금이 시행되면 해고되는 근로자의 수가 최저임금으로 발생하는 실업자의 수보다 적다. 그 이유는 무엇인가?

CHAPTER 19

공공재정: 세금의 경제학

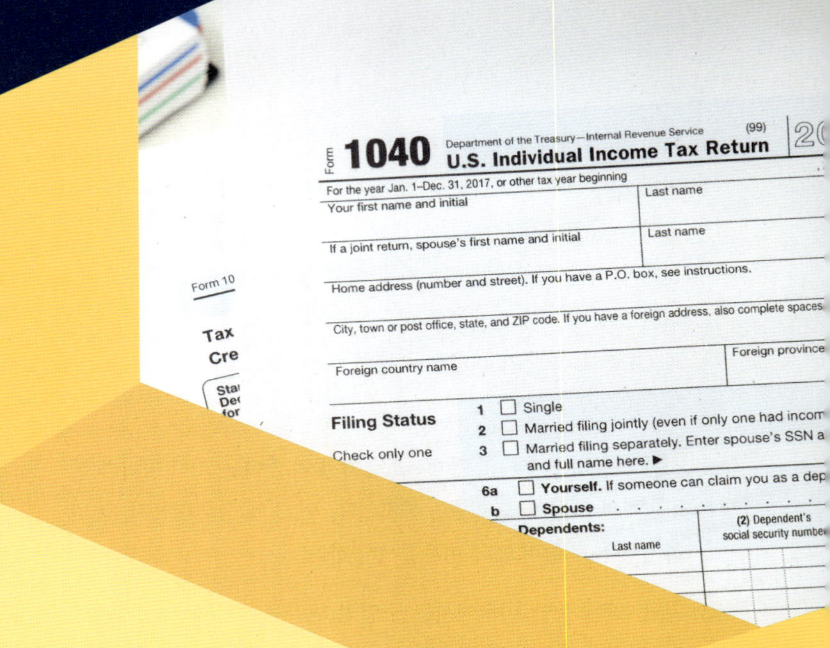

목차와 학습목표

앞의 장들에서는 경제에서 정부가 하는 잠재적 역할을 살펴보았는데, 그러한 것은 공공경제학 분야에서 다루는 부분이다. 이 장에서는 공공재정(학)에 대해 알아보자. 정부가 어떤 기능을 하든 그 기능을 하려면 일단 수입이 있어야 한다. 정부가 재정을 확보하기 위해 사용하는 핵심 도구는 세금이다.

세금은 거래, 기관, 재산에 부과할 수 있으나 최종적으로 세금을 내는 것은 개인이나 가구이다. 이들은 세금 때문에 더 높은 가격을 지불하고, 더 낮은 임금을 벌고, 더 낮은 자본수익률을 얻는다. 다시 말해 세금은 가격을 더 높게, 임금을 더 낮게, 자본의 수익률을 더 낮게 만든다.

19.1 세금의 기본 내용

학습목표

세금과 관련된 기본 내용을 파악한다.

미국의 세금제도를 분석하기 전에 몇 가지 용어를 명확히 알아둘 필요가 있다. 세금에는 다양한 종류가 있으며 세금 분석가는 이를 설명하기 위해 특정 용어를 사용한다.

세금의 기본 개념

모든 세금은 과세기반과 세율 구조로 이루어진다. **과세기반**(tax base)은 세금이 부과되는 대상과 그 금액을 말한다. 미국의 세금은 개인 소득, 판매, 재산, 기업 이윤 등 과세기반이 다양하다. **세율 구조**(tax rate structure)는 과세기반 중 세금으로 지불해야 할 비율을 결정해준다. 예를 들어 25%의 소득세는 과세대상 소득 중 25%를 세금으로 내야 한다는 것을 뜻한다.

과세기반 세금이 부과되는 대상과 그 금액

세율 구조 과세기반 중 세금으로 지불되는 비율. 예를 들어 소득의 25%

저량에 대한 세금과 유량에 대한 세금 과세기반은 저량(stock)으로 측정할 수도 있고 유량(flow)으로 측정할 수도 있다. 재산세는 주거, 상업, 산업용 재산의 가치에 부과되는 세금이다. 예를

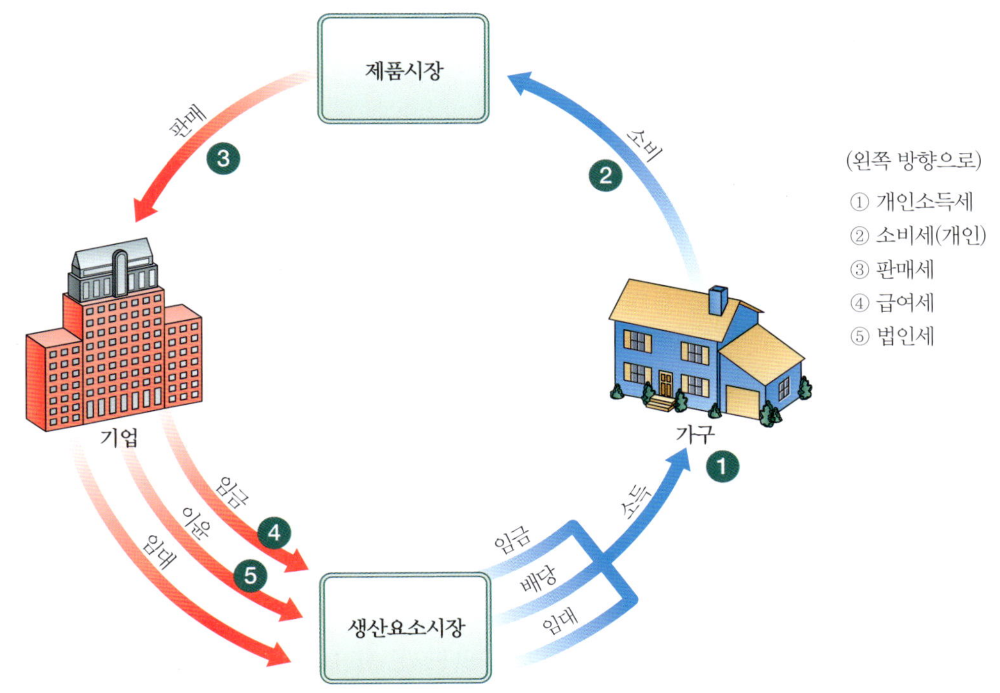

그림 19.1 자금의 흐름에 대한 세금 대부분의 세금은 측정할 수 있는(실현된) 경제적 자금의 흐름에 부과된다. 예를 들어 법인세는 기업이 연간 벌어들인 이윤에 대해 부과되는 세금이다.

표 19.1 1960~2017년 미국 연방정부의 조세수입(10억 달러)

	개인		기업		사회보장						
	개인소득세	%	법인(소득)세	%	급여세	%	특별소비	%	기타 조세수입	%	총액
1960	41.8	44.7	20.6	22.0	16.0	17.1	13.1	14.0	2.1	2.2	93.6
1970	88.9	48.0	30.6	16.5	45.5	24.6	18.1	9.8	2.0	1.1	185.1
1980	250.0	46.9	70.3	13.2	163.6	30.7	33.7	6.3	15.4	2.9	533.0
1990	470.1	43.3	118.1	10.9	402.0	37.0	50.9	4.7	44.6	4.1	1,085.7
2000	995.6	48.3	219.4	10.6	698.6	33.9	87.3	4.2	62.3	3.0	2,063.2
2010	893.8	37.4	298.7	12.5	970.9	40.6	96.8	4.0	131.5	5.5	2,391.7
2017	1,603.5	44.7	401.3	11.2	1,287.3	35.9	132.3	3.7	163.0	4.5	3,587.4

출처: U.S. Bureau of Economic Analysis, March 28, 2018. 반올림으로 인해 총합이 100%가 아닐 수 있다.

들어 집주인은 자기 집의 현재 평가된 가치에 대해 세금을 낸다. 현재가치는 특정 시점에서 측정되는 저량 수치이다.

다른 세금은 유량에 대해 부과된다. 소득은 유량이다. 대부분의 사람들은 월급을 받는 매달 세금을 내고, 그다음 해 4월에 세금 신고를 할 때 지난해에 낸 세금을 조정받는다. 판매는 계속해서 발생하며 판매세는 그러한 유량의 일부를 가져가는 것이다. 그림 19.1은 가구와 기업 사이에서 발생하는 지속적 자금의 흐름과 다섯 가지 세금의 부과를 보여준다.

1960~2017년에 미국 연방정부가 5개 범주의 세금으로 거둬들인 세수(조세수입)의 비율(%)은 표 19.1과 같다. 개인소득세와 법인소득세가 차지하는 비율은 오랫동안 완만하게 변동했다. 사회보장을 위한 급여세는 이 기간 동안 그보다 더 크게 증가했다. 연방정부의 세수에서 차지하는 비율이 2배 이상으로 커졌으며, 연방정부의 세수 중 두 번째로 중요한 부분을 차지하고 있다.

비례세 모든 가구의 소득에서 똑같은 비율을 차지하는 세금

비례세, 누진세, 역진세 모든 가구의 소득에 대해 동일한 비율로 부과하는 세금을 **비례세**(proportional tax)라고 한다. 감면과 공제 없이 모든 가구의 소득에 대해 20%를 내는 세금은 비례세이다.

누진세 소득이 높으면 소득의 더 많은 비율을 내는 세금

누진세(progressive tax)는 저소득 가구에 비해 고소득 가구에게서 소득의 더 많은 비율을 거둬들이는 세금이다. 소득의 증가와 함께 세율이 증가하는 미국의 개인소득세는 누진세이다. 2014년에 미국 소득 분배의 하위 절반에 속하는 가구가 낸 평균 연방소득세는 3.45%, 상위 5%에 속하는 가구가 낸 평균 연방소득세는 23.6%였다. 세금의 누진성을 확인할 수 있는 다른 방법은 벌어들인 소득의 몫에 대해 다양한 소득 집단이 납부한 세금의 몫을 보는 것이다. 2014년에 상위 1%에 속하는 고소득자가 벌어들인 소득이 미국민의 총소득에서 차지하는 비율은 20%였으나 이들이 낸 소득세는 전체 소득세의 39.5%였다. 한편 하위 50%에 속하는 소득자가 벌어들인 소득이 미국민의 총소득에서 차지하는 비율은 11%였으나 이들이 낸 소득세는 전체 소득세의 2.7%였다.

역진세 소득이 높으면 소득의 더 적은 비율을 내는 세금

역진세(regressive tax)는 저소득 가구에 비해 고소득 가구에게서 소득의 더 적은 비율을 가져가는 세금이다. 특별소비세(휘발유, 담배, 전화통화 등 특정 재화나 서비스에 부과되는 세금)는 역진세이다. 판매세 또한 역진세이다. 예를 들어 판매세가 5%라면 모든 사람이 구매액의 5%를 세금으로 납부하므로 판매세를 비례세라고 생각하기 쉽다. 그러나 모든 사람이 자기 소득의 동일한 비율을 세

금이 부과되는 재화나 서비스를 구매하는 데 사용하지는 않는다. 실제로 고소득층은 소득 중 더 많은 부분을 저축한다. 따라서 이들이 저소득층보다 더 많은 판매세를 낸다고 하더라도 소득에서 판매세가 차지하는 비중이 저소득층보다 더 작다.

한계세율과 평균세율 매년 4월 15일이나 그 이전에 미국의 소득자는 미국 국세청(Internal Revenue Service, IRS)에 소득 신고(tax return)를 한다. 소득자는 소득 신고를 하면서 자신이 내야 할 총소득세가 얼마인지, 봉급을 받을 때마다 얼마를 소득세로 선납했는지를 확인하여 고용주가 이를 미국 국세청에 보낸다(이는 대개 직장에서 대신 처리한다). 너무 많은 세금을 미리 납부했다면 일부를 돌려받고, 반대로 너무 적은 세금을 미리 납부했다면 세금을 더 내야 한다.

납부해야 할 소득세의 총액을 알아내려면 일단 자신이 벌어들인 소득을 모두 더한다. 그런 다음 총소득에서 차감해야 할 항목의 금액을 모두 뺀다. 모든 납세자는 인적공제 항목과 기본공제 항목에 해당하는 금액을 차감할 수 있다. 이렇게 차감할 수 있는 부분을 모두 차감하고 남은 부분이 바로 과세대상 소득(taxable income)이다. 과세대상 소득을 기준으로 과세대상 소득구간에 따라 각각 다르게 책정되어 있는 세율(한계세율)을 곱하고 이를 모두 더하면 납부해야 할 소득세가 된다.

사람들은 소득세율을 말할 때 흔히 평균세율(average tax rate)로 말한다. **평균소득세율**(average income tax rate)은 납부하는 소득세를 과세대상 소득으로 나눈 것이다. 과세대상 소득이 10만 달러이고 납부하는 소득세가 2만 달러라면 평균소득세율은 20%이다. 실제로 납부해야 할 세금을 계산하는 데 중요한 세율은 한계세율(marginal tax rate)이다. **한계소득세율**(marginal income tax rate)은 증가하는 소득액에 적용되는 세율을 말한다. 감면과 공제 항목이 없다고 하더라도 소득세율이 누진적이거나 역진적일 때는 한계소득세율과 평균소득세율이 일치하지 않는다.

평균소득세율 소득세를 과세대상 소득으로 나눈 것

한계소득세율 증가하는 단위당 소득액에 적용되는 세율

우리가 관심을 기울여야 하는 것은 어떤 세율일까? 세율에 대해 말할 때 사람들은 자신의 소득 중 몇 퍼센트를 정부가 세금으로 가져가는지를 알려주는 평균세율로 말한다. 그러나 의사결정에 영향을 미치는 것은 한계세율이다. 당신이 더 많은 시간을 일하려고 생각 중이라면 그로 인해 증가하는 소득에 대해 지불해야 하는 세금을 결정하는 것은 (더 높아지는) 한계세율이다. 따라서 일을 더 할지 말지를 결정할 때 살펴보아야 할 세율은 한계세율이다. 또한 기부를 하는 경우에는 기부로 인해 과세대상 소득이 줄어들기 때문에 그로 인해 줄어드는 세금이 얼마인지를 알려주는 것도 한계세율이다.

세금을 줄여주는 공제 자선단체 기부금, 부동산에 대해 납세한 세금, 모기지대출 이자, 기타 항목에 대한 지급액을 공제하면 소득세 납부 대상이 되는 과세대상 소득이 결정된다. 일부 미국민은 고소득 가구가 더 많은 공제 혜택을 받는 것에 불만을 드러내고 있다. 예를 들어 소득이 아주 높은 사람(예: 50만 달러 이상)이 1,000달러를 기부하면 396달러의 세금을 절약할 수 있다. 이 사람에게 적용되는 한계세율이 39.6%이기 때문이다. 그러나 과세대상 소득이 2만 달러인 사람이 똑같이 1,000달러를 기부한다면 이 사람에게 적용되는 한계세율이 15%이므로 150달러의 세금을 절약할 수 있다. 따라서 한계세율이 더 높은 고소득 가구는 여러 가지 공제 대상을 찾아보려는 인센티브를 가지게 된다.

지금까지의 간단한 설명은 미국의 개인소득세에 관한 것이다. 개인소득세 계산은 복잡하기 때문에 많은 사람은 자신이 납부해야 할 세금을 알아내기 위해 세무사나 회계사의 도움을 받는다. 최근

경제학의 적용

싱가포르의 주택세

싱가포르 정부는 주택 부족 문제를 극복하고 대부분의 국민이 집을 소유할 수 있도록 지난 수십 년간 주택 확충 계획을 실시했다. 그 결과 2017년 7월 현재 싱가포르에서는 누군가가 소유한 고급 주택이 전체 주택 시장에서 차지하는 비율이 20%밖에 되지 않는다. 나머지 80%는 정부가 보조하는 임대주택이다.

싱가포르 정부가 주택에 대해 어떻게 세금을 부과하는지 살펴보자. 소유주가 거주 중이든 임대를 하든 빈집이든 상관없이 모든 주거 단위에 대해 누진세가 부과된다. 소유주가 거주하고 있는 주택의 경우에는 0~16%의 세금이 부과되고, 임차인이 거주하고 있는 주택의 경우에는 10~20%의 세금이 부과된다.

세금액은 해당 주택이 실제로 임대되어 있든 아니든 그 주택으로부터 발생할 수 있는 추정 연간 임대료에 따라 결정된다. 연간 가치(annual value, AV)로 알려진 이 수치는 임대료에서 유지관리비와 가구 비용을 차감한 금액으로 결정된다. 한 주거 단위가 납부해야 하는 세금은 다음과 같이 결정된다.

AV × 재산세율

싱가포르 정부가 2015년에 책정한 주택세금은 아래 표와 같다.

재산세는 누진적이며 임대된 주택에 대한 한계세율은 소유주가 거주 중인 주택에 대한 한계세율보다 더 누진적이다. 임대된 주택의 평균세율은 15.71%이고 소유주가 거주하고 있는 주택의 평균세율은 7.84%이다. 대부분의 국가에서도 이와 비슷한 방식으로 세금을 부과하고 있다. 첫 번째 주택에 더 낮은 재산세를 부과하는 이유는 무엇인가? 두 번째 주택은 필수적인 것이 아니고 임대소득을 얻으려는 목적으로 소유하는 경우가 많기 때문이다.

질문

- 거주하지 않으면서 소유하고 있는 세 번째, 네 번째 주택에 대해서는 세금을 다르게 책정해야 한다고 생각하는가? 그 이유는 무엇인가?

소유주가 거주하지 않는 주택에 대한 재산세율	연간가치(AV)	재산세액	소유주가 거주하는 주택에 대한 재산세율	연간가치(AV)	재산세액
10%	처음 S$30,000	S$3,000	0%	처음 S$8,000	0
12%	다음 S$15,000	S$1,800	4%	다음 S$47,000	S$1,880
14%	다음 S$15,000	S$2,100	6%	다음 S$15,000	S$900
16%	다음 S$15,000	S$2,400	8%	다음 S$15,000	S$1,200
18%	다음 S$15,000	S$2,700	10%	다음 S$15,000	S$1,500
20%	>S$90,000	S$10,000	12%	다음 S$15,000	S$1,800
			14%	다음 S$15,00	S$2,100
			16%	>S$130,00	S$1,600
총		S$22,000			S$10,980

미국 대통령들의 최우선 과제 중 하나는 세금 체계의 단순화이지만 아직까지 이에 대한 별다른 조치가 이루어지지 않고 있다.

학습목표

급여세와 법인세의 귀착에 대해 알아본다.

19.2 세금의 귀착: 실제로 누가 세금을 내는가

정부가 세금을 부과할 때는 누가 납부할지를 법에 명시한다. 그러나 세금을 제대로 이해하려면 법으로 정한 납세 의무자뿐만 아니라 최종적으로 세금을 부담하는 사람(담세자)을 아는 것이 매우 중요하다.

세금을 부담하는 것은 결국 개인이나 가구이다. 기업이나 대학과 같은 기관이 실제로 세금을 부담하는 것이 아니다. 기업이 납부하는 세금은 결국 소비자나 기업의 소유주와 근로자가 부담하게 된다. 납세 의무자가 항상 세금을 부담하는 담세자인 것은 아니다. 세금 부담은 직간접적으로 다른 사람에게 전가(轉嫁)되곤 한다. 경제학자들은 법으로 정한 납세자가 담세자라는 잘못된 가정을 해학적으로 **세금 귀착(歸着)의 끈끈이 이론**(flypaper theory of tax incidence)이라고 일컫는다. **세금의 귀착**(incidence of a tax)은 최종적으로 세금을 누가 부담하는지를 말하는 것이다. 그렇다면 다양한 세금에서 발생하는 세금 귀착에 대해 알아보자.

세금 귀착의 끈끈이 이론 법으로 정한 납세자가 담세자라는 잘못된 가정

세금의 귀착 최종적으로 세금을 누가 부담하는지를 말하는 것

세금의 전가 가구가 세금을 피하기 위해 행동을 바꿀 때 발생함

세금의 전가(tax shifting)는 가구가 세금을 피하기 위해 행동을 바꿀 때 발생한다. 5장에서 살펴본 아보카도의 예에서는 소비자가 특별소비세(단위당 소비세)를 피하기 위해 구매 행동을 변화시킨다는 것을 확인했다. 소비자의 수요가 매우 탄력적일 때 세금이 부과되면 가격은 크게 오르지 않으면서 세금의 대부분을 해당 재화를 판매하는 기업이 부담하게 된다.

특정 소비재가 아닌 모든 소비재에 대해 부과되는 판매세의 경우에는 소비자가 이를 피하기가 어렵다. 그러한 세금을 피하기 위해 소비자가 할 수 있는 유일한 행동은 모든 소비재를 덜 구매하는 것이다. 특정 소비재와 달리 소비재 전체에 대한 수요는 상대적으로 비탄력적이다. 이러한 이유로 과세기반이 매우 넓을 때는 세금을 전가하기가 더 어렵다. 앞으로 살펴볼 테지만, 세금을 전가하기 어려운 넓은 과세기반인 세금은 좁은 과세기반인 세금보다 경제를 덜 왜곡한다.

급여세의 귀착

표 19.1을 보면 2017년에 사회보장적 세금인 급여세로 거둬들인 세금이 연방정부의 세수에서 35.9%를 차지했음을 알 수 있다. 급여세로 들어오는 세금은 사회보장제도, 실업수당, 기타 건강 및 장애인 지원에 사용된다. 급여세의 일부는 고용주에게 부과되고 일부는 임금 또는 급여의 일정 비율로 근로자에게 부과된다.

급여세를 분석하기 위해 고용주에게 부과되는 급여세에 따른 반응을 살펴보자. 세금이 기업에 부과되면 노동의 가격이 오르는데, 이에 기업은 두 가지 반응을 보일 수 있다. 첫째, 기업은 더 비싸진 노동을 자본으로 대체한다. 둘째, 더 높은 비용과 더 낮은 이윤이 생산의 감소로 이어진다. 이 두 가지 반응은 모두 노동수요가 줄어드는 것을 의미한다. 노동수요의 감소는 임금을 낮추고, 급여세의 일부는 근로자에게 전가(이전)되어 근로자의 소득이 줄어든다. 급여세가 근로자에게 전가되는 정도는 근로자가 낮아진 임금에 대해 어떻게 반응하는지에 달려 있다. 달리 말해 노동의 공급곡선이 얼마나 탄력적인가에 따라 달라진다.

세금이 부과되기 전의 시장 상황을 가지고 이를 더 공식적으로 분석해보자. 그림 19.2는 급여세가 없는 가상적인 노동시장의 균형을 보여준다. 잠깐 공급곡선과 수요곡선의 모양을 결정짓는 요소를 다시 살펴보자.

완전경쟁시장에서 노동의 공급곡선과 노동의 수요곡선: 복습 완전경쟁시장에서 노동의 수요는 노동의 생산성에 달려 있다고 한 것을 떠올려보라. 10장에서 보았듯이 완전경쟁시장에 있는 이윤 극대화 기업은 시장의 임금이 노동의 한계생산물 수입(MRP_L)과 같아질 때까지 노동을 고용한다. 노동수요곡선의 모양은 임금의 변화에 대해 기업이 얼마나 반응하는지를 보여준다.

6장에서 가구의 행동과 그에 따른 노동공급곡선의 모양이 소득효과와 대체효과의 상대적 크기에 의해 결정된다고 설명했다. 노동공급곡선은 임금의 변화에 대한 근로자의 반응을 보여주는 것이다.

가구의 행동은 근로자가 집에 가져가는 시간당 세후임금에 따라 달라진다. 반대로 노동의 수요는 노동 1단위에 대해 기업이 지불하는 총금액의 함수이다. 총금액은 이 예에서처럼 기업에 부과되는 급여세를 포함한 금액이다. 이 경우 급여세로 인해 기업이 직면하는 임금과 근로자가 집에 가져가는 임금이 서로 달라진다.

급여세의 부과 그림 19.2는 세금이 없는 경우 노동시장의 균형을 보여준다. 기업은 근로자가 집에 가져가는 임금과 똑같은 크기의 임금을 지불한다. 임금이 W_0일 때 노동공급량과 노동수요량이 일치하고 노동시장이 균형을 이룬다.

그러나 고용주가 노동 1단위당 T달러의 세금을 낸다고 하자. 그림 19.3은 처음의 공급곡선보다 T달러만큼 위로 평행 이동한 새로운 곡선으로, 이는 주어진 각 노동의 공급량에서 기업이 지불하는 임금이 T만큼 상승했기 때문이다. 새로운 곡선 S_1은 노동의 공급이 기업이 지불하는 금액의 함수임

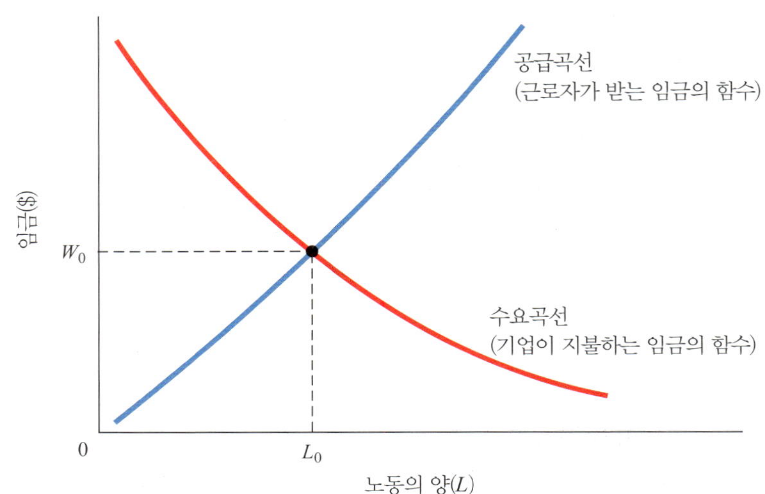

그림 19.2 경쟁적 노동시장의 균형(세금이 없는 경우)
임금에 대한 세금이 없는 경우 기업이 지불하는 임금은 근로자가 집에 가져가는 임금과 동일하다. 임금이 W_0일 때 노동공급량과 노동수요량이 일치한다.

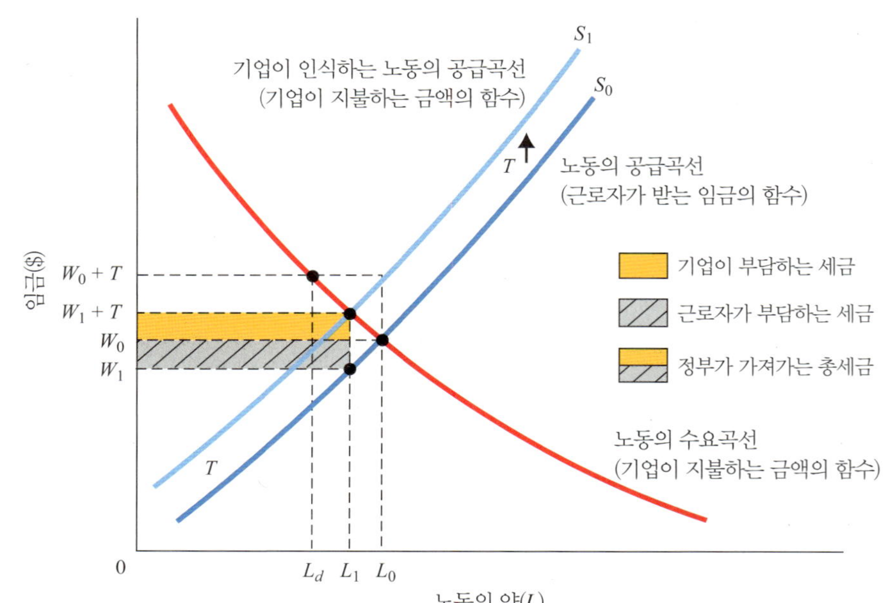

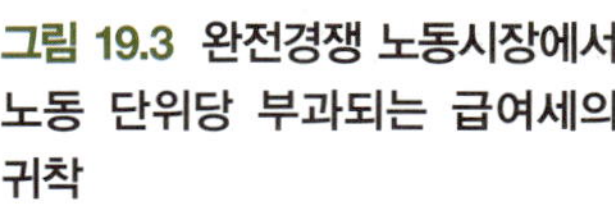
그림 19.3 완전경쟁 노동시장에서 노동 단위당 부과되는 급여세의 귀착
기업이 고용하는 노동 1단위당 T달러의 세금이 기업에 부과되면 세금의 일부가 근로자에게 전가되면서 시장이 조정된다. 기업은 $W_0 + T$를 지불해야 한다. 이는 노동수요량을 L_d로 감소시킨다. 이에 따라 노동의 초과 공급이 발생하여 임금이 W_1로 하락하고 세금의 일부를 근로자가 부담하게 된다.

을 보여준다. S_1은 실제로 새로운 노동의 공급곡선이 아니다. 이는 기업이 인식하는 노동의 공급곡선이라고 할 수 있다. 노동의 공급은 여전히 근로자가 받는 임금 금액에 의해 결정된다. S_1은 노동의 공급곡선에 T를 더한 것일 뿐이다. 다만 기업이 지불하는 금액과 근로자가 받는 임금이 다르게 나타난다.

처음의 시간당 임금이 W_0이라면 세금이 부과된 후 기업은 노동 1단위당 $W_0 + T$의 가격을 지불하는 상황에 처한다. 그러나 근로자는 여전히 W_0의 임금을 받는다. 임금이 높아지면(기업이 직면하는 노동의 가격이 상승하면) 노동수요량이 L_0에서 L_d로 줄어들고 기업은 근로자를 해고하게 된다. 근로자는 여전히 W_0을 받기 때문에 노동공급량은 변하지 않는다. 따라서 $L_0 - L_d$만큼 노동의 초과 공급이 발생한다.

노동의 초과 공급이 시장의 임금을 하락시키는 압력을 가함으로써 임금이 하락하여 급여세의 일부를 근로자가 부담하게 된다. 문제는 임금이 얼마나 하락할 것인가이다. 그림 19.3은 W_1의 임금 수준에서 새로운 균형을 이루는 것을 보여주는데, 기업은 $W_1 + T$의 금액을 지불하게 된다. 근로자가 받는 임금이 W_1이면 근로자는 L_1 단위의 노동을 공급한다. 기업이 $W_1 + T$를 지불하면 기업은 L_1 단위의 노동을 수요한다. 따라서 노동공급량과 노동수요량이 다시 일치하면서 시장이 청산된다.

이 경우에 고용주과 고용인은 급여세의 부담을 분담하게 된다. 처음에 기업은 W_0를 지불했으나 세금이 부과된 후에는 $W_1 + T$를 지불해야 한다. 이는 세금이 부과되기 전에 기업이 근로자에게 지불했던 임금보다는 큰 금액이지만 세금의 크기인 T달러만큼 더 지불하는 것은 아니다. 처음에 근로자는 W_0을 받았으나 세금이 부과된 후에는 이보다 낮은 W_1의 임금을 받게 된다. 정부가 가져가는 총세금액은 $T \times L_1$로, 그림 19.3에서 노란색과 회색으로 표시된 전체 면적이다. 근로자가 부담하는 세금은 회색으로 표시된 면적으로 $(W_0 - W_1) \times L_1$이다. 기업이 부담하는 세금은 노란색으로 표시된 부분으로 $[(W_1 + T) - W_0] \times L_1$이다.

기업이 부담하는 세금과 근로자가 부담하는 세금의 상대적 크기는 노동의 수요곡선과 공급곡선 모양에 따라 결정된다. 그림 19.4는 급여세의 최종 부담이 적어도 부분적으로는 노동의 공급탄력성에 달려 있다는 것을 보여준다. 노동공급이 탄력적이라면(가격에 대한 반응이 크다면) 근로자가 받는 임금이 크게 하락하지 않고 근로자가 부담하는 세금도 적어진다. 그러나 이 경우에는 세금이 부과된 후 노동을 공급하는 근로자의 수가 많이 줄어든다. 만약 노동공급이 비탄력적이라면(가격에 대한 반응이 거의 없다면) 세금의 대부분을 임금 삭감이라는 형태로 근로자가 부담하게 된다. 비탄력적인 노동공급곡선은 급여세가 부과됨으로써 임금이 하락하는 경우에도 근로자가 이전과 거의 같은 양의 노동을 공급한다는 것을 보여준다. 노동공급이 상대적으로 비탄력적이면 급여세의 상당 부분을 근로자가 부담하고, 노동공급이 상대적으로 탄력적이면 급여세의 상당 부분을 기업이 부담한다.

미국의 노동공급에 대한 여러 실증적 분석에 따르면 노동공급의 탄력성은 0에 가까운 것으로 나타났다. 따라서 미국에서는 급여세의 대부분을 근로자가 부담하고 있다. 급여세가 기업이 아닌 근로자에게 부과되는 경우에도 결과는 정확히 동일하다. 임금 W_0에서 균형이었던 그림 19.3을 다시 살펴보자. 이번에는 근로시간당 급여세 T달러가 기업이 아닌 근로자에게 부과되었다고 하자. 이 경우에 기업과 근로자는 세금을 분담하게 된다. 급여세가 근로자에게 부과되면 근로자가 가져가는 임금이 $W_0 - T$로 하락함에 따라 W_0의 임금에서 근로자가 공급하려는 노동공급량이 줄어든다. 따라

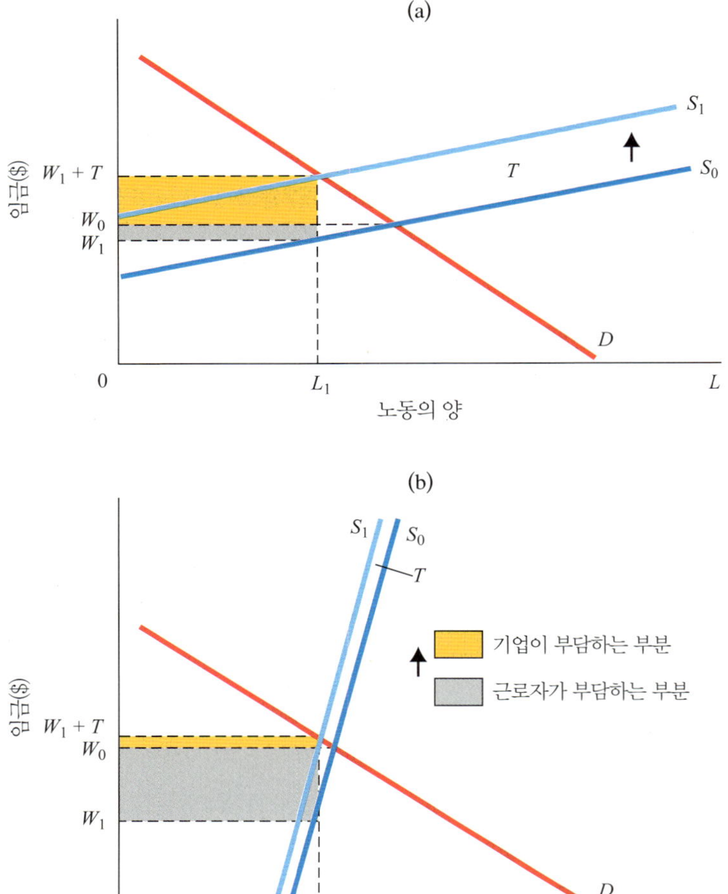

그림 19.4 탄력적 노동공급곡선(a)과 비탄력적 노동공급곡선(b)에서의 급여세 부담
급여세를 누가 부담하는가는 노동공급과 노동수요의 탄력성에 따라 달라진다. (a)와 같이 노동공급이 상대적으로 탄력적이면 급여세의 상당 부분을 기업이 부담하고, (b)와 같이 노동공급이 상대적으로 비탄력적이면 급여세의 상당 부분을 근로자가 부담한다.

서 W_0의 임금에서 처음의 공급곡선과 새로운 노동공급곡선의 수직적 간격이 T달러가 될 정도로 노동공급곡선이 왼쪽으로 이동한다. 이때 노동의 초과 수요가 발생하며, 이는 시장의 임금을 상승시키고 급여세의 일부를 고용주가 부담하게 만든다. 급여세를 고용주에게 부과하는 경우와 근로자에게 부과하는 경우는 세금이 부과되는 대상만 다를 뿐 그 결과는 정확히 똑같다. 따라서 세금 납세자가 세금 담세자가 된다는 세금 귀착의 끈끈이 이론은 옳지 않다.

경제학자들은 근로자가 급여세를 전부 부담한다고 보지는 않는다. 노동공급이 매우 비탄력적이라 하더라도 노조와 대기업 간의 협상을 통해 임금이 결정되는 경우가 많다. 급여세 때문에 세전임금이 상승하면 기업은 더 높은 생산비용에 직면하게 된다. 높아진 생산비용은 기업의 이윤을 감소시키거나 가격 인상으로 소비자에게 전가된다.

미국의 급여세는 두 가지 이유로 고소득자에게 역진적이다. 첫째, 소득이 높을수록 총소득에서 임금이나 봉급이 차지하는 비율이 줄어든다. 고소득층은 상대적으로 소득의 더 많은 부분을 이윤이나 배당, 임대료로 벌어들이며, 이러한 소득에는 급여세가 부과되지 않는다. 둘째, 2018년에 급여세의 과세기반은 128,400달러보다 더 높은 임금이나 봉급에 적용되지 않았다.

주식회사 법인세의 귀착

2017년에 미국 대통령은 세제 개혁의 일환으로 주식회사에 대한 법인세를 대폭 낮추었다. 주식회사에 대한 법인세는 주식회사의 이윤에 부과되는 세금으로 주식회사 이윤세(corporate profits tax) 또는 주식회사 소득세(corporation income tax)라고도 불린다. 주식회사의 주주나 소유주는 자신이 투자한 금액까지라는 한정된 채무를 진다. 합명·합자회사나 개인회사의 소유주는 채무가 한정적이지 않으며, 법인세는 내지 않지만 회사의 소득(이윤)을 신고한 후 그에 대해 개인소득세를 납부한다.

주식회사에 대한 법인세는 자본소득이나 이윤에 대한 세금으로 볼 수 있다. 법인세의 귀착이나 부담과 관련해서는 많은 요소가 함께 영향을 주기 때문에 이에 대해 학자들 사이에 어떤 결론이 내려지지는 않았다. 하지만 개괄적으로 이해할 필요가 있기 때문에 단순한 설정을 통해 법인세의 귀착이나 부담에 대한 전반적인 시각을 살펴보기로 한다. 이를 위해 한 경제가 주식회사 부문과 비주식회사 부문으로 구분되고 생산요소도 노동과 자본으로 구분된다고 가정한다. 자본 소유주는 이윤을 얻고 근로자는 임금을 받는다. 이러한 설정하에 법인세가 가져오는 변화를 간단히 알아보자.

법인세는 자본 소유주가 얻는 이윤, 근로자가 받는 임금, 주식회사의 제품 가격, 비주식회사의 제품 가격에 영향을 미친다. 주식회사에 법인세가 부과되면 주식회사 부문의 세후이윤(순이윤)이 감소한다. 세금이 부과되기 전에 경제가 장기균형이라고 가정하면 주식회사 부문과 비주식회사 부문은 모두 정상수익을 얻고 있을 것이다. 한 부문의 이윤이 다른 부문의 이윤보다 더 높을 이유가 없다. 그러나 주식회사에 법인세가 부과되면 주식회사 부문의 이윤이 갑자기 낮아진다.

세금 부과로 과세 부문의 이윤이 낮아지는 것에 반응하여 상대적으로 이윤이 높아진 비과세 부문으로 자본이 이동하기 시작한다. 과세 부문의 기업은 규모를 줄이거나 경우에 따라서는 사업을 접을 수도 있다. 반면에 비과세 부문의 기업은 규모를 확장하며, 이 부문에 속한 여러 산업에서 새로운 기업이 진입하기 시작한다. 자본이 과세 부문에서 비과세 부문으로 흘러들어감에 따라 비과세 부문에서 경쟁이 증가하고 공급이 늘어나 가격이 하락한다. 이는 비과세 부문의 수익성을 떨어뜨린다. 이러한 현상은 과세 부문이 부담하는 법인세의 일부가 비과세 부문의 자본소득자에게 이전된다는 것을 의미한다.

한편 법인세로 인해 세후이윤이 낮아져 자본이 주식회사 부문인 과세 부문을 떠남으로써 이 부문의 기업 수가 줄어들어 공급이 줄어들고, 이에 따라 가격이 올라 과세 부문의 이윤이 조금 상승한다. 과세 부문에서 비과세 부문으로의 자본흐름은 세후이윤이 두 부문에서 같아질 때까지 계속될 것이다. 결과적으로 경제의 한 부문에 부과된 세금이 경제 모든 부문의 세후이윤을 동일하게 감소시키는 것이다.

이러한 상황에서 아마도 주식회사의 제품 가격이 상승하고 개인회사나 합명·합자회사의 제품 가격은 상대적으로 하락할 것이다. 그러나 대부분의 사람들은 주식회사의 제품이나 비주식회사의 제품을 골고루 구매하기 때문에 제품 가격의 상승 효과는 세금 부담의 분배에 거의 영향을 주지 않을 것이다. 간단히 말해 주식회사 부문의 가격 상승이 비주식회사 부문의 가격 하락으로 상쇄된다.

마지막으로 주식회사에 대한 법인세가 노동에 미치는 영향을 간단히 설명하자면, 임금이 오를 수도 있고 내릴 수도 있으나 그 크기가 그다지 크지 않을 것이다. 법인세는 자본소득에 대해 세금이 부과된 것이기 때문에 과세된 기업은 자본을 노동으로 대체하려는 인센티브가 생긴다. 이는 임금을 상승시켜 노동이 혜택을 볼 것이다. 다른 한편으로는 과세로 인해 수축되는 과세 부문은 노동과 자본을 덜 사용할 것이다. 그러나 자본과 노동 중 어느 쪽이 더 세금을 부담하는지는 세금의 귀착에서 나타나는 전형적인 현상처럼 결국 자본과 노동의 수요 및 공급의 상대적 탄력성에 의해 결정될 것이다.

주식회사 법인세의 최종 부담 법인세의 최종 부담은 다양한 요인의 영향을 받는다. 이러한 요인은 두 부문의 자본/노동의 상대적 집약성, 두 부문 사이에 발생하는 자본과 노동의 대체 가능성, 노동과 자본의 수요 및 공급 탄력성, 두 부문에서 생산되는 재화의 수요 탄력성 등이다. 주식회사에 대한 법인세의 최종 부담을 분석한 시카고대학의 아놀드 하버거(Arnold Harberger) 교수는 1962년의 논문에서 세금이 주식회사에 대해서만 부과되더라도 주식회사의 소유주, 개인회사의 소유주, 합명·합자회사의 소유주 모두가 자신의 이윤에 비례하여 같은 비율로 주식회사에 부과된 법인세를 부담하게 된다고 결론 내렸다. 또한 하버거는 주식회사에 대한 법인세가 임금에 미치는 영향이 작으며, 제품의 가격에 미치는 영향은 두 부문에서 서로 상쇄된다고 주장했다.[1]

하버거의 분석은 폐쇄경제를 가정한 것이었다. 그러나 자본이 국내에서 해외로 빠져나간다면, 자본공급의 탄력성이 노동공급의 탄력성보다 더 클 때 노동이 법인세를 상대적으로 더 부담하게 될 것이다. 작은 개방경제에서는 자본공급이 매우 탄력적일 수 있다. 따라서 이 경우에 많은 경제학자는 노동이 법인세의 대부분을 부담할 것이라고 생각한다. 그러나 미국과 같은 큰 경제에서는 설령 개방경제라 하더라도 자본이 법인세의 일부를 (경우에 따라서는 대부분을) 부담할 가능성이 있다.

하버거의 분석은 경쟁시장을 가정한 것이다. 그러나 독점 주식회사라면 어떻게 될까? 독점기업은 시장가격을 통제할 수 있으므로 독점 주식회사는 제품의 가격을 올림으로써 이윤세를 소비자에게 전가할 수 있을 것이라고 생각하기 쉽다. 그러나 이론적인 결론은 이와 정반대이다. 즉 독점 주식회사가 세금을 전부 부담하게 된다.

독점기업이라 하더라도 시장수요의 제약을 받는다는 사실을 상기하라. 다시 말해 독점기업은 시장수요에 맞추어 생산량과 가격을 결정하고 그에 따라 이윤을 극대화한다. 이윤의 일부가 세금으로 지출된다면 독점기업의 가격과 생산량에 대한 선택은 전혀 바뀌지 않는다. 왜 그럴까? 답은 아주 간단하다. 당신이 이윤을 극대화하는 행동을 하고 내가 당신의 이윤을 절반 가져간다고 하자. 이러한 경우 당신이 전체 이윤을 극대화하면 절반의 이윤도 극대화하는 것이다. 이는 세금이 부과되기 전에 당신이 하는 행동이다. 따라서 당신이 결정하는 가격과 생산량은 변하지 않으며 이윤에서 세금을 낼 뿐이다. 장기적으로 볼 때는 경쟁시장의 경우와 마찬가지로 자본이 법인세가 부과되는 독점 주식회사 부문을 떠나게 될 것이다. 세금이 부과되더라도 독점 주식회사는 경쟁시장의 기업보다 더 높은 이윤을 얻는다.

미국의 전반적인 세금 귀착: 실증분석의 결과

세금의 귀착과 관련하여 다양한 실증분석을 한 많은 연구자가 얻은 결과는 비슷하다. 미국 주정부나 지방정부의 세금(판매세가 큰 비중을 차지)은 전체적으로 약간 역진적인 것으로 나타났다. 또한 개인소득세가 대부분을 차지하는 연방정부의 세금은 역진적인 급여세의 영향을 점점 더 많이 받고 있기는 하지만 아직은 약간 누진적이다. 미국 전체적으로 볼 때 세금은 약간 누진적인 것으로 나타났다.

1 Arnold Harberger, "The Incidence of the Corporate Income Tax," *Journal of Political Economy*, LXX, June 1962.

경제학의 적용

주식회사 이윤세(주식회사 법인세)의 귀착에 대한 경제학자들의 주장

2017년 가을, 트럼프 대통령은 주식회사 법인세를 35%에서 21%로 크게 낮추었다. 이러한 조치가 시행되기 전에는 주식회사 법인세가 결국 누구에게 귀착되는가에 대해 경제학자들 사이에 많은 논쟁이 있었다.

이를 지지하는 정치인이나 경제학자는 이러한 감세로 덕을 보는 것이 주로 근로자라고 주장했다. 트럼프 대통령의 경제자문단 단장이었던 케빈 해싯(Kevin Hassett)은 세금 하락보다 임금이 더 많이 상승할 것이라고 주장했는데, 그러려면 주식회사 법인세를 주로 노동이 부담했어야 한다. 하버드대학의 그레고리 맨큐(Gregory Mankiw) 교수와 시카고대학의 케이시 멀리건(Casey Mulligan) 교수도 이렇게 주장하는 편에 있었다. 하지만 오바마 정부의 재무부 장관이었던 래리 서머스(Larry Summers), 노벨 경제학상 수상자인 폴 크루그먼(Paul Krugman) 교수 등은 이러한 감세로 덕을 보는 것이 주로 주주라고 주장했는데, 그러려면 주식회사 법인세를 주로 자본이 부담해왔어야 한다. 구글에서 이에 대해 검색해보면 논쟁이 매우 격렬했었다는 것을 알 수 있다.

주식회사 법인세의 귀착은 앞에서도 언급했듯이 많은 요인에 의해 결정된다. 그러나 주식회사 법인세의 감세에 대한 논쟁은 세금의 귀착을 제대로 파악하는 것이 매우 중요하고도 어렵다는 것을 드러낸다. 세금의 귀착과 관련된 연구 결과를 살펴보려면 경제학자 제니퍼 그래블(Jennifer Gravelle)의 논문을 참조하기 바란다.[1]

질문

- 미국의 주식회사 법인세 감세는 미국민의 소득 불균형을 감소시킬 가능성이 큰가, 증가시킬 가능성이 큰가? 그 이유는 무엇인가?

[1] Jennifer Gravelle, "Corporate Tax Incidence: Review of General Equilibrium Estimates and Analysis," *National Tax Journal*, March 2013, 185–214.

19.3 세금의 초과부담과 중립성의 원칙

학습목표

세금의 초과부담(사장손실)이 발생하는 원인과 그 결과를 이해한다.

가구나 기업의 의사결정에 의해(제품이나 노동의 수요곡선과 공급곡선의 탄력성에 의해) 정부가 처음에 부담시키려고 의도했던 사람들에게서 다른 사람들에게로 세금이 전가될 수 있다는 것을 앞에서 확인했다. 여기서는 세금이 경제 상황을 왜곡함으로써 정부가 걷는 세금보다 사회가 지는 부담이 더 커지는 세금이 초래하는 초과부담(사장손실)에 대해 알아보자.

정부의 세수(세금으로 거둬들이는 금액)와 세금이 사회에 부담시키는 금액의 차이를 **세금의 초과부담**(excess burden)이라고 한다. 따라서 세금이 발생시키는 총부담액은 정부의 세수와 세금의 초과부담을 합한 금액이다(세금의 초과부담은 세금이 유발하는 사장손실이라고도 한다).

세금의 초과부담 세금이 사회에 부담시키는 금액에서 정부가 세금으로 가져가는 금액을 뺀 것으로, 세금의 사장손실이라고도 함

세금이 발생시키는 초과부담의 크기는 세금에 의해 경제적 의사결정이 얼마나 왜곡되는가에 달려 있다. 세금의 초과부담과 관련해서 나온 세금 부과의 일반 원칙이 **중립성의 원칙**(principle of neutrality)이다. 다른 것들이 일정하다면[2] 경제적 의사결정에 영향을 주지 않는 세금이 경제적 의사결정에 영향을 주는 세금보다 더 낫다.

중립성의 원칙 다른 것들이 일정하다면 경제적 의사결정에 영향을 주지 않는 중립적인 세금이 경제적 의사결정을 변화시키는(왜곡하는) 세금보다 일반적으로 더 좋다는 것. 중립적이지 않은 세금은 초과부담을 유발함

2 다른 것들이 일정하다는 가정이 중요하다. 세금(정책) 변화의 장점을 판단할 때 중립성은 많은 기준 중 하나이지만 종종 다른 기준과 충돌하기도 한다. 예를 들어 세금 A는 세금 B보다 더 큰 사장손실(초과부담)을 초래할 수 있으나 사회는 세금 A가 더 공평하다고 판단할 수도 있다.

모든 세금은 사람들의 실제 행위를 크든 작든 변화시켜서 경제적 의사결정을 왜곡한다. 특정 재화에 대한 소비세는 세금이 부과된 제품의 가격을 상승시키고, 사람들은 다른 대체품을 구매함으로써 세금을 피할 수 있다. 소득세는 현재 소비와 미래 소비 간의 선택을 왜곡하고, 일과 여가의 선택을 왜곡한다. 주식회사 법인세는 주식회사에 대한 투자와 주식회사의 생산 관련 의사결정에 영향을 주어 투자가 주식회사 부문에서 빠져나가게 만든다. 앞에서 보았듯이 세금이 유발하는 왜곡의 크기는 거래 당사자가 얼마나 가격탄력적인가에 따라 달라진다. 거래 당사자가 가격탄력적이면 세금 부과로 큰 왜곡이 발생하여 큰 초과부담을 초래한다.

초과부담의 측정

그림 19.5의 수요곡선을 살펴보자. 이 제품은 처음에 한계비용(일정하다고 가정함)과 일치하는 가격 P_0에 판매되었다. 생산요소가 경쟁시장에서 거래되면 한계비용이 제품 생산에 사용된 그 생산요소(자원)의 진짜 가치라고 했던 것을 떠올려보라. 한계비용이 일정하면 제품의 공급곡선은 수평선이 되어 완전가격탄력적이 된다. 이 경우에 T만큼의 세금이 부과되면 가격이 $P_1 = P_0 + T$로 상승한다. 따라서 소비자가 세금을 모두 부담하게 되는 것이다.

세금의 초과부담을 측정하려면 4장에서 다루었던 소비자잉여의 개념을 적용해야 한다. 어떤 가격에서든 일부 소비자는 자신에게 해당 제품이 가져다주는 가치보다 적은 금액을 지불한다. 당신이 어떤 제품을 구매하는 것은 그 제품이 당신에게 적어도 그 가격만큼의 가치가 있음을 드러내는 셈이다. 예를 들어 X재 1단위가 경매에 나온다면 어떤 사람이 그림 19.5의 D에 가까운 가격을 지불하려고 할 수 있다. 그러나 그가 실제로 지불하는 가격은 P_0이므로 그는 $D - P_0$만큼의 소비자잉여를 얻는다.

단위당 소비세 T가 X재의 가격을 P_0에서 $P_1 = P_0 + T$로 상승시킬 때 어떤 일이 발생하는지 알아보자. 첫째, 정부는 조세수입을 얻는다. 세금으로 정부가 거둬들이는 금액은 소비자가 구매한 X재의 단위(X_1)와 T를 곱한 것이다. $T \times X_1$은 사각형 P_1ABP_0의 면적이다. 둘째, 소비자는 이제 가격 P_1을 지불해야 한다. 따라서 시장에서 발생한 소비자잉여는 삼각형 DCP_0의 면적에서 더 작은 삼각형 DAP_1의 면적으로 줄어든다. 초과부담은 세금이 부과되기 전에 소비자가 얻던 소비자잉여에서

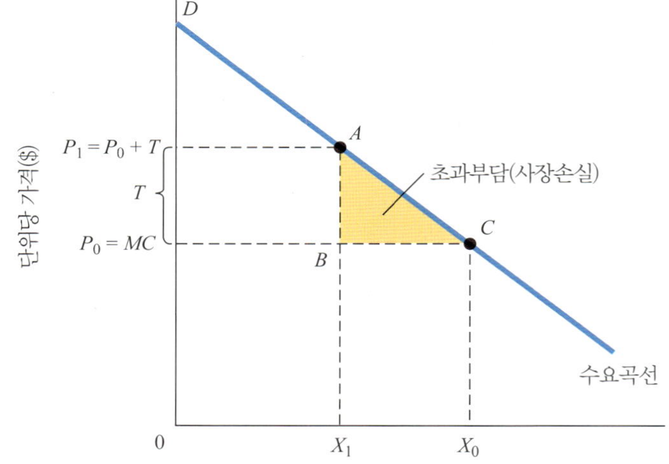

그림 19.5 단위당 소비세가 유발하는 초과부담
경제적 의사결정을 변화시키는 세금은 정부가 세금으로 걷는 금액보다 더 큰 부담액을 발생시킨다. 단위당 소비세는 제품의 가격을 그 한계비용보다 높게 상승시켜 일부 소비자가 해당 제품보다 덜 바람직한 대체재를 구매하게 함으로써 소비자잉여를 감소시킨다.

정부의 조세수입을 차감한 금액이 된다.

달리 말해 최초 소비자잉여의 가치(삼각형 DCP_0)가 세 부분으로 쪼개진다. 삼각형 DAP_1의 면적은 여전히 소비자잉여로 남아 있고, 사각형 P_1ABP_0의 면적은 정부가 가져가는 세금 징수액이다. 마지막으로 삼각형 ACB의 면적은 아무도 가져가지 않는, 사회가 그대로 잃어버리는 금액이며, 이것이 바로 세금의 초과부담액이다. 소비자가 부담하는 총부담액은 정부의 조세수입에 초과부담을 더한 것인 P_1ACP_0의 면적이다. 다시 말해 이 경우 정부가 세금으로 1달러를 가져가면 소비자는 1달러보다 더 많은 금액을 잃게 된다.

세금의 초과부담과 왜곡의 정도

의사결정을 왜곡하는 세금이 유발하는 초과부담의 크기는 세금에 의해 의사결정이 얼마나 달라지는가에 달려 있다. 소비세에 대한 소비자의 반응은 수요의 가격탄력성이 알려준다. 수요곡선이 더 가격탄력적일수록 세금에 의한 왜곡이 더 커진다.

그림 19.6은 소비자 반응의 크기가 초과부담의 크기를 결정한다는 것을 보여준다. 두 수요곡선(D_1과 D_2)은 단위당 세금인 T달러에 대한 두 가지 가능한 소비자 반응을 나타낸다. 수요곡선 D_1에 따른 수요량의 변화(X_0에서 X_1로)는 수요곡선 D_2에 따른 수요량의 변화(X_0에서 X_2로)보다 크다. 달리 말해 수요곡선 D_1로 표현된 소비자의 반응은 수요곡선 D_2로 표현된 소비자의 반응보다 더 탄력적이다.

수요의 탄력성에 따라 달라지는 세금이 유발하는 초과부담은 그림 19.6에서 회색과 파란색으로 표시된 면적과 같다. 그림에서 보듯이 수요가 더 탄력적일 때(소비자가 더 민감하게 반응할 때) 세금이 유발하는 초과부담이 더 커진다.

수요가 완전비탄력적이면 왜곡이 발생하지 않고 초과부담도 발생하지 않는다. 세금은 소비자가 얻는 소비자잉여의 한 부분을 정부에 이전할 뿐이다. 그래서 일부 경제학자들은 다른 생산요소에 대

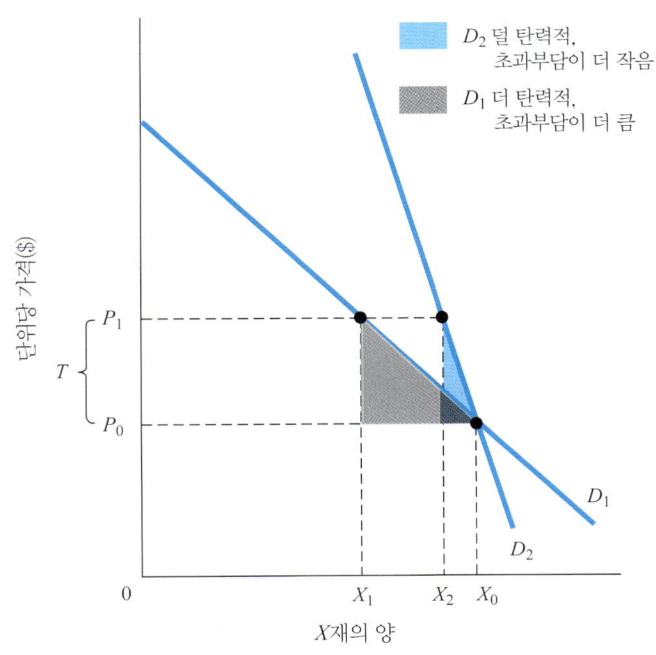

그림 19.6 (단위당) 소비세가 유발하는 초과부담의 크기는 수요의 가격탄력성에 따라 달라진다. 세금이 유발하는 초과부담의 크기는 세금으로 인해 사람들의 의사결정이나 행동이 얼마나 변하는가에 달려 있다.

한 세금보다 토지에 대한 균일한 세금을 선호한다. 토지의 공급은 거의 완전비탄력적이기 때문에 모든 토지에 대한 균일한 세금은 공급량이 변하는 다른 생산요소에 대한 세금에 비해 경제적 의사결정을 거의 왜곡하지 않는다.

학습목표

차선의 원칙에 대해 알아본다.

19.4 차선의 원칙

차선의 원칙 경제에 이미 어떤 왜곡이 존재할 때 세금에 의한 왜곡이 기존의 왜곡을 줄임으로써 경제적 효율성이 증가할 수도 있다는 것

세금이 의사결정을 왜곡하고 그 결과 초과부담이 발생한다는 것을 앞에서 확인했는데 여기서 한 걸음 더 나아가보자. 세금이 항상 초과부담을 유발하는 것처럼 보이지만 모든 세금이 그런 것은 아니다. 경제에 다른 왜곡이 이미 존재하는 경우에는 세금에 의한 왜곡이 바람직한 결과를 가져올 수도 있는데, 이를 **차선의 원칙**(principle of second best)이라고 한다. 외부효과가 존재하는 경우와 다른 세금으로 인해 왜곡이 발생하는 경우, 적어도 이 두 가지 상황에서는 비중립적인(왜곡을 유발하는) 세금이 선호될 수 있다.

16장에서 살펴보았듯이 기업이나 가구의 어떤 행동은 외부효과라는 사회적 비용(또는 혜택)을 유발하며, 그러한 외부효과가 기업이나 가구의 의사결정에 반영되지 않는다면 기업이나 가구는 경제 전체적으로 볼 때 비효율적인 선택을 할 가능성이 높다. 공해는 음의 외부효과를 나타내는 대표적 예이며 이 밖에도 외부효과가 발생하는 경우가 아주 많다. 외부효과를 유발하는 활동에 외부효과가 유발하는 비용만큼의 세금을 부과하면 자원의 효율적 배분을 다시 달성할 수 있다. 그러한 세금은 의사결정자가 의사결정을 할 때 실제로 발생하는 모든 경제적 비용을 고려하게 만든다.

외부효과에 대해 세금을 부과하면 경제적 의사결정이 바뀌는 왜곡이 나타난다. 그러나 이러한 왜곡은 의사결정자가 의사결정을 할 때 무시했던 실제 비용을 모두 고려하여 다시 의사결정을 하게 만드는 것이다. 공해를 예로 들면, 공해세에 의한 왜곡은 바람직한 것이다. 공해세는 초과부담을 유발하는 대신 효율성을 증가시킨다. 왜곡을 다른 왜곡으로 상쇄하면 왜곡이 사라질 수도 있다.

의사결정을 왜곡하는 세금이 존재하는 경우에도 또 다른 세금이 유발하는 왜곡으로 경제적 후생이 증가할 수 있다. 사람들이 구매하는 어떤 재화에 대해 세금이 부과되고 있을 때 나머지 재화에 대해서도 세금을 부과하면 기존의 초과부담(사장손실)이 줄어들 수도 있다. 다시 말해 모든 재화에 대해 동일한 세금에 직면한 소비자는 세금을 피하기 위해 구매 행위를 바꿀 수 없다.

최적 세금

세금이 사람들의 행동을 바꾼다는 사실 때문에 조세이론가들은 최적 세금 시스템을 연구하게 되었다. 세금에 대한 사람들의 반응을 안다면 세금이 가져오는 전체적 초과부담(사장손실)을 최소화하는 세금 시스템을 개발할 수 있다. 예를 들어 거래되는 모든 재화에 대한 수요의 가격탄력성을 안다면 상대적으로 가격비탄력적인 수요에 대해서는 높은 소비세를 부과하고 상대적으로 가격탄력적인 수요에 대해서는 낮은 소비세를 부과하는 것이 최적 세금 시스템일 것이다.

그러나 최적 세금 시스템을 갖추는 데 필요한 모든 정보를 수집하는 것이 불가능하므로 결국 세금의 중립성 원칙에 충실해야 한다는 결론으로 돌아갈 수밖에 없다. 다른 것들이 일정하다면 경제적 의사결정에 대해 중립적인 세금이 경제적 의사결정을 왜곡하는 세금보다 일반적으로 더 낫다. 중립

적이지 않은 세금은 초과부담(사장손실)을 유발한다.

19.5 세금의 공평성

학습목표

세금의 형평성이 무엇을 의미하는지 이해한다.

지금까지는 세금 부과와 관련된 효율성 문제에 대해 살펴보았는데 공평성도 경제를 평가하는 기준 중 하나이다. 세금 제도와 관련하여 대부분의 정책 입안자가 고려하는 것은 공평성이다. 우리 모두가 세금의 공정한 몫을 지불해야 한다는 데에는 동의하지만 무엇이 공정한(공평한) 세금 시스템인지에 대해서는 논쟁이 계속되고 있다.

세금의 공평성과 관련하여 거론되는 이론 중 하나는 **수혜과세 원칙**(benefits-received principle)이다. 애덤 스미스가 살았던 18세기와 그 이전 학자들의 시기에 수혜과세 원칙은 사람들이 정부의 공공지출로 받는 혜택에 비례하여 정부에 공헌해야 한다는 것을 의미한다. 이 원칙은 정부지출과 세금을 통한 정부수입을 같이 묶는다. 예를 들어 자동차를 소유하고 사용하는 사람들은 휘발유와 자동차의 특별소비세를 내고, 이렇게 거둬들인 세금은 연방 고속도로를 건설 및 유지하는 데 사용된다. 따라서 공공 고속도로의 혜택을 받는 사람들에게 그들이 고속도로를 이용한 대략적인 양에 비례하여 특별소비세가 부과되는 것이다.

수혜과세 원칙 정부의 공공지출로 혜택을 받는 사람은 그 혜택에 비례하여 정부에 세금을 납부하는 방식으로 기여해야 한다는, 세금의 공평성에 관한 이론

수혜과세 원칙을 적용하는 데 따르는 어려움은 많은 공공지출이 국방과 같은 공공재의 공급을 위한 것이라는 사실이다. 공공재의 혜택은 사회의 모든 구성원에게 집합적으로 주어지며, 개별 납세자가 얼마만큼의 혜택을 받는지를 판단할 방법이 없다.

그러나 수십 년간 미국 정부의 조세정책을 지배해온 **지불 능력 원칙**(ability-to-pay principle)은 이와 다르다. 이 원칙은 납세자가 자신의 세금 납부 능력에 따라 세금을 부담해야 한다는 것이다. 이는 수혜과세 원칙과 달리 정부지출과 세금을 통한 정부수입을 함께 묶지 않는 것이다. 따라서 공공지출의 혜택을 받는 사람이 세금을 내도록 만드는 데 따르는 어려움은 피할 수 있다.

지불 능력 원칙 납세자가 세금 납부 능력에 따라 세금을 부담해야 한다는 원칙

수평적 공평성과 수직적 공평성 공정성에 근거하여 지불 능력이 세금 부담 분배의 기초가 되어야 한다고 믿는다면 두 가지 원칙이 뒤따라야 한다. 첫째는 수평적 공평성 원칙으로, 동일한 지불 능력을 가진 사람들은 동일한 세금을 부담해야 한다는 것이다. 둘째는 수직적 공평성 원칙으로, 지불 능력이 더 큰 사람이 더 많은 세금을 부담해야 한다는 것이다.

이러한 원칙을 실행에 옮기려면 상호 의존적인 두 가지 질문에 답해야 한다. 첫째, 지불 능력을 어떻게 측정해야 하는가? 어떤 것이 가장 좋은 과세기반인가? 둘째, A의 지불 능력이 B보다 뛰어나다면 A는 세금을 얼마나 더 내야 하는가?

과세기반

가장 좋은 과세기반으로 거론되는 것은 소득, 소비, 부이다. 소득(정확히 말해 경제적 소득)은 자원을 통제할 수 있는 당신의 능력을 증가시키는 모든 것이다. 경제적 소득(economic income)의 기술적 정의는 당신이 소비하는 것의 가치에 당신이 소유한 것의 가치 변화를 합한 것이다.

경제적 소득 = 소비의 가치 + 순자산의 가치 변화

이렇게 넓게 정의된 경제적 소득에는 미국 국세청이 소득으로 보지 않는 것도 많이 포함되고, 미국 인구조사국이 화폐소득으로 보지 않는 것도 일부 포함된다. 경제적 소득에는 근로소득, 이자, 배당, 이윤, 정부의 이전지불 등 모든 현금 수령액이 포함된다. 또한 의료 서비스, 고용주가 납입한 은퇴연금, 컨트리클럽 회원권 등 직접 현금으로 받지 않는 혜택의 가치도 포함된다. 주식이나 채권의 가치 증가는 판매를 통해 이익이 실현되었는지에 관계없이 경제적 소득에 포함된다. 자본이득(주식과 같은 자산의 가치가 증가하는 것)은 판매를 통해 이익이 실현되는 경우에만 소득으로 간주되어 소득세 부과 대상이 된다. 그러나 경제적 소득에는 모든 자산의 증가가 그 실현 여부와 상관없이 포함된다.

이렇게 넓게 정의된 소득에는 우리가 통상적으로 소득이라고 생각하지 않는 일부 항목도 포함된다. 당신이 집을 소유하여 임대료를 내지 않고 살고 있다면 채권이나 주식으로 이자나 배당이라는 소득이 발생하듯이 당신의 집으로 소득이 발생하는 것이다. 집을 소유하면 임대료를 내고 살면서 집의 혜택을 누리는 것과 같은 혜택을 받게 된다. 경제적 소득을 구성하는 또 다른 것으로는 증여나 상속으로 받는 것의 가치, 집에서 재배하는 식품 등이 있다. 경제적 의미에서 소득은 출처와 용도에 관계없이 소득이다.

소비는 주어진 기간 동안 가구가 소비하는 재화나 서비스의 총가치이다.

부 또는 순자산은 부채를 뺀 후 소유하고 있는 모든 재화와 서비스의 가치이다. 주식, 채권, 집, 자동차 등 당신이 현재 소유한 모든 것을 현재의 시장가격으로 판매하고 대출금, 모기지 등 당신의 모든 부채를 갚은 후 남는 것이 당신의 순자산이다.

순자산 = 자산 − 부채

소득과 소비는 유량으로 측정된다는 것을 기억하라. 따라서 소득은 월 또는 연 단위로 말하고, 부와 순자산은 어떤 시점에서의 저량으로 측정된다.

소득과 소비: 최고의 과세기반 미국에서 가구에 대한 세금의 과세기반이 되는 것은 소득이다. 대부분의 다른 선진국에서는 소비에 대한 세금인 부가가치세(VAT)가 지배적이다. 소득과 소비 중에서 어느 것이 더 좋은 과세기반인가는 세금의 효율성 및 공평성(형평성)과 관련이 있다.

소비를 가장 공정한 과세기반으로 보는 견해는 17세기의 영국 철학자 토머스 홉스까지 거슬러 올라간다. 홉스는 사람들이 공동의 항아리에서 가져간 것에 비례하여 세금을 내야 한다고 주장했다. 생활수준은 소득이 아니라 소득이 얼마나 지출되는가에 달려 있다. 따라서 복지를 재분배하고자 한다면 복지의 가장 좋은 척도인 소비가 과세기반이 되어야 한다는 것이다.

과세기반으로 소비를 선호하는 두 번째 주장은 지난 세기에 어빙 피셔(Irving Fisher)가 내놓은 주장이다. 피셔를 비롯한 여러 학자는 소비가 소득보다 더 공정하고 더 효율적인 과세기반이라고 주장했다. 소득세는 저축에 대해 두 번 세금을 부과하는 것이므로 저축을 저해한다는 것이 그 주장의 핵심이다. 피셔는 다음과 같은 예를 들어 자신의 주장을 피력했다.[3]

앨릭스가 프랭크의 집을 지었다고 가정하자. 그 대가로 프랭크는 앨릭스에게 10,000달러를 지불

3 Irving Fisher and Herbert Fisher, *Constructive Income Taxation: A Proposal for Reform* (New York: Harper, 1942), Ch. 8, p. 56.

하고 사과나무 100그루가 있는 과수원을 준다. 앨릭스는 10,000달러를 소비하고 과수원은 그대로 둔다. 매년 과수원은 앨릭스가 판매할 수 있는 열매를 맺는다. 정부는 연말에 10,000달러와 과수원의 가치를 포함한 앨릭스의 총소득에 대해 10%의 세금을 부과한다. 첫째, 정부는 10,000달러의 10%를 세금으로 가져간다. 이는 앨릭스가 소비한 금액의 10%이다. 둘째, 앨릭스가 프랭크에게 사과나무 100그루가 있는 과수원을 받았기 때문에 이는 앨릭스의 소득이 되고, 따라서 정부는 과수원의 10%(사과나무 10그루)를 세금으로 가져간다. 이는 과수원 가치의 10%로, 앨릭스의 올해 소득으로 그만큼이 발생했다고 본 것이다. 지금까지는 이중으로 계산한 것은 없는 것처럼 보인다. 그러나 2년 차에도 과수원은 앨릭스가 판매할 수 있는 사과를 생산하며, 과일 판매 수입금도 소득세 부과 대상이 된다. 실제로 앨릭스는 그 이후 매년 과수원에서 얻는 소득에 대해 세금을 내야 한다.

피셔와 그의 주장에 동의하는 사람들은 이것이 불공정하다고 주장한다. 소득세는 앨릭스의 저축에 대해 두 번 이상 세금을 부과한다는 것이다. 과수원의 총가치가 1년 차에 소득으로 과세되었다. 그리고 그다음 해부터 과수원의 저축에서 얻는 소득에 대해 매년 소득세가 부과된다. 과수원에 대한 세금을 공정하게 부과하려면 사과나무의 10%를 세금으로 가져가든가, 과수원에서 생산되는 사과의 가치에 대해 매년 10%를 가져가야지, 둘 다 가져가면 안 된다는 것이다. 저축에 대한 이중과세를 피하려면 처음에 사과나무 100그루에 대해 세금을 부과하지 말거나, 세금을 내고 난 후 남는 90그루의 사과나무로부터 얻는 소득에 대해 세금을 부과하지 말아야 한다.

이와 똑같은 논리가 현금 저축에도 적용될 수 있다. 당신이 100달러를 벌면 그에 대해 소득세가 부과된다. 당신이 100달러를 소비하지 않고 저축한다면 그 돈으로부터 얻는 이자수입에 대해서도 그다음 해부터 매년 소득세가 부과된다.

소비에 대해 과세하는 것과 소득에 대해 과세하는 것은 효율성 문제와도 관련이 있다. 앞에서 보았듯이 경제적 선택을 왜곡하는 세금은 초과부담(사장손실)을 유발한다. 소득세는 저축에 대해 이중과세를 하는 것이므로 소비와 저축 간의 선택(현재 소비와 미래 소비 간의 선택)을 왜곡하여 초과부담(사장손실)을 유발한다. 그러나 소비에 대해 세금을 부과하는 경우의 왜곡은 이보다 작다.

피셔의 주장에 모든 사람이 동의하는 것은 아니다. 많은 사람은 당신의 자원 통제 능력을 가장 잘 나타내는 척도가 소득이라고 주장한다. 소득을 과세기반으로 하는 것을 지지하는 사람들은 공동의 항아리에서 당신이 가져가는 것에 대해 세금을 부과하지 않고 공동의 항아리에서 당신이 가져갈 수 있는 능력에 대해 세금을 부과하는 것이 공정하다고 주장한다. 달리 말해 저축과 소비에 대한 당신의 선택은 사과를 살 것인지, 외식을 할 것인지, 어머니에게 돈을 드릴 것인지에 대한 당신의 선택과 다를 바가 없다. 이 모든 것을 할 수 있게 해주는 것은 당신의 소득이기 때문에 소득의 출처와 사용 방법에 관계없이 소득에 과세되어야 한다. 저축은 소득의 사용 방법 중 하나일 뿐이라는 것이다.

소득이 지불 능력을 가장 잘 나타내는 척도라면 이중과세라는 주장이 성립하지 않는다. 소비를 지불 능력의 척도로 보는 경우에만 소득세가 저축에 대해 이중과세하는 것이다. 그러나 소득이 지불 능력의 척도로 사용되는 경우에는 이중과세가 되지 않는다. 과수원을 인수하면 당신의 지불 능력이 향상된다. 즉 과일이 주렁주렁 열리면 당신의 지불 능력이 향상된다. 이자소득은 다른 형태의 소득과 다르지 않으며 당신의 지불 능력이 향상된다. 따라서 이자소득에 대한 과세는 공정한 것이다.

과세기반으로서의 부 자원을 통제할 수 있는 진정한 힘은 어느 한 해의 소득이 아니라 축적된 부에서 비롯된다고 주장하는 사람들도 있다. 미국의 총순자산은 총소득보다 몇 배나 더 크다.

두 사람의 연소득이 똑같이 10,000달러이지만 그중 한 사람은 100만 달러의 순자산을 가지고 있을 때, 두 사람의 지불 능력이 동일하다거나 두 사람이 세금을 똑같이 내야 한다고 주장하는 것이 합리적인가? 대부분의 사람들은 아니라고 대답할 것이다.

부를 기반으로 한 시스템을 옹호하는 사람들은 경제력을 재분배하는 유일하고 진정한 방법은 부의 집중에 세금을 부과하는 것이라고 주장한다. 한편 소득에 대해 이미 과세된 경우에 부에 대해 세금을 부과하는 것은 이중과세라는 것에 유의해야 한다.

세계에서 가장 오래되고 가장 일반적인 과세 형태 중 하나는 개인이 사망했을 때 보유하고 있던 재산 또는 부에 대한 과세이다. 사람이 사망했을 때 가지고 있던 재산을 그 사람의 상속이라고 한다. **상속세**(estate tax)는 상속인 간의 분배 방식에 관계없이 개인의 상속 가치 총액에 대해 부과된다. 미국의 증여세나 상속세는 일정 수준을 넘는 금액에 대해 부과된다. 미국 정부의 총세수에서 증여세와 상속세가 차지하는 비율은 2% 미만이다. 증여세와 상속세는 2001년 미국 의회에서 통과된 법에 따라 2010년부터 폐지되었으나 예산 부족 위기로 2012년 후반에 다시 부활했다. 2015년에 면제된 상속세는 543만 달러였으며, 그 한도를 초과하는 초과분에 대해서는 40%의 세율이 적용되었다. 한편 2017년 말 트럼프 대통령의 세제 개혁으로 2025년까지 상속세 면제액이 1,120만 달러로 늘어났다.

상속세 한 사람의 유산에 부과되는 세금

사람들의 선택에 크게 영향을 미치지 않는다는 점에서 상속세가 효율성을 크게 해치지는 않는다고 생각할 수 있다. 따라서 상속세가 유발하는 초과부담이 매우 작을 것이다. 그러나 밝혀진 바와 같이 부유한 사람들은 부를 비과세 자산 형태로 변환할 수 있다. 따라서 상속세를 피할 수 있는 허점이 많을수록 상속세가 유발하는 초과부담이 커질 것이다. 또한 부유한 사람들은 자녀를 위해 저축을 덜 할 수도 있다. 이는 초과부담을 유발하는 또 다른 선택 변화이다.

간단하지 않은 답 전 세계 모든 국가는 이러한 세 가지 과세기반에 대해 세금을 부과하는 과세 시스템을 갖추고 있다. 예를 들어 미국의 경우 판매세와 특별소비세가 있는데, 이는 소비에 대한 과세이다. 또한 증여세와 상속세가 있는데, 이는 부에 대한 과세이다. 지방세인 재산세도 부에 대한 과세이고, 개인소득세는 소득에 대한 과세이다.

그러나 미국의 개인소득세는 가구의 저축에 대해 상당 부분을 과세대상 소득에서 제외해주기 때문에 소득에 대한 세금이라기보다는 소비에 대한 세금에 더 가깝다고 볼 수 있다. 미국의 세법에는 많은 보조금과 인센티브가 있다. 미국 세법에 내재한 가장 중요한 인센티브는 저축에 대한 세금을 줄임으로써 사람들이 저축을 하도록 장려하는 조항이다.

19.6 사회적 선택

학습목표

사회적 선택 이론과 이슈에 대해 알아본다.

정부나 공공부문에 대한 하나의 견해는 '사회가 원하는' 것을 제공하기 위해 정부가 존재한다는 것이다. 사회는 개인들로 이루어진 집합체이고 개인은 저마다 고유한 선호도를 가지고 있다. 따라서 사회가 원하는 것이 무엇인지 정하는 것(어떤 방법으로 개인의 선호를 합하거나 종합하는 것)은 **사회적 선택**(social choice)의 문제이다.

사회적 선택 사회가 원하는 것을 정하는 것. 사회 전체적 선택을 결정하기 위해 개인들의 선호를 모두 합하는 것

정부가 해야 할 일을 결정할 때 부분적으로는 자신의 목적에 따라 움직이는 정치인과 공무원으로 정부가 구성된다는 사실을 이해하는 것도 중요하다. 따라서 정부를 이해하려면 정치인과 공무원이 직면하는 인센티브와 사회 구성원의 선호도를 종합하는 데 따르는 어려움을 이해해야 한다.

투표의 역설

민주사회는 투표로 사회 전체적 선호를 결정하고 그에 따라 사회적 결정을 내린다. 모든 투표의 결과가 만장일치라면 효율적인 의사결정이 보장되겠지만, 선호가 각기 다른 수많은 사람이 있을 때는 사실상 만장일치가 불가능하다.

가장 일반적인 사회적 의사결정 메커니즘은 다수결의 원칙이지만 이는 완벽하지 않다. 1951년에 경제학자 케네스 애로(Kenneth Arrow)는 개인의 선호를 존중하면서 일관성 있는 사회적 결정을 항상 가져오는 투표 제도를 만드는 것이 불가능하다는 **불가능성 정리**(impossibility theorem)를 증명했다.[4]

불가능성 정리 케네스 애로가 증명한 명제로, 개인의 선호를 존중하면서 일관성 있는 사회적 결정을 항상 가져오는 투표 제도를 만드는 것이 불가능하다는 것

투표의 역설은 다수결 투표에서 나오는 비합리적인 결과의 한 예이다. 대학의 미래에 대한 의사결정을 해야 하는 총장이 관리자 3명에게 다음과 같은 세 가지 안에 대해 투표를 하게 했다. Ⓐ 학생 수를 늘리고 교수를 더 많이 채용한다. Ⓑ 현재의 교수 수와 학생 수를 유지한다. Ⓒ 교수 수와 학생 수를 줄인다. 그림 19.7은 세 관리자의 선호도를 도식적으로 나타낸 것이다.

재무부 총장(VP1)은 성장을 선호하여 Ⓑ보다 Ⓐ를, Ⓒ보다 Ⓑ를 선호한다. 행정부 총장(VP2)은 평지풍파를 일으키지 않고 현재 상황을 그대로 유지하고 싶어 하기 때문에 다른 옵션보다도 Ⓑ를 더 선호하며, 현상 유지가 불가능하다면 Ⓒ를 선호한다. 학장은 변화가 필요하다고 생각하며 Ⓐ보다 Ⓒ를, Ⓑ보다 Ⓐ를 선호한다.

표 19.2는 이 투표의 결과를 보여준다. 세 관리자가 Ⓐ와 Ⓑ에 대해 투표한다면 Ⓐ를 선택하므로 VP1과 학장의 선택이 VP2의 선택을 이긴다. 또한 Ⓑ와 Ⓒ에 대해 투표한다면 Ⓑ가 선택된다. 이

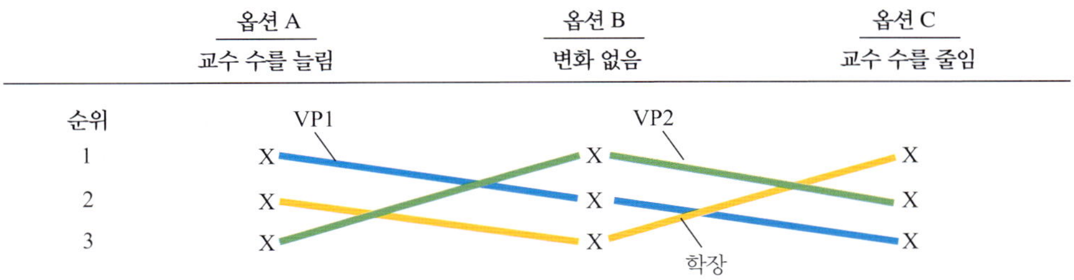

옵션 A 교수 수를 늘림
옵션 B 변화 없음
옵션 C 교수 수를 줄임
순위
1
2
3
VP1
VP2
학장

그림 19.7 세 관리인의 선호
VP1은 Ⓑ보다 Ⓐ를, Ⓒ보다 Ⓑ를 선호한다. VP2는 Ⓒ보다 Ⓑ를, Ⓐ보다 Ⓒ를 선호한다. 학장은 Ⓐ보다 Ⓒ를, Ⓑ보다 Ⓐ를 선호한다.

표 19.2 대학의 계획에 대한 투표 결과: 투표의 역설

투표	VP1	VP2	학장	결과*
Ⓐ와 Ⓑ	Ⓐ	Ⓑ	Ⓐ	Ⓐ 선택: Ⓐ > Ⓑ
Ⓑ와 Ⓒ	Ⓑ	Ⓑ	Ⓒ	Ⓑ 선택: Ⓑ > Ⓒ
Ⓒ와 Ⓐ	Ⓐ	Ⓒ	Ⓒ	Ⓒ 선택: Ⓒ > Ⓐ

* Ⓐ > Ⓑ는 Ⓑ보다 Ⓐ를 더 선호한다는 것을 나타냄

4 Kenneth Arrow, *Social Choice and Individual Values* (New York: John Wiley, 1951).

두 번의 투표로 Ⓐ(확대)를 Ⓑ(변화 없음)보다 선호, Ⓑ(변화 없음)를 Ⓒ(축소)보다 선호라는 결과를 얻는다.

그런데 세 관리자가 Ⓐ와 Ⓒ에 대해 투표할 때 문제가 발생한다. VP2와 학장이 Ⓒ를 선택하므로 Ⓒ를 Ⓐ보다 선호한다는 결과가 나온다. Ⓐ가 Ⓑ를 이기고 Ⓑ가 Ⓒ를 이기는데 어떻게 Ⓒ가 Ⓐ를 이길 수 있단 말인가? 일관성 없는 결과이다.

투표의 역설 다수결 투표가 어떻게 서로 상충하는, 일관성 없는 결과를 가져올 수 있는지를 보여주는 예

투표의 역설(voting paradox)은 몇 가지를 알려준다. 가장 중요한 것은 공공재에 대한 사회적 선택을 판단하기 위해 개인들의 각기 다른 선호를 모두 합하는 어떠한 투표 제도라도 이처럼 일관성 없는 결과를 가져올 수 있다는 것이다. 또한 투표의 역설은 의제를 설정하는 사람이 얼마나 많은 영향력을 행사할 수 있는지를 보여준다. Ⓐ와 Ⓒ에 대한 투표가 먼저 이루어졌다면 처음의 두 가지 투표를 하지 않았을 것이다. 이는 미국 의회의 규칙위원회가 막강한 권한을 가진 이유이다. 이 위원회는 법안이 통과될 수 있는 규칙을 정할 뿐만 아니라 법안이 상정되는 순서를 결정한다.

로그롤링 정치 세력이 투표 거래나 투표 담합을 통해 상호 지원을 하는 행위로 법안을 통과시키는 것

다수결 투표 제도의 또 다른 문제점은 다수결이 로그롤링으로 연결된다는 것이다. **로그롤링**(logrolling)은 정치 세력이 투표 거래나 투표 담합을 통해 상호 지원을 하는 행위로 법안을 통과시키는 것을 말한다. 예를 들면 D는 E가 제안하는 법안이 통과될 수 있도록 과반수의 표를 얻는 데 도움을 주고, 그 대가로 E는 D가 제안하는 법안이 통과될 수 있도록 과반수의 표를 얻는 데 도움을 준다. 로그롤링 없이 어떤 법안이 통과될 수 있는지는 분명치 않다. 또한 로그롤링이 효율성 측면에서 전반적으로 좋은 것인지, 나쁜 것인지도 확실치 않다. 어떤 법안이 한 지역이나 한 집단의 사람들에게 엄청난 순사회적 이득을 창출하지만 수혜자의 수가 상대적으로 적거나 지역이 상대적으로 작기 때문에 그 법안을 통과시키는 국회의원 과반수의 표를 얻을 수 없을 때, 다른 지역에 큰 혜택을 주는 어떤 법안도 투표를 기다리고 있다면 두 법안을 지지하는 국회의원들이 표를 거래함으로써 효율적인 두 법안을 통과시킬 수 있다. 그러나 로그롤링은 정당화될 수 없는 비효율적인 선심성 법안을 통과시키는 결과도 초래할 수도 있다.

투표를 통해 공공의 선택을 결정하는 것은 또 다른 문제도 야기한다. 첫째, 유권자가 좋은 정보를 얻으려는 인센티브를 가지지 않는다. 당신이 개인적으로 어떤 제품을 구매할 때 잘못 선택했다면 그 피해는 고스란히 당신이 입고, 잘 선택했을 때도 그 혜택이 모두 당신에게 돌아간다. 하지만 투표는 다르다. 많은 사람이 투표에 대한 시민적 책임이 있다고 믿으면서도 자신의 투표가 실제로 선거 결과를 판가름할 것이라고 생각하는 사람은 드물다. 투표소에 가는 데 드는 시간과 번거로움만으로도 많은 사람을 제지하기에 충분한데, 충분한 정보를 얻는 데에는 이보다 훨씬 더 많은 비용을 지불해야 하므로 많은 사람이 정보를 얻기 위해 노력하지 않는다고 해서 놀랄 것도 없다.

한 표가 결정적이지 않다는 사실 말고도 현명하거나 현명하지 않은 선택으로 발생하는 사회적 비용과 혜택이 널리 공동으로 공유된다는 사실이 있다. 당신이 선출한 국회의원이 큰 실수를 저질러서 10억 원을 낭비했다 하더라도 당신은 그것의 극히 일부만을 부담하게 된다. 자질이 떨어지는 국회의원이 초래하는 비용이 총액으로는 크지만 개별 유권자가 부담하는 비용이 매우 작기 때문에 유권자는 국회의원 후보의 자질에 대해 정보를 얻으려는 인센티브를 거의 가지지 않는 것이다.

투표와 관련한 추가적인 문제는 유권자의 선택이 거의 항상 공개적으로 제공되는 재화의 묶음에 대한 것으로 제한되어 있고, 투표도 자주 하지 않는다는 것이다. 미국민 중 많은 사람은 공화당과 민주당에 대해 투표한다. 대통령 투표는 4년마다 이루어지고 상원의원의 임기는 6년이다. 민간시장

에서는 사람들이 각각의 제품을 개별적으로 살펴보고 자신이 원하는 제품의 구매량을 결정한다. 또한 사람들은 매일 쇼핑을 할 수 있다. 그러나 공공부문에서는 사람들이 다양한 주제에 대해 특정한 입장을 취하는 정당에 표를 던진다. 공공부문에서는 유권자가 개별 이슈 각각에 대해 투표하는 것이 불가능하다.

공공선택이 묶음으로 제시되는 데에는 이유가 있다. 유권자에게 매년 투표를 시키기가 어렵다는 것이다. 각각의 세출 법안에 대해 투표하게 한다면 사람들은 평생을 투표소에서 보낼 것이다. 대의민주주의의 존재 이유 중 하나가 바로 이것이다. 우리는 우리를 위해 정보를 얻어 우리의 이익과 선호를 대변해줄 사람을 뽑는다.

정부의 비효율성: 공공선택이론

경제학의 최근 연구 동향은 개인의 확장으로서의 정부라는 것에만 초점을 맞추지 않고, 정부 관리와 정치인이 각자 의제와 목표를 가진 사람이라는 점에 초점을 맞추고 있다. 즉 정부 관리와 정치인은 자신의 효용을 극대화하려는 사람이지, 사회적으로 좋은 것을 극대화하려는 사람이 아니라고 가정한다. 정부가 작동하는 방식을 이해하려면 사회 구성원인 개인의 선호를 살펴보기보다는 정치인이나 공무원 주변에 존재하는 인센티브의 구조를 살펴보아야 한다.

공공기관에서 일하는 공무원은 좋은 제품을 생산하거나 효율적으로 생산하기 위한 어떤 인센티브를 가지고 있는가? 인센티브가 부족한 것은 아닌가?

기업이 이윤을 얻기 위해 서로 경쟁하는 민간부문에서는 소비자가 구매하려는 제품을 만드는 효율적인 기업만이 생존한다. 비효율적인(필요 이상으로 많은 비용을 들여서 생산하는) 기업은 시장에서 쫓겨난다. 그러나 공공부문에서는 이러한 일이 발생하지 않는다. 국민이 필요로 하는 서비스와 법이 정한 서비스를 생산하는 정부기관은 고객에 대해 걱정할 이유가 없다. 자동차 등록소에서 근무하는 공무원의 서비스가 아무리 형편없어도 자동차 소유자는 모두 그러한 등록 서비스를 구매해야 한다.

정부기관의 효율성은 해당 기관에서 근무하는 공무원과 기관장이 직면하는 인센티브의 구조에 따라 달라진다. 예를 들어 한 정부기관이 배정받는 예산이 그 기관이 지난해에 지출한 금액에 따라 결정된다면 그 기관의 기관장은 아무리 비효율적인 곳에 쓰이더라도 더 많은 돈을 지출하려는 인센티브를 가질 것이다. 이를 아는 정부는 정부기관의 기관장에 대한 보상 형태를 변경하거나 공무원이 비용을 절약하는 제안을 하면 보상하는 등 다양한 시도를 하고 있다.

그러나 이를 비판하는 사람들은 정부가 공무원의 생산성에 대해 보상하고 비효율성을 처벌하려는 노력이 성공하는 경우는 거의 없다고 말한다. 공무원을 해고하기는커녕 처벌하기도 어렵다. 선출직 공무원은 소환 대상이 될 수 있지만 중대한 과실이 있을 때만 그렇다. 또한 선출직 공무원은 매일 발생하는 관료주의적 부실 관리 문제와는 거의 관련이 없다.

'관료주의(bureaucracy)'를 비판하는 사람들은 정부기관 내의 어떤 내부적 인센티브도 시장에 의한 규율과 비교할 수 없을 정도로 미미한 것이라고 주장한다. 이들은 쓰레기 수거, 항공사 운영, 화재 방지, 우편 서비스 등을 민간부문이 더 낮은 비용으로 해낸다는 사실을 지적한다. 많은 정치인과 정책분석가는 '민영화(privatization)'를 선호한다. 그러나 교도소 민영화의 효과에 대한 최근의 논쟁에서 알 수 있듯이 민영화도 나름의 한계가 있는 것으로 보인다.

유권자와 마찬가지로 공무원도 충분한 정보를 얻거나 어려운 선택을 하려는 인센티브를 가지지 않는다. 선출직 공무원의 경우에 진짜 목적이 재선에 성공하는 것이라면 비용을 숨기거나 은폐하면서 해당 공무원의 지지층에게 가시적인 재화를 공급하는 것이 진짜 인센티브가 될 것이다. 그러나 자신의 이익을 챙기려는 것은 잘못된 결정과 대중에 대한 무책임으로 이어질 수 있다.

자원 배분을 개선하는 역할을 하는 관점에서 공공부문을 바라보는 것이 아니라 공무원의 사적 이익 추구 행위, 비효율적인 선택과 관료적 낭비의 가능성이라는 관점에서 바라보는 것이 일반화되어 있다. 이러한 시각은 노벨상 수상자인 제임스 뷰캐넌(James Buchanan)의 업적에 기반을 둔 공공선택 경제학 분야에서 바라보는 시각이다.

다시 살펴보는 렌트 추구 행위

공공선택의 또 다른 문제는 특수 이익단체가 입법 과정에 영향을 미치기 위해 자원을 사용할 수 있고 실제로 사용하고 있다는 것이다. 앞에서 언급했듯이 개인 유권자는 충분한 정보를 얻고 입법 과정에 완전히 참가하려는 인센티브가 거의 없다. 특혜를 노리는 특수 이익단체는 정치적 의사결정에 참여하려는 엄청난 인센티브를 가지고 있다. 13장에서 독점기업이 자신의 경제적 이윤을 잠식하는 경쟁을 막기 위해 기꺼이 비용을 지불한다는 것을 확인했다. 모든 산업계가 그런 것은 아니지만, 많은 산업계는 자신에게 유리한 대우, 규제 완화, 반독점법 적용 면제 등을 위해 로비를 벌인다. 이를 렌트 추구 행위라고 했던 것을 상기하라.

렌트 추구 행위는 독점력을 보호하기 위해 정부의 도움을 바라고 로비하는 산업계에 국한된 것이 아니다. 정부 정책으로 혜택을 볼 수 있는 모든 집단은 자신에게 유리한 정책을 로비하기 위해 자신의 자원을 사용할 인센티브를 가지고 있다. 농부는 농장 보조금을 받기 위해 로비를 하고, 석유 생산자는 수입 원유에 관세를 부과하도록 로비를 하고, 미국은퇴자협회는 사회보장금 삭감에 반대하는 로비를 한다.

충분한 정보를 가지고 활동하는 유권자가 없을 때는 정부에 로비를 하는 특수 이해집단이 매우 중요하고 치명적인 역할을 맡게 된다. 그러나 여기에는 또 다른 긍정적 측면이 있다고 이야기하는 사람들도 있다. 이들의 주장은 어떤 집단에 유리한 법안이 판매 대상이 되어 시장에서 실제로 거래되고 있다는 것이다. 따라서 자신에게 유리한 법안이 선택되도록 더 많은 금액을 지불할 용의가 있고 능력도 있는 집단이 그렇지 않은 집단보다 더 성공적인 결과를 얻는다는 것이다. 이러한 주장은 정부의 규제를 받지 않는 시장이 자원의 효율적 배분을 가져오지 못한다는 것을 의미하는 것이기도 하다. 즉 정부의 개입만이 효율성을 증가시킨다는 말이지만 이는 옳지 않다. 적절한 양의 좋은 제품과 서비스를 공급하려는 정부의 시도가 자주 실패한다는 믿음에는 충분한 증거와 이유가 있다.

요약

01 공공재정(학)은 경제학의 중요한 분야 중 하나이다. 이 분야의 주된 관심사는 과세경제학이다.

02 세금은 거래, 기관, 재산에 부과할 수 있으나 최종적으로 세금을 내는 것은 개인이나 가구이다. 이들이 모든 생산요소를 소유하고 있기 때문이다.

03 과세기반은 세금이 부과되는 대상과 그 금액이다. 세율 구조는 과세기반 중 세금으로 지불해야 할 비율이다.

04 모든 가구의 소득에서 똑같은 비율을 차지하는 세금을 비례세라고 한다. 누진세는 소득이 높으면 소득의 더 많은 비율을 내는 세금이고, 역진세는 소득이 높으면 소득의 더 적은 비율을 내는 세금이다. 미국의 경우 소득세는 누진적이고 판매세나 특별소비세는 역진적이다.

05 평균소득세율은 소득세를 과세대상 소득으로 나눈 것이다. 한계소득세율은 증가하는 단위당 소득액에 적용되는 세율이다. 사람들의 행동에 영향을 미치는 것은 한계세율이다.

06 세금으로 인한 사람들의 행동 변화에 따른 시장의 조정 때문에 납세 의무자가 항상 세금을 부담하는 담세자인 것은 아니다. 세금의 귀착이란 최종적으로 세금을 누가 부담하는지를 말하는 것이다.

07 세금은 사람들의 행동을 바꾸고 사람들의 행동 변화는 시장의 수요와 공급에 영향을 주어 가격이 변동한다. 생산물시장과 생산요소시장에서 가격이 달라지면 어떤 사람은 전보다 더 나아지고 어떤 사람은 전보다 더 나빠지는데, 이러한 변화는 세금을 누가 부담하는지를 최종적으로 결정한다.

08 가구가 세금을 피하기 위해 행동을 바꾸면 세금의 전가가 발생한다. 일반적으로 과세기반이 넓은 광범위한 세금은 부분적인 세금보다 세금의 전가가 발생할 가능성이 낮다.

09 노동의 공급이 더 탄력적이면 기업이 노동에 부과된 세금의 대부분을 부담하고, 노동의 공급이 더 비탄력적이면 근로자가 노동에 부과된 세금의 대부분을 부담한다. 미국의 경우 노동공급의 탄력성이 0에 가깝기 때문에 미국에서 부과되는 급여세의 대부분은 근로자가 부담할 가능성이 높다.

10 급여세는 두 가지 이유로 고소득자에게 역진적이다. 소득이 높을수록 총소득에서 임금이나 봉급이 차지하는 비율이 줄어든다. 고소득층은 상대적으로 소득의 더 많은 부분을 이윤이나 배당, 임대료로 벌어들이며, 이러한 소득에는 급여세가 부과되지 않는다.

11 주식회사 법인세의 최종 부담은 다양한 요인의 영향을 받는다. 하버거의 연구에 따르면 세금이 주식회사에 대해서만 부과되더라도 주식회사의 소유주, 개인회사의 소유주, 합명·합자회사의 소유주 모두가 자신의 이윤에 비례하여 같은 비율로 주식회사에 부과된 법인세를 부담하게 된다. 미국의 경우 법인세가 임금에 미치는 영향은 작고 제품의 가격에 미치는 영향은 거의 없다. 그러나 법인세로 피해를 보는 사람이 누구냐에 대해서는 논쟁이 계속되고 있다. 고소득층의 경우 이윤소득과 자본소득이 소득에서 훨씬 더 큰 부분을 차지하기 때문에 법인세는 누진적이다.

12 세금이 경제적 의사결정을 왜곡할 때 정부가 걷는 세금보다 사회가 지는 부담이 더 커진다. 세금이 사회에 부담시키는 금액에서 정부가 세금으로 가져가는 금액을 뺀 것을 초과부담이라고 한다. 초과부담의 크기는 세금에 의해 경제적 의사결정이 얼마나 왜곡되는가에 달려 있다. 중립성의 원칙은 경제적 의사결정에 영향을 주지 않는 세금이 경제적 의사결정에 영향을 주는 세금보다 더 낫다는 것이다.

13 세금의 초과부담은 세전 소비자잉여에서 세후 소비자잉여와 정부가 징수한 총세금을 뺀 금액이다. 수요곡선이 탄력적일수록 주어진 세율로 인한 왜곡이 커진다.

14 차선의 원칙은 경제적 의사결정을 왜곡하는 세금이 반드시 초과부담을 유발하는 것은 아니라는 것을 보여준다. 차선의 원칙은 경제에 이미 어떤 왜곡이 존재할 때 세금에 의한 왜곡이 기존의 왜곡을 줄임으로써 경제적 효율성이 증가할 수도 있다는 것이다.

15 세금 부과의 공평성에 대해서는 많은 이견이 있다. 수혜과세 원칙은 사람들이 정부지출로 받는 혜택에 비례하여 세금을 부담해야 한다고 주장한다. 미국의 조세정책을 지배해온 지불 능력 원칙은 납세자가 세금 납부 능력에 따라 세금을 부담해야 한다고 주장한다.

16 가장 좋은 과세기반으로 거론되는 것은 소득, 소비, 부이다.

17 공공재에 대한 사람들의 선호가 각기 다르기 때문에 다수결 원칙과 같은 불완전한 사회적 선택 메커니즘에 의존할 수밖에 없다.

18 제약을 받지 않는 시장은 자원을 효율적으로 배분하지 못한다는 이론이 정부의 시장 개입이 항상 효율성을 증가시킨다는 결론으로 이어져서는 안 된다. 정부도 실패할 수 있다.

핵심 용어

과세기반(tax base)
누진세(progressive tax)
로그롤링(logrolling)
불가능성 정리(impossibility theorem)
비례세(proportional tax)
사회적 선택(social choice)
상속세(estate tax)
세금 귀착의 끈끈이 이론(flypaper theory of tax incidence)
세금의 귀착(tax incidence)
세금의 전가(tax shifting)
세금의 초과부담(excess burden)/사장손실(dead weight loss)
세율 구조(tax rate structure)
수혜과세 원칙(benefits-received principle)
역진세(regressive tax)
중립성의 원칙(principle of neutrality)
지불 능력 원칙(ability-to-pay principle)
차선의 원칙(principle of second best)
투표의 역설(voting paradox)
평균소득세율(average income tax rate)
한계소득세율(marginal income tax rate)

연습문제

01 다음은 2018년 영국의 세율표이다.

	과세대상 소득	세율
인적공제	£11,850까지	0%
기본세율	£11,851~£46,350	20%
더 높은 세율	£46,351~£150,000	40%
추가세율	£150,000 초과	45%

출처: https://www.gov.uk/income-tax-rates

소득 10,000파운드, 30,000파운드, 50,000파운드, 140,000파운드, 200,000파운드 각각에 대해 내야 할 세금을 계산하고 평균세율을 구하라. 과세대상 소득을 가로축에 놓고 과세대상 소득에 따른 평균세율을 그래프로 나타내라. 이 세금은 비례세인가, 누진세인가, 역진세인가? 그 이유를 설명하라.

02 다음 표를 이용하여 소득 35,000달러, 70,000달러, 125,000달러, 250,000달러에 대해 평균세율과 한계세율을 구하라. 기본공제액은 6,200달러이다.

세율	과세대상 소득
10%	$0~$9,075
15%	$9,075~$36,900
25%	$36,900~$89,350
28%	$89,350~$186,350
33%	$186,350~$405,100

03 어떤 국가에서는 담배, 술과 같은 재화에 대해 단일 세율의 특별소비세를 부과한다. 그러한 세금은 비례적인가, 누진적인가, 역진적인가? 이를 판단하기 위해 필요한 정보는 무엇인가?

04 매년 4월 15일 무렵 미국의 조세 제도에 대한 논의가 활발하게 이루어진다. 많은 사람은 현행 연방 소득세를 단일세나 소비세로 대체하는 데 찬성한다. 현재의 연방 소득세는 비례세인가, 누진세인가, 역진세인가? 또한 단일세와 소비세는 비례세인가, 누진세인가, 역진세인가?

05 2017년에 미국 트럼프 대통령은 주식회사 법인세를 1조 5,000억 달러 삭감하는 감세정책을 실시했다. 감세의 목적 중 하나는 미국 기업의 세금 부담을 줄여 근로자에게 더 높은 임금을 지불하게 하려는 것이었다. 기업에 대한 이러한 감세를 지지하는가?

06 다음의 각 설명에 동의하는지, 동의하지 않는지 밝히고 그 이유를 설명하라.

a. 경제이론은 급여세의 인하가 노동의 공급을 증가시킬 것이라고 말한다.
b. 독점기업은 자신에게 부과된 세금을 소비자에게 전가할 수 있기 때문에 독점기업에 부과되는 법인소득세는 역진적이다.
c. 노동의 공급이 상대적으로 탄력적이면 근로자가 급여세의 대부분을 부담한다.

07 도넛대학은 대학이 교수에게 주는 혜택에 대학이 납부하는 급여세를 포함한다. 급여세는 교수가 은퇴한 후 사회보장 혜택을 받을 수 있게 해준다. 그러나 미국대학교수협의회는 급여세를 대학이 내는 것은 대학이 교수에게 혜택을 주는 것이 아니라 단순히 세금을 대신 내주는 것으로, 급여세를 대학이 내더라도 결국 그 부담을 교수가 지게 된다고 주장했다. 양쪽 입장에 대해 설명하라.

08 다음 그래프는 경쟁적인 노동시장에서 고용주에게 급여세가 부과되기 전과 부과된 후의 균형을 보여준다. 급여세가 부과되기 전에 노동의 균형량은 55단위이다. 공급곡선 $S1$은 세금을 포함하여 기업이 지불하는 금액의 함수이고, 공급곡선 $S0$은 근로자가 받는 임금의 함수인 노동의 공급곡선이다.

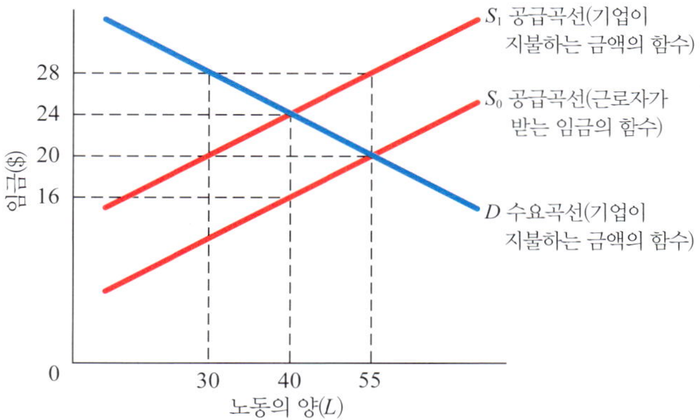

a. 노동 단위당 급여세는 얼마인가?

b. 세금이 부과된 직후에 기업이 직면하는 노동 단위당 가격은 얼마인가?

c. 세금이 부과된 직후에 근로자가 받는 임금은 얼마인가?

d. 세금이 부과된 직후에 노동의 수요량과 공급량은 얼마인가?

e. 세금이 부과된 후 노동의 균형량이 40단위이다. 새로운 균형 임금은 얼마인가?

f. 세금이 부과된 후 노동의 균형량이 40단위라면 근로자가 부담하는 세금의 몫과 기업이 부담하는 세금의 몫, 총 세금 징수액은 얼마인가?

09 X재에 대한 시장수요는 $Q_d = 6 - \frac{1}{2}P$, 시장공급은 $Q_s = 2P - 14$이다. P는 단위당 가격이다.

a. 이 두 함수를 가지고 수요곡선과 공급곡선을 그려라. 균형가격과 균형수량은 얼마인가?

b. 단위당 소비세가 X재에 대해 부과됨으로써 시장공급이 $Q_s = 2P - 19$가 되었다. 이 공급곡선을 그래프에 추가하여 새로운 균형가격과 균형수량을 표시하라. 단위당 소비세는 얼마인가? 이 단위당 세금의 얼마를 소비자가 부담하고, 얼마를 생산자가 부담하는가?

10 2017년에 미국에서 통과된 감세 및 일자리법에 의해 2018년부터 법인세가 35%에서 21%로 줄어들었다. 또한 2018년에 트럼프 행정부는 무역전쟁이라는 정책을 통해 중국, 캐나다, 멕시코, 유럽연합 회원국의 특정 제품에 25%의 관세를 부과하고, 이 국가들도 미국 수출품에 보복 관세를 부과했다. 이로 인해 국제무역이 감소하여 미국 경제가 폐쇄경제가 된다면 미국 기업의 법인세 감소가 미국 근로자의 법인세 부담에 어떤 영향을 미칠지 설명하라.

11 수요탄력성이 낮은 생필품에 대한 세금은 소비자가 어쩔 수 없이 생필품을 구매하기 때문에 큰 초과부담을 유발한다. 이 말에 동의하는지, 동의하지 않는지 밝히고 그 이유를 설명하라.

12 파나텔라 공화국은 시가에 특별소비세를 부과할지 고려 중이다. 현재 파나텔라는 특정 제품에 특별소비세를 부과하지 않는다. 정부의 수입은 정액세(lump-sum tax, 소득 여부에 관계없이 일정액을 일괄적으로 과세하는 세금)이고, 시가에 대한 세금은 모두 소비자가 부담한다고 가정하자. 다음 자료를 이용하여 이 세금의 초과부담을 계산하라. 초과부담의 크기는 정부가 징수하는 세금의 몇 퍼센트 정도인가?

- 세전 시가 소비량: 1,800만
- 세후 시가 소비량: 1,400만
- 시가 개당 평균가격: 20달러(세금 불포함)
- 세율: 25%

13 캐슈너트가 파운드당 12달러이고 수요량이 50파운드이다. 정부가 캐슈너트에 대해 파운드당 3달러의 특별소비세를 부과하기로 했다. 소비자가 세금에 대해 상대적으로 민감하게 반응하여 수요량이 40% 줄어들었을 때의 수요곡선, 소비자가 세금에 대해 상대적으로 덜 민감하게 반응하여 수요량이 10% 줄어들었을 때의 수요곡선을 그려라. 각각의 경우에 이 세금의 초과부담을 계산하고 그래프에 표시하라.

14 다음의 각 설명에 동의하는지, 동의하지 않는지 밝히고 그 이유를 설명하라.

a. 외부효과에 대한 과세는 항상 초과부담을 유발한다.

b. 왜곡을 초래하는 세금이 경제적 후생을 증가시킬 수도 있다.

c. 최적 소비세 시스템은 상대적으로 수요가 탄력적인 제품에 가장 높은 세금을 부과하는 것이다.

15 자동차 가치를 과세기반으로 하는 특별세가 도입되어 사람들이 자기 자동차 가치의 10%에 해당하는 세금을 낸다고 하자. 이 세금은 비례세인가, 역진세인가, 누진세인가? 이 질문에 답할 때 당신이 가정하는 것은 무엇인가? 이러한 세금이 도입되면 경제에 어떤 왜곡이 나타나겠는가?

16 세쌍둥이인 애니, 블레이크, 코넬리아는 빵집의 이름을 정하려고 한다. 이들은 세 가지 선택으로 좁혔고 각각의 선호도는 다음 표와 같다. 이들의 선호가 투표의 역설을 초래한다면 그 이유를 설명하라. 투표의 역설을 초래하지 않는다면 어떤 가게명이 선택되는가?

	애니	블레이크	코넬리아
ABC Bakery	1st	3rd	2nd
Triple Threat	3rd	1st	3rd
Bake n' Take	2nd	2nd	1st

17 세 의원이 구성된 파일럿시의 의회는 새로운 기반시설 투자안을 고려 중이다. 투자안은 공원을 만드는 것, 소방차를 구입하는 것, 도로를 재포장하는 것이다. 파일럿시는 이 세 가지 중 하나만 할 수 있는 자금을 가지고 있으며, 각 투자안에 대한 의원의 선호는 다음 표와 같다. 이들의 선호는 투표의 역설을 초래하는가? 세 번의 일대일 대결 각각에 대한 투표 결과를 가지고 설명하라.

	바니	플로이드	하워드
공원 건설	1st	2nd	3rd
소방차 구입	3rd	1st	2nd
도로 재포장	2nd	3rd	1st

경제학적 사고 키우기

01 판매세가 모든 재화에 부과되면 소비자와 생산자가 이를 부담하게 된다. 그런데 상대적으로 가격탄력성이 낮은 쪽이 더 많이 부담하는 이유는 무엇인가?

02 미국의 많은 세금은 지불 능력 원칙에 따라 부과된다. 수혜과세 원칙에 따라 과세되는 정부 서비스도 있는가?

PART 4

거시경제학의 개념과 문제

CHAPTER 20

거시경제학의 개요

목차와 학습목표

20.1 거시경제학의 관심 주제

거시경제학의 세 가지 주요 관심 주제를 파악한다.

20.2 거시경제의 구성 요소

거시경제의 네 가지 구성 요소 간 상호작용을 이해한다.

20.3 거시경제학의 간략한 역사

1929~1970년 미국 거시경제학의 역사를 간략히 살펴본다.

20.4 1970년 이후 미국 경제

1970년 이후 미국 경제를 이해한다.

거시경제가 잘 작동할 때는 일자리를 구하기 쉽고 대개 소득이 증가하며 기업의 이윤이 높다. 그러나 거시경제가 침체 상태일 때는 새로운 일자리가 적고 소득이 증가하지 않으며 기업의 이윤이 낮다. 미국에서 1990년대 후반의 경기호황기에 취업 시장에 진입한 학생들은 2008~2009년의 경기침체기에 취업 시장에 진입한 학생들보다 일자리를 더 빨리 찾았다. 2017년에 실업률이 많이 떨어지고 취업 전망이 좋아졌지만, 경기침체기 이후의 완만한 경제성장은 수백만 명에게 부정적인 영향을 미쳤다. 거시경제 상황이 우리의 삶에 상당한 영향을 미칠 수 있음을 감안할 때 거시경제가 어떻게 작동하는지 이해하는 것이 중요하다.

1장에서 잠깐 살펴보았던 미시경제학과 거시경제학의 차이를 다시 생각해보자. **미시경제학**(microeconomics)은 개별 산업의 기능과 기업, 가계 등 개별 의사결정 주체의 행동을 연구한다. 이러한 개별 경제주체가 어떻게 행동하는가에 대한 몇 가지 가정(기업은 이윤을 극대화하고 가계는 효용을 극대화한다)을 바탕으로 시장이 어떻게 작동하고 자원이 어떻게 배분되는지에 관한 유용한 결론을 도출할 수 있다.

미시경제학 개별 산업의 기능과 기업, 가계 등 개별 의사결정 주체의 행동을 연구하는 경제학 분야

한편 **거시경제학**(macroeconomics)은 특정 재화의 생산에 영향을 미치는 생산요소와 개별 산업의 행동에 초점을 맞추는 것이 아니라 총국민생산의 결정 요인에 초점을 맞춘다. 거시경제학은 가계소득 대신 국민소득, 개별 가격 대신 전반적인 물가수준을 연구한다. 또한 자동차 산업의 노동에 대한 수요 대신 경제 전체의 총고용 수준을 분석한다.

거시경제학 경제 전체 수준에서 소득, 고용, 생산 등 총량변수의 경제적 행동을 연구하는 경제학 분야

미시경제학과 거시경제학은 둘 다 가계와 기업의 의사결정에 관심을 가지고 있다. 미시경제학은 개별 의사결정을 다루고 거시경제학은 이러한 개별 의사결정의 합계를 다룬다. 거시경제학에서는 이러한 합계를 나타내기 위해 'aggregate'라는 단어를 사용한다. **총행동**(aggregate behavior)은 모든 기업뿐만 아니라 모든 가계의 행동을 의미하고, 총소비(aggregate consumption)와 총투자(aggregate investment)는 각각 경제 전체의 총소비와 총투자를 의미한다.

총행동 모든 기업과 가계의 행동

미시경제학자와 거시경제학자는 서로 다른 관점에서 경제를 바라보기 때문에 경제가 행동하는 방식에 대해 서로 다른 결론에 도달할 것이라고 짐작할 수도 있다. 이는 어느 정도는 옳다. 미시경제학자는 일반적으로 시장이 잘 작동한다고 결론 내린다. 이들은 가격이 신축적이고(flexible) 공급량과 수요량 간의 균형을 유지하기 위해 조정된다고 생각한다. 그러나 거시경제학자는 가령 임금과 같은 중요한 가격이 종종 경직적이라고(sticky) 관측한다. **경직적 가격**(sticky price)은 공급량과 수요량 간의 균형을 유지하기 위해 항상 신속하게 조정되지 않는 가격이다. 미시경제학자는 사과 가격이 경직적이지 않기 때문에 사과 공급량이 사과 수요량을 초과할 것으로 기대하지 않는다. 한편 총행동을 분석하는 거시경제학자는 노동공급량이 노동수요량을 초과하는 실업이 많은 시기를 검토한다. 이러한 때에는 노동공급량과 노동수요량이 일치하도록 임금이 빠르게 하락하지 않는다.

경직적 가격 공급량과 수요량 간의 균형을 유지하기 위해 항상 신속하게 조정되지 않는 가격

20.1 거시경제학의 관심 주제

학습목표

거시경제학의 세 가지 주요 관심 주제를 파악한다.

거시경제학의 세 가지 주요 관심 주제는 다음과 같다.

- 생산 성장
- 실업

• 인플레이션과 디플레이션

정부 정책 담당자는 높은 생산 성장, 낮은 실업, 낮은 인플레이션을 원한다. 이러한 목표는 서로 상충될 수 있는데, 이 상충 관계를 이해하는 것이 거시경제학을 이해하는 중요한 요소이다.

생산 성장

경기변동 경기의 단기적 상승과 하강이 순환하는 것

총생산 일정 기간에 경제에서 생산된 재화와 서비스의 총량

경제는 모든 시기에 일정한 비율로 성장하는 것이 아니라 단기적으로 상승하고 하강하는 경향이 있다. 경기의 단기적 상승과 하강이 순환하는 것을 **경기변동**(business cycle)이라고 한다. 경제가 얼마나 좋은지 측정하는 주요 척도는 **총생산**(aggregate output), 즉 일정 기간에 경제에서 생산된 재화와 서비스의 총량이다. 더 적은 양이 생산될 때(총생산량이 감소할 때)는 더 적은 재화와 서비스가 유통되고 평균적인 삶의 수준이 낮아진다. 기업은 생산을 줄일 때 근로자를 해고하므로 실업률이 높아진다.

경기확장, 경기호황 생산과 고용이 증가하는 경기변동의 저점에서 정점까지의 기간

경기수축, 경기후퇴, 경기침체 생산과 고용이 감소하는 경기변동의 정점에서 저점까지의 기간

그림 20.1은 전형적인 경기변동을 나타낸 것이다. 대부분의 경제는 평균적으로 시간이 흐름에 따라 성장하기 때문에 그림 20.1의 경기변동은 양의 추세를 보여준다. 새로운 경기변동의 정점(peak)은 직전 경기변동의 정점보다 높다. 저점(trough), 즉 경기변동의 저점에서 정점까지의 기간은 **경기확장**(expansion) 또는 **경기호황**(boom)이라고 하며, 이 기간에는 생산과 고용이 증가한다. 경기변동의 정점에서 저점까지의 기간은 **경기수축**(contraction), **경기후퇴**(recession), **경기침체**(slump)라고 하며, 이 기간에는 생산과 고용이 감소한다.

공황 장기간 지속되는 심한 경기후퇴

언제 경기후퇴가 공황이 되는지는 경제학자들의 의견이 일치하지 않지만, 장기간 지속되는 심한 경기후퇴를 **공황**(depression)이라고 한다. 1930년대 이후 미국은 한 번의 공황(1930년대)과 여덟 번의 경기후퇴(1946, 1954, 1958, 1974~1975, 1980~1982, 1990~1991, 2001, 2008~2009)를 겪었다. 다른 나라들도 20세기 동안 경기후퇴를 겪었는데, 대략적으로 미국의 경기후퇴기와 일치하는 시기도 있고 그렇지 않은 시기도 있었다.

경제가 확장하는지 수축하는지를 판단할 때는 경제활동의 수준과 변화율 간 차이에 주목한다. 경제가 저점(그림 20.1의 *A*점)을 막 통과했다면 성장(경제활동의 변화율이 양의 값)은 하겠지만 생산 수준이 여전히 낮을 것이다. 반면에 경제가 정점(그림 20.1의 *B*점)을 막 통과하여 하락하기 시작했다면 수축(경제활동의 변화율이 음의 값)할 테지만 생산 수준이 여전히 높을 것이다. 그림

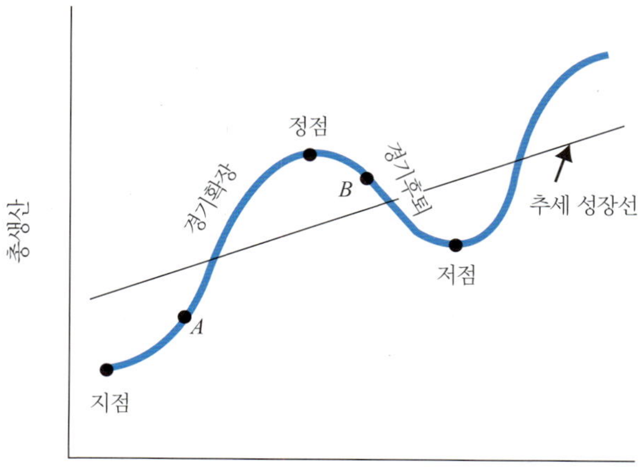

그림 20.1 전형적인 경기변동
경제가 저점에서 정점까지 *A*점을 통과하여 이동함에 따라 경기확장이 이루어지고, 경제가 정점에서 저점까지 *B*점을 통과하여 이동함에 따라 경기후퇴 상황에 처하게 된다.

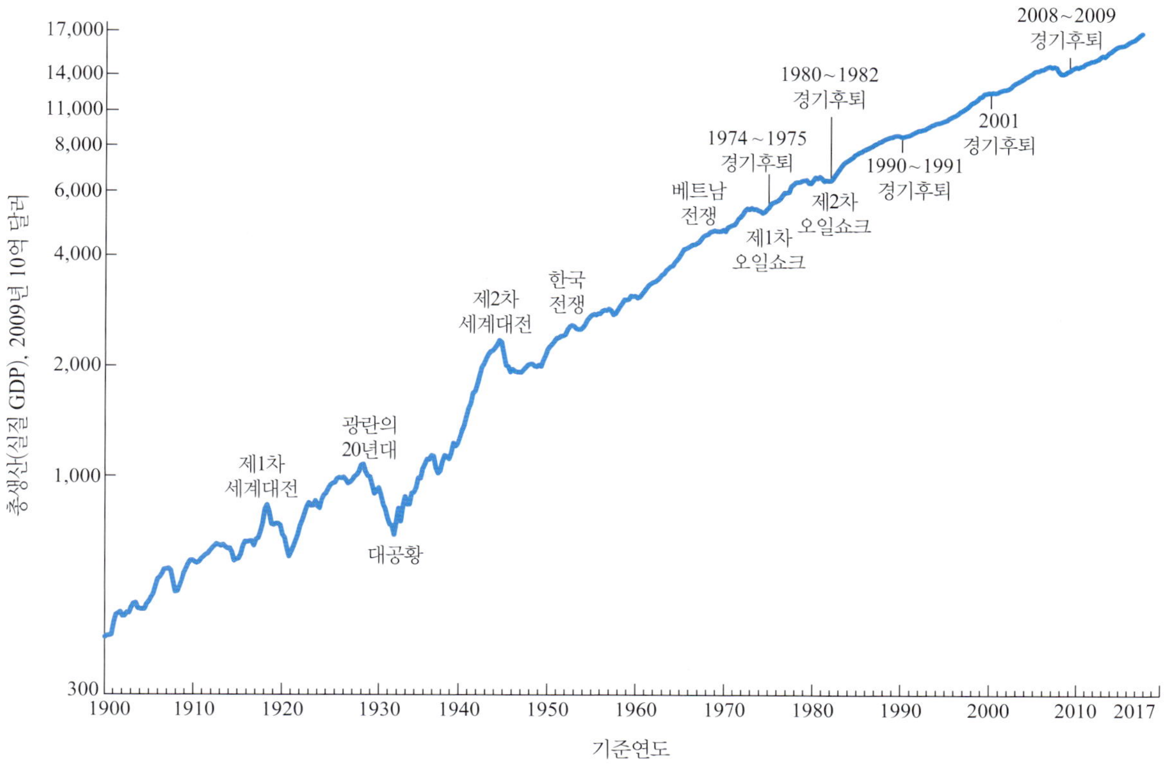

그림 20.2 1900~2017년 미국의 총생산(실질 GDP) 변화 추이
대공황과 제1·2차 세계대전 기간 동안 총생산이 가장 크게 변동했다.

20.1의 경기변동은 경기확장기의 길이와 경기수축기의 길이가 같다는 점에서 대칭적이다. 그러나 대부분의 경기변동은 대칭적이지 않다. 예컨대 경기확장 국면이 경기수축 국면보다 더 길 수도 있다. 경기수축이 빠르고 급격히 진행되는 반면 경기확장이 느리고 점진적일 수 있다. 더욱이 그림 20.1의 경기변동처럼 경제는 규칙적으로 움직이지 않는다. 경기의 상승과 하강은 불규칙적인 경향이 있다.

그림 20.2는 1900~2017년 동안 미국에서 발생한 실제 경기변동을 보여준다. 많은 경기변동이 과거 118년 동안 발생했지만 각 경기변동은 독특하다. 경제는 단순하지 않아서 경기변동이 규칙적이지 않다.

대공황과 제1·2차 세계대전 기간에는 각기 다른 큰 경기수축과 경기확장이 발생하기는 했지만, 그림 20.2에서 보듯이 경기가 가장 많이 변동했다. 1960년대의 경기확장과 1970년 이후 다섯 번의 경기후퇴가 발생했던 것에 주목하라. 일부 경기변동 기간은 길었고 일부 경기변동 기간은 짧았다. 총생산은 1937년에도 상당히 낮았지만 1933~1937년의 대공황기에 실제로 증가했다는 것에 주목하라. 제2차 세계대전이 시작되기 전에 국방력 증강이 이루어지기까지 경제는 대공황에서 완전히 벗어나지 못했다. 제2차 세계대전 이후보다 이전에 경기변동이 더 극심했는데, 이러한 경기변동을 완화하기 위한 정부의 역할을 살펴볼 것이다. 또한 2008~2009년 경기후퇴의 회복은 특이하게 완만했다.

실업

실업률 경제활동인구 중 실업자가 차지하는 비율

TV 뉴스나 신문을 통해 실업률에 관한 보도를 자주 접하게 된다. **실업률**(unemployment rate), 즉 실업 상태인 경제활동인구의 비율은 경제의 건강도를 나타내는 핵심 지표이므로 정부는 매달 실업률을 공표한다. 실업률은 항상 경제의 총생산과 밀접하게 관련되어 있기 때문에 경제학자, 정치가, 기업인, 정책 담당자는 매달 발표되는 실업률에 상당한 관심을 가지고 있다.

거시경제학자는 실업률이 일정 기간 동안 상승하고 하락하는 이유뿐만 아니라 더 기본적인 문제인 실업의 존재 이유를 알고자 한다. 노동시장의 조정은 일반적으로 시간이 걸리기 때문에 이러한 의문에 대한 부분적인 답은 간단하다. 사람들은 일하던 직장을 떠나 더 좋은 일자리를 찾아나서곤 하는데, 새 일자리를 찾을 때까지는 실업 상태가 된다. 어떤 기업은 타 기업과의 경쟁, 부실한 경영, 불운 등으로 파산하기도 한다. 이러한 기업의 종업원은 대개 곧바로 일자리를 얻지 못하고, 일자리를 찾는 동안 실업자가 될 수밖에 없다. 또한 노동시장에 처음 진입하는 근로자는 일자리를 찾는 데 몇 주 또는 몇 개월이 걸리기도 한다. 역동적으로 변화하는 경제에서는 이러한 요인 때문에 양의 실업률이 불가피하다.

거시경제학의 중요한 질문 중 하나는 실업률이 불가피하게 발생되는 수준보다 높아질 때 경제가 어떻게 조정되는지에 관한 것이다. 수요와 공급 분석에 따르면 시장이 실업 상태인 근로자의 존재에 반응할 것이라고 예상할 수 있다. 특히 실업이 최소 수준 이상일 때 근로자가 초과 공급된다. 즉 현재의 임금 수준에서 일하고 싶지만 일자리를 찾을 수 없는 사람들이 존재한다. 미시경제이론에 따르면 초과 공급은 재화 가격을 떨어뜨린다. 가격이 하락함에 따라 수요량이 증가하고 공급량이 감소한다. 결국에는 공급량이 수요량과 일치하고 시장이 청산되면서 균형이 회복되기에 충분할 만큼 가격이 하락한다.

실업의 존재는 이러한 이론과 상충하는 것처럼 보이며, 전체 노동시장이 균형 상태가 아님을 시사하는 듯하다. 다시 말해 노동공급량과 수요량의 일치를 막는 무언가가 있는 것 같다. 다른 시장이 청산될 때 노동시장은 왜 청산되지 않는가? 노동시장이 청산되지만 실업 데이터가 이와 다른 내용을 반영하기 때문일까? 이러한 질문은 오늘날 거시경제학의 논란거리 중 하나이다.

인플레이션과 디플레이션

인플레이션 전반적인 물가수준의 상승

하이퍼인플레이션 전반적인 물가수준의 급속한 상승이 진행되는 기간

인플레이션(inflation)은 전반적인 물가수준이 상승하는 것을 말한다. 오랫동안 정부 정책의 목표는 인플레이션을 낮게 유지하는 것이었다. 특히 **하이퍼인플레이션**(hyperinflation), 즉 전반적인 물가수준의 급속한 상승이 진행되는 기간이 문제를 일으킨다.

대부분의 미국인은 높은 인플레이션하의 삶이 어떤지 잘 모른다. 그러나 어떤 나라 사람들은 가격이 매일, 매시간, 매분 오르는 데 익숙하다. 1984년과 1985년 볼리비아에서는 하이퍼인플레이션 동안 달걀 1개의 가격이 일주일 사이에 3,000페소에서 1만 페소로 뛰었다. 1985년에는 아스피린 3병의 가격이 1982년의 고급 승용차 가격과 맞먹었다. 돈을 관리하는 문제도 부담이 되었다. 1984년 서독과 영국에서 인쇄된 볼리비아 화폐는 볼리비아의 수입 품목 중 밀과 광산 장비에 이어 세 번째를 차지했다. 2017년 12월에 베네수엘라의 인플레이션율은 4,000%에 달했고, 니콜라스 마두로(Nicolas Maduro) 대통령의 정책에 반대하는 수많은 국민이 거리로 뛰쳐나와 시위를 벌였다. 2018년 1월에는 가격이 35일마다 2배로 뛰었다. 이처럼 매우 높은 인플레이션은 경제와 정부를 불안정하게 만들기도 한다.

하이퍼인플레이션은 드문 일이지만 경제학자들은 온건한 인플레이션의 비용과 결과를 알아내기

위해 많은 노력을 기울였다. 누가 인플레이션으로 이익을 얻는가? 누가 인플레이션으로 손해를 보는가? 온건한 인플레이션은 사회에 어떤 비용을 부과하는가? 인플레이션의 원인은 무엇인가? 인플레이션을 멈출 수 있는 가장 좋은 방법은 무엇인가?

논란이 계속되는 또 다른 문제가 있다. 전반적인 물가수준의 하락을 **디플레이션**(deflation)이라고 하며, 미국 역사에서 일부 기간과 최근 일본에서 디플레이션이 상당한 기간 동안 발생했다. 2015년 유럽연합은 이 지역에서 발생한 디플레이션의 초기 단계에 대항하기 위한 조치를 취하기 시작했다. 정책 담당자의 목표는 안정이라는 거시경제 목표를 이루기 위해 인플레이션뿐만 아니라 디플레이션이 장기간 지속되는 것을 막는 것이다.

디플레이션 전반적인 물가수준의 하락

20.2 거시경제의 구성 요소

학습목표

거시경제의 네 가지 구성 요소 간 상호작용을 이해한다.

거시경제에서는 동시에 많은 일이 일어나기 때문에 거시경제가 어떻게 작동하는지 이해하기란 참으로 어렵다. 모든 것이 다른 모든 것에 영향을 미친다. 거시경제의 큰 그림을 보려면 경제 참여자를 가계, 기업, 정부, 기타 세계로 나누는 것이 도움이 된다. 가계와 기업은 민간 부문을 구성하고 정부는 공공 부문, 기타 세계는 해외 부문이다. 이러한 네 그룹은 경제에서 소득을 받거나 지급하는 것 등의 많은 일을 하면서 다양한 방식으로 상호작용한다.

거시경제의 순환도

가계, 기업, 정부, 기타 세계의 경제적 상호작용을 살펴보는 유용한 방법은 각 그룹이 받는 소득과 지불을 보여주는 거시경제의 **순환도**(circular flow)이다. 그림 20.3은 거시경제의 단순한 순환도이다.

순환도 경제 부문 간 소득과 지불의 흐름을 보여주는 그림

순환도를 좀 더 자세히 들여다보자. 가계는 기업과 정부를 위해 일하고 그 대가로 소득을 받는다. 가계가 제공한 서비스에 대한 지불인 임금은 가계로 흘러 들어간다. 또한 가계는 회사채, 국채의 이자와 기업으로부터 배당을 받는다. 많은 가계는 정부로부터 사회보장급여, 재향군인급여, 후생급여 등의 기타 지급을 받는다. 이처럼 수혜자가 재화, 서비스, 노동을 제공하지 않고 정부로부터 현금을 받는 것을 **이전지불**(transfer payment)이라고 한다. 이러한 수취도 가계가 받는 총소득의 일부이다.

이전지불 수혜자가 재화, 서비스, 노동을 제공하지 않고 정부로부터 현금(사회보장급여, 재향군인급여, 후생급여 등)을 받는 것

가계는 기업으로부터 재화와 서비스를 구매하고 정부에 세금을 납부한다. 이러한 항목은 가계가 지불하는 총액을 구성한다. 가계의 총수취와 총지불 간 차액은 가계가 저축하거나 돈을 차입하는 금액이다. 가계는 일정 기간 동안 지출한 것보다 받은 것이 더 많으면 저축을 한다. 그러나 일정 기간 동안 지출한 것보다 받은 것이 더 적으면 돈을 차입한다. 가계는 이전에 축적한 저축의 일부를 사용하거나 차입하여 부족한 돈을 메운다. 순환도에는 가계의 지출이 가계에서 흘러 나가는 것으로 표현되어 있다. 가계의 저축은 흔히 소득 또는 현재의 구매력에서 인출되는 것이므로 순환도로부터의 '유출(leakage)'이라고 일컫는다.

기업은 가계와 정부에 재화와 서비스를 판매하고 그 대가로 수입을 얻는다. 기업은 가계에 임금, 이자, 배당을 지급하고 정부에 세금을 납부한다. 이러한 지불이 순환도에는 기업에서 흘러 나가는 것으로 표현되어 있다.

정부는 가계와 기업으로부터 세금을 걷는다. 정부는 기업으로부터 재화와 서비스를 구매하며, 가

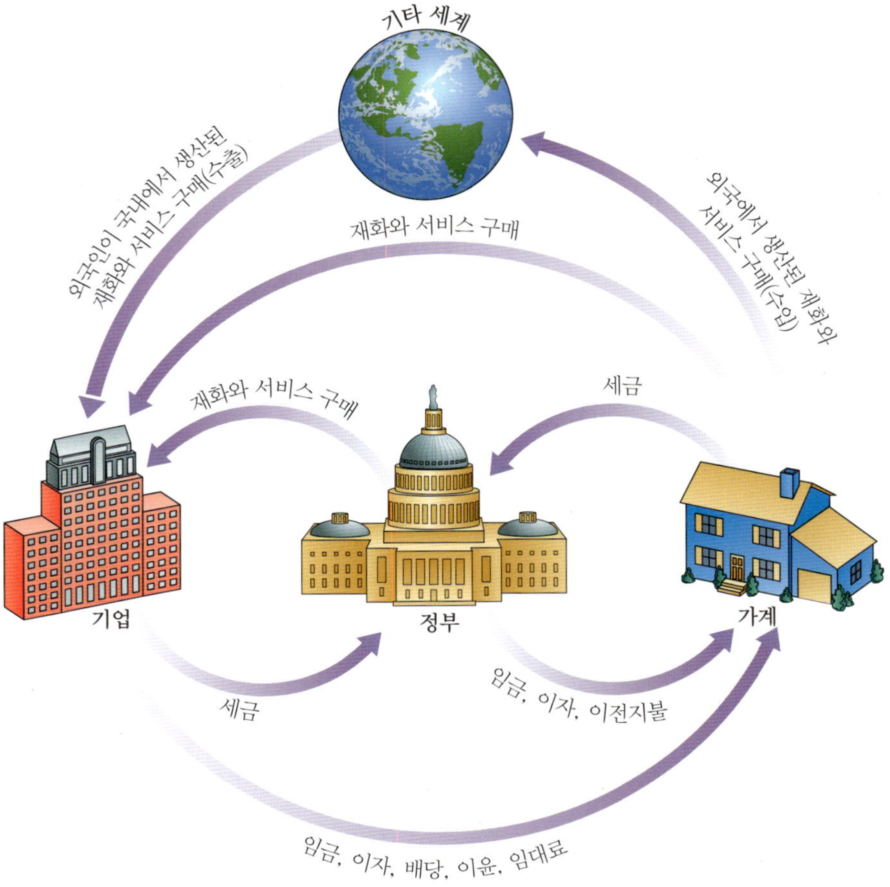

그림 20.3 거시경제의 순환도
가계는 기업과 정부로부터 소득을 받고, 기업으로부터 재화와 서비스를 구매하며, 정부에 세금을 납부한다. 가계는 외국산 재화와 서비스(수입재)를 구매한다. 기업은 재화와 서비스를 판매하여 가계와 정부로부터 지불을 받는다. 기업은 가계에 임금, 이자, 배당, 임대료를 지급하고 정부에 세금을 납부한다. 정부는 기업과 가계로부터 세금을 받고, 기업과 가계에 재화와 서비스(정부 근로자의 임금 포함)에 대해 지불하며, 가계에 이자와 이전지불을 지불한다. 또한 다른 나라 사람들은 국내에서 생산된 재화와 서비스를 구매한다.

계에 임금과 이자를 지급하고 이전지불을 한다. 정부는 수입이 지출보다 적으면 돈을 차입해야 한다.

가계는 기타 세계가 생산한 수입재에 대해 소득의 일부를 지출한다. 이와 마찬가지로 외국인은 국내 기업이 생산하여 다른 국가에 판매하는 수출재를 구매한다.

순환도가 제시하는 한 가지 교훈은 모든 사람의 지출이 다른 사람의 수취라는 것이다. 델(Dell)의 개인용 컴퓨터를 구매할 때 우리는 델에 대금을 지불하고 델은 그 대금을 수입으로 받는다. 델이 정부에 세금을 납부하면 델 입장에서는 지불한 것이고 정부는 수입을 받은 것이다. 모든 사람의 지출은 누군가에게로 간다. 구매자 없이 무언가를 판매할 수도 없고 수취자 없이 지불할 수도 없다. 모든 거래에는 상대가 있다.

3개 시장 영역

가계, 기업, 정부, 기타 세계의 상호 간 연계 방식을 살펴보는 또 다른 방법은 그들이 상호작용하는 시장을 생각해보는 것이다. 시장은 재화와 서비스 시장, 노동시장, 화폐(금융)시장으로 구분할 수 있다.

재화와 서비스 시장 가계와 정부는 재화와 서비스 시장(goods-and-services market)에서 기업으로부터 재화와 서비스를 구매한다. 이 시장에서 기업도 재화와 서비스를 구매한다. 예를 들면 리바이스트라우스(Levi Strauss)는 청바지를 만들기 위해 다른 기업으로부터 데님을 구매한다. 또한 기업은 다른 기업으로부터 자본재를 구매한다. 아마존(Amazon)이 창고에서 사용할 로봇이 필요하다면 로봇을 만드는 대신 다른 기업으로부터 로봇을 구매할 수 있다. 애플(Apple)은 아이폰을 만들기 위해 수많은 다른 기업으로부터 부품을 구매한다.

기업은 재화와 서비스 시장에 재화와 서비스를 공급하고 가계, 정부, 기업은 이 시장의 재화와 서비스를 수요한다. 그리고 기타 세계는 재화와 서비스 시장으로부터 구매하고 이 시장에 재화와 서비스를 판매한다. 미국은 수천만 달러 규모의 자동차, DVD, 원유, 기타 재화를 수입한다. 전 세계에 있는 기업들은 애플 아이폰의 투입재를 공급한다. 또한 미국은 수천만 달러 규모의 컴퓨터, 항공기, 농산물을 수출한다.

노동시장 기업과 정부가 가계로부터 노동을 구매할 때 노동시장(labor market)에서 상호작용이 발생한다. 노동시장에서 가계는 노동을 공급하고 기업과 정부는 노동을 수요한다. 미국 경제에서는 정부도 상당한 고용주이지만 기업이 최대 노동수요자이다. 경제 전체에서 노동의 총공급은 노동공급에 대한 가계 의사결정의 합계이다. 사람들은 경제활동인구가 될 것인지(일자리를 찾을 것인지), 몇 시간을 일할 것인지 의사결정을 해야 한다.

또한 노동은 기타 세계에 공급되고 기타 세계는 노동을 수요한다. 최근에는 노동시장이 국제시장이 되었다. 예를 들어 캘리포니아주에서 채소와 과일을 재배하는 농부는 멕시코 출신의 이민 근로자가 없다면 채소와 과일을 시장에 공급하기 어려울 것이다. 1960년대부터 터키는 독일 근로자가 꺼리는 저임금 일자리를 기꺼이 받아들이는 이주 근로자(guest worker)를 독일에 공급했다. 애초의 계획은 이 근로자들이 몇 년간 일하고 터키로 돌아가는 것이었지만, 결국 많은 근로자는 터키 시민 상태로 독일에 머물렀다. 또한 주요 미국 기업의 콜센터는 때로 인도와 그 외 개발도상국의 근로자 덕분에 돌아가곤 한다.

화폐(금융)시장 가계는 금융시장(financial market) 또는 화폐시장(money market)에서 기업으로부터 주식과 채권을 매입한다. 가계는 주식 배당금, 채권 이자와 같은 소득을 벌기 위해 금융시장에 자금을 공급한다. 또한 가계는 다양한 구매에 필요한 자금을 조달하기 위해 금융시장으로부터 자금을 차입한다. 기업은 미래에 더 많은 수익을 벌고자 새로운 시설을 짓기 위해 자금을 차입한다. 정부는 공공 프로그램에 필요한 자금을 조달하기 위해 채권을 발행하여 자금을 차입한다. 가계, 기업, 정부, 기타 세계의 차입과 대출은 대부분 상업은행, 저축대부조합, 보험회사 등과 같은 금융기관에 의해 시행된다. 금융기관은 일부 그룹으로부터 예금을 받고 다른 그룹에 대출해주며, 세계의 어떤 지역에서 다른 지역으로 자금을 옮기곤 한다.

기업, 가계, 정부는 구매에 필요한 자금을 차입할 때 일반적으로 미래의 정해진 시점에 대출을 상환할 의무를 진다. 또한 대부분의 대출은 차입 자금 사용에 대한 수수료로 이자를 지급해야 한다. 대출을 시행할 때 차입자는 일반적으로 '상환약속증서(promise to repay)', 즉 약속어음(promissory note)에 서명하여 대부자에게 준다. 미국 연방정부가 차입할 때는 **재무부 장기채권**(Treasury bond), **재무부 중기채권**(Treasury note), **재무부 단기채권**(Treasury bill)이라고 부르는 약속증권을 발행한다. 기업은 은행으로부터 차입하거나 주식회사의 경우 **회사채**(corporate bond)를 발행한다.

주식회사는 자금을 조달하기 위해 채권 대신 주식을 발행할 수 있다. **주식**(share of stock)은 주식 보유자에게 일정한 기업 소유권을 줌으로써 기업 이윤을 분배받을 수 있는 권리가 부여되는 금융수

재무부 장기채권 · 중기채권 · 단기채권 미국 연방정부가 자금을 차입하기 위해 발행하는 약속증권

회사채 주식회사가 자금을 차입하기 위해 발행하는 약속증권

주식 보유자에게 일정한 기업 소유권을 줌으로써 기업 이윤을 분배받을 수 있는 권리가 부여되는 금융 수단

배당 기업이 각 기간에 주식 보유자에게 지급하는 기업 이윤의 일부

단이다. 기업이 경영을 잘하면 주식의 가치가 상승하고 주주는 최초 구매에 대한 자본이득(capital gain)을 받는다.[1] 또한 주식의 경우 기업이 **배당**(dividend)을 지급할 수 있다. 즉 기업이 자본재를 매입하기 위해 이윤을 보유하는 대신 이윤의 일부를 주주에게 직접 지급할 수 있다. 기업이 경영을 잘못하면 주식의 가치가 하락하고 배당이 지급되지 않을 수 있으므로 주주에게도 나쁜 영향을 미친다. 주식은 뉴욕, 런던, 도쿄 등 전 세계의 많은 거래소에서 거래된다.

주식과 채권은 거래 당사자 간의 계약 증서, 즉 합의 증서이다. 투자자는 기업이나 자금 조달자에게 일정 금액을 대출하는 것에 동의하고, 기업이나 자금 조달자는 미래의 특정 날짜에 원금과 이자 같은 추가 금액을 상환하는 것에 동의한다. 또는 투자자는 기업 소유권의 일부를 매입하는 것에 동의하고, 기업은 미래 이윤의 일부를 투자자에게 주는 데 동의한다.

금융시장에서 핵심적인 변수는 이자율이다. 우리는 흔히 이자율이 하나인 것처럼 말하지만 특정 시점에 다수의 이자율이 존재한다. 주어진 대출의 이자율은 대출 기간과 대부자가 인지하는 위험을 반영한다. 이제 막 사업을 시작한 기업은 제너럴모터스(General Motors)보다 더 높은 이자율을 지불해야 한다. 30년 만기 모기지의 이자율은 90일 만기 대출의 이자율과 다르다. 그럼에도 불구하고 이자율은 함께 상승하고 하락하는 경향이 있으며, 이러한 이자율의 움직임에는 금융시장의 일반적인 상황이 반영된다.

거시경제에서 정부의 역할

정부는 거시경제에서 중요한 역할을 하기 때문에, 거시경제가 어떻게 작동하는지 이해하는 한 가지 방법은 정부가 경제에 영향을 미치기 위해 정책을 어떻게 사용하는지 살펴보는 것이다. 정부의 주요 정책 수단은 재정정책과 통화정책이다. 거시경제학 연구는 대부분 재정정책과 통화정책이 어떻게 작동하는지를 다룬다.

재정정책 정부의 지출 및 조세 정책

재정정책(fiscal policy)은 얼마나 세금을 걷고 얼마나 지출을 할 것인지에 관한 정부의 의사결정이다. 미국 연방정부는 가계와 기업으로부터 세금을 걷고 이러한 자금을 미사일 구매부터 공원, 사회보장 지급, 고속도로에 이르기까지 재화와 서비스를 구매하는 데 지출한다. 세금에는 개인소득세, 사회보장세, 법인세 등이 있다. 확장적 재정정책(expansionary fiscal policy)은 세금을 삭감하고 지출을 증가시키는 정책이고, 긴축적 재정정책(contractionary fiscal policy)은 그 반대이다.

통화정책 단기 이자율을 통제하기 위해 중앙은행(연방준비제도)이 사용하는 정책

미국의 **통화정책**(monetary policy)은 미국의 중앙은행인 연방준비제도(Federal Reserve System)가 수행한다. 보통 Fed라고 불리는 연방준비제도는 경제의 단기 이자율을 통제한다. Fed의 의사결정은 경제에 중요한 영향을 미친다. 미국에서 경기변동을 완화하는 임무는 역사적으로 Fed에 부여되어 있다. Fed의 현재 의장은 제롬 파월(Jerome Powell)이며, 흔히 Fed 의장은 미국에서 대통령 다음으로 영향력 있는 사람으로 일컬어진다. 이 책의 후반부에서 다루겠지만, Fed는 2008~2009년 경기후퇴 때 이전 경기후퇴에 대해 취했던 것보다 더 적극적인 역할을 수행했다. 마찬가지로 재정정책도 2008~2009년 경기후퇴와 그 이후에 적극적인 역할을 수행했다.

---

1 자본이득은 자산 가치가 상승할 때마다 발생한다. 주식 1주를 1,000달러에 구매했는데 현재 그 가치가 1,500달러이면 500달러의 자본이득이 발생한 것이다. 자본이득은 자산을 매도할 때 실현된다. 즉 자산을 매도할 때까지 자본이득이 발생하더라도 실현되지는 않는다.

20.3 거시경제학의 간략한 역사

학습목표

1929~1970년 미국 거시경제학의 역사를 간략히 살펴본다.

대공황 1929년부터 1930년대까지 경기수축이 극심하고 실업률이 높았던 기간

1930년대 **대공황**(Great Depression)의 극심한 경기수축과 높은 실업은 거시경제 문제, 특히 실업에 대한 많은 생각을 불러일으켰다. 그림 20.2는 이 기간 동안 미국에서 20세기 중 가장 크고 가장 오랜 기간 동안 총생산의 감소가 나타났음을 보여준다. 1920년대에 미국 경제는 번성했다. 일자리를 원하는 모든 사람이 일자리를 구할 수 있었으며, 소득이 크게 증가하고 물가가 안정되었다. 그러다 1929년 말부터 상황이 갑자기 나빠졌다. 1929년에는 실업자가 150만 명이었고, 1933년에는 경제활동인구 5,100만 명 중 1,300만 명이 실업자였다. 1933년에 미국은 재화와 서비스를 1929년보다 약 27% 적게 생산했다. 1929년 10월 월스트리트에서 주가가 붕괴되었을 때 수십억 달러의 개인 재산이 사라졌다. 1940년까지 실업은 경제활동인구의 14%를 웃돌았다.

대공황 이전에 경제학자들은 경제 전체에 소위 '고전학파(classical)' 또는 '시장청산(market clearing)' 모형이라는 미시경제모형을 적용하곤 했다. 앞서 언급했듯이 고전학파의 수요·공급 분석은 노동의 초과 공급이 임금을 새로운 균형 수준으로 하락시킨다고 가정했다. 임금 하락은 기업이 수요하는 노동의 양을 증가시키고 실업을 해소시킨다. 이러한 예측은 명확했다. 즉 실업이 지속될 수 없었다. 그러나 대공황 동안 실업률은 높은 수준을 유지했다. 장기간 지속되는 높은 실업률을 단순한 고전학파 모형이 설명하지 못한 것이 거시경제학 발전의 원동력이 되었다. 오늘날 거시경제학이라고 일컫는 분야가 1930년대에 탄생했다는 것은 놀랄 만한 일이 아니다.

존 메이너드 케인스(John Maynard Keynes)가 1936년에 펴낸 《고용, 이자 및 화폐의 일반 이론(The General Theory of Employment, Interest and Money)》은 경제학의 역사에서 가장 중요한 업적 중 하나로 손꼽힌다. 케인스는 시장과 시장행동에 대해 이해하고 있었던 것을 바탕으로 그 당시의 혼란스러운 경제 사건을 설명할 수 있는 이론을 만들기 시작했다.

대부분의 거시경제학은 케인스의 업적에 뿌리를 두고 있다. 케인스에 따르면, 고전학파 모형이 제시했던 것처럼 고용 수준을 결정하는 요인은 가격과 임금만이 아니다. 재화와 서비스에 대한 총수요(총지출이라고도 함)도 고용 수준을 결정하는 역할을 한다. 더욱이 케인스는 정부가 경제에 개입하여 생산과 고용 수준에 영향을 미칠 수 있다고 믿었다. 케인스는 민간 수요가 낮을 때 정부가 총수요를 부양하여 경기침체에서 경제를 끌어올릴 수 있다고 주장했다. 참고로 영웅 같은 인물이었던 케인스는 버지니아 울프(Virginia Woolf)와 클라이브 벨(Clive Bell)이 속한 영국 블룸즈버리 그룹(Bloomsbury group)의 회원이었다.

제2차 세계대전 이후와 특히 1950년대에 케인스의 견해는 전문적인 경제학자와 정부 정책 담당자에게 점점 더 큰 영향력을 미치기 시작했다. 정부는 정해진 고용 및 생산 목표를 달성하기 위해 경제에 개입할 수 있다고 믿게 되었다. 정부는 경제의 지출 수준을 통제하여 경기의 상승과 하강을 관리한다는 명시적 목적을 위해 이자율과 통화 공급에 영향을 미치는 능력뿐만 아니라 세금을 징수하고 지출하는 권한을 사용하기 시작했다. 이러한 정부 정책에 관한 견해는 미국에서 1946년에 고용법(Employment Act)이 통과되면서 단단히 자리를 잡았다. 이 법에 근거하여 대통령에게 경제 문제를 자문해주는 대통령경제자문위원회(President's Council of Economic Advisers)가 설립되었다. 또한 이 법은 연방정부가 생산과 고용이 크게 감소하는 것을 막기 위해 경제에 개입하는 것을 허용했다.

미세조정 인플러이션과 실업을 조정하는 정부의 역할을 나타내기 위해 월터 헬러가 사용한 용어

정부가 거시경제를 안정시키는 조치를 취해야 한다는 견해는 1960년대에 큰 인기를 끌었다. 이 기간 동안 존 케네디(John F. Kennedy), 린든 존슨(Lyndon B. Johnson) 대통령하에서 대통령경제자문위원회 의장이었던 월터 헬러(Walter Heller)는 인플레이션과 실업을 조정할 수 있는 정부의 역할을 나타내기 위해 **미세조정**(fine-tuning)이라는 용어를 사용했다. 1960년대에 많은 경제학자는 정부가 실업과 인플레이션 수준을 매우 정확하게 조정할 수 있는 수단을 사용할 수 있다고 믿었다.

경제를 정교하게 관리할 수 있는 정부의 능력에 대한 낙관주의는 오래가지 못했다. 1970년대와 1980년대 초에 미국 경제는 고용, 생산, 인플레이션의 큰 변동을 겪었다. 1974~1975년, 1980~1982년에 미국은 심각한 경기후퇴를 경험했다. 1930년대 대공황만큼의 재앙은 아니었지만 그 두 번의 경기후퇴로 수백만 명이 일자리를 잃고 수십억 달러의 생산과 소득이 감소했다. 또한 1974~1975년, 1979~1981년에는 인플레이션율이 높았다.

스태그플레이션 인플레이션율이 높고 실업률도 높은 상황

이에 따라 1970년대는 소위 스태그플레이션이라는 경기침체와 높은 인플레이션의 시기였다. **스태그플레이션**(stagflation)은 인플레이션율이 높고 생산 성장이 완만하거나 마이너스이며 실업률이 높은 상황을 말한다. 1970년대까지는 경제가 번영하고 실업 수준이 낮은 시기에만 인플레이션율이 높았다. 이에 경제의 건강도에 관심을 가진 거시경제학자와 정책 담당자는 모두 스태그플레이션의 문제로 가슴을 졸였다.

1975년에 이르러서는 경제학자들이 믿었던 헬러의 말과 교과서 이론보다 거시경제를 통제하기 어렵다는 사실이 명확해졌다. 1970년대와 1980년대 초에 발생한 사건은 거시경제이론에 중요한 영향을 미쳤다. 단순한 케인스 모형과 1960년대의 '전통적인 지혜'에 대한 믿음이 거의 사라졌다. 약 50년이 지난 지금, 거시경제학 분야는 여전히 변화하고 있고 거시경제가 어떻게 작동하는지에 관해 일치된 견해가 존재하지 않는다. 해결되어야 할 중요한 쟁점이 많다. 이러한 사실로 인해 거시경제학을 가르치기는 어렵지만 연구하는 것은 그만큼 흥미롭다.

학습목표

1970년 이후 미국 경제를 이해한다.

20.4 1970년 이후 미국 경제

최근 미국 경제의 성과를 알면 이어지는 장을 학습하는 데 도움이 될 것이다. 1970년 이후 미국 경제는 다섯 번의 경기후퇴와 두 번의 높은 인플레이션을 겪었다. 그림 20.4, 20.5, 20.6은 분기 데이터를 사용하여 이를 나타낸 것이다. 로마 숫자 I, II, III, IV는 4개 분기를 가리키는데, 예를 들어 1972 III은 1972년 3분기를 말한다. 그림 20.4는 1970 I~2017 IV의 총생산 변화 추이를 보여준다. 그림 20.5에서는 다섯 번의 경기후퇴기인 1974 I~1975 I, 1980 II~1982 IV, 1990 III~1991 I, 2001 I~2001 III, 2008 I~2009 II[2]를 연보라색으로 표시하고 실업률의 변화를 나

2 1980 II~1982 IV 동안 생산은 1980 IV와 1981 I에 증가한 후 1981 II에 감소했다. 이러한 사실을 감안하면 1980 II~1982 IV에는 2개의 경기후퇴기인 1980 II~1980 III과 1981 I~1982 IV가 포함된다고 볼 수 있다. 그러나 경기확장기가 매우 짧기 때문에 1980 II~1982 IV를 2개의 경기후퇴기로 분리하지 않았다. 이러한 두 기간은 매우 근접해 있으나 전미경제연구소(NBER)에 의해 정확하게 정의되는 경기후퇴기는 아니다. NBER은 경기후퇴기를 공식적으로 결정하는 기관으로, NBER의 정의와 관련된 한 가지 문제는 경기후퇴기가 절대 수정되지 않지만 거시경제 데이터는 때로 많이 수정된다는 것이다. NBER의 경기후퇴기는 항상 가장 최근의 수정된 데이터를 사용하여 결정된 기간이 아니다. 2008년 11월 NBER은 2007년 12월에 경기후퇴가 시작되었다고 선언했고, 2010년 8월 NBER은 경기후퇴가 2009년 6월에 끝났다고 선언했다.

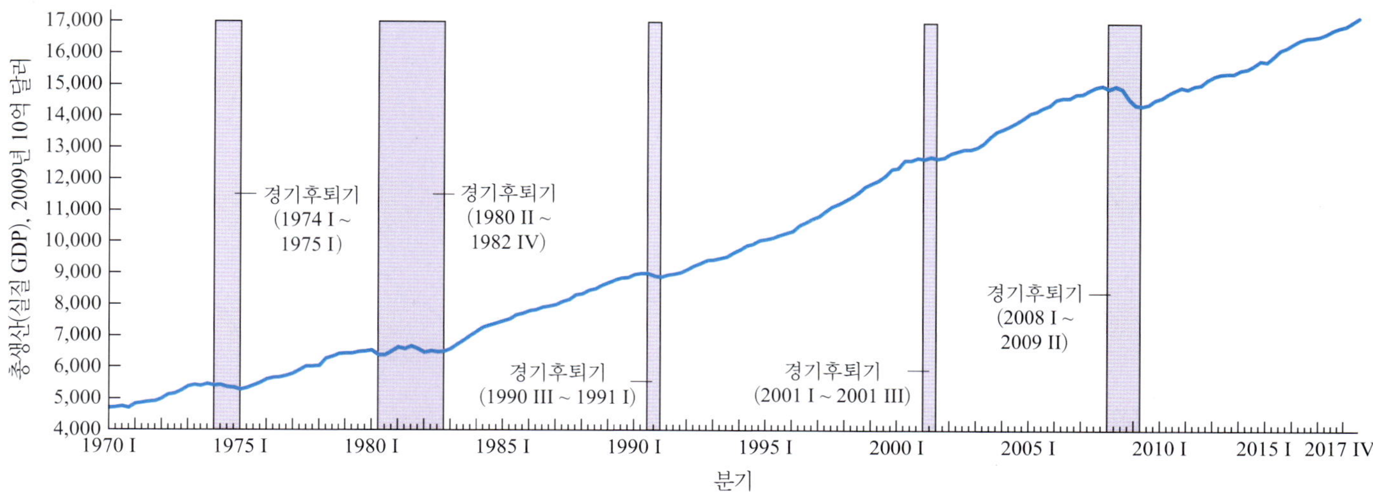

그림 20.4 1970 I~2017 IV 미국 총생산(실질 GDP)의 변화 추이
1970년 이후 미국의 총생산은 전반적으로 증가했으나 다섯 번의 경기후퇴기, 즉 1974 I~1975 I, 1980 II~1982 IV, 1990 III~1991 I, 2001 I~2001 III, 2008 I~2009 II가 있었다.

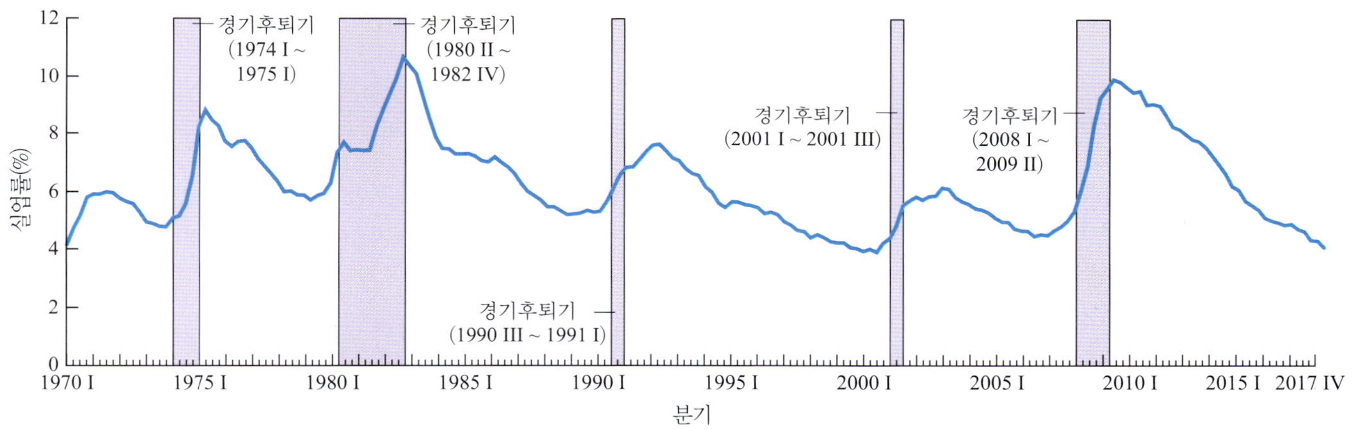

그림 20.5 1970 I~2017 IV 미국 실업률의 변화 추이
1970년 이후 미국의 실업률이 크게 변동했다. 다섯 번의 경기후퇴기에 실업률이 상승했다.

타냈다. 다섯 번의 경기후퇴기에 실업률이 증가했다는 점에 주목하라. 1974~1975년 경기후퇴기 중 실업률이 1975년 2분기에 최대 8.8%, 1980~1982년 경기후퇴기 중 실업률이 1982년 4분기에 최대 10.7%에 달했다. 1990~1991년 경기후퇴기 이후에도 실업률이 계속 상승하여 1992년 3분기에 정점이 7.6%였고, 2008~2009년 경기후퇴기 중 실업률의 정점은 2009년 4분기에 9.9%였다. 2015년에는 실업률이 5.5%였다.

그림 20.6은 1970 I~2017 IV의 인플레이션율 변화 추이를 보여주며, 두 번의 높은 인플레이션기인 1973 IV~1975 IV와 1979 I~1981 IV가 연보라색으로 표시되었다. 첫 번째 높은 인플레이션기에는 인플레이션율의 정점이 1975년 1분기에 11.1%, 두 번째 높은 인플레이션기에는 인플레이션율의 정점이 1981년 1분기에 10.2%였다. 1983년 이후 인플레이션율은 1970년대 기준과 비교하면 상당히 낮았고, 1992년 이후에는 약 1~3%였다.

다음 장들에서는 생산, 실업, 인플레이션과 같은 변수의 움직임과 관계를 다룰 것이다. 그림

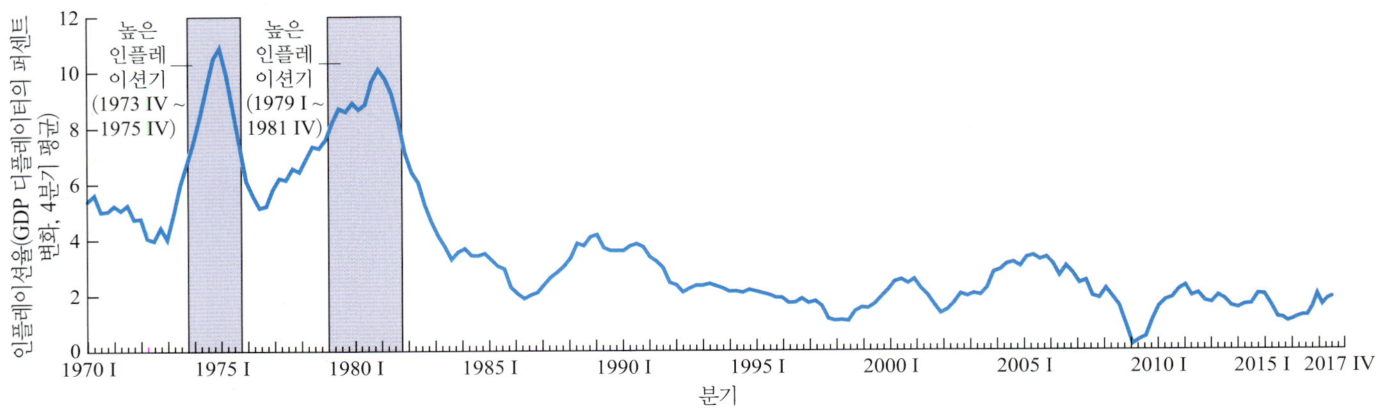

그림 20.6 1970 I～2017 IV 미국 인플레이션율(GDP 디플레이터의 퍼센트 변화, 4분기 평균)의 변화 추이
1970년 이후 인플레이션율은 1973 IV～1975 IV와 1979 I～1981 IV에 높았다. 1983～1992년에는 인플레이션율이 비교적 낮았고 1992년 이후에는 상당히 낮았다.

20.4, 20.5, 20.6에 나타낸 생산, 실업, 인플레이션의 변화를 가져오는 요인을 이해하면 거시경제가 어떻게 작동하는지를 이해하는 데 도움이 될 것이다.

요약

01 미시경제학은 개별 산업의 기능과 개별 의사결정 주체의 행동을 연구한다. 거시경제학은 개별 의사결정의 합계, 즉 모든 가계의 소비, 모든 개인이 공급하는 노동량과 모든 기업이 수요하는 노동량, 생산되는 모든 재화와 서비스의 총량에 관심을 둔다.

02 거시경제학자의 주요 관심 주제는 총생산의 성장률, 실업 수준, 전반적인 물가수준의 상승을 의미하는 인플레이션이다.

03 거시경제의 순환도는 경제의 네 그룹, 즉 가계, 기업, 정부, 기타 세계에 의한 소득과 지출의 흐름을 보여준다. 모든 사람의 지출은 다른 사람의 수취이다. 모든 거래에는 상대가 있다.

04 가계, 기업, 정부, 기타 세계의 상호 간 연계 방식을 살펴보는 또 다른 방법은 그들이 상호작용하는 시장, 즉 재화와 서비스 시장, 노동시장, 화폐(금융)시장을 생각해보는 것이다.

05 정부가 거시경제에 영향을 미치기 위해 사용할 수 있는 수단으로는 재정정책(세금과 정부지출에 대한 의사결정)과 통화정책(단기 이자율의 통제)이 있다.

06 거시경제학은 1930년대의 대공황을 설명하려는 노력에서 탄생했다. 그 이후 거시경제학 분야는 경제가 직면한 문제의 변화에 따라 새로운 문제에 관심을 가지면서 진화했다. 1960년대 후반까지는 정부가 항상 경제를 안정되게 미세조정할 수 있다고 믿었다. 그러나 1970년대의 저조한 경제 성과는 미세조정이 항상 작동하지 않는다는 것을 드러냈다.

07 1970년 이후 미국 경제는 다섯 번의 경기후퇴와 두 번의 높은 인플레이션을 겪었다.

핵심 용어

거시경제학(macroeconomics)
경기변동(business cycle)
경기수축(contraction)/경기후퇴(recession)/경기침체(slump)
경기확장(expansion)/경기호황(boom)
경직적 가격(sticky price)
공황(depression)
대공황(Great Depression)
디플레이션(deflation)
미세조정(fine-tuning)
미시경제학(microeconomics)
배당(dividend)
순환도(circular flow)
스태그플레이션(stagflation)
실업률(unemployment rate)
이전지불(transfer payment)
인플레이션(inflation)
재무부 단기채권(Treasury bill)
재무부 장기채권(Treasury bond)
재무부 중기채권(Treasury note)
재정정책(fiscal policy)
주식(shares of stock)
총생산(aggregate output)
총행동(aggregate behavior)
통화정책(monetary economics)
하이퍼인플레이션(hyperinflation)
회사채(corporate bond)

연습문제

01 인플레이션을 정의하라. 캐슈너트, 땅콩, 아몬드만 생산되고 거래되는 단순한 경제에 살고 있다고 가정해보자. 2018년 1월에 캐슈너트는 파운드당 12.50달러, 땅콩은 파운드당 4달러, 아몬드는 파운드당 5.50달러에 판매되었다고 하자. 그해 말에 캐슈너트의 수확량이 예상보다 적어서 캐슈너트 가격이 파운드당 17달러로 뛰었으나 땅콩 가격은 그대로 4달러이고 아몬드 가격은 실제로 3달러로 하락했다. 전반적인 '물가수준'에 어떤 일이 발생했다고 말할 수 있는가? '물가수준의 변화'에 관한 척도를 어떻게 구축할 수 있는가? 물가수준의 변화에 관한 척도를 구축하기 위해 어떤 정보가 추가로 필요한가?

02 실업을 정의하라. 직업이 없는 모든 사람을 '실업'으로 간주해야 하는가? 답하는 데 도움이 되도록 노동시장을 나타내는 수요곡선과 공급곡선을 그려라. 수요곡선은 무엇을 측정하는가? 일정 기간 동안 수요되는 노동의 양을 결정하는 요인은 무엇인가? 공급곡선은 무엇을 측정하는가? 일정 기간 동안 공급되는 노동의 양을 결정하는 요인은 무엇인가? 직업을 갖는 것의 기회비용은 무엇인가?

03 유럽연합통계국(Eurostat)에 따르면 스페인의 실업률은 대침체(Great Recession)가 시작되었던 2008년 초에 9.1%였으나 2013년 7월에 26.3%로 정점을 찍었다. 2012년에 스페인의 GDP는 −2.9% 성장했다. 그 이후 스페인의 실업률은 지속적으로 하락하여 2018년 6월에는 15.2%가 되었다. 어떻게 생산이 감소하는 동시에 실업이 감소할 수 있는가?

04 우리나라의 경제 상태를 동태적 방식(올해를 지난 몇 년과 비교하는 방식)과 비교 방식(유사한 소득 범주에 속하는 다른 나라들과 비교하는 방식)으로 설명하라. 경제성장이 강한가, 약한가? 실업률이 높은가, 낮은가? 인플레이션이 과도한가, 그렇지 않은가? 지난 몇 년간 경제성장, 실업, 인플레이션이 어떻게 변화했는가?

05 거시경제학이 미시경제학과 어떻게 다른지 간략히 설명하라. 거시경제학자는 연구를 수행할 때 미시경제이론을 어떻게 사용할 수 있는가? 왜 거시경제학자는 미시경제이론을 사용하려고 하는가?

06 베른트(Berndt)와 래퍼포트(Rappaport)의 2001년 연구에 따르면 미국에서 데스크톱 컴퓨터의 평균 가격이 하락하여 1999년에는 1976년 가격의 0.069%에 불과했다. 즉 23년 동안 1,445배 하락했다. 이는 그 기간 동안 미국 소비자의 구매력이 1,445배 증가했음을 의미하는가? 개별 재화의 가격 상승 또는 하락은 인플레이션에 대해 무엇을 알려주는가? 또한 소비자의 구매력에 대해 무엇을 알려주는가?

07 2009~2010년 이후 유럽연합의 일부 회원국은 정부지출 삭감과

세금 인상으로 구성된 긴축적 재정정책을 채택했다. 반대자들은 이를 종종 '내핍(austerity)' 정책이라 불렀고, 이러한 정책에 대해 완만한 경제성장과 높은 실업의 관점에서 의문을 제기했다. 이들의 논리를 설명하라.

08 다음은 세 시장 영역 중 어느 시장에서 거래되는가?

a. 국채

b. 런던에 있는 허쉬손스 미용실의 헤어컷

c. 폴 크루그먼과 같은 경제학자의 능력과 전문성

d. 지역 시장에 있는 중고 아디다스 운동화

e. 크리스티아누 호날두의 평균 득점

f. 당신의 자동차 보험 계약

09 20세기 동안 많은 경기확장기가 전쟁 동안에 발생했다. 왜 이런 일이 발생했다고 생각하는가?

10 케인스는 경제를 안정시키기 위해 총생산을 변화시키고 경기후퇴를 미리 막는 데 정부 정책을 사용할 수 있다는 것을 처음으로 밝혔다. 케인스가 이러한 저서를 썼던 당시의 세계 경제에 대해 설명하라. 그리고 현재의 미국 경제를 설명하라. 2016년에 주요 대선 후보들은 경제성장을 촉진하기 위해 어떤 방안을 제안했는가? 그중에서 케인스가 제안한 정책을 따른 것은 무엇인가? 어떤 후보가 어떤 정책을 제안했는가?

11 항공 여행의 수요가 증가함으로써 승무원에 대한 수요가 증가한다고 가정해보자. 실업에 어떤 일이 일어날지 고전학파 사고방식과 케인스 사고방식을 사용하여 설명하라.

12 대공황의 장기화와 심각성이 거시경제의 작동에 대해 근본적으로 재고하게 만든 이유를 설명하라.

경제학적 사고 키우기

01 경기변동을 완화하기 위해 경제정책을 입안하곤 하는데, 이러한 정책의 목표는 경기 저점을 높이고 경기 정점을 낮추는 것이다. 총생산의 정점을 낮추기 위해 경제정책을 입안하는 이유는 무엇인가?

02 그림 20.5는 경기후퇴가 끝난 후에도 실업률이 계속 상승하는 것을 보여준다. 왜 이러한 일이 발생할 수 있는가?

CHAPTER 21

국민생산과 국민소득의 측정

목차와 학습목표

20장에서는 거시경제학이 총생산, 실업, 인플레이션에 관심을 둔다는 것을 살펴보았다. 이 장에서는 총생산과 인플레이션의 측정에 대해 알아보고 다음 장에서는 실업의 측정을 다룬다. 이러한 변수를 정확하게 측정하는 것은 경제를 이해하는 데 매우 중요하다. 바람직한 척도가 없다면 경제학자는 경제가 어떻게 작동하는지 분석하는 데 어려움을 겪을 것이고, 정책 담당자는 어떤 정책이 경제에 가장 좋은지 판단하지 못할 것이다.

국민소득생산계정 국민소득과 국민생산의 다양한 구성 요소를 설명하기 위해 정부가 수집하여 발표하는 데이터

거시경제학에서 사용하는 데이터의 대부분은 **국민소득생산계정**(national income and product accounts)에 정리되어 있다. 미국의 경우 상무부의 경제분석국(Bureau of Economic Analysis, BEA)이 국민소득생산계정을 작성한다. 국민소득생산계정은 20세기의 위대한 발명 중 하나로, 그 중요성을 아무리 강조해도 지나치지 않다. 국민소득생산계정은 경제 성과에 대한 데이터를 제공할 뿐만 아니라, 경제학자가 경제를 구성하는 부문이 어떻게 맞물려 돌아가는지 알 수 있는 개념적 틀을 제공한다. 경제학자가 거시경제를 다루기 위해 사용하는 항목과 용어는 국민소득생산계정에서 비롯된 것이다.

국민소득생산계정은 자동차 엔진의 배선도와 같다. 엔진의 배선도는 엔진이 어떻게 작동하는지를 설명하지는 않지만 엔진의 핵심 부품이 무엇인지, 그것들이 어떻게 연결되어 있는지를 알려준다. 국민소득생산계정에 대한 이해 없이 거시경제를 이해하려고 하는 것은 엔진의 배선도 없이 엔진 부품의 이름도 모른 채 엔진을 수리하려는 것과 같다.

국민소득생산계정에는 수천 개의 변수가 있는데 이 장에서는 그중 가장 중요한 변수를 살펴볼 것이다. 국민소득생산계정이 경제 전체와 경제를 구성하는 다양한 부문의 규모를 나타내는 방식을 알아보자.

학습목표

GDP의 기본적인 내용, GDP와 GNP의 차이를 이해한다.

21.1 국내총생산

국내총생산(GDP) 한 국가 내에 존재하는 생산요소에 의해 일정 기간 동안 생산된 모든 최종 재화와 서비스의 총시장가치

국민소득생산계정에서 핵심적인 개념은 **국내총생산**(gross domestic product, GDP)이다.

> GDP는 한 국가 생산의 총시장가치이다. 다시 말해 GDP는 한 국가 내에 존재하는 생산요소에 의해 일정 기간 동안 생산된 모든 최종 재화와 서비스의 시장가치이다.

2017년 미국의 GDP는 19조 3,906억 달러였다. GDP는 매우 중요한 개념이다. 각 기업이 연도별 경영의 성공 또는 실패를 측정할 필요가 있듯이 경제 전체의 성과도 측정할 필요가 있다. 경제의 총생산 척도인 GDP는 한 국가의 경제 성적표를 보여준다. GDP는 매우 중요하기 때문에 GDP의 정의를 정확히 짚고 넘어가야 한다.

최종 재화와 서비스

최종 재화와 서비스 최종적인 용도를 위해 생산되는 재화와 서비스

중간재 한 기업이 추가 공정에 사용하기 위해 또는 다른 기업에 의한 재판매 용도로 사용하기 위해 생산하는 재화

먼저 **최종 재화와 서비스**(final goods and services)의 정의를 알아보자. 경제에서 생산되는 많은 재화는 최종재가 아니라 중간재로 분류된다. **중간재**(intermediate goods)는 한 기업이 추가 공정에 사용하기 위해 또는 다른 기업에 의한 재판매 용도로 사용하기 위해 생산하는 재화이다. 예를 들면 자동차 회사에 판매되는 타이어, 애플의 아이폰에 사용되는 반도체 칩이 바로 중간재이다. 중간재의

표 21.1 휘발유 1갤런 생산의 부가가치(가상 수치)

생산 단계	판매가치	부가가치
① 원유 시추	$ 3.00	$ 3.00
② 정유	3.30	0.30
③ 배송	3.60	0.30
④ 소매 판매	4.00	0.40
총부가가치		$ 4.00

가치는 GDP에서 계산되지 않는다.

왜 GDP를 계산할 때 중간재의 가치를 포함하지 않을까? 제너럴모터스(General Motors, GM)가 자동차 한 대를 생산하기 위해 굿이어(Goodyear)의 타이어 매입에 200달러를 지불한다고 하자. GM은 이 타이어를 사용하여 자동차 한 대를 조립하고 24,000달러에 판매하는데, 이 자동차의 가치는 24,000달러이지 24,000달러 + 200달러가 아니다. 이 자동차의 최종 가격에는 이미 모든 부품의 가치가 반영되어 있다. 자동차 제조업체에 판매된 타이어의 가치와 소비자에게 판매되는 자동차의 가치를 모두 GDP 계산에 포함한다면 이중계산(double counting)이 된다. 또한 GM이 굿이어로부터 타이어를 매입하는 대신 스스로 타이어를 생산하기로 하는 의사결정은 경제에서 생산되는 재화의 가치를 감소시키는 결과를 초래할 것이다.

이러한 이중계산은 생산 과정에서 각 기업이 생산물에 추가하는 부가가치만 계산함으로써 피할 수 있다. 어떤 생산 단계에서 발생하는 **부가가치**(value added)는 그 생산 단계를 떠날 때 재화의 가치와 그 생산 단계에 진입할 때 재화 비용의 차이이다. 표 21.1은 부가가치가 어떻게 계산되는지를 보여준다. 휘발유 1갤런을 생산하는 4단계는 ① 원유 시추, ② 정유, ③ 배송, ④ 소매 판매이다. 첫 번째 단계에서의 부가가치는 원유의 가치이다. 두 번째 단계에서 정유 회사는 원유 시추업체로부터 원유를 매입하여 휘발유를 만들고 배송업체에 판매한다. 정유 회사는 원유 시추업체에 갤런당 3달러를 지불하고 배송업체에는 갤런당 3.30달러를 부과한다. 즉 정유 회사가 추가하는 부가가치는 0.30달러이다. 이어서 배송업체는 갤런당 3.60달러를 받고 소매업체에 휘발유를 판매하므로 세 번째 단계에서의 부가가치는 0.30달러이다. 네 번째 단계에서는 소매업체가 소비자에게 갤런당 4달러에 휘발유를 판매하므로 부가가치가 0.40달러이다. 생산 과정에서 발생한 총부가가치는 4달러이고, 이는 소매 단계에서 판매되는 휘발유 가격과 같다. 즉 각 생산 단계의 판매 가격을 합하여 총가치(3달러 + 3.30달러 + 3.60달러 + 4달러 = 13.90달러)를 구하면 갤런당 휘발유의 가치를 매우 과대 추정하게 된다.

부가가치 생산 단계를 떠날 때 재화의 가치와 생산 단계에 진입할 때 재화 비용의 차이

GDP를 계산할 때 생산의 각 단계에서 발생하는 부가가치를 합하거나 최종 판매가치를 사용할 수 있다. 경제에서 얼마나 많은 생산이 생산되었는지 측정하는 데 총판매가치를 사용하지 않는다.

중고재와 증권 거래 제외

GDP를 계산할 때는 새로운 생산, 즉 현재 생산만을 대상으로 한다. 기존 생산은 생산 시 이미 GDP에 계산되었기 때문에 현재 GDP에 계산되지 않는다. 현재 GDP를 계산하는 데 중고재 판매

를 포함하는 것은 이중계산이다. 누군가가 다른 사람에게 중고차를 판매하는 경우 새로운 생산이 발생하지 않았기 때문에 이러한 거래는 GDP에 계산하지 않는다. 이와 마찬가지로 기존 주택의 재판매 가격은 GDP에 계산되지 않고 새로 지어진 주택의 가격만 GDP에 계산된다.

현금(또는 증권)이나 재화의 소유자가 바뀌고 새로운 재화와 서비스가 생산되지 않는 거래는 GDP에 계산하지 않는다.

주식과 채권 판매는 GDP에 계산하지 않는다. 이러한 거래는 전자적 교환이나 증권 교환을 통해 이루어지는 자산 소유권의 이전이지 현재 생산이 아니다. 우리가 주식이나 채권을 처음 매입할 때 지불했던 가격보다 더 높은 가격에 매도하면 어떤 일이 일어날까? 주식시장이나 채권시장에서 발생한 수익은 현재 생산과 관련이 없기 때문에 GDP에 계산되지 않는다. 그러나 우리가 보유한 주식을 누군가에게 매도하기 위해 브로커에게 수수료를 지불하는 경우에는 브로커가 우리에게 서비스를 제공하는 것이기 때문에 브로커에게 지불된 수수료가 GDP에 계산된다. 그러한 서비스는 현재 생산의 일부이다. 현재 생산이 포함되지 않은 주식, 채권을 현금(또는 다른 주식, 채권)과 거래하는 것과 이러한 거래를 위해 수수료를 지불하는 것은 구별해야 한다.

국내 소유 생산요소로 해외에서 생산된 생산 제외

GDP는 한 국가 내에 존재하는 생산요소로 생산된 생산의 가치이다.

기본적인 세 가지 생산요소는 토지, 노동, 자본이다. 예를 들어 해외에서 외국 회사를 위해 일하는 미국 시민에 의한 생산은 미국 내에서 생산되는 것이 아니기 때문에 미국 GDP에 계산되지 않는다. 마찬가지로 미국 회사가 해외에서 벌어들인 이윤은 미국 GDP에 계산되지 않는다. 그러나 미국에서 일하는 외국인에 의한 생산은 미국 내에서 생산되는 것이기 때문에 미국 GDP에 계산된다. 또한 미국에서 외국 회사가 벌어들인 이윤은 미국 GDP에 계산된다.

국민총생산(GNP) 생산이 이루어진 곳에 관계없이 한 국가의 시민이 소유한 생산요소에 의해 일정 기간 동안 생산된 모든 최종 재화와 서비스의 총시장가치

재화와 서비스가 생산되는 곳에 상관없이 한 국가의 시민이 소유한 생산요소에 의한 생산을 측정하는 척도를 사용하는 것은 때로 유용한데, 이러한 척도를 **국민총생산**(gross national product, GNP)이라고 한다. 미국을 비롯해 대부분의 국가는 GDP와 GNP의 차이가 작다. 2017년 미국의 GNP는 19조 6,074억 달러, GDP는 19조 3,906억 달러였다.

GDP와 GNP의 구분이 까다로운 경우도 있다. 미국 오하이오주 메리스빌에 있는 혼다(Honda) 공장을 생각해보라. 이 공장은 일본 기업인 혼다가 소유하고 있으나 여기서 일하는 근로자는 대부분 미국인이다. 이 공장의 모든 생산은 미국 GDP에 포함되지만 그중 일부만이 미국 GNP에 포함된다. 미국인 근로자에게 지급되는 임금은 미국 GNP의 일부이지만 이 공장의 이윤은 미국 GNP의 일부가 아니다. 이 공장의 이윤은 일본 소유의 생산요소(일본 자본)로 생산되기 때문에 일본 GNP에 계산된다. 그러나 이러한 이윤은 일본에서 벌어들인 것이 아니므로 일본 GDP에 계산되지는 않는다.

21.2 GDP 계산

학습목표

GDP를 계산하는 두 가지 방법을 알아본다.

GDP는 두 가지 방법으로 계산할 수 있다. 한 가지 방법은 일정 기간 동안 모든 최종 재화와 서비스에 지출된 금액을 합하는 것으로, 이를 GDP 계산의 **지출접근법**(expenditure approach)이라고 한다. 다른 방법은 최종 재화와 서비스를 생산하는 데 사용된 모든 생산요소가 받는 소득, 즉 임금, 임대료, 이자, 이윤을 합하는 것으로, 이를 GDP 계산의 **소득접근법**(income approach)이라고 한다. 구매자의 모든 지불(지출)은 판매자의 수취(소득)이므로 두 가지 방법으로 계산된 GDP는 같다. GDP를 계산할 때 받는 소득이나 지불된 지출을 측정할 수 있고, 어떤 방법을 사용하든 같은 크기의 총생산을 얻는다.

지출접근법 일정 기간 동안 모든 최종 재화와 서비스에 지출된 총액으로 GDP를 측정하는 방법

소득접근법 최종 재화와 서비스를 생산하는 데 사용된 모든 생산요소가 받는 소득, 즉 임금, 임대료, 이자, 이윤의 합으로 GDP를 측정하는 방법

경제가 한 기업으로 구성되어 있고 올해 이 기업의 총생산이 100만 달러에 판매된다고 가정해보자. 올해 총생산에 지출되는 총액은 100만 달러이므로 올해의 GDP는 100만 달러이다. 그러나 GDP 100만 달러는 모두 누군가에게 지급되거나 기업 소유자에게 이윤으로 남게 된다. 소득접근법을 사용하기 위해 먼저 기업의 종업원들에게 지급된 임금, 기업에 자금을 빌려준 사람들에게 지급된 이자, 기업에 토지·건물·장비를 임대한 사람들에게 지급되는 임대료를 합한다. 이 밖에 남은 것이 기업 소유주의 소득이 되는 이윤이다. 기업 소유주의 소득인 이윤을 비롯해 모든 생산요소의 소득을 합하면 GDP는 100만 달러가 된다.

지출접근법

경제의 주요 네 그룹은 가계, 기업, 정부, 기타 세계이고 지출의 주요 네 범주는 다음과 같다.

- **개인소비지출(C)**: 소비재에 대한 가계의 지출
- **총민간국내투자(I^a)**: 새로운 자본, 즉 공장, 장비, 재고, 신규 주택에 대한 기업과 가계의 지출[1]
- **정부 소비와 총투자(G)**
- **순수출($EX - IM$)**: 기타 세계의 순지출, 즉 수출(EX) − 수입(IM)

지출접근법은 다음과 같이 이러한 지출 요소를 합하여 GDP를 계산한다.

$$GDP = C + I^a + G + (EX - IM)$$

2017년 미국의 GDP는 19조 3,906억 달러였다. 표 21.2에 지출접근법의 각 구성 요소를 범주별로 정리했다.

개인소비지출(C) GDP의 가장 큰 부분은 **개인소비지출**(personal consumption expenditure, C)이다. 표 21.2를 보면 2017년 미국의 개인소비지출액은 GDP의 69.1%를 차지한다. 개인소비지출은 재화와 서비스에 대한 소비자의 지출이다.

개인소비지출(C) 재화와 서비스에 대한 소비자의 지출

개인소비지출의 주요 범주는 내구재, 비내구재, 서비스이다. 자동차, 가구, 가계 설비와 같

1 23장에서 거시경제이론을 설명할 때 실제로 이루어진 투자와 의도된 투자를 구별할 필요가 있다. 두 가지 투자를 혼동하지 않도록 의도된 투자를 나타내기 위해 I를 사용하고 실제로 이루어진 투자를 나타내기 위해 I^a를 사용한다. 종종 의도된 투자는 실제로 이루어진 투자와 일치하지 않는다.

표 21.2 2017년 미국 GDP의 구성 요소(지출접근법)

	10억 달러		GDP에서 차지하는 비율(%)	
개인소비지출(C)	13,395.5		69.1	
내구재		1,473.8		7.6
비내구재		2,821.5		14.6
서비스		9,100.2		46.9
총민간국내투자(I^a)		3,212.8	16.6	
비주거용 투자		2,449.6		12.6
주거용 투자		747.6		3.9
기업의 재고 변화		15.7		0.1
정부 소비와 총투자(G)	3,353.8		17.3	
연방정부		1,260.7		6.5
주와 지방정부		2,093.2		10.8
순수출($EX - IM$)	−571.6		−2.9	
수출(EX)		2,344.0		12.1
수입(IM)		2,915.6		15.0
국내총생산	19,390.6		100.0	

* 각 구성 요소의 합은 반올림 때문에 구성 항목을 합한 값과 정확히 일치하지 않을 수도 있다.
출처: U.S. Bureau of Economic Analysis, March 28, 2018.

내구재 자동차, 가계 설비와 같이 상대적으로 장시간 사용되는 재화

비내구재 식품, 의류와 같이 상당히 빠르게 소진되는 재화

서비스 법률, 의료, 교육과 같이 실물 생산을 수반하지 않는 것

은 **내구재**(durable goods)는 상대적으로 장시간 사용되고 식품, 의류, 휘발유와 같은 **비내구재**(nondurable goods)는 상당히 빠르게 소진된다. 실물 생산을 수반하지 않는 **서비스**(service)에 대한 지출에는 의사, 변호사, 교육기관에 대한 지출이 포함된다. 표 21.2에서 보듯이 2017년 미국의 내구재 지출은 GDP의 7.6%, 비내구재 지출은 GDP의 14.6%, 서비스 지출은 GDP의 46.9%를 차지했다. 즉 GDP의 거의 반이 서비스 소비이다.

총민간국내투자(I^a) 경제학에서 투자라는 용어는 주택, 공장, 장비, 재고와 같은 새로운 자본의 구매를 의미한다. 경제학에서 이러한 의미로 사용되는 투자는 일상생활에서 주식, 채권, 뮤추얼펀드 구매와 그 의미가 다르다.

총민간국내투자(I^a) 신규 주택, 공장, 장비, 재고 구매 등 새로운 자본에 대한 민간 부문의 총투자

비주거용 투자 기계, 공구, 공장 등을 구매하기 위한 기업의 지출

주거용 투자 신규 주택과 아파트에 대한 가계와 기업의 지출

기업의 재고 변화 기업의 재고(기업이 현재 생산하지만 나중에 판매하기 위해 보유하는 재화)가 일정 기간 동안 변화한 크기

새로운 자본에 대한 민간 부문의 총투자를 **총민간국내투자**(gross private domestic investment, I^a)라고 한다. 기계, 공구, 공장 등을 구매하기 위한 기업의 지출은 **비주거용 투자**(nonresidential investment)이고,[2] 신규 주택과 아파트에 대한 가계와 기업의 지출은 **주거용 투자**(residential investment)이다. 총민간국내투자의 세 번째 구성 요소인 **기업의 재고 변화**(change in business inventories)는 기업의 재고가 일정 기간 동안 변화한 크기이다. 기업의 재고는 기업이 현재 생산하지만 나중에 판매하기 위해 보유하는 재화를 말한다. 2017년 미국의 총민간국내투자는 GDP의 16.6%를 차지했으며, 그중에서 비주거용 투자는 12.6%, 주거용 투자는 3.9%, 기업의 재고 변화는

---

2 투자로 간주되는 것과 소비로 간주되는 것의 구별은 때로 상당히 임의적이다. 기업의 자동차나 트럭 구매는 투자로 간주되지만 가계의 자동차나 트럭 구매는 내구재 소비로 간주된다. 일반적으로 1년 이상 사용되는 품목에 대한 기업의 지출은 투자지출로 보고, 1년 미만 사용되는 제품에 대한 지출은 중간재 구매로 본다.

0.1%였다.

기업의 재고 변화 기업의 재고 변화가 새로운 자본의 구매를 의미하는 투자의 구성 요소로 간주되는 이유는 무엇일까? 대부분의 기업은 생산한 제품이 매일 얼마나 판매될지 정확히 예측할 수 없기 때문에, 제품이 없어서 판매하지 못하는 상황을 피하기 위해 재고를 보유한다. 나중에 판매하기 위해 생산되는 재화인 재고는 미래에 가치를 창출하기 때문에 자본으로 간주된다. 따라서 재고가 증가하면 자본이 증가한다.

GDP는 일정 기간 동안 최종 판매의 총시장가치가 아니라 최종 생산의 총시장가치임을 기억하라. 총생산과 총매출의 관계는 다음과 같다.

$$GDP = \text{최종 매출} + \text{기업의 재고 변화}$$

GDP는 국내 재화의 최종 매출과 기업의 재고 변화를 합한 것이다. 2017년 미국의 생산은 판매보다 157억 달러 더 컸다. 2017년 말 기업의 재고는 2016년 말보다 157억 달러 증가했다. 즉 2017년 기업의 재고 변화는 157억 달러였다.

총투자와 순투자 이전 기간에 생산된 자본(특히 기계와 장비)은 생산 과정 중에 점차 마모된다.

경제학의 적용

크리스티의 중개 서비스는 GDP에 계산될까?

영국의 크리스티(Christie)는 43개국 이상에 85개의 사무소를 두고 예술품, 골동품, 보석, 부동산을 거래하는 세계 최대의 경매 회사이다. 2017년에 최고 예술품 10개 중 7개가 크리스티를 통해 판매되었다. 각 품목의 호가는 실시간 플랫폼, 온라인, 전화 주문을 통해 동시에 제시된다.

2017년 크리스티의 예술품 경매 판매액은 58억 유로로 자체 세계 최고 기록을 깨뜨렸다. 2017년에 판매된 가장 의미 있는 작품은 레오나르도 다빈치(Leonardo da Vinci)의 걸작 〈살바토르 문디(Salvator Mundi)〉로, 뉴욕 경매소에서 러시아 수집가인 드미트리 리볼로블레프(Dmitry Rybolovlev)가 4억 5,000만 달러 이상에 루브르 아부다비(Louvre Abu Dhabi)에 판매했다. 이는 가장 비싼 미술품 경매 가격이었다.

그렇다면 다빈치의 16세기 걸작은 프랑스, 아부다비, 러시아, 미국, 영국 중 어느 나라의 GDP로 계산될까? 이 작품은 16세기 초 프랑스의 루이 12세가 주문하여 제작된 것이므로 작품이 완성된 연도, 가령 1500년에 프랑스의 GDP로 계산되었다. 이러한 미술품의 판매는 아부다비나 러시아의 GDP에 영향을 미치지 않는다. 그러나 크리스티의 경매 서비스는 영국 경매 회사의 뉴욕 사무소에 의해 미국 땅에서 이루어졌기 때문에 2017년 미국 GDP에 서비스 중개 수수료로 기록되었을 것이다. 이 장의 후반부에서 배우겠지만, 이러한 서비스 중개 수수료는 영국으로 송금되면 영국의 국민소득 또는 국민총생산(GNP)에 계산된다. 〈살바토르 문디〉의 제작 연도는 16세기 초로 거슬러 올라가고 그 가치는 현재 GDP에 기여하지 않지만, 이 걸작에 흥미를 가진 구매자들을 모으고 비싼 가격을 책정하는 데 드는 비용은 현재 GDP에 계산된다.

질문

- 2017년에 완성되어 같은 해에 크리스티를 통해 판매된 현대 미술품은 2017년 GDP에 계산되는가? 2015년에 제작된 미술품의 경우는 어떠한가?

GDP는 새롭게 생산된 자본재를 포함하지만 생산 과정에서 '소비되는' 자본재를 고려하지 않는다. 즉 GDP는 가치가 감소한 자본을 대체하기 위해 사용되는 생산의 일부를 고려하지 않기 때문에 경제의 실제 생산을 과대하게 추정한다.

감가상각 일정 기간 동안 자산의 가치가 감소하는 크기

일정 기간 동안 자산의 가치가 감소하는 크기를 **감가상각**(depreciation)이라고 부른다.[3] 오늘 한 기업이 구매한 개인용 컴퓨터의 수명이 4년이라고 예상한다면 이 기간 동안 컴퓨터는 지속적으로 감가상각된다.

총투자 일정 기간 동안 새롭게 생산된 모든 자본재(공장, 장비, 주택, 재고)의 총가치

순투자 총투자에서 감가상각을 뺀 것

총투자(I^a)와 감가상각은 어떤 관계일까? 일정 기간 동안 새롭게 생산된 모든 자본재(공장, 장비, 주택, 재고)의 총가치인 **총투자**(gross investment)는 일부 자본이 마모되어 대체되어야 한다는 사실을 고려하지 않는다. **순투자**(net investment)는 총투자에서 감가상각을 뺀 것과 같다. 순투자는 자본스톡이 일정 기간 동안 얼마나 변화하는지를 나타내는 척도이다. 양의 순투자는 새롭게 생산된 자본이 가치가 감소한 자본을 초과한다는 것을 의미하고, 음의 순투자는 새롭게 생산된 자본이 가치가 감소한 자본보다 적다는 것을 의미한다. 따라서 순투자가 양이면 자본스톡이 증가하고, 순투자가 음이면 자본스톡이 감소한다. 달리 말해 기말의 자본스톡은 기초의 자본스톡과 순투자를 합한 것과 같다.

$$\text{자본}_{\text{기말}} = \text{자본}_{\text{기초}} + \text{순투자}$$

정부 소비와 총투자(*G*) 최종 재화와 서비스에 대한 연방정부, 주정부, 지방정부의 지출

정부 소비와 총투자(*G*) 정부 소비와 총투자(government consumption and gross investment, *G*)에는 최종 재화(폭탄, 연필, 학교 건물)와 서비스(군인 연봉, 의회의원 연봉, 교사 연봉)에 대한 연방정부, 주정부, 지방정부의 지출이 포함된다. 이러한 지출의 일부는 정부 소비로 간주되고 일부는 정부 총투자로 간주된다. 정부 이전지불(사회보장급여, 재향군인급여 등)은 현재 생산된 것을 구매하는 것이 아니기 때문에 *G*에 포함되지 않는다. 정부 이전지불은 어떤 재화나 서비스와 교환하는 것이 아니다. 정부 채무에 대한 이자도 이전지불으로 간주되며, 현재 생산된 재화와 서비스를 위한 지출이 아니기 때문에 GDP의 계산에서 제외된다.

표 21.2에서 보듯이 2017년 미국의 정부 소비와 총투자는 3조 3,538억 달러로 GDP의 17.3%를 차지했다. 연방정부의 소비와 총투자는 GDP의 6.5%, 주정부와 지방정부의 소비와 총투자는 GDP의 10.8%였다.

순수출(*EX* − *IM*) 수출과 수입의 차이이며, 이 수치는 양일 수도 있고 음일 수도 있음

순수출($EX - IM$) **순수출**(net exports, $EX - IM$)의 가치는 수출과 수입의 차이이며, 이 수치는 양일 수도 있고 음일 수도 있다. 2017년에 미국은 수입보다 수출이 적었기 때문에 순수출이 음(−5,716억 달러)이었다. 1976년 이전에 미국은 대체로 순수출국이었기 때문에 순수출이 양이었다.

GDP의 정의에 순수출을 포함하는 이유는 간단하다. 소비(C), 투자(I^a), 정부지출(G)에는 국내와 국외에서 생산된 재화에 대한 지출이 포함된다. 따라서 $C + I^a + G$에는 국외에서 생산된 재화에 대한 지출, 즉 수입(IM)이 포함되어 있으므로 국내 생산을 과대 추정하며, 따라서 GDP에서 수입을 빼야 한다. 또한 한 국가에서 생산된 재화의 일부는 해외에서 판매되고 C, I^a, G에 포함되어

3 이것이 경제적 감가상각의 공식적 정의이다. 감가상각을 정확하게 측정하기 어렵기 때문에 회계원칙은 기업이 각 기간에 발생하는 감가상각액을 근사적으로 추정하는 간단한 방법을 사용하는 것을 허용한다. 미국 세법에 따라 기업이 다른 방식을 사용하여 세금 목적으로 감가상각을 공제하는 것은 문제를 더욱 복잡하게 만든다.

이있지 않기 때문에 $C + I^a + G$는 국내 생산을 과소 추정하며, 따라서 수출(EX)이 GDP에 추가되어야 한다. 한 미국 기업이 스마트폰을 생산하여 독일에서 판매하면 이 스마트폰은 미국 생산의 일부이므로 미국 GDP의 일부로 계산되어야 한다.

소득접근법

이제 소득접근법을 사용하여 GDP를 계산하는 방법을 알아보자. 소득접근법은 구매하는 사람이 아니라 소득을 받는 사람의 관점에서 GDP를 다룬다.

먼저 표 21.3에 제시된 **국민소득**(national income)의 개념을 살펴보자. 국민소득은 8개 소득 항목의 합이다. 8개 소득 항목 중 최대인 **종업원 보상**(compensation of employees)은 기업과 정부가 가계에 지급하는 임금과 봉급뿐만 아니라 고용주가 사회보장과 민간 연금펀드에 지불하는 기여금과 같은 다양한 보조금을 포함한다. **사업주 소득**(proprietor's income)은 비법인 회사의 소득이고, **임대소득**(rental income)은 재산 소유주가 임대료로 받는 소득이다. **기업 이윤**(corporate profits)은 두 번째로 큰 항목으로서 기업의 소득이고, **순이자**(net interest)는 기업이 지급하는 이자이다. (가계와 정부가 지급하는 이자는 재화와 서비스의 생산에서 발생하는 것이 아니라고 가정하기 때문에 GDP에 계산되지 않는다.)

국민소득 한 국가의 시민이 소유한 생산요소로 얻는 총소득

종업원 보상 기업과 정부가 가계에 지급하는 임금과 봉급, 고용주가 사회보장과 민간 연금펀드에 지불하는 기여금과 같은 다양한 보조금

사업주 소득 비법인 회사의 소득

임대소득 재산 소유주가 임대료로 받는 소득

기업 이윤 기업의 소득

순이자 기업이 지급하는 이자

경제학의 적용

국민소득생산계정에서 감가상각의 추정

GDP를 추정하기 위해 정부는 경제의 새로운 투자가 실제로 얼마나 증가하는지, 가치가 감소한 자본을 얼마나 대체하는지 알아야 한다. 그런데 이것을 어떻게 알 수 있을까?

일부 제품의 경우에는 계산이 상대적으로 간단하다. 대체로 감가상각은 물리적 소모로 인해 발생하고, 언제 재화가 망가져서 더는 사용할 수 없게 되는지에 관한 데이터를 수집할 수 있다. 그러나 다른 많은 재화, 특히 하이테크 영역에 속하는 재화의 가치는 물리적 소모로 크게 감소하지는 않지만 구식이 되어 쓸모없어짐으로써 크게 하락한다. 이러한 재화의 감가상각은 어떻게 결정될까?

연방준비제도이사회의 경제학자 4명이 발표한 논문은 개인용 컴퓨터의 감가상각률을 계산하는 방법을 제시했다.[1] 이들은 중고 개인용 컴퓨터를 비롯해 1만 건 이상의 거래 가격과 모델 특성에 관한 데이터를 사용하여 유형별로 개인용 컴퓨터의 감가상각률을 결정할 수 있었다. 그 결과에 따르면 컴퓨터는 추가로 1년 사용할 때마다 대략 가치의 반이 하락한다. 이러한 감가상각의 대부분은 오래된 모델이 새로운 모델의 기능에 필적할 수 없기 때문에 발생한다. 즉 컴퓨터가 늘 했던 일을 할 수 없기 때문에 감가상각이 크게 발생하는 것이 아니라, 새로운 컴퓨터가 업무 현장에 들어오면서 컴퓨터가 할 수 있는 일이 시간의 흐름에 따라 변화하기 때문에 감가상각이 크게 발생한다.

흥미롭게도 이들의 추정치는 정부가 국민소득생산계정(NIPA)을 구축하는 데 사용하는 감가상각 방식에 반영되었고, 이는 거시경제학의 실용적 중요성을 보여준다.

질문

- 컴퓨터의 처음 가치가 1,000달러이고 매년 그 가치의 반이 감소한다면 3년의 감가상각 후 컴퓨터의 가치는 얼마인가? 3년 차에 감가상각은 얼마나 되는가?

[1] Mark Doms, Wendy Dunn, Stephen Oliner, Daniel SIchel, "How Fast do Personal Computer Depreciate? In James Poterba, ed., "Tax Policy and the Economy," *MIT Press*, 2007.Clearance Center.

표 21.3 2017년 미국의 국민소득

	10억 달러		국민소득에서 차지하는 비율(%)	
국민소득	16,607.7		100.0	
종업원 보상		10,307.2		62.1
사업주 소득		1,386.0		8.3
임대소득		743.9		4.5
기업 이윤		2,164.6		13.0
순이자		586.4		3.5
보조금을 공제한 간접세		1,268.8		7.6
순기업이전지불		161.8		1.0
정부기관 흑자		−11.0		−0.1

출처: U.S. Bureau of Economic Analysis, March 28, 2018.

보조금을 공제한 간접세 정부가 받는 판매세, 관세, 면허 수수료와 같은 세금에서 정부가 대가로 재화나 서비스를 받지 않고 지급하는 보조금을 공제한 것으로, 정부가 받는 순수입

순기업이전지불 기업이 사람들에게 지급하는 순이전지불

정부기관 흑자 정부기관의 소득

보조금을 공제한 간접세(indirect taxes minus subsidies)는 판매세, 관세, 면허 수수료와 같은 세금에서 정부가 대가로 재화나 서비스를 받지 않고 지급하는 보조금(보조금은 음의 세금과 같음)을 공제한 것으로, 정부가 받는 순수입이다. **순기업이전지불**(net business transfer payments)은 기업이 사람들에게 지급하는 순이전지불으로 그 사람들의 소득이다. **정부기관 흑자**(surplus of government enterprises)는 정부기관의 소득으로, 표 21.3에서는 이 항목이 음이다. 즉 정부기관은 손실을 보면서 운영했다.

국민소득은 한 국가의 총소득이나 GDP와 다르다. 표 21.4는 GDP로 국민소득을 구하는 과정을 보여준다. 먼저 GNP를 구하기 위해 GDP에서 기타 세계로부터 받는 요소소득을 추가하고 기타 세계에 지급하는 요소소득을 공제해야 한다. 국민소득은 한 국가의 시민이 얻는 소득이지 한 국가의 거주자가 얻는 소득이 아니다.

순국민생산(NNP) GNP에서 감가상각을 뺀 것

이어서 GNP에서 감가상각을 공제하여 **순국민생산**(net national product, NNP)을 구한다. 왜 감가상각을 공제할까? 그 이유를 이해하기 위해 경제가 한 기업으로 구성되어 있고 올해 이 기업의 총생산(GDP)이 100만 달러인 경우를 다시 살펴보자. 이 기업이 임금, 이자, 임대료를 지불하고 10만 달러가 남았으며, 올해 자본스톡의 가치가 4만 달러 감소했다고 가정하자. 국민소득은 기업 이윤을

표 21.4 2017년 미국의 GDP, GNP, NNP와 국민소득

	10억 달러
GDP	19,390.6
+ 기타 세계로부터 받는 요소소득	+934.7
− 기타 세계에 지급하는 요소소득	−717.9
= GNP	19,607.4
− 감가상각	−3,034.7
= NNP	16,572.7
− 통계적 불일치	−(−35.0)
= 국민소득	16,607.7

출처: U.S. Bureau of Economic Analysis, March 28, 2018.

포함하고(표 21.3 참조), 기업 이윤은 10만 달러에서 4만 달러의 감가상각을 빼서 구한 6만 달러이다. 따라서 국민소득에는 4만 달러의 감가상각이 포함되지 않는다. 그러나 지출접근법을 사용하여 GDP를 계산할 때는 감가상각을 빼지 않는다. 지출접근법은 단순히 소비, 투자, 정부지출, 순수출을 합한다. 여기서 가정한 간단한 예에서는 GDP가 100만 달러이다. 따라서 국민소득을 구하기 위해 GDP(기타 세계가 존재할 때는 GNP)에서 감가상각을 빼야 한다.

표 21.4에서 보듯이 데이터 측정 오류를 의미하는 **통계적 불일치**(statistical discrepancy)를 제외하고는 순국민생산과 국민소득이 같다. 정부의 데이터 수집이 완벽하다면 통계적 불일치가 0일 것이다. 그러나 데이터 수집이 완벽하지 않고 통계적 불일치는 측정 오류를 나타낸다. 표 21.4는 이러한 측정 오류가 국민소득 16조 6,077억 달러에 비하면 상당히 작은 크기인 −350억 달러임을 보여준다.

통계적 불일치 데이터 측정 오류

지금까지 국민총소득을 구성하는 다양한 소득 항목(표 21.3), GDP와 국민소득이 어떻게 관련되는지(표 21.3)를 살펴보았다. 국민소득 중 얼마가 가계로 가는지 고려해보는 것이 도움이 된다. 가계의 총소득을 **개인소득**(personal income)이라고 하는데, 국민소득의 거의 대부분은 개인소득이다. 표 21.5를 보면 2017년 미국의 국민소득 16조 6,077억 달러 중에서 16조 4,273억 달러가 개인소득이다. 표 21.5의 두 번째 행에서 보듯이 가계로 가지 않는 국민소득에는 가계에 지급되지 않는 법인 이윤, 즉 기업의 유보이익(retained earning)이 포함된다. 이것은 가계로 가지 않고 일정 기간 동안 기업 내부에 있는 소득이므로 국민소득의 일부이지만 개인소득은 아니다.

개인소득 가계의 총소득

개인소득은 개인소득세를 납부하기 전에 가계가 받는 소득이다. 가계가 지출하거나 저축할 수 있는 소득은 **처분가능 개인소득**(disposable personal income) 또는 **세후소득**(after-tax income)이라고 한다. 표 21.5에서 보는 바와 같이 처분가능 개인소득은 개인소득에서 개인소득세를 뺀 것과 같다.

처분가능 개인소득, 세후소득 개인소득에서 개인소득세를 뺀 것으로, 가계가 지출하거나 저축할 수 있는 소득

처분가능 개인소득은 가계가 지출하거나 저축할 수 있는 소득이기 때문에 중요한 소득 개념이다. 처분가능 개인소득의 지출 범주는 개인소비지출, 개인이자지불, 가계에 의한 이전지불이다. **개인저축**(personal saving)은 개인지출을 하고 남아 있는 처분가능 개인소득이다. 만약 월 처분가능 개인소득이 500달러이고 450달러를 지출했다면 월말에 50달러가 남고, 그달의 개인저축은 50달러가 된다. 개인저축은 음이 될 수도 있다. 월 500달러를 벌고 600달러를 지출하면 음의 저축 100달러가

개인저축 일정 기간 동안 총개인지출을 하고 남아 있는 처분가능 개인소득

표 21.5 2017년 미국의 국민소득, 개인소득, 처분가능 개인소득, 개인저축

	10억 달러
국민소득	16,607.7
− 가계로 가지 않는 국민소득	− 180.4
= 개인소득	16,427.3
− 개인소득세	− 2,048.3
= 처분가능 개인소득	14,379.0
− 개인소비지출	− 13,395.5
− 개인이자지불	− 300.5
− 가계에 의한 이전지불	− 197.0
= 개인저축	485.9
개인저축률(개인저축이 처분가능 개인소득에서 차지하는 비율)	3.4%

출처: U.S. Bureau of Economic Analysis, March 28, 2018.

발생한다. 이 경우 벌어들인 것보다 100달러를 더 많이 지출하기 위해 누군가로부터 100달러를 차입하거나, 저축계좌에서 100달러를 인출하거나, 자신이 보유한 자산을 매도해야 할 것이다.

개인저축률 처분가능 개인소득 중 개인저축의 비율

개인저축률(personal saving rate)은 처분가능 개인소득 중 개인저축의 비율로, 가계의 행동을 나타내는 중요한 지표이다. 개인저축률이 낮다는 것은 가계가 소득의 상당 부분을 지출한다는 것을 의미한다. 개인저축률은 소비자가 미래를 우려하는 경기후퇴기 동안에는 상승하는 경향이 있고, 경기호황기 동안에는 억눌려 있던 지출수요가 분출하기 때문에 하락하는 경향이 있다. 2005년 미국의 개인저축률은 2.5%까지 하락했다.

학습목표

실질 GDP와 명목 GDP의 차이를 이해한다.

21.3 명목 GDP와 실질 GDP

경상달러 재화와 서비스에 지불하는 현재 가격

명목 GDP 현재 가격으로 측정한 GDP

지금까지 재화와 서비스에 지불하는 현재 가격, 즉 **경상달러**(current dollar)로 측정된 GDP를 살펴보았다. 어떤 것을 경상달러로 측정한 것을 명목가치(nominal value)라고 하며, **명목 GDP**(nominal GDP)는 GDP를 구성하는 모든 항목의 가치를 현재 가격으로 측정한 GDP이다.

그러나 거시경제학의 대부분의 응용에서 명목 GDP는 우리가 사용하고자 하는 척도가 아니다. 명목 GDP는 시간의 흐름에 따라 변화하는 총생산의 바람직한 척도가 아니다. 왜 그럴까? 재화가 피자뿐이고 그 품질이 매년 같다고 가정해보자. 연도 1과 연도 2에 매년 100개의 조각(단위) 피자가 생산되었다. 즉 연도 1과 연도 2의 피자 생산량이 같다. 피자 가격이 연도 1에 조각당 1달러에서 연도 2에 조각당 1.10달러로 상승했다고 하자. 연도 1의 명목 GDP는 100달러(100단위 × 단위당 1달러)이고, 연도 2의 명목 GDP는 110달러(100단위 × 단위당 1.10달러)이다. 조각 피자가 더 많이 생산되지 않았고 피자의 품질이 개선되지도 않았는데 명목 GDP가 10달러 증가했다. 생산 성장을 측정하기 위해 명목 GDP를 사용하면 실제로는 물가수준이 상승한 것(인플레이션)이 전부인데도 생산이 성장했다고 잘못 생각할 수 있다.

경제에 재화가 피자뿐이라면 생산을 측정하고 한 연도의 가치와 다른 연도의 가치를 비교하기가 쉬울 것이다. 각 연도에 생산된 모든 조각 피자를 합하면 된다. 앞의 예에서는 연도 1과 연도 2의 생산이 100이다. 조각 피자의 수가 연도 2에 105로 증가했다면 연도 1과 연도 2 사이에 생산이 5조각만큼, 즉 5% 증가했다고 말할 수 있다. 그러나 애석하게도 경제에는 많은 재화가 존재하고 이는 가격 변화의 조정을 복잡하게 만든다.

다음으로 미국 상무부의 경제분석국(BEA)이 가격 변화에 대해 명목 GDP를 어떻게 조정하는지 알아보자. 사과와 오렌지만 있는 경제에서도 생산의 척도를 구하기 위해 사과와 오렌지를 어떻게 합해야 하는지가 명확하지 않다. BEA의 역할은 시간이 흐름에 따라 가격이 변화하는 수천 개의 재화를 합하는 것이다.

가중치 한 그룹의 각 항목에 부여되는 중요도

여기에는 가격가중치 또는 수량가중치와 같은 **가중치**(weight)의 개념이 사용된다. 가중치라는 용어의 정의를 쉽게 이해할 수 있도록 예를 들어보겠다. 경제학 과목에서 기말시험이 한 번, 기타 시험을 두 번을 치른다고 하자. 기말시험 성적이 학점의 1/2로 계산되고 두 번의 기타 시험 성적이 각각 학점의 1/4로 계산된다면 가중치는 각각 1/2, 1/4, 1/4이다. 또한 기말시험 성적이 학점의 80%로 계산되고 두 번의 기타 시험 성적이 각각 학점의 10%로 계산된다면 가중치는 각각 0.8, 0.1, 0.1이다. 한 그룹에서 중요한 항목일수록 그 항목의 가중치는 더 크다.

실질 GDP 계산

가격 변화에 대해 조정된 명목 GDP를 실질 GDP라고 한다. 실질 GDP 계산과 관련된 모든 주요 쟁점을 알아보기 위해 경제에 재화가 3개뿐이고 기간이 2년이라고 가정해보자. 2년 동안 재화 3개의 가격과 수량은 표 21.6과 같다. 재화 3개는 *A*, *B*, *C*이고 기간 2년은 연도 1과 연도 2로 나타냈으며 *P*는 가격, *Q*는 수량이다. GDP 디플레이터를 비롯해 이후의 설명은 표 21.6에 제시된 데이터를 토대로 한다.

표 21.6에서 첫 번째로 주목해야 할 점은 연도 1에 재화 *A*의 명목생산(nominal output)이 연도 1에 생산된 재화 *A*의 단위 수(6)와 연도 1의 재화 *A* 가격(0.50달러)을 곱한 3달러라는 것이다. 이와 마찬가지로 재화 *B*의 명목생산은 7 × 0.30달러 = 2.10달러, 재화 *C*의 명목생산은 10 × 0.70달러 = 7달러이다. 그리고 이 세 금액을 합한 12.10달러가 연도 1의 명목 GDP이다. 또한 연도 2의 재화 단위 수와 연도 2의 가격을 사용하여 계산된 연도 2의 명목 GDP는 19.20달러이다. 명목 GDP는 연도 1의 12.10달러에서 연도 2의 19.20달러로 58.7% 증가했다.[4]

각 재화의 가격이 연도 1과 연도 2 사이에 변화한 것을 알 수 있다. 재화 *A*의 가격은 0.50달러에서 0.40달러로 하락했고, 재화 *B*의 가격은 0.30달러에서 1달러로 상승했으며, 재화 *C*의 가격은 0.70달러에서 0.90달러로 상승했다. 즉 연도 1과 연도 2 사이 명목 GDP 증가의 일부는 수량 변화가 아니라 가격 변화의 결과이다. 그런데 명목 GDP의 증가 중 얼마만큼이 가격 변화에 의한 것이고 얼마만큼이 생산 변화에 의한 것인가? 이제 문제가 복잡해진다. BEA가 1996년 이전에 이용했던 방법은 **기준연도**(base year)를 정하고 실질 GDP를 계산하기 위해 기준연도의 가격을 가중치로 사용하는 것이었다. 모든 연도에 대해 기준연도의 가격을 적용하므로 이를 **고정가중치 방법**(fixed-weight procedure)이라고 한다.

기준연도 고정가중치 방법에서 가중치가 결정되는 연도

고정가중치 방법 기준연도의 가중치를 사용하는 방법

고정가중치 방법으로 연도 1을 기준연도로 사용한다면, 즉 연도 1의 가격을 가중치로 사용한다면 표 21.6에서 연도 1의 실질 GDP는 12.10달러이고 연도 2의 실질 GDP는 15.10달러이다. 연도 1과 연도 2에 모두 연도 1의 가격이 사용되었고 연도 1이 기준연도이므로 명목 GDP와 실질 GDP가 연도 1에서 같다는 것에 주목하라. 실질 GDP는 12.10달러에서 15.10달러로 24.8% 증가했다.

이번에는 연도 2를 기준연도로, 즉 연도 2의 가격을 가중치로 사용해보자. 표 21.6에서 연도 1의

표 21.6 재화 3개로 구성된 경제

	(1)	(2)	(3)	(4)	(5)	(6)	(7)	(8)
	생산		단위가격		연도 1의 GDP 연도 1의 가격 사용	연도 2의 GDP 연도 1의 가격 사용	연도 1의 GDP 연도 2의 가격 사용	연도 2의 GDP 연도 2의 가격 사용
	연도 1 Q_1	연도 2 Q_2	연도 1 P_1	연도 2 P_2	$P_1 \times Q_1$	$P_1 \times Q_2$	$P_2 \times Q_1$	$P_2 \times Q_2$
재화 *A*	6	11	$0.50	$0.40	$3.00	$5.50	$2.40	$4.40
재화 *B*	7	4	0.30	1.00	2.10	1.20	7.00	4.00
재화 *C*	10	12	0.70	0.90	7.00	8.40	9.00	10.80
합계					$12.10 연도 1의 명목 GDP	$15.10	$18.40	$19.20 연도 2의 명목 GDP

4 퍼센트 변화의 계산은 다음과 같다. [(19.20 − 12.10)/12.10] × 100 = 0.587 × 100 = 58.7%

실질 GDP는 18.40달러이고 연도 2의 실질 GDP는 19.20달러이다. 연도 1과 연도 2에 모두 연도 2의 가격이 사용되었고 연도 2가 기준연도이므로 명목 GDP와 실질 GDP가 연도 2에서 같다는 것에 주목하라. 실질 GDP는 18.40달러에서 19.20달러로 4.3% 증가했다.

주어진 예는 기준연도의 선택에 따라 성장률이 민감할 수 있음(가중치로 연도 1의 가격을 사용하면 24.8%, 연도 2의 가격을 사용하면 4.3%)을 보여준다. 많은 정책 결정에서는 경제성장률이 중요한 역할을 하는데, 기준연도의 선택에 따라 성장률의 차이가 크다는 것이 문제이다. 과거 BEA의 방법은 단순히 한 해를 기준연도로 정하고 가중치로 기준연도의 가격을 사용하여 모든 것을 계산했다. 그러나 새로운 BEA의 방법에는 두 가지 중요한 변화가 있다.

첫 번째 변화는 (주어진 예의 경우) 기준연도로 연도 1을 사용하여 계산된 경제성장률과 연도 2를 사용하여 계산된 경제성장률의 평균을 사용하는 것이다. 즉 24.8%와 4.3%의 차이를 등분한다. '차이를 등분하는 것(splitting the difference)'은 무엇을 의미하는가? 한 가지 방법은 두 수치의 평균을 사용하는 것이다(주어진 예의 경우 14.55%). 또한 BEA의 방법에서는 기하평균을 사용한다(주어진 예의 경우 14.09%).[5] 이러한 두 평균(14.55%와 14.09%)은 차이가 크지 않아서 유사한 결과를 얻을 수 있다. 여기서 요점은 기하평균을 사용한다는 것이 아니라, 평균이라는 척도를 사용하여 차이를 등분한다는 것이다. 가격이 상승할 때 이러한 방법은 기준연도로 연도 1을 사용하는 경우에 비해 상대적으로 실질 경제성장률의 추정치를 낮추고, 반대로 가격이 하락할 때는 실질 경제성장률의 추정치를 높인다. 새로운 이 방법에서는 가중치로 연도 1의 가격을 사용하여 24.8%를 얻고 연도 2의 가격을 사용하여 4.3%를 얻었기 때문에 2개의 기준연도가 사용된다.

두 번째 변화는 연도 1과 연도 2의 퍼센트 변화를 계산할 때 연도 1과 연도 2를 기준연도로 사용하고, 연도 2와 연도 3의 퍼센트 변화를 계산할 때 연도 2와 연도 3을 기준연도로 사용한다. 시간이 흐르면서 인접한 두 기준연도도 달라지며, 이렇게 계산된 일련의 퍼센트 변화가 바로 실질 GDP 성장률이다. 따라서 이러한 방식으로 명목 GDP는 가격 변화에 따라 조정된다. 표 21.6의 계산을 다시 살펴보면 이를 명확히 이해할 수 있을 것이다.

GDP 디플레이터 계산

수량 척도인 실질 GDP에 이어 가격 척도인 GDP 디플레이터를 살펴보자. 경제정책 담당자의 목표 중 하나는 전반적인 물가수준의 변화를 작게 유지하는 것이다. 이러한 이유로 정책 담당자는 실질 생산이 얼마나 변화하는지에 대한 좋은 척도뿐만 아니라 전반적인 물가수준이 얼마나 변화하는지에 대한 좋은 척도가 필요하다. GDP 디플레이터는 전반적인 물가수준을 측정하는 척도이다. BEA가 GDP 디플레이터를 어떻게 계산하는지 살펴보기 위해 표 21.6을 다시 이용하겠다.

표 21.6에서 보듯이 재화 A의 가격은 연도 1에 0.50달러에서 연도 2에 0.40달러로 하락했고, 재화 B의 가격은 0.30달러에서 1달러로 상승했으며, 재화 C의 가격은 0.70달러에서 0.90달러로 상승했다. 개별 가격의 변화에만 관심이 있다면 필요한 정보는 이게 전부이다. 그러나 전반적인 물가수준이 얼마나 변화했는지를 알고 싶다면 개별 가격에 대해 어떤 방식으로든 가중치를 부여해야 한다. 주어진 경제에서 생계비가 점점 더 비싸지는가, 싸지는가? 이는 사람들이 소득을 어떻게 지출하

5 기하평균은 124.8 × 104.3의 제곱근, 즉 114.09이다.

느냐에 달려 있다. 따라서 사용해야 할 가중치는 생산된 수량이다. 그렇다면 연도 1의 수량인가, 연도 2의 수량인가? 실질 GDP를 계산하는 데 사용되는 가격가중치의 경우와 마찬가지로 동일한 문제가 수량가중치의 경우에도 발생한다.

먼저 고정가중치 방법과 연도 1을 기준연도로 사용해보자. 연도 1이 기준연도라는 것은 연도 1의 수량을 가중치로 사용한다는 의미이다. 표 21.6을 보면 연도 1의 수량을 가중치로 사용하는 경우 연도 1의 묶음 가격(bundle price)이 12.10달러, 연도 2의 묶음 가격이 18.40달러이다. 여기서 두 묶음 가격에 연도 1의 수량을 사용한다. 묶음 가격은 12.10달러에서 18.40달러로 52.1% 상승한다.

다음으로 고정가중치 방법과 연도 2를 기준연도로 사용해보자. 연도 2가 기준연도라는 것은 연도 2의 수량을 가중치로 사용한다는 의미이다. 표 21.6을 보면 연도 2의 수량을 가중치로 사용하는 경우 연도 1의 묶음 가격이 15.10달러, 연도 2의 묶음 가격이 19.20달러이다. 여기서 두 묶음 가격에 연도 2의 수량을 사용한다. 묶음 가격은 15.10달러에서 19.20달러로 27.2% 상승한다.

주어진 예는 기준연도의 선택에 따라 전반적인 물가상승이 민감할 수 있음을 보여준다. 전반적인 물가상승은 연도 1의 수량을 가중치로 사용하는 경우 52.1%이고, 연도 2의 수량을 가중치로 사용하는 경우 27.2%이다. 과거 BEA의 방법은 단순히 한 해를 기준연도로 정하고 기준연도의 수량을 가중치로 사용하여 모든 것을 계산했다. 그러나 새로운 BEA의 방법은 첫째, 52.1%와 27.2%의 차이를 등분하기 위해 기하평균인 39.1%를 사용한다. 둘째, BEA는 연도 1과 연도 2의 퍼센트 변화를 계산할 때 연도 1과 연도 2를 기준연도로 사용하고, 연도 2와 연도 3의 퍼센트 변화를 계산할 때 연도 2와 연도 3을 기준연도로 사용한다. 이렇게 계산된 일련의 퍼센트 변화는 일련의 GDP 디플레이터 퍼센트 변화, 즉 일련의 인플레이션율이 된다.

고정가중치의 문제점

BEA가 실질 경제성장률과 전반적인 물가상승률을 계산하는 방법을 바꾼 이유를 이해하기 위해, 실질 GDP 성장률을 계산하는 데 고정가격가중치를 사용함에 따른 문제점을 살펴보자. 첫째, BEA가 이전에 사용했던 1987년 가격가중치는 예컨대 2014년의 경우 정확하지 않을 가능성이 높다. 1987년과 2014년 사이에 미국 경제에는 많은 구조적 변화가 있었고, 1987년 가격이 훨씬 뒤에 사용하기에는 좋은 가중치가 아닐 수 있다.

또 다른 문제는 고정가격가중치의 경우 공급 변화에 대한 경제의 반응을 고려하지 못한다는 것이다. 가령 악천후로 연도 2의 오렌지 수확량이 감소할 수도 있는데, 이로 인해 오렌지 수요 및 공급곡선 그래프에서는 공급곡선이 왼쪽으로 이동함으로써 오렌지 가격이 상승하고 오렌지 수요량이 감소한다. 결국 소비자는 오렌지를 다른 재화로 대체한다. 또한 연도 2에 기술 발전으로 컴퓨터를 더 저렴하게 생산하면 컴퓨터 공급곡선이 오른쪽으로 이동함으로써 컴퓨터 가격이 하락하고 컴퓨터 수요량이 증가한다. 결국 소비자는 다른 재화를 컴퓨터로 대체한다. 표 21.6은 이러한 경향을 보여준다. 연도 1과 연도 2 사이에 재화 *A*의 수량이 증가하고 가격이 하락했으며(컴퓨터의 경우), 재화 *B*의 수량이 감소하고 가격이 상승했다(오렌지의 경우).

이러한 소비자의 반응이 고정가격가중치를 사용하는 데 문제가 되는 이유를 알아보자. 재화 *A*의 가격은 연도 2보다 연도 1에 더 높기 때문에 재화 *A*의 생산 증가는 연도 2를 기준연도로 사용할 때보다 연도 1을 기준연도로 사용할 때 가중치가 더 크다. 또한 재화 *B*의 가격은 연도 2보다 연도 1에 더 낮기 때문에 재화 B의 생산 감소는 연도 1을 기준연도로 사용할 때 가중치가 더 작다. 이로 인해 연도 2의 가격가중치를 사용할 때보다 연도 1의 가격가중치를 사용할 때 실질 GDP의 변화가 더 커진다. 연도 1의 가격가중치를 사용하는 것은 일종의 대체효과를 무시하기 때문에 실질 GDP 변화의 추정치를 너무 크게 만든다. 과거에 BEA는 기준연도를 5년마다 이동하여 과거의 실질 GDP 성장률 추정치를 하향 조정하는 경향이 있었다. 하지만 단순히 기준연도를 바꿈으로써 과거의 실질 GDP 성장률 추정치를 변화시키는 것은 바람직하지 않으며, BEA의 새로운 방법은 고정가중치의 문제를 해결해준다.

물가지수를 계산하기 위해 고정수량가중치를 사용할 때도 이와 유사한 문제가 발생한다. 예를 들어 고정가중치 방법은 가격이 상승하는 재화에서 가격이 하락하거나 덜 상승하는 재화로의 대체를 무시하며, 이러한 방법은 전반적인 물가수준의 상승을 과대 추정하는 경향이 있다. 다음 장에서 설명하겠지만, 고정가중치를 사용하여 계산되는 물가지수는 여전히 많다. 반면 고정가중치를 사용하지 않는 GDP 디플레이터는 경제에서 생산되는 모든 재화와 서비스를 위한 물가지수이다. 다른 물가지수에는 국내에서 생산된 재화와 서비스가 더 적게 포함될 뿐만 아니라 국외에서 생산되어 수입된 재화와 서비스도 일부 포함된다.

실질 GDP를 계산하는 '올바른' 방법은 존재하지 않는다. 경제는 가격이 제각각인 많은 재화로 이루어져 있으며, 서로 다른 재화의 수량을 합하는 정확한 방법이 없다. 실질 GDP를 계산하는 BEA의 새로운 방법은 고정가중치 사용의 문제를 해결한 것이기 때문에 과거의 방법보다 개선된 것으로 보인다. 그러나 다음 장에서는 널리 사용되는 소비자물가지수(consumer price index, CPI)가 고정가중치로 계산된다는 것을 알게 될 것이다.

학습목표

후생 측정에 GDP를 사용하는 것의 한계를 이해한다.

21.4 GDP 개념의 한계

일반적으로는 GDP가 증가하는 것이 좋다고 생각한다. 그래서 GDP를 증가시키는 것(GDP가 감소하는 것을 막는 것)이 거시경제정책의 가장 중요한 목표 중 하나로 여겨진다. 그러나 후생의 척도로 GDP를 사용하는 데에는 몇 가지 문제가 있다.

GDP와 사회적 후생

범죄가 감소하면 사회는 더 좋아지지만, 범죄의 감소가 생산의 증가는 아니기 때문에 GDP에 반영되지 않는다. 여가 시간의 증가도 마찬가지로 GDP에 반영되지 않는다. 그러나 가계가 (일자리 부족으로 어쩔 수 없이 추가 여가 시간이 생기는 것이 아니라) 추가 여가 시간을 원하는 경우에는 여가의 증가도 사회적 후생의 증가가 된다. 일부 사회적 후생의 증가는 GDP의 감소와 연관된다. 예를 들어 완전고용일 때 여가의 증가는 생산에 사용되는 시간을 감소시키기 때문에 GDP의 감소로 이어진다.

가사와 자녀 돌보기 같은 대부분의 비시장 활동과 집안일은 실질적인 생산에 해당하지만 GDP에 계산되지는 않는다. 그러나 우리가 자녀를 유치원에 보내거나, 가사도우미에게 집 청소를 시키거나, 자동차 운전기사를 고용하면 GDP가 증가한다. 유치원 교사, 가사도우미, 운전기사에게 지불하는 급여는 GDP에 계산되지만 우리가 동일한 일을 하기 위해 사용하는 시간은 GDP에 계산되지 않는다. 추가 생산이 이루어지지 않더라도 약간의 제도적 변화가 GDP의 변화로 이어질 수 있다.

더욱이 GDP에는 사회적 손실이나 병폐가 결코 반영되지 않는다. GDP는 환경오염을 일으키는 생산에 대해 조정되지 않는다. 생산 과정에서 얼마나 많은 공해를 배출하든 상관없이 생산이 많을수록 GDP가 더 커진다. 또한 GDP는 사회에 속한 개인 간의 생산 배분과 아무 관련이 없다. 다시 말해 GDP는 대부분의 생산이 소수에게 배분되든 모든 사람에게 균등하게 배분되든 상관이 없다.

비공식 경제

원칙적으로는 GDP에 계산되어야 하지만 누락되는 거래가 많다. 대부분의 불법적 거래는 합법적 거래로 '세탁되지' 않는 한 GDP에 계산되지 않는다. 보고되지 않은 소득을 고려하기 위해 GDP 계산 시 약간의 조정이 이루어지지만, 소득이 발생했으나 세금을 회피할 목적으로 보고하지 않는 경우의 소득은 일반적으로 GDP에 계산되지 않는다. 이처럼 GDP에 계산되어야 하나 계산되지 않는 경제 부문을 **비공식 경제**(informal economy)라고 한다.

비공식 경제 거래가 발생하고 소득이 창출되지만 보고되지 않기 때문에 GDP에 계산되지 않는 경제 부문

조세 회피는 일반적으로 선진국 사람들이 비공식 경제에 참여하는 주요 인센티브 중 하나로 여겨진다. 비공식 경제에 관한 연구에 의하면 미국의 비공식 경제 규모는 GDP의 약 10%이고 유럽의 경우 GDP의 20%에 가까운 것으로 추정된다. 개발도상국에서는 많은 이유로 비공식 경제가 특히 여성 근로자의 경우 훨씬 더 크다. 라틴아메리카와 아프리카의 많은 국가에서는 비공식 경제가 GDP의 1/3 이상으로 추정된다.[6]

왜 비공식 경제에 관심을 가져야 하는가? GDP는 경제가 생산하는 것에 대한 완전한 척도가 아니고 경제활동의 일부만을 반영하므로 그만큼 잘못된 정보를 담고 있다. 예를 들어 사람들이 정부에 보고하지 않고 비공식 경제에서 일한다면 실업률이 공식적으로 측정되는 것보다 더 낮을 것이다. 또한 비공식 경제의 규모가 국가마다 다르다면 국가들의 GDP를 비교할 때 잘못된 결과를 얻을 수 있다. 비공식 경제를 고려한다면 이탈리아의 GDP는 훨씬 높아지고 스위스의 GDP는 거의 변화하지 않을 것이다.

일인당 국민총소득

국가들을 비교할 때는 하나의 화폐(일반적으로 미국 달러)를 사용해야 하므로 쉬운 일이 아니다. 일본의 국민총생산(GNP)을 달러로 계산하려면 엔을 달러로 전환해야 하는데, 단기간에 환율이 크게 변할 수 있기 때문에 그러한 전환은 까다롭다. 최근에 세계은행(World Bank)은 국제 비교를 위한 새로운 측정 시스템을 채택했다. **국민총소득**(gross national income, GNI)은 인플레이션율에 대해 조정된 수년간의 평균 환율을 사용하여 달러로 전환한 GNP이다. 그림 21.1은 2016년 주요 국가의 일인당 GNI를 나타낸 것으로, 스위스의 일인당 GNI가 가장 높고 노르웨이, 미국, 아일랜드가 그 뒤를 잇는다. 에티오피아의 일인당 GNI는 1,730달러에 불과한 것으로 추정되었는데 이는 스위스의 63,810달러에 비해 매우 낮다.

국민총소득(GNI) 인플레이션율에 대해 조정된 수년간의 평균 환율을 사용하여 달러로 전환한 GNP

6 Jacques Chermes, "The Informal Economy," *Journal of Applied Economic Research*, 2012.

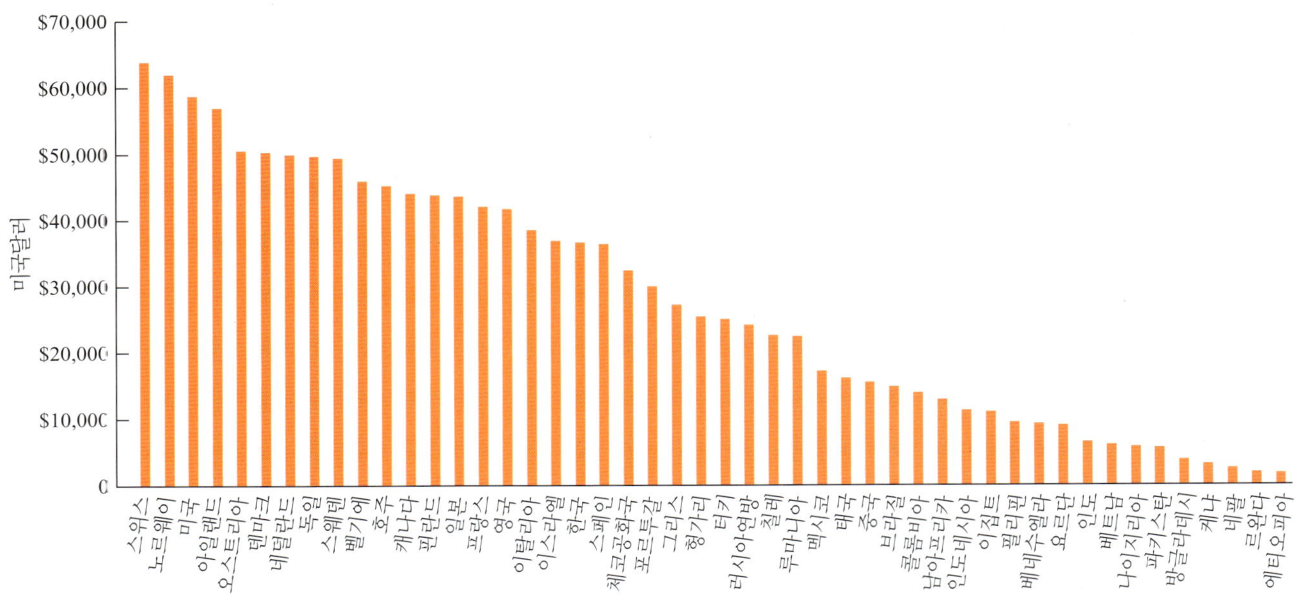

그림 21.1 2016년 주요 국가의 일인당 국민총소득

출처: GNI per capita, PPP (current international $), The World Bank Group, http://data.worldbank.org/indicator/NY.GNP.PCAP.PP.CD

경제학의 적용

GDP의 대안 척도인 인간개발지수

경제적 후생의 지표로 국내총생산(GDP)과 국민총소득(GNI)을 사용하곤 한다. 그러나 두 지표 모두 한 국가의 전반적인 후생을 측정하는 척도로는 만족스럽지 못하다. 20세기 후반기 동안 경제발전의 다양한 차원에 대한 논쟁을 통해 1990년에 새로운 지표인 인간개발지수(Human Development Index, HDI)가 창안되었다. 국제개발기관인 유엔개발계획(United Nations Development Program)이 처음 소개한 HDI는 오늘날 국가의 후생 수준을 비교하기 위해 널리 사용되고 있다.

일인당 GNI와 HDI에 기초하여 국가 분류를 비교하면 흥미로운 결과가 나타난다. HDI는 GNI를 포함하고 있기 때문에 두 지표는 강한 상관관계가 있지만 일부 고소득 국가는 저소득 국가보다 HDI 점수가 더 낮다. 한 예로 소규모 고소득 국가인 노르웨이는 HDI 점수가 일관되게 높지만 GNI는 싱가포르나 쿠웨이트보다 낮다.

한편 HDI는 인권이나 정치 참여와 같은 한 국가의 후생을 측정하는 중요한 측면을 무시한다. 또한 HDI는 국가 수준의 척도만을 제공하고 국가 내 후생의 분포를 측정하지 않는다. 따라서 일부 경제학자들은 '가계 기준 HDI(household-based HDI)'와 같은 대안 척도를 제안했다.[1]

질문

- HDI와 GDP(또는 GNI) 척도가 고려하지 못한 국가 후생의 측면은 무엇인가?

[1] Kenneth Harttgen and Stephan Klasen, "A household-based Human Development Index," *Proceedings of the German Development Economics Conference*, Hannover 2010, No. 30.

미리 보기

이 장에서는 GDP와 GDP의 구성 요소를 포함하여 거시경제학자가 관심을 가지고 있는 많은 핵심 변수를 살펴보았다. 거시경제학자가 사용하는 데이터에 대해 배워야 할 것이 아주 많다. 다음 장에서는 고용, 실업, 경제활동인구에 관한 데이터를 다룰 것이다. 25장에서는 화폐와 이자율에 관한 데이터를 살펴보고, 34장에서는 미국과 기타 세계의 관계에 관한 데이터를 자세히 다룰 것이다.

요약

01 거시경제의 핵심 변수에 관한 데이터의 출처 중 하나는 국민소득생산계정이다. 국민소득생산계정은 거시경제학자가 경제를 구성하는 부문이 어떻게 연계되어 있는지 알 수 있는 개념적 틀을 제공한다.

02 국민소득계정의 핵심 개념인 국내총생산(GDP)은 한 국가 내에 존재하는 생산요소에 의해 일정 기간 동안 생산된 모든 최종 재화와 서비스의 총시장가치이다. 중간재의 가치는 GDP에서 계산되지 않는다. 투입요소로 구매한 재화와 최종적으로 판매된 재화를 모두 포함하면 이중계산이 되고, 생산의 가치를 과대 추정하는 결과를 초래한다.

03 현금이나 재화의 소유자가 바뀌고 새로운 재화와 서비스가 생산되지 않는 모든 거래는 GDP에 계산하지 않는다. 미국 GDP에는 미국 내에서 일하는 외국인의 소득과 미국 내에서 외국 기업이 벌어들인 이윤이 포함된다. 또한 외국에서 일하는 미국인의 소득과 외국에서 미국 기업들이 벌어들인 이윤은 미국 GDP에 계산되지 않는다.

04 국민총생산(GNP)은 한 국가의 시민이 소유한 생산요소에 의해 일정 기간 동안 생산된 모든 최종 재화와 서비스의 총시장가치이다.

05 GDP 계산의 지출접근법에서는 일정 기간 동안 모든 최종 재화와 서비스에 지출된 금액을 합한다. 지출의 주요 네 범주는 개인소비지출(C), 총민간국내투자(I^a), 정부 소비와 총투자(G), 순수출($EX - IM$)이고, 이러한 범주를 합하면 GDP가 된다.

06 개인소비지출(C)의 주요 요소는 내구재, 비내구재, 서비스이다.

07 일정 기간 동안 민간 부문에 의해 이루어진 총투자인 총민간국내투자(I^a)는 비주거용 투자, 주거용 투자, 기업의 재고 변화로 구성된다. 총투자는 감가상각, 즉 자산의 가치가 감소하는 것을 고려하지 않는다. 순투자는 총투자에서 감가상각을 뺀 것이다.

08 정부 소비와 총투자(G)는 최종 재화와 서비스에 대한 연방정부, 주정부, 지방정부의 지출이다. 순수출($EX - IM$)의 가치는 수출(자국에서 생산된 재화와 서비스를 외국인에게 판매하는 것)과 수입(자국이 외국으로부터 재화와 서비스를 구매하는 것)의 차이이다.

09 구매자의 모든 지불(지출)은 판매자의 수취(소득)이므로 소득으로 받는 것을 합하여 GDP를 계산할 수 있는데, 이는 GDP 계산의 소득접근법이다.

10 GNP에서 감가상각을 빼면 순국민생산(NNP)이 된다. 경제에 존재하는 생산요소가 벌어들이는 총액인 국민소득은 통계적 불일치를 제외하면 NNP와 같다. 개인소득은 가계의 총소득이고, 처분가능 개인소득은 가계가 세금을 납부한 후 지출하거나 저축할 수 있는 소득이다. 개인저축률은 처분가능 개인소득 중에서 개인저축이 차지하는 비율이다.

11 현재 가격으로 측정하는 GDP는 명목 GDP이다. 성장을 측정하기 위해 명목 GDP를 사용하면 물가수준의 상승, 즉 인플레이션만 발생한 경우에도 생산이 성장했다고 잘못 생각할 수 있다. 가격 변화에 대해 명목 GDP를 조정한 실질 GDP는 생산의 척도로 더욱 바람직하다.

12 GDP 디플레이터는 전반적인 물가수준의 척도이다.

13 일반적으로는 GDP가 증가하는 것이 좋다고 생각하지만 행복 또는 후생의 척도로 GDP를 사용하는 데에는 몇 가지 문제가 있다. 실질생산이 변하지 않더라도 제도적 변화가 GDP의 가치를 변화시킬 수 있고, GDP에는 공해와 같은 사회적 병폐가 반영되지 않는다. 또한 GDP는 어떤 종류의 재화가 생산되고 소득이 어떻게 분배되는지에 대해 알려주지 않는다. 더욱이 GDP는 비공식 경제의 많은 거래를 무시한다.

14 국민총소득(GNI)은 인플레이션율에 대해 조정된 수년간의 평균 환율을 사용하여 달러로 전환한 GNP이다.

핵심 용어

가중치(weight)
감가상각(depreciation)
개인소득(personal income)
개인소비지출(personal consumption expenditure)
개인저축(personal saving)
개인저축률(personal saving rate)
경상달러(current dollar)
고정가중치 방법(fixed-weight procedure)
국내총생산(gross domestic product, GDP)
국민소득(national income)
국민소득생산계정(national income and product accounts)
국민총생산(gross national product, GNP)
국민총소득(gross national income, GNI)
기업의 재고 변화(change in business inventories)
기업 이윤(corporate profits)
기준연도(base year)
내구재(durable goods)
명목 GDP(nominal GDP)
보조금을 공제한 간접세(indirect taxes minus subsidies)
부가가치(value added)
비공식 경제(informal economy)
비내구재(nondurable goods)
비주거용 투자(nonresidential investment)
사업주 소득(proprietor's income)
서비스(service)
세후소득(after-tax income)
소득접근법(income approach)
순국민생산(net national product, NNP)
순기업이전지불(net business transfer payments)
순수출(net exports, $EX - IM$)
순이자(net interest)
순투자(net investment)
임대소득(rental income)
정부기관의 흑자(surplus of government enterprises)
정부 소비와 총투자(government consumption and gross investment, G)
종업원 보상(compensation of employees)
주거용 투자(residential investment)
중간재(intermediate goods)
지출접근법(expenditure approach)
처분가능 개인소득(disposable personal income)
총민간국내투자(gross private domestic investment, I^a)
총투자(gross investment)
최종 재화와 서비스(final goods and services)
통계적 불일치(statistical discrepancy)

연습문제

01 이중계산이 무엇인지, 그리고 GDP가 총매출과 일치하지 않는 이유를 설명하라.

02 다음 중 GDP에 계산되는 경우를 고르고 그 이유를 설명하라.

a. 한 수송 회사가 중고차를 매입한다.
b. 한 수송 회사가 외국 기업으로부터 휘발유 1,000갤런을 매입한다.
c. 당신이 10단위의 단기 국채를 매입한다.
d. 한 광산 회사가 이미 소유한 땅에서 채굴하기 위해 새로운 정부 면허를 획득한다.
e. 당신이 미용실에서 머리를 자르고 비용을 지불한다.
f. 해외에 사는 사람들이 온라인 소매 사이트에서 당신 회사의 고급 식품을 구매한다.
g. 당신의 부모가 사회·경제적으로 혜택을 받지 못하는 사람들을 위해 하루 종일 음식을 만든다.
h. 지방정부가 새로 지은 학교에 쓰일 가구를 매입한다.
i. 통신 회사 2개가 합병한다.
j. 한 비영리기관이 본부로 사용할 아파트 한 채를 매입한다.
k. 당신이 친척에게 큰돈을 유산으로 받는다.

03 프랑스에서 살고 있는 자크는 독일에 가서 15,600유로인 신차를 샀다. 자크는 그 차를 프랑스로 가져와서 다른 사람에게 17,500유로를 받고 팔았다. 이러한 거래에서 각국의 GDP에 포함되는 것은 무엇인가?

04 애니사는 지역 목재소에서 자재를 사다 자기 집 차고에서 주문형 새장을 만든다. 작년에 애니사는 3,500달러어치의 자재를 구매하여 새장 250개를 생산했다. 그녀는 지역 공예품점에 개당 25달러를 받고 새장을 모두 팔았고, 공예품점은 개당 55달러를 받고 새장을 모두 팔았다. 국내총생산을 구하기 위해 애니사의 부가가치와 공예품점의 부가가치를 계산하라.

05 단순한 경제에서 모든 소득이 종업원 보상과 이윤이고 간접세가 존재하지 않는다고 가정하자. 다음과 같은 수치를 사용하여 국내총생산을 계산하라. 지출접근법과 소득접근법이 같은 GDP 수치를 제공한다는 것을 밝혀라.

소비	$ 9,500
투자	3,000
감가상각	1,750
이윤	2,400
수출	850
종업원 보상	11,500
정부구매	3,200
간접세	1,200
저축	1,600
수입	900

06 지출접근법으로 GDP를 계산하는 것과 소득접근법으로 GDP를 계산하는 것이 같은 결과를 도출한다는 것을 어떻게 알 수 있는가?

07 지출접근법으로 GDP를 계산할 때 수입(import)을 빼는 이유는 무엇인가?

08 일정 기간 동안 자산의 가치가 감소하는 크기인 감가상각은 주로 컴퓨터와 같은 유형 자산에 사용되는 용어이고, 무형 자산에는 할부상각(amortization)이라는 용어가 사용된다. 컴퓨터 소프트웨어는 일반적으로 무형 자산으로 간주되고 시간이 흐름에 따라 그 가치가 할부상각될 수 있다. 그러나 할부상각 방식은 획득 방법을 기반으로 하기 때문에 컴퓨터 소프트웨어의 세금 처리가 혼란스러울 수도 있다. 만약 기업 인수를 통해 소프트웨어를 획득했다면 15년 동안 할부상각되어야 하고, 소프트웨어를 별도로 구매했다면 36개월 동안 할부상각되어야 한다. 컴퓨터 하드웨어에 포함된 번들 소프트웨어는 할부상각되지 않고, 번들 소프트웨어를 포함하여 컴퓨터의 전체 가치가 하드웨어의 수명인 5년 동안 감가상각된다. 따라서 동일한 소프트웨어라도 어떻게 획득했느냐에 따라 시간이 흐르면서 가치 손실이 다르게 취급된다. 할부상각 기간과 감가상각 기간이 다르다는 것은 GDP를 추정하는 정부의 능력에 어떤 영향을 미칠 수 있는가? 소프트웨어의 할부상각은 GDP로 측정되는 경제의 실질생산 척도에 어떤 영향을 미치는가? 소프트웨어를 할부상각하는 더 나은 방법을 제안하라. 소프트웨어 획득 방법에 관계없이 더 논리적이고 표준화된 할부상각 기간이 있다고 생각하는가? 간략히 설명하라.

09 다음 표는 2005~2014년 세계은행의 명목기준 및 실질기준 세계 GDP 추정치를 보여준다(실질 GDP는 2005년을 기준연도로 사용하고 고정가중치 방법으로 계산한 것이다). 2014년 명목 GDP와 실질 GDP의 차이를 어떻게 설명하겠는가? 2005~2014년 동안 세계 실질 GDP의 성장을 어떻게 설명하겠는가?

연도	2005년 불변가격 세계 GDP (100만 미국 달러)	경상가격 세계 GDP (100만 미국 달러)	실질 GDP 성장률(%)	명목 GDP 성장률(%)
2005	47,033.72	47,033.72	–	–
2006	48,971.44	50,971.47	4.1%	8.4%
2007	50,899.06	57,452.22	3.9%	2.7%
2008	51,652.20	62,982.83	1.5%	9.6%
2009	50,582.34	59,704.69	−2.1%	−5.2%
2010	52,646.04	65,489.20	4.1%	9.7%
2011	54,142.01	72,572.25	2.8%	10.8%
2012	55,351.86	74,041.59	2.2%	2.0%
2013	56,652.81	76,123.95	2.4%	2.8%
2014	58,054.82	77,868.77	2.5%	2.3%

10 다음은 2018년에 예측된 실질 GDP(2009년 달러)와 인구의 예측치에 대한 일부 수치이다. 이러한 예측치에 따르면 2022년과 2023년 사이의 근사적인 실질성장률은 얼마인가? 2022년과 2023년 일인당 실질 GDP는 얼마로 예측되는가? 2022년과 2023년 실질 GDP 성장률과 일인당 실질 GDP 성장률의 예측치를 계산하라.

2022년 실질 GDP(10억 달러)	$18,965
2023년 실질 GDP(10억 달러)	$19,269
2022년 인구(100만 명)	338.2
2023년 인구(100만 명)	340.5

11 2017년 유럽연합의 평균 실질 GDP 성장률은 2.4%였다. 소수의 극단치를 제외하면 서유럽 회원국은 동유럽 회원국에 비해 더 낮은 성장률을 달성했다. www.ec.europa.eu/eurostat.com에서 유럽연합의 실질 GDP 성장률을 살펴보라. 유럽연합의 실질 GDP 성장률 데이터에서 무엇을 관측할 수 있는가? 회원국의 성장률에 차이가 있다고 말할 수 있는 이유는 무엇인가? 이것은 동유럽 회원국이 서유럽 회원국을 추격하고 있음을 의미한다고 생

각하는가?

12 고르곤졸라는 사탕수수, 요요, 럼, 땅콩, 하모니카, 피넛버터만을 생산하는 단순한 경제로 이루어진 작은 섬나라이다. 모든 사탕수수의 1/4은 럼을 생산하는 데 사용되고, 모든 땅콩의 1/2은 피넛버터를 생산하는 데 사용된다.

a. 다음 표의 생산 및 가격 정보를 사용하여 2018년 명목 GDP를 계산하라.

b. 다음 표의 생산 및 가격 정보와 2016년을 기준연도로 사용하여 2016년, 2017년, 2018년의 실질 GDP를 계산하라. 2016~2017년, 2017~2018년의 실질 GDP 성장률은 얼마인가?

c. 다음 표의 생산 및 가격 정보와 2017년을 기준연도로 사용하여 2016년, 2017년, 2018년의 실질 GDP를 계산하라. 2016~2017년, 2017~2018년의 실질 GDP 성장률은 얼마인가?

	2016		2017		2018	
품목	수량	가격	수량	가격	수량	가격
사탕수수	240	$ 0.80	240	$ 1.00	300	$ 1.15
요요	600	2.50	700	3.00	750	4.00
럼	150	10.00	160	12.00	180	15.00
땅콩	500	2.00	450	2.50	450	2.50
하모니카	75	25.00	75	30.00	85	30.00
피넛버터	100	4.50	85	4.50	85	5.00

13 다음 표는 2000~2016년 인도의 일인당 명목 GDP와 GDP 디플레이터(미국 달러 기준)를 보여준다. 각 연도의 실질 GDP를 구하라.

연도	일인당 명목 GDP	GDP 디플레이터	실질 GDP
2000	430.7277284	57.36678064	
2001	437.0571735	56.29168237	
2002	449.2611259	56.71696401	
2003	517.4687782	61.28959225	
2004	616.0236666	68.47409723	
2005	709.7680483	73.34417561	
2006	790.9944417	75.97529403	
2007	991.3467178	88.04073962	
2008	1048.161005	90.92663843	
2009	1068.62321	86.677581	
2010	1340.910324	100	
2011	1500.853109	106.3463115	
2012	1473.301818	100.2490858	
2013	1499.382472	97.076047	
2014	1576.058753	96.05228642	
2015	1629.233446	93.00899416	
2016	1706.457685	92.00380372	

14 지구 온난화와 산성비에 의한 환경 파괴 비용은 GDP 계산에 직접 포함되지 않는다. 이러한 비용이 GDP에 포함되어야 한다고 생각하는가? 그렇게 생각하는 이유는 무엇인가? GDP에 환경 파괴 비용을 포함하기 위해 어떻게 수정할 수 있겠는가?

경제학적 사고 키우기

01 가계 내에서 생산 및 소비되는 재화와 서비스는 GDP 계산에 포함되지 않는다. 경제학자들은 이러한 재화와 서비스의 생산을 '가계 생산(household production)'이라고 부른다. 가계 생산의 존재는 경제의 생산 가치를 과소 추정하는가, 과대 추정하는가?

02 불법 마약 생산이 GDP 계산에 포함되지 않는 이유는 무엇인가?

CHAPTER 22

실업, 인플레이션과 장기 성장

목차와 학습목표

22.1 실업

실업을 측정하는 방법을 알아본다.

22.2 인플레이션과 디플레이션

인플레이션을 측정하는 데 사용하는 척도를 파악하고 인플레이션의 비용과 효과를 이해한다.

22.3 장기 성장

장기 성장의 요인과 시사점을 이해한다.

매월 미국 노동통계국(Bureau of Labor Statistics, BLS)은 전달의 실업률을 발표한다. 예컨대 2018년 3월 9일에 2018년 2월의 실업률이 4.1%라고 발표했다. 실업률은 경제 상황을 나타내는 핵심 척도로서 지출, 세금, 이자율에 대한 정부 정책의 방향을 결정하는 데 유용하다. 광범위한 분야에서 이러한 실업률을 주시하고 있으며, 발표된 실업률이 금융시장의 예상과 다르면 금융시장에 큰 움직임이 발생할 수 있다. 따라서 BLS가 실업률을 어떻게 계산하는지 아는 것이 중요하다. 이 장의 첫 절에서는 실업률을 계산하는 방법과 실업률의 다양한 구성 요소를 알아본다.

인플레이션은 거시경제학의 또 다른 핵심 변수이다. 앞 장에서 경제 전체의 물가 디플레이터인 GDP 디플레이터를 어떻게 계산하는지 살펴보았다. GDP 디플레이터의 퍼센트 변화는 인플레이션 척도 중 하나이다. 다른 인플레이션 척도가 존재하고 각 인플레이션 척도는 경제의 특정 부분과 관계가 있다. 가장 널리 사용되는 물가지수는 소비자물가지수(consumer price index, CPI)이다. 이 장에서는 CPI 측정 방법을 알아본다. CPI도 매월 BLS가 발표하며 금융시장은 이를 주시한다. 예컨대 2018년 3월 13일에 BLS는 2018년 2월의 소비자물가상승률이 0.2%라고 발표했다. 이 장에서는 CPI의 측정과 인플레이션의 비용에 대해 설명하고 디플레이션(물가수준의 하락) 발생 시 정책 담당자의 우려를 다룬다.

이 장의 마지막 주제는 장기 성장이다. 거시경제학의 대부분은 경기변동을 설명하는 데 관심을 두지만 장기 성장도 중요한 관심사이다. 20장의 그림 20.2에 제시한 미국 실질 GDP의 평균 연간 성장률은 3.2%이다. 미국 경제는 118년 동안 많은 경기 상승 및 하강을 겪었지만 평균적으로 연간 3.2% 성장했다. 이 장의 마지막 절에서는 이러한 장기 성장의 요인을 살펴본다.

학습목표

실업을 측정하는 방법을 알아본다.

22.1 실업

먼저 실업을 어떻게 측정하는지 알아보자.

실업의 측정

매월 BLS가 발표하는 실업 데이터는 미국의 6만 가계에 대한 설문조사에 기초한 것이다. 설문조사 대상인 각 가계는 매월 12일이 포함된 주에 16세 이상 가계 구성원의 근로 활동에 관한 질문에 답한다(설문조사는 매월 19일이 포함된 주에 수행된다).

16세 이상 가계 구성원이 다른 사람 또는 자신이 소유한 사업체나 농장에서 임금을 받는 종업원으로 일했으면 **취업자**(employed)로 분류된다. 그리고 16세 이상 가계 구성원이 가족 사업체에서 임금을 받지 않고 15시간 이상 일했어도 취업자로 분류된다. 또한 16세 이상 가계 구성원이 질병, 악천후, 휴가, 노사 관리 분쟁, 개인적인 사유로 일시적으로 결근했더라도 일자리를 가지고 있으면 임금을 받건 받지 않건 취업자로 계산된다.

취업자 16세 이상으로서 다른 사람 또는 자신의 사업체에서 주당 1시간 이상 임금을 받고 일하거나, 가족 사업체에서 임금을 받지 않고 주당 15시간 이상 일하거나, 일자리를 가지고 있으나 임금을 받건 받지 않건 일시적으로 결근한 사람

실업자 16세 이상으로서 일을 할 수 있고 직전 4주 동안 일자리를 찾으려는 구체적인 노력을 했으나 현재는 일하지 않는 사람

비경제활동인구 일자리를 원치 않거나 구직을 포기했기 때문에 일자리를 찾지 않는 사람

고용되지 않은 사람은 실업자 또는 비경제활동인구에 속한다. 16세 이상으로서 일을 할 수 있고 직전 4주 동안 일자리를 찾으려는 구체적인 노력을 한 경우 **실업자**(unemployed)로 간주된다. **비경제활동인구**(not in the labor force)는 일자리를 원치 않거나 구직을 포기했기 때문에 일자리를 찾지 않는 사람으로서 풀타임 학생, 은퇴자, 보호 시설에 있는 사람, 자녀를 돌보기 위해 가정에 있는 사

람, 구직 포기자가 포함된다.

경제활동인구(labor force)는 취업자와 실업자를 합한 것이다.

경제활동인구 취업자와 실업자의 합

$$\text{경제활동인구} = \text{취업자} + \text{실업자}$$

16세 이상 인구는 경제활동인구와 비경제활동인구의 합과 같다.

$$\text{16세 이상 인구} = \text{경제활동인구} + \text{비경제활동인구}$$

이러한 수치를 이용하여 몇 가지 비율을 계산할 수 있다. **실업률**(unemployment rate)은 경제활동인구 중 실업자가 차지하는 비율이다.

실업률 경제활동인구 중 실업자가 차지하는 비율

$$\text{실업률} = \frac{\text{실업자}}{\text{취업자} + \text{실업자}}$$

2018년 2월 미국의 경제활동인구는 1억 6,192만 1,000명이고 그중에서 1억 5,521만 5,000명이 취업자, 670만 6,000명이 실업자였다. 따라서 실업률은 4.1%였다.

$$\frac{6{,}706}{155{,}215 + 6{,}706} = 4.1\%$$

16세 이상 인구 중 경제활동인구가 차지하는 비율을 **경제활동참가율**(labor force participation rate)이라고 한다.

경제활동참가율 16세 이상 인구 중 경제활동인구가 차지하는 비율

표 22.1 1950~2017년 미국의 취업자, 실업자, 경제활동인구

	(1) 16세 이상 인구 (100만 명)	(2) 경제활동인구 (100만 명)	(3) 취업자 (100만 명)	(4) 실업자 (100만 명)	(5) 경제활동 참가율(%)	(6) 실업률 (%)
1950	105.0	62.2	58.9	3.3	59.2	5.3
1960	117.2	69.6	65.8	3.9	59.4	5.5
1970	137.1	82.8	78.7	4.1	60.4	4.9
1980	167.7	106.9	99.3	7.6	63.8	7.1
1990	189.2	125.8	118.8	7.0	66.5	5.6
2000	212.6	142.6	136.9	5.7	67.1	4.0
2010	237.8	153.9	139.1	14.8	64.7	9.6
2017	255.1	160.3	153.3	7.0	62.9	4.4

* 군인을 제외한 시민만을 대상으로 한 수치이다.

출처: Economic Report of the President, 2018 and U.S. Bureau of Labor Statistics.

$$\text{경제활동참가율} = \frac{\text{경제활동인구}}{\text{16세 이상 인구}}$$

2018년 2월 미국의 16세 이상 인구는 2억 5,693만 4,000명이고 경제활동참가율은 0.60(= 155,215/256,934)이었다.

1950년 이후 미국의 실업 관련 변수는 표 22.1과 같다. 1950~2017년 동안 실업률이 상승하기도 하고 하락하기도 했지만 경제활동참가율은 1950년부터 2000년까지 지속적으로 증가하다 그 이후에 하락했다. 초기 기간에 경제활동참가율이 증가한 것은 25~54세 여성의 경제활동참가율이 증가한 데 따른 결과이며, 최근에는 이들의 경제활동참가율이 약간 감소했다. 세 번째 열을 보면 1950년 이후 얼마나 많은 신규 근로자가 미국 경제에 진입했는지를 알 수 있다. 취업자 수가 1950~1980년에 4,040만 명 증가하고 1980~2017년에 5,400만 명 증가했다.

실업률의 구성 요소

인구 집단별 실업률을 살펴보면 실업을 이해하는 데 도움이 된다.

인구 집단별 실업률 실업률은 인구 집단에 따라 큰 차이가 있다. 표 22.2는 미국에서 경기후퇴가 심했던 1982년 11월과 실업자가 가장 적었던 2018년 2월의 인종별, 성별, 연령별 실업률을 보여준다. 2018년 2월의 전체 실업률은 4.1%인데, 백인의 실업률이 3.7%인 반면 흑인의 실업률은 6.9%로 더 높았다.

그리고 1982년 경기후퇴 동안 남성보다 여성의 실업률이 더 높았다. 흑인의 경우 20세 이상 남성의 실업률이 19.3%, 20세 이상 여성의 실업률이 16.5%였고, 10대(16~19세)의 실업률은 49.5%로 최악의 상황이었다. 반면 백인 10대(16~19세)의 실업률은 21.3%였다. 2018년 2월에도 10대(16~19세)의 실업률이 높았으며, 흑인 남녀의 실업률이 여전히 백인 남녀의 실업률보다 높았다.

구직 포기자 효과 많은 사람은 실업률이 비자발적으로 실직한 사람들의 비율을 과소 추정한다고

표 22.2 1982년과 2018년 미국의 인구 집단별 실업률

	나이	1982년 11월	2018년 2월
합계		10.8	4.1
백인		9.6	3.7
남성	20+	9.0	3.4
여성	20+	8.1	3.3
10대	16~19	21.3	12.6
흑인		20.2	6.9
남성	20+	19.3	5.9
여성	20+	16.5	6.2
10대	16~19	49.5	27.2

* 데이터는 계절 조정된 것이다.
출처: U.S. Bureau of Labor Statistics.

경제학의 적용

경기후퇴기에 실업자는 시간을 어떻게 활용할까?

경기후퇴기였던 2008~2009년에 미국의 총시장근로시간이 크게 감소했다. 최근 한 논문은 흥미로운 설문조사 데이터를 이용하여 실업자가 공식적 시장활동을 하지 않은 시간에 무엇을 했는지 분석했다.[1]

경제학자는 경기후퇴기에 실업자가 된 사람들이 시간을 어떻게 활용할 것이라고 예상하는가? 첫째, 실업자가 새로운 일자리를 찾는 데 시간을 사용할 것이라고 예상할 수 있다. 논문의 저자들은 상실한 시장근로시간의 2~6%가 일자리 탐색에 사용되었다고 밝혔다. 그러나 새로운 일자리 기회가 제한적인 경기후퇴기에는 일자리 탐색에 대한 수확 체감이 존재한다.

분석에 사용된 설문조사 데이터는 실업자의 시간 배분에 대해 또 무엇을 보여줄까? 실업자는 장기적으로 안정된 일자리 찾기, 추가적인 교육, 시민 활동, 건강관리와 관련된 활동에 시간의 12%를 사용하고 비시장활동, 청소, 주택 보수, 자녀 돌봄에 시간의 35%를 사용했다. 여기서 알 수 있는 사실은 실업자가 시장에서 구매했던 서비스를 스스로 했다는 것이다. 실업자의 경우 가사 활동을 위한 기회비용이 적기 때문에 이러한 변화는 경제적으로 의미가 있다. 또한 상실한 시장 근로시간의 거의 50%인 나머지 시간은 수면을 포함한 여가 활동에 사용되었다.

질문

- 경기호황기에는 실업자가 시간을 어떻게 활용할 것이라고 예상하는가?

[1] Mark Aguiar, Erik Hurst, Louokas Karabarbounis, "Time Use During the Great Recession," *American Economic Review*, 2016, 1664–1696.

생각한다. 구직을 중단한 사람은 실업자로 분류되지 않고 비경제활동인구로 분류된다. 경기후퇴기에 사람들은 구직을 포기하거나 중단하기도 하는데, 이들이 실업자로 계산되지 않기 때문에 BLS가 발표하는 실업률이 낮아진다.

이러한 **구직 포기자 효과**(discouraged-worker effect)가 얼마나 실업률을 떨어뜨리는지 알아보자. 경제활동인구 1억 명 중에서 1,000만 명이 실업자라고 가정하면 실업률이 10%이다. 실업자 1,000만 명 중에서 100만 명이 구직을 포기하여 경제활동인구에서 제외되면 경제활동인구 9,900만 명 중에서 900만 명이 실업자이고, 이 경우 실업률이 9.1%로 낮아진다.

구직 포기자 효과 일하고 싶지만 일자리를 구할 수 없는 사람들이 구직을 중단하여 실업자와 경제활동인구에서 제외됨으로써 실업률이 하락하는 것

BLS의 설문조사는 구직 포기자 효과의 크기에 대한 일부 증거를 제공한다. 구직을 중단했다고 밝힌 응답자에게 그 이유를 물어보았을 때, 일자리를 찾을 능력이 없다는 것이 유일한 이유라고 답하는 경우 그 사람은 구직 포기자로 분류될 수 있다.

평상시에는 구직 포기자가 경제활동인구의 1% 정도이지만 경기후퇴기였던 1980~1982년에는 1.5%까지 증가했다. 2018년 2월 미국의 구직 포기자는 경제활동인구의 약 0.23%로 추정되었다. 일부 경제학자들은 실업자로 분류되는 수에 구직 포기자의 수를 합하면 실업 상황을 더 잘 알 수 있다고 주장한다.

실업 지속 기간 실업률은 주어진 시점의 실업을 측정한 것으로, 평균적인 실업자가 얼마나 오랫동안 실업 상태인지에 대해서는 아무것도 말해주지 않는다. 경제활동인구가 1,000명이고 연간 실업률이 10%라면 어느 시점의 실업자는 100명이다. 그러나 1,000명 중 각 사람이 1년 중 몇 주간 잠시 일자리를 잃은 상황과 100명이 1년 내내 일자리를 잃은 상황은 다르다. 이러한 실업 특성에

표 22.3 1970~2017년 미국의 평균 실업 지속 기간

	주		주		주		주
1970	8.6	1982	15.6	1994	18.8	2006	16.8
1971	11.3	1983	20.0	1995	16.6	2007	16.8
1972	12.0	1984	18.2	1996	16.7	2008	17.9
1973	10.0	1985	15.6	1997	15.8	2009	24.4
1974	9.8	1986	15.0	1998	14.5	2010	33.0
1975	14.2	1987	14.5	1999	13.4	2011	39.3
1976	15.8	1988	13.5	2000	12.6	2012	39.4
1977	14.3	1989	11.9	2001	13.1	2013	36.5
1978	11.9	1990	12.0	2002	16.6	2014	33.7
1979	10.8	1991	13.7	2003	19.2	2015	29.2
1980	11.9	1992	17.7	2004	19.6	2016	27.5
1981	13.7	1993	18.0	2005	18.4	2017	25.0

출처: U.S. Bureau of Labor Statistics.

관한 정보는 실업 지속 기간의 통계를 통해 알 수 있다.

표 22.3은 경기후퇴기에 평균 실업 지속 기간이 증가한다는 것을 보여준다. 1979~1983년 미국의 평균 실업 지속 기간은 10.8주에서 20.0주로 증가했으며, 1990~1991년 경기후퇴기 이후의 완만한 성장으로 1992년에는 17.7주, 1994년에는 18.8주를 기록했다. 2000년에는 12.6주로 감소했으나 그 후 2004년에 19.6주로 증가했다. 또한 2007~2009년에는 평균 실업 지속 기간이 16.8주에서 24.4주로 급격히 증가했고, 이러한 경기후퇴기 이후 2012년에는 39.4주로 더욱 증가했다. 이는 경기후퇴의 회복이 전반적으로 완만했다는 것을 보여주며, 2017년에 이르러서야 평균 실업 지속 기간이 25.0주로 감소했다.

실업의 비용

1946년 제정된 고용법(Employment Act)에 따라 미국 의회는 최대 고용, 생산, 구매력을 증가시키기 위해 실행 가능한 모든 수단을 사용하는 것이 연방정부가 지속적으로 추구해야 하는 정책이자 책임이라고 선언했다. 그 이후 완전고용은 미국 연방정부의 중요한 정책 목표가 되었다. 왜 완전고용은 연방정부의 정책 목표인가? 실업은 사회에 어떤 비용을 부과하는가?

마찰적 실업, 구조적 실업, 경기적 실업 다양한 실업의 비용을 고려할 때 실업을 다음과 같이 세 가지 유형으로 분류하는 것이 유용하다.

- 마찰적 실업
- 구조적 실업
- 경기적 실업

실업의 사회적 비용에 대해 생각해보자면, 모든 실업이 동등하게 발생된 것은 아니다. BLS는 매월 12일이 포함된 주의 근로 활동에 관한 설문조사를 수행할 때 정상적으로 일자리를 찾는 많은 사

경제학의 적용

여성의 경제활동 참가와 경제발전

일반적으로 여성의 경제활동참가율은 한 국가의 경제발전에 결정적인 요인이다. 여성이 경제활동에 참가하는 비율이 높을수록 경제활동인구가 증가함으로써 경제의 생산이 증가한다. 여성의 경제활동 참가와 경제성장의 직접적인 인과관계를 규명하기가 쉽지는 않지만, 여성의 노동시장 참가 증가와 경제성장 촉진 간에 양의 상관관계가 있다는 증거가 존재한다. 예를 들어 제2차 세계대전 이후 수십 년간 서유럽과 북미에서 이러한 상관관계가 발견되었다.

여성의 노동시장 참가를 촉진하는 것은 남녀평등과 관련된 중요한 목표일 뿐 아니라, 국내 경제발전을 유지하려는 정부의 중요한 정책 목표이다. 이를 위해 경제성장, 임금 인상, 출산 감소, 건강 증진 등 여성의 경제활동참가율을 높이는 요인을 고려하는 것이 중요하다.

그러나 최근 연구[1]에 따르면 지난 30년 동안 인도의 도시 지역에서는 이러한 모든 요인이 있었음에도 불구하고 여성의 경제활동 참가가 정체된 것으로 나타났다. 연구자들은 그러한 정체의 원인이 수요와 공급의 효과라고 밝혔다. 그들은 수요 측면에서 전통적으로 여성을 고용하는 경제 부문의 정체를 지적했다. 한편 공급 측면에서는 가계소득의 증가가 여성의 경제활동 참가를 방해하는 요인이 되었다. 즉 가계소득이 증가함으로써 교육의 효과가 있는 동시에 남성 외에 추가로 생계비를 벌 필요가 없어진 것이다.

교육과 노동시장 참가 사이의 일반적인 양의 상관관계를 고려할 때 교육의 효과에 대한 분석 결과는 직관에 배치되는 듯하다. 일반적으로 교육수준이 높으면 잠재 근로자의 취업 가능성이 커짐으로써 노동시장의 통합에 도움이 되고, 일부 경제학자가 '노동시장 수익률(labor market returns)'이라고 일컫는 것이 개선되기도 한다. 그러나 이 연구가 보여주듯이 인도에서는 높은 교육수준이 여성의 경제활동 참가를 증가시키지 못했다. 연구자들은 인도의 도시 지역에서 '결혼시장 수익률(marriage market returns)'이 여성 교육의 확대를 이끌었음을 발견했다. 다시 말해 딸을 좋은 곳으로 시집보내기 위해 교육에 투자한 것이다. 이러한 예는 여성의 경제활동 참가를 증가시키기 위한 노력과 관련된 일부 문제를 잘 보여준다.

[1] Stephan Klasen and Janneke Pieters, "What Explains the Stagnation Of Female Labor Force Participation In Urban India?" *World Bank Policy Research Working Paper*, March 2013.

람을 인터뷰한다. 어떤 사람들은 새로이 노동시장에 진입하고 어떤 사람들은 일자리를 바꾸는데, 이러한 실업은 자연스러운 과정이고 경제에 유익하다. 이처럼 노동시장의 정상적인 이직으로 발생하는 실업을 **마찰적 실업**(frictional unemployment)이라고 한다. 일자리를 찾기까지는 시간이 조금 걸리기 때문에 마찰적 실업률은 0이 아니다.

마찰적 실업 노동시장의 정상적인 작동 과정에서 일자리와 기술의 단기적 불일치로 발생하는 실업

미국 경제의 산업 구조는 끊임없이 변화한다. 예컨대 제조업은 고용의 일부를 서비스, 금융, 보험, 부동산에 넘겨주었고, 제조업 부문 내에서는 철강과 섬유 산업이 급격히 축소된 반면 하이테크 부문이 확장되었다. 이러한 구조적 변화로 발생하는 실업을 일반적으로 **구조적 실업**(structural unemployment)이라고 한다. 따라서 마찰적 실업은 몇 주일간 지속되는 일자리와 기술의 단기적 불일치 문제를 나타내는 반면, 구조적 실업은 몇 년간 지속되는 장기적 조정 문제를 나타낸다. 구조적 실업은 역동적인 경제의 특성 때문에 발생하는 것이지만, 보유한 기술이 쓸모없어져서 일자리를 잃은 사람들이 비용을 지불하게 된다.

구조적 실업 경제의 산업 구조가 변화하여 일부 축소되는 산업에서 일자리가 사라짐으로써 발생하는 실업

경제학자는 마찰적 실업과 구조적 실업이 존재하는 상황하에 정상적으로 작동하는 경제에서 발생하는 실업률을 나타내기 위해 **자연실업률**(natural rate of unemployment)이라는 용어를 사용한다. 자연실업률 추정치는 4~6%이다.

자연실업률 정상적으로 작동하는 경제에서 발생하는 실업률로, 마찰적 실업률과 구조적 실업률의 합

경기적 실업 경기후퇴기나 경기침체기에 마찰적 실업과 구조적 실업의 합을 초과하여 발생하는 실업

2007~2009년 미국의 실업률은 4.6%에서 9.3%로 증가했으며, 이것이 단순히 마찰적 실업과 구조적 실업의 증가 때문일 가능성은 없어 보인다. 경기후퇴기나 경기침체기에 마찰적 실업과 구조적 실업의 합을 초과하여 발생하는 실업은 **경기적 실업**(cyclical unemployment)이라고 한다. 2009년, 2008~2009년의 경기후퇴와 그 이전 경기후퇴기의 실업은 대부분 경기적 실업인 듯하다.

사회적 결과 실업의 비용은 모든 사람에게 균등하게 배분되지 않으며 쉽게 계량화할 수도 없다. 1930년대 대공황의 사회적 결과는 아마도 가장 이해하기 어려울 것이다. 당시에 무탈했던 사람은 거의 없다. 맨 밑바닥에 빈민과 실업자가 자리하고 경제활동인구의 약 25%가 일자리를 잃었다. 일자리를 가진 사람들조차 파트타임으로 일했다. 주식시장이 붕괴되고 수천 개의 은행이 파산하는 바람에 많은 사람이 저축의 전부 또는 일부를 날렸다. 최근인 2008~2009년 경기후퇴기에도 많은 사람이 소중한 일자리를 잃었다.

학습목표

인플레이션을 측정하는 데 사용하는 척도를 파악하고 인플레이션의 비용과 효과를 이해한다.

22.2 인플레이션과 디플레이션

미국과 같은 시장경제에서는 개별 재화의 가격이 수요와 공급의 변화에 따라 계속 변화한다. 실제로 미시경제학의 주요 관심사 중 하나는 상대가격이 변화하는 방식(예: 시간이 흐름에 따라 왜 컴퓨터는 저렴해지고 치과 서비스는 더 비싸지는가?)을 이해하는 것이다. 한편 거시경제학은 상대가격의 변화뿐만 아니라 재화와 서비스의 전반적인 물가수준 변화에 관심을 가진다. 인플레이션은 전반적인 물가수준의 상승으로 정의되고, 디플레이션은 전반적인 물가수준의 하락으로 정의된다.

경제에 존재하는 수많은 재화와 서비스의 모든 가격이 동일한 비율로 함께 상승하거나 하락하지 않기 때문에 인플레이션을 측정하는 것이 어렵다. 21장에서 모든 재화와 서비스의 물가수준을 측정하는 GDP 디플레이터의 문제점을 살펴보았으니 이제 일반적으로 사용되는 두 번째 물가수준 척도인 소비자물가지수를 알아보자.

소비자물가지수

소비자물가지수(CPI) 전형적인 도시 소비자가 한 달에 구매하는 '시장 바스켓'을 구성하는 일련의 재화와 서비스를 사용하여 BLS가 매월 계산하는 물가지수

소비자물가지수(consumer price index, CPI)는 가장 널리 사용되는 물가지수로, GDP 디플레이터와 달리 고정가중치를 사용하여 계산된다. CPI는 제1차 세계대전 중 정부가 통제했던 조선 회사의 임금을 조정하기 위한 기준으로 처음 만들어졌다. 현재는 전형적인 도시 소비자가 한 달에 구매하는 '시장 바스켓(market basket)'을 구성하는 일련의 재화와 서비스를 사용하여 BLS가 매월 CPI를 계산한다. 시장 바스켓을 구성하는 각 재화와 서비스의 수량은 광범위한 소비자 설문조사를 통해 얻으며, 이는 소비자물가지수를 측정하는 데 가중치로 사용된다. BLS는 매월 44개 지역에 있는 약 22,000개 할인점에서 약 71,000개 재화와 서비스의 가격을 수집한다. 예를 들어 주거 비용 데이터는 매월 임대인 5,000명과 주택 소유자 1,000명 정도를 대상으로 수행되는 설문조사를 통해 수집된다. 그림 22.1은 2007년 12월의 CPI 시장 바스켓을 보여준다.

1950년 이후의 CPI 수치는 표 22.4와 같다. 이 CPI의 기준 기간은 1982~1984년이며, 1984년의 CPI는 3년간의 평균이 100.0이 되도록 계산된다. 표 22.4에서 CPI의 퍼센트 변화는 주어진 해의 인플레이션 척도이다. 예를 들어 1970~1971년에 CPI가 38.8에서 40.5로 증가했으므로

표 22.4 1950~2017년 미국의 CPI

	CPI의 퍼센트 변화	CPI		CPI의 퍼센트 변화	CPI
1950	1.3	24.1	1984	4.3	103.9
1951	7.9	26.0	1985	3.6	107.6
1952	1.9	26.5	1986	1.9	109.6
1953	0.8	26.7	1987	3.6	113.6
1954	0.7	26.9	1988	4.1	118.3
1955	−0.4	26.8	1989	4.8	124.0
1956	1.5	27.2	1990	5.4	130.7
1957	3.3	28.1	1991	4.2	136.2
1958	2.8	28.9	1992	3.0	140.3
1959	0.7	29.1	1993	3.0	144.5
1960	1.7	29.6	1994	2.6	148.2
1961	1.0	29.9	1995	2.8	152.4
1962	1.0	30.2	1996	3.0	156.9
1963	1.3	30.6	1997	2.3	160.5
1964	1.3	31.0	1998	1.6	163.0
1965	1.6	31.5	1999	2.2	166.6
1966	2.9	32.4	2000	3.4	172.2
1967	3.1	33.4	2001	2.8	177.1
1968	4.2	34.8	2002	1.6	179.9
1969	5.5	36.7	2003	2.3	184.0
1970	5.7	38.8	2004	2.7	188.9
1971	4.4	40.5	2005	3.4	195.3
1972	3.2	41.8	2006	3.2	201.6
1973	6.2	44.4	2007	2.8	207.3
1974	11.0	49.3	2008	3.9	215.3
1975	9.1	53.8	2009	−0.4	214.5
1976	5.8	56.9	2010	1.7	218.1
1977	6.5	60.6	2011	3.1	224.9
1978	7.6	65.2	2012	2.1	229.6
1979	11.3	72.6	2013	1.5	233.0
1980	13.5	82.4	2014	1.6	236.7
1981	10.3	90.9	2015	1.3	237.0
1982	6.2	96.5	2016	1.3	240.0
1983	3.2	99.6	2017	2.1	245.1

출처: U.S. Bureau of Labor Statistics.

CPI의 퍼센트 변화는 [(40.5 − 38.8)/38.8] × 100) = 4.4%이다. 표를 보면 1970년대와 1980년대 초에 인플레이션율이 높았고 1992년 이후 상당히 낮았다는 것을 알 수 있다.

CPI는 고정가중치 물가지수이므로 대체효과라는 문제가 있다. 고정가중치를 사용하는 경우에는

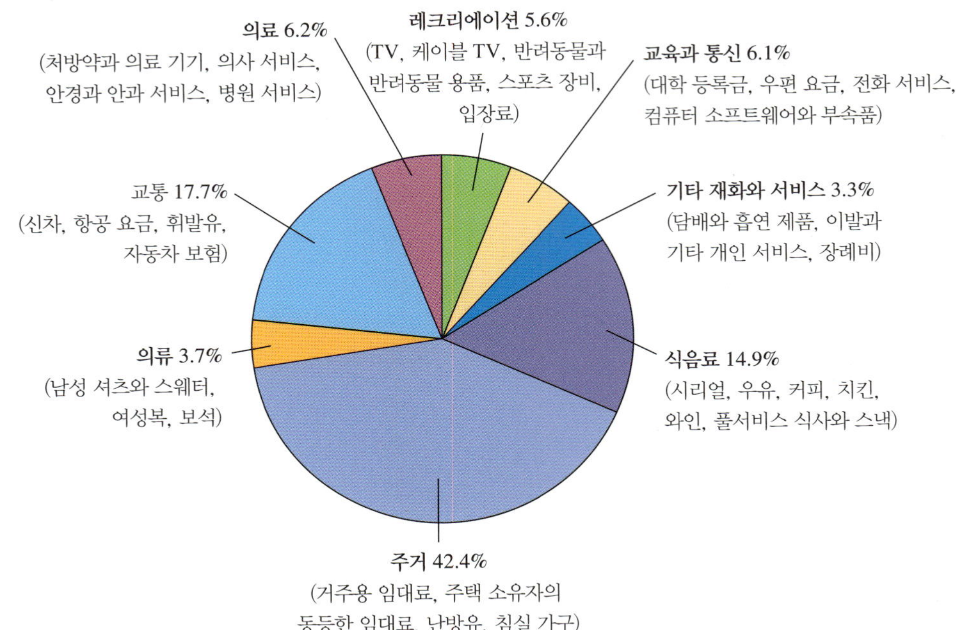

그림 22.1 CPI 시장 바스켓
CPI 시장 바스켓은 전형적인 소비자가 다양한 재화와 서비스에 돈을 어떻게 배분하여 지출하는지 보여준다. 소비자의 돈은 대부분 주거, 교통, 식음료를 구매하는 데 지출된다.

소비자가 가격이 높은 재화를 가격이 낮은 재화로 대체하는 것을 고려하지 않는다. 따라서 CPI는 인플레이션율을 과대 추정하는 경향이 있다. 사회보장급여와 같은 정부의 지급이 CPI와 연계되어 있기 때문에 이러한 문제는 중요한 정책적 시사점을 드러낸다. CPI의 퍼센트 변화로 측정되는 인플레이션이 상방으로 편향되면 더 나은 인플레이션 척도를 사용할 때보다 사회보장 지급이 더 빠르게 증가하고 정부는 더 많이 지출하게 된다.

이러한 고정가중치 문제에 대응하기 위해 BLS는 변동가중치를 사용하여 체인연결 소비자물가지수(chained consumer price index)를 2002년 8월부터 발표하기 시작했다. 체인연결 소비자물가지수는 아직 중심 지수가 아니지만 몇 년 내에 BLS가 고정가중치를 사용하는 CPI에서 체인연결 소비자물가지수로 완전히 갈아탈 수도 있다. 그러나 이러한 일이 발생하더라도 CPI는 중요한 측면에서 GDP 디플레이터와 다르다. CPI는 그림 22.1에 제시한 소비자 재화와 서비스만을 대상으로 하지만 GDP 디플레이터는 경제에서 생산되는 모든 재화와 서비스를 대상으로 한다. 또한 CPI에는 수입재의 가격이 포함되지만 GDP 디플레이터에는 수입재의 가격이 포함되지 않는다.

생산자물가지수(PPI) 생산 과정의 다양한 단계에서 생산자가 받는 재화의 가격지수

널리 쓰이는 또 다른 물가지수로 한때 도매물가지수(wholesale price index)로 불렸던 **생산자물가지수**(producer price index, PPI)가 있다. 생산 과정의 다양한 단계에서 생산자가 받는 재화의 가격지수인 PPI는 생산 과정의 다양한 단계에서 독립적으로 계산된다. 각 범주 내에 다양한 하위 범주가 있는데 그중에서 세 가지 주요 범주는 완성재(finished good), 중간재료(intermediate materials), 원재료(crude materials)이다.

PPI는 생산 과정에서 조기에 가격 상승을 탐지할 수 있다는 것이 장점이다. PPI의 변화는 때로 소비자가격의 미래 변화를 나타내기 때문에 PPI는 미래 소비자가격의 선행지수(leading indicator)로 여겨진다.

인플레이션의 비용

사람들에게 인플레이션이 왜 나쁜지 물어보면 대개는 재화와 서비스가 더 비싸지고 전반적인 생활수준이 낮아지기 때문이라고 대답할 것이다. 즉 인플레이션은 사람들의 구매력을 감소시킨다. 사람들은 코카콜라가 10센트, 햄버거가 25센트였던 시절을 회상하곤 한다. 가격이 변화하지 않았다면 오늘날 구입할 수 있는 것들을 생각해보라. 사람들이 보통 생각하지 않는 것은 낮았던 옛날의 소득이다. 옛날에 5,000달러를 벌었던 사람이 지금 50,000달러를 번다면 코카콜라가 10센트에서 1달러로 올랐다는 사실은 실질적인 의미가 없다. 인플레이션 기간 동안에는 임금과 같은 투입요소의 가격을 비롯해 대부분의 가격이 함께 상승하는 경향이 있으며, 투입요소의 가격은 근로자의 소득, 자본과 토지 소유자의 소득을 결정한다. 따라서 인플레이션 그 자체가 반드시 사람들의 구매력을 감소시키는 것은 아니다.

소득 분배를 변화시키는 인플레이션 인플레이션 기간 동안 이득을 보느냐, 손실을 보느냐는 구매하는 재화와 서비스의 가격보다 소득이 더 빠르게 상승하느냐, 더 느리게 상승하느냐에 달려 있다. 인플레이션의 영향을 논할 때 고정소득으로 살아가는 사람들을 언급하곤 한다. 소득이 고정적인데 가격이 상승한다면 비례적으로 재화와 서비스 구매력이 감소한다.

노년층이 고정소득으로 살아간다고 흔히 생각하지만 많은 연금 제도는 인플레이션과 연동된 급여를 지급한다. 즉 일반 물가수준이 상승할 때는 연금 제도에 따른 급여가 자동적으로 증가한다. 물가가 10% 오르면 연금급여도 10% 증가한다. 미국 노년층의 가장 큰 소득원은 사회보장급여이다. 사회보장급여는 물가수준과 완전히 연동되어 있다. 물가가 5% 상승할 때, 즉 CPI가 5% 증가할 때 사회보장급여도 5% 증가한다.

때로는 임금도 노동 계약의 생계비 조정(cost-of-living adjustments, COLAs) 조항을 통해 인플레이션과 연동된다. 일반적으로 이러한 계약에는 인플레이션율만큼 임금을 올리도록 규정되어 있다. 언제나 임금이 인플레이션과 완전히 연동되는 것은 아니지만, 만약 인플레이션과 완전히 연동되어 있다면 인플레이션이 오를 때 근로자가 실질소득의 감소로 어려움을 겪지 않을 것이다.

인플레이션이 소득 분배에 미치는 영향을 알아보는 한 가지 방법은 예상되는 인플레이션(anticipated inflation)과 예상치 못한 인플레이션(unanticipated inflation)을 구분하는 것이다. 예상되는 인플레이션율을 반영하는 계약의 경우 인플레이션이 소득 분배에 아무런 영향을 미치지 않는다. 은퇴를 고려 중이고 CPI에 연동되지 않은 연금을 보유한 사람이 은퇴 후 20년 또는 30년간의 인플레이션을 안다면 아무 문제가 없을 것이다. 예상되는 지출만큼의 돈을 마련할 때까지 은퇴를 미루면 된다. 그러나 은퇴한 후 인플레이션이 예상보다 높다면 문제가 발생한다. 그는 다시 일터로 돌아가야 할지도 모른다. 또한 지주가 앞으로 3년간 인플레이션율을 연간 2%로 예상하고 매년 임대료를 2%씩 올리는 3년 임대 계약을 임차인과 체결했는데, 인플레이션율이 연간 10%이고 모든 비용이 매년 10%씩 증가한다면 지주는 어려운 상황에 처할 것이다.

또 다른 예로 채무자와 채권자를 생각해보자. 사람들은 인플레이션이 발생하면 채무자가 차입한 것보다 실질적으로 더 적게 상환하기 때문에 채무자가 채권자를 희생시키면서 이득을 얻는다고 생각한다. 그러나 인플레이션을 예상하고 대부 계약을 한 경우에는 그렇지 않다.

당신이 나에게 100달러를 빌리고 1년 뒤 갚으려 한다고 가정하자. 두 사람 모두 인플레이션이 없다면 적정한 이자율이 5%라는 데 합의한다고 하자. 둘 다 인플레이션율을 10%로 예상하는 경우, 당신과 나는 이자율 15%에 합의하고 당신은 연말에 115달러를 상환할 것이다. 내가 이자율 15%를 부과한 것은 당신이 차입할 때보다 실질적으로 10% 더 적은 가치의 금액을 상환한다는 점을 고려한 것이다. 인플레이션율이 예상대로라면 인플레이션 때문에 내가 손해를 보거나 당신이 이득을 보는 일이 벌어지지 않고, 나는 대출이자율과 인플레이션율의 차이인 **실질이자율**(real interest rate) 5%를 얻을 수 있다.

실질이자율 대출이자율과 인플레이션율의 차이

하지만 예상치 못한 인플레이션이 발생하면 다른 상황이 전개된다. 인플레이션율이 20%라면 채권자인 나는 손해를 입는다. 내가 실질이자율 5%를 얻으려면 이자율 25%를 부과해야 하는데 나는 당신에게 이자율 15%를 부과했다. 즉 인플레이션이 예상보다 높아지면 채무자가 이득을 보고, 인플레이션이 예상보다 낮아지면 채권자가 이득을 본다.

요컨대 사람과 기관이 예상되는 인플레이션을 조정할 것이기 때문에 예상되는 인플레이션이 소득 분배에 미치는 영향은 상당히 작을 것이다. 또한 다른 요인보다 인플레이션과 얼마나 연동되어 있는가에 따라 예상치 못한 인플레이션이 소득 분배에 미치는 영향이 클 것이다. 실제 인플레이션과 연동되지 않고 예상되는 인플레이션을 기반으로 하는 계약의 경우, 예상되는 인플레이션이 틀렸다고 판명되면 큰 이익을 얻는 승자와 큰 손실을 입는 패자가 발생할 수 있다. 보통은 예상치 못한 인플레이션이 발생할 때 불확실성과 위험이 더 크다. 이러한 불확실성이 당사자 모두에게 이익이 되는 장

경제학의 적용

체인연결 소비자물가지수

21장에서 설명한 체인연결 소비자물가지수를 구축하기 위한 계산은 복잡하고 약간 난해해 보인다. 그러나 2012년의 마지막 몇 달과 2016년 초에 미국 공화당과 민주당 위원들이 연방정부의 예산을 놓고 논쟁을 벌이면서 체인연결 문제가 뜨거운 주제로 떠올랐다.

21장에서 고정가중치를 다루면서 살펴보았듯이 체인연결 물가지수는 사람들이 상대가격 변화에 대해 반응하는 대체효과를 고려한다. 이러한 대체효과를 고려하지 않는 고정가중치 물가지수는 인플레이션을 과대 추정하는 경향이 있다. 두 가지 유형의 소비자물가지수 중 고정가중치를 사용하는 소비자물가지수는 물가 변화에 대해 사회보장급여와 재향군인급여를 조정하는 데 이용된다. 즉 소비자물가지수가 2% 상승하면 사회보장급여와 재향군인급여도 2% 증가한다. 그러나 체인연결 소비자물가지수는 일반적으로 고정가중치 소비자물가지수보다 더 적게 상승하기 때문에, 체인연결 소비자물가지수를 사용하는 경우 그러한 급여가 더 완만하게 증가하는 경향이 있다.

따라서 미래에 사회보장급여와 재향군인급여 등의 정부지출을 감소시키는 한 가지 방법은 고정가중치 소비자물가지수 대신 체인연결 소비자물가지수를 사용하는 것이다. 초당파 기관인 미국 의회예산국(Congressional Budget Office)은 체인연결 소비자물가지수를 채택하면 그러한 급여를 덜 지급하게 되어 10년간 약 1,450억 달러의 연방정부지출을 절약할 수 있다고 추정했다.

질문

- 과세구간(tax bracket)도 고정가중치 소비자물가지수와 연계되어 있다. 체인연결 소비자물가지수를 사용하는 경우 조세수입은 어떤 영향을 받는가?

기 계약에 서명하는 것을 막을 수 있다.

관리 비용과 비효율 예상되는 인플레이션과 관련된 비용이 있을 수 있다. 그중 하나는 단순히 물가수준을 유지하는 것과 관련된 관리 비용이다. 1980년대 초에 이스라엘에서는 급속한 인플레이션 기간 동안 시간별 물가지수를 제공하기 위해 전화 핫라인이 설치되었다. 또한 2008년 6월에 인플레이션율이 연율로 100만 % 이상이었던 짐바브웨에서 정부는 단위가 계속 증가하는 화폐를 발행해야만 했다. 2009년에 짐바브웨는 자국 화폐를 버리고 비즈니스 거래를 위해 미국 달러와 남아프리카공화국 랜드를 사용하기 시작했다. 2018년에 베네수엘라 정부는 하이퍼인플레이션으로 인한 현금 부족을 피하기 위해 한 달에 50% 이상 현금 화폐의 양을 증가시켰다.

디플레이션 상황에서는 어떤 일이 발생하는가

2017년에 대부분의 선진국은 매우 낮은 인플레이션을 경험했다. 실제로 미국의 인플레이션은 1970년대 이래로 높지 않았다. 그러나 많은 국가의 정부는 경제를 강타한 디플레이션을 우려했다. 이처럼 물가 하락을 우려하는 이유는 무엇일까?

이에 대한 답의 일부는 물가 상승에 관한 설명과 유사하다. 예상치 못한 물가 하락이 발생하면 차입자는 대부자의 희생을 대신하여 이득을 얻고, 고정연금을 받는 사람들은 정부와 기업의 희생을 대신하여 이득을 얻는다. 한편 디플레이션은 또 다른 우려를 제기한다. 디플레이션은 총수요가 너무 낮아서 완전고용을 지지할 수 없다는 신호일 수 있다.

22.3 장기 성장

학습목표

장기 성장의 요인과 시사점을 이해한다.

장기 성장을 살펴보기에 앞서 몇 가지 용어의 정의를 짚고 넘어가자. **생산 성장**(output growth)은 경제 전체 생산의 성장률이고, **일인당 생산 성장**(per-capita output growth)은 일인당 생산의 성장률이다. 한 국가의 인구가 생산과 같은 비율로 증가하면 일인당 생산이 증가하지 않는다. 생산 성장률은 단순히 인구 증가율과 보조를 맞출 뿐이다. 한 국가의 모든 사람이 일하는 것은 아니므로 근로자당 생산은 일인당 생산과 같지 않다. 근로자당 생산은 일인당 생산보다 크고 생산성의 척도로 사용된다. 이러한 근로자당 생산의 성장률을 **생산성 성장**(productivity growth)이라고 한다.

생산 성장 경제 전체 생산의 성장률

일인당 생산 성장 일인당 생산의 성장률

생산성 성장 근로자당 생산의 성장률

일인당 생산은 한 국가의 경제적 후생을 측정하는 척도 중 하나이다. 각 근로자가 전보다 더 많이 생산하거나 인구 가운데 일하지 않는 사람보다 근로자가 상대적으로 더 많으면 일인당 생산이 증가한다. 미국은 이 두 가지 요인 덕분에 일인당 생산이 증가했다.

생산 성장과 생산성 성장

미국의 총생산은 1900년 이래 매년 변동하면서 연간 3.2% 성장했다. 성장 이론(growth theory)이라는 경제학 분야는 어떤 요인이 이 성장률을 결정하는지에 주목한다. 왜 2%나 4%가 아니라 3.2%인가? 이러한 의문을 본격적으로 파헤치기 전에 여기서는 몇 가지 요점만 살펴볼 것이다.

단순한 경제에서는 생산을 하기 위해 기계(자본)와 근로자(노동)가 필요하다. 이러한 경제의 경우 어떻게 생산을 증가시킬 수 있을까? 수많은 방법이 있는데 첫 번째는 근로자를 더 많이 늘리는 것이다. 근로자가 많아지면 기계 및 시간당 생산이 증가할 것이다. 두 번째 방법은 각 근로자가 더 많은 자본을 가지고 일할 수 있도록 기계를 추가하는 것이다. 세 번째 방법은 일하는 시간을 늘리는 것이다. 근로자와 기계가 더 오랫동안 일하면 더 많이 생산할 수 있을 것이다. 즉 노동 또는 자본이 증가하거나, 노동과 자본이 주당 일하는 시간이 증가하면 생산을 증가시킬 수 있다.

경제에서 생산을 증가시키는 또 다른 방법은 교육, 경험, 건강을 통해 근로자의 질을 높이는 것이다. 근로자가 운동을 하고 몸에 좋은 음식을 먹어서 육체적으로 건강해지면 더 많이 생산할 수 있다. 사람의 정신적 능력이나 신체적 능력이 향상되는 것을 흔히 인적자본(human capital)의 증가라고 일컫는다.

일터에서 사용하는 기계의 질을 향상하는 방법도 있다. 특히 오래된 기계를 새 기계로 바꾸면 같은 수의 근로자로 시간당 생산을 증가시킬 수 있다. 예를 들어 구식 컴퓨터를 속도가 빠른 최신 컴퓨터로 대체하면 시간당 더 많은 작업을 처리할 수 있을 것이다.

요약하자면 더 많은 근로자, 각 근로자의 향상된 능력, 더 많은 기계, 더 좋은 기계, 더 많은 근로 시간으로 생산을 증가시킬 수 있다.

근로 시간당 생산을 노동생산성(labor productivity) 또는 간단히 생산성(productivity)이라고 한다. 그림 22.2는 1952 I~2017 IV 동안 미국의 근로 시간당 생산 변화 추이를 나타낸 것이다. 이 그림은 두 가지 특성을 보여준다. 첫째, 노동생산성이 증가하는 추세이다. 둘째, 그 추세 주위에 상당히 큰 단기적 변동이 존재한다. 31장에서 이러한 단기적 변동을 고용된 노동력의 과소 사용과 연관 지어 살펴보고 여기서는 장기 추세를 다룰 것이다.

그림 22.2에서는 단기 변동을 평평하게 하기 위해 단기 변동의 고점을 통과하는 직선을 추가했다. 각 직선의 기울기 부분에 생산성 성장률이 표시되어 있다. 이러한 생산성 성장률이 각기 다르다는 것은 흥미로운 사실을 알려준다. 1950년대부터 1960년대 중반까지는 생산성 성장률이 3.3%였고 1960년대 후반부터 1970년대 초에 2.6%로 하락했으며, 1970년대 초와 1990년대 초 사이에

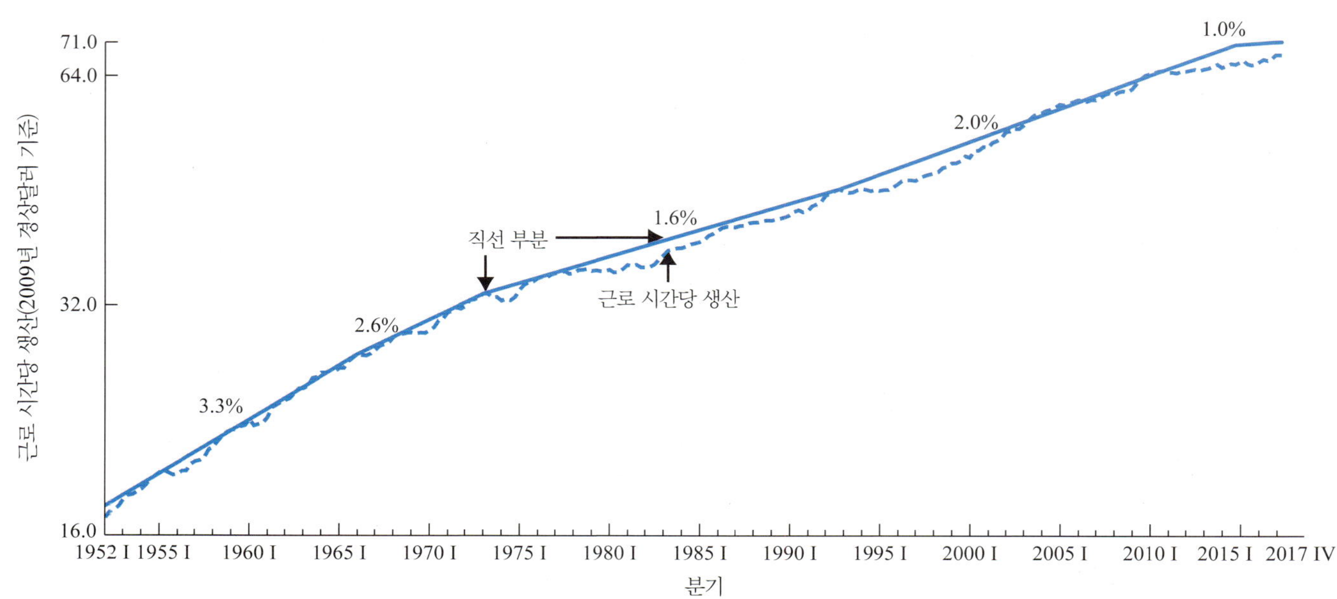

그림 22.2 1952 I~2017 IV 미국의 근로 시간당 생산(생산성) 변화 추이
1950년대와 1960년대에 생산성이 빠르게 성장했다.

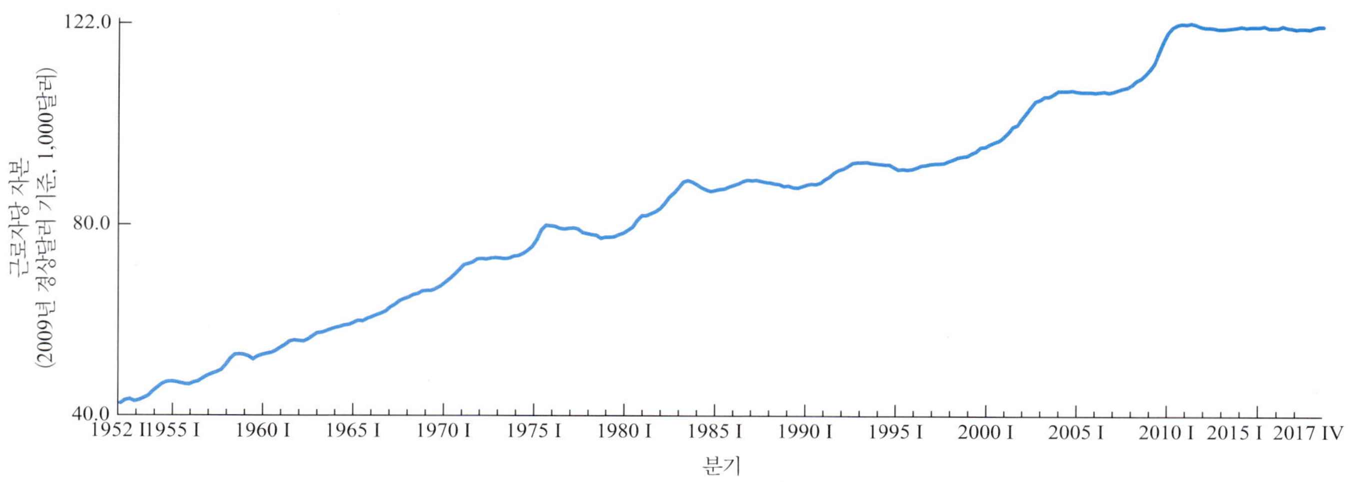

그림 22.3 1952 I~2017 IV 미국의 근로자당 자본 변화 추이
근로자당 자본은 1980년 무렵까지 성장하고 그 이후 크게 변동하지 않았다.

는 훨씬 더 떨어져서 1.6%를 기록했다. 1990년대 초와 2010년 사이의 생산성 성장률은 2.0%였고 2010년 이후에는 약 1.0% 수준으로 크게 낮아졌다.

그런데 그림 22.2에 제시한 생산성 성장률은 왜 양의 값인가? 지난 반세기 동안 근로자의 시간당 생산이 증가한 이유는 무엇인가? 이에 대한 부분적인 답은 근로자당 자본의 양이 증가했다는 것이다. 1952 I~2017 IV 동안 미국의 근로자당 자본 변화 추이를 나타낸 그림 22.3을 보면 근로자당 자본의 양이 증가했다. 근로자당 자본이 많아지면 근로자당 생산이 증가할 것이다. 앞의 질문에 대한 또 다른 답은 노동과 자본의 질이 향상되었다는 것이다. 근로자의 평균적인 기술과 자본의 평균적인 질이 향상되었다. 근로자와 자본이 둘 다 좋아졌기 때문에 주어진 자본을 가지고 근로자당 생산을 증가시킬 수 있다.

그림 22.2와 관련하여 답하기 어려운 문제는 왜 1970년대 초 이후보다 1950년대와 1960년대에 생산성 성장률이 훨씬 더 높았는가 하는 것이다. 이에 대한 부분적인 답은 근로자당 자본의 양이 1970년대 초 이후보다 1950년대와 1960년대에 더 빠르게 증가했다는 것이다. 이러한 사실을 그림 22.3에서 확인할 수 있다. 앞의 질문에 대한 또 다른 답은 노동과 자본의 질이 1970년대 초 이후보다 1950년대와 1960년대에 더욱 향상되었다는 것이다. 그러나 이를 설명하거나 직접적인 증거를 확보하기는 어렵다. 최근 통신 분야의 기술 혁신이 생산성을 증가시켰다는 증거를 발견하기 어렵다는 것 또한 흥미로운 일이다.

미리 보기

지금까지 거시경제학의 기본 개념과 문제를 살펴보았다. 20장에서는 거시경제학 분야를 소개하고, 21장에서는 국민생산과 국민소득 측정 문제를 살펴보았으며, 이 장에서는 실업, 인플레이션, 장기 성장을 다루었다. 이제 거시경제가 어떻게 작동하는지에 대한 분석을 시작할 준비가 되었다.

요약

01 실업률은 경제활동인구 중 실업자가 차지하는 비율이다.

02 인구 집단, 종교, 산업에 따라 실업률의 차이가 크다. 예를 들면 흑인의 실업률은 백인보다 훨씬 더 높다.

03 구직을 중단하기로 결정한 사람은 경제활동인구에서 제외되고 실업자로 분류되지 않는다. 일자리를 찾다 지쳐서 구직을 중단한 사람은 흔히 구직 포기자라고 한다.

04 일부 실업은 불가피하다. 신규 근로자가 계속해서 경제활동인구에 진입하고 산업과 기업이 끊임없이 확장 또는 축소하며 사람들은 일자리를 바꾼다. 기업이 일자리에 가장 적합한 근로자를 찾으려 하기 때문에 항상 일자리 탐색 과정이 존재한다. 이러한 과정에서 발생하는 실업은 자연스럽고 경제에 유익하다.

05 일자리와 기술의 단기적 불일치로 발생하는 실업을 마찰적 실업, 경제의 장기적 구조 변화로 발생하는 실업을 구조적 실업이라고 하며, 자연실업률은 마찰적 실업률과 구조적 실업률의 합이다. 경기후퇴기와 경기침체기에 발생하는 실업은 경기적 실업이라고 한다.

06 소비자물가지수(CPI)는 고정가중치를 사용하여 계산되는 물가지수이다. 소비자물가지수는 전형적인 도시 소비자가 구매하는 '시장 바스켓'의 가치를 나타낸다.

07 인플레이션 기간 동안 이득을 보느냐, 손실을 보느냐는 구매하는 재화와 서비스의 가격보다 소득이 더 빠르게 상승하느냐, 더 느리게 상승하느냐에 달려 있다. 사회보장급여와 연금은 인플레이션과 연동되어 있기 때문에 노년층은 생각보다 인플레이션의 영향을 덜 받는다.

08 예상되는 인플레이션이 발생했을 때보다 예상치 못한 인플레이션이 발생했을 때 소득 분배에 더 큰 영향을 미칠 수 있다.

09 생산 성장은 자본스톡의 증가율, 자본스톡 단위당 생산의 성장률, 노동의 성장률, 노동 단위당 생산의 성장률에 따라 결정된다.

10 근로 시간당 생산(노동생산성)은 1970년대부터 2017년까지보다 1950년대와 1960년대에 더 빠르게 증가했다. 흥미로운 질문은 인터넷 때문에 미래에 노동생산성이 더 빠르게 증가할 것인가이다.

핵심 용어

경기적 실업(cyclical unemployment)
경제활동인구(labor force)
경제활동참가율(labor force participation rate)
구조적 실업(structural unemployment)
구직 포기자 효과(discouraged-worker effect)
마찰적 실업(frictional unemployment)
비경제활동인구(not in the labor force)
생산 성장(output growth)
생산성 성장(productivity growth)
생산자물가지수(producer price index, PPI)
소비자물가지수(consumer price index, CPI)
실업률(unemployment rate)
실업자(unemployed)
실질이자율(real interest rate)
일인당 생산 성장(per-capita output growth)
자연실업률(natural rate of unemployment)
취업자(employed)

연습문제

01 세계은행에 따르면 2008년 호주의 실업률은 4.23%로 가장 낮았다. 그러나 2008년 이후 실업률이 상승하기 시작하여 2014년에는 6.07%에 달했던 반면 GDP 성장률은 평균적으로 안정적인 2.2% 수준이었다. 실업률과 GDP 성장률의 관계를 설명하라. 호주는 2008~2014년에 경기후퇴를 겪었는가?

02 비효율적인 기업 또는 사람들이 필요로 하지 않는 제품을 생산하는 기업이 사업을 접으면 실업자가 발생하는데, 이는 경제가 성장하고 발전하면서 겪는 정상적인 과정이다. 이러한 실업은 자연

실업률의 한 부분이고 정책 담당자의 걱정거리도 아니다. 이와 현재 경제 상태의 관련성에 대해 설명하라.

03 현재 우리나라의 실업률은 얼마인가? 2008년 글로벌 금융위기 동안 우리나라의 GDP와 세계 GDP를 비교해보라. 글로벌 금융위기로 우리나라의 실업이 큰 영향을 받았는가? 그 이유를 설명하라.

04 다음의 각 상황에서 경제활동참가율에 어떤 일이 발생하는지 설명하라.

a. 미국 연방정부가 최저임금을 폐지한다.

b. 합법적인 최저 근로 연령이 16세에서 14세로 낮아진다.

c. 경제가 지속적인 경제성장기에 있다.

d. 미국 연방정부가 실업급여 지급 기간을 99주에서 최대 26주로 감소시킨다.

e. 미국 연방정부가 사회보장급여를 수령하는 최저 연령 기준을 낮춘다.

05 다음의 두 가지 상황이 동시에 이루어질 수 있는지에 대해 설명하라.

a. 프리도니아는 지난 75년 동안 그 어느 때보다도 현재 고용된 사람의 수가 가장 적다.

b. 프리도니아의 실업률은 지난 75년 동안 그 어느 때보다 현재 가장 낮다.

06 취업자 수가 312,545,372명인 경제의 실업률이 7.4%이고 경제활동참가율이 80%이다.

a. 경제활동인구는 얼마인가?

b. 실업자 수는 얼마인가?

c. 근로연령인구는 얼마인가?

07 평균적으로 유럽 국가는 미국보다 더 오랫동안 더 많은 실업급여를 지급한다. 이것이 유럽 국가의 실업률에 어떤 영향을 미친다고 생각하는가? 실업급여의 크기와 기간에 따라 가장 직접적인 영향을 받는 실업의 유형은 무엇인가?

08 다음의 각 경우를 경기적 실업자, 구조적 실업자, 마찰적 실업자, 비경제활동인구로 분류하라.

a. 5주 전에 대학을 졸업한 칼이 일자리를 찾고 있다.

b. 바이오테크 회사에서 생물학자로 일하던 크리스틴이 경기후퇴로 인해 일자리를 잃었다.

c. 택시 운전사인 게르하르트는 택시 회사에서 해고된 지 3개월 후 구직을 포기했다.

d. 더크는 봉제 인형을 만드는 수공예가이다. 이제 모든 아이가 플라스틱 인형을 좋아하기 때문에 지난 5년 동안 그는 일자리를 잃었다.

e. 하이테크 엔지니어인 어디티는 스타트업에 다니다 그만두었다. 그녀는 더 높은 연봉을 주는 다국적 기업에 지원하여 면접을 볼 예정이다.

f. 레넌은 거주지의 교육수준이 높아짐에 따라 대중 독자(public reader)라는 일자리를 잃었다.

09 모든 임금, 연봉, 후생급여, 기타 소득이 인플레이션과 연동되어 있다고 하자. 인플레이션이 여전히 문제가 되는가? 그 이유는 무엇인가?

10 CPI와 PPI는 무엇을 측정하는가? 왜 두 종류의 물가지수가 필요한가? (각 물가지수를 어떤 목적으로 사용하는지 생각해보라.)

11 CPI는 고정가중치 물가지수이다. CPI는 한 연도의 고정된 재화 및 서비스 바스켓의 가격을 기준 연도의 동일한 재화 및 서비스 바스켓의 가격과 비교한다. 2015년, 2016년, 2017년, 2018년에 식품 100단위, 수도, 전기, 가스 40단위, 예상치 못한 지출 200단위, 여가 활동 30단위로 구성된 재화 및 서비스 바스켓의 가격을 계산하라. 각 재화 및 서비스 바스켓 가격을 2015년 재화 및 서비스 바스켓 가격으로 나누고 100을 곱하여 계산 결과를 지수로 전환하라. 이렇게 구한 지수의 2015~2016년, 2016~2017년, 2017~2018년 퍼센트 변화를 구하라.

재화	소비한 수량	2015년 가격	2016년 가격	2017년 가격	2018년 가격
식품	100	HK$80	HK$85	HK$90	HK$92
유틸리티	40	50	60	61	65
예상치 못한 지출	200	30	40	44	50
여가 활동	30	75	81	78	76

12 2009년 이후 미국 연방정부의 최저임금은 시간당 7.25달러로 책정되었다. 2018년에 29개 주와 워싱턴 DC의 최저임금은 연방정부의 최저임금보다 높았고, 워싱턴 DC의 최저임금은 시간당 12.50달러로 가장 높았다. 29개 주 가운데 18개 주와 워싱턴 DC의 최저임금은 인플레이션과 연동되어 물가 상승에 따라 매년 자동적으로 조정된다. 연방정부의 최저임금을 CPI 같은 물가지수와 연동하는 것이 경제에 어떤 영향을 미치는지 설명하라. 최저임금이 체인연결 소비자물가지수와 연동된다면 경제에 미치는 영향이 어떻게 달라지는가?

13 다음 중 차입자에게 가장 좋은 경우는 무엇인가? 대부자에게 가장 좋은 경우는 무엇인가?

a. 명목이자율이 6%, 인플레이션이 3%이다.

b. 명목이자율이 13%, 인플레이션이 11%이다.

c. 명목이자율이 3%, 인플레이션이 −1%이다.
d. 실질이자율이 8%, 인플레이션이 7%이다.
e. 실질이자율이 5%, 인플레이션이 9%이다.

14 CPI가 연드 1에 120, 연도 2에 150이고 모든 인플레이션이 예상된다고 하자. 그린고트은행이 연도 2에 이자율 30%를 부과한다면 이 은행의 실질이자율은 얼마인가?

15 정책 담당자는 경제 성장을 위한 '생산능력'에 대해 이야기한다. 구체적으로 경제의 생산능력은 무엇을 의미하는가? 경제의 생산능력은 어떻게 측정할 수 있는가? 경제의 생산능력은 노동 제약과 자본 제약에 의해 어떤 방식으로 제한되는가? 경제에서 수요가 생산능력을 초과하면 어떤 결과가 발생하는가? 당신이 찾는 징후는 무엇인가?

경제학적 사고 키우기

01 경기후퇴기에는 파트타임 일자리를 가진 많은 근로자가 풀타임 일자리를 원하지만 구할 수가 없다. 이러한 근로자는 실업자로 간주된다. 과소 고용의 존재는 실업률이 경제에 일자리 부족 문제를 과소 추정하게 만드는가, 과대 추정하게 만드는가?

02 작년에 새 차를 구매하고 대금을 지불하기 위해 5년 만기 자동차론을 받았다고 하자. 올해 예상치 못한 인플레이션이 발생했다면 자동차론을 더 많이 상환하게 되는가, 더 조금 상환하게 되는가?

PART 5

거시경제이론의 핵심

이제 거시경제가 어떻게 작동하는지에 관한 이론을 살펴보자. GDP를 계산하는 방법을 알고 있지만, GDP를 결정하는 요인은 무엇인가? 인플레이션과 실업을 정의하고 측정하는 방법을 알고 있지만, 인플레이션과 실업을 일으키는 상황은 무엇인가? 정부는 실업과 인플레이션을 감소시키기 위해 무엇을 할 수 있는가?

거시경제의 다양한 요소를 분석하는 것은 복잡한 일이다. 거시경제학자의 주요 관심사인 GDP 수준, 전반적인 물가수준, 실업수준은 광의로 정의된 재화 및 서비스 시장, 금융시장(화폐시장), 노동시장에서 발생하는 사건의 영향을 받는다.

거시경제이론을 다루면서 각 시장뿐만 아니라 세 시장의 연계를 분석할 것이다. 그림 V.1은 거시경제이론의 핵심을 살펴보는 6개 장의 내용을 보여준다.

23장과 24장에서는 재화시장이라고 부르는 재화와 서비스 시장을 알아본다. 23장에서는 몇 가지 기본 개념을 설명하고, 정부도 없고 수출과 수입도 없는 단순한 경제에서 균형생산수준이 어떻게 결정되는지 살펴본다. 24장에서는 경제에 정부가 추가된다. 25장에서는 화폐시장을 소개하고 미국의 중앙은행인 연방준비제도가 이자율을 통제하는 방법을 알아본다.

26장에서는 총공급(AS) 곡선을 소개하고, 'Fed 준칙'을 바탕으로 이자율을 결정하는 연방준비제도의 행동을 살펴본다. 또한 Fed 준칙을 재화시장의 분석에 추가하여 총수요(AD) 곡선을 도출한다. 이러한 결과로 얻는 'AS/AD' 모형은 이자율(r), 총생산(총소득)(Y), 물가수준(P)의 균형값을 결정한다. 27장에서는 정책과 비용 효과를 분석하기 위해 AS/AD모형을 사용하며, 28장에서는 거시경제에서 노동의 수요와 공급, 노동시장의 기능을 살펴본다. 이러한 내용은 오늘날의 선진국 경제가 어떻게 작동하는지 이해하는 데 필수적이다.

23장, 24장

재화와 서비스 시장
- 의도된 총지출
  - 소비(C)
  - 의도된 투자(I)
  - 정부지출(G)
- 총생산(총소득)(Y)

25장

화폐시장
- 화폐의 공급
- 화폐에 대한 수요
- 이자율(r)

26장

AS/AD모형을 이용한 균형분석
- 총공급곡선
- Fed 준칙
- 총수요곡선
  - 균형이자율(r^*)
  - 균형생산(소득)(Y^*)
  - 균형물가수준(P^*)

27장

AS/AD모형을 이용한 정책효과와 비용충격의 분석

28장

노동시장
- 노동의 공급
- 노동의 수요
- 고용과 실업

그림 V.1 거시경제이론의 핵심

5부에서는 거시경제를 단계적으로 구축한다. 23장과 24장에서는 재화와 서비스 시장을, 25장에서는 화폐시장을 살펴본다. 26장에서는 총공급(AS)곡선과 Fed 준칙을 소개하고 총수요(AD)곡선을 도출한다. 27장에서는 정책과 비용 효과를 분석하기 위해 AS/AD모형을 사용하고, 28장에서는 노동시장을 살펴본다.

CHAPTER 23

총지출과 균형생산

목차와 학습목표

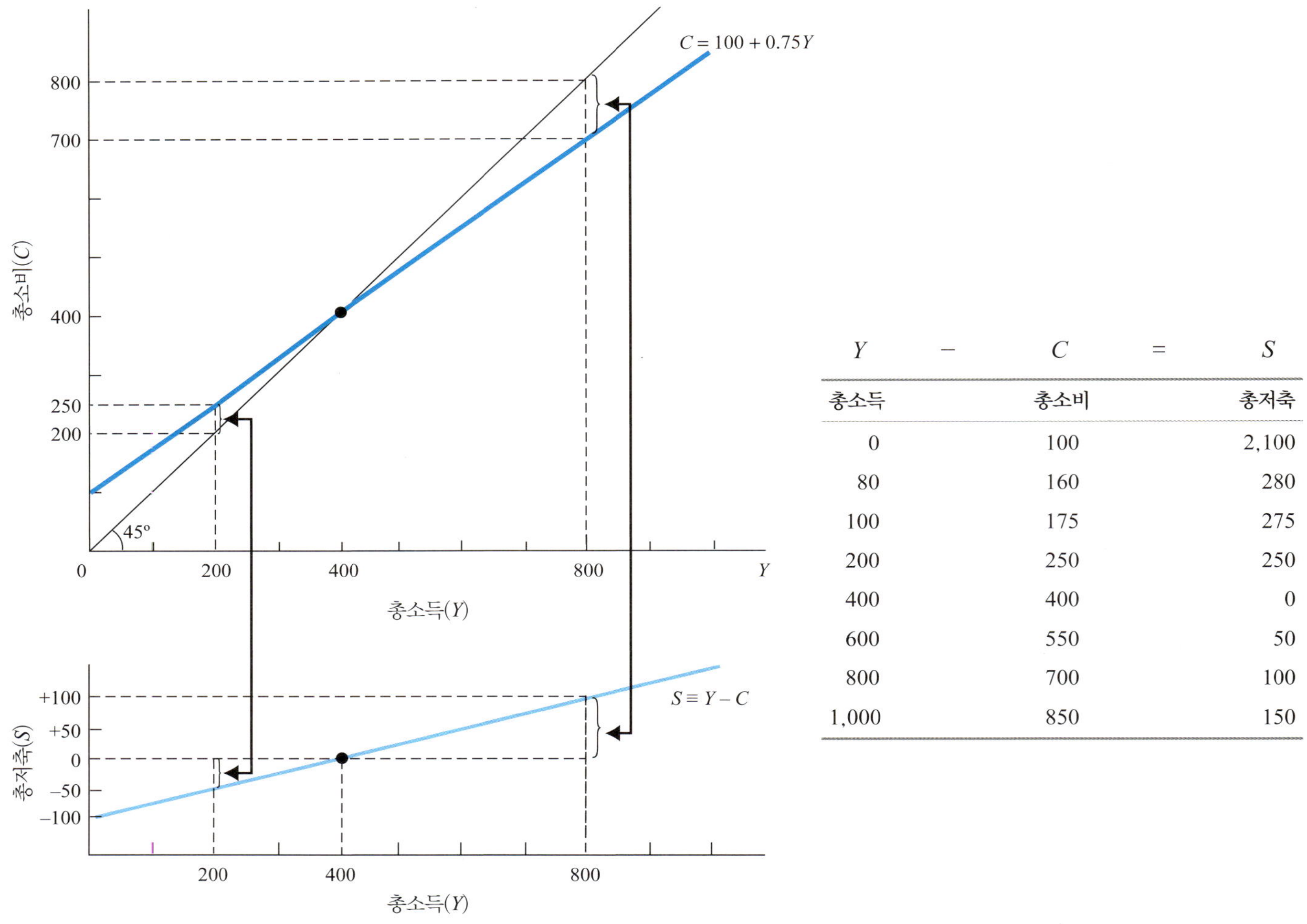

Y	−	C	=	S
총소득		총소비		총저축
0		100		2,100
80		160		280
100		175		275
200		250		250
400		400		0
600		550		50
800		700		100
1,000		850		150

그림 23.4 그림 23.3의 소비함수로부터 저축함수 도출하기

$S \equiv Y - C$이므로 소비함수로부터 저축함수가 쉽게 도출된다. 원점에서부터 그려진 45° 선은 소비와 소득을 비교하기 위한 편리한 도구로 사용할 수 있다. $Y = 200$에서 소비는 250이다. 45° 선은 소비가 소득보다 50만큼 많다는 것을 보여준다. 따라서 $S \equiv Y - C = -50$이다. $Y = 800$에서 소비가 소득보다 100만큼 적다. 따라서 $Y = 800$일 때 $S = 100$이다.

1990년대 후반부 미국 주식시장의 호황과 2003~2005년 주택 가격의 상승은 가계의 재산을 크게 증가시켜 가계는 그렇지 않았을 때보다 더 많이 소비했다. 주택 가격과 주가가 하락한 후인 2009~2010년에는 그렇지 않았을 때보다 가계가 더 적게 소비했다.

많은 가계의 경우 소비와 저축에 관한 의사결정과 이자율도 관련이 있다. 더 낮은 이자율은 차입 비용을 감소시킴으로써 지출을 증가시킬 수 있다(반대로 더 높은 이자율은 차입 비용을 증가시킴으로써 지출을 감소시킬 수 있다). 또한 가계가 증가한 소득 중 소비와 저축의 비율을 고려할 때 미래에 대한 예상도 영향을 미칠 수 있다. 낙관적이고 미래에 더 좋아질 것이라고 예상하는 가계는 미래가 암울할 것이라고 예상하는 경우보다 더 많이 지출할 것이다.

가계의 예상은 소득의 변화에 대한 가계의 반응에도 중요하다. 예를 들어 정부가 세후 소득을 증가시키는 세금 삭감을 발표하는 경우, 그것이 일시적이라고 예상하는지, 영구적이라고 예상하는지에 따라 가계의 반응이 달라질 것이다. 세금 삭감이 2년 동안만 유효할 것이라고 예상하는 가계의 반응은 세금 삭감이 영구적일 것이라고 예상하는 경우보다 더 작을 것이다.

소비와 노동공급에 대한 가계의 행동을 더 상세히 다루는 30장에서 이러한 쟁점을 살펴볼 것이다. 우선 소득이 소비의 가장 중요한 결정 요인이라는 점을 감안하여 소득에만 초점을 맞출 것이다.

23.2 의도된 투자와 실제로 이루어진 투자

학습목표

의도된 투자와 실제로 이루어진 투자의 차이를 파악한다.

한 경제의 생산은 가계가 소비하는 재화뿐만 아니라 기업의 투자로 구성된다. 일부 기업의 투자는 공장과 장비의 형태로 이루어진다. 이러한 투자는 많은 측면에서 가계의 일부 소비지출과 유사하다. 주어진 기간 동안 기업은 가계가 자동차를 구매하는 것과 마찬가지로 총생산의 부분을 구성하는 50만 달러짜리 새 기계를 살 수도 있다. 21장에서 기업의 투자에 재고가 포함된다는 것을 배웠다. 기업이 재고에 어떻게 투자하는지를 이해하기란 다소 복잡하지만 거시경제가 작동하는 방식을 이해하기 위해서는 중요하다.

기업의 재고는 판매를 기다리는 재화의 양이다. 많은 이유로 대부분의 기업은 얼마간의 재고를 보유하려 한다. 소비자가 새 냉장고를 언제 사고 싶어 하는지 정확히 예측하기가 어려운 데다 대부분의 소비자는 참을성이 없다. 때로는 현재 수요보다 더 많은 양의 재화를 생산하는 것이 비용이 덜 들기 때문에 기업은 다음 기의 판매를 위해 현재 기에 필요한 것보다 더 많이 생산한다. 그러나 거시경제의 관점에서 보면 재고는 한 가지 중요한 측면에서 다른 자본투자와 다르다. 기업의 기계와 장비 구매는 항상 계획된 것이지만 재고는 의도적인 계획 없이 증가하거나 감소한다. 이러한 이유로 기업이 실행하려고 계획한 투자를 나타내는 **의도된 투자**(planned investment, I)와 의도치 않은 재고 변화를 포함하여 기업의 모든 투자를 나타내는 **실제로 이루어진 투자**(actual investment, I^a) 사이에 차이가 존재할 수 있다. 21장에서 실제로 이루어진 투자를 나타내기 위해 I^a를 사용했던 것을 상기하라. 의도된 투자를 나타내기 위해 I를 사용할 것이다.

의도된 투자(I) 기업이 실행하려고 계획한 자본스톡과 재고의 증가

실제로 이루어진 투자(I^a) 의도치 않은 재고 변화를 포함하여 실제로 이루어진 투자

왜 재고는 종종 의도된 수준과 다를까? 기업은 판매 시점이 불확실하다는 것을 알면서도 미래의 판매를 예상하여 의도적인 재고를 보유한다. 기업이 한 기에 판매할 양을 과대 추정한다면 계획보다 더 많은 재고를 보유하게 될 것이다. 또한 예상보다 판매량이 많다면 계획보다 재고가 적어질 것이다. 곧 살펴보겠지만 의도된 투자와 실제로 이루어진 투자가 일치할 때 경제는 균형을 이룬다.

23.3 의도된 투자와 이자율

학습목표

이자율이 의도된 투자에 어떤 영향을 미치는지 이해한다.

의도된 투자와 실제로 이루어진 투자 사이에 중요한 차이가 있음을 살펴보았는데, 이는 이 장에서 균형을 논하는 데 중요한 역할을 할 것이다. 그러나 또 다른 중요한 질문은 애초에 무엇이 의도된 투자를 결정하는가이다. 의도된 투자는 많은 요인에 의해 결정되지만 여기서는 이자율에만 초점을 맞추겠다. 기업의 투자는 새로운 자본, 즉 새 기계와 공장 구매임을 상기하라. 기업이 새로운 자본에 투자하기로 결정할지는 새 기계와 공장을 통해 얻을 것으로 예상되는 이윤이 비용을 감당할 수 있는가에 달려 있다.

투자 프로젝트의 비용 중 하나는 이자율이다. 한 기업이 새 공장을 지을 때 건설 시점에 계약자에게 건설비를 지급해야 한다. 이러한 투자 프로젝트를 실행하는 데 필요한 자금은 대개 차입하고 상

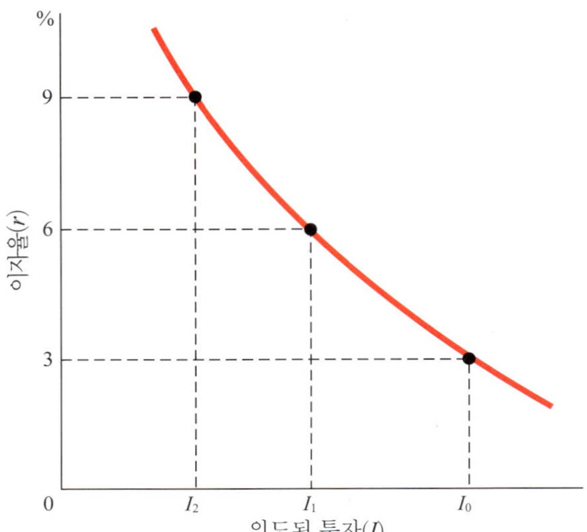

그림 23.5 의도된 투자 곡선
의도된 투자지출은 이자율과 음의 관계를 가진 함수이다. 이자율이 3%에서 6%로 상승하면 의도된 투자는 I_0에서 I_1로 감소한다.

당한 기간에 걸쳐 상환된다. 따라서 투자 프로젝트의 실질 비용은 부분적으로 차입 비용인 이자율에 따라 결정된다. 이자율이 상승할 때는 차입 비용이 더 많이 들고 투자 프로젝트가 더 적게 수행될 것이다. 즉 다른 것들이 일정하다면 이자율의 상승은 의도된 투자지출수준을 감소시킨다. 이자율이 하락할 때는 차입 비용이 덜 들고 투자 프로젝트가 더 많이 수행될 것이다. 즉 다른 것들이 일정하다면 이자율의 하락은 의도된 투자지출수준을 증가시킨다.

그림 23.5의 우하향하는 수요곡선은 이자율과 의도된 투자의 관계를 나타낸 것이다. 이자율이 높을수록 의도된 투자수준이 낮아진다. 이자율이 3%일 때 의도된 투자는 I_0이다. 이자율이 3%에서 6%로 상승하면 의도된 투자는 I_0에서 I_1로 감소한다. 이자율이 하락함에 따라 더 많은 투자 프로젝트가 수익성이 있으므로 투자가 더 많이 이루어진다. 그림 23.5는 흔히 '투자의 한계효율곡선(marginal efficiency of investment curve)'이라고 부른다.

의도된 투자의 기타 결정 요인

소비가 소득에만 의존한다는 가정과 마찬가지로 의도된 투자가 이자율에만 의존한다는 가정은 명백히 단순화한 것이다. 실제로 얼마나 투자할 것인지에 대한 기업의 의사결정은 다른 요인 중에서도 미래 판매의 예상에 달려 있다. 기업이 미래에 판매가 증가할 것이라고 예상한다면 자본스톡을 증가시킬 것이다. 기업은 미래에 증가하는 판매를 충족하기 위해 현재에 더 많이 생산할 것이다. 경제의 미래 경로에 대한 기업가의 낙관이나 비관은 현재 의도된 투자에 중요한 영향을 미칠 수 있다. 케인스는 이러한 기업가의 감각을 설명하기 위해 동물적 감각(animal spirit)이라는 용어를 사용했고, 이 동물적 감각이 투자 의사결정에 상당히 영향을 미친다고 주장했다.

30장에서 이러한 쟁점을 다시 다룰 것이다. 30장에서 기업의 행동을 더 자세히 살펴보기 전까지는 간단한 모형을 완성하기 위해 의도된 투자가 이자율에만 의존한다고 가정할 것이다.

23.4 균형생산(균형소득)의 결정

학습목표

균형생산이 어떻게 결정되는지 알아본다.

지금까지 기업과 가계의 행동에 대해 설명했다. 이러한 간단한 설정에서 경제는 어떻게 균형에 이르고, 이러한 균형은 어떤 모습인가?

경제학에서 사용하는 **균형**(equilibrium)의 정의는 다양하지만 모두 변화의 경향이 없다는 의미를 담고 있다. 미시경제학에서는 특정 시장(예: 바나나 시장)에서 수요량이 공급량과 일치하는 가격에서 균형이 존재한다고 일컫는다. 이러한 측면에서 공급자와 수요자가 둘 다 만족한다. 한 재화의 균형가격은 수요자가 구매하려는 양을 공급자가 공급하고자 하는 가격이다. 거시경제의 재화시장에서 의도된 것과 실제로 발생한 것 간의 일치에 초점을 맞춘 유사한 균형의 정의를 사용할 것이다.

균형 공급량과 수요량이 일치할 때 존재하는 상황. 균형에서는 가격이 변화하려는 경향이 없음

거시경제의 균형을 정의하기 위해 새로운 변수인 **의도된 총지출**(planned aggregate expenditure, AE)을 사용하자. 의도된 총지출은 정의상 소비와 의도된 투자의 합이다.

의도된 총지출(AE) 주어진 기간에 경제가 지출하려고 하는 총액. 소비와 의도된 투자의 합, 즉 $AE \equiv C + I$

$$AE \equiv C + I$$

I가 의도된 투자라는 것에 주목하라. I에는 의도되지 않은 재고의 증가나 감소가 포함되지 않는다. 또한 이 식이 정의라는 사실에 주목하라. 총지출은 항상 $C + I$와 같다.

총생산(Y)이 의도된 총지출(AE)과 같을 때 경제가 균형이라고 정의된다.

$$\text{균형: } Y = AE$$

정의에 따라 AE는 $C + I$이므로 균형은 다음과 같이 나타낼 수 있다.

$$\text{균형: } Y = C + I$$

경제가 균형에서 벗어났을 때 어떤 일이 발생하는지 생각해보면 균형의 개념을 이해하는 데 도움이 된다. 먼저 총생산이 의도된 총지출보다 큰 경우를 살펴보자.

$$Y > C + I$$
$$\text{총생산} > \text{의도된 총지출}$$

의도된 지출보다 생산이 클 때는 의도되지 않은 재고투자가 존재한다. 어떤 이유로 소비자가 기업의 예상보다 재화를 덜 구매하면 판매되지 않은 재화는 의도되지 않은 재고가 된다.

이제 의도된 총지출이 총생산보다 크다고 하자.

$$C + I > Y$$
$$\text{의도된 총지출} > \text{총생산}$$

의도된 지출이 생산보다 클 때 기업은 예상보다 더 많이 판매한다. 예상보다 소비자가 재화를 더 많이 구매하면 기업은 의도한 것보다 더 적은 재고를 보유하게 된다. 의도된 투자와 실제로 이루어진 투자는 같지 않다. 생산이 의도된 지출과 일치할 때만 의도되지 않은 재고투자가 없다. 의도되지 않은 재고투자가 존재하면 불균형 상태이다. 경제가 균형으로 복귀하는 과정은 나중에 설명하겠다. 총생산(Y)과 의도된 총지출($C + I$)이 같을 때, 즉 실제로 이루어진 투자와 의도된 투자가 같을 때만 재화시장의 균형이 이루어진다.

표 23.1은 의도된 총지출을 계산하고 균형점을 구한 예를 보여준다. 이렇게 계산하기 위해 I가

표 23.1 의도된 총지출의 계산과 균형

(1) 총생산(총소득) (Y)	(2) 총소비 (C)	(3) 의도된 투자 (I)	(4) 의도된 총지출 ($C + I$)	(5) 의도되지 않은 재고 변화 [$Y - (C + I)$]	(6) 균형? ($Y - AE$?)
100	175	25	200	−100	불균형
200	250	25	275	−75	불균형
400	400	25	425	−25	불균형
500	**475**	**25**	**500**	**0**	**균형**
600	550	25	575	+25	불균형
800	700	25	725	+75	불균형
1,000	850	25	875	+125	불균형

*(2)열의 수치는 식 $C = 100 + 0.75Y$에 기초한 것이다.

25로 고정되어 있다고 가정한다. 이 장에서는 I가 이자율에 의존하지만 고정되어 있다고 가정한다는 것을 기억하라. 또한 모든 계산이 $C = 100 + 0.75Y$에 기초한다는 것도 기억하라. 의도된 총지출을 구하기 위해 각 소득수준에서 소비지출(C)과 의도된 투자(I)를 합한다. (1)열과 (4)열을 살펴보면 총생산과 의도된 총지출이 일치하는 유일한 소득수준이 $Y = 500$이라는 것을 알 수 있다.

그림 23.6은 동일한 균형 상태를 그래프로 나타낸 것이다. 그림 23.6(a)는 각 소득수준에서 소비와 25로 고정되어 있는 의도된 투자를 더한 것이다. 의도된 투자가 일정하기 때문에 의도된 총지출함수는 소비함수를 일정한 크기만큼 수직으로 위로 이동한 것이다. 그림 23.6(b)는 45° 선과 함께 의도된 총지출함수를 나타낸 것이다. 45° 선은 가로축 변수와 세로축 변수가 같은 모든 점으로, 45° 선상에 있는 어떤 점은 잠재적인 균형점이다. 의도된 총지출함수는 $Y = 500$인 점에서 45° 선을 통과한다. 이 점에서 $Y = C + I$이다.

이제 다른 수준의 총생산(총소득)을 살펴보자. 먼저 $Y = 800$을 생각해보자. 이러한 총생산은 균형생산이 아니다. $Y = 800$에서 소비자는 700만큼의 재화를 구매하는 데에만 관심이 있고, 여기에 의도된 투자인 25를 더하면 의도된 총지출이 725가 된다(표 23.1 참조). 이는 총생산 800보다 적다. 의도된 지출보다 생산이 더 크기 때문에 그 차이는 의도되지 않은 재고투자가 되고 그만큼 재고가 증가한다. 이 경우에는 의도되지 않은 재고투자가 75이다. 전반적으로 기업은 원하는 것보다 더 많은 재고를 보유하게 되며, 따라서 미래의 생산 계획을 바꾸어야 한다. 이러한 의미에서 경제는 균형 상태가 아니다.

다음으로 $Y = 200$을 생각해보자. 이러한 총생산도 균형생산이 아니다. $Y = 200$에서는 의도된 총지출이 275이다. 의도된 지출(AE)이 생산(Y)보다 크고, 의도되지 않은 재고투자의 감소가 75만큼 발생한다. 전반적으로 기업은 예상한 것과 다른 결과를 경험하게 된다.

$Y = 200$과 $Y = 800$에서는 의도된 투자와 실제로 이루어진 투자가 같지 않다. 의도되지 않은 투자가 존재하고 경제는 균형이 아니다. 의도된 총지출과 총생산이 같은 $Y = 500$일 때만 의도된 투자와 실제로 이루어진 투자가 같다.

그렇다면 균형생산수준을 수학적으로 도출해보자. 다음 식을 상기하라.

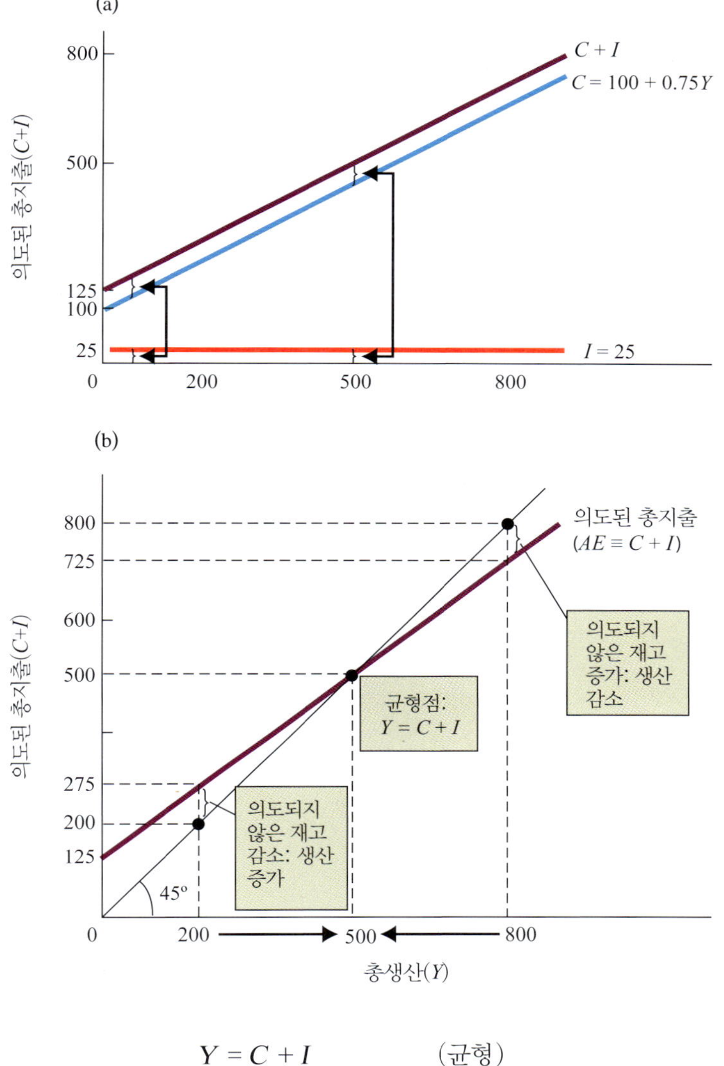

그림 23.6 균형총생산
의도된 총지출과 총생산이 같을 때 균형이 이루어진다. 의도된 총지출은 소비지출과 의도된 투자지출의 합이다.

$$Y = C + I \qquad \text{(균형)}$$

$$C = 100 + 0.75Y \qquad \text{(소비함수)}$$

$$I = 25 \qquad \text{(의도된 투자)}$$

두 번째 식과 세 번째 식을 첫 번째 식에 대입하면 다음 식을 얻을 수 있다.

$$Y = \underbrace{100 + 0.75Y}_{C} + \underbrace{25}_{I}$$

이 식이 성립하는 유일한 Y 값이 존재하는데, 다음과 같이 식을 정리하면 그 값을 구할 수 있다.

$$Y - 0.75Y = 100 + 25$$

$$0.25Y = 125$$

$$Y = \frac{125}{0.25} = 500$$

표 23.1과 그림 23.6에서 보았듯이 균형생산수준은 500이다.

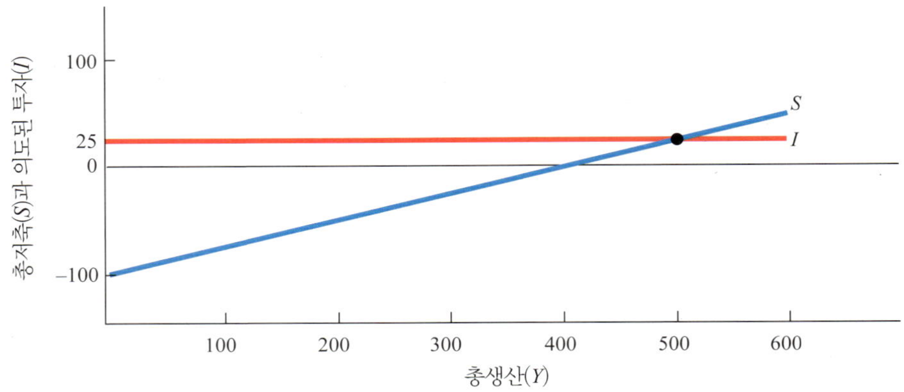

그림 23.7 균형을 구하기 위한 $S = I$ 접근법
저축이 의도된 투자와 같을 때, 즉 $S = I$일 때만 총생산이 의도된 총지출과 같다. $Y = 500$일 때 저축과 의도된 투자가 같다.

균형을 구하기 위한 저축/투자 접근법

총소득은 지출되거나 저축되어야 한다. 정의상 $Y \equiv C + S$이다. 균형조건은 $Y = C + I$이지만 균형에서 벗어날 때 이 식이 성립하지 않기 때문에 항등식은 아니다.[3] 균형 조건의 Y를 $C + S$로 대체하면 다음과 같이 된다.

$$C + S = C + I$$

이 식의 양변에서 C를 빼면 다음과 같은 식을 얻는다.

$$S = I$$

따라서 저축과 의도된 투자가 같을 때만 균형이 달성된다.

그림 23.7은 그림 23.4에서 도출한 저축 곡선과 그림 23.6에 제시한 수평의 투자함수를 함께 나타낸 것이다. 유일한 총생산수준인 $Y = 500$일 때만 $S = I$임에 주목하라. $Y = 500$에서 $C = 475$이고 $I = 25$이다. 이러한 Y 수준에서 저축이 25이므로 $S = I$가 되고 균형이 달성된다.

균형으로의 조정

지금까지 균형의 정의와 균형을 구하는 방법을 살펴보았으나 기업이 어떻게 불균형에 반응하는지는 전혀 다루지 않았다. 이제 의도된 총지출이 총생산(총소득)보다 클 때 기업이 취할 수 있는 조치를 생각해보자.

기업이 생산한 것보다 더 많이 팔 수 있는 유일한 방법은 일부 재고를 파는 것이다. 이는 의도된 총지출이 총생산보다 클 때 의도되지 않은 재고의 감소가 발생한다는 것을 의미한다. 기업은 예상한 것보다 더 많이 판매한다. 기업이 생산을 증가시킴으로써 의도되지 않은 재고의 감소에 반응할 것이라고 가정하는 것은 일리가 있어 보인다. (생산과 소득은 동일한 것을 측정하는 방법이다.) 예를 들어 GM은 자동차를 더 많이 제조할수록 더 많은 근로자를 고용하고(또는 기존의 근로자가 더 많

---

3 I가 의도되지 않은 재고를 포함하고 있다면, 다시 말해 의도된 투자가 아니라 실제로 이루어진 투자라면 이 식은 항등식이 될 것이다.

경제학의 적용

노키아의 성장과 쇠퇴

의도되지 않은 재고의 증가는 투자지출의 감소보다 생산을 더 많이 감소시킬 가능성이 높다. 이는 생산의 전반적인 수준, 특히 한 국가의 GDP에 큰 영향을 미치는 산업의 생산에 뚜렷한 영향을 미칠 수 있다. 한 예로 핀란드 회사인 노키아(Nokia)를 살펴보자. 2007년까지 휴대전화를 생산하는 거대 기업이었던 노키아는 전 세계 휴대전화의 거의 48%를 공급했다. 국가 차원에서 노키아는 핀란드 GDP의 4%, 총수출의 21%, 법인세 수입의 14%를 차지했다.[1]

그러나 2007년 애플의 아이폰과 안드로이드 기기가 등장하면서 노키아의 운명이 뒤집혔다. 글로벌 수요의 감소에 따른 의도되지 않은 재고의 누적으로 불균형이 발생하자 노키아는 대량 생산 감축과 여러 차례의 대규모 해고로 대응했다. 이러한 글로벌 생산 감축 탓에 노키아의 글로벌 시장 점유율은 2007년 46.7%에서 2017년 1%로 크게 하락했다. 또한 헬싱키 주식시장에서 노키아의 시총 비중이 같은 기간 동안 70%에서 13%로 떨어졌다.

후방 연관 산업의 경우 전자제품 제조, 연구개발, 소프트웨어, 도매업, 소매업과 같은 많은 산업이 노키아에 의존했기 때문에 핀란드 경제에 막대한 영향을 미쳤다. 연구에 따르면 2008~2016년 총고용 감소의 최소한 20%는 '노키아 효과' 때문이었던 반면 나머지는 2008년의 글로벌 금융위기 때문인 것으로 밝혀졌다. 뒤이은 장기적인 구조적 실업과 가계소득의 급감으로 경기둔화가 발생했다. 2016년 핀란드의 총 GDP에서 노키아가 차지한 비중은 0.4%에도 못 미쳤다.[2]

노키아 사례는 국가가 한 기업이나 산업에 의존하는 경우 기업의 부

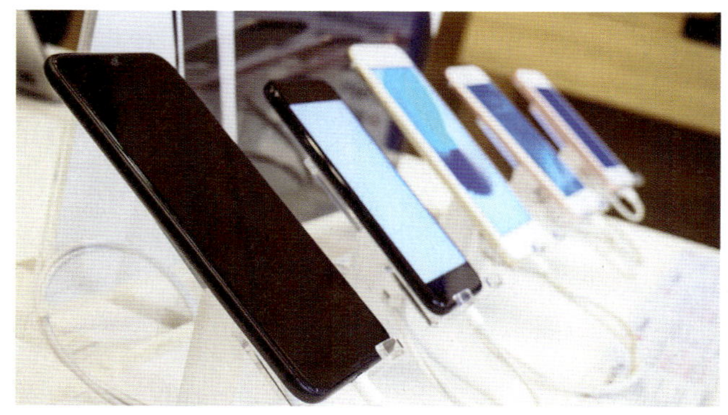

실 경영이나 시장 실패가 발생했을 때 심각한 거시경제적 피해를 입어 매우 위험해질 수 있음을 보여준다. 따라서 기술 변화, 소비자 행동의 변화, 경쟁우위의 변화, 경제적 붕괴로부터 경제를 보호하기 위한 산업 다변화는 한 국가의 산업정책에서 매우 중요하다.

질문

- 노키아가 1998~2007년의 황금기 동안 의도되지 않은 재고수준을 보유하고 있었을까? 이것은 핀란드 GDP의 전반적인 수준에 어떤 영향을 미쳤는가?

[1] Boston Consulting Group, 2017. "Nokia: Reprogramming for Growth," *The Comeback Kids: Lessons from Successful Turnarounds*. 13 November.

[2] Paavo Suni and Vesa Vihriälä, 2016. "Finland and Its Northern Peers in the Great Recession." ETLA Reports No 49, The Research Institute of the Finnish Economy–ELTA, 15 January.

은 시간 일하는 것에 대해 지급하고) 더 많은 철강을 구매하며 더 많은 전기를 사용하게 된다. 이러한 GM의 구매는 노동, 철강, 전기 등의 생산자 소득을 증가시킨다. 기업이 생산을 증가시켜 재고를 안정적으로 유지하려 할 때 경제 전체에서 더 많은 소득이 창출되고, 이는 더 많은 소비를 유발할 것이다. 소득이 증가할 때, 일대일 관계는 아니지만 소비도 증가한다는 것을 기억하라. 총생산(총소득)이 의도된 총지출보다 적은 한 이러한 조정 과정이 계속될 것이다. 만약 기업이 생산을 증가시켜 의도되지 않은 재고의 감소에 반응한다면 의도된 지출이 생산보다 큰 경제는 균형으로 조정되고 Y가 이전보다 증가할 것이다.

의도된 지출이 생산보다 적으면 의도되지 않은 재고의 증가가 발생한다. 이러한 경우에 기업은 생산을 감소시켜 의도되지 않은 재고의 증가에 반응할 것이다. 생산이 감소함에 따라 소득이 감소하고 소득에 의존하는 소비가 감소하며 생산이 더 많이 감소하는 등 균형이 회복될 때까지 Y가 이전보다 감소한다.

그림 23.6에서 보듯이 $Y = 800$과 같이 $Y = 500$보다 높은 생산수준에서는 생산이 $Y = 500$에서 균형을 이룰 때까지 감소할 것이고, $Y = 200$과 같이 $Y = 500$보다 낮은 생산수준에서는 생산이

$Y = 500$에서 균형을 이룰 때까지 증가할 것이다.[4]

23.5 승수

학습목표

승수 과정을 이해하고 균형생산의 변화를 계산하기 위해 승수식을 사용한다.

이제 이 장의 도입부에서 제기한 질문에 답할 준비가 되었다. 경제의 모든 경영자가 갑자기 의도된 투자를 25에서 50으로 증가시키기로 결정한다면 실질생산수준에 어떤 일이 발생하는가? 균형생산의 변화가 처음의 의도된 투자의 변화보다 크다는 것을 알게 되면 놀라는 독자도 있을 것이다. 실제로 생산은 의도된 투자의 배수만큼 변화한다.

승수 어떤 외생변수 변화에 대한 균형생산수준 변화의 비율

외생변수 경제의 상태에 의존하지 않는 변수, 즉 경제의 변화에 따라 변하지 않는 변수

승수(multiplier)는 어떤 외생변수 변화에 대한 균형생산수준 변화의 비율로 정의된다. 그리고 경제의 상태에 의존하지 않는 변수, 즉 경제의 변화에 따라 변하지 않는 변수를 **외생변수**(exogenous variable)라고 한다. 이 장에서는 의도된 투자를 외생변수로 취급함으로써 분석을 단순화하고 뒤의 설명을 위한 토대를 마련한다.

의도된 투자가 외생변수라면 의도된 투자가 변화할 때 균형생산수준이 얼마나 변화하는지 의문이 생길 수 있다. 의도된 투자가 변화하는 이유를 설명하려는 것이 아님을 기억하라. 단순히 (어떤 이유로든) 의도된 투자가 변화할 때 균형생산수준이 얼마나 변화하는지 궁금한 것이다. (26장부터는 의도된 투자를 주어진 것으로 간주하지 않고 의도된 투자가 어떻게 결정되는지 설명할 것이다.)

의도된 투자의 증가를 생각해보자. I가 25에서 50으로 증가하여 50에서 유지된다고 가정하자. $I = 25$에서 균형을 이루었다면 의도된 투자의 증가로 인해 의도된 총지출이 총생산보다 25만큼 더 많은 불균형을 초래할 것이다. 곧바로 기업은 의도되지 않은 재고의 감소를 겪고 생산을 늘리기 시작할 것이다.

예를 들어 세계적 강국이 자국민의 여행 제한을 없애기로 결정함에 따라 해외여행이 증가할 것이라는 예상 때문에 의도된 투자가 증가했다고 하자. 예상되는 여행 수요의 증가로 항공사는 비행기를 더 많이 구매하고, 렌터카 회사는 자동차를 더 많이 구매하며, 버스 회사는 버스를 더 많이 구매한다. 의도되지 않은 재고의 감소를 경험하는 기업은 GM과 같은 자동차 생산자, 포드(Ford)와 같은 버스 생산자, 보잉(Boeing)과 같은 비행기 생산자일 것이다. 이들은 비행기, 버스, 자동차의 재고 감소에 반응하여 생산을 증가시킬 것이다.

이제 이러한 기업이 의도된 투자를 25만큼 증가시킨다고 하자. 이로 인해 균형이 이루어지는가? 그렇지 않다. 생산이 증가할 때 사람들은 더 많은 소득을 얻고 그 소득의 일부를 지출하기 때문에 균형이 회복되지 않는다. 이는 의도된 총지출을 추가로 증가시킨다. 달리 말해 I의 증가는 간접적으로 C를 증가시킨다. 더 많은 비행기를 생산하기 위해 보잉은 근로자를 더 많이 고용하거나 기존의 근로자에게 더 많은 시간 일해달라고 해야 한다. 또한 보잉은 GM으로부터 더 많은 엔진을, 굿이어(Goodyear)로부터 더 많은 타이어를 구매해야 한다. 이러한 기업은 더 많은 이윤을 벌고 더 많이 생

---

4 3장과 4장에서 간단한 수요와 공급의 균형을 다루면서 공급량이 수요량보다 클 때 가격이 하락하고 공급량이 감소한다는 것을 살펴보았다. 이와 마찬가지로 수요량이 공급량보다 클 때는 가격이 상승하고 공급량이 증가한다. 여기서의 분석은 가격의 잠재적 변화나 물가수준의 잠재적 변화를 무시하고 실질생산(실질소득)수준의 변화에 초점을 맞추고 있다. 뒤의 분석에서 물가수준을 도입하면 가격이 중요해질 것이다. 그러나 현재 단계에서는 (재고가 감소하여) 의도된 총지출이 총생산보다 클 때 또는 (재고가 증가하여) 총생산이 의도된 총지출보다 클 때 총생산(총소득)(Y)만 조정된다.

산하며, 더 많은 근로자를 고용하고 임금과 연봉을 더 많이 지급할 것이다. 이러한 소득의 증가는 공기 중으로 사라지는 것이 아니라 가계에 지급되어 일부는 지출되고 일부는 저축된다. 생산의 증가는 소득을 증가시키고 이는 소비지출로 이어진다.

의도된 투자(I)가 처음에 25만큼 증가하여 그러한 높은 수준에서 유지된다면 25만큼의 생산 증가는 더 많은 소비지출을 창출하기 때문에 균형을 이루지 못할 것이다. 사람들은 소비재를 더 많이 구매한다. 세탁기, 식품, 의류 등 기본적인 소비 품목의 의도되지 않은 재고 감소가 나타나 이로 인해 다른 기업들이 생산을 증가시키며, 이러한 순환이 계속된다.

생산과 소득은 의도된 투자의 처음 증가보다 더 증가할 수 있는데 그 승수는 얼마나 될까? 그림 23.8은 이에 대한 답을 그래프로 보여준다. 균형생산이 500인 A점에서 경제가 균형을 이룬다고 가정하자. I가 25 증가하면 모든 소득수준에서 I가 25만큼 더 커지기 때문에 $AE \equiv C + I$ 곡선을 25만큼 위로 옮긴다. 균형생산수준이 600인 B점에서 새로운 균형이 이루어진다. A점과 마찬가지로 B점은 45° 선상에 있고 균형 상태를 나타낸다. 생산(Y)은 의도된 투자의 처음 증가인 25의 4배수인 100(= 600 − 500)만큼 증가한다. 이 경우에는 승수가 4이다. B점에서 총지출도 100만큼 증가한다. 이 총지출 100 중에서 25는 투자(I)의 증가이고 나머지 75는 소비(C)의 증가이다. A점에서 B점으로 이동하면 $\Delta Y = 100$, $\Delta I = 25$, $\Delta C = 75$이다.

승수 과정이 영원히 계속되지 않는 이유는 무엇일까? 소득 증가의 일부만 각 라운드에서 소비되기 때문이다. 소득의 연속적인 증가는 균형이 회복될 때까지 저축과 같은 유출로 인해 승수 과정의 각 라운드에서 점점 더 작아진다.

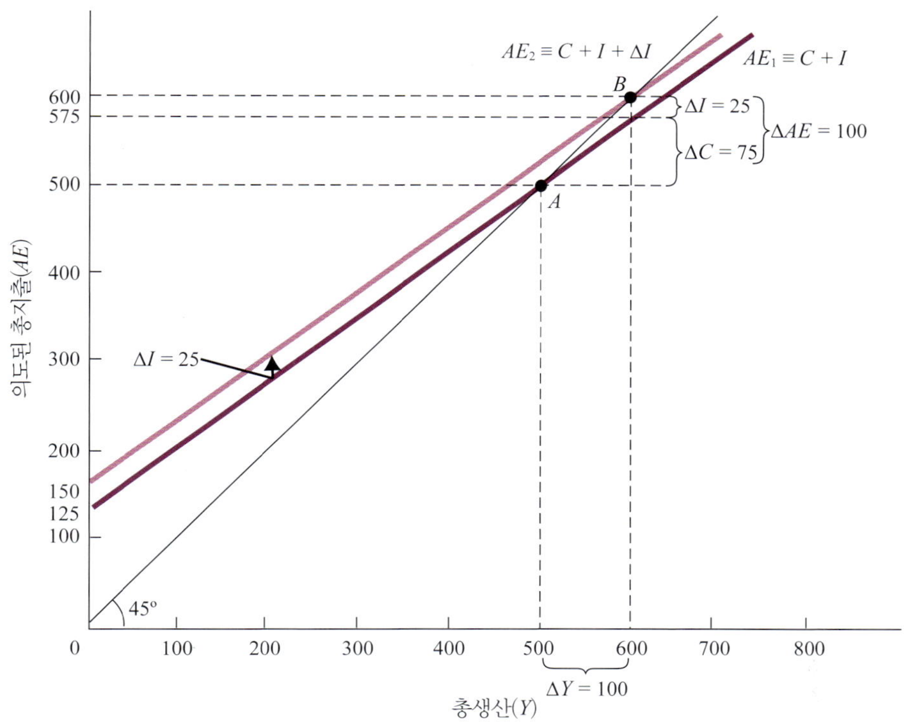

그림 23.8 의도된 총지출 그래프에 나타낸 승수 효과

A점에서 경제는 균형이고 $Y = 500$이다. I가 25만큼 증가할 때 의도된 총지출은 처음에 총생산보다 크다. 이에 반응하여 생산이 증가함에 따라 추가적인 소비가 창출되고 균형생산을 I의 처음 증가의 배수만큼 증가시킨다. B점에서 새로운 균형이 이루어지고 $Y = 600$이다. 균형생산은 의도된 투자의 처음 증가의 4배수인 100(= 600 − 500)만큼 증가한다.

승수의 크기는 의도된 총지출 선의 기울기에 좌우된다. 이 선의 기울기가 급할수록 주어진 투자의 변화에 따른 생산의 변화가 커진다. 앞의 예와 같이 의도된 투자가 고정되어 있을 때 $AE \equiv C + I$ 선의 기울기는 바로 한계소비성향($\Delta C/\Delta Y$)이다. *MPC*가 클수록 승수가 커지는데 이는 놀랄 만한 일이 아니다. *MPC*가 크다는 것은 소득이 증가할 때 소비가 크게 증가한다는 것을 의미한다.

경제학의 적용

저축의 역설

가계가 저축을 증가시키려고 할 때 흥미로운 역설이 나타날 수 있다. 가계가 미래를 걱정하고 어려운 내일을 대비하기 위해 오늘 더 많이 저축하려 한다면 어떤 일이 발생할까? 가계가 의도된 저축을 증가시키면 다음 그림의 저축 곡선이 S_0에서 S_1로 이동한다. 더 많이 저축하려는 의도는 곧 소비를 덜 하려는 의도이고, 이로 인한 지출 감소는 소득 감소를 유발한다. 소득은 저축 곡선의 처음 이동의 배수만큼 감소한다. 저축의 증가 이전에 균형은 $S_0 = I$이고 $Y = 500$인 *A*점에서 존재한다. 저축의 증가는 균형을 $S_1 = I$인 *B*점으로 옮긴다. 새로운 균형생산은 처음의 균형에서 200이 감소한 300이다.

소비를 덜 함으로써 가계는 스스로 우려했던 어려운 시기를 실제로 불러일으킨다. 설상가상으로 새로운 균형에서 저축은 소비가 하락하기 전과 같은 수준인 25가 된다. 더 많이 저축하려는 가계의 시도는 생산 위축과 이에 따른 소득 감소를 초래한다. 결과적으로 가계는 덜 소비하지만 더 많이 저축하지 못하게 된다.

새로운 균형에서의 저축이 처음의 균형에서의 저축과 같은 이유가 분명해야 한다. 균형에서 저축과 의도된 투자가 같아야 하고, 의도된 투자는 변하지 않기 때문에 균형이 존재하기 위해서는 저축이 변하지 않아야 한다. 이러한 역설은 경제의 부문 간 상호작용이 매우 중요할 수 있다는 것을 보여준다.

저축의 역설은 '한 푼 아끼는 것이 한 푼 버는 것이다(a penny saved is a penny earned)'라는 널리 알려진 믿음과 상반된다. 이러한 믿음이 한 사람 한 사람에게는 맞는 말일 수 있으나 경제 전체가 더 많이 저축할 때는 소득이 감소하고 저축이 증가하지 않는다.

저축의 역설은 항상 성립할까? 이자율이 고정되어 있다고 가정한 것을 상기하라. 어려운 시기를 피하기 위한 가계의 추가 저축이 이자율의 하락을 가져오면 의도된 투자가 증가하고 *I* 곡선이 위로 이동할 것이다. 이 경우에는 저축의 역설이 나타나지 않을 수도 있다. 더 높은 소득수준(저축수준)에서 새로운 균형이 발생하도록 의도된 투자가 충분히 증가할 수 있다.

질문

- S_0과 S_1에 해당하는 소비함수를 그리고 어떤 일이 발생하는지 설명하라.

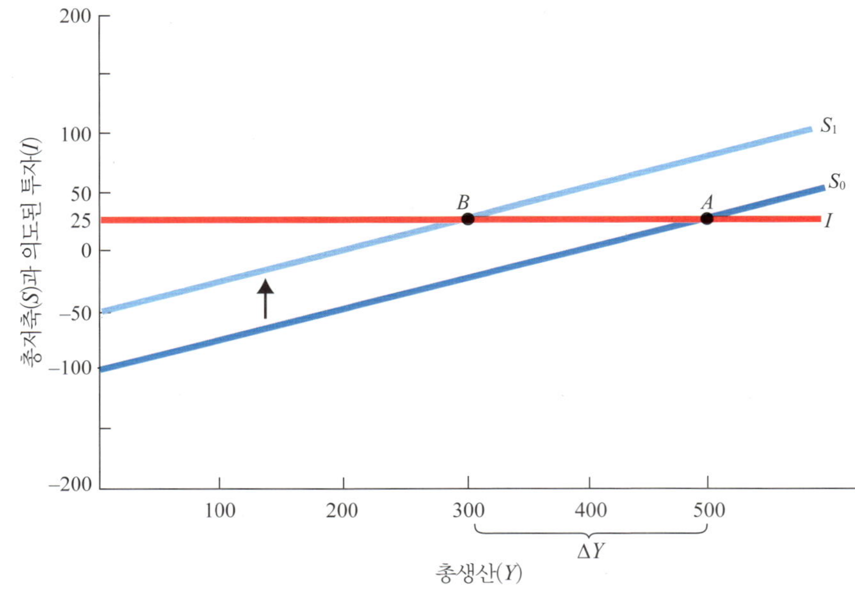

저축의 역설

의도된 저축이 S_0에서 S_1로 증가하면 균형생산이 500에서 300으로 감소한다. 저축 증가에 따른 소비 감소는 경제 위축과 이로 인한 소득 감소를 일으키지만 새로운 균형에서의 저축은 처음 균형에서의 저축과 같다. 저축을 늘리려는 노력은 소득 감소를 초래하지만 저축수준을 변화시키지는 못한다.

승수식

그래프 분석을 사용하지 않고 승수의 크기를 결정하는 방법이 있다. $Y = 500$인 소득수준에서 시장이 균형이라고 가정하자. 의도된 투자(I)가 25만큼 증가하여 그 수준에서 유지된다면 의도된 총지출이 생산보다 크고 의도되지 않은 재고 감소가 발생하며, 기업은 이에 반응하여 생산(Y)을 증가시킨다. 이는 승수 과정의 2라운드를 가져오고 이러한 과정이 계속된다.

균형이 회복될까? 그림 23.7을 보면서 $S = I$가 성립되지 않으면 의도된 총지출($AE \equiv C + I$)과 총생산(Y)이 같지 않다는 것을 상기하라. 균형을 이루려면 저축의 유출이 의도된 투자지출의 유입과 정확히 같아야 한다. 또한 의도된 투자가 높은 수준으로 증가하고 그 수준에서 유지된다고 가정했음을 상기하라. 즉 의도된 투자지출이 25만큼 증가하여 그 수준에서 유지된다. 소득이 증가함에 따라 소비가 증가하고 저축도 증가한다. 균형을 구하기 위한 $S = I$ 접근법에서는 I가 처음 증가한 크기만큼 저축이 정확히 증가할 때만 균형이 회복된다. 그렇지 않으면 I는 계속 S보다 크고 $C + I$는 계속 Y보다 클 것이다. (균형을 구하기 위한 $S = I$ 접근법은 거시경제에서 흥미로운 역설을 제시한다. 이는 '경제학의 적용: 저축의 역설'을 참조하라.)

균형이 회복되기 전에 의도된 투자의 증가에 반응하여 Y가 얼마나 증가해야 하는지를 계산할 수 있다. 저축의 변화와 의도된 투자의 변화가 정확히 같아질 때까지, 즉 S가 다시 새로운 높은 수준에서 I와 같아질 때까지 S를 증가시키면서 Y가 증가할 것이다. 추가되는 저축은 추가되는 소득의 일부이므로 균형을 회복하는 데 필요한 소득의 증가는 의도된 투자 증가의 배수여야 한다.

한계저축성향(MPS)은 소득의 변화(ΔY)에서 저축의 변화(ΔS)가 차지하는 비율임을 상기하라.

$$MPS = \frac{\Delta S}{\Delta Y}$$

균형을 이루려면 ΔS가 ΔI와 같아야 하므로 ΔS를 ΔI로 대체하면 다음 식을 얻게 된다.

$$MPS = \frac{\Delta I}{\Delta Y}$$

따라서

$$\Delta Y = \Delta I \times \frac{1}{MPS}$$

균형소득의 변화(ΔY)는 의도된 투자의 처음 변화(ΔI)와 $1/MPS$을 곱한 것과 같다. 따라서 승수는 $1/MPS$이다.

$$승수 = \frac{1}{MPS}$$

$MPS + MPC \equiv 1$이므로 $MPS \equiv 1 - MPC$이다. 따라서 다음과 같이 승수를 나타낼 수 있다.

$$승수 = \frac{1}{1 - MPC}$$

앞의 예에서는 MPC가 0.75이고 MPS는 1 − 0.75 = 0.25이다. 따라서 승수는 1/0.25 = 4이다. 균형생산수준의 변화는 4 × 25 = 100이다.[5] 의도된 투자가 감소할 때 동일한 분석이 적용된다는 것에 주목하라. 의도된 투자가 어떤 크기만큼 감소하고 새로이 낮아진 수준에서 유지되면 생산은 I 감소의 배수만큼 감소할 것이다. 처음 충격이 감지되고 기업은 생산을 줄이고 근로자를 해고한다. 그 결과로 소득이 감소하는 데 이어 소비가 감소한다.

현실 세계의 승수 크기

승수 크기를 다룰 때 이 장에서 도출된 승수가 매우 단순한 경제를 기반으로 한 것임을 감안해야 한다. 첫째, 의도된 투자는 외생변수이고 경제의 변화에 반응하지 않는다고 가정했다. 둘째, 지금까지 거시경제에서 정부, 금융시장, 기타 세계의 역할을 무시했다. 이러한 이유로 이 장에서 배운 것을 바탕으로 의도된 투자지출을 250억 달러 증가시키면 국민소득이 1,000억 달러 증가할 것이라고 생각하면 안 된다. 그럼에도 불구하고 이 단순한 모형은 국민소득이 의도된 투자의 증가에 왜 그리고 어떻게 반응하는지에 대한 약간의 직관을 제공한다.

이어지는 장에서는 가정을 완화하여 분석을 더 현실적으로 만들기 위해 추가하는 것이 대부분 승수의 크기를 감소시키는 영향을 미친다는 것을 알게 될 것이다. 예를 들면 다음과 같다.

1. 24장의 부록에서는 (현실에서처럼) 세금이 소득에 의존할 때 승수의 크기가 감소한다는 것을 설명한다. 경제가 확장함에 따라 세금이 증가하고 이는 경제에 장애물로 작동한다. 승수 효과가 더 작아진다.
2. 26장에서는 이자율에 대한 중앙은행의 행동을 추가하면 승수의 크기가 감소한다는 것을 살펴본다.
3. 26장에서는 분석에 물가수준을 추가하면 승수의 크기가 감소한다는 것을 살펴본다. 경제가 확장하면 실질생산이 증가하는 대신 물가수준이 상승할 수 있다. 이러한 경우에 승수의 크기가 감소한다.
4. 일부 국내지출은 해외시장으로 유출되는데, 34장에서는 분석에 수입을 도입하면 승수의 크기가 감소한다는 것을 살펴본다.

이러한 내용은 이 책의 나머지 부분에 대한 흥미를 불러일으킨다. 그러나 일단은 현실의 승수 크기가 2 정도라는 것만 알고 넘어가자. 이러한 승수 크기는 이 장에서 사용한 4보다 훨씬 작지만, 의도된 투자의 증가가 이 장을 시작하기 전에 예상했던 것보다 생산에 더 큰 영향을 미친다는 것을 알려준다.

---

5 이 장의 부록에서 승수를 수학적으로 도출한다.

미리 보기

이 장에서는 경제가 어떻게 작동하는지 이해하기 위한 첫걸음을 내딛었다. 소비가 소득에 의존하고 의도된 투자가 고정되어 있으며 균형이 존재한다고 가정했다. 균형에서 벗어난 경제가 어떻게 균형을 회복하는지 살펴보았다. 또한 의도된 투자의 변화가 균형생산에 미치는 영향을 알아보고 승수를 도출했다. 다음 장에서는 이러한 가정을 유지하면서 경제에 정부를 추가할 것이다.

요약

01 총소비는 총소득의 함수라고 가정한다.

02 한계소비성향(*MPC*)은 소득의 변화 중 소비의 변화가 차지하는 비율이다. 한계저축성향(*MPS*)은 소득의 변화 중 저축의 변화가 차지하는 비율이고, 모든 소득은 저축되거나 소비되어야 하기 때문에 $MPS + MPC \equiv 1$이다.

03 의도되지 않은 재고의 변화 때문에 의도된 투자와 실제로 이루어진 투자가 다를 수 있다.

04 의도된 투자는 이자율에 의존한다. 이 장에서는 의도된 투자가 고정되어 있다고 가정한다.

05 의도된 총지출(*AE*)은 소비와 의도된 투자를 합한 것과 같다. 즉 $AE \equiv C + I$이다. 의도된 총지출과 총생산이 같을 때, 즉 $C + I = Y$일 때 재화시장이 균형을 이룬다. 이러한 균형 조건은 의도된 투자와 실제로 이루어진 투자가 같을 때만 충족된다.

06 총소득은 저축되거나 소비되어야 하므로 균형 조건 $Y = C + I$는 $C + S = C + I$, 즉 $S = I$로 나타낼 수 있다. 의도된 투자와 저축이 같을 때만 균형이 이루어진다. 이러한 접근법을 균형을 구하기 위한 저축/투자 접근법이라고 한다.

07 의도된 총지출이 총생산(총소득)보다 클 때 의도되지 않은 재고가 감소하므로 기업은 생산을 증가시킬 것이다. 생산 증가는 소득을 증가시키고 소비를 더욱 증가시킨다. 의도된 총지출보다 생산이 작은 한 이러한 과정이 계속될 것이다. 기업이 의도되지 않은 재고 감소에 반응하여 생산을 증가시키면 의도된 지출이 생산보다 큰 경제는 *Y*가 이전보다 높은 균형으로 조정될 것이다.

08 균형생산은 의도된 투자 또는 다른 외생변수 변화의 배수만큼 변화한다. 이러한 승수는 $1/MPS$이다.

09 가계가 의도된 저축을 증가시키면 소득이 감소하고 저축이 변하지 않는다. 균형에서 저축은 의도된 투자와 같고 의도된 투자는 고정되어 있으므로 저축이 증가하지 않는다. 의도된 투자가 증가하면 이러한 저축의 역설이 나타나지 않고 더 높은 저축과 소득수준에서 새로운 균형을 이룰 수 있다. 이와 같은 결과는 추가적인 가계 저축이 추가적인 투자로 사용되는 경로의 존재에 달려 있다.

핵심 용어

균형(equilibrium)
소비함수(consumption function)
승수(multiplier)
실제로 이루어진 투자(actual investment)
외생변수(exogenous variable)
의도된 총지출(planned aggregate expenditure, *AE*)
의도된 투자(planned investment)
총생산(aggregate output)
총생산(총소득)(*Y*)[aggregate output(income)(*Y*)]
총소득(aggregate income)
총저축(aggregate saving, *S*)
한계소비성향(marginal propensity to consume, *MPC*)
한계저축성향(marginal propensity to save, *MPS*)
항등식(identity)

연습문제

01 다음 표의 총저축 칸을 채워라. 표의 데이터를 사용하여 소비함수와 저축함수를 계산하고 한 그래프에 45° 선과 소비함수, 저축함수를 함께 그려라. *MPC*와 *MPS*는 얼마인가?

총소득(Y)	총소비(C)	총저축(S)
$0	$200	
100	250	
200	300	
300	350	
400	400	
500	450	
600	500	

02 X라는 국가에서 총소득이 0일 때 소비가 50이고 한계저축성향이 0.2라고 하자. 저축함수와 소비함수를 도출하라. 한계저축성향이 0.1로 감소하면 소비에 어떤 일이 발생하는지 설명하고 하나의 그래프에 나타내라.

03 실제로 이루어진 투자와 의도된 투자의 차이를 설명하라. 언제 실제로 이루어진 투자와 의도된 투자가 같은가? 언제 실제로 이루어진 투자가 의도된 투자보다 큰가? 언제 실제로 이루어진 투자가 의도된 투자보다 작은가?

04 배송 기업인 아호이세일즈가 뮌헨에 새 창고를 얻기 위해 1,000만 유로, 새 비행기를 구매하기 위해 4,500만 유로, 등유를 구매하기 위해 500만 유로를 지출하기로 결정했다고 하자. 또한 이 기업은 5유로에 판매되는 소포 500만 개를 생산할 계획이다.

아호이세일즈가 이러한 생산의 10%를 재고로 유지할 계획이라고 하자. 시간이 흐름에 따라 아호이세일즈의 소포는 증가되는 수요를 충족했으나 재고는 100만 유로만큼만 증가했다.

a. 아호이세일즈의 의도된 투자는 얼마인가?
b. 아호이세일즈는 실제로 얼마를 투자했는가?
c. 실제로 이루어진 투자와 의도된 투자의 차이는 얼마인가? 아호이세일즈는 소포를 덜 생산해야 하는가, 더 많이 생산해야 하는가? 그 이유는 무엇인가?

05 다른 것들이 일정할 때 이자율이 상승하는 경우 기업은 일반적으로 더 많은 투자 프로젝트를 계획할 것이다. 이자율이 높으면 투자를 통해 더 많이 벌 수 있기 때문이다. 이 말에 동의하는지, 동의하지 않는지 밝히고 그 이유를 설명하라.

06 텔러리아라는 국가의 추정치는 다음과 같다.

실질 GDP = 700,000텔러

투자 = 150,000텔러

텔러리아 국민은 삶을 즐기고 소득의 대부분을 소비하려 하기 때문에 저축이 소득의 20%이다. 연간 투자는 150,000텔러로 고정되어 있다. 텔러리아가 주로 생산하는 상품은 밀, 와인, 고기이다. 국민은 무료로 자치하기 때문에 정부지출이 0이다. 이들은 교역하지 않는다.

전국지인 《텔러리언 가제트》의 기업 부문 편집자로부터 향후 몇 달간의 경제적 사건을 예측해달라는 요청을 받았다고 하자. 주어진 데이터를 사용하여 예측을 할 수 있는가? 실질 GDP 수준에 어떤 일이 발생하는가? 재고수준에 어떤 일이 발생하는가?

07 다음 표를 참조하여 문제를 풀라.

총생산/총소득	소비	의도된 투자
1,000	1,500	250
1,500	1,875	250
2,000	2,250	250
2,500	2,625	250
3,000	3,000	250
3,500	3,375	250
4,000	3,750	250
4,500	4,125	250

a. 각 생산수준에서의 저축을 계산하라. 각 생산수준에서의 의도되지 않은 투자(재고 변화)를 계산하라. 경제가 제시된 각 수준에서 생산한다면 총생산이 어떻게 되는가? 균형생산수준은 얼마인가?
b. 각 소득 범위(1,000~1,500, 1,500~2,000 등)에서의 한계소비성향과 한계저축성향을 계산하라. 승수는 얼마인가?
c. *MPC*와 *MPS*의 수준에 변화가 없고 의도된 투자가 125만큼 증가하여 더 높아진 수준에서 유지된다고 가정하고 표를 다시 작성하라. Y의 새로운 균형수준은 얼마인가? 이러한 Y의 새로운 균형수준은 승수를 사용하여 계산한 것과 일치하는가?

08 이 장은 저축과 지출 행동이 부분적으로 재산(누적된 저축과 유산)에 의존한다고 주장한다. 이를 고려한 다음과 같은 단순한 경제모형을 생각해보라.

$$C = 50 + 0.8Y + 0.1W$$
$$I = 200$$
$$W = 500$$
$$Y = C + I$$
$$S = Y - C$$

재산(W)과 투자(I)가 일정하다고 가정하면(저축이 재산의 스톡에 추가된다는 것을 무시한다) 실질 GDP(Y), 소비(C), 저축(S)의 균형수준은 얼마인가? 이제 재산이 1,000으로 100% 증가한다고 가정하고 Y, C, S의 균형수준을 다시 계산하라. 재산 축적은 실질 GDP에 어떤 영향을 미치는가? 많은 사람은 2016년과 2017년에 주식 가치가 크게 증가한 것에 대해 우려했다. 이것이 경제에 문제를 일으키는지 설명하라.

09 다음은 산악 지대에 위치한 카드완이라는 국가의 데이터이다.

(1) 소비함수: $C = 150 + 0.7Y$

(2) 투자함수: $I = 75$

(3) $AE \equiv C + I$

(4) $AE = Y$

a. 카드완의 한계소비성향과 한계저축성향은 얼마인가?

b. (1)~(4)를 그래프로 그리고 균형소득을 구하라.

c. (2)의 I가 90이 된다면 소득의 새로운 균형수준은 얼마인가? 의도된 투자가 15단위 증가하면 균형소득이 얼마나 변화하는가? 승수의 값은 얼마인가?

d. 카드완의 저축함수를 계산하고 이를 (2)의 그래프와 함께 그려라. 이 그래프의 균형소득이 b에서 구한 값과 같은 이유를 설명하라.

10 경제가 예상치 못한 경기후퇴에 진입하면 GM과 같은 기업의 의도되지 않은 재고에 어떤 일이 발생하는가? 경제가 예상보다 더 크게 확장되면 의도되지 않은 재고에 어떤 일이 발생하는가? 의도된 총지출과 총생산을 보여주는 그림을 그려라. 균형을 이루기 위해 각 상황에서 생산에 어떤 일이 발생해야 하는가?

11 승수를 직관적으로 정의하라. 의도된 투자의 100달러 증가가 균형생산을 100달러 이상 증가시키는 이유는 무엇인가? 균형생산에 미치는 영향이 유한한 이유는 무엇인가? 승수가 $1/MPS$이라는 것을 어떻게 아는가?

12 가계가 더 많이 저축하기로 결정하면 총저축이 감소할 수 있다. 이에 대해 설명하라.

13 다음 그래프를 이용하여 문제를 풀라.

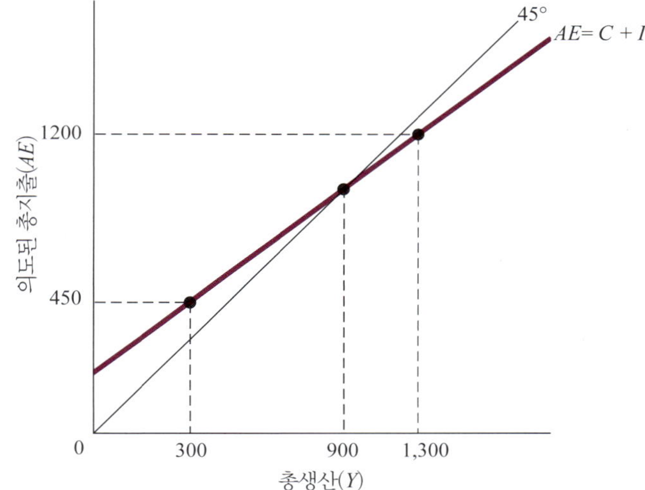

a. MPC의 값은 얼마인가?

b. MPS의 값은 얼마인가?

c. 승수의 값은 얼마인가?

d. 총생산이 300, 900, 1,300일 때 의도되지 않은 투자는 각각 얼마인가?

14 2015년 OECD 데이터에 따르면 처분가능소득의 비율로 나타낸 독일의 가계 저축률은 10.1%이고 브라질의 가계 저축률은 14.2%였다. 다른 것이 모두 같다면 가계 저축률의 차이는 두 국가의 MPC, MPS, 승수에 대해 무엇을 알려주는가? 같은 크기의 투자 증가는 각 경제의 총생산에 어떤 영향을 미치는가?

경제학적 사고 키우기

01 사회의 모든 구성원에 따라 한계소비성향이 다르다. 미국 소득분배의 최하위 오분위에 속하는 사람들의 한계소비성향은 최상위 오분위에 속하는 사람들의 한계소비성향과 크게 다르다. 어떤 집단의 한계소비성향이 더 높은가?

02 주택 소유자는 부동산 시장에서 주택 가격이 빠르게 상승할 때 소득 중 더 적은 비율을 저축하려고 한다. 이러한 행동은 한계소비성향에 어떤 영향을 미치는가?

학습목표

승수를 수학적으로 도출한다.

부록: 승수의 수학적 도출

본문에서는 간단한 대입을 통해 승수를 도출했는데, 간단한 수학을 이용하여 승수를 도출할 수도 있다.

소비함수가 다음과 같다는 것을 상기하라.

$$C = a + bY$$

여기서 b는 한계소비성향이다. 균형에서 다음이 성립한다.

$$Y = C + I$$

첫 번째 식을 두 번째 식에 대입하면 다음을 얻는다.

$$Y = \underbrace{a + bY}_{C} + I$$

이 식은 다음과 같이 정리할 수 있다.

$$Y - bY = a + I$$
$$Y(1 - b) = a + I$$

양변을 $(1 - b)$로 나누어 I를 사용하여 Y를 구할 수 있다.

$$Y = (a + I)\left(\frac{1}{1 - b}\right)$$

이제 이 식을 잘 살펴보고 a를 일정하게 유지하면서 I를 일정한 크기만큼 증가시키는 것을 생각해보라. I를 ΔI만큼 증가시키면 소득은 다음과 같이 증가할 것이다.

$$\Delta Y = \Delta I \times \frac{1}{1 - b}$$

$b \equiv MPC$이므로 이 식은 다음과 같이 나타낼 수 있다.

$$\Delta Y = \Delta I \times \frac{1}{1 - MPC}$$

승수는 다음과 같다.

$$\frac{1}{1 - MPC}$$

끝으로 $MPS + MPC \equiv 1$이므로 MPS는 $1 - MPC$와 같다. 따라서 본문에서 구한 것과 마찬가지로 승수는 $1/MPS$이다.

CHAPTER 24

정부와 재정정책

목차와 학습목표

24.1 경제에서 정부의 역할

재정정책이 경제에 미치는 영향을 이해한다.

24.2 재정정책의 작동: 승수 효과

세 가지 재정정책 승수의 효과를 알아본다.

24.3 연방정부 예산

미국 클린턴, 부시, 오바마, 초기 트럼프 행정부의 연방정부 예산을 비교하여 살펴본다.

24.4 경제가 정부 예산에 미치는 영향

경제가 정부 예산에 미치는 영향을 이해한다.

부록 A 재정정책 승수의 도출

정부지출승수를 도출한다.

부록 B 조세수입이 소득에 의존하는 경우

세금이 소득에 의존할 때 승수가 감소하는 이유를 이해한다.

거시경제를 관리하는 데 정부가 무엇을 할 수 있고 무엇을 해야 하는지는 상당한 논쟁거리이다. 이 논쟁의 한쪽 끝에는 거시경제를 그대로 놔두면 너무 많이 변동할 가능성이 있고 정부가 경기변동 과정에서 발생하는 변동을 완화해야 한다고 믿는 케인지안들과 그들의 지적 후계자들이 있다. 이러한 견해는 정부가 경기후퇴나 경기침체에 대응하여 총지출을 증가시키기 위해(또한 총생산을 부양하기 위해) 조세와 지출에 관한 권한을 사용할 수 있다고 제시한 케인스의《고용, 이자 및 화폐의 일반이론》으로 거슬러 올라간다. 한편 논쟁의 반대쪽 끝에는 정부지출이 경제를 안정시킬 수 없거나 오히려 해를 끼치고 경제를 불안정하게 만든다고 주장하는 사람들이 있다. 이 장에서는 이에 대해 살펴보려 한다.

정부는 기업의 산업 진입과 퇴출 규제, 품질 기준 설정, 최저임금수준 결정, 정보 공개 규제 등의 다양한 권한을 가지고 있으나 거시경제학은 재정정책과 통화정책에 초점을 맞춘다. 이 장의 주제인 **재정정책**(fiscal policy)은 정부의 지출과 조세에 대한 행동, 다시 말해 예산정책을 의미한다['fiscal'은 정부의 '금고(treasury)'를 의미하는 어원 'fisc'에서 유래했다]. 재정정책은 일반적으로 정부의 재화와 서비스 구매에 관한 정책, 세금 관련 정책, 이전지불(실업급여, 사회보장급여, 후생지급, 재향군인급여 등)에 관한 정책으로 구분된다. 다음 장에서 다룰 **통화정책**(monetary policy)은 이자율에 대한 중앙은행(미국의 경우 연방준비제도)의 행동을 의미한다.

재정정책 정부의 지출 및 조세 정책

통화정책 단기 이자율을 통제하기 위해 중앙은행이 사용하는 정책

24.1 경제에서 정부의 역할

학습목표

재정정책이 경제에 미치는 영향을 이해한다.

지방정부, 주정부, 연방정부는 일부 영역에서 상당한 통제력을 가지고 있다. 그러나 정부의 의사결정이 경제에 미치는 영향은 의사결정 자체뿐만 아니라 경제의 상태에 달려 있는 경우가 많다. 정부의 권한은 물론이고 통제력의 한계를 이해하는 것이 중요하다. 대표적인 예로 세금을 들 수 있다. 세율은 정부가 통제한다. 미국 의회는 법에 따라 누구에게 무엇에 대해 어떤 세율로 과세할지 결정할 권한을 가지고 있다. 한편 조세수입은 정부에 의해 완전히 통제되지 않는다. 개인소득세를 통한 정부 수입은 (미국 의회가 책정하는) 개인소득세율과 (가계가 얼마나 많이 일하기로 결정하는가와 같이 정부의 직접적인 통제를 받지 않는 많은 요인에 따라 달라지는) 가계 부문의 소득에 의존한다. 또한 법인세를 통한 정부 수입은 법인세율과 기업 이윤에 의존한다. 정부는 법인세율을 통제하지만 기업 이윤을 통제하지는 못한다.

일부 정부지출도 정부의 의사결정과 경제의 상태에 달려 있다. 미국의 실업보험 제도는 실업자에게 급여를 지급한다. 경제가 경기후퇴로 진입할 때는 실업자가 늘어나 정부의 실업급여수준이 증가한다. 이는 정부 의사결정의 변화 때문이 아니라 기존 정책과 경제 자체의 상호작용 때문이다.

세금과 지출은 정책 담당자의 의도적인 의사결정 결과가 아니라 경제의 변화에 따라 증가하거나 감소하곤 한다. 정부 정책의 의도적 변화로 인해 발생하는 세금이나 지출의 변화를 나타내기 위해 **재량적 재정정책**(discretionary fiscal policy)이라는 용어를 사용한다.

재량적 재정정책 정부 정책의 의도적 변화로 인해 발생하는 세금이나 지출의 변화

정부구매, 순세금, 처분가능소득

23장에서 개발한 단순한 모형에 정부를 추가하자. 상황을 단순하게 유지하기 위해 두 가지 정부 활

동, 즉 조세수입과 이전지불을 **순세금**(net tax, T)이라는 범주로 결합한다. 순세금은 기업과 가계가 정부에 납부한 세금에서 정부가 가계에 준 이전지불을 뺀 것과 같다. 여기서 고려하는 다른 변수는 정부의 재화와 서비스 구매(G)이다.

순세금(T) 기업과 가계가 정부에 납부한 세금에서 정부가 가계에 준 이전지불을 뺀 것

23장에서는 가계소비를 다룰 때 세금을 고려하지 않았다. 경제에서 창출되는 모든 소득은 가계가 지출하거나 저축한다고 가정했다. 정부의 역할을 고려하면 그림 24.1과 같이 소득이 가계에 흘러갈 때 정부는 가계로부터 순세금(T)의 형태로 소득의 일부를 가져가며, 결국 가계가 받게 되는 소득을 **처분가능소득**(disposable income) 또는 **세후소득**(after-tax income, Y_d)이라고 한다.

처분가능소득, 세후소득(Y_d) 총소득에서 순세금을 뺀 것($Y - T$)

처분가능소득 ≡ 총소득 − 순세금

$$Y_d \equiv Y - T$$

Y_d에는 가계가 납부하는 세금이 제외되고 정부가 가계에 주는 이전지불이 포함된다. 지금은 순세금이 소득에 의존하지 않는다고 가정하자. 이러한 가정은 이 장의 부록 B에서 완화된다. 소득에 의존하지 않는 세금은 흔히 정액세(lump-sum tax)라고 부른다.

그림 24.1에서 보듯이 가계의 처분가능소득(Y_d)은 소비(C)되거나 저축(S)되어야 한다. 따라서

$$Y_d \equiv C + S$$

이 식은 항상 성립하는 항등식이다.

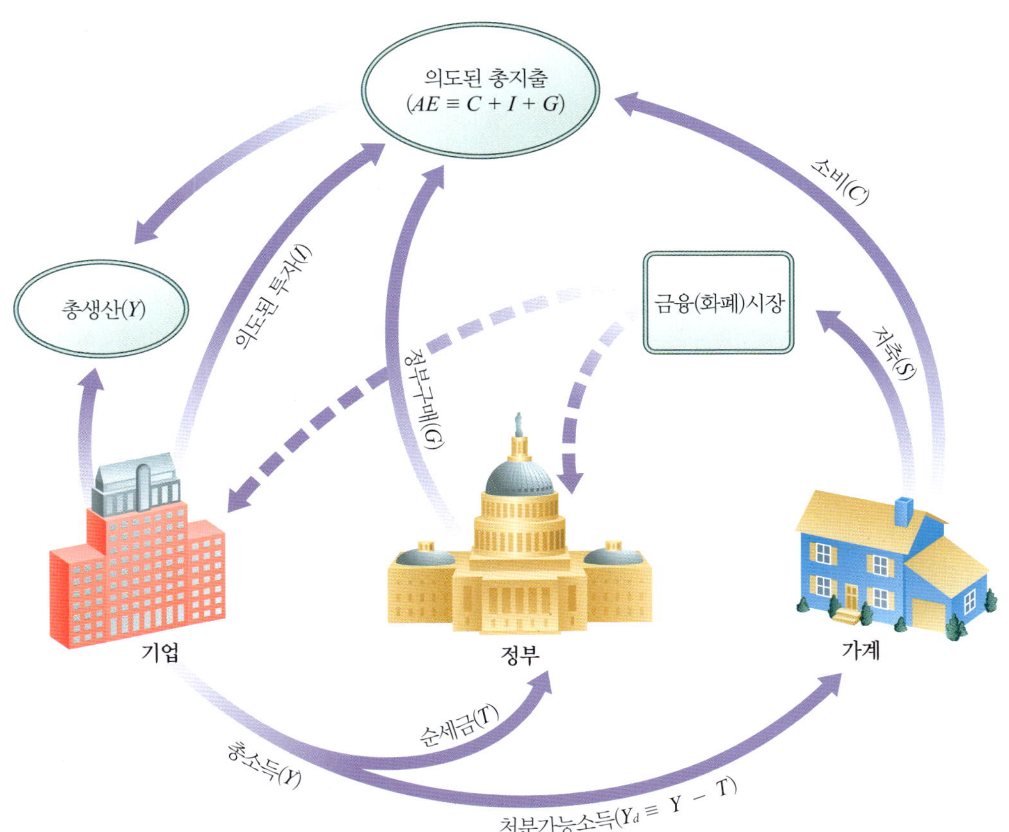

그림 24.1 순세금(T)과 정부구매(G)를 포함한 소득의 순환

처분가능소득은 총소득(Y)에서 순세금(T)을 뺀 것이므로 다음과 같이 나타낼 수 있다.

$$Y - T \equiv C + S$$

양변에 T를 더하면 다음과 같이 된다.

$$Y \equiv C + S + T$$

이 항등식은 총소득이 세 부분으로 구성되어 있음을 알려준다. 정부가 그중 한 부분을 가져가고 가계가 나머지를 소비(C)와 저축(S)으로 나눈다.

정부는 재화와 서비스를 구매하기 위해 지출하기 때문에 의도된 총지출의 정의를 확장할 필요가 있다. 의도된 총지출(AE)은 가계의 소비지출(C), 기업의 의도된 투자(I), 정부의 재화와 서비스 구매(G)를 합한 것이다.

$$AE \equiv C + I + G$$

재정적자 주어진 기간 동안 정부의 지출에서 조세수입을 뺀 것($G - T$)

정부의 **재정적자**(budget deficit)는 주어진 기간 동안 정부의 지출(G)에서 조세수입(T)을 뺀 것이다.

$$\text{재정적자} \equiv G - T$$

G가 T보다 크면 정부는 적자를 메우기 위해 민간으로부터 차입을 해야 한다. 정부는 재무부 채권을 매도하여 차입하는데, 이 경우 일부 가계 저축(S)이 정부로 이동하게 된다. 가계 저축 중 일부가 투자 프로젝트의 자금을 조달하는 기업으로 가고 또 일부가 재정적자에 필요한 자금을 조달하는 정부로 가는 것을 그림 24.1에 점선으로 나타냈다. G가 T보다 작으면, 즉 정부가 조세수입보다 덜 지출하면 흑자가 되는데, 이 경우 정부는 이 흑자로 채무를 상환한다.

소비함수에 세금 추가하기 23장에서는 총소비(C)가 총소득(Y)에만 의존한다고 가정하고 다음과 같은 선형소비함수를 이용하여 예를 들었다.

$$C = a + bY$$

여기서 b는 한계소비성향이다. 경제에 정부가 추가되므로 이 소비함수를 수정할 필요가 있다. 세금이 있기 때문에 세전소득(Y) 대신 처분가능소득(Y_d)이 소비를 결정한다고 가정해야 한다. 만약 100만 달러를 벌어 95만 달러를 세금으로 낸다면, 5만 달러를 벌고 세금을 내지 않는 사람과 처분가능소득(5만 달러)이 동일하다. 현재 소비를 위해 지출할 수 있는 것은 처분가능소득이지 세전소득이 아니다.

세전소득 대신 처분가능소득을 포함하도록 총소비함수를 수정하면 다음과 같이 나타낼 수 있다.

$$C = a + bY_d \quad \text{또는} \quad C = a + b(Y - T)$$

이제 소비함수는 세전소득이 아니라 처분가능소득에 의존한다.

의도된 투자 의도된 투자는 어떠한가? 정부는 감각상각에 대한 세금과 기타 조세정책을 통해 기업의 투자 행동에 영향을 미칠 수 있다. 또한 의도된 투자는 23장에서 설명했듯이 이자율에 의존한다. 이 장에서도 이자율이 고정되어 있다고 가정한다. 의도된 투자에 미치는 세금 효과를 무시하고 의도된 투자가 고정되어 있다고 가정한다.

균형생산의 결정

23장에서는 $Y = AE$일 때, 즉 총생산이 의도된 총지출과 같을 때 균형이 이루어진다는 것을 살펴보았다. 경제에 정부가 추가되면 의도된 총지출은 $AE \equiv C + I + G$이고, 따라서 다음과 같은 식이 성립할 때 균형이 나타난다.

$$Y = C + I + G$$

여기서도 23장의 균형 분석이 적용된다. 생산(Y)이 의도된 총지출($C + I + G$)보다 크면 의도되지 않은 재고 증가가 발생할 것이다, 즉 실제로 이루어진 투자가 의도된 투자보다 클 것이다. 이와 반대로 $C + I + G$가 Y보다 크면 의도되지 않은 재고 감소가 발생할 것이다.

정부가 거시경제와 균형 조건에 미치는 영향을 살펴보기 위해 예를 들어보겠다. 첫째, 정부 부문을 도입하기 전의 소비함수 $C = 100 + 0.75Y$는 이제 다음과 같이 된다.

$$C = 100 + 0.75Y_d \quad \text{또는} \quad C = 100 + 0.75(Y - T)$$

둘째, G가 100, T가 100이라고 가정한다.[1] 달리 말해 정부는 균형재정을 운영한다. 즉 정부의 모든 지출에 필요한 자금이 세금으로 조달된다. 셋째, 의도된 투자(I)가 100이라고 가정한다.

표 24.1은 몇 가지 처분가능소득수준에서 계산된 의도된 총지출을 보여준다. 예를 들어 $Y = 500$에서 처분가능소득 $Y - T$는 400이다. 따라서 $C = 100 + 0.75(400) = 400$이다. I가 100, G가 100에 고정되어 있다고 가정하면 의도된 총지출은 600($C + I + G = 400 + 100 + 100$)이다. 생산($Y$)이 500이므로 의도된 지출이 생산보다 100만큼 크다. 그 결과 의도되지 않은 재고가 100만큼 감소하고 기업은 생산을 증가시킬 인센티브를 가지게 된다. 따라서 생산수준 500은 균형수준보

표 24.1 $I = 100$, $G = 100$, $T = 100$일 때 균형 구하기

(1) 생산(소득) Y	(2) 순세금 T	(3) 처분가능소득 $Y_d \equiv Y - T$	(4) 소비지출 $C = 100 + 0.75Y_d$	(5) 저축 $Y_d - C$	(6) 의도된 투자지출 I	(7) 정부구매 G	(8) 의도된 총지출 $C + I + G$	(9) 의도되지 않은 재고 변화 $Y - (C + I + G)$	(10) 불균형 조정
300	100	200	250	−50	100	100	450	−150	생산↑
500	100	400	400	0	100	100	600	−100	생산↑
700	100	600	550	50	100	100	750	−50	생산↑
900	**100**	**800**	**700**	**100**	**100**	**100**	**900**	**0**	**균형**
1,100	100	1,000	850	150	100	100	1,050	+50	생산↓
1,300	100	1,200	1,000	200	100	100	1,200	+100	생산↓
1,500	100	1,400	1,150	250	100	100	1,350	+150	생산↓

1 앞에서 언급했듯이 정부는 조세수입과 이전지불을 완전히 통제하지 못한다. 그러나 여기서는 이 문제를 무시하고 조세수입에서 이전지불을 뺀 T가 일정하다고 가정한다. 이 장의 후반부와 부록 B에서는 이러한 상황이 더욱 현실적으로 완화될 것이다.

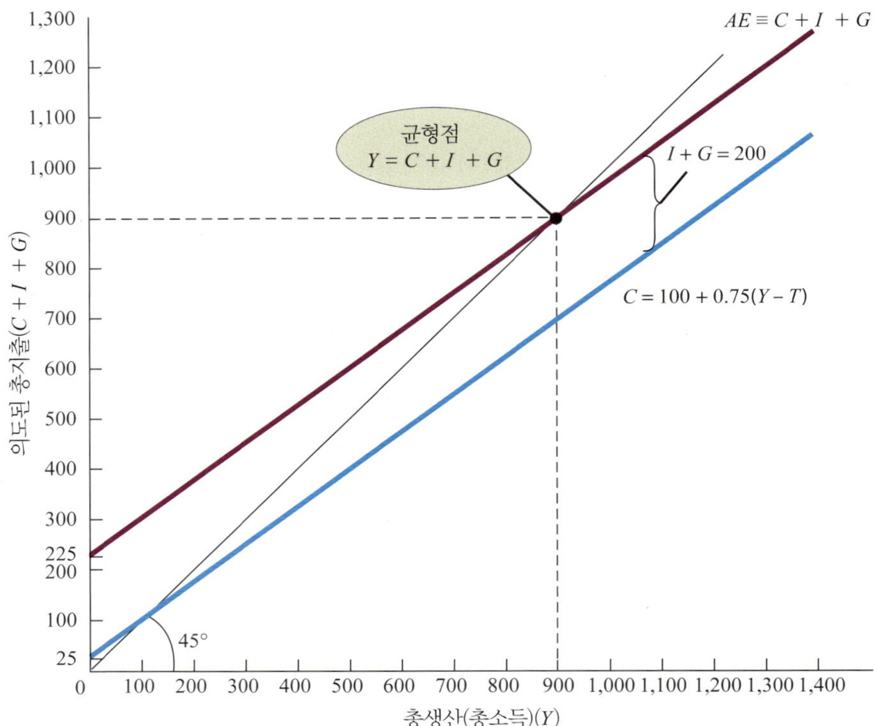

그림 24.2 그래프를 사용하여 균형생산/균형소득 구하기

G와 I가 100에 고정되어 있기 때문에 총지출함수는 새로운 소비함수를 $I + G = 200$만큼 의로 이동한 것이다. $Y = C + I + G = 900$에서 균형이 이루어진다.

다 낮다.

$Y = 1{,}300$이면 $Y_d = 1{,}200$, $C = 1{,}000$이고 의도된 총지출이 1,200이며, 의도된 총지출이 생산보다 적다. 의도되지 않은 재고가 100만큼 증가하고 기업은 생산을 감소시킬 인센티브를 가진다. 생산수준 1,300은 균형수준보다 높다. 생산이 900일 때만 생산과 의도된 총지출이 같으며, $Y = 900$일 때만 균형이 존재한다.

그림 24.2에서 동일한 균형생산수준을 그래프로 도출해보자. 첫째, 순세금 100을 고려하여 소비함수를 그린다. 정부를 도입하기 전에 소비함수는 $C = 100 + 0.75Y$였다. 정부를 도입한 뒤의 새로운 소비함수는 $C = 100 + 0.75(Y - T)$, 즉 $C = 100 + 0.75(Y - 100)$이고, 다시 정리하면 $C = 100 + 0.75Y - 75$, 즉 $C = 25 + 0.75Y$이다. 예를 들면 소득이 0일 때 소비가 25[$C = 25 + 0.75Y = 25 + 0.75(0) = 25$]이다. 한계소비성향이 변함없이 0.75라고 가정한다. 그림 24.2의 소비함수는 표 24.1 (1)열과 (4)열의 점들을 그린 것이다.

의도된 총지출이 소비, 의도된 투자, 정부구매를 합한 것임을 상기하라. 이제 의도된 투자 100에 추가로 정부구매 100이 있다. 모든 소득수준에서 I와 G가 각각 100이므로 모든 소득수준에서 $I + G = 200$과 소비를 합한다. 그 결과가 새로운 AE 곡선이며, 이는 표 24.1 (1)열과 (8)열의 점들을 그린 것이다. 45° 선은 이미 알고 있는 실질생산의 균형수준 900을 구하는 데 도움을 준다. 생산수준이 900보다 크거나 작으면 불균형이 발생한다. 예를 들면 $Y = 500$일 때 사람들은 400을 소비하려 하며, 의도된 투자가 100이고 정부구매가 100이므로 의도된 총지출이 600이다. 그러나 생산은 500에 불과하다. 재고는 의도된 것보다 아래로 하락하고 기업은 생산을 증가시킬 인센티브를 가지게 될 것이다.

균형을 구하기 위한 저축/투자 접근법 23장에서와 마찬가지로 균형을 구하기 위한 저축/투자

접근법을 이용하여 균형을 구할 수도 있다. 그림 24.1에 나타낸 소득 순환도를 살펴보라. 정부는 소득의 흐름에서 순세금(T)을 수취하고 가계는 소득의 일부를 저축한다. 정부의 순세금과 가계의 저축은 소득의 흐름에서 유출되는 것이다. 의도된 지출로의 유입은 정부구매(G)와 의도된 투자(I)이다. 유출($S + T$)과 의도된 유입($I + G$)이 같으면 균형이 이루어진다.

균형을 구하기 위한 저축/투자 접근법: $S + T = I + G$

균형에서 총생산(총소득)(Y)은 의도된 총지출(AE)과 같다. 정의상 AE는 $C + I + G$와 같고 Y는 $C + S + T$와 같다. 그러므로 균형에서 다음 식이 성립한다.

$$C + S + T = C + I + G$$

양변에서 C를 빼면 다음과 같이 된다.

$$S + T = I + G$$

균형에서는 $G = T$(정부의 균형재정) 또는 $S = I$일 필요가 없다. S와 T의 합이 I와 G의 합과 같기만 하면 된다.

표 24.1의 (5)열은 모든 처분가능소득수준에서 소비를 빼서 총저축($S \equiv Y_d - C$)을 계산한 것이다. I와 G가 고정되어 있기 때문에 $I + G$는 모든 소득수준에서 200이다. 표 24.1을 이용하여 저축과 순세금을 합하면 $S + T$는 $Y = 900$에서 200이다. 따라서 생산(소득)의 균형수준은 900이고, 이는 수치 분석과 그래프 분석으로 구한 생산(소득)의 균형수준과 같다.

24.2 재정정책의 작동: 승수 효과

학습목표

세 가지 재정정책 승수의 효과를 알아본다.

그림 24.2에서 보듯이 정부는 G 또는 T의 수준을 바꾸어 생산(소득)의 균형수준을 변화시킬 수 있다. 이제 정부가 G와 T를 통제할 수 있다고 가정하자. 이 절에서는 다음 세 가지 승수에 대해 알아본다.

- 정부지출승수
- 조세승수
- 균형재정승수

정부지출승수

자신이 대통령 최고경제자문관이고 경제가 그림 24.2의 균형생산수준에 있다고 하자. 생산과 소득이 900이고, 현재 정부는 매년 재화와 서비스 100을 구매하며, 그 자금을 세금 100으로 조달하고 있다. 균형재정이 운영되고 있으며 기업은 100을 투자하고 있다.

대통령이 당신을 집무실로 불러들여 “실업률이 너무 높으니 생산과 소득을 증가시켜 실업률을 낮출 필요가 있다”고 말했다. 당신은 조사를 거쳐 총생산이 1,100으로 증가하면 수용 가능한 실업률을 달성할 수 있다고 결정한다.

이제 당신은 균형생산수준을 200만큼 증가시키기 위해 세금과 지출정책, 즉 재정정책을 어떻게 사용할지 결정해야 한다. 대통령은 세금을 현재 수준으로 유지해야 한다고 생각하고 있다. 미국 의회는 주요 세금 개혁 법안을 막 통과시켰고 이에 따라 *T*의 조정은 수년간 고려 대상이 아니다. 이제 당신이 이용할 수 있는 수단은 *G*뿐이다. 당신의 유일한 선택 방안은 세금을 일정하게 유지하면서 정부지출을 증가시키는 것이다.

정부는 (지출을 위한 수입을 제공하는) 세금을 증가시키지 않고 지출을 증가시키려면 차입을 해야만 한다. *G*가 *T*보다 클 때 정부는 적자를 보게 되고 *G*와 *T*의 차이를 차입으로 충당해야 한다. 이러한 적자가 미칠 수 있는 영향을 잠깐 무시하고 *T*를 일정하게 유지한 상태에서 *G*를 증가시킴으로써 나타나는 효과에만 초점을 맞추자.

한편 대통령은 당신의 답을 기다리고 있다. 균형생산수준을 900에서 1,100으로 증가시키고 실업률을 대통령이 받아들일 만한 수준으로 낮추면서 균형생산수준을 200 증가시키려면 지출이 얼마나 증가해야 하는가? 당신은 소득수준을 200(= 1,100 − 900) 증가시켜야 하기 때문에 정부지출을 같은 크기만큼 증가시켜야 한다고 말하고 싶을지도 모르지만 *G*를 200 증가시키면 어떤 일이 발생하는가? *G*는 총지출의 구성 요소이므로 의도된 총지출이 200 증가하고 정부지출의 증가는 경제를 균형 상태에서 벗어나게 할 것이다. 의도된 총지출은 생산보다 커지고 재고는 의도된 수준보다 감소할 것이며, 기업은 생산을 증가시킬 인센티브를 가지게 된다. 생산이 바라는 수준인 200만큼 증가한다고 하자. 당신은 '지출을 200 증가시켜 생산을 200 증가시키면 균형이 회복된다'고 생각할 수도 있다.

그러나 이야기가 여기서 끝나지 않는다. 생산이 증가하는 순간 경제는 더 많은 소득을 창출하는데, 이것이 더 많은 고용을 창출하는 바람직한 효과이다. 새로 고용된 근로자도 소비자이고 그들의 소득 중 일부가 지출된다. 소비지출이 증가함에 따라 의도된 총지출이 생산보다 커지고 재고가 의도된 수준보다 낮아지며 기업이 생산을 증가시킴으로써 다시 소득이 증가할 것이다. 이때 기업은 새로운 소비지출에 반응하고, 이미 총소득은 1,100을 넘어선다.

이러한 이야기가 귀에 익어야 한다. 승수가 작동하고 있다. 여기서는 의도된 투자(I) 대신 정부지출(G)이 변화했지만 그 결과는 23장에서 설명한 승수 효과와 같다. 정부지출의 증가는 의도된 투자의 증가와 마찬가지로 생산과 소득의 균형수준에 동일한 영향을 미친다. *G* 또는 *I*의 추가 1달러 지출이 균형생산에 미치는 영향은 같다. 정부지출승수 식은 의도된 투자 변화의 승수 식과 같다.

$$\text{정부지출승수} \equiv \frac{1}{MPS} \equiv \frac{1}{1 - MPC}$$

이 장의 부록 A에서 정부지출승수를 수학적으로 도출할 것이다.

정부지출승수 정부지출 변화에 대한 균형생산수준 변화의 비율

공식적으로 **정부지출승수**(government spending multiplier)는 정부지출 변화에 대한 균형생산수준 변화의 비율로 정의된다. 이는 23장의 정의와 같지만 외생변수는 의도된 투자가 아니라 정부지출이다.

정부지출(G)이 200만큼 증가하는 경우를 살펴보고 있다는 것을 기억하라. *G*가 200 증가할 때 *Y*의 새로운 균형수준이 얼마인지 알기 위해 승수 분석을 사용할 수 있다. 주어진 예에서는 승수가

표 24.2 정부지출을 50 증가시키고 균형 구하기*

(1) 생산(소득) Y	(2) 순세금 T	(3) 처분가능소득 $Y_d \equiv Y - T$	(4) 소비지출 $C = 100 + 0.75Y_d$	(5) 저축 $Y_d - C$	(6) 의도된 투자지출 I	(7) 정부구매 G	(8) 의도된 총지출 $C + I + G$	(9) 의도되지 않은 재고 변화 $Y - (C + I + G)$	(10) 불균형 조정
300	100	200	250	−50	100	150	500	−200	생산↑
500	100	400	400	0	100	150	650	−150	생산↑
700	100	600	550	50	100	150	800	−100	생산↑
900	100	800	700	100	100	150	950	−50	생산↑
1,100	**100**	**1,000**	**850**	**150**	**100**	**150**	**1,100**	**0**	**균형**
1,300	100	1,200	1,000	200	100	150	1,250	+50	생산↓

*표 24.1의 G가 100에서 150으로 증가했다.

4이다(b, 즉 MPC가 0.75이므로 MPS는 1 − 0.75 = 0.25여야 하고, 승수는 1/0.25 = 4이다). 따라서 Y는 800(= 4 × 200)만큼 증가할 것이다. 처음 Y의 수준이 900이었기 때문에 G가 200만큼 증가하면 새로운 Y의 균형수준은 1,700(= 900 + 800)이다.

1,700이라는 Y의 수준은 실업률을 바람직한 수준으로 낮추기 위해 필요한 1,100보다 훨씬 크다. 다시 돌아가서 Y를 200 증가시키려 하고 승수가 4이면 G를 50(= 200/4)만큼만 증가시켜야 한다. G를 50 증가시키면 Y의 균형수준이 200 증가하고 Y의 균형값은 바람직한 수준인 1,100(= 900 + 200)이 될 것이다.

표 24.2를 보면 이러한 상황이 균형임을 확인할 수 있다. 먼저 처음의 균형생산은 900이다. 정부구매(G)가 100일 때 총생산(총소득)은 Y = 900에서 의도된 총지출과 같았다($AE \equiv C + I + G$). 이제 G가 150으로 증가했다. Y = 900일 때 $C + I + G$는 Y보다 크고 의도되지 않은 재고 감소가 발생하며 생산이 증가할 것이다. 그런데 생산이 얼마나 증가하는가? 승수는 균형소득이 G의 증가인 50의 4배만큼 증가한다는 것을 알려준다. Y는 균형이 회복되기 전 수준인 900에서 1,100으로 4 × 50 = 200만큼 증가해야 한다. 이를 확인해보자. Y = 1,100이면 소비는 $C = 100 + 0.75Y_d = 100 + 0.75(1{,}000) = 850$이다. I는 100이고 G는 이제 100(G의 처음 수준) + 50(재정정책의 변화로 발생된 추가적인 G) = 150이므로 $C + I + G = 850 + 100 + 150 = 1{,}100$이다. $Y = AE$이고 경제는 균형 상태이다.

그림 24.3은 대통령의 문제에 대한 답을 그래프로 나타낸 것이다. G의 50 증가는 의도된 총지출 함수를 50만큼 위로 옮긴다. 새로운 AE 선(AE_2)이 45° 선과 만나는 Y = 1,100에서 새로운 균형소득이 발생한다.

정부지출의 50 증가는 AE 함수를 50만큼 위로 옮긴다. 이에 반응하여 Y가 증가함에 따라 추가 소비가 창출된다. 종합적으로 Y의 균형수준은 900에서 1,100으로 200만큼 증가한다.

여기서는 수치 분석의 기초가 되는 경제적 논리를 이해해야 한다. 정부가 재화와 서비스를 추가 구매하는 방식으로 경제에 자금을 주입할 때, 이러한 정부구매는 새로 고용된 근로자의 소득을 창출한다. 근로자는 이 소득으로 더 많이 지출하게 되고, 이는 경제를 더욱 부양하여 새로운 일자리와 더 많은 소득을 창출한다. 결과적으로 부양 효과가 배수로 증가되고 경제는 처음의 정부지출보다 더

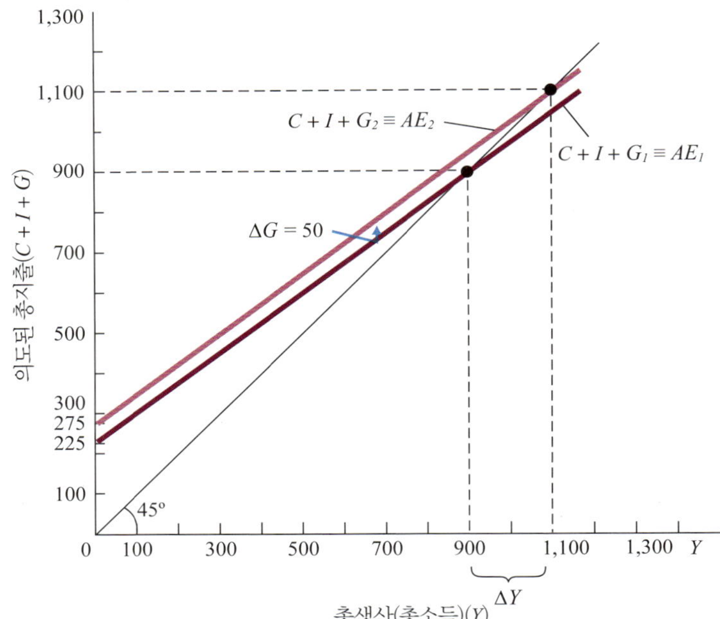

그림 24.3 정부지출승수
정부지출의 50 증가는 *AE* 함수를 50만큼 위로 옮긴다. 이에 반응하여 *Y*가 증가함에 따라 추가 소비가 창출된다. 종합적으로 *Y*의 균형수준은 900에서 1,100으로 200만큼 증가한다.

많이 확장된다.

조세승수

재정정책에는 정부의 지출정책과 조세정책이 모두 포함된다. 조세정책의 변화가 경제에 어떤 영향을 미치는지 이해하기 위해 다음과 같은 상황을 생각해보자. 앞에서와 마찬가지로 자신이 대통령 최고경제자문관인데, 정부지출수준을 증가시키지 않고 실업률을 수용 가능한 수준으로 감소시키는 계획을 고안하라는 지시를 받았다고 하자. 당신은 정부지출(G)을 증가시키는 대신 세금을 삭감하고 현재 지출수준을 유지해야 한다. 세금 삭감은 처분가능소득을 증가시키고 이는 추가 소비지출을 유발할 수 있다(소득 증가는 소비 증가를 발생시킨다는 일반 원리를 기억하라). G의 증가와 같은 크기의 세금 삭감은 총생산에 동일한 영향을 미치는가?

세금 삭감은 분명히 총생산을 증가시킬 것이다. 정부는 세금 삭감 전과 다름없이 지출하고, 가계는 전보다 더 많은 세후소득(처분가능소득)을 가지게 되는데, 이는 소비를 증가시킨다. 의도된 총지출이 증가하고, 재고가 의도된 수준보다 감소하며, 생산을 증가시키기 위해 근로자를 더 많이 고용할 것이다. 더 많은 근로자가 고용됨에 따라 더 많은 소득이 창출되고, 이것이 두 번째 라운드의 소비를 증가시키는 일 등이 발생할 것이다. 따라서 소득은 정부지출의 경우와 마찬가지로 세금 삭감의 배수만큼 증가할 테지만 서로 다른 점이 있다. 세금 변화의 승수는 정부지출 변화의 승수와 같지 않다. 세금 변화에 대한 균형생산수준 변화의 비율인 **조세승수**(tax multiplier)가 지출승수와 다른 이유는 무엇인가? 그 답을 알려면 세금 삭감과 지출 증가가 경제에서 작동하는 방식을 비교해야 한다.

조세승수 세금 변화에 대한 균형생산수준 변화의 비율

그림 24.1을 살펴보라. 정부가 지출을 증가시키면 경제의 총지출에 즉각적이고 직접적인 영향을 미친다. G의 증가는 의도된 총지출의 구성 요소이므로 의도된 총지출을 즉각적으로 같은 크기만큼 증가시킨다. 세금이 삭감될 때는 총지출에 직접적인 영향을 미치지 않는다. 세금은 처분가능소득에 영향을 미침으로써 (총지출의 구성 요소인) 가계의 소비에 영향을 미친다. 세금 삭감은 가계의 소

비에 영향을 미치는 경로를 통해 총지출에 영향을 미친다. 그림 24.1에서 보듯이 세금 삭감은 총지출에 영향을 미치기 전에 가계를 통과하여 흐른다.

정부가 세금을 1달러 삭감한다면 지출이 얼마나 증가할까? 이미 그 답을 알고 있다. 한계소비성향(MPC)은 처분가능소득이 변화할 때 소비가 얼마나 변화하는지를 알려준다. 주어진 예에서는 처분가능소득의 한계소비성향이 0.75인데, 이는 세후소득이 1달러 증가하면 가계는 1달러 전부가 아니라 0.75달러만큼 소비를 증가시킨다는 것을 의미한다.[2]

요약하면, 정부지출이 1달러 증가하면 의도된 총지출은 처음에 1달러만큼 증가한다. 세금이 삭감되면 의도된 총지출은 처음에 MPC와 세금 변화를 곱한 것만큼만 증가한다. 세금 삭감에 의한 의도된 총지출의 처음 증가는 정부지출 증가의 경우보다 작기 때문에 세금 삭감이 균형소득수준에 미치는 최종적인 영향이 더 작을 것이다.

조세승수의 크기는 투자 증가와 정부구매 증가의 승수를 도출하는 것과 같은 방식으로 구한다. 총생산(총소득)(Y)의 최종 변화는 다음과 같다.

$$\Delta Y = \text{총지출의 처음 변화} \times \left(\frac{1}{MPS}\right)$$

ΔT의 세금 변화로 인한 총지출의 처음 변화는 $-\Delta T \times MPC$이므로 조세승수는 다음과 같이 구할 수 있다.

$$\Delta Y = (-\Delta T \times MPC) \times \left(\frac{1}{MPS}\right) = -\Delta T \times \left(\frac{MPC}{MPS}\right)$$

세금 삭감은 소비지출과 생산을 증가시키고, 세금 증가는 소비지출과 생산을 감소시킨다. 따라서 조세승수는 음의 승수이다.

$$\text{조세승수} = -\left(\frac{MPC}{MPS}\right)$$

이 장의 부록 A에서는 조세승수를 수학적으로 도출한다.

주어진 예처럼 MPC가 0.75이면 조세승수는 $-0.75/0.25 = -3$이다. 세금 증가는 가계 부문의 소득을 유출시켜 소비를 감소시키고, 세금 삭감은 가계 부문의 소득을 증가시켜 소비를 증가시키기 때문에 조세승수는 음이다. 세금이 100 삭감되면 균형생산수준이 $-100 \times -3 = 300$만큼 증가할 것이다. 이것은 정부지출승수 4의 효과와 다르다. 동일한 조건에서 G가 50 증가하면 균형생산수준이 $200 (= 50 \times 4)$만큼 증가할 것이다. 생산을 200 증가시키려면 200/3, 즉 66.67만큼의 세금 삭감이 필요하다.

균형재정승수

지금까지 세금 변화가 없는 정부지출 변화와 정부지출 변화가 없는 세금 변화를 살펴보았다. 정부지출과 세금의 증가액이 같으면 어떤 일이 발생하는가? 즉 정부가 동일한 금액만큼 세금을 증가시켜

2 정의에 따르면 가계가 소비하지 않은 부분은 저축되므로 나머지 0.25달러는 저축으로 배분된다.

추가 정부지출에 대해 지불하기로 결정하면 어떤 일이 발생하는가?

이처럼 정부지출과 세금의 증가액이 같으면 균형소득에 영향을 미치지 않을 것이라고 생각하는 독자도 있겠지만 실상은 그렇지 않다. 예를 들어 정부지출이 400억 달러 증가한다고 하자. 앞의 분석에 따르면 세금(T)을 일정하게 유지한 상태에서 G가 40 증가하면 균형소득수준이 정부지출승수의 40배만큼 증가해야 한다. 정부지출승수는 $1/MPS$, 즉 $1/0.25 = 4$이므로 균형소득수준은 $160(= 40 \times 4)$만큼 증가할 것이다.

이제 조세수입을 일정하게 유지하는 것이 아니라 균형재정을 유지하기 위해 정부지출의 40 증가를 같은 크기의 세금 증가로 조달한다고 하자. 이처럼 G와 T가 증가하면 총지출에 어떤 일이 발생하는가? 두 가지 처음 효과가 있다. 첫째, 정부지출이 40 증가한다. 이러한 효과는 직접적이고 즉각적이다. 둘째, 정부는 세금을 40 더 징수하는데, 이러한 세금 증가는 경제의 총지출에 음의 영향을 미치지만 정부지출의 증가를 완전히 상쇄하지 않는다.

총지출에 미치는 세금 증가의 최종적인 영향은 가계의 반응에 달려 있다. 지금까지 가계의 행동에 대해 아는 유일한 사실은 가계가 추가로 증가된 소득의 75%를 지출하고 나머지 25%는 저축한다는 것이다. 처분가능소득이 감소할 때 소비와 저축 둘 다 감소한다. 세금 증가 40이 처분가능소득을 40만큼 감소시킴에 따라 소비가 30만큼 감소한다. $MPC = 0.75$이므로 소비는 $30(= 40 \times 0.75)$만큼 감소한다. 초기의 결과는 정부지출이 40 증가하고 소비가 30 감소한다는 것이다. G와 T가 동시에 같은 크기만큼 증가하면 총지출은 10만큼 증가한다.

균형재정승수 재정적자가 발생하지 않도록 하기 위해 정부지출 변화와 조세수입 변화가 같을 때 정부지출 변화와 조세수입 변화에 대한 균형 생산수준 변화의 비율. 균형재정승수는 1이며, G의 변화와 크기가 같은 T의 변화로 나타나는 Y의 변화는 정확하게 G 또는 T의 처음 변화와 같음

G와 T가 동시에 같은 크기만큼 증가하면 총지출은 얼마나 증가하는가? **균형재정승수**(balanced-budget multiplier)는 얼마나 큰가? 그 답을 알면 놀랄 수도 있다.

$$\text{균형재정승수} \equiv 1$$

이를 설명하기 위해 조세승수와 정부지출승수에 대해 알고 있는 것을 결합해보자. 정부지출과 세금을 동시에 증가시키는 것의 최종 효과를 구하기 위해 정부지출과 세금의 승수 효과를 합해야 한다. 정부지출승수는 $1/MPS$, 조세승수는 $-MPC/MPS$이고 두 승수의 합은 $(1/MPS) + (-MPC/MPS) \equiv (1 - MPC)/MPS$이다. $MPC + MPS \equiv 1$이므로 $1 - MPC \equiv MPS$이다.

표 24.3 G와 T를 200 증가시키고 균형 구하기*

(1) 생산(소득) Y	(2) 순세금 T	(3) 처분가능소득 $Y_d \equiv Y - T$	(4) 소비지출 $C = 100 + 0.75Y_d$	(5) 의도된 투자지출 I	(6) 정부구매 G	(7) 의도된 총지출 $C + I + G$	(8) 의도되지 않은 재고 변화 $Y - (C + I + G)$	(9) 불균형 조정
500	300	200	250	100	300	650	−150	생산↑
700	300	400	400	100	300	800	−100	생산↑
900	300	600	550	100	300	950	−50	생산↑
1,100	**300**	**800**	**700**	**100**	**300**	**1,100**	**0**	**균형**
1,300	300	1,000	850	100	300	1,250	+50	생산↓
1,500	300	1,200	1,000	100	300	1,400	+100	생산↓

*표 24.1의 G와 T가 100에서 300으로 증가했다.

표 24.4 재정정책 승수의 요약

	경기부양 정책	승수	균형생산수준(Y)
정부지출승수	정부구매의 증가 또는 감소: ΔG	$\frac{1}{MPS}$	$\Delta G \times \frac{1}{MPS}$
조세승수	순세금의 증가 또는 감소: ΔT	$\frac{-MPC}{MPS}$	$\Delta T \times \frac{-MPC}{MPS}$
균형재정승수	정부구매와 순세금의 동시 증가 또는 감소: $\Delta G = \Delta T$	1	ΔG

이는 $(1 - MPC)/MPS \equiv MPS/MPS \equiv 1$을 의미한다. (이 장의 부록 A에서 균형재정승수를 수학적으로 도출한다.)

주어진 예로 돌아가보자. 정부지출승수를 사용하면 G의 40 증가가 균형생산을 160(= 40 × 정부지출승수 4) 증가시킨다는 것을 상기하라. 조세승수를 사용하면 세금의 40 증가는 균형생산수준을 120(= 40 × 조세승수 3) 감소시킬 것이다. 따라서 순효과는 160에서 120을 뺀 40이다. 균형생산 Y에 미치는 효과는 G 또는 T의 증가와 같다. 달리 말하면 G와 T의 변화로 인한 균형수준 Y의 순증가는 G 또는 T의 처음 증가와 정확히 같다.

만약 대통령이 재정적자를 증가시키지 않고 Y를 200 증가시키려 한다면 G와 T를 동시에 200 증가시키면 된다. 그 이유를 이해하기 위해 표 24.3을 보라. 표 24.1에서는 균형생산수준이 900이다. G와 T를 200 증가시키면 새로운 균형생산수준은 200만큼 더 높은 1,100이 된다. 다른 Y 수준에서는 $C + I + G = Y$가 성립하지 않는다. 정부지출의 증가는 의도된 총지출에 직접적인 처음 영향을 미치지만 세금 증가는 그렇지 않다. 세금 증가의 처음 효과는 가계가 MPC와 세금 변화를 곱한 것만큼 소비를 감소시킨다는 것이다. MPC가 1보다 작기 때문에 이러한 소비 변화는 세금 변화보다 적다. 정부지출 증가로 인한 양의 부양 효과가 세금 증가로 인한 음의 부양 효과보다 더 크다. 이러한 순효과는 균형재정승수가 1임을 의미한다. 지금까지 설명한 재정정책 승수에 관한 모든 내용을 표 24.4에 요약했다.

유의 사항 정부를 추가했지만 승수에 관한 설명이 아직 완전하지는 않으며 과도하게 단순화된 상태이다. 예를 들면 실제로 세금은 소득에 의존하지만 순세금(T)을 정액세로 취급했다. 이 장의 부록 B에서는 세금이 소득에 의존한다는 현실적인 가정을 도입하면 승수의 크기가 감소한다는 것을 보여준다. 이어지는 장들에서는 현실성과 난이도를 분석에 추가할 것이다.

24.3 연방정부 예산

미국 **연방정부 예산**(federal budget)에는 다음 연도를 위해 정부가 지출하려고 계획한 모든 것과 정부 수입의 모든 원천이 상세히 열거되어 있다. 따라서 정부 예산은 정부의 재정정책을 매우 상세히 설명해준다. 물론 정부 예산은 경제 문서일 뿐만 아니라 사회적·정치적·경제적 세력의 복잡한 상호작용에서 비롯된 산물이다.

학습목표

미국 클린턴, 부시, 오바마, 초기 트럼프 행정부의 연방정부 예산을 비교하여 살펴본다.

연방정부 예산 미국 연방정부의 예산

2017년 예산

미국 연방정부 예산의 대분류는 표 24.5와 같다. 2017년에 연방정부의 총수입은 3조 5,874억 달러였으며, 주로 개인소득세(1조 6,035억 달러)와 사회보험분담금(1조 2,873억 달러)으로 이루어졌다(사회보험분담금은 고용주와 피고용인의 사회보장세이다). 법인세는 4,013억 달러로 총수입의 11.2%였다. 정부의 총수입에서 법인세가 차지하는 비율은 개인소득세와 사회보장세에 비해 상대적으로 작다. 2017년의 세금 개혁으로 정부의 총수입에서 법인세가 차지하는 비율이 더 하락할 가능성이 있다.

2017년에 미국 연방정부는 4조 2,525억 달러를 지출했는데 그중에서 2조 745억 달러는 대인 이전지불(사회보장급여, 퇴역군인급여, 실업급여)이었다.[3] 다음으로 큰 항목은 소비지출(9,778억 달러)이고, 연방정부가 주정부, 지방정부에 주는 보조금(5,596억 달러)과 연방정부 채무에 대한 이자지급(5,049억 달러)이 뒤를 잇는다.

표 24.5 2017년 미국 연방정부의 수입과 지출

	금액(10억 달러)	합계에서 차지하는 비율(%)
경상수입		
개인소득세	1,605.3	44.7
소비세와 관세	132.3	3.7
법인세	401.3	11.2
기타 세계로부터의 세금	22.4	0.6
사회보험분담금	1,287.3	35.9
이자수입, 임대료, 로열티	58.5	1.6
기업과 개인으로부터의 경상이전수입	86.5	2.4
정부기관의 경상흑자	−3.5	−0.1
합계	3,587.4	100.0
경상지출		
소비지출	977.8	23.0
대인 이전지불	2,074.5	48.8
기타 세계에 대한 이전지불	74.9	1.8
주정부와 지방정부에 대한 보조금	559.6	13.2
이자지급	504.9	11.9
보조금	60.8	1.4
합계	4,252.5	100.0
연방정부 순저축-흑자(+) 또는 적자(−)		
(총경상수입 − 총경상지출)	−665.1	

* 반올림 때문에 수치의 합이 정확히 일치하지 않을 수도 있다.
출처: U.S. Bureau of Economic Analysis, March 28, 2018.

3 정부의 재화와 서비스 구매(소비지출)와 이전지불 사이에 중요한 차이가 있음을 기억하라. 대부분의 정부 예산은 재화와 서비스 구매보다는 경제학자가 이전지불(보조금이나 증여 형태의 지급)으로 분류하는 항목에 사용된다. 재화와 서비스 구매만 G에 포함되고 이전지불은 순세금의 부분으로 계산된다.

연방정부의 수입과 지출의 차이는 연방재정 흑자(+) 또는 적자(−)이다. 표 24.5는 2017년에 미국 연방정부가 수입보다 훨씬 더 많이 지출하여 6,651억 달러의 적자가 발생했음을 보여준다.

1993년 이후 재정정책: 클린턴, 부시, 오바마, 트럼프 행정부

1993년부터 이 책의 출간 사이에 거친 미국 대통령은 4명이며, 그중 2명은 민주당원이고 2명은 공화당원이다. 각 대통령이 시행한 재정정책은 행정부의 정치철학과 각 대통령이 처한 경제 상황을 반영한다. 그림 24.4, 24.5, 24.6은 각각 클린턴 행정부(1993~2000년), 부시 행정부(2001~2008년), 오바마 행정부(2009~2016년), 트럼프 행정부 첫해(2017년)의 상황을 나타낸 것이다.

그림 24.4는 총과세소득의 비율로 나타낸 연방 총개인소득세의 변화 추이를 보여준다. 그림에서 보듯이 평균 세율이 클린턴 행정부 동안 크게 상승했다. 이러한 상승의 대부분은 1기 클린턴 행정부 때 통과된 세금 법안의 결과였다. 또한 1기 부시 행정부 동안 세금 삭감의 극적인 효과를 볼 수 있다. 2000년 3분기에 평균 세율이 크게 하락한 것은 9·11 테러 이후의 세금 환급 때문이다. 2001년 4분기에 평균 세율이 다시 상승했지만 부시 행정부의 세금 삭감이 시작된 탓에 크게 하락했다. 1기 오바마 행정부 초기에는 평균 세율이 낮게 유지되었는데, 부분적으로 이는 2009년 2월에 통과된 대규모(7,870억 달러) 경기부양법 때문이다. 주로 2009~2010년 동안 경기후퇴에 대응하기 위해 제정된 이 법안은 세금 삭감과 정부지출 증가로 구성되었다. 2011~2012년에는 경기부양법의 종료로 평균 세율이 2009~2010년보다 약간 높았다. 평균 세율은 일반적으로 2010년부터 2015년까지 상승하고 그 이후 안정되었다. 2017년 12월에 의미 있는 세금법이 미국 의회를 통과하여 트럼프 대통령의 서명을 거친 뒤 2018년 초에 발효되었다. 이 법에는 대규모 법인세 삭감과 개인소득세 일부 삭감이 포함되었다. 2018년 이후의 데이터를 사용하면 그림 24.4에 있는 선이 아래로 방향 전환할 가능성이 있다.

요약하자면, 그림 24.4에는 연방정부의 전반적인 세금정책이 상당히 명확히 드러나 있다. 평균

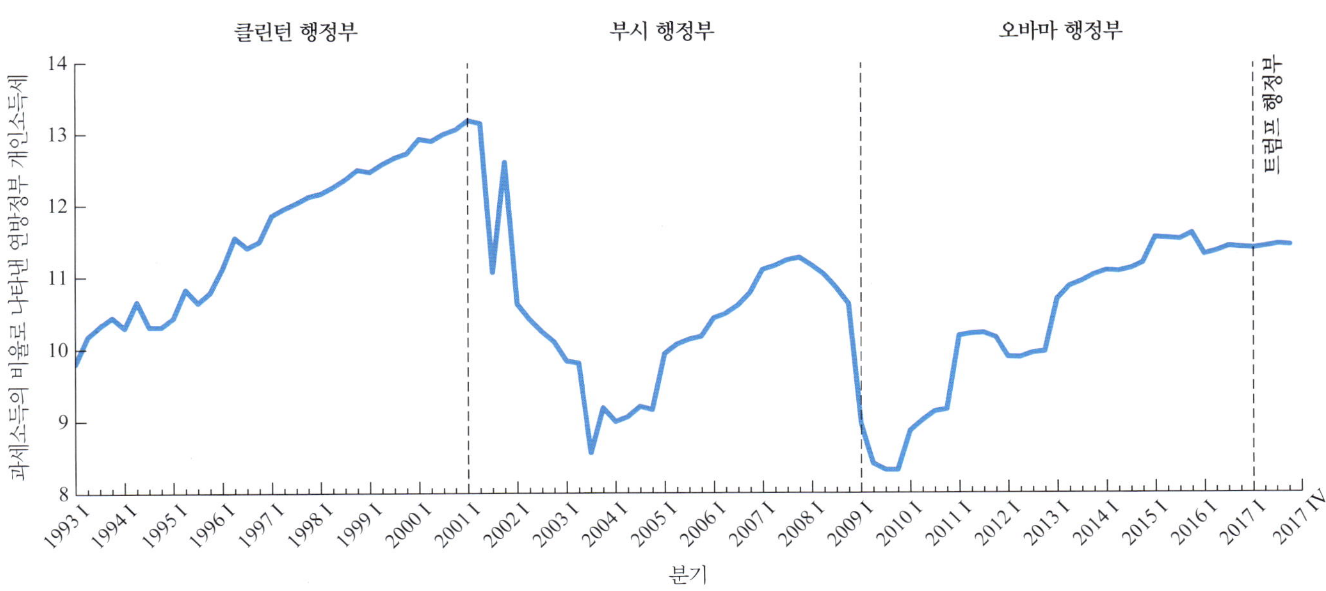

그림 24.4 1993 I~2017 IV 과세소득의 비율로 나타낸 미국 연방정부의 개인소득세

세율이 클린턴 행정부 때는 크게 상승하고 부시 행정부 때 크게 하락했으며, 오바마 행정부 초기에는 낮게 유지되다 그 이후 상승했다. 트럼프 행정부의 평균 세율은 2018년 가을 이후 하락할 가능성이 있다.

표 24.5를 보면 연방정부의 가장 중요한 지출변수는 소비지출, 대인 이전지불, 주정부와 지방정부에 대한 보조금이다. 재화와 서비스에 대한 정부의 지출은 GDP의 일부이다. 그림 24.5는 2개의 지출 비율 그래프로, 하나는 GDP 대비 연방정부 지출의 비율이고 또 하나는 GDP 대비 대인 이전지불과 주정부, 지방정부에 주는 보조금의 비율이다. 그림에서 보듯이 GDP의 비율로 나타낸 소비지출은 클린턴 행정부 때 하락하고 부시 행정부 때 상승했으며 1기 오바마 행정부 때 매우 높았다. 부시 행정부 동안 GDP의 비율로 나타낸 소비지출이 증가한 것은 주로 이라크 전쟁을 위한 지출 때문이다. 오바마 행정부 초기에 GDP의 비율로 나타낸 소비지출이 증가한 데에는 경기부양법과 아프가니스탄 전쟁을 위한 지출 증가가 반영되었다. GDP의 비율로 나타낸 소비지출은 2기 오바마 행정부 때 크게 하락했으며, 이는 트럼프 행정부 첫해 동안에도 이어졌다. 2018년 초에 통과된 미국 예산법들은 2018년 이후 정부지출의 증가를 유발할 것이다. 따라서 그림 24.5의 지출 선은 2018년 이후에 상승할 가능성이 있다.

또한 그림 24.5에서 GDP의 비율로 나타낸 이전지불은 부시 행정부 동안, 특히 말기에 상승하고 오바마 행정부와 트럼프 행정부 초기에 높게 유지되었다. 클린턴 행정부 때는 이것이 평평하거나 약간 하락했는데, 1996~2000년 하락의 일부에는 클린턴 대통령의 후생 개혁 법안이 영향을 미쳤다. 2001년 이후 상승의 일부는 메디케어 지급이 증가한 결과이다. 오바마 행정부 초기에 이 비율이 높았던 것은 경기부양법과 다양한 확장의 효과가 반영되었기 때문이다.

그림 24.6은 GDP의 비율로 나타낸 연방정부 재정흑자(+) 또는 재정적자(−)의 변화 추이를 보여준다. 그림에서 보듯이 클린턴 행정부 때 연방정부 예산이 상당한 적자에서 확연한 흑자로 전환되었다. 물론 이 기간 동안 평균 세율이 상승하고 GDP의 비율로 나타낸 지출이 감소했기 때문에 그것은 놀라운 일이 아니다. 1기 부시 행정부 때는 이러한 흑자가 상당한 적자로 바뀌었다. 이 기간 동

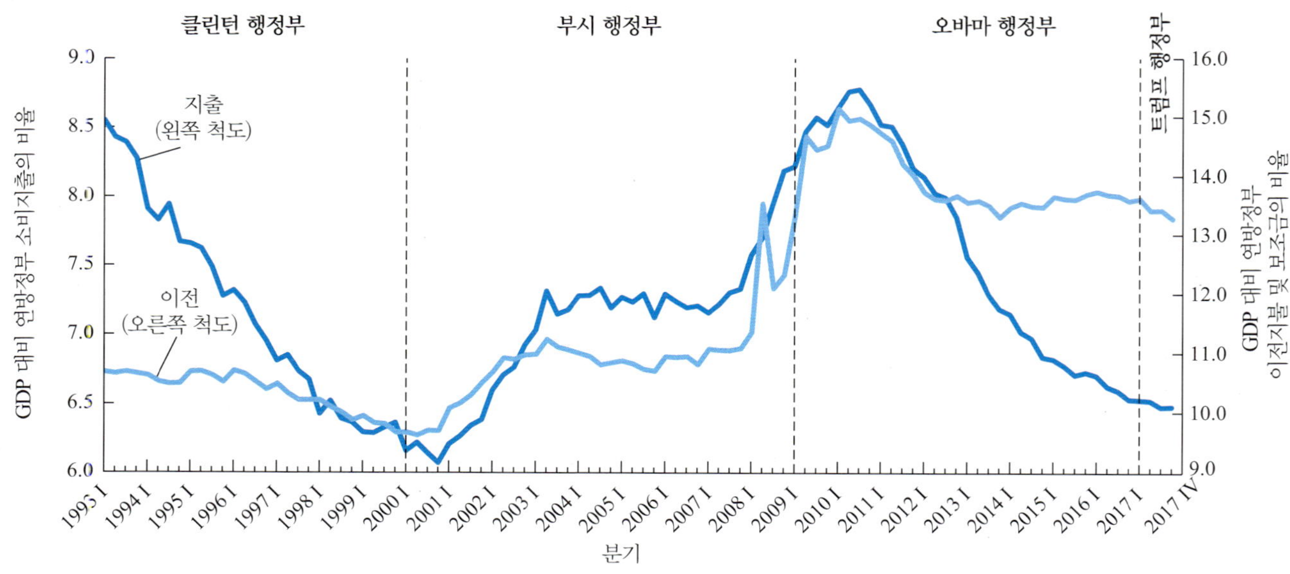

그림 24.5 1993 I~2017 IV GDP 대비 미국 연방정부 소비지출의 비율과 이전지불 및 보조금의 비율

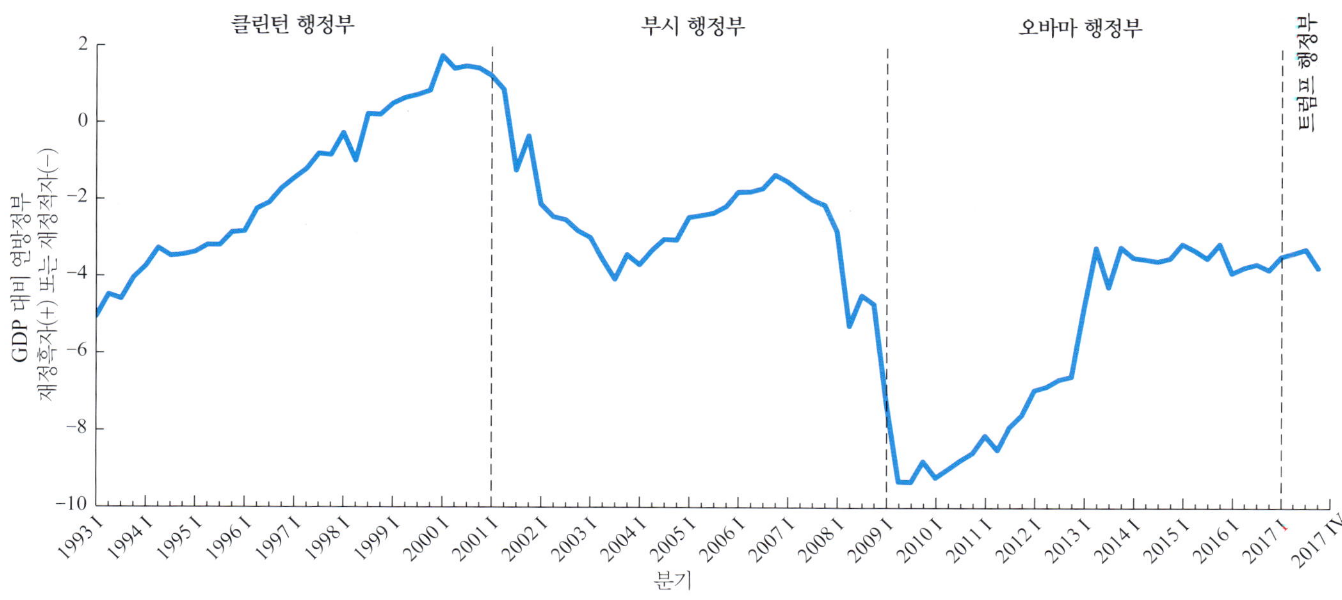

그림 24.6 1993 I~2017 IV GDP 대비 미국 연방정부의 재정흑자 또는 재정적자

안 평균 세율이 하락하고 GDP의 비율로 나타낸 지출이 증가했기 때문에 이 또한 놀랄 만한 일이 아니다. 이러한 적자는 오바마 행정부 초기에 급격히 증가하여 2009년 2분기에 GDP의 9.3%에 달했는데 역시나 놀라운 일이 아니다. 평균 세율은 낮게 유지되었으나 지출이 크게 증가했다. GDP에

경제학의 적용

스페인의 지방자치권과 정부 예산

카탈루냐와 바스크의 분리 독립 열망을 피하기 위해 스페인은 지난 30년간 대대적인 정치 및 재정 분권화를 단행했다. 그러나 2017년 10월에 치러진 카탈루냐 독립에 대한 투표는 지역정부에 부여된 자치권이 충분하지 않다는 것을 보여준다. 강한 민족 정체성과 문화적 자부심은 제쳐두고 카탈루냐인의 주된 불만은 스페인의 재정지출이 공평하지 않다는 것이다.

스페인 지방정부는 대부분 관할구역에서 세금을 부과하고 중앙정부에 연간 일정 금액을 납부해야 한다. 스페인 재정평등 프로그램은 세금 부담 능력에 관계없이 빈곤 지역의 후생지출을 증가시켜 지역적 불평등을 줄이는 것이 목적이다.

카탈루냐의 인구는 스페인 전체 인구의 16%에 불과하지만 카탈루냐의 GDP는 스페인 전체 GDP의 20%를 차지한다. 그러나 카탈루냐는 스페인 전체 지출의 11%만 받는다. 2011~2015년의 유럽 국가채무 위기 동안 심한 내핍 조치로 인해 지방정부는 공적 지출을 감당하기 위해 차입을 해야만 했다. 받은 것보다 100억 유로를 더 지불한 카탈루냐는 2017년 GDP 대비 공적 채무의 비율이 35.3%로, 스페인의 평균인 24.2%보다 훨씬 높았다.

재정수입과 지출 자치권은 지방자치의 필수 요건이다. 미래의 분쟁을 피하기 위해 스페인은 더 엄격한 지역 예산 제약 조건을 부과하고 각 관할구역의 세금 부담 능력과 지출 수요를 일치시킬 필요가 있다.

질문

- 유럽 국가채무 위기는 스페인과 카탈루냐의 재정 문제에 어떤 영향을 미쳤는가? 이러한 문제는 미래에 어떻게 해결될 수 있는가?

서 적자가 차지하는 비율은 2기 오바마 행정부와 트럼프 행정부 첫해에 대체로 약 3.5%였다. 2017년 말에 통과된 세금삭감법과 2018년 초에 통과된 지출증가법을 고려하면 GDP에서 적자가 차지하는 비율은 2018년 이후 상당히 높아질 가능성이 있다.

세 그림의 차이를 살펴보면서 정부지출과 세금 수준에 대한 의사결정은 거시경제 문제뿐만 아니라 미시경제 쟁점과 정치철학을 반영한다는 것을 기억해야 한다. 클린턴 대통령의 후생 개혁 프로그램은 정부 이전지불을 감소시켰으나 부분적으로는 시장 인센티브를 개선하려는 동기를 가지고 있었다. 부시 대통령의 초기 감세는 거시경제 문제보다는 정치철학에 기반한 것이고 지출 증가는 국제관계의 변화에서 비롯되었다. 한편 오바마 대통령의 재정정책은 거시경제 문제를 해결하기 위해 추진되었다. 2008년에 시작된 경기후퇴의 영향을 완화하기 위해 경기부양법을 내놓았다. 세금과 지출 정책은 거시경제 문제를 해결하는 것이 동기이든 아니든 거시경제에 영향을 미친다.

연방정부 채무

연방정부 채무 연방정부가 보유한 채무

민간 보유 연방정부 채무 민간이 보유한 미국 정부의 채무

적자가 발생하면 정부는 필요한 자금을 조달하기 위해 차입을 해야 한다. 연방정부는 차입하기 위해 민간에 국채를 매도하고 국채에 대한 이자를 지급하고, 그 대가로 국채 매입자에게 자금을 받아 지불하는 데 사용한다. 이러한 차입은 연방정부가 상환해야 하는 부채인 **연방정부 채무**(federal debt)를 증가시킨다. 연방정부 채무는 시간이 흐름에 따라 모든 누적 적자에서 흑자를 뺀 총액이다. 한편 정부가 흑자를 내면 연방정부 채무가 감소한다.

연방정부는 발행하는 국채의 일부를 연방준비제도 또는 대부분이 사회보장 자금인 정부 신탁 펀드에 보유한다. **민간 보유 연방정부 채무**(privately held federal debt)는 비정부 부문이 보유한 미국 정부 채무를 말한다.

그림 24.7은 1993 I~2017 IV 동안 GDP의 비율로 나타낸 민간 보유 연방정부 채무를 나타

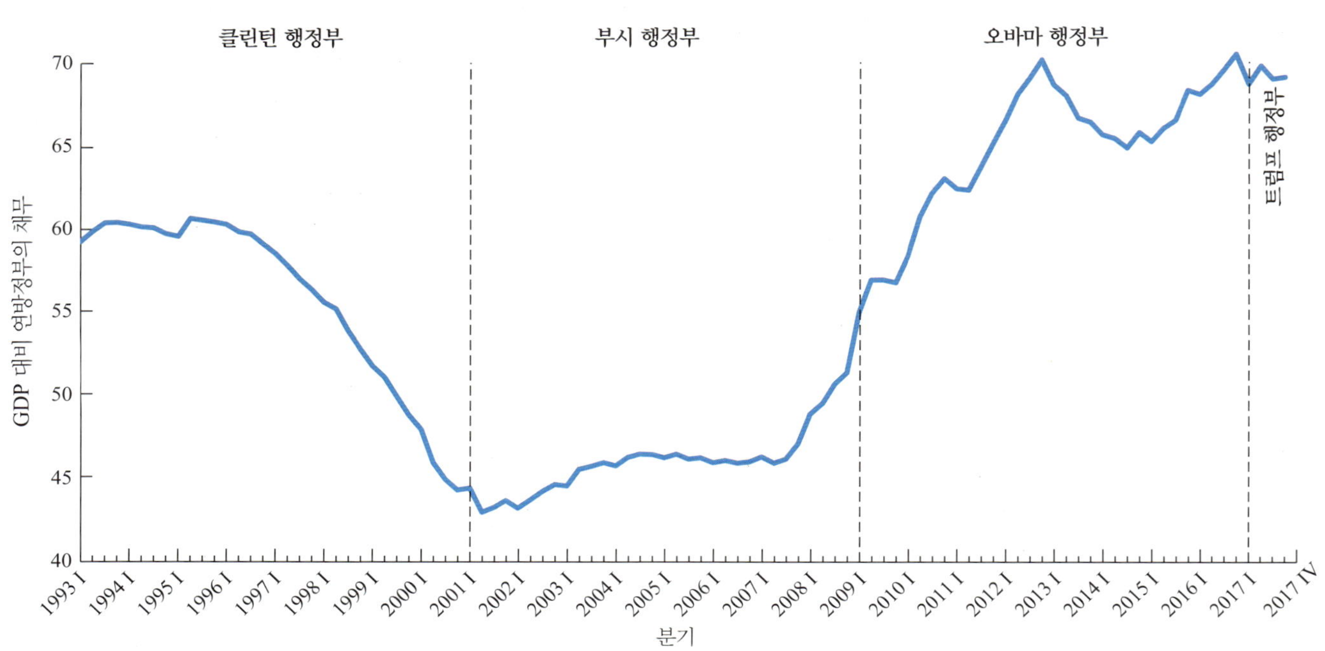

그림 24.7 1993 I~2017 IV GDP 대비 미국 연방정부의 채무

낸 것이다. 이 비율은 재정이 흑자였던 2기 클린턴 행정부 때 하락하고 적자였던 부시 행정부 때 상승했다. 이후 1기 오바마 행정부 때는 극적으로 상승하여 2012년 말에 70%에 이르렀다. GDP에서 차지하는 연방정부 채무의 비율은 2기 오바마 행정부와 트럼프 행정부 첫해에 높게 유지되었다. 2018년 이후 적자가 더 증가할 것으로 예상되기 때문에 2018년 이후에는 이 비율이 상당히 상승할 가능성이 있다.

24.4 경제가 정부 예산에 미치는 영향

학습목표

경제가 정부 예산에 미치는 영향을 이해한다.

지금까지 한 행정부의 재정정책이 경제 상태의 영향을 종종 받는다는 것을 살펴보았다. 예를 들어 오바마 행정부는 2008~2009년의 경기후퇴에 대응하기 위해 정부지출을 증가시키고 세금을 삭감했다. 그러나 명시적인 재정정책의 변화가 없더라도 경제 상태는 정부 예산에 영향을 준다. 정부가 직접 통제하지 못하는 경제의 영향이 존재한다.

자동안정장치와 자동불안정장치

정부 조세수입의 대부분은 정부가 결정한 세율을 경제의 본질적인 활동을 반영하는 세원에 적용함으로써 발생한다. 예를 들어 법인세는 기업이 벌어들인 이윤에 세율을 적용함으로써 발생한다. 개인소득세는 개인이 벌어들인 소득에 과세표의 세율을 적용함으로써 발생한다. 따라서 조세수입은 정부가 세율을 변화시키지 않더라도 경제 상태에 의존한다. 경기후퇴에 들어서면 세율이 변하지 않더라도 조세수입이 감소할 것이고, 경제가 회복되면 조세수입이 증가할 것이다. 다른 것들이 동일할 때 재정적자는 경기확장기에 감소하고 경기후퇴기에 증가한다.

정부 예산의 일부 지출 항목은 경제가 변화함에 따라 자동적으로 변화한다. 경제가 나빠지면 실업이 증가하고 실업급여가 증가한다. 일반적인 빈곤층 지원, 푸드스탬프 할당액 등의 이전지불도 경기후퇴기에 증가하고 경기확장기에 감소한다. 이러한 정부 수입과 지출의 자동적 변화를 **자동안정장치**(automatic stabilizer)라고 한다. 자동안정장치는 경제를 안정시키는 데 도움을 준다. 경기후퇴기에는 세금이 감소하고 지출이 증가하며 경기확장기에는 이와 반대되는 일이 발생하여 경제에 긍정적인 영향을 미친다. 정부는 이를 위해 법을 바꿀 필요가 없다.

자동안정장치 GDP를 안정시키는 방식으로, 경제 상태에 따라 자동적으로 변화하는 정부 예산의 수입과 지출 항목

정부지출을 완전히 통제할 수 없는 또 다른 이유는 경기확장기에 흔히 인플레이션이 높아진다는 것이다. 22장에서는 일부 정부 이전지불이 인플레이션율(CPI의 변화율)과 연동되어 있음을 살펴보았다. 따라서 인플레이션이 높아짐에 따라 이러한 이전지불이 증가한다. 일부 메디케어 이전지불은 의료비가 증가함에 따라 증가하고, 이 의료비는 전반적인 인플레이션율의 영향을 받을 수도 있다. 인플레이션율은 경기후퇴기보다 경기확장기에 더 높아지기 때문에 **자동불안정장치**(automatic destabilizer)로 간주할 수 있다. 인플레이션율이 높아짐에 따라 정부지출이 증가하고 이는 경기확장을 더욱 부추겨 경제를 불안정하게 만든다. 경기후퇴기에 인플레이션율이 낮아지면 정부지출이 자동적으로 감소하고 경기후퇴가 더욱 악화된다.

자동불안정장치 GDP를 불안정시키는 방식으로, 경제 상태에 따라 자동적으로 변화하는 정부 예산의 수입과 지출 항목

다음 장들에서는 이자율이 경기확장기에 상승하고 경기후퇴기에 하락하는 경향이 있음을 살펴볼 것이다. 이자율이 상승하면 (가계와 기업이 정부 채무의 대부분을 보유하고 있기 때문에) 가계와

기업에 대한 정부의 이자지급이 증가하고 가계와 기업의 이자소득이 증가한다. 따라서 이자지급을 위한 정부지출은 경기확장기에 증가하고 경기후퇴기에 감소하는 경향이 있으며, 다른 것들이 일정할 때 이는 경제를 불안정하게 만들 수 있다. 이어지는 장들에서는 이자율의 상승이 다른 이유 때문에 소비(와 투자)를 감소시킬 수 있고, 다른 것들이 일정할 때 이는 경제를 안정시킨다는 것을 살펴볼 것이다. 이자율 변화의 순효과는 일반적으로 경제를 안정시킨다.

재정적 장애 경기확장기에 납세자가 더 높은 과세구간으로 이동하여 평균 세율이 인상될 때 경제에 나타나는 부정적인 영향

1982년 이후 개인소득세의 과세구간은 전반적인 물가수준과 연동되어 있다. 그 이전에는 개인소득세가 전반적인 물가수준과 연동되지 않았기 때문에 **재정적 장애**(fiscal drag)라는 결과를 초래했다. 과세구간이 물가수준과 연동되지 않으면 물가수준이 상승하여 사람들의 명목소득이 증가함에 따라 사람들이 더 높은 과세구간으로 이동하고, 그들이 납부하는 평균 세율이 올라간다. 이것은 경제의 '장애물'이므로 재정적 장애라고 불리게 되었다.

1982년에 미국은 많은 특별공제를 받던 고소득자를 대상으로 대안적 최소세(alternative Minimum Tax, AMT)를 제정했다. 이러한 고소득자는 본질적으로 일부 공제를 제외하고 (더 낮은) 단일세를 부과하는 소득세를 계산하는 대안적인 방법의 적용을 받을 수 있었다. 표준적인 과세표와 달리 AMT의 효과가 나타나는 소득수준은 2013년 인플레이션율과 연동될 때까지 30년 동안 일정하게 유지되었다. 이 기간 동안 AMT는 재정적 장애가 되었다. 더 높은 과세구간으로 이동하는 사람의 수가 경기확장기에 증가하고 경기수축기에 감소한다는 점에서 재정적 장애가 자동안정장치라는 사실이 흥미롭다. 1982년의 법안은 과세구간을 전반적인 물가수준과 연동함으로써 AMT 이외의 세금에서 인플레이션으로 인한 재정적 장애를 제거했다. 인플레이션만으로 소득이 증가하면 과세구간이 매년 바뀌기 때문에 평균 세율에는 변화가 없다. 자동안정장치의 인플레이션 부분이 제거되었다.

완전고용예산

경제 상태가 재정적자에 큰 영향을 미친다는 것을 앞서 살펴보았다. 경제가 나빠질 때 자동안정장치는 적자를 증가시키기 위해 작동한다. 정부는 경기침체 상태에서 벗어나기 위해 추가 조치를 시행하기도 한다. 이러한 상황에서는 적자를 내는 것이 바람직할 수도 있다. 그러나 경제가 호황일 때는 적자가 문제를 일으킬 수 있다. 특히 정부가 나쁜 시기뿐만 아니라 좋은 시기에도 적자를 일으키면 전반적인 채무가 분명히 증가할 것이고, 이는 장기적으로 지속가능하지 않을 수 있다. 경제학자들은 단순히 흑자나 적자의 규모를 보는 대신 적자를 측정하는 대안적인 방법을 개발했다. 경제가 완전고용 생산수준에서 생산한다면 예산이 어떻게 될지, 소위 **완전고용예산**(full-employment budget)을 검토함으로써 재정정책을 평가하는 기준을 설정할 수 있다.

완전고용예산 경제가 완전고용 생산수준에서 생산할 때의 정부 예산

실제 예산과 완전고용예산의 구분이 중요하다. 경기침체 상태이고 적자가 2,500억 달러이며, 완전고용이면 적자가 750억 달러로 감소할 것이라고 하자. 완전고용 상태에서도 존재하는 750억 달러의 적자는 경제 상태가 아니라 세금 구조와 지출 프로그램 때문에 발생한다. 완전고용 상태에서의 적자를 흔히 **구조적 적자**(structural deficit)라고 한다. 경기침체 상태에서 발생하는 적자 중에서 1,750억 달러(= 2,500억 달러 − 750억 달러)는 **경기적 적자**(cyclical deficit)라고 한다. 경기적 적자의 존재는 경기변동 상태가 어떠한지에 달려 있으며 완전고용에 이르면 존재하지 않는다. 정의에 따르면 완전고용예산의 경기적 적자는 0이다.

구조적 적자 완전고용 상태에서의 적자

경기적 적자 경기가 하강함으로써 발생하는 적자

표 24.5를 보면 2014년 미국 연방정부의 적자는 5,823억 달러이다. 이 중에서 경기적 적자와 구조적 적자는 각각 얼마인가? 2014년에 미국 경제는 완전고용 상태가 아니었으므로 적자의 일부는 경기적 적자였다.

미리 보기

지금까지 가계, 기업, 정부가 재화와 서비스 시장에서 어떻게 상호작용하는지, 균형생산(균형소득)이 어떻게 결정되는지, 정부가 경제에 영향을 미치기 위해 재정정책을 어떻게 사용하는지 살펴보았다. 다음 장에서는 화폐시장과 정부가 경제에 영향을 미치는 또 다른 수단인 통화정책을 분석한다.

요약

01 정부는 두 가지 정책 수단으로 거시경제에 영향을 미칠 수 있다. 재정정책은 정부의 세금과 지출 행동을 의미하고, 정부 정책의 의도적 변화에 의한 세금 또는 지출의 변화를 재량적 재정정책이라고 한다. 통화정책은 이자율과 관련된 중앙은행(연방준비제도)의 행동을 의미한다.

02 정부는 조세수입과 일부 지출을 완전히 통제하지 못한다. 조세수입과 일부 지출은 부분적으로 경제 상태의 영향을 받는다.

03 경제 참여자로서 정부는 재화와 서비스를 구매하고 세금을 징수하며 가계에 이전지불을 준다. 순세금(T)은 기업과 가계가 정부에 납부한 세금에서 정부가 가계에 준 이전지불을 뺀 것과 같다.

04 처분가능소득 또는 세후소득은 세금을 납부한 후 가계가 받는 소득이다($Y_d \equiv Y - T$). 세후소득은 가계의 소비 행동을 결정한다.

05 재정적자는 정부가 지출한 것과 세금으로 징수한 것의 차이이다($G - T$). G가 T보다 크면 정부는 적자를 메우기 위해 민간으로부터 차입을 해야 한다.

06 정부가 참여자로 활동하는 경제에서 의도된 총지출(AE)은 가계의 소비지출(C), 기업의 의도된 투자(I), 정부의 재화와 서비스 구매(G)를 합한 것이다($AE \equiv C + I + G$). 경제가 균형 상태가 되려면 $Y = AE$라는 조건이 충족되어야 하므로 $Y = C + I + G$가 거시경제 균형 조건이다. 또한 시스템에서의 유출과 시스템으로의 유입이 같을 때 경제는 균형 상태가 된다. 저축 및 순세금(유출)이 의도된 투자 및 정부구매(유입)와 같을 때 이러한 균형이 이루어진다($S + T = I + G$).

07 재정정책은 경제에 승수 효과를 미친다. 정부지출이 변화하는 경우의 승수는 $1/MPS$이고, 세금이 변화하는 경우의 승수는 $-MPC/MPS$이다. 정부지출과 세금이 동시에 같은 크기로 증가하거나 감소하는 경우의 승수는 1이다.

08 미국 연방정부 재정은 클린턴 행정부 때 적자에서 흑자로 바뀌었다. 부시 행정부 때는 세율 인하와 정부지출 증가로 이것이 반전되었고, 1기 오바마 행정부 때는 적자가 더 증가했다. GDP 대비 적자의 비율은 2기 오바마 행정부와 트럼프 행정부 첫해에 대체적으로 일정했으나 2018년 이후 크게 상승할 것으로 예측된다. GDP 대비 채무의 비율도 같은 추세를 보였다.

09 자동안정장치는 경제 상태에 따라 자동적으로 변화하고 GDP를 안정시키는 예산의 수입과 지출 항목이다. 예를 들면 경기확장기에는 사람들이 과세되는 소득을 더 많이 벌기 때문에 정부는 자동적으로 더 많은 수입을 얻게 된다.

10 완전고용예산은 경제가 완전고용 생산수준에서 생산할 때의 정부 예산을 의미한다. 구조적 적자는 완전고용 상태에서 존재하는 적자이고, 경기적 적자는 완전고용에 미치지 못하는 상황에서 운영되는 경제로 인해 발생하는 일부 적자이다.

핵심 용어

경기적 적자(cyclical deficit)
구조적 적자(structural deficit)
균형재정승수(balanced-budget multiplier)
민간 보유 연방정부 채무(privately held federal debt)
세후소득(after-tax income)
순세금(net taxes, T)
연방정부 예산(federal budget)
연방정부 채무(federal debt)
완전고용예산(full-employment budget)
자동불안정장치(automatic destabilizer)
자동안정장치(automatic stabilizer)
재량적 재정정책(discretionary fiscal policy)
재정적자(budget deficit)
재정적 장애(fiscal drag)
재정정책(fiscal policy)
정부지출승수(government spending multiplier)
조세승수(tax multiplier)
처분가능소득(disposable income, Y_d)
통화정책(monetary policy)

연습문제

01 경제학자들은 봉고의 경제에 대해 다음과 같이 추정한다.

	10억 봉고
실질생산/실질소득	1,200
정부구매	300
순세금	300
의도된 투자지출	200

봉고인은 처분가능소득의 80%를 소비하고 20%를 저축한다고 가정하자.

a. 《봉고 트리뷴》의 기업 부문 편집자가 앞으로 몇 개월 동안의 사건을 예측해달라고 요청했다. 주어진 데이터를 사용하여 예측하라(의도된 투자지출이 일정하다고 가정하라).

b. 아무런 변화가 없다면 봉고의 경제는 얼마의 GDP 수준에서 균형에 도달하는가?

c. 일부 보수주의자들은 정부 부문의 크기에 대한 봉고의 문제를 비난한다. 이들은 정부구매를 250억 봉고만큼 감소시키자고 제안한다. 정부구매의 감소가 경제에 어떤 영향을 미치는지 구체적으로 설명하라.

02 다음은 너드공화국의 2019년 경제 상태이다.

Y = \$200 C = \$160 S = \$40
G = \$0 T = \$0 I(의도된 투자) = \$30

가계는 소득의 80%를 소비하고 20%를 저축한다고 가정하자. $MPC = 0.8$, $MPS = 0.2$이다. 즉 $C = 0.8Y_d$, $S = 0.2Y_d$이다.

a. 너드의 경제는 균형 상태인가? 너드의 균형소득수준은 얼마인가? 정부가 아무런 조치를 취하지 않는다면 앞으로 몇 개월 동안 어떤 일이 발생하겠는가?

b. Y의 완전고용수준이 200달러이고 정부의 목표가 완전고용이라면 정부는 어떤 재정정책을 시행할 수 있는가?

c. Y의 완전고용수준이 250달러이면 정부는 어떤 재정정책을 시행할 수 있는가?

d. Y = \$200, C = \$160, S = \$40, I = \$40일 때 너드의 경제는 균형 상태인가?

e. (d)와 같은 상황에서 정부가 세금 없이 매년 계속해서 30달러를 지출한다고 하자. I가 일정하게 유지된다면 국내생산(Y)의 균형수준에 어떤 일이 발생하는가? C와 S의 새로운 수준은 얼마가 되는가?

f. (d)와 같은 상황에서 정부가 지출 없이 매년 세금을 30달러 부과하고 계속해서 매년 같은 세율로 과세한다고 하자. I가 일정하게 유지된다면 국내생산(Y)의 균형수준에 어떤 일이 발생하는가? C와 S의 새로운 수준은 얼마가 되는가? (e)의 답과 어떤 차이가 있는가? 왜 그런가?

03 많은 공공채무가 경제성장에 미치는 영향에 대해 상당한 논쟁이 벌어지고 있다. 많은 경제학자들은 동의하지 않지만, 《이번엔 다르다(This Time is Different)》를 저술한 경제학자 카르멘 라인하트(Carmen Reinhart)와 케네스 로고프(Kenneth Rogoff)는 '채무 과잉(debt overhang)', 즉 정부의 과도한 차입이 경제성장에 음의 영향을 미치는 공공채무수준이 존재한다고 주장한다. OECD 데이터베이스를 사용하여 일본, 미국, 독일의 GDP 성장

률과 공공채무수준과 관련된 최신 데이터를 구하라. 그 수치는 '채무 과잉' 주장에 대해 무엇을 알려주는가?

04 "경제가 균형을 이루려면 의도된 투자와 정부구매의 합이 저축과 순세금의 합과 같아야 한다." 이에 대해 설명하라.

05 다음 데이터의 소비함수는 $C = 800 + 0.6(Y - T)$이다. 표의 빈칸을 채우고 균형생산을 구하라.

생산	순세금	처분 가능 소득	소비 지출	저축	의도된 투자 지출	정부 구매	의도된 총지출	의도되지 않은 재고 변화
2,100	100				300	400		
2,600	100				300	400		
3,100	100				300	400		
3,600	100				300	400		
4,100	100				300	400		
4,600	100				300	400		
5,100	100				300	400		

06 다음과 같은 데이터셋의 경우 경제를 균형 상태로 만들기 위해 생산을 증가시키거나, 감소시키거나, 동일하게 유지해야 하는지 결정하라.

a. $Y = 1{,}000$, $C = 150 + 0.5(Y - T)$, $I = 100$, $G = 200$, $T = 180$

b. $Y = 1{,}250$, $C = 200 + 0.7(Y - T)$, $I = 80$, $G = 250$, $T = 240$

c. $Y = 1{,}500$, $C = 400 + 0.8(Y - T)$, $I = 250$, $G = 200$, $T = 150$

d. $Y = 1{,}500$, $C = 300 + 0.75(Y - T)$, $I = 200$, $G = 200$, $T = 150$

07 5번 문제의 답을 이용하여 *MPC*, *MPS*, 정부지출승수, 조세승수를 구하라. 소비지출, 의도된 총지출, 총생산 데이터를 보여주는 그래프를 그리고 균형점을 표시하라.

08 자국의 한계저축성향이 처분가능소득의 15%라고 하자. 소득이 없을 때 소비(C)가 150, 고정된 정부지출(G)이 100, 고정된 세금(T)이 80, 고정된 투자(I)가 50이라고 가정하고 GDP의 균형수준을 계산하라. 같은 금액의 세금 증가로 조달한 자금으로 이루어지는 정부지출이 20% 증가함에 따른 GDP의 변화를 구하라. 이 것은 완전히 세금으로 조달한 자금으로 이루어지는 정부지출의 효과에 대해 무엇을 알려주는가?

09 정부지출을 1달러 증가시키는 것은 세금을 1달러 삭감하는 것보다 균형소득을 더 많이 증가시키지만 둘 다 재정적자에 같은 영향을 미친다. 따라서 재정적자를 우려한다면 경제를 부양하는 최선의 방법은 세금 삭감이 아니라 정부지출 증가이다. 이에 대해 설명하라.

10 다음 빈칸을 채워라.

a. 조세승수가 −1이면 한계저축성향은 _____이다.

b. 정부지출승수가 8이면 한계저축성향은 _____이다.

c. 한계소비성향이 한계저축성향의 2배이면 정부지출승수는 _____이다.

d. 한계저축성향이 0.5이면 조세승수는 _____이다.

e. 한계저축성향이 10% 증가하면 정부지출승수는 _____이다.

f. 한계소비성향이 0.8에서 0.85로 증가하면 조세승수는 _____이다.

g. 조세승수가 −1에서 −2로 증가하는 것은 한계소비성향이 한계저축성향에 비해 상대적으로 _____한다는 것을 의미한다.

h. 정부지출승수가 5에서 4로 감소하는 것은 한계저축성향이 _____한다는 것을 의미한다.

11 균형재정승수는 얼마인가? 왜 균형재정승수가 1인지 설명하라.

12 자신이 레다나라는 신생 독립국의 재무장관이라고 가정하자. 레다나의 통화는 오반이다. 레다나는 올해 재정 운영을 시작했고 현재 채무가 없다. 왕은 전쟁에 대비하여 군대를 만들고 군대에 지출하려 한다. 재무부는 세금으로 40만 오반을 징수하여 50만 오반을 지출할 것이다. 재무부는 2% 이자를 지급하는 1년 만기 채권을 50만 오반어치 민간에게 매도하여 5만 오반을 차입할 것이다. 나머지 5만 오반은 6%의 이자를 지급하는 5년 만기 채권을 매도하여 조달할 것이다. 왕은 1년 후에 군대를 사용하면 세금이 10만 오반 증가되어 균형재정을 이룰 수 있다고 믿는다. 인플레이션이 없다고 가정하면 5년 후의 예산 규모는 얼마인가?

13 과도하게 누적된 공공적자는 경제에 부과되는 공공채무의 '중압감'을 측정하기 위해 종종 사용되는 GDP 대비 채무 비율을 증가시킬 수 있다. 2014년에 OECD 국가의 GDP 대비 채무 비율은 평균 94%였다. 과도한 공공채무수준이 경제성장에 해가 된다는 일부 경제학자의 주장(3번 문제 참조)과 별개로, 많은 정부는 채무에 대한 이자를 지급해야 하고 이러한 이자지급은 종종 정부 예산의 중요한 항목이므로 정부 채무를 감소시키는 데 관심이 있다. 어떤 국가의 GDP가 5,000억 달러, 정부 채무가 4,500억 달러, 한계저축성향이 0.2, 정부지출이 2,000억 달러, 조세수입이 1,800억 달러라고 가정하라. 정부가 세금의 변화 없이 내년에 지출을 200억 달러를 삭감할 것이라고 방금 발표했다. 균형재정과 OECD 평균보다 낮은 GDP 대비 채무 비율이면 충분한가? 그 이유는 무엇인가?

14 모든 세금 징수액이 고정되어 있고(소득에 의존하지 않음) 모든 지출과 이전지불도 고정되어 있다(예컨대 현재 실업급여는 경제 상태에 의존하지만 모든 지출과 이전지불은 경제 상태에 의존하지 않음)고 가정하자. 이 경우에 정부 재정에 자동안정장치가 있는가? 완전고용 적자와 실제 재정적자의 차이는 무엇인가?

경제학적 사고 키우기

01 소득분배의 최하위 오분위에 속한 가계는 최상위 오분위에 속한 가계보다 한계소비성향이 더 크다. 정부가 경기후퇴기 동안 생산을 증가시키기 위해 세금을 삭감하려 한다면 어떤 가계가 세금 삭감의 대상이 되어야 하는가?

02 정부지출과 세금을 같은 크기만큼 증가시키는 것은 확장적 재정 정책 또는 수축적 재정정책이 될 수 있다. 이를 구분하기 위해 어떤 정보가 필요한가?

학습목표

정부지출승수를 도출한다.

부록 A: 재정정책 승수의 도출

정부지출승수와 조세승수

정부지출승수가 $1/MPS$임을 앞서 배웠다(투자승수도 $1/MPS$이다). 다음과 같은 가상의 소비함수를 사용하여 정부지출승수를 수학적으로 도출할 수 있다.

$$C = a + b(Y - T)$$

여기서 b는 한계소비성향이다. 이미 알고 있듯이 균형 조건은 다음과 같다.

$$Y = C + I + G$$

C를 대입하면 다음을 얻는다.

$$Y = a + b(Y - T) + I + G$$
$$Y = a + bY - bT + I + G$$

이를 다시 정리하면

$$Y - bY = a + I + G - bT$$
$$Y(1 - b) = a + I + G - bT$$

양변을 $(1 - b)$로 나누고 Y에 대해 풀면

$$Y = \frac{1}{1 - b}(a + I + G - bT)$$

Y의 다른 결정 요인(a, I, T)이 일정한 상태에서 G가 1달러 증가하면 Y가 $1/(1 - b)$달러 증가한다는 것을 마지막 식에서 알 수 있다. 승수는 $1/(1 - b)$이고, 여기서 b는 한계소비성향이다. 물론 $1 - b$는 한계저축성향과 같다. 따라서 정부지출승수는 $1/MPS$이다.

조세승수도 도출할 수 있다. 마지막 식에서 a, I, G가 일정할 때 T가 1달러 증가하면 소득이 $b/(1 - b)$달러 감소한다. 조세승수는 $-b/(1 - b)$, 즉 $-MPC/(1 - MPC) = -MPC/MPS$이다(조세승수의 부호는 음이므로 조세승수가 음의 승수라는 것을 기억하라).

균형재정승수

균형재정승수가 1이라는 것을 공식적으로 증명하기는 쉽다. 정부지출과 세금이 동시에 같은 크기로 증가하면 의도된 총지출에 두 가지 효과, 즉 양의 효과와 음의 효과가 나타난다. 정부지출과 세금이 동시에 같은 크기로 증가하는 것이 총지출에 미치는 처음 영향은 정부구매의 증가(ΔG)에서 세금 증가로 인한 소비 감소(ΔC)를 뺀 것과 같다. 세금 증가에 따른 소비 감소는 $\Delta C = \Delta T(MPC)$와 같다.

지출의 처음 증가	ΔG
− 지출의 처음 감소	$-\ \Delta C = \Delta T(MPC)$
= 지출의 처음 순증가	$\Delta G - \Delta T(MPC)$

따라서 지출의 처음 순증가를 나타내는 식에서 ΔT에 ΔG를 대입하면 다음과 같이 된다.

$$\Delta G - \Delta G(MPC) = \Delta G(1 - MPC)$$

$MPS = (1 - MPC)$이므로 지출의 처음 순증가는 $\Delta G(MPS)$이다. 이제 지출의 처음 순증가에 지출승수 $1/MPS$을 적용한다.

$$\Delta Y = \Delta G(MPS)\left(\frac{1}{MPS}\right) = \Delta G$$

그러므로 Y의 균형수준의 최종 증가는 G 또는 T의 처음 증가와 같다. 이는 균형재정승수가 1이라는 것을 의미하고, 따라서 실질생산의 최종 증가는 G의 처음 증가와 같다.

부록 B: 조세수입이 소득에 의존하는 경우

학습목표

세금이 소득에 의존할 때 승수가 감소하는 이유를 이해한다.

이 장에서는 정부가 세금을 정액으로 징수한다고 가정함으로써 승수 효과에 대해 쉽게 설명했다. 여기서는 정부가 소득과 관계없이 세금을 정액으로 징수하는 것이 아니라 소득에 비례하는 형태로 세금을 징수한다고 하자. 이는 더욱 현실적인 가정이다. 일반적으로 세금 징수는 (개인소득세처럼) 소득을 기반으로 하거나 (판매세처럼) 경제의 상승과 하강에 따라 변화한다. 세금을 일정한 금액으로 설정하는 대신 조세수입이 소득에 의존한다고 하자. 징수된 순세금을 T라고 하면 세금함수는 $T = T_0 + tY$로 나타낼 수 있다.

이 식은 두 부분을 포함하고 있다. 첫째, 소득(Y)이 0이면 순세금(T)은 T_0과 같다. 둘째, 세율(t)은 소득이 달라짐에 따라 순세금이 얼마나 변화하는지를 보여준다. T_0이 -200, t가 $\frac{1}{3}$이라면 세금함수는 그림 24B.1에 나타낸 $T = -200 + \frac{1}{3}Y$이다. 소득이 0일 때 정부는 '음의 순세금'을 징수하는데, 이는 정부가 이전지불을 200만큼 시행한다는 것을 의미한다. 소득이 증가함에 따라 추가 소득 1달러당 0.33달러의 추가 수입이 발생하기 때문에 조세수입이 증가한다.

새로운 세금함수를 여기서 어떻게 포함할 수 있을까? 고정된 값(주어진 예에서 100)인 T를 $-200 + \frac{1}{3}Y$로 바꾸는 것이다. 먼저 소비함수 식을 보자. 여전히 소비(C)는 처분가능소득에 의존

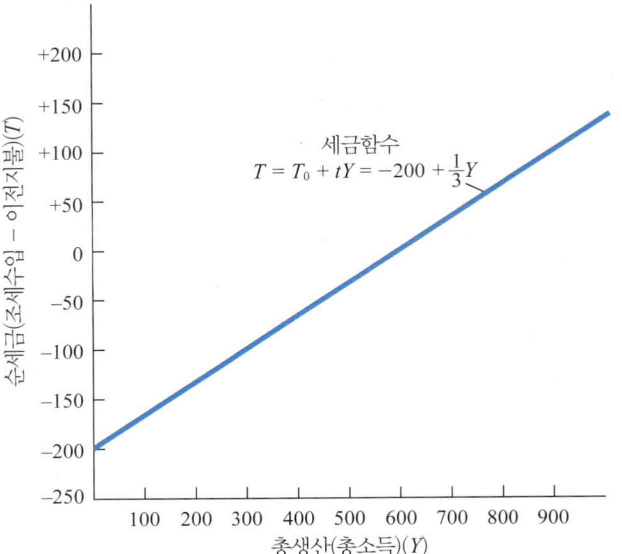

그림 24B.1 세금함수
이 그래프는 순세금(조세수입 − 이전지불)이 총소득의 함수임을 보여준다.

하고 처분가능소득은 $Y - T$이다. 이제 처분가능소득은 $Y - 100$이 아니라 다음과 같이 나타낼 수 있다.

$$Y_d = Y - T$$

$$Y_d = Y - \left(-200 + \frac{1}{3}Y\right)$$

$$Y_d = Y + 200 - \frac{1}{3}Y$$

소비는 여전히 세후소득에 의존하기 때문에

$$C = 100 + 0.75Y_d$$

$$C = 100 + 0.75\left(Y + 200 - \frac{1}{3}Y\right)$$

다른 것은 바뀔 필요가 없다. 의도된 총지출이 총생산과 같다고 설정하고 균형소득을 구할 수 있다. 의도된 총지출이 $C + I + G$이고 총생산이 Y임을 상기하라. 앞에서와 마찬가지로 $I = 100$, $G = 100$이라고 가정하면 균형 조건은 다음과 같다.

$$Y = C + I + G$$

$$Y = \underbrace{100 + 0.75\left(Y + 200 - \frac{1}{3}Y\right)}_{C} + \underbrace{100}_{I} + \underbrace{100}_{G}$$

이 식은 다음과 같이 정리할 수 있다.

$$Y = 100 + 0.75Y + 150 - 0.25Y + 100 + 100$$

$$Y = 450 + 0.5Y$$

$$0.5Y = 450$$

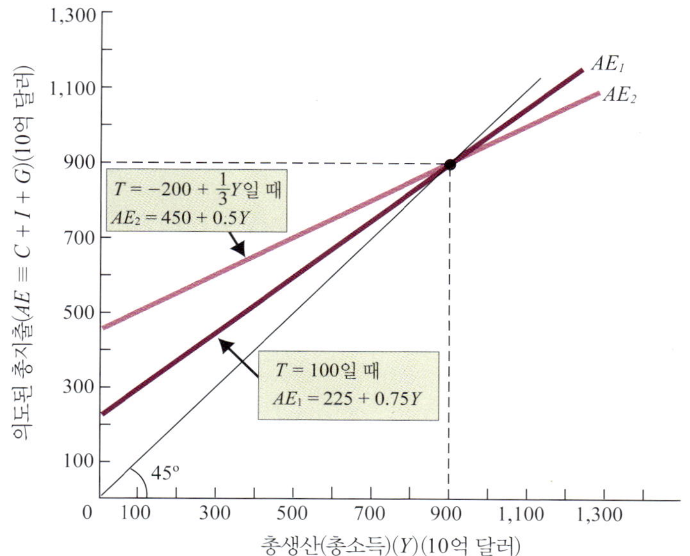

그림 24B.2 다양한 세금 시스템
세금이 정액(T = 100)이고 소득에 의존하지 않을 때의 총지출함수는 세금이 소득에 의존할 때보다 기울기가 더 급하다.

이는 새로운 균형소득수준이 $Y = 450/0.5 = 900$임을 의미한다.

그림 24B.2에 나타낸 이 식의 그래프 분석을 생각해보자. 세금이 (정액이 아니라) 소득의 함수일 때 AE 함수의 기울기는 이전보다 더 평평해진다. 왜 그럴까? 세금 징수가 소득에 의존하지 않을 때 소득이 1달러 증가한다는 것은 처분가능소득도 1달러 증가한다는 것을 의미한다. 세금이 일정하기 때문에 소득이 증가한다고 해서 납부하는 세금이 증가하지 않는다. 따라서 처분가능소득은 소득의 변화에 따라 일대일로 변화한다.

그러나 세금이 소득에 의존할 때는 추가 소득 1달러 중 일부가 추가 세금으로 나가기 때문에 처분가능소득이 1달러만큼 증가하지 않는다. 그림 24B.2의 세금함수에 따르면 추가 소득 1달러 중 0.33달러를 세금으로 납부하기 때문에 처분가능소득이 0.67달러 증가할 것이다.

세금을 계산하는 방법에 상관없이 처분가능소득의 한계소비성향은 같다. 주어진 예에서 처분가능소득이 1달러 증가하면 소비지출이 0.75달러 증가할 것이다. 그러나 세전소득의 1달러 변화는 각각의 경우에 처분가능소득에 동일한 영향을 미치지 않는다. 소득이 1달러 증가한다면 정액 세금함수의 경우에는 처분가능소득이 1달러 증가하고 소비는 $MPC \times Y_d$의 변화, 즉 0.75달러 증가할 것이다. 그러나 세금이 소득에 의존하는 경우에는 처분가능소득이 0.67달러 증가하고 소비는 $MPC \times Y_d$의 변화, 즉 0.50(= 0.75 × 0.67)달러 증가할 것이다

1달러의 소득 증가가 세금이 소득에 의존하지 않는 경우에는 의도된 총지출을 0.75달러 증가시키고 세금이 소득에 의존하는 경우에는 의도된 총지출을 0.50달러 증가시킨다면 첫 번째 총지출함수의 기울기보다 두 번째 총지출함수의 기울기가 더 평평해야 한다.

정부지출승수와 조세승수의 수학적 도출

세금이 소득의 함수일 때의 투자승수, 정부지출승수, 조세승수는 세금이 정액인 경우보다 작다. 22장과 23장에서 사용했던 선형소비함수를 통해 승수를 도출할 수 있다.

$$C = a + b(Y - T)$$
$$C = a + b(Y - T_0 - tY)$$
$$C = a + bY - bT_0 - btY$$

균형 조건은 $Y = C + I + G$이다. 이 식에 C를 대입하면 다음과 같이 된다.

$$Y = \underbrace{a + bY - bT_0 - btY}_{C} + I + G$$

Y에 대해 풀면

$$Y = \frac{1}{1 - b + bt}(a + I + G - bT_0)$$

이는 (a와 T_0이 일정할 때) G 또는 I의 1달러 증가가 Y의 균형수준을 다음과 같이 증가시킨다는 것을 의미한다.

$$\frac{1}{1 - b + bt}$$

$b = MPC = 0.75$이고 $t = 0.20$이면 지출승수는 2.5이다(세금이 정액일 때, 즉 $t = 0$일 때의 지출승수 4와 비교해보라).

a, I, G가 일정할 때 일정한 금액의 세금 삭감(T_0의 삭감)은 균형소득수준을 다음과 같이 증가시킨다.

$$\frac{b}{1 - b + bt}$$

따라서 $b = MPC = 0.75$이고 $t = 0.20$이면 조세승수는 −1.875이다(세금이 정액일 때의 조세승수 −3과 비교해보라).

CHAPTER 25

화폐, 중앙은행과 이자율

목차와 학습목표

25.1 화폐의 개관

화폐의 정의와 화폐의 기능을 이해한다.

25.2 은행은 어떻게 화폐를 창조하는가

은행이 어떻게 화폐를 창조하는지 이해한다.

25.3 연방준비제도

연방준비제도의 기능과 구조를 파악한다.

25.4 화폐에 대한 수요

화폐수요의 결정 요인을 알아본다.

25.5 이자율과 증권가격

이자의 정의, 이자율과 증권가격의 관계를 이해한다.

25.6 연방준비제도는 어떻게 이자율을 통제하는가

연방준비제도가 어떻게 이자율을 변화시킬 수 있는지 이해한다.

23장과 24장에서는 소비자, 기업, 정부가 재화시장에서 어떻게 상호작용하는지 살펴보았다. 이 장에서는 거시경제에서 화폐시장이 어떻게 작동하는지 알아볼 것이다. 먼저 화폐의 정의와 경제에서 화폐의 역할을 논의한다. 미시경제학에서는 화폐를 다루지 않는다. 미시경제이론과 모형은 주로 실질수량(사과, 오렌지, 노동시간)과 상대가격(오렌지 가격 대비 상대적인 사과 가격, 다른 재화 가격 대비 노동 가격)에 관심을 두지만, 거시경제에서는 화폐가 중요한 역할을 한다.

학습목표

화폐의 정의와 기능을 이해한다.

25.1 화폐의 개관

주변 사람 중에 돈을 많이 벌거나(소득이 높거나) 많은 돈을 가진(부유한) 사람이 한둘은 있을 것이다. 실제로 고용주는 피고용인의 소득을 지불하기 위해 돈을 사용하고, 피고용인의 재산은 돈의 형태로 축적될 수 있다. 그러나 거시경제학에서는 돈을 다르게 정의한다.

화폐는 무엇인가

대부분의 사람들은 돈을 벌고 쓰는 것을 당연하게 여긴다. 미국의 일반적인 상황처럼 전체 화폐 시스템이 잘 작동할 때는 이러한 시스템의 기본적인 작동 방식이 잘 드러나지 않는다. 두툼한 지갑, 잔고가 넉넉한 직불카드, 모바일 지갑 앱을 설치한 스마트폰을 가지고 있는 사람들은 가게, 레스토랑, 백화점, 주유소에서 원하는 것을 살 수 있다는 것을 당연하게 여긴다.

우리가 화폐로 물건을 살 수 있다는 것은 너무나 자연스럽고 당연해서 굳이 이야기할 필요가 있을까 싶지만 잠깐 생각해보라. '가게 주인이 본질적으로 가치가 없는 종잇조각 몇 개를 받고 스테이크와 빵을 기꺼이 내주는 것은 어찌 된 일일까? 달걀 한 꾸러미를 사기 위해 장바구니 가득 돈을 싸들고 갔던 때가 있었는데 왜 그랬을까? 이러한 질문에 대한 답은 화폐가 무엇인가, 즉 화폐는 지불의 수단, 가치 저장의 수단, 회계의 단위라는 것에서 찾을 수 있다.

지불의 수단, 교환의 매개 수단 화폐는 시장경제의 작동에 필수적이다. 화폐가 없는 삶이 어떨지 상상해보라. 화폐경제의 대안은 화폐를 매개로 교환하는 대신 재화와 서비스를 재화와 서비스로 직접 교환하는 **물물교환**(barter)이다.

물물교환 재화와 서비스를 재화와 서비스로 직접 교환하는 것

물물교환은 어떻게 작동할까? 아침 식사로 베이컨, 달걀, 오렌지주스를 먹고 싶다고 가정해보자. 가게에 가서 화폐를 주고 이러한 품목을 구매하는 대신, 이러한 품목을 가지고 있으면서 기꺼이 거래하려는 사람을 찾아야 할 것이다. 또한 베이컨 판매자, 오렌지주스 생산자, 달걀 공급자가 원하는 것을 내가 가지고 있어야 할 것이다. 내가 연필을 가지고 있는데 베이컨, 오렌지주스, 달걀 판매자가 연필을 필요로 하지 않는다면 연필은 아무 소용이 없을 것이다.

물물교환 시스템에서는 거래가 이루어지기 위해 욕구의 이중적 일치(double coincidence of wants)가 있어야 한다. 즉 거래를 성사시키기 위해 내가 원하는 것을 가지고 있는 누군가를 찾아야만 하고, 그 사람은 내가 가지고 있는 것을 원해야 한다. 상대적으로 발전되지 않은 경제에서 그렇듯이, 거래되는 재화의 수가 적은 곳에서는 거래 상대방을 찾기가 어렵지 않고 물물교환이 흔히 이루어진다. 그러나 많은 재화가 있는 복잡한 사회에서는 물물교환에 감내할 수 없는 노력이 따른다. 내가 슈퍼마켓에 가서 사는 모든 것을 제공하고, 자신이 가진 재화와 교환하기 위해 내 재화를 기꺼이 받

으려는 사람을 찾는 경우를 상상해보라.

일부 합의된 **교환의 매개 수단**(medium of exchange) 또는 **지불의 수단**(means of payment)은 욕구의 이중적 일치 문제를 말끔히 없애준다. 화폐 시스템하에서는 사람들이 물건을 살 때 화폐를 재화나 서비스와 교환하고, 물건을 팔 때는 재화나 서비스를 화폐와 교환한다. 재화를 다른 재화와 직접 거래할 필요가 없다. 화폐는 시장경제가 돌아가게 하는 윤활유이다.

교환의 매개 수단, 지불의 수단 일반적으로 매도자가 재화와 서비스의 대가로 받고, 매수자가 재화와 서비스에 대해 지불하는 것

가치의 저장 수단 경제학자들은 교환의 매개 수단이라는 화폐의 주요 기능 이외에 화폐의 다른 역할을 발견했다. 화폐는 **가치의 저장 수단**(store of value)이다. 다시 말해 한 시점에서 다른 시점으로 구매력을 이전하는 데 사용할 수 있는 자산의 기능을 한다. 기르던 닭을 월말에 팔아서 즉각 지출하고 소비하는 것 이상의 일을 하고자 한다면 수입의 일부를 지출할 상황이 올 때까지 화폐의 형태로 보관할 수 있다.

가치의 저장 수단 한 시점에서 다른 시점으로 구매력을 이전하는 데 사용할 수 있는 자산

가치의 저장 수단은 화폐뿐만이 아니다. 소비하고 남은 흑자 수입을 나중에 필요할 때 팔 수 있는 명화나 다이아몬드 같은 물건을 사서 보유할 수도 있다. 하지만 가치의 저장 수단 중에서 화폐는 뚜렷한 장점을 가지고 있다. 첫째, 화폐는 편리한 액면가를 지녔으며 휴대하기 쉽다. 오늘날에는 은행 계좌에 들어 있는 화폐를 사용할 수 있게 해주는 직불카드와 스마트폰 덕분에 화폐가 더 편리한 수단이 되었다. 휘발유 한 통을 사기 위해 르누아르 그림 한 점을 팔 필요가 없다. 둘째, 화폐는 지불의 수단이므로 언제든 재화와 쉽게 교환할 수 있다. 이러한 두 가지 요소가 **화폐의 유동성 특성**(liquidity property of money)이다. 화폐는 액체처럼 우리의 손에서 흘러나간다.

화폐의 유동성 특성 가치의 저장 수단일 뿐만 아니라 교환의 매개 수단인 화폐의 속성. 즉 휴대가 가능하고 언제든 상품과 쉽게 교환되는 것

가치의 저장 수단으로서 화폐의 주요 단점은 재화와 서비스의 가격이 오를 때 화폐의 가치가 떨어진다는 것이다. 감자칩의 가격이 봉지당 1달러에서 2달러로 오르면 감자칩 기준으로 나타낸 1달러 지폐의 가치가 한 봉지에서 반 봉지로 하락한다. 이러한 경우에는 가치의 저장 수단으로 감자칩(또

경제학의 적용

새를 죽이지 말라

물품화폐는 오래전에 대부분의 국가에서 폐기되었다. 한때는 조개껍데기와 기타 자연에서 얻은 가공품이 일반적으로 사용되었다. 인류조류학자인 데이비드 휴스턴(David Houston)은 가장 흥미로운 물품화폐 중 하나를 설명했다.[1]

19세기에 산타크루스섬과 인근 태평양 섬에서는 꿀을 먹는 새인 스칼릿 마이조멜라(scarlet myzomela)의 빨간색 깃털로 정교하게 만든 두루마리를 화폐로 사용했다. 깃털로 만든 10미터 이상 길이의 두루마리는 닳지 않아서 전시되기도 하고 화폐로도 사용되었다. 이러한 깃털 두루마리는 독특하고 복잡한 가치 평가 시스템에서 화폐로 기능했다. 휴스턴은 화폐를 만들기 위해 매년 2만 마리 이상의 새가 죽임을 당했다고 밝혔다. 새를 잡아 깃털로 두루마리를 만드는 것보다는 인쇄기를 돌려 화폐를 만드는 것이 훨씬 더 쉬울 것이다.

오늘날 남아 있는 소수의 물품화폐 중 하나는 솔로몬 제도에서 사용되는 돌고래 이빨이다. 심지어 사람들이 큰 박쥐 이빨을 돌고래 이빨로 속이는 위조 문제도 발생한다.[2]

질문

- 왜 코코넛 열매는 물품화폐가 되지 못한 반면 빨간색 깃털로 만든 두루마리와 돌고래 이빨은 물품화폐가 되었는가?

[1] *David Houston*, "The Impact of the Red Feather Currency on the Population of the Scarlet Honeyeater on Santa Cruz," in Sonia Tidemann and Andrew Gosler, eds., *Ethno-Ornithology: Birds, Indigenous Peoples, Culture and Society* (London, Earthscan Publishers, 2010), pp. 55–66.

[2] *The Wall Street Journal*, excerpted from "Shrinking Dollar Meets Its Match in Dolphin Teeth" by Yaroslav Trofimov. Copyright 2008 by Dow Jones & Company, Inc. Reproduced with permission of Dow Jones & Company, Inc. via Copyright Clearance Center.

는 골동품이나 부동산)을 사용하는 편이 더 나을 것이다. 실제로 사람들이 미래의 니즈를 지원하기 위해 화폐를 저장하기보다는 재화를 비축했던 물가상승의 시기가 있었다.

회계의 단위 가격을 제시하는 편리한 방식을 제공하는 표준 단위

회계의 단위 화폐는 가격을 제시하는 편리한 방식인 **회계의 단위**(unit of account)이기도 하다. 모든 가격은 화폐 단위 수로 제시된다. 책의 가격은 바나나 150개나 피자 5개가 아니라 150달러로 제시된다. 가격을 제시할 때 회계의 표준 단위는 매우 유용하다. 이러한 화폐의 기능을 알아채지 못한 독자도 있을 것이다. 사람들은 화폐 이외에 무엇으로 가격을 제시하는가?

물품화폐와 법정화폐

경제학 입문 책은 다양한 문화권에서 화폐로 사용되었던 다양한 물품에 관한 이야기로 가득하다. 이러한 물품으로는 초콜릿 캔디, 담배(제2차 세계대전 포로수용소에서), 원형으로 조각된 거대한 돌(남태평양 야프섬에서), 목걸이(북미 원주민 사이에서), 가축(남부 아프리카에서), 작은 녹색 종잇조각(현대 북미에서)이 있다. '경제학의 적용: 새를 죽이지 말라'에서는 새의 깃털이 화폐로 사용되었던 사례를 보여준다. 이처럼 다양한 종류의 화폐는 일반적으로 물품화폐와 법정화폐로 구분된다.

물품화폐 다른 용도에서 내재 가치를 가지고 있으면서 화폐로 사용되는 물품

물품화폐(commodity money)는 다른 용도에서 내재 가치를 가지고 있으면서 화폐로 사용되는 물품이다. 예를 들면 전쟁 포로는 담배로 필요한 물건을 사고, 담배를 기준으로 가격을 제시하고, 담배를 축적하여 재산을 보유했다. 물론 담배는 피울 수도 있다. 즉 담배는 화폐로 기능할 뿐만 아니라 다른 용도로도 쓰였다. 그러나 담배와 같은 물품화폐의 문제점 중 하나는, 사용하는 품목으로서의 물품에 대한 수요가 감소하면 그 가치가 변할 수 있다는 것이다. 감옥에 있는 사람들이 아무도 흡연을 하지 않는다면 담배의 가치가 하락하여 0에 이를 수도 있다. 금도 물품화폐이다. 수백 년 동안 금은 물건을 사는 데 직접적으로 사용되었고 귀금속, 치과 치료용 충전재 등으로도 쓰였다.

불환화폐, 명목화폐 본질적으로 가치가 없으면서 화폐로 지정된 것

오늘날 미국의 화폐는 대부분 **불환화폐**(fiat money)이다. 불환화폐는 **명목화폐**(token money)라고도 하며, 본질적으로 가치가 없는 화폐이다. 1달러, 10달러, 50달러 지폐의 실제 가치는 0이다. 약간의 녹색 잉크가 인쇄된 작은 종잇조각이 무슨 쓸모가 있겠는가?

왜 사람들은 금, 담배, 가축과 같이 어떤 가치가 있는 것 대신에 가치가 없는 종잇조각을 화폐로 수용하는가? 이 질문에 '지폐는 금이나 은으로 지원되기 때문'이라고 대답한다면, 틀렸다. 달러 지폐가 직접 금으로 전환되던 시기가 있었다. 정부가 금고에 일정량의 금을 보유하고 통용되는 달러 지폐를 지원했다. 예를 들어 금 가격이 온스당 35달러이면 정부는 35달러 지폐에 금 1온스를 파는 데 동의했다. 그러나 오늘날 달러 지폐는 금, 은 등으로 지원되지 않는다. 달러 지폐는 10센트, 5센트, 1센트 등의 달러 지폐로만 교환할 수 있다. 이렇게 됨으로써 좋은 점은 이러한 화폐의 가치가 담배의 경우처럼 다른 용도로서의 가치에 의존하지 않는다는 것이다. 도대체 왜 화폐에 가치가 있느냐가 더 어려운 질문이다.

법정화폐 부채 결제에 수용해야 한다고 정부가 지정한 화폐

정부가 화폐를 수용하도록 확신시키는 조치를 취한 탓에 사람들은 화폐를 지불의 수단과 가치의 저장 수단으로 받아들인다. 정부가 지정하여 선언한 화폐를 **법정화폐**(legal tender)라고 한다. 정부는 지정한 화폐를 부채 결제에 수용해야 한다고 선언하는데, 지시(fiat)에 따라 이러한 일이 이루어지므로 'fiat money'라고 불리게 되었다. 정부는 특정 잉크로 인쇄된 특정 종잇조각을 법정화폐로 정의하는 법을 통과시킨다. 미국의 모든 연방준비제도권(Federal Reserve note)에는 "이 지폐는 모

든 공적·사적 부채에 대한 법정화폐이다"라는 문구가 인쇄되어 있다. 흔히 정부는 세금을 납부하는 데 지정한 화폐를 사용하라고 요구함으로써 화폐의 수용성을 확보할 수 있다.

법정화폐를 선언하는 것 말고도 정부는 화폐의 수용을 확신시키기 위해 또 다른 일을 한다. 정부는 그 가치가 상실될 만큼 급속히 화폐를 찍어내지 않을 것이라고 민간에 약속한다. 화폐의 가치를 대부분 상실할 정도로 화폐의 공급을 빠르게 증가시키는 것, 즉 **화폐 가치 하락**(currency debasement)은 역사적으로 문제를 불러일으켰다. 화폐 가치 하락은 정치적으로 인기가 없는 세금 인상 조치를 취할 힘이 없는 정부의 특별한 문제이다. 정부의 재화와 서비스 구매에 사용되는 화폐를 찍어내는 것은 세금 인상의 대체재 기능을 하고, 취약한 정부는 지출에 필요한 자금을 조달하기 위해 화폐를 찍어내는 데 의존하곤 한다. 대표적인 예로 짐바브웨를 꼽을 수 있다. 2007년 당시 짐바브웨의 대통령이었던 로베르 무가베(Robert Mugabe)는 공공식수 시스템을 개선하기 위해 "공공식수 프로젝트를 위한 자금을 조달할 수 없으면 필요한 화폐를 찍어내겠다"고 했다(《워싱턴포스트》 2007년 7월 29일 자). 이어지는 장들에서는 공공 프로젝트의 자금을 조달하기 위한 이러한 전략이 어떻게 심각한 인플레이션을 초래하는지를 살펴볼 것이다.

화폐 가치 하락 화폐의 공급이 급속히 증가할 때 나타나는 화폐 가치의 감소

비트코인 같은 암호화폐가 실제로 화폐의 세 가지 기능을 충족하는 화폐인지도 흥미로운 주제이다. 거래 시 익명으로 사용할 수 있는 화폐로 고안된 비트코인은 상황에 따라 장점이 있기도 하다. 비트코인의 공급은 화폐 가치 하락 문제를 피하기 위해 의도적으로 제한되었다. 미국 재무부는 암호화폐를 가상화폐로 보는 반면 미국 국세청은 자산으로 본다. 앞에서 제시한 화폐의 기준에 따르면 비트코인은 교환의 매개 수단으로 사용된다는 차원에서는 화폐의 자격을 갖추었지만, 비트코인의 가치 변동성은 가치의 저장 수단이나 회계의 단위로서의 기능을 불명확하게 만든다.

미국의 화폐공급 측정

미국의 다양한 화폐 종류를 살펴보자. 화폐는 물건을 사기 위해(지불의 수단), 재산을 보유하기 위해(가치의 저장 수단), 가격을 제시하기 위해(회계의 단위) 사용된다는 것을 상기하라. 그러나 이러한 화폐의 특성은 미국 경제에서 달러 지폐뿐만 아니라 넓은 범위의 자산에 적용된다. 어딘가에 경계선을 긋고 "여기까지가 화폐이고 그 너머는 화폐가 아니다"라고 말하기가 애매하다.

다양한 화폐 문제를 해결하기 위해 경제학자들은 몇 가지 화폐 척도에 이름을 붙였다. 가장 일반적인 화폐 척도는 M1이라는 거래화폐와 M2라는 광의의 화폐이다.

M1: 거래화폐 고액권뿐만 아니라 동전과 달러 지폐도 화폐로 간주된다. 이러한 화폐는 화폐의 요건을 모두 충족한다. 수표도 물건을 사는 데 사용할 수 있고 가치의 저장 수단이 된다. 직불카드를 사용하면 체킹계좌와 연동된 스마트폰과 마찬가지로 체킹계좌의 잔고에 쉽게 접근할 수 있다. 예금자는 언제든 체킹계좌의 전체 잔고를 현금화할 수 있는 권리를 가지고 있기 때문에 은행원은 체킹계좌를 요구불예금(demand deposit)이라고 부른다. 이러한 측면에서 체킹계좌 잔고는 지갑에 들어 있는 지폐와 동일하다.

M1, 즉 **거래화폐**(transactions money)는 은행 금고 밖에 보유하고 있는 모든 현금화폐(동전 포함), 모든 요구불예금(체킹계좌의 총액), 여행자수표, 기타 수표발행가능예금을 합한 것이다. 이름에서 알 수 있듯이 이는 물건을 구매하기 위한 거래에 직접 사용할 수 있는 화폐이다.

M1, 거래화폐 거래에 직접 사용할 수 있는 화폐

M1 ≡ 은행 밖에 보유하고 있는 현금화폐 + 요구불예금 + 여행자수표
+ 기타 수표발행가능예금

2018년 3월 말 미국의 M1은 3조 6,643억 달러였다. 저량변수인 M1은 특정 시점에 측정된다.

M2: 광의의 화폐 가장 널리 사용되는 화폐공급의 척도는 M1이지만 다른 척도도 있다. 많은 저축계좌는 거래에 직접적으로 사용할 수 없지만 저축계좌의 잔고를 쉽게 현금으로 전환하거나 체킹계좌로 이체할 수 있다. (한 달에 수표 몇 장만 발행할 수 있으나 시장 이자율을 지급하는) 머니마켓계좌와 머니마켓뮤추얼펀드의 경우 일정 금액 범위에서만 수표를 발행하고 구매하기 위해 사용할 수 있다.

유사화폐 거래화폐의 대체재인 저축계좌, 머니마켓계좌 등

M2, 광의의 화폐 M1과 저축계좌, 머니마켓계좌, 기타 유사화폐를 합한 것

거래화폐의 대체재인 **유사화폐**(near money)를 M1에 합하면 저축계좌, 머니마켓계좌, 기타 유사화폐 등 화폐와 완전히 똑같지 않은 화폐를 포함하기 때문에 **광의의 화폐**(broad money)라고 불리는 M2가 된다.

M2 ≡ M1 + 저축계좌 + 머니마켓계좌 + 기타 유사화폐

2018년 3월 말 미국의 M2는 M1(3조 6,643억 달러)보다 상당히 큰 13조 9,181억 달러였다. M1 대신 M2를 살펴보는 것의 주요 이점은 M2가 때로 더 안정적이라는 데 있다. 예를 들어 1980년대 초에 미국 은행이 새로운 형태의 이자지급 체킹계좌를 도입했을 때 사람들이 저축계좌에서 체킹계좌로 자금을 옮김으로써 M1이 급증했다. 그러나 저축계좌 예금의 감소와 체킹계좌 예금의 증가는 둘 다 M2의 일부이고 서로 상쇄하기 때문에 M2가 매우 일정하게 유지되었다.

M2 이외의 화폐 매우 다양한 금융상품이 화폐와 유사한 특성을 가지고 있기 때문에 일부 경제학자들은 이러한 금융상품 대부분을 화폐공급의 구성 항목에 포함하는 것을 지지했다. 예를 들면 신용카드는 거래에서 널리 사용된다. 신용카드를 가진 모든 사람은 신용한도가 있다. 화폐의 광범위한 정의 중 하나에는 화폐공급의 구성 항목으로 신용카드로 쓸 수 있는 신용금액(신용한도에서 사용했으나 상환하지 않은 금액을 뺀 금액)이 포함된다.

무엇이 화폐이고 무엇이 화폐가 아닌지 정해진 법칙은 없다. 하지만 여기서 화폐는 항상 거래화폐, 즉 M1을 의미한다. 쉽게 설명하기 위해 M1을 두 가지 일반적인 범주의 합, 즉 현금화폐와 예금의 합으로 간주할 것이다. 그러나 M1에는 은행 밖에 보유하고 있는 현금화폐, 요구불예금, 여행자수표, 기타 수표발행가능예금이라는 구성 요소가 있음을 명심하기 바란다.

학습목표

은행이 어떻게 화폐를 창조하는지 이해한다.

25.2 은행은 어떻게 화폐를 창조하는가

지금까지 화폐가 작동하는 일반적인 방식과 미국에서의 화폐공급 측정 방법을 설명했다. 주어진 시간에 얼마나 많은 화폐를 사용할 수 있는가? 누가, 어떻게 화폐를 공급하는가? 이제 이러한 것들을 자세히 다룰 준비가 되었다. 특히 많은 사람이 신기하게 여기는 은행의 화폐 창조 방식을 알아보자.

역사적 관점: 금세공인

먼저 현대 은행시스템의 기원을 살펴보자. 15, 16세기에 많은 나라에서는 특히 거액의 거래에 화폐로 금을 사용했다. 그러나 금은 운반하기도 불편하고 도둑을 맞을 위험도 있기 때문에 사람들은 안전하게 보관하기 위해 금세공인에게 금을 맡기게 되었다. 금세공인은 금을 받자마자 예금자에게 수령증을 발행하고 약간의 보관 수수료를 청구했는데, 시간이 흘러 금 자체보다는 수령증을 재화와 거래하기 시작했다. 이러한 수령증은 지폐의 형태가 되었고, 거래에 사용할 금을 인출하기 위해 금세공인에게 갈 필요가 없어졌다. 르네상스 시대에 이탈리아의 미술 후원자이자 금세공 은행가였던 메디치가의 수령증은 유럽의 넓은 지역에서 화폐로 쓰였다.

당시에 금세공인이 발행한 모든 수령증은 100% 금을 담보로 했다. 금고에 100온스의 금이 있으면 금세공인은 정확히 100온스의 금에 대한 수령증을 발행했다. 금세공인은 사람들이 금을 안전하게 보관하는 창고 역할을 했다. 한편 금세공인은 사람들이 금을 인출하기 위해 오지 않는 경우도 있음을 알게 되었다. 금으로 쉽게 전환할 수 있는 종이 수령증이 왜 '금만큼 좋은 것'이 되었을까? (종이 수령증은 휴대성과 절도로부터의 안전 등이 금보다 나았다.) 그 결과 금세공인은 계속해서 상당한 양의 금을 보유하게 되었다.

금세공인은 '여분의 금'을 항상 가지고 있었기 때문에 금을 소진하지 않으면서 그 일부를 빌려줄 수 있다는 것을 깨달았다. 금고에 보관만 하는 것이 아니라 금을 빌려주면 이자를 받을 수 있었기 때문이다. 이 시점에 절묘하고 극적인 일이 발생했다. 금세공인은 단순한 금 보관자에서 화폐를 창조하는 권한을 가진 은행 같은 기관으로 변모했다. 금세공인이 금을 대출해주기 시작하자마자 이러한 변화가 나타났다. 금을 추가하지 않고 금세공인은 금에 대한 추가 청구권, 즉 증서 소지자가 요구하는 시점에 일정량의 금을 받을 수 있는 자격을 부여한 수령증을 창조함으로써 화폐의 양을 증가시켰다.[1] 따라서 보관된 금의 양보다 더 많은 청구권이 존재하게 되었다.

이해를 돕기 위해 구체적인 예를 살펴보자. 당신이 금 보관소로만 기능하는 금세공인에게 가서 금 20온스 가치의 토지를 매입하는 데 필요한 대출을 요청한다고 하자. 또한 금세공인은 금고에 예금으로 받은 금 100온스를 보관 중이고, 정확히 금 100온스에 대해 금을 맡긴 여러 사람에게 발행해 준 수령증을 가지고 있다고 하자. 단순한 금세공인에서 벗어나 실질적인 은행이 되고자 한다면 금세공인은 당신에게 약간의 금을 빌려줄 것이다. 물론 당신은 금 자체가 아니라 금 20온스를 나타내는 종잇조각을 원한다. (보관 중인 금 공급량 전체가 여러 사람의 소유임에도 불구하고) 금세공인은 금 20온스를 나타내는 수령증을 당신에게 줌으로써 화폐를 '창조'한 것이다.[2] 이렇게 되면 대출해주기 전에 있었던 100온스 가치의 수령증 대신 120온스 가치의 수령증이 존재하고 화폐의 공급량이 증가할 것이다.

사람들은 화폐의 창조가 신비롭다고 생각하지만 그렇지 않다. 화폐의 창조는 단순히 인간의 새로운 시도 중 가장 일상적인 것에 속하는 회계 과정이다. 이러한 전체 과정이 기본적으로 견고하지 않거나 미심쩍은 구석이 있다고 의심하는 독자도 있을 것이다. 결국 은행시스템은 누군가가 다른 사람

---

1 이러한 수령증이 화폐로 유통되었고 사람들은 수령증을 금으로 교환하지 않고 거래를 하는 데 사용했다.

2 20온스의 금에 대한 수령증을 대출해주는 대가로 금세공인은 일정 기간 후 이자와 함께 (금 자체나 다른 금세공인의 수령증으로) 20온스의 금을 상환할 것을 약속하는 채무증서를 받기를 기대한다.

소유인 금에 대한 청구권을 발행하면서 시작되었다.

은행가가 된 금세공인은 몇 가지 문제에 부딪혔다. 일단 대출을 해주자 어떤 시점에는 수령증 잔고(금에 대한 청구권 잔고)가 금고에 보관된 금의 양보다 더 많았다. 금 120온스 상당의 수령증 소지자들이 한꺼번에 수령증을 제시하고 금을 요구하면 금세공인은 곤란한 상황에 처하게 된다. 금이 100온스뿐이라 그들에게 즉시 금을 돌려줄 수 없었기 때문이다.

평상시에는 사람들이 실물 금 대신 수령증을 보유하는 데 만족하여 이러한 문제가 발생하지 않을 것이다. 그러나 금세공인의 재무 안전성을 우려한다면 그들이 가지고 있는 수령증이 금만큼 좋은지 의심을 품을 수도 있다. 금세공인의 금고에 보관 중인 금보다 더 많은 수령증이 존재한다는 것을 알게 된 사람들이 수령증을 들이밀고 금을 요구할지도 모른다.

이러한 상황은 하나의 역설로 이어진다. 사람들은 자신이 가지고 있는 종이 수령증에 해당하는 금을 언제든 받을 수 있다는 것을 알면 금 대신 종이 수령증을 보유하는 것에 대해 안도감을 느낀다. 평상시에는 금세공인이 실제로 보관 중인 금보다 더 많이 대출해주는 것이 안전하다고 생각할 수 있으나, 사람들이 금세공인의 재무 안전성을 의심하기 시작할 때 금을 돌려받지 않는 것은 어리석은 짓이다.

예금인출러시 은행에 예금을 가지고 있는 많은 사람이 동시에 예금 인출을 요구할 때 발생하는 상황

많은 사람이 동시에 한 금세공인에게 청구권을 제시하면 인출 러시[오늘날의 경우 한 은행에 대한 **예금인출러시**(run on a bank)]가 발생한다. 이러한 인출 러시는 엎친 데 덮친 격이 된다. 누군가가 금을 인출하기 위해 금세공인에게 가는 것을 보면 다른 사람들도 안절부절못하여 금을 인출하려 할 것이다. 일반적으로 인출 러시를 불러일으키는 것은 인출에 대한 두려움이다. 한 은행에 대한 인출 러시는 해당 은행이 상환할 수 없는 차입자들에게 대출을 해주었다는 소문, 전쟁, 해당 은행으로부터 차입한 다른 은행의 파산 등 다양한 요인으로 촉발될 수 있다. 이 장의 후반부에서 알게 되겠지만, 오늘날의 은행가는 금세공인과 다르다. 다시 말해 오늘날의 은행은 필요지준의 규제를 받는다. 그러나 금세공인의 경우 대출해주는 금의 양이 금의 고갈에 대한 두려움으로 부과되는 제한의 영향을 받았지만 법적인 필요지준의 규제를 받지는 않았다.

현대 은행시스템

현대 은행시스템이 어떻게 작동하는지 이해하려면 회계의 기본 원칙을 알아야 한다. 은행의 회계 방식은 금세공인의 경우와 별반 다르지 않다.

회계 방식의 간략한 복습 회계의 핵심은 '회계장부는 항상 균형이다'라는 명제이다. 실제로 특정 시점에 은행 등 모든 기업의 상태를 보면 다음과 같은 관계가 항상 성립한다.

$$\text{자산} - \text{부채} \equiv \text{순자산} \quad \text{또는} \quad \text{자산} \equiv \text{부채} + \text{순자산}$$

자산(assets)은 기업이 소유한 가치 있는 것이다. 은행의 경우 은행 빌딩, 사무용 가구, 보유한 정부 증권, 금고에 있는 현금, 채권, 주식 등이 자산이다. 은행의 자산 가운데 여기서의 설명을 위해 가장 중요한 것은 은행이 시행한 대출이다. 차입자는 일정 금액을 정해진 날까지 상환하겠다는 약속 증서인 채무증서를 은행에 준다. 이러한 약속증서는 가치 있는 것이므로 은행의 자산이다. 은행은 현금을 확보하기 위해 이 채무증서를 다른 은행에 매도하기도 한다.

기타 은행 자산으로는 보유한 현금[시재금(vault cash)]과 미국 중앙은행인 **연방준비제도**(Federal Reserve Bank, Fed)에 보유한 예금이 있다. 뒤에서 설명하겠지만, 미국 은행은 연방은행규제에 따라 예금의 일부를 연방준비제도의 예금으로 보유해야 한다.

연방준비제도(Fed) 미국의 중앙은행

기업의 부채(liabilities)는 기업이 갚아야 하는 빚이다. 은행의 부채는 은행이 발행한 약속증권이다. 은행의 가장 중요한 부채는 예금이다. 우리가 은행 계좌에 돈을 예금하는 것은 본질적으로 은행에 대출해주는 것이기 때문에 예금은 예금자에게 갚아야 하는 부채이다.

회계의 기본 원칙은 기업의 자산을 합하고 자금을 빌려준 모든 이에게 갚아야 하는 부채를 뺀 것이 기업의 순자산(net worth)이라는 것이다. 순자산은 기업의 주주나 소유주에게 가는 기업의 가치이다. 20만 달러의 가치가 있는 다이아몬드를 소유하고 있지만 은행으로부터 15만 달러를 차입한 기업을 사들이기 위해 얼마나 지불하겠는가? 기업의 가치는 소유하고 있는 가치와 갚아야 하는 가치의 차액인 5만 달러이다. 다이아몬드 가격이 하락하여 기업이 소유한 다이아몬드의 가치가 15만 달러가 된다면 기업은 아무런 가치가 없을 것이다.

T계정이라고 부르는 단순한 대차대조표를 이용하여 은행의 재무 상태를 계속 추적할 수 있다. 전통적으로 은행의 자산은 T계정의 왼쪽에 기록하고 부채와 순자산은 오른쪽에 기록한다. 정의에 따르면 대차대조표는 항상 균형을 유지하므로 T계정의 왼쪽에 기록된 항목의 합은 오른쪽에 기록된 항목의 합과 같다.

그림 25.1의 T계정은 자산이 1억 1,000만 달러이고, 그중에서 2,000만 달러를 연방준비제도의 예금과 시재금을 합한 **지준**(reserve)으로 보유하고 있는 한 은행의 재무 상태를 보여준다. 우리가 은행에 가서 저축계좌에 있는 예금을 현금으로 인출하듯이 은행은 연방준비제도에 가서 지준을 현금으로 인출할 수 있기 때문에 지준은 은행의 자산이다. 한편 이 은행의 기타 자산은 9,000만 달러의 대출이다.

지준 은행이 연방준비제도에 보유하고 있는 예금과 시재금을 합한 것

왜 은행은 연방준비제도(중앙은행)에 지준을 보유하는가? 여러 가지 이유가 있으나 가장 중요한 것은 예금부채의 일정 비율을 지준으로 보유해야 한다는 법적 요건 때문이다. 은행이 지준으로 보유해야 하는 예금의 비율을 **지준율**(required reserve ratio)이라고 한다. 지준율이 20%이면 1억 달러의 예금을 가지고 있는 은행은 연방준비제도에 예금이나 현금으로 2,000만 달러의 지준을 보유해야 한다. 설명을 단순화하기 위해 은행이 연방준비제도에 보유하고 있는 모든 지준이 예금 형태라고 가정하자.

지준율 은행이 연방준비제도에 지준으로 보유해야 하는 예금의 비율

이 은행은 T계정의 부채에 예금자에게 갚아야 할 1억 달러의 예금이 있다. 이는 이 은행의 소유자에게 가는 1,000만 달러의 순자산(= 1억 1,000만 달러의 자산 − 1억 달러의 부채)이 있음을 의미한다. 은행의 순자산은 대차대조표를 균형으로 만드는 항목이다. 대차대조표의 어떤 항목이 변화하면 대차대조표를 균형으로 만들기 위해 적어도 다른 한 항목의 변화가 있어야 한다. 한 은행의 지준

	자산	부채	
지준	20	100	예금
대출	90	10	순자산
총계	110	110	총계

그림 25.1 일반적인 은행의 T계정 (100만 달러)
은행의 대차대조표는 항상 균형을 이루어야 하므로 자산(지준과 대출)의 합은 부채(예금)와 순자산의 합과 같다.

이 1달러 증가하면 다음과 같은 변화 중 하나가 이루어져야 한다. ① 다른 자산(예: 대출)이 1달러 감소, ② 부채 항목(예금)이 1달러 증가, ③ 순자산이 1달러 증가. 이러한 항목의 다양한 조합이 가능하다.

화폐의 창조

금세공인과 마찬가지로 오늘날의 은행가는 예금자의 돈을 사용하기 위해 예금자에게 지불하는 것보다 더 높은 이자율로 대출을 해주어 이익을 얻을 수 있다. 오늘날에는 예금인출러시의 가능성이 매우 낮고, 예금인출러시가 발생하더라도 중앙은행이 다양한 방식으로 민간 은행들을 보호한다. 따라서 은행은 원한다면 필요지준의 제한수준까지 대출해줄 수 있다. 한 은행의 필요지준은 지준율과 예금 총액을 곱한 것이다. 한 은행이 예금 100달러를 가지고 있고 지준율이 20%라면 필요지준은 20달러이다. 한 은행의 실제 지준과 필요지준의 차이가 이 은행의 **초과지준**(excess reserves)이다.

초과지준 은행의 실제 지준과 필요지준의 차이

초과지준 ≡ 실제 지준 − 필요지준

한 은행의 초과지준이 0이면 더 이상 대출을 해줄 수 없다. 왜 그럴까? 대출을 해줄 때 은행은 차입자를 위한 요구불예금을 만든다. 이러한 요구불예금은 이 은행의 다른 예금과 마찬가지로 필요지준을 보유해야 한다. 초과지준이 0이고 새로운 현금이 들어오지 않으면 이 은행은 새로운 예금에 대한 지준을 확보할 방법이 없다.

이해를 돕기 위해 대출과 초과지준 간의 관계를 보다 일반적으로 보여주는 예를 들어보겠다. 한 국가에 하나의 민간 은행만 있고 지준율이 20%이며, 그림 25.2와 같이 이 은행이 아무것도 없는 상태에서 영업을 시작한다고 가정하자. 이제 달러 지폐가 유통되고 누군가가 달러 지폐 중 100달러를 은행에 예금한다고 하자. 은행이 중앙은행에 100달러를 예금하면 그림 25.2의 패널 2와 같이 100달러의 지준을 가지게 된다. 은행은 이제 100달러의 자산(지준)과 100달러의 부채(예금)를 가지고 있다. 지준율이 20%이면 초과지준이 80달러가 된다.

이 은행은 필요지준을 충족하면서 얼마나 대출해줄 수 있을까? 대출받은 사람이 원금 전체를 은행에 그대로 두거나, 은행으로부터 받은 원금 전체를 예금하는 다른 사람에게 지불한다고 잠깐 가정하자. 현금으로 인출되는 것이 없는 셈이다. 이러한 경우 은행은 400달러를 대출해주고 필요지준을 충족할 수 있다. 그림 25.2의 패널 3은 최대 금액을 대출해준 후의 대차대조표이다. 은행은 80달러의 초과지준을 가지고 400달러의 추가 예금을 창조할 수 있다. 처음의 예금 100달러는 이제 100달러의 지준이 되고, 여기에 400달러의 대출을 합하면 500달러의 예금과 같아진다. 500달러의 예금

패널 1		패널 2		패널 3	
자산	부채	자산	부채	자산	부채
지준 0	0 예금	지준 100	100 예금	지준 100 대출 400	500 예금

그림 25.2 은행이 하나일 때의 화폐 창조
패널 2를 보면 처음의 예금이 100달러이고, 패널 3을 보면 은행이 400달러를 대출했다.

을 가지고 있고 지준율이 20%이면 은행은 100달러(500달러의 20%)의 지준을 보유해야 하는데, 실제로 100달러를 지준으로 보유하고 있는 상태이다. 은행은 400달러 이하만 대출해줄 수 있다. 처음의 예금이 100달러이면 100달러의 지준이 지원하는 최대 금액이 400달러이기 때문이다. 이를 알아보는 또 다른 방법은 은행이 처음에 80달러의 지준을 가지고 있었음을 확인하는 것이다. 400달러의 20%가 초과지준 80달러와 같기 때문에 이 80달러는 새로운 예금(대출) 400달러를 지원하게 된다. 400달러의 대출은 초과지준을 모두 소진시킨다. 은행이 초과지준을 보유하고 있지 않아 더 이상 대출을 해줄 수 없을 때 대출이 끝났다고 한다.

화폐공급(M1)은 현금화폐와 예금의 합이라는 것을 상기하라. 처음의 예금이 생기기 전의 화폐공급은 100달러(현금화폐 100달러와 예금 0달러)이고, 예금과 대출이 이루어진 후의 화폐공급은 500달러(은행 시재금 밖에 있는 현금화폐 0달러와 예금 500달러)이다. 대출이 예금으로 전환될 때 화폐공급이 증가한다.

이 은행의 T계정은 그림 25.2와 같고 시행된 대출이 예금의 형태로 은행에 남아 있다는 가정을 바탕으로 400달러의 대출을 시행할 수 있다. 이제 당신이 컴퓨터를 사기 위해 이 은행에서 돈을 빌려 컴퓨터 가게에 수표를 발행한다고 하자. 컴퓨터 가게가 은행에 수표 금액을 예금하면 당신의 계좌 잔고는 그만큼 감소하고 컴퓨터 가게의 계좌 잔고는 그만큼 증가한다. 은행 밖으로 나간 현금이 없다. 은행시스템이 이러한 방식으로 작동하는 한(지금까지 은행이 하나뿐이라고 가정했다) 이 은행은 100달러의 지준을 내어달라는 요청을 절대 받지 않는다는 것을 알게 된다. 은행은 예금 총액이 500달러가 될 때까지 대출을 증가시킬 수 있다.

물론 한 국가에는 많은 은행이 있으며, 그림 25.3은 이러한 상황을 나타낸 것이다. 은행시스템 전

	패널 1		패널 2		패널 3	
	자산	부채	자산	부채	자산	부채
은행 1	지준 100	100 예금	지준 100 대출 80	180 예금	지준 20 대출 80	100 예금
은행 2	지준 80	80 예금	지준 80 대출 64	144 예금	지준 16 대출 64	80 예금
은행 3	지준 64	64 예금	지준 64 대출 51.20	115.20 예금	지준 12.80 대출 51.20	64 예금

요약	대출	예금
은행 1	80	100
은행 2	64	80
은행 3	51.20	64
은행 4	40.96	51.20
	⋮	⋮
합계	400.00	500.00

그림 25.3 은행이 많을 때의 화폐 창조

패널 1을 보면 은행 1의 처음 예금이 100달러이다. 패널 2를 보면 은행 1은 80달러를 대출해주고 80달러의 예금을 창조한다. 차입자는 은행 1에 대해 80달러의 수표를 발행하고(패널 3) 그 수표를 은행 2에 예금한다(패널 2). 은행 2가 대출을 시행하는 등 이러한 과정이 계속 이어진다. 최종적으로 400달러의 대출이 이루어지고 예금 총액은 500달러가 된다.

체가 은행이 하나뿐인 경우처럼 작동하면 처음의 예금 100달러가 화폐공급을 500달러 증가시키는 것이 가능하지만 은행이 많으면 더 복잡한 단계가 수반된다.

그 이유를 알아보기 위해 메리가 은행 1에 처음으로 100달러를 예금하고 은행 1은 중앙은행에 100달러를 모두 예금한다고 가정하자(그림 25.3의 패널 1). 개인 차입자가 구매품에 대해 지불하기 위한 수표를 발행하기 때문에 한 은행이 시행한 대출 전체가 인출된다. 메리가 예금한 후 은행 1은 예금 100달러 중 20달러를 지준으로 보유해야 하기 때문에 빌에게 80달러까지 대출해줄 수 있다(지준율이 20%라고 가정한다). 달리 말하면 은행 1은 초과지준 80달러를 가지고 있다.

그림 25.3의 패널 2는 빌에게 대출해준 순간 은행 1의 대차대조표이다. 이제 은행 1은 80달러의 대출을 가지고 있다. 빌의 계좌에 80달러의 신용을 공급함으로써 은행 1의 예금 총액은 180달러(80달러의 대출 + 100달러의 지준)가 된다. 이어서 빌은 자동차에 사용할 충격흡수기를 구매하기 위해 80달러의 수표를 발행한다. 빌은 페넬로프 자동차 부품점에 수표를 발행하고 페넬로프 자동차 부품점은 빌의 수표를 은행 2에 예금한다. 이 수표가 청산될 때 은행 1은 보유하고 있는 지준 중 80달러를 은행 2로 이체한다. 이제 은행 1의 대차대조표는 그림 25.3의 패널 3과 같다. 은행 1의 자산은 지준 20달러, 대출 80달러이고 부채는 예금 100달러이다. T계정의 양변은 균형이다. 은행 1의 지준은 법이 요구하는 대로 예금의 20%이고 대출이 모두 소진되었다.

은행 1이 지준 80달러를 은행 2로 이체했기 때문에 은행 2는 80달러의 예금과 80달러의 지준을 가지게 된다(패널 1). 은행 2의 필요지준은 예금의 20%이므로 은행 2가 대출해줄 수 있는 초과지준은 64달러이다.

이제 은행 2가 책 한 권의 구매 대금을 지불하려는 케이트에게 64달러를 대출해주고, 케이트는 맨해튼 서점에 64달러의 수표를 발행한다고 하자. 맨해튼 서점이 거래하는 은행에 지준 64달러를 이체하여 케이트의 수표 64달러를 청산한 후 은행 2의 최종 재무 상황은 지준 16달러, 대출 64달러, 예금 80달러이다(패널 3).

맨해튼 서점은 은행 3에 있는 계좌에 케이트의 수표를 예금한다. 은행 3은 지준이 64달러 증가하기 때문에 초과지준을 가지게 된다. 지준율이 20%이므로 은행 3은 51.20달러(64달러의 예금을 지원하기 위한 20%의 필요지준을 보유하고 남은 64달러의 80%)를 대출해줄 수 있다.

이러한 과정이 반복됨으로써 새로이 창조된 예금의 총액은 각 은행의 예금을 합한 500달러이다. 은행시스템은 하나의 대형 은행이라고 볼 수 있다. 따라서 은행이 많은 경우의 결과는 은행이 하나뿐인 경우의 결과와 같다.[3]

화폐승수

화폐승수 지준이 1달러 증가할 때마다 예금이 증가할 수 있는 배수로, 1을 지준율로 나눈 것과 같음

실제로 은행시스템은 완전히 폐쇄되어 있지 않으며, 사람들이 돈을 해외로 보내거나 침대 밑에 숨겨두는 등 일부 유출이 발생한다. 요점은 은행 지준의 증가가 화폐공급을 일대일 이상으로 증가시킬 수 있다는 것이다. 경제학자는 예금의 최종 변화와 이러한 변화를 일으킨 지준의 변화 간 관계를 화폐승수라고 일컫는다. 약간 다르게 말하면 **화폐승수**(money multiplier)는 지준이 1달러 증가할 때마다 예금이 증가할 수 있는 배수이다. 화폐승수를 지출승수와 혼동하지 말라. 화폐승수와 지출승수

3 은행이 대출해줄 때 화폐를 창조한다면 대출이 상환될 때는 화폐가 파괴된다.

는 같은 것이 아니다.

앞의 예에서 한 은행에 현금 100달러가 예금되면 지준이 100달러 증가하고 예금이 500달러(처음의 예금 100달러 + 은행의 초과지준으로 시행한 대출로 발생한 예금 400달러) 증가했다. 이 경우의 화폐승수는 500달러/100달러 = 5이다. 수학적으로 화폐승수는 다음과 같이 정의할 수 있다.[4]

$$\text{화폐승수} \equiv \frac{1}{\text{지준율}}$$

미국의 지준율은 은행의 규모와 예금의 종류에 따라 다르다. 대형 은행과 체킹예금의 경우 현재 지준율이 10%이고, 이러한 지준율에 의해 잠재적인 화폐승수는 1/0.10 = 10이다. 이는 은행시스템으로부터 유출이 없다면 지준 1달러 증가가 예금을 10달러 증가시킬 수 있음을 의미한다.

화폐승수는 은행이 초과지준을 보유하지 않는다는 가정하에 도출된 것이라는 사실을 기억해야 한다. 예를 들어 은행 1은 예금 100달러를 수취할 때 대출해줄 수 있는 최대 금액, 즉 100달러 × (1 − 지준율)을 대출해준다. 그러나 은행 1이 초과지준으로 100달러를 보유하면 화폐공급의 증가는 은행시스템 밖에서 유입된 처음 예금 100달러가 될 것이다. 뒤에서 초과지준에 관한 문제를 다시 살펴볼 것이다.

25.3 연방준비제도

학습목표

연방준비제도의 기능과 구조를 파악한다.

지금까지 민간 은행시스템이 대출을 통해 화폐를 어떻게 창조하는지 살펴보았다. 그러나 민간 은행은 자신의 의지대로 자유롭게 화폐를 창조하지 못한다. 화폐를 창조할 수 있는 민간 은행의 능력은 중앙은행이 설정한 필요지준에 의해 통제된다. 그렇다면 미국의 중앙은행인 연방준비제도(Fed)의 구조와 기능을 알아보자.

미국 의회를 통과한 법(1930년대에 주요한 개혁 방안이 추가되었음)에 의해 1913년 설립된 Fed는 미국의 중앙은행이다. Fed는 약 6,000개의 상업은행에 대한 규제와 감독 등 많은 책무를 수행하는 복잡한 기관이다. 그림 25.4는 Fed의 구조를 보여준다.

연방준비제도이사회(Board of Governors)는 Fed 내에서 가장 중요한 조직이다. 연방준비제도이사회는 미국 대통령이 지명한 7명으로 구성되고 임기가 14년이다. 임기가 4년인 Fed의 의장 역시 미국 대통령이 지명한다. 전체 Fed를 이끄는 의장은 미국에서 두 번째로 막강한 사람으로 여겨진다. Fed는 미국 대통령이나 미국 의회의 명령을 받지 않는다는 면에서 독립적인 기관이다. 미국은 12개의 연방준비지역으로 나뉘고 각 지역의 연방준비은행(Federal Reserve bank)이 있다. 그림 25.4에 이러한 연방준비지역을 나타냈다. 연방준비은행은 각 지역에서 중앙 시스템의 법규, 규제, 기능을 수행하고 지역 경제 상황을 연방준비제도이사회에 보고하므로 Fed의 지점과 같다고 볼 수 있다.

연방공개시장위원회(FOMC) 연방준비제도이사회의 이사 7명, 뉴욕 연방준비은행의 총재, 순차적으로 결정된 나머지 연방준비은행의 총재 4명으로 구성된 조직. 화폐공급과 이자율 목표를 결정하고 뉴욕 연방준비은행의 공개시장거래부서에 공개시장운영에 대한 지시를 내림

미국의 통화정책은 공식적으로 **연방공개시장위원회**(Federal Open Market Committee, FOMC)에

4 화폐승수를 수학적으로 도출하기 위해 rr을 지준율이라고 하자. 그림 25.3에서 보듯이 어떤 사람이 은행 1에 100달러를 예금한다면 은행 1은 $100(1 - rr)$만큼 대출해줄 수 있고, 이 대출은 은행 2에 예금된다. 은행 2는 $100(1 - rr)(1 - rr)$만큼 대출해줄 수 있고, 이 대출은 은행 3에 예금된다. 이러한 과정이 반복됨으로써 창조된 예금의 총액은 $100[1 + (1 - rr) + (1 - rr)^2 + (1 - rr)^3 + \cdots]$이다. 대괄호 안에 있는 무한등비급수의 합은 $1/rr$이고, 이것이 화폐승수이다.

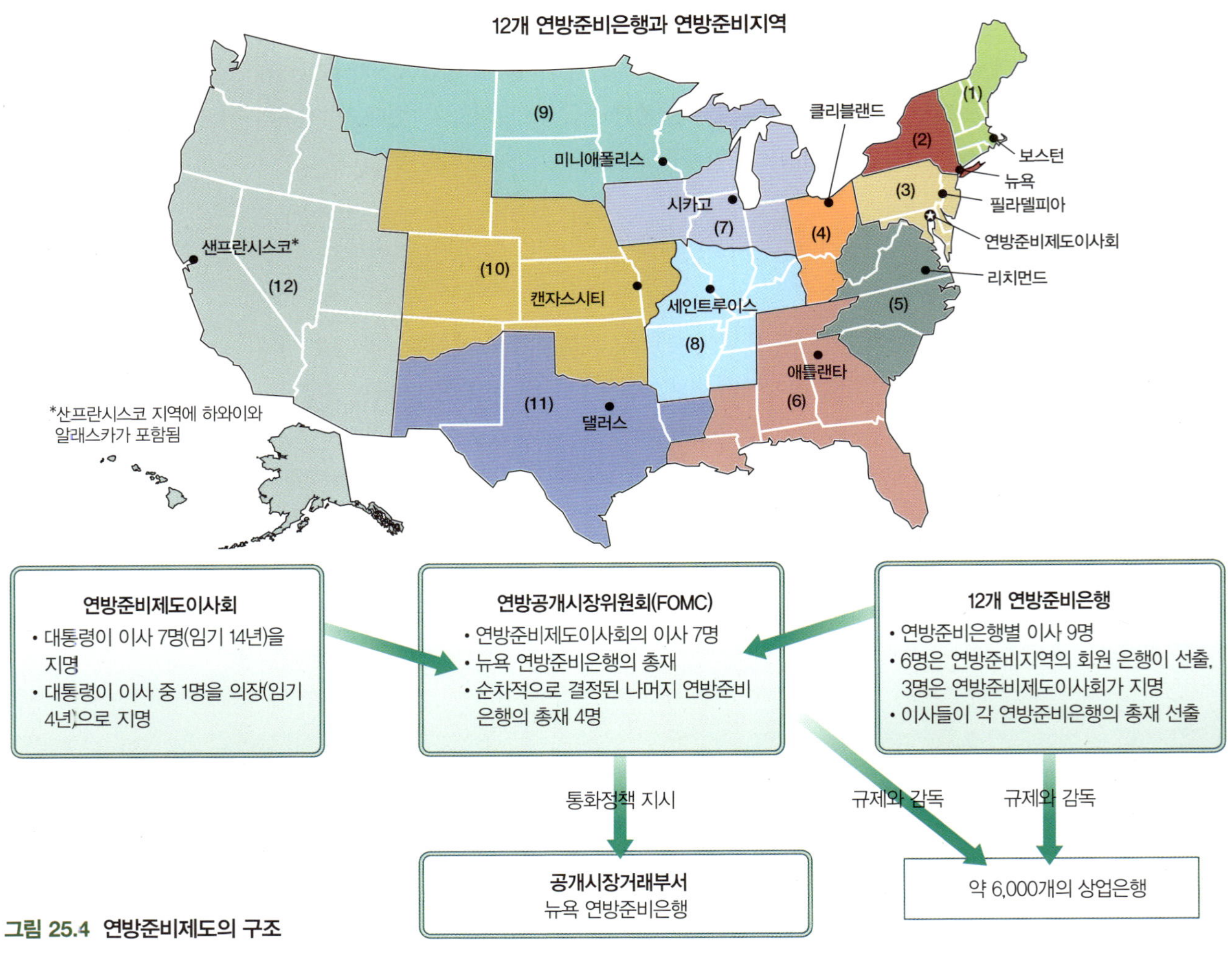

그림 25.4 연방준비제도의 구조

의해 결정된다. FOMC는 연방준비제도이사회의 이사 7명, 뉴욕 연방준비은행의 총재, 나머지 11개 연방준비은행의 총재 중 순차적으로 결정된 4명의 총재로 구성된다. FOMC는 이자율 목표를 결정하고 뉴욕 연방준비은행의 **공개시장거래부서**(Open Market Desk)에 국채 매입 또는 매도 지시를 내린다(이 장의 후반부에서 공개시장운영을 자세히 살펴본다).

공개시장거래부서 Fed의 국채 매입과 매도를 집행하는 뉴욕 연방준비은행의 부서

연방준비제도의 기능

Fed는 미국의 중앙은행이다. 은행(또한 외국 정부)만 중앙은행에 계좌를 가질 수 있기 때문에 중앙은행은 '은행 중의 은행'이다. 민간인은 Fed 지점에 가서 체킹계좌를 개설하거나 돈을 빌릴 수 없다.

Fed는 미국의 통화정책을 책임지고 은행을 위한 중요한 행정적 기능을 수행한다. 이러한 기능에는 은행 간 지급 청산, 은행시스템 규제, 어려운 재무 상황에 처한 은행 지원이 포함된다. 또한 Fed는 환율과 국가의 대외지급준비(foreign exchange reserves)를 관리하고[5] 국제경제 이슈에 대한 국가 간 협상에 참여하기도 한다.

---

5 대외지급준비는 미국 정부가 보유하고 있는 다른 국가의 화폐(예: 일본 엔화)이다. 34장에서 환율과 외환시장에 대해 자세히 살펴볼 것이다.

은행 간 지급 청산은 다음과 같이 작동한다. 당신이 플로리다주 마이애미에 있는 크로켓임포터에서 구매한 전구에 대해 지불하기 위해 거래 은행인 프레즈노은행에서 인출되는 수표 100달러를 발행한다고 하자. 당신의 돈은 프레즈노에 있는 당신의 거래 은행으로부터 플로리다에 있는 크로켓임포터의 거래 은행(마이애미은행)으로 어떻게 전달될까? Fed가 바로 그 일을 한다. 프레즈노은행과 마이애미은행은 Fed에 계좌를 가지고 있다. 크로켓임포터가 당신의 수표를 받아서 마이애미은행에 예금하면 마이애미은행은 받은 수표를 Fed에 제출하고, 프레즈노은행로부터 돈을 받을 수 있게 해 달라고 요청한다. Fed는 이 수표를 프레즈노은행에 제시하고 프레즈노은행의 계좌에서 100달러를 차감하며, 마이애미은행의 계좌에 100달러를 공여한다. Fed에 있는 계좌는 지준으로 계산된다. 따라서 프레즈노은행의 지준이 100달러 감소하고 마이애미은행의 지준이 100달러 증가한다. 두 은행은 Fed에 보유하고 있는 예금의 소유권을 효율적으로 거래한다. 지준 총액이 변화하지 않고 화폐 공급도 변화하지 않는다.

이와 같은 은행 간 지급 청산 방식을 통해 은행은 거의 즉각적으로 자금을 옮길 수 있다. 은행이 할 일은 Fed에 이체를 요청하는 것이고, 이렇게 하면 자금이 한 컴퓨터 계좌에서 다른 컴퓨터 계좌로 이동한다.

Fed는 은행 간 자금이체를 용이하게 할 뿐만 아니라 은행의 업무 및 표준과 관련된 많은 규제를 책임지고 있다. 예를 들어 Fed는 은행 간 합병을 통제하는 권한을 가지고 있으며, 은행이 재무적으로 건전한지, 정부의 회계 규제를 준수하고 있는지 검사하는 책임을 맡고 있다. 앞에서 살펴보았듯이 Fed는 모든 금융기관에 대한 필요지준을 결정한다.

Fed의 중요한 책임 중 하나는 은행시스템을 위한 **최종 대부자**(lender of last resort) 역할이다. 금세공인에 대한 이야기에서 언급했듯이 은행은 예금인출러시의 가능성에 처해 있다. 미국에서 25만 달러 미만의 예금은 대부분 대공황 기간인 1933년에 설립된 정부기관인 연방예금보험공사(Federal Deposit Insurance Corporation, FDIC)의 보험에 가입되어 있다. 예금보험은 은행 패닉의 가능성을 낮춰주지만, Fed는 재무적으로 어렵고 다른 자금 조달원을 찾을 수 없는 은행에 자금을 제공할 준비가 되어 있다.

최종 대부자 재무적으로 어려우나 다른 자금 조달원을 찾을 수 없는 은행에게 Fed가 자금을 제공하는 기능

Fed는 두 가지 이유로 이상적인 최종 대부자이다. 공공의 전반적인 후생을 지원하는 기능을 수행하는 비영리기관으로서 Fed는 1920년대 말과 1930년대에 발생했던 것과 같은 재앙적인 은행 패닉을 예방하는 데 관심을 두고 있다. 본질적으로 Fed는 마음대로 지준을 창조할 수 있기 때문에 파산의 가능성에 처한 은행을 돕기 위해 자금을 무제한 공급할 수 있다. 이러한 행정 및 규제 기능도 중요하지만 Fed의 핵심 기능은 이자율의 결정을 통해 거시경제 관리를 돕는 것이다. 이러한 과정이 어떻게 이루어지는지 이해하려면 화폐의 수요에 대해 알아볼 필요가 있다.

25.4 화폐에 대한 수요

학습목표

화폐수요의 결정 요인을 알아본다.

가계의 금융 자산을 생각해보자. 가계는 금융 자산 중 일부를 이자가 적거나 아예 없지만 사용하기 매우 편리한 현금과 체킹계좌 등의 M1이라는 화폐로 보유하고 있다. 사람들은 체킹계좌에서 돈을 인출하거나, 체킹계좌와 연동된 직불카드 또는 스마트폰을 이용하여 체킹계좌에 접근할 수 있다. 가계가 보유하는 기타 자산으로는 사용하기에 편리하지는 않지만 이자를 얻을 수 있는 이자지급 저

축계좌와 증권이 있다. 가계가 이러한 두 가지 넓은 범주에 자산을 어떻게 배분하는지 알아보자. 사람들이 보유하려는 화폐의 양을 결정하는 것은 무엇인가?

앞서 언급했듯이 화폐의 주요 기능 중 하나는 거래를 용이하게 하는 교환의 수단이다. 거래의 편의성은 사람들이 모든 자산을 사용하기 어려운 저축계좌로 보유하기보다는 사용하기 편리한 약간의 화폐를 보유하려는 분명한 동기로 작용한다. 이 절에서는 사람들이 얼마만큼의 화폐를 보유할지 결정하는 요인을 생각해본다. 여기서는 화폐에 이자가 없다고 가정한다. 이러한 화폐는 현금이나 이자지급이 없는 체킹계좌의 예금 형태를 띨 수 있다. 가게에서 구매하는 물건에 대해 지불하기 위해 직불카드나 스마트폰을 사용하는 경우에는 체킹계좌의 예금이 필요하다. 그러므로 '화폐'는 이러한 종류의 지불에 사용된다.

화폐를 보유할 것인지, 이자지급 금융상품을 보유할 것인지에 대한 의사결정이 어떻게 이루어지는지 살펴보기 위해 간단한 예를 생각해보자. 쉽게 설명하기 위해 화폐 말고 보유할 수 있는 자산은 이자를 버는 '저축계좌'뿐이라고 가정하자. 당신이 몸담고 있는 회사는 월말에 당신의 체킹계좌에 5,000달러를 넣어준다. 그 예금을 체킹계좌에 그대로 놔두면 이자를 얻지 못하지만, 예금의 일부 또는 전부를 저축계좌로 옮기면 해당 금액에 대한 이자를 얻게 된다. 그렇다면 얼마를 옮겨야 할까? 이러한 예금의 이동으로 얻는 이익은 이동한 금액에 대한 이자이다. 수표, 직불카드, 스마트폰을 통한 거래를 지원하기 위해 체킹계좌에 예금이 필요할 수 있다. 체킹계좌의 예금은 거래를 지원한다. 자산을 저축계좌로 많이 옮겨놓으면 거래를 하기 위해 자주 예금을 체킹계좌로 다시 옮겨야 할 것이다.

여기에는 전형적인 경제적 교환관계가 존재한다. 당신은 체킹계좌에 있는 예금을 저축계좌로 옮겨 이자를 얻을 수 있으나, 이동한 예금이 많을수록 더 자주 일부 금액을 체킹계좌로 다시 옮기는 데 따른 시간의 비용을 지불해야 한다. 얼마나 옮길지 결정하는 데에는 이자율이 중요한 역할을 한다. 이자율이 높을수록 체킹계좌에 예금을 보유하는 비용이 더 커진다. 이자율이 0에 가까우면 예금을 저축계좌로 옮겨서 얻는 것이 거의 없다. 예금을 옮기는 데 따른 시간의 비용이 있고 저축계좌에서 실제적으로 얻는 것이 없다면 그러한 비용을 부담할 이유가 없다. 한편 이자율이 상승하면 예금을 체킹계좌에 보유하는 것의 기회비용이 증가하기 때문에 예금의 일부를 저축계좌로 옮겨야 한다. 다른 것들이 일정하다면 이자율이 높을수록 평균적으로 저축계좌에 더 많은 예금을 보유해야 한다. 다시 말해 이자율이 높을수록 평균적으로 체킹계좌에 보유하는 화폐의 양을 줄여야 한다. 따라서 보유해야 하는 화폐의 양은 이자율과 음의 관계이다. 이자율이 높다는 것은 예금을 저축계좌로 옮기지 않아 이자를 얻지 못한다는 점에서 화폐 보유의 기회비용이 높다는 것을 의미하기 때문이다. 당신은 편의성과 이자율을 교환하게 된다.

당신이 보유하려는 화폐의 양은 분명히 거래 금액에 달려 있다. 다른 것들이 일정하다면 주어진 기간에 더 많이 지출할수록 평균적으로 체킹계좌에 보유하려는 예금도 더 많아질 것이다. 거래 금액에 비해 체킹계좌의 예금을 상대적으로 조금 보유하면 저축계좌에서 체킹계좌로 예금을 옮기는 데 많은 시간을 들여야 하고, 여기에는 비용이 따른다.

요약하면, 화폐에 대한 수요는 주어진 기간 동안의 거래 규모와 양의 관계를 가지고, 이자율과 음의 관계를 가진다. 앞으로 명목소득 $P \times Y$를 거래 규모의 척도로 사용할 것이다. 여기서 P는 평균적인 물가수준(GDP 디플레이터)이고 Y는 실질생산(실질 GDP)이다. 그림 25.5는 화폐수요곡선을 보여준다. 앞서 설명했듯이 이자율이 하락함에 따라 화폐에 대한 수요가 증가하기 때문에 화폐수

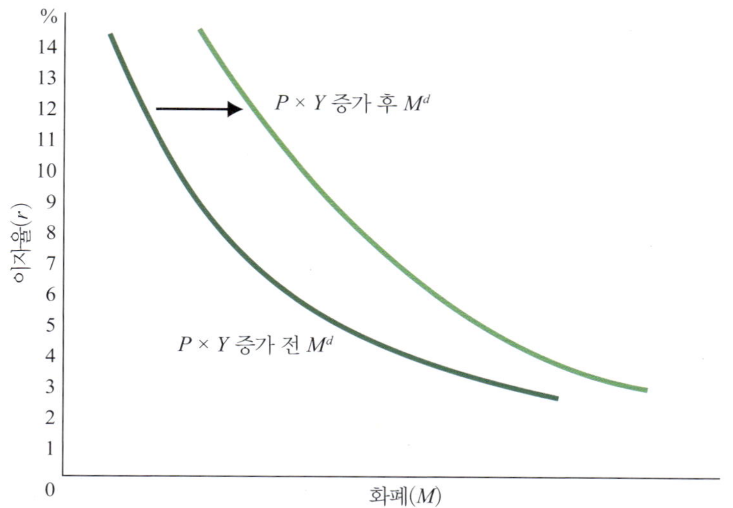

그림 25.5 화폐에 대한 수요
이자율이 하락함에 따라 화폐 보유의 기회비용이 감소하기 때문에 화폐에 대한 수요량(M^d)은 이자율과 음의 관계이다. 거래 금액($P \times Y$)이 증가하면 화폐수요곡선이 오른쪽으로 이동한다.

요곡선이 우하향한다. 또한 거래 규모의 증가로 $P \times Y$가 증가함에 따라 화폐수요곡선이 오른쪽으로 이동한다. 화폐수요와 이자율의 관계는 통화정책과 중앙은행에 대한 설명에서 중요한 역할을 할 것이다.

25.5 이자율과 증권가격

학습목표

이자의 정의, 이자율과 증권가격의 관계를 이해한다.

Fed가 이자율을 어떻게 통제하는지 살펴보기 전에 이자율과 증권가격의 관계를 간략하게 논의할 필요가 있다. 지금까지 가계가 화폐 보유와 이자지급 증권 또는 계좌 보유를 선택하는 방식에 대해 설명했다. 기업과 정부는 자금을 차입하기 위해 이자지급 증권을 발행한다. 일반적으로 단기증권은 '어음(bill)', 장기증권은 '채권(bond)'이라고 부른다. 이 두 종류의 증권은 유사한 방식으로 작동한다. 대부자가 이러한 증권을 매입하고 자금을 제공하도록 하기 위해 차입자는 일정 기간이 지난 후 원금을 상환하고 이자를 지급하겠다고 약속한다. 이해를 돕기 위해 국채인 10년 만기 미국 재무부 채권을 살펴보자.

일반적으로 채권은 1,000달러와 같은 액면가로 발행된다. 채권에는 차입자가 대부자에게 채권의 액면가를 지불해야 하는 만기일이 있다. 또한 채권 보유자에게 매년 지급해야 하는 고정 달러 금액도 있는데 이것을 쿠폰이라고 한다. 2018년 1월 2일에 미국 재무부가 액면가가 1,000달러이고 연간 20달러의 쿠폰을 지급하는 10년 만기 채권을 발행했다고 가정하자. 이 채권은 발행일에 채권시장에서 판매되었다. 이 채권의 판매 가격은 시장이 결정하는 가격이다. 시장에서 결정된 채권의 가격이 실제로 1,000달러였다고 하자. (채권을 발행할 때 미국 재무부는 채권이 처음에 판매되는 가격이 채권의 액면가와 같아지는 쿠폰을 선택하려고 한다.) 대부자는 미국 재무부에 1,000달러의 수표를 주고, 미국 재무부는 앞으로 10년 동안 1월마다 대부자에게 20달러의 수표를 보낸다. 2028년 1월 2일에 미국 재무부는 대부자에게 채권의 액면가인 1,000달러와 마지막 쿠폰인 20달러의 수표를 보낸다.

이 예에서 대부자가 1,000달러의 투자에 대해 매년 받는 이자율은 2%이다. 대부자는 1,000달러를 투자한 대가로 매년 20달러, 즉 채권 액면가의 2%를 받는다.

미국 재무부가 채권을 시장에 발행하기 전에 많은 채권이 액면가가 1,000달러, 쿠폰이 30달러, 만기 10년으로 대부자들에게 제공되었다고 하자. 그리고 이러한 채권이 1,000달러에 판매되었다고 하자. 이때 미국 재무부는 자신의 채권을 매도할 수 있는가? 그 답은 '예'이지만 채권 가격이 더 낮을 것이다. 다른 채권이 3%의 이자를 제공하기 때문에 미국 재무부도 마찬가지로 3%를 제공해야 할 것이다. 쿠폰이 20달러로 고정되어 있기 때문에 이자율을 3%로 올리는 유일한 방법은 채권 가격을 낮추는 것이다. 미국 재무부가 발행하려고 하는 채권의 시장가격은 1,000달러보다 낮을 것이다.

이 예에서 알 수 있듯이 이 장의 후반부에서 사용할 중요한 사실은 기존 채권의 시장가격과 이자율이 음의 관계를 가진다는 것이다. 미국 재무부나 기업이 채권을 발행할 때 액면가, 쿠폰, 만기가 결정된다. 이는 시장 이자율이 변화함에 따라 채권 가격이 변화한다는 것을 의미한다. 이자율이 상승할 때는 기존 채권의 가격이 하락한다. 다음 절에서 2008년 이후 통화정책을 설명할 때 이자율과 채권 가격 간 음의 관계를 사용할 것이다. 이제 화폐공급과 화폐수요를 결합하여 Fed의 통화정책이 어떻게 작동하는지 살펴보자.

경제학의 적용

경제학적 실수를 저지른 세레브랴코프 교수

안톤 체호프(Anton Chekhov)의 희곡 〈바냐 아저씨(Uncle Vanya)〉에서는 은퇴한 교수이기는 하지만 분명히 경제학 교수가 아닌 알렉산더 블라디미로비치 세레브랴코프가 어떤 발표를 하기 위해 가족을 불러 모은다. 그는 은퇴 후 자기 부동산이 있는 시골로 내려갔지만 그곳에서 사는 것을 좋아하지 않았다. 불행히도 그의 부동산은 도시에서 살 수 있을 정도의 소득을 창출하지 못했다. 그는 가족을 모아놓고 다음과 같이 제안했다.

> 상세한 내용을 생략하고 간략하게 말하겠다. 우리 부동산은 평균적으로 자본 가치의 2%보다 적은 수익률을 창출한다. 나는 부동산 매각을 제안한다. 그 돈을 적정한 증권에 투자하면 4~5%의 수익을 얻을 것이고, 핀란드에 작은 빌라를 살 수 있는 수천 루블이 생길 것이라고 생각한다.

가족 중 바냐 아저씨는 이러한 생각을 받아들이지 않았다. 그러나 아무도 세레브랴코프의 생각이 나쁜 경제학이라고 지적하지 않았다. 본문에서 설명했듯이 채권을 매입하고 이자율이 상승하면 매입한 채권의 가격이 하락한다. 세레브랴코프가 미처 알지 못했던 것은 2%의 수익을 창출하는 부동산의 자본 가치가 '적정한' 증권의 이자율이 5%일 때 부동산을 팔 수 있는 가치가 아니라는 것이다. 러시아에 사는 투자자가 적정한 증권으로 5%의 수익을 얻을 수 있다면 왜 2%의 수익을 안겨주는 부동산을 매입하겠는가? 부동산 가격은 투자자에게 제공하는 수익률이 5%가 될 때까지 하락해야 할 것이다. 설상가상으로 부동산은 증권보다 더 위험한 투자 대상이고, 그렇다면 이러한 위험에 대해 투자자에게 보상하기 위해 5%보다 더 높은 수익률이 요구될 것이다. 물론 이는 부동산 가격을 더 낮출 것이다.

요컨대 세레브랴코프의 제안은 부동산이 현재 창출하는 것보다 더 많은 돈을 벌 수 있는 계획이 아니다. 바냐 아저씨가 경제학원론 수업을 듣고 이 사실을 알았더라면 덜 동요되었을 것이다.

질문

- 세레브랴코프가 언급한 증권의 이자율이 하락하면 부동산의 가치에 어떤 일이 발생하는가?

25.6 연방준비제도는 어떻게 이자율을 통제하는가

학습목표

연방준비제도가 어떻게 이자율을 변화시킬 수 있는지 이해한다.

2008년 이전의 통화정책 수단

전통적으로 Fed는 화폐공급을 변화시켜 이자율을 통제하기 위해 사용할 수 있는 세 가지 수단으로 공개시장운영, 지준율 변화, 은행이 지준을 차입하기 위해 Fed에 지불하는 재할인율 변화를 가지고 있었다.

그림 25.2를 다시 살펴보라. 그림에서 지준율이 20%일 때 상업은행의 지준이 100달러 증가하면 은행 대출은 400달러 증가할 수 있고 화폐공급은 500달러(400달러의 대출 + 처음 100달러의 지준) 증가할 수 있다. 이러한 계산을 할 때 초과지준을 보유하지 않는다고 가정했다. 따라서 Fed가 화폐공급을 증가시킬 수 있는 한 가지 방법은 단순히 지준을 증가시키는 것이다. 그렇다면 Fed는 어떻게 지준을 증가시킬 수 있는가? Fed의 주요 수단은 은행이 보유하고 있는 재무부 증권을 매입하는 것이다. 이러한 증권은 은행이 보유할 때 지준으로 계산되지 않는다. Fed가 한 은행으로부터 100달러의 재무부 증권을 매입하면 이 은행의 지준을 100달러 증가시켜준다. 지준이 100달러 증가하여 이 은행은 400달러를 대출해줄 수 있으므로 화폐공급이 500달러 증가한다. (은행이 하나뿐인 경제라고 가정했으나 그림 25.3에서 보듯이 많은 은행이 있는 경제의 경우에도 동일한 분석이 이루어질 수 있다.) 이와 반대로 Fed가 100달러의 재무부 증권을 매도하면 이 은행의 지준이 100달러 감소하고(Fed는 이 은행의 지준을 100달러 감소시켜 매도한 재무부 증권의 대금을 받음) 대출이 400달러 감소함에 따라 화폐공급이 500달러 감소한다. Fed가 국채를 매입·매도하는 것을 **공개시장운영**(open market operation)이라고 한다. 은행이 본질적으로 초과지준을 보유하지 않았던 2008년 이전에 Fed가 화폐공급을 변화시켰던 주요 방법은 공개시장운영이었다.

공개시장운영 Fed가 공개시장에서 국채를 매입·매도하는 것

그림 25.2에서 보듯이 지준율을 인하하면 예금이 증가할 수 있다. 화폐의 창조에 대해 설명하면서 이러한 사실을 이미 살펴보았다. 지준율이 20%가 아니라 10%라면 대출이 900달러만큼 이루어지고 화폐공급이 1,000달러 증가할 것이다. 이와 반대로 지준율이 인상되면 대출이 감소함으로써 화폐공급이 감소할 것이다. 은행이 초과지준을 보유하지 않았던 2008년 이전에 지준율의 변화는 Fed가 드물게 사용하기는 했지만 화폐공급을 변화시키기 위한 또 다른 수단이었다.

또한 은행은 지금이나 2008년 이전에 Fed로부터 지준을 차입할 수 있는 옵션을 가지고 있다. 차입지준은 대출을 지원할 수 있는 지준으로 간주되기 때문에 차입지준이 증가할 때 은행이 대출을 증가시킴에 따라 화폐공급이 증가한다. 은행은 차입지준에 대해 이자를 지불하는데 그 이자율을 **재할인율**(discount rate)이라고 한다. 따라서 Fed가 화폐공급을 증가시킬 수 있는 세 번째 방법은 은행이 Fed로부터 더 많이 차입하여 대출을 증가시키기 위해 재할인율을 인하하는 것이다. 이와 반대로 Fed는 은행이 차입지준의 일부를 상환하여 대출을 감소시키도록 재할인율을 인상할 수 있다. 화폐공급을 변화시키는 세 번째 수단인 재할인율의 변화도 드물게 사용되었다.

재할인율 은행이 Fed로부터 차입할 때 지불하는 이자율

Fed는 어떻게 이러한 수단을 통해 이자율을 통제할 수 있는 능력을 확보할 수 있는가? 초과지준을 보유하지 않을 때 Fed는 세 가지 수단 중 하나를 사용하여 화폐공급을 변화시킬 수 있다는 것을 방금 살펴보았다. 따라서 Fed는 원하는 수준의 화폐공급량, 즉 화폐량을 결정할 수 있다. 실제로 그렇듯이 화폐시장이 청산된다고 가정하면 이자율의 균형값을 결정하기 위해 그림 25.5의 화폐수요곡선과 Fed가 선택하는 화폐공급을 결합할 수 있다. 이를 그림 25.6에 나타냈다. Fed가 공급하기

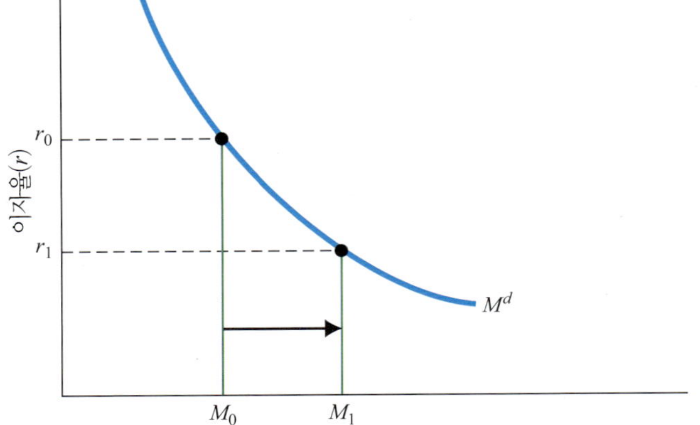

그림 25.6 균형이자율
Fed가 선택한 화폐공급이 주어지면 화폐공급량과 화폐수요곡선이 만나는 곳에서 균형이자율이 결정된다. Fed가 화폐공급을 M_0에서 M_1로 증가시키면 이자율이 r_0에서 r_1로 하락한다.

로 한 화폐량이 주어지면 이자율은 간단히 화폐수요곡선과 화폐량이 만나는 곳에서 결정된다. 그림 25.6에서 보듯이 화폐량이 M_0이면 이자율은 r_0에서 결정된다. 또한 그림 25.6은 Fed가 화폐공급을 M_0에서 M_1로 증가시키면 이자율이 r_0에서 r_1로 하락한다는 것을 보여준다. 따라서 Fed가 선택하는 화폐공급의 변화는 이자율의 변화를 가져온다. 이자율 변화의 크기는 화폐공급 함수의 모양에 따라 결정된다.

은행은 본질적으로 초과지준을 보유하지 않고 Fed는 화폐공급과 이자율을 변화시키기 위해 공개시장운영에 참여한다. Fed가 금융위기에 대응하면서 2008년에 이러한 통화정책의 경로가 변화했다.

2008년 이후 Fed 활동의 확장

2008년 3월에 많은 대형 금융기관이 동시에 심각한 재정적 어려움을 겪자 Fed는 은행시스템에 대한 역할을 확대하기 시작했다. Fed는 은행에 대한 최종 대부자에서 벗어나 민간 은행시스템의 적극적인 참여자가 되었다. 어떻게 이러한 변화가 일어났을까?

2003년 초부터 미국 경제는 '주택 버블(housing bubble)'로 불리는 주택 가격의 급등을 경험했다. 금융기관은 신용등급이 불량한 가계(소위 서브프라임 차입자)에 주의를 기울이지 않고 모기지대출을 시행하기 시작했다. 일부 가계는 주택 가격의 상승을 통해 돈을 벌 수 있을 것이라고 기대하면서 자신의 소득으로는 감당할 수 없는 주택을 구입했다. Fed나 기타 연방기관, 주기관의 규제가 느슨한 틈을 타 많은 금융기관이 상당한 위험을 선택했다. 2005년 말에 주택 가격이 하락하기 시작하자 금융위기가 몰아닥쳤다. 주택 보유자가 채무를 이행하지 않고 많은 사람이 경제시스템을 위협한다고 생각했던 연쇄 반응이 일어나면서 대형 금융기관조차 큰 손실을 보게 되었다.

Fed는 여러 가지 방법으로 이에 대응했다. 2008년 3월에 Fed는 대형 금융기관인 베어스턴스(Bear Sterns)의 구제 계획에 참여하여 JP모건(JPMorgan)에 대한 베어스턴스의 300억 달러 부채를 보증했다. 2008년 9월 7일에 Fed는 당시 12조 달러의 미국 모기지 시장 중 반을 소유하거나 보증했던 연방모기지협회(Federal National Mortgage Association, Fannie Mae)와 연방주택대출모기지공사(Federal Home Loan Mortgage Corporation, Freddie Mac)를 정부가 인수하는 데 참여했다. 2008년 9월 17일에 Fed는 파산을 막기 위해 AIG 보험 회사에 850억 달러를 빌려주었다. 2008년 9월

중순에는 미국 의회에 7,000억 달러의 구제금융 법안을 통과시켜 줄 것을 촉구했으며, 10월 3일에 구제금융법이 통과되었다.

2008년 9월 패니메이와 프레디맥을 구제하는 과정에서 Fed는 이 두 기관의 증권인 '연방기관 부채증권'을 매입하기 시작했다. 더욱 놀랍게도 2009년 1월에 Fed는 인지된 위험 때문에 민간 부문이 보유하기를 꺼리는 모기지담보부증권과 장기국채를 매입하기 시작했다. 2012년 9월까지 Fed는 매월 850억 달러의 모기지담보부증권과 장기국채를 매입했다. 이와 같은 일은 2014년 11월에 종료되었다. 다음 절에서 살펴보듯이 그러한 매입의 대부분은 상업은행의 초과지준을 증가시키는 결과를 낳았다.

놀라운 일은 아니지만, 2003~2005년에 Fed가 금융기관을 더 많이 규제했어야 했는지, Fed의 적극적인 역할이 정당한지를 놓고 상당한 정치적 논의가 펼쳐졌다. 사람들의 견해가 어떻든 Fed가 2008년 이후 금융시장에서 훨씬 더 적극적인 역할을 하고 있는 것은 분명하다.

연방준비제도의 대차대조표

방금 설명한 Fed의 확장된 활동은 2008년 이후 Fed의 대차대조표가 변화한 모습을 살펴보면 명확히 알 수 있다. Fed는 특수한 은행이지만 특정 시점에 자산과 부채를 기록하는 대차대조표를 가지고 있다는 점에서는 보통의 상업은행과 유사하다. 2018년 4월 11일 현재 Fed의 대차대조표를 표 25.1에 제시했다.

2018년 4월 11일에 Fed는 4조 4,310억 달러의 자산을 가지고 있었으며 그중에서 금이 110억 달러, 미국 재무부 증권이 2조 4,130억 달러, 연방기관 부채증권이 40억 달러, 모기지담보부증권이 1조 7,540억 달러, 기타가 2,490억 달러였다.

보잘것없는 금액인 금이 현금화폐와 관련이 있다고 생각하지 말라. 이러한 금은 대부분이 1930년대에 미국 재무부로부터 매입한 것이다. 실제로 1934년 이후 달러는 금으로 지원되지 않았다. 다시 말해 Fed에 1달러 지폐를 가져가서 1달러에 해당되는 금을 받을 수 없다. 오래된 1달러 지폐를 Fed에 주고 받을 수 있는 것은 새로운 1달러 지폐이다.[6] Fed가 보유하고 있는 금은 화폐공급과 관

표 25.1 2018년 4월 11일 연방준비제도의 자산과 부채(10억 달러)

자산		부채	
금	11	현금화폐	1,641
미국 재무부 증권	2,413	지준 잔고(필요지준 133)	2,129
연방기관 부채증권	4	미국 재무부 예금	370
모기지담보부증권	1,754	기타 부채와 순자산	291
기타 자산	249	합계	4,431
합계	4,431		

출처: Federal Reserve Statistical Release, Factors affecting Reserve Balances, Board of Governors of the Federal Reserve System.

6 Fed가 화폐에 대해 금을 제공할 의무가 없다는 사실은 Fed가 절대 파산할 수 없음을 의미한다. 화폐가 금으로 지원될 때 너무 많은 예금자가 동시에 몰려들어 예금을 금으로 교환해달라고 요청하면 Fed가 보유한 금이 소진될 가능성이 있다. 오늘날 예금자가 예금을 인출하기 위해 Fed에 가면 달러 지폐만 받을 수 있다. 달러는 국제적으로 1971년 8월 15일까지 금으로 전환 가능했다.

련되지 않지만 Fed가 보유한 가치 있는 것이기 때문에 대차대조표에서 자산으로 간주된다.

미국 재무부 증권은 Fed가 보유하고 있는 전통적인 자산이다. 재무부 증권은 Fed가 오랜 기간 매입한 연방정부의 채무이다. 앞에서 설명했듯이 은행이 초과지준을 보유하고 있지 않을 때 Fed의 재무부 증권 매입과 매도(공개시장운영)는 화폐공급과 이자율에 영향을 미치는 수단이다. 2008년에 Fed의 행동이 변화하기 전에 Fed가 보유한 자산은 거의 대부분이 미국 재무부 증권이었다. 예를 들어 2007년 10월 24일에 Fed의 총자산은 8,850억 달러였고 그중에서 미국 재무부 증권이 7,800억 달러였다. 2008년 이후 Fed의 새로운 자산은 연방기관 부채증권과 모기지담보부증권이다. 이 두 자산은 2007년 10월 24일 Fed의 대차대조표상에 없었으나 현재 Fed는 40억 달러에 달하는 연방기관 부채의 대부분을 보유하고 있다.

2018년 4월 11일에 Fed의 부채는 현금화폐가 1조 6,410억 달러, 지준 잔고가 2조 1,290억 달러, 미국 재무부 예금이 3,700억 달러, 기타 부채와 순자산이 2,910억 달러였다. Fed는 미국 정부의 은행 역할을 하기 때문에 미국 재무부 예금은 Fed에 예치하여 미국 정부가 보유한다. 미국 정부는 새로운 비행기와 같은 것을 구매하기 위해 지불해야 할 때 비행기 공급자에게 Fed에 있는 자신의 '체킹계좌'에서 인출되는 수표를 발행할 수도 있다. 이와 마찬가지로 미국 정부는 조세 징수, 범칙금, 정부 자산의 매각으로 얻는 수입을 Fed에 예금할 수 있다.

현금화폐는 Fed가 보유한 부채의 약 37%를 차지한다. 우리가 껌을 한 통 사기 위해 사용하는 달러 지폐는 우리에게 자산이다. 모든 금융 자산은 정의상 다른 경제주체의 부채이다. 달러 지폐는 누구의 부채인가? 달러 지폐는 Fed의 채무증서, 즉 Fed의 부채이다.

지준 잔고는 Fed가 보유한 부채의 약 48%를 차지한다. 지준 잔고는 상업은행이 Fed에 보유하고 있는 지준이다. 상업은행은 예금의 일정 비율을 Fed에 반드시 예치해야 하는데, 이 예금은 상업은행의 자산이고 Fed의 부채이다. 놀라운 사실은 Fed에 있는 지준 잔고 2조 1,290억 달러 가운데 약 1,330억 달러만이 필요지준이라는 것이다. 그 나머지인 약 2조 달러는 상업은행이 원한다면 민간부문에 대출해줄 수 있는 지준인 초과지준이다. 이러한 초과지준의 존재는 Fed의 운영에 대한 설명을 복잡하게 만든다.

2008년 이후의 통화정책 수단

2008년 이후 우리는 더 이상 초과지준이 없는 세계에 살고 있지 않다. 실제로 2018년 4월 11일 현재 초과지준은 상당히 많은 약 2조 달러였다. 이러한 초과지준은 화폐공급과 이자율을 변화시키는 Fed의 능력에 어떤 영향을 미치는가?

2008년과 2015년 말 사이에 Fed는 단기 이자율을 0에 가깝게 유지했다. Fed는 2015년 12월에 단기 이자율을 인상하기 시작했다. Fed는 어떻게 단기 이자율을 인상했을까? 공개시장운영, 지준율, 재할인율과 같은 전통적인 수단을 사용하지 않았다. 공개시장운영을 생각해보자. 2008년 이전에 Fed는 국채를 매도하여 지준을 감소시키고, 은행 대출을 감소시키고, 화폐공급을 감소시키고, 이자율을 인상시켰을 것이다. 그러나 초과지준이 존재하는 경우 Fed가 국채를 매도하면 은행은 보유한 초과지준을 가지고 국채 대부분을 매입할 것이다. 은행 지준은 감소할 테지만 충분한 초과지준을 보유하고 있기 때문에 은행 대출을 감소시킬 필요가 없게 된다. 표 25.1을 보라. Fed가 1조 달러의 미국 재무부 증권을 매도하면 미국 재무부 증권이 1조 달러 감소하고 지준 잔고도 1조 달러 감소할 것이다. Fed의 자산과 부채 모두 1조 달러 감소하지만 이자율은 변화하지 않을 것이다. 은행은 이제 1조 달러가 줄어든 지준을 보유하지만 초과지준은 여전히 약 1조 달러이다. 미국 재무부 증권과 지준을 서로 교환하는 것은 이자율을 변화시키지 못한다. 같은 이유로 지준율의 변화도 이자율을 변화시키는 데 쓸모가 없을 것이다. 은행은 필요지준보다 훨씬 많은 지준을 보유하고 있기 때문이다.

이제 Fed가 단기 이자율을 인상하기 위해 사용하는 수단은 은행이 보유한 지준에 대해 지급하는 이자율을 인상하는 것이다. 2008년 이후부터 Fed는 은행 지준에 대해 이자를 지급하기 시작했다(이는 은행이 대출하는 대신 지준으로 보유하기 시작한 이유를 설명하는 데 도움이 된다). Fed가 은행 지준에 대해 지급하는 이자율을 인상하면 미국 재무부 단기증권의 이자율이 상승할 것이다. Fed가 은행 지준 이자율을 0.25% 포인트 인상하면 미국 재무부 단기증권시장에 어떤 영향을 미치는가? 단순하게 설명하면 대체로 다음과 같은 일이 발생한다. 은행은 지준과 재무부 증권을 보유하고 있다. Fed가 은행 지준 이자율을 인상하기 전에는 지준 이자율과 재무부 단기증권 이자율이 거의 같았다. Fed가 은행 지준 이자율을 인상하면 처음에는 은행 지준 이자율이 0.25% 포인트 더 높아진다. 이렇게 높아진 은행 지준 이자율은 은행이 덜 매력적인 증권을 Fed에 매도하도록 유도한다. Fed가 이러한 증권을 매입하지 않으면 채권시장에서 매도되어 채권 가격을 변화시킬 것이다. 앞 절에서 살펴보았듯이 증권가격이 하락하면 이자율이 상승한다. 따라서 증권가격이 하락하고 증권 이자율이 상승한다. 새로운 균형은 증권 이자율도 0.25% 포인트 높아진 곳에서 이루어질 것이다. 즉 Fed는 은행 지준에 지급하는 이자율을 인상하여 재무부 단기증권 이자율을 변화시킬 수 있다. 이것은 Fed의 대차대조표에 아무런 변화를 일으키지 않는다.

끝으로 Fed가 단기 이자율을 변경하면 장기 이자율도 변화한다는 것을 이해해야 한다. 이 책에서는 r로 나타낸 하나의 이자율에만 초점을 맞추고 있지만 실제로는 많은 이자율이 존재한다.

미리 보기

25장은 많은 내용을 담고 있으나 앞으로의 분석에는 한 가지 사실, 즉 Fed는 단기 이자율을 통제할 수 있는 능력을 가지고 있다는 것만 필요하다. 2008년 이전에 Fed는 주로 공개시장운영을 통해 단기 이자율을 통제했고, 오늘날에는 Fed에 예치되어 있는 은행 지준에 지급하는 이자율을 변화시키는 방법으로 단기 이자율을 통제한다.

요약

01 화폐의 세 가지 특성은 지불의 수단(교환의 매개 수단), 가치의 저장 수단, 회계의 단위이다. 화폐 사용의 대안은 재화를 다른 재화와 직접 교환하는 물물교환이다. 많은 종류의 재화가 존재하는 경제에서 물물교환은 비용이 많이 들고 비효율적이다.

02 물품화폐는 다른 용도에서 내재 가치를 가지고 있으면서 화폐로 사용되는 물품으로, 금과 담배를 대표적인 예로 들 수 있다. 불환화폐는 화폐로 사용될 때 말고는 본질적으로 가치가 없다. 불환화폐의 수용성을 보장하기 위해 정부는 권한을 이용하여 불환화폐를 법정화폐로 선언하고, 그 가치가 상실될 만큼 급속히 화폐를 찍어내지 않을 것이라고 민간에 약속한다.

03 다양한 화폐의 정의가 있다. 거래화폐라고도 하는 M1은 현금화폐, 요구불예금, 여행자수표, 기타 수표발행가능예금으로 구성된다. M1은 물건을 사기 위해 직접 사용할 수 있는 화폐다. 광의의 화폐라고도 하는 M2는 M1과 저축계좌, 머니마켓계좌, 기타 유사화폐를 합한 것이다.

04 지준율은 은행이 중앙은행에 지준으로 보유해야 하는 예금의 비율이다.

05 은행은 대출을 시행함으로써 화폐를 창조한다. 고객에게 대출을 해줄 때 은행은 고객의 계좌에 예금을 창조하고, 이러한 예금은 화폐공급의 일부가 된다. 은행은 지준율에 의해 결정되는 필요지준을 초과하는 초과지준을 가지고 있을 때만 화폐를 창조할 수 있다.

06 화폐승수는 지준이 1달러 증가할 때마다 예금이 증가할 수 있는 배수로, 1/지준율과 같다.

07 미국의 중앙은행인 연방준비제도의 가장 중요한 기능은 단기 이자율을 통제하는 것이다. 또한 연방준비제도는 은행 간 결제를 청산하고, 은행의 업무 및 표준과 관련된 많은 규제를 책임지며, 어려움에 처하여 다른 자금 조달원을 찾을 수 없는 은행을 위해 최종 대부자 역할을 한다.

08 화폐에 대한 수요는 이자율과 음의 관계를 가진다. 이자율이 높을수록 화폐 보유의 기회비용이 커짐에 따라 사람들은 화폐를 덜 보유하려 한다. 이자율이 상승하면 화폐에 대한 수요가 감소하고 화폐수요곡선이 우하향한다.

09 화폐에 대한 수요는 명목소득과 양의 관계를 가진다. 명목소득은 $P \times Y$이다. 여기서 P는 물가수준이고 Y는 실질소득이다. P 또는 Y의 증가는 화폐에 대한 수요를 증가시킨다.

10 이자율과 증권가격은 음의 관계를 가진다. 이자율이 상승하면 기존 채권의 가격은 하락한다.

11 2008년 이전에 연방준비제도는 화폐공급을 통제하는 세 가지 수단, 즉 지준율의 변화, 재할인율(회원 은행이 연방준비제도로부터 차입할 때 지불하는 이자율)의 변화, 공개시장운영(국채의 매입과 매도)을 가지고 있었다. 화폐공급을 증가시키기 위해 연방준비제도는 재할인율을 인하하거나 국채를 매입하여 추가 지준을 공급할 수 있었고, 지준율을 인하하여 주어진 지준에서 창조될 수 있는 예금을 증가시킬 수 있었다. 화폐공급을 감소시키기 위해 연방준비제도는 재할인율을 인상하거나 국채를 매도하거나 지준율을 인상하여 지준을 감소시킬 수 있었다.

12 2008년 이후 은행은 상당한 초과지준을 보유하고 있으며, 연방준비제도는 현재 이러한 지준에 대해 이자를 지급하고 있다. 연방준비제도는 이자율을 인상하고자 할 때 은행 지준에 지급하는 이자율을 인상한다.

핵심 용어

가치의 저장 수단(store of value)
공개시장거래부서(Open Market Desk)
공개시장운영(open market operation)
교환의 매개 수단(medium of exchange)/지불의 수단(means of payment)
물물교환(barter)
물품화폐(commodity monies)
법정화폐(legal tender)
불환화폐(fiat money)/명목화폐(token money)
연방공개시장위원회(Federal Open Market Committee, FOMC)
연방준비제도(Federal Reserve Bank, Fed)
예금인출러시(run on a bank)
유사화폐(near monies)
재할인율(discount rate)
지준(reserves)
지준율(required reserve ratio)
초과지준(excess reserve)
최종 대부자(lender of last resort)
화폐 가치 하락(currency debasement)
화폐승수(money multiplier)
회계의 단위(unit of account)
화폐의 유동성 특성(liquidity property of money)
M1/거래화폐(transactions money)
M2/광의의 화폐(broad money)

연습문제

01 머니마켓계좌가 M1에 포함되지 않는 이유를 M1과 M2의 정의를 사용하여 설명하라.

02 2년간의 충격적인 하이퍼인플레이션으로 고통을 겪은 짐바브웨는 2009년 4월에 자국 화폐인 짐바브웨 달러를 버리고 미국 달러를 공식 화폐로 채택했다. 짐바브웨 사람이 재화 및 서비스와 교환하기 위해 미국 달러를 기꺼이 받는 이유는 무엇인가?

03 2018년 3월에 '암호화폐(cryptocurrency)'라는 단어가 메리엄-웹스터 사전에 추가되었다. 암호화폐는 "디지털 방식으로 존재하며, 일반적으로 중앙집중적인 발행이나 규제 권한이 없는 대신 분산 시스템에서 거래를 기록하고 새로운 단위의 발행을 관리하는 모든 형태의 화폐"로 정의된다. 가장 일반적인 암호화폐는 비트코인이지만 최근에는 이더리움, 라이트코인, 도지코인과 같은 수많은 대안코인(알트코인)이 등장했다. 이 장에서 화폐에 대해 설명한 것을 토대로 볼 때 이러한 암호화폐를 화폐라고 할 수 있는가?

04 당신이 1년 동안 해외 유학 중이고 부모님이 당신이 체류하는 국가에 있는 당신의 저축계좌로 12,000달러를 보냈다고 하자. 부모님은 당신이 방금 만든 체킹계좌로 매달 일정액을 이체하려 한다. 이러한 거래는 당신이 체류하는 국가의 M1과 M2에 어떤 영향을 미치는가?

05 다음의 각 항목이 한 은행의 자산인지 부채인지 밝히고 그 이유를 설명하라.

a. 시재금
b. 요구불예금
c. 저축예금
d. 지준
e. 대출
f. 연방준비제도에 보유하고 있는 예금

06 다음의 각 설명에 동의하는지, 동의하지 않는지 밝히고 그 이유를 설명하라.

a. 미국 재무부가 재정적자를 위한 자금을 조달하기 위해 채권을 발행하여 민간에 매도할 때 미국 재무부가 받는 모든 금액은 즉시 정부지출을 통해 현금화폐로 나가기 때문에 화폐공급이 변화하지 않는다. 연방준비제도가 채권을 민간에 매도하는 경우에는 그렇지 않다.
b. 화폐승수는 한계저축성향에 의존한다.

07 한 은행의 대차대조표가 다음과 같다. 지준율은 10%이다.

자산		부채	
지준	$1,200	$8,000	예금
대출	$6,800		

a. 이 은행은 얼마의 지준을 반드시 보유해야 하는가?
b. 이 은행의 초과지준은 얼마인가?
c. 이 은행은 대출을 얼마만큼 증가시킬 수 있는가?
d. 한 예금자가 이 은행에 와서 현금 500달러를 인출한다고 하자. 은행이 지준을 감소시켜 필요한 현금을 확보한다고 가정하고 새로운 대차대조표를 작성하라. 은행은 초과지준을 보유하는가? 은행은 지준율을 충족하는가? 그렇지 않다면 은행은 무엇을 할 수 있는가?

08 징거가 스키두은행에 있는 자신의 체킹계좌에 현금 12,000달러를 예금한다고 하자. 스키두은행은 초과지준을 보유하지 않으며 4%의 지준율을 준수해야 한다.

a. 스키두은행의 T계정을 사용하여 이 거래를 나타내라.
b. 스키두은행이 징거의 예금을 통해 가능한 최대 금액을 서스턴에게 대출해준다고 가정하고, 스키두은행의 T계정을 사용하여 이 거래를 나타내라.
c. 서스턴은 요트를 사기 위해 차입한 금액을 사용하려 한다. 그는 대출받은 금액 전체에 대한 수표를 요트 제조사에 발행하고 요트 제조사는 그 수표를 하와이에 있는 파라다이스은행에 예금한다. 이 수표가 청산될 때 스키두은행은 파라다이스은행에 자금을 이체한다. 스키두은행의 T계정과 파라다이스은행의 T계정에 이 거래를 나타내라.
d. 징거의 처음 예금을 통해 창조될 수 있는 예금의 최대 금액은 얼마인가?
e. 징거의 처음 예금을 통해 창조될 수 있는 대출의 최대 금액은 얼마인가?

09 디지털 시대에 전통적인 물리적 위치에서의 영업에 비해 온라인 영업에 대한 고객의 선호가 은행업을 비롯한 많은 산업에서 급증하고 있다. 최근에 발표된 한 보고서에 따르면 온라인 뱅킹의 글로벌 시장 규모는 10년 전 730만 달러에서 2026년에는 거의 3,000만 달러에 이를 것으로 예상된다. 온라인 뱅킹의 성장이 한 은행에 대한 예금인출러시의 시점과 심각성에 어떤 영향을 미칠 수 있는지 간략히 설명하라.

10 미국은 12개의 연방준비지역으로 나뉘고 각 연방준비지역에는 연방준비은행이 있다. 연방준비지역과 연방준비은행의 위치는 그림 25.4를 참고하라. 연방준비지역이 12개로 나뉜 이유는 무엇인가? 그림 25.4에 표시된 12개 도시에 연방준비은행이 위치하는 이유는 무엇인가?

11 노벨 경제학상 수상자인 폴 크루그먼은 1990년대 일본의 경제 상황을 '유동성 함정(liquidity trap)'이라고 설명했다. 이자율이 매우 낮아서 일본 소비자는 기꺼이 이자율 예측을 바꾸지 않고 추가적으로 유동성을 보유하려 했다. 이러한 경우 화폐수요곡선에 어떤 일이 발생하는가? 통화정책이 이자율을 더 하락시키지 못하는 이유는 무엇인가? 다음 그래프를 사용하여 설명하라.

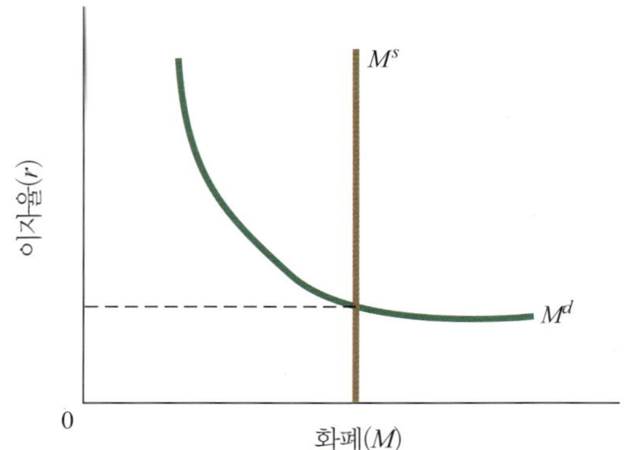

12 우리가 보유하려는 화폐의 양과 이자율이 음의 관계를 가지는 이유를 설명하라.

13 터키의 이자율은 2015년부터 2018년 4월까지 8%에서 상대적으로 안정적이었으나 2018년 6월에 17.75%로 두 달 동안 상승했다. 이자율의 상승은 차입 비용을 증가시키고 기업의 차입과 투자를 억제한다. 또한 이자율의 상승은 경제에 존재하는 채권 잔고의 가치에 영향을 미친다. 급격한 이자율 상승은 터키의 채권 가격에 어떤 영향을 미쳤겠는가? 이자율이 변화할 때 채권의 가치가 왜 변화하는지 간략하고 명료하게 설명하라.

14 부채가 많은 이탈리아는 2016년에 2.8%의 이자율로 50년 만기 채권을 매도했고, 매입자는 이 채권을 50억 유로어치 매입할 수 있었다. 이러한 채권의 매입이 위험한 투자라고 생각하는가? 그 이유는 무엇인가?

15 연방준비제도는 2014년에 양적 완화(quantitative easing)라고 불리는 정책인 채권 매입 증가를 중지하고 2018년까지 400억 달러의 채권을 대체하지 않고 만기에 상환하기 시작했다. 이러한 정책은 양적 긴축(quantitative tightening)이라고 한다. 연방준비제도가 양적 긴축을 하기 시작한 이유가 무엇이라고 생각하는가? 이러한 양적 긴축은 주식시장과 채권시장에 어떤 영향을 미칠 수 있는가?

16 2018년에 일부 유럽 국가는 인플레이션 상승 문제를 겪는 동시에 낮은 실업률이 실질임금의 상승을 초래했다. 유럽중앙은행(ECB)은 인플레이션을 낮추려 했다. ECB는 다음 중 어떤 정책을 시행해야 하는지 설명하라.

a. 지준율을 인하한다.

b. 이자율을 인상한다.

c. 국채를 매도한다.

경제학적 사고 키우기

01 화폐는 지불의 수단, 가치 저장의 수단, 회계의 단위라는 기능을 수행한다. 비트코인과 같은 암호화폐는 이러한 기능을 얼마나 잘 수행하는가?

02 본문에서 배웠듯이 화폐승수는 1/지준율로 계산된다. 이러한 정의는 암묵적으로 은행이 초과지준을 보유하지 않는다고 가정한다. 은행이 초과지준을 보유하는 경우 화폐승수는 더 작아지는가, 더 커지는가?

CHAPTER 26

총생산, 물가수준과 이자율의 결정

목차와 학습목표

26.1 총공급곡선

총공급곡선의 정의와 단기 총공급곡선의 이동을 이해한다.

26.2 총수요곡선

총수요곡선을 도출하고 총수요곡선이 우하향하는 이유를 파악한다.

26.3 최종 균형

*AD*곡선과 *AS*곡선이 만나는 곳이 균형점인 이유를 파악한다.

26.4 총수요곡선이 우하향하는 기타 이유

*AD*곡선이 우하향하는 기타 이유를 파악한다.

26.5 장기 총공급곡선

장기 총공급곡선의 모양을 살펴보고 잠재 GDP로 이동하는 장기 시장조정을 이해한다.

거시경제의 핵심 요소를 23~25장에 걸쳐 다루었다. 23장과 24장에서는 이자율과 물가수준이 일정하다고 가정하고 경제의 생산수준이 어떻게 결정되는지 살펴보고, 25장에서는 생산수준과 물가수준이 일정하다고 가정하고 이자율에 초점을 맞추어 설명했다. 이제 거시경제의 핵심 요소인 생산, 물가수준, 이자율을 함께 알아볼 차례이다.

이 장과 다음 장에서는 정책 담당자가 경제를 관리할 때 부딪히는 주요 쟁점을 다룰 것이다. 생산수준은 어떻게 결정되는지, 어떤 요인이 전반적인 물가수준을 상승시키는지 살펴볼 것이다. 2개 장을 읽고 나면 현재 이루어지고 있는 많은 경제정책에 관한 논쟁의 배경을 더 잘 이해할 수 있다.

이 장에서는 거시경제의 중요한 참여자로서 가격 및 생산 결정을 하는 기업과 이자율을 통제하는 중앙은행(연방준비제도)의 행동에 초점을 맞춘다. 먼저 총공급곡선에 요약되어 있는 기업의 가격 및 생산 결정에 대해 알아보자.

26.1 총공급곡선

학습목표

총공급곡선의 정의와 단기 총공급곡선의 이동을 이해한다.

총공급 한 경제에서 이루어지는 재화와 서비스의 총공급

총공급(*AS*)곡선 경제에 존재하는 모든 기업이 공급하는 총생산과 전반적인 물가수준의 관계를 보여주는 그래프

총공급(aggregate supply)은 한 경제에서 이루어지는 재화와 서비스의 총공급이고, **총공급(*AS*)곡선**(aggregate supply curve)은 경제에 존재하는 모든 기업이 공급하는 총생산과 전반적인 물가수준의 관계를 보여준다. *AS*곡선을 이해하려면 경제를 구성하는 개별 기업의 행동을 이해해야 한다.

노동 가격(임금)을 포함하여 모든 가격이 동시에 2배가 되는 상황을 생각해보자. 이러한 경제에서는 기업이 생산하는 생산수준에 어떤 일이 발생할까? 아무것도 일어나지 않을 수 있다. 모든 가격이 2배가 되면 모든 비용도 2배가 된다. 실제로 기업은 이러한 일이 발생하기 전과 똑같은 상황에 놓인다. 임금과 가격이 둘 다 상승하면 기업은 생산한 제품을 통해 더 많이 벌고 근로자와 기타 투입요소에 비례적으로 더 많이 지불한다. 이 경우 물가수준과 관계없이 생산수준이 변하지 않기 때문에 *AS*곡선은 수직선이 될 것이다. 제품 가격이 오르지만 생산을 증가시키더라도 이익이 되지 않기 때문에 기업은 생산을 증가시키지 않을 것이다. 이 장의 후반부에서 알게 되겠지만, 많은 경제학자는 시간이 충분히 주어지면 모든 투입요소와 생산물에 대한 가격 조정이 이루어질 것이라며, 이것이 물가수준과 총생산 간의 장기 관계를 적절히 잘 설명한다고 생각한다. 이 장의 후반부에서는 이러한 장기 상황에 대해 자세히 살펴볼 것이다.

이번에는 임금과 가격이 동시에 변하지 않는 경우를 생각해보자. 이 경우에는 기업이 어떻게 할까? 임금이 제품 가격보다 수요 변화에 대해 더 완만하게 반응하면 기업은 제품 가격이 상승하고 생산의 수익성이 증가함에 따라 생산을 증가시킬 것이다. 이러한 경우 *AS*곡선은 수직선이 아니라 우상향하는 기울기를 가진다. 많은 경제학자는 특히 경기변동의 일부 시점에 단기적으로 임금이 제품 가격보다 더 완만하게 반응함으로써 단기 *AS*곡선이 우상향한다고 믿는다.

*AS*곡선을 자세히 살펴보기 전에 *AS*곡선이 개별 공급곡선의 합이 아니라는 점을 짚고 넘어갈 필요가 있다. 첫째, 경제의 상당 부분을 구성하는 불완전경쟁 기업은 개별 공급곡선을 가지고 있지 않다. 이러한 기업은 생산과 가격을 동시에 선택한다. 개별 공급곡선을 도출하기 위해 한 기업에 가격을 주고 그 가격에 얼마나 생산할 것인지 밝히라고 하는 상황을 상상해보자. 기업이 가격을 결정한다면 그러한 일은 불가능하다. 이것이 의미하는 바는 *AS*곡선을 개별 공급곡선의 합으로 생각하면 안 된다는 것이다. 개별 공급곡선이 존재하지 않는다면 개별 공급곡선을 합할 수도 없다.

개별 공급곡선의 합이 아니라면 *AS*곡선은 무엇인가? *AS*곡선은 총수요가 증가 또는 감소함에 따라 물가수준과 총생산에 어떤 일이 발생하는지를 보여준다. *AS*곡선은 총수요수준에 따라 달라지는 총생산과 물가수준을 나타낸다. 이러한 곡선을 총공급곡선이라고 부르지만 실은 잘못된 명칭이다. 각기 다른 총수요수준에서 경제에 존재하는 모든 기업의 가격 및 생산 결정을 나타내는 곡선, 즉 '가격/생산반응(price/output response)곡선'이라고 생각하는 것이 더 낫다.

단기 총공급곡선

정부지출의 증가로 총수요곡선이 이동할 때 경제에 무슨 일이 일어나는지 생각해보라. 이러한 경우 물가수준이 얼마나 상승하는가? 생산은 얼마나 증가하는가? *AS*곡선은 이에 대한 답을 알려준다. *AS*곡선의 기울기가 급할수록, 총수요가 증가할 때 물가수준이 더 많이 상승할 것이다. *AS*곡선의 기울기가 완만할수록, 총수요가 증가할 때 생산이 더 많이 증가할 것이다.

대부분의 경제학자는 적어도 일정 기간 동안 총수요의 증가가 물가수준과 생산을 둘 다 증가시킬 것이라고 믿는다. 또한 총수요의 증가가 물가수준과 생산에 얼마나 영향을 미칠 것인지는 총수요의 증가가 발생한 시점의 경제 상황에 따라 결정된다고 믿는다. 달리 말하면 경제가 생산능력수준에 접근함에 따라 *AS*곡선의 모습이 변한다. 그림 26.1은 이를 반영한 곡선이다. 총생산이 낮은 수준일 때, 예컨대 경제가 불황일 때 *AS*곡선은 상당히 완만하게 우상향한다. 이 경우 총수요가 증가하면 물가수준이 약간만 상승한다. 반대로 총생산이 높은 수준일 때, 예컨대 경제가 호황일 때는 *AS*곡선이 수직선이거나 거의 수직선이다. 이 경우 총수요가 증가하면 생산은 아주 조금 증가하고 물가수준은 크게 상승한다.

***AS*곡선이 우상향하는 이유** 지금까지는 임금을 포함한 모든 가격이 동시에 변동하면 *AS*곡선이 수직선이 될 것이라고 했다. 모든 수요 증가는 가격 변화로만 흡수될 것이다. 단기 *AS*곡선이 우상향이냐, 수직선이냐를 결정하는 한 가지 핵심 요인은 임금이 '경직적'이어서 다른 가격보다 더 완만하게 움직인다는 것이다. 임금이 경직적이면 비례적인 임금 상승 없이 총수요가 증가하고, 이에 따라 기업의 한계비용곡선이 비례적으로 이동하지 않는다. 이러한 경우 가격 상승이 생산 증가를 더

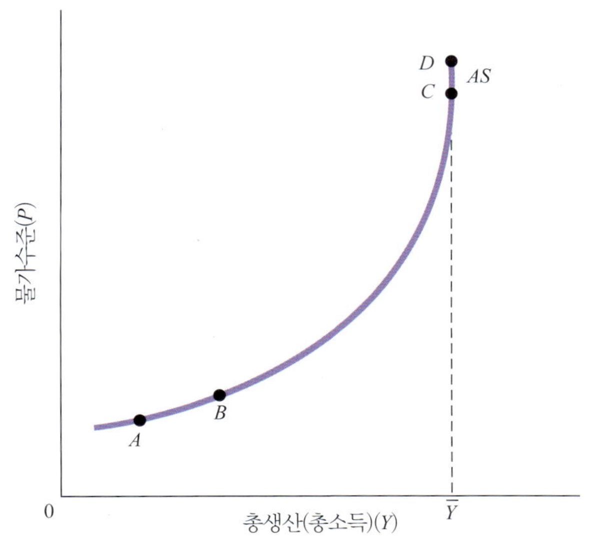

그림 26.1 단기 총공급곡선
단기적으로 *AS*곡선(가격/생산반응 곡선)은 양의 기울기를 가진다. 총생산이 낮은 수준에서 단기 *AS*곡선은 기울기가 상당히 완만하다. 경제가 생산능력수준에 접근함에 따라 *AS* 곡선은 거의 수직선이 된다. 생산수준 $\bar{Y}$에서 단기 *AS*곡선은 수직선이 된다.

매력적이게 만든다. 실증적 증거에 따르면 실제로 임금은 가격보다 늦게 움직인다. 즉 임금이 더 완만하게 변화한다. 왜 임금이 단기에 경직적일 수 있는가에 대한 다양한 이유는 28장에서 다룰 것이다. *AS*곡선은 왜 임금의 경직성과 임금 반응의 시점이 매우 중요한지를 보여준다. 임금의 경직성이 없으면, 예를 들어 정부의 총수요 증가에 대한 경제의 반응은 실질생산을 증가시키지 않고 물가수준만 상승시킬 것이다.

그런데 주의해야 할 사항이 있다. 총수요가 증가한 후 기업의 투입요소 일부는 가격을 인상시킨 다른 기업으로부터 구매할 수 있기 때문에 단기에도 기업의 투입비용 일부가 상승할 수 있다. 예를 들어 델(Dell) 컴퓨터의 투입요소 중 하나는 인텔(Intel)이나 AMD가 생산하는 반도체 칩이다. 기업의 제품에 대한 수요가 증가함에 따라 기업의 투입비용 일부가 상승한다는 것이 문제를 복잡하게 만든다. 기업의 제품에 대한 수요가 증가하는 동시에 기업의 한계비용곡선이 위로 이동하기 때문이다. 우상향하는 기울기를 가진 *AS*곡선을 도출하기 위해 이러한 종류의 투입비용이 임금비용에 비해 상대적으로 적다고 가정한다. 임금이 경직적이고 기업의 비용에서 임금이 차지하는 비중이 크면 우상향하는 기울기의 단기 *AS*곡선을 도출할 수 있다.

단기 *AS*곡선이 특정한 모양인 이유 그림 26.1의 단기 *AS*곡선은 완만한 기울기로 시작하여 끝에서는 거의 수직선 형태이다. 왜 그럴까? 이러한 단기 *AS*곡선의 형태가 경제에서 임금이 언제 가장 경직적이고 언제 가장 덜 경직적인지에 대한 경제학자의 견해를 반영한다는 것은 놀라운 일이 아니다.

먼저 단기 *AS*곡선의 수직선 부분을 생각해보자. 이 부분에서 전체 경제는 시장에서 결정된 임금으로 일하고자 하는 모든 노동과 모든 자본을 사용한다. 경제가 전속력으로 질주하고 있다. 이러한 생산수준($\overline{Y}$)에서 생산에 대한 수요 증가는 가격 상승에 의해서만 충족될 수 있고, 노동의 수요 증가도 마찬가지로 가격 상승에 의해서만 충족될 수 있다. 이 경제활동수준에서는 임금도 가격도 경직적이지 않을 것이다.

그렇다면 단기 *AS*곡선의 수평 부분에서는 어떤 일이 일어날까? 생산수준이 역사적인 수준에 비해 상대적으로 낮다. 많은 기업은 공장, 장비와 경제활동인구 기준으로 초과 생산능력을 가지고 있을 것이다. 이처럼 초과 생산능력을 가지고 있으면 기업은 비례적인 비용 증가 없이 *A*점에서 *B*점으로 생산을 증가시킬 수 있다. 따라서 가격 상승이 작고 상대적으로 생산 증가가 클 것이다. 기업이 근로자의 사기를 유지하기 위해 또는 다른 이유로 경기하강 상황에서 근로자를 과도하게 보유하고 있다면 단기 *AS*곡선상의 이 부분에서 상대적으로 경직적인 임금이 관측되기도 한다.

단기 총공급곡선의 이동

단기 *AS*곡선은 총수요의 변화가 전반적인 물가수준과 총생산에 어떤 영향을 미치는지 보여준다. 물가수준이나 총생산 중 어느 것이 더 많은 영향을 받는지는 경제가 단기 *AS*곡선상 어디에 있는지, 즉 총수요의 변화 시점에 경제가 어떤 상태인지에 따라 결정된다는 것을 앞서 살펴보았다. 이제 경제의 다른 특성이 단기 *AS*곡선의 위치에 어떤 영향을 미칠 수 있는지 생각해보자.

단기 *AS*곡선이 오른쪽으로 이동한다는 것은 무슨 의미일까? 단기 *AS*곡선이 오른쪽으로 이동한다는 것은 주어진 물가수준에서 더 많은 총생산이 이루어진다는 것을 의미한다. 무엇이 단기 *AS*곡

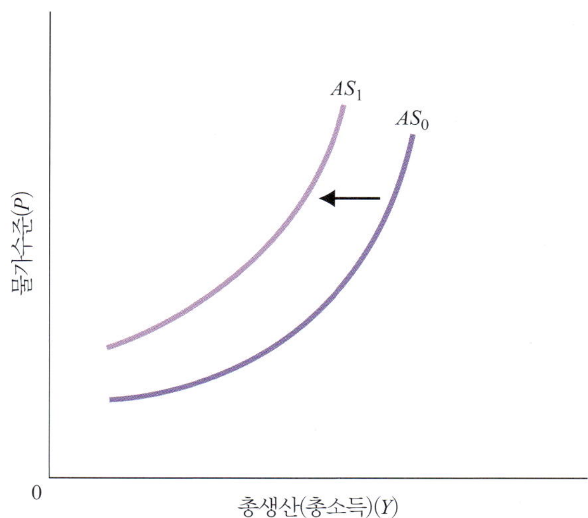

(a) 총공급의 감소

*AS*곡선은 임금이나 에너지 가격의 상승과 같은 비용 증가에 의해 AS_0에서 AS_1로(왼쪽으로) 이동할 수 있다.

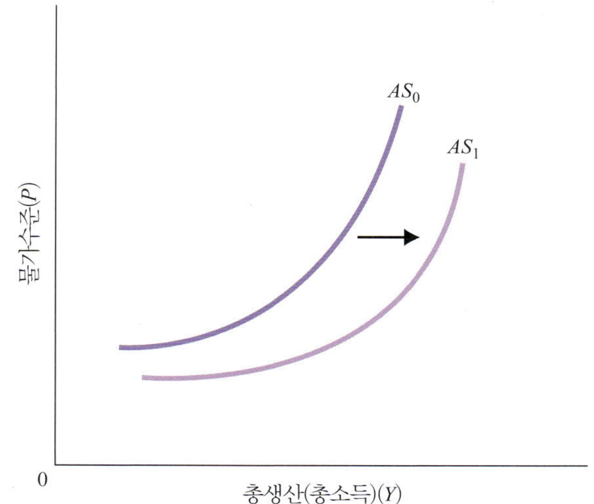

(b) 총공급의 증가

*AS*곡선은 임금이나 에너지 가격의 하락, 기술의 발전에 의해 AS_0에서 AS_1로(오른쪽으로) 이동할 수 있다.

그림 26.2 단기 총공급곡선의 이동

선을 오른쪽으로 이동시킬 수 있는가? 경제에 노동이나 자본이 증가하면 경제의 생산능력이 증가하기 때문에 단기 *AS*곡선이 오른쪽으로 이동할 것이다. 또한 생산성을 증가시키는 광범위한 기술 변화가 경제에서 한계생산비용을 낮춤으로써 단기 *AS*곡선이 오른쪽으로 이동할 것이다. 한계비용이 낮아지면 기업은 주어진 물가수준에서 기꺼이 생산을 증가시킬 것이다. 단기 *AS*곡선의 수직선 부분은 경제의 최대 생산수준을 나타낸다는 것을 상기하라. 경제활동인구 규모, 자본스톡, 현재 기술수준 등 경제에 존재하는 자원이 이러한 최대 생산수준을 결정한다. 경제활동인구는 근로연령인구 자체가 증가하면 자연스럽게 증가하나 다른 이유 때문에 증가할 수도 있다. 예를 들면 1960년대 이후 경제활동인구에서 차지하는 여성의 비중이 급증하여 여성 근로자의 공급 증가가 단기 *AS*곡선을 오른쪽으로 이동시켰다. 또한 이민의 변화도 단기 *AS*곡선을 이동시킬 수 있다. 31장에서 경제성장에 대해 더 자세히 살펴볼 것이다.

지금까지 생산요소인 노동과 자본에 초점을 맞추었는데 오늘날의 경제에서는 에너지도 중요한 투입요소이다. 새로운 유전의 발견이나 에너지 생산 문제도 경제의 많은 부분에서 생산의 한계비용에 영향을 미쳐 단기 *AS*곡선을 이동시킬 수 있다.

그림 26.2의 (a)와 (b)는 임금이나 에너지 가격의 변화가 단기 *AS*곡선의 이동에 미치는 영향을 보여준다. 이러한 유형의 단기 *AS*곡선 이동은 흔히 **비용충격**(cost shock) 또는 **공급충격**(supply shock)이라고 부른다. 역사적으로 매우 심하게 변동한 석유 가격은 종종 경제 전체의 변동을 가져오는 단기 *AS*곡선의 이동을 초래했다.

비용충격, 공급충격 단기 *AS*곡선을 이동시키는 비용의 변화

26.2 총수요곡선

학습목표

총수요곡선을 도출하고 총수요곡선이 우하향하는 이유를 파악한다.

그림 26.1의 단기 *AS*곡선은 기업의 생산 및 가격 결정과 일치하는 총생산과 물가수준의 모든 가능

한 조합을 보여준다. 경제는 이 곡선상 어디에 위치하는가? 그 답을 알려면 경제의 수요 측면을 고려해야 한다. 이 절에서는 23장과 24장에서 다룬 재화시장 모형과 연방준비제도(Fed)의 행동을 결합하여 총수요(*AD*)곡선을 도출한다.

의도된 총지출과 이자율

의도된 투자가 이자율에 의존한다는 것을 23장에서 배웠는데, 그것은 의도된 총지출(*AE*)과 이자율의 관계에 대해 무엇을 알려주는가? 의도된 총지출은 소비, 의도된 투자, 정부구매의 합이라는 것을 상기하라. 즉

$$AE \equiv C + I + G$$

각기 다른 이자율에 상응하는 의도된 투자수준 I가 존재한다. 이자율이 상승할 때 의도된 투자는 감소한다. 따라서 다른 것들이 일정하다면 이자율(r)의 상승은 의도된 총지출($C + I + G$)을 감소시킬 것이다.[1]

그림 26.3은 이자율이 3%에서 6%로 상승할 때 의도된 총지출과 총생산에 무슨 일이 일어나는지를 보여준다. 더 높은 이자율에서 의도된 투자가 더 낮아짐으로써 의도된 총지출곡선이 아래쪽으로 이동한다. 총지출의 어느 요소가 감소하면 총생산을 더 크게 변화시킨다는 것을 23장과 24장에서 배웠다. 이자율이 상승할 때는 의도된 투자(및 의도된 총지출)가 감소하고, 균형생산(균형소득)은 의도된 투자보다 더 많이 감소한다. 그림 26.3에서는 이자율이 3%에서 6%로 상승할 때 균형생산이 Y_0에서 Y_1로 감소한다.

이자율의 변화가 재화시장에서 생산의 균형수준에 미치는 영향을 다음과 같이 요약할 수 있다.

- 이자율(r)의 상승은 의도된 투자(I)를 감소시킨다.
- 의도된 투자는 의도된 총지출(AE)의 한 부분이다.

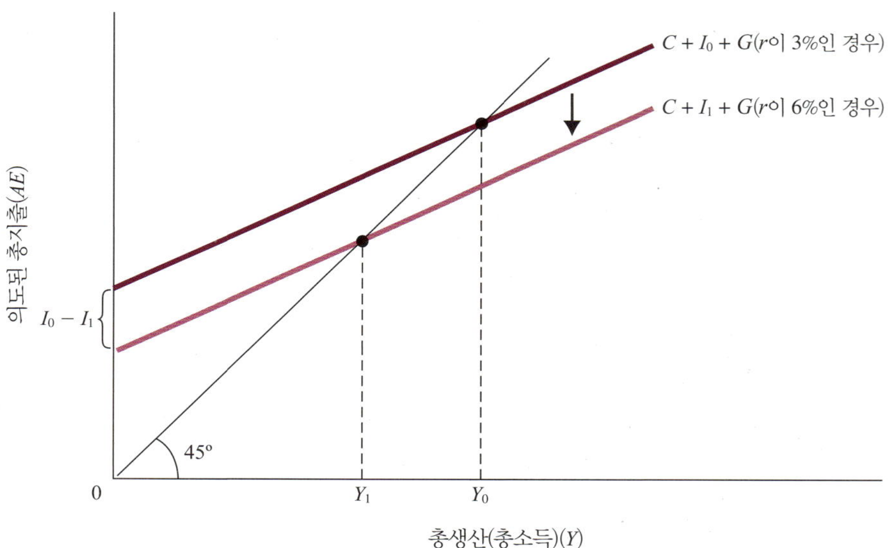

그림 26.3 이자율의 상승이 의도된 총지출과 균형생산에 미치는 효과
이자율이 3%에서 6%로 상승하면 의도된 총지출이 감소함으로써 균형생산이 Y_0에서 Y_1로 감소한다.

---

1 31장에서 거시경제에서 가계 행동을 자세히 살펴볼 때 이자율의 하락에 따라 소비지출(C)이 증가하고 이자율의 상승에 따라 소비지출(C)이 감소한다는 것을 배우게 될 것이다.

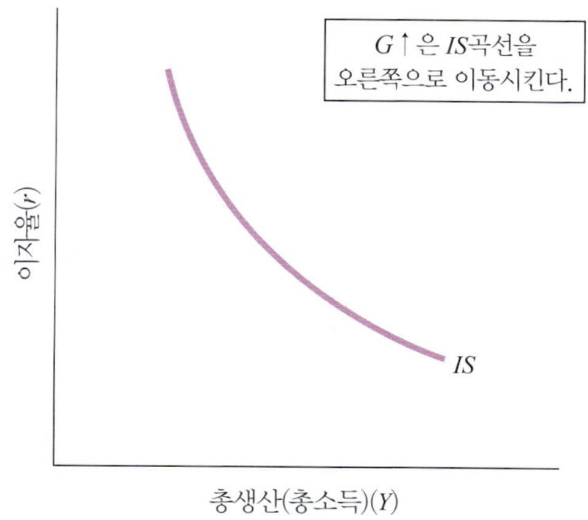

그림 26.4 *IS*곡선
재화시장에서 의도된 투자는 이자율과 음의 관계이므로 생산과 이자율은 음의 관계이다. *IS*곡선상의 한 점은 주어진 이자율에서 재화시장의 균형을 나타낸다.

- 따라서 이자율이 상승할 때 의도된 총지출은 모든 총소득수준에서 감소한다.
- 끝으로 의도된 총지출의 감소는 의도된 투자의 처음 감소의 배수만큼 균형생산(균형소득) (Y)을 감소시킨다.

이를 편리한 약어로 나타내면 다음과 같다.

$$r\uparrow\ \rightarrow I\downarrow\ \rightarrow AE\downarrow\ \rightarrow Y\downarrow$$
$$r\downarrow\ \rightarrow I\uparrow\ \rightarrow AE\uparrow\ \rightarrow Y\uparrow$$

이러한 생산과 이자율의 관계를 그림 26.4에 나타냈다. 이러한 그래프를 ***IS*곡선**(*IS* curve)이라고 하며, *IS*곡선상의 한 점은 특정한 이자율 수준에서 성립되는 재화시장의 균형을 나타낸다. 이자율이 낮을수록 의도된 투자가 더 많아지고 총생산이 증가할 것이다. 또한 균형은 의도된 투자가 저축과 같다는 것을 의미하기 때문에 이 곡선에 *IS*라는 이름이 붙었다.

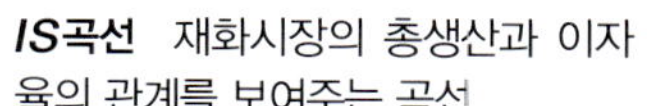
***IS*곡선** 재화시장의 총생산과 이자율의 관계를 보여주는 곡선

그림 26.4에서 보듯이 정부구매의 증가는 *IS*곡선을 오른쪽으로 이동시킬 것이다. 주어진 이자율에서 G의 증가는 의도된 총지출 AE를 증가시킴으로써 균형 Y를 증가시킨다($AE = C + I + G$임을 상기하라). 이러한 *IS*곡선의 이동을 그림 26.5에 나타냈다. 주어진 이자율에서 G의 증가는 생산을 Y_1에서 Y_2로 증가시키고, 따라서 *IS*곡선이 IS_1에서 IS_2로 이동한다.

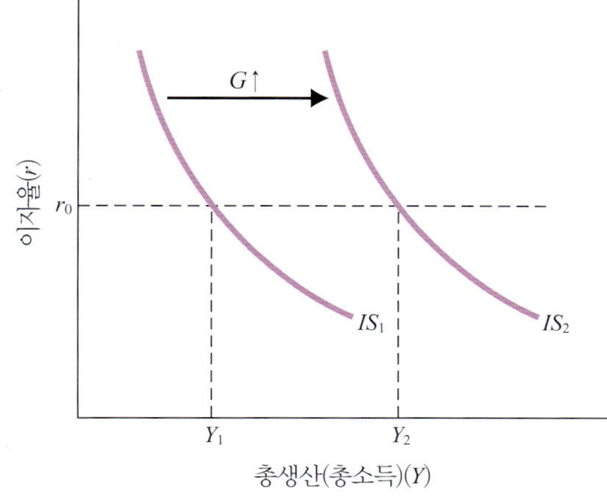

그림 26.5 *IS*곡선의 이동
이자율이 고정되어 있을 때 정부지출(G)의 증가는 *IS*곡선을 오른쪽으로 이동시키고 생산(Y)을 증가시킨다.

연방준비제도의 행동

*IS*곡선은 이자율과 생산의 관계를 보여준다. 이자율이 높을 때 의도된 투자가 감소하고, 따라서 다른 것들이 일정하다면 생산이 낮아진다. 이자율이 낮을 때는 의도된 투자가 증가하여 생산이 높아진다. 그런데 실제 경제가 *IS*곡선상 어디에 있는지 알려면 이자율 수준을 알아야 한다. Fed가 어떻게 이자율을 통제하는지는 이미 25장에서 살펴보았다. 6주마다 연방공개시장위원회(FOMC) 회의가 개최되며, Fed의 의장[현재는 제롬 파월(Jerome Powell)]이 FOMC 회의를 이끈다. FOMC는 '페더럴펀드이자율(federal fund rate)' 목표를 결정한다.

일반적으로 FOMC는 회의를 개최하는 날 미국 동부 시간 오후 2시 15분에 페더럴펀드이자율 목표를 발표한다. 이는 전 세계 금융시장에 중요하기 때문에 수많은 사람이 모니터를 주시하며 FOMC 회의 결과의 발표를 기다린다. 예상치 못한 발표는 채권시장과 주식시장에 곧바로 큰 영향을 미칠 수 있다.

Fed는 페더럴펀드이자율 목표를 어떻게 결정하는가? 명시된 Fed의 책무는 "거시경제 성과를 촉진하기 위해 미국의 통화, 금융, 결제 시스템의 안정성, 신뢰성, 효율성을 강화하는 것"이다.[2] 최적의 거시경제 성과를 달성하기 위한 Fed의 주요 목표는 높은 수준의 생산 및 고용과 낮은 인플레이션이다. Fed의 관점에서 최상의 상황은 인플레이션이 낮은 완전고용 경제이고, 최악의 상황은 실업률과 인플레이션이 높은 스태그플레이션이다. 1978년의 험프리-호킨스 완전고용법(Humphrey-Hawkins Full Employment Act)은 완전고용과 물가안정을 목표로 삼아야 한다는 책무를 Fed에 부여했고, 2000년에 이 법안의 시효가 만료되었을 때 Fed는 계속해서 완전고용과 물가안정을 목표로 삼을 것으로 기대되었다. 실제로 Fed는 현재 페더럴펀드이자율 목표의 모든 발표에서 이러한 두 가지 목표에 대해 언급하고 있다.

Fed는 경제의 현재 상태, 특히 생산과 인플레이션에 관한 데이터를 검토하고 경제의 가능한 미래 경로도 고려한다. 이러한 상황에서 Fed는 어려운 선택에 직면한다. 그림 26.4의 *IS*곡선에서 보듯이 이자율 인상은 생산을 감소시키고 이자율 인하는 생산을 증가시킨다. 따라서 Fed가 페더럴펀드이자율 목표를 선택하기 위해 고려하는 한 가지 요소는 생산이 너무 낮은지, 너무 높은지, 적정한지 여부이다. 그러나 Fed는 인플레이션에도 관심을 가지고 있다. Fed가 바라는 것보다 인플레이션이 높다고 생각하면, 다른 것들이 일정할 때 페더럴펀드이자율 목표를 인상할 것이고, 인플레이션이 낮다고 생각하면 페더럴펀드이자율 목표를 인하할 것이다.

지금까지는 Fed의 이자율 결정에서 중요한 두 가지 요소인 생산과 인플레이션에 초점을 맞추었다. 하지만 Fed는 기계적인 계산기가 아니다. Fed 의장은 경제의 작동에 관한 뛰어난 전문성을 FOMC 회의에 동원한다. 전 Fed 의장인 재닛 옐런(Janet Yellen)과 벤 버냉키(Ben Bernanke)는 둘 다 유명한 학자이고, 옐런은 샌프란시스코 연방준비은행의 총재를 역임하기도 했다. 현재 Fed 의장인 제롬 파월은 의장으로 임명되기 전에 수년간 Fed에서 일했고 정부와 민간 금융 부문의 경험을 쌓았다. FOMC의 다른 위원들도 대부분 기업 경영과 경제학에 상당한 경험을 가지고 있다. Fed는 페더럴펀드이자율 목표를 결정할 때 현재의 생산과 인플레이션 이외의 요인도 고려한다. 소비자 신

---

2 Board of Governors of the Federal Reserve System, "Government Performance and Results Act planning Document, page 9.

뢰수준, 국내 은행 부문의 가능한 취약성, 잠재적인 유로 위기와 같은 해외의 금융 문제가 Fed의 이자율 결정에 영향을 미칠 수도 있다. 여기서는 생산과 인플레이션을 제외한 모든 요인을 'Z' 요인이라고 나타내자. 우리의 모형 밖에 있는 이러한 요인은 예측하기 어려운 방식으로 수시로 변화할 가능성이 있다.

이 모든 요인을 종합하면 Fed의 이자율 결정 행동을 **Fed 준칙**(Fed rule)이라는 간단한 선형식으로 나타낼 수 있다.

Fed 준칙 Fed의 이자율 결정이 어떻게 경제 상태에 의존하는지를 보여주는 식

$$r = \alpha Y + \beta P + \gamma Z$$

이와 같이 하나의 식으로 Fed 준칙을 설명하면 Fed의 행동을 공식적으로 *AS*/*AD*모형에 포함할 수 있다.[3] 물론 이 식은 Fed가 실제로 어떻게 행동하는가에 대한 근사일 뿐이다.

이 식은 무엇을 알려주는가? 세 계수 α, β, γ가 양수라고 가정한다. 다른 것들이 일정할 때, 생산이 높으면 Fed는 생산이 낮은 경제에 존재하는 이자율보다 더 높은 이자율을 선호하고, 물가수준이 높으면 Fed는 물가안정이 문제가 되지 않을 때보다 더 높은 이자율을 선호한다. 높은 이자율은 높은 생산, 높은 물가수준과 연관되어 있다. 양의 계수는 Fed가 '상황 대응(leans against the wind)' 정책을 수행한다는 것을 나타낸다. 다시 말해 생산 또는 물가수준이 높을 때 Fed는 경제가 과열되는 것을 억제하기 위해 높은 이자율을 설정한다. Fed 준칙에서 물가수준 *P*를 사용한다는 것에 주목하라. 실제로 Fed는 물가수준 *P*가 아니라 *P*의 변화율인 인플레이션율에 관심을 가지고 있으며, 물가수준 *P*를 사용하여 이를 근사화한다.

Fed 준칙에 있는 *Z*는 *Y*와 *P*를 제외하고 Fed의 이자율 결정에 영향을 미치는 모든 요인을 집약적으로 나타낸다. γ가 양이라고 가정하기 때문에, 다른 것들이 일정할 때 *Z*에 포함된 요인은 높은 값이면 Fed가 높은 이자율을 설정하게 하는 경향이 있는 요인으로 정의된다. 예를 들어 강한 소비자 신뢰는 경제가 생산 측면에서 잘 작동하고 있다는 Fed의 믿음을 강화하는 *Z* 요인이 될 수 있다. 2015년에 유럽과 중국 경제에 대한 우려는 Fed의 이자율 결정 행동에 영향을 미쳤다. 즉 그러한 우려가 *Z* 요인에 포함되었을 것이다.

이제 Fed 준칙을 우리의 모형에 추가할 준비가 되었다. 그림 26.6은 그림 26.4에 Fed 준칙을 더한 것이다. Fed 준칙을 나타내는 선은 물가수준과 *Z* 요인이 일정할 때 Fed의 이자율 선택과 총생산의 관계를 보여준다. Fed 준칙의 α가 양이므로 이 선의 기울기는 양이다. 다른 것들이 일정할 때 생산이 높으면 Fed는 이자율을 높게 설정한다. *IS*곡선과 Fed 준칙 선의 교차점에서 생산과 이자율

---

3 여기서의 Fed 준칙은 데이비드 로머(David Romer)가 "Keynesian Macroeconomics without the LM Curve," *Journal of Economic Perspectives*, 14, Spring 2000, 149–169에서 강의 목적으로 지지했던 것과 약간 다르다. 첫째, 좌변의 변수는 로머가 제시한 실질이자율이 아니라 명목이자율(*r*)이다. Fed는 FOMC 회의에서 명목이자율을 결정하기 때문에 명목이자율을 사용하는 것이 더 현실적이고 학생들이 더 쉽게 이해할 수 있다. 둘째, Fed 준칙에서는 인플레이션율이 아니라 물가수준을 사용한다. *AS*/*AD*모형은 정태 모형이다. 인플레이션율을 도입하면 동학을 끌어들이게 되어 분석이 복잡해진다. 여기서는 *P*의 변화율 대신 *P*를 사용한다. 분석을 통해 얻는 직관은 동일하나 설명이 더 간단해진다. 셋째, 의도된 투자를 결정하는 재화시장에서 명목이자율을 사용한다. 이것도 역시 동학을 피하기 위한 근사이고 분석을 통해 얻는 직관은 동일하다.

이 책의 저자 중 페어의 연구는 재화시장에서 명목이자율의 사용을 지지한다. 그의 분석 결과에 따르면 사람들(소비자와 투자자)은 실질이자율보다 명목이자율에 더 많이 반응한다. 또한 페어의 미국 거시경제모형에서 가격식 좌변의 변수는 인플레이션율이 아니라 (로그) 물가수준이다. 이 식은 기업의 두 가지 의사결정 변수가 물가수준의 변화와 생산수준이 아니라 물가수준과 생산수준이라는 *AS*곡선의 배후 논리와 일치한다.

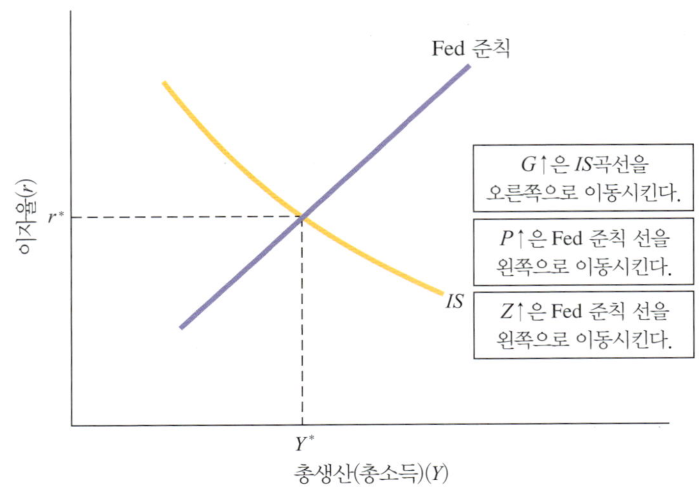

그림 26.6 이자율과 생산의 균형값
Fed 준칙에 따르면, 다른 것들이 일정할 때 생산이 증가하면 Fed는 이자율을 인상한다 *IS*곡선상에서 의도된 투자는 이자율과 음의 관계이므로 이자율이 상승함에 따라 생산이 감소한다. 주어진 정부지출(*G*), 물가수준(*P*), *Z* 요인에서 생산과 이자율의 균형값은 두 곡선의 교차점에서 결정된다.

의 균형값이 결정된다. 여기서 재화시장의 균형이 존재하고, 이자율의 값은 Fed가 설정한 이자율 수준이다.

그림 26.6은 정부지출(*G*), 물가수준(*P*), *Z*의 모든 요인이 주어졌을 때 생산과 이자율의 균형값을 보여준다. 정부가 지출을 증가시키기로 결정한다면 생산과 이자율의 균형값은 어떻게 달라질까? 정부지출의 증가는 *IS*곡선을 오른쪽으로 이동시킨다는 것을 상기하라. 그림 26.6은 이자율과 생산의 균형값이 증가하는 것을 보여준다. 정부지출의 변화가 아니라 경제 전체에 미치는 비용충격 때문에 물가수준이 상승한다면 어떤 일이 일어날까? 물가수준이 Fed 준칙에 포함되어 있고 Fed는 물가안정에 관심을 가지고 있음을 상기하라. Fed는 물가수준의 상승에 반응하여 이자율을 높일 것이다. 이는 그림 26.6에서 물가수준의 상승이 Fed 준칙 선을 왼쪽으로 이동시킨다는 것을 의미한다. 주어진 생산에서 물가수준이 상승하면 이자율이 더 높아질 것이다. 그리고 소비자 신뢰의 증가와 같이 *Z* 요인 중 어떤 것이라도 증가하면 Fed는 이자율을 높일 것이고, 이 또한 Fed 준칙 선을 왼쪽으로 이동시킨다.

총수요곡선의 도출

이제 총수요(*AD*)곡선을 도출할 수 있다. (*AS*곡선과 마찬가지로) *AD*곡선은 전반적인 물가수준(*P*)과 총생산(총소득)(*Y*)의 관계를 보여준다. *P*의 상승이 (*IS*곡선에는 영향을 미치지 않고) Fed 준칙 선을 왼쪽으로 이동시킨다는 것을 그림 26.6을 통해 확인했다. *IS*곡선의 변화 없이 Fed 준칙 선이 왼쪽으로 이동할 때는 더 높은 이자율과 더 낮은 생산수준에서 새로운 균형이 이루어진다. *P*가 상승할 때 왜 생산이 더 낮아지는지 이해해야 한다. Fed 준칙에 따르면, 다른 것들이 일정할 때 *P*가 상승하면 Fed는 이자율 인상으로 반응한다. 이자율 인상은 의도된 투자를 감소시켜 *AE*와 *Y*를 감소시키는 영향을 주는데, 이는 *IS*곡선에 반영되어 있는 관계이다. 이와 반대로 *P*의 하락은 Fed 준칙 선을 오른쪽으로 이동시키고, 더 낮은 이자율과 더 높은 생산수준에서 새로운 균형이 나타난다. 따라서 Fed 준칙에 따라 재화시장에서 *P*와 *Y* 사이에 음의 관계가 있는데, 이것이 바로 *AD*곡선이다. 그림 26.7은 이러한 *AD*곡선을 보여준다.

그림 26.7에서 정부지출(*G*)의 증가가 *AD*곡선을 오른쪽으로 이동시킨다는 것에 주목하라. 그림

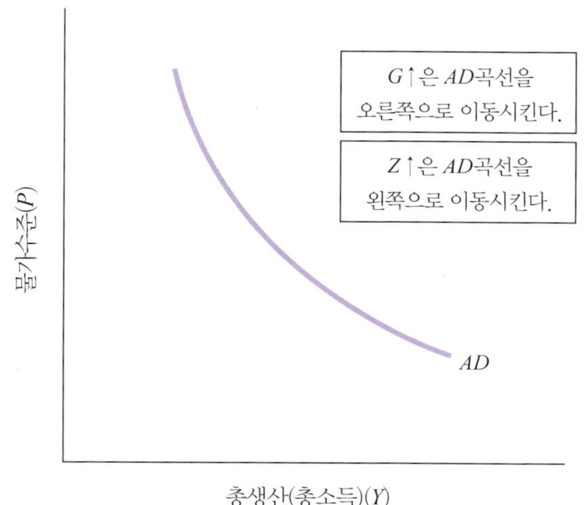

그림 26.7 총수요곡선
그림 26.6으로부터 *AD*곡선이 도출된다. *AD*곡선상의 각 점은 주어진 *P* 값에 대한 그림 26.6의 균형점이다. *P*가 상승하면 Fed는 이자율을 높이고(그림 26.6의 Fed 준칙 선이 왼쪽으로 이동), 이것은 의도된 투자에 영향을 주어 결과적으로 *Y*를 감소시킨다. *AD*곡선은 *P*와 *Y* 사이 음의 관계를 반영한다.

26.6에서 이러한 사실을 확인할 수 있다. *G*가 증가할 때는 주어진 이자율에서 *AE*와 *Y*가 더 커지기 때문에 *IS*곡선이 오른쪽으로 이동한다($AE \equiv C + I + G$임을 상기하라.) 이러한 경우에는 더 높은 이자율과 더 높은 생산수준에서 새로운 균형이 이루어진다. 생산수준이 더 높다는 것은 *G*가 증가할 때 *AD*곡선이 오른쪽으로 이동한다는 것을 의미한다.

또한 그림 26.7에서 *Z*의 증가는 *AD*곡선을 왼쪽으로 이동시킨다. 다른 것들이 일정할 때 *Z*의 증가는 Fed가 이자율을 인상한다는 것을 의미한다. γ는 양이다. *Z*가 증가할 때 왜 *AD*곡선이 왼쪽으로 이동하는지를 그림 26.6에서 확인할 수 있다. *Z*가 증가하면 그림 26.6의 Fed 준칙 선이 왼쪽으로 이동하여 더 높은 이자율과 더 낮은 생산수준이 나타난다. 생산수준이 더 낮다는 것은 *Z*가 증가할 때 *AD*곡선이 왼쪽으로 이동한다는 것을 의미한다.

*AD*곡선은 시장수요곡선이 아니고 경제에 존재하는 모든 시장수요곡선의 합도 아니라는 것을 알아야 한다. 그 이유를 이해하기 위해 우하향하는 간단한 가계수요곡선의 이면에 있는 논리를 생각해보라. 하나의 수요곡선은 다른 것들이 일정할 때 가능한 모든 가격에서 하나의 개별 가계나 하나의 시장에서 수요되는 생산량을 보여준다. 하나의 수요곡선을 그릴 때 다른 가격과 소득이 일정하다고 가정한다. 이러한 가정하에 특정 재화의 가격이 상승할 때 수요량이 감소하는 것은 다른 가격이 상승하지 않기 때문이다. 따라서 그 재화는 다른 재화에 비해 상대적으로 더 비싸지고, 가계는 가격이 상승한 재화를 다른 재화로 대체하는 방식으로 반응한다. 또한 한 재화의 가격이 상승할 때 소득이 증가하지 않으면 실질소득이 감소하는데, 이 또한 가격이 상승한 재화의 수요량을 감소시킬 수 있다.

전반적인 물가수준이 상승한다면 상황이 달라진다. 전반적인 물가수준이 상승할 때는 많은 가격이 동시에 상승한다. 이러한 이유로 *AD*곡선을 도출하기 위해 다른 것들이 일정하다는 가정을 사용할 수 없다. 하나의 간단한 수요곡선이 우하향하는 이유를 설명하는 논리가 *AD*곡선이 우하향하는 이유를 설명하지 못한다. 물가수준이 상승하면 Fed는 이자율을 인상하고, 이는 의도된 투자를 감소시켜 결과적으로 총생산을 감소시키기 때문에 총수요가 감소한다. 총생산을 감소시키는 것은 이자율의 상승이다.

경제학의 적용

중앙은행과 물가안정: 중앙은행은 어떤 물가수준에 관심을 가지는가

많은 중앙은행은 인플레이션을 낮게 유지한다는 중요한 정책 목표를 공유하고 있다. 예를 들어 물가안정은 미국 연방준비제도와 유럽중앙은행(ECB)의 핵심 책무이다. 유럽중앙은행은 물가안정을 "유로 지역의 HICP(Harmonized Index of Consumer Prices) 연간 증가율을 2% 미만으로 유지하는 것"으로 정의한다.

중앙은행은 물가안정이라는 목표를 공유하고 있지만 통화정책 목표를 수립하기 위해 사용하는 인플레이션의 척도가 다르다. 어떤 중앙은행은 전반적인 인플레이션에 초점을 맞추고, 어떤 중앙은행은 근원인플레이션(core inflation)에 초점을 맞추는 것을 선호한다. 근원인플레이션은 다른 항목보다 변동성이 더 심한 식품과 에너지 가격을 제외한다. 식품과 에너지 가격의 경우 경제에 일시적인 영향을 미치는 외생적 충격으로도 상승하므로 인플레이션 추세를 살펴보는 정책 담당자가 잘못된 판단을 할 수도 있기 때문이다. 일부 중앙은행은 공식적으로 면밀하게 근원인플레이션을 감시하면서 전반적인 인플레이션 목표를 추구한다. 예를 들어 칠레 중앙은행의 책무는 소비자물가지수 인플레이션을 연간 약 3%로 유지하는 것이지만, 칠레 중앙은행의 연차 보고서는 식품과 에너지를 제외한 소비자물가지수(CPIEFE)의 변화에 대한 종합적인 분석을 포함하고 있다.

경제학자가 자주 다루는 또 다른 문제는 통화정책을 수립하는 데 사용되는 지수에 수입물가를 포함해야 하는가이다. 특히 일부 경제학자들은 수입재가 정의상 해외에서 생산되는 것이기 때문에 국내 통화정책의 영향을 받지 않는 재화와 서비스 가격을 포함하는 물가지수를 사용해서는 안 된다고 주장한다. 이처럼 주장하는 경제학자들은 대안으로 GDP 디플레이터와 같은 생산물가지수를 사용할 것을 제안한다. 그러나 이 대안도 소득을 지출하는 소비자가 인지하는 인플레이션을 반영하지 못하기 때문에 문제가 있다.

이러한 문제는 국가가 처한 다양한 경제 상황 때문에 복잡해진다. 예를 들어 신흥시장경제에서 인플레이션은 흔히 교역재 산업의 급속한 생산성 성장을 반영한다. 이 상황에서 인플레이션은 바람직하지 않을 뿐만 아니라 선진국의 중앙은행이 사용하는 물가지수도 효과적인 통화정책을 수립하는 데 필요한 인플레이션 척도로 적합하지 않을 수 있다. 경제정책의 다른 모든 분야와 마찬가지로 통화정책에서도 모두에게 적정한 물가지수란 없다.

학습목표

*AD*곡선과 *AS*곡선이 만나는 곳이 균형점인 이유를 파악한다.

26.3 최종 균형

그림 26.8은 그림 26.1의 *AS*곡선과 그림 26.7의 *AD*곡선을 결합한 것이다. 이 두 곡선이 무엇을 포함하고 있는지 잠시 생각해보라. *AS*곡선상의 모든 점은 기업이 이윤을 극대화하기 위해 생산과 가격을 결정하는 점이고, *AD*곡선상의 모든 점은 Fed가 Fed 준칙에 따라 행동할 때 재화시장의 균형을 반영한다. 이러한 두 곡선의 교차점이 바로 최종 균형이다. 이 점에서 총생산(Y)과 물가수준(P)의 균형값이 결정되며, 그 이면에서 이자율(r), 소비(C), 의도된 투자(I)의 균형값이 결정된다.

AS/*AD*모형에서 외생변수(*AS*/*AD*모형으로 설명되지 않는 변수)는 정부지출(G), Z에 포함된 요인, *AS*곡선을 이동시키는 석유 가격 등 외생적으로 결정되는 비용이다. 24장에서 다루었던 순세금(T)도 외생변수이다(24장에서 순세금은 재화시장의 확장 모형을 구성하는 한 부분이었다). 그림 26.8에서 G의 증가는 *AD*곡선을 오른쪽으로 이동시키고 Z의 증가는 *AD*곡선을 왼쪽으로 이동시킨다는 것에 주목하라. 이러한 *AD*곡선의 이동은 이미 살펴보았다. 또한 이 그림은 비용의 증가가 *AS*곡선을 왼쪽으로 이동시킨다는 것을 보여주는데, 석유 가격은 그러한 비용의 대표적인 예이다.

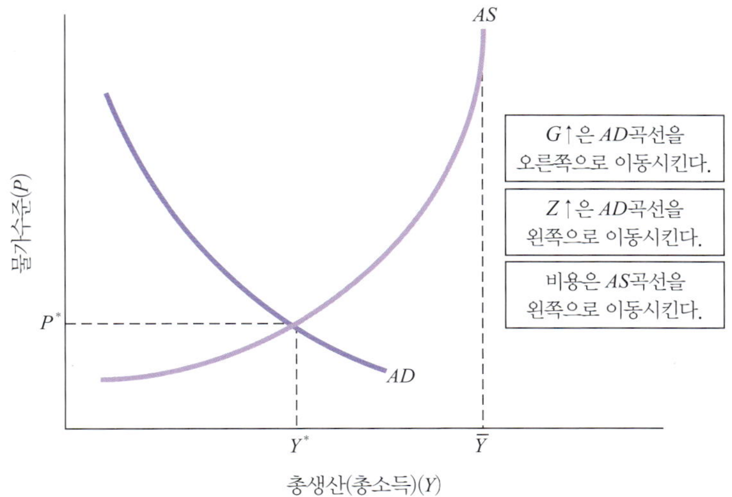

그림 26.8 균형생산과 물가수준
총생산과 물가수준은 AS곡선과 AD곡선이 교차하는 점에서 결정된다. 이 두 곡선은 가계, 기업, 정부의 의사결정에 관한 내용을 포함하고 있다.

이 장의 나머지 부분에서는 *AD*곡선과 *AS*곡선을 좀 더 자세히 살펴보고, 27장에서는 통화정책과 재정정책의 효과, 기타 거시경제 이슈를 분석하기 위해 *AS*/*AD*모형을 사용한다. 27장에서는 거시경제학의 흥미롭고 중요한 문제를 분석하는 데 사용하는 *AS*/*AD*모형의 유용성을 보여준다.

26.4 총수요곡선이 우하향하는 기타 이유

학습목표

AD곡선이 우하향하는 기타 이유를 파악한다.

*P*가 상승하면 Fed가 이자율을 인상하고 의도된 투자는 이자율과 음의 관계이므로 *AD*곡선이 우하향한다. 또한 소비는 이자율과 음의 관계이고, 이에 따라 이자율에 의존하는 의도된 투자는 이자율과 의도된 총지출 간의 유일한 연결 고리가 아니다. 소비가 이자율에 의존한다는 것을 23장에서 간략히 설명했으며, 30장에서 이를 더 자세히 살펴볼 것이다. 여기서 요점은 의도된 투자만이 이자율의 변화를 의도된 총지출의 변화와 연결시키는 요소이기 때문에 *AD*곡선이 우하향하는 것은 아니라는 사실이다.

소비에 미치는 실질재산 효과도 우하향하는 *AD*곡선의 요인이다. 23장에서 이미 살펴보았고 30장에서도 자세히 설명하겠지만, 소비는 재산(wealth)에 의존한다. 다른 것들이 일정할 때 가계는 보유한 재산(화폐, 주식, 채권, 주택 등)이 많을수록 더 많이 소비한다. 가계의 재산이 감소하면 현재와 미래의 소비가 감소할 것이다.

물가수준은 일부 재산의 유형에 영향을 미친다. 당신의 체킹계좌나 머니마켓펀드에 1,000달러가 들어 있고 물가수준이 10% 상승한다고 가정하자. 당신이 가지고 있는 1,000달러로 살 수 있는 재화의 가격이 모두 10% 오르기 때문에 당신이 보유한 재산의 가치가 10% 감소한다. 따라서 당신이 보유한 재산의 구매력(또는 실질가치)이 10% 감소한다. 또한 물가수준이 상승할 때 주가와 주택 가격에 무슨 일이 일어나느냐에 달려 있겠지만, 물가수준의 상승은 주식과 주택의 실질가치를 감소시킬 수도 있다. 주가와 주택 가격이 물가수준과 같은 퍼센트만큼 상승하면 주식과 주택의 실질가치는 변하지 않을 것이다. 그러나 재산의 실질가치를 감소시키는 물가수준의 상승은 *AD*곡선이 우하향하는 또 다른 이유이다. 실질재산이 감소하면 소비가 감소하고, 이에 따라 의도된 총지출이 감소하게 된다. 따라서 물가수준이 상승할 때 실질재산이 감소한다면 이러한 **실질재산 효과**(real wealth

실질재산 효과 물가수준의 변화 때문에 나타나는 실질재산의 변화로 인한 소비의 변화

effect)를 통해 물가수준과 생산 사이에 음의 관계가 존재하게 된다.

학습목표

장기 총공급곡선의 모양을 살펴보고 잠재 GDP로 이동하는 장기 시장조정을 이해한다.

26.5 장기 총공급곡선

임금이 경직적이라는 가정하에 단기 *AS*곡선을 도출했는데, 이는 임금의 경직성이 영원히 지속된다는 것을 의미하지 않는다. 시간이 흐름에 따라 임금은 물가 상승에 반응하여 조정된다. 근로자가 기업과 임금 협상을 할 때는 최근의 물가 변화를 고려한다. 임금이 장기적으로 물가 변화에 따라 완전히 조정되면 장기 *AS*곡선은 수직선이 되는데, 그 이유를 그림 26.9에서 확인할 수 있다. 처음에 경제는 물가수준 P_0과 총생산 Y_0(AD_0곡선과 AS_0곡선이 교차하는 *A*점)에서 균형이다. 이제 *AD*곡선이 AD_0에서 AD_1로 이동한다고 생각해보자. 이러한 *AD*곡선의 이동에 반응하여 물가수준과 총생산은 단기적으로 각각 P_1, Y_1(AD_1곡선과 AS_0곡선이 교차하는 *B*점)로 증가한다. 임금이 물가보다 늦게 변화한다고 가정하면 *Y*가 Y_0에서 Y_1로 증가하면서 경제는 우상향하는 AS_0곡선상을 따라 이동한다. *B*점에서 실질임금(명목임금을 물가수준으로 나눈 것)은 *A*점에서보다 낮다.

이제 임금이 상승함에 따라 단기 *AS*곡선이 왼쪽으로 이동한다. 임금이 완전히 조정되면 단기 *AS*곡선은 시간이 흐름에 따라 AS_0에서 AS_1로 이동하고 생산은 Y_0(AD_1곡선과 AS_1곡선이 교차하는 *C*점)으로 복귀할 것이다. 따라서 임금이 물가 변화에 완전히 조정되면 장기 *AS*곡선은 수직선이 된다. 또한 *C*점에서 실질임금은 *A*점에서 실질임금으로 복귀한다. 물론 물가수준은 더 높아진다.

그림 26.9를 살펴보면 *AS*곡선의 형태에 대한 주장이 정책 논쟁에서 중요한 이유를 확인할 수 있다. 장기 *AS*곡선이 수직선이면 정부지출의 증가와 같이 *AD*곡선을 오른쪽으로 이동시키는 요인은 장기적으로 물가수준만 상승시킨다. 단기 *AS*곡선의 기울기가 매우 급하면 단기적으로도 *AD*곡선의 이동에 의한 효과의 대부분이 총생산의 증가보다는 물가수준의 상승을 가져올 것이다. 한편 *AS*곡선이 수평이면 *AD*곡선의 이동은 적어도 단기적으로 총생산에 큰 영향을 미칠 수 있다. 다음 장에서 이러한 정책 효과를 더 자세히 다룰 것이다.

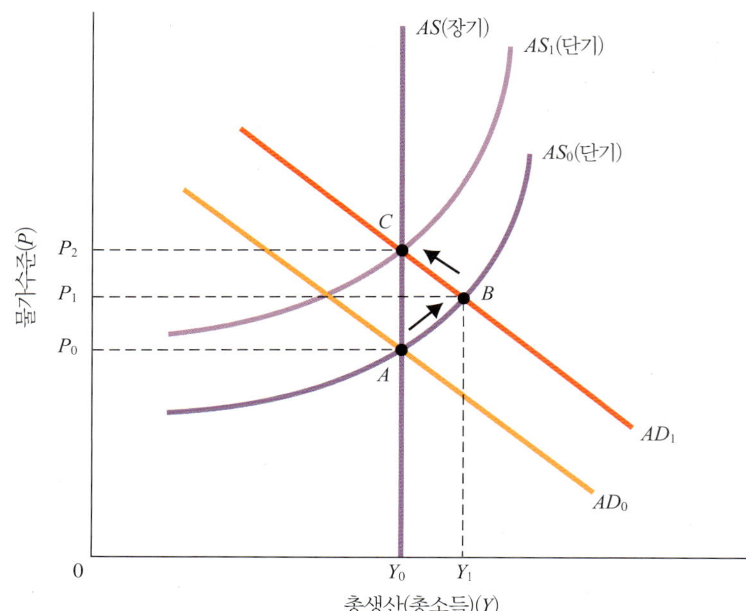

그림 26.9 장기 총공급곡선

*AD*곡선이 AD_0에서 AD_1로 이동할 때, 처음에 균형물가수준은 P_0에서 P_1로 상승하고 생산은 Y_0에서 Y_1로 증가한다. 임금이 장기적으로 반응함에 따라 *AS*곡선은 AS_0에서 AS_1로 이동한다. 임금이 완전히 조정되면 생산은 Y_0으로 복귀하는데, Y_0을 잠재 GDP라고 부른다.

잠재 GDP

단기 AS곡선도 특정한 일부 생산수준에서 수직선이 된다는 것을 상기하라. 주어진 기간 동안 경제가 생산할 수 있는 양에는 물리적 한계가 있기 때문에 단기 AS곡선의 수직선 부분이 존재한다. 이러한 물리적 한계에서는 모든 공장이 24시간 내내 돌아가고 많은 근로자가 추가 근무를 하며 경기적 실업이 존재하지 않는다.

그림 26.9에서 단기 AS곡선의 수직선 부분이 Y_0의 오른쪽에서 나타난다는 것에 주목하라. 단

경제학의 적용

단순한 케인지안 총공급곡선

AS곡선의 형태에 대해서는 의견이 분분하다. AS곡선에 대한 견해 중 단순한 '케인지안' 견해는 주어진 시점에 경제는 뚜렷하게 정의되는 생산능력, 즉 최대 생산수준을 가지고 있다고 주장한다. Y_F로 나타내는 최대 생산수준은 현재 경제활동인구, 현재 자본스톡, 현재 기술 상태에 의해 결정된다. 경제가 최대 생산수준 아래에서 생산할 때 의도된 총지출이 증가하면 재고가 의도된 수준보다 감소하고 기업이 생산을 증가시키지만 물가수준이 변하지 않을 것이라는 견해가 성립한다. 기업은 돌아가지 않는 공장(초과 생산능력)이 있는 채 운영하며 경기적 실업이 존재한다. 생산 증가는 물가 상승에 압력을 가하지 않는다. 그러나 경제가 최대 생산수준에 가깝게 또는 최대 생산수준에서 생산할 때 의도된 총지출이 증가하면 재고가 의도된 수준보다 감소하지만 기업은 생산을 증가시킬 수 없으며, 그 결과 물가수준이 상승할 것이다.

오른쪽의 그림은 이러한 견해를 나타낸 것이다. 위쪽 그래프에서 총생산(총소득)(Y)과 의도된 총지출($C + I + G \equiv AE$)은 처음에 AE_1, Y_1, P_1에서 균형이다. 이제 정부지출의 증가가 의도된 총지출을 증가시킨다고 하자. 정부지출의 증가가 AE 곡선을 AE_1에서 AE_2로 이동시켜 AD곡선이 AD_1에서 AD_2로 이동하면 생산의 균형수준은 Y_1에서 Y_F로 증가할 것이다(확장 정책은 AD곡선을 오른쪽으로 이동시킨다는 것을 기억하라). 처음에 생산능력수준 아래(Y_F보다 낮은 Y_1)에서 생산하고 있었기 때문에 물가수준은 영향을 받지 않고 P_1을 유지할 것이다.

AE가 더 증가하면 어떤 일이 발생할지 생각해보자. 의도된 총지출이 AE_2에서 AE_3으로 이동함으로써 AD곡선이 AD_2에서 AD_3으로 이동한다고 하자. 경제가 생산능력수준 아래에서 생산하고 있었다면 생산의 균형수준은 Y_3으로 증가할 것이다. 그러나 경제의 생산은 (단기적으로) 최대 생산인 Y_F를 초과할 수 없다. 재고가 의도된 수준 아래로 감소함에 따라 기업은 완전히 고용된 노동시장, 완전히 가동되는 공장 시설로 인해 생산을 증가시킬 수 없다. 그 결과 AS곡선은 Y_F에서 수직선이 되고 물가수준이 P_3으로 높아진다.

총생산능력에서 의도된 총지출과 총생산의 차이를 종종 인플레이션 갭(inflationary gap)이라고 부르며, 이를 위쪽 그래프에서 볼 수 있다. Y_F에서 의도된 총지출(AE_3)은 Y_F보다 크다. 총공급량과 총수요량이 일치할 때까지 물가수준은 P_3으로 상승한다.

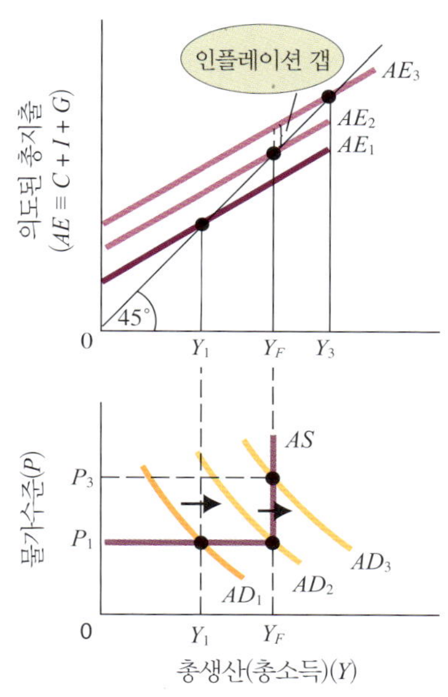

의도된 총지출이 AE_1이고 총수요가 AD_1일 때 균형생산은 Y_1이다. 의도된 총지출이 AE_2로 증가하여 AD곡선이 AD_2로 이동하면 생산이 증가하지만 물가수준은 P_1을 유지한다. 그러나 의도된 총지출과 총수요가 Y_F보다 커지면 인플레이션 갭이 생기고 물가수준이 P_3으로 상승한다.

굴절된 AS곡선이 약간의 통찰을 제공함에도 불구하고 대부분의 경제학자는 이러한 형태가 비현실적이라고 생각한다. 경제 전체가 갑자기 특정한 생산수준에 존재하는 생산능력의 '벽'에 도달할 가능성은 없어 보인다. 생산이 증가함에 따라 일부 기업과 산업은 다른 기업과 산업보다 먼저 생산능력수준에 도달할 것이다.

질문

- AE_3과 AE_2 사이의 거리를 인플레이션 갭이라고 부르는 이유는 무엇인가?

잠재생산, 잠재 GDP 인플레이션 없이 장기적으로 유지될 수 있는 총생산수준

기 *AS*곡선의 수직선 부분이 경제의 '생산능력'을 나타낸다면, 장기 *AS*곡선에 해당하는 생산수준인 Y_0의 특성은 무엇인가? Y_0은 인플레이션 없이 장기적으로 유지될 수 있는 총생산수준을 나타내며, 이러한 총생산수준을 **잠재생산**(potential output) 또는 **잠재 GDP**(potential GDP)라고 한다. 다양한 상황에서 생산이 Y_0보다 더 증가할 수 있으나 그렇게 되면 임금 인상의 압력이 발생한다(그림 26.9에서 실질임금이 *A*점보다 *B*점에서 더 낮다는 것을 생각해보라). 경제가 단기 생산능력에 접근함에 따라 기업이 더 많은 사람을 경제활동인구로 끌어들이고 더 많은 근로자가 추가 근무를 하도록 유도하기 때문에 임금이 상승하는 경향이 있다. 임금의 상승은 단기 *AS*곡선을 왼쪽으로(그림 26.9의 AS_0에서 AS_1로) 이동시키고 생산을 Y_0으로 복귀시킨다.

잠재생산 아래의 단기 균형 지금까지 단기 *AS*곡선과 *AD*곡선이 그림 26.9와 같이 Y_0의 오른쪽에서 교차하면 임금이 상승함으로써 단기 *AS*곡선이 왼쪽으로 이동하고 총생산이 Y_0으로 복귀한다고 주장했다. 경제가 잠재생산에서 작동하는지, 그보다 위에서 작동하는지 결정하는 방법에 대해 경제학자들은 각기 다른 의견을 가지고 있지만, 인플레이션 없이 지속될 수 있는 생산의 최대 수준이 존재한다는 것에는 일반적으로 의견 일치를 보인다.

Y_0의 왼쪽에서 단기 균형이 발생하는가? 단기 *AS*곡선과 *AD*곡선이 잠재생산보다 낮은 생산수준에서 교차하면 무슨 일이 일어나는가? 이에 대해서는 경제학자들의 의견이 일치하지 않는다. 장기적으로는 *AS*곡선이 수직선이라고 믿는 사람들은 단기 균형이 Y_0 위에 존재할 때 생산이 감소하는 경향이 있는 것처럼, 단기 균형이 Y_0 아래에 존재할 때 생산이 증가하는 경향이 있다고 믿는다. 이는 경제가 초과 생산능력이 있고 실업률이 높으며 완전고용보다 낮은 고용수준에서 작동할 때 임금이 하락할 것이라는 주장이다. 임금의 하락은 단기 *AS*곡선을 오른쪽으로 옮기며, 이에 따라 물가수준이 하락하고 총생산수준이 Y_0으로 증가한다. 초과 생산능력과 실업이 있을 때 임금이 급격히 떨어지는 경우에만 이러한 자동 조정이 작동한다. 실업이 존재하는 시기 동안 발생하는 임금 조정은 28장에서 상세히 설명할 것이다.

요약

01 총공급은 한 경제에서 이루어지는 재화와 서비스의 총공급이고, 총공급(*AS*)곡선은 경제에 존재하는 모든 기업이 공급하는 총생산과 전반적인 물가수준의 관계를 보여준다. *AS*곡선은 시장공급곡선이 아니고 개별 공급곡선의 합도 아니다. 이러한 이유로 *AS*곡선을 '가격/생산반응곡선', 즉 주어진 상황에서 경제에 존재하는 모든 기업의 가격 및 생산 결정을 나타내는 곡선이라고 생각하는 것이 도움이 된다.

02 단기 *AS*곡선의 형태는 거시경제학에서 상당한 논란의 대상이다. 많은 경제학자는 총생산이 낮은 수준에서 *AS*곡선이 상당히 완만하게 우상향하고 총생산이 높은 수준에서는 수직선이거나 거의 수직선에 가깝다고 믿는다.

03 개별 기업의 한계비용곡선에 영향을 미치는 요인은 *AS*곡선을 이동시킬 수 있다. 이러한 요인 중 중요한 두 가지는 임금과 에너지 가격이다.

04 *IS*곡선은 재화시장에서 이자율과 균형생산의 관계를 보여준다. 정부지출(*G*)의 변화는 *IS*곡선을 이동시킨다.

05 Fed의 행동은 이자율 준칙인 Fed 준칙으로 설명할 수 있다. Fed의 이자율 선택은 생산(*Y*), 물가수준(*P*), 기타 요인(*Z*)으로 근사되는 경제의 상태에 의존한다. Fed는 원하는 이자율 목표를 달성하기 위해 공개시장운영을 사용한다.

06 *AD*곡선상의 각 점은 주어진 *P*에서 Fed 준칙이 존재하는 재화시장의 균형을 나타낸다. *G*의 증가는 *AD*곡선을 오른쪽으로 이

동시키고, Z의 증가는 AD곡선을 왼쪽으로 이동시킨다.

07 최종 균형은 AS곡선과 AD곡선이 교차하는 점에서 이루어진다. 이 점에서 생산, 물가수준, 이자율, 소비, 의도된 투자, 화폐에 대한 수요, 화폐공급의 균형값이 결정된다. 모형으로 설명되지 않는 변수인 외생변수는 정부지출, Z에 포함된 요인, 순세금, 비용충격 등이다.

08 의도된 투자뿐만 아니라 소비도 이자율에 의존하는데, 이는 AD곡선이 우하향하는 또 다른 이유이다. 소비가 실질재산에 의존한다는 것 또한 AD곡선이 우하향하는 기타 이유 중 하나이다.

09 임금이 장기적으로 물가 변화에 완전히 조정되면 장기 AS곡선은 수직선이다.

핵심 용어

공급충격(supply shock)
비용충격(cost shock)
실질재산 효과(real wealth effect)
잠재생산(potential output)
잠재 GDP(potential GDP)
총공급(aggregate supply)
총공급(AS)곡선(aggregate supply curve)
Fed 준칙(Fed rule)
IS곡선(IS curve)

연습문제

01 다음의 각 경우를 단기 AS곡선을 보여주는 그래프에 나타내라.
 a. 경제활동인구의 감소
 b. 이용 가능한 자본의 증가
 c. 기술 변화로 인한 생산성의 증가
 d. 석유 가격의 하락

02 일부 경제학자들은 경제의 투자수준을 결정하는 데 투자자의 '동물적 감각'이 매우 중요하고 이자율은 문제가 되지 않는다고 주장한다. 투자가 이자율에 전혀 의존하지 않는다고 하자.
 a. 그림 26.4는 어떻게 달라지는가?
 b. 이자율이 변화할 때 의도된 총지출수준에 무슨 일이 일어나는가?

03 다음의 각 경우를 IS곡선과 Fed 준칙 선을 보여주는 그래프에 나타내고, 이자율과 생산의 균형값에 무슨 일이 일어나는지 설명하라.
 a. 화폐공급을 일정하게 유지한 상태에서 이루어진 정부의 공공지출 증가
 b. 물가에 미치는 세금 삭감의 효과를 상쇄하기 위한 중앙은행의 이자율 인상
 c. 세계 에너지 가격의 상승에 따른 물가수준의 상승. 중앙은행과 정부는 이에 반응하지 않는다고 가정하라.
 d. 실질화폐공급을 일정하기 유지하기 위해 인플레이션 압력에 대응하는 중앙은행의 화폐공급 감소
 e. 중앙은행이 설정한 이자율을 일정하게 유지하면서 이루어진 정부의 공공지출 감소

04 물가수준이 낮을 때 사람들은 더 많이 구매할 수 있어 총수요가 증가하므로 AD곡선이 우하향한다. 물가수준이 상승할 때 사람들은 더 적게 구매할 수 있어 총수요가 감소한다. 이는 AD곡선의 형태에 대한 올바른 설명인가? 그 이유를 설명하라.

05 2018년 6월 13일 기자회견에서 Fed 의장인 제롬 파월은 페더럴펀드이자율 목표가 1.75%와 2.00% 사이가 되도록 2015년 이후 일곱 번째로 0.25% 포인트 인상한다고 발표했다. 또한 파월은 두 차례의 추가 인상이 연말 이전에 이루어질 수 있다고 내비쳤다. 2018년 6월 이후 Fed의 페더럴펀드이자율 목표에 어떤 일이 발생했는가? Fed 준칙을 사용하여 페더럴펀드이자율 목표를 변경하거나 변경하지 않기로 한 Fed의 의사결정을 설명하라.

06 자국의 중앙은행 웹사이트에서 중앙은행이 통화정책을 수립하는 데 의존하는 물가지수를 찾아라. 그것은 연방준비제도가 사용하는 물가지수와 어떻게 다른가? 중앙은행의 의사결정에 다른 물가지수를 사용하면 어떤 영향이 있는가?

07 다음의 각 경우를 AS곡선과 AD곡선을 보여주는 그래프에 나타내고, 물가수준과 총생산의 균형값에 무슨 일이 일어나는지 설

명하라.

a. Fed가 화폐공급을 일정하게 유지한 상태에서 이루어진 G의 증가

b. 정부지출의 변화가 없는 상태에서 이루어진 석유 가격의 하락

c. 정부지출의 변화가 없는 상태에서 이루어진 Z의 증가

d. 석유 가격의 상승과 G의 감소

08 작은 섬나라인 판게아의 국부는 30%가 체킹계좌와 저축계좌에 있는 현금이고 40%는 부동산, 30%는 보유한 주식이다. 작년에 판게아는 0%의 인플레이션을 경험했으며 부동산 가격이 7%, 주가가 21% 상승했다. 작년에 판게아의 실질재산에 무슨 일이 일어났는지, 그리고 이러한 실질재산의 변화가 AD곡선의 우하향을 설명하는 데 어떻게 도움이 되는지 설명하라.

09 메이베리 경제는 현재 그래프상의 A점에서 균형 상태이다. 경제가 성장하기를 바라는 바니 왕자는 은행이 성장 촉진을 위한 대출을 확대할 수 있도록 왕립중앙은행에 화폐를 더 많이 발행하라고 명령했다. 바니 왕자의 이러한 조치로 메이베리 경제에 무슨 일이 일어날지 설명하고, 그 결과를 그래프에 나타내라.

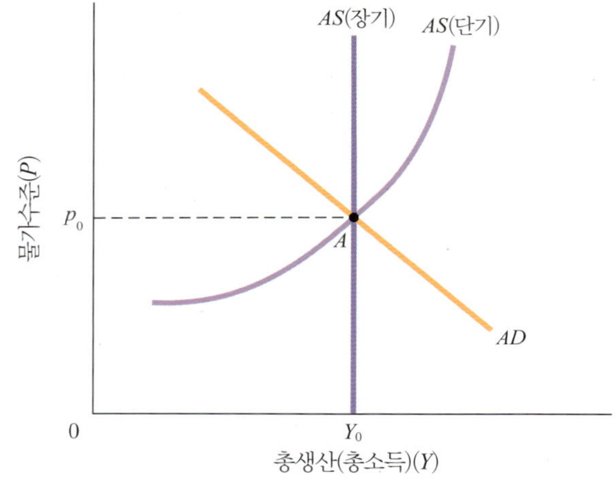

10 두 가지 생산능력 제한이 있다. 그중 기존 공장과 장비의 실제 물리적 능력은 단기 AS곡선의 수직선 부분으로 표시되고, 잠재 GDP는 수직선인 장기 AS곡선으로 표시된다. 이 두 가지 생산능력의 차이를 설명하라. 기존 공장과 장비의 실제 물리적 능력으로 달성되는 GDP와 잠재 GDP 중 어느 것이 더 큰가? 그 이유는 무엇인가?

11 한 국가의 경제가 잠재 능력만큼 성장하고 있다고 하자. 이러한 성장이 오랫동안 지속되면 이 국가의 소비자는 경제의 미래 성과에 대해 매우 큰 기대를 품게 되어 비정상으로 높은 수준의 소비자 신뢰가 형성된다. 이것이 균형생산에 미치는 영향을 AS곡선, AD곡선, 기타 유용한 그래프를 사용하여 나타내라.

12 투입요소 가격이 약간의 시차를 두고 물가 변화에 완전히 조정된다는 가정하에 다음의 각 경우가 물가수준과 장기 균형 GDP에 미치는 영향을 AS곡선과 AD곡선을 사용하여 나타내고 설명하라.

a. 화폐공급이 잠재 GDP보다 높게 증가한다.

b. GDP가 잠재 GDP보다 높은 상태이고 정부지출의 감소와 화폐공급의 감소가 발생한다.

c. 처음에 경제가 잠재 GDP인 상태에서 중동 전쟁으로 일시적으로 에너지 가격이 상승한다. Fed는 인플레이션을 수용하기 위해 화폐공급을 증가시킨다.

경제학적 사고 키우기

01 완만한 인플레이션이 발생하고 가계가 이러한 물가수준의 상승이 일시적이라고 믿는다면 가계는 물가수준이 원래대로 다시 하락할 때까지 일부 구매를 늦출 수도 있다. 일반적으로 이러한 현상은 세탁기, 냉장고와 같은 내구재 구매에서 관측된다. 이와 같은 가계의 행동이 AD곡선을 이동시킬 것이라고 생각하는가?

02 물적자본과 인적자본에 대한 투자는 경제의 잠재 GDP를 증가시킬 수 있다. 이것을 AS/AD모형에 어떻게 나타낼 수 있는가?

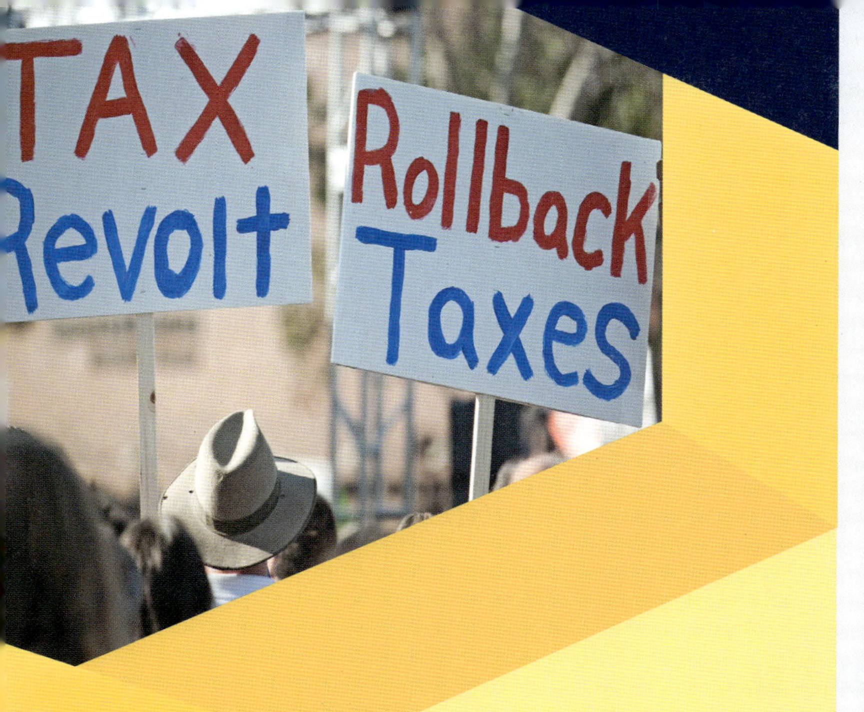

CHAPTER 27

AS/AD 모형을 이용한 정책효과와 비용충격의 분석

목차와 학습목표

27.1 재정정책의 효과

*AS/AD*모형을 이용하여 재정정책의 장기·단기 효과를 분석한다.

27.2 통화정책의 효과

*AS/AD*모형을 이용하여 통화정책의 장기·단기 효과를 분석한다.

27.3 경제적 충격

경제적 충격이 *AS/AD*모형에 어떤 영향을 미치는지 이해한다.

27.4 1970년 이후 미국의 통화정책

1970년 이후 미국의 통화정책을 알아본다.

2기에 걸친 오바마 행정부와 트럼프 행정부 초기 내내 공화당 위원과 민주당 위원은 전반적인 정부 예산에 대해 열띤 논쟁을 펼쳤다. 세금을 증가시켜야 하는가, 삭감해야 하는가? 세율을 변경해야 한다면 개인소득세의 세율을 변경해야 하는가, 법인세의 세율을 변경해야 하는가? 정부지출을 증가시켜야 하는가, 감소시켜야 하는가? 미국의 정치 지도자들은 정부가 얼마나 커야 하는가와 같은 질문에 대한 의견이 다르기 때문에 이러한 논쟁의 일부는 이념적 특성을 띠었다. 보다 더 경제적인 쟁점에 초점을 맞춘 논쟁도 있었다. 경제가 견고하게 성장하고 있는가, 여전히 실업 문제로 취약한가? 특정한 정책의 동기가 무엇이든 간에, 세금과 지출에 관한 정치적 과정을 통해 이루어지는 결정은 중요한 거시경제적 결과를 발생시킨다. 26장에서 개발된 *AS*/*AD*모형이 이러한 거시경제적 결과를 분석할 수 있게 해주는 핵심적인 도구이다.

학습목표

AS/*AD*모형을 이용하여 재정정책의 장기·단기 효과를 분석한다.

27.1 재정정책의 효과

26장에서는 재정정책 변수인 재화와 서비스에 대한 정부지출을 살펴보았다. 그러나 재정정책의 중요한 부분은 정부의 세금 징수와 이전지불을 위한 지출이다. 이제 *AS*/*AD*모형을 이용하여 정부지출과 세금에 대해 알아보자.

이 장에서도 세금에서 이전지불을 뺀 순세금을 *T*로 나타낸다. *T*의 감소는 *G*의 증가와 질적으로 같은 효과가 있다. 세금이 감소하면 가계는 더 많은 처분가능소득을 가지게 되어 소비가 증가한다. 24장에서 살펴보았듯이 조세승수는 절댓값 기준으로 정부지출승수보다 작지만 세금과 정부지출의 경제적 효과가 유사하다. 순세금의 감소는 *G*의 증가와 마찬가지로 *AD*곡선을 (더 적은 승수 효과 때문에 크게는 아니지만) 오른쪽으로 이동시킨다.

정부지출이 증가하거나 순세금이 감소할 때 *AD*곡선이 오른쪽으로 이동하면서 경제에 무슨 일이 일어나는가? 그 답의 핵심 요소는 이러한 재정 부양이 이루어질 때 경제가 *AS*곡선상 어디에 있느냐이다. 그림 27.1에서 *AD*곡선을 이동시키기 위해 재정정책을 사용할 때 경제가 *AS*곡선의 거의 수평인 부분에 있는 *A*점에 있다고 가정한다. 경제는 생산능력보다 낮은 수준에서 생산한다. 그림 27.1에서 보듯이 *AS*곡선의 이 부분에서 *AD*곡선의 이동은 생산 증가에 비해 상대적으로 더 적

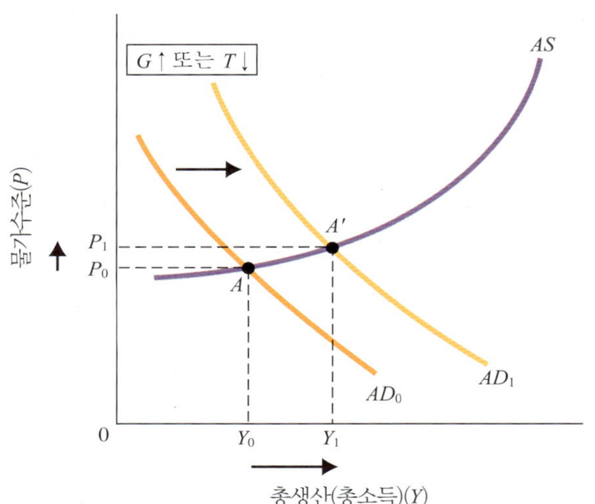

그림 27.1 경제가 *AS*곡선의 거의 수평인 부분에 있을 때 *AD*곡선의 이동

은 물가 상승을 발생시킨다. 균형 Y의 증가(Y_0에서 Y_1로)는 균형 P의 상승(P_0에서 P_1로)보다 훨씬 크다. 여기서 확장적 재정정책은 물가수준을 거의 상승시키지 않고 생산을 증가시키는 방식으로 작동한다. 경제가 *AS*곡선의 거의 수평한 부분에 있을 때 기업은 생산능력에 크게 못 미치는 수준에서 생산하고, 생산이 증가함에도 임금이 상승할 가능성이 없으며, 기업은 가격을 인상하는 것보다 훨씬 더 많이 생산을 증가시켜 수요 증가에 반응한다.

그림 27.2는 경제가 *AS*곡선의 기울기가 급한 부분인 *B*점에서 작동할 때 재정 부양이 이루어지면 어떤 일이 일어나는지를 보여준다. 이러한 경우 확장적 재정정책은 균형생산을 적게 변화시키고(Y_0에서 Y_1로) 균형물가수준을 크게 변화시킨다(P_0에서 P_1로). 이때 확장적 재정정책은 잘 작동하지 않으며 생산승수가 0에 가깝다. 생산은 처음에 생산능력에 근접한 상태에 있고, 이러한 상황에서 생산을 더 증가시키려는 시도는 물가수준만 더 상승시키는 결과를 낳는다.

경제가 *AS*곡선의 기울기가 급한 부분에 있을 때를 나타낸 그림 27.2의 이면에 무슨 일이 일어나는지를 이해해야 한다. 정부지출 G의 증가는 기업이 생산한 재화에 대한 수요를 증가시킨다. 기업은 생산능력에 근접한 수준에서 생산하기 때문에 생산을 증가시키기가 어렵고 대부분 가격을 인상하는 방식으로 대응한다. 전반적인 물가수준(P)의 상승은 물가수준을 통제하는 것이 주요한 목표 중 하나인 Fed의 행동을 촉발한다. 물가수준 변수는 Fed 준칙에 포함되어 있다. 따라서 P가 상승할 때 Fed는 이자율(r)을 인상한다. 이자율이 높을수록 의도된 투자가 감소한다. 경제가 생산능력에 근접해 있기 때문에 총생산을 크게 증가시킬 수 없다면 새로운 균형에서 정부지출의 증가를 상쇄할 만큼 의도된 투자를 감소시키기 위해 이자율을 인상해야 한다. 이 경우 정부지출이 의도된 투자를 거의 완전히 밀어내고 민간 투자를 대체해버린다.

경제가 *AS*곡선의 기울기가 급한 부분에 있을 때를 나타낸 그림 27.2에서 순세금(T)이 감소하면 어떤 일이 일어나는가? 이 경우에는 (세후 소득이 증가하기 때문에) 기업이 생산한 재화에 대한 소비 수요가 증가한다. 기업이 대부분 가격을 인상함으로써 P가 상승하고, 따라서 Fed는 의도된 투자를 감소시키기 위해 이자율을 인상한다. 총생산이 변하지 않으면 새로운 균형에서 의도된 투자의 감

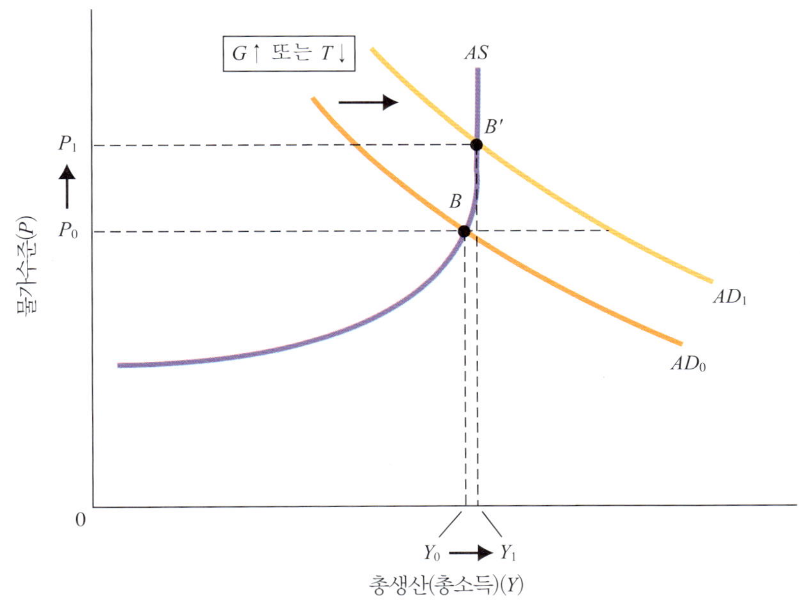

그림 27.2 경제가 생산능력수준 또는 거의 생산능력수준에서 작동할 때 *AD*곡선의 이동

소가 소비의 증가와 같아지도록 이자율이 인상되어야 한다. 이때 정부지출보다는 소비가 의도된 투자를 밀어낸다. *T*의 감소로 세후소득이 증가하기 때문에 생산이 변하지 않더라도 소비는 증가한다.

경제가 *AS*곡선의 수평 부분에 있는 상황을 나타낸 그림 27.1에서는 의도된 투자의 밀어내기가 발생하지 않는다는 것에 주목하라. 수요의 증가를 충족하기 위해 생산이 증가된다. 물가수준이 거의 상승하지 않기 때문에 Fed는 이자율을 인상하지 않고, 따라서 의도된 투자가 달라지지 않는다.

재정정책의 장기 효과

이제 재정정책의 장기 효과를 살펴보자. 대부분의 경제학자는 장기적으로 임금이 물가의 상승 정도와 일치되게 조정된다고 믿는다. 결국 물가가 상승함에 따라 근로자가 더 높은 임금을 요구하여 받을 것이라고 예상할 수 있다. 임금이 완전히 조정되면 장기 *AS*곡선은 수직선이 된다. 이러한 경우 재정정책이 생산에 아무런 영향을 미치지 못한다는 것을 쉽게 이해할 수 있다. 정부가 *G*를 증가시키거나 *T*를 감소시켜 *AD*곡선을 오른쪽으로 이동시키면 모든 효과는 물가수준에만 영향을 미친다. 여기서 재정정책의 장기적 효과는 단기 *AS*곡선의 가파른 기울기 부분에서 나타나는 것과 매우 유사하다.

임금이 물가 변화에 따라 얼마나 빨리 조정되는지는 거시경제학에서 많이 다루는 핵심 주제이다. 몇 개월에 걸쳐 임금이 물가 변화에 따라 조정되면 *AS*곡선은 빠르게 수직선이 되고, 재정정책으로 나타난 생산 증가 효과가 단기에 그칠 것이다. 임금이 보다 완만하게 물가 변화에 따라 조정되면 *AS*곡선은 장기간 동안 우상향하는 기울기가 되고, 사람들은 재정정책의 유용성에 대해 더욱 확신을 가질 수 있을 것이다. 대부분의 경제학자는 단기적으로 임금이 느리게 조정됨으로써 재정정책이 단기적으로 잠재적인 영향을 미친다고 믿지만, 장기 *AS*곡선의 모습에 대해서는 의견이 일치되지 않는다. 재정정책이 얼마나 효과적인가에 대한 경제학자의 견해는 장기 *AS*곡선이 수직선이라고 믿는지, 우상향한다고 믿는지에 달려 있다.

또한 잠재생산 아래의 균형이 (정부의 개입 없이) 자기교정적(self-correcting)인지에 대해서도 거시경제학자들의 의견이 일치하지 않는다. 잠재생산 아래의 균형이 자기교정적이라면 경제는 *AS*곡선의 수평 부분에 그대로 있지 않는다. 장기 *AS*곡선이 수직선이라고 믿는 사람들은 경제에 존재하는 생산능력의 여유가 임금을 하락시키는 압력을 가하여 단기 *AS*곡선을 오른쪽으로 이동시키고 총생산을 잠재생산으로 복귀시킨다고 생각한다. 생산능력의 여유가 있는 기간 동안 임금이 크게 하락하지 않고 경제가 *AS*곡선의 수평 부분에서 잠재생산 아래의 균형에 '갇혀' 있을 수 있다고 주장하는 경제학자도 있다. 이 경우 완전고용을 회복하기 위해 통화정책과 재정정책이 필요할 것이다. 이러한 논쟁은 28장에서 다시 살펴볼 것이다.

32장에서 다룰 '신고전학파 경제학(new classical economics)'은 가격과 임금이 완전히 신축적이고 변화하는 상황에 따라 신속하게 조정된다고 가정한다. 예를 들어 신고전학파 경제학자는 물가가 변한 후 시차 없이 임금이 변한다고 믿는다. 단기에서도 *AS*곡선이 수직선이라는 것이 신고전학파의 견해이다. 그 반대편에는 총공급에 대한 단순한 '케인지안 견해(simple Keynesian view)'가 있다. 이러한 견해를 가지고 있는 사람들은 26장의 '경제학의 적용: 단순한 케인지안 총공급곡선'에서 설명한 것처럼 생산능력수준에서 굴절된 *AS*곡선이 존재한다고 믿는다. 이미 살펴보았듯이 시장이 행동하는 방식에 대한 인식의 차이는 경제학자가 정부에 제공하는 조언에 큰 영향을 미친다.

27.2 통화정책의 효과

학습목표

AS/AD모형을 이용하여 통화정책의 장기·단기 효과를 분석한다.

통화정책은 Fed가 통제하며, Fed는 26장에서 설명한 Fed 준칙에 따라 행동한다고 가정한다. Fed가 선택하는 이자율 목표(r)는 생산(Y), 물가수준(P), 기타 요인(Z)에 따라 결정된다. Fed는 은행 지준에 지급하는 이자율을 설정하여 자신이 원하는 이자율 목표를 달성한다. 그러나 Fed는 Fed 준칙에 따라 경제를 움직이는 데 얼마나 효과적인가? *AS*/*AD*모형에는 Fed의 효율성과 관련하여 고려해야 할 몇 가지 특성이 있다.

Z 요인에 대한 Fed의 반응

Fed는 Y와 P에 기계적인 방식으로 반응하는 계산기가 아니라고 26장에서 설명했다. Fed는 모형의 외부에서 발생하는 사건의 영향을 받는다. 소비자 신뢰에 대한 보고서를 보면서, Fed는 경제가 생산과 물가수준만 보면서 생각할 수 있는 것보다 더 취약하다고 결정할 수 있다. 또한 Fed는 국제 무대에서 일어난 불리한 사건에 대해 우려할지도 모른다. 이러한 Z 요인 중 하나가 달라지면 Fed는 Y와 P만 고려할 때 Fed 준칙에서 요구하는 수준보다 높거나 낮게 이자율 목표를 설정할 수도 있다.

Z는 *AS*/*AD*모형에서 외생변수이므로 Z의 변화가 *AS*/*AD*모형에 어떤 영향을 미치는지 살펴볼 필요가 있다. 그림 26.7에서 이에 대한 답을 이미 살펴보았다. 소비자 신뢰와 같은 Z가 증가하면 Fed는 이자율을 인상하여 *AD*곡선을 왼쪽으로 이동시킬 수 있다. Z의 증가는 Fed가 Y와 P만 고려할 때 Fed 준칙에서 요구하는 것보다 더 높은 이자율을 설정하도록 유도한다는 것을 기억하라. 또한 중국이나 유럽 경제에 대한 우려로 Z가 감소하면 완화적 통화정책을 통해 더 많은 의도된 투자를 장려함으로써 *AD*곡선이 오른쪽으로 이동한다.

앞 절에서는 *AS*곡선상의 위치로 나타낸 다양한 경제 상황에서 재정정책의 효과를 분석하기 위해 G와 T의 변화가 *AD*곡선을 이동시킨다는 사실을 이용했다. 이와 동일한 분석이 Z에도 적용된다. Z의 변화에 대응하여 Fed가 설정하는 이자율의 변화도 경제가 *AS*곡선상의 어디에 있는지에 따라 각기 다른 효과를 보인다.

Fed가 생산보다 물가수준에 더 관심을 가질 때의 *AD*곡선

Fed 준칙을 나타내는 식에서는 생산에 가중치 α, 물가수준에 가중치 β를 사용했다. 이 두 계수의 상대적 크기는 Fed가 생산과 물가수준 중 상대적으로 어디에 더 많은 관심을 가지고 있느냐의 척도로 볼 수 있다.[1] α가 β보다 상대적으로 작다는 것은 Fed가 생산에 비해 상대적으로 물가안정에 더 관심을 가지고 있다는 것을 의미한다. 이 경우 Fed는 물가 상승이 나타나면 이자율을 인상하여 의도된 투자를 감소시킴으로써 생산을 감소시킨다. 이때 *AD*곡선은 그림 27.3과 같이 상대적으로 평평하다. Fed는 P를 안정적으로 유지하기 위해 Y의 큰 변화를 기꺼이 수용한다. 비용충격을 설명할 때 그림 27.3을 다시 이용할 것이다.

Fed가 생산에 비해 상대적으로 물가수준에 가중치를 얼마나 부여할지는 이 장의 마지막에서 다

1 Fed는 실제로 P의 수준 자체보다는 P의 변화, 즉 인플레이션에 관심을 가지고 있다는 것을 기억하라. P는 인플레이션에 대한 근사로 사용되고 있다. 또한 Fed는 생산이 고용에 미치는 영향 때문에 생산에 관심을 가지고 있다.

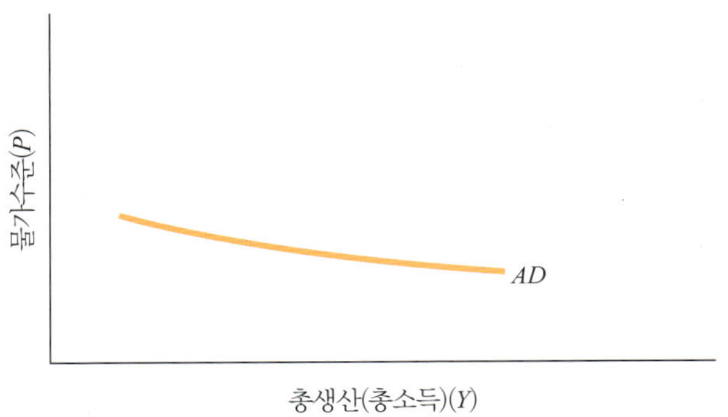

그림 27.3 Fed가 생산에 비해 상대적으로 물가안정에 더 관심을 가질 때의 *AD*곡선

를 인플레이션 타기팅 문제와 관련이 있다. 인플레이션 타기팅을 시행하는 경우에 통화 당국은 인플레이션이 이자율 준칙에서 유일한 변수인 것처럼 행동한다.

제로 이자율 하한이 존재하는 경우

2008년부터 2015년 말 사이에 미국의 단기 이자율은 0에 가까웠다. 실용적인 모든 목적을 위해 이자율은 마이너스가 될 수 없다. 사람들이 저축하거나 차입할 때 마이너스 이자율을 부과하지는 않는다. 그렇다면 이자율에 제로의 하한이 있다는 사실이 *AD*곡선의 형태에 어떤 영향을 미치는지 살펴보자.

제로 이자율 하한 이자율이 0 아래로 하락할 수 없는 상황

구속적 상황 Fed 준칙이 마이너스 이자율을 요구하는 경제 상태

Fed 준칙을 가지고 설명을 시작하겠다. 생산, 물가수준, *Z* 요인 기준에 따르면 경제는 Fed가 마이너스 이자율을 설정하기 바라는 상황이라고 가정하자. 이때 Fed가 할 수 있는 최선은 *r*의 값으로 0을 선택하는 것인데, 이를 **제로 이자율 하한**(zero interest rate bound)이라고 한다. *Y* 또는 *P* 또는 *Z*가 증가하기 시작하면 Fed 준칙은 플러스의 *r* 값을 요구하고, 이때 Fed는 이자율을 0에서 플러스의 값으로 인상할 것이다. 미국에서 이자율이 수년간 거의 0이었다는 사실은 *Y*, *P*, *Z*의 수준이 수년간 마이너스 이자율을 요구했을 수 있음을 말한다. 이러한 경우 *Y*, *P*, *Z*의 값은 Fed가 Fed 준칙에 따라 플러스 이자율로 이동하게 하는 수준보다 훨씬 낮은데, 이를 **구속적 상황**(binding situation)이라고 부를 것이다. 구속적 상황은 Fed 준칙이 마이너스의 이자율을 요구하는 경제의 상태를 의미한다.

그림 27.4는 구속적 상황에서의 그림 26.6을 보여준다. 이러한 상황에서는 이자율이 항상 0이고, 따라서 *IS*곡선과 이자율이 0인 선이 교차하는 곳에서 균형이 이루어진다. 구속적 상황에서는 이자

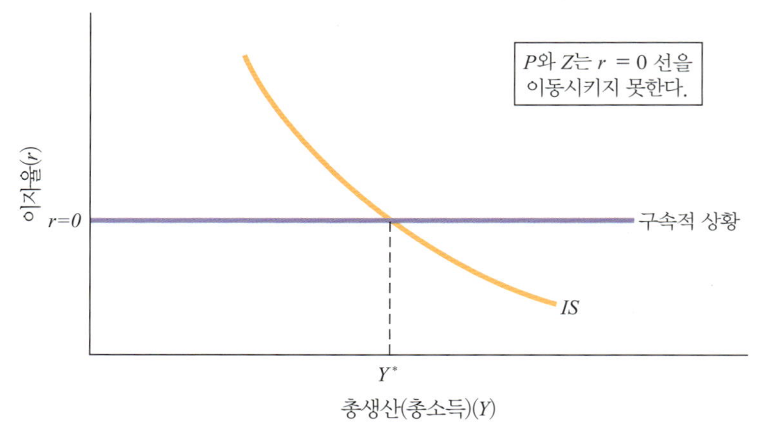

그림 27.4 이자율이 0일 때 재화시장의 균형

구속적 상황에서는 *P*와 *Z*의 변화가 $r = 0$ 선을 이동시키지 못한다.

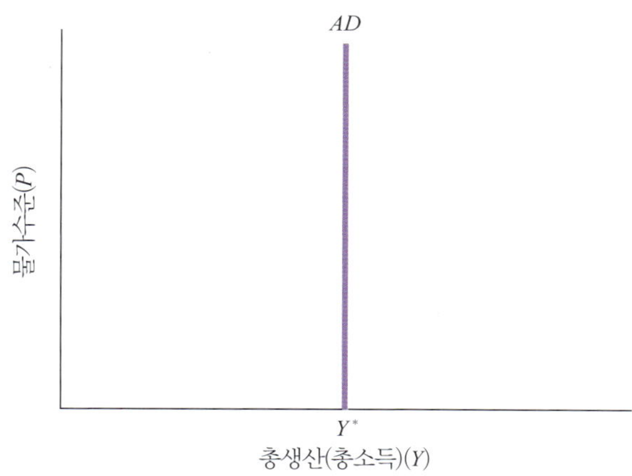

그림 27.5 구속적 상황에서 *AD*곡선
구속적 상황에서는 이자율이 항상 0이다.

율이 항상 0이기 때문에 *P*와 *Z*의 변화는 아무것도 이동시키지 못한다.

그림 27.5에서 보듯이 구속적 상황에서 *AD*곡선은 수직선이 된다. 그 이유는 쉽게 이해할 수 있다. 정상적인 경우에 *P*의 상승은 Fed가 Fed 준칙에 따라 이자율을 인상하게 함으로써 의도된 투자를 감소시켜 생산이 감소하고, *P*의 하락은 이와 반대되는 결과를 발생시킨다. 그러나 구속적인 상황에서는 *P*가 변해도 이자율이 달라지지 않고(이자율이 항상 0), 따라서 의도된 투자와 생산도 변하지 않는다. *AD*곡선에 기울기가 있으려면 물가수준이 변할 때 이자율이 변해야 한다. 하지만 구속적 상황에서는 이러한 일이 일어나지 않는다. 또한 구속적 상황에서는 *Z*의 변화도 *AD*곡선을 이동시키지 못한다. 이자율이 항상 0이다. 구속적 상황에서는 *Z*가 변할 때 이자율이 변하지 않는다.

*AD*곡선이 수직선이더라도 정부지출(*G*)과 순세금(*T*)의 변화는 *AD*곡선을 이동시킨다는 것을 주목해야 한다. 실제로 *G*가 증가하거나 *T*가 감소할 때 이자율이 상승하지 않아서 의도된 투자의 밀어내기가 없기 때문에 *AD*곡선이 더 많이 이동한다. *AD*곡선이 수직선일 때 생산을 증가시키기 위해 재정정책을 사용할 수 있으나 통화정책을 사용할 수는 없다. 경제가 *AS*곡선의 거의 수직인 부분에 있고 수직선인 *AD*곡선이 *AS*곡선의 거의 수직인 부분보다 오른쪽으로 이동하면 어떤 일이 일어나는가? 두 곡선이 교차하지 않는다. 여기서 *AS*/*AD*모형이 붕괴되겠지만 다행히도 이것은 현실적인 경우가 아니다. 경제가 *AS*곡선의 거의 수직인 부분에 있으면 생산과 물가수준이 높을 것이고, 이 경우 Fed는 마이너스 이자율을 원하지 않을 것이다. 따라서 *AD*곡선은 수직선이 아닐 것이다. 달리 말하면 구속적 상황은 높은 물가수준에서 존재하지 않을 것이다. 그림 27.5에는 모든 *P* 값에 대해 *AD*곡선이 수직선으로 그려져 있지만 높은 *P* 값에서는 수직선이 아닐 것이다.

27.3 경제적 충격

학습목표

경제적 충격이 *AS*/*AD*모형에 어떤 영향을 미치는지 이해한다.

비용충격

한동안 심한 한파가 닥쳐 전 세계적으로 식용 어류 자원이 상당히 죽었다고 하자. 또는 중동에서 전쟁이 발발하여 그 지역으로부터의 석유 공급이 중단되었다고 하자. 이러한 사건은 경제의 총생산과 물가수준에 어떤 영향을 미치는가? 이와 같은 일이 발생하면 Fed는 무엇을 할 수 있는가? *AS*/*AD* 모형은 이러한 질문의 답을 구하는 데 도움이 될 수 있다.

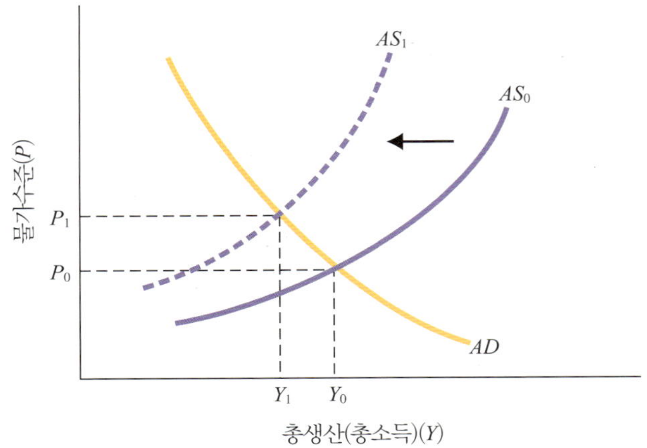

그림 27.6 음의 비용충격

한파와 중동 전쟁은 26장에서 다루었던 비용충격의 예이다. 두 가지 예에서 모두 다양한 다른 재화의 생산에 투입요소로 사용되는 재화에 충격이 발생한다. 따라서 어류 시장이나 석유 시장의 재앙이 다른 시장에 있는 많은 기업의 비용을 동시에 증가시킬 수 있다. 이러한 비용 상승을 경험한 기업이 높은 비용을 감당하기 위해 가격을 인상함으로써 *AS*곡선이 왼쪽으로 이동한다.

스태그플레이션 높은 인플레이션과 높은 실업이 동시에 존재하는 상황

그림 27.6은 *AS*곡선이 왼쪽으로 이동할 때 경제에 무슨 일이 일어나는지를 보여준다. 실업과 인플레이션을 동시에 증가시키는 **스태그플레이션**(stagflation)이 발생한다. 그림 27.6에서 보듯이 균형생산이 Y_0에서 Y_1로 감소하여 실업이 증가하고, 동시에 균형물가수준이 P_0에서 P_1로 상승하여 인플레이션이 높아진다. 생산이 감소하는 것은 *P*의 상승으로 Fed가 이자율을 인상하여 의도된 투자가 감소하기 때문이다. Fed 준칙은 '상황 대응' 준칙이며, 물가수준이 상승할 때 Fed는 이자율을 인상하여 상황에 대응한다는 것을 기억하라.

앞에서 *G*, *T*, *Z* 변화의 영향을 분석할 때 *AS*곡선의 형태가 중요하다는 것을 살펴보았다. 그러나 비용충격의 영향을 분석할 때는 *AD*곡선의 형태가 중요하다. 예를 들어 그림 27.3과 같이 *AD*곡선이 상당히 평평한 경우를 생각해보자. Fed가 실업의 비용에 관심을 덜 가지고 있어서 생산에 비해 상대적으로 물가안정에 큰 가중치를 부여한 경우이다. 이때 *AS*곡선이 왼쪽으로 이동하면 물가수준의 상승에 비해 상대적으로 생산이 많이 감소한다. Fed는 비용충격이 물가수준에 미치는 영향을 대부분 상쇄하기 위해 이자율을 크게 인상하여 의도된 투자를 감소시키고 생산을 감소시킨다. *AD*곡선이 그림 27.6과 같은 형태일 때보다 물가수준이 덜 상승하고 생산이 더 많이 감소한다.

흥미로운 경우는 그림 27.5와 같이 *AD*곡선이 수직선일 때이다. 이는 이자율이 0인 구속적 상황이라는 것을 기억하라. *AD*곡선이 수직선이고 *AS*곡선이 왼쪽으로 이동하면 생산에 아무런 변화가 나타나지 않고 물가수준만 변한다. 구속적 상황에서는 *P*의 상승이 *r*을 변화시키지 못하고(*r*이 여전히 0), 따라서 의도된 투자와 생산이 영향을 받지 않는다. 구속적 상황이 유지되는 한 이러한 설명이 성립한다는 것을 기억하라. *AS*곡선이 왼쪽으로 많이 이동하면 구속적 상황이 더 이상 유지되지 않을 만큼 *P*가 높아진다. 이러한 경우 그림 27.5가 적합하지 않고 그림 27.6이 적합하다.

비용인상 인플레이션, 공급 인플레이션 비용의 상승으로 발생하는 인플레이션

*AS*곡선이 왼쪽으로 이동하여 물가수준이 상승하는 것은 **비용인상 인플레이션**(cost-push inflation) 또는 **공급 인플레이션**(supply-side inflation)이라고 한다. 이미 살펴보았듯이 이것은 생산의 감소를 동반한다. 인플레이션이 높아지고 생산이 감소하는 스태그플레이션이 발생하게 된다.

경제학의 적용

케이프타운의 가뭄으로 인한 남아프리카공화국의 물가 상승

2018년 남아프리카공화국은 3년간 지속된 가뭄으로 휘청거렸다. 댐의 저수량이 위험한 수준인 30%로 줄어들자 정부는 가뭄 사태를 국가재앙으로 선포했으며, 웨스턴케이프의 댐에 저장된 물의 10%가 식수로 부적합하여 케이프타운을 중심으로 주요 도시에 물 사용 제한 조치를 시행했다.

이러한 가뭄은 남아프리카공화국 전체에 경제적 충격을 초래했다. 농업은 단지 75만 개의 일자리를 제공하고 남아프리카공화국 GDP의 5%에 조금 못 미치지만 대부분의 다른 산업과 간접적으로 연계되어 있다. 가뭄은 대부분의 주요 농작물에 피해를 입히고 사육업자는 소를 도살할 수밖에 없어 식품 가격이 6.4% 뛰어올랐다. 공식적인 경제활동인구에 속하는 농부의 반 이상이 일자리를 잃었다. 2018년 농산물 경작자의 손실은 100억 랜드(7억 유로)로 추산되었다. 또한 농산물 수출 감소와 밀 수입 증가의 영향이 무역수지를 200억 랜드(14억 유로) 감소시킬 것으로 추정된다. 웨스턴케이프는 전체 GDP에서 13.3%를 차지하기 때문에 2018년의 경제성장률은 잠재적으로 처음 추정치인 1.1%에서 0.8%로 하락할 수 있다.

질문

- 농업이 GDP에서 상대적으로 적은 부분을 차지함에도 남아프리카공화국 경제가 가뭄으로 인한 공급충격으로 큰 타격을 받은 이유는 무엇인가?

수요충격

앞에서 확장적 재정정책(G의 증가, T의 감소)과 확장적 통화정책(Z의 감소)이 AD곡선을 오른쪽으로 이동시키고 물가수준을 상승시킨다는 것을 살펴보았다. 이러한 물가수준의 상승은 수요의 증가로 발생한 것이기 때문에 **수요견인 인플레이션**(demand-pull inflation)이라고 한다. 수요견인 인플레이션은 비용인상 인플레이션과 달리 생산을 증가시킨다.

수요견인 인플레이션 총수요의 증가로 발생하는 인플레이션

수요를 움직이는 외생적인 기타 요인이 수요충격에 포함될 수 있다. 20장에서 언급했듯이 거시경제학이 시작되었던 1930년대에 존 메이너드 케인스는 투자자의 '동물적 감각'이라는 개념을 제시했다. 동물적 감각은 경제를 강화하거나 억제할 수 있는, 경제에 대한 일종의 낙관이나 비관을 설명하는 개념이었다. 동물적 감각은 경제에 중요할 수 있지만 우리가 개발한 모형으로는 설명되지 않는다. 동물적 감각의 개선, 예컨대 소비자 신뢰의 상승은 '수요충격'으로 볼 수 있다.

양의 수요충격이 존재할 때는 어떤 일이 일어날까? AD곡선이 오른쪽으로 이동하여 생산이 증가하고 물가수준이 상승한다. 각각이 얼마나 변화하는지는 경제가 AS곡선상 어디에 있는지에 따라 결정될 것이다. 재정정책이나 통화정책의 변화로 촉발되는 것이 아니라 모형 외부의 요인에 의해 촉발되는 총수요 증가라는 점을 제외하고 총수요 증가의 결과에 대해서는 새로운 것이 없다. 수요충격으로 인한 물가수준의 상승도 수요견인 인플레이션으로 간주된다.

예상

동물적 감각은 미래에 대한 예상이라고 생각할 수 있다. 일반적으로 예상은 경제에 중요한 영향을

미치지만 그 영향을 예측하거나 계량화하기는 어렵다. 그러나 미래 가격에 대한 기업의 예상은 기업의 현재 가격 결정에 영향을 미칠 수도 있다. 기업은 경쟁자들이 가격을 인상할 것이라고 예상하면 자사의 가격을 인상할 수 있다. 따라서 미래 가격에 대한 예상이 증가하면 *AS*곡선이 왼쪽으로 이동하여 비용충격과 같은 방식으로 작동하기도 한다. 이것이 어떻게 작동되는가?

불완전경쟁 시장에서 토스터를 만드는 회사를 생각해보자. 이 토스터 생산자는 토스터 소매점에 얼마의 가격을 부과할지 결정해야 한다. 가격을 과대 추정하여 다른 토스터 생산자들보다 높은 가격을 부과하면 많은 고객을 잃을 것이다. 반대로 가격을 과소 추정하여 다른 토스터 생산자들보다 낮은 가격을 부과하면 고객을 확보하더라도 판매 수입에 상당한 손실을 입을 것이다. 이 기업의 최적 가격, 즉 이윤을 극대화하는 가격은 아마도 경쟁자들의 평균 가격과 크게 다르지 않을 것이다. 이 기업이 가격을 결정하기 전에 경쟁자들의 예상 가격을 모르는 경우에는 흔히 그렇듯이 경쟁자들의 가격에 대한 자신의 예상을 바탕으로 가격을 결정해야 한다.

인플레이션율이 연간 약 10%라고 가정하자. 이 기업은 아마도 경쟁자들이 올해 가격을 약 10% 인상할 것이고, 따라서 자신의 토스터 가격을 약 10%만큼 인상할 수 있다고 예상할 것이다. 이러한 반응은 예상이 시스템에 어떻게 내재화되는지를 보여준다. 모든 기업은 다른 모든 기업이 가격을 10% 인상할 것이라고 예상하면 자사 가격을 약 10% 인상할 것이다. 모든 기업은 결국 예상했던 대로 가격을 인상하게 된다.

예상이 물가수준에 영향을 미칠 수 있다는 사실은 성가신 문제이다. 예상은 인플레이션의 상승 추세를 멈추기 어렵게 만드는 관성을 유발할 수 있다. 가격이 상승하고 사람들의 예상이 적응적이면, 즉 사람들이 과거의 가격 움직임을 토대로 예상을 형성하면 수요가 완만해지거나 수축하는 경우에도 기업의 가격 인상이 계속될 수도 있다. *AS*/*AD*모형에서 기업이 가격을 인상하게 만드는 기대 인플레이션의 상승은 *AS*곡선을 왼쪽으로 이동시킨다. *AS*곡선은 기업의 가격/생산반응을 나타낸다는 것을 기억하라. 기대 인플레이션의 변화 때문에 기업이 가격을 인상하면 *AS*곡선이 왼쪽으로 이동한다.

기대 인플레이션이 중요하므로 많은 국가의 중앙은행은 소비자의 기대 인플레이션 설문조사를 시행한다. 예를 들어 영국중앙은행(Bank of England)은 2018년 3월 설문조사를 통해 소비자가 2018~2023년 동안 3.4%의 인플레이션을 예상한다는 것을 알아냈다. 수년간 영국의 기대 인플레이션은 이 범위에 속했다. 인도중앙은행(Bank of India)도 이와 유사한 설문조사를 실시하여 2018~2023년 동안 소비자의 기대 인플레이션이 수년 전보다 약간 낮은 8~9% 범위라는 것을 알게 되었다. 중앙은행의 목표 중 하나는 물가 상승에 대한 예상이 실제 물가수준에 내재화되지 않도록 기대 인플레이션을 낮게 유지하는 것이다.

학습목표

1970년 이후 미국의 통화정책을 알아본다.

27.4 1970년 이후 미국의 통화정책

24장의 마지막 부분에서 클린턴, 부시, 오바마, 초기 트럼프 행정부의 재정정책을 비교했다. 이 절에서는 1970년 이후 미국 통화정책의 변화를 살펴볼 것이다. 통화정책은 Fed가 이자율 목표를 결정하는 것을 말한다. Fed는 경제 상황에 대응하여 이자율을 어떻게 변화시키는가?

그림 27.7은 Fed의 행동을 설명하는 데 사용할 수 있는 세 변수의 변화 추이를 나타낸 것이다.

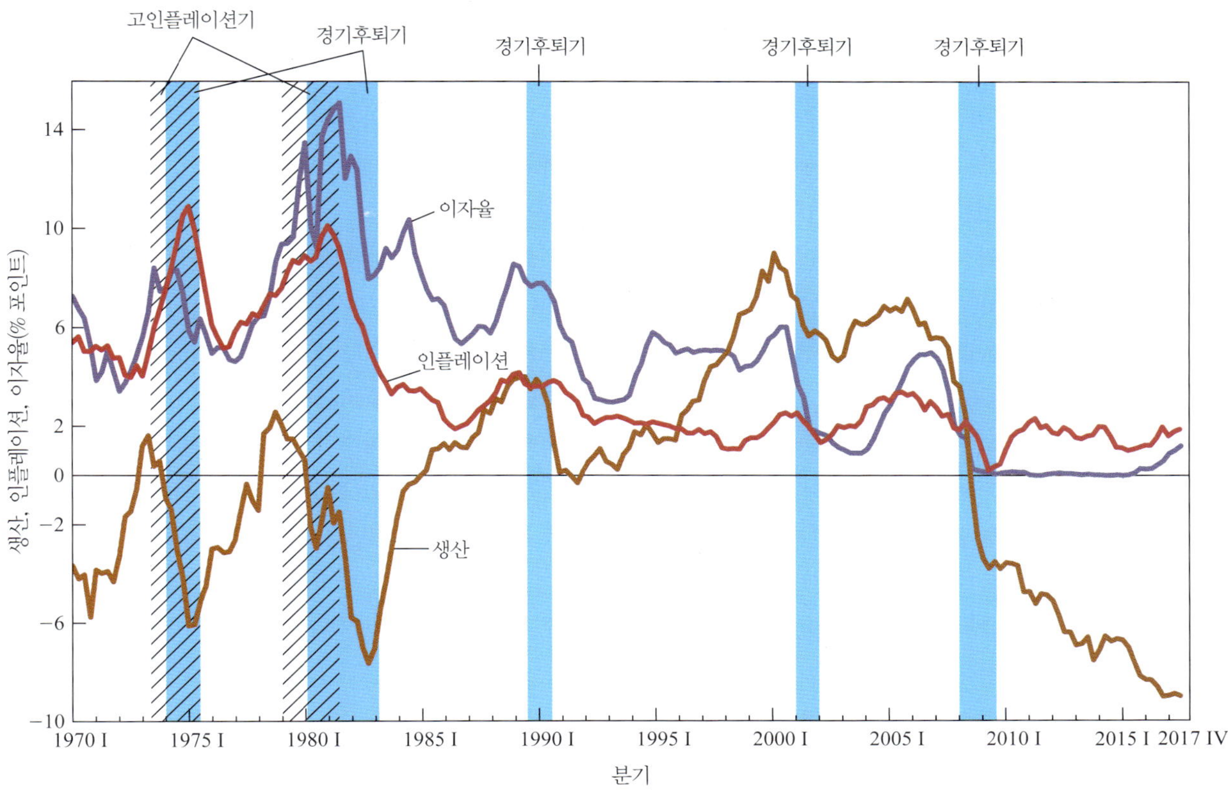

그림 27.7 1970 I~2017 IV 미국의 생산, 인플레이션, 이자율

Fed는 일반적으로 두 번의 인플레이션기에 높은 이자율을 유지하고 1980년대 중반 이후 낮은 이자율을 유지했다. Fed는 1990 III~1991 I, 2001 I~2001 III, 2008 I~2009 II 경기후퇴기에 이자율을 공격적으로 인하했다. 2008~2015년에는 제로 이자율 하한이 존재했다. 생산은 실질 GDP가 추세로부터 이탈한 정도를 퍼센트로 나타낸 것이다. 인플레이션은 직전 4분기 동안 GDP 디플레이터 퍼센트 변화의 평균이다. 이자율은 3개월물 재무부 단기증권 이자율이다.

이자율은 3개월물 재무부 단기증권 이자율로, 이는 Fed가 실제로 통제하는 페더럴펀드이자율과 긴밀하게 움직인다. 간단히 설명하기 위해 3개월물 재무부 단기증권 이자율을 Fed가 통제하는 이자율로 간주하고 이를 '이자율'이라고 부르자. 인플레이션은 직전 4분기 동안 GDP 디플레이터의 퍼센트 변화이며, 이 변수는 그림 20.6에도 사용되었다. 생산은 실질 GDP가 추세로부터 이탈한 정도를 퍼센트로 나타낸 것으로, 이를 통해 실질 GDP의 변동을 쉽게 살펴볼 수 있다.

1970년 이후 다섯 번의 '경기후퇴기'와 두 번의 '고인플레이션기'가 있었음을 20장에서 이미 언급했다. 이러한 기간을 그림 27.7에 파란색 음영과 빗금으로 표시했다. 경기후퇴기와 고인플레이션기는 1970년대 후반기와 1980년대 초에 상당히 겹쳐 있다. 1981년 이후에는 고인플레이션기가 없고 경기후퇴기만 세 번 있었다. 따라서 분석 대상 기간의 앞부분에는 스태그플레이션이 있었으나 뒷부분에는 스태그플레이션이 없었다.

정책 담당자에게 스태그플레이션은 나쁜 소식이다. 스태그플레이션 상황에서는 Fed가 어떤 조치를 취하더라도 생산이나 인플레이션을 악화시키는 결과가 발생할 것이다. Fed는 생산이 악화되는 것을 감수하고 인플레이션을 낮추기 위해 이자율을 인상해야 하는가, 인플레이션이 악화되는 것을 감수하고 생산을 증가시켜 실업을 줄이기 위해 이자율을 인하해야 하는가? Fed는 실제로 어떻게 했는가? 그림 27.7을 보면 인플레이션이 높을 때나 생산이 낮고 실업이 높은 때조차 Fed는 이자율을 인상했다는 것을 알 수 있다. 따라서 Fed는 당시에 실업보다는 인플레이션을 더 걱정했던 것으로 보인다. 1979~1983년에는 생산이 낮았으나 이자율이 매우 높았다. Fed가 그때 그렇게 높은 이자율을 선택하지 않았다면 경기후퇴가 덜 심각했을 수 있지만 인플레이션이 더 악화되었을 것이다. 당시 Fed 의장이었던 폴 볼커(Paul Volcker)는 인플레이션과 싸우는 영웅으로 칭송받았지만 '볼커 경기후퇴(Volker recession)'라고 불리는 경기후퇴에 대해서는 비판을 받았다.

인플레이션이 1983년에 약 4%로 낮아진 후 Fed는 이자율을 인하하기 시작했고, 이는 생산을 증가시키는 데 도움이 되었다. 인플레이션이 약간 상승하기 시작하고 생산이 증가하자 1988년에 Fed는 이자율을 인상했다. Fed는 1990~1991년, 2001년의 경기후퇴에 다시 공격적으로 이자율을 인하했다. 재무부 단기증권 이자율은 2003년에 1% 미만이었다. Fed는 이러한 상황을 반전시켜 2006년에 이자율이 거의 5%로 상승했다. Fed는 2007년 말에 또다시 상황을 반전시켜 미래에 일어날 것으로 예상되는 경기후퇴에 대응하기 위해 이자율을 인하하기 시작했다. 경기후퇴가 발생하자 Fed는 2008년 4분기에 이자율을 거의 0으로 낮췄다. Fed가 점진적으로 이자율을 인상하기 시작한 2015년 말까지 이자율은 실질적으로 0을 유지했다. 2008년 4분기부터 2015년 4분기까지는 제로 이자율 하한의 기간으로서 '구속적 상황'이었다. 2015년 말에 Fed가 이자율을 인상하기 시작했을 때 약간의 논란이 있었다. 그림 27.7에서 보듯이 여전히 생산은 추세보다 상당히 낮고 인플레이션이 크게 상승하지 않았다. 일부 사람들은 인플레이션 상승의 징후가 더 나타날 때까지 Fed가 기다렸어야 했다고 생각했다.

1970년 이후 Fed의 행동은 간단히 요약할 수 있다. Fed는 1970년대와 1980년대 초에 인플레이션과 맞서기 위해 높은 이자율을 설정했다. 1983년 이후 역사적 기준으로 볼 때 인플레이션이 낮았으며, 1983~2008년에 Fed는 생산 변동을 안정시키는 데 초점을 맞추었다. 2008~2015년에는 Fed가 생산 증가에 초점을 맞추었기 때문에 제로 이자율 하한이 존재했다.

인플레이션 타기팅

인플레이션 타기팅 통화 당국이 인플레이션율을 일정 기간 동안 특정 범위로 유지하기 위해 이자율을 결정하는 것

세계의 일부 통화 당국은 **인플레이션 타기팅**(inflation targeting)을 시행하고 있다. 인플레이션 타기팅에 참여하는 통화 당국은 일반적으로 1년이나 수년의 인플레이션율 목표를 공표하고, 실제 인플레이션율을 인플레이션율 목표 가까이 설정된 특정 범위로 유지하기 위해 이자율 목표를 선택한다. 예를 들어 통화 당국은 인플레이션율 목표를 1~3% 범위의 2%로 설정하고 실제 인플레이션율을 1~3%로 유지하려 할 것이다. 1년이나 수년 동안 통화 당국은 매월 인플레이션율이 1~3%로 유지되기를 기대하지 않을 것이다. 통화 당국이 통제하지 못하는 다양한 일시적 요인(예: 날씨)이 매월 인플레이션율을 움직이기 때문이다. 그러나 1년이나 수년간 인플레이션율이 1~3%일 것이라고 예상한다. 최근에 인플레이션으로 계속 어려움을 겪었던 인도는 인플레이션율 목표를 2015~2016년에 6%로 설정하고 2017~2018년에 4%로 낮추었다.

인플레이션 타기팅이 좋은 생각인지에 대해 많은 논란이 있다. 인플레이션 타기팅은 인플레이션의 변동을 감소시킬 수 있으나 큰 생산 변동을 감수해야 할 수도 있다.

2006년에 벤 버냉키가 Fed 의장으로 지명되었을 때 어떤 사람들은 Fed가 인플레이션 타기팅의 방향으로 움직일지 궁금해했다. 버냉키는 과거에 인플레이션 타기팅을 선호한다고 주장했기 때문이다. 그러나 버냉키가 Fed 의장으로 있는 동안 Fed가 인플레이션 타기팅으로 이행했다는 증거는 없다. 그림 27.7에서 보듯이 Fed는 2007년에 경기후퇴를 예상하고 이자율을 인하하기 시작했으나

이는 인플레이션 타기팅으로 보이지 않는다.

미리 보기

지금까지 *AS*곡선을 도출하는 데 경직적 임금의 핵심적인 역할에 주목한 것을 제외하고 거시경제에서 고용, 실업, 노동시장의 기능을 살펴보지 못했다. 28장에서는 지금까지 다룬 모든 것을 노동시장, 실업 문제와 연결 지을 것이다.

요약

01 정부지출(G)의 증가와 순세금(T)의 감소는 *AD*곡선을 오른쪽으로 이동시키고 생산과 물가수준을 증가시킨다. 생산과 물가수준이 각각 얼마나 증가하느냐는 경제가 처음에 *AS*곡선상 어디에 있었는지에 따라 결정된다.

02 장기적으로 *AS*곡선이 수직선이면 G와 T의 변화는 장기적으로 생산에 아무런 영향을 미치지 못한다.

03 통화정책은 생산, 물가수준, Z 요인이 포함된 Fed 준칙에 따라 결정된다. Z의 변화는 *AD*곡선을 이동시킨다.

04 Fed가 생산에 비해 상대적으로 물가안정에 더 큰 가중치를 부여할수록 *AD*곡선이 더 평평해진다.

05 구속적 상황은 Fed 준칙이 마이너스 이자율을 요구하는 경제 상황이다. 이러한 경우 Fed가 할 수 있는 최선은 제로 이자율을 설정하는 것이다.

06 구속적 상황에서는 *AD*곡선이 수직선이다.

07 양의 비용충격은 *AS*곡선을 왼쪽으로 옮기고 비용인상 인플레이션을 초래한다.

08 양의 수요충격은 *AD*곡선을 오른쪽으로 옮기고 수요견인 인플레이션을 초래한다.

09 Fed는 1970년대와 1980년대 초에 인플레이션과 맞서기 위해 높은 이자율을 설정했다. 1983년 이후 역사적 기준으로 볼 때 인플레이션이 낮았으며, 1983~2008년에 Fed는 생산 변동을 안정시키는 데 초점을 맞추었다. 2008~2015년에는 제로 이자율 하한이 존재했다.

10 인플레이션 타기팅은 통화 당국이 인플레이션만 중요하게 여기는 경우이다. 통화 당국은 인플레이션율을 일정 기간 동안 특정 범위로 유지하기 위해 이자율 목표를 선택한다.

핵심 용어

구속적 상황(binding situation)
비용인상 인플레이션(cost-push inflation)/공급 인플레이션(supply-side inflation)
수요견인 인플레이션(demand-pull inflation)
스태그플레이션(stagflation)
인플레이션 타기팅(inflation targeting)
제로 이자율 하한(zero interest rate bound)

연습문제

01 다음의 각 경우가 단기적으로 물가수준과 균형 GDP(Y)에 미치는 영향을 *AS*곡선과 *AD*곡선을 사용하여 설명하라.
a. 경제가 총생산능력보다 훨씬 낮은 수준에서 작동할 때 정부구매가 일정하게 유지되면서 이루어지는 세금 삭감
b. 경제가 거의 총생산능력에 근접한 수준에서 작동할 때 소비자와 기업가 신뢰의 증가

02 다음의 각 시나리오가 총생산(Y)과 이자율(r)의 균형수준에 미치는 영향을 설명하라.

a. 경기후퇴의 가능성에 직면한 A 국가의 정부와 중앙은행은 사회기반시설에 대한 정부지출을 증가시키고 새로운 채권 매입 프로그램을 도입하여 공동으로 행동하기로 결정했다.

b. B 국가는 공공지출 삭감과 세금 인상으로 구성된 내핍정책을 실행하여 GDP 대비 국가 채무 비율을 감소시키기로 결정했다. 이러한 재정정책이 생산과 고용에 미치는 영향을 완화하기 위해 중앙은행은 화폐공급을 증가시켰다.

c. C 국가에서 은행 부문의 안정성에 대한 우려가 커지면서 중앙은행이 지준율을 크게 인상했다.

d. D 국가에서 소비자 신뢰가 급속히 증가하여 현재 진행 중인 경기후퇴의 종료를 알리는 신호가 나타났다. 중앙은행은 계속 화폐공급을 일정하게 유지했다.

e. E 국가에서 국내 수요가 부진하여 정부는 공공지출을 증가시키고 중앙은행은 화폐공급을 감소시키기 위해 국채를 매도했다.

03 센트럴앤타크티카에서 가장 큰 국가인 파라노이아에 펭귄의 공격이 임박했다는 소식이 전해지자 미래가 뒤흔들릴 것이라는 예상이 나타났다. 그 결과 투자지출 계획이 급격히 감소하고 있다.

a. 중앙은행이나 재무부가 아무런 대응을 하지 않는다고 가정하고(M^s, T, G가 일정하게 유지됨), 이러한 사건이 파라노이아의 경제에 미치는 영향을 자세히 설명하라. 재화시장과 화폐시장에서 이루어지는 조정을 반드시 포함하여 설명하라.

b. 투자 감소에 대응하기 위해 파라노이아의 왕은 정부지출을 증가시키는 제안을 요구했다. 이 프로그램에 필요한 자금을 조달하기 위해 재무부 장관은 다음과 같은 방안을 내놓았다.

(1) 세금을 증가시켜 지출에 필요한 자금을 조달한다.

(2) 조세수입을 일정하게 유지하고 새로운 국채를 발행하여 민간으로부터 자금을 차입한다.

(3) 세금을 일정하게 유지하고 새로운 화폐를 발행하여 필요한 자금을 조달한다.

세 가지 자금 조달 방안 중에서 가장 확장적인 방안부터 가장 덜 확장적인 방안까지 순위를 매기고 그 이유를 설명하라.

04 2010년 늦여름까지 페더럴펀드이자율 목표는 0~0.25%였다. 동시에 동물적 감각이 잠잠했고 대부분의 산업에 초과 생산능력이 있었다. 즉 많은 기업이 보유한 자본을 사용하지 않고 있었기 때문에 새로운 공장과 설비를 건설하려는 움직임이 없었다. 이자율은 거의 0에 가까웠고 투자 수요가 매우 낮았다. 2010년 8월의 실업률은 9.6%였다. 이러한 상황에서는 재정정책보다 통화정책이 경기를 부양하는 데 더 효과적인 정책 수단일 수 있다. 이에 동의하는지, 동의하지 않는지 밝히고 그 이유를 설명하라.

05 다음과 같은 정책 믹스가 시행될 때 이자율과 총생산에 어떤 일이 일어나는지 설명하라.

a. 확장적 재정정책과 확장적 통화정책

b. 확장적 재정정책과 긴축적 통화정책

c. 긴축적 재정정책과 확장적 통화정책

d. 긴축적 재정정책과 긴축적 통화정책

06 긴축적 정책은 총수요와 총생산을 감소시켜 경기를 둔화시키고 인플레이션을 낮추기 위해 고안된 것이다. 긴축적 재정정책과 긴축적 통화정책이 총수요와 총생산 감소라는 동일한 목적을 가지고 있음에도 불구하고 이자율에 반대 영향을 미치는 이유는 무엇인가? 화폐시장의 그래프를 사용하여 설명하라.

07 다음의 각 경우가 AD곡선에 미치는 영향을 설명하라.

a. 정부가 소비지출을 장려하기 위해 소득세를 감소시킨다.

b. 중앙은행이 지준율을 인하한다.

c. 경제에서 AD곡선상의 이동이 물가수준을 하락시킨다.

d. 기업가 신뢰가 개선되고 투자지출이 증가한다.

e. 전 세계적인 석유 가격의 하락이 생산비용에 양의 영향을 미친다.

f. 중앙은행이 갑자기 채권 매도를 발표한다.

08 2000년 상반기 동안 일본 중앙은행은 수요를 진작하기 위해 이자율을 거의 0으로 유지했다. 또한 일본 정부는 정부지출을 크게 증가시키고 세금을 삭감했다. 일본 GDP는 물가수준을 전혀 높이지 않고 서서히 증가하기 시작했다. AS곡선과 AD곡선을 사용하여 일본 경제의 위치를 나타내라. 2000년에 일본 경제는 단기 AS곡선상 어디에 있었는가?

09 다음의 각 경우가 단기적으로 물가수준과 균형 GDP(Y)에 미치는 영향을 AS곡선과 AD곡선을 사용하여 설명하라.

a. 경제가 거의 완전한 생산능력수준에서 작동할 때 화폐공급의 증가

b. 생산을 계속 증가시키기 위해 Fed의 협조적인 조치 지원을 받으면서 이루어지는 정부지출의 증가

10 A 국가에서는 모든 임금 계약이 인플레이션에 연동되어 있다. 즉 물가수준의 변화에 따른 생계비의 증가를 반영하여 매월 임금을 조정한다. B 국가에서는 임금에 대한 생계비 조정이 없으나 모든 근로자가 노동조합에 가입되어 있다. 노동조합은 3년 임금 계약을 협상한다. 어느 국가에서 확장적 통화정책이 총생산에 더 큰 영향을 미칠 것 같은가? AS곡선과 AD곡선을 사용하여 설명하라.

11 2014년 중반에 석유 가격이 크게 하락하여 2016년 1월에 가장 낮았다. 당시 브렌트유의 배럴당 가격이 28달러에 불과했다. 이것이 우리나라의 물가수준과 GDP에 어떤 영향을 미칠 것이라고 생각하는가? *AS*곡선과 *AD*곡선을 사용하여 설명하라. 중앙은행은 이러한 영향을 교정하는 정책을 도입해야 하는가? 어떻게 권고할지 설명하고 그 근거를 밝혀라.

12 다음 시나리오를 토대로 처음 균형, 단기 균형, 장기 균형이 어디서 나타나는지 그래프에 표시하라. 물가수준과 총생산에 어떤 일이 일어났는지 설명하라.

a. 경제는 처음에 *A*점에서 장기 균형이고 비용충격이 비용인상 인플레이션을 불러일으킨다. 정부는 확장적 재정정책을 시행하여 대응한다.

b. 경제는 처음에 *A*점에서 장기 균형이고 정부구매의 증가가 수요견인 인플레이션을 불러일으킨다. 장기적으로 임금은 이러한 인플레이션에 반응한다.

c. 경제는 처음에 *C*점에서 장기 균형이고 정부는 법인세와 개인소득세를 인상한다. 장기적으로 기업과 근로자는 새로운 물가수준에 부합되게 조정되고 이에 따라 비용이 조정된다.

d. 경제는 처음에 *C*점에서 장기 균형이고 에너지 가격이 크게 하락한다. 정부는 긴축적 재정정책을 시행하여 대응한다.

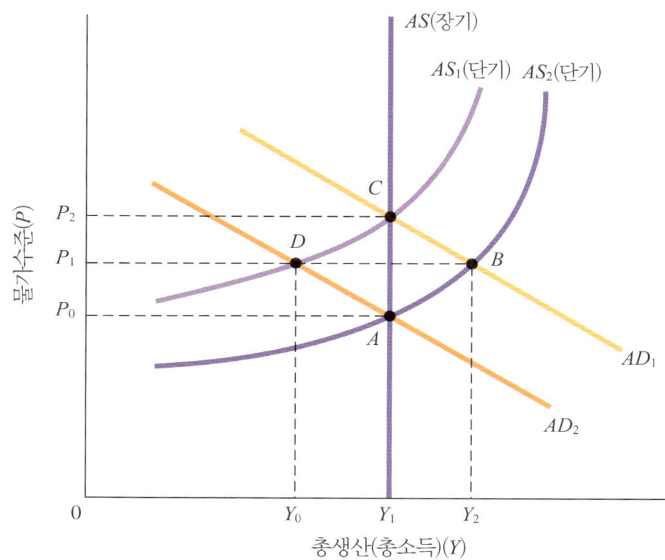

13 온화한 몬순 시기가 인도의 쌀 수확에 미치는 영향을 *AS*곡선과 *AD*곡선을 사용하여 나타내라. 이것이 인도의 총생산과 인플레이션에 미치는 영향을 설명하라.

경제학적 사고 키우기

01 2017년에 경제가 완전고용 또는 거의 완전고용 상태였을 때 정부는 일련의 세금 삭감 조치를 시행했다. 그 당시 경제는 잠재 GDP에 근접하거나 잠재 GDP와 같은 실질 GDP를 생산하고 있었다. 이러한 재정정책으로 인해 나타날 수 있는 결과는 무엇인가?

02 2014년 이후에 많은 국가는 마이너스 이자율을 경험했다. 2008/2009년의 대침체 이전에 대부분의 경제학자는 이러한 상황이 불가능하다고 생각했으나 과거 수년간 많은 유럽 국가에서 마이너스 이자율이 나타났다. 이것은 저축하는 개인과 가계에 무엇을 의미하는가?

CHAPTER 28

노동시장과 거시경제

목차와 학습목표

28.1 노동시장의 기본 개념

노동시장의 기본 개념을 이해한다.

28.2 노동시장에 대한 고전학파의 견해

노동시장에 대한 고전학파의 견해를 이해한다.

28.3 실업이 존재하는 이유

실업이 존재하는 이유를 파악한다.

28.4 경기적 실업이 존재하는 이유

경기적 실업이 존재하는 이유를 파악한다.

28.5 실업률과 인플레이션의 단기적 관계

실업률과 인플레이션의 단기적 관계를 분석한다.

28.6 장기 총공급곡선, 잠재생산, 자연실업률

실업과 생산의 장기적 관계를 분석한다.

22장에서 미국 노동시장의 일부 특성과 실업률을 측정하는 방법을 설명하고, 26장에서 총공급곡선을 다루면서 노동시장을 간략히 살펴보았다. 정부 정책이 어떻게, 언제 유용한지 이해하는 데 노동시장이 중요하다는 것을 배웠다. 노동시장의 경직적 임금은 AS곡선이 우상향하는 기울기를 가지게 하고, 정부지출과 조세정책이 총생산을 증가시킬 수 있는 여지를 만든다. 임금이 완전히 신축적이고 물가수준의 상승과 동일한 비율로 상승하면 AS곡선은 수직선이 되고, 경제를 부양하려는 정부의 시도는 물가 상승만 발생시킬 것이다.

따라서 임금이 어떻게 결정되는지 이해하는 것은 거시경제학의 핵심 내용이다. 또한 이것은 거시경제학에서 가장 논란이 되는 부분이기도 하다. 임금은 항상 노동시장을 청산하기 위해, 즉 노동의 수요와 공급을 일치시키기 위해 조정된다는 고전학파의 견해를 먼저 살펴본다. 그런 다음 고전학파의 가정에서 무엇이 잘못되었는지, 왜 노동시장이 항상 청산되지 않을 수 있는지, 왜 실업이 존재하는지를 설명하고, 끝으로 인플레이션과 실업의 관계를 알아본다. 이러한 분석을 진행하면서 왜 실업이 거시경제학의 세 가지 주요 관심사 중 하나인지 기억하는 것이 중요하다. 22장의 '실업의 비용'을 다시 읽어보라. 실업은 사회에 막대한 비용을 부과한다.

28.1 노동시장의 기본 개념

학습목표

노동시장의 기본 개념을 이해한다.

미국 노동부는 일자리를 찾고 있으나 구하지 못한 실업자 수(U)와 일자리를 가지고 있는 취업자 수(E)에 대한 추정치를 제공하는 가계 설문조사 결과를 매월 첫 번째 금요일에 발표한다. 취업자와 실업자의 수를 합하면 경제활동인구(LF)가 된다.

$$LF = E + U$$

실업률(unemployment rate)은 경제활동인구 중 실업자가 차지하는 비율이다.

실업률 경제활동인구 중 실업자가 차지하는 비율

$$\text{실업률} = \frac{U}{LF}$$

반복하자면, 어떤 사람이 실업자가 되기 위해서는 일자리를 가지고 있지 않고 적극적으로 일자리를 찾아야 한다. 어떤 사람이 구직을 멈추면 경제활동인구로 간주되지 않고 실업자로 계산되지도 않는다.

경제가 생산능력에 근접하게 작동하고 있더라도 실업률은 결코 0이 아니다. 시간이 흐름에 따라 경제는 변화한다. 학생들은 학교를 졸업하고 훈련 프로그램을 수료한다. 어떤 기업은 수익을 내고 성장하지만 어떤 기업은 손해를 보고 사업을 접는다. 어떤 사람들은 경제활동인구로 유입되고 어떤 사람들은 경제활동인구에서 떠나거나 직업을 바꾼다. 사람들이 적정한 일자리를 찾고 고용주가 일자리에 맞는 적정한 근로자를 찾는 데에는 시간이 걸린다. 이러한 **마찰적 실업**(frictional unemployment)과 **구조적 실업**(structural unemployment)은 불가피하게 발생하며 많은 측면에서 바람직하기도 하다.

마찰적 실업 노동시장의 정상적인 작동 과정에서 일자리와 기술의 단기적 불일치로 발생하는 실업

구조적 실업 경제의 산업 구조가 변화하여 일부 축소되는 산업에서 일자리가 사라짐으로써 발생하는 실업

이 장에서는 주로 **경기적 실업**(cyclical unemployment), 즉 경기후퇴기와 경기침체기에 발생하는 실업의 증가에 초점을 맞춘다. 경제가 수축될 때는 실업자와 실업률이 증가한다. 미국은 실업률이 높은 몇 차례의 기간을 겪었다. 대공황 동안 실업률은 거의 10년 동안 높은 수준을 유지했

경기적 실업 경기후퇴기와 경기침체기에 발생하는 실업

다. 1982년 12월에는 1,200만 명 이상이 실업자였고 실업률이 10.8%에 달했다. 경기후퇴기였던 2008~2009년에는 실업률이 10% 이상으로 상승했다.

어떻게 보면 경기가 하강할 때 고용이 감소하는 이유는 분명하다. 기업이 생산을 줄이면 근로자가 덜 필요하므로 근로자를 해고한다. 고용은 총생산이 감소할 때 줄어들고 총생산이 증가할 때 늘어나는 경향이 있다. 그럼에도 불구하고 노동수요의 감소가 반드시 실업의 증가를 의미하는 것은 아니다. 3장과 4장에서 설명했듯이 시장이 작동하면 노동수요의 감소는 처음에 노동의 초과 공급을 초래할 것이다. 그 결과 노동공급량이 다시 노동수요량과 일치하여 노동시장의 균형이 회복될 때까지 임금이 하락할 것이다. 균형노동량이 감소하지만 일자리를 원하는 모든 사람이 새로운 임금수준에서 일자리를 얻게 될 것이다.

임금의 상승과 하락으로 노동수요량과 노동공급량이 균형을 이루면 마찰적 실업과 구조적 실업의 합보다 높은 수준의 실업이 존재하지 않는다. 노동시장은 정확히 수요곡선과 공급곡선으로 설명되는 생산물시장처럼 행동한다. 이것이 케인스 이전 고전학파 경제학자들의 견해이고, 지금도 많은 경제학자가 이러한 견해를 가지고 있다. 어떤 경제학자들은 노동시장이 다른 시장과 다르고 임금이 노동수요의 감소에 대응하여 완만하게 조정된다고 믿는다. 이것이 사실이라면 경제는 비자발적 실업이라는 극심한 고통을 겪을 수 있다.

28.2 노동시장에 대한 고전학파의 견해

학습목표

노동시장에 대한 고전학파의 견해를 이해한다.

그림 28.1은 노동시장에 대한 고전학파의 견해를 보여준다. 고전학파 경제학자들은 노동수요량과 노동공급량이 일치하도록 임금이 조정된다고 가정했다. 이는 실업이 존재하지 않는다는 것을 의미한다. 일하지 않는 사람은 누군가를 위해 현재의 시장임금으로 일하는 데 관심이 없다는 것이다. 임금 조정이 어떻게 이루어지는지 이해하기 위해 그림 28.1의 노동공급곡선과 노동수요곡선을 이용할 수 있다. D_0은 **노동수요곡선**(labor demand curve)이다. D_0상의 각 점은 주어진 각 임금에서 기업이 고용하려는 노동의 양을 나타낸다. 노동이 얼마나 필요한지에 대한 기업의 결정은 이윤 극대화

노동수요곡선 주어진 각 임금에서 기업이 고용하려는 노동의 양을 나타내는 곡선

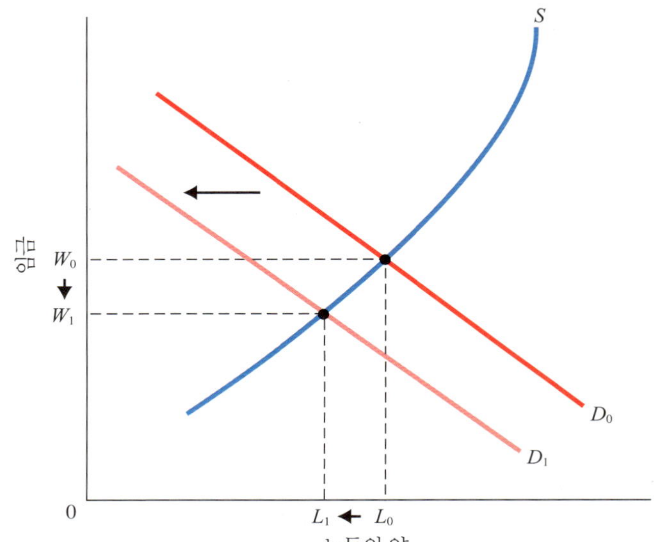

그림 28.1 고전학파 노동시장
고전학파 경제학자들은 노동시장이 항상 청산된다고 믿는다. 노동수요곡선이 D_0에서 D_1로 이동하면 균형임금이 W_0에서 W_1로 하락한다. W_1에서 일자리를 원하는 사람은 누구나 일자리를 얻는다.

의사결정의 한 부분이다. 기업은 생산물을 가계에 판매하여 이윤을 얻는다. 생산물의 가치가 지급되는 임금을 정당화하기에 충분하다면 기업은 근로자를 고용할 것이다. 따라서 기업이 고용하는 노동의 양은 근로자가 생산하는 생산물의 가치에 따라 결정된다.

그림 28.1에서는 S라고 표시된 **노동공급곡선**(labor supply curve)도 볼 수 있다. 노동공급곡선상의 각 점은 주어진 각 임금에서 가계가 공급하려는 노동의 양을 나타낸다. 노동을 얼마나 공급할 것인지에 대한 가계의 의사결정은 가계의 전반적인 소비자 선택 문제의 한 부분이다. 각 가계 구성원은 시장임금, 생산물 가격, 여가 시간의 가치(집에 있거나 텃밭에서 일하거나 자녀를 키우는 가치 등)를 고려하여 노동공급량을 선택한다. 경제활동인구에 참여하지 않는 가계 구성원은 비시장 활동을 하는 시간이 더 가치 있다고 결정한 것이다.

노동공급곡선 주어진 각 임금에서 가계가 공급하려는 노동의 양을 나타내는 곡선

그림 28.1에서 노동시장은 처음에 W_0와 L_0에서 균형이다. 고전학파 경제학자들은 노동수요가 감소하면 무슨 일이 일어날 것이라고 생각할까? 노동수요곡선이 D_0에서 D_1로 이동하고 새로운 노동수요곡선은 L_1과 W_1에서 노동공급곡선과 교차한다. 새로운 균형에서는 더 낮은 임금으로 더 적은 사람이 고용된다. 노동수요의 감소가 실업을 유발하지 않는다는 것을 주목하라. 일하는 사람이 적지만 W_1에서 일하는 데 관심이 있는 모든 사람이 실제로 고용된다.

고전학파 경제학자들은 노동시장(노동공급과 노동수요)이 개별 가계와 기업의 관점과 사회 전체의 관점에서 최적으로 작동한다고 보았다. 가계가 현재 생산되는 것보다 더 많은 생산물을 원하면 생산물의 가격이 오르고, 노동수요가 증가하고, 임금이 상승하고, 더 많은 근로자가 경제활동인구로 유입될 것이다(낮은 임금을 받고 일하기를 꺼리는 사람들 중 일부는 높은 임금을 받고 경제활동인구로 유입될 것이다). 균형에서 가격과 임금에는 가계가 생산물에 부여하는 가치와 여가 및 비시장 활동 시간의 가치 사이의 교환관계가 반영된다. 균형에서 일하지 않는 사람들은 주어진 시장임금에 일하지 않기로 선택한 것이다. 이러한 의미에서 항상 완전고용이 이루어진다. 고전학파 경제학자들은 시장을 그 자체의 작동에 맡기면 최적의 결과를 얻을 수 있으며, 정부가 상황을 개선하기 위해 할 수 있는 일이 없다고 믿었다.

고전학파 노동시장과 총공급곡선

노동시장에 대한 고전학파의 견해는 26장에서 살펴본 수직선인 총공급곡선 이론과 어떤 관련이 있는가? 노동시장을 청산하기 위해 임금이 조정된다는 고전학파의 견해는 임금이 가격 변화에 신속하게 반응한다는 견해와 일치한다. 경직적 임금이 존재하지 않으면 총공급곡선은 수직선이 된다. 이 경우 통화정책과 재정정책은 실질생산에 아무런 영향을 미치지 못한다. 이러한 견해에 따르면 실제로 해결해야 할 실업 문제가 없다.

실업률과 고전학파의 견해

고전학파 경제학자의 가정처럼 노동시장이 잘 작동하는데 실업률이 종종 높은 사실을 어떻게 설명할 수 있는가? 당시의 임금에 일자리를 원하는 수백만 명이 일자리를 구할 수 없었던 때가 있다. 이러한 상황과 노동시장에 대한 고전학파의 가정을 어떻게 조화시킬 수 있는가?

일부 경제학자들은 실업률이 노동시장이 잘 작동하는지 여부를 나타내는 좋은 척도가 아니라고 주장한다. 경제는 역동적이어서 주어진 시점에 일부 산업은 확장하고 일부 산업은 위축된다. 예를

이다. 매우 낮은 기술을 가진 사람들과 최근 이민자의 일부도 최저임금법의 피해자가 될 수 있다.

임금 하락을 막아서 실업을 초래하더라도 최저임금법은 고전학파의 견해에 대한 도전이 아니라 정부가 시장 모형의 작동을 막을 때 어떤 일이 발생하는지를 알려준다. 미국의 연방 최저임금은 수년간 바뀌지 않았고, 대부분의 경제학자는 연방 최저임금법이 현재 실업에 미치는 영향이 미미하다고 생각한다.

효율임금이론, 불완전정보이론과 마찬가지로 임금의 하한을 규정한 정부 법규의 존재는 경기적 실업의 원인에 대해 아무것도 설명해주지 않는다. 다음 절에서는 경기적 실업에 대해 알아보자.

학습목표

경기적 실업이 존재하는 이유를 파악한다.

28.4 경기적 실업이 존재하는 이유

불완전정보와 효율임금이 존재하는 세계에서도 임금 결정의 고전학파 모형은 경기적 실업을 예측할 수 없다. 경기적 실업을 설명하려면 다른 이론이 필요하다. 이러한 이론의 핵심은 경제활동수준 때문에 기업이 더 적은 근로자를 구할 때 임금을 낮게 조정하는 데 어려움을 겪을 수 있는 이유를 설명하는 것이다. 임금이 하방으로 경직적이면 정상적인 경제에서 발생하는 마찰적 실업과 구조적 실업이 경기침체기에 증가하고 경기적 실업이 나타날 것이다.

경직적 임금

(마찰적 실업과 구조적 실업의 합보다 많은) 실업은 임금이 하방으로 경직적인 탓에 발생한다. AS곡선을 도출할 때 임금의 하방 경직성을 간략하게 설명했다. 그림 28.2는 이러한 상황을 보여준다. 노동수요가 D_0에서 D_1로 이동할 때 균형임금은 W_0(처음 임금)에 고정되어 있고 W^*로 하락하지 않는다. 그 결과 $L_0 - L_1$만큼의 실업이 발생한다. 여기서 L_0은 가계가 임금 W_0에 공급하려는 노동의 양이고 L_1은 기업이 임금 W_0에 고용하려는 노동의 양이다. $L_0 - L_1$은 W_0에 일하고 싶어 하지만 일자리를 얻지 못하는 근로자의 수이다.

경직적 임금 실업의 존재를 설명하는 임금의 하방 경직성

그러나 실업을 설명하는 **경직적 임금**(sticky wage)은 다음과 같은 질문을 제기한다. 임금이 경직

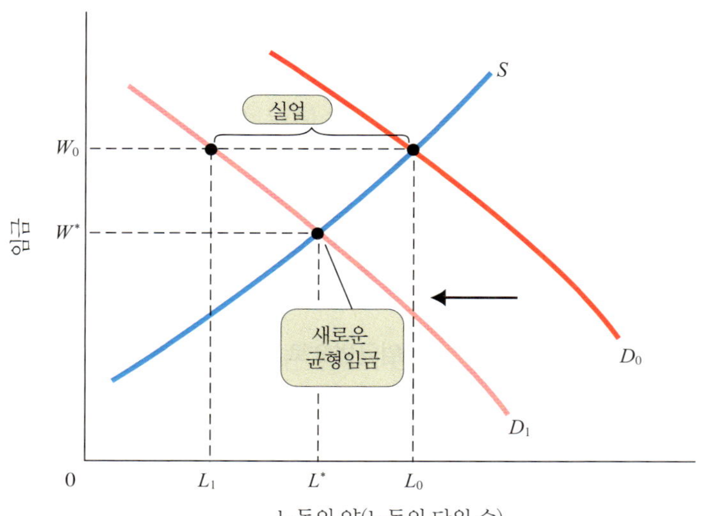

그림 28.2 경직적 임금
노동수요가 D_0에서 D_1로 이동할 때 임금이 새로운 균형임금인 W^*로 하락하지 않고 W_0에 고정되어 있으면 $L_0 - L_1$만큼의 실업이 발생한다.

적이고, 실업률이 높은 시기에 노동시장을 청산하기 위해 임금이 하락하지 않는 이유는 무엇인가? 많은 답이 제시되었으나 아직 의견이 일치된 답이 없다. 이러한 의견 불일치는 거시경제학이 오랜 기간 변화하는 한 가지 이유이다. 실업의 존재는 여전히 수수께끼이다. 임금이 노동시장을 청산할 수 없는 이유를 설명하기 위해 경제학자들이 내놓은 주요 이론을 살펴볼 테지만 결론을 내릴 수는 없다.

사회적 계약, 암묵적 계약 임금의 하방 경직성에 대한 한 가지 설명은 기업이 임금을 깎지 않겠다는 **사회적 계약**(social contract) 또는 **암묵적 계약**(implicit contratc)을 근로자와 맺는다는 것이다. 극단적인 사건(심한 경기침체, 규제 완화, 파산의 위협 등)이 발생하면 기업은 임금을 삭감해야 한다. 대공황, 1980년대 규제 완화 이후의 항공 산업, 최근 치열한 해외 경쟁으로 파산 위기에 처한 미국의 일부 제조 기업이 임금을 삭감했다. 이러한 상황에서도 임금 삭감은 2008~2009년 자동차 산업과 같이 일반적으로 기존 근로자가 아닌 새로 고용되는 근로자에게만 적용되었다. 전반적인 임금 삭감은 예외적으로만 이루어진다. 임금 삭감은 경제적인 이유보다 사회적인 이유로 금기에 가까운 것 같다. 예일대학교의 트루먼 뷸리(Truman Bewley)는 수백 명의 경영자를 대상으로 경기하강에도 임금을 깎지 않은 이유를 조사했다. 가장 일반적인 응답은 임금 삭감이 근로자의 사기를 꺾고

사회적 계약, 암묵적 계약 기업이 임금을 삭감하지 않을 것이라는 근로자와 기업 간 무언의 합의

경제학의 적용

경직적 임금의 증거

실업의 시기에 생산을 증가시키고 실업을 감소시키는 경기부양책의 효과와 실업을 설명하는 데 도움을 주는 경직적 임금의 가정이 수행하는 중요한 역할을 명확히 이해해야 한다. 그러나 현실의 노동시장에서 경직적 임금의 증거에 대해 의구심을 가질 수도 있다.

최근까지 임금의 경직성에 대한 의문의 답을 구하기 위해 정확한 데이터를 찾기가 어려웠다. 결국 노동이 구별되어 있기 때문에 단순히 평균 임금만 볼 수는 없다. 각 근로자가 시간이 흐름에 따라 어느 정도의 임금 변화를 경험하는지 일단의 근로자에게 물어볼 필요가 있다. 최근의 한 연구는 미국 인구조사국(Census Bureau)의 종단 설문조사를 이용하여 이러한 일을 수행했다.[1]

미국 인구조사국은 '소득과 프로그램 참여에 관한 설문조사(Survey of Income and Program Participation, SIPP)'에서 24~48개월 동안 39,095명을 추적하고 분기마다 그들이 하는 일과 임금에 관한 인터뷰를 실시했다. 인터뷰 대상자는 시간당 임금을 받는 근로자이고 그들의 임금 데이터는 연봉을 받는 근로자의 임금 데이터보다 해석하기가 더 쉽다. 연구자들은 이 데이터를 가지고 일자리 변경에 따른 임금 변화와 일자리를 변경하지 않은 상태에서의 임금 변화를 구별할 수 있었다.

설문조사 기간은 1996~2000년이었다. 20장의 내용을 다시 살펴보면 이 기간은 낮은 실업과 높은 성장의 기간이므로 분명히 임금 상승을 기대할 수 있는 기간임을 알 수 있다. 그러나 연구자들은 특히 일자리를 변경하지 않은 근로자에게서 임금 경직성의 상당한 증거를 발견했다. 일자리를 변경하지 않은 경우 임금 변화의 확률이 분기당 16~21%였다. 이것은 약 1년 동안 임금이 거의 변하지 않는다는 것을 의미하고 평균 임금이 평균 가격보다 훨씬 덜 변한다는 것을 보여준다.

질문

• 고성장기에도 임금이 경직적이라고 생각하는 이유는 무엇인가?

[1] Alessandro Barattieri, Susanto Basu, and Peter Gottschalk, "Some Evidence on the Importance of Sticky Wages," *American Economic Journal: Macroeconomics*, January 2014, 70–101.

생산성에 부정적인 영향을 미친다는 것이었다. 이러한 의미에서 금기를 깬 임금 삭감은 값비싼 대가를 치를 수도 있다. 기업은 임금을 삭감하는 것보다 근로자를 해고하는 것을 선호하는 것 같다.

실업에 대한 상대임금에 의한 설명 근로자가 다른 기업의 근로자와 비교한 자신의 임금에 관심을 가지고 있으며, 다른 모든 근로자가 유사한 임금 삭감을 받아들이지 않는 한 임금 삭감을 기꺼이 수용하지 않기 때문에 임금의 경직성이 존재함으로써 실업이 발생할 수 있다는 주장

이와 관련된 주장인 **실업에 대한 상대임금에 의한 설명**(relative-wage explanation of unemployment)은 근로자가 다른 기업의 근로자와 비교한 자신의 임금에 관심을 가지고 있으며, 다른 모든 근로자가 유사한 임금 삭감을 받아들이지 않는 한 임금 삭감을 기꺼이 수용하지 않을 것이라고 주장한다. 한 집단의 근로자에게 다른 모든 근로자가 같은 상황에 있다는 것을 확신시키기가 어렵기 때문에 근로자는 임금 삭감에 저항하기도 한다. 기업이 다른 기업의 근로자에 비해 상대적으로 자사 근로자가 더 안 좋은 상황에 처하게 만드는 일을 하지 않을 것이라는 암묵적 이해가 기업과 근로자 사이에 존재할 수 있다.

명시적 계약 많은 근로자, 특히 노동조합에 가입한 근로자는 1~3년짜리 고용 계약에 서명한다. 이 계약에는 계약 기간의 각 연도에 적용되는 근로자의 임금이 규정되어 있다. 이러한 방식으로 책정되는 임금은 경기상승이나 경기하강에 따라 변동되지 않는다. 경제에서 경기하강이 나타나고 기업이 더 적은 근로자를 수요할 때도 임금이 하락하지 않고 일부 근로자가 해고될 것이다.

명시적 계약 일반적으로 1~3년 동안 근로자의 임금을 규정하는 고용 계약

일부 임금이 경직적인 이유를 **명시적 계약**(explicit contract)으로 설명할 수 있지만 더 심층적인 질문을 검토해야 한다. 근로자와 기업은 계약서에 서명한 시점에 예측하지 못한 사건 때문에 계약서의 임금이 너무 높거나 낮아질 수 있다는 것을 분명히 알고 있다. 그렇다면 왜 기업과 근로자는 이러한 방식으로 스스로를 구속하는가? 임금 협상에 비용이 많이 든다는 것이 한 가지 이유이다. 노동조합과 기업의 협상에는 상당한 시간(생산물을 생산하는 데 쓸 수 있는 시간)이 걸리기도 하며, 임금을 주 단위나 월 단위로 협상하는 것은 비용이 아주 많이 드는 일이다. 근로자와 기업을 오랜 기간 계약에 묶어두는 비용과 임금을 협상하는 비용 사이에는 교환관계가 존재한다. 실제로 관찰한 바에 따르면 협상 비용을 최소화하는 계약 기간은 1~3년으로 보인다.

생계비 조정(COLAs) 임금을 생계비의 변화와 연계하는 계약 조항. 인플레이션율이 높을수록 임금이 더 많이 오름

일부 다년 계약은 계약서에 명시된 **생계비 조정**(cost-of-living adjustments, COLAs)에 따라 예측하지 못한 사건에 대응하여 임금을 조정한다. COLAs는 임금과 생계비의 변화를 연계한다. 즉 인플레이션율이 높을수록 임금이 더 많이 오른다. 많은 COLAs는 가격 상승률보다 더 낮은 상승률로 임금을 조정하지만 예상치 못한 인플레이션으로부터 근로자를 보호한다. 디플레이션에 처했을 때 임금 삭감을 허용하는 계약은 거의 없다.

미해결 문제

앞서 살펴보았듯이 실업이 존재하는 이유에 대한 많은 주장이 있다. 그중 일부는 실업수준이 마찰적 실업과 구조적 실업을 합한 것보다 높은 이유에 초점을 맞추고, 어떤 것은 경기적 실업이 존재하는 이유에 초점을 맞추고 있다. 지금까지 살펴본 이론은 반드시 상호 배타적인 것은 아니며 모든 이론에 들어맞는 일부 사실이 있을 수도 있다. 노동시장은 복잡하고 실업이 존재하는 이유에 대한 간단한 답이 없다. 현재 수행되는 거시경제학의 많은 연구는 직간접적으로 이러한 질문과 관련되며 이는 흥미로운 연구 분야이다. 요컨대 어떤 주장이 옳은지는 아직 해결되지 않은 문제이다.

경제학의 적용

공유경제는 일자리 시장을 어떻게 변화시키는가

지난 수십 년 동안 전 세계적으로 높은 수준의 실업이 지속되었다. 기술 발전이 많은 일자리를 없앴다고 비난을 받았으나 최근의 연구는 기술 발전이 실제로 일자리 시장을 변화시키고 더 많은 일자리를 창출하는 데 도움을 주었다고 밝혔다.[1] 특히 디지털화는 자산, 자본, 노동의 임대, 차입, 교환, 협업을 위한 P2P 방식을 통해 구축된 커뮤니티 기반의 공유 온라인 시장 플랫폼인 공유경제를 탄생시켰다. 공유경제는 수입이 2014년 140억 달러에서 2025년 3,350억 달러로 증가할 것으로 추정되는 새로운 사회경제시스템이다.

이러한 시장 플랫폼을 통해 저소득 소비자는 과거에는 비싸서 살 수 없었던 품목에 접근할 수 있다. 일자리 시장에서 기업가는 고용을 창출하기 위해 저비용으로 높은 수준의 지원이 이루어지는 시장 플랫폼에 접근할 수 있다. 계절에 따라 실업자가 되는 사람들은 임시직에 접근할 수 있고, 구조적 실업 상태인 사람들은 평생직장을 얻기 위한 기술을 습득할 때까지 돈을 벌 수 있다. 또한 유연한 근무 시간이 필요한 사람들은 추가 수입을 올릴 수 있다. 사실 자동차를 공유하거나 자산을 임대하는 등 고용 없이도 이윤을 창출할 수 있다. 우버(Uber), 태스크래빗(TaskRabbit), 에어비앤비(Airbnb), 라뤼시키디위(La Ruche qui dit Oui)와 같은 앱은 이러한 방식으로 고객이 맞춤형 재화와 서비스에 접근할 수 있게 해준다.

한 경제학자는 자본과 노동의 공급이 분산된 사람들로부터 제공되기 때문에 미래의 교환은 중앙집중화된 제삼의 참여자에 의해서가 아니라 대중 기반의 시장에서 이루어질 것이라고 주장한다.[2]

질문

- 공유경제모형에서 지속가능한 고용을 창출하는 데 필요한 노동법 개혁 방안은 무엇인가?

[1] Ian Hathaway and Mark Muro (2016). *Tracking the Gig Economy: New Numbers*, 13 October. Washington, D.C.: Brookings Institution.
[2] Arun Sundararajan (2016). The Sharing Economy: *The End of Employment and the Rise of Crowd-Based Capitalism*. Cambridge, MA: The MIT Press.

28.5 실업률과 인플레이션의 단기적 관계

학습목표

실업률과 인플레이션의 단기적 관계를 분석한다.

26장에서는 Fed가 생산과 물가수준에 관심을 가지고 있다고 설명했다. 실제로 Fed는 실업과 인플레이션에 관심을 가지고 있다. 예를 들어 전 Fed 의장인 재닛 옐런은 2015년 3월 27일 샌프란시스코 연방준비은행에서 행한 연설에서 "시간이 지남에 따라 페더럴펀드이자율 목표를 조정하는 우리의 목표는 평균 2%의 인플레이션에서 최대 고용에 가까운 경제 상황을 달성하고 유지하는 것"이라고 말했다. 현 Fed 의장인 제롬 파월도 물가안정과 고용 성장이라는 목표에 대해 약속했다. 이제 생산에 대한 Fed의 관심을 실업률과 연결 지어 실업과 물가의 관계를 살펴보자.

먼저 총생산(Y)과 실업률(u)의 관계를 알아보자. 한 경제의 총생산을 증가시키려면 기업이 생산물을 생산하기 위해 더 많은 노동을 고용해야 한다. 따라서 생산 증가는 고용 증가를 의미하고, 고용 증가는 더 많은 사람이 일한다는 것(실업자가 더 적다는 것)과 실업률이 더 낮다는 것을 의미한다. Y의 증가는 u의 감소를 유발하므로 u와 Y는 음의 관계를 가진다. 다른 것들이 일정할 때 Y가 증가하면 실업률이 하락하고 Y가 감소하면 실업률이 상승한다.

총생산과 전반적인 물가수준은 어떤 관계인가? 그림 28.3의 AS곡선은 Y와 전반적인 물가수준(P)의 관계를 보여준다. Y와 P는 양의 관계를 가지므로 P가 상승하면 Y가 증가하고 P가 하락하면

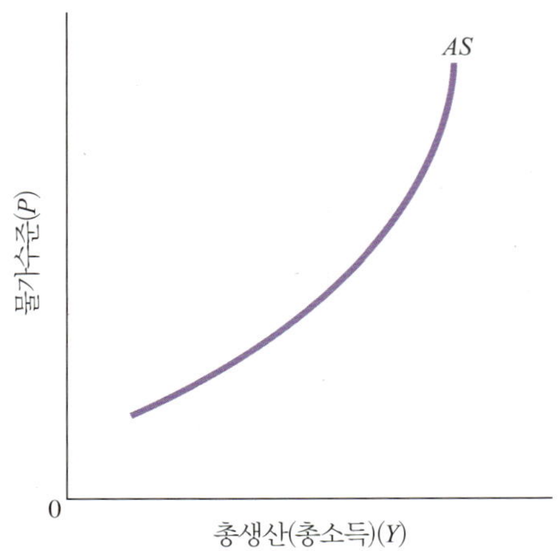

그림 28.3 총공급곡선
*AS*곡선은 물가수준(*P*)과 총생산(총소득)(*Y*)이 양의 관계임을 나타낸다.

*Y*가 감소한다.

27장에서 언급했듯이 *AS*곡선은 수요 증가에 반응하는 기업의 행동에 따라 결정된다. 총수요가 오른쪽으로 이동하고 경제가 *AS*곡선의 거의 평평한 부분(생산능력보다 크게 낮은 수준)에서 작동할 때는 생산이 증가하더라도 물가수준이 크게 달라지지 않을 것이다. 그러나 경제가 *AS*곡선의 기울기가 급한 부분(생산능력에 근접한 수준)에서 작동할 때는 수요 증가가 물가수준을 상승시키지만 생산은 생산능력의 제약으로 크게 증가하지 않을 것이다.

이러한 두 가지 관계를 결합하고, 총수요를 증가시키는 사건이 발생했을 때 무슨 일이 일어나는지 생각해보자. 첫째, 기업은 예상치 않은 재고 감소를 경험한다. 기업은 이에 반응하여 생산(*Y*)을 증가시키고 근로자를 더 고용하여 실업률이 하락한다. 경제가 생산능력보다 크게 낮은 수준에서 작동할 때는 물가수준이 거의 상승하지 않을 것이다. 그러나 총수요가 계속해서 증가하면 생산을 증가시키는 경제의 능력이 한계에 달한다. 이 지점에서 *AS*곡선은 수직선이 되고 생산이 더 이상 증가하지 않는다. 생산이 증가하지 않으면 실업률이 더 낮아질 수 없다. 따라서 실업률과 물가수준은 음의 관계를 가진다. 그림 28.4에서 보듯이 경제가 생산능력수준에 점점 더 가까워질수록 실업률이 하락함에 따라 전반적인 물가수준이 점점 더 상승한다.

물가수준과 총생산의 관계를 보여주는 그림 28.3의 *AS*곡선은 그림 28.4에 나타낸 물가수준과 실업률의 관계를 암시적으로 보여준다. 그러나 정책 입안과 논의에서 경제학자들은 물가수준과 실업률의 관계보다 **인플레이션율**(inflation rate)과 실업률의 관계에 더 중점을 두었다. 물가수준과 물

인플레이션율 물가수준의 퍼센트 변화

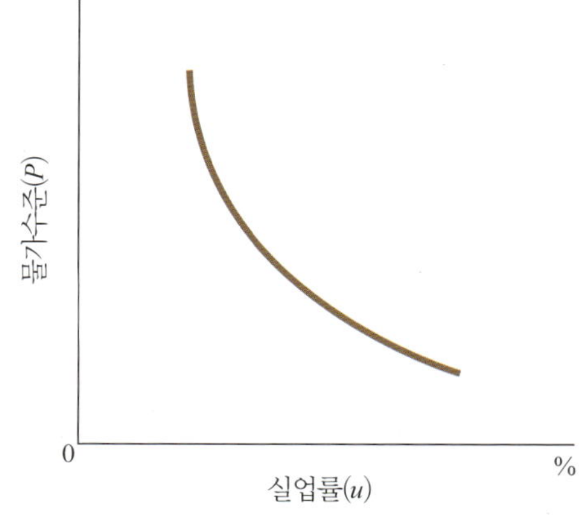

그림 28.4 물가수준과 실업률의 관계
곡선은 물가수준(*P*)과 실업률(*u*)이 음의 관계임을 나타낸다. 경제가 생산능력수준에 점점 더 가까워질수록 실업률이 하락함에 따라 전반적인 물가수준이 점점 더 상승한다.

가수준의 퍼센트 변화가 같지 않다는 데 주목하라. 인플레이션율과 실업률의 관계를 나타낸 그림 28.5의 곡선은 영국 데이터를 사용하여 인플레이션율과 실업률의 관계를 최초로 검토했던 영국의 경제학자 A. W. 필립스(A. W. Phillips)의 이름을 따서 **필립스 곡선**(Phillips Curve)이라고 부른다. 다행히도 *AS*곡선 이면의 논리(그리고 그림 28.4 이면의 논리)를 통해 필립스 곡선이 처음에는 인플레이션율과 실업률의 관계에 대한 설명 때문에 매력적으로 보였던 이유와 최근 역사적으로 필립스 곡선의 해석에 대한 견해가 어떻게 달라졌는지를 이해할 수 있다.

필립스 곡선 인플레이션율과 실업률의 관계를 나타내는 곡선

역사적 관점에서의 필립스 곡선

그림 28.6과 같이 1950년대와 1960년대의 데이터는 실업률과 인플레이션율 사이의 아주 매끄러운 관계를 보여주었다. 데이터 점은 우하향하는 곡선 주위에 상당히 가까이 있다. 일반적으로 실업률이 높을수록 인플레이션율이 낮다. 실제로 과거의 데이터는 인플레이션율을 낮추려면 더 높은 실업률을 수용해야 하고 실업률을 낮추려면 더 높은 인플레이션율을 수용해야 한다는 그림 28.5의 가상 필립스 곡선과 매우 흡사하다.

1960년대와 1970년대 초에 저술된 경제학 책들은 인플레이션을 설명하는 주요 이론으로 필립스 곡선에 의존했다. 이유는 간단했다. 인플레이션율은 실업률의 변화에 대해 상당히 예측 가능하게 반응하는 것으로 보였다. 1960년대의 정책 논의는 흔히 필립스 곡선을 중심으로 이루어졌다. 정책 입안자의 역할은 필립스 곡선상의 한 점을 선택하는 것이었다. 보수주의자는 항상 인플레이션율이 낮은 지점을 선택하자고 주장하면서 높은 실업률을 기꺼이 받아들였다. 한편 진보주의자는 실업률을 항상 낮은 수준으로 유지하기 위해 더 높은 인플레이션율을 수용해야 한다고 주장했다.

그러나 문제는 그렇게 단순하지 않았다. 1970년대의 데이터는 실업률과 인플레이션율 사이의 단순한 음의 관계를 더 이상 보여주지 않는다. 1970~2017년의 실업률과 인플레이션율을 나타낸 그림 28.7을 보라. 그림 28.7의 점은 인플레이션율과 실업률 사이에 특정한 관계가 없음을 보여준다.

AS/*AD* 분석과 필립스 곡선

필립스 곡선의 안정성이 1950년대와 1960년대에는 존재했지만 그 이후에는 사라진 것을 어떻게 설명할 수 있는가? 그 답을 얻으려면 *AS*/*AD* 분석을 사용해야 한다.

*AD*곡선이 매년 이동하지만 *AS*곡선이 이동하지 않으면 *P*와 *Y*의 균형값은 매년 *AS*곡선상에 있을 것이다[그림 28.8(a)]. *AD*곡선이 이동하면 *AS*곡선상에 일단의 *AS*/*AD* 교차점이 생긴다. 이 경우 *P*와 *Y*의 관계를 나타내는 곡선이 우상향할 것이다. 이에 따라 (생산이 증가하면서 하락하는) 실업률과 인플레이션율의 관계를 나타내는 곡선이 우하향할 것이다. 다시 말해 새로운 균형 데이터가 안정적인 *AS*곡선상에 나타나면 그림 28.6에서 보듯이 실업률과 인플레이션율 사이에 음의 관계가 나타날 것이라고 예상할 수 있다.

한편 *AS*곡선이 석유 가격의 변화로 매년 왼쪽으로 이동하지만 *AD*곡선이 이동하지 않으면 실업률과 인플레이션율의 관계가 다르게 나타날 것이다. *AD*곡선은 안정되어 있으나 *AS*곡선이 왼쪽으로 이동하면 물가수준(*P*)이 상승하고 총생산(*Y*)이 감소한다[그림 28.8(b)]. *AS*곡선이 왼쪽으로 이동할 때 경제는 인플레이션율과 실업률의 상승을 경험한다. 즉 *AS*곡선이 매년 이동하면 실업률

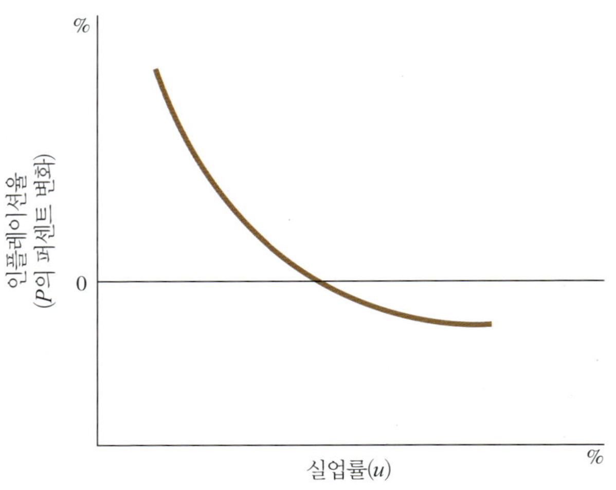

그림 28.5 필립스 곡선
필립스 곡선은 인플레이션율과 실업률의 관계를 보여준다.

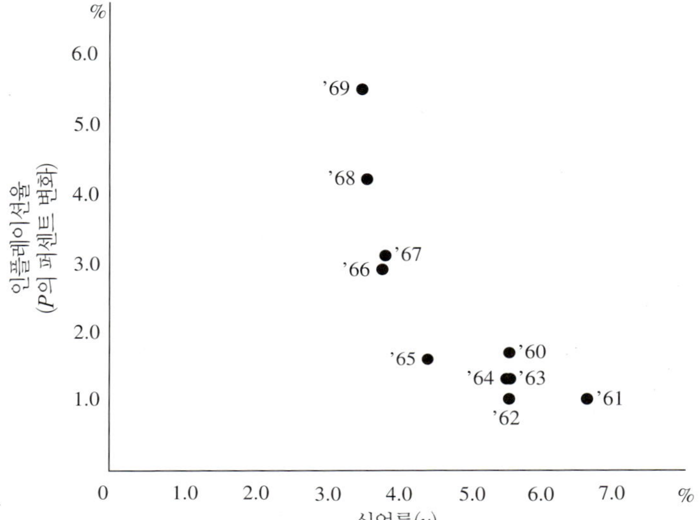

그림 28.6 1960~1969년 미국의 실업률과 인플레이션율
1960년대에는 인플레이션율과 실업률 사이에 뚜렷한 교환관계가 있었던 것으로 보인다. 이 기간의 정책 논쟁은 이러한 교환관계를 중심으로 이루어졌다.
출처: U.S. Bureau of Labor Statistics

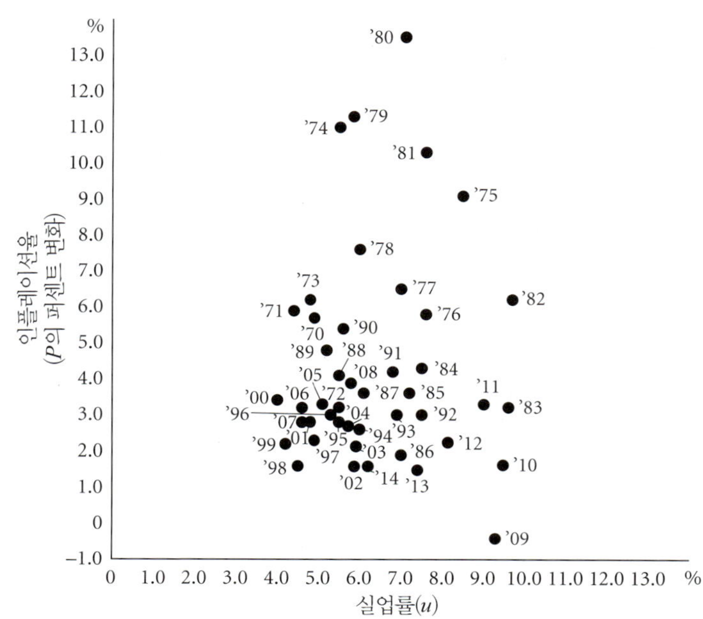

그림 28.7 1970~2017년 미국의 실업률과 인플레이션율
1970년대부터는 실업률과 인플레이션율의 관계가 단순하지 않다.
출처: U.S. Bureau of Labor Statistics

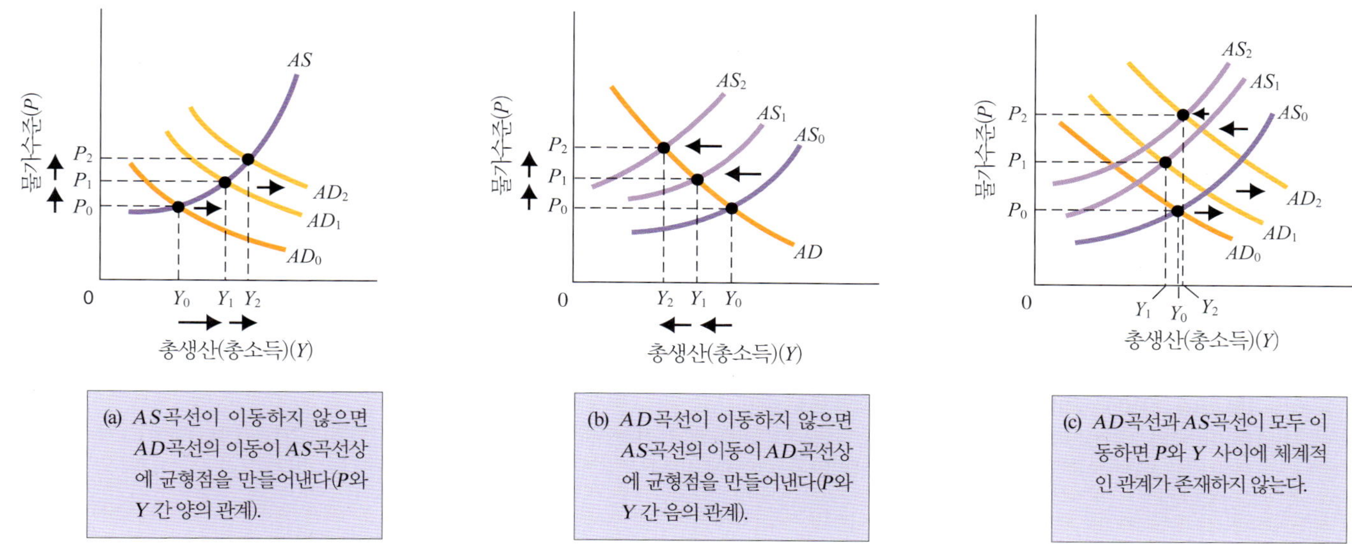

그림 28.8 총수요곡선과 총공급곡선의 이동에 따라 결정되는 물가수준과 총생산의 관계

과 인플레이션율 사이에 양의 관계가 나타날 것이라고 예상할 수 있을 것이다.

그러나 *AS*곡선과 *AD*곡선이 동시에 이동하면 *P*와 *Y* 사이에 체계적인 관계가 존재하지 않고[그림 28.8(c)], 따라서 실업률과 인플레이션율 사이에 체계적인 관계가 존재하지 않는다. 1960년대와 이후 기간에 필립스 곡선이 변화한 것에 대한 하나의 설명은 당시에 *AS*곡선과 *AD*곡선이 둘 다 이동한 것(공급 측면과 수요 측면이 둘 다 이동한 것)으로 보인다는 것이다. 핵심 비용변수인 수입재 가격을 통해 이를 확인할 수 있다.

수입재 가격의 역할 *AS*곡선을 이동시키는 주요 요인 중 하나가 에너지 가격, 특히 석유 가격의 변화라고 27장에서 설명했다. 미국은 상당한 규모의 석유를 수입하기 때문에 미국의 수입재 가격지수는 세계의 석유 가격과 매우 밀접한 상관관계가 있다. 그 결과 '수입재 가격'이라고 부르는 미국 수입재 가격지수의 변화는 *AS*곡선을 움직인다. 그림 28.9는 1960 I~2017 IV 동안 수입재 가격의 변화 추이를 보여준다. 그림에서 보듯이 1960~1970년에는 수입재 가격이 아주 조금 변화하여 1960년대의 *AS*곡선은 움직임이 거의 없다. 또한 1960년대에는 투입요소의 가격에도 큰 변화가 없었기 때문에 *AS*곡선이 거의 이동하지 않았다. 1960년대에는 주로 총수요의 변화가 있었으므로 *AD*곡선의 이동이 *AS*곡선상에 균형점을 만들어냈다.

또한 그림 28.9는 수입재 가격이 1970년대에 크게 상승했다는 것을 보여준다. 이러한 수입재 가격의 상승으로 1970년대에 *AS*곡선이 크게 이동하고 이 기간 내내 *AD*곡선도 이동했다. *AS*곡선과 *AD*곡선이 둘 다 이동하여 *P*와 *Y*의 균형 데이터 점이 그림 28.7과 같이 흩어져 있고 관찰되는 *P*와 *Y* 사이의 관계가 전혀 체계적이지 않다.

1960년대와 1970년대에 수입재 가격, *AS*곡선과 *AD*곡선에 대한 설명은 그대로 필립스 곡선으로 이어진다. 1960년대에 경제변동의 주요 원인은 비용이 아니라 수요였기 때문에 필립스 곡선이 안정적이었다. 1970년대에는 수요와 비용이 변동했기 때문에 실업률과 인플레이션율 사이에 뚜렷한 관계가 없었다.

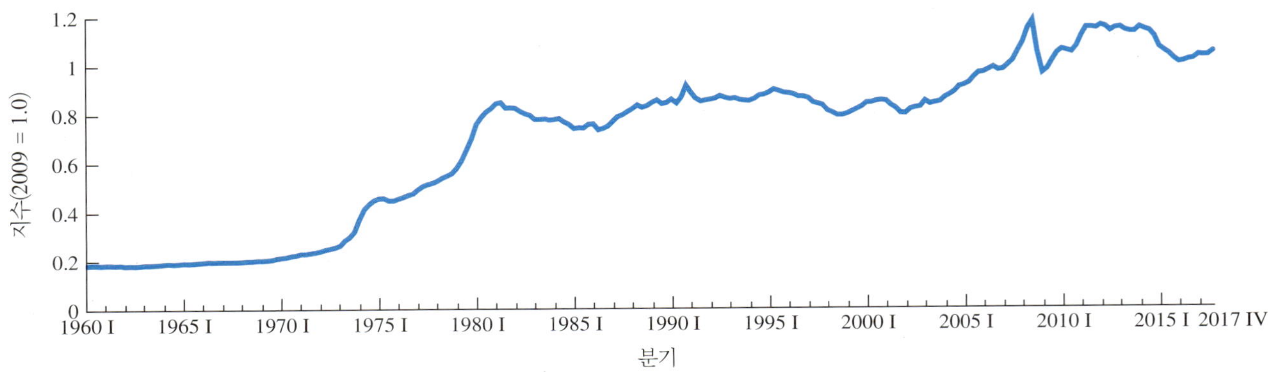

그림 28.9 1960 I~2017 IV 미국 수입재 가격의 변화 추이
1960년대와 1970년대 초에는 미국의 수입재 가격이 아주 조금 변화했다. 수입재 가격은 1974년과 1979~1980년에 크게 상승하고 1981~2002년에 아주 조금 변화했다. 또한 2003~2008년에 상승했다 2008년 말과 2009년 초에 다소 하락했으며, 2011년에 약간 상승한 후 안정되었다.

예상과 필립스 곡선

필립스 곡선이 안정적이지 않은 또 다른 이유는 예상과 관련이 있다. 경쟁자들이 가격을 인상할 것이라고 예상하는 기업은 자사 생산물의 가격을 인상할 수 있다는 것을 27장에서 살펴보았다. 모든 기업이 이렇게 행동한다면 가격이 오를 것으로 예상되기 때문에 가격이 상승할 것이다. 이러한 의미에서 예상은 자기실현적인 특성이 있다. 마찬가지로 미래에 인플레이션이 높을 것으로 예상되면 협상하는 임금도 인플레이션이 낮을 것이라고 예상되는 경우보다 더 높을 가능성이 있다. 따라서 임금 인플레이션은 미래 인플레이션에 대한 예상의 영향을 받는다. 임금은 투입요소 비용이므로 기업이 더 높은 임금 비용에 반응함으로써 가격이 상승한다. 임금 계약에 영향을 주는 물가 예상은 결국 가격에 영향을 미친다.

인플레이션율이 예상에 의존한다면 예상이 달라짐에 따라 필립스 곡선이 이동할 것이다. 예를 들어 기대 인플레이션이 상승하면 실업률이 변하지 않더라도 인플레이션율이 상승할 것이다. 이 경우 필립스 곡선이 오른쪽으로 이동할 것이다. 반대로 기대 인플레이션이 하락하면 필립스 곡선이 왼쪽으로 이동할 것이다. 즉 주어진 실업률 수준에서 인플레이션율이 더 낮아질 것이다.

1950년대와 1960년대에 미국의 기대 인플레이션은 매우 안정적이었다. 거의 내내 인플레이션율이 적정한 수준이었고 사람들은 인플레이션율이 이러한 수준에서 유지될 것이라고 예상했다. 기대 인플레이션이 크게 달라지지 않았기 때문에 필립스 곡선이 이동하지 않았다. 이 기간 동안 필립스 곡선의 안정성을 설명하는 데 도움이 되는 상황이 있었다.

1960년대 말에는 베트남 전쟁으로 인한 경색된 경제 때문에 발생한 실제 인플레이션 상승에 반응하여 기대 인플레이션이 상승하기 시작했다. 1970년대에는 석유 가격이 크게 올라 기대 인플레이션이 한층 더 상승했다. 이러한 예상의 변화로 필립스 곡선이 이동했는데, 이는 1970년대에 필립스 곡선이 안정적이지 않았던 또 다른 이유이다.

인플레이션과 총수요

1970년대 이후의 역사적 데이터가 매끄럽게 우하향하는 필립스 곡선을 보여주지 않는다는 사실이 총수요가 인플레이션에 아무런 영향을 미치지 못한다는 의미는 아니라는 것을 알아야 한다. 그것은 인플레이션이 총수요만이 아니라 더 많은 요인의 영향을 받는다는 것을 의미할 뿐이다. 인플레이션이 수입재 가격과 같은 비용변수의 영향을 받는다면 인플레이션과 총수요 사이에 안정적인 관계가 존재하지 않을 것이다. 이와 마찬가지로 실업률이 총수요의 척도로 간주되고 인플레이션이 실업률과 비용변수에 의존한다면 안정적인 필립스 곡선이 존재하지 않을 것이다. 따라서 실업률과 인플레이션율의 관계를 나타내는 필립스 곡선에 분명하게 드러나지는 않을지라도 실업률은 인플레이션에 중요한 영향을 미칠 수 있다.

28.6 장기 총공급곡선, 잠재생산, 자연실업률

학습목표

실업과 생산의 장기적 관계를 분석한다.

지금까지 단기 AS곡선과 AD곡선을 사용하여 인플레이션과 실업의 관계를 설명했다. 이제 생산과 실업의 관계에 초점을 맞추어 장기적 상황을 살펴보자.

많은 경제학자는 장기적으로 AS곡선이 수직선이라고 믿는다. 그림 28.10은 이러한 경우를 나타낸 것이다. 처음 균형이 AD_0과 장기 AS곡선의 교차점에 있다고 가정하고 AD곡선이 AD_0에서 AD_1로 이동하는 경우를 생각해보라. 임금이 경직적이면 단기적으로 총생산이 Y_0에서 Y_1로 증가할 것이다(이는 단기 AS곡선 AS_0상의 이동이다). 장기적으로 임금은 물가 변화를 추격한다. 예를 들어 임금 상승이 올해의 생계비를 따라가지 못했다는 사실을 내년의 임금 계약으로 상쇄할 수 있다. 임금이 장기적으로 물가 변화를 추격하면 AS곡선이 AS_0에서 AS_1로 이동하고 총생산이 Y_0으로 복귀할 것이다. 임금이 생산물 가격과 정확히 같은 비율로 상승하면 기업은 총수요가 증가하기 전과 같은 수준을 생산할 것이다.

Y_0은 잠재생산(potential output)이라고도 부른다. 총생산은 단기적으로 Y_0보다 높아질 수 있다. 그러나 총생산이 Y_0보다 높아지면 투입요소 가격과 비용에 대한 상승 압력이 생긴다. 실업률은 이미 상당히 낮고 기업은 생산능력의 한계에 부딪힌다. Y_0보다 높은 총생산수준에서는 비용이 상승하고 물가수준이 상승할 것이다. 따라서 잠재생산은 인플레이션을 일으키지 않고 장기적으로 유지될 수 있는 총생산수준이다.

이러한 설명은 필립스 곡선과 직접적으로 관련된다. AS곡선이 장기적으로 잠재생산에서 수직선이라고 믿는 사람들은 필립스 곡선이 장기적으로 자연실업률에서 수직선이라는 것도 믿는다. 총수요의 변화(정부지출의 증가 포함)는 물가수준을 상승시키지만 고용을 변화시키지는 않는다. **자연실업률**(natural rate of unemployment)은 경제가 정상적으로 기능하는 상황에서 나타나는 실업률이라고 22장에서 설명했다. 이러한 실업은 마찰적 실업과 구조적 실업의 합으로 간주되기도 한다. 수직선인 필립스 곡선 이면의 논리는 실업률이 자연실업률보다 낮아질 때마다 임금이 상승함에 따라 비용이 상승한다는 것이다. 이는 생산수준을 감소시키고 실업률을 자연실업률로 복귀시킨다. 자연실업률에서 경제는 완전고용 상태가 된다.

자연실업률 경제가 정상적으로 기능하는 상황에서 나타나는 실업률로, 마찰적 실업과 구조적 실업의 합

인플레이션율을 가속화하지 않는 실업률

그림 28.10을 보면 세로축이 인플레이션율이고 가로축이 실업률인 평면에 수직선인 장기 필립스

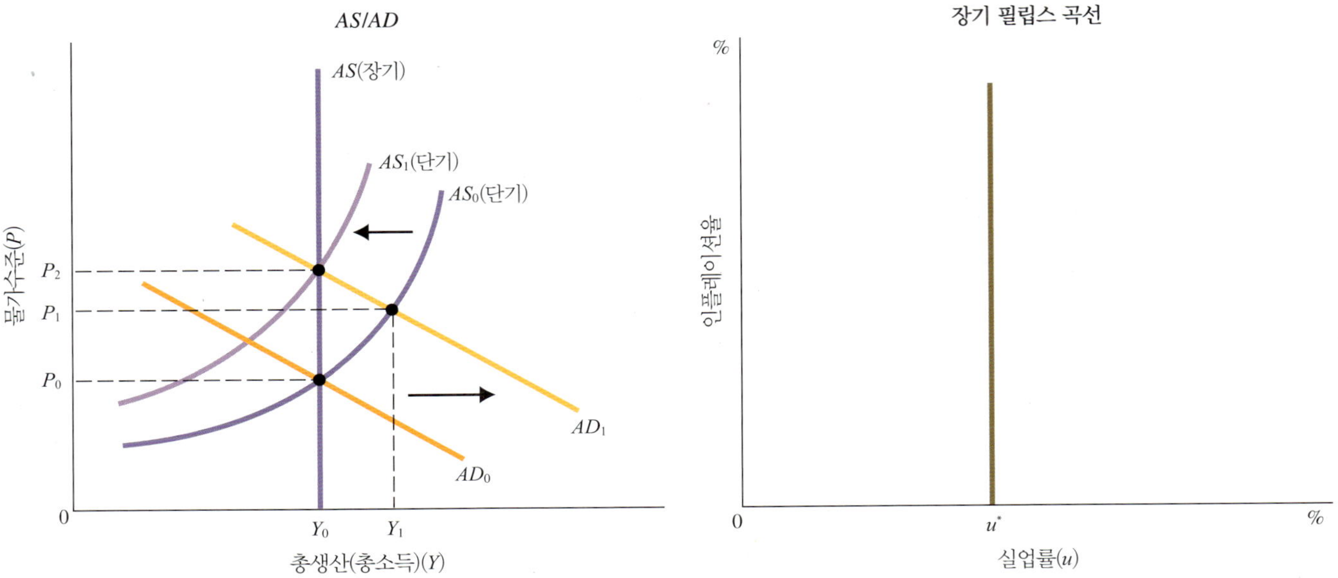

그림 28.10 장기 필립스 곡선: 자연실업률
AS곡선은 장기적으로 수직선이고, 따라서 필립스 곡선도 장기적으로 수직선이다. 장기적으로 필립스 곡선은 자연실업률(잠재생산과 일치하는 실업률)에서 수직선이다. u^*는 자연실업률이다.

곡선이 있다. 자연실업률은 u^*이다. 장기적으로 경제의 자연스러운 작동 때문에 실제 실업률은 u^*로 이동한다.

그림 28.11은 세로축이 인플레이션율의 변화이고 가로축이 실업률인 평면에 NAIRU를 나타낸 것이다. 많은 경제학자는 인플레이션율의 변화와 실업률의 관계를 그림 28.11의 *PP* 곡선으로 나타낼 수 있다고 믿는다. 인플레이션율의 변화가 0인 선과 *PP* 곡선이 교차하는 실업률을 **NAIRU**(nonaccelerating inflation rate of unemployment, 인플레이션율을 가속화하지 않는 실업률)라고 한다. 실제 실업률이 NAIRU보다 낮으면 인플레이션율의 변화가 양일 것이다. 그림 28.11에서 보듯이 u_1에서 인플레이션의 변화는 1%이다. 이와 반대로 실제 실업률이 NAIRU보다 높으면 인플레이션율의 변화가 음일 것이다. u_2에서 인플레이션의 변화는 −1%이다.

NAIRU 인플레이션을 가속화하지 않는 실업률

실업률이 NAIRU에서 u_1로 하락하고 상당한 기간 동안 u_1에 머물러 있으면 어떤 일이 일어날지 생각해보라. NAIRU에서 인플레이션이 2%라고 가정하면 첫 번째 기에 인플레이션율이 2%에서 3%로 상승할 것이다. 그러나 인플레이션율이 3%에서 유지되지는 않는다. 다음 기에 인플레이션율이 3%에서 4%로 상승하고 이러한 일이 계속해서 발생할 것이다. 실업률이 NAIRU보다 낮으면 물가수준이 가속적으로 상승할 것이다(인플레이션율의 변화가 양). 이와 반대로 실업률이 NAIRU보다 높으면 물가수준이 가속적으로 하락할 것이다(인플레이션율의 변화가 음).[1]

비용충격과 같이 AS곡선을 움직이는 다양한 요인이 *PP* 곡선도 움직인다. *PP* 곡선이 왼쪽으로 이동하면 더 낮은 실업률에서 인플레이션율의 변화가 0인 선과 교차하므로 더 유리할 수도 있다. 일부 사람들은 이렇게 유리한 *PP* 곡선의 이동을 가져올 수 있는 최근의 요인이 임금 비용과 기타 투입

1 NAIRU는 사실 잘못된 명칭이다. 실제 실업률이 NAIRU와 다를 때 가속적으로 상승하거나 하락하는 것은 물가수준이지 인플레이션율이 아니다. 인플레이션율은 가속적으로 상승하거나 하락하지 않고 각 기에 같은 크기만큼 변화할 뿐이다. NAIRU라고 이름 붙인 사람들이 용어의 물리학적 의미를 깜박했던 것 같다.

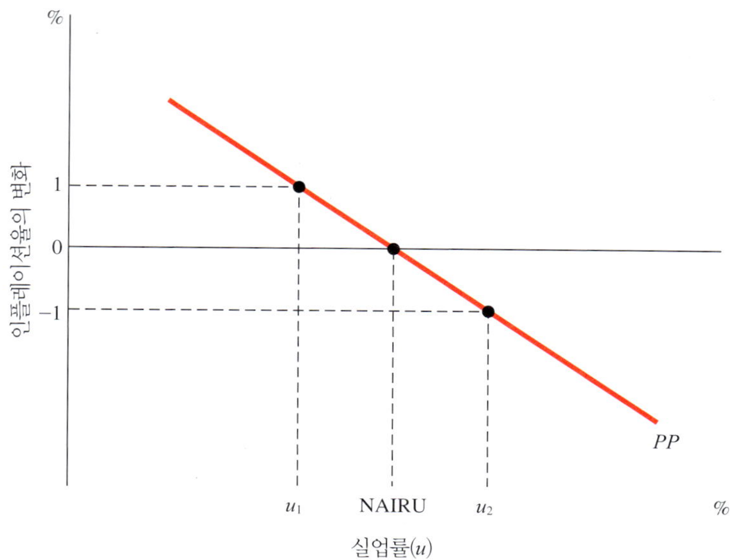

그림 28.11 NAIRU
실업률이 NAIRU보다 낮으면 물가수준이 가속적으로 상승하고(인플레이션율의 변화가 양). 실업률이 NAIRU보다 높으면 물가수준이 가속적으로 하락한다(인플레이션율의 변화가 음). 실업률이 NAIRU와 같은 때만 물가수준이 일정한 비율로 변화한다(인플레이션율이 변화하지 않음).

요소 비용을 낮출 수 있는 해외 경쟁의 증가라고 주장했다.

대략 1995년 이전에 NAIRU 이론 지지자들은 미국의 NAIRU가 약 6%라고 주장했다. 실업률이 1995년 말에 5.6%로 하락했고 2000년에는 3.8%로 하락했다. 2017년 말에는 4.1%였다. NAIRU가 6%라면 대략 1995년부터 지속적인 인플레이션율 상승이 관측되어야 한다. 실제로 1995~2000년에는 인플레이션율이 약간 하락했다. 인플레이션율이 지속적으로 상승하지 않았을 뿐만 아니라 새로운 더 높은 수준으로 상승했다가 그 수준을 유지하지 않았다. 이 기간 동안 실업률이 하락했기 때문에 NAIRU 이론 지지자들은 실제 실업률 하락에 맞추어 NAIRU의 추정치를 약간 낮추었다. 이러한 NAIRU 추정치의 재보정은 해외 경쟁의 증가 때문에 *PP* 곡선이 지속적으로 더 유리하게 이동했다고 주장함으로써 정당화될 수 있다. 그러나 이에 대해 비판하는 사람들은 그러한 과정이 NAIRU 이론을 의미 없게 만드는 데 가깝다고 주장했다. 데이터와 일치하지 않을 때마다 NAIRU 추정치가 바뀐다면 NAIRU 이론을 실제로 검정할 수 있겠는가? *PP* 곡선이 더 유리하게 이동했다는 설명을 얼마나 신뢰할 수 있는가? 2015~2017년에도 인플레이션의 상승 없이 실업률이 하락했으며, 이는 NAIRU 이론을 지지하지 않는 추가적인 증거이다.

미리 보기

거시경제가 어떻게 작동하는지에 대한 기본적인 분석을 마무리했다. 22~27장에서는 가계와 기업이 재화시장, 화폐시장, 노동시장에서 어떻게 행동하는지 살펴보았다. 총생산(총소득), 이자율, 물가수준이 경제에서 어떻게 결정되는지 알아보고 가장 중요한 거시경제변수인 인플레이션율과 실업률의 관계를 검토했다. 29장에서는 중요한 정책 이슈를 검토하기 위해 지금까지 배운 것을 사용할 것이다.

요약

01 경제는 역동적으로 변화하기 때문에 마찰적 실업과 구조적 실업이 불가피하게 발생하고 어떤 의미에서는 바람직하기도 하다. 거시경제 정책 담당자들은 경기적 실업에 대해 우려한다.

02 일반적으로 고용은 총생산이 감소할 때 감소하고 총생산이 증가할 때 증가하는 경향이 있다.

03 고전학파 경제학자들은 노동시장에서 수요와 공급의 상호작용이 균형을 유발하고 (마찰적 실업과 구조적 실업 이외의) 실업이 존재하지 않는다고 믿는다.

04 노동시장에 대한 고전학파의 견해는 총공급곡선이 수직선이라는 이론과 일치한다.

05 일부 경제학자들은 실업률이 노동시장이 제대로 작동하는지를 나타내는 정확한 지표가 아니라고 주장한다. 경제활동인구에 포함되어 있으나 실업 상태인 사람들은 일자리가 주어지더라도 제안받은 연봉에 기꺼이 일하려 하지 않을 수도 있다. 일부 실업자들은 일하지 않기로 결정하기도 하지만, 이것이 노동시장이 잘 작동하지 않는다는 의미는 아니다.

06 효율임금이론은 임금이 상승하면 근로자의 생산성이 증가한다고 주장한다. 이것이 사실이라면 기업은 노동공급량이 노동수요량과 일치하는 임금보다 더 높은 임금을 지급하려는 인센티브를 가질 것이다. 균형임금보다 더 높은 임금에서 노동의 초과 공급이 존재함에 따라 실업이 존재한다.

07 불완전정보를 가지고 기업을 운영하면 시장청산임금이 얼마인지 모를 수도 있다. 그 결과 기업은 임금을 부정확하게 책정하여 실업을 초래할 수 있다. 경제는 매우 복잡하기 때문에 기업이 이러한 실수를 바로잡는 데 상당한 시간이 걸릴 것이다.

08 임금의 하한선을 결정하는 최저임금법은 10대와 매우 낮은 기술을 가진 근로자의 실업에 영향을 미치는 요인 중 하나이다. 일부 집단의 근로자를 위한 시장청산임금이 최저임금보다 낮으면 이 집단에 속한 일부 근로자는 실업자가 될 것이다.

09 임금이 하방 경직적이면 경기적 실업이 발생할 수 있다. 임금을 삭감하지 않겠다는 사회적(암묵적) 계약이나 명시적 계약은 하방 경직적 임금을 야기할 수도 있다. 균형임금이 하락하지만 임금이 하락하지 않으면 실업이 발생할 것이다.

10 실업률(u)과 총생산(총소득)(Y)은 음의 관계를 가진다. Y가 증가하면 u가 하락하고, Y가 감소하면 u가 상승한다.

11 실업률과 물가수준은 음의 관계를 가진다. 실업률이 하락하고 경제가 생산능력수준에 가까워짐에 따라 물가수준이 점점 더 상승한다.

12 필립스 곡선은 인플레이션율과 실업률의 관계를 나타낸다. 1950년대와 1960년대에는 인플레이션율과 실업률의 관계가 안정적이었고 인플레이션율과 실업률 사이에 예측 가능한 교환관계가 존재했던 것으로 보인다. 1970년대에는 (총공급곡선을 이동시킨) 수입재 가격의 상승으로 인플레이션율과 실업률의 관계를 예측하기 어려웠다. 인플레이션은 실업률뿐만 아니라 그 밖의 많은 요인에 의존한다.

13 AS곡선이 장기적으로 수직선이라고 믿는 사람들은 필립스 곡선이 자연실업률에서 장기적으로 수직선이라고 믿는다. 일반적으로 자연실업률은 마찰적 실업률과 구조적 실업률의 합이다. 필립스 곡선이 장기적으로 수직선이면 정부 정책이 인플레이션을 가속화하지 않고 실업률을 낮출 수 있는 한계가 존재한다.

14 NAIRU 이론은 실업률이 NAIRU보다 낮으면 물가수준이 가속적으로 상승하고 실업률이 NAIRU보다 높으면 물가수준이 가속적으로 하락할 것이라고 제시한다.

핵심 용어

경기적 실업(cyclical unemployment)
경직적 임금(sticky wage)
구조적 실업(structural unemployment)
노동공급곡선(labor supply curve)
노동수요곡선(labor demand curve)
마찰적 실업(frictional unemployment)
명시적 계약(explicit contract)
사회적 계약(social contract)/암묵적 계약(implicit contract)
생계비 조정(cost-of-living adjustments, COLAs)
실업률(unemployment rate)
실업에 대한 상대임금에 의한 설명(relative-wage explanation of unemployment)

인플레이션율(inflation rate)
자연실업률(natural rate of unemployment)
최저임금법(minimum wage law)
필립스 곡선(Phillips Curve)
효율임금이론(efficiency wage theory)
NAIRU(nonaccelerating inflation rate of unemployment)

연습문제

01 다음 정책은 때로 실업을 해결하는 방안으로 지지를 받는다. 각 정책이 어떻게 작동하고, 어떤 유형의 실업(마찰적 실업, 구조적 실업, 경기적 실업)을 변화시키기 위해 고안된 것인지 간략히 설명하라.

a. 구직과 구인 정보를 매칭하는 서비스('경제적 데이팅 서비스'라고도 함)
b. 10대를 위한 최저임금 인하
c. 일자리를 얻기 위해 새로운 기술을 배워야 하는 근로자를 위한 재훈련 프로그램
d. 일자리가 없는 사람들을 위한 공공고용
e. 일자리와 현재 임금에 대한 정보 개선
f. 대통령이 TV 방송에 출연하여 기업과 근로자에게 내년의 인플레이션율이 낮을 것이라고 확신시키는 것

02 다음의 각 경우는 경제활동참가율, 노동공급, 실업에 어떤 영향을 미치는가?

a. 유아원을 위한 공적 자금 지원을 증가시키는 조치를 취한다.
b. 젊고 교육을 많이 받은 인구의 대다수가 자국을 떠나고 있다.
c. 기업이 느슨한 해고 규제를 이용하여 유급 초과 근무를 늘리고 있다.
d. 정부가 영주권 취득 관련 법규를 강화하여 국가로 유입되는 이민자의 수를 감소시킨다.
e. 정부가 실업급여를 받을 수 있는 최대 기간을 단축한다.

03 노동수요가 감소하더라도 경제가 여전히 완전고용 상태라는 고전학파의 견해를 노동시장의 공급과 수요를 사용하여 설명하라. 이러한 노동시장 그래프는 경직적 임금이 존재하지 않는 경우 어떻게 변하는가?

04 2021년에 A 국가는 높은 실업으로 어려움을 겪고 있었다. 새로운 대통령인 Mr. B는 최고경제자문관으로 Ms. P를 임명했고, Ms. P의 부하 직원은 노동부 장관으로부터 구한 데이터를 사용하여 노동의 공급곡선과 수요곡선을 다음과 같이 추정했다.

$$Q_D = 190 - 6W$$
$$Q_S = 10W - 18$$

Q는 노동의 공급량과 수요량이고, W는 A 국가의 통화인 스트링 단위로 나타낸 임금이다.

a. 균형임금은 얼마인가? 얼마나 많은 근로자가 고용되는가?
b. 노동부 장관이 모든 근로자에게 시간당 16스트링보다 덜 지급해서는 안 된다고 규정한 법을 도입하려고 할 때 노동의 공급량과 수요량을 추정하라.
c. A 국가의 경제를 위해 이러한 최저임금을 어떻게 정당화할 수 있는가?

05 X 국가는 수년 전 정부의 적극적인 경기부양책 덕분에 오랜 경기후퇴에서 벗어났다. 이 국가의 경제는 2년 전 다시 성장하기 시작하여 작년에 2.5% 이상의 견고한 성장 속도에 이르렀다. 그러나 경기후퇴기 동안 빠르게 상승한 실업수준이 여전이 높은 수준(약 10%)이고 하락할 기미가 전혀 보이지 않는다. 다음 중 실업수준이 낮아지지 않는 데 영향을 준 것은 무엇인가? 그 이유를 설명하라.

a. 임금이 경직적이고 임금의 경직성은 성장 기업의 고용에 장애요인이다.
b. 고용과 실업은 항상 경제성장의 변화에 따라 시차를 두고 뒤따르는 지표이다.
c. 사람들이 너무 오랫동안 일을 하지 않아서 일자리로 돌아가는 데 어려움이 있다.
d. 경기후퇴로 인해 오래된 산업 부문이 새로운 산업 부문으로 대체되어 경기적 실업이 감소하는 시기에도 구조적 실업이 증가했다.
e. 경기후퇴로 인해 기업이 고용 전략을 수립하는 데 훨씬 더 신중해지고, 수요 증가에 대응하기 위해 초과 근무를 선호하게 되었다.
f. 재정적 경기부양이 실업 감소의 주요 요인인 민간 투자지출을 밀어냈다.

위의 항목 중 두 가지를 선택하여 짧은 리포트를 작성하라. 자신의 주장을 지지하는 데이터를 사용하라.

06 경제학자들과 정치가들은 실업급여가 실업 기간에 어느 정도 영향을 미치는지에 대해 오랫동안 논쟁을 벌였다. 다음 표는 5개

국가	2007년 실업률	2007년 실업급여 기간	2010년 실업률	2010년 실업급여 기간	2007년 6월 실업률	2007년 실업급여 기간
캐나다	6.4%	50주	7.1%	50주	6.5%	45주
프랑스	8.7%	52주	9.4%	104주	9.4%	104주
영국	5.3%	26주	7.9%	26주	4.3%	26주
일본	3.9%	13주	4.7%	21주	2.8%	13주
미국	4.6%	26주	9.6%	99주	4.4%	26주

고소득 국가의 실업 관련 데이터이다. 2008~2009년 경기후퇴 이전인 2007년, 경기후퇴 종료 후 첫해인 2010년, 경기후퇴 종료 후 8년째인 2017년의 국가별 실업률과 실업급여를 지급하는 기간이 제시되어 있다. 표에서 보듯이 5개국 중 3개국은 경기후퇴의 결과로 실업급여 기간이 증가했고, 그 이후 2개국은 증가시켰던 실업급여 기간을 단축했다. 2007년, 2010년, 2017년의 데이터는 실업급여 기간과 실업률 사이에 양의 관계가 있음을 보여준다. 개인이 실업급여를 받을 수 있는 기간이 직접적으로 실업률에 영향을 미치는지에 대해 설명하라. 그리고 자신의 답이 2007년, 2010년, 2017년에 적용되는지도 설명하라. 5개국의 실업률을 살펴보라. 실업급여 기간과 실업률 사이에 여전히 양의 관계가 존재하는가? 5개국 중 3개국에서 실업급여 기간을 연장한 것이 현재 실업률에 어떤 영향을 미쳤는지 설명하라.

07 다음 중 실질임금 기준으로 당신에게 가장 좋은 상황과 가장 나쁜 상황은 각각 무엇인가? 그 이유를 설명하라.

a. 당신은 5%의 임금 인상을 제안받았고 그해의 인플레이션율은 7%이다.

b. 당신은 1%의 임금 인상을 제안받았고 그해의 인플레이션율은 −2%이다.

c. 당신은 12%의 임금 인상을 제안받았고 그해의 인플레이션율은 16%이다.

d. 당신은 6%의 임금 인상을 제안받았고 그해의 인플레이션율은 6%이다.

e. 당신은 7%의 임금 인상을 제안받았고 그해의 인플레이션율은 3%이다.

08 사회적 계약(암묵적 계약)은 어떻게 임금의 경직성을 유발할 수 있는가? 경제가 경기후퇴에 진입할 때 사회적 계약이 임금과 실업에 미치는 영향을 노동시장 그래프를 사용하여 나타내고 간략히 설명하라.

09 과거 2년간의 실업률과 인플레이션율에 대한 월간 데이터를 구하라(이러한 데이터는 www.bls.gov나 정부가 발간하는 Survey of Current Business, Monthly Labor Review, Employment and Earnings 최근 간행본에서 찾을 수 있다).

a. 어떤 추세를 관측할 수 있는가? 자신이 관측한 것을 AS곡선과 AD곡선을 사용하여 설명하라.

b. x축은 실업률, y축은 인플레이션율인 평면에 24개월간의 실업률과 인플레이션율을 나타내는 그래프를 그려라. 실업률과 인플레이션율 간 교환관계의 증거가 있는지 설명하라.

10 필립스 곡선으로 나타낸 인플레이션율과 실업률의 관계가 안정적이라고 가정하자. 이것이 독일과 프랑스 같은 이웃 국가들이 실업률과 인플레이션율 간 교환관계를 가질 수 있다는 것을 의미하는가? 왜 그런지 설명하라.

11 우리나라 생산 근로자의 평균 시간당 임금과 제조업 부문의 실업률에 대한 데이터를 구하라. 이 두 데이터셋은 최근에 어떻게 변했는가? 실업률의 변화가 평균 임금에 얼마나 영향을 미쳤는지 설명하라.

경제학적 사고 키우기

01 실업자인 개인이 구직을 포기하고 경제활동인구에서 이탈하면 실업자로 간주되지 않는데, 이로 인해 실업률에 무슨 일이 일어나는가? 이것은 실업률이 실업의 문제를 과소 추정하거나 과대 추정한다는 것을 의미하는가?

02 효율임금이론에 따르면 고용주는 생산성을 증가시키기 위해 근로자에게 시장균형임금보다 더 높은 임금을 지급하기도 한다. 이것이 근로자의 이직을 어떻게 감소시키는지 설명하라.

PART 6

거시경제의 추가 쟁점

CHAPTER 29

금융위기, 안정화, 재정적자

목차와 학습목표

29.1 주식시장, 주택시장과 금융위기

주가와 주택 가격의 역사적 변동이 경제에 미친 영향을 이해한다.

29.2 통화정책과 재정정책의 시차

안정화 정책의 목표를 이해하고 세 가지 유형의 시차를 구별한다.

29.3 재정적자의 문제

재정적자의 영향을 이해하고 재정적자 타기팅에 대해 알아본다.

정부는 경제에 영향을 미치기 위해 재정정책과 통화정책을 사용할 수 있다. 그림 20.5를 다시 보면 실업률이 여전히 크게 변동한다는 것을 알 수 있다. 이처럼 실업률이 크게 변동하는 이유는 무엇인가? 왜 정책 담당자는 경제를 더 잘 통제할 수 없는가? 이 장에서 다루는 모든 주제는 적어도 간접적으로 이러한 질문의 답을 구하는 데 도움을 준다.

먼저 주식시장과 주택시장을 살펴볼 것이다. 두 시장은 가계의 재산 효과를 통해 경제에 중요한 영향을 미친다. 주가나 주택 가격이 상승하면 가계의 재산이 증가하여 가계는 더 많이 소비한다. 경제모형은 재산의 변화가 소비에 미치는 영향을 비교적 잘 추정하지만 재산의 변화를 불러일으키는 주가와 주택 가격의 변화를 잘 예측하지는 못한다. 주가와 주택 가격은 자산 가격이고 이러한 가격의 변화는 대부분 예측할 수 없다. 정책 담당자를 비롯해 어느 누구도 미래 주식시장과 주택시장의 움직임을 예측할 수 있는 능력을 가지고 있지 않다. 이것이 정책 담당자가 직면하는 첫 번째 문제이다. 주가와 주택 가격을 예측할 수 없다면 정책 담당자가 할 수 있는 최선의 일은 주가나 주택 가격의 변화에 신속하게 대응하는 것이다. 따라서 예측할 수 없는 자산 가격의 큰 변화가 어떻게 '금융위기'를 초래할 수 있는지, 정책 담당자가 금융위기에 대응하여 무엇을 할 수 있고 무엇을 할 수 없는지 설명할 것이다.

경제를 안정시키려는 정책 담당자가 직면하는 두 번째 문제는 어떻게 정책 타이밍을 정확히 선택하느냐로, 두 번째 절에서 이 주제를 다룰 것이다. 경제의 변동에 대한 과잉 반응은 경제의 변동에 아무런 대응을 하지 않을 때보다 더 경제를 악화시킬 수도 있다. 세 번째 절에서는 재정적자의 문제를 살펴본다. 24장의 마지막 절에서 경기적 적자와 구조적 적자의 구별이 중요하다는 것을 배웠다. 사람들은 경기후퇴기에 침체된 경제로 조세수입이 줄어들기 때문에 정부가 재정적자를 일으키고 경제를 부양하기 위해 지출을 증가시킬 것이라고 예상한다. 완전고용 상태에서도 정부가 가지고 있는 재정적자를 구조적 적자라고 한다.

2018년에 미국 등 많은 국가는 심각한 구조적 적자 문제를 겪었다. 유럽연합에 속한 많은 국가는 유럽위원회가 설정한 구조적 적자 목표를 충족하기 위해 노력했다. 정부가 몇 해에 걸쳐 매년 재정적자를 가지면 발생할 수 있는 금융위기의 가능성 등 다양한 문제도 다룰 것이다. 미국에서 재정적자를 관리하기 위해 사용했던 역사적 방법도 일부 설명한다.

29.1 주식시장, 주택시장과 금융위기

학습목표

주가와 주택 가격의 역사적 변동이 경제에 미친 영향을 이해한다.

1990년 이전에 저술된 거시경제학 교재는 대체로 주식시장과 주택시장을 무시했다. 이러한 시장이 거시경제에 미치는 영향이 기본적인 내용에서 제외될 만큼 적었다. 그러나 1990년대에 상황이 바뀌었다. 1990년대 말 미국 경제의 호황과 그 이후의 경기후퇴는 이 시기의 주가 상승과 그 이후의 주가 하락에 상당한 영향을 미쳤다. 마찬가지로 2000년 이후 주택 가격의 상승과 그 이후 주택 가격의 하락은 실물경제의 변동을 유발했다. 따라서 오늘날에는 거시경제학 강의에서도 주식시장과 주택시장을 살펴본다.

주식과 채권

먼저 기업이 투자에 필요한 자금을 조달하기 위해 자금을 차입하거나 조달하는 세 가지 주요 방법을 알아두면 도움이 된다. 실제로 기업은 금융시장을 어떻게 이용하는가?

기업은 공장을 새로 짓거나 기계를 구입하기 위해 대규모 구매를 해야 하지만 자신이 보유한 자금으로는 감당하기 어려운 경우가 흔하다. 이러한 경우 기업은 투자에 필요한 자금을 조달해야 하는데, 이를 위한 한 가지 방법은 은행으로부터 차입하는 것이다. 은행은 기업에 자금을 대출해주고 기업은 이 자금으로 공장이나 기계를 구입한 뒤 이자와 함께 대출을 상환한다.

기업이 자금을 차입하는 또 다른 방법은 채권을 발행하는 것이다. 기업의 채권을 사면 기업에게 대출을 해주는 셈이다. 미국 재무부 증권을 다루었던 25장에서 채권에 대해 설명했다. 채권은 만기가 될 때까지 정기적으로 고정이자를 지급하고 만기 시점에 채권의 원금을 상환하겠다는 약속 증서이다. 기업이 발행하는 채권은 회사채라고 하며, 이는 기업의 부채이다.

주식 기업의 일정 부분에 대한 소유권을 나타내는 증서

기업이 투자 자금을 조달하는 세 번째 방법은 추가로 **주식**(stock)을 발행하는 것이다. 일반적으로 주식회사는 채권과 마찬가지로 주식을 발행할 수 있다. 기업이 신규 주식을 발행할 때 이 주식은 기업의 부채가 아니고 기업에 자금을 공급하는 데 동의한 소유자, 즉 기업의 소유자가 증가하게 된다. 이러한 소유자는 대출 금액을 기업의 부채로 가지고 있는 채권 소유자와 다르다. 기업의 주식을 기업의 지분이라고도 한다.

보통주 1주는 대부분이 주식회사인 기업의 지분 1주에 해당하는 소유권을 나타낸 증서이다. 경우에 따라 기업은 연간 수익의 일부를 배당의 형태로 주주에게 지급한다. 예를 들어 가장 큰 쓰레기 처리업체 중 하나인 웨이스트매니지먼트(Waste Management)는 시총이 353억 달러이며, 많은 개인과 뱅가드(Vanguard), 블랙록(BlackRock), 게이츠파운데이션(Gates Foundation) 등의 뮤추얼펀드, 재단, 연금이 이 회사의 주식을 소유하고 있다. 2018년에 웨이스트매니지먼트는 54억 달러의 총수익을 벌어들여 그중 38%를 배당으로 지급하고 나머지는 투자를 위해 남겨두었다. 가치가 증가하는 주식을 가지고 있는 주주는 **자본이득**(capital gain)을 벌게 된다. **실현된 자본이득**(realized capital gain)[또는 자본손실(capital loss)]은 가계가 주식과 같은 자산을 매도할 때 받는 자산 가치의 증가분(또는 감소분)이다. 실현된 자본이득을 세법으로 처리하는 방법이 복잡하고 몇 년마다 바뀌지만 정부는 실현된 자본이득을 소득으로 간주한다. 주식 1주의 소유자가 받는 총수익은 배당과 자본이득 또는 자본손실의 합이다.

자본이득 자산 가치의 증가분

실현된 자본이득 자산 소유자가 자산을 매입할 때 지불했던 것보다 더 높은 가격에 매도할 때 발생하는 이득

주가 결정

주가를 결정하는 것은 무엇인가? 주식 1주가 25달러에 팔리고 있을 때 누군가가 기꺼이 25달러를 지불하고 그것을 사는 이유는 무엇인가? 앞서 말했듯이 주식 1주를 사면 기업의 일부를 소유하게 되며, 이익을 낸 기업은 주주에게 배당을 지급할 수 있다. 기업이 배당을 지급하지 않지만 이익을 내고 있다면 주주들은 미래에 기업이 배당을 지급할 것이라고 예상한다. 예를 들어 마이크로소프트(Microsoft)는 사업이 성숙 단계에 들어서자 2003년부터 배당을 지급했고, 애플(Apple)은 2012년부터 배당을 지급했다. 콘에디슨(Con Edison)과 같은 유틸리티 기업은 대부분 배당을 지급한다. 배당은 주주가 기업으로부터 받는 소득이므로 주식을 고려할 때 배당이 중요하다. 따라서 주가에 영향을 미칠 수 있는 요인 중 하나는 주식의 미래 배당에 대한 기대이다. 다른 것들이 일정하다면 예상되는 미래 배당이 클수록 현재 주가가 상승한다.

배당이 언제부터 지급될 것으로 예상되는지도 중요한 고려 사항이다. 4년 뒤부터 지급될 것으로

예상되는 주당 2달러의 배당 흐름은 내년부터 지급될 것으로 예상되는 주당 2달러의 배당보다 가치가 적다. 다시 말해 배당이 지급될 것으로 예상되는 시점이 멀수록 배당이 더 많이 할인될 것이다. 예상되는 미래 배당이 할인되는 정도는 이자율에 따라 따르다. 이자율이 높을수록 예상되는 미래 배당이 더 많이 할인될 것이다. 이자율이 10%일 때 오늘 100달러를 투자하면 1년 후 110달러를 받을 수 있다. 따라서 1년 후 110달러를 줄 사람에게 오늘 100달러를 기꺼이 건넬 것이다. 만약 이자율이 5%라면 1년 후 110달러를 받기 위해 오늘 104.76달러를 투자할 것이다. 따라서 이자율이 더 낮으면 1년 후 110달러를 받는다는 약속에 대해 오늘 더 많이 지급하게 된다. 즉 이자율이 더 낮을 때는 1년 후의 110달러가 더 적게 할인된다.

채권을 매입한 투자자는 고정이자를 받는다. 투자자는 주식을 살 때 현재와 과거의 배당을 살펴볼 수 있으나 미래에 배당이 동일하게 지급된다는 보장이 없다. 배당 지급은 매년 기업의 이사회에서 투표로 결정되고 어려운 시기에는 배당을 줄이거나 아예 지급하지 않기도 한다. 따라서 배당 지급이 안고 있는 이러한 위험은 주가에 영향을 미친다. 사업이 다각화되어 있던 제너럴일렉트릭(General Electric)은 2017년에 많은 사업 영역이 어려워져서 배당을 반으로 줄인 결과 주가가 하락했다. 사람들은 같은 기댓값에 대해 불확실한 결과보다는 확실한 결과를 선호한다. 예를 들어 두 경우의 기댓값이 같더라도 100달러를 받을 확률이 50%, 아무것도 받지 못할 확률인 50%인 경우에 베팅하기보다는 확실한 50달러를 선호한다. 이와 동일한 논리가 미래 배당에도 적용된다. 예를 들어 내년에 A 기업과 B 기업의 배당이 주당 2달러로 예상되더라도 B 기업의 배당 지급에 대한 불확실성이 더 크면 A 기업의 주식을 선호할 것이다. 달리 말해 B 기업의 결과가 더 불확실하기 때문에 A 기업보다 B 기업의 예상되는 미래 배당이 더 많이 할인될 것이다. 제너럴일렉트릭의 경우 배당 지급이 감소하고 배당 지급 능력에 대한 믿음을 잃었기 때문에 주가가 하락했다. 즉 주가의 위험이 증가했다.

따라서 주가는 예상되는 미래 배당의 할인 가치와 같다고 말할 수 있다. 할인율은 이자율과 주가의 위험에 의존한다. 어떤 이유(예: 기업에 대한 긍정적인 뉴스)로 기업이 미래 배당을 증가시킬 것으로 예상되면 주가가 오를 것이다. 이자율이 예상치 않게 하락하면 주가가 오를 것이다. 또한 알고 있던 기업의 위험이 감소하면 주가가 오를 것이다.

일부 주식 애널리스트들은 주식시장의 버블 가능성을 이야기한다. 기업의 미래 배당에 대한 예상과 할인율이 주어져 있고 기업의 주식 가치가 주당 20달러라고 가정할 때 주당 20달러보다 더 많이 지불하는 경우가 있을까? 주식 1주의 소유자가 버는 총수익에는 주식을 매도할 때 발생하는 자본이득이 포함된다고 앞에서 설명했다. 주식이 현재 20달러보다 높은 25달러에 거래되고 있으나, 당신이 앞으로 몇 달 안에 주가가 30달러로 오를 것이라고 생각한다면 나중에 더 높은 가격에 매도하여 자본이득을 얻을 것이라 예상하고 오늘 주식을 매입할 수도 있다. 다른 사람들도 이렇게 생각한다면 주가가 오를 것이다.

이때 중요한 것은 예상되는 미래 배당의 할인 가치가 아니라 다른 사람들이 미래에 주식을 매입하기 위해 얼마나 지불할 것인지에 대한 당신의 생각이다. 당신은 주가를 예측할 수 없다는 것을 알고 있다. 주가가 상승하여 주식 소유자에게 자본이득을 제공하는 경우도 있지만, 반대로 주가가 하락하여 자본손실이 발생하는 경우도 있다. 모든 사람이 다른 모든 사람도 일반적으로 주가가 상승할 것이라고 예상한다고 생각할 때 버블이 발생할 수 있다. 일반적인 주가 상승에 대한 예상은 사람들이 투자수익의 일부로 자본이득을 얻을 수 있을 것이라는 예상을 불러일으키기 때문에 시장이 과

열된다. 기업의 주가가 급상승하는 이유가 사람들이 기업의 미래 배당에 대한 예상을 강화하기 때문인지, 버블 때문인지 알기는 어렵다. 이러한 상황에서는 주식 보유가 위험하다는 것을 알아야 한다. 어떤 사람들은 버블 상황에서 주식을 보유하는 것을 의자 빼앗기 게임에 비유했다. 당신은 음악이 멈추었을 때 주식을 보유하고 있는 사람이 되고 싶지는 않을 것이다.

1948년 이후 주식시장의 변화 추이

다우존스 산업평균지수 활발하게 거래되는 30개 대기업의 주가를 토대로 측정되는 주가지수. 주식시장의 성과를 측정하는 지수로서 가장 오래되고 가장 널리 사용됨

나스닥 종합지수 나스닥 시장에서 거래되는 5,000개 이상 기업의 주가를 토대로 측정되는 주가지수. NASDAQ은 National Association of Securities Dealers Automated Quotation System의 머리 글자임

스탠더드앤드푸어스 500 주가지수(S&P 500 지수) 시장가치 기준으로 500개 대기업의 주가를 토대로 측정되는 주가지수

대부분의 투자자는 개별 기업의 행운을 따르는 데 관심이 있다. 주가와 전반적인 경제활동의 관계를 추적하는 거시경제학자들은 일반적인 주식시장의 척도를 필요로 한다. 몇 가지 주가지수가 있는데, 주식시장에 참여하고 있다면 **다우존스 산업평균지수**(Dow Jones Industrial Average)와 **나스닥 종합지수**(NASDAQ Composite)에 많은 관심을 가질 것이다. 거시경제의 관점에서 보면 이 두 가지 주가지수는 너무 적은 수의 기업을 대상으로 한다. 사람들은 총시장가치가 경제에 있는 모든 기업의 시장가치에 가까운 기업들이 포함된 지수를 원하는데, 이를 위해서는 **S&P 500 지수**라고도 하는 **스탠더드앤드푸어스 500 주가지수**(Standard and Poor's 500 stock price index)가 더 나은 척도이다. 이 지수에는 시장가치 기준으로 경제에 존재하는 대부분의 대기업이 포함된다.

그림 29.1은 1948 I~2017 IV 동안 S&P 500 지수의 변화 추이를 나타낸 것으로, 1995~2000년 사이에 이 지수가 크게 상승한 것이 눈에 띈다. 1994년 12월 31일부터 2000년 3월 31일 사이에 S&P 500 지수는 226%, 즉 연율로 25% 상승했다. 이는 미국 역사에서 최대의 주식시장 활황으로 1920년대의 주식시장 활황을 완전히 압도한다. 시장가치 기준으로 미국 경제에 존재하는 기업 대부분이 포함된 S&P 500 지수의 변화 추이를 다루고 있다는 것을 유념하라. 소수의 닷컴 회사만 다루는 것이 아니다. 주식시장 전체의 주가가 5년 동안 연간 25% 상승했는데, 이러한 활황은 가계 재산을 대략적으로 14조 달러, 즉 연간 2.5조 달러 증가시켰다.[1]

그렇다면 주식시장의 활황을 불러일으킨 것은 무엇인가? 그림 27.7에서 보듯이 1990년대 후반

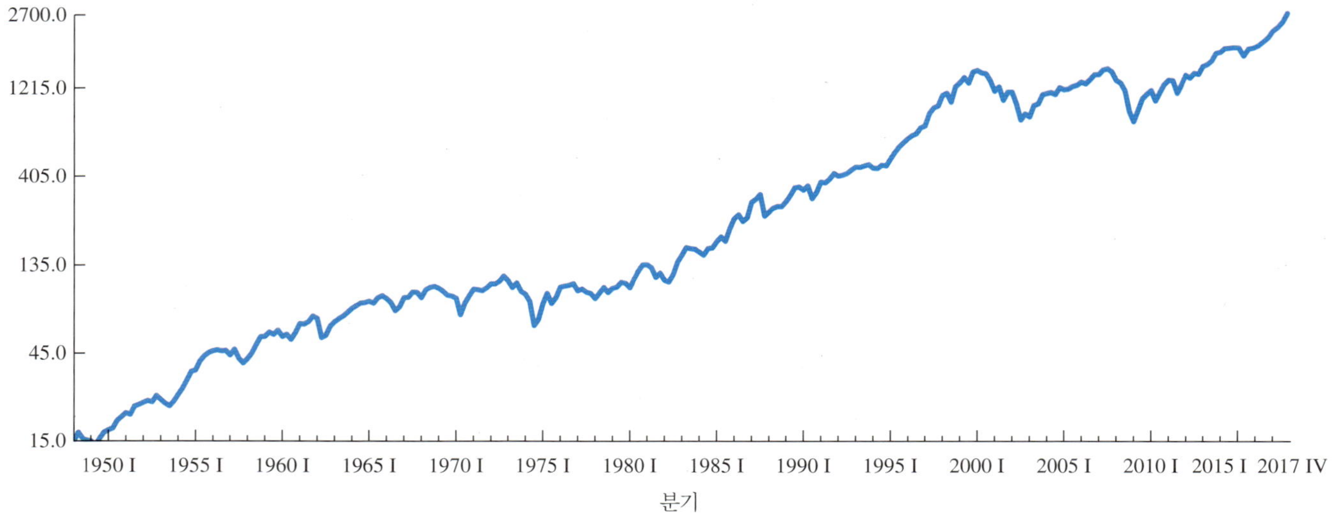

그림 29.1 1948 I~2017 IV S&P 500 지수의 변화 추이

1 기업이 번창하거나 쇠퇴함에 따라 S&P 500 지수에 포함되는 기업이 달라진다. 이는 S&P 500 지수가 생존자 편향의 결과로 실제 주식시장의 이득을 과대 추정할 것임을 드러낸다.

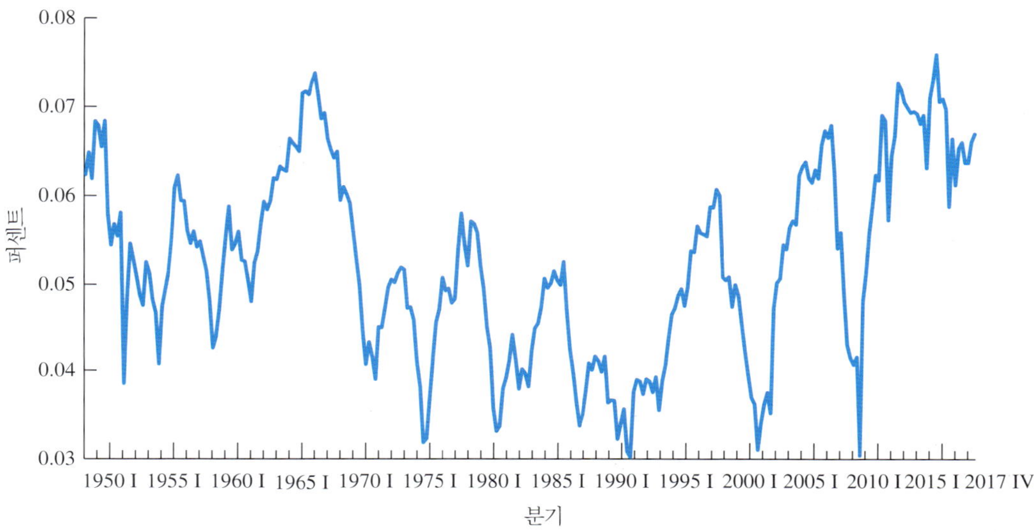

그림 29.2 1948 I~2017 IV 미국 GDP에 대한 세후수익 비율의 변화 추이

에 이자율이 크게 변동하지 않았으니 이자율의 큰 하락이 그 이유라고 설명할 수는 없다. 아마도 그 기간 동안 기업의 수익이 크게 증가하고 이러한 기업의 성장이 예상되는 미래 배당을 크게 증가시켰을 것이다. 예상되는 미래 배당이 커지면 주가가 상승한다. 1948 I~2017 IV 동안 미국 GDP에 대한 세후수익 비율의 변화 추이를 나타낸 그림 29.2를 보면 1990년대 후반에 세후수익에 특별한 일이 발생하지 않았음을 알 수 있다. 미국 GDP에 대한 세후수익 비율은 1995년 중반부터 1997년 중반까지 증가했다 그 이후 2000년까지 감소했다. 따라서 사람들이 미래 배당이 크게 증가할 것이라고 예상하게 만드는 수익의 급증이 없었던 것으로 보인다.

1990년대 후반에 주식에 대한 인지된 위험이 감소했을 수 있다. 이 변화가 주식의 할인율을 감소시키고, 다른 것들이 일정하다면 주가를 상승시켰을 수 있다. 이러한 가능성을 완전히 배제할 수는 없지만 주식에 대한 인지된 위험이 감소했다는 강력한 증거는 없다.

따라서 주식시장의 활황은 수수께끼이고 많은 사람은 주식시장이 버블 상태였다고 생각한다. 어떤 이유에서인지 1995년에 주가가 급상승하기 시작했고 사람들은 다른 사람들이 주가 상승을 예상할 것이라고 생각했다. 이로 인해 주가가 더욱 오르고 추가적인 주가 상승에 대한 예상을 불러오는 예상이 끊임없이 생성되었다. 버블이라고 믿는 사람들은 주가가 2000년에 하락하기 시작하여 그 이후 크게 하락한 것을 지적한다. 2000년에 주가가 안정을 되찾은 것이 아니라 급락했는데, 버블이라고 믿는 사람들은 단순히 버블이 꺼진 것이라고 주장한다. 노벨 경제학상을 수상한 로버트 실러(Robert Shiller)는 당시를 '비합리적인 과열(irrational exuberance)'의 시기라고 일컬었다.

거시경제의 안정성에 대한 첫 번째 문제는 외견상 예측할 수 없는 주식시장의 대변동이다. 뒤에서 다루겠지만, 이러한 주식시장의 변동은 실물경제에 영향을 미치는 가계와 기업의 행동 변화를 유발한다. 그러나 그 연관 관계를 검토하기 전에 주택 가격의 변화 추이를 살펴보자.

1952년 이후 주택 가격의 변화 추이

그림 29.3은 1952 I~2017 IV 동안 미국에서 주택의 상대가격, 즉 GDP 디플레이터에 대한 주택 가격지수의 비율이 어떻게 변화했는지를 보여준다. 이 비율의 상승은 주택 가격이 전반적인 물가수

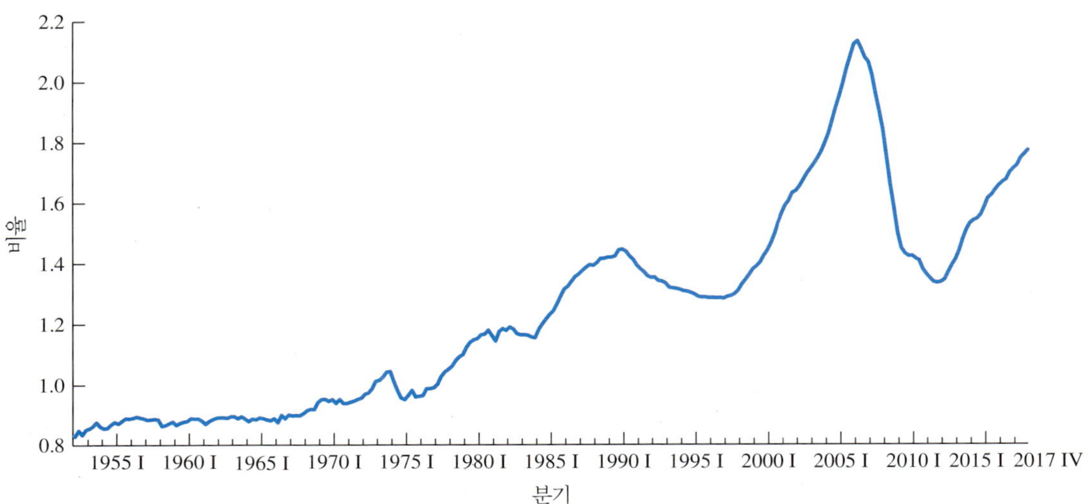

그림 29.3 1952 I~2017 IV 미국 GDP 디플레이터에 대한 주택가격지수 비율의 변화 추이

준보다 더 빠르게 상승한다는 것을 의미하고, 이 비율의 하락은 주택 가격이 전반적인 물가수준보다 더 빠르게 하락한다는 것을 의미한다.

그림 29.3의 주택 가격 변화 추이는 주목할 만하다. 대체적으로 주택 가격은 2000년까지 전반적인 물가수준을 따라 상승했다. 그러나 2000~2006년에 매우 크게 상승하고 2006~2009년에 매우 크게 하락했다. 주택 재산의 가치가 2000 I~2006 I 동안 약 13조 달러, 즉 분기당 약 5,000억 달러 증가했으며, 2006 II~2009 I 동안 약 7조 달러, 즉 분기당 6,000달러 이상 하락했다. 주택의 용도 가치로는 이러한 변동의 설득력 있는 이유를 찾기가 어렵다. 예를 들어 임대료는 이와 같이 오르내리지 않았다.

가계 재산이 경제에 미치는 영향

주식시장과 주택시장은 예측 불가능한 큰 상승 및 하락의 시기를 겪었는데 이는 실물경제에 어떤 영향을 주었는가? 소비지출에 영향을 미치는 요인 중 하나는 재산이다. 다른 것들이 일정하다면 가계는 재산이 많을수록 더 많이 지출한다. 최근 가계 재산의 변동은 거의 주가와 주택 가격의 변화 때문이었다. 주택과 주식의 가치가 오르면 가계는 더 부유해졌다고 생각하여 더 많이 지출한다. 대략적인 경험 법칙에 따르면 재산 가치(주식 또는 주택)의 1달러 변동으로 연간 소비지출이 약 0.03~0.04달러 변동한다. 예측 불가능한 재산 변동은 예측 불가능한 소비 변동으로 이어짐으로써 예측 불가능한 GDP 변동이 발생한다.

또한 주가의 상승은 투자를 증가시키기도 한다. 투자 프로젝트를 고려 중인 기업이 이에 필요한 자금을 조달할 수 있는 한 가지 방법은 주식을 추가로 발행하는 것이다. 기업의 주가가 높을수록 추가로 발행하는 1주당 더 많은 자금을 조달할 수 있다. 따라서 기업은 주가가 높을수록 더 많은 투자 프로젝트에 착수할 가능성이 있다. 주식 수 기준으로 계산되는 투자 프로젝트의 비용은 주가가 높을수록 더 줄어든다. 주식시장의 활황은 투자를 증가시키고 주식시장의 위축은 투자를 감소시킬 수 있다. 주가의 변동은 기업의 자본비용에 영향을 미친다.

금융위기와 2008년 구제금융

1990년대 후반 주식시장의 활황은 그 기간의 강한 경기호황에 영향을 주었고, 그 이후 주식시장의 위축은 2000~2001년 경기후퇴에 영향을 주었다. 또한 2000~2005년 주택 가격의 급등은 2000~2001년 경기후퇴 후 경제의 확장에 영향을 주었고, 2006~2009년 주택 가격의 폭락은 2008~2009년 경기후퇴에 영향을 주었다. 이것은 주가의 변동이 기업의 투자지출에 미친 영향과 함께 작동한 가계의 재산효과이다.

일부 관찰자들은 2008~2009년의 경기후퇴를 금융위기의 기간으로 규정하기도 했다. 금융위기의 정확한 정의는 없지만 대부분의 금융 전문가는 금융위기를 가계와 기업 간의 자금 이동을 촉진하는 금융기관이 원활하게 기능하지 못하는 상태라고 한다. 금융위기 시에는 주식시장이나 주택시장의 침체에 따른 재산 효과로 촉발된 거시경제 문제가 부각된다.

많은 사람은 2006년 말에 시작된 주택 가격의 급락이 2008~2009년의 금융위기를 불러일으켰다고 생각한다. 25장에서는 주택 가격의 급락을 초래한 일부 원인을 간략히 다루었다. 정부의 규제가 느슨해지자 많은 사람이 주택 가격이 계속 상승하는 경우에만 지탱할 수 있는 모기지대출을 받음으로써 주택시장의 활황 기간 동안 과도한 위험을 선택했다. 사람들은 주택을 매도하여 자본이득을 얻을 수 있으리라 기대하면서 주택을 매입했다. 그러나 주택을 소유하고 처음 몇 년 동안 매우 낮은 '초기 이자율'을 지불하는 모기지대출로 인해 문제가 악화되었다. 주택 가격이 하락하기 시작하면 주택을 매도하여 자본이득을 얻을 가능성이 줄어들고, 많은 가계는 초기 이자율이 만료된 후 자기 집을 살 여력이 없을 것이다. 주택 보유로 이득을 볼 것이라는 전망이 없고 모기지대출 이자율이 더 높아지자 많은 사람이 채무를 불이행하게 되었고, 그 결과 모기지담보부증권의 가치가 크게 하락했다.

모기지 시장이나 모기지담보부증권 시장에 직접 참여한 많은 금융기관은 어려움을 겪기 시작했다. 파산한 리먼브라더스(Lehman Brothers)를 제외하고 골드만삭스(Goldman Sachs), 시티그룹(Citigroup), 모건스탠리(Morgan Stanley), J.P.모건체이스(J.P Morgan Chase), AIG 등 대부분의 대형 금융기관은 연방정부의 구제금융을 받았다. 2008년 10월에 7,000억 달러의 구제금융 법안이 통과되어 연방정부는 금융기관에 자금을 제공했다. Fed도 엄청난 모기지담보부증권을 매입하여 이러한 구제금융 조치에 참여했다. 25장에서 언급했듯이 2018년 4월 중순에 Fed는 약 1조 7,540억 달러의 모기지담보부증권을 보유했는데, 그중 대부분은 2008년과 2009년에 매입한 것이었다. 다른 많은 국가도 투자 수단으로 미국의 모기지담보부증권을 매입했기 때문에 그러한 국가의 금융기관도 비슷한 문제를 겪고 있었다.

미국 정부가 대형 금융기관을 구제하지 않았다면 어떻게 되었을까? 이는 경제학자와 정치가의 논쟁거리이지만 일부 영향은 분명하다. 정부의 개입이 없었다면 부정적인 재산 효과가 더 컸을 것이다. 일부 금융기관은 파산하여 채권 보유자를 파멸로 몰아넣었을 것이다. 이러한 채권은 대부분 가계 부문이 보유하고 있었기 때문에 채권 가치의 손실로 가계 재산이 감소했을 것이다. 전반적인 주가의 하락 폭도 더 커져서 부정적인 재산 효과에 영향을 미쳤을 것이다. 따라서 정부의 구제금융은 당시의 재산 가치 하락을 감소시켰다. 어떤 사람들은 구제금융이 없었다면 기업에 대한 대출이 감소했을 것이라고 주장한다. 이는 기업의 투자를 감소시켜 총수요가 줄어들었을 것이다. 25장에서 살펴보았듯이 Fed가 매입한 모기지담보부증권의 대부분이 대출 증가로 이어지지 않고 은행의 초과지준이 되었기 때문에 이러한 영향이 얼마나 중요한지는 분명하지 않다.

경제학의 적용

경제의 미래 예측

정책 담당자와 경제학자는 경기변동의 기간과 정도를 예측하기 위해 경제예측모형에 의존한다. 이 모형은 1년, 2년, 또는 3년에 걸친 GDP 성장률, 실업률, 인플레이션율을 예측하기 위해 경기선행지수로 알려진, 측정 가능한 경제적 요인으로 구성된 대규모 데이터셋을 이용한다. 이러한 경기선행지수에는 ① GDP 구성 요소의 변화, 자본 형성, 산업생산, 제조업 신규 주문, 신규 신용, 건축 허가와 같은 생산 관련 변수, ② 실업 청구 건수, 일자리 증가 건수, 임금, 노동생산성지수, ③ 주택 가격, 생산자 물가와 같은 미래 인플레이션과 관련된 지수가 포함된다. 최근에는 주가와 주가지수도 여기에 포함된다.

그렇다면 복잡한 경제예측모형은 정확히 예측할 수 있을까? 안타깝게도 그렇지 않다. 1930년대의 대공황과 2008~2009년의 금융위기 같은 매우 심각한 경기후퇴조차 제대로 예측하지 못하는 경제예측모형에 대한 불신으로 경제학자들은 종종 비판을 받는다. 일부 경기후퇴는 갑작스레 닥친 심한 충격과 정치적 위기 때문에 예측하기 어렵지만, 경제학자들이 임박한 경기둔화의 징후도 읽어내지 못하는 경우가 많다.

경제예측모형은 무엇을 놓치는 것일까? 뉴욕 연방준비은행(FRBNY)의 한 연구는 Fed와 유럽중앙은행(ECB)이 사용하는 경제예측모형을 비교하고 부실한 가정과 주가 폭락 이전의 자산시장 호황에 대한 잘못된 이해가 주요 단점이라고 결론지었다.[1] Fed의 경제학자들은 주택 가격의 과대평가와 새로운 형태인 모기지 금융의 급속한 성장을 고려하지 못했다. Fed와 유럽중앙은행은 금융시스템과 실물경제 간의 강력한 파급 효과에 충분한 가중치를 부여하지 못했다. 또한 추세를 예측하기 위해 과거 데이터에만 의존하여 신뢰할 수 없는 예측을 초래했다.

여러 가능성을 고려하고 각 결과를 평가하는 한 가지 해결 방법은 행동경제모형이다. 이 모형은 소비자의 행동을 고려하고, 경제 상황과 거시경제 정책의 변화에 대한 경제 총량의 민감도를 보여주는 많은 'what if?(만약에)'를 고려하는 시나리오 접근법을 사용한다. 현대 역사에서 두 번의 최대 경기후퇴가 금융 부문에서 촉발되었기 때문에 중앙은행은 충격과 다양한 경제적 가정이 금융 부문과 경제 전체에 미치는 영향을 테스트하기 위한 'what if?' 분석인 스트레스 테스트 시나리오를 사용하기 시작했다.

한편 예측은 예측할 수 없는 사건에 크게 의존하기 때문에 부정확한 과학이지만 사회적 상황은 임박한 경기후퇴를 알려주는 징후가 될 수 있다. 예를 들어 미국과 영국의 연구는 일반적으로 경기둔화에 앞서 임신율 저하와 이혼율 증가가 나타난다고 밝혔다.[2] 경제학자와 정책 담당자가 경제 동향을 예측하기 위해 사회적 추세에 관심을 가지는 것은 바람직한 일일 것이다.

질문

- 경제예측모형을 정교하게 만들기 위해 추가로 포함할 수 있는 요인과 지표는 무엇인가?

[1] Lucia Alessi, Eric Ghysels, Luca Onorante, Richard Peach, and Simon Potter (2014). "Central Bank Macroeconomic Forecasting during the Global Financial Crisis: The European Central Bank and Federal Reserve Bank of New York Experiences," *Federal Reserve Bank of New York Staff Reports*, Staff Report No. 680, July 2014.

[2] Gemma Tetlow (2018). "Economists urged to use fertility to predict recessions," *The Economist*, 26 February.

미국 정부가 2008~2009년의 경기후퇴를 극복하기 위해 시행한 세금 삭감, 지출 증가 등의 경기부양 조치와 금융기관이 파산하지 않도록 직접적으로 지원한 구제금융 조치를 구별하는 것이 중요하다. 경기부양 조치를 제쳐두고 구제금융 조치는 좋은 생각이었는가? 긍정적인 측면에서 구제금융 조치는 부정적인 재산 효과를 감소시키고 기업에 더 많은 대출을 제공할 수 있다. 또한 금융기관에 대한 대출의 상당 부분이 상환되었거나 상환될 것이므로 최종적인 총비용은 7,000억 달러보다 적을 것이다. 부정적인 측면에서는 정치적 비용과 사회적 비용이 발생했다. 구제금융 조치의 혜택을 받은 많은 사람은 확실히 평균보다 부유했다. 금융기관의 채권 보유자는 소득 분포에서 최상위에 속하는 경향이 있다. 많은 사람은 부실 대출을 해준 금융기관에 대한 구제금융 지출이 부실 대출을 받은 주택 소유자를 돕기 위한 지출을 감소시켰다는 점에 주목했다. 또한 구제받은 금융기관의 일자리는 대부분 고소득자의 차지였다. 장기적으로 구제금융을 위해 지불할 사람은 구제금융 조치로 이득을 본 사람이 아니라 평균적으로 덜 부유한 납세자이다. 따라서 구제금융 조치가 전 국민에게 압박감을 주는 불량한 소득 분포를 초래했을 수 있거나, 적어도 그렇다고 많은 사람이 느꼈다.

주가와 주택 가격 같은 자산 가격의 변동을 예측하기가 얼마나 어려운지, 그러한 변동이 실물경제에 얼마나 영향을 미칠 수 있는지를 살펴보았다. 많은 사람은 정부가 자산 버블을 예측할 수는 없지만 정책을 통해 영향을 미칠 수 있음을 지적했다. 주택의 경우 정부기관이 통제하는 신용 기준이 느슨했던 것이 버블에 불을 붙였을 수 있다. 최근의 자산 버블은 정부기관의 통제하에 있는 금융기관의 위험 선택이 반영된 것일 수 있다. 가장 최근에 발생한 경기후퇴의 막대한 거시경제적 비용은 금융시장의 규제 개혁을 촉구했다. 2008~2009년과 같은 금융위기의 재발을 막고 금융 규제를 강화하기 위해 도드-프랭크법(Dodd-Frank bill)으로 알려진 금융규제법이 2010년에 통과되었다. 2018년 봄에 미국 의회는 소규모 은행과 신용조합을 위해 도드-프랭크법의 일부를 완화하기로 결정했다.

29.2 통화정책과 재정정책의 시차

학습목표

안정화 정책의 목표를 이해하고 세 가지 유형의 시차를 구별한다.

정책 담당자는 자산 가격의 변화를 예측할 수 없고 기껏해야 대응만 할 수 있다. **안정화 정책**(stabilization policy)의 목표는 가능한 한 GDP 변동을 완화하는 것이다. 그림 29.4에 나타낸 총생산(총소득)(Y)의 두 가지 가능한 경로를 생각해보자. A 경로는 정부의 안정화 정책이 없는 경우 GDP의 변동을 나타낸 것이고, B 경로는 안정화 정책이 만들어내고자 하는 더 매끄러운 경로이다. 안정화 정책은 물가의 안정에도 관심을 둔다. 여기서 안정화 정책의 목표는 전반적인 물가수준이 상승하지 못하게 하는 것이 아니라, 높고 안정적인 수준의 생산과 고용 같은 다른 목표가 주어졌을 때 약 2%의 목표에 가까운 인플레이션율을 달성하는 것이다.

안정화 정책 생산과 고용의 변동을 완화하고 물가수준을 가능한 한 안정적으로 유지하려는 목표를 가진 통화정책과 재정정책

안정화 정책은 특히 다양한 종류의 **시차**(time lag), 즉 안정화 정책에 대한 경제의 반응 지연 때문에 그 목표를 달성하기가 어렵다. 경제학자는 일반적으로 인지시차, 실행시차, 반응시차를 인식하고 있다.

시차 안정화 정책에 대한 경제의 반응 지연

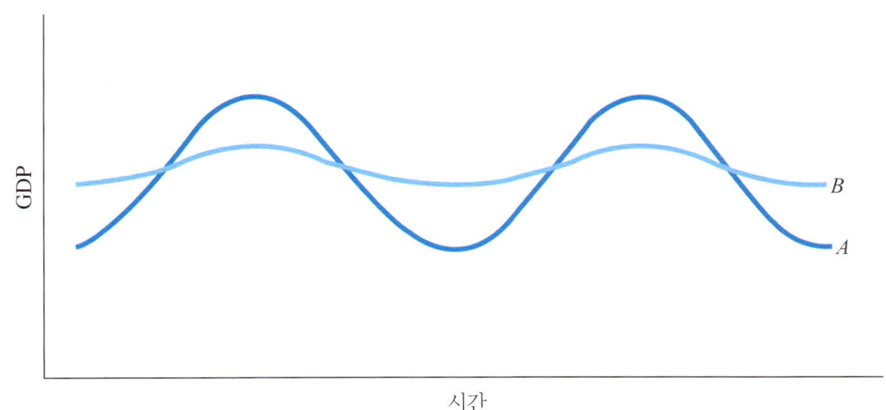

그림 29.4 GDP의 두 가지 가능 경로

A 경로는 B 경로보다 덜 안정적이다. 즉 시간이 흐름에 따라 A 경로는 B 경로보다 더 많이 변동한다. 다른 것들이 일정할 때 사회는 A 경로보다 B 경로를 선호한다.

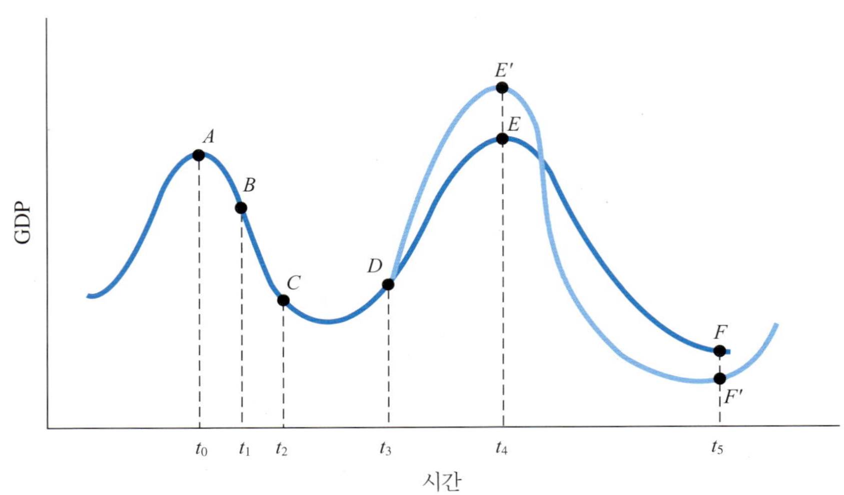

그림 29.5 안정화 정책의 타이밍 문제
경제를 안정시키기 위한 조치가 시차 때문에 경제를 불안정하게 만들 수 있다. *A*점에서 효과가 나타나기 시작해야 할 확장정책은 이미 경제가 회복되는 중인 *D*점까지 실제로 효과가 나타나지 않는다. 따라서 안정화 정책은 경제를 (*E*점과 *F*점 대신) *E′*점과 *F′*점에 이르게 하여 정책을 시행하지 않은 경우보다 총소득이 더 크게 변동한다.

그림 29.5는 정부가 경제를 안정시키려 할 때 부딪히는 타이밍 문제를 보여준다. 경제가 정점에 도달하고 *A*점(t_0)에서 경기후퇴에 진입한다고 하자. 경제 데이터를 수집하고 처리해야 하므로 정책 담당자는 GDP가 *B*점(t_1)으로 감소할 때까지 이를 알아채지 못한다. 정책 담당자가 경제를 부양하기 시작할 때(*C*점, t_2)까지 경기후퇴가 진행되고 경제는 거의 저점에 이르게 된다. 경기부양 정책이 마침내 효과를 나타내기 시작할 때(*D*점, t_3)는 이미 경제가 회복되는 중이다. 경기부양 정책은 안정화 정책이 시행되지 않았다면 다다랐을 *E*점보다 더 크게 변동한 *E′*점까지 경제를 밀어올린다. 정책 담당자는 *D*점 이후 때로 경제가 너무 빠르게 확장한다는 것을 인식하기도 한다. 정책 담당자가 긴축정책을 시행하고 이러한 정책이 효과를 나타내는 시점까지 경제는 약화된다. 따라서 긴축정책은 GDP를 *F*점이 아니라 *F′*점까지 하락시킨다.

다양한 시차 때문에 t_0에 시행되어야 했던 확장정책은 이 정책이 더 이상 필요 없는 t_3까지 효과를 보이지 않는다. 그림 29.5에서 연한 파란색 선은 안정화 정책의 결과로 경제가 어떻게 이동하는지를 보여주며, 진한 파란색 선은 경제가 경로를 따라가도록 놔두고 안정화 정책을 시도하지 않을 때 GDP의 시간 경로를 보여준다. 이 경우에 안정화 정책은 총소득을 의도치 않은 수준으로 만든다. 즉 안정화 정책은 *E*점이 아닌 *E′*점의 정점 소득과 *F*점이 아닌 *F′*점의 저점 소득을 가져온다.

안정화 정책을 비판하는 사람들은 그림 29.5의 상황이 전형적인 정부와 나머지 경제의 상호작용이라고 주장한다. 이러한 주장이 반드시 옳다고는 할 수 없다. 안정화 정책이 좋은지 나쁜지를 결정하기 전에 다양한 시차의 특성을 알아야 한다.

인지시차

정책 담당자가 호황이나 침체를 인지하기까지는 시간이 걸린다. 국민소득생산계정과 같은 중요한 데이터는 분기별로만 이용할 수 있으며, 이러한 수치의 예비 추정치를 기록하고 준비하는 데에는 보통 몇 주가 걸린다. 경제가 1월 1일에 침체로 진입하는 경우 4월 말 1분기 데이터를 이용할 수 있을 때까지 경기후퇴를 탐지하지 못할 수도 있다.

더욱이 초기의 국민소득생산계정은 다양한 자료의 불완전한 기록을 기초로 작성된 데이터이므로 예비적인 것이며, 이 추정치는 더 양호한 데이터를 이용할 수 있게 되면 수정되곤 한다. 예를 들어 미국의 경제분석국이 2012년 4분기 결과를 발표했을 때 경제는 −0.1%의 마이너스 성장률이었고, 이 발표는 2013년 1월 말에 있었다. 2013년 2월 말에 경제성장률이 +0.1%로 수정되고, 2013년 3월 말에 +0.4%로 다시 수정되었다. 이러한 상황이 최초 추정치의 해석을 어렵게 만들어 **인지시차**(recognition lag)가 발생된다.

인지시차 정책 담당자가 호황이나 침체를 인지하는 데 걸리는 시간

또한 인지시차 때문에 경제가 정부 정책에 반응하여 완만한 성장에서 상방으로 이동할 때 효과가 나타나기 시작한다. 정부는 언제 경기부양을 위한 충분한 조치를 시행하고, 추가 조치는 언제 과도한 부양으로 이어지는가? 전 Fed 의장 재닛 옐런은 샌프란시스코에서의 연설 중 2015년 봄 Fed의 완화적 통화정책 변경을 고려하면서 제기되었던 우려를 명확히 밝혔다. "우리는 통화정책의 완전한 효과가 오랜 시차 후 나타난다는 사실을 명심해야 한다. 이는 정책 담당자들이 정책 조정을 시작하기 위해 그들의 목표를 달성할 때까지 기다릴 수 없다는 것을 의미한다. 나는 인플레이션 목표를 달성하거나 달성하는 순간에 이르기까지 정상화의 출발을 미루는 것이 신중하다고 생각하지 않는다. 그렇게 하면 최대의 지속가능한 고용과 2%의 인플레이션을 상당히 오버슈팅하게 되는 너무 큰 위험을 초래할 것이고, FOMC가 그 뒤에 긴축정책을 현저히 또는 갑자기 시행해야 한다면 잠재적으로 경제성장과 고용이 약화될 수 있다."

실행시차

시차 때문에 제기되는 안정화 정책의 문제는 경제학자와 정책 담당자가 경제가 호황이나 침체라는 것을 인지한다고 끝나는 것이 아니다. 모든 사람이 경제를 부양하거나 억제할 필요가 있음을 인지했다 하더라도 바람직한 정책을 시행하는 데, 특히 재정정책에 따른 조치가 이루어지는 데 시간이 걸린다. 다시 말해 **실행시차**(implementation lag)가 발생한다.

실행시차 경제학자와 정책 담당자가 경제가 호황이나 침체라는 것을 인지한 후 바람직한 정책을 시행하는 데 걸리는 시간

매년 미국 의회는 다음 연도의 연방정부예산을 결정한다. 연방정부예산에 포함된 세법과 지출 프로그램은 일단 가동되면 변경하기가 어렵다. 경제가 경기후퇴로 진입하고 그해의 중간에 재정 부양이 필요하더라도 할 수 있는 일이 제한적이다. 미국 의회가 지출 증가나 세금 삭감에 동의할 때까지 재정정책을 바꿀 수 없다.[2]

통화정책의 경우 재정정책을 변경하는 데 시간이 걸리는 것과 같은 제한을 덜 받는다. 25장에서 설명했듯이 Fed의 현재 이자율 변경 수단은 Fed가 은행 지준에 지급하는 이자율을 변경하는 것이다. 이러한 변경은 매우 신속하게 이루어질 수 있고 결정이 나면 실행시차 없이 시행된다.

반응시차

반응시차(response lag)는 거시경제 문제를 인지하여 적정한 교정정책을 시행한 후 경제가 이러한 정책의 새로운 조건에 조정되는 데 걸리는 시간으로, 이는 경제 자체의 작동 때문에 발생한다. 정부가 정책을 만들어 시행하면 경제가 새로운 상황에 조정되는 데 시간이 걸린다. 통화정책은 재정정책보다 더 신속하게 조정 및 실행될 수 있지만, 반응시차 때문에 통화정책의 효과가 경제에 나타나기까지 더 오랜 시간이 걸린다. 가장 중요한 것은 문제가 처음 발생한 시점과 교정정책의 효과가 나타

반응시차 새로운 정책을 시행한 후 경제가 새로운 상황에 조정되는 데 걸리는 시간. 이는 경제 자체의 작동 때문에 발생함

2 그러나 자동안정장치가 있다는 것을 잊지 말라. 많은 프로그램은 경기후퇴 동안 (의회 또는 행정 조치가 없어도) 자동적으로 지출을 증가시키거나 세금을 감소시키는 자동적 경기 대응 특성을 가지고 있다.

나는 시점 사이의 총시차이다.

재정정책의 반응시차 재정정책의 반응시차에 대해 알아볼 수 있는 한 가지 방법은 정부지출승수를 이용하는 것이다. 정부지출승수는 정부지출이나 순세금의 변화로 인한 GDP의 변화를 측정한다. 정부지출승수가 완전히 실현되는 데에는 시간이 걸린다. 그 결과 재정정책의 반응시차는 재정정책 조치가 시작된 시점과 GDP의 완전한 변화가 실현되는 시점 사이의 시차이다.

재정정책의 반응시차(지출승수 과정의 지연)가 나타나는 이유는 단순하다. 정부지출이나 세금 삭감 후 수개월은 추가적인 정부지출이나 세금 삭감으로 직접적인 이득을 보는 기업이나 개인이 지출을 증가시키기에 충분하지 않다. 기업이나 개인은 곧바로 지출 계획을 수정하지 않는다. 이들이 지출 계획을 수정할 수 있을 때까지 정부지출의 증가는 민간지출을 추가적으로 증가시키지 못한다.

정부구매의 변화는 총지출의 한 요소이다. G가 증가하면 총지출이 직접적으로 증가하고, G가 감소하면 총지출이 직접적으로 감소한다. 그러나 개인소득세가 달라지는 경우에는 추가적인 단계가 개입되고 이는 추가적인 시차를 발생시킨다. 세금 삭감으로 인해 전반적으로 개인소득세가 낮아지면 각 가계는 세금 삭감 부분 중 얼마를 지출하고 얼마를 저축할지 결정해야 한다. 이러한 결정 과정이 바로 추가적인 단계이다. 세금 삭감이 추가 지출로 전환되기 전에 가계가 지출을 증가시키는 단계를 거쳐야 하기 때문에 일반적으로 약간의 시간이 걸린다.

법인세 인하의 경우 더 복잡한 과정이 있다. 기업은 증가된 세후수익을 가지고 무엇을 할 것인지 결정해야 한다. 기업이 증가된 수익을 가계에 배당으로 지급하는 것은 개인소득세 삭감과 마찬가지인 셈이다. 가계는 추가 자금을 지출할지 저축할지 결정해야 한다. 기업은 증가된 수익을 내부 유보하여 투자에 사용할 수도 있으나 투자는 계획과 시간이 걸리는 총지출의 한 요소이다.

실제로 세금이나 정부지출의 변화가 경제에 완전한 효과를 나타내는 데에는 약 1년이 걸린다. 이러한 반응시차는 오늘 경기후퇴에 대응하기 위해 정부지출을 증가시키면 12개월 동안 완전한 효과가 나타나지 않는다는 것을 의미한다. 약 1년이 지나야 경제의 상태가 달라질 것이다.

통화정책의 반응시차 이자율이 제로하한에 있지 않다면 통화정책은 이자율을 변경하여 작동하고 이는 의도된 투자를 변화시킨다. 또한 30장에서 설명하겠지만 이자율은 소비지출에 영향을 미칠 수 있다. 일반적으로 이자율 인하는 소비지출을 증가시키고 이자율 인상은 소비지출을 감소시킨다는 것만 알고 있어도 지금은 충분하다.

이자율의 변동에 따라 소비와 투자가 반응하는 데에는 시간이 걸린다. 이자율이 하룻밤 사이에 5% 오르더라도 기업은 즉시 투자구매를 줄이지 않을 것이다. 기업은 일반적으로 몇 년 앞서 투자계획을 세운다. 제너럴모터스(General Motors)가 이자율 상승에 반응하여 더 적게 투자하고자 할 때 투자 프로젝트 중 일부를 폐기하는 데 아마도 1년 정도의 시간이 걸릴 것이다. 통화정책의 반응시차는 재정정책의 반응시차보다 훨씬 더 길다. 정부지출이 변동할 때 기업은 정부구매 증가의 결과로 생산물을 더 많이 판매함으로써 매출에 직접적인 변화가 발생한다. 그러나 이자율이 변동할 때 기업의 매출은 가계가 소비지출을 변화시키고 기업이 투자지출을 변화시킬 때까지 달라지지 않는다. 가계와 기업이 이자율의 변동에 반응하는 데 시간이 걸린다. 이러한 의미에서 이자율의 변동은 세율의 변동과 같다. 결과적으로 기업의 매출이 변화하려면 가계와 기업이 재화 구매를 변경하는 것을 기다려야만 한다.

요약

예상치 못한 자산 가격의 변화가 발생하지 않더라도 안정화 정책은 쉽게 성취되지 않는다. 정책 담당자가 문제를 인지하는 데 시간이 걸리고, 해결 조치를 실행하는 데 시간이 걸리며, 기업과 가계가 안정화 정책에 반응하는 데 시간이 걸린다. 통화정책은 세금이나 정부지출의 변화보다 더 신속하고 쉽게 조정할 수 있으므로 경제를 안정시키는 유용한 수단이 될 수 있다. 그러나 통화정책의 변화에 대한 경제의 반응은 재정정책의 변화에 대한 경제의 반응보다 더 느리기 때문에 세금과 정부지출의 변화도 거시경제 관리에서 유용한 역할을 할 수 있다.

29.3 재정적자의 문제

학습목표

재정적자의 영향을 이해하고 재정적자 타기팅에 대해 알아본다.

정부가 세금 삭감이나 지출 증가를 통해 경제를 부양하려고 하면 다른 것들이 일정한 경우 재정적자가 증가할 것이다. 따라서 사람들은 경기후퇴기에 재정적자(경기적 적자)를 예상한다. 특히 완전고용일 때 발생하는 적정한 적자는 일시적이고 장기적인 문제를 일으키지 않는다. 그러나 완전고용하에서 재정적자(구조적 적자)가 상당히 크다면 장기적으로 부정적인 결과를 초래할 수 있다.

그림 24.6을 보면 GDP 대비 재정적자 비율이 2008년부터 매우 빠르게 증가하여 2009년에 약 9%였다. 재정적자가 매우 컸으나 이것의 대부분은 급격한 경기후퇴로 인한 경기적 적자였다. 2005~2007년에는 대체적으로 완전고용이 이루어진 상태였고 그 기간 동안 재정적자는 GDP의 약 2%였다. 이러한 재정적자는 완전고용 시기에 발생했기 때문에 구조적 적자라고 생각할 수 있다. 2017년 말에 경제는 실질적으로 완전고용 상태였고 재정적자는 GDP의 3.7%였다. 이때 재정적자는 거의가 구조적 적자였다.

2008년부터 발생한 대규모 재정적자는 GDP에 대한 연방정부 채무의 비율을 크게 증가시켰다. 그림 24.7에서는 이 비율이 2007년에 약 46%였으나 2012년 말에 약 70%로 정점을 찍은 것을 볼 수 있다. 이 비율은 2012년 이후 매우 높은 상태를 유지하여 2017년 말에는 약 69%였다.

한 국가의 GDP 대비 채무의 증가에 대한 한 가지 우려는 어느 시점에 투자자들이 재정적자에 필요한 자금을 조달하기 위해 이 국가가 매도하고 있는 채권이 더 위험해졌다고 인지할 수 있다는 것이다. 이로 인해 국가가 채권에 대해 지급해야 하는 이자율이 상승함에 따라 재정적자가 더 커질 것이다. 이는 국가가 과감하게 지출을 줄이거나 세금을 늘리게 함으로써 경제에 부정적인 영향을 상당히 미칠 수 있다.

재정적자 타기팅

오랫동안 재정적자에 대한 논쟁이 벌어졌다. 1980년대에 미국 정부는 세금으로 받은 것보다 훨씬 더 많이 지출했다. 대규모 재정적자에 대응하여 1986년에 미국 의회는 **그램-루드만-홀링스법**(Gramm-Rudman-Hollings Act, GRH)을 통과시키고 레이건 대통령이 이에 서명했다. 현재 재정적자 문제의 맥락에서 GRH법을 되돌아보면 흥미롭다. GRH법은 매년 결정되는 금액만큼 연방정부 재정적자를 감소시키기 위한 목표를 설정한다. 그림 29.6에서 보듯이 재정적자를 1987~1991년에 매년 360억 달러씩 감소시켜 1991년 회계연도에 0으로 만드는 것이 목표였다. GRH법의 재정

그램-루드만-홀링스법 연방정부 재정적자를 매년 360억 달러씩 감소시켜 1991년에 0으로 만들기 위한 법으로, 1986년에 미국 의회가 통과시키고 레이건 대통령이 서명함

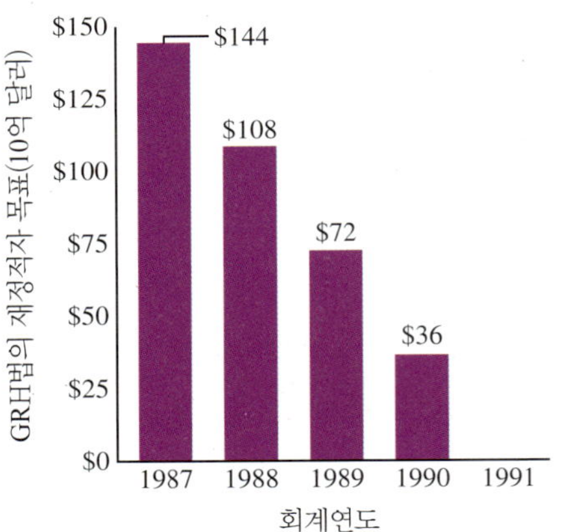

그림 29.6 그램-루드만-홀링스 법의 재정적자 감소 목표
1986년에 통과된 GRH법은 연방정부 재정적자를 매년 360억 달러씩 감소시키기 위해 입법되었다. 이 계획이 작동했다면 1991년까지 연방정부 재정적자 0을 달성했을 것이다.

적자 목표는 단순한 가이드라인이 아니었다. 미국 의회가 세금과 지출 프로그램에 대한 결정을 통해 재정적자 목표보다 큰 재정적자가 포함된 정부 예산을 만들면 GRH법은 자동적인 지출 삭감을 요구했다. 이러한 자동적인 지출 삭감은 총지출의 5%를 차지하는 프로그램은 총지출 삭감의 5%와 같은 지출 삭감이 이루어지도록 대부분의 연방정부 지출 프로그램에 비율적으로 배분되었다.[3]

1986년에 미국 대법원은 GRH법의 일부가 헌법에 위배된다고 선언했다. 사실상 미국 대법원은 GRH법이 시행되기 전에 미국 의회가 '자동적인' 지출 삭감을 승인해야 한다고 했다. 이 법은 미국 대법원의 판결을 충족하기 위해 1986년 수정되었고, 새로운 목표가 정립된 1987년 다시 수정되었다. 새로운 목표는 1993년까지 재정적자 0을 달성하는 것이었다. 그러나 1991년에 다시 수정하여 시한이 1996년으로 바뀌었다. 실제로 이러한 목표의 근처에도 가지 못했다. 시간이 지나면서 수정된 목표조차 완전히 비현실적이 되었고 1980년대 말까지 GRH법은 심각하게 받아들여지지 않았다.

GRH법은 역사에 묻혔지만 재정적자 타기팅의 결과를 고려해보는 것은 유용하다. 재정적자 타기팅을 심각하게 받아들이면 어떤 일이 일어나는가? 2018년 봄에 미국 하원의 공화당원들은 다시 균형재정 수정안을 통과시키자고 제안했으나 여기에 필요한 2/3의 표를 얻지 못했다. 균형재정 원칙은 정부가 재정적자를 내지 않을 것을 요구한다. 이것은 좋은 정책일까? 이에 대한 답은 '아마도 그렇지 않다'이다. 이제 재정적자 타기팅이 어떻게 경제를 더 불안정하게 만들 수 있는지 살펴보자.

재정적자 타기팅이 없는 세계에서 미국 의회와 대통령은 매년 얼마나 지출하고 세금을 얼마나 부과할지 결정한다. 연방정부 재정적자는 이러한 의사결정과 경제 상태의 결과이다. 그러나 재정적자 타기팅이 있는 경우에는 재정적자의 규모가 사전에 결정된다. 세금과 정부지출은 재정적자 타기팅이 요구하는 재정적자나 균형재정의 경우에 재정적자 0을 충족하기 위해 조정되어야 한다. 이러한 상황에서 재정적자는 더 이상 세금과 정부지출에 대한 의사결정의 결과가 아니라 재정적자에 대한 의사결정의 결과가 세금과 정부지출이 된다.

미국 의회가 재정적자 목표를 선택하고 이를 달성하기 위해 조정하는 것과, 미국 의회가 얼마나 지출하고 세금을 얼마나 부과할 것인지 결정하고 재정적자가 스스로 조정되도록 하는 것은 어떤 차이가 있는가? 그 차이가 상당할 수도 있다. 음의 수요충격으로 *AD*곡선이 왼쪽으로 이동하는 것을 생각해보라. 음의 수요충격은 소비나 투자 곡선을 음의 방향으로 움직이거나 미국의 수출을 감소시

3 사회보장과 같은 프로그램은 지출 삭감의 대상에서 제외되거나 다르게 취급되었다. 연방정부 채무에 대한 이자 지급도 지출 삭감의 대상에서 제외되었다.

(a) 재정적자 타기팅이 없는 경우

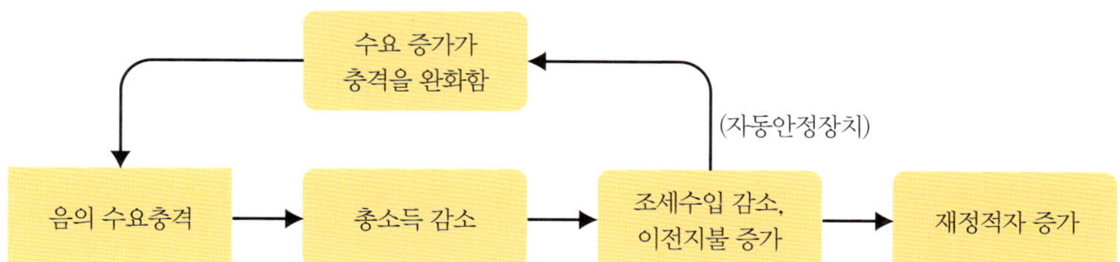

(b) 재정적자 타기팅이 있는 경우

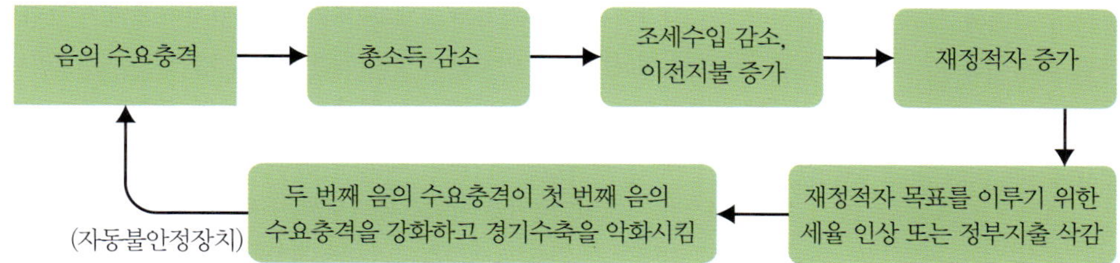

그림 29.7 자동불안정장치로 작동하는 재정적자 타기팅
재정적자 타기팅은 재정적자의 증가를 허용하지 않기 때문에 경제가 음의 수요충격에 대응하는 방법이 달라진다. 그 결과 재정적자가 감소하지만 그렇지 않은 경우보다 총소득이 더 감소한다.

킨다.

AD곡선의 왼쪽 이동은 총생산을 감소시키고 재정적자를 증가시킨다. 재정적자 타기팅이 없는 세계에서 경기수축 동안 발생하는 재정적자의 증가는 경제를 위해 **자동안정장치**(automatic stabilizer)를 작동시킨다. 경기수축에 의한 조세수입의 감소와 이전지불의 증가는 세후소득과 소비지출의 하락을 감소시키는 경향이 있다. 따라서 음의 수요충격에 따른 총생산의 감소가 재정적자의 증가로 인해 다소 완화된다[그림 29.7(a)].

자동안정장치 GDP를 안정시키기 위한 방법으로, 경제의 상태에 따라 자동적으로 변동하는 예산의 수입과 지출 항목

재정적자 타기팅의 세계에서는 재정적자가 증가할 수 없다. 세금 인상과 정부지출 삭감의 조합이 재정적자 타기팅이 없는 경우 발생하는 재정적자의 증가를 상쇄하기 위해 필요할 것이다. 세금 인상과 정부지출 삭감은 그 자체가 경기수축적이다. 따라서 음의 수요충격에 의한 처음 영향으로 재정적자가 증가하지 않도록 하는 데 필요한 세금 인상이나 정부지출 삭감 때문에 경제의 수축이 재정적자 타기팅이 없는 경우보다 더 커질 것이다. 그림 29.7(b)와 같이 재정적자 타기팅은 **자동불안정장치**(automatic destabilizer)로 작동하며, 경기수축기 동안 세금 인상과 정부지출 삭감을 요구한다. 재정적자 타기팅은 경기수축에 대응하기보다는 경기수축을 처음 촉발했던 충격보다 더 강화시킨다.

자동불안정장치 GDP를 불안정하게 만드는 방법으로, 경제의 상태에 따라 자동적으로 변동하는 예산의 수입과 지출 항목

따라서 재정적자 타기팅은 바람직하지 않은 거시경제 결과를 초래한다. 재정적자 타기팅의 경우 경제가 이미 어려움을 겪고 있는 시기에 정부지출을 삭감하거나 세금을 인상해야 한다. 물론 이러한 단점이 정부가 구조적 적자 문제를 무시해야 한다는 의미는 아니다. 음의 수요충격이 있는 기간 동안 정부지출 삭감이나 세금 인상에 발목을 잡히는 것은 경제를 관리하는 좋은 방법이 아니다. 앞으로 전 세계의 정책 담당자는 구조적 적자의 증가를 통제하기 위해 다른 방법을 고안해야 할 것이다.

요약

01 기업은 은행으로부터 차입하거나 채권을 발행하거나 신규 주식을 발행하여 투자 프로젝트에 필요한 자금을 조달할 수 있다. 주식을 보유하고 있는 사람들은 기업의 일부를 소유한다.

02 주가는 예상되는 미래 배당의 할인 가치와 같아야 한다. 할인율은 이자율과 주가의 위험에 따라 결정된다.

03 주가가 예상되는 미래 배당의 할인 가치보다 높을 때 버블이 존재한다. 이때 중요한 것은 다른 사람들이 미래에 주식을 얼마에 매도할 수 있을 것인지에 대한 사람들의 예상이다.

04 미국 역사에서 최대의 주식시장 활황이 1995~2000년에 일어났고 이 기간 동안 S&P 500 지수가 연간 25% 상승했다. 이러한 활황은 가계 재산을 14조 달러 증가시켰다.

05 1995~2000년 미국 주식시장 활황의 원인은 수수께끼이다. 이러한 활황을 예측하는 데 실마리가 되는 기업의 수익에 특별한 일이 없었기 때문에 많은 사람은 버블이라고 생각한다.

06 주택 가격이 2000~2006년에 급등하고 2006~2009년에 급락했다. 많은 사람은 2006년부터 나타난 주택 가격의 하락이 2008~2009년의 경기후퇴와 금융위기를 초래했다고 생각한다.

07 주가와 주택 가격의 변동은 소비와 가계 재산의 변동을 가져와 결과적으로 실물경제에 영향을 미친다. 주가와 주택 가격의 변동은 대개 예측할 수 없고, 이는 경제의 많은 변동을 예측할 수 없게 만든다.

08 안정화 정책은 생산과 고용의 변동을 완화하고 물가수준을 가능한 한 안정적으로 유지하려는 목표를 가진 통화정책과 재정정책이다. 거시경제정책에 시차, 즉 경제 반응의 지연이 존재하기 때문에 안정화 정책의 목표를 달성하기가 어렵다.

09 인지시차는 정책 담당자가 호황이나 침체를 인식하는 데 걸리는 시간이고, 실행시차는 경제학자와 정책 담당자가 경제가 호황이나 침체라는 것을 인지한 후 바람직한 정책을 시행하는 데 걸리는 시간이다. 반응시차는 새로운 정책을 시행한 후 경제가 새로운 상황에 조정되는 데 걸리는 시간, 즉 경제 자체의 작동 때문에 발생하는 시차이다. 일반적으로 통화정책은 재정정책보다 더 신속하게 시행할 수 있으나 재정정책의 반응시차가 통화정책보다 더 짧다.

10 미국의 GDP 대비 채무 비율은 2012년 이후 높은 수준을 유지하고 있으며 2017년 이후 크게 증가할 것으로 예상된다.

11 1986년에 미국 의회는 매년 재정적자 목표를 설정하는 GRH법을 통과시키고 레이건 대통령이 이에 서명했다. GRH법의 목표는 대규모 구조적 적자를 감소시키는 것이었다.

12 GRH법과 같이 재정적자를 제거하거나 줄이기 위해 자동적인 지출 삭감을 요구하는 재정적자 타기팅은 경제를 불안정하게 만들 수 있다.

핵심 용어

그램 – 루드만 – 홀링스법(Gramm-Rudman-Hollings Act, GRH)
나스닥 종합지수(NASDAQ Composite)
다우존스 산업평균지수(Dow Jones Industrial Average)
반응시차(response lag)
스탠더드앤드푸어스 500 주가지수(Standard and Poor's 500)
시차(time lag)
실행시차(implementation lag)
실현된 자본이득(realized capital gain)
안정화 정책(stabilization policy)
인지시차(recognition lag)
자동불안정장치(automatic destabilizer)
자동안정장치(automatic stabilizer)
자본이득(capital gain)
주식(stock)
S&P 500 지수(S&P 500)

연습문제

01 2009년 7월에 S&P 500 지수는 1,000이었다.

a. S&P 500 지수는 무엇인가?

b. 현재 S&P 500 지수는 얼마인가?

c. 당신이 2009년 7월에 1만 달러를 투자했는데 이 투자의 가치가 S&P 500 지수의 상승과 같은 비율로 증가했다면 당신은 현재 얼마를 가지고 있는 셈인가?

d. 가계 부문이 보유하고 있는 주식의 총가치가 약 20조 달러이고 전체 주식시장이 S&P 500 지수와 같은 비율로 상승하거나 하락한다고 가정하라. 주식 보유가 소비지출에 미치는 '재산 효과'는 연간 주식 재산의 약 4%라는 증거가 있다. 2009년 7월 이후 주식시장 변동의 결과로 소비지출이 얼마나 증가하거나 감소할 것으로 예상하는가?

02 재정안정협정이라고도 일컫는 '경제통화동맹의 안정, 조정, 지배구조에 관한 협정(Treaty on Stability, Coordination and Governance in the Economic and Monetary Union, TSCG)'이 2013년 1월에 유럽연합에서 발효되었다. 이 협정에 따르면 회원국의 재정은 균형이거나 흑자여야 하며, 그렇지 않으면 자동 교정 조치가 시행된다. GDP의 60%를 초과하는 채무를 가지고 있는 국가를 위해 이 협정은 매년 감소되어야 할 채무의 비율을 제시한다. 이 협정이 채택된 이유는 무엇인가? 확장적 재정정책을 추진하면 안 되는 이유는 무엇인가?

03 안정화 정책을 시행하기가 어려운 이유를 설명하라. 어떻게 안정화 정책은 경제를 불안정하게 만들 수 있는가?

04 경기후퇴를 예측하기가 어렵기 때문에 2008~2009년의 경기후퇴의 경우처럼 인지시차가 길어질 수 있다. 이러한 경기후퇴에 대한 인지시차가 연방정부와 Fed의 정책 담당자 모두에게 동일하다고 가정하라. 재정정책과 통화정책 중 무엇이 더 빨리 경제에 영향을 주는지, 어떤 정책하에서 경제가 새로 시행된 상황에 더 빨리 조정되는지 설명하라.

05 경제가 수축함에 따라 재정적자가 증가하는 이유와 경제가 확장함에 따라 재정적자가 감소하는 이유를 설명하라.

06 2021년의 경제에 관한 정보가 다음과 같다. 모든 변수의 단위는 10억 달러이다.

소비함수	$C = 100 + (0.8 \times Y_d)$
세금	$T = -150 + (0.25 \times Y)$
투자 함수	$I = 60$
처분가능소득	$Y_d = Y - T$
정부지출	$G = 80$
균형	$Y = C + I + G$

힌트: 재정적자는 $D = G - T = G - [-150 + (0.25 \times Y)]$이다.

a. 균형소득을 구하라. 재정적자(정부지출과 조세수입의 차이)가 50억 달러임을 밝혀라.

b. 미국 의회는 올해 재정적자가 0이 되도록 요구하는 포그혼-레그혼(Foghorn-Leghorn, F-L) 수정법을 통과시켰다. 미국 의회가 채택한 재정적자가 0보다 크다면 재정적자 목표를 지출 삭감으로 충족해야 한다. 지출이 (750억 달러가 되도록) 50억 달러 삭감된다고 하자. 새로운 균형 GDP의 값은 얼마인가? 새로운 재정적자는 얼마인가? 왜 재정적자가 0이 아닌지 자세히 설명하라.

c. F-L 수정법이 시행되지 않았고 의도된 투자(I)가 55로 감소한다고 하자. 새로운 균형 GDP의 값은 얼마인가? 새로운 재정적자는 얼마인가? F-L 수정법이 시행되어 재정적자 목표를 달성하기 위해 지출을 삭감하면 어떤 일이 일어나는가? (힌트: 균형재정을 달성하기 위해 지출을 216억 6,600만 달러 삭감해야 한다.)

07 정부가 공공적자를 줄이기 위해 지출을 감소시키고 세금을 증가시키기로 한다면 중앙은행은 새로운 재정정책이 총생산에 미치는 영향을 상쇄하는 조치를 채택할 수 있는가? 중앙은행은 어떻게 할 수 있는가?

08 정부가 지출과 세금을 증가시키거나 감소시키지 않는다고 약속하는 지출 및 조세 정책을 시행할 때 재정적자가 여전히 증가하거나 감소할 수 있는지 설명하라.

경제학적 사고 키우기

01 그림 29.3에서 보듯이 과거 수년간 주택 가격이 크게 상승했다. 그러나 주택 매입자의 구성(신용 평점과 중위 가계소득 기준)은 2006년의 구성과 다르다. 주택 매입자의 구성은 잠재적인 주택 시장 붕괴의 강도에 어떤 영향을 미치는가?

02 재정적자 타기팅은 경기후퇴기에 잘못된 유형의 재정정책을 시행하게 만들 수 있다. 어떻게 이러한 일이 일어나는가?

CHAPTER 30

가계 및 기업의 행동과 거시경제: 추가적 논의

목차와 학습목표

30.1 가계의 소비와 노동공급에 대한 결정

가계의 소비와 노동공급에 대한 결정에 영향을 미치는 요인을 파악한다.

30.2 기업의 투자와 고용에 대한 결정

기업의 투자와 고용에 대한 결정에 영향을 미치는 요인을 파악한다.

30.3 생산성과 경기변동

생산성이 경기 순응적인 이유를 이해한다.

30.4 생산과 실업의 단기적 관계

생산과 실업의 단기적 관계를 이해한다.

30.5 승수의 크기

승수의 크기에 영향을 미치는 요인을 파악한다.

재화시장, 금융시장, 노동시장에서 이루어지는 가계, 기업, 정부 간의 상호작용을 23~29장에서 살펴보면서 가계의 소비가 소득에만 의존하고 기업의 의도된 투자가 이자율에만 의존한다고 가정했다. 이 장에서는 가계의 소비와 노동공급에 대한 결정에 영향을 미치는 요인과 기업의 투자와 고용에 대한 결정에 영향을 미치는 요인을 보다 현실적으로 다룰 것이다. 이 장에서 얻은 통찰력은 다양한 거시경제 문제를 분석하는 데 사용된다.[1]

학습목표

가계의 소비와 노동공급에 대한 결정에 영향을 미치는 요인을 파악한다.

30.1 가계의 소비와 노동공급에 대한 결정

지금까지 분석의 대부분에서 소비는 소득에만 의존한다고 가정했다. 이것은 유용한 출발점이고 소득은 사실 가장 중요한 소비의 결정요인이지만, 가계의 소비를 결정하는 유일한 요인은 아니다. 가계의 행동을 보다 더 현실적으로 설명하기 위해서 기타 소비이론들을 고려할 필요가 있다.

생애소비이론

사람들은 대부분 현재 소득뿐만 아니라 살아가는 동안 벌어들일 것으로 예상되는 소득을 토대로 소비에 대한 결정을 내린다. 많은 교수는 노동소득이 없는 은퇴를 대비하여 저축하기 때문에 현재 버는 것보다 덜 쓰지만, 많은 대학생은 미래 소득을 예상하여 현재 버는 것보다 더 많이 쓴다. 이처럼 사람들이 소비에 대한 결정을 할 때 생애소득을 고려한다는 견해를 기반으로 하는 소비모형을 **생애소비이론**(life-cycle theory of consumption)이라고 한다.

생애소비이론 가계가 생애소득에 대한 예상을 토대로 생애소비에 대한 결정을 한다는 가계소비이론

그림 30.1은 일반적인 개인의 생애소득과 소비 패턴을 보여준다. 생애 초기에는 소득이 낮고 중기에 소득이 높아지며 은퇴 후 소득이 다시 낮아진다. 은퇴 후에는 노동이 아닌 다른 출처(사회보장급여, 이자와 배당 등)에서 소득을 얻기 때문에 소득이 0이 아니다.

그림 30.1의 소비 경로는 이 사람의 생애 전체에 걸쳐 거의 일정하다. 이는 극단적인 가정이지만 생애 전체에 걸친 소비 경로가 소득 경로보다 더 안정적이라는 것을 보여준다. 직장 경력의 초기에는 소득보다 많은 금액을 소비한다. 이 시기에는 미래 소득을 예상하고 자동차 대출, 주택을 매입하

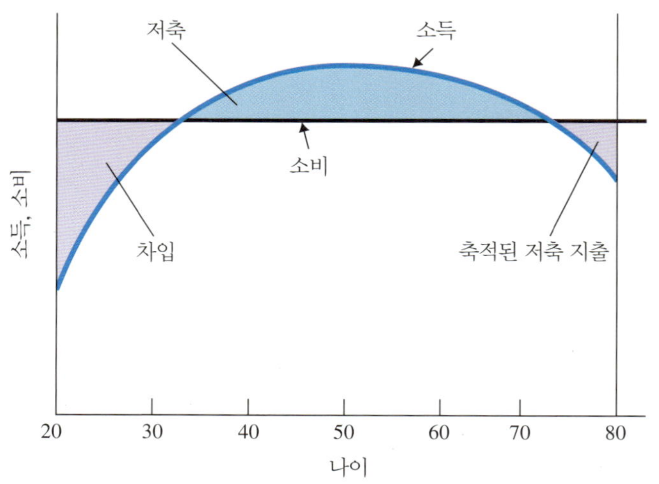

그림 30.1 생애소비이론
일을 시작한 초기에 사람들은 버는 것보다 더 많이 소비하고 은퇴기에도 이와 마찬가지이다. 생애 초기와 은퇴기 사이에는 차입으로 인한 부채를 상환하고 은퇴를 위해 저축을 한다(버는 것보다 덜 소비한다).

1 이 장은 수준이 약간 높지만 흥미로운 정보를 많이 담고 있다.

기 위한 모기지대출, 학자금 대출 등으로 차입하여 소득보다 소비를 더 많이 한다. 소득이 증가하면서 이러한 부채를 상환하며, 소비를 크게 줄이지 않으면서 과거의 차입을 상환하기 위해 소득의 일부를 사용할 수 있다. 이와 반대 상황이 은퇴기에 벌어진다. 은퇴 후에는 소득이 적다. 왕성하게 일하는 동안 버는 것보다 덜 소비하기 때문에 은퇴기에 적정한 생활수준을 유지하기 위한 돈을 저축할 수 있다.

재산의 변동도 생애소비이론의 중요한 요소이다. 많은 젊은 가계는 미래의 높은 소득을 예상하고 차입을 한다. 일부 가계는 실제로 재산이 마이너스 상태이다. 다시 말해 자산의 가치가 부채보다 적다. 왕성하게 일하는 동안 가계는 부채를 상환하고, 소득이 일반적으로 감소하는 생애 후반을 대비하여 저축을 한다. 부채보다 자산이 많은 가계는 재산이 플러스 상태이다. 임금소득자가 은퇴하면 가계는 축적된 재산을 사용한다. 일반적으로 말하면 재산은 마이너스에서 출발하여 플러스가 된 다음 생애 말기에 0에 접근한다. 따라서 재산은 가계가 저축을 하고 그것을 사용하는 행동과 밀접하게 관련되어 있다.

생애소비이론은 소비와 저축에 대한 결정이 현재 소득뿐만 아니라 예상되는 미래 소득에 의존한다고 제시하는데, 이는 케인지안 소비이론과 생애소비이론의 핵심적인 차이이다. 제2차 세계대전 이후 가계의 소비 행위는 분명히 생애소비이론을 지지한다. 제2차 세계대전이 끝난 직후 임금소득자가 전쟁 관련 일자리를 떠나면서 이들의 소득이 줄어들었다. 그러나 케인지안 소비이론이 예측하듯이 그에 상응하는 만큼 소비지출이 하락하지는 않았다. 사람들은 다른 부문에서 일자리를 찾을 수 있으리라 예상하고 소득의 감소에 맞추어 소비지출을 조정하지 않았던 것이다.

개인이 예상하는 미래 소득 흐름의 평균수준을 나타내기 위해 **항상소득**(permanent income)이라는 용어를 사용한다. (현재 소득이 높지 않더라도) 미래에 소득이 높아질 것이라고 예상하면 항상소득이 높다고 말할 수 있다. 이러한 개념을 이용하면 생애소비이론은 현재 소비에 대한 결정이 현재 소득 대신 항상소득을 토대로 이루어진다고 제시하는 것으로 요약된다.[2] 이는 세율 변화와 같은 정책 변화가 일시적이 아니라 영구적이라고 예상되면 가계의 행동에 더 큰 영향을 미칠 수 있음을 의미한다.

항상소득 개인이 예상하는 미래 소득 흐름의 평균수준

2001년과 2008년에 미국에서 시행된 일회성 세금 환급은 항상소득가설을 흥미롭게 검정할 수 있는 사례를 제공한다. 이 세금 환급은 일회성 부양 조치였는데, 예를 들어 2008년의 세금 환급액은 세금 환급 자격을 갖춘 개인 납세자의 경우 300~600달러였다. 그렇다면 세금 환급이 소비에 얼마나 영향을 미칠 것으로 예상하는가? 앞에서 소개한 단순한 케인지안 모형은 세금 환급액인 600달러에 한계소비성향을 적용할 것이다. 한계소비성향이 0.8이면 세금 환급액인 600달러는 소비지출을 480달러 증가시킬 것으로 예상된다.

이와 달리 항상소득가설은 세금 환급액인 600달러를 개인의 항상소득 관점에서 고려한다. 개인의 항상소득 관점에서 보면 600달러는 적은 금액이고 사람들은 세금 환급에 반응하여 소비를 덜 증가시킬 것으로 예상된다. 매튜 샤피로(Matthew Shapiro)와 조엘 슬렘로드(Joel Slemrod)가 수행한 2001년 세금 환급에 대한 연구는 소비자 설문조사에 기초하여 대부분의 사람들이 소비지출을 증가

2 밀턴 프리드먼(Milton Friedman)은 이 주제에 관한 선구적인 연구(*A Theory of the Consumption Function*, Princeton, NJ: Princeton University Press, 1957)를 수행했다. 1960년대 중반에 프랑코 모딜리아니(Franco Modigliani)는 생애소비이론과 매우 밀접한 연구를 했다.

시키기보다는 부채를 줄이기 위해 세금 환급액을 사용할 계획이라고 제시했는데, 이는 생애소비이론과 일치한다.

생애소비이론은 가계의 소비 행동을 깊이 이해할 수 있게 해주지만 여전히 무언가를 놓치고 있다. 그것은 가계의 또 다른 중요한 결정인 노동공급에 대한 결정이다.

노동공급의 결정

한 경제에서 경제활동인구의 규모는 분명히 중요하다. 경제활동인구의 증가는 국민소득/생산을 증가시킬 수 있는 방법 중 하나이고, 일하는 사람의 비율이 높을수록 일인당 잠재생산이 더 커진다.

경제활동인구의 규모를 결정하는 것이 무엇인지 설명하지 않았다. 물론 인구통계는 핵심 요소이다. 2018년에 태어난 아이의 수는 2038년에 20세인 잠재적 근로자의 수를 결정할 것이다. 또한 합법적이거나 불법적인 이민도 중요한 역할을 한다.

가계의 행동 역시 중요한 역할을 한다. 가계는 일을 할 것인지, 일을 한다면 얼마나 할 것인지를 결정한다. 대부분의 가계는 지출에 필요한 자금을 주로 임금과 급여로 얻기 때문에 이러한 결정은 소비에 대한 결정과 밀접하게 연계되어 있다. 가계는 소비와 노동공급에 대한 결정을 동시에 한다. 노동공급은 소비지출에 쓸 돈을 벌기 위해 노동을 판매하는 것이므로 소비와 노동공급을 따로 떼어 놓고 생각할 수 없다.

3장에서 설명했듯이 임금이나 급여를 받고 노동을 공급하는 것의 대안은 여가나 비시장 활동이다. 비시장 활동에는 자녀 양육, 학교 다니기, 가정 살림 등이 포함된다. 개발도상경제에서는 자급자족 농민으로 일하는 것이 비시장 활동에 포함된다. 그렇다면 가계의 노동공급량을 결정하는 것은 무엇인가? 가계의 노동공급량을 결정하는 요인은 임금, 물가, 재산, 비노동소득 등이다.

임금 임금의 변화는 노동공급에 영향을 줄 수 있으나 그 효과가 양인지 음인지는 불분명하다. 임금 상승은 두 가지 방식으로 가계에 영향을 미친다. 첫째, 임금이 오르면 여가와 비시장 활동에 비해 상대적으로 일에 더 끌린다. 여가로 보내는 시간당 더 많은 임금을 포기해야 하기 때문에 여가의 기회비용이 더 높아진다. 그 결과 임금 상승은 노동공급량(경제활동인구)을 증가시키는데, 이를 임금 상승의 대체효과(substitution effect of a wage rate increase)라고 한다.

둘째, 임금이 상승하면 일하는 가계 구성원은 확실히 더 좋아진다. 이전과 같은 시간을 일하더라도 더 많은 소득을 벌 것이다. 여가가 정상재라고 가정하면 더 높은 소득을 버는 사람은 일을 더 적게 하고 여가에 소득의 일부를 지출하는데, 이를 임금 상승의 소득효과(income effect of a wage rate increase)라고 한다.

임금이 상승할 때 대체효과는 사람들이 더 많이 일할 것이라고 제시하지만 소득효과는 일을 덜 할 것이라고 제시한다. 최종적인 효과는 두 효과 중 어느 것이 더 강력한가에 달려 있다. 데이터에 따르면 대부분의 경우 대체효과가 더 우세한 것으로 나타났다. 즉 일반적으로 임금이 높을수록 노동공급이 더 증가하고 임금이 낮을수록 노동공급이 더 감소한다.

물가 물가도 소비/노동공급에 대한 결정에 중요한 역할을 한다. 임금 상승의 효과를 다루면서 재화와 서비스의 가격이 동시에 상승하지 않는다고 가정했다. 임금과 기타 모든 가격이 동시에 상승하면 얘기가 달라진다. 문제를 명료하게 하기 위해 명목임금과 실질임금을 구별할 필요가 있다.

명목임금(nominal wage rate)은 경상달러 기준으로 측정한 임금이다. 명목임금을 물가수준의 변화에 대해 조정하면 **실질임금**(real wage rate)을 구할 수 있다. 실질임금은 임금으로 구입할 수 있는 재화와 서비스의 양이다. 근로자는 명목임금이 아니라 명목임금의 구매력(실질임금)에 관심을 가지고 있다.

명목임금 경상달러 기준으로 측정한 임금

실질임금 명목임금으로 구입할 수 있는 재화와 서비스의 양

2017년에 미국 인디애나폴리스의 숙련 근로자는 시간당 20달러의 임금을 받았다. 2018년에 임금이 시간당 22달러로 상승했다고 하자. 2018년 재화와 서비스의 가격이 2017년과 같다면 실질임금이 10% 상승했을 것이다. 다시 말해 2018년에 한 시간 일하고 구매할 수 있는 것이 2017년에 한 시간 일하고 구매할 수 있는 것보다 10% 더 많다. 그런데 2017년과 2018년 사이에 모든 재화와 서비스의 가격도 10% 올랐다면 어떻게 될까? 시간당 임금의 구매력이 달라지지 않는다. 즉 2018년에 실질임금이 전혀 오르지 않는다. 2017년에 20달러로 구매했던 재화와 서비스의 양을 2018년에는 22달러로 구매할 수 있다.

실질임금을 측정하기 위해 명목임금을 물가지수로 조정한다. 22장에서 살펴보았듯이 소비자물가지수와 GDP 디플레이터를 비롯해 몇 가지 물가지수가 있다.[3]

이제 생애소비이론에서 배운 것을 임금과 물가에 관한 설명에 적용할 수 있다. 생애소비이론은 사람들이 의사결정을 할 때 미래를 고려한다고 제시한다. 이러한 견해는 가계가 현재의 소비와 노동공급에 대해 결정할 때 예상되는 미래 실질임금을 고려한다는 것을 나타낸다. 예를 들어 의대생은 미래의 실질임금이 높을 것이라고 예상하며, 이러한 예상은 얼마나 소비할 것인지, 파트타임 일자리를 구할 것인지에 대한 현재의 결정에 영향을 미친다.

재산과 비노동소득 생애소비이론은 생애 동안 재산이 변동한다고 제시한다. 가계는 젊었을 때 얻은 부채를 상환하고 은퇴 후를 대비하여 재산을 축적한다. 이러한 재산의 역할은 분명하나 재산의 존재는 또 다른 의문을 제기한다. 생애의 단계가 같고 미래 임금을 비슷하게 예상하는 두 가계를 생각해보자. 그들은 남은 수명이 같을 것으로 예상하며 같은 금액을 자녀에게 물려줄 계획이다. 그들은 재산만 서로 다른데, 과거에 받은 유산 덕분에 첫 번째 가계는 두 번째 가계보다 재산이 더 많다. 어느 가계가 남은 생애 동안 소비가 더 많은 경로를 가질 가능성이 있는가? 첫 번째 가계는 남은 생애에 걸쳐 사용할 재산이 더 많기 때문에 더 많이 소비할 것이다. 모든 조건(생애의 단계 포함)이 동일하다면 가계는 재산을 더 많이 가지고 있을수록 현재와 미래에 더 많이 소비할 것이다.

만약 한 가계가 먼 친척으로부터 유산을 받아 갑자기 재산이 증가했다면 소비 패턴에 어떤 영향이 있을까? 유산을 한꺼번에 지출하는 사람은 없을 것이다. 대부분의 가계는 유산을 남은 생애 동안 지출하면서 현재와 미래의 소비를 증가시킬 것이다.

한편 재산의 증가는 비노동소득의 증가로 간주할 수 있다. **비노동소득**(nonlabor income), 즉 **비임금소득**(nonwage income)은 근로 이외의 원천(유산, 이자, 배당, 복지수당·사회보장급여 등의 이전지불)으로부터 얻는 소득이다. 재산과 마찬가지로 예상치 않은 비노동소득의 증가는 가계의 소비에 양의 영향을 미칠 것이다.

비노동소득(비임금소득) 유산, 이자, 배당, 이전지불 등과 같이 근로 이외의 원천으로부터 받는 소득

3 실질임금을 계산하기 위해 명목임금을 물가지수로 나눈다. 임금이 1998년 시간당 10달러에서 2010년 시간당 18달러로 상승하고 같은 기간에 물가수준이 50% 상승했다고 하자. 1998년을 기준연도로 사용하면 물가지수는 1998년 1.00에서 2010년 1.50으로 상승했다. 실질임금은 W/P이며 W는 명목임금, P는 물가지수이다. 1998년을 기준연도로 사용하면 실질임금은 1998년에 10달러(10달러/1.00), 2010년에 12달러(18달러/1.50)이다.

재산이나 비노동소득의 증가는 노동공급에 어떤 영향을 미치는가? 소득의 증가는 여가를 포함하여 정상재의 소비를 증가시킨다. 따라서 예상치 않은 재산 또는 비노동소득의 증가는 소비와 여가의 증가를 가져온다. 또한 여가가 증가함에 따라 노동공급이 감소해야 하므로 예상치 않은 재산 또는 비노동소득의 증가는 노동공급을 감소시킨다. 갑자기 100만 달러짜리 복권에 당첨되거나 주식으로 큰돈을 번다면 이러한 행운이 없을 때보다 미래에 일을 덜 할 것이다.

이자율이 소비에 미치는 영향

이자율은 기업의 투자에 대한 결정에 영향을 미친다. 이자율의 상승은 의도된 투자수준을 감소시키고, 이자율의 하락은 의도된 투자수준을 증가시킨다. 이자율은 화폐시장과 재화시장 사이의 중요한 연결 고리이자 통화정책이 의도된 총지출에 영향을 미치는 경로이다.

이제 이 연결 고리를 확장할 수 있다. 이자율은 가계의 행동에도 영향을 미친다. 이자율의 하락이 소비에 미치는 영향을 생각해보자. 이자율의 하락은 저축에 대한 보상을 감소시킨다. 이자율이 10%에서 5%로 떨어지면 1달러의 저축으로 10센트 대신 5센트를 벌게 된다. 이는 오늘 1달러를 지출하는 기회비용(1달러를 저축하여 1년 후에 얻는 1달러와 이자소득의 합)이 하락한다는 것을 의미한다. 이자율이 하락하면 미래 소비가 현재 소비로 대체될 것이다. 즉 오늘 더 많이 소비하고 덜 저축한다. 반대로 이자율이 상승하면 오늘 덜 소비하고 더 많이 저축하게 되는데 이를 대체효과(substitution effect)라고 한다.

한편 이자율의 변화가 소비에 영향을 미치는 소득효과(income effect)도 있다. 양의 재산을 가진 가계가 그 재산으로 이자를 벌고 있다면 이자율의 하락은 이자소득을 감소시킨다. 이것은 비노동소득의 감소이고 소비에 음의 영향을 미친다. 양의 재산을 가진 가계의 경우 소득효과가 대체효과와 반대 방향으로 작동한다. 반대로 부채를 가진 가계가 부채에 대한 이자를 내고 있다면 이자율의 하락은 이자지불액을 감소시킨다. 이 경우 가계는 여유가 생겨서 더 많이 소비할 것이며, 소득효과와 대체효과가 같은 방향으로 작동한다. 미국의 총가계 부문은 양의 재산을 가지고 있고, 따라서 전체적으로는 소득효과와 대체효과가 반대 방향으로 작동한다.

정부가 소비와 노동공급에 미치는 영향: 세금과 이전지불

정부는 주로 개인소득세율과 이전지불을 통해 가계의 행동에 영향을 미친다. 정부가 개인소득세율을 인상하면 세후 실질임금이 감소하여 소비가 감소하고, 정부가 개인소득세율을 인하하면 세후 실질임금이 증가하여 소비가 증가한다. 개인소득세율의 변동은 노동공급에도 영향을 미친다. 일반적으로 대체효과가 압도하면 개인소득세율의 인상은 세후 실질임금을 감소시킴으로써 노동공급이 감소할 것이다. 반대로 개인소득세율의 인하는 노동공급을 증가시킬 것이다. 이러한 영향의 크기에 대해서는 상당한 논란이 있다. 노동탄력성이 매우 높으면 개인소득세율의 인상은 경제활동을 크게 감소시켜 총조세수입이 감소할 수 있다. 그러나 최근의 한 논문은 노동공급이 한계세율의 변화에 대해 상대적으로 비탄력적이어서 개인소득세율의 인상이 총조세수입을 어느 정도 증가시킬 것이라고 밝혔다.[4]

---

4 Emmanuel Saez, Joel Slemrod and Seth Giertz, "The elasticity of taxable income with respect to marginal tax rates: A critical review," *Journal of Economic Literature*, March 2012, 3-50.

표 30.1 정부가 가계의 소비와 노동공급에 미치는 영향

	개인소득세율		이전지불	
	상승	하락	증가	감소
소비에 미치는 영향	음	양	양	음
노동공급에 미치는 영향	음*	양*	음	양

*대체효과가 압도하는 경우
주: 세율 변화와 이전지불 변화가 일시적이 아니라 영구적이면 그 영향이 더 크다.

사회보장급여, 재향군인급여, 일반적인 빈곤층 지원 등 이전지불의 증가는 소비에 양의 영향을 미치고 노동공급에 음의 영향을 미치는 비노동소득의 증가이다. 따라서 이전지불의 증가는 소비를 증가시키고 노동공급을 감소시키는 반면 이전지불의 감소는 소비를 감소시키고 노동공급을 증가시킨다. 이러한 내용을 표 30.1에 요약했다.

가계의 고용 제약 가능성

지금까지는 가계가 각 기에 얼마나 일할 것인지를 자유롭게 결정할 수 있다고 보고 가계의 노동공급에 대한 결정을 다루었다. 가계의 구성원이 현재 임금에 주당 5시간을 더 일하고자 한다면 그렇게 할 수 있다고 가정했다. 또한 일하지 않던 사람이 현재 임금에 일하기로 결정한다면 일자리를 구할 수 있다고 가정했다.

그러나 흔히 이러한 가정이 성립하지 않고 사람들이 일할 수 있는 시간에 제약이 있다. 현재 임금에 원하는 만큼 일할 수 없는 가계는 원하는 만큼 일할 수 있는 가계와는 다른 의사결정 상황에 직면한다. 현재의 임금수준에서 원하는 만큼 일하는 데 제약이 있는 가계의 일에 대한 결정은 실제로 그 제약의 영향을 받는다. 이러한 가계는 주당 일정 시간 일할 수 있거나 아예 일하지 못할 수도 있으나, 더 일할 수 있는 일자리를 구하더라도 실제로 일하는 시간은 현재 임금에 일하기로 선택할 수 있는 시간보다 적다. 가계가 더 일할 수 있는 일자리를 구했을 때 현재 임금에 일하고자 하는 시간을 **무제약 노동공급**(unconstrained supply of labor)이라고 한다. 그리고 현재 임금에 주어진 기간 동안 실제로 일하는 시간을 **제약 노동공급**(constrained supply of labor)이라고 한다.

무제약 노동공급 가계가 일자리를 구할 수 있다면 현재 임금에 주어진 기간 동안 일하고자 하는 시간

제약 노동공급 가계가 현재 임금에 주어진 기간 동안 실제로 일하는 시간

가계의 제약 노동공급은 가계가 통제할 수 있는 변수가 아니다. 가계가 공급하는 노동의 양이 경제의 작동에 의해 외부에서 결정된다. 이러한 조건하에서는 예컨대 세율의 변화가 무제약 노동시장에서와 같은 방식으로 가계의 노동공급에 영향을 줄 것이라고 기대할 수 없다. 그러나 가계의 소비는 가계가 통제할 수 있다. 가계가 일을 덜 할수록, 즉 가계의 제약 노동공급이 적을수록 가계의 소비가 더 줄어들 것이다. 노동공급에 대한 제약은 소비의 중요한 결정 요인이다. 흥미롭게도 우버(Uber), 리프트(Lyft), 태스크래빗(Task Rabbit)과 같은 유연근무 일자리가 증가함에 따라 최근 노동시장의 특성이 변화하면서 일부 사람들의 노동공급 선택에 대한 제약이 완화되었을 수 있다.

케인지안 소비이론의 재검토 케인지안 소비이론은 현재 소득이 현재 소비를 결정한다고 제시한다. 소비 결정과 노동공급 결정은 동시에 이루어지며 이 두 가지 결정은 실질임금에 의존한다. 소비가 소득에만 의존한다고 생각하는 것은 적어도 완전고용 상태일 때는 옳지 않다. 그러나 실업이 존재하고 노동공급에 제약이 있다면 소득수준(적어도 근로자의 소득)은 가계의 결정이 아니라 전적

으로 기업의 고용 결정에 의존하기 때문에 케인지안 소비이론이 거의 맞는다. 이 경우 소비에 영향을 주는 것은 임금이 아니라 소득이다. 이러한 이유로 케인지안 소비이론은 실업이 존재하는 시기와 관련된 것으로 여겨진다. 물론 이 이론이 개발되었던 당시는 정확히 그러한 시기였다.

가계의 행동에 대한 요약

이제 거시경제에서 가계의 행동에 대한 설명을 마무리하겠다. 가계의 소비는 현재 소득 그 이상의 요인에 의존한다. 가계는 소비와 노동공급을 동시에 결정하는데, 이때 미래를 고려한다. 가계의 소비와 노동공급에 대한 결정에 영향을 미치는 요인은 다음과 같다.

- 현재 실질임금과 예상되는 미래 실질임금
- 처음의 재산 가치
- 현재 비노동소득과 예상되는 미래 비노동소득
- 이자율
- 현재 세율 및 이전지불과 예상되는 미래 세율 및 이전지불

가계의 노동공급 결정에 제약이 있으면 기업의 고용 결정에 따라 직접적으로 소득이 결정된다. 이 경우 소비를 소득의 함수로 제시하는 케인지안 소비이론이 더 강력한 이론이 된다.

1970년 이후 가계 부문

가계의 행동을 더 잘 이해하기 위해 일부 가계 변수가 시간이 흐름에 따라 어떻게 변화했는지를 살펴보자. 1970 I~2017 IV 동안 다섯 번의 경기후퇴기(1974 I~1975 I, 1980 II~1982 IV, 1990 III~1991 I, 2001 I~2001 III, 2008 I~2009 II)가 있었는데, 이때 가계 변수는 어떻게 변화했는가?

소비 가계 부문의 총소비 데이터는 국민소득계정에 있다. 표 21.2에서 보듯이 2017년 미국의 개

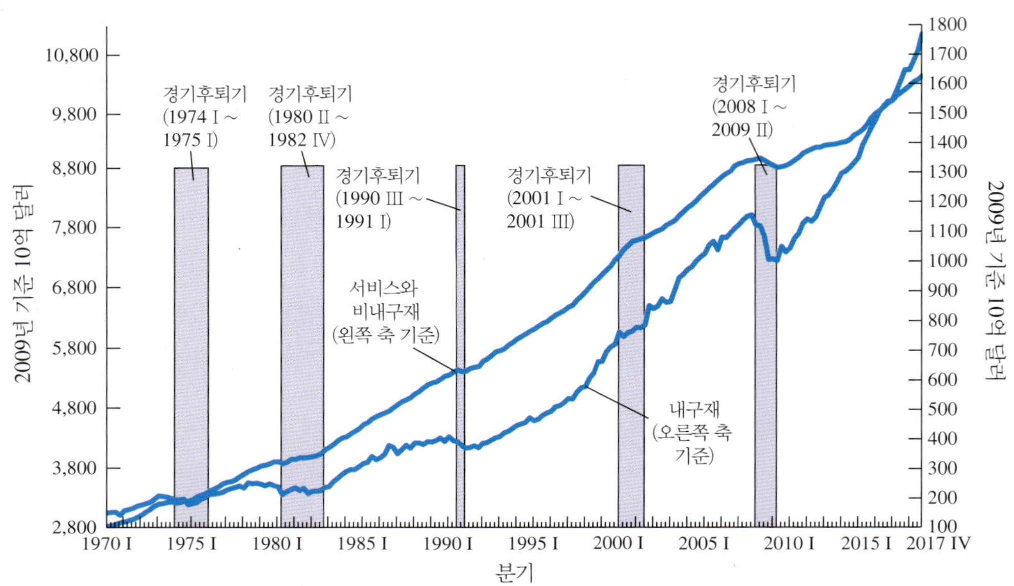

그림 30.2 1970 I~2017 IV 미국의 소비지출
시간이 지남에 따라 서비스와 비내구재 지출이 내구재 지출보다 더 완만하게 증가했다.

인소비지출은 GDP의 69.1%를 차지했다. 소비지출의 세 가지 범주는 서비스 지출, 비내구재 지출, 내구재 지출이다.

그림 30.2는 실질기준으로 측정한 서비스 소비지출, 비내구재 소비지출, 내구재 소비지출의 변화 추이를 나타낸 것이다. 시간이 지남에 따라 서비스와 비내구재 지출이 내구재 지출보다 더 완만하게 증가한 것을 확인할 수 있다. 예를 들어 다섯 번의 경기후퇴기에 서비스 지출과 비내구재 지출의 감소가 내구재 지출의 감소보다 훨씬 더 적었다.

왜 내구재 지출이 서비스와 비내구재 지출보다 더 심하게 변동하는가? 시기가 나쁠 때, 사람들은 내구재의 구매를 연기할 수 있고 그렇게 한다. 따라서 내구재 지출이 가장 크게 변화한다. 시기가 어려울 때, 새 자동차나 새 스마트폰을 살 필요가 없다. 상황이 더 나아질 때까지 오래된 쉐비(Chevy)나 아이폰(iPhone)을 사용할 수 있다. 소득이 감소할 때, 유치원 비용이나 의료비 사용을 연기하는 것은 쉬운 일이 아니다. 비내구재는 (식품과 같은) 품목들에 대한 지출보다 연기하는 것이 더 쉬운 (새 옷과 같은) 품목들을 포함하고 있는 중간 범주이다.

주택 투자 가계 부문의 또 다른 중요한 지출은 주택 투자(신규 주택 구매)이다. 그림 30.3은 미국의 주택 투자 변화 추이를 보여준다. 주택 투자는 모든 가계 지출 중에서 가장 쉽게 미룰 수 있는

경제학의 적용

주택 가격의 변화 측정

2000~2006년의 주택 가격 급등과 2006년 이후의 주택 가격 급락은 2008~2009년의 경기후퇴 발생에 중요한 역할을 했을 수 있다. 이러한 주택 가격 버블과 경기후퇴의 관계, 특히 주택 가격 버블의 붕괴가 은행 안정성에 미친 영향을 검토한 경제학 논문이 많이 있다.

그런데 주택 가격의 변화를 어떻게 측정하는가? 무엇보다 주택은 제각각 다르다. 주택 가격의 변화를 측정하는 것은 석유, 우유, 참치 통조림 가격의 변화를 측정하는 것보다 훨씬 더 어렵다. 한 가지 가능한 방법은 한 도시에 있는 주택의 평균 가격이 시간의 흐름에 따라 어떻게 변하는지 살펴보는 것이다. 하지만 첫해에는 일반 주택이 주로 거래되고 다음 해에는 고급 주택이 주로 거래되었다면 주택의 평균 가격 변화가 주택 가격 인플레이션을 잘 포착하지 못할 것이다.

또 다른 방법은 주택 유형을 표준화하고 한 지역에 있는 침실 4개짜리 주택의 평균 가격이 시간의 흐름에 따라 어떻게 변하는지 살펴보는 것이다. 이는 더 좋은 방법이기는 하나 여전히 높은 이질성이 문제이다. 이 책의 저자 중 칼 케이스(Karl Case)는 행동경제학자인 로버트 실러(Robert Shiller)와 함께 주택이 모두 다르다는 문제를 말끔히 해결한 케이스-실러 지수를 개발했다. 케이스-실러 지수는 여러 번 거래된 주택만 대상으로 하고 동일한 주택이 현재 얼마에 판매되고 있는지, 과거에 얼마에 판매되었는지를 고려한다. 보스턴에서 처음 개발된 이 지수는 현재 많은 대규모 주택 지역에 대해서도 계산되고 있다. 실제로 케이스-실러 지수는 일반적으로 신문의 금융란에 보도되고 10개 도시와 20개 도시의 주택 가격 변화를 보여준다.

그렇다면 최근의 케이스-실러 지수는 어떠한가? 케이스-실러 지수는 1996~2006년에 125% 상승했다가 2006~2011년에 고작 38% 하락했다. 2012년과 2013년 초에는 훨씬 더 나아져서 2013년 4월 현재 10개 도시 지수는 연간 7.3%, 20개 도시 지수는 8.1% 상승했다.

질문

- 거시경제학 외에 누가 케이스-실러 지수에 관심을 가지겠는가?

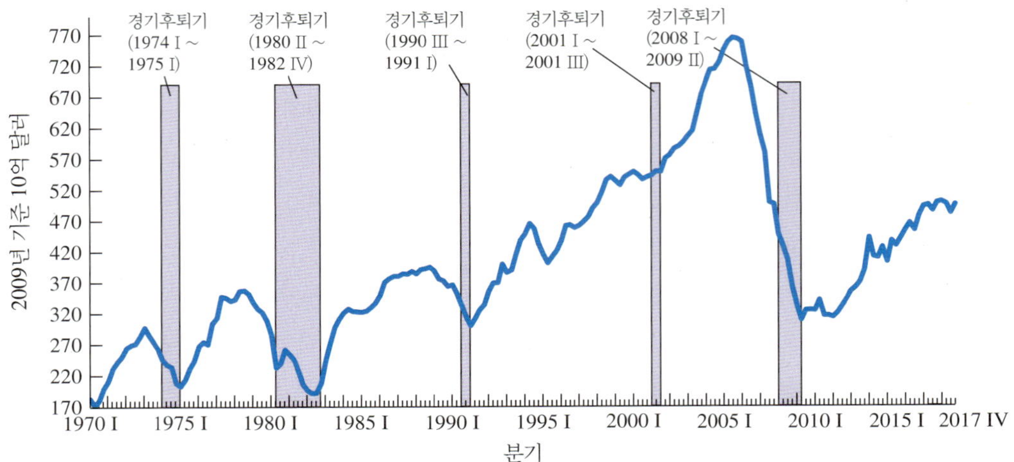

그림 30.3 1970 I~2017 IV 미국 가계 부문의 주택 투자
1970년 이후 다섯 번의 경기후퇴기에 주택 투자가 감소했다. 내구재 지출과 마찬가지로 주택 투자를 위한 지출은 뒤로 미뤄질 수 있다.

항목으로 변동성이 크며, 2003~2010년에 그러한 변동이 두드러졌다. 주택 투자는 2003~2005년에 급증했다 그 이후에 폭락했다. 29장에서 설명했듯이 이는 대부분 주택 가격의 급등과 급락에서 비롯되었다.

노동공급 22장과 28장에서 언급했듯이 어떤 사람이 일하고 있거나 과거 몇 주 동안 일자리를 적극적으로 찾았다면 경제활동인구에 포함된다. 총근로연령인구에서 경제활동인구가 차지하는 비율이 경제활동참가율이다.

경제활동인구를 세 범주, 즉 25~54세 남성, 25~54세 여성, 16세 이상 기타 모든 사람으로 분류하면 유용하다. 흔히 '전성기 연령'이라 불리는 25~54세는 일하는 생애의 전성기이다. 그림 30.4는 미국의 경제활동참가율을 보여준다.

그림에 보듯이 전성기 연령 남성의 경제활동참가율은 1970년 이후 하락했지만(1970 I에 0.961에서 2017 IV에 0.888로) 이 연령의 남성은 대부분 경제활동인구에 속한다(전성기 연령 남성의 경제활동참가율이 0.888이라는 것은 전성기 연령 남성 중 88.8%가 경제활동인구에 속한다는 것을 의미한다). 한편 전성기 연령 여성의 경제활동참가율은 1970~1990년에 극적으로 상승했다(1970 I

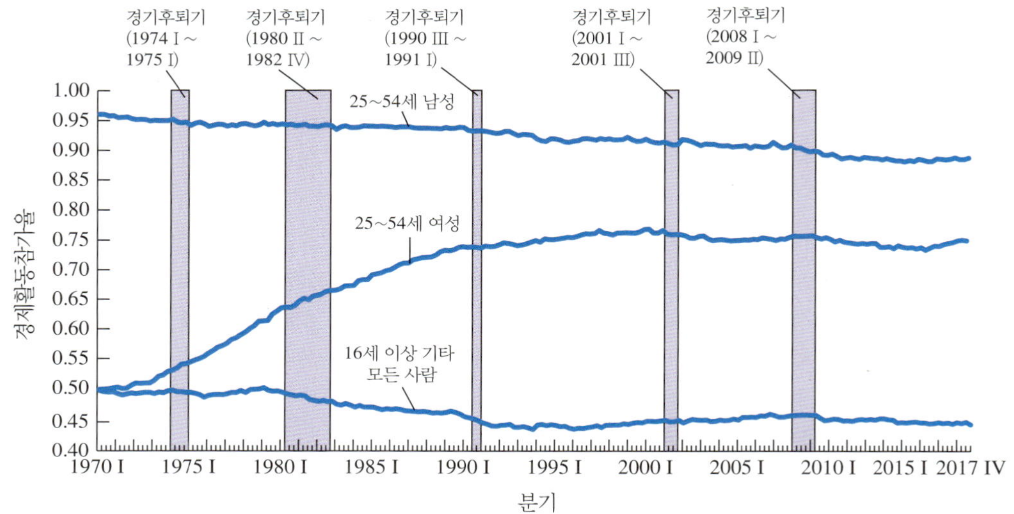

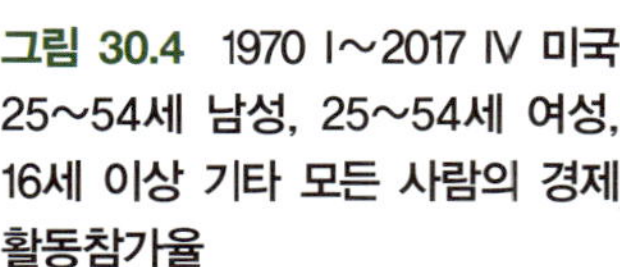
그림 30.4 1970 I~2017 IV 미국 25~54세 남성, 25~54세 여성, 16세 이상 기타 모든 사람의 경제활동참가율
1970년 이후 전성기 연령 남성의 경제활동참가율이 조금씩 하락하고 전성기 연령 여성의 경제활동참가율은 극적으로 상승했다. 16세 이상 기타 모든 사람의 경제활동참가율은 1979년 이후 감소했으며, 경기후퇴기에 하락하는 경향(구직 포기자 효과)이 있다.

에 0.501에서 1990 I에 0.741로). 이러한 상승의 일부는 경제적 요인 때문이지만 대부분은 사회적 태도와 선호의 변화에 기인한 것으로 보인다. 1990년 이후 전성기 연령 여성의 경제활동참가율은 거의 변함이 없다. 2017 IV에 전성기 연령 여성의 경제활동참가율은 0.752로, 전성기 연령 남성의 경제활동참가율(0.888)보다 여전히 낮다.

전성기 연령 여성과 남성을 제외한 16세 이상 기타 모든 사람의 경제활동참가율은 경기적 특성을 보여준다. 즉 경기후퇴기에 하락하고 경기확장기에 상승하거나 덜 하락하는 경향이 있다. 이러한 특성은 22장에서 설명한 구직 포기자 효과를 드러낸다. 경기후퇴기 동안 어떤 사람들은 구직을 포기하여 경제활동인구로 간주되지 않는다. 경기확장기 동안에는 사람들이 용기를 내어 일자리를 찾기 시작함으로써 다시 경제활동인구에 포함된다. 전성기 연령 여성과 남성은 대부분 경제활동인구에 속하기 때문에 이들의 경제활동참가율에 미치는 구직 포기자 효과가 매우 작다.

30.2 기업의 투자와 고용에 대한 결정

학습목표

기업의 투자와 고용에 대한 결정에 영향을 미치는 요인을 파악한다.

가계의 행동에 이어 경제의 또 다른 주요 결정 주체인 기업의 행동을 살펴보자. 앞에서 기업의 행동을 설명할 때 의도된 투자가 이자율에만 의존한다고 가정했으나 의도된 투자를 결정하는 그 밖의 요인이 있다. 이제 이러한 결정 요인과 기업의 고용 결정에 영향을 미치는 요인을 알아보자. 여기서도 미시경제이론이 거시경제의 작동에 대한 약간의 통찰력을 얻는 데 도움이 될 수 있다.

시장경제에서 기업은 소비자가 현재 어떤 재화와 서비스를 사용할지, 또 미래에는 어떤 재화와 서비스를 사용할지, 얼마나 많은 근로자가 필요한지, 얼마나 많이 투자해야 할지를 결정한다. 거시경제의 용어를 사용하자면 기업의 의사결정이 합쳐져서 생산, 노동수요, 투자가 결정된다.

예상과 동물적 감각

투자 결정의 핵심 요소 중 하나는 시점이다. 일반적으로 자본은 수년에 걸친 수명을 가지고 있다. 오피스 빌딩을 짓기로 결정한 개발업자는 수십 년 동안 (지진, 홍수, 토네이도를 막아주면서) 사용되는 투자를 한다. 공장을 지을 위치를 결정할 때 기업은 장기간 서비스를 제공할 대규모 자본을 주문한다. 또한 공장을 짓거나 대형 장비를 구매하는 결정은 흔히 실제 프로젝트가 완성되기 몇 년 전에 이루어진다. 작은 회사에서 쓸 컴퓨터를 구매하는 데에는 며칠이면 충분하겠지만 미국 대도시의 도심 개발 계획 과정에는 수십 년이 걸린다.

이러한 이유로 투자 결정을 하려면 미래를 내다보아야 한다. 미래를 예상할 때 기업은 수많은 요인을 고려한다. 최소한 기업은 자사 생산물의 수요, 경쟁업체의 계획, 거시경제의 전반적인 상태에 관한 정보를 수집한다. 기업은 미래에 자사 생산물이 더 많이 팔릴 것이라고 예상되지 않으면 생산능력을 증가시키지 않을 것이다. 힐튼(Hilton)은 수익성 있게 객실을 채울 것으로 예상되지 않으면 새 호텔을 짓지 않을 것이다. 또한 포드(Ford)는 경제가 장기간 침체에 빠질 것으로 예상되면 새 공장을 짓지 않을 것이다.

미래를 예측하는 데에는 많은 위험이 도사리고 있다. 예측할 수 없는 사건이 비일비재하므로 항상 투자는 불완전한 지식을 가지고 이루어진다. 1936년에 케인스는 이 점을 다음과 같이 지적했다.

> 놀라운 사실은 예상 수익률의 추정치를 극단적으로 믿을 수 없는 지식 기반에 기초하여 구한다는 것이다. 미래의 일정 기간 동안 투자수익률을 결정하는 요인에 대한 우리의 지식은 일반적으로 매우 빈약하고 흔히 무시할 만하다. 솔직히 말하면 앞으로 10년 동안 철도, 구리 광산, 섬유 공장, 특허 의약품의 영업권, 대서양 여객선, 런던 소재 빌딩의 투자수익률을 추정하기 위한 우리의 지식 기반은 매우 취약하고 때로는 아무것도 아니다.

기업가의 동물적 감각 투자자의 감각을 설명하기 위해 케인스가 사용한 용어

케인스는 이러한 논리를 바탕으로 많은 투자 활동이 심리와 소위 **기업가의 동물적 감각**(animal spirits of entrepreneurs)에 의존한다고 결론지었다.

> 우리의 결정은 단지 동물적 감각의 결과에 따라 이루어질 수 있다. 따라서 투자의 전망을 추정할 때 우리는 즉흥적인 활동을 크게 좌우하는 긴장, 과민 반응, 소화 상태, 날씨에 대한 반응을 유념해야 한다.[5]

케인스가 언급했듯이 미래에 대한 예상은 불확실성이 크고 자주 바뀔 수 있다. 따라서 기업가의 동물적 감각은 GDP를 변동시키는 요소가 되는 투자에 영향을 준다. 행동거시경제학을 연구한 노벨 경제학상 수상자 조지 애컬로프(George Akerlof)와 로버트 실러는 현대 경제의 변동성을 촉발하는 동물적 감각의 역할을 강조했다.[6]

가속도 효과 동물적 감각에 대한 케인스의 설명은 예상이 의도된 투자수준을 결정하는 역할을 한다고 제시한다. 주어진 이자율에서 사업의 전망이 낙관적이면 투자수준이 높아지고 사업의 전망이 비관적이면 투자수준이 낮아질 것이다. 그렇다면 핵심 질문은 무엇이 예상을 결정하는가이다. 하나의 가능성은 총생산(Y)이 증가할 때 예상이 낙관적이 되고 총생산이 감소할 때 예상이 비관적이 된다는 것이다. 주어진 이자율 수준에서 생산이 느리게 증가하거나 감소할 때보다 생산이 빠르게 증가할 때 더욱 낙관적인 예상을 하여 의도된 투자가 증가할 수 있다. 왜 이러한 일이 발생하는지는 쉽게 이해할 수 있다. 기업은 미래 전망이 밝다고 예상할 때 현재 생산능력을 늘리는 계획을 세울 수 있으며, 미래 전망의 한 지표는 현재 성장률이다.

가속도 효과 총생산이 증가할 때 투자가 증가하고 총생산이 감소할 때 투자가 감소하여 생산의 성장이나 감소가 가속화되는 경향

이러한 경우 소위 **가속도 효과**(accelerator effect)가 발생할 것이다. Y가 증가하고 있으면 그 수준이 낮을지라도 투자가 증가할 것이다. 투자지출의 증가는 생산의 추가 증가로 이어져 총생산의 성장이 더욱 가속화될 것이다. 그러나 Y가 하락하고 있으면 그 수준이 높을지라도 투자지출이 감소함으로써 총생산의 감소가 가속화될 것이다.

초과 노동과 초과 자본의 효과

초과 노동, 초과 자본 기업의 현재 생산수준을 생산하는 데 필요하지 않은 노동과 자본

단순한 거시경제모형에서 기업은 더 많은 생산물을 생산하기 위해 더 많은 노동과 자본을 고용해야 한다. 실제로 기업은 종종 **초과 노동**(excess labor)이나 **초과 자본**(excess capital)을 보유한다. 노동의 양(또는 보유하고 있는 자본의 양)을 줄이더라도 같은 양의 생산물을 생산할 수 있을 때 기업은

---

5 John Maynard Keynes, *The General Theory of Employment, Interest, and Money* (1936), First Harbinger Ed. (New York: Harcourt Brace Jovanovich, 1964), pp. 149, 152.

6 George Akerlof and Robert Shiller, *Animal Spirits: How human psychology Drives the Economy, and Why it Matters for Global Capitalism*, Princeton University Press, Princeton NJ, 2010.

초과 노동(또는 초과 자본)을 보유하게 된다. 수많은 기업이 초과 노동 또는 초과 자본을 보유하고 있을 가능성이 투자와 생산의 관계에 대한 설명을 복잡하게 만든다.

기업이 필요한 것보다 더 많은 노동이나 자본을 보유하고자 하는 이유는 무엇인가? 노동과 자본은 비싸다. 기업은 근로자에게 임금을 지급해야 하고 기계나 빌딩에 묶여 있는 자금에 대한 이자를 포기해야 한다. 왜 기업은 수입을 창출하지 않는 비용을 부담하려 하는가?

그 이유를 알기 위해 기업의 매출이 갑자기 크게 감소하여 어려움을 겪고 있으나 낮은 수준의 매출이 수개월 지속된 후 매출이 다시 증가할 것으로 예상한다고 가정하자. 이 경우 기업은 재고스톡이 너무 증가하지 않도록 매출 변화에 대응하여 생산을 감소시킬 것이다. 이러한 생산 감소는 기업이 현재의 낮은 생산수준을 생산하는 데 더 적은 노동과 자본이 필요하기 때문에 일부 근로자와 기계를 처분할 수 있음을 의미한다.

하지만 그렇게 간단한 문제가 아니다. 인력과 자본스톡을 신속하게 줄이는 데에는 비용이 많이 들 수 있다. 갑자기 인력을 감축하면 근로자의 사기가 떨어지고 인적관리 비용이 증가될 수 있으며, 갑자기 자본스톡을 감소시키면 중고 기계 판매의 어려움으로 곤란해질 수도 있다. 이러한 유형의 비용은 새로운 생산수준으로 조정하기 위해 발생하는 비용이므로 **조정비용**(adjustment costs)이라고 한다. 생산을 증가시키기 위한 조정비용도 있다. 예를 들어 일반적으로 신규 근로자를 충원하고 훈련하는 데에는 비용이 많이 든다.

조정비용 기업이 생산수준을 변동할 때 발생하는 비용(인력 감축 시 인적관리 비용, 신규 근로자 훈련 비용 등)

생산이 감소할 때 기업이 인력과 자본스톡을 감소시키지 않기로 결정할 만큼 조정비용이 상당히 클 수도 있다. 기업은 노동과 자본을 감소시키는 것이 그대로 유지하는 것보다 더 비용이 많이 들고 가까운 미래에 근로자가 필요할 것이라고 예상하기 때문에 현재 생산량을 생산하는 데 필요한 것보다 더 많은 노동과 자본을 보유하기도 한다. 실제로 초과 노동은 정상적인 생산활동수준에서 일하지 않는 근로자일 것이다. 이러한 초과 노동의 일부는 생산이 다시 증가할 때 생산성이 높아지도록 새로운 훈련을 받기도 하고 유지·보수를 받기도 한다.

주어진 시점에 초과 노동과 초과 자본의 존재는 미래 고용과 투자 결정에 영향을 미칠 수 있다. 기업이 매출과 생산의 감소로 이미 초과 노동과 초과 자본을 보유하고 있다고 가정하자. 생산이 다시 증가할 때 기업은 그렇지 않은 경우보다 많은 신규 근로자를 고용하거나 새로운 자본을 확보할 필요가 없을 것이다. 기업은 보유하고 있는 초과 노동이 많을수록 미래에 신규 근로자를 덜 고용할 것이다. 경기하강기에 많은 기업이 초과 투입요소를 보유하고 있다면 경제가 회복될 때 어떤 일이 일어날지 예측하기가 더 복잡해진다.

재고투자

재고투자에 대한 결정을 간략하게 살펴보자. **재고투자**(inventory investment)는 재고스톡의 변화이다. 재고투자는 기업이 자본스톡을 증가시키는 하나의 방법이지만 재고투자에 대한 결정은 공장 및 장비 투자에 대한 결정과 매우 다르다.

재고투자 재고스톡의 변화

재고의 역할 기업의 판매량과 생산량을 구별하라. 썩기 쉬운 재화가 아니거나 서비스 생산이 아닌 경우에 기업은 재고로 재화를 보유할 수 있다면 주어진 기간 내에 생산되는 재화의 양과는 다른 양의 재화를 판매할 수 있다. 기업이 생산한 양보다 더 많이 팔면 재고스톡이 감소하고, 생산한 양보다 덜 팔면 재고스톡이 증가한다.

$$\text{재고스톡(기말)} = \text{재고스톡(기초)} + \text{생산량} - \text{판매량}$$

기업이 기초에 재고로 우산 100개를 가지고 있었고 주어진 기에 우산 15개를 생산하여 10개를 판매했다면 기말에 재고가 105(= 100 + 15 − 10)개일 것이다. 재고는 자본스톡의 일부로 계산되기 때문에 재고스톡의 변화는 실제로 투자이다. 이 경우에 주어진 기의 재고투자는 양의 값인 우산 5(= 105 − 100)개이다. 생산된 재화의 수가 판매된 재화의 수보다 적으면 재고투자는 음의 값이 된다.

최적 재고정책 기업은 현재 무엇을 생산하고 판매하는지뿐만 아니라 미래에 무엇을 생산하고 판매할지에도 관심을 둔다. 주어진 각 시점에 기업은 현재 기와 미래 기에 얼마나 판매할 것인지에 대해 약간의 감을 가지고 있다. 이러한 예상과 재고량에 대한 정보를 바탕으로 기업은 현재 기의 생산량을 결정해야 한다. 재고는 보관 공간을 차지하고 이자를 얻을 수 있는 자금을 묶어놓기 때문에 재고 보유는 비용이 드는 일이다. 그러나 재고스톡이 너무 낮아지면 기업은 특히 자사 생산물의 수요가 예상치 않게 증가할 때 그 수요를 충족하는 데 어려움을 겪게 되고 판매하지 못할 수도 있다. 너무 낮은 재고스톡과 너무 높은 재고스톡 사이의 재고수준을 **바람직한 재고수준**(desired level of inventories) 또는 **최적 재고수준**(optimal level of inventories)이라고 한다. 이러한 재고수준은 재고가 조금 감소할 때 발생하는 추가 비용(판매 손실)이 추가 이득(이자 수입과 보관 비용 감소)과 정확히 일치하는 재고수준이다.

바람직한 재고수준(최적 재고수준) 재고가 조금 감소할 때 발생하는 추가 비용(판매 손실)이 추가 이득(이자 수입과 보관 비용 감소)과 정확히 일치하는 재고수준

재고비용 말고는 다른 비용이 없는 기업은 항상 한 기에 기말의 재고스톡을 바람직한 재고수준과 정확히 일치시키는 데 필요한 재화의 양을 생산하려고 할 것이다. 바람직한 재고수준보다 재고스톡이 낮아지면 재고를 증가시키기 위해 예상 판매량보다 더 많이 생산하고, 바람직한 재고수준보다 재고스톡이 높아지면 재고를 감소시키기 위해 예상 판매량보다 덜 생산할 것이다.

그러나 기업을 운영하는 데에는 재고비용 외에도 다양한 비용이 존재한다. 특정 생산수준에 맞춰진 생산공정을 바꾸는 것은 매우 어려운 일이기 때문에 특히 갑작스럽고 큰 생산의 변화는 많은 비용을 초래하기도 한다. 생산을 늘리려면 더 많은 근로자를 고용하고 자본스톡을 증가시키기 위한 조정비용이 발생하고, 생산을 줄이려면 근로자를 해고하고 자본스톡을 감소시키기 위한 조정비용이 발생할 수도 있다.

재고 보유와 생산수준의 변경은 많은 비용이 드는 일이기 때문에 기업은 그 둘의 교환관계에 직면한다. 기업은 조정비용 탓에 판매 경로에 비해 생산 경로를 덜 변화시킬 가능성이 있다. 이는 기업이 각 기에 생산과 판매의 차이를 흡수하기 위해 재고를 변화시키면서 판매보다 생산이 덜 변동되게 할 수 있음을 의미한다. 그러나 최적 재고수준에서 너무 벗어나지 말아야 하는 인센티브가 있기 때문에 생산의 변동이 완전히 제거되지는 않는다. 판매가 변동하는 것만큼은 아니지만 생산이 변동할 가능성도 여전히 있다.

여기서 두 가지 사실을 지적해야겠다. 첫째, 판매가 예상치 않게 감소하여 기업의 재고스톡이 예외적으로 또는 예상치 않게 높으면 기업은 재고스톡을 줄이기 위해 그렇지 않은 경우보다 미래에 덜 생산할 것이다. 이러한 방식으로 예상치 않은 재고수준도 미래의 생산수준에 영향을 미친다. 예상치 않게 높은 재고스톡은 미래의 생산에 음의 영향을 미치고, 예상치 않게 낮은 재고스톡은 미래의

생산에 양의 영향을 미칠 것이다. 기업은 의도치 않은 재고를 감소시키려고 하기 때문에 과거에 이루어진 판매는 미래의 판매 예상보다 덜 최적 생산에 영향을 미칠 것이다. 미래의 판매 예상은 재고 정책과 생산에 영향을 준다. 기업은 미래에 많이 판매되리라 예상하면 이를 뒷받침하기 위해 높은 재고수준이 필요하다는 것을 인식하여 그에 맞게 의도된 생산 경로를 조정할 것이다. 생산은 미래에 대한 예상에 의존하므로 동물적 감각이 역할을 할 수 있다. 미래에 대해 더 낙관적인 기업은 미래의 판매 증가를 예상하고 재고를 증가시키기 위해 현재 더 많이 생산할 것이다. 동물적 감각이 투자에 영향을 미친다는 케인스의 견해는 생산과도 연관될 수 있다.

기업 행동의 요약

기업의 투자와 고용 결정에 영향을 미치는 요인은 다음과 같다.

- 미래 생산에 대한 기업의 예상
- 임금과 자본비용(이자율은 자본비용의 중요한 요소)
- 현재 보유하고 있는 초과 노동과 초과 자본의 양

생산, 판매, 재고투자 간의 관계에 대해 기억해야 할 중요한 사실은 다음과 같다.

- 재고투자, 즉 재고스톡의 변화는 '생산 – 판매'와 같다.
- 예상치 않은 재고스톡의 증가는 미래 생산에 음의 영향을 미친다.
- 현재의 생산은 미래의 판매 예상에 따라 달라진다.

1970년 이후 기업 부문

기업의 행동에 관한 설명을 마무리하기 위해 1970 I~2017 IV 동안 일부 총투자 및 고용 변수의 변화 추이를 살펴보자. 이러한 변수의 변화 패턴을 이해하는 데 기업의 행동에 대한 확장 모형이 어떻게 도움이 되는지 알아보자.

공장과 장비 투자 그림 30.5는 기업 부문의 공장과 장비 투자의 변화 추이를 보여준다. 1970년 이후 다섯 번의 경기후퇴기에는 투자가 저조했는데, 이러한 관측은 투자가 부분적으로 생산에 의존

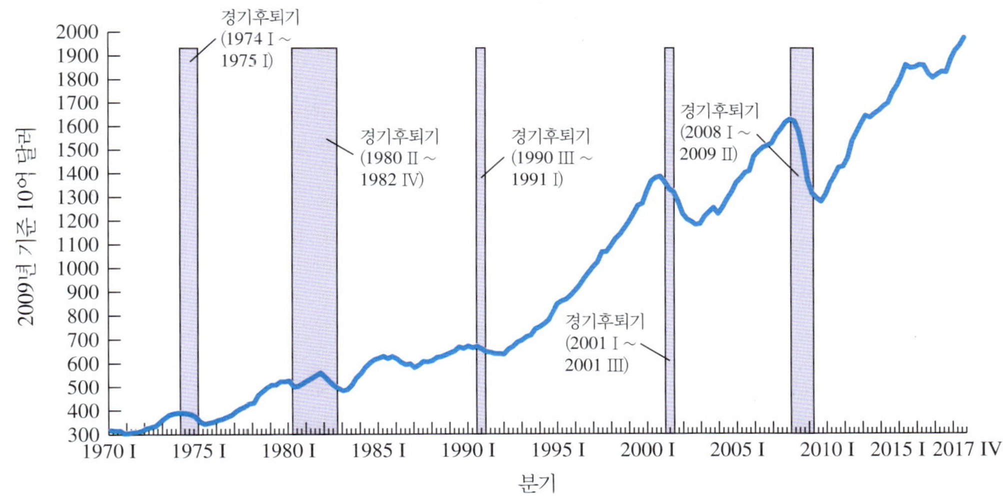

그림 30.5 1970 I~2017 IV 기업 부문의 공장과 장비 투자

1970년 이후 다섯 번의 경기후퇴기에는 전반적으로 공장과 장비 투자가 감소했다.

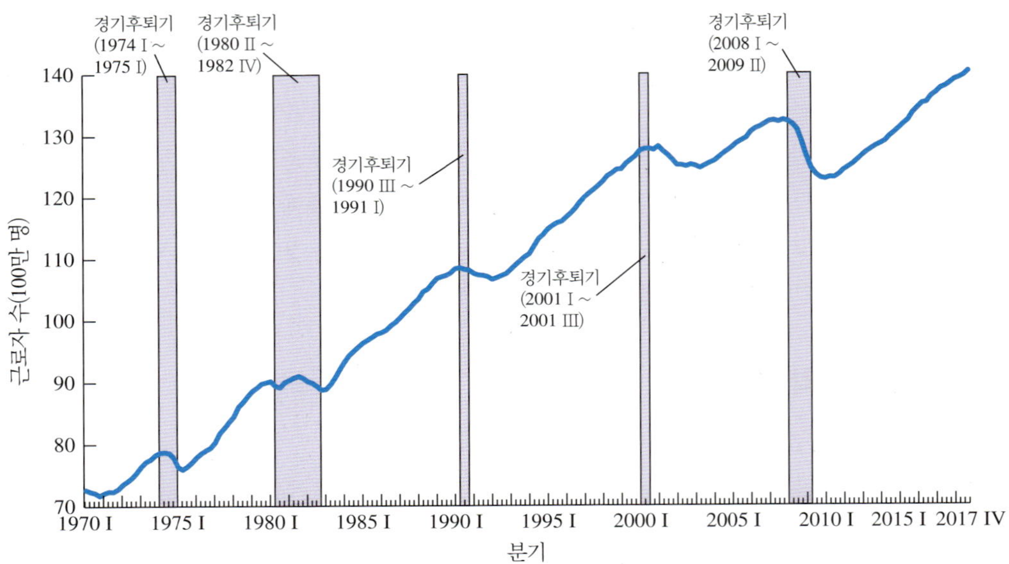

그림 30.6 1970 I~2017 IV 기업 부문의 고용
1970년 이후 다섯 번의 경기 후퇴기에는 전반적으로 고용이 감소했다.

한다는 관측과 일치한다. 그림 20.4의 실질 GDP 변화 추이와 그림 30.5의 투자 변화 추이를 살펴보면 일반적으로 투자는 GDP가 증가할 때 증가하고 GDP가 감소할 때 감소한다.

또한 그림 30.5를 통해 투자가 크게 변동했음을 알 수 있는데, 이는 놀라운 일이 아니다. 기업가의 동물적 감각은 변동이 심할 수 있으며, 이러한 동물적 감각이 투자에 영향을 미치면 투자도 변동이 심할 것이다.

그러나 공장과 장비 투자가 변동한다고 해도 (그림 30.3과 30.5를 비교해보면 알 수 있듯이) 주택 투자의 변동에는 미치지 못한다. 공장과 장비 투자는 GDP에서 가장 변동이 심한 요소가 아니다.

고용 그림 30.6은 기업 부문의 고용을 나타낸 것으로, 다섯 번의 경기후퇴기에 고용이 감소했음을 알 수 있다. 이는 고용이 부분적으로 생산에 의존한다는 이론과 일치한다. 고용은 경제 성장에 반응하여 시간이 지남에 따라 증가한다. 기업 부문의 고용은 1970 I에 7,250만 명에서 2007 IV(2008~2009년 경기후퇴기 전)에 1억 3,250만 명으로 증가했다. 2008~2009년의 경기후퇴기 동안에는 2007 IV에 1억 3,250만 명에서 2009 IV에 1억 2,300만 명으로 950만 명이 감소했다. 2009년 이후에는 고용이 꽤 완만하게 회복되었다.

재고투자 재고투자는 생산수준과 판매수준의 차이이다. 일부 재고투자는 일반적으로 의도치 않은 결과로, 이는 실제 판매수준이 예상된 판매수준과 다를 때 발생한다.

기업 부문의 재고투자를 보여주는 그림 30.7에는 판매수준에 대한 재고스톡의 비율, 즉 재고 판매 비율(inventory-to-sales ratio)도 나타나 있다. 그림에서 보듯이 재고투자는 주택 투자, 공장과 장비 투자보다 더 심하게 변동한다. 이러한 변동성의 일부는 분명히 한 기에서 다음 기까지 크게 달라질 가능성이 있는 의도치 않은 재고투자의 결과이다.

재고 판매 비율이 높을 때 실제 재고스톡이 바람직한 수준보다 높을 수 있다. 이 경우 기업은 수요를 과대 추정하여 판매에 비해 너무 많이 생산하고, 재고수준을 끌어내리기 위해 미래에 덜 생산하려 할 것이다. 그림 30.7에서 이러한 추세의 몇 가지 예를 발견할 수 있다. 가장 분명한 추세는 1974~1975년에 나타났다. 1974년 말에 재고스톡이 판매에 비해 많았는데, 이는 아마도 기업

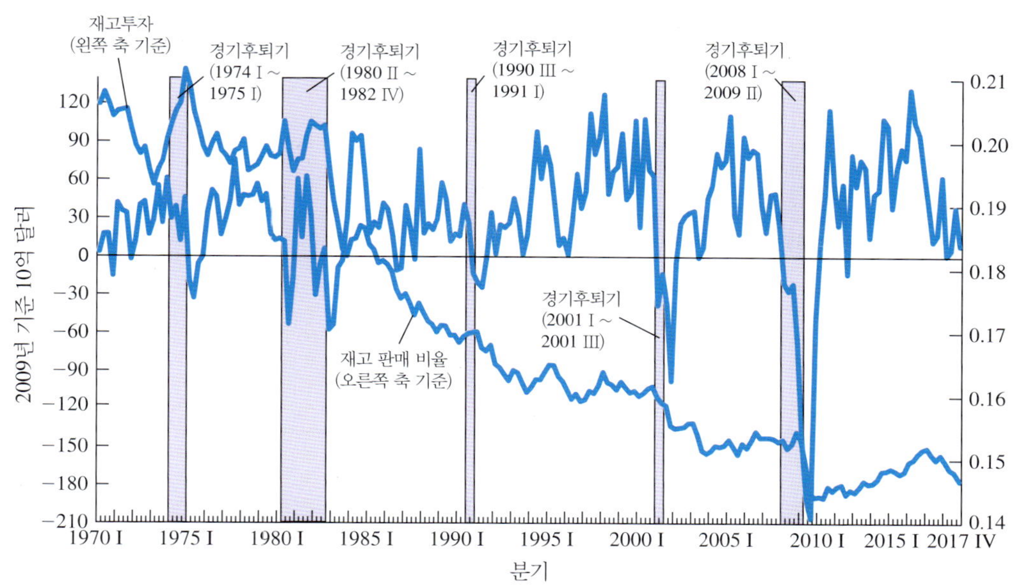

그림 30.7 1970 I~2017 IV 기업 부문의 재고투자와 재고 판매 비율 재고 판매 비율은 판매수준에 대한 재고의 비율이다. 재고투자는 심하게 변동한다.

이 1974년 말에 바람직하지 않은 재고를 가지고 있었음을 드러낸다. 1975년에 기업은 판매한 것보다 덜 생산함으로써 바람직하지 않은 재고를 처분했다. 따라서 1975년에는 재고투자가 낮았다. 분명히 1975년은 연초에 재고스톡이 그렇게 많지 않았다면 생산이 더 높았을 해이다. 2001년과 2008~2009년 경기후퇴기에는 재고투자가 크게 감소했다.

평균적으로 재고 판매 비율은 시간이 흐름에 따라 감소했는데, 이는 기업이 재고스톡을 더 효율적으로 관리하게 되었다는 증거이다. (다른 것들이 일정한 경우) 판매에 비해 점점 더 적은 재고스톡을 보유할 수 있다는 점에서 기업은 더욱 효율적이 되었다.

30.3 생산성과 경기변동

학습목표

생산성이 경기 순응적인 이유를 이해한다.

이제 기업의 행동에 대해 배운 것을 생산성의 변화 추이를 분석하는 데 사용할 수 있다. **노동생산성**(labor productivity)이라고도 일컫는 **생산성**(productivity)은 근로 시간당 생산으로 정의된다. 생산이 Y, 경제 전체의 근로 시간 수가 H이면 생산성은 Y/H이다. 간단히 말해 생산성은 평균적인 근로자가 시간당 생산하는 생산량이 얼마나 되는지를 측정한다.

생산성(노동생산성) 근로 시간당 생산

생산성은 경기확장기에 상승하고 경기수축기에 하락하는 경향을 보이면서 경기변동에 따라 움직인다. 1952 I~2017 IV의 생산성 변화 추이를 나타낸 그림 22.2를 보면 생산성이 양의 추세 선 주위에서 변동한다. 기업이 종종 초과 노동을 보유한다는 사실은 생산성이 생산과 같은 방향으로 변동하는 이유를 알려준다.

그림 30.8은 가상적인 경제에서 시간이 흐름에 따라 고용과 생산이 변화하는 모습을 보여준다. 경기변동에 따라 고용은 생산만큼 크게 변동하지 않는다. 생산이 높은 시기에는 생산성이 높고 생산이 낮은 시기에는 생산성이 낮다. 경제가 확장하는 동안 생산은 고용보다 더 크게 증가하고 근로자당 생산의 비율이 증가한다. 반대로 경제가 하강하는 동안에는 생산이 고용보다 더 빨리 감소하고 근로자당 생산의 비율이 하락한다.

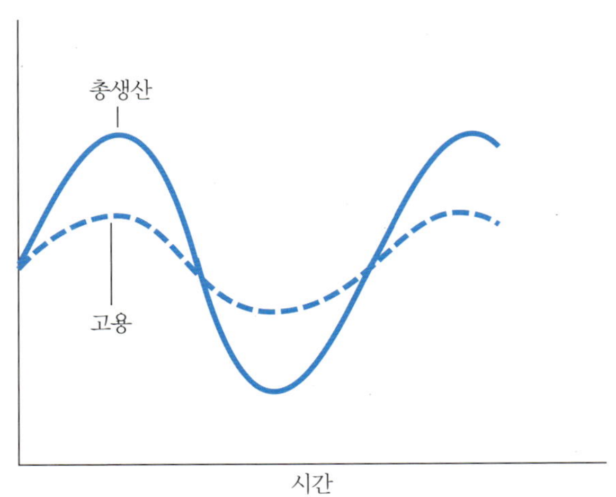

그림 30.8 경기변동에 따른 고용과 생산
일반적으로 경기변동에 따라 고용은 생산만큼 크게 변동하지 않는다. 그 결과 생산성은 경기확장기에 상승하고 경기수축기에 하락하는 경향이 있다.

경제가 침체 상태일 때 초과 노동이 존재한다는 것은 Y/H로 측정되는 생산성이 하락하는 경향이 있음을 의미한다. 이는 어떤 의미에서 노동이 이전보다 경기후퇴기에 '덜 생산적'이라는 것을 의미하는가? 그렇지는 않다. 기업이 이윤을 극대화하는 수준보다 노동을 더 많이 고용하기로 선택한다는 의미일 뿐이다. 이러한 이유로, 일부 근로자는 고용된 상태이지만 사실상 일부 시간에 일을 하지 않는다. 생산물을 생산할 잠재력이 더 적다는 의미에서 그들이 덜 생산적인 것은 아니다. 그들은 일하는 것으로 간주되는 시간의 일부에 일하지 않을 뿐이다.

학습목표

생산과 실업의 단기적 관계를 이해한다.

30.4 생산과 실업의 단기적 관계

생산과 실업의 관계를 분석하기 위해 가계의 행동과 기업의 행동에 대해 배운 것을 사용할 수 있다. 29장에서 AS/AD곡선과 필립스 곡선의 관계를 설명할 때 생산(Y)과 실업률(u)이 음의 관계라고 했다. 생산이 증가하면 실업률이 하락하고 생산이 감소하면 실업률이 상승한다. 한동안 이 두 변수의 단기적 관계가 상당히 안정적이라고 믿었다. 이러한 관계를 최초로 연구한 미국 경제학자 아서 오쿤(Arthur Okun)의 이름을 딴 **오쿤의 법칙**(Okun's Law)은 단기적으로 실질 GDP가 3% 상승할 때마다 실업률이 약 1% 포인트 하락한다고 제시했다. 필립스 곡선과 마찬가지로 오쿤의 법칙은 '법칙'이 되지 못했다. 경제는 너무도 복잡하여 두 거시경제 변수의 단순하고 안정적인 관계가 성립될 수 없다.

오쿤의 법칙 단기적으로 실질 GDP가 3% 상승할 때마다 실업률이 약 1% 포인트 하락한다고 제시한 이론. 그 후 연구와 데이터는 생산과 실업의 관계가 오쿤의 법칙이 예측하는 것만큼 안정적이지 않다는 것을 밝혔음

생산과 실업률의 단기적 관계는 오쿤이 생각했던 것처럼 단순한 관계가 아니지만, 단기적으로 생산의 1% 증가는 실업률의 1%보다 적은 하락과 연계되는 경향이 있는 것은 사실이다. 달리 말하면 생산의 변화와 실업률의 변화가 정확히 일치되지 않게 하는 수많은 오차가 있다.

첫 번째 오차는 생산의 변화와 일자리 수의 변화 사이에 존재한다. 생산이 1% 증가할 때 일자리 수는 단기적으로 1% 증가하지 않는 경향이 있다. 여기에는 두 가지 이유가 있다. 첫째, 기업은 일자리당 근로시간을 늘려 생산 증가의 일부를 충족시킬 수 있다. 경제활동인구가 주당 40시간 일하게 하는 대신 추가 근무에 대해 지급하여 경제활동인구가 주당 42시간 일하게 할 수 있다. 둘째, 기업이 생산 증가 시점에 초과 노동을 보유하고 있다면 이를 활용하여 생산 증가의 일부를 충족시킬 수 있다. 이 두 가지 이유로 일자리 수가 생산의 증가보다 더 낮은 비율로 증가할 가능성이 있다.

두 번째 오차는 일자리 수의 변화와 고용자 수의 변화 사이에 존재한다. 두 가지 일자리를 가지고 있는 사람은 일자리 데이터에서는 두 번 계산되지만 개인별 고용 데이터에서는 한 번만 계산된다. 어떤 사람들은 두 가지 일자리를 가지고 있기 때문에 고용자 수보다 일자리 수가 더 많다. 일자리 수가 증가할 때 새로운 일자리의 일부는 (실업자 대신) 이미 일자리를 가지고 있는 사람들로 채워진다. 이는 고용자 수의 증가가 일자리 수의 증가보다 적다는 것을 의미한다. 실업률은 일자리 수가 아니라 고용자 수 데이터를 토대로 계산되기 때문에 생산과 실업률 사이에 오차가 생길 수 있다.

세 번째 오차는 생산 증가에 대한 경제활동인구의 반응과 관련된 것이다. 고용자 수가 E, 경제활동인구 수가 L, 실업률이 u라면 다음과 같이 나타낼 수 있다.

$$u = 1 - E/L$$

실업률은 $1 - E/L$이다.

22장에서 실업률을 측정하는 방법을 다루면서 **구직 포기자 효과**(discouraged-worker effect)를 소개했다. 구직 포기자는 일하고 싶지만 일자리를 구할 수 있으리라는 희망이 없어 구직을 중단한 사람이다. 생산이 증가하면 일자리를 구할 전망이 더 밝아져서 구직을 중단했던 사람들이 일자리를 찾기 시작하고, 이들은 다시 경제활동인구로 계산된다. 이처럼 구직 포기자가 경제활동인구로 옮겨가기 때문에 생산이 증가하면 경제활동인구가 증가한다. 생산이 증가할 때 실업률이 예상만큼 하락하지 않는 또 다른 이유가 바로 이것이다.

구직 포기자 효과 일하고 싶지만 일자리를 찾을 수 없는 사람들이 낙담하고 구직을 중단하여 실업자와 경제활동인구에서 이탈함으로써 실업률이 하락하는 것

이 세 가지 오차는 생산 변동과 실업률 변동의 관계가 복잡하다는 것을 보여준다. 세 가지 오차가 모두 결합하여 단기적으로 실업률이 생산의 변동보다 더 작은 비율로 변화하게 만든다. 또한 이러한 오차는 생산 변동과 실업률 변동의 관계가 안정적일 수 없음을 보여준다. 예를 들어 첫 번째 오차의 크기는 생산 증가 시점에 기업이 얼마나 많은 초과 노동을 보유하고 있는가에 달려 있고, 세 번째 오차의 크기는 생산 증가 시점에 무엇(실질임금의 변화 등)이 경제활동인구에 영향을 미치는가에 달려 있다. 생산과 실업률의 관계는 생산 변동 시점의 경제 상태에 따라 달라진다.

30.5 승수의 크기

학습목표

승수의 크기에 영향을 미치는 요인을 파악한다.

끝으로 이 장과 앞의 장들에서 배운 것을 토대로 승수의 크기를 살펴보자. 단순한 승수를 도출한 뒤 수행한 분석의 대부분이 승수의 크기를 감소시키는 효과가 있다고 23장에서 언급했는데, 이제 그 이유를 다음과 같이 요약할 수 있다.

1. **자동안정장치**: 24장의 부록에서 세금이 정액이 아니라 소득에 따라 달라지면 승수의 크기가 감소한다는 것을 살펴보았다. 경제가 확장하고 소득이 증가할 때는 징수되는 세금이 증가한다. 세금의 증가는 경제 확장의 일부를 상쇄함으로써 승수의 크기가 더 작아진다. 경제가 수축하고 소득이 감소할 때는 징수되는 세금이 감소한다. 이러한 세금의 감소는 경제의 수축을 완화하는 데 도움이 된다. 또한 일부 이전지불은 경제의 상태에 반응하여 자동안정장치로 작동함으로써 승수의 크기를 감소시킨다. 가장 바람직한 이전지불의 예인 실업급여는 경제가 수축하는 동안 증가하고 경제가 확장하는 동안 감소한다.

2. **이자율**: 정상적인 시기에 Fed는 생산이 증가함에 따라 이자율을 인상하고 이것이 의도된 투자를 감소시킨다는 것을 26장에서 살펴보았다. 이자율의 인상이 의도된 투자를 몰아내기 때문에 정부지출의 증가에 따른 생산의 증가는 이자율이 인상되지 않았을 때보다 더 적다. 앞에서 살펴보았듯이 이자율의 인상은 소비에 음의 효과를 나타낸다. 이자율의 인상은 의도된 투자와 마찬가지로 소비를 몰아내고 이것이 승수의 크기를 더 많이 감소시킨다.
3. **물가수준의 반응**: 26장에서 확장적 정책이 물가수준을 상승시킨다는 것을 살펴보았다. 이러한 물가의 반응 때문에 승수가 더 작아진다. 경제가 *AS*곡선의 기울기가 급한 부분에 있고, 따라서 확장적 정책의 효과 대부분이 물가를 상승시키는 경우에는 승수가 특히 작아진다.
4. **초과 자본과 초과 노동**: 기업이 초과 노동과 초과 자본을 보유하고 있을 때 고용과 투자를 증가시키는 대신 초과 노동과 초과 자본을 일하게 하여 생산 증가의 일부를 충족시킬 수 있다. ① 투자는 초과 자본이 없는 경우보다 더 조금 증가하고, ② 소비는 고용과 그에 따른 가계소득이 더 많이 증가하는 경우보다 더 조금 증가함으로써 승수의 크기가 감소한다.
5. **재고**: 초기 판매 증가의 일부분은 생산을 증가시키는 대신 재고를 감소시켜 충족될 수 있다. 기업이 단기적으로 재고를 줄이는 정도에 따라 생산이 수요 변화에 신속하게 반응하지 않기 때문에 승수의 크기가 더 작아진다.

경제학의 적용

승수 추정: 마피아 연계

정부가 지출을 증가시키기로 결정할 때 변화할 수 있는 많은 것을 분류하기가 어렵기 때문에 승수의 크기를 추정하기도 어렵다. 그러나 최근 한 논문은 그러한 다양한 효과를 분류하는 새로운 방법을 제시했다.

지금까지는 국가 수준의 승수에 초점을 맞추어 설명했다. 중앙정부가 지출을 증가시킬 때 GDP는 얼마나 증가하는가? 경제학자와 정책 담당자는 지역 수준에서의 경기부양 효과에 대해 관심을 가지고 있다. 일반적으로 이러한 승수는 국가 수준의 승수보다 작을 것으로 예상된다. 뉴욕 주지사가 뉴욕주의 지출을 증가시키면 그 증가분의 일부가 뉴저지주 등으로 파급될 것이다. 그렇다면 실제로 이러한 승수는 정확히 얼마인가?

이탈리아 데이터를 가지고 연구한 세 경제학자는 이탈리아에서 지역 승수를 추정하는 새로운 방법을 개발했다.[1] 1990년대에 이탈리아 중앙정부는 지방정부에서 마피아가 주도하는 부패를 통제하기 위한 법을 통과시켰다. 한 지역의 도시위원회에서 마피아의 관여가 발견되면 모든 선출직 관리를 내쫓고 중앙정부가 지명한 감독관 3명으로 대체한다는 법이었다. 이와 같은 의사결정의 변화는 지역의 공공지출을 크게 감소시키는 결과를 가져왔다. 평균적으로 도시위원회 위원의 교체는 지출을 20% 감소시켰다. 역사적인 이유로 지역에 따라 마피아의 관여가 상당히 다르기 때문에 이 법은 지역별로 다른 영향을 미쳤고, 지역 승수의 크기를 추정하는 데 이러한 지역적 차이를 이용할 수 있었다. 그 결과 지역 승수는 1.5~2의 범위로 추정되었다. 한편 주 수준에서 이루어진 미국에서의 연구는 매우 다른 방법을 사용하여 유사한 크기의 승수를 발견했다.[2]

질문

- 국가별로 승수가 다른데 이러한 차이를 결정하는 요인은 무엇인가?

[1] Antonio Acconcia, Giancarlo Corsetti, and Savero Sivenenlli, "Mafia and Public Spending: Evidence on the Fiscal Multiplier from a Quasi Experiment," *American Economic Review*, July 2014, 2185–2209.

[2] Emi Nakamura and Jon Steinnson, "Fiscal Stimulus in a Monetary Union: Evidence form U.S. States," *American Economic Review*, 2014, 753–792.

6. **미래에 대한 사람들의 예상**: 사람들은 미래를 내다보고 영구적인 변화보다는 일시적인 변화에 덜 반응한다. 일시적인 것으로 인식되는 정책 변화의 승수 효과는 영구적인 것으로 인식되는 정책 변화의 승수 효과보다 작다.

실제 승수의 크기 실제로 승수의 크기는 약 2.0이다. 승수의 크기는 얼마나 오래전에 지출 증가가 시작되었는지에 따라서도 달라진다. 예를 들어 정부지출이 증가한 첫 분기에 증가된 판매의 일부는 재고로 충족되기 때문에 승수의 크기가 1.0보다 작을 수 있다. 그 이후 승수의 크기는 시간이 지남에 따라 커지고 약 1년 뒤 정점에 이를 것이다.

여기서 기억해야 할 요점 중 하나는 정부가 통화정책이나 재정정책을 변화시키면 이에 대한 경제의 반응이 단기적으로 크지 않고 신속하게 나타나지 않을 수 있다는 것이다. 이러한 정책 변화의 완전한 효과가 나타나기까지는 시간이 걸리고, 그 효과는 23장에서 설명한 단순한 승수보다 훨씬 더 작다.

23장 이후의 문제를 다시 살펴보는 좋은 방법 중 하나는 승수의 크기가 23장의 단순한 모형에 추가되는 사항 각각에 따라 어떤 영향을 받는지 명확히 이해하는 것이다. 23장 이후 많은 내용을 다루었는데 이를 다시 살펴보면 모든 조각을 하나로 모으는 데 도움이 될 것이다.

요약

01 생애소비이론은 가계가 생애소득에 대한 예상을 바탕으로 생애 소비에 대한 결정을 한다고 제시한다. 일반적으로 가계는 왕성하게 일하는 동안에는 소득보다 덜 소비하고 일을 시작한 초기와 은퇴 후에는 소득보다 더 많이 소비한다.

02 가계는 소비와 노동공급에 대한 결정을 동시에 한다. 소비에 사용할 수 있는 소득을 벌기 위해 노동을 공급하므로 소비와 노동공급을 떼어놓고 따로 생각할 수 없다.

03 임금소득으로 구매하는 재화 및 서비스와 여가나 비시장 활동의 교환관계가 존재한다. 임금은 이러한 교환관계에 대한 가계의 반응을 결정하는 핵심 변수이다.

04 임금의 변화에는 소득효과와 대체효과가 있다. 증거에 따르면 대부분의 사람들에게 대체효과가 압도적인 것으로 보이며, 이는 총노동공급이 임금 상승에 양으로 반응한다는 것을 의미한다.

05 임금이 상승하면 소비가 증가한다.

06 명목임금은 경상달러 기준으로 측정된 임금이고, 실질임금은 명목임금으로 구입할 수 있는 재화와 서비스의 양이다. 가계는 소비와 노동공급에 대한 결정을 할 때 현재의 실질임금뿐만 아니라 예상되는 미래의 실질임금을 고려한다.

07 모든 조건(생애의 단계 포함)이 동일하다면 가계는 재산을 더 많이 가지고 있을수록 현재와 미래에 더 많이 소비할 것이다.

08 비노동소득(유산, 이자, 배당과 같이 근로 이외의 원천으로부터 얻는 소득)은 가계의 소비에 양의 효과를 미치고 노동공급을 감소시킬 것이다.

09 총효과는 소득효과와 대체효과의 상대적 크기에 좌우되지만 이자율도 소비에 영향을 미친다. 현재의 소득효과가 과거보다 커서 통화정책이 과거보다 덜 효과적이라는 증거가 있다.

10 정부는 주로 개인소득세율과 이전지불을 통해 가계의 행동에 영향을 미친다. 대체효과가 압도적이면 세율 인상은 세후소득을 감소시키고 소비를 감소시키며 노동공급을 감소시킨다. 또한 세율 인하는 세후소득을 증가시키고 소비를 증가시키며 노동공급을 증가시킨다. 이전지불의 증가는 소비를 증가시키고 노동공급을 감소시키며, 이전지불의 감소는 소비를 감소시키고 노동공급을 증가시킨다.

11 실업의 시기에는 가계의 노동공급에 제약이 있을 수 있다. 가계가 현재 임금으로 일정한 시간을 일하고자 하지만 기업이 이를 받아들이지 않는 경우, 가계의 소득수준(적어도 근로자의 소득)이 전적으로 기업의 고용 결정에 좌우된다. 원하는 만큼 일할 수 없으면 가계는 덜 소비한다.

12 예상은 투자와 고용 결정에 영향을 미친다. 케인스는 투자자의 감을 나타내기 위해 기업가의 동물적 감각이라는 용어를 사용했다.

13 주어진 이자율 수준에서 생산이 완만하게 성장하거나 하락할 때보다 급성장할 때 예상이 더 낙관적이 되고 의도된 투자가 더 높아질 수 있다. 그 결과 경기확장기에는 경제가 더 빨리 확장되고 경기후퇴기에는 더 빨리 수축되는 가속도 효과가 발생하기도 한다.

14 초과 노동과 초과 자본은 기업의 현재 생산수준을 생산하는 데 필요하지 않은 노동과 자본이다. 초과 노동과 초과 자본을 보유하는 것이 근로자를 해고하거나 중고 장비를 매각하는 것보다 더 효율적일 수도 있다. 기업은 초과 자본을 더 많이 보유할수록 미래에 새로운 자본에 투자할 가능성이 줄어들고, 초과 노동을 더 많이 보유할수록 미래에 새로운 근로자를 고용할 가능성이 줄어든다.

15 재고는 보관 공간을 차지하고 이자를 얻을 수 있는 자금을 묶어놓기 때문에 재고 보유는 비용이 드는 일이다. 그러나 재고를 보유하지 않으면 기업은 수요가 증가할 때 판매하지 못할 수도 있다. 바람직한 재고수준, 즉 최적 재고수준은 재고가 조금 감소할 때 발생하는 추가 비용(판매 손실)이 추가 이득(이자 수입과 보관 비용 감소)과 정확히 일치하는 재고수준이다.

16 예상치 않은 재고 증가는 미래의 생산에 음의 영향을 미치고 예상치 않은 재고 감소는 미래의 생산에 양의 영향을 미친다.

17 기업의 의도된 생산 경로 수준은 예상되는 미래 판매 경로 수준에 달려 있다. 미래 판매 경로에 대한 예상이 줄어들면 기업은 현재의 실제 생산을 포함하여 의도된 생산 경로 수준을 감소시킬 것이다.

18 생산성 또는 노동생산성은 근로 시간당 생산, 즉 1시간에 평균적인 근로자가 생산하는 생산량이다. 경기변동에 따라 달라지는 생산성은 경기확장기에 상승하고 경기수축기에 하락하는 경향이 있다. 근로자가 경기수축기에 덜 생산적이라는 것은 생산물을 생산할 잠재력이 더 적다는 의미가 아니라, 초과 노동이 존재하고 근로자가 자신의 능력에 합당하게 일하지 않는다는 것을 의미한다.

19 생산과 실업률은 음의 관계이다. 생산(Y)이 증가할 때 실업률(u)이 하락하고 생산이 감소할 때 실업률이 상승한다. 오쿤의 법칙은 단기적으로 실질 GDP가 3% 상승할 때마다 실업률이 약 1% 포인트 하락한다고 제시했다. 오쿤의 법칙은 '법칙'이 되지 못했다. 경제는 너무도 복잡하여 두 거시경제 변수의 단순하고 안정적인 관계가 성립될 수 없다. 일반적으로 생산과 실업률의 관계는 생산이 변화하는 시기의 경제 상태에 따라 달라진다.

20 실제 승수의 크기가 단순한 승수 모형에서 예상되는 승수의 크기보다 작은 몇 가지 이유가 있다. ① 자동안정장치는 수축을 상쇄하거나 확장을 제한하는 데 도움이 된다. ② 정부지출이 증가하면 이자율의 인상이 의도된 투자와 소비지출을 몰아낸다. ③ 확장적 정책은 물가수준을 상승시킨다. ④ 기업은 종종 초과 자본과 초과 노동을 보유한다. ⑤ 기업은 생산을 증가시키는 대신 재고를 감소시켜 수요의 증가를 충족할 수 있다. ⑥ 변화가 영구적이 아니라 일시적이라고 예상하면 가계와 기업은 덜 반응한다.

21 실제로 승수의 최대 크기는 약 2이다.

핵심 용어

가속도 효과(accelerator effect)
구직 포기자 효과(discouraged-worker effect)
기업가의 동물적 감각(animal spirits of entrepreneurs)
노동생산성(labor productivity)
명목임금(nominal wage rate)
무제약 노동공급(unconstrained supply of labor)
바람직한 재고수준(desired level of inventories)
비노동소득(nonlabor income)
비임금소득(nonwage income)
생산성(productivity)
생애소비이론(life-cycle theory of consumption)
실질임금(real wage rate)
오쿤의 법칙(Okun's Law)
재고투자(inventory investment)
제약 노동공급(constrained supply of labor)
조정비용(adjustment costs)
초과 노동(excess labor)
초과 자본(excess capital)
최적 재고수준(optimal level of inventories)
항상소득(permanent income)

연습문제

01 2018년 6월에 Fed는 3년 사이에 일곱 번째로 이자율을 인상했으며 연말까지 두 번의 추가 인상이 있을 것이라고 밝혔다.

a. 이자율 인상은 가계와 기업의 행동에 직접적으로 어떤 영향을 미치는가?

b. 이자율 인상의 결과 중 하나는 기존 채권(회사채와 국채)의 가치가 하락한다는 것이다. 이자율 인상이 민간이 보유하고 있는 기존 고정이자부 채권의 가치를 감소시키는 이유를 설명하라.

c. 일부 경제학자들은 이자율 인상이 소비에 미치는 재산 효과가 이자율 인상이 투자에 직접적으로 미치는 효과만큼 중요하다고 주장한다. 경제학자가 말하는 '소비에 대한 재산 효과'가 무슨 의미인지 설명하고 AS/AD곡선으로 나타내라.

02 다음과 같은 소비함수를 그래프로 그려라.

(1) $C = 500 + 0.8Y$

(2) $C = 0.8Y$

a. 소득이 200달러, 500달러, 1,000달러일 때의 평균소비성향(APC)을 각 소비함수에 대해 계산하고 그래프로 나타내라.

b. 각 소비함수의 경우 소득이 증가함에 따라 APC에 어떤 일이 일어나는가?

c. 각 소비함수에 대해 APC와 MPC의 관계를 설명하라.

d. 첫 번째 소비함수의 경우 소득이 75,000달러인 가계는 소득이 30,000달러인 가계보다 소득에서 차지하는 소비의 비중이 더 작다. 그러나 부유한 가계로부터 1달러를 거두어 가난한 가계에 주면 두 가계의 총소비가 달라지지 않는다. 왜 그런지 설명하라.

*03 40세인 리디아 로포코바는 자산(재산)이 80,000달러이고 부채가 없다. 그녀는 앞으로 30년 더 일할 것이고 그 이후에는 벌어들이는 것 없이 10년을 더 살 것이다. 앞으로 일하는 동안 매년 받는 연봉은 35,000달러이고 세금이 없다. 로포코바는 남은 생애 동안 매년 동일한 금액을 소비하는 방식으로 소비를 배분하려 한다. 그녀는 총액 기준으로 현재의 재산과 앞으로 30년 동안 받는 총소득의 합보다 더 많이 소비할 수 없다. 이자율이 0이고 로포코바는 자녀에 유산을 남겨주지 않는다고 가정하라.

a. 로포코바는 올해와 내년에 얼마나 소비하는가? 어떻게 답을 구했는가?

b. 로포코바가 40세에서 80세가 될 때까지의 소득, 소비, 재산을 그래프로 그려라. 재산의 연간 증가와 저축(소득 − 소비)의 연간 증가는 어떤 관계인가? 몇 년이 지난 뒤 로포코바의 재산이 감소하기 시작하는가? 왜 그런가? 그녀가 사망할 때의 재산은 얼마인가?

c. 로포코바가 매년 1,000달러의 세금을 환급받는다면 앞으로 일하는 기간 동안 소득이 매년 36,000달러이다. 올해와 내년에 소비가 얼마나 증가하는가?

d. 로포코바가 올해만 1,000달러의 세금을 환급받아 올해 소득이 36,000달러이고 그 이후에는 매년 35,000달러라고 하자. 올해 소비에 어떤 일이 일어나는가? 그 이후의 연도에는 어떠한가?

04 가계의 소비와 노동공급에 대한 결정이 상호 의존적인 이유를 설명하라. 이러한 상호 의존성은 소비와 소득의 관계에 어떤 영향을 미치는가?

05 예상은 투자 수요에 어떤 영향을 미치는가? 투자 수요의 변동이 심한 이유를 설명하라. 이러한 맥락에서 예상이 생산에 미치는 가속도 효과를 설명하라.

06 판매가 변동하더라도 기업은 어떻게 일정한 생산을 유지할 수 있는가? 일정한 생산의 이점은 무엇인가? 일정한 생산의 비용은 무엇인가?

07 스페이슬리 스프로켓에서 일하는 조지 젯슨은 최근 재고관리 담당자로 승진하여 회사의 최적 재고수준을 결정해야 한다. 젯슨은 최적 재고수준을 어떻게 결정해야 하는가? 이자율의 변화는 최적 재고수준에 어떤 영향을 미치는가? 스페이슬리 스프로켓은 재고를 보유함으로써 어떤 비용을 지불하고 어떤 이익을 얻는가?

08 푸투라마 메디컬은 고도로 숙련된 근로자와 맞춤형 장비를 사용하는 첨단 의료장비 생산업체이고, 곤조 가먼츠는 생산공장에서 쉽게 구할 수 있는 근로자와 대량 생산장비를 사용하는 중간 수준의 의류 제조업체이다. 둘 중 어느 회사의 조정비용이 더 많을 것으로 예상되는가? 초과 노동을 보유할 가능성이 더 큰 회사는 어디인가? 초과 자본을 보유할 가능성이 더 큰 회사는 어디인가? 그 이유를 설명하라.

09 2017년 6월과 2018년 6월 사이에 영국의 GDP는 1.2% 증가한 반면 고용률은 5.73% 증가했다. 어떻게 생산이 고용보다 더 낮은 비율로 증가할 수 있는가?

7 더 어려운 문제는 별표(*)로 표시했다.

10 다음의 각 경우에 승수의 크기에 미치는 영향을 설명하라.
a. 모든 과세대상 소득구간에 대해 개인소득세율이 오른다.
b. 본질적으로 인플레이션 유발적인 확장적 통화정책을 시행한다.
c. 경제가 경기후퇴에서 회복되기 시작함에 따라 기업이 초과 재고를 보유한다.
d. 기업은 생산을 증가시키기 위해 더 많은 사람을 고용하는 대신 이미 고용된 초과 노동을 이용한다.
e. 세금 인상과 매치되지 않는 확장적 재정정책을 시행한다.
f. 본질적으로 영구적이라고 예상되는 새로운 임금법으로 인해 경제의 전반적인 임금이 상승한다.

경제학적 사고 키우기

01 생애소비이론에 따르면 소득의 증가는 그림 30.1의 소득곡선을 위로 옮긴다. 이것이 두 기간의 마이너스의 저축을 없앨 것이라고 예상하는가?

02 가계는 경제적으로 어려운 시기에 내구재 구매를 미룰 수 있기 때문에 내구재 지출이 비내구재 지출보다 더 심하게 변동한다. 본문에서 언급한 자동차와 스마트폰을 제외하고 내구재의 예를 제시하라.

CHAPTER 31

장기 성장

목차와 학습목표

31.1 농업에서 산업으로의 성장 과정
경제성장의 역사와 과정을 알아본다.

31.2 경제성장의 요인
경제성장의 요인을 이해한다.

31.3 성장, 환경과 지속가능성 문제
경제성장과 관련된 환경 문제를 파악한다.

우리 조상이 식품과 옷 같은 생필품을 사기 위해 몇 시간을 일해야 했는지 생각해보라. 그리고 오늘날 우리가 같은 생필품을 사기 위해 몇 시간을 일해야 하는지 생각해보라. 아마도 우리가 훨씬 더 적은 시간을 일할 것이다. 현대인은 평균적으로 이전 세대보다 실질기준으로 더 많이 벌며, 이는 거의 모든 경제에 해당하는 사실이다. 시간이 흐름에 따라 거의 모든 경제에서 근로자당 생산량이 증가했는데 그 이유는 무엇인가? 왜 우리는 이전 세대보다 시간당 더 많이 생산할 수 있는가? 이것이 이 장의 주제이며, 장기 성장 과정에 대해 알아볼 것이다.

생산 성장률 경제 전체 상산의 성장률

일인당 생산 성장률 일인당 생산의 성장률

노동생산성 성장률 근로자당 생산의 성장률

22장에서는 장기 성장을 간략하게 소개했다. 경제 전체 생산의 성장률인 **생산 성장률**(output growth)과 일인당 생산의 성장률인 **일인당 생산 성장률**(per-capita ouput growth)을 구별했다. 또 다른 중요한 척도는 근로자당 생산 성장률, 즉 **노동생산성 성장률**(labor productivity growth)이다. 일인당 생산은 한 국가의 생활수준을 나타내는 척도이다. 모든 인구가 일하는 것은 아니기 때문에 일인당 생산과 근로자당 생산은 같지 않다. (근로연령인구당 자녀의 수가 증가하는 국가에서처럼) 인구 중 일하는 사람의 비중이 감소하면 근로자당 생산이 증가하더라도 일인당 생산이 감소할 수 있다. 총생산이 전체 인구에 균등하게 분포되어 있다면 일인당 생산은 각 사람이 얼마만큼의 생산량을 받을지 알려주기 때문에 유용한 척도이다. 근로자당 생산은 각 근로자가 평균적으로 생산하는 생산량과 시간이 흐름에 따라 그것이 어떻게 변화하는지를 나타내는 유용한 척도이다.

먼저 산업혁명 이후 경제성장의 간략한 역사를 살펴본 다음 성장의 요인을 설명하고 근로자당 생산(생산성)이 시간이 흐름에 따라 증가한 이유를 알아본다. 또한 미국의 경제성장에 대해 자세히 살펴보고 세계적 관점에서 성장과 관련된 환경의 문제를 다룬다.

31.1 농업에서 산업으로의 성장 과정

학습목표

경제성장의 역사와 과정을 알아본다.

영국의 산업혁명 이전에 세상의 모든 사회는 농경 사회였다. 여기저기에 마을과 도시가 있었으나 거의 모든 사람이 농촌 지역에서 살았다. 사람들은 식품과 기타 자급자족을 위한 재화를 생산하는 데 대부분의 시간을 보냈다. 1750년경 영국에서 시작된 기술 변화와 자본 축적은 두 가지 중요한 산업, 즉 농업과 섬유 산업의 생산성을 크게 증가시켰다. 새롭고 효율적인 영농 방법이 개발되었다. 방적 및 직조의 신기술과 새로운 기계 덕분에 더 적은 자원으로 더 많이 생산할 수 있게 되었다. 영국이 농경 사회에서 산업 생산 사회로 이행하면서 생산성이 향상됨에 따라 모든 사람이 먹고살 수 있게 되어 다른 프로젝트와 새로운 '제품'에 시간을 쏟을 수 있었다. 과거라면 자급자족하기 위해 농사를 계속 지었을 18세기 영국의 소작농과 근로자가 도시 근로자로서 더 나은 삶을 살 수 있었다. 이러한 성장은 새로운 제품, 더 많은 생산, 더 넓은 선택을 가져왔다.

영국이 생산성 성장을 통해 경험한 변화를 그래프로 나타낼 수 있다. 2장에서 다루었던 생산가능곡선(PPF)은 주어진 현재의 기술로 생산할 수 있는 모든 생산 조합을 나타낸다. 그림 31.1에서 보듯이 경제성장은 생산의 한계를 확장하고 생산가능곡선을 오른쪽 밖으로 이동시킨다.

최근 들어 아시아의 개발도상국에서는 농업에서 산업으로의 전환이 이루어지고 있다. 예를 들어 현재 중국과 베트남에서 진행되고 있는 성장의 특징 중 하나는 성장 전략으로 제조업 제품의 수출에 초점을 맞추고 있다는 것이다. 베트남을 방문한 사람은 산업화의 속도에 놀랄 것이다.

오늘날 선진국에서도 경제성장이 계속되고 있다. 삽으로 더 큰 구멍을 팔 수 있듯이 새로운 극초

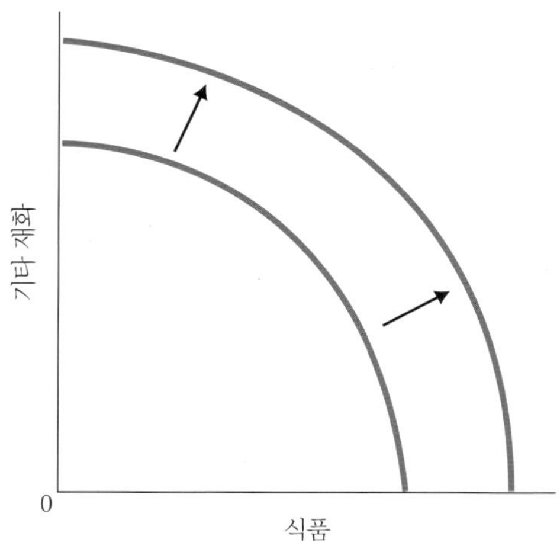

그림 31.1 경제성장에 의해 오른쪽 밖으로 이동하는 생산가능곡선
생산가능곡선은 사회의 모든 희소자원이 완전하고 효율적으로 사용될 때 생산할 수 있는 모든 생산 조합을 나타낸다. 경제성장은 사회의 생산가능곡선을 오른쪽 밖으로 이동시킨다.

단파 타워가 멀리 떨어진 곳까지 휴대전화 서비스를 제공한다. 자본은 각기 다른 형태이지만 생산성을 계속 향상시킨다. 과학자는 10년 전에는 꿈꿀 수 없었던 수단을 사용하여 알츠하이머병의 치료법을 연구한다. 바삐 돌아가는 법률 사무소의 한 직원은 웹에서 이용 가능한 도구를 가지고 소송 사건과 관련된 잠재적인 전문가 증인의 의견에 대한 수백 개의 문서를 한 시간 안에 확인할 수 있다. 이는 수년 전에는 12명이 몇 주일에 걸쳐 처리했던 업무이다. 이제 사람들은 필요한 것을 생산하는 데 더 능숙해졌을 뿐 아니라 그러한 것을 생산하는 데 필요한 자원을 확보하게 되었다.

경제성장의 특성은 시간이 흐름에 따라 변화했으나 경제성장의 기본적인 구성 요소는 같다. 경제활동인구가 증가하고 생산적인 근로자가 많아지면 경제가 성장한다. 도구(자본), 더 높은 교육수준, 고도로 숙련된 노동력(인적자본), 혁신과 기술 변화(새로운 생산기술), 새로 개발된 제품과 서비스 덕분에 생산성이 더더욱 높아진다.

표 31.1은 1999~2016년 주요 선진국과 개발도상국의 연평균 국내총생산(GDP) 성장률 추정치이다. 선진국에 비해 중국과 인도의 연평균 성장률이 높다는 것이 놀랍다. 일부 경제학자들은 가난하고 덜 개발된 국가가 발전하기 시작할 때 더 발전된 국가를 **추격**(catch-up)하기 때문에 일반적으로 성장률이 더 높다고 주장한다. 국가 소득의 격차는 시간이 지남에 따라 줄어드는 경향이 있기 때문에 이러한 견해를 수렴이론(convergence theory)이라고 부른다. 실제로 50년 전에 경제사학자인 알렉산더 거센크론(Alexander Gerschenkron)은 덜 발전된 국가가 더 발전된 국가로부터 기술을 차용하여 도약할 수 있는 현상을 설명하기 위해 '후진성의 이점(advantages of backwardness)'이라는 용어를 만들어냈다. 이러한 견해는 오늘날의 중국과 들어맞는 것처럼 보인다. 지난 몇 년 동안 중국

추격 저개발 국가가 추격하기 때문에 저개발 국가의 성장률이 선진국의 성장률보다 높다는 것을 설명하는 이론

표 31.1 1999~2016년의 실질 GDP 성장률

국가	연평균 성장률 (퍼센트 포인트)	국가	연평균 성장률 (퍼센트 포인트)
미국	2.1	일본	0.8
독일	1.3	프랑스	1.4
영국	1.9	중국	9.2
인도	7.2	사하라 사막 이남 아프리카	5.1

출처: *Economic Report of the President, 2018*, Table B-4

의 성장률은 표 31.1의 연평균 9.2%보다 낮았으며, 일부에서는 중국이 이미 기술적 변경을 추격했음을 반영하는 것이라고 주장했다. 2016년 중국의 성장률은 6.7%였다. 또한 사하라 사막 이남 아프리카의 성장률이 선진국보다는 높지만 중국과 인도보다 낮다는 것이 눈에 띈다. 이러한 경제성장의 패턴을 이해하기 위해 경제성장의 요인을 살펴보자.

학습목표

경제성장의 요인을 이해한다.

31.2 경제성장의 요인

노동(L)의 질과 자본(K)의 질이 시간의 흐름에 따라 변하지 않는 단순한 경우에 대한 설명으로 시작하는 것이 유용하다. 생산(Y)은 L과 K를 사용하는 생산 과정을 통해 이루어진다. 대부분의 경우 노동과 자본이 증가하면 생산도 증가한다고 가정하는 것이 이치에 맞다. 이러한 투입요소와 생산의 정확한 관계는 총생산(Y)이 총노동사용량(L)과 총자본사용량(K)에 의존한다는 것을 보여주는 수학적 관계인 **총생산함수**(aggregate production function)로 나타낼 수 있다. (토지는 생산 과정에서 사용되는 하나의 투입요소이지만 고정되어 있다고 가정한다.)

총생산함수 총생산(Y)이 총노동사용량(L)과 총자본사용량(K)에 의존한다는 것을 보여주는 수학적 관계

표 31.2와 표 31.4의 수치는 간단한 가상의 생산함수 $Y = 3 \times K^{1/3}L^{2/3}$을 토대로 계산된 것이다. 이 생산함수를 통해 자본과 노동이 생산에 필요하며, 둘 중 하나가 0이면 생산도 0이고 둘 중 하나가 증가하면 생산도 증가한다는 것을 알 수 있다. 또한 노동의 지수가 자본의 지수보다 더 크다는 것은 노동 1단위 증가가 자본 1단위 증가보다 생산을 더 많이 증가시킨다는 것을 알려준다. 이제 이러한 구조하에 경제가 노동과 자본이 변화할 때 시간이 지남에 따라 어떻게 더 높은 수준의 생산을 달성하는지 살펴볼 수 있다.

노동공급의 증가

대부분의 상황에서 경제의 근로자 수가 증가하면 생산이 증가한다는 것은 논리적으로 보인다. 실제로 여기서 사용하는 생산함수에서 이를 확인할 수 있다. 핵심 질문은 추가되는 노동 시간이 생산을 얼마나 증가시키는가이다. 경제이론과 실제는 자본스톡이 증가하지 않으면 노동이 증가함에 따라 각각의 신규 근로자에 의해 추가되는 생산이 점점 더 적어진다고 제시하는데, 이러한 효과를 수확체감(diminishing returns)이라고 한다. 이는 인구 증가의 영향에 대해 생각한 토머스 맬서스와 데이비드 리카도 같은 초기 경제학자들부터 시작하여 100년 이상 논의되었다.

맬서스와 리카도는 자본의 중심 형태가 토지인 농업 생산에 초점을 맞추었다. 토지의 공급이 제한적이기 때문에 경제학자들은 생산의 증가를 위해 신규 농장 근로자가 토지를 더욱 집약적으로 사용할 것이라고 생각했다. 노동공급이 증가함에 따라 생산은 체감하는 율로 증가할 것이다. 노동공급의 증가는 노동생산성, 즉 근로자당 생산을 감소시킬 것이다.

선진국에서 노동은 기계, 컴퓨터와 같은 다른 형태의 자본을 가지고 일하는 만큼 토지를 가지고 일하지는 않는다. 그러나 수확체감은 이러한 상황에서도 발생한다. 표 31.2는 앞에서 제시한 총생산함수를 사용하여 계산된 수확체감의 수학적 예를 보여준다. 표에서 생산수준과 노동수준의 관계에 주목하라. 자본이 100으로 고정되어 있을 때 노동이 100에서 130까지 증가함에 따라 총생산은 체감하는 율로 증가한다. 마지막에서 두 번째 열을 보면 노동생산성이 하락한다. 경제의 다른 변화

표 31.2 노동의 증가에 의한 경제성장: 생산 증가, 수확체감, 노동생산성 감소

기간	노동의 양 L	자본의 양 K	총생산 Y	노동생산성 Y/L	노동에 대한 한계수확 $\Delta Y/\Delta L$
1	100	100	300	3.0	–
2	110	100	320	2.9	2.0
3	120	100	339	2.8	1.9
4	130	100	357	2.7	1.8

표 31.3 1960~2017년 미국의 고용, 경제활동인구, 인구 증가

	16세 이상 민간 인구	민간 경제활동인구		고용
	(100만 명)	수(100만 명)	인구의 비중	(100만 명)
1960	117.3	69.6	59.3	65.8
1970	137.1	82.8	60.4	78.7
1980	167.7	106.9	63.7	99.3
1990	189.2	125.8	66.5	118.8
2000	212.6	142.6	67.1	136.9
2010	237.8	153.9	64.7	139.1
2017	255.1	160.3	62.8	153.3
1960~2017 총 퍼센트 변화	+117.5%	+130.3%		+133.0%
연율 퍼센트 변화	+1.4%	+1.5%		+1.5%

출처: *Economic Report of the President, 2018*, Table B-11.

없이 단순히 노동의 양을 증가시키면 수확체감 때문에 노동생산성이 감소한다. 여기서는 가상의 생산함수를 사용했지만 실증 연구는 이러한 수확체감 형태가 더 일반적으로 생산에서 전형적으로 나타난다고 제시한다.

노동공급의 증가는 한 국가의 생산을 증가시키는데 이는 경제성장의 한 요인이다. 표 31.3은 1960~2017년에 미국에서 인구, 경제활동인구, 고용이 증가한 추이를 보여준다. 이 기간 동안 16세 이상 인구는 연율 1.4%로, 경제활동인구는 연율 1.5%로 증가하고 고용은 연율 1.5%로 증가했다. 이 장의 후반부에서 이 표를 다시 살펴볼 것이다. 이러한 노동의 증가는 미국의 전반적인 생산 수준을 증가시켰을 것이다.

물적자본의 증가

물적자본이 생산에 어떻게 기여하는지는 쉽게 확인할 수 있다. 삽 한 자루로 땅을 파고 있는 두 사람에게 삽을 한 자루 더 주면 더 많은 일을 할 수 있을 것이다. 그렇다면 얼마나 더 많은 일을 할 수 있는가? 자본의 양이 고정되어 있을 때 노동이 점점 더 추가됨에 따라 노동에 대한 수확체감이 존재한다는 것을 살펴보았다. 마찬가지로 노동의 양이 고정되어 있을 때 자본이 점점 더 추가됨에 따라 자본에 대한 수확체감이 존재한다. 두 번째 삽을 주었을 때 땅에서 추가로 얻을 수 있는 생산은 첫 번째 삽을 주었을 때 땅에서 얻을 수 있는 생산보다 더 적을 것이다. 세 번째 삽을 주면 추가로 얻는 생

표 31.4 자본의 증가에 의한 경제성장: 생산 증가, 수확체감, 노동생산성 증가

기간	노동의 양 L	자본의 양 K	총생산 Y	노동생산성 Y/L	자본단위당 생산 Y/K	자본에 대한 한계수확 $\Delta Y/\Delta K$
1	100	100	300	3.0	3.0	–
2	100	110	310	3.1	2.8	1.0
3	100	120	319	3.2	2.7	0.9
4	100	130	327	3.3	2.5	0.8

산이 더 줄어들 것이다.

표 31.4는 노동의 양이 고정된 상태에서 자본의 증가가 어떻게 생산을 증가시키는지를 보여준다. 표 31.2에서 사용했던 총생산함수를 사용한다. 표 31.4의 수치에 대해 세 가지 사실을 관찰해보라. 첫째, 추가적인 자본은 노동생산성을 증가시킨다. 자본이 증가하면 노동생산성이 3.0에서 3.3으로 증가한다. 둘째, 자본에 대한 수확체감이 있다. 처음 자본을 10만큼 늘리면 생산이 300에서 310으로 10만큼 증가한다. 그러나 두 번째로 자본을 10만큼 늘리면 생산이 9만큼 증가하고, 세 번째로 자본을 10만큼 늘리면 생산이 8만큼, 즉 자본 1단위당 0.8만큼 증가한다. 표의 마지막에서 두 번째 열을 보면 자본이 증가함에 따라 자본 1단위당 생산이 감소한다는 것을 알 수 있다. 또한 총생산함수에서 노동의 지수는 2/3이고 자본의 지수는 1/3이므로 자본의 증가는 노동의 증가보다 생산을 덜 증가시킨다. 물론 다른 생산함수는 다른 결과를 가져올 것이다.

표 31.4를 통해 가상의 생산함수가 주어졌을 때 자본이 증가함에 따라 어떤 일이 일어나는지를 알 수 있다. 표 31.5는 1960~2016년 미국에서 자본 장비와 자본 구조물이 증가한 추세를 보여준다. (자본스톡의 증가는 총투자와 감가상각의 차이이다. 일부 자본은 노후화하고 일부 자본은 매년 소실된다.) 1960~2016년에 장비 스톡은 연율 4.0%로 증가하고 구조물 스톡은 연율 2.2%로 증가했다.

표 31.5의 자본 증가율(4.0%와 2.2%)은 표 31.3의 고용 증가율(1.5%)보다 크다. 미국에서 자본이 노동에 비해 상대적으로 더 많이 증가했다는 것에 주목하라. 그 결과 현재 미국의 각 근로자는

표 31.5 1960~2016년 미국의 민간 비주거용 순고정자본스톡(2009년 기준 10억 달러)

	장비	구조물
1960	706.1	3,451.3
1970	1,202.0	4,769.3
1980	1,994.0	6,294.8
1990	2,629.0	8,336.5
2000	4,039.4	9,808.9
2010	5,208.2	10,967.0
2016	6,248.0	11,483.2
1960~2016 총 퍼센트 변화	+784.9%	+232.7%
연율 퍼센트 변화	+4.0%	+2.2%

출처: *U.S. Department of Commerce, Bureau of Economic Analysis., Fixed Asset Tables.*

100년 전보다 더 많은 자본을 가지고 일한다. 표 31.4에서 보듯이 노동에 비해 더 많은 자본을 추가하면 노동생산성이 증가한다. 이를 통해 미국에서 노동생산성이 시간이 지남에 따라 증가한 이유에 대한 한 가지 답을 얻을 수 있다. 근로자당 자본의 양이 증가했다. 우리 세대는 더 많은 자본을 가지고 일하기 때문에 조상보다 시간당 더 많이 생산할 수 있다. 거의 모든 경제에서 자본이 노동보다 빠르게 증가했으며, 이는 노동생산성 증가의 중요한 요인이다.

한 국가의 경제성장에서 자본이 중요하다면 한 국가의 자본스톡 크기를 결정하는 것이 무엇이냐는 질문이 자연스레 제기된다. 오늘날의 개방경제에서 새로운 자본은 한 국가 거주자의 저축이나 외국인의 투자로 형성된다. **해외직접투자**(foreign direct investment, FDI)는 다른 국가 거주자에 의해 한 국가에서 이루어지는 기업 투자이다. 해외직접투자는 대부분의 동남아시아 국가에서 성장에 필요한 자본을 조달하는 데 매우 중요했다. 예를 들어 해외직접투자는 베트남의 급속한 성장을 주도했으며, 최근에는 아프리카와 아시아 국가에서 중국의 해외직접투자가 이루어지고 있다.

해외직접투자(FDI) 다른 국가 거주자에 의해 한 국가에서 이루어지는 기업 투자

최근의 경제학 연구는 자국의 저축과 해외투자를 촉진하는 자본 친화적 환경을 만들기 위해 제도가 수행하는 역할에 초점을 맞추고 있다. 일련의 논문에서 라포르타(LaPorta), 로페즈 데실라네스(Lopez de Silanes), 슐라이퍼(Shleifer), 비시니(Vishny)는 (프랑스 법체계와 달리) 영국 법체계를 가진 국가가 주주에 대한 강력한 보호와 더 양호한 재판 시스템을 제공하고 정부가 덜 부패했다고 주장한다. 결과적으로 이러한 금융 및 법 제도는 자본 투자를 장려하여 성장을 촉진한다. 부실한 제도와 부패하에 대부자와 투자자에 대한 부적절한 보호를 제공하는 국가는 자본을 유치하는 데 어려움을 겪는다. 세계은행은 취약한 제도를 지닌 국가를 '취약한 국가(fragile country)'라고 부른다.

세계은행이 취약한 국가라고 일컫는 국가의 상당수는 사하라 사막 이남 아프리카에 있다. 많은 사람은 이러한 국가 중 일부가 상대적으로 정체된 것이 취약한 제도 때문이라고 생각한다. 국내와 해외 자본은 부패, 갈등과 관련된 투자 위험을 비롯해 사업을 하는 데 따르는 높은 비용 탓에 짐바브웨와 같은 국가를 꺼린다. 인종과 언어가 다양한 것도 그러한 정체에 한몫을 했다.

인적자본의 증가(노동공급의 질 향상)

지금까지 한 경제가 동일한 근로자를 더 많이 가질 때 무슨 일이 일어나는지를 살펴보았다. 대부분의 사회에서 사람들은 시간이 지남에 따라 교육수준이 높아지고 건강해졌다. 노동의 양뿐만 아니라 노동의 질이 변화하여 장기 성장을 이끌었다.

노동의 질이 향상되는 것을 인적자본이 증가한다고 일컫는다. 한 근로자의 인적자본이 증가하면 동일한 물적자본을 가지고 더 많이 생산할 수 있다. 다시 말해 효율성 측면에서 노동 투입이 증가한다.

인적자본은 다양한 방법으로 생산될 수 있다. 개인은 대학을 다니거나 직업훈련 프로그램을 이수하는 방식으로 자신에게 투자할 수 있다. 기업은 직업훈련을 통해 인적자본에 투자하고, 정부는 건강 개선, 교육 및 직업훈련 프로그램을 통해 인적자본에 투자한다. 많은 개발도상국에서는 과거에 학교 교육을 받지 못했던 여성을 교육하여 높은 수익을 얻고 있다.

사하라 사막 이남 아프리카의 개발도상국에서는 말라리아, HIV 등의 질병 발생률이 높고 의료 서비스가 부족하여 건강이 중요한 문제이다. 사람들의 건강을 개선하는 프로그램은 노동력의 질을 높여 생산을 증가시킨다.

표 31.6 1940~2017년 25세 이상 미국 성인의 교육연수

	5년 미만의 비율	4년제 고등학교 이상의 비율	4년제 대학 이상의 비율
1940	13.7	24.5	4.6
1950	11.1	34.3	6.2
1960	8.3	41.1	7.7
1970	5.5	52.3	10.7
1980	3.6	66.5	16.2
1990	NA	77.6	21.3
2000	NA	84.1	25.6
2010	NA	87.1	29.9
2017	NA	89.6	34.2

*NA: 해당 사항 없음

출처: *Statistical Abstract of the United States, 1990*, Table 215, and 2012, Table 229, and Bureau of the Census, 2017, Table 2, Educational Attainment.

미국에서는 수십 년 동안 상당한 자원을 교육에 투입했다. 표 31.6은 미국의 교육 성취 수준이 1940년 이후 크게 높아졌음을 보여준다. 4년제 대학 이상의 교육을 받은 인구의 비율이 1940년 4.6%에서 2017년 34.2%로 증가했다. 1940년에는 4명 중 1명이 고등학교를 졸업했으나 2017년에는 인구의 89.6%가 고등학교를 졸업했다. 이는 인적자본의 상당한 증가를 의미하며, 미국에서 노동생산성이 증가한 것의 두 번째 이유가 바로 여기에 있다. 즉 더 많은 교육을 통해 노동의 질이 높아졌다. 많은 선진국의 정책 담당자는 인적자본의 개선을 통해 지속적으로 성장을 창출하는 능력에 관심을 가지고 있다.

자본의 질 향상(체화된 기술 변화)

지난 100년 동안 근로자가 변화한 것처럼 기계도 변화했다. 오늘날의 워드프로세서는 20세기 중반의 타자기와 매우 다르다. 동일한 노동의 양을 사용하는 생산 과정에서 기계의 품질이 향상되면 생산이 증가할 것이다.

체화된 기술 변화 자본의 질을 개선하는 기술 변화

그렇다면 자본의 질은 어떻게 향상되는가? 소위 **체화된 기술 변화**(embodied technical change)가 이루어질 때 자본의 질이 높아진다. 더 빠른 컴퓨터 칩과 같은 기술 혁신은 일반적으로 새로운 기계에 통합되고 오래된 기계는 결국 폐기된다. 이 경우 더 효율적인 새 기계가 효율이 떨어지는 구형 기계를 대체하기 때문에 시간이 지남에 따라 총자본스톡의 질이 향상된다. 그러나 경우에 따라 기술 혁신이 구형 기계에 통합되기도 한다. 상업용 항공기는 수십 년 사용되고 항공기에 영향을 미치는 많은 기술 혁신이 기존의 항공기에 포함된다. 일반적으로 사람들은 체화된 기술 변화가 기존의 기계보다는 새로운 기계에 나타난다고 생각한다.

자본의 질 향상은 노동생산성을 증가시킨다(동일한 노동의 양으로 더 많이 생산한다). 이것이 시간이 지남에 따라 노동생산성이 증가하는 세 번째 이유이다. 체화된 기술 변화 덕분에 자본의 질이 향상되었다.

경제성장의 요인에 대한 설명을 마무리하기 위해, 체화된 기술 변화를 다시 다루기 전에 먼저 경제성장의 마지막 요인인 체화되지 않은 기술 변화를 살펴보자.

경제학의 적용

독일의 국경 개방 정책

한 국가의 정치적 위기는 다른 국가의 경제에 어떤 영향을 미칠까? 2015~2018년에 100만 명 이상의 난민이 중동과 일부 아프리카 국가에서 전쟁의 참혹함과 혼란을 벗어나 유럽으로 망명했다. 이 사건은 유럽 난민 위기로 불린다.

이때 독일은 자국 인구를 1% 이상 증가시키는 대규모 이민자를 수용함으로써 큰 대가를 치렀다. 추가적인 사회후생과 난민 통합을 위한 지출로 450억 유로 이상의 국가 예산이 증가했다. 금전적 비용뿐만 아니라 사회적 대립에 대한 우려가 독일 정치가들 사이의 주요 논쟁거리가 되었다.

난민 수용으로 인해 벌어진 일이 이게 다는 아니다. 독일은 국민이 급속히 고령화되고 있으며 다른 선진국에 비해 경제활동인구 중 여성이 차지하는 비율이 낮다. 세계교육서비스(World Education Service)가 수행한 최근 연구는 2015~2017년의 망명 신청자 중 65% 이상이 남성이고 약 75%가 24세 미만이라고 추정했다.[1] 이 연구에 따르면 독일이 난민에게 교육, 직업훈련, 언어 교육, 통합 과정을 제공하기 위해 투자하면 그들 중 20%의 능력과 지식을 확장할 수 있다. 난민 수용에는 많은 비용이 들지만 난민을 사회에 적절히 통합하는 것은 독일이 겪는 일부 경제적 문제의 해결책이 될 수 있다.

질문

- 인적자본을 끌어들이기 위한 투자의 장기적 이익과 단기적 비용은 무엇인가?

[1] Stefan Trines, "Lessons from Germany's Refugee Crisis: Integration, Costs, and Benefits," *World Education News and Reviews*, World Education Services, May 2, 2017.

체화되지 않은 기술 변화

어떤 상황에서는 노동과 자본의 양과 질이 달라지지 않더라도 시간이 지남에 따라 더 높은 생산수준에 이를 수 있다. 어떻게 그럴 수 있을까? 아마도 생산 현장을 더 잘 설계하거나 인력을 더 잘 관리하는 방법을 사용할 수도 있다. 최근에 린 생산 방식(lean manufacturing), 수율관리(yield management), 부품 공급자 재고관리 시스템(vendor inventory management system)과 같은 생산운영관리의 개선으로 제조 기업의 능력이 향상되어 고정된 노동과 자본의 양과 질로 더 많이 생산할 수 있게 되었다. 정보와 회계 시스템의 개선이나 인센티브 시스템도 생산수준을 증가시킬 수 있다. 이처럼 노동이나 자본에 구체적으로 체화되지는 않지만 더 많이 생산할 수 있게 해주는 기술 변화의 유형을 **체화되지 않은 기술 변화**(disembodied technical change)라고 한다.

체화되지 않은 기술 변화 생산 과정에 변화를 가져오는 기술 변화

중국 경제의 최근 경험은 체화되지 않은 기술 변화를 보여주는 흥미로운 예이다. IMF에서 일하는 줄리우 후(Zuliu Hu)와 모신 칸(Mohsin Khan)은 중국의 시장개혁 이후 20년 동안 이루어진 생산성 증가에 주목했다. 시장개혁 이후에 생산성 성장률이 3배 증가하고 평균적으로 연간 거의 4% 증가했다. 후와 칸은 중국의 생산성 향상이 주로 민간 부문에 사업 활동을 개방할 때 수반되는 이윤 동기의 분출에서 비롯되었다고 주장한다. 더 나은 인센티브가 더 나은 노동과 자본의 사용을 불러일으켰다.

양의 체화되지 않은 기술 변화는 노동생산성이 증가한 네 번째 이유이다. 사람들은 보다 효율적으로 생산 과정을 수행하고 기업을 경영하는 방법을 찾아냈다.

기술 변화에 대한 추가 정보

체화된 기술 변화와 체화되지 않은 기술 변화는 모두 노동생산성을 증가시킨다. 특정한 기술 혁신이 체화되었는지 여부를 결정하는 것은 쉬운 일이 아니며, 많은 논의에서 이러한 구분이 이루어지지 않는다. 이 절의 나머지 부분에서는 기술 혁신에 대해 설명할 것이다. 기술 변화는 분류 방식에 관계없이 노동생산성을 증가시킨다는 것을 유념하기 바란다.

부분적으로 산업혁명은 새로운 기술 발전으로 촉발되었다. 새로운 방적 및 직조 기술, 즉 방적기와 다축 방적기 같은 기계의 발명이 결정적이었다. 1980년대 초에 미국을 휩쓸었던 하이테크 붐은 반도체 기술의 급속한 발전과 확산으로 촉발되었다. 1990년대의 하이테크 붐은 인터넷과 관련 기술의 발전으로 촉발되었다. 1960년대에 인도에서는 수확량이 많은 새 종자가 농업에 '녹색혁명(green revolution)'을 불러일으키는 데 일조했다.

발명 지식의 발전

혁신 신제품을 생산하거나 기존 제품을 더 효율적으로 생산하기 위해 새로운 지식을 사용하는 것

기술 변화는 일반적으로 두 단계로 이루어진다. 첫째는 지식의 발전, 즉 **발명**(invention)이다. 그러나 지식 자체는 사용되지 않으면 아무 짝에 쓸모없다. 새로운 지식이 신제품을 생산하거나 기존 제품을 더 효율적으로 생산하는 데 사용될 때 **혁신**(innovation)이 일어난다.

혁신이 성장의 중심 역할을 한다면 시간이 지남에 따라 미국의 연구개발에 어떤 일이 일어났는지를 살펴보면 흥미롭다. 일반적으로 연구에 얼마나 투자하는지를 알 수 있는 척도는 GDP에서 차지하는 연구개발비의 비율이다. 2011년에 미국은 GDP의 2.7%를 연구개발에 지출했는데, 이는 1960년대 초의 2.9%에서 약간 낮아진 수치이다. 시간이 지남에 따라 연구개발을 위한 자금 조달이 정부에서 산업으로 옮겨갔다. 산업 부문의 연구는 보다 응용적인 경향이 있기 때문에 어떤 사람들은 더 많은 정부 자금을 지원하지 않으면 미국이 기술 우위를 잃게 될 것이라고 우려하고 있다. 2007년에 미국 국립과학원(National Academies of Science)은 다음과 같이 주장했다.

> 많은 사람은 미국이 항상 과학과 기술의 세계적 리더일 것이라고 가정하지만, 위대한 정신과 아이디어가 세계 도처에 존재하는 한 계속 그 자리를 지키지 못할 수도 있다. 우리는 갑자기 과학과 기술의 선두 자리를 잃을 수도 있고 한 번 빼앗긴 주도권을 회복하기가 어렵다는 것을 우려하고 있다.[1]

이러한 주장 이후에도 정부의 연구개발 지원비는 모든 연구개발 지출비에서 차지하는 비율로 볼 때 계속해서 감소했으나 산업 부문의 연구개발비 지출은 증가했다. 2015년에 GDP에서 차지하는 총 연구개발비 지출은 1960년대의 최고 수준에 가까웠다.

앞에서 언급했듯이 수렴이론은 신흥 개발도상국이 선진국의 기술을 이용하여 도약할 수 있다고 제시한다. 실제로 모든 국가는 어떤 일을 하는 더 좋은 방법이 발견되면 혜택을 누릴 수 있다. 혁신과 혁신의 확산은 생산가능곡선을 밖으로 밀어낸다. 어떤 발견을 선도하는 국가는 적어도 한동안은 그것을 활용하는 데 어느 정도 우위를 점한다는 증거가 있다.

GDP에서 차지하는 연구개발비의 비율을 보면 미국은 한국, 일본, 독일에 이어 4위이며, 연구개발에 지출되는 달러 금액 기준으로는 미국이 1위이다. 연구개발에 투자하는 기업 가운데 아마존

1 National Academies, "Rising Above the Gathering Storm: Energizing the Employing America for a Brighter Future," *National Academies Press*, 2007.

(Amazon)과 알파벳(Alphabet)은 연구개발비를 지출하는 선도 기업이다.

혁신의 산물이라고 할 수 있는 특허 데이터를 보면 미국은 선두를 달리고 있다. 미국, 일본, 유럽연합에서 동시에 획득한 특허, 즉 3개국 특허의 경우 미국 발명가가 선도적인 역할을 했고 1989년에 유럽연합의 주도권을 빼앗아 왔다. 혁신의 결과 측면에서 보았을 때 미국은 여전히 연구개발 분야에서 매우 강한 듯하다.

1952 I~2017 IV 미국의 노동생산성

시간이 갈수록 미국의 노동생산성이 증가한 이유를 알았으니 이제 미국의 노동생산성 데이터를 통해 실제로 노동생산성 성장률이 어떻게 변화했는지 살펴보자. 그림 22.2는 1952 I~2017 IV 동안 미국의 노동생산성 변동 추이를 보여주는데, 그림 31.2는 그 그림을 그대로 가져온 것이다. 직선 부분은 노동생산성의 단기 변동을 매끄럽게 나타내기 위해 그린 것이다. 30장에서 설명한 노동생산성 측정 방법을 고려하면 기업은 경기후퇴기에 초과 노동을 보유하는 경향이 있기 때문에 노동생산성은 경기변동에 따라 달라진다. 이 장에서는 경기변동에 관심이 없으며 그림의 직선 부분은 경기변동 효과를 무시하고 노동생산성의 변화를 살펴보는 한 가지 방법을 제시한다.

1970년대 말과 1980년대 초에 미국의 '생산성 문제'에 대해 상당한 논의가 있었다. 1980년대 초에 발간된 일부 경제학 교재는 한 장 전체를 할애하여 1970년대 말에 발생한 것으로 보이는 생산성의 하락을 다루었다. 1981년 1월에 미국 의회예산국(Congressional Budget Office)은 〈생산성 문제: 해결을 위한 대안(Productivity Problem: Alternatives for Action)〉이라는 보고서를 발간했다.

그림 31.2를 보면 1970년대에는 생산성 성장률이 둔화되었음을 알 수 있다. 생산성 성장률은 1950년대와 1960년대 전반부에 3.4%에서 1960년대 후반부와 1970년대 초에 2.6%, 1970년대부터 1990년대에 1.6%로 낮아졌다. 1970년대 말과 1980년대 초의 생산성 둔화에 대해 당시 많은 설명이 있었다. 일부 경제학자들은 다른 국가에 비해 미국의 저축률이 낮은 사실을 지적했다. 어떤

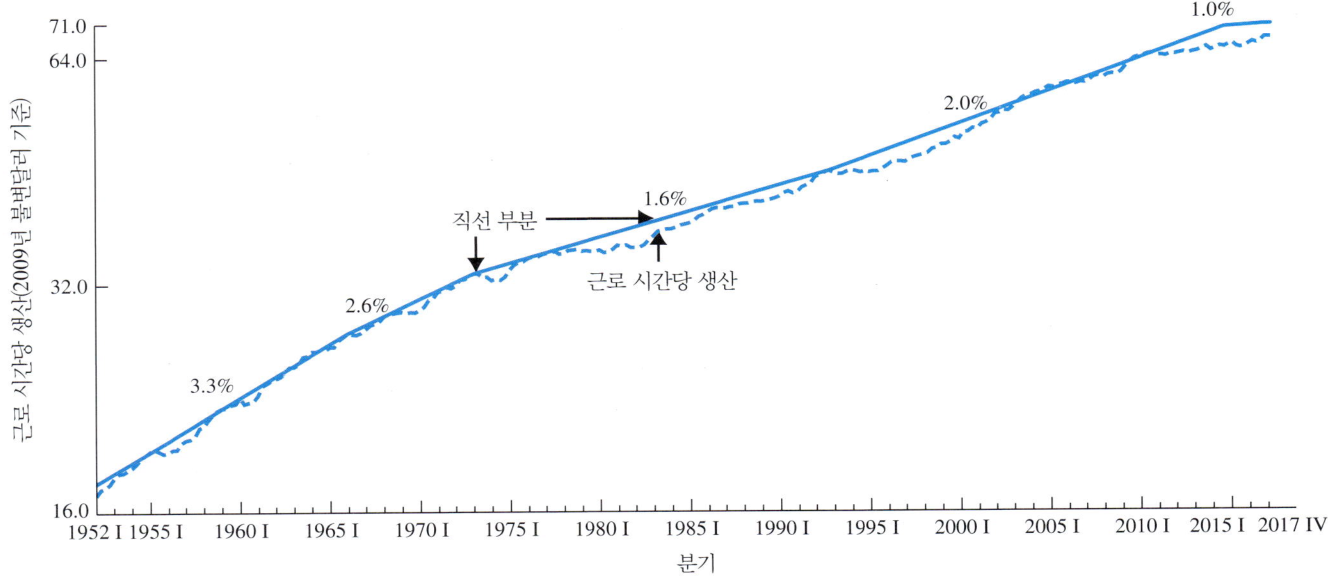

그림 31.2 1952 I~2017 IV 미국의 근로 시간당 생산(생산성) 변화 추이

경제학자들은 미국 기업에 대해 환경 및 정부 규제가 증가한 탓으로 돌렸다. 또 다른 경제학자들은 미국이 당연히 지출해야 할 연구개발비를 지출하지 않았다고 주장했다. 한편으로는 1970년대의 높은 에너지 비용이 노동생산성을 증가시키기 위한 투자 대신에 에너지를 절약하기 위한 투자를 발생시켰다고 제시한 경제학자들도 있었다.

생산성 성장률은 1993~2010년에 2.0%로 증가했으나 2010년 이후에는 낮았다. 특히 인터넷과 무선통신 장비의 계속적인 성장을 고려하면 이러한 생산성 성장률 하락은 수수께끼이다. 그것이 미래 생산성 성장률의 불길한 전조인지 확인하는 데에는 시간이 더 필요하다. 미국은 약 2.0%의 생산성 성장률로 복귀할 것인가?

학습목표

경제성장과 관련된 환경 문제를 파악한다.

31.3 성장, 환경과 지속가능성 문제

2000년에 유엔은 만장일치로 새천년 개발 목표(Millennium Development Goals), 즉 개발도상국이 충족해야 하는 정량적이고 시한이 있는 목표를 채택했다. 예상할 수 있듯이 이 목표에는 교육, 사망률, 소득 성장의 척도가 포함되어 있다. 또한 유엔 결의안에는 일련의 환경 기준이 포함되어 있다. 청정한 공기, 깨끗한 물, 환경 보존 관리에 대한 특정 기준이 개발되었다.

개발 목표에 환경적 고려 사항을 포함한 것은 한 국가의 장기 성장에서 환경 기반 시설의 중요성을 드러낸다. 정책 담당자는 성장이 환경 파괴를 초래할 것이라고 점점 더 우려하고 있다. 지구 온난화의 증거는 성장과 환경에 대한 국제적 우려를 증가시켰다. 환경과 성장의 관계는 복잡하며 경제학자들 사이에서 논란이 되고 있다.

성장과 환경에 대한 고전적 연구는 1990년대 중반에 진 그로스만(Gene Grossman)과 앨런 크루거(Alan Krueger)가 수행했다.[2] 국가가 발전함에 따라 일반적으로 대기 및 수질 오염 물질을 배출하는데, 최근 중국의 급성장은 대표적인 예로 꼽힌다. 그러나 그로스만과 크루거는 성장이 진행되고 국가가 부유해짐에 따라 그러한 환경오염이 감소하는 경향이 있다는 것을 발견했다. 일인당 소득으로 측정한 성장과 환경오염의 관계는 역U자형이다. 그림 31.3은 대기오염의 척도에 대한 그로스만과 크루거의 증거를 보여준다.

이러한 역U자형 관계는 어떻게 설명할 수 있을까? 깨끗한 공기와 물은 경제학자가 정상재라고 일컫는 것이다. 즉 사람들은 부유해짐에 따라 이러한 재화를 더 많이 소비하려 한다. 케인지안 모형에서 소득이 증가함에 따라 총소비가 증가한다는 것을 이미 살펴보았다. 미시경제학에서는 이러한 관계가 대부분의 개별 재화에도 성립한다는 것을 발견했다. 소득수준이 높아짐에 따라 깨끗한 공기와 물에 대한 수요가 증가한다. 국가가 발전함에 따라 사람들은 공기와 물의 개선을 점점 더 요구한다. 예를 들어 중국에서는 환경에 대한 대중의 항의가 점점 더 거세지고 있다. 따라서 성장을 수반하는 산업화의 진전은 처음에 환경을 악화시키지만 장기적으로 보았을 때는 일반적으로 환경의 질이 나아진다.

그로스만과 크루거는 이러한 역U자형 관계를 많은 국가에서 발견했다. 경제사학자들은 산업혁명

2 Gene Grossman and Alan Krueger, "Economic Growth and the Environment," *Quarterly Journal of Economics*, May 1995.

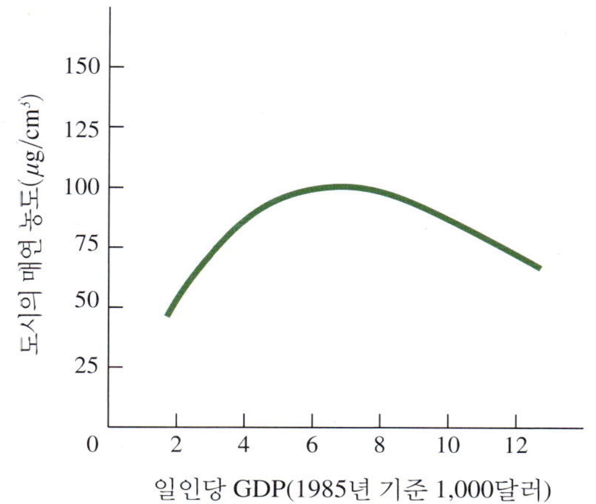

그림 31.3 일인당 GDP와 도시 대기오염의 관계
대기오염의 한 척도는 도시의 매연이다. 매연 농도와 일인당 GDP의 관계는 역U자형이다. 국가가 부유해짐에 따라 매연이 증가하다가 감소한다.

출처: Gene Grossman and Alan Krueger, *QJE*, May 1995.

의 전성기에 영국 북부가 심각한 대기오염으로 고통을 겪었다는 것을 상기시킨다. 엘리자베스 개스켈(Elizabeth Gaskell)이 지은 《북부와 남부(North and South)》 같은 19세기 영국 소설에서도 이러한 대기오염이 언급되었다.

성장을 통해 일인당 소득이 증가함에 따라 결국 환경오염이 감소하는데 왜 우리는 걱정을 해야 하는가? 첫째, 그로스만과 크루거가 지적했듯이 역U자형 관계는 역사적 경험이지만 피할 수 없는 것은 아니다. 특히 여론이 정부와 경제가 전반적으로 환경오염을 감소시키는 기술 쪽으로 움직이게 하려면 권한을 가진 대중과 책임 있는 정부가 필요하다. 이때도 역시 성장에서 제도가 중요하다는 것을 알 수 있다. 두 번째 문제는 높은 배기가스 수준이 되돌리기 힘든 결과를 초래할 수 있다는 것이다. 어떤 사람들은 중국과 베트남 같은 국가가 배기가스를 줄일 만큼 충분히 발전할 무렵이면 너무 늦다고 주장한다. 많은 사람은 지구 온난화가 그러한 예라고 믿는다.

또 다른 중요한 문제는 국경을 넘어 이동하는 공해의 출처에서 비롯된다. 지구 온난화와 관련된 탄소 배출은 산업화의 부산물 중 하나이다. 다른 대기오염도 국경을 넘나든다. 소련의 산업화 전성기에 소련이 만들어낸 많은 공해가 바람을 타고 핀란드로 날아갔다. 성장 수준과 환경 통제 수준에 대한 국가의 선택은 다른 국가의 복지에 영향을 미친다. 일인당 GDP 수준이 다른 국가들이 환경 통제의 공통 기준에 합의하는 것은 쉽지 않은 일이다. 앞에서 언급했듯이 먹거리와 주거에 대한 니즈가 더 잘 충족될 때 소득이 증가함에 따라 깨끗한 공기에 대한 수요가 증가한다. 최적의 환경 통제 수준에 대해 개발도상국과 선진국 사이에 논쟁이 있다는 것은 경제학을 공부한 사람이 보기에 놀라운 일이 아니다. 선진국의 소비자가 개발도상국의 경제활동을 통해 이득을 얻는다는 것을 알면 문제는 더욱 복잡해진다. 예를 들어 중국 기업이 배출하는 탄소의 증가는 대부분 유럽, 미국과 교역되는 재화와 관련이 있다. 따라서 선진국의 소비자는 자신이 소비하는 저렴한 재화를 통해 대기오염의 이익을 공유하는 셈이다.

동남아시아 국가는 대부분 수출 주도 제조업으로 성장을 촉진했다. 자원을 캐내어 성장을 촉진하는 국가의 경우 또 다른 잠재적 지속가능성 문제가 있는데, 많은 아프리카 국가가 이에 해당한다. 나이지리아는 석유에 크게 의존한다. 남아프리카공화국과 콩고는 다이아몬드와 기타 보석의 최대 생산국이다. 물론 자원 채굴은 환경 문제를 수반할 수 있다.

많은 사람은 자원 채굴을 기반으로 한 성장이 경제적으로 지속가능한지 의문을 제기한다. 석유나

광물이 고갈되면 어떻게 되겠는가? 이에 대한 답은 매우 복잡하고, 자원 채굴 과정에서 얻은 이익이 어떻게 사용되는가에 따라 어느 정도 달라진다. 다른 유형의 경제발전은 숙련노동 기반에 의존하는 반면 자원 채굴은 잘 교육받은 노동력 없이도 가능하기 때문에 특히 사회기반시설에 대한 공공투자가 중요하다. 국가가 자원 채굴로 얻은 수입을 도로와 학교 같은 사회기반시설에 투자하고 국민의 교육과 건강을 증진하기 위해 사용하는 정도에 따라 성장을 위한 기반이 시간의 흐름에 따라 이전될 수 있다. 제도가 취약한 경우에는 그러한 수입을 부패한 정부가 가로채거나 해외에 투자하기도 하며, 장기적으로 지속가능한 성장이 이루어지지 않을 것이다.

천연자원 기반이 성장에 강력한 한계를 부과하는지 여부는 맬서스 시대부터 논란이 되었다. 18세기 초에 토머스 맬서스는 영국의 인구 증가가 토지의 공급 능력을 초과할 것이라고 우려했다. 그 당시에 기술은 생산 성장 촉진의 답을 내놓았다.

1972년에 미래의 성장을 우려하는 시민 집단인 로마클럽(Club of Rome)은 '성장의 한계(The Limits to Growth)'라는 제목의 연구를 수행하기 위해 MIT의 한 집단과 계약을 맺었다.[3] 최종 보고서는 인구, 식량, 산업 생산, 자원 고갈의 현재 성장률을 가정한 컴퓨터 시뮬레이션 결과를 제시했다. 이 데이터에 따르면 2000년 이후 어느 시점에 성장의 한계에 도달하고 전 세계 경제가 붕괴될 것이다.

> 재생 불가능한 자원의 고갈로 붕괴가 발생한다. 산업 자본스톡은 막대한 자원 투입을 요구하는 수준까지 증가한다. 이러한 성장 과정에서 이용 가능한 자원의 상당 부분이 소진된다. 자원의 가격이 상승하고 광산이 감소함에 따라 자원을 확보하는 데 더 많은 자본을 사용해야 하고, 따라서 미래 성장을 위해 투자할 자본이 줄어든다. 끝으로 투자는 감가상각을 따라잡을 수 없고 산업 기반이 붕괴됨으로써 산업 투입물(예: 비료, 살충제, 병원 실험실, 컴퓨터, 기계화를 위한 에너지)에 의존하는 서비스와 농업 시스템도 무너진다. 식량과 건강 서비스의 부족으로 사망률이 증가하여 결국 인구가 감소한다.[4]

이는 약 200년 전 맬서스의 주장과 비슷하다. 맬서스도 로마클럽도 이러한 결과의 일부를 완화하는 가격 상승의 역할을 설명하지 않았다.

1970년대 초에 많은 사람은 로마클럽의 예측이 실현될 것이라고 생각했다. 세계는 에너지 공급의 한계를 넘어서기 시작하는 것처럼 보였다. 그 이후 몇 년에 걸쳐 에너지 가격의 상승에 반응하여 새로운 유전이 발견되고, 수압 균열법으로 생산되는 대규모 가스와 석유 유전을 비롯해 새로운 에너지 자원이 발견되고 개발되었다. 현재 지구 온난화와 생물 다양성 문제로 인해 많은 사람은 성장 과정에 의문을 제기한다. 가난한 국가 사람들의 삶의 측면에서 성장의 명백한 이득과 환경 목표를 어떻게 맞바꿔야 하는가? 이러한 교환관계의 존재를 인식하고 문제를 다루는 정책을 고안하는 것은 정책 담당자의 핵심 임무 중 하나이다.

---

3 Donella H. Meadows et al., *The Limits to Growth* (Washington, D.C.: Potomac Associates, 1972).

4 Meadows et al., pp. 131–132.

요약

01 거의 모든 국가에서 근로자 일인당 생산, 즉 노동생산성은 시간이 흐름에 따라 증가한다.

02 모든 사회는 이용 가능한 자원과 기술에 따른 한계에 직면한다. 경제성장은 이러한 한계를 확장하고 사회의 생산가능곡선을 오른쪽 밖으로 밀어낸다.

03 전 세계적으로 성장률에 상당한 차이가 있다. 일부 국가, 특히 동남아시아 국가는 선진국을 추격하고 있는 것으로 보인다.

04 일부 저개발 국가가 급격히 성장하고 더 발전된 국가를 추격하기 시작하는 과정을 수렴 현상이라고 한다.

05 총생산함수는 투입요소(노동과 자본스톡)와 총생산의 관계를 나타낸다.

06 노동공급의 증가, 물적자본(공장과 장비)의 증가, 인적자본의 증가(노동공급의 질 향상), 물적자본의 질 향상(체화된 기술 변화), 체화되지 않은 기술 변화(예: 경영 능력의 향상) 등 많은 요인이 경제성장에 영향을 미친다.

07 미국의 노동생산성 성장률은 1950년대와 1960년대에 3.4%에서 1990년대와 2000년대에 약 2.0%로 하락했다. 2010년 이후 노동생산성 성장률이 매우 낮았다.

08 국가가 발전하고 산업화되기 시작하면 환경 문제가 뒤따른다. 그러나 발전이 더 진행됨에 따라 대부분의 국가에서 환경의 질이 나아진다.

09 천연자원에 기반한 국가의 성장 한계는 수백 년 동안 논란이 되었다. 자원 채굴을 기반으로 한 성장 전략은 한 국가의 성장에 특별한 도전이 될 수 있다.

핵심 용어

노동생산성 성장률(labor productivity growth)
발명(invention)
생산 성장률(output growth)
일인당 생산 성장률(per-capita output growth)
체화되지 않은 기술 변화(disembodied technical change)
체화된 기술 변화(embodied technical change)
총생산함수(aggregate production function)
추격(catch-up)
해외직접투자(foreign direct investment, FDI)
혁신(innovation)

연습문제

01 5개국의 1980년, 2016년 일인당 실질 GDP는 다음 표와 같다. 1980~2016년 일인당 실질 GDP의 연간 성장률을 구하여 빈칸을 채워라. 완성된 표의 데이터가 수렴이론을 나타내는지 설명하라.

국가	1980년 일인당 실질 GDP	2016년 일인당 실질 GDP	1980~2016년 일인당 실질 GDP의 연간 성장률
미국	28,734	52,152	
엘살바도르	2,577	3,919	
남아프리카공화국	6,560	7,727	
캄보디아	234	1,065	
러시아	8,282	11,436	

*모든 수치는 2010년 미국 달러 기준이다.
출처: United States Department of Agriculture.

02 다음 표를 이용하여 A 국가, B 국가, C 국가 각각의 경제성장과 생활수준에 어떤 일이 일어났는지 설명하라.

국가	2017년 실질 GDP	2018년 실질 GDP	2017년 인구	2018년 인구
A	10,000,000	10,350,000	2,000	2,050
B	3,200,000	3,500,000	6,000	6,500
C	7,400,000	7,680,000	3,500	3,700

03 다음 표 1~3은 가상의 세 경제에 대한 데이터이다. 노동생산성과 생산 성장률을 구하여 빈칸을 채워라. 이 데이터는 경제성장의 요인에 대해 무엇을 알려주는가? (힌트: L과 K가 얼마나 빠르게 증가하는가?)

표 1

기간	L	K	Y	Y/L	생산 성장률
1	1,120	3,205	4,650		
2	1,135	3,500	4,795		
3	1,152	3,798	4,945		
4	1,170	4,045	5,100		

표 2

기간	L	K	Y	Y/L	생산 성장률
1	1,120	3,205	4,650		
2	1,175	3,246	4,775		
3	1,255	3,288	4,904		
4	1,344	3,315	5,036		

표 3

기간	L	K	Y	Y/L	생산 성장률
1	1,120	3,205	4,650		
2	1,135	3,246	4,840		
3	1,152	3,288	5,038		
4	1,170	3,315	5,244		

04 일반적으로 경제학자들은 현재의 높은 재정적자가 미래의 경제 성장률을 감소시킬 것이라는 데 동의한다. 왜 그런가? 높은 재정적자의 이유가 문제인가? 다시 말해 재정적자의 이유가 세금 감소, 방위비 지출 증가, 직업훈련 프로그램 증가 등이라는 것이 문제인가?

05 성장이 더 불평등한 소득 분배를 불러올 수 있는 이유는 무엇인가? 성장이 더 불평등한 소득 분배로 이어진다고 가정했을 때 가난한 사람들이 경제성장의 혜택을 받을 수 있는 방법은 무엇인가?

06 다음의 각 항목은 경제의 생산성 및 경제성장률과 어떤 관련이 있는가?

a. 연구개발을 위한 지출
b. 정부 규제
c. 인적자본의 변화
d. 근로 시간당 생산
e. 체화된 기술 변화
f. 체화되지 않은 기술 변화

07 2013년 6월에 오바마 대통령의 기후 행동 계획(Climate Action Plan)이 발표되었다. 이 계획의 주요 목표 중 하나는 2020년까지 미국의 이산화탄소 배출량을 2005년 수준에서 17% 줄이는 것이었다. 미국의 일인당 실질 GDP는 2013~2014년에 2.4% 성장했다. 이러한 맥락에서 기후 행동 계획의 목표 달성이 그로스만과 크루거가 제시한 역U자형 관계와 어떻게 조화를 이루는지 설명하라.

경제학적 사고 키우기

01 많은 비정부기구(NGOs)는 개발도상국 사람들의 건강과 교육 성과를 개선하기 위해 노력하고 있다. 이러한 노력이 장기 성장에 어떤 영향을 미칠 것이라고 생각하는가?

02 합법적 계약과 재산권의 집행은 장기 성장을 지원하는 데 필수적이다. 31장에서 배운 것을 바탕으로 그 이유를 설명하라.

CHAPTER 32

거시경제학의 대안적 이론

목차와 학습목표

32.1 케인지안 경제학

케인지안 경제학을 이해한다.

32.2 통화주의

화폐수량설을 이해한다.

32.3 공급경제학

공급경제학의 기본 사항을 파악한다.

32.4 신고전학파 거시경제학

실물경기변동이론과 신케인지안 경제학을 이해한다.

32.5 행동거시경제학

행동경제학이 거시경제학에 끼친 영향을 알아본다.

32.6 대안적 거시경제모형의 검정

대안적 거시경제이론의 검정이 어려운 이유를 알아본다.

거시경제학에는 아직 해결되지 않은 많은 질문이 있다. 예를 들어 경제학자들은 재정정책이 총생산수준을 변화시킬 수 있는지에 대한 의견이 다르다. 총공급곡선은 단기적이든 장기적이든 수직선이어서 생산수준을 바꾸려는 모든 시도는 결국 임금과 물가의 상승으로 이어지는가? 총공급곡선은 유용한 거시경제학 개념인가? 경기적 실업이 존재하는지, 그리고 경기적 실업이 존재한다면 그 발생 원인이 무엇인지에 대해 다양한 견해가 있다. 경제학자들은 통화정책이 경제를 안정시키는 데 효과적인지에 대한 의견이 다르고, 소비와 투자지출의 주요 결정 요인에 대해 각기 다른 견해를 지지한다.

이 장에서는 의견이 일치하지 않는 몇 가지 사항을 간략히 설명한다. 거시경제가 어떻게 작동하는지에 대한 대안적 이론을 더 상세히 살펴본다. 먼저 케인지안과 통화주의자가 벌인 초기 논쟁의 역사를 간략히 살펴본 다음 현대적인 대안적 거시경제이론을 다룰 것이다.

학습목표

케인지안 경제학을 이해한다.

32.1 케인지안 경제학

1936년에 발간된 존 메이너드 케인스의《고용, 이자 및 화폐의 일반 이론》은 경제학에서 가장 중요한 업적 중 하나이다. 23~31장의 내용 중 상당 부분은 케인스 이후에 이루어진 연구의 결과이지만 케인스가 개발한 분석의 틀을 토대로 한 것이다.

케인지안 경제학(Keynesian economics)은 정확히 무엇인가? 어떤 의미에서 케인지안 경제학은 모든 거시경제학의 기초이다. 케인스는 처음으로 총수요와 화폐시장 및 재화시장의 관계를 강조했다. 또한 경직적 임금이 일으킬 수 있는 문제와 경기변동에서 동물적 감각의 중요성을 강조했다. 최근에 케인지안이라는 용어는 더 좁은 의미로 사용된다. 케인스는 개입주의적 정부를 신뢰했다. 그는 정부가 인플레이션과 실업에 대응하는 역할을 해야 하고 거시경제를 관리하기 위해 통화정책과 재정정책을 사용해야 한다고 믿었다. 거시경제에서 정부의 적극적인 개입을 지지하는 경제학자를 흔히 케인지안이라고 일컫는 이유가 바로 이것이다.

먼저 케인지안과 통화주의자 사이의 오랜 논쟁을 살펴보자. 역사적인 관점에서 보면 통화주의는 케인지안 경제학의 개입주의에 대한 최초의 도전이었다.

학습목표

화폐수량설을 이해한다.

32.2 통화주의

화폐의 유통속도

화폐의 유통속도 화폐량에 대한 명목 GDP의 비율

통화주의를 이해하려면 화폐 사용의 기본 내용을 다시 생각해볼 필요가 있다. 통화주의에서 핵심 변수 중 하나는 화폐량에 대한 명목 GDP의 비율로 정의되는 **화폐의 유통속도**(velocity of money)이다. 당신이 1월 1일에 5달러 지폐로 볼펜 한 자루를 산다고 하자. 문구점 주인은 당신에게 받은 5달러를 즉시 지출하지 않고, 도넛 한 상자를 구매하는 5월 1일까지 보유할 수도 있다. 또한 도넛 가게 주인은 석유 100갤런을 구매하는 7월 1일까지 5달러를 지출하지 않는다. 주유소 주인은 9월 1일 약혼자에게 줄 반지를 구매하는 데 5달러를 사용하지만 그해의 남은 3개월 동안에는 5달러가 더 이상 사용되지 않는다. 5달러 지폐는 한 해 동안 주인이 네 번 바뀌었다. 5달러 지폐의 유통속도는

4인데, 이는 각 주인이 5달러를 평균 3개월, 즉 한 분기 보유한다는 것을 의미한다.

실제로 GDP 데이터를 쉽게 사용할 수 있기 때문에 화폐의 유통속도를 측정하기 위해 경제에서 발생한 모든 거래의 총금액 대신 국내총생산(GDP)이 사용된다.[1] 화폐의 유통속도(V)는 화폐량(M)에 대한 명목 GDP의 비율이다.

$$V \equiv \frac{GDP}{M}$$

1년에 12조 달러 가치의 최종 서비스와 재화가 생산되고 화폐량이 1조 달러이면 화폐의 유통속도는 12조 달러 ÷ 1조 달러, 즉 12.0이다.

명목소득(GDP)은 실질생산(실질소득)(Y)과 전반적인 물가수준(P)의 곱이므로 이 정의를 다음과 같이 조금 다르게 나타낼 수 있다.

$$GDP \equiv P \times Y$$

GDP를 이 식으로 대체하면

$$V \equiv \frac{P \times Y}{M} \quad \text{또는} \quad M \times V \equiv P \times Y$$

이러한 정의가 경제의 작동에 대한 통찰을 제공하는지 이 시점에 물어볼 필요가 있다. 답은 "아니요"이다. V는 화폐공급에 대한 GDP의 비율이므로 $M \times V \equiv P \times Y$는 항상 성립하는 항등식이다. 이는 '튤립은 꽃이다'처럼 식 자체 이상의 유용한 정보를 담고 있지 않다. 예를 들어 M이 달라질 때 $P \times Y$에 무슨 일이 일어나는지에 대해 아무것도 알려주지 않는다. $P \times Y$의 최종 값은 V에 어떤 일이 일어나는지에 따라 결정된다. M이 증가할 때 V가 감소하면 $M \times V$가 달라지지 않을 수도 있고, 이 경우 M의 변화는 명목소득에 아무런 영향을 미치지 않을 것이다. 통화주의에 약간의 경제적 내용을 제공하기 위해 통화주의의 간단한 모형인 **화폐수량설**(quantity theory of money)에 초점을 맞추어 살펴보자.

화폐수량설 항등식 $M \times V \equiv P \times Y$와 화폐의 유통속도($V$)가 (거의) 일정하다는 가정에 기초한 이론

화폐수량설

화폐수량설의 핵심 가정은 시간이 흘러도 화폐의 유통속도가 (거의) 일정하다는 것이다. V가 일정한 값($\overline{V}$)이면 화폐수량설은 다음과 같이 나타낼 수 있다.

$$M \times \overline{V} = P \times Y$$

이 식은 더 이상 항등식이 아니기 때문에 세 줄 등호를 두 줄 등호로 대체했다. 이 식은 화폐의 유통속도가 일정하면 성립되지만 그렇지 않으면 성립되지 않는다. 이 식이 성립한다면 명목 GDP를 설명하는 한 가지 쉬운 방법을 제공한다. Fed가 설정하는 정책 변수로 간주될 수 있는 M이 주어지면 명목 GDP는 $M \times \overline{V}$와 같다. 이러한 경우에는 통화정책의 효과가 명백하다. M의 퍼센트 변화

1 GDP에는 중간재(예: 제빵업자가 빵을 만들기 위해 사용하는 밀가루)나 기존 자산(예: 중고차 판매)의 거래가 포함되지 않는다는 것을 상기하라. 그러나 이러한 거래에 화폐가 사용되면 1년 동안 화폐의 주인이 바뀌는 횟수에 영향을 미친다. GDP는 화폐의 유통속도를 계산하는 데 사용되는 불완전한 거래 척도이다.

는 명목 GDP의 퍼센트 변화와 같다. 예컨대 화폐공급이 2배가 되면 명목 GDP도 2배가 된다. 화폐공급이 변하지 않으면 명목 GDP도 변하지 않는다. 화폐공급을 통제할 수 있는 Fed가 화폐공급을 증가시키면 명목 GDP도 증가할 것이다. 경제가 이미 완전고용 상태이면 물가만 상승한다. 통화주의자는 Fed가 화폐공급을 잘못 관리하는 것이 인플레이션의 핵심 원인이라고 믿었다.

화폐의 유통속도는 정말로 일정한가? 통화주의자가 주장하는 논리는 화폐의 유통속도가 일정하다는 것에 달려 있다. 초기 경제학자들은 화폐의 유통속도가 대체로 사람들이 얼마나 자주 지불받는지, 은행 시스템이 은행 간 거래를 어떻게 청산하는지와 같은 제도적 요인에 따라 결정된다고 믿었다. 이러한 요인은 점진적으로 변화하기 때문에 경제학자들은 화폐의 유통속도가 본질적으로 일정하다고 믿었다.

화폐시장이 균형일 때 화폐공급량은 화폐수요량과 같다. 이는 화폐수량식의 M이 화폐공급량, 화폐수요량 둘 다와 같다는 것을 의미할 수 있다. 화폐수량식을 화폐에 대한 수요식으로 간주하면 화폐에 대한 수요가 명목소득(GDP, 즉 $P \times Y$)에 의존하나 이자율에 의존하지 않는다고 제시한다. 이자율이 변하고 명목소득이 변하지 않으면 화폐수량식은 화폐수요량이 달라지지 않을 것이라고 제시한다. 이는 25장에서 설명한, 화폐에 대한 수요가 소득과 이자율에 좌우된다는 화폐에 대한 수요 이론과 배치된다.

화폐수량설의 검정 화폐수량설의 타당성을 검정하는 한 가지 방법은 미국 경제의 최근 데이터를 사용하여 화폐에 대한 수요를 살펴보는 것이다. 핵심은 화폐수요가 이자율에 따라 달라지는지 확인하는 것이다. 대부분의 실증 연구는 화폐수요가 이자율에 의존한다고 제시한다. 화폐에 대한 수요식이 추정될 때 일반적으로 이자율은 유의한 요인으로 판명된다. 화폐에 대한 수요는 명목소득에만 의존하지 않는 것으로 보인다.

화폐수량설을 검정하는 또 다른 방법은 시간이 지남에 따라 화폐의 유통속도가 변화하는지 살펴보는 것이다. 그림 32.1은 1960 I~2017 IV 동안 화폐의 유통속도가 변화하는 추이를 보여준다. 그림을 보면 화폐의 유통속도가 일정하지 않은데, 2007년까지 증가하는 추세이지만 그러한 추세 주위에서 크게 변동한다. 예를 들어 1980 III에 6.4에서 1981 III에 7.0으로 상승했다가 1983 I에

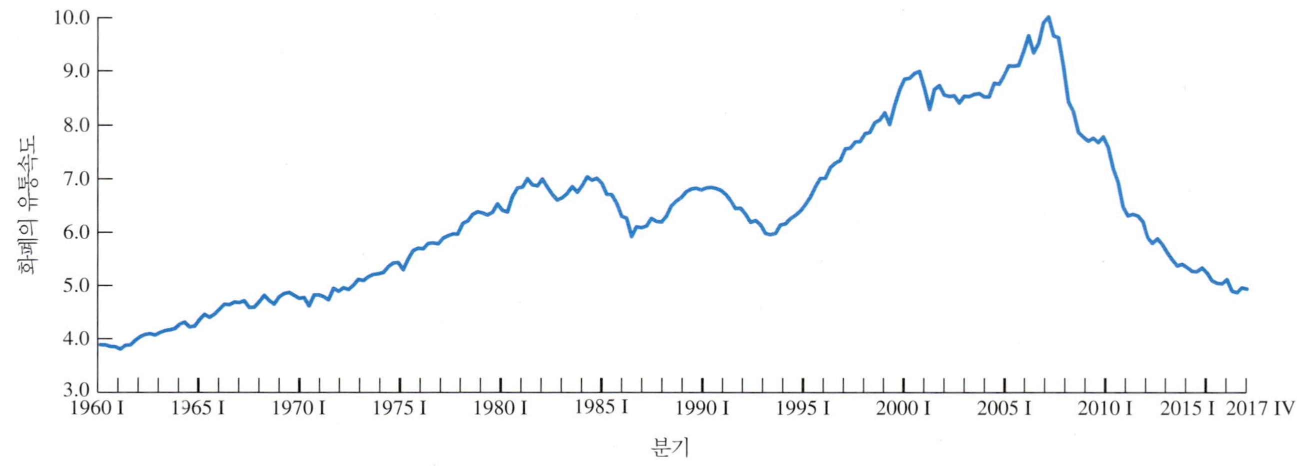

그림 32.1 1960 I～2017 IV 화폐의 유통속도

화폐의 유통속도는 1960～2017년 동안 일정하지 않았다. 화폐의 유통속도는 장기적으로 양의 추세를 보였으나 지금은 역전되었다.

6.6으로 하락했고, 1984년 III에 7.0으로 상승했다가 1986 IV에 5.9로 하락했다. 이러한 변화는 작아 보일 수 있으나 실제로는 큰 것이다. 예를 들어 1986 IV에는 화폐공급이 약 8,000억 달러였는데, 이 경우 화폐의 유통속도가 0.3만큼 변동하고 화폐공급이 그대로이면 명목 GDP($P \times Y$)는 1986년 GDP의 약 5%에 해당되는 2,400억 달러(0.3 × 8,000억 달러) 변동한다. 2008년 이후 화폐의 유통속도는 놀랍게 변화했다. 즉 2008 I에 9.6에서 2017 IV에 4.9로 하락했다.

통화주의 이론에 대한 논쟁은 지금까지의 설명보다 더 미묘하다. 첫째, 다양한 화폐공급의 정의가 있다. M1은 그림 32.1을 그리는 데 사용된 화폐공급 변수이지만 화폐공급의 다른 척도를 사용하면 그래프가 더 매끄러울 것이다. 예컨대 많은 사람은 체킹계좌에 있던 자금을 1970년대 말에 이용할 수 있게 된 화폐시장계좌로 옮겼다. 그 결과 M1이 감소한 반면 GDP가 달라지지 않았기 때문에 화폐의 유통속도, 즉 M1에 대한 GDP의 비율이 증가했어야 한다. 그러나 화폐공급의 척도로 (체킹계좌와 화폐시장계좌를 둘 다 포함하는) M2를 사용한다면 체킹계좌 예금의 감소가 화폐시장계좌 예금의 증가로 정확히 상쇄되어 M2가 달라지지 않을 것이다. GDP와 M2가 변하지 않기 때문에 화폐의 유통속도가 변하지 않을 것이다. 화폐의 유통속도가 일정한지 그렇지 않은지는 부분적으로 화폐공급의 측정 방법에 달려 있다.

둘째, 화폐공급의 변화와 이것이 명목 GDP에 미치는 영향 사이에 시차가 존재할 수도 있다. 오늘 화폐공급이 10% 증가하지만 명목 GDP가 10% 증가하는 데 1년이 걸린다고 하자. 오늘의 화폐공급에 대한 오늘 GDP의 비율로 화폐의 유통속도를 측정하면 화폐공급의 증가가 소득에 완전한 영향을 미치는 1년 후에는 화폐의 유통속도가 일정할 것이다.

화폐수량설에 대한 논쟁은 주로 실증적인 문제이다. 이러한 논쟁은 현실 세계의 사실이 이론에 따른 예측과 일치하는지 검토하여 해결할 수 있다. V가 실제로 일정하도록 화폐공급의 척도 및 화폐공급이 변화하는 시점과 화폐공급이 명목 GDP에 영향을 미치는 시점 간의 시차를 선택할 수 있는가? 그럴 수 있다면 통화주의 이론은 거시경제가 어떻게 작동하고 화폐공급의 변화가 어떻게 명목 GDP를 비례적으로 증가시키는지를 이해하는 데 유용한 접근 방법이 될 수 있다. 그럴 수 없다면 다른 이론이 더 적절할 것이다(뒤에서 대안적 이론의 검정에 대해 설명한다).

케인지안과 통화주의자의 논쟁

케인지안과 통화주의자의 논쟁은 아마도 1960년대 거시경제학의 핵심적인 논쟁일 것이다. 통화주의의 대표적인 대변인은 시카고대학의 밀턴 프리드먼(Milton Friedman)이었다. 프리드먼을 비롯해 대부분의 통화주의자는 미국이 때로 겪었던 높은 인플레이션을 Fed가 화폐공급을 급격히 증가시키지 않았다면 피할 수 있었을 것이라고 주장하면서 경제 불안정의 대부분이 Fed의 탓이라고 비난했다. 통화주의자는 경제를 '관리하는(경기가 나쁜 시기에 화폐공급을 확대하고 경기가 좋은 시기에 화폐공급을 감소시키는)' Fed의 능력에 회의적이었다. 이러한 관리에 반대하는 일반적인 논거를 29장에서 다루었다(경제를 부양하고 수축하려는 시도가 시차로 인해 역효과를 내기도 한다).

프리드먼은 지속적이고 완만하게 화폐공급을 증가시키는 정책을 지지했다. 그는 실질생산(실질소득)(Y)의 평균 성장률과 일치하는 증가율로 화폐공급을 증가시켜야 한다고 주장했다. 즉 Fed는 인플레이션이 아니라 실질성장을 수용하는 일정한 정책을 수행해야 한다는 것이다. 반면에 많은 케인지안은 경제의 불안정을 감소시키기 위해(인플레이션과 실업에 대항하기 위해) 통화정책과 재정정책을 조화롭게 사용하는 것을 지지했다.

1970년대와 1980년대에 거시경제의 관리는 실제보다 논문에서 더 쉽게 달성된다는 것이 명백해졌다. 1970년대와 1980년대 초기의 인플레이션 문제와 1974~1975년, 1980~1982년의 심각한 경기후퇴로 인해 많은 경제학자는 경제에 대한 정부의 적극적인 개입이라는 견해에 도전했다. 그중 일부는 적시에 행동할 수 있는 관료주의의 능력에 대한 단순한 공격이었다. 통화정책과 재정정책이 경제에 상당한 영향을 미칠 수 없다고 주장한 프리드먼의 견해에 대한 이론적 공격도 있었다.

오늘날 대부분의 경제학자는 1970년대의 경험 이후 통화정책이든 재정정책이든 정교하게 조정되지 않는다는 데 동의한다. 그럼에도 불구하고 많은 경제학자는 1970년대의 경험이 안정화 정책이 더 큰 경제적 재앙을 막는 데 도움을 줄 수 있다는 것을 보여주었다고 믿는다. 그들은 1975년과 1982년에 정부가 세금을 삭감하고 화폐공급을 확대하지 않았다면 경기후퇴가 더욱 악화되었을 것이라고 주장한다. 또한 정부가 긴축적 통화정책으로 1974~1975년, 1979~1981년의 인플레이션에 대항하지 않았다면 인플레이션이 훨씬 더 악화되었을 것이라고 주장한다.

케이지안과 통화주의자의 논쟁은 '신고전학파 거시경제학(new classical macroeconomics)'이 등장하면서 수그러들었다. 그런데 신고전학파 거시경제학을 살펴보기 전에 거시경제학의 역사에서 미미하지만 흥미로운 족적을 남긴 공급경제학을 살펴보고 넘어가는 것이 좋겠다.

학습목표

공급경제학의 기본 사항을 파악한다.

32.3 공급경제학

23~27장에서 재화시장의 균형에 대해 설명할 때 주로 수요에 초점을 맞추었다. 공급은 (총수요와 밀접하게 연계된) 총지출의 변화에 따라 증가하거나 감소한다. 재정정책은 조세정책과 정부지출을 통해 총지출에 영향을 미치고, 통화정책은 이자율의 인상과 인하를 통해 투자와 소비지출에 영향을 미친다. 지금까지 다룬 거시경제이론은 '수요'에 초점을 맞추지만 공급경제학(supply-side economics)은 그 이름에서 알 수 있듯이 공급에 초점을 맞춘다.

1970년대 말과 1980년대 초에 공급경제학자들의 주장은 단순했다. 진정한 문제는 수요가 아니라 일하고 저축하고 투자할 인센티브를 감소시키는 높은 세율과 강한 규제라는 것이었다. 따라서 필요한 것은 수요를 부양하는 것이 아니라 공급을 부양하기 위한 더 좋은 인센티브였다.

사람들이 더 많은 소득을 얻도록 세금을 삭감하면 그들은 더 열심히 일하고 더 많이 저축할 것이다. 기업은 더 많은 이윤을 보유하고 정부 규제를 피할 수 있다면 더 많이 투자할 것이다. 이러한 노동공급과 투자, 즉 자본공급의 증가는 재화와 서비스를 증가시키는 동시에 인플레이션과 실업을 감소시킬 것이다. 2017년의 세금 논쟁에서 공급 측면에 유리한 세금 삭감을 선호하는 주장이 있었다.

가장 극단적으로 공급경제학자들은 공급정책의 인센티브 효과가 매우 커서 세율 인하가 조세수입을 증가시킬 것이라고 주장했다. 세율이 낮아지더라도 더 많은 사람이 일하여 소득을 얻고 기업이 더 많은 이윤을 벌기 때문에 세원(이윤, 매출, 소득) 확대의 효과가 세율 인하의 효과보다 더 커서 정부의 조세수입이 증가한다는 것이다.

래퍼 곡선

그림 32.2는 공급경제학의 중요한 곡선을 나타낸 것으로, 세로축이 세율이고 가로축이 조세수입이다. 이 곡선의 이면에 있는 가정은 추가로 세율을 인상하는 경우 공급의 반응이 커서 조세수입을 감소시키는 세율이 존재한다는 것이다. 조세수입이 최대가 되는 0%와 100% 사이에 어떤 세율이 분명히 존재한다. 세율이 0%라면 근로 의욕이 높겠지만 조세수입이 없다. 세율이 100%라면 사람들이 소득을 벌 수 없기 때문에 노동공급이 0이 될 것이다. 0%와 100% 사이의 최대 조세수입을 올리는 세율이 있다.

1980년대의 큰 논쟁은 미국의 세율이 그림 32.2의 곡선 윗부분에 있는지, 아랫부분에 있는지에 관한 것이었다. 공급경제학자들은 미국이 A점 주위에 있으며 세율을 낮추어야 한다고 주장했다. 다른 경제학자들은 미국이 B점 가까이에 있으며 조세수입을 감소시키기 위해 세율을 높여야 한다고 주장했다.

그림 32.2의 곡선은 칵테일파티에서 냅킨의 뒷면에 처음 이 곡선을 그렸던 경제학자 아서 래퍼(Arthur Laffer)의 이름을 따서 **래퍼 곡선**(Laffer curve)이라고 부른다. 래퍼 곡선은 레이건 행정부가 제안하여 개인소득세와 법인세를 크게 삭감한 1981년 경제회복법(Economic Recovery Tax Act)의 통과에 영향을 미쳤다. 개인소득세율은 3년 동안 25% 인하되고 자본투자의 촉진을 위해 법인세가 크게 삭감되었다. 이 법 때문에 기업은 세금 목적으로 빠르게 자본을 감가상각할 수 있게 되었으며, 더 많은 공제가 허용되어 기업의 세금이 크게 줄어들었다. 이러한 래퍼의 아이디어는 2017년의 세금 삭감을 지지하는 데에도 사용되었다.

래퍼 곡선 세율(세로축)과 조세수입(가로축)의 관계를 나타내는 곡선. 추가로 세율을 인상하는 경우 공급의 반응이 커서 조세수입을 감소시키는 세율이 존재한다는 것을 보여줌

공급경제학의 평가

공급경제학 지지자들은 레이건의 조세정책이 경제를 부양하는 데 성공적이었다고 주장한다. 그들은 1981년의 세금 삭감이 실행된 직후에 경제가 확장되고 1980~1982년의 경기후퇴가 종식되었다는 사실을 지적한다. 또한 1980년과 1981년에 높은 수준이었던 인플레이션율이 크게 하락했다. 한 해를 제외하고 연방정부의 조세수입은 세율 인하에도 불구하고 1980년대 내내 계속해서 증가했다.

공급정책 비판자들은 이러한 사실에 이의를 제기하지 않지만 경제가 어떻게 회복되었는지에 대해 다른 설명을 내놓는다. 미국 경제가 대공황 이후 가장 심한 경기후퇴에 처하자 레이건 세금삭감법

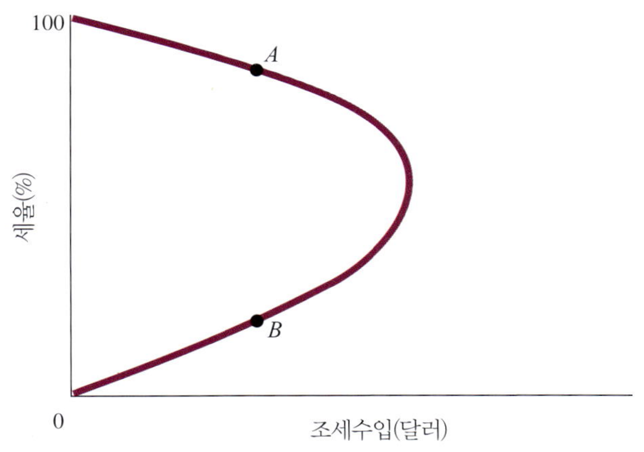

그림 32.2 래퍼 곡선
래퍼 곡선은 정부의 조세수입이 세율의 함수임을 보여준다. 래퍼 곡선은 세율이 높을 때 추가로 세율을 인상하면 조세수입을 감소시킬 수 있다는 것을 보여준다. 같은 상황에서 세율을 인하하면 추가적인 경제활동이 발생하여 조세수입을 증가시킬 수 있다.

이 제정되었다. 1982년 4분기의 실업률은 10.7%였다. 비판자들은 공급정책이 인플레이션율을 떨어뜨린 것이 아니라 경기후퇴 때문이라고 주장한다. 공급경제학에 대한 비판 중 하나는 세금 삭감이 노동공급을 크게 증가시킬 가능성이 없다는 것이다. 또한 이론적으로는 세금 삭감이 노동공급을 감소시킬 수도 있다. 30장에서 다룬 소득효과와 대체효과를 상기하라. 세후임금의 상승이 근로 시간당 보상을 증가시킴에 따라 일할 인센티브가 더 커지지만, 세금 삭감은 가계가 주어진 근로 시간에 대해 더 높은 소득을 받는다는 것을 의미한다. 가계는 더 적은 시간 일하여 같은 소득을 벌 수 있기 때문에 덜 일하는 것을 선택할 수도 있다. 이러한 가계는 증가된 소득의 일부를 여가에 지출할 것이다. 1980년대에 수행된 연구는 세금 삭감이 노동공급을 어느 정도 증가시키지만 그 증가가 그다지 크지 않다고 밝혔다.

경기후퇴에서의 회복은 어떻게 이루어진 것인가? 공급 측 세금 삭감이 효과를 나타내기 시작한 1982년 말에 실질생산이 급속히 증가하기 시작한 이유는 무엇인가? 두 가지 이유가 제기되었다. 첫째, 공급 측 세금 삭감은 경제를 부양하는 수요 측 효과를 크게 발생시켰다. 둘째, 세금 삭감이 효과를 나타내기 시작한 시점에 Fed가 화폐공급을 증가시켜 이자율을 떨어뜨렸다. 화폐공급은 1981~1983년에 약 20% 증가했고 이자율은 하락했다. 1981년 3분기에 15%였던 3월물 미국 재무부 증권의 이자율이 1983년 1분기에 8.1%로 하락했다.

전통적인 이론은 대규모 세금 삭감이 처분가능소득을 증가시킴으로써 소비지출(총지출의 구성요소)을 증가시킨다고 제시한다. 또한 (이자율 하락으로 인한) 의도된 투자의 증가는 장기적으로 생산능력과 공급을 증가시키지만 단기적으로 자본재에 대한 지출(새 공장과 장비 투자)을 증가시킨다.

1981~1982년 경기후퇴로부터의 회복은 공급 측 확장의 결과인가, 수요 측 효과를 불러일으킨 공급 측 정책의 결과인가? 한 가지 사실은 분명하다. 공급경제학자들의 극단적인 예측이 실현되지는 않았다. 레이건 대통령은 래퍼 곡선에 제시된 효과 때문에 정부가 지출을 유지하면서 국방비 지출을 크게 늘리고, 세율을 낮추고, 재정의 균형을 맞출 수 있었다고 주장한다. 그러나 이러한 일이 실제로 일어나지는 않았다. 세금 삭감이 없었던 때보다 정부 수입이 크게 감소했다. 1982년 이후 연방정부는 대규모 재정적자를 내어 1983~1992년에 국가 채무가 약 2조 달러 증가했다. 대부분의 경제학자는 2017년 트럼프의 세금 삭감이 대규모 재정적자를 초래할 것이라고 예측했다.

학습목표

실물경기변동이론과 신케인지안 경제학을 이해한다.

32.4 신고전학파 거시경제학

최근에 케인지안 이론과 관련 이론에 대한 도전이 신고전학파 거시경제학에서 제기되었다.[2] 통화주의나 케인지안 이론과 마찬가지로 신고전학파라는 용어도 명확하지 않다. 신고전학파 경제학자 둘이 아주 똑같이 사고하는 것도 아니고 하나의 모형이 신고전학파를 완전히 설명하는 것도 아니다. 그렇다 해도 다음 설명을 통해 신고전학파의 견해에 담긴 풍미를 알 수 있을 것이다.

2 여기에 속하는 경제학자들의 많은 가정 및 결론이 케인스 이전에 저술한 고전학파 경제학자들의 가정 및 결론과 유사하기 때문에 신고전학파라고 한다.

신고전학파 거시경제학의 발전

앞의 장들에서는 가계와 기업의 미래 예상을 강조했다. 새 공장을 짓겠다는 기업의 결정은 예상하는 미래의 매출에 달려 있고, 가계가 오늘 행하는 저축의 크기는 예상하는 미래의 이자율, 임금, 물가에 달려 있다.

케인스 자신은 ('동물적 감각'의 형태인) 예상이 경제행동에서 중요한 역할을 한다고 인식했다. 그러나 이러한 예상은 어떻게 형성되는가? 현재 거시경제학의 많은 논란은 이러한 질문과 관련된 것이다.

전통적인 모형은 예상이 순진한 방법으로 형성된다고 가정한다. 예를 들어 일반적인 하나의 가정은 사람들이 현재 인플레이션율이 계속될 것이라고 가정하고 미래의 인플레이션율에 대한 예상을 형성한다는 것이다. 예상이 잘못되었다고 판명되면 사람들은 처음에 예측한 인플레이션율과 실제 인플레이션율 간 차이의 일부만큼 예상을 조정한다. 당신이 내년의 인플레이션율을 4%로 예상한다고 하자. 내년이 되었을 때 실제 인플레이션율이 2%라면 오차가 2% 포인트이다. 이 경우 당신은 그 다음 연도의 인플레이션율을 최초의 예상인 4%와 직전 연도의 실제 인플레이션율인 2%의 중간 정도인 3%로 예측할 수도 있다.

이처럼 약간 기계적인 방식으로 예상을 형성하는 것의 문제는 미시경제학에서 개별적인 극대화 행동에 대해 가정하는 것과 배치된다는 것이다. 이러한 '순진한' 방식으로 예상을 하는 것은 사람들이 자신의 예측이 잘못되었을 때 지불해야 하는 비용이 있더라도 더 양호한 예측을 할 수 있게 해주는 정보를 체계적으로 무시한다는 것을 의미한다. 효용을 극대화하는 소비자와 이윤을 극대화하는 기업은 더 똑똑한 방식으로 예상을 형성한다. 미래가 과거나 현재와 같을 것이라고 순진하게 가정하는 것이 아니라 적극적으로 미래를 예측할 것이다. 가계와 기업의 행동을 최적화하는 것과 같이 더 많은 정보를 투입하여 예측하는 것이 신고전학파 거시경제학의 핵심이다.

합리적 기대

보다 정교한 예상 형성의 모형을 가정하는 초기 이론 중 하나는 **합리적 기대 가설**(rational-expectations hypothesis)이다.

합리적 기대 가설 사람들이 경제의 '진정한 모형'을 알고 있고, 미래의 예상을 형성하기 위해 이 모형을 사용한다는 가설

인플레이션 시기에 예상이 어떻게 달라지는지에 대한 여러 가지 모형을 검토함으로써 거시경제학자들 간의 논란을 살펴볼 수 있다. 대출 계약과 같은 많은 상황에서 의사결정자는 인플레이션율을 예측해야 한다. 합리적 기대 가설은 사람들이 인플레이션을 생성하는 '진정한' 모형을 알고 있고, 즉 경제에서 인플레이션율이 어떻게 결정되는지를 알고 있고, 미래의 인플레이션율을 예측하기 위해 이 모형을 사용한다고 가정한다. 인플레이션율에 영향을 미치는 많은 사건은 예측이 불가능하다. 그러한 사건이 임의로 발생한다는 사실에 대해 우리는 무엇을 할 수 있는가? 의사결정자는 경제 전체의 모형을 알고 있다 하더라도 종종 임의로 발생하는 충격 때문에 실수를 저지르게 된다. 이와 같은 상황에서 최선은 평균적으로 경제모형이 정확하고 임의의 사건이 발생하기 때문에 동일한 확률로 인플레이션이 과소 추정되거나 과대 추정된다고 가정하는 것이다. 이것이 합리적 기대 이론에서 사용되는 모형이다.

그러나 다른 거시경제학자들은 의사결정자가 예측을 하기 전에 경제 전체의 모형을 알고 있다고

가정하는 것이 비현실적이라고 생각한다. 약간 완화된 합리적 기대 가설은 의사결정자가 예상을 형성할 때 '이용 가능한 모든 정보'를 사용한다고 가정한다.

예상 문제를 둘러싼 거시경제학자들 간의 핵심 논란은 의사결정의 비용이다. 관련 데이터를 수집하고 정확한 예상을 형성하는 데 비용이 많이 든다면 사람들이 미래의 인플레이션율이나 경제성장률을 예측하기 위해 경험 법칙을 사용한다고 가정하는 것이 더 합리적일 수 있다. 공짜로 관련 정보를 확보할 수 있더라도 일반적으로 잘못된 예측에 비용이 따르는 경우, 사람들은 이용 가능한 모든 정보를 사용하지 못할 때 합리적으로 행동하지 않는다.

합리적 기대와 시장청산 합리적 기대의 가정은 거시경제에서 정부가 해야 하는 역할에 대한 중요한 시사점을 제시한다. 기업이 합리적 기대를 가지고 있고 이에 따라 가격과 임금을 책정한다면 평균적으로 가격과 임금은 재화와 노동시장에서 균형을 보장하는 수준으로 결정될 것이다. 합리적 기대를 가지고 있을 때 기업은 임의의 충격이 수요곡선과 공급곡선을 교란하는 경우를 제외하고는

경제학의 적용

브렉시트와 소비자 예상

소비자 예상을 평가할 때 경제학자는 소비자를 소득, 성별, 연령 집단으로 나눈다. 2016년 6월 23일 영국이 유럽연합(EU) 탈퇴를 결정한 브렉시트 국민투표와 관련하여 저명한 연구소들은 몇 가지 소비자 예상에 대한 전국적 설문조사를 시행했다.

브렉시트 직전에 런던경제대학(London School of Economics)과 랜슨스(Lansons)의 연구 팀이 수행한 공동 연구에 따르면 18~24세 소비자는 브렉시트 이후 연간 소득이 155파운드 감소할 것이라고 예상한 반면 65세 이상 소비자는 6파운드 감소할 것이라고 예상했다. 또한 18~24세 소비자는 영국이 유럽연합에 속해 있으면 연간 소득이 9파운드 증가할 것이라고 예상한 반면 65세 이상 소비자는 239파운드 감소할 것이라고 예상했다. 유럽연합에 속하는 것에 찬성하는 투표자는 자동차, 가계용품, 내구 소비재, 엔터테인먼트, 전자제품을 구매하거나 대체할 가능성이 더 높아져 지출이 증가할 것이라고 예상했다. 이는 기본적으로 공동 유럽 시장이 없는 영국 경제의 미래 회복력에 대한 의구심뿐만 아니라 고용과 노동 이동 전망의 불확실성에서 비롯되었다.

그러나 딜로이트(Deloitte)의 연구 보고서는 대부분의 응답자가 브렉시트의 결과로 개인 임금과 가격에 변화가 없을 것이라고 예상한다고 밝혔다. 이 보고서는 기업의 부정적인 예상과 비관적인 언론 기사에도 불구하고 소비자는 브렉시트를 크게 우려하지 않았다고 설명했다. 실제로 브렉시트는 소비자의 관심사 순위에서 국민건강보험, 영국 경제의 건전성, 환경 상태, 인플레이션, 은퇴 계획 다음이었다.

왜 두 보고서의 결과가 다를까? 두 보고서에 무슨 결함이라도 있는 것일까? 꼭 그런 것은 아니다. 브렉시트 이후 재정 및 통화 개입으로

영국 정부에 대한 소비자의 신뢰가 커짐에 따라 이러한 결과가 달라질 수도 있다. 더군다나 설문조사의 질문이 각기 다른 방식으로 주어졌다. 전자의 보고서는 재정적·경제적 측면에만 초점을 맞추었다면, 후자의 보고서는 브렉시트의 사회적·경제적 영향에 대한 전반적인 견해를 다루었다. 딜로이트의 연구 보고서에는 영국 근로자에게 위협이 될 수 있는 요인으로 여겨지는 이민, 유럽연합 내 노동의 자유로운 이동과 같은 많은 비경제적 요인이 포함되었다. 이는 설문조사 대상 소비자가 전체적인 그림만을 보고 실제 효과는 아직 체감하지 못했음을 의미한다.

질문

- 브렉시트 직후에 영국중앙은행은 이자율을 인하했는데, 이는 두 설문조사에서 소비자의 예상과 행동에 어떤 영향을 미쳤겠는가?

자사 생산물에 대한 수요곡선과 자신이 직면하는 노동공급곡선을 알고 있다. 따라서 평균적으로 기업은 시장청산 가격과 임금을 책정할 것이다. 기업은 진정한 모형을 알고 있으며, 원하는 근로자 수를 끌어들일 것으로 예상되는 임금수준과 다른 임금을 책정하지 않을 것이다. 모든 기업이 이렇게 행동한다면 임금은 공급되는 노동의 총량이 평균적으로 기업이 수요하는 노동의 총량과 같아지도록 결정될 것이다. 다시 말해 평균적으로 완전고용이 이루어질 것이다.

28장에서는 기업이 예측 오류의 결과로 임금을 결정하는 데 실수를 저지를 수 있기 때문에 (실업이나 근로자에 대한 초과 수요의 형태로) 노동시장에 불균형이 존재할 수 있다고 주장했다. 기업이 평균적으로 예측 오류를 범하지 않으면 균형이 존재할 것이다. 예상이 합리적일 때 예측할 수 없는 임의의 충격으로 인해 발생하는 불균형은 일시적이다. 이것은 분명히 중요한 결론이다. 이것이 사실이라면 기업은 평균적으로 시장청산 임금과 가격을 책정하기 때문에 시장의 불균형이 일시적으로만 존재한다.

예상이 합리적이라는 가정은 경제를 보는 방식을 근본적으로 바꿔놓는다. 실업이 상당 기간 존재할 수 있고 승수가 작동할 수 있는 세계에서 (평균적으로) 모든 시장은 청산되고 완전고용이 존재한다. 이러한 세계에서는 정부의 안정화 정책이 필요 없다. 실업은 정부가 걱정할 문제가 아니다. 실업이 존재한다면 그것은 평균적으로 0이 되게 만드는 예측 불가능한 충격 때문이다. 정부가 바나나 시장의 결과를 바꾸기보다 노동시장의 결과를 바꾸려 할 이유가 없다. 평균적으로 가격과 임금은 시장청산수준에서 결정된다.

루카스 공급함수 합리적 기대 모형에 대한 한 가지 비판은 그것이 수많은 가계와 기업의 의사결정자를 요구한다는 것이다. 시카고대학의 로버트 루카스(Robert E. Lucas)는 정보 수집의 어려움을 인식하면서 예상 형성에 대한 새로운 접근법을 제안했다.

루카스는 사람과 기업이 생산에는 전문가이지만 소비에는 일반인이라고 가정했다. 당신이 아는 누군가가 육체노동자라면 그는 노동만 팔 가능성이 있다. 그가 변호사라면 법률 서비스만 팔 것이다. 그러나 사람들은 휘발유부터 아이스크림에 이르기까지 다양한 재화를 정기적으로 구매한다. 기업도 마찬가지다. 대부분의 기업은 소수의 제품을 생산하는 데 집중하는 경향이 있으나 일반적으로 원자재, 노동, 에너지, 자본 등 다양한 투입요소를 구매한다. 루카스에 따르면 이러한 구매와 판매의 차이는 비대칭을 만들어낸다. 사람들은 구매하는 것의 가격보다 판매하는 것의 가격에 대해 더 많이 알고 있다.

기업은 의사결정을 할 때 자사의 생산물 가격과 일반적인 물가수준을 고려한다. 기업은 자사의 생산물 가격이 언제 상승하는지 재빨리 알아채지만 경제의 일반적인 물가수준을 알아채는 데에는 더디다. 각 기의 초에 기업은 각 기 동안 일반적인 재화의 평균적인 물가수준에 대해 예상하는데, 실제 물가수준이 다르게 나타나면 물가충격이 존재하게 된다. 평균적인 물가수준이 예상한 수준보다 높다고 하자. 기업은 실제 물가수준을 뒤늦게 알기 때문에 모든 가격이 상승했다는 것을 깨닫기까지 약간의 시간이 걸린다. 기업은 자사의 생산물 가격이 다른 가격에 비해 상대적으로 올랐다고 인지하고 이로 인해 더 많이 생산하게 된다.

이와 비슷한 주장이 근로자에게도 적용된다. 양의 물가충격이 존재할 때 근로자는 먼저 자신의 임금이 다른 가격에 비해 상대적으로 올랐다고 믿는다. 근로자는 자신의 실질임금이 상승했다고 믿는다. 이론상으로는 실질임금의 상승으로 근로자가 더 많이 일할 가능성이 높다.[3] 실제로 실질임금이 상승하지 않았고 근로자가 이를 파악하는 데에는 시간이 걸린다. 그 사이에 근로자는 전보다 더 많은 근로 시간을 공급하며, 근로 시간의 증가는 물가가 예상수준일 때보다 예상치 않게 더 높을 때 경제가 더 많이 생산한다는 것을 의미한다.

루카스 공급함수 실질생산(Y)이 실제 물가수준(P)과 예상 물가수준(P^e)의 차이에 따라 달라진다는 견해가 포함된 공급함수

이와 같은 간단한 예상 형성 모형은 놀라운 정책 결론에 이르게 하는 **루카스 공급함수**(Lucas supply function)로 제시된다. 믿기 힘들 만큼 간단한 이 함수는 실질생산(Y)이 실제 물가수준(P)과 예상 물가수준(P^e)의 차이에 따라 달라진다고 제시한다.

$$Y = f(P - P^e)$$

물가충격 실제 물가수준에서 예상 물가수준을 뺀 것

물가충격(price surprise)은 실제 물가수준에서 예상 물가수준을 뺀 것이다.

요약하자면 루카스 공급함수는 예상치 않은 물가수준의 상승이 근로자와 기업을 속여 상대가격이 달라졌다고 생각하게 만들고 그들이 공급하려는 노동과 재화의 양을 변화시킬 수 있음을 알려준다.

루카스 공급함수의 정책적 시사점 기대가 합리적이라는 가정과 결합된 루카스 공급함수는 예상되는 정책 변화가 실질생산에 아무런 영향을 미치지 못한다는 것을 시사한다. 정책충격만이 실질생산에 영향을 미치고 그 효과는 일시적이다.

통화정책의 변화를 생각해보자. 일반적으로 통화정책의 변화는 평균적인 물가수준에 영향을 미칠 것이다. 통화정책의 변화가 공표되면 사람들은 합리적 기대를 가지고 있고 통화정책의 변화가 물가수준에 영향을 미치는 방식을 알고 있기 때문에 통화정책의 변화가 물가수준에 미치는 효과를 알 것이다. 이는 통화정책의 변화가 실제 물가수준과 예상 물가수준에 같은 방식으로 영향을 미친다는 것을 의미한다. 새로운 물가수준에서 새로운 예상 물가수준을 빼면 0이므로 물가충격이 없다. 이 경우 루카스 공급함수는 물가충격이 있을 때만 실질생산이 변화할 수 있다고 제시하기 때문에 실질생산에 아무런 변화가 없을 것이다.

일반적인 결론은 재정정책이나 기타 다른 정책에서 공표된 정책 변화가 실제 물가수준과 예상 물가수준 모두에 같은 방식으로 영향을 미치기 때문에 실질생산에 아무런 영향을 미치지 않는다는 것이다. 사람들이 합리적 기대를 가지고 있으면 알려진 정책 변화가 물가충격을 일으킬 수 없어 실질생산이 증가하지 않는다. 정부 정책의 변화가 실질생산에 영향을 미칠 수 있는 유일한 방법은 정책 변화가 일반적으로 알려지지 않도록 보안을 철저히 유지하는 것이다. 정부 정책은 사람들에게 충격을 주는 경우에만 실질생산에 영향을 미칠 수 있으며, 그렇지 않으면 실질생산에 영향을 미칠 수 없다. 루카스 공급함수와 결합된 합리적 기대 이론은 경제에서 정부가 하는 역할이 매우 작다고 제시한다.

실물경기변동이론과 신케인지안 경제학

실물경기변동이론 완전한 가격 및 임금 신축성과 합리적 기대라는 가정하에 경기변동을 설명하는 이론으로 기술충격과 기타 충격을 강조함

루카스의 연구 이후에 수행된 연구는 완전한 가격 및 임금 신축성(시장청산)과 합리적 기대라는 가정하에 경기변동의 존재를 어떻게 설명할 수 있는가에 관심을 가졌으며, 이러한 연구를 **실물경기변동이론**(real business cycle theory)이라고 부른다. 26장에서 설명했듯이 가격과 임금이 완전히 신축적이면 *AS*곡선은 단기에서도 수직선이다. *AS*곡선이 수직선이면 *AD*곡선을 움직이는 사건(예: 정

3 이는 대체효과가 소득효과를 압도한다고 가정하면 성립한다(30장 참조).

부지출이나 세금의 변화)은 실질생산에 아무런 영향을 미치지 못한다. 실질생산은 시간이 흐름에 따라 변동하기 때문에 문제는 이러한 실질생산의 변동이 *AD*곡선을 움직이는 정책 변화나 기타 충격의 결과가 아니라면 어떻게 설명할 수 있느냐이다. 이를 푸는 것이 실물경기변동이론의 주요 과제 중 하나이다.

(*AS*곡선이 수직선이므로) *AD*곡선의 이동이 실질생산의 변동을 설명할 수 없다면 *AS*곡선의 이동이 실질생산의 변동을 발생시켜야 한다. 그러나 과제는 무엇이 *AS*곡선을 이동시키는지, 왜 이러한 이동이 오랫동안 지속되는지에 대한 설득력 있는 설명을 찾아내는 것이다. 이 문제는 노동시장과 관련될 때 특히 어렵다. 가격과 임금이 완전히 신축적이면 마찰적 실업만 있을 뿐 다른 실업이 존재하지 않는다. 예를 들어 미국의 실업률은 2000년에 4.0%, 2009년에 9.3%였기 때문에 많은 사람이 2000년보다 2009년에 일하지 않기로 선택한 이유를 설명해야 한다.

초기의 실물경기변동이론은 생산기술에 대한 충격을 강조했다. 어떤 연도에 노동의 한계생산물을 감소시키는 음의 충격이 발생한다고 하자. 이는 실질임금을 하락시켜 공급되는 노동의 양이 감소한다. 음의 기술충격은 일을 하여 얻는 수익을 감소시키기 때문에 사람들은 일을 덜 한다. 양의 충격이 발생하면 이와 반대되는 일이 발생한다. 노동의 한계생산물이 증가하고 실질임금이 상승하며 사람들은 더 많이 일하려고 한다. 이러한 연구는 시간이 흐름에 따라 관찰되는 노동공급의 변동을 설명하기 위해 비현실적인 대규모 충격을 필요로 했기 때문에 일부 사람들이 기대했던 것만큼 성공적이지 못했다.

신케인지안 경제학 합리적 기대, 경직적 가격과 임금을 가정하는 경제학의 분야

신케인지안 경제학(new Keynesian economics)은 합리적 기대라는 가정은 유지하지만 완전한 가격과 임금 신축성이라는 가정은 버린다. 가격과 임금이 경직적이라고 가정한다. 메뉴비용(menu costs)의 존재를 가격 경직성을 정당화하는 것으로 흔히 인용한다. 기업이 가격을 변동시키는 데에는 비용이 많이 들 수 있으므로 기업은 완전히 신축적인 가격을 가지지 못한다. 28장에서 임금의 경직성을 다루었는데, 임금이 경직적일 수 있는 이유에 대한 일부 근거는 신케인지안 모형과 관련될 수도 있다. 이러한 모형에 관한 주요 문제 중 하나는 임금의 경직성에 대한 정당화가 합리적 기대를 가정한 모형의 모든 경제주체의 행동과 일치해야 한다는 것이다. 이 장에서 거시경제학에 대한 행동 접근법을 다룰 때 임금의 경직성을 자세히 설명하겠다.

광의로 정의된 신케인지안 경제학의 현재 연구는 방대하다. 흔히 동태적 확률 일반균형(dynamic stochastic general equilibrium, DSGE) 모형이라고 부르는 많은 모형이 있다. 이러한 모형의 특성은 각기 다르지만 대부분의 모형은 경직적 가격과 임금이라는 가정 때문에 통화정책이 실질생산에 영향을 미칠 수 있다는 특성을 공유한다. 일반적으로 정부는 이러한 모형에서 약간의 역할을 한다.

합리적 기대 가정의 평가

신고전학파 거시경제학의 거의 모든 모형(루카스 모형, 실물경기변동 모형, 신케인지안 모형)은 합리적 기대를 가정한다. 이러한 모형이 얼마나 현실적인가는 합리적 기대 가정이 얼마나 현실적인가에 달려 있다. 이 가정이 예상이 실제로 형성되는 방식을 근사적으로 나타낸 것이라면, 이 가정은 불균형의 존재가 예상 오차에 적어도 부분적으로 의존하는 이론에 이의를 제기한다. 합리적 기대 가정을 지지하는 주장은 미시경제이론의 관점에서 설득력이 있어 보인다. 기대가 합리적이지 않다면 이윤 기회가 남아 있을 가능성이 높으며, 대부분의 경제학자는 그러한 기회가 드물고 단기에 그친다

고 믿는다.

합리적 기대를 반대하는 주장은 가계와 기업이 너무 많은 것을 알아야 한다는 것이다. 이 주장은 가계와 기업 같은 기본적인 의사결정 주체가 합리적 기대를 형성하기 위해 알아야 할 만큼 많이 알고 있다고 생각하는 것이 비현실적이라고 말한다. 사람들은 합리적 기대를 형성하기 위해 진정한 경제모형(또는 진정한 경제모형에 대한 양호한 근사)을 알아야 한다. 가계와 기업이 진정한 경제모형을 알 수 있다 하더라도 관련 정보를 수집하는 데 시간이 많이 걸리고 비용이 많이 들기도 한다. 진정한 경제모형(또는 진정한 경제모형에 대한 양호한 근사)을 알게 됨으로써 얻는 이득이 지불해야 하는 비용만큼의 가치가 없을 수도 있다. 이러한 의미에서 이윤 기회가 남아 있지 않을 수도 있다. 예측을 개선함으로써 예상되는 이득을 감안하더라도 정보를 수집하고 경제모형을 아는 것은 비용이 너무 많이 드는 일일 수 있다.

기대가 합리적이라는 가정은 미시경제학에서 효용 극대화와 이윤 극대화를 상정하는 것과 일치하는 것처럼 보이지만, 합리적 기대 가정은 가계와 기업이 많은 정보를 알아야 하기 때문에 더 극단적이고 까다롭다. 이윤을 극대화하는 기업을 생각해보자. 어떤 식으로든 기업은 관련된 미래 변수에 대한 예상을 형성하고 이러한 예상하에 이윤 극대화의 관점에서 할 수 있는 한 최선을 다한다. 일련의 예상이 주어진 경우에는 이윤을 극대화하는 문제가 그리 어렵지 않을 수도 있다. 어려운 일은 처음에 정확한 예상을 형성하는 것이다. 이를 위해서는 기업이 경제 전체에 대해 더 많이 알아야 하므로 기업의 기대가 합리적이라는 가정이 반드시 현실적인 것은 아니다. 기업은 이해하기 어려운 세상에서 암중모색하면서 최선을 다하지만, 항상 실수를 피할 수 있을 만큼 예상을 다 이해하기는 어렵다.

마지막으로 중요한 것은 실증 문제이다. 합리적 기대 가정이 타당하다는 실증적 검정 결과가 있는가? 이 질문에 답하기는 어렵다. 그 답을 찾기 위해 현재 많은 연구가 진행 중인데 아직 확실한 결과가 나오지 않았다.

학습목표

행동경제학이 거시경제학에 끼친 영향을 알아본다.

32.5 행동거시경제학

행동경제학은 경제주체(가계와 기업)가 의사결정을 하는 방식을 이해하는 데 심리학과 사회학의 통찰을 포함한다. 인지적 편향, 공정과 사회규범에 대한 이해, 사회적 지위에 대한 관심, 할인의 비일관성을 고려하면 시장이 작동하는 방식에 어떤 일이 일어나는가? 실업이 존재할 수 있는 이유를 설명한 28장에서 이러한 문제의 일부를 다루었다. 이제 행동거시경제학의 몇 가지 견해를 살펴보자.[4]

이미 언급했듯이 신케인지안 경제학은 가계가 효용을 극대화하고 기업이 이윤을 극대화하며, 기대가 합리적이고 가격과 임금이 경직적이라고 가정한다. 왜 가격과 임금이 경직적인가? 행동거시경제학은 이 문제에 관여한다. 특히 **전망이론**(prospect theory)은 임금이 하방으로 경직적일 수 있는 이유에 대한 설명을 제공한다. 전망이론은 사람들이 기준점(일반적으로 현재 상황)의 관점에서 이익과 손실을 평가하고 특히 기준점에서 발생하는 손실을 회피한다고 제시한다. 손실 회피 성향이 있

전망이론 사람들이 기준점의 관점에서 이익과 손실을 평가한다는 이론

4 이 분야의 연구를 잘 요약한 논문은 George Akerlof, "Behavioral Macroeconomics and Macroeconomic Behavior," *American Economic Review*, June 2002, 411–433이다.

는 근로자의 경우 명목임금의 하락이 큰 손실을 초래하며, 업무 현장의 사기에 관심이 있는 경영자는 그러한 손실을 입히는 것을 피하려는 경향이 있다.

행동경제학은 저축에 대해서도 다른 견해를 내놓는다. 지금까지 저축을 살펴볼 때 현재 소비와 미래 소비 간의 최적 선택으로 저축을 모형화했다. 분명히 사람들은 미래를 할인한다. 즉 사람들은 미래 소비보다 현재 소비에 더 가치를 부여하지만 일관성 있는 방식으로 할인한다. 이와 달리 데이비드 래입슨(David Laibson)과 매튜 라빈(Matthew Rabin) 같은 행동경제학자는 사람들이 '국지적으로 조급하여(locally impatient)' 약간 이연된 만족보다 즉각적인 만족을 선호하지만 미래의 어느 시점에 만족을 이연하라는 요청을 받을 때 더 참을성을 보인다고 밝혔다. 이러한 **과도한 가치할인**(hyperbolic discounting) 모형에 따르면 사람들은 지금부터 한 달 동안 소비를 지연하는 것을 미래의 어느 시점에 한 달 동안 소비를 지연하는 것보다 더 어려워한다. 그 결과는 무엇인가? 사람들은 지금 저축에 관한 모든 의사결정을 한다면 저축해야 하는 것보다 덜 저축한다. 정책적 시사점은 무엇인가? 저축을 늘리려면 사람들에게 미래의 저축 증가에 대해 지금 서명하라고 요청해야 한다. 리처드 탈러(Richard Thaler)는 이 분야의 연구로 2017년 노벨 경제학상을 수상했다.[5]

과도한 가치할인 사람들은 약간 이연된 만족보다 즉각적인 만족을 선호하지만 미래의 어느 시점에 만족을 이연하라는 요청을 받을 때 더 참을성을 보인다는 것을 설명하는 개념

마지막으로 행동거시경제학은 인간의 감정, 확신 또는 확신의 결여, 비관주의나 낙관주의가 모두 경제의 '비합리적인' 상승이나 하강에 영향을 준다고 제시한다.[6] 지나친 흥분과 확신은 주택시장이나 주식시장에 버블을 일으킬 수 있으며, 확신의 결여가 발생하더라도 이러한 감정을 반전시키는 것이 어려울 수 있다. 행동거시경제학은 정부가 경제를 안정되게 유지하기 위해 이러한 예상을 관리하는 역할을 해야 한다고 제안한다.

32.6 대안적 거시경제모형의 검정

학습목표

대안적 거시경제이론의 검정이 어려운 이유를 알아본다.

거시경제학에 상당한 의견 불일치가 존재하는 이유를 궁금해하는 독자도 있을 것이다. 왜 거시경제학자들은 대안적인 모형을 검정하여 어떤 것이 가장 좋은지 확인할 수 없는가?

한 가지 문제는 거시경제학 모형들이 서로 달라서 표준화하기 어렵다는 것이다. 어떤 모형은 물가수준이 주어졌다고 간주하거나 모형 내에서 설명되지 않는다고 가정하고, 어떤 모형은 물가수준이 주어졌다고 간주하지 않는다고 가정한다. 물가수준이 주어졌다고 가정하는 모형이 더 좋은 모형이기 때문이 아니라, 물가 예측의 오차가 생산 예측에 영향을 미치는 것이 허용되지 않기 때문에 물가수준이 주어졌다고 가정하는 모형이 더 나은 모형일 수 있다. 말하자면 물가수준이 주어졌다고 가정하는 모형은 유리한 위치에서 출발한다.

다른 문제는 합리적 기대 가정을 검정하는 데에서 발생한다. 사람들은 합리적 기대를 가지고 있으면 자신의 예상을 형성하기 위해 진정한 모형을 사용한다. 따라서 이러한 가정을 검정하려면 진정한 모형이 필요하다. 그러나 무엇이 진정한 모형인지 실제로 알 수 있는 방법이 없기 때문에 합리적 기대 가설의 검정은 ① 예상이 합리적으로 형성되는지, ② 사용되는 모형이 진정한 모형인지에 대한 결합 검정의 형태가 된다. 이러한 검정이 합리적 기대 가설을 기각한다면 예상이 합리적이지 않다기

5 Richard Thaler and Cass Sunstein, *Nudge*, Yale University Press, 2008.

6 George Akerlof and Robert Shiller, *Animal Spirits*, Princeton University Press, 2009.

보다는 모형이 잘못되었을 수 있다.

이용 가능한 데이터의 양이 적다는 것도 문제이다. 대부분의 실증 연구는 1950년경부터 2017년까지 약 68년(272분기)의 데이터를 사용한다. 이는 많은 데이터 같지만 그렇지 않다. 거시경제 데이터는 상당히 '매끄럽게' 변화한다. 즉 일반적인 거시경제 변수는 분기별 또는 연도별로는 크게 달라지지 않는다. 예컨대 68년 동안 경기변동이 약 여덟 번 있었다. 여덟 번의 경기변동에 대한 관측치를 토대로 다양한 거시경제학 가설을 검정하는 것은 쉬운 일이 아니며 그 결론을 신중하게 해석해야 한다.

예를 들어 적은 관측치로 수입 가격이 국내 가격에 영향을 미친다는 가설을 검정하는 것을 생각해 보자. 1950년대와 1960년대에는 수입 가격이 거의 변하지 않았기 때문에 1960년대 말에 수입 가격이 국내 가격에 미치는 영향을 추정하기는 어려웠을 것이다. 어떤 영향이 나타날 만큼 수입 가격의 변동이 크지 않았다. 이 경우 수입 가격의 변동이 국내 가격의 변동을 설명하는 데 도움이 되는지 검정하기가 어렵다. 그러나 1970년대 말에는 수입 가격이 상당히 변동한 탓에 상황이 달라졌다. 즉 1970년대 말에는 수입 가격의 영향에 대한 양호한 추정치가 제시되었으나 그 이전에는 그렇지 않았다. 이와 같은 문제는 거시경제학의 실증 연구에서 반복적으로 나타난다. 충분한 관측치가 없는 경우가 많기 때문에 상당한 의견 불일치의 여지가 있다.

경제학에서 통제된 실험을 하기가 어렵다고 1장에서 언급했다. 경제학자는 대체로 과거 데이터에 의존한다. 통제된 실험을 할 수 있다면 보다 짧은 기간의 데이터를 사용하여 경제에 대해 더 많은 것을 알 수 있을 것이다. 애석하게도 우리는 더 기다려야 한다. 시간이 지나면 거시경제학에서 현재의 의견 불일치는 상당히 좁혀질 것이다.

요약

01 넓은 의미에서 케인지안 경제학은 현대 거시경제학의 기초이다. 좁은 의미에서 케인지안은 정부의 적극적인 개입을 지지하는 경제학자를 말한다.

02 통화주의자의 경제 분석은 연간 1달러 지폐의 주인이 바뀌는 횟수로 정의되는 화폐의 유통속도를 매우 강조한다. 화폐의 유통속도는 화폐량에 대한 명목 GDP의 비율, 즉 $V \equiv GDP/M \equiv (P \times Y)/M$이다. 이를 달리 나타내면 $M \times V \equiv P \times Y$이다.

03 화폐수량설은 화폐의 유통속도가 (거의) 일정하다고 가정한다. 이는 화폐공급의 변화가 명목 GDP를 같은 비율로 변화시킨다는 것을 의미한다. 화폐수량설의 식 $M \times \overline{V} = P \times Y$는 화폐에 대한 수요가 이자율에 의존하지 않는다고 제시한다.

04 대부분의 통화주의자는 경제의 불안정을 정부 탓으로 돌리고 거시경제를 관리하는 정부의 능력에 회의적이다. 이들은 실질생산(Y)의 평균 성장률과 같은 비율로 화폐공급을 증가시켜야 한다(Fed는 인플레이션이 아닌 실질성장을 수용하기 위해 화폐공급을 증가시켜야 한다)고 주장한다.

05 공급경제학은 공급을 촉진하는 인센티브에 초점을 맞춘다. 공급경제학자는 세금을 낮추면 근로자가 더 열심히 일하고 저축을 더 많이 하며, 기업은 더 많이 투자하고 더 많이 생산한다고 믿는다. 극단적으로 공급경제학자는 이러한 인센티브 효과가 매우 커서 상당한 세금 삭감이 실제로 조세수입을 증가시킬 것이라고 주장한다.

06 래퍼 곡선은 세율과 조세수입의 관계를 보여준다. 공급경제학자는 래퍼 곡선을 사용하여 세율을 인하함으로써 조세수입을 증가시킬 수 있다고 주장한다. 그러나 레이건 행정부 동안 이러한 일이 일어나지 않았다. 레이건 행정부 동안 세율 인하는 조세수입을 크게 감소시키고 1980년대에 연방정부 채무가 크게 증가하는 데 영향을 미쳤다.

07 신고전학파 거시경제학은 합리적 기대 가정을 사용한다. 합리적 기대 가설은 사람들이 경제 변수를 생성하는 '진정한' 모형을 알

고 있다고 가정한다. 예를 들어 합리적 기대는 사람들이 경제에서 인플레이션이 어떻게 결정되는지를 알고 있으며, 미래의 인플레이션율을 예측하기 위해 이러한 모형을 사용한다고 가정한다.

08 루카스 공급함수는 실질생산(Y)이 실제 물가수준에서 예상되는 물가수준을 뺀 것, 즉 물가충격에 따라 달라진다고 가정한다. 기대가 합리적이라는 가정과 결합된 루카스 공급함수는 예상되는 정책 변화가 실질생산에 영향을 미치지 못한다고 제시한다.

09 실물경기변동이론은 완전한 가격 및 임금 신축성과 합리적 기대라는 가정하에 경기변동을 설명하려는 시도로 기술충격과 기타 충격을 강조한다.

10 신케인지안 경제학은 완전한 가격과 임금 신축성이라는 가정을 완화한다. 일반적으로 신케인지안 모형에는 정부의 역할이 있다.

11 행동경제학은 전망이론을 사용하여 임금의 하방 경직성에 대한 설명을 제공하고, 과도한 가치할인 개념을 사용하여 저축 행동에 대한 설명을 제공한다.

12 어떤 거시경제모형이 가장 좋은지에 대한 경제학자들의 의견이 일치하지 않는 이유는 다음과 같다. ① 거시경제모형이 각기 달라서 표준화하기 어렵다. ② 합리적 기대 가정을 검정할 때 진정한 모형이라고 간주하는 모형이 실제로 진정한 모형인지 확신할 수 없다. ③ 이용 가능한 데이터의 양이 매우 적다.

핵심 용어

과도한 가치할인(hyperbolic discounting)
래퍼 곡선(Laffer curve)
루카스 공급함수(Lucas supply function)
물가충격(price surprise)
신케인지안 경제학(new Keynesian economics)
실물경기변동이론(real business cycle theory)
전망이론(prospect theory)
합리적 기대 가설(rational-expectations hypothesis)
화폐수량설(quantity theory of money)
화폐의 유통속도(velocity of money)

연습문제

01 경제가 생산능력수준에서 작동하지 않고 Fed가 화폐공급의 증가를 통해 수용할 때 대규모 세금 삭감의 효과에 대한 케인지안 경제이론의 예측을 보이기 위해 총공급곡선과 총수요곡선을 사용하라. 실질 GDP와 물가수준에 어떤 일이 일어나는지 설명하라.

02 다음은 2016년 5개국의 M2 화폐공급 증가율과 실질 GDP 성장률 추정치이다.

	화폐공급 증가율(M2)	실질 GDP 성장률
캐나다	+9.0%	+1.5%
영국	+6.5%	+1.8%
아르헨티나	+53.2%	−2.3%
일본	+4.0%	+1.0%
미국	+6.5%	+1.6%

a. 통화주의자는 5개국의 인플레이션율이 얼마라고 예측하겠는가?

b. 케인지안은 중앙은행이 적극 개입한다고 가정하면 5개국의 인플레이션율이 얼마라고 예측하겠는가?

03 통화주의자라고 가정하자. 화폐공급이 100만 달러이고 화폐의 유통속도는 4일 때 명목소득은 얼마인가? 실질소득은 얼마인가? 화폐공급이 2배가 된다면 실질임금은 어떻게 되는가?

04 작은 섬나라인 코코로코의 2018년 화폐공급은 8억 달러, 물가수준은 3.2, 화폐의 유통속도는 3이다. 화폐수량설을 사용하여 다음 문제를 풀라.

a. 2018년의 실질생산(실질소득)은 얼마인가?

b. 2018년의 명목 GDP는 얼마인가?

c. 실질생산이 2배가 된다면 화폐공급은 얼마나 변화되어야 하는가?

d. 화폐의 유통속도가 일정하고 코코로코가 2018년에 경기후퇴를 겪고 있다면 완화적 통화정책은 명목 GDP에 어떤 영향을 미치는가?

e. 연간 GDP 성장률이 12%라면 2019년에 화폐공급은 얼마나 변화되어야 하는가?

05 2017년 12월 22일에 트럼프 대통령이 세금 삭감 및 일자리 법(Tax Cuts and Jobs Act)에 서명하여 법인세율이 35%에서 21%

로 낮아지고 최고 개인소득세율이 37%로 낮아졌다. 트럼프 대통령에 따르면 이러한 세율 인하가 미국 경제의 성장 전망을 개선할 것이다.

a. 공급경제학자는 이 세금 삭감을 어떻게 평가하는가?

b. 케인지안 경제학자는 이 세금 삭감을 어떻게 평가하는가?

06 가상적인 경제에서 임금에 부과되는 단순한 비례 세율이 t이다. 일자리가 충분하기 때문에 경제활동인구에 진입하는 사람은 일자리를 구할 수 있다. 정부의 총조세수입은 다음과 같이 정의된다.

$$T = t \times W \times L$$

여기서 t = 세율, W = 총임금, L = 총노동공급이다. 순임금은 다음과 같다.

$$W_n = (1 - t)W$$

노동공급의 탄력성은 다음과 같이 정의된다.

$$\frac{L\text{의 퍼센트 변화}}{W_n\text{의 퍼센트 변화}} = \frac{\Delta L/\Delta L}{\Delta W_n/W_n}$$

t가 0.25에서 0.20으로 낮아졌다면 이러한 세율 인하가 정부의 총조세수입을 증가시키기 위해 노동공급이 얼마나 탄력적이어야 하는가? (총임금이 일정하다고 가정하라.) 당신의 답은 세금 삭감이 조세수입을 증가시킬 수 있다는 공급경제학의 주장에 대해 무엇을 시사하는가?

07 신고전학파 경제학의 핵심 기초 중 하나는 기대가 '합리적'이라는 것이다. 자신이 살고 있는 동네의 단독주택 가격이 앞으로 몇 년간 어떻게 될 것이라고 생각하는가? 무엇을 토대로 예상했는가? 자신의 생각이 합리적 기대의 개념과 일치하는가?

08 가격과 임금이 매우 신축적인 경제에서는 완전고용이 거의 항상 유지된다. 이 말이 옳은 이유를 설명하라.

09 보리앨리스의 경제는 루카스 공급함수 $Y = 750 + 50(P - Pe)$로 나타낼 수 있다. 현재 물가수준이 1.45%, 예상되는 물가수준은 1.70%이다.

a. 인플레이션 예상이 맞다면 새로운 실질생산수준은 얼마인가?

b. 인플레이션 예상이 틀리고 실제 물가수준이 1.80%로 상승한다면 새로운 실질생산수준은 얼마인가?

c. 실제 물가수준에 변화가 없다면 새로운 실질생산수준은 얼마인가?

d. (a), (b), (c)에서 물가충격의 값은 각각 얼마인가?

10 가계와 기업이 합리적 기대를 가지고 있으면 실업률이 자연실업률을 초과할 수 있는지 설명하라.

11 기업과 사람들이 합리적 기대를 가지고 있다고 가정하고 다음의 각 경우가 총생산과 물가수준에 어떤 영향을 미치는지 설명하라.

a. 인도중앙은행이 현금지준율을 인하할 것이라고 공표했다.

b. 인도 정부가 예상치 않게 세금을 감소시키는 법안을 통과시켰다.

c. 인도중앙은행이 화폐공급의 감소를 공표했다.

d. 사전 예고 없이 OPEC이 원유 생산을 40% 증가시켰다.

e. 인도 정부가 사전에 공표하지 않고 식품보조금 지출을 즉각적으로 증가시키는 법안을 통과시켰다.

경제학적 사고 키우기

01 세율이 오르면 국민소득이 감소한다. 이는 래퍼 곡선 전체에서 성립하는가, 래퍼 곡선이 우하향하는 부분에서만 성립하는가?

02 실물경기변동이론에 따르면 단기 총공급곡선은 수직선이고 실질 GDP의 변동은 단기 총공급곡선을 움직이는 충격 때문에 발생한다. 단기 총공급곡선을 왼쪽으로 이동시키고 경기후퇴 갭을 발생시키는 음의 충격은 물가수준을 높이는가, 낮추는가?

PART 7

세계 경제

33 | 국제무역, 비교우위, 보호주의

34 | 개방경제 거시경제학: 국제수지와 환율

35 | 개발도상경제의 경제성장

CHAPTER 33

국제무역, 비교우위, 보호주의

목차와 학습목표

지난 47년 동안 국제거래는 미국 경제에 점점 더 중요해졌다. 1970년에는 수입액이 미국 국내총생산(GDP)의 약 5.2%에 불과했으나 2017년에는 15.0%였다. 미국에서 관찰되는 무역의 증가는 전 세계에서도 나타나고 있다. 1980~2017년에 세계 무역은 실질기준으로 6배 이상 성장했다. 이러한 추세는 특히 아시아의 신흥 공업국에서 매우 빠르게 나타났으며 말레이시아와 베트남 같은 많은 개발도상국도 무역에 대한 개방도를 높이고 있다.

미국 경제의 '국제화(internationalization)' 또는 '글로벌화(globalization)'는 민간부문과 공공부문, 투입요소시장과 재화시장, 기업과 가계에서 발생했다. 주방용품부터 자동차에 이르기까지 지금은 외국산 재화를 곳곳에서 볼 수 있다. 그러나 이러한 재화가 어디서 만들어졌는지 말하기는 쉽지 않다. 대부분의 사람들이 상징적인 미국산 재화라고 생각하는 아이폰은 한국, 독일, 일본, 미국에서 생산된 부품으로 중국에서 조립된다. 대부분이 일본 회사로 알고 있는 혼다는 1977년에 미국 오하이오주 메리스빌에서 종업원 64명을 두고 일본 오토바이를 생산하기 시작했다. 현재 혼다는 오하이오주, 조지아주, 노스캐롤라이나주에 있는 11개 공장에서 자동차를 조립하는 수천 명의 근로자를 고용하고 있다.

재화와 서비스는 물론이고 자본과 노동 같은 투입요소도 국경을 쉽게 넘나든다. 해외의 금융자산도 쉽게 매입할 수 있다. 수많은 미국인이 해외 주식을 소유하거나 외국이 발행한 채권에 투자하는 동시에 수많은 외국인이 미국 주식시장과 채권시장에 투자하고 있다.

아웃소싱도 글로벌 노동시장의 특성을 변화시키고 있다. 미국 오리건주 벤드에 사는 재화 사용자가 인도의 벵갈루루에서 인터넷을 통해 소프트웨어 회사의 고객 서비스를 지원하는 인도인에게 전화를 거는 것은 이제 흔한 일이 되었다. 인터넷 덕분에 일부 유형의 노동은 국경을 쉽게 넘나들 수 있다.

국제경제를 더 잘 이해할 수 있도록 이 장에서는 국제무역의 경제학을 논의한다. 첫째, 미국의 수입과 수출 추이를 설명한 다음 무역의 기본적인 논리를 알아본다. 미국이나 다른 국가가 국제무역에 참여하는 이유는 무엇인가? 또한 논란이 되고 있는 보호주의의 문제를 살펴본다. 국가는 수입재에 부과하는 관세나 수입쿼터를 사용하여 특정 산업을 보호해야 하는가? 국가는 보조금을 제공하여 특정 국내 산업이 국제시장에서 경쟁하는 것을 도와주어야 하는가?

33.1 무역흑자와 무역적자

학습목표

무역흑자와 무역적자의 정의를 이해한다.

무역흑자 한 국가가 수입보다 수출을 더 많이 할 때 발생되는 상황

무역적자 한 국가가 수출보다 수입을 더 많이 할 때 발생되는 상황

1970년대까지 미국은 일반적으로 수입보다 수출을 더 많이 했다. 한 국가가 수입보다 수출을 더 많이 하면 **무역흑자**(trade surplus)가 발생하고, 수출보다 수입을 더 많이 하면 **무역적자**(trade deficit)가 발생한다. 1970년대 중반에 미국의 무역적자가 나타나기 시작했다. 2009년에 미국의 무역적자는 GDP의 5.6%였으며 이후 약간 하락하여 2017년에 2.9%를 기록했다.

미국의 대규모 무역적자는 정치적 논란을 불러일으켰다. 철강, 섬유, 자동차 등 더 싼 외국산 재화가 미국 내에서 생산된 재화와 경쟁하게 되었고, 많은 미국인은 그로 인해 미국 내 일자리가 사라졌다고 믿는다. 한편 국제무역은 미국인에게 많은 재화를 더 저렴한 가격에 제공한다. 최근에는 소프트웨어 개발을 인도로 아웃소싱함으로써 실직을 우려하는 화이트칼라 근로자의 불만이 불거졌다. 미국 관리들이 외국 정부의 자국 기업에 대한 불공정한 지원과 이러한 기업의 불공정한 가격 책

정 때문에 무역적자가 발생한다고 비난하는 경우도 있다. 트럼프 행정부가 관세 부과를 요구했던 2017년과 2018년에 부상한 이 문제는 특히 철강 같은 중국산 재화에 초점을 맞추었다.

무역과 관련된 일자리 이동에 대한 자연스러운 반응은 미국 산업을 보호하자는 것이었다. 많은 미국인은 대통령과 미국 의회가 외국산 재화를 덜 사용하게 하고 가격을 더 높이는 관세와 수입제한을 부과하여 미국의 일자리를 보호하기를 바랐다. 이러한 주장은 새로운 것이 아니다. 수백 년 동안 산업은 정부에 보호를 요청했고 사회는 자유롭고 개방적인 무역에 대해 찬반 토론을 벌였다. 지난 150여 년 동안 보호주의를 반대하는 주요 주장은 비교우위이론으로, 이는 2장에서 이미 다루었으나 이 장에서 더 자세히 살펴보려 한다.

33.2 무역의 근거: 비교우위

학습목표

비교우위이론에서 어떻게 국제무역이 등장하게 되는지, 교역조건을 결정하는 것이 무엇인지 알아본다.

곡물조례 곡물의 수입을 막고 수출을 장려하기 위해 19세기 초 영국 의회가 제정한 일련의 관세, 보조금, 제한조치

자유무역 문제에 대한 유명한 논쟁이 19세기 초 영국 의회에서 벌어졌다. 당시에는 상류층 지주들이 영국 의회를 통제하고 있었다. 오랜 기간 동안 곡물의 수입과 수출은 **곡물조례**(Corn Laws)에 따라 일련의 관세, 보조금, 제한조치의 대상이었다. 곡물의 수입을 막고 수출을 장려하기 위해 제정된 곡물조례의 목적은 식품 가격을 높게 유지하는 것이었다. 물론 지주의 수입은 자신의 토지에서 생산된 생산물의 가격에 달려 있었다. 곡물조례는 분명히 권력을 가진 사람들에게 유리하게 작용했다.

산업혁명을 통해 부유한 산업자본가 계층이 등장했다. 산업부문은 근로자에게 최소한 살아갈 수 있을 만큼의 임금을 지급해야 했고, 생존 임금은 식품 가격에 크게 좌우되었다. 곡물과 식품의 가격을 높게 유지하기 위한 수입 곡물에 대한 관세와 수출보조금은 자본가가 지급해야 하는 임금을 상승시켜 그들의 이윤이 줄어들었다. 몇 년간 정치적 싸움이 격렬했으나 시간이 흐름에 따라 영국 상원에서 지주의 권한이 크게 줄어들었다. 1848년 마침내 갈등이 종료되고 곡물조례가 폐기되었다.

비교우위이론 무역 참여자가 절대적으로 효율적인 생산자가 아니더라도 전문화와 자유무역은 모든 무역 참여자를 이롭게 한다는 리카도의 이론

기업가, 경제학자, 영국 의회의 의원이자 근대 경제학의 조상 중 한 사람인 데이비드 리카도는 곡물조례의 폐기를 지지했다. 그의 역작인 《정치경제학과 과세의 원리에 대하여(On the Principles of Political Economy and Taxation)》는 그가 영국 의회에 입성하기 2년 전인 1817년에 발간되었다. 리카도는 곡물조례를 반대하는 데 **비교우위이론**(theory of comparative advantage)을 사용했으며, 무역은 국가가 가장 잘 생산하는 재화를 전문화하여 생산할 수 있게 해준다고 주장했다. 비교우위이론에 따르면 무역 참여자가 절대적으로 효율적인 생산자가 아니더라도 전문화와 자유무역은 모든 무역 참여자를 이롭게 한다(실질임금을 상승시킨다). 정책 담당자가 사하라 사막 이남 아프리카의 농업 개발에 미치는 관세의 영향과 인도로 소프트웨어 개발을 아웃소싱하는 것의 이득과 손실에 대해 논쟁할 때처럼 이러한 주장은 오늘날에도 자유무역에 대한 논쟁의 중심에 있다.

절대우위와 비교우위

절대우위 한 국가가 다른 국가보다 어떤 재화를 생산하는 데 더 적은 자원을 사용할 때 그 국가가 이 재화의 생산에서 가지는 우위

한 국가가 다른 국가보다 어떤 재화를 생산하는 데 더 적은 자원을 사용한다면 그 국가는 이 재화를 생산하는 데 다른 국가보다 **절대우위**(absolute advantage)를 가진다. A 국가와 B 국가가 모두 밀을 생산하지만 A 국가의 기후가 밀 경작에 더 적합하고 A 국가의 노동이 더 생산적이라고 하자. A 국가는 B 국가보다 에이커당 더 많은 밀을 생산할 것이므로 A 국가는 밀 생산에서 B 국가보다 절대

우위를 가진다.

한 국가가 어떤 재화를 더 낮은 기회비용(포기해야 하는 다른 재화의 단위 기준)으로 생산할 수 있으면 그 국가는 이 재화의 생산에서 **비교우위**(comparative advantage)를 가진다. C 국가와 D 국가가 밀과 옥수수를 생산하고 C 국가가 밀과 옥수수 둘 다의 생산에서 절대우위를 가지고 있다고 하자. 다시 말해 C 국가는 D 국가보다 기후가 더 좋고, 같은 양의 밀과 옥수수를 생산하는 데 D 국가보다 자원을 덜 사용한다. C 국가와 D 국가가 각각 밀 또는 옥수수를 경작할 토지를 선택해야 하는데, 밀을 더 많이 생산하기 위해 옥수수 경작을 위한 토지를 이전하거나 옥수수를 더 많이 생산하기 위해 밀 경작을 위한 토지를 이전해야 한다. 밀 생산의 기회비용은 포기해야 하는 옥수수 부셸로 측정할 수 있고, 옥수수 생산의 기회비용은 포기해야 하는 밀 부셸로 측정할 수 있다.

비교우위 한 국가가 어떤 재화를 더 낮은 기회비용(포기해야 하는 다른 재화의 단위 기준)으로 생산할 수 있을 때 그 국가가 이 재화의 생산에서 가지는 우위

C 국가의 경우 밀 1부셸의 기회비용이 옥수수 2부셸이라고 하자. 즉 C 국가는 밀 1부셸을 추가로 생산하기 위해 옥수수 2부셸을 포기해야 한다. 한편 D 국가는 밀 1부셸을 생산하기 위해 옥수수 1부셸을 포기해야 한다. C 국가가 밀과 옥수수 둘 다의 생산에서 절대우위를 가지고 있더라도 D 국가는 밀을 생산하는 기회비용이 더 적기 때문에 밀의 생산에서 비교우위를 가진다. 리카도는 이러한 상황에서 두 국가가 비교우위를 가지고 있는 재화의 생산에 전문화하여 서로 거래를 함으로써 이익을 얻을 것이라고 주장한다. 이제 리카도의 주장에 대해 알아보자.

상호 절대우위가 존재할 때 무역의 이득 리카도의 논리를 더 자세히 살펴보기 위해 호주와 뉴질랜드가 각각 정해진 넓이의 토지를 가지고 있고 기타 세계와 무역을 하지 않으며, 재화는 빵을 생산하기 위한 밀과 의류를 생산하기 위한 면화뿐이라고 가정하자. 이러한 2국 2재의 세계에서 얻은 결론은 다국 다재의 세계에도 쉽게 일반화될 수 있다.

논의를 이어나가기 위해 뉴질랜드에 사는 사람들과 호주에 사는 사람들의 선호에 대해 몇 가지 가정을 해야 한다. 두 국가의 사람들은 면화와 밀을 모두 사용하며, 무역을 하기 전에 두 국가는 같은 양의 밀과 면화를 소비한다고 가정하자.

또한 경작을 위한 토지가 두 국가 모두 100에이커뿐이고 에이커당 수확량이 표 33.1과 같다고 하자. 뉴질랜드는 1에이커에서 호주보다 밀을 3배 더 생산할 수 있고, 호주는 1에이커에서 뉴질랜드보다 면화를 3배 더 생산할 수 있다. 즉 뉴질랜드는 밀의 생산에서 절대우위를 가지고 있고 호주는 면화의 생산에서 절대우위를 가지고 있다. 이 경우 두 국가가 상호 절대우위를 가지고 있다고 일

표 33.1 에이커당 밀과 면화 생산량

	뉴질랜드	호주
밀	6부셸	2부셸
면화	2베일	6베일

표 33.2 무역을 하지 않고 상호 절대우위가 존재하며 토지가 100에이커일 때 밀과 면화 생산량

	뉴질랜드	호주
밀	25에이커 × 6부셸/에이커 = 150부셸	75에이커 × 2부셸/에이커 = 150부셸
면화	75에이커 × 2베일/에이커 = 150베일	25에이커 × 6베일/에이커 = 150베일

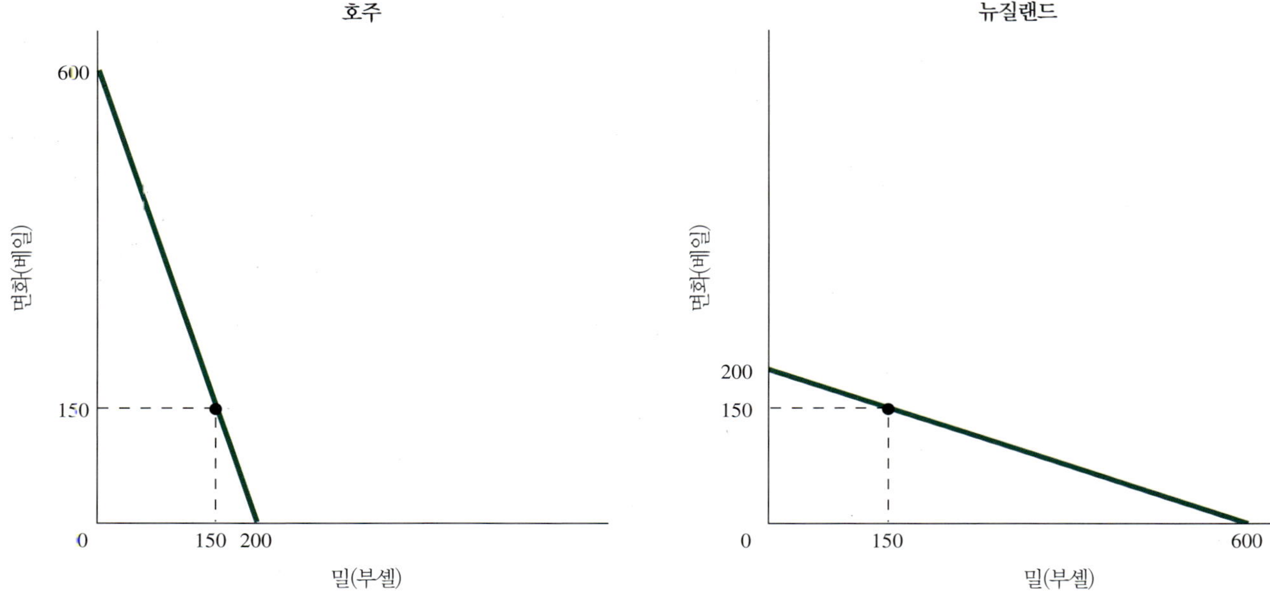

그림 33.1 무역을 하기 전 호주와 뉴질랜드의 생산가능곡선
무역을 하지 않는 경우 두 국가는 자원과 생산성의 제약을 받는다.

킨다.

무역을 하지 않고 두 국가가 면화와 밀을 동일한 단위만큼 생산하기 위해 자국 토지를 분할한다면 각국은 밀 150부셸, 면화 150베일을 생산한다. 뉴질랜드는 면화를 생산하기 위해 75에이커를 사용하고 밀을 생산하기 위해 25에이커를 사용하는 반면 호주는 밀을 생산하기 위해 75에이커를 사용하고 면화를 생산하기 위해 25에이커를 사용한다(표 33.2 참조).

각국의 생산가능곡선을 사용하여 동일한 정보를 나타낼 수 있다. 그림 33.1은 무역을 하기 전 자원과 생산성의 제약을 받는 호주와 뉴질랜드의 상황을 보여준다. 호주는 모든 토지에서 면화를 생산하면 면화 600베일(100에이커 × 6베일/에이커)과 밀 0부셸을 생산하고, 모든 토지에서 밀을 생산하면 밀 200부셸(100에이커 × 2부셸/에이커)과 면화 0베일을 생산할 것이다. 뉴질랜드는 이와 반대이다. 한 국가의 생산가능곡선은 주어진 자원과 기술 수준하에서 생산할 수 있는 모든 재화의 조합을 나타낸다. 각국은 생산가능곡선상에서 한 점을 선택해야 한다. 그림 33.1에서 보듯이 호주와 뉴질랜드는 각 재화를 150단위씩 생산하여 소비할 수 있는 옵션을 가지고 있다.

상호 절대우위가 존재할 때 전문화와 무역이 두 국가 모두에 이롭다는 것은 쉽게 확인할 수 있다. 호주는 면화를 생산해야 하고 뉴질랜드는 밀을 생산해야 한다. 뉴질랜드가 모든 토지에서 밀을 생

표 33.3 전문화 이후 밀과 면화의 생산 및 소비

	생산			소비	
	뉴질랜드	호주		뉴질랜드	호주
밀	100에이커 × 6부셸/에이커 600부셸	0에이커 0	밀	300부셸	300부셸
면화	0에이커 0	100에이커 × 6베일/에이커 600베일	면화	300베일	300베일

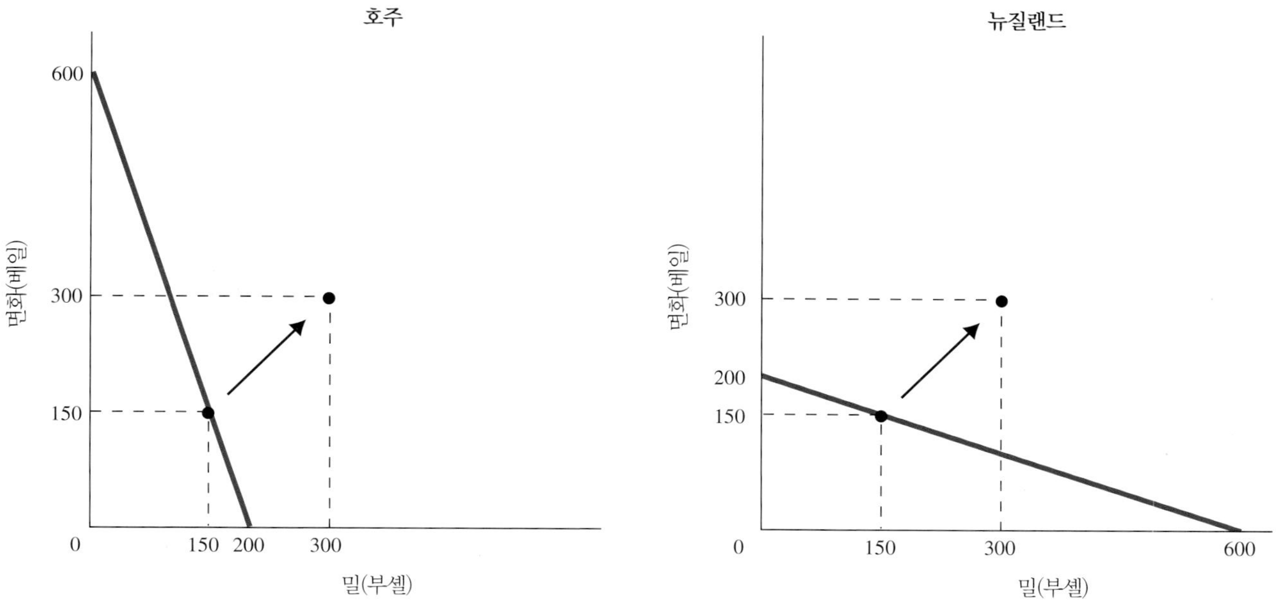

그림 33.2 무역 이후 확장된 가능성
무역은 두 국가가 자원과 생산성의 제약을 벗어나게 해준다. 즉 두 국가는 생산가능곡선보다 더 많이 소비할 수 있다.

산하면 밀 600부셸이 생산되고, 호주가 모든 토지에서 면화를 생산하면 면화 600베일이 생산된다. 두 국가는 밀과 면화가 둘 다 필요하기 때문에 무역을 해야 한다. 두 국가가 밀 300부셸과 면화 300베일을 주고받기로 합의한다고 하자. 전문화 이전에 두 국가는 각 재화를 150단위 소비했으나 이제 전문화로 인해 두 국가는 각 재화를 2배 더 소비할 수 있다. 최종 생산과 무역 이후의 소비가 표 33.3과 그림 33.2에 제시되어 있다. 무역은 두 국가가 자원과 생산성의 제약을 벗어나게 해준다.

한 국가가 어떤 재화를 생산하는 데 기술적으로 우월하고 다른 국가가 다른 재화를 생산하는 데 기술적으로 우월할 때는 전문화와 무역의 이점이 분명해 보인다. 이제 한 국가가 두 재화 모두의 생산에서 절대우위를 가지고 있는 경우를 살펴보자.

비교우위가 존재할 때 무역의 이득 뉴질랜드와 호주의 에이커당 밀과 면화 생산량이 표 33.4와 같다고 하자. 면화와 밀의 생산에서 상당한 절대우위를 가지고 있는 뉴질랜드는 1에이커에서 호주보다 밀을 6배 더 생산하고 면화를 2배 더 생산한다. 그러나 리카도는 전문화와 무역이 여전히 두

표 33.4 에이커당 밀과 면화 생산량

	뉴질랜드	호주
밀	6부셸	1부셸
면화	6베일	3베일

표 33.5 무역을 하지 않고 토지가 100에이커일 때 밀과 면화 생산량

	뉴질랜드	호주
밀	50에이커 × 6부셸/에이커 = 300부셸	75에이커 × 1부셸/에이커 = 75부셸
면화	50에이커 × 6베일/에이커 = 300베일	25에이커 × 3베일/에이커 = 75베일

표 33.6 한 국가가 두 재화 모두의 생산에서 절대우위일 때 무역의 이득

	1단계			2단계	
	뉴질랜드	호주		뉴질랜드	호주
밀	50에이커 × 6부셸/에이커 300부셸	0에이커 0	밀	75에이커 × 6부셸/에이커 450부셸	0에이커 0
면화	50에이커 × 6베일/에이커 300베일	100에이커 × 3베일/에이커 300베일	면화	25에이커 × 6베일/에이커 150베일	100에이커 × 3베일/에이커 300베일

	3단계		
	뉴질랜드		호주
밀	350부셸	100부셸(무역) → (무역 이후)	100부셸
면화	350베일	200베일(무역) ← (무역 이후)	100베일

국가 모두에 이익이 된다고 주장한다.

이번에도 두 국가가 같은 양의 면화와 밀을 소비한다고 하자. 무역을 하지 않는 경우 뉴질랜드는 토지 100에이커를 균등하게, 즉 밀과 면화를 생산하기 위해 각각 50:50으로 분할한다. 그 결과 뉴질랜드는 밀 300부셸과 면화 300베일을 생산한다. 그리고 호주는 토지 100에이커를 75:25로 분할하여 밀 75부셸과 면화 75베일을 생산한다. 무역이 이루어지기 전에 각국은 국내 생산가능곡선에 의해 제약을 받는다.

두 국가의 무역 대표가 회의를 한다고 상상해보자. 특별자문관인 리카도는 무역이 두 국가 모두에 이로울 수 있음을 밝혀달라는 요청을 받고 표 33.6에 제시된 세 단계를 통해 이를 증명해 보인다. 전문화의 이득에 대한 리카도의 주장이 성립하려면 두 국가의 자원을 이동하여 전문화 이전의 밀 375부셸과 면화 375베일보다 더 많이 생산해야 한다. 이것이 어떻게 가능한지 단계적으로 살펴보자.

1단계에서 호주가 모든 토지를 면화 생산에 사용한다면 면화 300베일을 생산할 것이다. 이제 문제는 뉴질랜드가 밀을 375부셸보다 더 많이 생산하면서 면화를 적어도 75베일보다 더 많이 생산할 수 있도록 토지를 사용할 수 있는가이다. 2단계에서 뉴질랜드는 면화를 생산하기 위해 25에이커를 사용하고 밀을 생산하기 위해 75에이커를 사용한다. 이렇게 토지를 배분하면 뉴질랜드는 밀을 450부셸(전문화 이전에 두 국가가 생산하는 밀의 총생산량보다 훨씬 많음), 면화를 150베일 생산하며, 이 경우 면화의 총생산량은 450베일이 된다. 전문화로 인해 밀과 면화의 세계 생산량이 75단위씩 증가한다. 표 33.6의 3단계에서 보듯이 무역이 이루어지고 두 국가가 두 재화를 동일한 양만큼 소비하고자 한다면 두 국가는 무역을 하기 전보다 더 나아질 것이다.

리카도의 계획이 작동하는 이유 리카도의 계획이 작동하는 이유를 이해하기 위해 비교우위의

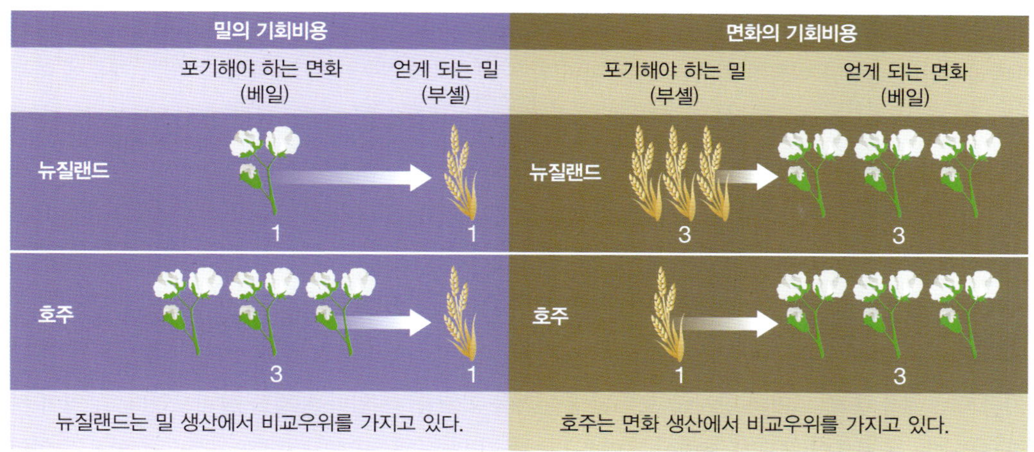

그림 33.3 비교우위는 기회비용이 더 낮다는 것을 의미한다.
면화의 기회비용은 면화를 얻기 위해 포기해야 하는 밀의 양이다. 뉴질랜드에서 면화 3베일의 기회비용은 밀 3부셸이고, 호주에서 면화 3베일의 기회비용은 밀 1부셸이다. 뉴질랜드는 밀 생산에서 비교우위를 가지고 있고, 호주는 면화 생산에서 비교우위를 가지고 있다.

정의로 되돌아가자.

면화 생산의 기회비용은 면화를 생산하기 위해 포기해야 하는 밀의 양이다. 이러한 방식으로 비용을 생각하면 뉴질랜드에서 에이커당 더 많은 면화를 생산할 수 있더라도 뉴질랜드에서 생산하는 것보다 호주에서 생산하는 경우의 비용이 더 적다. 두 국가에서 면화 3베일에 해당하는 기회비용을 생각해보자. 뉴질랜드에서 면화 3베일의 기회비용은 밀 3부셸이고, 호주에서 면화 3베일의 기회비용은 밀 1부셸이다. 호주의 경우 1에이커에서 면화 3베일을 생산하므로 밀을 생산하는 1에이커를 면화 생산으로 이전해야 한다. 1에이커에서 밀 1부셸을 생산하기 때문에 면화 생산을 위해 1에이커를 이전하는 것은 밀 1부셸의 손실을 의미한다. 호주는 면화 생산의 기회비용이 뉴질랜드보다 낮기 때문에 면화 생산에서 비교우위를 가지고 있으며, 이를 그림 33.3에 나타냈다.

이와 반대로 뉴질랜드는 밀 생산에서 비교우위를 가지고 있다. 뉴질랜드에서 밀 1부셸의 기회비용은 면화 1베일이고, 호주에서 밀 1부셸의 기회비용은 면화 3베일이다. 국가들이 비교우위인 재화를 생산하는 데 전문화하면 자원을 더 효율적으로 배분하여 재화의 총생산량을 극대화할 수 있다.

교역조건

전문화와 무역은 두 국가가 공유하는 파이의 크기를 증가시킨다. 그렇다면 이렇게 커진 파이를 두 국가 사이에 어떻게 분할할 것인가? 앞의 3단계에서 두 무역 당사국을 이롭게 하는 분할의 한 가지 가능성을 제시했다. 그러나 그것은 파이를 나누는 많은 방법 중 하나에 불과하다.

한 국가가 수입 재화를 얻기 위해 자국 내에서 생산된 재화를 교역할 수 있는 비율을 **교역조건**(terms of trade)이라고 한다. 교역조건은 무역의 이득이 무역 참여자에게 어떻게 배분되는지를 결정한다. 앞의 예에서 합의된 교역조건은 면화 2베일당 밀 1부셸이다. 이러한 교역조건은 밀 1부셸로 면화 2베일을 얻을 수 있는 뉴질랜드에 이롭다. 뉴질랜드는 밀을 생산하는 토지 1에이커를 면화 생산을 위해 이전하면 면화 1베일만 얻을 수 있다. 동일한 교역조건은 면화 2베일로 밀 1부셸을 얻을 수 있는 호주에도 이롭다. 호주는 토지 1에이커를 밀 생산을 위해 이전하면 면화 3베일을 포기해야 한다.

교역조건 한 국가가 수입 재화를 얻기 위해 자국 내에서 생산된 재화를 교역할 수 있는 비율

그러나 교역조건이 밀 1부셸당 면화 3베일이 된다면 뉴질랜드만 이득을 볼 것이다. 이러한 교역조건에서는 무역의 모든 이득이 뉴질랜드로 흘러가게 된다. 호주 입장에서는 밀을 자국 내에서 생

산하는 기회비용이 교역 비용과 똑같기 때문에 전혀 이롭지 않다. 한편 교역조건이 밀 1부셸당 면화 1베일이라면 호주만 이롭다. 뉴질랜드는 이미 같은 비율로 밀을 면화로 대체할 수 있기 때문에 아무런 이득을 얻지 못한다. 그러나 호주는 자국 내에서 밀 1부셸을 얻으려면 면화 3베일을 포기해야 하며, 이러한 1:1 교역조건으로 인해 밀이 훨씬 저렴해지는 셈이다.

무역이 이루어지려면 양 참여자가 얻는 것이 있어야 한다. 면화와 밀의 교역조건이 1:1과 3:1 사이에서 결정될 때 호주와 뉴질랜드 둘 다 이득을 얻을 수 있다.

환율

지금까지 예를 통해 무역이 당사국 모두에게 이득을 안겨줄 수 있다는 것을 살펴보았다. 무역이 자유로울 때, 즉 정부의 제도적 장벽이 무역을 방해하지 않을 때 무역의 패턴과 흐름은 수많은 수입업자와 수출업자, 수많은 가계와 기업의 독립적인 의사결정에 따라 결정된다.

가계는 토요타(Toyota)를 살 것인지 쉐보레(Chevrolet)를 살 것인지 결정하고, 민간 기업은 미국산 기계 공구를 살 것인지 대만산 기계 공구를 살 것인지, 중국산 철강을 살 것인지 피츠버그에서 생산된 철강을 살 것인지 결정한다.

이러한 무역은 실제로 어떻게 이루어지는가? 국내시장과 마찬가지로 국제시장에서도 물물교환을 거의 이용하지 않으며 화폐를 가지고 무역을 한다. 그러나 국제시장에는 수많은 종류의 화폐가 존재한다. 한 국가의 시민이 다른 국가에서 생산되거나 다른 국가의 시민이 판매하는 재화를 구매하기 전에 화폐의 교환이 이루어져야 한다. 미국 보스턴에 있는 한 딜러로부터 일본에서 제조된 토요타를 구매하는 미국인은 그 대금을 달러로 지급하지만 이 차를 만든 일본인 근로자는 급여를 엔으로 받는다. 차 구매자와 생산자 사이 어디에서 화폐 교환이 이루어져야 하는데, 아마도 지역 유통업자가 달러를 받아 엔으로 환전하여 일본으로 송금할 것이다.

외국에서 생산된 재화를 구매하기 위해 소비자나 중간 유통업자는 외국 화폐를 매입해야 한다. 토요타의 달러 가격은 이 차의 엔 가격과 엔의 달러 가격에 따라 결정된다. 해외여행을 해본 적이 있다면 환전이 무엇인지 잘 알 것이다.

2018년 4월에 영국 파운드의 가치는 1.37달러였다. 미국인이 런던에서 저녁 식사를 한다고 가정하자. 메뉴를 보니 괜찮은 와인 한 병이 25파운드인데 이것을 주문할지 말지 어떻게 결정할 수 있을까? 그는 미국에서 달러로 재화를 사기 때문에 와인의 파운드 가격을 달러 가격으로 전환한다. 1파운드의 가치는 1.37달러이므로 25파운드의 가치는 1.37달러 × 25 = 34.25달러이다.

환율 두 화폐가 거래되는 비율로, 어떤 화폐의 가격을 다른 화폐를 기준으로 나타낸 것

미국 구매자에게 외국산 재화의 매력과 외국 구매자에게 미국산 재화의 매력은 부분적으로 **환율**(exchange rate), 즉 두 화폐가 거래되는 비율에 달려 있다. 2008년 5월에 영국 파운드의 가치는 1.97달러였으며, 동일한 와인 한 병의 달러 가격이 49.25달러였을 것이다. 지난 10년 동안 달러가 다른 화폐에 비해 상대적으로 강세였기 때문에 미국인이 영국 등 유럽 국가를 여행하기에 좋았다.

그렇다면 환율은 어떻게 결정되는가? 오늘날 달러가 10년 전보다 강세인 이유는 무엇인가? 환율의 결정은 복잡하지만 몇 가지를 언급할 수 있다. 첫째, 두 국가가 있을 때 전문화와 비교우위를 통해 얻는 두 국가의 이득을 자동적으로 실현할 수 있는 환율의 범위가 있다. 둘째, 이러한 범위 내에서 환율은 어떤 국가가 무역으로 가장 많은 이득을 얻는지를 결정한다. 간단히 말해 환율은 교역조건을 결정한다.

2국 2재 세계의 무역과 환율 먼저 간단한 2국 2재 모형을 생각해보자. 미국과 브라질이 목재와 철강만 생산하다고 하자. 목재와 철강의 현재 가격은 표 33.7과 같다. 브라질에서 목재는 보드풋(board foot)당 3헤알, 철강은 톤당 4헤알이고, 미국에서 목재는 보드풋당 1달러, 철강은 톤당 2달러이다.

미국 구매자와 브라질 구매자는 수요를 충족하기 위해 자국 내에서 구매하거나 외국에서 수입할 수 있는데, 그들의 선택은 환율에 따라 달라질 것이다. 잠시 두 국가 간의 수송 비용을 무시하고 브라질산 재화와 미국산 재화의 품질이 동일하다고 가정하자.

일단 환율이 1달러 = 1헤알이라고 가정하자. 미국인의 입장에서는 이러한 환율하에 브라질산 철강과 목재 어느 것도 경쟁력이 없다. 미국에서 1달러로 목재 1보드풋을 살 수 있으나 달러를 헤알로 전환하면 1/3보드풋만 살 수 있다. 브라질산 목재를 사는 데 필요한 3헤알을 매입하려면 3달러가 필요하기 때문에 미국인의 입장에서 브라질산 목재의 가격은 3달러이다. 마찬가지로 미국에서 2달러로 철강 1톤을 살 수 있으나 브라질산 철강은 1/2톤만 살 수 있다. 미국인의 입장에서 브라질산 철강 가격은 미국산 철강 가격의 2배인 4달러이다.

한편 브라질인은 이러한 환율하에 미국산 철강과 목재가 브라질산 철강과 목재보다 더 싸다는 것을 깨닫는다. 브라질에서는 목재 가격이 3헤알이지만 3헤알로 3달러를 매입하여 미국산 목재를 3배 더 살 수 있다. 또한 철강 가격이 4헤알이지만 4헤알로 4달러를 매입하여 미국산 철강을 2배 더 살 수 있다. 그러므로 환율이 1달러 = 1헤알일 때 브라질은 철강과 목재를 수입하고 미국은 아무것도 수입하지 않을 것이다.

이제 환율이 1헤알 = 0.25달러로 바뀌었다고 하자. 이는 1달러로 4헤알을 매입할 수 있다는 것을 의미한다. 환율이 이와 같을 때 브라질인은 자국 내에서 목재와 철강을 사고 미국인은 목재와 철강을 모두 수입한다. 이 환율에서 미국인은 미국산 목재 1보드풋을 사려면 1달러를 지불해야 하지만 브라질에서는 같은 양의 목재를 0.75달러에 살 수 있다. 마찬가지로 미국에서는 톤당 철강 가격이 2달러이지만 브라질에서는 2달러로 8헤알을 매입하여 철강 2톤을 살 수 있기 때문에 미국에서보다 2배 더 많이 살 수 있다. 한편 브라질인은 두 재화를 브라질 생산자로부터 사는 것이 더 싸기 때문에 두 재화를 수입하는 데 관심이 없다. 이 경우에 미국은 두 재화를 수입하고 브라질은 아무것도 수입하지 않는다.

지금까지 환율이 1달러 = 1헤알, 1달러 = 4헤알일 때 무역이 한쪽 방향으로만 흐르는 경우를 살펴보았다. 그렇다면 환율이 1달러 = 2헤알, 즉 1헤알 = 0.50달러인 경우는 어떨까? 일단 브라질인은 미국산 목재를 살 것이다. 브라질산 목재 가격이 1보드풋당 3헤알이지만 3헤알로 1.50달러를 매입하면 미국산 목재 1.5보드풋을 사기에 충분하다. 미국인은 브라질산 목재가 너무 비싸다는 것을 알 것이고 브라질인은 미국산 목재를 수입할 것이다. 또한 이러한 환율하에 브라질인과 미국인은 브라질산 철강과 미국산 철강을 동일하게 취급할 것이다. 미국인의 입장에서 미국산 철강 가격은 톤

표 33.7 미국과 브라질의 목재와 철강 국내 가격

	미국	브라질
목재(보드풋당)	1달러	3헤알
철강(톤당)	2달러	4헤알

표 33.8 환율에 따라 결정되는 무역의 흐름

환율	헤알의 달러 가격	결과
1$ = 1R	$1.00	브라질은 목재와 철강을 수입한다.
1$ = 2R	$0.50	브라질은 목재를 수입한다.
1$ = 2.1R	$0.48	브라질은 목재를 수입하고 미국은 철강을 수입한다.
1$ = 2.9R	$0.34	브라질은 목재를 수입하고 미국은 철강을 수입한다.
1$ = 3R	$0.33	미국은 철강을 수입한다.
1$ = 4R	$0.25	미국은 목재와 철강을 수입한다.

당 2달러이며, 2달러로 4헤알을 매입할 수 있기 때문에 브라질산 철강 가격도 톤당 2달러이다. 브라질인도 자국 철강이나 수입 철강의 가격이 4헤알이라는 사실을 알 것이며, 따라서 철강 무역이 없을 것이다.

환율이 1달러 = 2.1헤알로 변동하면 어떤 일이 일어날까? 미국산 목재는 여전히 브라질인과 미국인의 입장에서 저렴하지만 브라질산 철강이 미국인의 입장에서 더 저렴해진다. 미국산 철강은 톤당 2달러이지만 2달러로 4.2헤알을 매입하여 브라질산 철강을 1톤보다 더 많이 살 수 있다. 1달러로 2헤알보다 더 많이 살 수 있으면 무역이 양방향으로 흐르기 시작한다. 이 경우에 브라질은 목재를 수입하고 미국은 철강을 수입할 것이다.

표 33.8을 자세히 살펴보면 환율이 1달러 = 2헤알과 1달러 = 3헤알 사이에서 결정되면 무역이 양방향으로 흐른다는 것을 알 수 있다. 다시 말해 1헤알의 가격이 0.33~0.50달러로 결정되면 무역이 양방향으로 흐르게 된다. 이러한 환율은 브라질산 철강 가격(헤알)에 대한 미국산 철강 가격(달러)의 비율과 브라질산 목재 가격(헤알)에 대한 미국산 목재 가격(달러)의 비율 사이이다.

환율과 비교우위 외환시장에서 환율이 달러당 2헤알과 3헤알 사이에서 결정되면 두 국가는 이 환율에 따라 자동적으로 조정되고 비교우위가 실현될 것이다. 이러한 환율에서는 미국 구매자가 브라질로부터 모든 철강을 구매함으로써 미국의 철강 산업이 곤경에 처하게 된다. 철강 공장이 문을 닫고 미국 근로자는 브라질산 철강에 대한 관세 부과를 위해 로비를 시작한다. 한편 미국의 목재 산업은 브라질의 큰 수요 덕분에 호황을 누리고 목재 생산 부문이 확장된다. 따라서 자본과 노동을 비롯한 자원이 목재 생산으로 이동한다.

브라질에서는 이와 반대되는 일이 발생한다. 브라질의 목재 산업에서는 수출 수요가 사라지고 저렴한 미국산 목재가 수입됨으로써 브라질의 목재 생산자가 손실을 입는다. 브라질의 목재 회사는 값싼 미국산 목재로부터 보호해줄 것을 정부에 요청한다. 그러나 브라질의 철강 회사는 행복한 비명을 지른다. 그들은 자국 내 수요의 100%를 공급할 뿐만 아니라 미국 구매자에게도 철강을 판매한다. 철강 산업이 확장되고 목재 산업이 위축되며, 노동과 자본을 비롯한 자원이 철강 생산으로 이동한다.

이러한 산업의 확장 및 쇠퇴 과정을 염두에 두고 비교우위의 원래 정의를 다시 살펴보자. 가격이 자원 사용을 반영하고 자원을 한 부문에서 다른 부문으로 이동시킬 수 있다고 가정하면 두 국가에서 철강과 목재의 기회비용을 계산할 수 있다. 미국에서 철강 1톤을 생산하는 데에는 목재 1보드풋을 생산하는 것보다 2배의 자원을 소비한다. 자원을 이동시킬 수 있다고 가정하면 철강 1톤의 기회비용은 목재 2보드풋이다(표 33.7 참조). 브라질에서 철강 1톤을 생산하는 데에는 4헤알의 비용이 드는 자원을 사용하지만, 목재 1보드풋을 생산하는 데에는 3헤알의 비용이 드는 자원을 사용한다. 즉 브라질에서 철강 1톤을 생산하기 위해서는 목재 3/4보드풋의 생산을 포기해야 한다. 브라질은 철강 1톤 생산의 기회비용이 더 낮기 때문에 철강 생산에서 비교우위를 가진다.

이번에는 목재의 기회비용을 생각해보자. 미국에서 목재 생산을 늘리려면 목재 1보드풋당 철강 1/2톤의 생산을 포기해야 한다. 철강 1톤을 생산하는 데에는 2달러의 자원을 사용하지만 목재 1보드풋을 생산하는 데에는 1달러의 자원을 사용한다. 한편 브라질에서는 목재 1보드풋당 철강 3/4톤의 생산을 포기해야 한다. 미국은 목재의 기회비용이 더 낮기 때문에 목재 생산에서 비교우위를 가진다. 환율이 (무역을 할 수 있는) 적정한 범위이면 자유시장에서는 각국이 비교우위를 가진 부문으로 자원을 이동시킬 것이다. 한 국가가 비교우위를 가진 재화만 세계 시장에서 경쟁력이 있을 것이다.

33.3 비교우위의 원천

학습목표

비교우위의 원천을 파악한다.

무역 참여자가 절대적인 의미에서 비효율적인 생산자일지라도 전문화와 무역은 모든 무역 참여자에게 이득을 안겨줄 수 있다. 시장이 경쟁적이고 외환시장이 재화 및 서비스의 교환과 연계되어 있다면 국가는 비교우위인 재화를 생산하는 데 전문화할 것이다.

지금까지 비교우위의 원천에 대해 언급하지 않았다. 한 국가가 중공업이나 농업에 비교우위를 가지고 있는지를 결정하는 것은 무엇인가? 전 세계에서 관측되는 무역 흐름을 설명하는 것은 무엇인가? 다양한 이론과 국제무역에 관한 실증 연구는 몇 가지 답을 내놓았다. 대부분의 경제학자는 한 국가가 보유하고 있는 노동, 자본, 토지, 천연자원의 양과 질, 즉 한 국가의 **요소부존상태**(factor endowment)를 비교우위의 주요 원천으로 간주한다. 요소부존상태는 실제 세계의 무역 패턴을 상당 부분 설명하는 것으로 보인다.

요소부존상태 한 국가가 보유하고 있는 노동, 자본, 토지, 천연자원의 양과 질

헥셔-올린 정리

20세기 전반부에 활동한 스웨덴 경제학자 엘리 헥셔(Eli Heckscher)와 베르틸 올린(Bertil Ohlin)은 리카도의 비교우위이론을 확장하고 정교하게 다듬었다. **헥셔-올린 정리**(Heckscher-Ohlin theorem)는 비교우위이론을 요소부존상태와 연관 짓는다. 이 정리는 다양한 투입요소의 비율을 사용하여 재화를 생산할 수 있고, 투입요소는 각국에서 부문 간 이동할 수 있으나 국가 간에는 이동할 수 없다고 가정한다. 이 정리에 따르면 한 국가는 상대적으로 풍부한 요소를 집중적으로 사용하는 재화의 생산에서 비교우위를 가진다.

헥셔-올린 정리 한 국가의 비교우위를 요소부존상태로 설명하는 이론. 한 국가는 상대적으로 풍부한 요소를 집중적으로 사용하는 재화의 생산에서 비교우위를 가짐

이 견해는 단순하다. 비옥한 토지가 많은 국가는 농업에서 비교우위를 가질 가능성이 높고, 축적된 자본이 많은 국가는 중공업에서 비교우위를 가질 가능성이 높다. 또한 인적자원이 풍부한 국가는 고도의 기술을 요구하는 재화의 생산에서 비교우위를 가질 가능성이 높다.

관측되는 무역 흐름에 대한 기타 설명

국가가 무역을 하는 것은 비교우위 때문만이 아니다. 비교우위는 많은 국가가 동일한 종류의 재화를 수입하고 수출하는 이유를 설명하지 못한다. 예를 들어 미국은 벨비타(Velveeta) 치즈를 수출하고 블루치즈를 수입한다.

한 국가의 기업은 국내시장을 장악하기 위해 제품을 차별화하는 것처럼 전 세계의 다양한 취향을 만족시키기 위해 제품을 차별화한다. 예를 들어 일본 자동차 회사는 미국 자동차 회사보다 훨씬 오래전에 연비가 좋은 소형 자동차를 생산하기 시작했다. 그러면서 일본 자동차 회사는 상당한 브랜드 충성도를 지속적으로 끌어들이는 제품을 창조하는 전문성을 개발했다. 대부분이 독일에서 생산되는 BMW와 일본에서 주로 생산되는 렉서스(Lexus)도 많은 국가에서 충성고객을 거느리고 있다. 제품 차별화는 한 국가 내의 다양한 선호에 대한 자연스러운 반응일 뿐만 아니라 전 세계의 다양한 선호에 대한 자연스러운 반응이기도 하다. 폴 크루그먼은 흔히 신무역이론(new trade theory)이라고 일컫는 이 분야에서 몇 가지 초기 연구를 수행했다.

신무역이론도 비교우위의 개념에 의존한다. 일본인이 연비가 좋은 자동차의 생산에서 우위를 점할 수 있는 기술과 지식을 개발했다면 그러한 기술과 지식은 다른 생산자에게 없는 매우 특별한 종류의 자본이라고 볼 수 있다. 렉서스를 생산하는 토요타는 영업권이라는 무형 자본에 투자했다. 오랜 시간에 걸쳐 쌓은 성능과 품질에 대한 평판으로부터 얻을 수 있는 영업권은 국제시장에서 지속적으로 팔리는 렉서스가 가진 비교우위의 원천 중 하나이다. 일부 경제학자들은 획득되는 비교우위(acquired comparative advantage)의 이득과 자연적으로 발생하는 비교우위(natural comparative advantage)의 이득을 구분한다.

학습목표

무역장벽의 경제적 효과를 분석한다.

33.4 무역장벽: 관세, 수출보조금, 쿼터

무역 참여자를 위한 경제적 파이의 크기를 증가시키는 전문화와 무역의 능력을 확인했다. 그럼에도 불구하고 대부분의 국가는 주로 국내 일자리를 보호한다는 이유로 몇 가지 무역장벽을 부과한다.

보호 경제의 특정 부문을 해외 경쟁으로부터 보호하는 관행

소프트 무역장벽 해외 경쟁을 더 어렵게 만드는 규제 기준과 요구 사항

무역장벽(무역의 장애물)은 다양한 형태를 띠는데 가장 일반적인 것은 관세, 수출보조금, 쿼터이다. 이러한 무역장벽은 모두 경제의 특정 부문을 해외 경쟁으로부터 **보호**(protection)한다. 또한 많은 국가는 복잡한 규제 법규와 기준을 마련하여 해외 경쟁자의 진입과 경쟁을 어렵게 만든다. 최근 들어 경제학자와 정책 담당자는 이러한 **소프트 무역장벽**(soft trade barriers)에 더 많은 관심을 기울이고 있다.

관세 수입재에 부과되는 세금

관세(tariff)는 수입재에 부과되는 세금이다. 미국으로 수입되는 재화에 대한 평균 관세는 5% 미만이며, 일부 보호 대상 재화에 부과되는 관세는 훨씬 더 높다. 한 예로 미국은 중국으로부터 수입되는 태양광 패널에 30% 이상의 관세를 부과하고 있다. 2018년에 트럼프 대통령은 수입 철강에 대해 25%의 관세를 부과할 것이라고 밝혔다.

수출보조금 수출을 장려하기 위해 국내 기업에 제공하는 정부 지불

수출을 장려하기 위해 국내 기업에 제공하는 정부 지불인 **수출보조금**(export subsidies)은 무역장벽으로 작용하기도 한다. 리카도의 깊은 생각을 자극했던 곡물조례의 조항 중 하나는 곡물 가격이 정해진 수준 아래로 떨어질 때 영국 정부가 농민에게 자동적으로 지불하는 수출보조금이었다. 이러

한 수출보조금은 국내 가격을 높게 유지하는 데 기여했으나 국제시장에는 수출보조금을 받는 값싼 곡물이 넘쳐나게 되었다. 보조금을 받지 않는 외국 농민은 인위적인 낮은 가격 때문에 국제시장에서 퇴출되었다.

농업보조금은 오늘날에도 국제무역의 한 부분으로 존재한다. 많은 국가는 농산물 수출에 많은 보조금을 지불하여 자국 농민을 달래고 있다. 많은 국가에서 농민의 로비가 지닌 정치적 힘은 무역장벽을 낮추려는 최근의 국제무역협상에 중요한 영향을 미쳤다. 선진국에 만연된 농업보조금은 세계 시장에서 경쟁해야 하는 저개발국을 결집시키는 중요한 문제가 되었다. 특히 많은 아프리카 국가는 농업에서 비교우위를 가지고 있지만, 세계 시장에 수출하기 위한 농산물을 생산할 때 유럽과 미국에서 많은 보조금을 받는 농민이 생산하는 농산물과 경쟁해야 한다. 프랑스와 같은 국가는 특히 농업보조금이 높은데, 이것이 프랑스의 농촌 유산을 보존하는 데 도움이 된다고 주장한다. 그러나 이러한 보조금은 일부 빈곤국의 경쟁을 더 어렵게 만든다. 어떤 사람들은 선진국이 농업보조금을 없애면 현재의 자선 지원 프로그램보다 일부 아프리카 국가의 경제에 훨씬 더 큰 영향을 미칠 것이라고 주장한다.

덤핑(dumping)은 수출보조금과 밀접한 관련이 있다. 한 기업이나 산업이 세계 시장에서 제품을 생산비용보다 낮은 가격에 판매할 때 덤핑이 발생한다. 덤핑 자체가 불공정한 경쟁이라고 믿는 국내 생산자는 덤핑을 비난한다. 미국에서는 덤핑에 대한 손해배상 청구를 미국 국제무역위원회

덤핑 한 기업이나 산업이 세계 시장에서 제품을 생산비용보다 낮은 가격에 판매하는 것

경제학의 적용

기업의 생산성을 향상시키는 글로벌화

이 장의 앞부분에서는 자유무역을 통해 국가가 가장 잘하는 것을 최대한 할 수 있는 방식을 설명했다. 무역 분야의 최근 연구는 자유무역이 한 국가 내에서 기업의 생산성을 향상시키는 방식을 설명했다.[1]

일반적으로 한 국가 내에는 생산성이 다양한 기업이 존재한다. 모든 기업이 똑같은 재화를 생산한다면 고비용 기업은 시장에서 퇴출될 것이다. 실제로 기업은 유사하지만 동일하지는 않은 제품을 생산하곤 한다. 매치박스(Matchbox) 장난감 차는 핫휠스(Hot Wheels) 장난감 차와 비슷하지만 똑같지는 않다. 이러한 조건하에 사람들은 어떤 기업이 공급하는 특정 제품에 대해 더 많이 지불할 용의가 있기 때문에 산업에는 다양한 생산성 수준의 기업이 있다.

무역이 개방된다면 무슨 일이 일어날까? 경쟁이 심해진다. 낮은 비용으로 좋은 제품을 내놓는 기업은 이를 시장에 공급하기 위해 확장될 수 있다. 이들은 이렇게 하면서 성장하고 종종 규모의 경제를 통해 비용을 낮춘다. 그러나 생산성이 낮은 기업은 훨씬 더 생산적인 국내 생산자 및 해외 생산자와의 치열한 경쟁에 직면한다. 멜리츠 등의 경제학자들은 무역 환경의 큰 변화(예: 1989년 체결된 미국과 캐나다 간 자유무역협정) 이후 기업의 생산성 분포를 검토하고 덜 생산적인 기업이 쇠락했음을 발견했다. 즉 무역은 국가의 비교우위를 이용할 뿐만 아니라 일반적으로 기업의 효율성을 향상시킨다.

질문

- 무역이 개방된 후 평균 가격에 어떤 일이 일어날 것이라고 예상하는가?

[1] 하버드대학의 마크 멜리츠(Marc Melitz)는 이 분야에 관한 초기 연구를 많이 수행했다. 다음을 참조하라. Marc Melitz and Daniel Trefler, "Gains from Trade when Firms Matter," *Journal of Economic Perspectives*, Spring 2012, 90–117. Andrew B. Bernard, Jonathan Eaton, J. Bradford Jensen and Samuel Kortum, "Plants and Productivity in International Trade," *American Economic Review*, Winter 2003, 1268–90.

(International Trade Commission)에 제기한다. 예를 들어 2007년 감열지를 생산하는 한 소규모 제조업체가 덤핑을 이유로 중국과 독일을 고소했다. 2006년 유럽연합은 신발을 덤핑한 이유로 중국을 고소했다. 2009년 중국은 덤핑을 이유로 미국의 닭고기 생산업자를 고소했다. 실제로 덤핑이 발생했는지 여부를 판단하기는 어려울 수 있다. 미국 내 생산자는 외국 기업이 미국에서 제품을 덤핑하고 미국 경쟁자를 몰아내며 가격을 올림으로써 소비자에게 해를 끼칠 것이라고 주장한다. 반면에 외국 수출업자는 생산비용이 낮기 때문에 제품 가격이 낮은 것이고 덤핑이 발생하지 않았다고 주장한다. 독일산 감열지나 중국산 신발의 생산비용을 파악하기는 쉽지 않다. 예를 들어 중국산 신발 고소 사건에서 중국 정부는 신발은 노동집약적인 제품이고 중국의 낮은 임금을 고려하면 신발을 싸게 생산할 수 있다는 것이 놀라운 일이 아니라고 지적했다. 다시 말해 중국은 신발이 약탈적 덤핑이 아니라 비교우위이론이 작동한 예라고 주장한다.

쿼터 수입량에 대한 제한

수입량에 대한 제한인 **쿼터**(quota)는 강제적이거나 '자율적'일 수 있으며, 이를 입법화하거나 외국 정부와 협상을 하기도 한다. 가장 잘 알려진 자율적 쿼터, 즉 '자율적 제한(voluntary restraint)'은 1981년에 미국과 일본의 협상으로 시행되었다. 일본은 미국으로의 자동차 수출을 1980년 수준인 182만 대에서 168만 대까지 7.7% 줄이기로 합의했다. 오늘날에는 많은 쿼터가 전 세계의 무역을

경제학의 적용

쿼터를 없애면 어떤 일이 발생하는가

2005년 이전에 미국, 캐나다, 유럽연합이 중국과 많은 신흥국으로부터 수입하는 섬유와 의류는 쿼터의 대상이었다. 예일대학의 피터 쇼트(Peter Schott), 컬럼비아대학의 아미트 칸델왈(Amit Khandelwal), 샹진 웨이(Shang-Jin Wei)가 쿼터를 없애면 어떻게 될지를 다룬 흥미로운 논문이 있다.[1]

쿼터를 폐지하면 미국, 캐나다, 유럽연합에 수출되는 섬유와 의류가 증가한다는 것은 놀라운 일이 아니다. 더 흥미로운 질문은 쿼터를 폐지한 후 수출 기업의 구성이 어떻게 되었는가이다. 예를 들어 같은 기업이 더 많은 재화를 수출했는가?

한 수출국이 자국 제품에 대한 쿼터에 직면하면 해외로 수출하는 특권을 어떤 기업에 줄지 결정해야 하는데, 일반적으로 정부가 이를 결정한다. 어떤 경우에는 정부가 공적 수입을 극대화하기 위해 수출권을 경매에 부치기도 한다. 이때 더 효율적인 기업이 재화 판매에서의 비용우위를 가지고 있어 가장 높은 입찰가를 제시할 수 있기 때문에 수출업자가 될 가능성이 높다. 또 어떤 경우에는 정부 관리가 친구나 가족에게 수출권을 줄 수도 있다.

이러한 경우 세 연구자는 중국이 수출권을 어떻게 배분했는지, 어떤 목적을 염두에 두었는지 알 수 없었다. 그러나 그들이 얻은 결과는 유익했다. 2005년에 쿼터가 폐지된 후 수출이 급격히 증가했다. 또한 수출되는 재화의 대부분이 쿼터가 있었던 시기를 지배한 기존 기업이 아니라 새로운 진입자가 생산한 것이었다. 쿼터가 없으면 기업은 수출을

하기 위해 더 효율적이어야 하는데, 새로운 경쟁에 처한 기존 기업은 대부분 시장 점유율을 잃었다. 이 논문을 통해 중국이 가장 효율적인 기업에 수출권을 배분하지 않았다는 것을 알 수 있다.

질문

- 쿼터가 있을 당시 중국 정부가 가장 생산적인 기업에 수출권을 배분했다면 쿼터가 폐지된 후 어떤 일이 일어났겠는가?

[1] Amit Khandelwal, Peter Schott, Shang-Jin Wei, "Trade Liberalization and Embedded Institutional Reform: Evidence from Chinese Exporters," *American Economic Review*, October, 2013, 2169–95.

제한하고 있다. 최근의 유명한 사례는 2005년 8월에 유럽연합(EU)이 중국산 섬유 수입에 부과한 쿼터일 것이다. 중국이 합의된 쿼터를 초과한 탓에 유럽연합은 중국산 섬유의 유럽 진입을 봉쇄하여 1억 벌 이상의 의류가 유럽의 항구에 쌓였다. 이러한 쿼터를 없앤다면 어떻게 될지는 '경제학의 적용: 쿼터를 없애면 어떤 일이 발생하는가'를 참조하기 바란다.

미국의 무역정책과 GATT, WTO

미국은 역사적으로 평균 관세율이 50% 이상인 높은 관세를 부과한 국가였다. 1930년에 평균 관세율을 60%로 끌어올린 **스무트-홀리 관세법**(Smoot-Hawley tariff) 이후 발생한 대공황 기간에 관세율이 가장 높았다. 스무트-홀리 관세법에 대항하여 미국의 무역 상대국이 관세 부과로 보복함으로써 국제 무역전쟁이 벌어졌다. 많은 경제학자는 이로 인한 무역 감소가 1930년대 세계적 공황의 원인 중 하나라고 말한다.[1]

스무트-홀리 관세법 미국 역사상 최고 관세율(60%)을 부과한 1930년대의 미국 관세법. 이 법이 촉발한 국제무역전쟁으로 인한 무역 감소는 1930년대 세계적 공황의 원인 중 하나임

1947년에 미국과 22개국은 무역장벽을 낮추기로 합의했다. 또한 국제무역의 자유화를 촉진하기 위한 기구도 설립되었다. **관세 및 무역에 관한 일반협정**(General Agreement on Tariffs and Trade, GATT)은 관세 수준을 낮추고 무역을 권장하는 데 도움이 되었다. 1986년에 GATT는 추가로 무역장벽을 낮추는 데 중점을 둔 국제무역협상, 즉 우루과이 라운드(Uruguay Round)를 후원했다. 많은 논쟁 끝에 1993년 미국 의회에서 우루과이 라운드에 서명했으며, 이는 다자간 무역협정의 모델이 되었다.

관세 및 무역에 관한 일반협정(GATT) 국제무역의 자유화를 촉진하기 위해 1947년 미국과 22개국이 서명한 국제협정

1995년에 GATT와 기타 협정하에 확립된 무역의 규칙을 다루는 협상 포럼으로 **세계무역기구**(World Trade Organization, WTO)가 설립되었다. WTO는 국가 간의 보다 자유로운 무역을 촉진하고 무역분쟁을 협상하는 데 초점을 맞춘 핵심 기관이다. 153개 회원국으로 구성된 WTO는 우루과이 라운드와 기타 협정에 따른 무역의 복잡성 속에서 협상 포럼의 역할을 한다. 오늘날 WTO는 자유무역을 촉진하고 이를 가능하게 하는 중심 기관이다. 2015년에 WTO는 평판 압연강에 대한 중국과 인도네시아의 분쟁, 가금류에 대한 중국과 유럽연합의 분쟁, 종이에 대한 인도네시아와 미국의 분쟁 등 국제적 관세와 보조금 분쟁에 관한 청문회를 개최했다.

세계무역기구(WTO) 국가 간 무역의 규칙을 다루는 협상 포럼

WTO는 자유무역을 촉진하기 위해 설립되었지만 무역 소송에서 충돌하는 회원국들은 분명히 서로 다른 인센티브를 가지고 있다. 최근 들어 선진국과 개발도상국 간의 차이가 전면에 부상했다. 2001년 카타르 도하에서 열린 회의 때 WTO는 무역과 개발 영역을 교차하는 일부 문제를 다루기 위해 새로운 계획인 **도하개발어젠다**(Doha Development Agenda)를 출범시켰다. 2007년에 도하개발어젠다는 농업보조금 문제를 놓고 계속 다투었다. 주도권을 가진 사하라 사막 이남 아프리카를 비롯한 저개발 국가는 현재 미국과 유럽연합이 지불하는 모든 농업보조금을 없애기 위해 노력했다. 한편 유럽연합은 자유무역을 확장하는 방안의 일환으로 저개발 국가가 더 나은 환경정책을 추구하도록 밀어붙였다. 도하 라운드는 이론상으로는 계속 유지되고 있지만 2013년 이후 본질적으로 아무런 진전이 없다.

도하개발어젠다 무역과 개발의 문제를 해결하기 위해 WTO가 추진하는 새로운 계획

최근까지 미국은 관세와 쿼터에서 벗어나 더 자유로운 무역을 향해 움직였다. 1934년의 상호무역협정법(Reciprocal Trade Agreements Act)은 대통령에게 미국을 대표하여 무역협정을 협상할 수

1 특히 다음 문헌을 참조하라. Charles Kindleberger, *The World in Depression 1929–1939* (London: Allen Lane, 1973).

있는 권한을 부여했다. 무역협상의 일환으로 대통령은 각 무역 당사국에 최혜국 지위를 부여할 수 있다. 최혜국 지위를 가진 국가로부터 수입되는 재화에는 가장 낮은 협상 관세율이 부과된다. 또한 최근에 이루어진 몇 차례의 관세 감축 협상 라운드는 무역장벽을 사상 최저 수준으로 낮추었다. 2015년 말에 미국 의회는 미국과 11개 태평양 연안국 간의 관세를 낮추기 위한 새로운 무역협정인 환태평양 경제동반자협정(Trans Pacific Partnership)의 통과를 놓고 격렬한 논쟁을 벌였다. 환태평양 경제동반자협정은 미국 의회에서 비준되지 않았지만 2016년에 서명되었고, 트럼프 대통령은 당선 직후 협정에서 미국을 탈퇴시켰다. 이 협정은 환태평양 파트너십을 위한 포괄적이고 점진적인 협정(Comprehensive and Progressive Agreement for Trans Pacific Partnership)이라는 이름으로 태평양 연안국 사이에서 유지되고 있다.

지난 50년 동안 대부분의 미국 대통령은 경제 부문이나 다른 부문을 보호하기 위해 무역정책에 예외적인 조치를 적용했다. 아이젠하워 대통령과 케네디 대통령은 일본산 섬유 수입을 제한하고, 존슨 대통령은 텍사스의 쇠고기 생산업자를 보호하기 위해 육류 수입을 제한했다. 닉슨 대통령은 철강 수입을, 레이건 대통령은 일본산 자동차 수입을 제한했다. 2002년 초에 조지 부시 대통령은 유럽연합으로부터 수입되는 철강에 30%의 관세를 부과했다. 2003년에 WTO는 이러한 관세가 불공정하다고 판결했고, 유럽연합이 미국산 재화에 보복 관세를 부과하는 것을 허용했다. 그 직후 유럽연합산 철강에 대한 관세가 이전 수준으로 인하되었다. 2009년에 오바마 대통령은 중국산 타이어에 35%의 관세를 부과했고, 중국은 미국산 닭고기에 관세를 부과하여 보복했다. 트럼프 대통령은 집권 초기에 태양광 패널과 철강에 높은 관세를 부과했는데, 이는 미국산 농산물에 대한 관세 부과로 되돌아왔다. 대부분의 경우 관세 지원은 일자리 보호에 관한 관심으로 촉발되었다. 자유무역에 대한 찬반을 다룰 때 살펴보겠지만, 국내 가격을 상승시키는 관세의 역할과 보복의 고용 효과는 종종 정치적으로 덜 주목을 받았다.

경제통합 2개국 이상이 자유무역지대를 형성하기 위해 참여하는 것

경제통합 2개국 이상이 자유무역지대를 형성하기 위해 참여할 때 **경제통합**(economic integration)이 이루어진다. 1991년에 유럽공동체(European Community, EC)는 세계에서 가장 큰 자유무역지대를 만들기 시작했으며, 그해 12월에 최초의 12개 회원국(영국, 벨기에, 프랑스, 독일, 이탈리아, 네덜란드, 룩셈부르크, 덴마크, 그리스, 아일랜드, 스페인, 포르투갈)이 마스트리히트 조약(Maastricht Treaty)에 서명했다. 이 조약은 국경 통제 폐지, 공동 화폐 사용, 모든 관세 폐지, 통화 및 정치 문제 조정을 요구했다. **유럽연합**(European Union, EU)은 현재 27개 회원국(오스트리아, 벨기에, 불가리아, 크로아티아, 사이프러스, 체코공화국, 덴마크, 에스토니아, 핀란드, 프랑스, 독일, 그리스, 헝가리, 아일랜드, 이탈리아, 라트비아, 리투아니아, 룩셈부르크, 몰타, 네덜란드, 폴란드, 포르투갈, 루마니아, 슬로바키아, 슬로베니아, 스페인, 스웨덴)으로 구성되어 있다. 1993년 1월 1일에 회원국 간의 모든 관세와 무역장벽이 폐지되었고, 1995년 초에 국경 통제소가 폐쇄되었다. 오늘날 유럽연합의 시민은 여권 없이 회원국을 여행할 수 있다.

유럽연합(EU) 27개국으로 구성된 유럽 무역 블록으로, 회원국 중 17개국이 공동 화폐인 유로를 사용함

미국은 유럽연합에 속하지 않는다. 그러나 1988년에 미국(레이건 대통령)과 캐나다(멀로니 총리)는 1998년까지 두 국가 간의 관세와 쿼터를 포함한 모든 무역장벽을 제거하기로 결정한 **미국-캐나다 자유무역협정**(U.S.-Canada Free Trade Agreement)에 서명했다.

미국-캐나다 자유무역협정 미국과 캐나다가 1998년까지 두 국가 간의 모든 무역장벽을 제거하기로 합의한 협정

북미자유무역협정(NAFTA) 미국, 멕시코, 캐나다가 북미 전체를 자유무역지대로 만들기로 합의한 협정

1992년 조지 부시 행정부의 마지막 시기에 미국, 멕시코, 캐나다는 **북미자유무역협정**(North

American Free Trade Agreement, NAFTA)에 서명하고 3국이 북미 전체를 자유무역지대로 만들기로 합의했다. 이 협정은 10~15년 동안 모든 관세를 폐지하고 모든 투자에 대한 제한을 없앴다. 1992년 대통령 선거 기간 동안 NAFTA는 뜨거운 논란거리가 되었다. 빌 클린턴과 조지 부시는 모두 이 협정을 지지했다. 멕시코로부터의 수입 증대로 영향을 받을 수 있는 산업 노조(예: 자동차 산업 노조)는 이 협정에 반대했지만, 멕시코로의 수출이 증가할 수 있는 산업(예: 기계 공구 산업)은 이 협정을 지지했다. 한편 멕시코 기업은 미국 기업과 같은 환경 규제를 받지 않기 때문에 미국 기업이 멕시코로 이전할 수 있다는 우려도 제기되었다.

NAFTA는 1993년 미국 의회에서 비준되어 1994년 첫날 발효되었다. 미국 상무부는 NAFTA의 결과로 미국과 멕시코 간 무역이 1994년에 거의 160억 달러 증가했다고 추정했다. 게다가 1994년에 미국에서 멕시코로의 수출이 멕시코에서 미국으로의 수출을 능가했다. 그러나 1995년에는 페소 가치 폭락의 여파로 협정이 기대대로 작동하지 않았다. 미국에서 멕시코로의 수출은 급속히 감소하여 미국은 멕시코와의 무역흑자에서 대규모 무역적자로 바뀌었다. 그러나 약간의 관세를 제외하고 NAFTA의 모든 약속은 2003년까지 완전히 이행되었고, 3국 모두가 서명한 8년 성과 보고서는 이 협정이 성공적이라고 선언했다. 이 보고서는 "8년간의 무역 확장, 고용 및 투자 증가, 3국 시민의 기회 확대는 NAFTA가 효과적이고 앞으로도 계속 작동할 것임을 보여주었다"고 결론지었다.

2018년에 트럼프 대통령은 제조업 일자리 감소에 대해 멕시코와 캐나다의 책임을 물으며 NAFTA의 재협상을 시작했다. 그러나 이러한 주장의 경제적 증거가 빈약하다.

33.5 자유무역과 보호주의

학습목표

자유무역과 보호주의의 주장을 이해한다.

역사상 가장 위대한 경제적 논쟁 중 하나는 자유무역 대 보호주의 논쟁이다. 자유무역과 보호주의를 각각 지지하는 논거를 간략히 살펴보자.

자유무역 지지 논거

어떤 의미에서 비교우위이론은 자유무역을 지지한다. 무역은 모든 국가를 이롭게 할 수 있는 잠재력이 있다. 국내에서 생산되는 경쟁재의 가격보다 저렴하지 않은 재화는 수입되지 않는다. 앞의 예에서 브라질인은 미국산 목재가 브라질산 목재보다 더 저렴하다는 것을 알고 미국산 목재를 구매했지만, 철강의 경우 미국산과 동일한 가격인 브라질산을 그대로 구매했다. 한편 미국인은 더 저렴한 브라질산 철강을 구매했지만 목재의 경우 더 저렴한 미국산을 구매했다. 이러한 조건하에 미국인과 브라질인은 더 적은 비용을 지불하고 더 많이 소비하게 되었다.

이와 동시에 미국의 자원(노동 포함)은 철강 생산에서 목재 생산으로 이동하고, 브라질의 자원(노동 포함)은 목재 생산에서 철강 생산으로 이동한다. 두 국가에서 자원이 보다 효율적으로 사용된다. 전 세계적으로 재화와 서비스의 자유로운 이동을 방해하는 관세, 수출보조금, 쿼터는 비교우위의 이득을 감소시키거나 없앤다.

수요곡선과 공급곡선을 이용하여 이러한 사실을 확인할 수 있다. 그림 33.4는 직물의 미국 내 수요와 공급을 보여주며, 무역이 없는 경우 시장은 4.20달러의 가격에서 청산된다. 균형 상태에서는

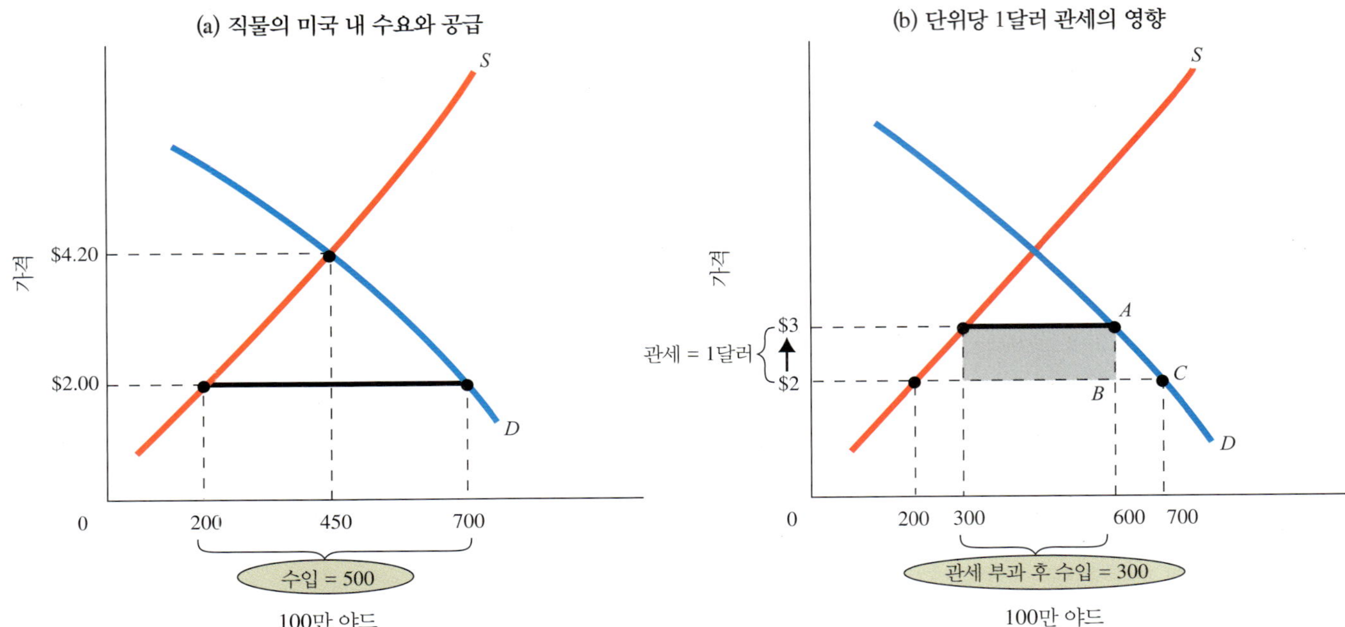

그림 33.4 무역의 이득과 관세 부과에 따른 손실
관세 1달러는 시장가격을 야드당 2달러에서 야드당 3달러로 상승시킨다. 미국 정부는 (b)에 회색 음영으로 표시된 면적과 같은 크기의 수입을 징수한다. 효율성의 손실은 두 가지 요소로 이루어진다. 첫째, 더 낮은 비용으로 생산할 수 있는 재화에 소비자가 더 높은 가격을 지불해야 한다. 둘째, 직물 가격이 상승함으로써 한계생산자가 다른 재화 생산을 떠나 직물 산업으로 유입되어 국내 생산이 비효율적이 된다. (b)에서 삼각형 *ABC*는 관세 부과로 인한 사장된 손실이다.

4억 5,000만 야드의 직물이 생산되고 소비된다.

이제 직물의 세계 가격이 2달러라고 가정하자. 이 가격은 미국인이 외국산 직물에 지불해야 하는 달러 가격이다. 2달러에 직물을 무제한으로 구할 수 있고 미국산 직물과 외국산 직물의 품질 차이가 없다면 미국 내 생산자는 가격을 2달러보다 높게 매길 수 없을 것이다. 무역장벽이 없다면 세계 가격이 미국의 가격을 결정한다. 미국에서 가격이 4.20달러에서 2달러로 하락함에 따라 소비자가 수요하는 양이 4억 5,000만 야드에서 7억 야드로 증가하지만 미국 내 생산자가 공급하는 양은 4억 5,000만 야드에서 2억 야드로 감소하며, 그 차이인 5억 야드가 수입량이다.

자유무역을 지지하는 논거는 각국이 비교우위를 가진 재화와 서비스를 생산하는 데 전문화해야 한다는 것이다. 해외 생산자가 국내 생산자보다 더 낮은 가격으로 직물을 생산할 수 있으면 해외 생산자가 비교우위를 가진다. 직물의 세계 가격이 2달러로 하락함에 따라 미국 내 공급량이 감소하고 자원이 다른 부문으로 이동한다. 이러한 다른 부문은 수출산업 또는 내수산업일 수 있으며 그림 33.4(a)에는 제시되지 않았다. 2달러의 가격에서 자원이 더 효율적으로 배분된다는 것은 분명하다. 왜 미국은 해외 생산자가 더 낮은 비용으로 생산할 수 있는 것을 생산하기 위해 국내 자원을 사용해야 하는가? 미국의 자원은 미국이 가장 잘 생산하는 것을 생산하는 데 투입되어야 한다.

이제 무역장벽이 부과될 때 직물의 국내 가격에 어떤 일이 일어나는지 생각해보자. 그림 33.4(b)는 수입 직물에 부과되는 야드당 관세 1달러의 영향을 보여준다. 이러한 관세는 직물의 국내 가격을 2달러 + 1달러 = 3달러로 상승시키고, 그 결과 무역으로 얻는 이득의 일부를 잃는다. 첫째, 소비자는 동일한 재화에 더 높은 가격을 지불해야 한다. 일부 소비자는 더 높은 가격을 지불할 용의가 없기 때문에 직물의 수요량이 자유무역하의 7억 야드에서 6억 야드로 감소한다. 그림 33.4(b)의 삼각형 ABC는 관세로 인한 사장된 손실(deadweight loss)이다. 관세가 없었다면 이 1억 야드의 추가 직물은 각 단위에 대해 2달러를 초과하는 이익을 창출했을 것이다.

그리고 더 높은 직물 가격은 2달러에서 이윤을 얻을 수 없었던 일부 한계생산자를 직물 생산으로 끌어들인다(국내 생산자는 관세를 지불하지 않는다는 것을 유념하라). 가격이 3달러로 상승함에 따라 국내 생산자가 공급하는 직물의 양이 2억 야드에서 3억 야드로 증가하고, 그 결과 수입량이 5억 야드에서 3억 야드로 감소한다.

한편 관세 부과로 정부는 그림 33.4(b)에 회색 음영으로 표시된 면적과 같은 수입을 징수한다. 회색 음영의 면적은 단위당 관세(1달러)와 관세 부과 후 수입되는 직물의 단위 수(3억 야드)를 곱하여 구할 수 있으므로 관세수입은 3억 달러이다.

그렇다면 관세 부과의 최종적인 결과는 무엇인가? 관세가 부과되기 전에 단위당 2달러를 받았던 국내 생산자는 이제 더 높은 가격을 받고 더 많은 이윤을 벌어들인다. 그러나 이러한 이윤은 효율성을 잃는 대가를 치르고 얻은 것이다. 무역장벽은 한 국가가 전문화의 이득을 누리는 것을 막고, 상대적으로 비효율적인 생산기술을 채택하게 하며, 소비자가 보호받는 재화에 대해 그렇지 않은 경우보다 더 높은 가격을 지불하게 만든다.

더 복잡한 현실 세계에서 관세에는 적어도 두 가지 문제가 있다. 경우에 따라 관세는 최종재가 아닌 다른 재화의 생산에 사용되는 중간재에 부과된다. 2018년에 트럼프 대통령이 제안한 관세 부과 대상인 철강은 자동차, 캔, 건물 등의 많은 제화를 생산하는 데 사용된다. 철강의 국내 가격을 상승시키는 관세는 국내 자동차 회사가 외국 자동차 회사와 경쟁하기 어렵게 만든다. 2018년 봄 포드(Ford)는 철강 관세 부과에 반대하면서 이 점을 정확히 지적했다. 둘째, 이미 언급했듯이 한 국가가 부과하는 관세는 다른 국가의 보복으로 이어진다. 미국이 철강이나 타이어에 관세를 부과하면 다른 국가가 미국산 수출재에 관세를 부과하여 해당 산업의 일자리가 사라질 것이다. 결국 관세전쟁은 무역 당사국의 고용 패턴을 왜곡시킨다.

보호주의 지지 논거

관세와 쿼터를 선호하는 경우도 있다. 미국 역사상 다양한 산업이 많은 의회 위원회에서 보호주의를 지지하는 주장을 제기했으며, 이러한 주장은 모두 동일한 주제를 공유하는 것으로 보인다. 보호주의를 지지하는 논거 중 가장 흔히 언급되는 것은 다음과 같다.

일자리 보호 보호주의의 주요 주장은 해외 경쟁이 미국인의 일자리를 잃게 한다는 것이다. 미국인이 일본산 토요타를 구매하면 미국산 자동차가 팔리지 않고, 이는 미국 자동차 산업의 정리해고로 이어진다. 미국인이 중국산 직물을 구매하면 미국 근로자가 일자리를 잃을 수도 있다. 미국인이 한국산이나 대만산 신발 또는 의류를 구매하면 사우스캐롤라이나주, 조지아주, 메인주, 매사추세츠주의 방직 공장에서 일하는 근로자가 직장을 잃게 된다.

외국 생산자에게 재화를 구매하면 국내 생산자가 어려움을 겪는 것은 사실이다. 그러나 위축되는 산업 부문에서 해고된 근로자가 확장되는 산업 부문에서 고용되지 않을 것이라고 생각할 이유가 없다. 예를 들어 섬유 부문의 해외 경쟁은 미국 섬유 산업의 일자리 상실을 발생시켰다. 지난 40년 동안 뉴잉글랜드주의 방직 공장이 문을 닫으면서 수많은 근로자가 일자리를 잃었다. 그럼에도 불구하고 하이테크 산업의 확장으로 1980년대 중반에 매사추세츠주의 실업률이 최저 수준으로 하락했고 뉴햄프셔주, 버몬트주, 메인주도 호황을 누렸다.

중간재 보호가 그것을 사용하는 국내 기업에 높은 비용을 초래하여 경쟁력을 떨어뜨릴 수 있다는 것을 이해하면 고용 문제가 더욱 복잡해진다. 미국의 타이어 산업이나 철강 산업을 보호하면 미국 자동차 산업의 비용이 증가되어 이 부문의 일자리 상실로 이어질 수 있다.

무역 개방으로 발생하는 고용 문제는 다양한 방법으로 관리할 수 있다. 해외에서 더 효율적으로 생산 가능한 산업 부문의 국내 일자리를 보존하기 위해 수입을 금지하여 자유무역의 이득을 포기할 수도 있다. 아니면 자유무역의 피해자들이 미래가 보장되는 일자리를 얻을 수 있도록 재훈련을 지원하기도 한다. 경우에 따라서는 확장되는 지역에 사람들을 재배치하는 프로그램을 시행할 수도 있다. 일부 프로그램은 무역의 이득을 포기하지 않으면서 이러한 전환이 직접 이루어지게 한다.

일부 국가의 불정한 무역관행 미국 기업이 산업을 독점하려는 시도는 셔먼법과 클레이턴법에 따라 불법이다. 막강한 기업이 비용보다 낮은 가격을 책정하여 시장에서 경쟁자를 몰아내려고 하면 미국 법무부 반독점국의 기소를 당할 것이다. 그러나 미국 기업이 약탈적 가격 책정에 가담하거나 산업 또는 시장을 독점하는 것이 허용되지 않는다면 독일 기업이나 일본 기업이 자유무역이라는 미명하에 그렇게 하도록 내버려둘 수 있는가? 이는 정당한 주장으로 여겨지며 최근 상당한 지지를 얻고 있다. 국제적인 대기업이나 다른 국가가 국내 기업 또는 산업에 불리하게 전략적으로 행동할 때 어떻게 대응해야 하는가? 모든 사람이 무역 규칙에 따라 행동할 때 자유무역은 최선의 해법이 될 수 있지만 그에 맞서 싸워야 할 때도 있다. WTO는 현재 이러한 종류의 무역분쟁을 협상하는 데 사용되는 수단이다.

경쟁을 불공하게 만드는 값싼 외국 노동 어떤 국가가 근로자에게 낮은 임금을 지급하여 섬유 산업에서 비교우위를 획득했다고 하자. 미국 섬유 회사는 자신이 지급하는 임금의 1/4도 안 되는 임금을 지급하는 외국 회사와 어떻게 경쟁할 수 있는가? 중국 및 인도와의 경쟁을 우려하는 사람들은 이러한 질문을 제기한다.

첫째, 경쟁적인 경제에서 임금은 생산성을 반영한다. 미국 근로자는 더 생산적이기 때문에 더 높은 임금을 받는다. 미국은 근로자당 더 많은 자본을 가지고 있다. 즉 평균적인 근로자는 더 좋은 기계와 장비로 작업하고 근로자는 더 잘 훈련되어 있다. 둘째, 무역은 절대우위가 아니라 비교우위에 따라 흐른다. 한 국가가 모든 것을 더 효율적으로 생산할 수 있더라도 무역은 모든 국가를 이롭게 한다.

국가 안보 보호 일자리 보호를 넘어 경제의 특정 부문은 다른 이유로 보호를 요청할 수도 있다. 철강 산업은 국방에 필수적이라고 수년간 주장해왔다. 전쟁이 일어나면 미국은 철강과 같이 중요한 재화를 다른 국가에 의존하려 하지 않을 것이다. 다른 국가의 비교우위를 알고 있다 하더라도 자국 자원을 보호하려 할 것이다. 이는 2017~2018년에 트럼프 행정부가 제기한 주장 중 하나이다.

사실상 모든 산업은 국방에 중요하다고 주장하면서 보호를 요청한다. 가위 및 전지가위 산업을 대표한 증언자는 "국가 비상사태와 수입 차단이 발생했을 때 미국은 국방에 필수적인 많은 산업과 무역의 기본 도구인 가위와 전지가위를 보유하지 못할 것"이라고 주장했다. 문제는 이러한 주장의 가치에 있는 것이 아니라 모든 산업이 이렇게 주장한다면 얼마나 심각하게 받아들일 수 있느냐에 있다.

경제학의 적용

글로벌 무역질서의 재편

21세기에는 글로벌 무역질서에 영향을 미친 몇 가지 세계적인 경제적 변화와 지정학적 변화가 있었다. 최근 국제정치의 변동성 때문에 많은 선진국과 신흥시장경제국이 경제적 국수주의, 국가 자본주의, 보호주의를 선호하게 되었다.

2008~2009년의 금융위기와 유럽의 국가채무 위기를 겪은 후 정부는 자국의 경제 회복을 돕기 위해 개입을 해야 했다. 경기부양을 위한 통화정책과 재정정책이 도입되었고 몇몇 산업은 정부의 재정 지원을 받았다. 일부 정부는 일자리를 보호하기 위해 대기업 지분을 증가시켰다.

이러한 조치는 시행 당시에는 일시적인 것으로 여겨졌으나 글로벌 지정학적 체계의 균열이 세계 무역통합을 늦추고 관세, 수출 제한 등 무역 제한 조치를 강화할 만큼 깊었다. 가장 눈에 띄는 예는 유럽연합에서 탈퇴하기 위한 영국의 브렉시트 투표, 미국의 환태평양 경제동반자협정 탈퇴, 북미자유무역협정(NAFTA)의 재협상, G20에 의한 무역 제한 조치가 월평균 20개로 증가한 것 등이다.[1]

한편 몇몇 신흥시장경제국은 세계에서 가장 큰 소비자 시장이 될 것으로 예상된다. GDP 증가와 젊은 인구의 급성장으로 이들은 소비 수요의 큰 원천이 될 것이다. 또한 신흥시장경제국에서는 교육을 받은 젊은 노동력이 생산성과 공급을 개선하고 있다. 2021년까지 중국의 소비자 시장은 독일, 영국, 프랑스를 합친 소비자 시장을 능가할 것으로 예상된다. 인도는 2025년까지 세 번째로 큰 소비자 시장이 될 것이며, 아프리카는 2020년까지 11억 명의 소비자를 보유할 것으로 예상된다.[2]

이러한 전망은 점점 더 디지털화되는 글로벌 경제와 결합되어 신흥시장경제국 간의 역내 무역이 향후 몇십 년 동안 크게 증가할 것임을 암시한다. 중국은 3~4조 유로를 들여 항구, 공항, 고속도로, 철도, 발전소, 송유관으로 68개국을 연결하는 프로젝트인 일대일로 전략(Belt and Road Initiative, BRI)을 통해 급성장하는 역내 무역을 이용할 계획이다. 일대일로 전략이 완성되면 중국의 생산성과 무역이 더욱 증가하여 특히 신흥시장경제국에 도움이 될 것으로 기대된다.

따라서 선진국이 점점 더 보호주의로 접근하는 것은 신흥시장경제국이 선진국 시장의 영향을 벗어나서 무역 파트너십을 적극적으로 개발하고자 하는 것과 크게 다르다.

질문

- 일대일로 전략이 서로 연결된 국가 간의 글로벌 무역 관계를 어떻게 변화시킬 것으로 예상되는지 설명하라.

[1] AWTO (2017) World Trade Report: Trade, Technology and Jobs. World Trade Organization, Geneva.

[2] Kasey Maggard, Dinesh Khanna, Justin Rose, and Jeff Walters (2017) "Adapting to a New Trade Order," The Boston Consulting Group, 14 July.

의존성 예방 국방과 밀접하게 관련된 주장은 특히 작은 국가나 개발도상국이 많은 품목을 소수의 무역 상대국에 너무 많이 의존할 수 있다는 것이다. 대국이 비교우위를 가진 식품이나 에너지, 중요한 원자재에 의존하는 소국은 정치적으로 중립을 지키기가 어려울 수 있다. 자유무역에 대한 일부 비판자들은 미국, 러시아, 중국과 같은 대국이 이러한 의존성을 조성하기 위해 의도적으로 소국과 무역을 한다고 주장한다.

그렇다면 작은 독립국은 정치적 의존성을 유발할 수 있는 무역 관계를 의도적으로 피해야 하는가? 이러한 목적을 위해 국가는 비교우위를 가진 국내 산업을 발전시키기도 하는데, 이는 국제경쟁으로부터 해당 산업을 보호하는 일일 수 있다.

환경에 대한 우려 최근 들어 환경에 대한 우려로 자유무역의 장점에 의문을 제기하는 사람들이 있다. 예를 들어 일부 환경 단체는 WTO의 자유무역정책이 환경을 해칠 수 있다고 주장한다. 그들의 핵심 주장은 빈곤국이 환경적 통제 없이 철강 및 자동차 공장이 운영되는 오염 산업의 천국이 될 수 있다는 것이다. 즉 환경적 통제의 부재는 이러한 국가의 기업에 엄청난 이점이 된다고 주장한다.

이러한 문제는 매우 복잡하며 경제학자들 사이에서 자유무역과 환경의 상호작용에 대한 논란을 불러일으킨다. 예를 들어 아황산가스에 관한 최근 연구는 장기적으로 자유무역이 국가의 소득을 증가시켜 공해를 감소시킨다는 것을 발견했다. 부유한 국가는 일반적으로 환경을 개선하는 정책을 채택한다.[2] 따라서 자유무역과 개발은 처음에 환경오염 수준을 증가시킬 수 있으나 장기적으로 경제적 번영은 환경을 개선하는 데 도움이 된다. 또한 많은 사람은 환경오염 통제와 빈곤국의 영양 부족, 건강 문제 사이에 복잡한 교환관계가 있다고 주장한다. 미국과 유럽은 개발 초기에 급속한 경제성장 및 소득을 깨끗한 공기 및 물과 맞바꾸었다. 보다 어려운 교환관계에 처한 다른 국가에 선진국이 자신의 선호를 강요하는 것은 불공정하다고 주장하는 이들도 있다.

그럼에도 불구하고 세계적 기후 변화에 대한 우려는 이 분야에 대한 새로운 사고를 자극했다. 영국의 틴들기후변화연구소(Tyndall Centre for Climate Change Research)가 수행한 2004년 연구에 따르면 중국이 생산한 온실가스 배출량의 23%는 수출재 생산에서 발생했다. 즉 이러한 배출 가스는 소득이 증가한 중국인이 누리는 재화의 생산에 따른 결과가 아니라 대부분이 미국과 유럽에서 소비되는 재화의 생산에 따른 결과였다. 배출 가스가 전 세계에 영향을 미치고 모든 국가가 온실가스 배출량을 통제하는 글로벌 협정에 기꺼이 서명하지 않는 세상에서 중국과의 무역은 선진국이 공해 감축에 대한 약속을 피하는 방법이 될 수 있다. 어떤 사람들은 이렇게 수입되는 재화의 가격에 이 재화가 환경에 끼치는 손해가 반영되도록 국제기후통제 협정에 서명하지 않은 국가에서 생산되는 공해 발생 재화에 벌금을 부과할 수 있다고 주장했다.[3] 그러나 이러한 정책의 시행은 복잡한 일일 수 있으며 일부에서는 무역과 환경 문제를 엮는 것이 잘못되었다고 주장한다. 이 책에서 다루는 다른 분야와 마찬가지로 이 문제의 해법에 대해서도 경제학자들이 의견 일치를 보지 못하고 있다.

유치산업 비교우위를 확보할 수 있도록 다른 국가의 기존 산업과의 경쟁으로부터 일시적으로 보호해줄 필요가 있는 신생 산업

유치산업 보호 한 국가의 신생 산업은 다른 국가의 기존 산업과 경쟁하는 데 어려움을 겪기도 한다. 역동적인 세계에서 보호받는 **유치산업**(infant industry)은 이러한 과정에서 실제로 획득한 비교우위 덕분에 세계적으로 강한 산업으로 발전할 수 있다. 유치산업이 초기에 세계 시장에서 퇴출된다면 이러한 비교우위를 결코 확보하지 못할 것이다.

그러나 유치산업을 보호하려는 노력이 역효과를 낼 수도 있다. 1991년 7월, 미국 정부는 일본으로부터 수입되는 액정 디스플레이(랩톱 컴퓨터에 사용되는 평판 패널 디스플레이)에 62.67%의 관세를 부과했다. 미국 상무부와 국제무역위원회(International Trade Commission)는 일본 생산자가 미국 시장에서 액정 디스플레이를 생산비용보다 낮은 가격에 판매했으며, 이러한 덤핑이 미국 내 랩톱 디스플레이 생산자를 위협했다는 데 동의했다. 이 관세는 일본 산업과 정면으로 경쟁할 수 있을 때까지 미국의 유치산업을 보호하기 위한 것이었다.

하지만 관세는 미국의 랩톱 컴퓨터 생산자와 랩톱 컴퓨터 소비자에게 의도치 않은 영향을 미쳤다(이는 예측 가능한 일이었다). 미국산 랩톱 디스플레이는 일반적으로 일본산 랩톱 디스플레이보다

---

2 Werner Antweiler, Brian Copeland, and M. Scott Taylor, "Is Free Trade Good for the Environment?" *American Economic Review*, September, 2001.

3 Judith Chevalier, "A Carbon Cap That Starts in Washington," *New York Times*, December 16, 2007.

품질이 낮다고 인식되었기 때문에 관세 부과는 미국 컴퓨터 산업에 세 가지 선택권을 주었다. ① 미국 컴퓨터 생산자는 미국산 디스플레이를 사용하고, 품질이 더 좋은 디스플레이를 사용하는 해외 경쟁에 직면하여 최종 제품의 판매가 감소하는 것을 지켜본다. ② 미국 컴퓨터 생산자는 품질이 더 좋은 디스플레이를 사용하기 위해 관세를 지불하고, 가격이 더 저렴한 외국산 컴퓨터에 의한 해외 경쟁에 직면하여 최종 제품의 판매가 감소하는 것을 지켜본다. ③ 미국 컴퓨터 생산자는 관세를 아예 피하기 위해 생산 공장을 해외로 이전하는 등 자신에게 가장 이익이 되는 일을 한다. 애플과 IBM은 마지막 옵션을 선택했다. 결국 미국 랩톱 컴퓨터 산업과 소비자는 관세 부과로 손해를 보았고(더 높은 생산비용과 더 높은 랩톱 컴퓨터 가격 때문에), 미국 랩톱 디스플레이 산업은 자신을 특별히 돕기 위해 고안된 정책 때문에 구매자를 잃는 바람에 피해를 입었다.

33.6 경제적 합의

학습목표

국제무역이 어떻게 경제구조에 부합되는지 알아본다.

자유무역 지지자와 보호주의 지지자 간의 논쟁은 국제경제학의 연구에서 중요하다. 이러한 논쟁의 한편에는 19세기 초에 리카도가 개발한 비교우위이론이 있다. 이 견해에 따르면 모든 국가는 전문화와 무역을 통해 이득을 볼 수 있다. 무역에 의한 이득은 실제적이고 클 수 있다. 자유로운 국제무역은 실질임금을 증가시키고 생활수준을 향상시킨다.

점점 더 많은 국가가 국제시장에 참여함에 따라 전 세계적으로 자유무역을 지지하게 되었다. 그림 33.5는 1980~2005년에 세계의 주요 지역별 관세 부과의 추이를 나타낸 것으로, 100에서 유효관세율을 빼서 계산한 지수를 보여준다(높은 수치는 낮은 관세를 의미한다). 지난 25년 동안 전 세계적으로 관세가 급속히 낮아졌으며, 이러한 추세는 특히 신흥공업국과 개발도상국에서 가장 뚜렷하게 나타났다.

논쟁의 반대편에는 해외 경쟁으로 인한 일자리 상실을 지적하면서 근로자를 보호할 필요가 있다고 주장하는 보호주의 지지자가 있다. 해외 경쟁 때문에 특정 산업의 일자리가 사라질 수도 있지만 실제로 경제 전체의 일자리가 감소하지 않을 수 있고, 시간이 흐름에 따라 확장되는 산업 부문으로 근로자가 흡수되기도 한다. 국제무역과 완전고용을 동시에 추구할 수 있다. 경제학자들은 많은 문제에 대해 의견이 일치하지 않지만 대다수는 자유무역을 선호한다.

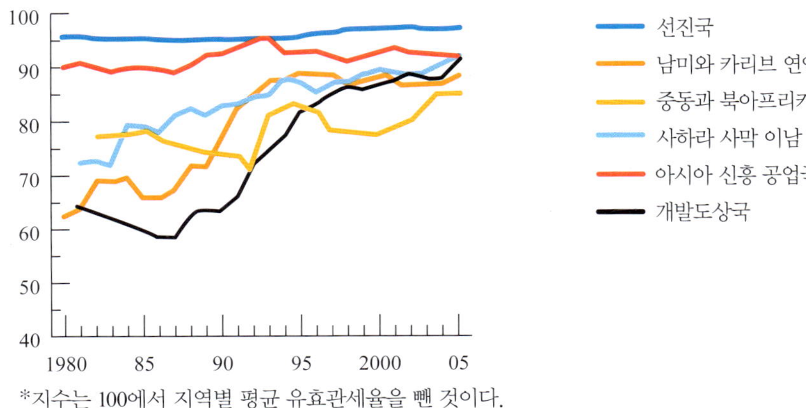

그림 33.5 세계 지역별 무역 개방도 변화 추이

요약

01 모든 경제는 규모에 관계없이 다른 경제에 어느 정도 의존하고 국경 밖에서 발생하는 사건의 영향을 받는다.

02 1970년대까지 미국은 일반적으로 수입보다 수출을 더 많이 하여 무역흑자가 발생했고, 1970년대 중반에는 수출보다 수입을 더 많이 하여 무역적자가 나타나기 시작했다.

03 19세기에 리카도가 제시한 비교우위이론은 무역 참여자가 절대적인 의미에서 비효율적인 생산자일지라도 전문화와 무역이 모든 무역 참여자에게 이득을 안겨줄 수 있다고 주장한다.

04 한 국가가 다른 국가보다 어떤 재화를 생산하는 데 더 적은 자원을 사용한다면 그 국가는 이 재화를 생산하는 데 다른 국가보다 절대우위를 가진다. 한 국가가 어떤 재화를 더 낮은 기회비용(포기해야 하는 다른 재화의 단위 기준)으로 생산할 수 있다면 그 국가는 이 재화의 생산에서 비교우위를 가진다.

05 무역은 국가가 무역을 하기 전에 보유한 자원과 생산성의 제약을 벗어날 수 있게 해준다. 국가가 비교우위를 가진 재화의 생산에 전문화하면 총생산량이 극대화되고 자원을 효율적으로 배분할 수 있다.

06 무역이 자유로울 때 무역의 패턴과 흐름은 수많은 수입업자와 수출업자, 수많은 가계와 기업의 독립적인 의사결정에 따라 결정된다.

07 외국 구매자 입장에서 미국산 재화의 상대적 매력도와 미국 구매자 입장에서 외국산 재화의 상대적 매력도는 부분적으로 환율(두 화폐가 거래되는 비율)에 의존한다.

08 두 국가가 있을 때 전문화와 비교우위를 통해 얻는 두 국가의 이득이 자동적으로 실현될 수 있는 환율의 범위가 있다. 이러한 범위 내에서 환율은 어떤 국가가 무역으로 가장 많은 이득을 얻는지를 결정한다. 즉 환율은 교역조건을 결정한다.

09 환율이 (무역을 할 수 있는) 적정한 범위이면 자유시장에서는 각국이 비교우위를 가진 부문으로 자원이 이동할 것이다. 한 국가가 비교우위를 가진 재화만 세계 시장에서 경쟁력이 있을 것이다.

10 헥셔-올린 정리는 비교우위를 설명하기 위해 상대적인 요소부존 상태에 주목한다. 이 정리에 따르면 한 국가는 상대적으로 풍부한 요소를 집중적으로 사용하는 재화의 생산에서 비교우위를 가진다.

11 상대적으로 적은 수의 투입요소(천연자원, 지식 자본, 실물 자본, 토지, 숙련노동과 비숙련노동)가 세계 무역 패턴의 많은 부분을 놀라운 정도로 설명한다. 그러나 단순한 비교우위이론은 많은 국가가 동일한 재화를 수입하고 수출하는 이유를 설명할 수 없다.

12 일부 이론은 비교우위를 획득할 수 있다고 주장한다. 한 국가의 기업은 국내시장을 장악하기 위해 제품을 차별화하는 것처럼 전 세계의 다양한 취향을 만족시키기 위해 제품을 차별화한다. 이 이론은 비교우위이론과 부합한다.

13 무역장벽은 다양한 형태를 띠는데 가장 일반적인 것은 관세, 수출보조금, 쿼터이다. 이러한 무역장벽은 모두 경제의 특정 부문을 해외 경쟁으로부터 보호하는 수단이다.

14 미국은 역사적으로 높은 관세를 부과했지만 지금은 관세와 쿼터로부터 이탈하려는 것이 일반적인 움직임이다. 1947년에 미국과 22개국이 서명한 관세 및 무역에 관한 일반협정(GATT)은 세계 무역의 장벽을 계속해서 낮추는 것이 그 목적이며, 이 협정은 오늘날에도 유효하다. 1988년에 체결된 미국-캐나다 자유무역협정과 1992년 조지 부시 행정부의 마지막 시기에 미국, 멕시코, 캐나다가 서명하여 1994년에 발효된 북미자유무역협정(NAFTA)도 중요하다.

15 GATT에 의해 설립된 세계무역기구(WTO)는 국가 간의 무역분쟁에서 협상 포럼 역할을 한다.

16 유럽연합(EU)은 27개 회원국(오스트리아, 벨기에, 불가리아, 크로아티아, 사이프러스, 체코공화국, 덴마크, 에스토니아, 핀란드, 프랑스, 독일, 그리스, 헝가리, 아일랜드, 이탈리아, 라트비아, 리투아니아, 룩셈부르크, 몰타, 네덜란드, 폴란드, 포르투갈, 루마니아, 슬로바키아, 슬로베니아, 스페인, 스웨덴)으로 구성된 자유무역 블록이다. 많은 경제학자는 이러한 블록 내에서 이루어지는 자유무역의 장점, 독일의 통일, 하나의 블록으로서 잘 작동하는 능력 때문에 유럽연합이 향후 수십 년 내에 국제시장에서 가장 강력한 참여자가 될 것이라고 믿는다.

17 어떤 의미에서 비교우위이론은 자유무역을 지지한다. 무역장벽은 한 국가가 전문화의 이득을 누리는 것을 막고, 상대적으로 비효율적인 생산기술을 채택하게 하며, 소비자들이 그렇지 않는 경우보다 보호받은 제품에 대해 더 높은 가격을 지불하게 만든다.

18 보호주의를 지지하는 논거는 여러 가지 명제에 의존하는데, 그중

하나는 해외 경쟁이 국내 일자리 상실을 초래한다는 것이다. 그러나 위축되는 산업 부문에서 해고된 근로자가 확장되는 산업 부문에서 고용되지 않을 것이라고 생각할 이유가 없다. 이러한 조정 과정에는 대가 지불이 있을 수 있다.

19 보호주의를 지지하는 또 다른 논거는 값싼 해외 노동이 경쟁을 불공정하게 만들고, 일부 국가가 불공정한 무역관행에 관여하며, 자유무역이 환경을 해칠 수 있고, 보호주의가 국가 안보를 지키며, 강대국에의 의존성을 막고 유치산업을 보호한다고 주장한다. 이러한 주장에도 불구하고 대부분의 경제학자는 자유무역을 선호한다.

핵심 용어

경제통합(economic integration)
곡물조례(Corn Laws)
관세(tariff)
관세 및 무역에 관한 일반협정(General Agreement on Tariffs and Trade, GATT)
교역조건(terms of trade)
덤핑(dumping)
도하개발어젠다(Doha Development Agenda)
무역적자(trade deficit)
무역흑자(trade surplus)
미국-캐나다 자유무역협정(U.S.-Canada Free Trade Agreement)
보호주의(protection)
북미자유무역협정(North American Free Trade Agreement, NAFTA)
비교우위(comparative advantage)
비교우위이론(theory of comparative advantage)
세계무역기구(World Trade Organization, WTO)
소프트 무역장벽(soft trade barriers)
수출보조금(export subsidies)
스무트-홀리 관세법(Smoot-Hawley tariff)
요소부존상태(factor endowments)
유럽연합(European Union, EU)
유치산업(infant industry)
절대우위(absolute advantage)
쿼터(quota)
헥셔-올린 정리(Heckscher-Ohlin theorem)
환율(exchange rate)

연습문제

01 완전고용 상태인 라트비아와 에스토니아가 트랙터와 봅슬레이만을 생산한다고 하자. 두 재화는 노동만을 사용하여 생산되며 다음과 같은 정보가 주어졌다.

라트비아: 트랙터 1대를 생산하는 데 노동 12단위가 필요하다.
봅슬레이 1대를 생산하는 데 노동 4단위가 필요하다.
총노동력은 90만 단위이다.

에스토니아: 트랙터 1대를 생산하는 데 노동 16단위가 필요하다.
봅슬레이 1대를 생산하는 데 노동 8단위가 필요하다.
총노동력은 60만 단위이다.

a. 무역을 하지 않는 경우 두 국가의 생산가능곡선을 그려라.
b. 수송 비용은 무시하고, 무역이 허용된다면 라트비아와 에스토니아는 무역에 참여할 것인가?
c. 무역협정을 맺는다면 두 국가는 봅슬레이 1대당 트랙터 몇 대를 교환하기로 합의할 것인가?

02 인도와 파키스탄은 밀과 쌀만을 생산하며 국내가격은 다음과 같다. 1INR(인도 루피) = 1PKR(파키스탄 루피)이다.

	인도	파키스탄
밀	400INR/kg	600PKR/kg
쌀	700INR/kg	900PKR/kg

a. 밀의 생산에서 절대우위를 가진 국가는 어디인가? 쌀의 생산에서 절대우위를 가진 국가는 어디인가?
b. 밀의 생산에서 비교우위를 가진 국가는 어디인가? 쌀의 생산에서 비교우위를 가진 국가는 어디인가?
c. 인도와 파키스탄이 무역에 참여하는 두 국가라면 환율이 수요와 공급의 법칙에 의해 자유롭게 결정된다고 가정할 때 어떤

조정이 이루어질 것이라고 예상하는가?

03 최근 인도와 중국의 헥타르당 수확량(kg/ha)은 다음과 같다.

	밀	쌀
인도	1,000	3,500
중국	4,000	6,600

a. 인도와 중국의 농부가 동일한 양의 노동, 자본, 비료를 사용한다면 밀의 생산에서 절대우위를 가진 국가는 어디인가? 쌀의 생산에서 절대우위를 가진 국가는 어디인가?

b. 밀을 생산하던 토지를 쌀 생산으로 전환한다면 인도에서 추가로 생산되는 쌀 킬로그램당 얼마만큼의 밀을 포기해야 하는가? 중국에서 추가로 생산되는 쌀 킬로그램당 얼마만큼의 밀을 포기해야 하는가?

c. 밀의 생산에서 비교우위를 가진 국가는 어디인가? 쌀의 생산에서 비교우위를 가진 국가는 어디인가?

d. 밀을 생산하는 데 더 많은 토지를 할당하는 국가는 어디인가? 왜 그런가?

주어진 데이터가 문제 c의 답과 일치하는지 설명하라.

04 영국과 미국은 체더치즈와 블루치즈를 생산하며 각 치즈의 파운드당 현재 국내가격은 다음과 같다. 환율은 £1 = $1이다.

	영국	미국
체더치즈	£3	$6
블루치즈	£6	$9

a. 각국의 가격 비율이 자원 사용을 반영한다면 체더치즈의 생산에서 비교우위를 가진 국가는 어디인가? 블루치즈의 생산에서 비교우위를 가진 국가는 어디인가?

b. 다른 무역 참여자가 없고 외국 화폐를 보유하는 유일한 이유는 외국 재화를 구매하기 위함이라고 가정하자. 현재 환율은 두 국가 사이에 양방향의 무역 흐름을 일으키는가?

c. 환율에서 어떤 조정을 기대할 수 있는지 구체적으로 설명하라.

d. 환율이 조정된 후 영국과 미국 사이의 무역 흐름에 어떤 일이 일어날 것이라고 예상하는가?

05 픽슬리는 후터빌과 비교하여 생산하는 모든 재화에서 절대우위를 가지고 있다. 두 국가는 무역을 통해 이득을 얻을 수 있는지 설명하라.

06 2014~2015년 인도의 재화 수입과 수출은 다음과 같다.

	수출	수입
전자 기기	6,200	20,276
석유 제품	18,074.41	7,876.78
의약품	8,824.50	2,921.99
섬유	2,605	990

*모든 금액은 1,000만 루피 기준이다.
출처: http://commerce.gov.in

인도의 비교우위에 대해 어떤 결론을 내릴 수 있는가? 섬유와 전자 기기의 수출 및 수입에 큰 차이가 나는 것이 무엇을 의미하는가?

07 일부 실증경제학자들은 많은 국가가 동일한 제품을 수입하기도 하고 수출한다는 것을 지적했다. 예를 들어 인도는 스포츠 제품을 수입하고 수출한다. 이에 대해 어떻게 설명할 수 있는가?

08 다음 그림은 석탄의 수요와 공급을 보여준다.

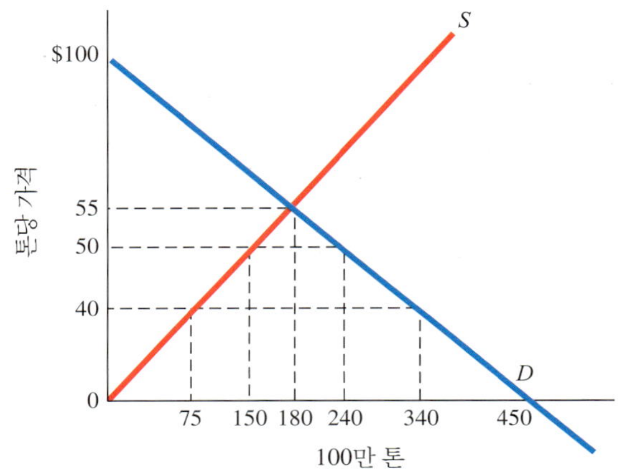

a. 무역을 하지 않는 경우 균형가격과 균형수량은 얼마인가?

b. 정부가 자유무역에 시장을 개방하고 인도네시아가 석탄 가격을 톤당 40달러로 책정하여 시장에 진입한다. 석탄의 국내 가격에 어떤 일이 일어나는가? 이 경우 국내 공급량과 국내 수요량은 얼마인가? 인도네시아로부터 수입되는 석탄의 양은 얼마인가?

c. 국내 석탄 생산자가 많은 불만을 제기하자 정부는 수입되는 모든 석탄에 톤당 10달러의 관세를 부과한다. 석탄의 국내 가격에 어떤 일이 일어나는가? 새로운 국내 공급량과 국내 수요량은 얼마인가? 인도네시아로부터 수입되는 석탄의 양은 얼마인가?

d. 정부가 석탄에 톤당 10달러의 관세를 부과하여 얻는 수입은 얼마인가?

e. 석탄 톤당 10달러의 관세를 지불하는 것은 결국 누구인가?

09 연습문제 8번을 참조하라. 자유무역에 시장을 개방하고 인도네시아가 여전히 석탄 가격을 톤당 40달러로 책정하여 시장에 진입한다. 그러나 국내 석탄 생산자가 불만을 제기한 후 정부는 인도네시아산 석탄에 9,000만 톤의 수입쿼터를 부과했다. 이러한 쿼터를 부과한 결과는 관세를 부과한 결과와 어떻게 다른가?

경제학적 사고 키우기

01 비교우위이론과 헥셔-올린 정리는 국가 사이에 모든 생산요소가 이동할 수 없다고 가정한다. 이 가정이 국제무역 패턴을 설명하는 데 중요한 이유는 무엇인가?

02 보호주의 정책으로 수입을 감소시키면 수입 재화에 대해 소비자가 지불하는 가격이 상승한다. 경제학자들은 이러한 가격 상승을 계량화하고 해당 부문의 일자리 임금과 비교한다. 경제학자들이 이러한 비교에 관심을 가지는 이유는 무엇인가?

CHAPTER 34

개방경제 거시경제학: 국제수지와 환율

목차와 학습목표

국제무역의 성장은 세계 경제를 점점 더 상호 의존적으로 만들었다. 현재 미국의 수입은 미국 국내총생산(GDP)의 약 15%를 차지하고 수십억 달러가 매일 국제 자본시장을 통해 이동한다. 33장에서는 무역을 통해 국가가 비교우위를 이용하고 새로운 재화에 접근하여 얻는 이득을 살펴보았다. 이러한 무역이 세계 도처에 편재한다는 것은 한 지역의 경제 문제가 종종 다른 곳의 무역 참여자에게 영향을 미칠 수 있음을 의미한다. 이 장에서는 경제의 개방이 거시경제정책의 결정에 영향을 미치는 방식을 알아본다.

거시경제학의 관점에서 국제거래와 국내거래의 주요 차이점은 화폐 교환이 수반되는지 여부이다. 각기 다른 화폐를 사용하는 국가의 사람들이 서로 재화를 사고 팔 때는 화폐 교환이 이루어져야 한다. 브라질의 커피 수출업자는 브라질에서 미국 달러를 쓸 수 없어 브라질 헤알이 필요하다. 미국의 밀 수출업자는 미국 기업의 트랙터를 사거나 창고 임대료를 지불하는 데 브라질 헤알을 사용할 수 없다. 국제적 교환은 거래의 두 당사자가 자신의 화폐로 거래를 마무리할 수 있는 방식으로 이루어져야 한다.

두 국가 사이의 무역량은 **환율**(exchange rate), 즉 다른 국가의 화폐 기준으로 나타낸 한 국가의 화폐 가격에 의존한다. 일본 엔이 비싸면 (미국 달러가 싸져서) 일본인과 미국인 모두 미국 생산자에게 구매하고, 일본 엔이 싸면 (미국 달러가 비싸져서) 일본인과 미국인 모두 일본 생산자에게 구매할 것이다. 33장에서 살펴보았듯이 어떤 범위의 환율에서 무역은 양방향으로 흐른다. 각국은 비교우위를 가진 재화를 생산하는 데 전문화하고 무역은 상호 이익을 안겨준다.

환율 두 화폐가 거래되는 비율로, 다른 국가의 화폐로 나타낸 한 국가의 화폐 가격

한 국가가 기타 세계와 거래한 기록을 나타내는 국제수지로 개방경제 거시경제학에 대한 설명을 시작한다. 이어서 재화, 서비스, 자본의 국제적 교환이 허용될 때 거시경제모형이 어떻게 변화하는지 살펴본 다음, 환율이 어떻게 결정되고 재정정책과 통화정책을 비롯해 환율 시스템이 경제에 미치는 영향을 논의한다.

34.1 국제수지

학습목표

국제수지를 계산하는 방법을 이해한다.

유로, 스위스 프랑, 일본 엔, 브라질 헤알 등 모든 외국 화폐는 **외환**(foreign exchange)으로 분류할 수 있다. 간단히 외환은 어떤 국가의 국내 화폐(미국의 경우 미국 달러)가 아닌 다른 모든 국가의 화폐를 말한다. 미국인이 호주산 보석, 멕시코에서 즐기는 휴가, 일본의 소니(Sony)가 발행한 채권이나 주식 등 가격이 외국 화폐로 표시되어 있는 것을 사려고 할 때 외환에 대한 미국의 수요가 증가한다. 미국인은 이러한 구매를 할 때마다 먼저 외국 화폐를 사야 하는데, 일반적으로 이는 대부분의 소비자가 생각하지 못하는 간접적인 방식으로 이루어진다.

외환 어떤 국가의 국내 화폐가 아닌 다른 모든 국가의 화폐

외환의 공급은 어디서 이루어지는가? 답은 간단하다. 미국(실제로는 미국인이나 미국 기업)은 다른 국가에 재화, 서비스, 자산을 팔 때 외환을 받는다. 이러한 외환 거래의 일부는 소비자에게 투명하게 드러난다. 디즈니월드를 찾은 멕시코 관광객은 ATM에 가서 멕시코에 있는 은행의 페소를 인출하여 플로리다주에서 쓰이는 달러로 환전한다. 투명하지 않은 거래도 있다. 사우디아라비아인이 제너럴모터스(General Motors) 주식을 구매하는 경우, 콜롬비아인이 마이애미에 있는 부동산을 구매하는 경우는 흔히 환전이 중개인을 통해 이루어지지만 미국의 외환 공급이 증가한다.

국제수지 한 국가가 일정 기간 동안 기타 세계와 재화, 서비스, 자산을 거래한 기록이자, 한 국가의 외환 공급(원천)과 외환 수요(용도)에 대한 기록

국제수지(balance of payments)는 한 국가가 기타 세계와 재화, 서비스, 자산을 거래한 기록이자,

한 국가의 외환공급(원천)과 외환수요(용도)에 대한 기록이기도 하다.[1]

경상수지

국제수지는 경상수지와 금융계정으로 나뉜다. 두 계정을 2017년 미국의 국제수지 데이터인 표 34.1에 제시했다. 먼저 경상수지를 살펴보자.

경상수지의 처음 두 항목은 재화의 수출과 수입이다. 미국의 최대 수출 품목은 상업용 항공기, 화학제품, 농산물이다. 미국의 수출은 미국을 위한 외환을 벌어주기 때문에 경상수지의 대변(credit) 항목이고, 미국의 수입은 외환을 사용하기 때문에 경상수지의 차변(debit) 항목이다. 2017년에 미국은 1조 5,507억 달러의 재화를 수출하고 2조 3,619억 달러의 재화를 수입하여 재화의 무역에서 번 것보다 더 많은 외환을 사용했다.

경상수지의 다음 항목은 서비스 무역이다. 대부분의 국가와 마찬가지로 미국은 다른 국가로부터 서비스를 구매하고 다른 국가에 서비스를 판매한다. 예를 들어 영국으로 밀을 운송하는 미국 기업은 영국 보험회사의 보험을 구매할 수 있다. 네덜란드 꽃 재배업자는 미국 비행기에 실어 미국으로 꽃

표 34.1 2017년 미국의 국제수지

경상수지	10억 달러
① 재화 수출	$1,550.7
② 재화 수입	2361.9
③ 서비스 수출	780.9
④ 서비스 수입	538.1
⑤ 무역수지: ① − ② + ③ − ④	−568.4
⑥ 투자소득	926.9
⑦ 투자지불	709.0
⑧ 이전소득	149.7
⑨ 이전지불	264.5
⑩ 경상수지: ⑤ + ⑥ − ⑦ + ⑧ − ⑨	−466.2
금융계정	
⑪ 자본이전 순수취	24.8
⑫ 파생상품으로부터의 순수취	−26.4
⑬ 미국의 순부채 변화	375.5
⑭ 통계적 오차	92.2
⑮ 국제수지: ⑩ + ⑪ + ⑫ + ⑬ + ⑭	0.0

⑬은 미국에 있는 해외자산의 변화에서 해외에 있는 미국 자산의 변화를 뺀 것이다. 이 수치가 양이라는 것은 미국의 순부채가 증가했다는 의미이다.

출처: Bureau of Economic Analysis, March 21, 2018.

1 국제수지와 대차대조표(balance sheet)의 차이를 알아두어야 한다. 기업이나 국가의 대차대조표는 특정 시점에 기업이나 국가가 보유한 자산과 부채의 스톡(저량)을 나타내고, 국제수지는 한 달, 한 분기, 1년 동안 발생한 자산과 부채의 플로우(유량)를 측정한다.

을 보낼 수 있다. 첫 번째 경우는 미국이 서비스를 수입하는 것이므로 외환을 사용한다. 두 번째 경우는 미국이 외국인에게 서비스를 판매하는 것이므로 외환을 벌어들인다. 2017년에 미국은 7,809억 달러의 서비스를 수출하고 5,381억 달러의 서비스를 수입하여 서비스 무역에서 사용한 것보다 더 많은 외환을 벌었다.

무역수지(balance of trade)는 한 국가의 재화 및 서비스 수출과 수입의 차이이다. 한 국가의 재화 및 서비스 수출이 수입보다 적을 때 **무역적자**(trade deficit)가 발생한다. 표 34.1을 보면 2017년에 미국의 무역적자는 5,684억 달러로 상당히 컸다.

무역수지 한 국가의 재화 및 서비스 수출에서 한 국가의 재화 및 서비스 수입을 뺀 것

무역적자 한 국가의 재화 및 서비스 수출이 수입보다 적은 상황

그다음 항목은 투자소득이다. 미국인은 해외자산(주식, 채권, 빌딩과 공장 같은 실물자산)을 보유하며, 이러한 자산 보유자에게 지급되는 배당, 이자, 임대료, 이윤은 외환공급의 원천이다. 이와 반대로 외국인이 미국에 있는 자산을 보유하여 배당, 이자, 임대료, 이윤을 벌 때는 외환이 사용된다. 2017년에 미국은 투자소득으로 9,269억 달러를 벌고 7,090억 달러를 지불했다.

경상수지의 마지막 항목은 이전지불이다. 미국이 외국인에게 이전지불을 할 때는 외환이 사용된다. 이러한 이전지불의 일부는 미국 민간인이 하고 일부는 미국 정부가 한다. 미국인은 아프리카에 있는 구제 기관에 수표를 보낼 수 있고, 미국에 있는 이민자는 해외에 있는 가족을 돕기 위해 송금할 수 있다. 이와 반대로 외국인이 미국인에게 이전지불을 할 때는 미국의 소득이 된다. 2017년에 미국은 이전지불으로 해외로부터 1,497억 달러를 받고 해외로 2,645억 달러를 보냈다.

표 34.1의 ⑩은 경상수지로, 이는 무역수지, 외국으로부터 받는 투자소득, 미국으로의 이전지불을 합하고 외국인에 대한 투자지급, 해외로의 이전지불을 뺀 것이다. 달리 말해 **경상수지**(balance on current account)는 재화 및 서비스 수출, 투자로 버는 소득, 미국으로의 이전지불을 합한 것에서 재화 및 서비스 수입, 외국으로의 투자지급, 해외로의 이전지불을 합한 것을 뺀 것이다. 경상수지는 한 국가가 다른 국가로부터 얼마나 벌었는지에 대해 상대적으로 외국 재화 및 서비스 수입, 외국으로의 투자지급, 해외로의 이전지불을 위해 얼마나 지출했는지를 보여준다.

경상수지 재화 및 서비스 수출, 투자소득, 해외로부터 받은 이전지불을 합한 것에서 재화 및 서비스 수입, 투자지급, 해외로의 이전지불을 합한 것을 뺀 것

2017년 미국의 경우처럼 경상수지가 적자라면 한 국가는 자국의 재화와 서비스를 기타 세계에 판매하여 번 것, 외국으로부터 받은 투자소득, 해외로부터 받은 이전지불을 합한 것보다 외국산 재화와 서비스를 구매하기 위해 지출한 것, 외국으로의 투자지급, 해외로의 이전지불을 위해 더 많이 지출한 것이다.

금융계정

경상수지에 기록되는 각 거래에 대해 금융계정에 그 거래를 상쇄시키는 거래가 있다. 예를 들어 2017년 미국의 경상수지 적자(4,662억 달러)를 생각해보자. 이 적자는 반드시 지급해야 하는 것이며, 어떻게 지급했는지가 금융계정에 나타난다.

표 34.1에서 금융계정의 첫 두 줄은 금융계정에 기록된 순수취인 자본이전 순수취와 파생금융상품으로부터의 순수취로, 두 항목의 액수가 적다. 첫 번째 순수취는 양이며, 이는 미국으로의 순유입이 발생했다는 것을 의미한다. 두 번째 순수취는 음이며, 이는 미국으로부터의 순유출이 발생했다는 것을 의미한다. 세 번째 줄인 ⑬은 (기타 세계에 대한) 미국의 순부채가 3,755억 달러 증가했다는 것을 보여준다. 미국은 4,662억 달러의 경상수지 적자를 지급하기 위한 자금을 부분적으로 조달하기 위해 기타 세계로부터 3,755억 달러를 순차입했다. 측정 오차가 없다면 전체 경상수지 적자를

지급하기 위한 자금을 ⑪, ⑫, ⑬, 즉 순자본수취와 순차입으로 조달했을 것이다. 그러나 통계적 오차라고 일컫는 측정 오차가 있다. 2017년에 통계적 오차는 922억 달러로, 물론 이는 큰 오차이다. 그러나 이러한 분석을 통해 알아야 할 요점은 측정 오차는 별문제로 하고 경상수지 적자를 지급하기 위한 자금을 기타 세계에 대한 한 국가의 순자본수취와 순부채의 변화로 조달해야 한다는 것이다. 표 34.1의 ⑮와 같이 국제수지는 항상 0이다.

경상수지와 금융계정의 연계를 이해하는 데 도움이 되는 예를 들어보겠다. 한 미국인이 벨리즈의 케이코커섬에 있는 가게에서 미국 화폐를 사용하여 맥주 1캔을 1.75달러에 산다고 하자(벨리즈에서는 자국 화폐와 미국 달러를 받는다). 이것은 미국의 수입이고, 따라서 미국의 경상수지 적자가 1.75달러 증가한다. 그렇다면 금융계정에는 어떤 일이 발생하는가? 벨리즈의 가게 주인은 1.75달러를 가지게 되며, 이는 벨리즈의 자산이자 미국의 부채이다. 따라서 기타 세계에 대한 미국의 순부채가 1.75달러 증가한다.

금융계정의 미국 순부채를 변화시키지 않는 많은 국제 금융거래가 있다. 중국 중앙은행이 위안으로 미국 국채를 매입하면 중국의 미국 자산(채권)이 증가하나 중국의 해외부채(위안)도 증가한다. 한편 미국의 해외부채(채권)가 증가하나 미국의 해외자산(위안)도 증가한다. 각국의 순포지션은 달라지지 않는다. 한 국가의 순포지션을 바꿀 수 있는 유일한 방법은 경상수지의 양의 값이나 음의 값이 발생하는 것이다. 앞의 예에서 미국인이 맥주를 사지 않고 1.75 미국 달러를 3.50 벨리즈 달러와 교환한다면(벨리즈 달러와 미국 달러의 환율은 2:1) 미국의 순부채가 달라지지 않는다. 이는 경상수지를 변화시키지 않는 두 화폐 간의 교환일 뿐이다.

국제수지는 유량이다. 표 34.1의 국제수지는 2017년 동안의 유량이다. 저량과 유량은 관련이 있다. 예를 들어 특정 연도 말에 기타 세계에 대한 한 국가의 순재산은 전년도 말의 순재산에 특정 연도의 경상수지를 합한 것이다. 2017년에 기타 세계에 대한 미국의 순재산은 2017년의 경상수지 적자인 4,662억 달러만큼 감소했다. 한 국가의 순재산 포지션이 변화할 수 있는 유일한 방법은 경상수지가 0이 아니어야 한다는 것을 이해해야 한다. 단순히 한 종류의 자산을 다른 종류의 자산으로 바꾼다고 해서 한 국가의 순재산이 달라지지는 않는다. 한 국가의 순재산은 단순히 모든 과거의 경상수지를 합한 것이다.

1970년대 중반 이전에 미국은 일반적으로 경상수지 흑자였으므로 순재산 포지션이 양이었다. 미국은 채권국이었으나 1970년대 중반 무렵 변화하기 시작하여 1980년대 중반까지 대규모 경상수지 적자를 냈다. 이 기간 동안 어느 시점에 미국은 기타 세계에 대해 양의 순재산 포지션 보유에서 음의 순재산 포지션 보유로 바뀌었다. 다시 말해 미국은 채권국에서 채무국이 되었다. 경상수지 적자가 지속되어 미국은 현재 세계 최대의 채무국이다. 2017년 말 미국에 있는 외국 자산은 총 35조 5,000억 달러, 해외에 있는 미국 자산은 총 27조 6,000억 달러였다.[2] 따라서 미국의 순재산 포지션은 −7조 9,000억 달러였다. 이러한 대규모 음의 포지션은 미국이 1970년대 이후 기타 세계에 미국의 재화와 서비스를 판매하여 번 것, 해외로부터 받은 투자소득, 외국으로부터 받은 이전지불을 합한 것보다 외국산 재화와 서비스에 지출한 것, 해외로의 투자지급, 해외로 보낸 이전지불을 합한 것이 더 많았다는 사실을 반영한다.

---

2 Bureau of Economic Analysis, March 31, 2015.

경제학의 적용

채무국과 채권국

개발도상국은 독립 이후 개발 계획에 필요한 자금을 조달하기 위해 선진국으로부터 받은 해외 채무의 순수취자였다. 세계의 많은 빈곤국은 채무 부담을 관리하기 어려워 1996년에 국제통화기금(IMF)과 세계은행이 고채무 빈곤국 계획[Heavily Indebted Poor Countries(HIPC) Initiative]을 시작하게 되었다. 개발도상국의 경제와 인력 개발을 돕기 위해 HIPC 계획은 37개 최빈곤국에 채무 구제와 저이자 대출의 형태로 990억 달러를 제공했다.

그러나 21세기 초부터 몇몇 선진국은 개발도상국의 자본 공급자가 아니라 채무국이 되었다. 선진국의 성장 전망 둔화에 반응하여 중간소득 신흥시장경제국이 특히 2008~2009년의 글로벌 금융위기 동안 순채권국 역할을 했다. 유엔은 고소득 국가의 대외 채무수준이 중·저소득 개발도상국보다 평균적으로 2~3배 더 높다고 보고했다. 따라서 개발도상국에 대한 순금융 흐름이 2015~2017년에 음으로 전환되었다.

2006년부터 글로벌 자본 흐름이 변화하자 IMF는 전 세계 국가의 국제수지 데이터베이스를 구축하기 시작했다. 국내 거주자가 소유하고 있는 해외자산과 해외부채의 차이로 정의되는 순국제투자포지션(Net International Investment Position, NIIP)이 계산되었다. 해외자산이 해외부채를 초과하면 NIIP가 양이고, 해외부채가 해외자산을 초과하면 NIIP가 음이다. 미국은 7조 7,105억 유로에 이르는 음의 NIIP를 가진 세계 최대 채무국이다. 같은 기간에 일본은 2조 8,291억 유로에 이르는 양의 NIIP를 기록했다.

유럽연합(EU-28)은 2017년에 GDP의 거의 5%에 해당하는 약 5,000억 유로에 이르는 음의 NIIP를 보고했다. 독일과 네덜란드는 유럽에서 순채권국이지만 스페인, 아일랜드, 프랑스는 해외자산보다 해외부채가 더 많은 순차입국, 즉 순채무국이다.[1]

따라서 일부 개발도상국과 신흥경제국뿐만 아니라 소수 선진국의 채무 지속가능성의 위험이 증가했다. NIIP는 국가의 금융 상황과 신용도를 평가하는 중요한 변수이다. 그러나 그 절댓값을 보기보다는 NIIP의 크기를 경제 규모(GDP 대비 NIIP의 비율)와 연관 지어 살펴보아야 한다.

질문

- www.data.imf.org에서 IMF 데이터베이스를 찾아 우리나라의 GDP 대비 NIIP 포지션을 확인하라. 우리나라는 순채무국인가, 순채권국인가?

[1] European Central Bank (2018), "Euro Area Quarterly Balance of Payments and International Investment Position," 11 January.

34.2 개방경제의 균형생산(균형소득)

학습목표

개방경제에서 균형생산이 어떻게 결정되는지 이해하고 무역 피드백 효과와 가격 피드백 효과를 알아본다.

지금까지 국제수지 데이터에 대해 설명했으니 이제 분석으로 넘어가자. 모든 무역과 자본의 흐름은 어떻게 결정되는가? 그것은 관련된 국가의 경제에 어떤 영향을 미치는가? 쉽게 설명하기 위해 환율이 고정되어 있다고 가정한다. 이 가정은 뒤에서 완화될 것이다.

국제부문과 의도된 총지출

개방경제를 고려하기 위해 가장 먼저 수정해야 하는 것은 경제정책 분석의 근간 중 하나인 승수의 계산이다. 앞서 승수의 계산에서 총지출(AE)이 가계소비(C), 기업의 의도된 투자(I), 정부지출(G)로 구성된다고 정의했다.

개방경제에서는 총지출에 한 국가가 기타 세계에 수출하는 재화와 서비스(EX)를 포함해야 하고, 이 국가가 수입하는 것(IM)에 대해 조정을 해야 한다. 분명히 EX는 총생산(총소득)의 일부로 포함되어야 한다. 멕시코에 있는 소비자에게 판매되는 미국산 면도기는 피츠버그에서 판매되는 유사한 면도기처럼 미국 생산의 한 부분이다. 수출은 단순히 국내 가계, 기업, 정부가 아니라 국내 재화에 대한 기타 세계의 수요를 나타낸다.

그렇다면 수입의 경우는 어떠한가? 수입은 한 국가 밖에서 생산되기 때문에 국내 생산(Y)의 일부가 아니다. 가계의 소비지출, 기업의 투자지출, 정부지출을 계산할 때 수입이 포함된다. 따라서 국내 생산을 정확하게 계산하기 위해 소비, 투자, 정부지출에서 수입을 빼야 한다. 개방경제에서 의도된 총지출은 다음과 같이 정의된다.

$$AE \equiv C + I + G + EX - IM$$

재화와 서비스의 순수출($EX - IM$) 한 국가의 총수출과 총수입의 차이

마지막 두 항목($EX - IM$)은 한 국가의 **재화와 서비스의 순수출**(net exports of goods and services)이다.

수입 수준의 결정 한 국가의 수출과 수입 수준을 결정하는 것은 무엇인가? 분명히 수입 수준은 소득(Y)의 함수이다. 미국의 소득이 증가하면 미국인은 일본산 자동차와 한국산 스마트폰 등 모든 것을 더 많이 구매한다. 소득이 증가하면 수입이 증가하는 경향이 있으며, 이를 수식으로 나타내면 다음과 같다.

$$IM = mY$$

여기서 Y는 소득이고 m은 양의 수이다. (m이 1보다 작다고 가정한다. 그렇지 않으면 소득 1달러 증가가 1달러보다 더 많이 수입한다는 것을 의미하므로 비현실적이다.) 23장에서 한계소비성향(MPC)을 소득의 1달러 변화로 인한 소비의 변화로 측정한다는 것을 배웠다. 이와 마찬가지로 **한계수입성향**(marginal propensity to import, MPM) m은 소득의 1달러 변화로 인한 수입의 변화를 나타낸다. $m = 0.2$이고 소득이 1,000달러이면 수입 IM은 $0.2 \times 1{,}000$달러 = 200달러이다. 소득이 100달러 증가하여 1,100달러가 되면 수입의 변화는 $m \times$ (소득의 변화) = 0.2×100달러 = 20달러가 될 것이다.

한계수입성향(MPM) 소득의 1달러 변화로 인한 수입의 변화

지금은 수출(EX)이 주어졌다고 가정하자(즉 수출이 간접적으로라도 국내 경제 상태의 영향을 받지 않는다). 이러한 가정은 이 장의 뒷부분에서 완화된다.

균형소득 구하기 수입이 어떻게 결정되는지에 대한 가정이 주어지면 균형소득을 구할 수 있다. 이러한 과정을 그림 34.1에 나타냈다. (a)의 소비함수(파란 선)에서 시작하여 점차적으로 의도된 총지출(붉은 선)의 구성 요소를 쌓아올린다. 설명을 단순화하기 위해 의도된 투자, 정부지출, 수출이 모두 일정하고 소득에 의존하지 않는다고 가정하면 소득의 각 수준에서 소비에 I, G, EX의 고정된 크기를 더하여 파란 선에서 붉은 선으로 쉽게 이동할 수 있다. 여기서는 $I + G + EX$가 80이라고 하자.

그러나 $C + I + G + EX$에는 국내 생산의 일부가 아닌 수입에 대한 지출이 포함되어 있다. 국내에서 생산된 재화와 서비스에 대한 지출을 구하기 위해 각 소득수준에서 수입을 빼야 한다. 그림 34.1(b)에서 $m = 0.25$, 즉 총소득의 25%가 외국에서 생산된 재화와 서비스에 지출된다고 가정한

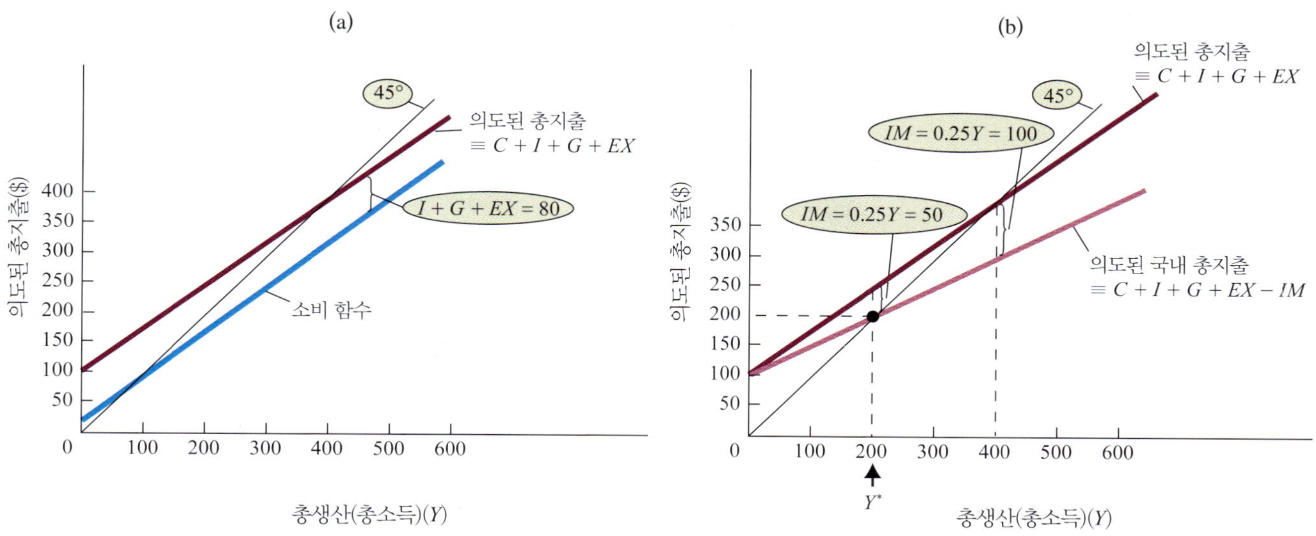

그림 34.1 개방경제에서 균형생산의 결정

(a)에서는 의도된 총지출을 구하기 위해 의도된 투자지출(I), 정부지출(G), 총수출(EX)을 소비(C)에 더한다. 그러나 $C + I + G + EX$에는 수입에 대한 지출이 포함된다. (b)에서는 각 소득수준에서 총지출로부터 수입을 뺀다. 의도된 국내 총지출이 45° 선과 교차하는 점인 $Y^* = 200$이 균형생산이다.

다. 예를 들어 $Y = 200$에서 $IM = 0.25 \times Y = 50$이고, $Y = 400$에서 $IM = 0.25 \times Y = 100$이다. 그림 34.1 (b)의 의도된 국내 총지출 곡선은 각 소득수준에서 수입을 고려하지 않은 총지출로부터 수입을 뺀 것이다.

의도된 국내 총지출이 국내 총생산(총소득)과 일치할 때 균형이 이루어진다. 그림 34.1 (b)에서는 $Y^* = 200$에서만 균형이 이루어진다. Y가 Y^*보다 작으면 의도된 총지출이 총생산보다 크고 재고가 의도된 수준보다 작으며 총생산이 증가할 것이다. 반대로 Y가 Y^*보다 크면 총생산이 의도된 총지출보다 크고 재고가 의도된 수준보다 크며 총생산이 감소할 것이다.

개방경제의 승수 지금까지 다룬 모든 것이 승수의 크기에 영향을 미친다. 23장에서 설명한 승수를 떠올리면서 정부지출(G)의 증가를 생각해보자. 처음에 G의 증가는 의도된 총지출이 총생산보다 더 커지게 할 것이다. 국내 기업은 재고가 의도된 수준보다 적다는 것을 알고는 생산을 증가시킬 것이고, 이에 따라 증가된 생산이 소득을 증가시킨다. 근로자를 더 많이 고용하고 이윤이 증가한다. 증가된 소득의 일부는 저축되고 일부는 지출된다. 증가된 소비지출은 두 번째 라운드에서 재고가 의도된 수준보다 더 낮아지게 만들고 생산을 더 증가시킨다. 균형생산은 정부지출 처음 증가의 배수만큼 증가한다. 이것이 바로 승수 효과이다.

23장과 24장에서 국제부문이 없는 단순 승수가 $1/(1 - MPC)$, 즉 $1/MPS$과 같다고 도출했다. 즉 ΔG의 증가는 총생산(총소득)을 $\Delta G[1/(1 - MPC)]$만큼 증가시킬 것이다. MPC가 0.75이고 정부지출이 100억 달러 증가하면 균형소득은 4×100억 달러 = 400억 달러 증가할 것이다. 이 경우에 승수는 $1/(1 - 0.75) = 1/0.25 = 4.0$이다.

개방경제에서는 G의 증가로 인한 소득 증가의 일부가 국내에서 생산되는 재화와 서비스 대신에 수입에 지출된다. 수입은 외국인에 의해 생산되기 때문에 수입에 지출되는 소득의 일부는 국내 소득(Y)을 증가시키지 못한다. 이 경우 승수를 계산하기 위해 증가되는 소득 중 얼마가 국내 소비를 증가시키는 데 사용되는지 알아야 한다. (모든 수입이 소비재라고 가정한다. 실제로 일부 수입은 투자재이고 일부 수입은 정부가 구매한다.) 다시 말해 국내에서 생산된 재화에 대한 한계소비성향을 알아야 한다. 국내 소비는 $C - IM$이다. 그러므로 국내에서 생산된 재화에 대한 한계소비성향은 모든 재화에 대한 한계소비성향(MPC)에서 한계수입성향(MPM)을 뺀 것과 같다. 국내 재화에 대한 한계소비성향은 $MPC - MPM$이다. 따라서 개방경제의 승수는 다음과 같다.

$$\text{개방경제의 승수} = \frac{1}{1 - (MPC - MPM)}$$

MPC가 0.75, MPM이 0.25이면 개방경제의 승수는 1/0.5, 즉 2.0이다. 개방경제의 승수는 수입을 고려하지 않은 승수인 1/0.25, 즉 4.0보다 작다. 정부지출(또는 투자)의 증가가 소득에 미치는 영향, 즉 승수는 폐쇄경제보다 개방경제에서 더 작다. 그 이유는 다음과 같다. 정부지출(또는 투자)이 증가하고 소득과 소비가 증가할 때 증가되는 소비지출의 일부는 국내에서 생산된 재화가 아닌 외국에서 생산된 재화에 지출된다. 개방경제에서 정부지출이 국내 경제에 미치는 영향은 폐쇄경제에서보다 작다. 또한 한 국가의 정부지출은 다른 국가에 영향을 미친다. 한 국가의 재정정책은 무역 상대국의 거시경제에 영향을 미칠 수 있다.

수입을 고려하면 승수의 크기가 감소한다. 이 효과는 특히 소비의 대부분이 수입되는 카리브 연안국과 같은 소규모 개방경제에서 크다. 이러한 국가에서 정부는 재정정책에 대한 독립적인 통제력이 거의 없다.

수입, 수출과 무역 피드백 효과

쉽게 설명하기 위해 지금까지 수입수준이 소득에만 의존하고 수출수준이 고정되어 있다고 가정했다. 그러나 현실에서는 수입에 지출되는 금액이 소득뿐 아니라 다른 요인에 따라서도 달라지며 수출이 고정되어 있지 않다. 이제 더 현실적인 상황을 살펴보자.

수입의 결정 요인 수입되는 재화의 일부가 소비재이고 일부가 투자재이기 때문에 가계의 소비 행동과 기업의 투자 행동에 영향을 미치는 요인이 수입에 대한 수요에도 영향을 미칠 수 있다. 예를 들어 소비지출을 증가시키는 요인이 수입에 대한 수요를 증가시킬 수 있다. 23장과 26장에서 세후 실질임금, 세후 비노동소득, 이자율이 소비지출에 영향을 미친다는 것을 살펴보았다. 따라서 이러한 요인은 수입에 대한 지출에 영향을 미칠 것이다. 마찬가지로 투자지출을 증가시키는 요인이 수입에 대한 수요를 증가시킬 수 있다. 예를 들어 이자율의 하락은 국내에서 생산되는 재화와 외국에서 생산되는 재화 모두에 대한 지출을 증가시킬 것이다.

수입에 대한 지출 결정에서 추가적인 고려 사항은 국내에서 생산되는 재화와 외국에서 생산되는 재화의 상대가격이다. 외국산 재화의 가격이 국내산 재화의 가격에 비해 하락하면 사람들은 국내산 재화보다 외국산 재화를 더 많이 소비할 것이다. 일본산 자동차가 미국산 자동차에 비해 저렴하면 일본산 자동차의 소비가 증가하고 그 반대의 경우도 성립할 것이다.

수출의 결정 요인 이제 수출이 고정되어 있다는 가정을 완화하자. 미국 수출에 대한 해외 수요는 외국이 미국에서 수입하는 것과 마찬가지이다. 독일이 수입하는 재화 중 일부는 미국산 재화이다.

독일의 수입에 대한 지출을 결정하는 변수는 미국 변수가 아니라 독일 변수라는 점을 제외하고 방금 설명한 요인과 같다. 이는 물론 그 밖의 모든 나라에도 적용된다. 따라서 미국 수출에 대한 수요는 기타 세계에서 생산되는 재화의 가격에 대한 미국에서 생산되는 재화의 상대가격뿐만 아니라 기타 세계의 경제활동(기타 세계의 실질임금, 비노동소득, 이자율 등)에 의존한다. 해외 생산이 증가하면 미국 수출이 증가하는 경향이 있다. 이러한 방식으로 기타 세계의 경제성장은 미국 경제를 부양한다. 미국에서 생산되는 재화의 가격이 해외에서 생산되는 재화의 가격에 비해 하락할 때 미국 수출이 증가하는 경향이 있다. 개방경제에서는 국가들이 상호 의존적이다. 미국 물가가 해외 물가에 비해 하락할 때 미국 수출이 증가하는 경향이 있다.

무역 피드백 효과 **무역 피드백 효과**(trade feedback effect)를 알아보기 위해 수입에 대한 수요와 수출에 대한 수요에 대해 배운 것을 결합해보자. 세상 사람들이 갑자기 다른 컴퓨터보다 미국산 컴퓨터를 선호하여 미국 수출이 증가한다고 가정하자. 미국 수출의 증가는 미국의 생산(소득)을 증가시킴으로써 미국 수입이 증가할 것이다. 여기서부터 무역 피드백 효과가 시작된다. 미국 수입은 어떤 국가의 수출이다. 미국의 수입 수요 증가는 기타 세계의 수출을 증가시킨다. 미국에 대한 다른 국가의 수출이 증가하면 이 국가의 생산과 소득이 증가하고, 이에 따라 기타 세계의 수입 수요도 증가한다. 기타 세계에 의한 수입 증가의 일부는 미국이 충당하므로 미국 수출이 증가한다. 미국 수출의 증가는 미국의 경제활동을 더욱 자극하여 미국 수입 수요의 증가 등을 유발한다. 또한 미국 수입의 증가는 다른 국가의 수출을 증가시키고, 이는 그 국가의 경제를 부양하고 수입을 증가시키며 미국 수출을 증가시키는 등의 일이 이어진다. 이것이 바로 무역 피드백 효과이다. 다시 말해 미국의 경제활동 증가는 전 세계의 경제활동 증가로 이어지고 이는 다시 미국으로 되돌아온다.

무역 피드백 효과 어떤 국가의 경제활동 증가가 전 세계의 경제활동 증가로 이어지고 이것이 다시 그 국가로 되돌아오는 경향

수입 가격, 수출 가격과 가격 피드백 효과

수입 가격에 대해 다루었으나 수입 가격에 영향을 미치는 요인은 아직 살펴보지 않았다. 수입 가격에 대한 설명은 2개 이상의 화폐가 관련되기 때문에 복잡하다. '수입재의 가격'에 대해 이야기할 때 그것은 달러 가격인가, 엔 가격인가, 유로 가격인가? 한 국가의 수출은 다른 국가의 수입이므로 동일한 질문이 수출재의 가격에 대해서도 적용된다. 멕시코가 자동차 부품을 미국으로 수출할 때 멕시코의 부품 제조업자는 멕시코에서는 거래 시 페소를 사용하기 때문에 페소로 나타낸 자동차 부품 가격에 관심이 있다. 이 경우 자동차 부품의 페소 가격과 달러 가격을 연결하는 것이 달러/페소 환율이다.

멕시코가 인플레이션을 겪고 있으며 페소로 나타낸 라디에이터의 가격이 1,000페소에서 1,200페소로 상승한다고 가정하자. 달러/페소 환율이 페소당 0.10달러에서 변하지 않는다면 달러로 나타낸 멕시코 라디에이터의 수출 가격은 100달러에서 120달러로 상승할 것이다. 멕시코의 대미 수출은 멕시코로부터의 미국 수입이기 때문에 미국에 대한 멕시코 수출의 달러 가격이 상승하는 것은 멕시코로부터의 미국 수입 가격이 상승함을 의미한다. 따라서 달러/페소 환율의 변동 없이 멕시코 수출 가격이 상승하면 미국 수입 가격이 상승한다. 즉 다른 국가의 수출 가격은 미국 수입 가격에 영향을 미친다.

한 국가의 수출 가격은 그 국가의 일반적인 물가수준과 매우 밀접하게 연관되어 움직이는 경향이

있다. 멕시코의 물가가 상승하고 있다면 수출될 수 있는 재화든 아니든 멕시코 내에서 생산되는 모든 재화의 가격 상승에 반영될 것이다. 해외의 인플레이션율은 미국 수입 가격에 영향을 미칠 수 있다. 즉 해외의 인플레이션율이 높으면 미국 수입 가격이 상승할 것이다.

가격 피드백 효과 한 국가의 물가가 상승하면 그 국가의 수출재 가격이 상승할 것이라고 했는데, 또한 한 국가의 수입재 가격이 상승하면 이에 반응하여 국내 재화의 가격이 상승할 수 있다. 이러한 효과가 나타날 수 있는 경로가 적어도 두 가지 있다.

첫째, 수입되는 투입재 가격의 상승은 이 투입재를 투입요소로 사용하는 기업의 비용을 높이고, 이는 한 국가의 총공급곡선을 왼쪽으로 이동시킬 것이다. 비용 상승으로 총공급곡선이 왼쪽으로 이동하면 총생산이 감소하고 물가수준이 상승한다는 것(스태그플레이션)을 27장에서 배웠다.

둘째, 수입 가격이 국내 가격에 비해 상승하면 가계는 수입재를 국내산 재화로 대체하는 경향이 있으며, 이는 총수요곡선을 오른쪽으로 이동시킨다. 국내 경제가 총공급곡선의 우상향하는 부분에서 작동하면 전반적인 총수요의 증가에 반응하여 국내 물가수준이 상승할 것이다. 완전경쟁기업은 시장에서 결정되는 가격의 상승을 목격하고, 불완전경쟁기업은 자사 제품에 대한 수요 증가를 경험할 것이다. 예를 들어 일부 연구는 미국에서 생산되는 자동차 가격이 수입되는 자동차의 가격과 밀접하게 연관되어 움직인다는 것을 밝혔다.

이야기는 여기서 끝이 아니다. 한 국가, 예컨대 멕시코의 국내 물가수준이 상승한다고 하자. 그러면 캐나다(와 다른 모든 국가)로 가는 멕시코 수출재의 가격이 상승할 것이다. 멕시코로부터 오는 캐나다 수입재의 가격은 국내 가격을 상승시킬 것이다. 캐나다도 멕시코로 수출한다. 캐나다의 물가 상승은 멕시코로 가는 캐나다 수출재의 가격을 상승시키고, 이는 또 멕시코 물가수준을 상승시킨다.

가격 피드백 효과 한 국가의 국내 물가 상승이 수출 및 수입 가격을 통해 스스로 피드백을 하는 과정. 한 국가의 물가수준이 상승하면 다른 국가의 물가가 상승할 수 있으며, 이는 다시 첫 번째 국가의 물가수준을 더욱 높임

인플레이션이 '수출될 수 있다'는 의미에서 이를 **가격 피드백 효과**(price feedback effect)라고 한다. 한 국가의 물가수준이 상승하면 다른 국가의 물가가 상승할 수 있으며, 이는 다시 첫 번째 국가의 물가수준을 더욱 높인다. 즉 수출 및 수입 가격을 통해 국내 가격 상승이 스스로 피드백을 하는 셈이다.

지금까지는 고정환율을 가정했으나 변동환율을 가정하면 설명이 더 복잡해진다.

학습목표

변동환율 개방경제에서 환율에 영향을 미치는 요인을 파악한다.

34.3 변동환율 개방경제

환율은 국제무역의 흐름을 결정하는 요인이며, 따라서 환율 시스템이 중요하다. 실제로 환율 시스템은 시간이 지남에 따라 크게 변화했고 부분적으로 국제협정과 사건의 영향을 받았다.

20세기 초에 거의 모든 화폐는 금으로 지원을 받았다. 화폐의 가치가 일정 온스의 금으로 고정되어 있었으며, 이는 국제거래에서 화폐의 가치, 즉 환율을 결정했다. 1944년에 제2차 세계대전이 거의 종료됨에 따라 국제화폐 시스템이 혼란에 빠졌고, 비공식적으로 44개국을 대표하는 대규모 전문가 집단이 미국 뉴햄프셔주의 브레턴우즈에서 만나 많은 협정을 작성했다. 이러한 협정 중 하나는 본질적으로 고정환율 시스템을 확립했으며, 이 고정환율 시스템하에서 각국은 자국 화폐의 합의된 가치를 유지하기 위해 필요시 외환시장에서 화폐를 매도·매입하기 위해 개입하기로 합의했다.

1971년에 미국을 비롯한 대부분의 국가는 환율이 본질적으로 수요와 공급에 따라 결정됨으로써 변동하는 것을 허용하기 시작했다. 이러한 환율을 **변동환율**(floating exchange rates) 또는 **시장결정환율**(market determined exchange rates)이라고 한다. 변동환율이 작동하는 방식은 상당히 복잡하지만 그 논리는 간단하다. 영국산 재화가 미국 소비자에게 인기 있으면 영국산 재화를 사려는 미국 소비자에 의해 영국 파운드의 대규모 수요가 생길 것이다. 한편 영국인이 미국산 재화를 좋아하지 않으면 미국산 재화를 사는 데 필요한 미국 달러의 수요가 거의 없을 것이다. 정부가 시장 개입을 하지 않으면 달러를 파운드로 환전하려는 사람(파운드를 '수요'하는 사람)이 파운드를 달러로 환전하려는 사람(파운드를 '공급'하는 사람)보다 많기 때문에 달러로 나타낸 영국 파운드의 가격이 상승할 것이다. 따라서 환율시장은 많은 국가의 재화시장 상황을 반영한다. 정부는 환율이 '정연하게' 움직이도록 개입하지만 오늘날 환율은 대체로 규제받지 않는 수요와 공급의 힘에 의해 결정된다.

변동환율, 시장결정환율 규제받지 않는 수요와 공급의 힘에 의해 결정되는 환율

환율이 변동할 때 한 국가가 기타 세계와 어떻게 상호작용하는지 이해하는 것은 고정환율을 가정했을 때만큼 간단하지 않다. 환율은 국내 재화의 가격에 대해 상대적인 수입 재화의 가격을 결정하고 수입 및 수출 수준에 상당한 영향을 미칠 수 있다. 영국 파운드에 대해 미국 달러의 가치가 20% 하락했다고 가정하자. 그러면 달러로 살 수 있는 파운드가 감소하고 파운드로 살 수 있는 달러가 증가한다. 파운드당 더 많은 달러를 받는 영국인과 달러당 더 적은 파운드를 받는 미국인 모두 미국산 재화와 서비스가 더 매력적이라는 것을 알게 된다. 환율의 변동은 두 국가 간의 수입, 수출, 자본 이동에 중요한 영향을 미친다.

외환시장

변동환율 시스템에서는 무엇이 환율을 결정하는가? 그 답을 알기 위해 미국과 영국만 있다고 가정하자. 두 국가만 있는 세계는 쉽게 이해할 수 있으며, 여기서 도출된 것은 대부분 많은 무역 참여국이 존재하는 세계에 일반화할 수 있다.

파운드에 대한 수요와 공급 정부, 민간인, 은행, 기업은 매일 달러를 파운드로 환전하고 파운드를 달러로 환전한다. 파운드를 수요하는 사람은 영국산 재화를 사거나, 영국을 방문하거나, 영국 주식과 채권에 투자하기 위해 달러를 파운드로 환전하려는 달러 보유자이다. 파운드를 공급하는 사람은 미국산 재화를 사거나, 미국을 방문하거나, 미국에 투자하기 위해 파운드를 달러로 환전하려는 파운드 보유자이다. 외환시장에서 달러의 공급은 특정 기간 동안 달러 보유자가 파운드로 환전하려는 달러의 양이다. 외환시장에서 달러의 수요와 공급이 환율을 결정한다.

거래에 참여하기 위해 화폐를 교환하는 매입자와 매도자뿐만 아니라 일부 사람과 기관은 투기적 이유로 화폐 잔고를 보유한다. 당신이 미국 달러의 가치가 파운드에 비해 하락할 것이라고 예상한다면 재산의 일부를 파운드 형태로 보유하고 싶을 것이다. 미국과 영국만 있는 경우 민간 외환 수요자와 공급자의 주요 범주를 표 34.2에 요약했다.

외환시장에서 결정되는 환율을 이해하기 위해 일종의 수요 및 공급 분석을 이용할 수 있다. 그림 34.2는 외환시장에서 파운드에 대한 수요곡선을 보여준다. 세로축은 파운드당 달러로 나타낸 파운드의 가격이고 가로축은 파운드의 양이다. 따라서 세로축을 따라 아래로 이동함에 따라 달러에 비해

표 34.2 외환시장의 일부 매입자와 매도자(미국과 영국만 있는 경우)

파운드에 대한 수요(달러의 공급)
1. 영국산 재화를 미국으로 수입하거나 영국산 재화와 서비스를 구매하려는 기업, 가계, 정부
2. 영국으로 여행을 가는 미국인
3. 영국 주식, 채권, 기타 금융상품을 구매하려는 달러 보유자
4. 영국에 투자하려는 미국 기업
5. 파운드에 비해 달러의 가치가 하락할 것이라고 예상하는 투기자
파운드의 공급(달러에 대한 수요)
1. 미국산 재화를 영국으로 수입하거나 미국산 재화와 서비스를 구매하려는 기업, 가계, 정부
2. 미국으로 여행을 가는 영국인
3. 미국 주식, 채권, 기타 금융상품을 구매하려는 파운드 보유자
4. 미국에 투자하려는 영국 기업
5. 달러에 비해 파운드의 가치가 하락할 것이라고 예상하는 투기자

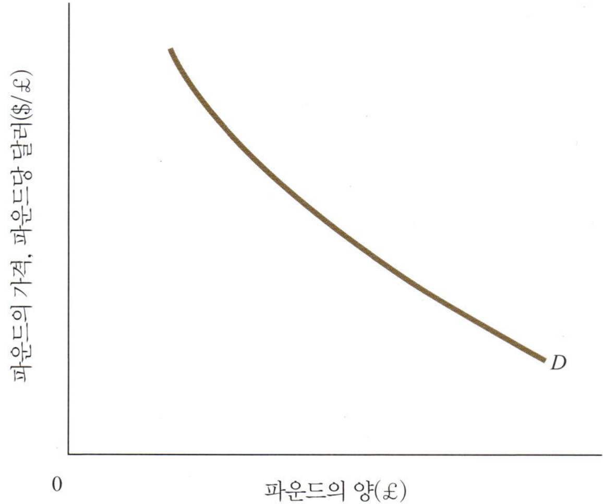

그림 34.2 외환시장에서 파운드의 수요
파운드 가격이 하락하면 미국인의 입장에서 영국산 재화와 서비스가 더 저렴해진다. 파운드 가격이 일정하면 미국인이 영국산 재화와 서비스를 더 많이 구매하게 됨으로써 파운드의 수요량이 증가할 것이다.

파운드가 절하된다. 즉 1파운드를 사는 데 필요한 달러가 줄어든다. 1파운드를 사려면 2달러가 필요하고 영국산 재화의 가격이 1파운드라고 하자. 현재의 환율에서 이 재화를 사려면 2달러가 있어야 한다. 이 환율에서 재화 100단위를 필요로 하여 화폐시장에서 100파운드에 대한 수요가 있다고 하자. 이제 파운드가 절하되어 1파운드를 사는 데 1달러만 필요하다고 하자. 미국인의 입장에서는 영국산 재화가 더 매력적일 것이다. 이 재화의 파운드 가격이 고정되어 있다면 미국인은 처음의 2달러 대신 1달러만으로 1파운드 가격의 재화를 살 수 있다. 사람들은 처음에 이 재화를 100단위 원했으나 달러 가격이 크게 하락했기 때문에 더 많이 사고 싶어 할 것이다. 따라서 거래를 용이하게 하려면 100파운드 이상이 필요하다. 외환시장에서 파운드의 수요곡선은 음의 기울기를 가진다(우하향한다).

그렇다면 파운드의 공급은 어떠한가? 파운드는 미국산 재화를 사려는 영국인이 공급한다. 그림 34.3은 외환시장에서 파운드의 공급곡선을 보여준다. 세로축을 따라 위로 이동함에 따라 달러가 더 저렴해진다. 파운드당 더 많은 달러로 환전할 수 있고 영국인의 입장에서 미국산 재화와 서비스

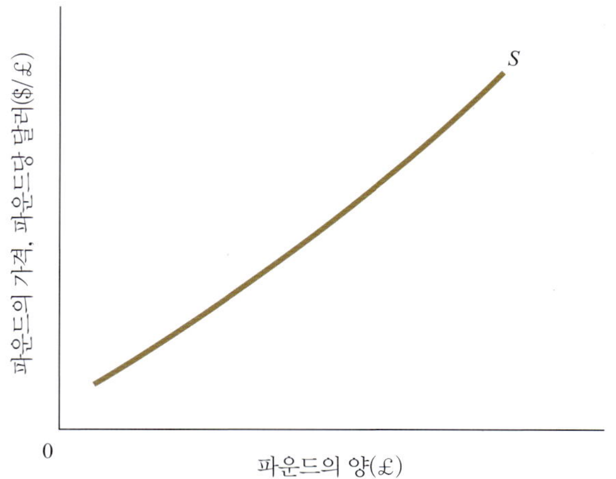

그림 34.3 외환시장에서 파운드의 공급
파운드 가격이 상승하면 영국인은 파운드당 더 많은 달러로 환전할 수 있다. 이는 영국인의 입장에서 미국산 재화와 서비스가 더 저렴해진다는 것을 의미한다. 따라서 환율이 상승함에 따라 파운드 공급량이 증가한다.

의 가격이 더 낮아진다. 파운드 가격이 높으면(달러의 가치가 낮으면) 영국인은 미국산 재화를 더 많이 구매한다. 미국산 수입재에 대한 수요가 탄력적이면 미국산 재화에 대한 영국 수요의 증가는 파운드 공급량을 증가시킨다. 외환시장에서 파운드의 공급곡선은 양의 기울기를 가진다(우상향한다).

여기서 제시한 수요와 공급을 이해하는 데 핵심은 세로축의 가격이 달러에 대한 상대적인 파운드 가격임을 아는 것이다. 이 경우 세로축을 따라 아래로 이동함에 따라 파운드가 달러에 비해 저렴해진다. 즉 달러가 파운드에 비해 더 비싸진다. 세로축을 따라 아래로 이동하면 달러에 대한 파운드의 상대가격이 낮아지고 영국산 재화를 사려는 미국인의 파운드에 대한 수요가 증가한다. 한편 영국인은 비싸진 미국산 재화에 덜 관심을 가지며 파운드 공급량이 줄어든다.

균형환율 환율의 변동이 허용되면 다른 가격이 결정되는 것과 동일한 방식으로 환율이 결정된다. 그림 34.4에서 보듯이 균형환율은 외국 화폐의 수요량이 외국 화폐의 공급량과 일치하는 점에서 결정된다. 파운드의 초과 수요(파운드의 공급량보다 수요량이 많은 경우)는 파운드 가격을 상승시키고, 이 경우 파운드가 달러에 비해 **절상**(appreciation)될 것이다. 파운드의 초과 공급은 파운드 가격

화폐의 절상 한 화폐의 가격이 다른 화폐에 비해 상승하는 것

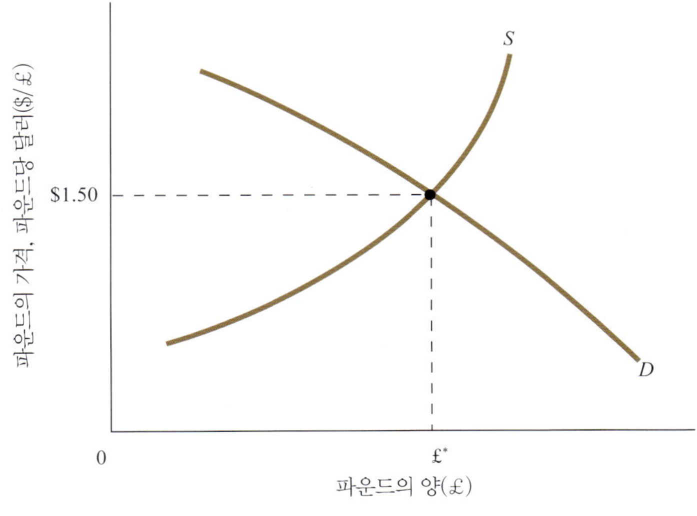

그림 34.4 균형환율
환율의 변동이 허용되면 수요와 공급의 힘에 의해 환율이 결정된다. 파운드의 초과 수요로 인해 달러에 비해 파운드가 절상되고, 파운드의 초과 공급으로 인해 달러에 비해 파운드가 절하될 것이다.

화폐의 절하 한 화폐의 가격이 다른 화폐에 비해 하락하는 것

을 떨어뜨리고, 이 경우 파운드가 달러에 비해 **절하**(depreciation)될 것이다.[3]

환율에 영향을 미치는 요인

환율에 영향을 미치는 요인은 무엇인가? 표 34.2에 제시된 사람들의 행동을 변화시키는 요인은 수요 및 공급곡선을 이동시키고, 이에 따라 환율이 조정될 수 있다.

구매력 평가: 일물일가의 법칙 두 국가 사이에 재화를 수송하는 비용이 작다면 동일한 재화의 가격이 두 국가에서 거의 같을 것이라고 예상된다. 예를 들어 농구공의 가격은 캐나다와 미국에서 거의 같을 것이다.

그 이유는 쉽게 이해할 수 있다. 농구공이 캐나다에서 더 싸다면 누군가가 캐나다에서 저렴한 가격에 농구공을 사다 미국에서 높은 가격에 팔아 이익을 챙길 것이다. 그러면 캐나다에서 농구공의 공급이 감소하여 농구공의 가격이 상승하고 미국에서 농구공의 공급이 증가하여 농구공의 가격이 하락한다. 가격 차이로 인해 이윤 기회가 있는 한 이 과정이 계속될 것이다. 수송 비용이 매우 작은 재화의 경우 이러한 **일물일가의 법칙**(law of one price)이 성립할 것으로 예상된다. 어디서 사든 재화의 가격이 같을 것이다. 두 국가의 가격 차이는 차익거래의 기회를 발생시킨다.

일물일가의 법칙 수송 비용이 작다면 동일한 재화의 가격이 각국에서 거의 같다는 것

모든 재화에 대해 일물일가의 법칙이 성립하고 각국이 동일한 재화 바스켓을 소비한다면 두 화폐 간의 환율은 단순히 두 국가의 상대물가수준에 따라 결정될 것이다. 농구공의 가격이 미국에서 10달러이고 캐나다에서 12달러이면 미국 달러와 캐나다 달러의 환율이 1.2 캐나다 달러 = 1 미국 달러여야 할 것이다. 만약 환율이 1:1이라면 사람들이 미국에서 농구공을 사다 캐나다에서 팔아 이윤을 얻을 것이다. 그러면 캐나다에서 미국 달러의 수요가 증가하고, 캐나다 달러로 나타낸 미국 달러의 가격이 1.2 캐나다 달러당 1 미국 달러까지 상승할 것이다. 이 환율에서는 국경을 넘어 농구공을 운송하여 이윤을 얻을 수 없으므로 이러한 과정이 종료될 것이다.[4]

구매력 평가 이론 유사한 재화의 가격이 각국에서 같아지도록 환율이 조정된다는 이론

구매력 평가 이론(purchasing-power-parity theory)은 유사한 재화의 가격이 각국에서 같아지도록 환율이 조정된다는 이론이다. 이 이론에 따르면 미국에서 소금 1파운드를 사는 데 필요한 디국 달러보다 멕시코에서 소금 1파운드를 사는 데 10배 많은 페소가 필요한 경우 균형환율이 미국 달러당 10페소여야 한다.

실제로는 많은 재화의 수송 비용이 매우 커서 일물일가의 법칙이 성립하지 않는다. (대표적인 예

---

3 외환시장에서 파운드의 공급곡선(그림 34.3)은 어떤 환율 범위에서 후방으로 굴절될 수 있다. 파운드 가격이 1.50달러에서 2.00달러로 오른다고 가정하자. 수송 비용을 포함하여 대당 15,000달러인 쉐보레 10대를 매달 구매하는 영국 수입업자를 생각해보라. 1파운드가 1.50달러로 환전될 때 그는 매달 외환시장에 10만 파운드를 공급할 것이다. 10만 파운드는 쉐보레 10대를 구매하기에 충분한 15만 달러로 환전된다. 이제 달러 가격이 파운드당 2.00달러가 되어 그가 쉐보레 12대를 구매할 수 있다고 하자. 12대를 구매하기 위해 18만 달러가 필요할 것이다. 1달러 = 1파운드의 환율에서 그는 매달 9만 파운드만 지출할 것이다. 파운드 가격이 상승하면 외환시장에서 파운드의 공급이 감소한다. 이것이 역설처럼 보이는 이유는 단순하다. 영국 수입업자가 미국산 재화를 구매하는 데 필요한 파운드의 양은 그가 구매하는 재화의 양과 파운드로 나타낸 재화의 가격에 달려 있다. 수입재에 대한 수요가 비탄력적이면, 즉 절하된 화폐로 인한 가격의 퍼센트 하락이 수요하는 수입재의 양의 퍼센트 증가보다 크면 수입업자가 지출하는 파운드가 줄어들고 외환시장의 파운드 공급량이 감소할 것이다. 미국산 수입재의 수요가 탄력적이면 파운드의 공급곡선은 우상향할 것이다.

4 물론 환율이 1 미국 달러당 2 캐나다 달러이면 캐나다에서 (6 미국 달러인 12 캐나다 달러에) 농구공을 사다 미국에서 팔아 이익을 얻을 수 있을 것이다. 그러면 달러의 수요가 감소하고 달러 가격이 2 캐나다 달러에서 1.20 캐나다 달러까지 하락할 것이다.

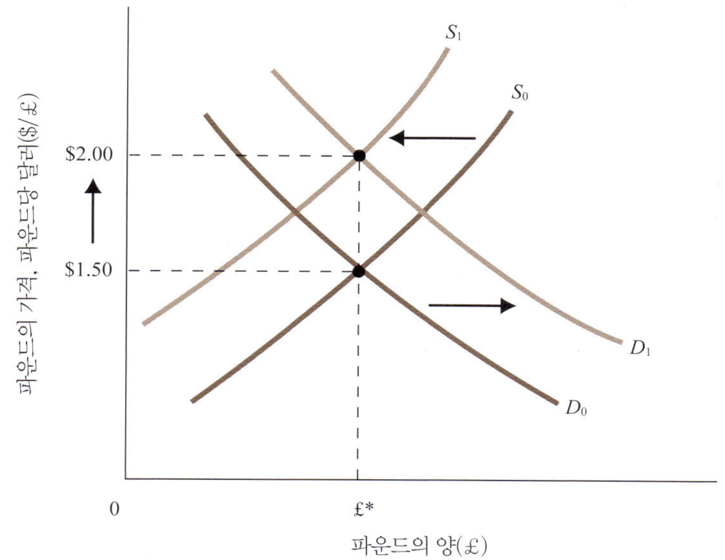

그림 34.5 상대물가의 변동에 대한 환율의 반응
미국의 물가가 상승하면 상대적으로 수입재가 저렴해진다. 따라서 영국산 수입재에 대한 미국인의 지출이 증가하여 파운드의 수요가 D_0에서 D_1로 이동할 것이다. 한편 미국산 재화가 더 비싸다는 것을 알게 된 영국인이 미국의 수출재를 덜 구매함으로써 파운드의 공급이 S_0에서 S_1로 이동한다. 그 결과 파운드 가격이 상승한다. 즉 파운드가 절상되고 달러가 절하된다.

로 이발을 들 수 있다. 미국인이 영국 이발소에 가기 위한 수송 비용은 비행기 조종사가 아닌 이상 엄청나게 크다.) 또한 대체재가 될 수 있는 많은 재화는 정확히 동일한 재화가 아니다. 예를 들어 롤스로이스(Rolls Royce)와 혼다(Honda)는 모두 자동차이지만 두 자동차의 가격이 일치하도록 영국 파운드와 일본 엔의 환율이 결정될 것이라고 예상할 이유가 없다. 또한 국가는 서로 다른 재화 바스켓을 소비하므로 물가수준이 일물일가의 법칙을 따르지 않을 것이다. 그럼에도 불구하고 다른 국가에 비해 상대적으로 높은 한 국가의 인플레이션율은 두 국가 간의 환율에 압력을 가하고, 인플레이션율이 높은 국가의 화폐가 일반적으로 절하되는 경향이 있다.

그림 34.5는 영국의 물가수준에 비해 미국의 물가수준이 상승하는 경우 발생할 수 있는 환율 조정을 보여준다. 이러한 상대가격의 변화는 양국 사람들에게 영향을 미칠 것이다. 미국의 높은 물가로 인해 상대적으로 수입재가 저렴해진다. 따라서 영국산 수입재에 대한 미국인의 지출이 증가하여 파운드의 수요가 D_0에서 D_1로 이동할 것이다. 한편 미국산 재화가 더 비싸다는 것을 알게 된 영국인이 미국의 수출재를 덜 구매함으로써 파운드의 공급이 S_0에서 S_1로 이동한다. 그 결과 파운드 가격이 상승한다. 상대물가가 변동하기 전에는 1파운드가 1.50달러에 팔렸으나 상대물가가 변동한 후에는 1파운드가 2달러에 팔린다. 즉 파운드가 절상되고 달러가 절하된다.

상대이자율 한 국가의 환율에 영향을 미치는 또 다른 요인은 다른 국가의 이자율에 대한 상대적인 이자율 수준이다. 미국의 이자율이 2%이고 영국의 이자율이 3%이면 대부할 자금을 가지고 있는 사람들은 미국 증권 대신 영국 증권을 매입할 인센티브를 가진다. 한 국가의 개인이 다른 국가의 증권을 매입하기는 어렵지만 국제적인 은행과 투자 회사는 수월하게 할 수 있다. 미국의 이자율이 영국보다 낮으면 은행과 기업이 자금을 고수익 증권으로 옮기기 때문에 미국 증권에서 영국 증권으로 자금이 이동할 것이다.

그렇다면 미국 은행은 영국 증권을 어떻게 매입하는가? 달러로 영국 파운드를 사고 영국 증권을 매입하는 데 이 파운드를 사용한다. 이 은행의 파운드 구매는 외환시장에서 파운드 가격을 상승시킨다. 파운드의 수요가 증가하면 파운드 가격이 상승하고 달러 가격이 하락한다. 미국의 이자율에 비

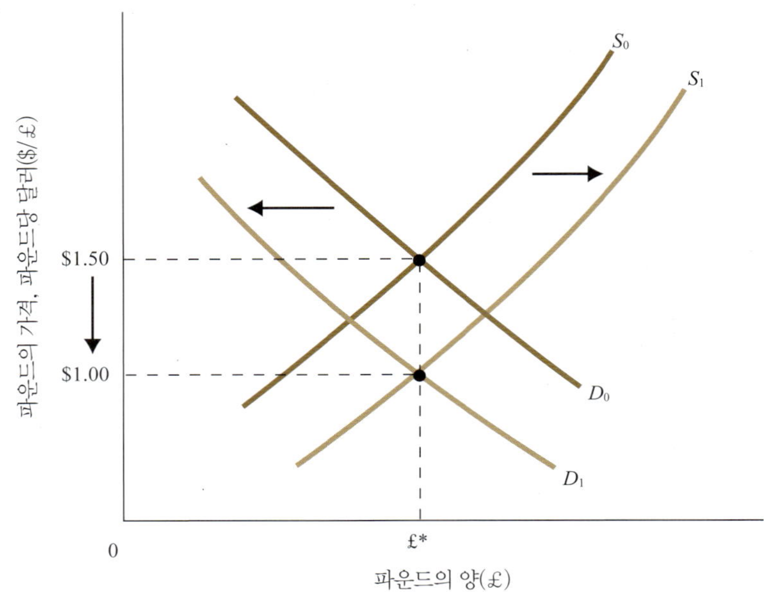

그림 34.6 상대이자율의 변동에 대한 환율의 반응
미국의 이자율이 영국의 이자율보다 높으면 파운드를 보유한 영국인이 미국 증권을 매입하기 위해 미국 증권시장에 진입할 수 있다. 미국 증권을 매입하려는 영국인은 파운드를 달러로 환전해야 하므로 파운드의 공급이 S_0에서 S_1로 이동한다. 한편 미국의 이자율이 더 높을 때는 미국인이 영국 증권에 관심을 덜 가지므로 파운드의 수요가 D_0에서 D_1로 이동한다. 그 결과 파운드가 절하되고 달러가 절상된다.

해 높은 영국의 이자율은 달러를 절하시키는 경향이 있다.

그림 34.6은 미국의 이자율 상승이 달러/파운드 환율에 미치는 영향을 보여준다. 미국의 높은 이자율은 영국인 투자자를 끌어들인다. 미국 증권을 매입하려는 영국인은 달러를 필요로 하므로 파운드의 공급(달러의 수요)이 S_0에서 S_1로 이동한다. 상대이자율은 미국의 은행, 기업, 가계의 포트폴리오 선택에 영향을 미친다. 미국의 이자율이 더 높을 때는 미국인이 영국 증권을 매입할 인센티브가 없다. 파운드의 공급이 증가하는 동시에 파운드의 수요가 감소하고 수요곡선이 D_0에서 D_1로 이동한다. 그 결과 파운드가 절하되고 달러가 절상된다. 파운드 가격이 1.50달러에서 1.00달러로 하락한다.

환율이 경제에 미치는 영향

이제 변동환율의 일부 시사점을 살펴볼 준비가 되었다. 환율이 고정되어 있을 때 가계는 소득의 일부를 수입재에 지출하고 승수는 그렇지 않을 때보다 작다. 수입은 세금이나 저축과 마찬가지로 소득 순환으로부터의 '유출'이고 수출은 소득 순환으로의 '유입'이다. 미국 입장에서 수출은 미국산 재화와 서비스에 대한 외국의 지출을 나타내며, 이는 미국의 생산을 증가시킬 수 있다.

환율이 수입, 수출, 실질 GDP에 미치는 영향 이미 알고 있듯이 한 국가의 화폐가 절하될 때, 즉 화폐 가치가 하락할 때 (국내 화폐로 나타낸) 수입 가격이 상승하고 (외국 화폐로 나타낸) 수출 가격이 하락한다. 미국 달러가 저렴할 때 미국산 재화는 기타 세계에서 생산된 재화보다 경쟁력이 있으며, 미국인의 입장에서는 외국산 재화가 더 비싸다.

따라서 한 국가의 화폐 절하는 경제를 부양하는 수단이 될 수 있다. 미국 달러가 1985~1988년에 크게 절하되고 2002~2008년, 2012~2013년에 적절히 절하되었던 것처럼 미국 달러가 다른 주요 화폐에 비해 상대적으로 절하된다고 가정하자. 외국인이 미국산 재화에 대한 지출을 증가시키고 미국인이 수입재를 미국산 재화로 대체하면 미국 내 생산에 대한 총지출이 증가하고 재고가 감소하며 실질 GDP(Y)가 증가할 것이다. 즉 한 국가의 화폐가 절하되면 GDP가 증가할 수 있다.[5]

환율과 무역수지: J 곡선 한 국가의 화폐가 절하되면 수출이 증가하고 수입이 감소하는 경향이 있으므로 무역적자가 감소할 것이라고 생각할 수도 있다. 실제로 화폐의 절하가 무역수지에 미치는 영향은 명확하지 않다.

많은 경제학자는 한 국가의 화폐가 절하되기 시작할 때 무역수지가 처음 몇 분기(아마도 3~6분기) 동안 악화될 수 있다고 생각한다. 그 이후에는 무역수지가 개선될 수 있는데, 그림 34.7은 이러한 효과를 보여준다. 그림의 곡선이 알파벳 J와 닮아 이 곡선이 설명하는 무역수지의 변화를 **J 곡선 효과**(J-curve effect)라고 한다. J 형태의 곡선은 화폐가 절하될 때 처음에는 무역수지가 악화되었다가 이후에 개선된다는 것을 나타낸다.

J 곡선 효과 한 국가의 화폐가 절하될 때 처음에는 무역수지가 악화되었다가 이후에 개선될 수 있는데, 이를 나타내는 곡선이 알파벳 J와 닮아 J 곡선 효과라고 불림

J 곡선이 어떻게 발생하는가? 무역수지는 재화와 서비스를 포함한 수출 수입에서 수입 비용을 뺀 것과 같다는 것을 상기하라(표 34.1 참조).

무역수지 = 수출의 달러 가격 × 수출의 양 − 수입의 달러 가격 × 수입의 양

화폐의 절하는 위 식의 우변에 있는 항목에 다음과 같은 영향을 미친다. 첫째, 수출량이 증가하고 수입량이 감소한다. 두 가지 모두 무역수지에 양의 효과를 미친다(무역적자를 감소시키거나 무역흑자를 증가시킨다). 둘째, 수출의 달러 가격이 적어도 처음에는 크게 변동하지 않을 것이다. 미국의 물가수준이 변동할 때 수출의 달러 가격이 변하지만 화폐의 절하가 미국의 물가수준에 미치는 초기 영향이 크지 않을 것으로 보인다. 셋째, 수입의 달러 가격이 상승한다. 1 미국 달러로 살 수 있는 엔, 유로 등이 줄어들기 때문에 미국의 수입재가 전보다 더 비싸진다. 수입의 달러 가격 상승은 무역수지에 음의 효과를 미친다.

세 번째 사실을 뚜렷이 보여주는 예를 들어보겠다. 환율이 달러당 120엔에서 100엔이 되면 120만 엔인 일본 자동차의 달러 가격이 10,000달러에서 12,000달러로 상승한다. 화폐의 절하 후에 미국인은 일본 자동차를 사기 위해 전보다 더 많은 달러를 지출해야 한다. 물론 미국인은 일본 자동차

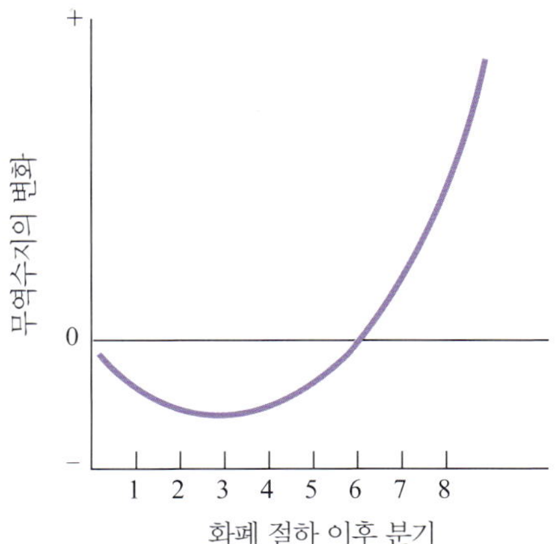

그림 34.7 화폐 절하가 무역수지에 미치는 영향(J 곡선)
한 국가의 화폐가 절하되면 처음에는 무역수지가 악화될 수 있다. 즉 화폐 절하가 수입 가격에 미치는 음의 효과가 수출 증가와 수입 감소에 미치는 양의 효과를 압도할 수 있다.

---

5 이러한 이유로 일부 국가는 외환시장에 개입하여 화폐를 절하함으로써 경제를 부양하려는 유혹을 받곤 한다. 그러나 모든 국가가 동시에 화폐 가치를 낮추려고 한다면 소득이 증가하는 국가가 없을 것이다. 당시의 환율 시스템이 다르기는 했지만 대공황 초기에 이러한 상황이 발생했다. 많은 국가는 수출과 고용을 유지하기 위한 필사적인 시도로서 경쟁적으로 화폐를 절하하는 근린 궁핍화 정책(beggar-thy-neighbor policies)을 시행했다.

를 전보다 덜 구매할 것이다. 수량 효과가 가격 효과보다 클 정도로 미국인이 구매하는 일본 자동차의 수가 감소하는가, 아니면 그 반대의 일이 일어나는가? 이에 따라 수입액이 증가하는가, 감소하는가?

화폐의 절하가 무역수지에 미치는 순효과는 어느 방향으로든 가능하다. 화폐의 절하는 수출을 증가시키고 수입을 감소시키지만 수입의 달러 가격이 상승한다. 처음에는 음의 효과가 지배적인 것으로 보인다. 화폐의 절하가 수입 가격에 미치는 영향은 일반적으로 빨리 나타나는 반면 수출량과 수입량이 가격 변화에 반응하는 데에는 시간이 걸린다. 단기적으로는 수입액이 수출액보다 더 많이 증가하여 무역수지가 악화된다. 이러한 초기 효과는 음일 수 있으나 시간이 지나면 수출과 수입이 반응한 후 순효과가 양으로 바뀐다. 수출과 수입에 대한 수요가 탄력적일수록 궁극적으로 무역수지가 크게 개선될 것이다.

환율과 물가 한 국가의 화폐 절하는 물가수준을 상승시키는 경향이 있는데 그 이유는 두 가지이다. 첫째, 한 국가의 화폐가 저렴해지면 이 국가의 재화는 세계 시장에서 더 경쟁력 있어 수출이 증가한다. 또한 국내 매입자는 더 비싸진 수입재를 국내 재화로 대체할 것이다. 이는 국내에서 생산되는 재화와 서비스에 대한 의도된 총지출이 증가하고 총수요곡선이 오른쪽으로 이동한다는 것을 의미한다. 그 결과 물가수준이 더 높아지거나, 생산이 더 증가하거나, 둘 다 발생할 수 있다(*AS*/*AD* 모형을 그려서 결과를 확인할 수 있다). 경제가 생산능력에 근접하게 작동하고 있으면 물가수준이 상승할 수 있다. 둘째, 화폐가 절하되면 수입되는 투입재가 더 비싸진다. 이로 인해 생산비용이 증가하면 총공급곡선이 왼쪽으로 이동한다. 총수요가 변하지 않는다면 결과적으로 물가수준이 상승한다.

변동환율하에서의 통화정책 이 장에서 다룬 것을 모두 결합하여 변동환율 개방경제에서 경제를 부양하기 위해 통화정책을 사용할 때 어떤 일이 일어나는지 살펴본 다음, 경제를 수축시키기 위해 통화정책을 사용할 때 어떤 일이 일어나는지 살펴보자. 경제가 완전고용 상태이고 Fed가 이자율을 인하한다고 가정하자. 이자율의 인하는 의도된 투자지출과 소비지출을 증가시킴으로써 생산이 증가하나 추가적인 영향이 나타난다. ① 이자율의 인하는 외환시장에 영향을 미친다. 이자율의 인하는 미국 증권에 대한 외국인의 수요를 감소시켜 달러의 수요가 감소한다. ② 미국 투자자가 (상대적으로 더 높은 이자율을 지급하는) 해외 증권을 더 많이 매입함으로써 달러의 공급이 증가한다. 이 두 가지 사건은 달러의 가치를 떨어뜨린다. Fed의 목표가 국내 경제 부양이라면 달러의 절하는 미국의 수출을 증가시키고 수입을 감소시키기 때문에 좋은 일이다. 소비자가 수입재를 미국산 재화로 대체하면 수출 증가와 수입 감소는 국내 재화에 대한 지출이 증가한다는 것을 의미하므로 실제로 승수가 커진다. 그러므로 변동환율은 Fed가 경제 부양이라는 목표를 추구하는 것을 돕는다.

이번에는 인플레이션이 문제이고 Fed가 이자율을 인상한다고 가정하자. 이때도 변동환율이 도움이 될 수 있다. 이자율의 상승은 의도된 투자지출과 소비지출을 감소시킴으로써 생산이 감소하고 물가수준이 하락한다. 또한 이자율의 상승은 외국인 투자자를 미국 금융시장으로 끌어들여 달러의 가치가 상승하고 수입 가격이 하락한다. 수입 가격의 하락은 총공급곡선을 오른쪽으로 이동시키고 Fed가 인플레이션에 대항하는 것을 돕는다. 그러므로 변동환율은 Fed가 인플레이션에 대항하는 목표를 추구하는 데 도움이 된다.

변동환율하에서의 재정정책 변동환율이 Fed의 목표 추구를 돕는다는 것을 방금 살펴보았는데, 이자율이 제로하한에 있지 않고 Fed가 Fed 준칙을 따르는 정상적인 때 재정 당국에 그 반대 상황이 발생한다. 정부와 의회가 경제를 부양하려 하고 이러한 목표를 추구하기 위해 정부지출을 증가시킨다고 가정하자. 이는 통상적인 방식으로 생산을 증가시킨다(*AD*곡선이 오른쪽으로 이동한다). 이것은 생산이 증가하고 물가수준이 상승하기 때문에 Fed가 Fed 준칙에 따라 이자율을 인상해야 한다는 것을 의미한다. 이자율을 인상하면 해외 투자가 유입되어 달러의 절상이 발생한다. 다른 것들이 일정하다면 달러의 절상은 수입을 증가시키고 수출을 감소시켜 생산에 음의 영향을 미친다. 따라서 생산의 증가는 달러가 절상되지 않을 때보다 적어진다. 또한 달러의 절상은 수입 가격을 떨어뜨리고, 다른 것들이 일정하다면 *AS*곡선을 오른쪽으로 이동시켜 물가수준이 하락한다. 달러가 절상되지 않을 때보다 물가수준이 더 낮아지지만, 다른 것들이 일정하다면 정부의 주요 정책 목표인 생산이 감소한다. 따라서 변동환율은 재정 당국이 경제 부양이라는 목표를 추구하는 것을 더 어렵게 만든다.

또한 변동환율은 재정 당국이 인플레이션에 대항하기 위해 경제를 수축시키려 할 때 재정 당국에 해를 끼친다. 인플레이션을 낮추기 위해 정부지출을 감소시킨다고 가정하자. 이는 *AD*곡선을 왼쪽으로 이동시켜 생산이 감소하고 물가수준이 하락한다. 따라서 Fed는 Fed 준칙에 따라 이자율을 인하해야 하며 이는 달러의 절하를 유발한다. 다른 것들이 일정하다면 달러의 절하는 수입을 감소시키고 수출을 증가시켜 생산에 양의 효과를 미친다. 한편 달러의 절하는 수입 가격을 상승시켜 *AS*곡선을 왼쪽으로 이동시킨다. 따라서 다른 것들이 일정하다면 물가수준이 상승한다. 달러가 절하되지 않을 때보다 생산이 더 증가하지만, 다른 것들이 일정하다면 정책 목표인 인플레이션이 더 높아진다. 그러므로 변동환율은 인플레이션에 대항하는 목표를 추구하는 재정 당국에 타격을 준다.

Fed 준칙 때문에 달러의 절상이나 절하가 발생한다는 것에 주목하라. 이자율이 제로하한에 있거나 Fed가 이자율의 변화를 원하지 않기 때문에 Fed가 재정정책의 변화에 대응하여 이자율을 변경하지 않는다면 달러의 절상이나 절하가 발생하지 않으며, 이에 따라 변동환율하에서도 재정 당국이 추구하는 것을 상쇄시키는 일이 발생하지 않는다.

고정환율하에서의 통화정책 오늘날 주요 국가는 변동환율을 가지고 있지만(이러한 의미에서 유로존 국가는 하나의 국가로 간주됨), 한 국가가 고정환율을 가지고 있을 때 통화정책이 어떤 역할을 할 수 있는가는 흥미로운 질문이다. 통화정책이 아무런 역할을 하지 못한다는 것이 이에 대한 답이다.

한 국가가 환율을 달러의 가치에 고정한다고 가정하자. 실제로 금융 부문에 크게 의존하고 있는 홍콩과 싱가포르 같은 국가는 이렇게 하고 있다. 한 국가가 환율을 다른 국가의 화폐(예: 미국 달러)에 고정하기로 결정한다면 이자율을 변경할 수 있는 권한을 포기하는 셈이다. 왜 그럴까? 고정환율을 가진 국가에서 통화 당국이 경제를 부양하기 위해 이자율을 인하하려 한다고 하자. 문제는 자국의 이자율이 외국의 이자율보다 낮은 경우 사람들이 더 높은 이자율을 벌기 위해 자신의 자본을 해외로 옮긴다는 것이다. 즉 자본의 해외 유출이 발생한다. 일반적으로는 자본의 해외 유출이 이 국가의 화폐를 절하시키지만 환율이 고정되어 있으면 이러한 일이 발생하지 않을 것이다. 환율이 절하되는 것을 막기 위해 통화 당국은 대외지급준비를 매도하여 국내 화폐를 매입해야 한다. 결국 통화 당국은 대외지급준비를 소진하여 고정환율을 지지할 수 없을 것이다. 이 국가는 이자율을 변경하면서 환율을 일정한 수준으로 유지할 수 없다. 따라서 고정환율에 대한 약속은 독립적인 통화정책을 포기한다는 약속이나 마찬가지이다.

1999년에 많은 유럽 국가가 공동 화폐인 유로를 사용하기로 하면서 각국은 자국의 통화정책을 포기했다. 모든 유로존 국가를 위한 통화정책은 유럽중앙은행(ECB)이 결정한다. 예를 들어 이탈리아중앙은행(Bank of Italy)은 이탈리아의 이자율에 대한 영향력을 가지고 있지 않으며 ECB가 이자율을 결정한다. 이것이 이탈리아가 리라를 포기하며 치른 대가이다. 한 국가가 이자율을 변경하고 환율을 고정할 수 있는 경우는 이 국가가 자본 통제를 부과하는 때이다. 자본 통제를 부과한다는 것은 사람들이 외환시장에서 화폐를 매입하거나 매도하는 것을 국가가 제한하거나 막는다는 것을 의미한다. 예를 들면 이 국가의 한 사람이 미국 달러를 사기 위해 이 국가의 화폐를 사용하지 못할 수 있다. 자본 통제의 문제는 특히 대국의 경우와 장기간 시행하기 어렵다는 것이다.

상호 의존적 세계 경제

세계 경제에서 국가 간의 상호 의존성이 점점 커짐에 따라 정책 담당자가 직면하는 문제가 더욱 어려워졌다. 과거에 미국은 비교적 자급자족할 수 있는 국가로 볼 수 있었다. 40년 전 미국 국경 밖의 경제 사건은 미국 경제에 큰 영향을 주지 못했다. 그러나 지금은 상황이 달라졌다. 지난 40년 동안의 사건은 미국 경제의 성과가 미국 국경 밖에서 벌어지는 일에 크게 의존한다는 것을 알려주었다.

33장과 34장에서는 개방경제 거시경제학의 기본적인 내용을 살펴보았다. 경제학을 계속 공부한다면 여기에 더 많은 내용이 추가될 것이다. 35장에서는 개발도상국의 문제를 다룰 것이다.

요약

01 국제거래와 국내거래의 주요 차이점은 화폐 교환이 수반되는지 여부이다. 각기 다른 화폐를 사용하는 국가의 사람들이 서로 재화를 사고 팔 때는 화폐 교환이 이루어져야 한다.

02 환율은 다른 국가의 화폐로 나타낸 한 국가의 화폐 가격이다.

03 외환은 어떤 국가의 국내 화폐가 아닌 다른 모든 국가의 화폐이다. 국제수지는 한 국가가 기타 세계와 재화, 서비스, 자산을 거래한 기록이자, 한 국가의 외환공급(원천)과 외환수요(용도)에 대한 기록이다.

04 개방경제에서 일부 소득은 국내에서 생산된 재화가 아닌 해외에서 생산된 재화에 지출된다. 개방경제에서 의도된 국내 총지출을 계산하려면 수출을 더하고 수입을 빼야 한다. 즉 개방경제에서 의도된 국내 총지출은 $AE \equiv C + I + G + EX - IM$이다. 개방경제는 총생산(총소득)($Y$)이 의도된 국내 총지출과 같을 때 균형을 이룬다.

05 개방경제에서 승수는 $1/[1 - (MPC - MPM)]$이다. 여기서 MPC는 한계소비성향이고 MPM은 한계수입성향이다. 한계수입성향은 소득의 1달러 변화로 인한 수입의 변화이다.

06 수입 수준에 영향을 미치는 요인은 소득뿐만 아니라 세후 실질임금, 세후 비노동소득, 이자율, 국내에서 생산된 재화와 해외에서 생산된 재화의 상대가격이다. 수출에 대한 수요는 기타 세계의 경제활동과 상대가격에 따라 결정된다.

07 미국의 경제활동이 증가하면 전 세계의 경제활동이 증가하고 이것이 미국으로 되돌아온다. 미국의 수입 증가는 다른 국가의 수출을 증가시켜 그 국가의 경제를 부양하고 수입이 증가한다. 이는 미국의 수출을 증가시켜 미국의 경제를 부양하고 수입을 증가시키는 등의 일이 이어지는데, 이것을 무역 피드백 효과라고 한다.

08 다른 국가의 수출 가격은 미국의 수입 가격에 영향을 미친다. 해

외의 인플레이션율은 미국의 수입 가격에 영향을 미칠 수 있다. 해외의 인플레이션율이 높으면 미국의 수입 가격이 상승할 가능성이 있다.

09 한 국가의 수출은 다른 국가의 수입이므로 수출 가격의 상승은 다른 국가의 수입 가격을 상승시킨다. 다른 국가의 수입 가격이 상승하면 그 국가의 국내 가격과 수출 가격이 상승한다. 요약하면 수출 가격은 수입 가격에 영향을 미치고 그 반대도 성립한다. 이러한 가격 피드백 효과는 인플레이션이 '수출될 수 있다'는 것을 의미한다. 한 국가의 물가수준이 상승하면 다른 국가의 물가가 상승할 수 있으며, 이는 다시 이 국가의 물가수준을 더욱 높인다.

10 외환시장에서 외국 화폐의 수요량이 외국 화폐의 공급량과 일치할 때 균형환율이 결정된다.

11 한 화폐의 가치가 다른 화폐에 비해 하락하면 화폐의 절하가 발생하고, 한 화폐의 가치가 다른 화폐에 비해 상승하면 화폐의 절상이 발생한다.

12 일물일가의 법칙에 따르면 수송 비용이 작은 경우 동일한 재화의 가격이 각국에서 거의 같아야 한다. 구매력 평가 이론은 유사한 재화의 가격이 각국에서 같아지도록 환율이 조정된다는 이론이다. 실제로는 많은 재화의 수송 비용이 매우 커서 일물일가의 법칙이 성립하지 않는다.

13 다른 국가에 비해 상대적으로 높은 한 국가의 인플레이션율은 두 국가 간의 환율에 압력을 가하고, 인플레이션율이 높은 국가의 화폐가 일반적으로 절하되는 경향이 있다.

14 달러가 절하되면 미국의 수출재가 저렴해져서 해외에서 더 경쟁력이 있으며, 미국의 수입재가 더 비싸져서 소비자가 미국산 재화와 서비스를 구매하므로 미국의 GDP가 증가되는 경향이 있다.

15 화폐의 절하가 국제수지에 미치는 영향은 명확하지 않다. 단기적으로 화폐의 절하는 수입재 가격을 상승시키기 때문에 무역수지 적자가 증가할 수 있다. 수입재 가격의 상승은 수입재의 수요량을 감소시키는데, 화폐의 절하가 수입재 가격에 미치는 영향은 일반적으로 빨리 나타나는 반면 수출량과 수입량이 가격 변화에 반응하는 데에는 시간이 걸린다. 이러한 초기 효과는 음일 수 있으나 시간이 지나면 수출과 수입이 반응한 후 순효과가 양으로 바뀐다. 한 국가의 화폐가 절하될 때 처음에는 무역수지가 악화되었다가 이후에 개선될 수 있는데 이를 J 곡선 효과라고 한다.

16 한 국가의 화폐 절하는 물가수준을 상승시키는 경향이 있는데 그 이유는 두 가지이다. 첫째, 화폐의 절하는 의도된 총지출을 증가시켜 총수요곡선이 오른쪽으로 이동한다. 경제가 생산능력에 근접하게 작동하고 있으면 물가수준이 상승할 것이다. 둘째, 화폐가 절하되면 수입되는 투입재가 더 비싸진다. 이로 인해 생산비용이 증가하면 총공급곡선이 왼쪽으로 이동한다. 총수요가 변하지 않는다면 물가수준이 상승한다.

17 환율이 변동할 때 미국의 확장적 통화정책은 이자율을 떨어뜨리고 의도된 투자와 소비지출을 증가시킨다. 이자율의 인하는 미국 증권에 대한 외국인의 수요를 감소시키고 외국 증권에 대한 미국 투자자의 수요를 증가시켜 달러가 절하된다. 미국의 긴축적 통화정책은 달러를 절상시킨다.

18 변동환율이 항상 정책 담당자에게 유리하게 작동하는 것은 아니다. 확장적 재정정책으로 달러가 절상되고 승수가 감소될 수 있다.

핵심 용어

가격 피드백 효과(price feedback effect)
경상수지(balance on current account)
구매력 평가 이론(purchasing-power-parity theory)
국제수지(balance of payments)
무역수지(balance of trade)
무역적자(trade deficit)
무역 피드백 효과(trade feedback effect)
변동환율(floating exchange rate)
시장결정환율(market-determined exchange rate)
외환(foreign exchange)
일물일가의 법칙(law of one price)
재화와 서비스의 순수출(net exports of goods and services, $EX - IM$)
한계수입성향(marginal propensity to import, MPM)
화폐의 절상(appreciation of a currency)
화폐의 절하(depreciation of a currency)
환율(exchange rate)
J 곡선 효과(J-curve effect)

연습문제

01 고정환율이라면 다음의 각 경우는 경상수지에 어떤 영향을 미치는가? 변동환율이라면 경상수지에 어떤 영향을 미치는가?

a. 인도 정부가 세금을 인상하여 소득이 감소한다.

b. 중국의 인플레이션율이 높아지고 중국의 물가가 무역 상대국보다 빠르게 상승한다.

c. 인도가 긴축적 통화정책을 채택한다. 이자율이 상승하여 다른 국가의 이자율보다 더 높아지고 소득이 감소한다.

d. 의류 회사의 '일본산 제품 구매 운동'이 성공을 거두어 일본 소비자가 수입재 대신 일본산 재화를 구매한다.

02 미국 달러와 유로의 환율은 자유롭게 변동한다. 즉 두 정부는 외환시장에 개입하지 않는다. 미국 대통령이 유럽으로부터의 특정 수입재에 관세를 부과하기로 결정했다고 가정하자. 또한 그는 미국 달러가 다른 화폐에 비해 너무 강하고 미국이 경쟁우위를 회복하려면 약세화되어야 한다고 주장했다.

a. 미국의 소비는 어떻게 변화할 것인가?

b. 미국에서 소득이 증가하면 어떤 일이 발생하는가?

c. 유럽산 재화의 수출 감소는 달러/유로 환율에 어떤 영향을 미치는가?

d. 유럽산 수입재에 대한 관세의 영향을 생각해보라. 유럽연합은 미국의 관세 부과에 어떻게 대응할 것인가?

03 다음은 하이포세티카의 경제를 나타내는 모형이다.

(1) 소비함수: $C = 80 + 0.75Y_d$

(2) 의도된 투자: $I = 49$

(3) 정부지출: $G = 60$

(4) 수출: $EX = 20$

(5) 수입: $IM = 0.05Y_d$

(6) 처분가능소득: $Y_d = Y - T$

(7) 세금: $T = 20$

(8) 의도된 총지출: $AE = C + I + G + EX - IM$

(9) 균형소득의 정의: $Y = AE$

a. 하이포세티카의 균형소득, 재정적자, 경상수지는 얼마인가?

b. 정부지출이 75로 증가하면 균형소득에 어떤 일이 일어나는지 정부지출승수를 이용하여 설명하라. 수입에는 어떤 일이 일어나는가?

c. 수입에 대한 쿼터 부과로 수입이 $IM = 25$로 제한된다고 하자. 정부지출이 60에서 75로 증가하면 균형소득에 어떤 일이 일어나는가? G가 같은 크기 증가했음에도 (b)의 경우보다 소득에 더 큰 영향을 미치는 이유는 무엇인가? 승수의 크기를 변화시키는 수입의 존재는 어떤 역할을 하는가?

d. 수출이 $EX = 20$에서 고정되어 있다면 경상수지가 0이 되기 위해서는 소득이 얼마여야 하는가? (힌트: 소득에 따라 수입이 달라지므로 수입이 수출과 일치되는 소득수준은 얼마여야 하는가?) 경상수지가 균형을 이루려면 정부지출을 얼마나 줄여야 하는가? (힌트: 이 문제의 첫 질문에 대한 답을 이용하여 얼마나 소득을 감소시켜야 하는지 결정하라. 그리고 승수를 사용하여 그만큼 소득을 감소시키는 데 필요한 G의 감소 크기를 계산하라.)

04 2014년 1월 3일에 유로는 1.36658달러에 거래되었고 2018년 8월 20일에 유로의 가치는 1.15달러였다. 유로에 대해 달러가 강세를 보인 이유는 무엇인가?

05 다음 그림은 변동환율이 결정되는 외환시장의 현재 모습을 보여준다.

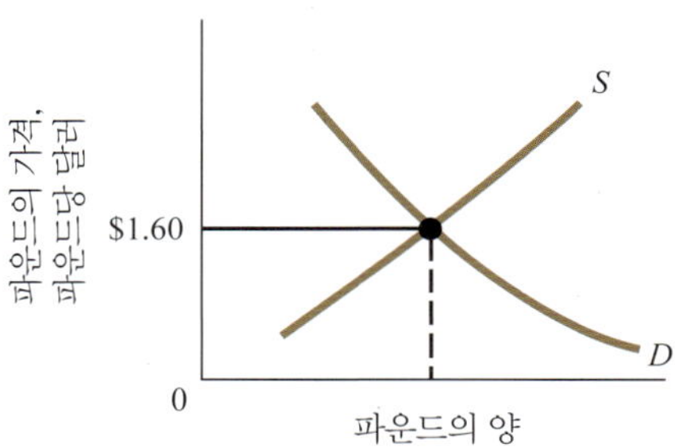

a. 수요곡선을 오른쪽으로 이동시킬 수 있는 세 가지 요인은 무엇인가?

b. 이 세 가지 요인 중 동시에 공급곡선을 왼쪽으로 이동시킬 수 있는 것은 무엇인가?

c. 환율이 변동하면 세 가지 요인은 각각 무역수지에 어떤 영향을 미칠 수 있는가?

06 덴마크 크로네와 미국 달러의 환율이 7DKK = $1, 칠레 페소와 미국 달러의 환율이 650CLP = $1라고 하자.

a. 두 환율을 외국 화폐당 미국 달러로 나타내라.

b. 덴마크 크로네와 칠레 페소의 환율은 얼마인가? 이 환율을 1크로네 기준, 1페소 기준으로 나타내라.

c. 크로네와 달러의 환율이 5DKK = $1가 되고 페소와 달러의 환율이 700CLP = $1가 되었다고 하자. 크로네, 달러, 페소가 각각 다른 두 화폐에 대해 절상되는지 절하되는지 설명하라.

07 영국 파운드와 미국 달러의 환율이 £1 = $1.50라고 하자.

a. 달러에 대한 파운드의 수요와 공급을 나타내는 그래프를 그

려라.

b. 영국중앙은행이 긴축적 통화정책을 시행하면 파운드와 달러의 환율에 어떤 일이 일어나는지 설명하고 이것을 그래프에 나타내라. 달러가 파운드에 비해 절상되는지 절하되는지 설명하라.

c. 미국 정부가 확장적 재정정책을 시행하면 파운드와 달러의 환율에 어떤 일이 일어나는지 설명하고 이것을 그래프에 나타내라. 달러가 파운드에 비해 절상되는지 절하되는지 설명하라.

08 캐나다는 미국의 무역 상대국 중 두 번째로 크다(최근에 중국이 추월했다). 2017년에 캐나다에 대한 미국의 수출은 3,400억 달러 이상이었고 캐나다로부터의 수입은 3,320억 달러 이상이었다. 2017년 1월 1일에 캐나다 달러와 미국 달러의 환율은 1.34 캐나다 달러 = 1 미국 달러였고, 2018년 1월 1일에 캐나다 달러와 미국 달러의 환율은 1.26 캐나다 달러 = 1 미국 달러였다. 이러한 환율 변동이 미국 소비자와 기업에 어떤 영향을 미칠 수 있는지 설명하라.

09 미국 달러와 영국 파운드의 환율은 정부의 개입 없이 변동한다. 영국과의 대규모 무역적자로 미국이 일부 영국산 수입재에 쿼터를 부과하여 영국산 수입재의 양이 감소한다면 달러/파운드 환율에 어떤 일이 일어나는가? 그 이유는 무엇인가? (힌트: 파운드의 초과 공급, 즉 달러에 대한 초과 수요가 있다.) 각 화폐 가치의 변화는 미국의 고용과 생산에 어떤 영향을 미치는가? 무역수지에는 어떤 영향을 미치는가? (힌트: J 곡선과 같은 복잡한 사항을 무시하라.)

10 다음 표는 아스토리아, 보르기아, 칼리스토가의 1년간 물가수준과 이자율의 변화를 보여준다. 이 데이터를 토대로 주어진 1년 동안 다른 두 국가의 화폐에 비해 아스토리아 아스터에 어떤 일이 일어났는지 설명하라. 답을 뒷받침하기 위해 가격을 보르기아 보르그당 아스터, 칼리스토가 칼리당 아스터로 나타내고 수량을 보르그의 양, 칼리의 양으로 나타낸 수요 및 공급 곡선을 사용하라.

국가/화폐	2018년 1월 1일 물가지수	2019년 1월 1일 물가지수	2018년 1월 1일 이자율	2019년 1월 1일 이자율
아스토리아/아스터	100	110	4%	6%
보르기아/보르그	120	132	4%	8%
칼리스토가/칼리	150	168	4%	6%

경제학적 사고 키우기

01 플로리다대학의 대학원생인 타니아는 코스타리카 출신이다. 그녀는 대학원생으로서 약간의 급여를 받고 이 중 일부를 코스타리카에 있는 가족에게 보낸다. 이러한 이전지불은 미국의 경상수지에 양의 항목으로 표시되는가, 음의 항목으로 표시되는가? 코스타리카의 경상수지에는 어떻게 표시되는가?

02 2015~2016년에 멕시코 페소의 가치가 크게 절하되자 멕시코의 많은 비평가는 이를 안타까워하면서 당시 대통령이었던 엔리케 페냐 니에토(Enrique Peña Nieto)를 비난했다. 왜 멕시코 페소의 절하가 좋은 일이 될 수 있는가?

CHAPTER 35

개발도상경제의 경제성장

목차와 학습목표

35.1 개발도상국의 삶: 인구와 빈곤

개발도상국의 특성을 파악한다.

35.2 경제개발의 원천과 전략

경제개발의 원천과 전략을 이해한다.

35.3 개발 개입

개발경제학자가 사용하는 개입 방법을 이해한다.

2000년에 유엔의 189개 모든 회원국은 개발도상국을 위한 여덟 가지 새천년 개발 목표를 2015년까지 달성하기 위해 노력하기로 합의했다. 이 목표에는 기아 근절 및 보편적인 초등교육 시행, 아동과 산모 사망률 감소, 양성평등 강화, 환경의 지속가능성 등이 포함된다. 15년이 지난 2015년에 유엔은 이러한 목표 대부분에 상당한 진전이 있었다고 보고했다. 아동과 산모의 사망률이 15년 동안 절반으로 줄어들었으며, 후천성 면역결핍증(HIV)과 말라리아에 의한 사망이 극적으로 감소하고 초등학교 출석이 증가했다. 그럼에도 불구하고 이 보고서에서 유엔은 "가장 빈곤하고 가장 취약한 사람들이 여전히 뒤처져 있다"고 결론을 내렸다.[1] 전 세계적으로 저개발 상태가 지속되는 이유는 무엇이며, 이를 위해 무엇을 할 수 있는가?

이 장에서는 개발도상국과 선진국을 비교하는 데이터를 살펴보면서 시작한다. 유엔이 하는 노력의 특징 중 하나는 데이터 수집 및 분석의 중요성에 초점을 맞춘다는 것이다. 이러한 맥락에서 경제개발을 위한 일반적인 전략을 파악한 다음 주로 최빈곤층 가계에 중점을 둔 개발도상국의 특정 개입 정책에 대한 증거를 살펴본다. 이를 설명하면서 특정 개입 정책이 작동하는지, 작동하지 않는지를 결정하는 최선의 방법에 관한 경제학의 일부 방법론적 문제를 다룰 것이다.

35.1 개발도상국의 삶: 인구와 빈곤

학습목표

개발도상국의 특성을 파악한다.

글로벌사우스 아시아, 아프리카, 남미의 개발도상국

2015년에 세계의 인구는 70억 명을 넘어섰다. 세계의 200개국 이상이 대부분 **글로벌사우스**(Global South)라는 개발도상 세계에 속하며, 이러한 개발도상 세계에 세계 인구의 약 3/4이 살고 있다.

지난 10년 동안의 급속한 경제발전으로 일부 개발도상국은 선진국에 다가섰다. 하루에 1.25달러도 벌지 못하는 극심한 빈곤자가 세계 인구의 47%에서 14%로 감소했다. 여전히 글로벌사우스에 속하는 아르헨티나와 칠레 같은 국가에는 활기찬 중산층이 있다. 이전에 소비에트 블록에 속했던 러시아와 많은 국가도 중소득 국가로 올라섰다. 중국과 인도는 아직도 글로벌사우스의 몇 가지 도전을 겪고 있기는 하지만 경제대국이 되는 중이다. 현재 중국의 국내총생산(GDP)은 미국에 이어 세계에서 두 번째이다. 세계의 다른 지역, 특히 아시아와 사하라 사막 이남 아프리카 지역은 대부분 유엔 등이 정한 행복의 핵심 기준에 못 미친다. 개발경제학의 핵심 과제는 일부 국가가 왜 뒤처져 있는지, 과거의 성공적인 전략이 이러한 국가에 어떤 교훈을 주는지를 밝히는 것이다.

표 35.1은 1990년과 2013년 12개국의 새천년 개발 목표의 두 가지 인적자본 척도인 5세 미만 사망률과 15~24세 문자 해독률을 보여준다. 다음 절에서 살펴보겠지만 건강과 교육은 경제개발의 핵심 요소이다. 31장에서 경제성장에 대해 살펴보면서 언급했듯이 인적자본은 경제성장을 촉진하는 데 매우 중요하다.

이 자료는 무엇을 알려주는가? 좋은 소식은 25년 동안 두 척도 모두에서 진전이 있었다는 것이다. 모든 선진국과 개발도상국에서 아동 사망률이 감소하고 문자 해독률이 증가했다. 특히 중국의 아동 사망률이 현저히 낮아졌다. 그러나 글로벌노스와 글로벌사우스의 격차가 아직도 크다. 2014년에 사하라 사막 이남 아프리카 국가에서는 아동 10명 중 1명이 5세 전에 사망했다. 나이지리아,

1 UN, Millennium Development Goals 2015 Report.

표 35.1 1990년과 2013년 주요 국가별 아동 사망자 수(1,000명당)와 문자 해독률의 변화

	1990년 5세 미만 사망자	2013년 5세 미만 사망자	1990년 15~24세 문자 해독률	2013년 15~24세 문자 해독률
아프가니스탄	179.1	97.3	Na	47.0
앙골라	225.9	167.4	Na	73.0
호주	9.2	4.0	100.0	100.0
차드	214.7	147.5	17.3	48.9
중앙아프리카공화국	176.9	139.2	Na	36.4
중국	53.9	12.7	94.3	99.6
덴마크	8.9	3.5	100.0	100.0
기니비사우	224.8	123.9	Na	74.3
인도	125.9	52.7	61.9	81.1
나이지리아	327.3	104.2	Na	23.5
시에라리온	267.7	160.6	Na	62.7
미국	11.2	6.9	100.0	100.0

출처: UN, Millennium Development Goal Data, 2015.

차드, 중앙아프리카공화국 등 일부 아프리카 국가의 문맹률은 성인 인구의 절반 이상에 해당할 만큼 여전히 높다. 더욱이 글로벌사우스는 초등교육수준이 향상된 데 반해 글로벌노스는 대부분의 인구에게 대학교육을 제공하여 인적자본의 우위를 지키고 있다. 개발도상국은 생활수준과 특별한 성장 경험에 상당한 다양성이 있지만 현저한 차이로 인해 선진국과 계속 분리되어 있다.

글로벌사우스에서는 인구의 대부분이 농사짓기가 힘들고 매우 비효율적인 농촌 지역에 살고 있다. 농부는 적은 자본을 가지고 일하기 때문에 생산성이 낮다. 농부의 생산성이 낮다는 것은 일인당 농업 생산이 농부 자신의 가족을 먹여 살리기에 충분하지 않다는 것을 의미한다. 유엔의 자료에 따르면 2015년에 주로 개발도상국에서 거주하는 8억 3,600만 명이 심각한 영양 결핍 상태이다. 게다가 많은 개발도상국은 내란과 전쟁에 시달리고 있다.

최근 몇 년간 일부 국가가 발전하면서 불평등이 커지는 것에 대해 우려의 목소리가 높다. 인도는 세계은행의 저소득 국가 목록에 포함되지만 뭄바이는 세계 10대 상업 지역 중 하나이고 세계 최대 영화 산업인 발리우드의 본거지이다. 또한 중국은 급속한 경제성장으로 도시 지역이 풍요를 누리는 반면 농촌 인구는 여전히 뒤처져 있다. 이 장에서 살펴볼 특정 개입 정책은 소득 분배의 최하위 계층에 속하는 가계를 주류 경제로 끌어들이는 전략을 고안하는 데 초점을 맞추고 있다.

35.2 경제개발의 원천과 전략

학습목표

경제개발의 원천과 전략을 이해한다.

경제학자들은 18~19세기의 애덤 스미스와 데이비드 리카도 이후 경제의 성장 및 개발을 이해하려고 노력해왔으나 개발도상국에 적용되는 개발경제학의 연구는 그 역사가 훨씬 더 짧다. 제2차 세계대전 이후의 지정학적 투쟁은 개발도상국과 그들의 경제 문제에 대한 관심을 점점 더 불러일으켰

경제학의 적용

아동의 키를 통해 알 수 있는 것

새천년 개발 목표의 첫 번째는 극심한 기아 상태인 가계의 수를 대폭 감소시키는 것이다. 전 세계적으로 5세 미만 아동 4명 중 1명은 영양 실조로 발육이 부진하여 키가 매우 작다. 이러한 아동 중 절반은 아시아에, 1/3은 아프리카에 있다. 어릴 적의 영양 부족은 영구적인 흔적을 남겨 수명과 소득에도 반영된다.

최근 한 경제학 논문은 인도의 발육부진 상황에 초점을 맞추었다. 인도의 발육부진율은 훨씬 더 빈곤한 아프리카 국가를 능가하는 세계 최고 수준이다. 더욱이 지난 10년간 급속한 성장에도 불구하고 발육부진율을 감소시키는 데 거의 진전이 없었다. 노스웨스턴대학의 시마 자야찬드란(Seema Jayachandran)과 하버드대학 케네디스쿨의 로히니 판데(Rohini Pande)는 그 이유를 규명하기 위해 몇 가지 대규모 데이터셋을 조사했다.[1]

첫 번째 실마리는 인도의 발육부진 패턴에서 찾을 수 있다. 데이터를 검토한 자야찬드란과 판데는 인도의 첫아들이 아프리카의 첫아들보다 더 크다는 것을 발견했다. 그다음에 태어난 자녀에게만 발육부진이 나타나고 자녀의 수만큼 발육부진의 정도가 심해졌다. 부모가 아들을 낳으려고 계속 시도하는 가운데 특히 오빠가 없는 딸들이 혜택을 받지 못했다.

이 논문에서 드러난 발육부진 패턴은 새천년 개발 목표의 관심사인 기아와 양성평등에 이목을 집중시킨다. 인도의 높은 발육부진율은 인도 가정의 아들 선호가 강하고 가정의 빈곤에도 불구하고 첫아들의 생존을 위해 불균형적으로 가계의 자원을 투자하기 때문으로 볼 수 있다.

질문

- 전반적인 경제성장이 발육부진율을 개선하지 못하는 이유는 무엇인가?

[1] Seema Jayachandran and Rohini Pande, "Why are Indian Children so Short?" *American Economic Review* 2017, 2600–2629.

다. 이 기간 동안 개발경제학의 새로운 분야는 왜 어떤 국가는 가난하고 어떤 국가는 부유한지에 대한 의문을 제기했다. 경제학자들이 국가 발전을 가로막는 경제성장의 장애 요인과 국가 발전에 도움을 주는 전제 조건을 이해할 수 있다면 경제발전을 달성하기 위한 전략을 처방할 수 있을 것이다.

일부 국가는 왜 가난한지, 그리고 이들이 빈곤에서 벗어나도록 어떻게 도울 수 있는지에 관한 논쟁이 활발하게 이루어졌다. 존 베이츠 클라크 상을 수상한 MIT대학 교수 아브히지트 바네르지(Abhijit Banerjee)와 에스테르 뒤플로(Esther Duflo)는 함께 저술한 《가난한 사람이 더 합리적이다(Poor Economics)》에서 왜 어떤 국가는 가난하고 어떤 국가는 부유한지에 답하기가 현재로서는 불가능하며, 어떤 유형의 개입 정책이 가계가 빈곤에서 벗어나는 데 도움이 되는지가 더 적절한 질문이라고 주장한다.[2] 이는 이 장의 마지막 절에서 다룰 것이다.

경제개발의 원천

모든 국가에 적용할 수 있는 경제발전의 일반 이론은 등장하지 않았지만 빈곤국의 경제성장을 제한하는 몇 가지 기본 요인은 제시되어 있다. 여기에는 불충분한 자본 형성, 인적자원과 경영 능력의 부족, 사회기반시설의 부족이 포함된다.

자본 형성 거의 모든 개발도상국은 특히 노동에 비해 자본이 부족하다. 부족한 실물자본(공장, 기계, 농기구, 기타 생산적 자본)의 스톡은 노동생산성을 제한하고 국민생산의 성장을 방해한다.

2 Abhijit Banerjee and Esther Duflo, *Poor Economics*, Perseus Books, 2011.

컬럼비아대학 지구연구소 교수이자 새천년 개발 목표를 만드는 데 힘을 보탠 핵심 경제학자인 제프리 삭스(Jeffrey Sachs)는 빈곤국이 빈곤에서 벗어나는 데 자본의 역할을 강조했다.[3] 나쁜 기후, 부족한 자원, 질병에 직면한 빈곤국이 개발을 위한 자본을 축적하기는 어렵다. 이들은 흔히 **빈곤의 악순환**(vicious circle of poverty)이라고 일컫는 '빈곤의 함정(poverty trap)'에 빠져 있다. 투자가 없으면 자본스톡이 증가하지 않고 소득이 낮으며 빈곤의 악순환이 이루어진다. 빈곤이 절로 계속되는 것이다.

빈곤의 악순환 빈곤국은 성장에 도움이 되는 자본스톡을 축적할 만큼 저축하고 투자할 수 없기 대문에 빈곤이 절로 계속되는 것

제프리 삭스는 빈곤국이 빈곤에서 벗어날 수 있는 수단으로 공공투자와 민간투자에 필요한 핵심 자본을 제공하는 해외 원조를 이용할 수 있다고 주장한다. 실제로 삭스는 연간 1,950억 달러의 해외 원조로 20년 안에 글로벌 빈곤을 제거할 수 있다고 추정한다. 다른 경제학자들은 해외 원조가 그러한 역할을 할 수 있다고 확신하지 못한다. 뉴욕대학 개발연구소 소장인 윌리엄 이스털리(William Easterly)가 저술한《성장, 그 새빨간 거짓말(The Elusive Quest for Growth)》, 잠비아 경제학자인 담비사 모요(Dambisa Moyo)가 저술한《죽은 원조(Dead Aid)》에서는 해외 원조가 지역 기업가를 위한 시장 인센티브를 왜곡하여 실제로 개발을 방해할 수 있다고 주장한다.[4,5]

빈곤국이 스스로 자본을 형성할 수 없다는 가정을 둘러싼 의문도 있다. 1900년 일본의 일인당 GDP는 오늘날의 많은 개발도상국보다 훨씬 낮았으나 지금 일본은 선진국에 속한다. 일인당 자본 수준이 낮았던 많은 국가 중에서 중국과 같은 국가는 지난 20년간 성장하고 발전한 반면 어떤 국가는 여전히 뒤처져 있다. 최빈국이라도 조건만 맞으면 활용할 수 있는 자본 여력이 어느 정도 있다. 오늘날의 많은 비평가는 일부 개발도상국의 자본 부족이 자본 형성을 위해 사용할 수 있는 절대적 소득의 부족보다는 국민이 저축하고 생산적으로 투자할 인센티브의 부족에 기인한 것일 수 있다고 믿는다. 개발도상국의 많은 부자는 저축을 정치적 위험이 더 큰 자국 대신 유럽이나 미국에 투자한다. 미국으로 이전된 저축은 개발도상국의 실물자본을 증가시키지 못한다. 이처럼 인적자본과 금융자본(국내 저축)이 더 높은 기대수익률이나 위험이 더 낮은 수익률을 찾아 개발도상국을 떠나는 것을 **자본도피**(capital flight)라고 한다. 가격 상한제, 수입 통제, 사유재산의 노골적 전용과 같은 개발도상국의 정부 정책은 투자를 막는 경향이 있다. 국내 자본 형성을 촉진하는 회계 시스템, 재산권 관련 법률과 금융기관의 역할에 대한 관심이 점점 커지고 있다.

자본도피 인적자본과 금융자본(국내 저축)이 더 높은 기대수익률이나 위험이 더 낮은 수익률을 찾아 개발도상국을 떠나는 것

자본 부족의 원인이 무엇이든 간에 생산적 자본의 부재가 소득 증가를 막는다는 것은 분명하다. 자본의 이용 가능성은 경제성장의 필요조건이지만 충분조건은 아니다. 경제성장을 이루기 위해서는 다른 요소도 필요하다.

인적자원과 경영 능력 재화를 생산하는 데 필요한 요소는 자본뿐만이 아니다. 노동도 마찬가지로 중요하다. 근로자가 생산력을 갖추려면 건강해야 한다. 오늘날 질병은 대부분의 세계에서 개발을 위협하는 주요 요인이다. 2015년에 약 429,000명이 말라리아로 사망했으며 이들은 거의 아프리카 사람이었다. 2016년에 HIV/AIDS로 100만 명이 사망했는데 이들도 대부분이 아프리카 사람이었으며, 아프리카에서 AIDS로 인한 고아가 1,400만 명에 달했다. 또한 철분 부족과 기생충은 개발도상국 근로자의 체력을 떨어뜨린다. 말라리아와 HIV/AIDS 통제는 2015년 새천년 개발 목

3 Jeffrey Sachs, *The End of Poverty: Economic Possibilities for Our Time*, Penguin Press, NY, 2005.

4 William Easterly, *The Elusive Quest for Growth*, MIT Press, 2001.

5 Dambisa Moyo, *Dead Aid: Why Aid is Not Working and How There Is a Better Way for Africa*, Allen Lane, 2009.

표로서 상당한 진전을 이루었으나 아직도 할 일이 많이 남아 있다.

표 35.1에서 보듯이 저소득 국가의 문자 해독률은 고소득 국가보다 뒤떨어진다. 근로자는 교육과 훈련을 받아야 생산적이 된다. 예를 들어 전문 훈련뿐만 아니라 기본적인 문자 해독은 각 근로자와 경제 모두에 높은 이득을 안겨줄 수 있다. 인적자원이 경제발전의 핵심 요인이라는 믿음 때문에 많은 개발도상국에서는 정부지출 항목 중 교육이 가장 큰 비중을 차지하게 되었다. 그럼에도 불구하고 많은 개발도상국에서 많은 아동, 특히 여자 아이는 약간의 진전을 보였으나 단지 몇 년의 정규 교육만 받는다. 근로자의 숙련도는 임금 보상을 증가시키기 때문에 높은 문맹률은 한 국가의 GDP에 부정적인 영향을 상당히 미친다.

금융자본과 마찬가지로 인적자본도 높고 안전한 수익률을 추구한다. 개발도상국 출신의 수많은 학생이 정부의 지원을 받아 미국 대학을 졸업하고 있다. 이들은 졸업 후 미국에서 높은 급여를 받을 것인지, 본국으로 돌아가 훨씬 낮은 급여를 받을 것인지 어려운 선택의 기로에 서게 되는데, 많은 학생이 미국에 남는다. 이러한 **인재유출**(brain drain)로 개발도상국의 유능한 사람들이 해외로 빠져나가고 있다.

인재유출 개발도상국 출신의 유능한 사람들이 선진국에서 교육을 받고 졸업 후 그곳에 남는 현상

개발도상국이 발전함에 따라 교육을 받은 근로자의 흐름에 어떤 일이 일어나는지 살펴보는 것은 흥미롭다. 미국에서 공부한 중국과 인도 출신 학생들 중 새로이 성장하는 경제에서 자신의 능력을 펼치기 위해 본국으로 돌아가는 경우가 증가하고 있다. 이러한 인적자본의 복귀는 성장을 촉진하며, 경제성장이 이루어지고 있다는 신호이기도 하다. 실제로 개발경제학자들은 인도 부모의 자녀를 위한 학교 선택이 고용의 변화에 매우 민감하게 반응한다는 증거를 발견했다.[6] 경제성장과 인적자본은 서로에게 영향을 미친다.

교육을 받은 근로자는 선진국에 남더라도 본국의 성장에 기여할 수 있다. 최근에 경제학자들은 최근 이민자들이 저개발 국가에 있는 가족에게 보내는 송금을 연구했다. 이 송금액은 정확히 측정하기가 어렵지만 연간 1,000억 달러로 추산된다. 이 돈은 본국에 있는 가족의 주거와 교육에 쓰이고 소규모 사업에 투자 자본을 제공하기도 한다. 미국에 있는 불법 이민자가 멕시코로 보내는 송금이 매년 20%씩 증가했으나 2007년에 이민법 집행이 강화됨에 따라 감소하기 시작했다. 이러한 송금은 2008~2009년에 경기후퇴로 더욱 감소했으나 그 이후에 회복되었다. 2016년에 미국에서 멕시코로의 송금액은 사상 최고치인 270억 달러에 달했으며, 이는 멕시코 소득의 거의 3%를 차지했다.[7]

최근 들어 경제개발에서 차지하는 기업가 정신의 역할을 점점 더 인식하게 되었다. 미국의 초기 산업 성장에 크게 이바지한 19세기의 상징적 기업들—스탠더드오일(Standard Oil), 유에스스틸(U.S. Steel), 카네기스틸(Carnegie Steel)—은 창업자의 적은 자본으로 시작되었다. 중국의 최대 검색엔진 중 하나인 바이두(Baidu)는 에릭 쑤(Eric Xu)와 로빈 리(Robin Li)가 창업하여 현재 나스닥에 상장되어 있으며, 중국의 대표적 온라인 소매업체인 알리바바(AliBaba)도 이와 마찬가지이다. 기업 전문 저술가들은 이 두 기업을 구글(Google), 아마존(Amazon)과 비교하곤 한다. 위험을 감수

6 이 분야의 고전적 연구는 Kaivan Munshi and Mark Rosenzweig, "Traditional Institutions Meet the Modern World: Caste, Gender, and Schooling Choice in a Globalizing Economy," *American Economic Review*, September 2006, 1225-1252이고, 최근의 연구는 Emily Oster and Bryce Millett, "Do Call Centers Promote School Enrollment? Evidence from India, *Journal of Development Economics*, September 2013이다.

7 Juan Jose, Li Ng and Carlos Serrano, "Mexico Yearbook of migration and remittances," 2017, BBVA Research Report.

경제학의 적용

부패

부패는 경제발전의 가장 큰 장애물 중 하나이다. 개발 전문가들은 일부 국가에서 낮은 경제개발 수준으로 인한 빈곤과 문맹이 높은 부패 수준의 본질적인 주범이라고 주장한다.

그렇다면 부패는 정확히 무엇을 의미하는가? 베를린에 본부를 둔 비정부 조직인 국제투명성기구(Transparency International, TI)는 부패를 '사적 이득을 얻기 위해 위임된 권한을 남용하는 것'이라고 정의한다. TI는 부패를 대규모 부패, 사소한 부패, 정치적 부패로 구분한다. 이 스펙트럼의 한쪽 끝에서는 공공의 이익을 희생시키면서 지도자와 정치인에게 이득을 안겨주는 법률과 정책의 집행 권한을 사용하는 고위 정책 담당자들이 거대한 정치적 부패를 저지르고 있다. 반대쪽 끝에서는 일반 시민에게 공공재와 서비스를 제공하는 과정에서 중하위 공무원들이 사소한 부패를 저지르고 있다. 이러한 부패는 뇌물 수수부터 공금 횡령에 이르기까지 다양하다. 지난 20년 동안 TI는 전문가와 기업가의 인식에 대한 설문조사를 바탕으로 국가 순위를 매기는 부패인식지수(Corruption Perceptions Index, CPI)를 사용하여 부패를 평가해왔다. CPI는 0~100점 척도로, 0점은 부패가 심하다는 의미이고 100점은 부패가 없음을 나타낸다. 대부분의 개발도상국은 40점 미만이다.[1]

워싱턴에 본부를 둔 세계금융청렴성기구(Global Financial Integrity, GFI)는 부패의 정의에 불법적이고 지하에서 이루어지는 활동을 추가로 포함한다. 이러한 활동의 예로는 마약 거래, 위조 및 기준 미달 약물치료, 상아 밀수, 인신매매, 석유와 천연자원 절도, 해적 행위 등이 있다. 이로 인한 피해는 조세수입 상실, 자본도피의 형태를 띤 경제적 손실일 뿐만 아니라 사회적 손실이다.

아프리카에서 부패 활동에 따른 손실이 심각하다고 규정한 유엔아프리카경제위원회(United Nations Economic Commission for Africa, UNECA)는 그 피해를 계량화했다. 이러한 손실은 연간 500억 달러에 달하고, 이는 아프리카 국가가 받는 공적 개발 원조의 거의 2배이다.[2]

부패 거래의 기타 파급 효과에는 조직범죄와 국경을 넘는 불법 이민이 포함된다. 경제협력개발기구(Organization for Economic Cooperation and Development, OECD)는 부패 퇴치를 위해 서방 국가와 아프리카 국가가 협력해야 한다고 강조한다. 필요한 구조적 · 경제적 개혁은 더 나은 지배 구조, 더 높은 책임성, 더 많은 일자리, 강화된 감시, 비공식 부문의 조직화 등이다.

질문

- TI, GFI, UNECA, OECD 웹사이트에 접속하라. 부패와 저개발의 악순환을 끊기 위해 개발도상국에 권고하는 정책은 무엇인가?

[1] Transparency International (2018). Corruption Perceptions Index 2017, 15 February, Transparency International, Berlin. Retrieved from: https://www.transparency.org/whatwedo/publication/corruption_perceptions_index_2017
[2] UN Economic Commission for Africa (2018). IFF Background, ECA. https://www.uneca.org/pages/iff-background

2017년 부패인식지수

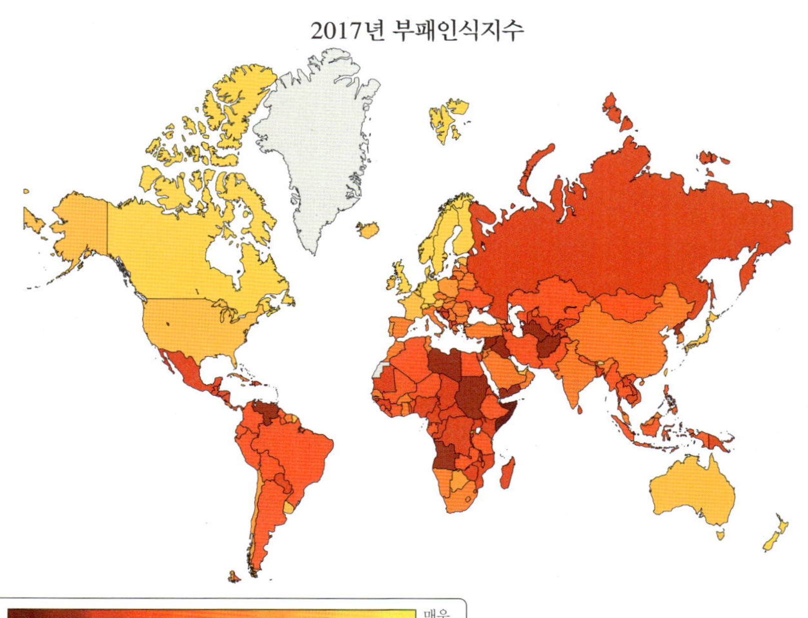

출처: Transparency International (2018). Corruption Perceptions Index.

하는 창의적인 사람들에게 기회와 인센티브를 주는 것은 경제개발을 촉진하는 데 필요한 일이다. 앞서 인용한 이스털리와 모요의 연구는 지역 기업가의 인센티브를 왜곡하고 경제성장을 저해하는, 목표가 불명확한 해외 원조의 잠재적 가능성에 초점을 맞추었다.

사회기반시설 자본 개발도상국에서 살아본 사람은 하루하루 살아가기가 얼마나 어려운지 겪어보았을 것이다. 물 공급, 열악한 도로, (전기를 사용할 수 있는 일부 지역에서의) 빈번한 정전, 효과적이지 않은 해충 구제로 인해 생활과 상거래에 어려움이 있다.

개발도상경제든 아니든 정부는 투자를 수행하는 역할을 한다. 개발도상국에서 정부는 기본적인 사회기반시설(도로, 발전, 관개 시스템)을 구축해야 한다. **사회간접자본**(social overhead capital)을 확충하는 프로젝트는 종종 민간 부문이 제대로 수행할 수 없다. 그중 많은 프로젝트는 규모의 경제로 운영되는데, 이는 프로젝트의 규모가 아주 큰 경우에만 효율적일 수 있음을 의미한다. 이러한 프로젝트는 너무 방대하여 민간 기업이나 기업 집단이 수행하기 어렵다. 어떤 경우에는 개발 프로젝트의 이익이 매우 가치 있지만 쉽게 사고 팔 수 없다. 대표적인 예는 깨끗한 공기와 마실 수 있는 물이다. 여기서 정부는 이러한 프로젝트를 진행하기 전에 자신의 역할을 해야 한다.

사회간접자본 도로, 발전, 관개 시스템과 같은 기본적인 사회기반시설

예를 들어 최근 일부 비평가들은 인도의 열악한 철도 수송 시스템이 성장 가능성을 제한한다고 주장했다. 싱가포르에서 인도로 가는 재화는 수상으로 하루 만에 쉽게 옮길 수 있으나 항구 도시에서 내륙의 공장까지 이동하는 데에는 몇 주가 걸리기도 한다. 이와 달리 중국 정부는 사회간접자본이 경제성장에 얼마나 중요한지를 깨닫고 2008~2009년 새로운 수송망을 구축하는 데 경기부양 자금의 대부분을 지출했다. 2017년에 아프리카의 주요 투자자인 중국인은 수송 비용을 줄이고 경제성장을 촉진하기 위해 에티오피아의 아디스아바바에서 지부티까지 450마일의 철도를 완공했다. '경제학의 적용: 홍수가 결혼에 영향을 미치는 방글라데시'에서는 방글라데시 정부의 사회기반시설 제공이 가져온 예상치 못한 결과를 볼 수 있다.

사회기반시설을 구축하려면 일반적으로 공적 자금이 필요하다. 많은 저개발 국가는 이러한 프로젝트를 지원하기 위해 세수를 늘리는 데 어려움을 겪는다. 지난 몇 년 동안 그리스는 가장 부유한 국민의 광범위한 조세 회피 탓에 국가 채무를 상환하기 위해 고군분투했다. '경제학의 적용: 부패'에서 알 수 있듯이 많은 저개발 국가에서는 부패로 인해 생산적인 정부 투자에 사용할 수 있는 공적 자금을 마련하는 데 어려움이 많다.

경제개발을 위한 전략

수많은 연구가 이루어졌지만 수백 개국의 경우를 살펴보면 한 국가가 빈곤에서 벗어날 수 있는 올바른 전략에 대해 일치된 견해가 없다. 그럼에도 불구하고 어떤 상황에서는 국가 차원에서 유용할 수 있는 몇 가지 유망한 전략이 있다.

정부의 역할 현대 자본주의 세계에서 대부분의 투자 자본은 은행 시스템이나 주식시장을 통해 제삼자가 기업가에게 공급한다. 자본이 흐를 수 있도록 이러한 시장이 작동하려면 신뢰가 있어야 하며, 대부분의 투자가 개인적인 것이 개입되지 않는 환경에서 신뢰를 쌓으려면 정부의 감독이 필요하다. 재무제표에 보고되는 데이터의 내용, 예금을 보호하는 방식, 대출 조건에 관한 규칙을 결정하고 시행해야 한다. 마찬가지로 정부도 현대 경제에 필요한 재산권 보호 역할을 수행한다. '경제학의 적

용: 디지털 금융으로 농업 소득 증가시키기'에서는 금융기관이 잘 발달하지 않은 방글라데시에서 개인적인 것이 개입되지 않는 대출을 대체하는 가족 간의 대출을 설명한다.

1991~1997년에 미국 기업은 시장과 투자 기회를 찾아 동유럽에 진출했으나 곧 중요한 장애물을 발견했다. 미국에서 시장 기능이 비교적 원활하게 돌아가도록 하는 제도가 동유럽에는 없었다. 미국에서는 수백 년에 걸쳐 은행 시스템, 벤처캐피털, 주식시장, 채권시장, 상품거래소, 증권 회사, 투자은행 등이 발전했지만, 과거에 공산주의였던 동유럽에서 이러한 것들이 하루아침에 만들어질 수 없었다.

오늘날 이와 유사한 문제를 중국 경제에서도 볼 수 있다. 중국의 주식시장은 지난 10년 동안 급성장했으나 중국 기업의 취약한 지배 구조와 투명성 결여 문제가 있다. 이러한 문제는 서구 기업의 투자를 방해한다.

많은 시장 지원 제도는 아주 기본적인 것이라 미국인은 그것을 당연시 여긴다. 예를 들어 사유재산 제도는 정부가 기꺼이 집행해야 하는 법률로 보호받아야 하는 일련의 권리이다. 프랑스 호텔 체인인 노보텔(Novotel)이 모스크바나 베이징에 새 호텔을 짓기로 했다고 가정하자. 노보텔은 먼저 토지를 확보한 뒤 고객에게 호텔방을 임대할 것이라고 기대하면서 건물을 세울 것이다. 이러한 투자는 소유주가 호텔방을 사용할 권리와 창출되는 이윤에 대한 권리를 보유할 수 있다는 예상하에 이루어진다. 투자가 수행되려면 그러한 권리가 일련의 재산법에 따라 보장되어야 한다. 이것은 대기업과 자기 사업을 시작하려는 러시아 기업가와 중국 기업가에게도 동일하게 적용된다. 중국의 모호한 재산권법도 문제가 될 수 있다. 예를 들어 농부는 자기 집을 소유할 수 있지만 모든 농지는 집합적으로 마을 소유이다. 농부는 농지를 관리할 권리를 가지고 있으나 소유하지는 못하기 때문에 토지를 양도하기 어렵다.

계약을 집행하기 위한 법률도 있어야 한다. 미국에는 선의로 이루어진 공식적인 약속이 깨지면 어떤 일이 발생하는지를 결정하는 방대한 법 체계가 있다. 사업은 생산과 지급의 약속을 토대로 존재한다. 계약 위반 시 법률에 따라 처리되지 않는다면 계약이 체결되지 않고 상품이 제조되지 않으며 서비스가 제공되지 않을 것이다.

또한 지적재산권의 보호는 선진 시장경제의 중요한 특징이다. 가수가 새 음반을 냈을 때 그와 스튜디오는 그 음반으로 수입을 거둘 자격이 있다. 애플(Apple) 역시 아이팟을 개발했을 때 특허소유권에 의한 수입을 거둘 권리를 확보했다. 많은 저개발 국가는 해외 투자와 자국의 현재 및 미래 투자자의 지적재산권을 보호하는 법률과 집행 방법이 부족하다. 지적재산권 보호의 결여는 무역과 국내 발명을 저해한다.

단순해 보이지만 매우 복잡한 또 다른 문제는 일련의 회계원칙을 확립하는 것이다. 미국에서 회계원칙은 법적 효력을 지닌 일반적으로 인정된 회계원칙(generally accepted accounting principles, GAAP)으로 구체화되어 있다. 기업은 주주, 조세 당국, 이해관계가 있는 사람들이 사업 성과를 살펴보고 평가할 수 있도록 수입, 지출, 자산, 부채를 반드시 기록해야 한다. 회계학 과목을 수강한 독자라면 이러한 규칙이 얼마나 상세한지 알 것이다. 수많은 규칙하에 운영되는 국가에서 사업을 시작한다고 상상해보라. 체제가 전환되는 동안 러시아에서 있었던 일이 바로 이것이다.

경제발전에는 이러한 금융 및 법률 제도가 필요하다. 이러한 제도의 결여가 일부 국가의 빈곤에 얼마나 영향을 미치는지에 대한 많은 논쟁이 있다. 아프리카 국가의 역사를 살펴본 아제모을루

(Acemoglu), 존슨(Johnson), 로빈슨(Robinson)의 연구는 일부 국가에서의 이러한 제도 결여가 빈곤의 중요한 원인이라고 제시했다.[8] 이러한 제도는 시장 및 경제와 나란히 자연스럽게 발전하므로 이러한 제도의 결여는 시장 실패의 원인이 아니라 시장 실패의 징표라고 밝힌 연구도 있다.[9]

농업에서 산업으로의 이동 표 35.2의 데이터를 살펴보라. 가장 부유한 국가들(미국, 일본, 한국)은 농업 생산이 기여하는 가치가 적고 GDP의 대부분을 서비스 부문에서 창출한다. 반면에 가장 빈곤한 국가들은 서비스 부문이 크지만 농업 부문도 상당 부분을 차지하고 있다. 일반적으로 개발도상경제로의 이행에는 농업으로부터의 이탈이 수반된다.

최근 연구에 따르면 개발도상국에서 비농업 부문에 종사하는 근로자의 생산성이 농업 부문보다 더 높은 것으로 드러났다. 두 부문에서 인적자본의 차이를 세심하게 조정하더라도 비농업 부문의 근로자당 부가가치가 훨씬 더 크다.[10] 이는 개발도상국이 근로자를 농업 부문에서 도시 일자리로 빨리 이전할 수 있다면 생산성 면에서 더 나을 것임을 나타낸다. 실제로 런던경제대학의 개러드 브라이언(Gharad Bryan)과 스탠퍼드대학의 멜러니 모턴(Melanie Morton)은 1976~2012년 인도네시아 성장의 거의 20%는 이 기간 동안 발생한 이주 비용의 감소로 설명될 수 있다고 추정했다.[11] 이와 유사한 결과가 농촌의 비수기 동안 도시로 이주하도록 방글라데시의 근로자에게 임의의 보조금을 지급했던 실험에서 발견되었다.[12] 이 연구는 개발도상국의 성장을 개선하는 한 가지 방법이 교통망이나 농촌과 도시 간의 이동 비용을 줄이는 데 투자하는 것이라고 제시한다.

표 35.2 2008년 주요 선진국과 개발도상국의 성장 구조

국가	일인당 총국민소득 (GNI)	GDP의 비율(%)		
		농업	산업	서비스
탄자니아	$460	30	23	47
방글라데시	570	19	29	52
중국	3,040	11	47	40
태국	3,640	12	44	44
콜롬비아	4,640	8	35	57
브라질	7,490	6	28	66
한국	21,430	3	36	61
일본	37,840	1	27	71
미국	47,890	1	21	78

출처: 세계은행

8 Daron Acemoglu, Simon Johnson and James Robinson, "The Colonial Origins of Comparative Development: An Empirical investigation," *American Economic Review*, 2001, 1369-1401.

9 Edward Glaeser, Rafael La Porta, Florencio Lopez-de-Silanes and Andrei Shleifer, "Do Institutions Cause Growth?" *Journal of Economic Growth*, September 2004.

10 Douglas Gollin, David Lagakos and Michael Waugh, "The Agricultural Productivity Gap," *Quarterly Journal of Economics*, 2014, 939-993.

11 Gharad Bryan and Melanie Morton, "The Aggregate Productivity effects of Internal Migration: Evidence from Indonesia," *Journal of Political Economy*, forthcoming.

12 Gharad Bryan, Shymal Chowdhury and Ahmed Mushfiq Mobarak, "Underinvestment in a Profitable Technology: The Case of Seasonal Migration in Bangladesh," *Econometrica*, 2014.

경제학의 적용

홍수가 결혼에 영향을 미치는 방글라데시

다른 저지대 국가와 마찬가지로 방글라데시는 강의 범람으로 연중 상당한 기간 동안 많은 토지가 물에 잠기곤 한다. 정부는 강변에 제방을 쌓음으로써 작물 재배 기간을 연장하여 몇 가지 작물을 경작하게 할 수 있다. 제방 건설로 영향을 받는 농촌 지역의 사람들은 그 결과 재산이 증가한다. 최근 한 논문에서 경제학자들은 제방 건설로 인한 농업 종사자의 재산 증가가 가져온 특이한 결과를 추적했다.[1]

방글라데시에서는 결혼을 할 때 신부의 가족이 신랑에게 지참금을 주어야 한다. 가난한 가정은 이 지참금을 마련하기가 어렵고, 일단 결혼한 뒤 나중에 지참금을 분할 지급하기로 약속하기도 쉽지 않다. 방글라데시에서는 사람들이 약속을 지켜 빚을 갚는 일이 흔치 않다. 그 결과 무슨 일이 일어날까? 방글라데시의 가난한 사람들은 종종 사촌과 결혼을 한다. 이렇게 확장된 가족 내에서는 지참금 지급 약속을 더 잘 지키고 재산의 공유도 일반적이다.

이제 정부가 홍수를 막는 제방을 건설하면 어떤 일이 발생하는지 생각해보자. 제방의 한쪽 편에 사는 농부는 거의 연중 내내 농사를 지을 수 있지만 반대편에 사는 농부는 반년 동안 농사를 지을 수 없다. 강이 범람하는 지역에 사는 농부는 확장된 가족 내에서 지참금을 신용으로 지불하는 전략으로 결혼을 이어나간다. 한편 강이 범람하지 않는 지역에 사는 농부는 사촌 간의 결혼이 크게 감소했다.

사촌 간의 결혼은 건강상의 위험을 초래할 수 있으므로 농촌의 사회 기반시설을 위한 투자는 예상치 못한 긍정적인 영향을 미칠 수 있다.

질문

- 제방 건설의 결과로 전체 결혼율에 어떤 일이 발생할 수 있는가?

[1] Ahmed Mushfiq Mobarak, Randall Kuhn, Christina Peters, "Consanguinity and Other Marriage Market Effects of a Wealth Shock in Bangladesh," *Demography*, forthcoming 2013.

수입대체 수입을 대체할 재화를 생산할 수 있는 국내 산업의 육성을 선호하는 산업 무역 전략

수출촉진과 수입대체 흔히 수출 전략은 한 국가의 개발 계획에서 핵심 부분이다. 개발경제학자들은 역사적으로 개발도상국이 정부 정책으로 지원하려는 부문에 대한 두 가지 대안, 즉 수입대체와 수출촉진을 제안했다. 오늘날의 개발경제학자들은 일반적으로 정부에 의한 성장 계획보다 더 포괄적인 접근법을 선택하지만 이 두 가지 대안의 차이를 강조하는 것은 여전히 유용하다.

수입대체(import substitution)는 수입을 대체할 재화를 생산할 수 있는 국내 산업을 개발하기 위한 전략이다. 비료가 수입된다면 수입대체는 국내 비료 산업이 수입 비료를 대체할 대체재를 생산하게 하는 것이다. 이러한 전략은 1950년대에 남미 전역에서 시도되었다. 그 당시에 대부분의 개발도상국은 불확실하고 종종 불안정한 국제시장에 농산물과 광물을 수출했다. 이러한 상황에서 수입대체에 대한 요구는 이해할 수 있는 전략이었다. 새로운 국내 산업을 육성하기 위해 관세와 쿼터 보호, 기계 장비의 수입보조금을 비롯한 특별한 정부 조치가 마련되었다. 많은 국가는 자국에서 사업을 시작하도록 다국적 기업을 불러들였다.

대부분의 경제학자는 수입대체 전략이 시도된 거의 모든 곳에서 실패했다고 믿는다. 국내 산업이 높은 관세(최고 200%)로 국제 경쟁에서 보호를 받으면서 상당한 경제적 비효율성이 발생했다. 예를 들어 페루의 인구는 약 2,900만 명이며 그중 극히 일부만이 자동차를 살 여유가 있었다. 그러나 한때 페루에는 5~6개의 자동차 회사가 있었고 각 회사는 연간 수천 대의 자동차를 생산했다. 자동차 생산에는 상당한 규모의 경제가 존재하기 때문에 자동차당 생산비용이 요구되는 수준보다 훨씬 더 높았고, 더 생산적인 데 사용될 수 있는 귀중한 자원이 자동차를 생산하는 데 낭비되었다.

수출촉진 수출을 장려하기 위해 고안된 무역정책

수입대체의 대안으로 일부 국가는 수출을 장려하는 **수출촉진**(export promotion)을 추구했다. 일본은 수출이 가져다줄 수 있는 경제적 성공의 놀라운 본보기였다. 일본은 1960~1990년에 연평균 약 6%의 일인당 실질 GDP 성장률을 기록했다. 이러한 성과는 부분적으로 해외 소비자를 겨냥한 제품 생산에서 비롯되었다. 개발도상국 중 일부는 일본의 초기 성공을 모방하려고 시도했다. 1970년경에 홍콩, 싱가포르, 한국, 대만은 제조한 제품의 수출을 추구하여 좋은 결과를 얻었다. 브라질, 콜롬비아, 터키 등도 대외 지향적 무역정책을 추구하여 어느 정도 성공을 거두었다. 중국의 성장도 대부분 수출 지향 전략에서 비롯된 것이었다.

수출촉진을 위한 정부 지원은 수출재가 선진국의 재화와 충분히 경쟁할 수 있도록 유리한 환율을 유지하는 형태를 띠곤 한다. 예를 들어 많은 사람은 중국이 위안의 가치를 인위적으로 낮게 유지한다고 믿는다. '저렴한' 위안은 미국에서 저렴한 중국산 재화를 의미하기 때문에 중국산 재화의 판매가 크게 증가했다.

최근 조지프 스티글리츠(Joseph Stiglitz)가 지적했듯이 세계 GDP에서 제조업의 비중이 감소함에 따라 수출 주도 제조업의 성장에 대한 열정이 식었다.[13] 많은 경제학자와 정책 리더는 아프리카의 경우 농업 생산성 개선을 경제성장의 경로로 생각한다. 농산물을 세계 시장에서 팔아 성장하고 있거나 성장하려는 국가의 경우 자유무역이 큰 문제이다. 특히 아프리카 국가는 유럽과 미국이 농산물에 부과하는 관세가 세계 시장에서 아프리카의 경쟁력을 크게 떨어뜨린다고 주장하면서 관세 인하를 요구했다.

소액금융 1970년대 중반에 젊은 방글라데시 경제학자인 무함마드 유누스(Muhammad Yunus)는 방글라데시에 그라민은행(Grameen Bank)을 설립했다. 밴더빌트대학에서 공부하고 미들테네시주립대학의 교수를 지냈던 유누스는 그라민은행을 개발도상국에 소액금융을 소개하기 위한 수단으로 사용했다. 이러한 업적으로 유누스는 2006년에 노벨 평화상을 수상했다. 소액금융은 소액을 담보 없이 대출해주고 소액 저축예금을 받는 금융 활동이다.[14] 소액금융은 개발도상국의 가장 빈곤한 지역에 있는 기업가에게 자본시장을 소개하는 것을 목표로 한다. 2002년까지 2,500개 기관이 소액대출을 시행하여 6,000만 명 이상을 도왔다. 차입자의 2/3는 자국에서 빈곤선 이하의 삶을 살고 있는 가장 가난한 사람들이다.

유누스는 방글라데시에서 경제학을 가르치면서 자신의 돈을 기업가적 야심을 지닌 빈곤한 가계에 대출해주기 시작했다. 그는 빈곤한 가계가 소액을 가지고도 죽세공품 제조나 미용과 같은 단순한 사업을 시작할 수 있다는 것을 발견했다. 전통적인 은행은 이러한 차입자의 경우 수익성이 없다는 것을 알았다. 대출액이 너무 작은 데다 잠재 차입자 중 누가 위험이 적은지 파악하는 데 너무 많은 비용이 들었다. 담보가 없는 차입자의 경우 그의 특성에 대한 정보가 핵심적인데 대형 은행은 이러한 정보를 파악하기가 어려웠다. 그러나 마을 사람들은 대개 서로의 특성에 대해 잘 알았다. 이러한 통찰력이 유누스가 벌인 소액금융 사업의 토대였다.

한 마을 안에서 사업을 시작하기 위해 돈을 빌리려는 사람들은 5명으로 구성된 대출 그룹에 참여

13 Joseph Stiglitz, "From Manufacturing Led Export Growth to a 21st Century Inclusive Growth Strategy for Africa," Speech in Capetown South Africa, November 15, 2017.

14 소액금융에 대한 훌륭한 설명은 Beatriz Armendariz de Aghion and Jonathan Morduch, *The Economics of Microfinance*, MIT Press, 2005를 참조하라.

했다. 그러면 이들 중 2명에게 대출을 해주고 그다음에 2명에게, 이어서 마지막 한 사람에게 대출을 해주었다. 모든 사람이 대출을 상환하면 다음 그룹이 대출을 받을 수 있고, 첫 번째 차입자들이 상환하지 못하면 이 그룹의 모든 사람이 대출을 받을 수 없었다. 이렇게 함으로써 공동체의 압력이 담보 역할을 했다. 그리고 동료 대출 방식을 이해한 마을 사람들이 신뢰할 수 있는 차입자들과 함께하는 그룹에만 참여하려고 하기 때문에 불완전정보의 문제도 피할 수 있었다.

그라민 모델은 급속히 성장했다. 2002년까지 그라민은행은 200만 명에게 대출을 해주었다. 30개국과 미국의 30개 주는 그라민 모델을 모방한 소액금융 대출을 시행하고 있다. 이는 전통적인 은행 대출에 비해 금액이 훨씬 적고 상환이 신속하게 시작되며, 대개 (주류 은행에서 제대로 서비스를 받지 못하는) 여성에게 제공된다. 남성보다 빈곤한 여성에게 기회를 제공하는 것이 자녀의 복지를 개선하는 데 더 큰 파급 효과가 있다는 증거가 속속 등장하고 있다. 최근에는 개발도상국에서 주류 은행의 혜택을 받지 못하는 사람들을 위해 소액예금 저축계좌도 도입되었다. 유누스가 소개한 이후 소액금융 분야는 크게 변모했으며, 많은 사람은 소액금융이 궁극적으로 개발과 경제성장을 촉진하는 데 얼마나 큰 역할을 할 수 있을지 의문을 제기하지만, 소액금융은 기업가 능력의 활용 가능성과 빈곤한 사람들의 금융기관 접근 가능성에 대한 사람들의 견해를 바꿔놓았다.

중국과 인도의 경제개발

중국과 인도는 급속히 발전하는 개발도상국의 흥미로운 예이다. 두 국가는 일인당 소득이 낮아서 여전히 개발도상국으로 분류되지만 많은 사람은 가까운 미래에 바뀔 것이라고 예상한다. 1978년부터 2003년까지 25년 동안 중국은 연평균 9%의 성장률을 보이며 세계 어떤 국가보다도 빠른 속도로 성장했다. 2008~2009년 미국의 경기후퇴 기간에도 중국은 계속 성장하고 그 이후에도 계속 성장했다. 인도의 부상은 보다 최근의 일이지만 지난 8년 동안 인도도 연간 6~8% 성장했다. 많은 비평가는 인도와 중국이 21세기에 세계 경제를 주도할 것이라고 내다본다.

중국과 인도는 어떻게 발전을 이루었는가? 인도는 민주주의 국가이고 법치의 역사와 영어권 유산을 가지고 있다. 이러한 요소는 일반적으로 개발 우위를 제공한다고 여겨진다. 중국은 여전히 정치적으로 권위주의 국가이고 재산권이 아직 제대로 확립되지 않은 상태이다. 이러한 특성은 한때 성장을 저해하는 것으로 여겨졌다. 인도는 역사적 규제 수단의 일부를 제거하고 중국이 선도하면서 둘 다 자유시장경제를 수용했다.

사회적 자본은 어떠한가? 인도와 중국은 인구밀도가 높다. 중국은 세계에서 인구가 가장 많은 국가이지만 인도는 국토가 더 작기 때문에 실제로 인구밀도가 더 높다. 그럼에도 불구하고 대부분의 개발도상국과 마찬가지로 두 국가의 출생률이 하락했다. 중국의 문자 해독률과 기대수명이 매우 높은데 이는 부분적으로 과거의 유산이다. 한편 인도는 문자 해독률과 기대수명이 중국보다 낮다. 인적자본 측면에서 당분간은 중국이 우위를 차지할 것으로 보인다.

중국과 인도의 성장 전략은 어떠한가? 몇 년 전 폴란드가 채택한 접근법과 대조적으로 중국은 시장 개발에 대해 실용적이고 점진적인 접근 방식을 채택했는데, 이는 '돌다리도 두들겨보고 건넌다' 방식으로 불린다. 산업 부문별로 보면 중국의 성장은 대부분 제조업이 견인했다. 제조업에 중점을 둔 탓에 지난 10년 동안 중국의 에너지 소비와 환경 문제가 급증하게 되었다. 인도에서는 서비스, 특히 소프트웨어 산업이 성장을 주도했다. 인도와 중국을 비교해보면 경제개발을 위한 전략은 분명

경제학의 적용

디지털 금융으로 농업 소득 증가시키기

인도의 빈곤은 특히 인구의 약 2/3가 살고 있는 농촌 지역의 문제이다. 인도 인구의 약 절반은 농업 부문에 종사하고 있으며, 농촌 지역의 가계는 58% 이상이 주요 생계 수단으로 농업에 의존하고 있다.

인도의 농촌 인구는 대개 소작농으로 생존형 농업 생산에 참여하고 있다. 대부분 소작농으로 이루어진 인구는 농업 관련 기술이나 정보를 사용할 수 없다. 게다가 이들은 신용, 보험, 마케팅 서비스에 대한 적절한 접근이 어렵다. 이러한 서비스가 제대로 제공된다면 농업 생산성과 수익성 수준이 향상되는 경향이 있다.

적절하고 쉽게 접근할 수 있는 금융 인프라를 제공하려는 노력의 일환으로 인도 정부는 농업 부문의 디지털화를 추구하고 있다. 인도 농민의 약 70%가 휴대전화를 가지고 있어 정부가 농업 부문에 디지털 금융을 제공할 수 있기 때문에 이러한 전략을 추구하게 되었다.

디지털 금융을 통한 모바일 결제는 농업 부문, 특히 소작농의 금융거래에 안전하고 비용 효율적인 방법을 제공한다. 휴대전화는 디지털 플랫폼을 통해 농민을 연결함으로써 협상력을 강화하고 인도 전역의 구매자에게 농산물을 판매할 수 있게 해준다. 또한 농민은 현금 대신 모바일 지갑을 사용하여 구매자로부터 즉시 대금을 받을 수 있다.

한편 농촌 신용과 소액금융을 전문적으로 제공하는 은행은 관리 비용을 낮추고 현금 거래를 줄일 수 있다. 이렇게 되면 대출기관이 신용위험 평가를 시작할 수 있기 때문에 은행의 혜택을 받지 못하는 농민이 대출에 접근할 수 있다. 또한 정부는 모든 지급과 거래를 추적할 수 있어 세금 징수를 통해 자원을 늘릴 수 있다.

많은 개발도상국은 기근, 폭우, 폭염과 같은 날씨 상황을 농민에게 알려주기 위해 구글 어스(Google Earth)와 유사한 지오이미징(geo-imaging) 서비스를 사용하여 정보를 생성하고 배포하는 휴대전화 사용 계획을 성공적으로 고안했다. 매킨지글로벌연구소(McKinsey Global Institute)의 2016년 보고서는 디지털 금융의 완전한 채택이 2025년까지 모든 개발도상국의 총 GDP를 3조 유로 증가시키고 9,500만 개 일자리를 창조할 수 있다고 밝혔다.

질문

- 디지털 금융이 농산물의 가격과 수량에 미치는 영향을 총수요 및 총공급 그래프를 이용하여 설명하라.

히 한 가지가 아니다.

35.3 개발 개입

학습목표

개발경제학자가 사용하는 개입 방법을 이해한다.

지난 20년 동안 개발경제학자들은 개발도상국에서 어떤 개입 정책이 소득 분배의 최저층을 도울 수 있는지 확인하기 위해 매우 협소하고 미시경제학적인 프로그램에 관심을 기울였다. 이러한 연구는 성장과 개발을 위한 일반적인 전략을 추구하는 데에서 벗어나는 일이다.

임의실험과 자연실험: 경제개발의 새로운 기법

학생 대 교사 비율을 줄이기 위해 교사 1명을 추가로 고용하는 것이 학생의 성취도 측면에서 가치가 있는지 여부를 결정하려 한다고 가정하자. 이에 대한 답을 찾을 수 있는 한 가지 전통적인 방법은 유사한 학교 시스템에서 등록 학생 수가 다른 두 교실을 찾아 학생들의 교육 성과를 살펴보는 것이다. 신문의 정책 논의에서는 매일 이러한 종류의 비교가 이루어지고 많은 연구 프로젝트는 이러한 접근법의 변형된 형태를 선택하고 있으나 이 접근법은 심각한 비판을 받고 있다.

등록 학생 수뿐만 아니라 두 교실의 다른 차이(비교 시 수정하지 못한 차이)가 학생의 성취도에 중요한 영향을 미칠 수 있다. 빈곤한 지역의 교실에는 학생이 많을 수 있다(빈곤한 지역이라는 점이 그 원인일 수 있다). 능력이 부족한 교사가 이러한 교실을 맡을 수도 있고 다른 자원이 부족할 수도 있다. 사회과학에서는 우리가 관심을 가진 한 요소만 다른 비교의 타당성을 보장하기가 어렵다. 개입 정책이 사람들을 참여시킨다는 사실은 문제를 더 어렵게 만든다. 학생 수가 적은 교실의 경우, 가장 신경을 쓰는 부모가 자녀가 더 나아질 것이라고 믿으면서 자녀를 이 교실에 밀어넣으려고 할 수 있다. 아마도 최고의 교사가 이 교실을 지도하려고 신청할 것이고, 교사의 높은 실력으로 인해 이 교실이 그들의 첫 번째 선택이 되게 만들 가능성이 있다. 이 두 가지 중 하나라도 발생하면 학생 수가 적은 교실에서 더 양호한 성과를 발견하는 결과가 편향되게 나타나고 두 교실의 차이가 체계적으로 나타날 것이다. 더 관심 있는 부모는 교실의 학생 수가 많더라도 자녀가 더 나은 성과를 얻을 수 있도록 가정에서 지원을 제공하기도 한다. 학생이 얼마나 많은가에 관계없이 능력이 뛰어난 교사가 성과를 개선할 수도 있다. 더욱이 두 교실의 차이(더 관심 있는 부모와 더 뛰어난 교사)를 측정할 수 없는 경우가 허다하다. 선택편의(selection bias)라고도 불리는 이러한 종류의 문제는 사회과학 연구를 어렵게 만든다.

최근에 개발경제학자들은 개입 정책을 평가할 때 발생하는 선택편의 문제를 해결하기 위해 자연과학에서 차용한 기법, 즉 **임의실험**(random experiment)을 사용하기 시작했다. 예컨대 학생 수나 교재가 다른 교실의 결과를 검토하는 것이 아니라, 특성이 동일해 보이는 교실들을 개입 정책을 따르거나 개입 정책을 따르지 않도록 임의로 할당한다. 학생들과 교사들은 이동하는 것이 허용되지 않는다. 사회과학자는 임의로 선택된 대상의 결과를 통제 그룹과 비교함으로써 자연과학자가 다양한 약의 효능을 평가하는 것과 동일한 방식으로 개입 정책의 효과를 식별할 수 있기를 기대한다.

임의실험 표본 중에서 임의로 선택된 하부 표본에 대한 개입을 사용하고 노출 그룹과 통제 그룹의 결과를 비교함으로써 특정 개입의 결과를 결정하는 실험

교육 및 건강 분야에서 임의실험에 참여한 선도적인 개발 그룹은 에스테르 뒤플로와 아브히지트 바네르지가 운영하는 MIT대학의 빈곤연구소(Poverty Research Lab)이다. 이들은 다양한 비정부 기구 및 아프리카, 남미, 아시아의 정부 기관과 협력하여 빈곤국의 최빈곤층을 돕기 위한 광범위하고 가능한 투자 방안을 검토했다.

물론 모든 정책을 이런 식으로 평가할 수는 없다. 실험자가 항상 임의할당(random assignment)의 장점을 누리는 것은 아니다. 대안적인 기법은 통제된 실험을 모방하는 **자연실험**(natural experiment)에 의존하는 것이다. 재산의 증가가 빈곤한 가정이 딸을 학교에 보낼 가능성에 미치는 영향에 관심이 있다고 가정하자. 부유한 가정과 빈곤한 가정은 적절히 통제하기 힘든 많은 측면이 서로 다를 수 있기 때문에 학업 관련 행동을 비교하는 것은 분명히 문제가 있다. 임의로 선택된 아주 많은 부모의 재산을 크게 증가시키는 것은 실행 불가능하지만, 한 농촌 마을에서 자연적으로 풍부한 수확을 얻은 해의 연간 날씨를 관측하고 수확이 많은 해와 그렇지 않은 해의 행동을 비교하여 많은 것을 알 수 있다. 이 경우 날씨가 자연실험을 만들어낸다.

자연실험 개입의 결과를 검정할 때 통제 그룹과 실험 그룹의 선택이 실험 자체와 실험과 관련 없는 외생적 사건의 결과로 결정되는 실험

따라서 실증적 개발경제학은 개발도상국에서 빈곤층의 삶을 개선하기 위해 무엇이 효과가 있고 무엇이 효과가 없는지에 대한 어렵고 중요한 질문에 답하는 수단으로 실험 방법을 추가했다. 이제 이러한 실험연구에 초점을 맞추어 교육 및 건강 분야에서 최근 이루어지고 있는 연구 중 일부를 살펴보자.

교육 개선

인적자본은 한 국가의 경제성장에 중요한 요소이다. 경제가 성장함에 따라 일반적으로 교육을 통해 얻는 수익도 증가한다. 전통적인 농업 경제에서 더욱 다양하고 복잡한 경제로 이행함에 따라 개인이 교육을 통해 얻는 우위가 커진다. 따라서 한 국가의 빈곤한 사람들이 성장의 혜택을 얻도록 하려면 그들의 교육 성과를 개선하는 것이 중요하다. 이는 지난 10여 년 동안 개발경제학자들을 사로잡았던 핵심적인 생각 중 하나이다. 교육에 대한 많은 투자 중 무엇이 가장 큰 보상을 가져다주는가? 더 많은 책이나 교사를 위해 투자하는 것이 좋은가? 교사의 실력은 얼마나 중요한가? 교육의 초기 연도에 투자하는 것이 중요한가, 교육의 후기 연도에 투자하는 것이 중요한가? 자원이 제한적이기 때문에 교육 성과가 매우 중요한 세상에서 이러한 질문에 대한 옳은 답을 찾아야 한다.

미국의 중산층 학생은 개발도상국에서 교사 결근이 심각한 문제라는 이야기를 들으면 대부분 놀랄 것이다. 세계은행의 연구원들이 수행한 최근 연구에 따르면 하루 평균 우간다 교사의 27%, 인도 교사의 25%가 결근하는 것으로 나타났다. 6개 빈곤국의 교사 결근은 평균적으로 19%였다. MIT 대학의 빈곤연구소는 이러한 결근을 줄일 수 있는 방법을 알아내기 위해 다양한 개발도상국에서 많은 실험을 수행했다. 비정부 기구인 세바만디르(Seva Mandir)는 인도 북부의 라자스탄주에서 성공적인 개입 정책을 도입했다. 세바만디르의 일인 교사 학교 160개 중 절반의 교사에게 출근할 때마다 아이들과 함께 사진을 찍어달라고 요청했다. 카메라에는 촬영 일자가 표시되었고 이 출근 증거가 교사의 보상에 반영되었다. 그 결과 카메라를 도입하지 않은 경우에 비해 교사 결근율이 1/2로 감소했다.

개발도상국에서 학교에 자격을 갖춘 교사가 있더라도 학생 결석은 교육 성과를 떨어뜨리는 문제이다. 멕시코를 비롯한 일부 국가는 자녀를 학교에 정기적으로 보내는 부모에게 현금을 지급하는 제도를 도입했다. 멕시코 정부는 교육 성과와 관계없이 오랫동안 현금 지급을 도입했기 때문에 연구원들은 외견상 동일한 지역을 대상으로 현금 인센티브가 있는 경우와 없는 경우의 학생 결석을 자연실험 형태로 비교할 수 있었다. 그 결과 현금 지급이 학교 출석을 증가시킨다는 몇 가지 증거가 발견되었다. 자연실험은 학교 출석을 유도하는 방법으로 교육의 수익을 향상시키는 산업화의 효과를 살펴보는 데에도 사용되었는데 그 결과는 긍정적이었다.

개발경제학에서 자연실험과 임의실험을 사용하는 연구는 아직 초기 단계이다. 많은 개혁 아이디어가 여러 개발도상국에서 교육 성과를 개선하는 데 도움이 된다고 입증되었지만, 지금까지 전 세계적으로 작동하는 간단한 답을 찾기가 어려운 것으로 밝혀졌다. 그럼에도 불구하고 이러한 새로운 기법은 개발도상국 빈곤층의 교육 개선 문제를 해결하기 위한 방법으로 상당한 가능성을 제시하는 것으로 보인다.

건강 개선

열악한 건강은 개인을 빈곤하게 만드는 두 번째 주요 요인이다. 개발도상국의 경우 인구의 1/4이 기생충에 감염된 것으로 추정된다. 말라리아는 HIV/AIDS와 함께 아프리카에서 해결해야 할 어려운 문제이다.

건강을 개선하기 위한 많은 개입 정책에서는 인간의 행동이 중요한 역할을 하며, 개발경제학은 여기에 초점을 맞추고 있다. 많은 질병을 예방하는 백신이 나와 있으나 사람들이 백신을 접종하기 위해 보건소나 학교에 가도록 장려하는 방법을 알아내야 한다. 백신에 비용을 부과하면 백신 접종이 크게 감소하는가? 많은 수인성 질병의 경우 식수를 표백제로 처리하는 것이 효과적이지만, 이렇게 하면 물맛이 안 좋은 데다 표백제는 무료가 아니다. 표백제의 활용을 어떻게 유도할 수 있는가? 모기장을 사용하면 말라리아를 감소시킬 수 있으나 모기장을 제대로 사용해야 한다. 이러한 각각의 경우는 처방 조치나 예방 관리로 얻는 이점이 있으나 비용이 든다. 지난 몇 년 동안 많은 개발경제학자는 개발도상국 사람들이 이러한 비용과 이익을 변화시키려는 정책에 어떻게 반응했는지를 연구했다.

비위생적인 아프리카 지역에서 흔히 감염되는 기생충은 비교적 저렴한 약을 정기적으로 복용하여 치료할 수 있다. 마이클 크레머(Michael Kremer)와 테드 미겔(Ted Miguel)은 세계은행과 협력하여 케냐에서 건강 교육과 사용자 비용이 자녀의 치료 시작에 미치는 영향을 알아보기 위해 임의실험을 사용했다. 그들은 경제학 원리와 잘 부합하는 많은 흥미로운 결과를 발견했다. 첫째, 사용자 비용을 부과하는 프로그램은 그 비용이 상대적으로 낮더라도 치료율을 크게 떨어뜨렸다. 이러한 프로그램을 재정적으로 지속가능하게 하려는 세계은행의 시도는 공중보건에 막대한 악영향을 미칠 가능성이 있었다. 그 탄력성이 1보다 컸다. 또한 크레머와 미겔은 한 마을에서 예방접종을 한 사람의 비율이 증가하여 감염의 위험이 낮아짐에 따라 치료받으려는 사람이 줄어들었다는 것을 발견했는데, 이는 마을 사람들이 비용과 이익 계산에 민감하다는 것을 의미한다. 실망스럽게도 건강 교육은 큰 성과를 내지 못하는 것으로 나타났다.

교육 분야와 마찬가지로 건강 및 인간 행동 분야에도 개발경제학자들이 연구해야 할 것이 여전히 많다. 개발경제학은 앞으로도 경제학에서 가장 흥미로운 분야 중 하나로 자리매김할 것이다.

요약

01 글로벌사우스, 즉 개발도상국이 직면한 경제 문제는 종종 선진국이 직면한 경제 문제와 매우 다르다.

02 유엔은 새천년 개발 목표에서 개발도상국의 주요 문제를 식별했다. 이러한 문제에는 기아, 아동사망률, 산모사망률, HIV와 말라리아와 같은 질병, 양성평등, 환경의 질이 포함된다. 2000년부터 2015년까지 이러한 프로그램이 진행된 15년 동안 상당한 진전을 이루었으나 여전히 많은 도전이 남아 있다.

03 거의 모든 개발도상국은 특히 노동에 비해 자본이 매우 부족하다. 빈곤의 함정 또는 빈곤의 악순환 가설은 빈곤국이 투자를 위해 저축할 수 있는 여유가 없기 때문에 빈곤에서 벗어날 수 없다고 제시한다. 빈곤의 함정이 얼마나 만연되어 있는지, 이러한 문제를 해결하기 위한 올바른 방법이 무엇인지에 대한 논쟁이 있다.

04 인적자본(노동력에 체화되어 있는 교육과 능력의 저량)은 경제개발에서 중요한 역할을 한다.

05 개발도상국은 열악한 공중보건 및 위생 시설, 도로, 전화, 사법 시스템 등 부적절한 사회기반시설이나 사회간접자본으로 어려움을 겪는다. 이러한 사회간접자본을 공급하는 데에는 비용이 많이 들며, 정부는 비용 때문에 유용한 프로젝트를 수행할 수 없다.

06 비효율적이고 부패한 관료주의는 경제개발을 가로막는 장애물이다.

07 발전된 시장경제로 이행하려면 관련이 없는 개인 간에 자본이 배분될 수 있도록 사유재산 제도, 법률, 재무 보고에 대한 정부의 지원과 규제가 필요하다.

08 개발도상국의 노동생산성은 산업 도시 지역에서 상당히 높다는 증거가 있다. 일부 경제학자들은 성장 전략으로 노동의 이동 비용 감소를 제안한다.

09 수입을 대체할 재화를 생산할 수 있는 국내 산업의 육성을 선호

하는 무역 전략인 수입대체는 한때 개발도상국에서 흔히 시도되었다. 일반적으로 이러한 정책은 개방적이고 수출 지향 경제를 촉진하는 정책만큼 성공하지 못했다.

10 동료 대출 그룹을 이용하여 빈곤한 차입자에게 소액을 대출해주는 소액금융은 개발도상국에서 기업가 정신을 장려하는 중요한 수단이 되었다.

11 중국과 인도는 최근 개발 과정에서 다른 길을 걸어왔다.

12 개발경제학자들은 다양한 개입 정책의 유용성을 검정하는 방법으로 임의실험을 사용하기 시작했다. 자연과학에서 차용한 임의실험에서는 다양한 개입 정책을 수용하기 위해 개인이나 마을을 임의로 할당하고 이들이 경험한 결과를 통제 그룹의 결과와 비교한다. 교육 및 건강 분야에서 임의실험이 활발하게 이루어지고 있다.

13 개발경제학자들은 다양한 개입 정책의 효과를 알기 위해 자연실험에도 의존한다. 자연실험에서는 관련이 없는 외부 요인으로 인해 나타나는 다양한 조건이 있는 지역을 비교한다.

14 많은 최신 경제학 연구는 의료 장비를 적절히 사용하고 학교에 출석하며 예방접종을 하는 등 개인이 개입 정책을 지지하는 행동을 위한 동기를 부여하는 방법을 이해하는 데 초점을 맞추고 있다.

핵심 용어

글로벌사우스(Global South)
빈곤의 악순환(vicious circle of poverty)
사회간접자본(social overhead capital)
수입대체(import substitution)
수출촉진(export promotion)
인재유출(brain drain)
임의실험(random experiment)
자본도피(capital flight)
자연실험(natural experiment)

연습문제

01 2014년에 세계은행이 발표한 보고서에 따르면 경제성장은 빈곤율을 낮추는 데 필수적이지만 성장만으로는 충분하지 않으며 더 많은 자원을 극빈층에 배분하는 프로그램과 함께 빈곤을 감소시키려는 노력이 이루어져야 한다. 또한 극심한 빈곤이 감소함에 따라 성장 자체가 더 많은 사람을 빈곤에서 구제하는 데 성공적이지 못한 경향이 있다. 이 시점에서 여전히 극심한 빈곤으로 고통을 겪는 많은 사람이 삶을 개선하기가 매우 어렵다는 것을 알기 때문이다. 이러한 평가에 동의하는가? 그 이유는 무엇인가? 여기에 어떤 기본적인 경제학 개념이 작동하는 것으로 보이는가?

02 개발도상국이 성장하려면 자본이 필요하다. 대부분의 국가에서 자본의 주요 원천은 국내 저축이지만, 국내 저축을 증가시키려는 목표는 소득 분배의 불평등을 감소시키려는 정부의 정책 목표와 충돌한다. 이러한 평등과 성장의 교환관계에 대해 설명하라. 소규모 빈곤국의 대통령이라면 이 문제를 어떻게 해결할 것인가?

03 한 국가의 GDP는 자본재와 소비재로 구분할 수 있다. 자본재에 배분되는 국내총생산의 비율은 이 국가의 성장률을 어느 정도 결정한다.

a. 자본축적이 어떻게 경제성장을 가져오는지 설명하라.
b. 시장경제가 각 기간에 투자가 얼마나 이루어질 것인지 결정하는 방법을 간략히 설명하라.
c. 소비와 투자는 개발도상국이 해결해야 할 고통스러운 충돌 관계이다. 이에 대해 설명하라.
d. 자신이 개발도상국의 자애로운 독재자라면 일인당 GDP를 증가시키기 위해 어떤 계획을 실행할 것인가?

04 빈곤국은 빈곤의 악순환에 빠져 있다. 생산이 성장하려면 자본을 축적해야 하고, 자본을 축적하려면 (생산한 것보다 덜 소비하고) 저축을 해야 한다. 그러나 빈곤국은 빈곤하기 때문에 저축할 수 있는 생산이 없거나 추가적인 생산이 없으며, 현 세대를 먹여 살리는 데 급급하다. 따라서 영원히 빈곤하게 살아갈 운명에 처해 있다. 이러한 주장의 각 단계에 대해 설명하라.

05 지난 몇 년 동안 크게 성장한 소액금융의 한 형태는 크라우드펀딩(crowdfunding)이다. 개인, 기업, 공동체는 주로 인터넷을 통

해 크라우드펀딩을 이용하여 개인의 아이디어나 프로젝트에 필요한 자금 조달 방법을 찾는다. 가장 큰 크라우드펀딩 사이트는 고펀드미(GoFundMe), 킥스타터(Kick Starter), 인디에고고(Indiegogo)이다. 크라우드펀딩이라는 용어는 비교적 새롭고 이러한 온라인 사이트와 관련이 있지만, 이러한 자금 조달 방식은 자유의 여신상이 놓인 받침대를 건설하는 것과 같은 프로젝트에 사용되면서 오랫동안 존재해왔다. 크라우드펀딩에 대해 조사하고, 크라우드펀딩이 방글라데시와 같은 빈곤국에서 소액금융의 실행 가능한 대안이 될 수 있는지 설명하라. 동료 집단 대출, 소액금융, 크라우드펀딩 중에서 역선택 문제를 감소시키는 데 가장 성공적인 것은 무엇이라고 생각하는가? 그 이유는 무엇인가?

06 자본주의 경제의 소득 분배는 사회주의 경제보다 더 불평등할 가능성이 있다. 왜 그런가? 불평등을 제한하려는 목표와 위험 선택, 어려운 일에 동기를 부여하려는 목표 간에 긴장이 존재하는가? 자세히 설명하라.

07 일반적으로 인재유출은 개발도상국과 관련이 있으나 최근 그리스에서 발생한 채무 위기는 고학력 인적자본의 해외 탈출을 초래했다. 그리스에서는 대학교육 비용을 정부가 부담하지만 대학교육을 받은 인력의 약 10%가 그리스를 떠났으며, 그중 대다수가 40세 미만으로 추정된다. 인적자본의 해외 도피는 그리스 경제의 성장 전망에 어떤 영향을 미치는가? 정부가 대학교육 비용을 지급하는 것은 이러한 문제를 어떻게 악화시키는가? 최근 그리스의 GDP에 무슨 일이 일어났는지, 가까운 미래에 그리스의 GDP에 대한 예측은 어떠할지 조사하고, 이러한 사실이 답을 뒷받침하는지 확인하라.

08 다음의 각 경우가 개발도상국의 경제성장을 어떻게 제한하는지 설명하라.

a. 저축과 투자의 부족

b. 비숙련노동

c. 사회간접자본의 부족

09 자신이 이슈타르라는 국가의 경제자문관이라고 가정하자. 최근에 10년간의 내전에서 벗어난 개발도상국인 이슈타르는 상당한 정치적 불안을 겪었다. 이슈타르는 심각한 자본 형성 부족에 처해 있고 내전이 시작되기 전부터 자본도피가 문제였다. 경제자문관으로서 이슈타르의 경제개발을 위해 어떤 정책을 제안하겠는가?

10 인적자본에 대한 투자는 한 국가의 경제성장을 위한 중요한 요소이다. 다음 표는 1999년과 2016년 10개 개발도상국의 초등학교 등록률을 보여준다. http://data.worldbank.org에 접속하여 10개 개발도상국의 1999년과 2016년 일인당 GDP(경상 미국 달러 기준으로 나타낸 일인당 GDP)를 찾아보라. 이 10개국의 1999~2016년 일인당 GDP의 퍼센트 변화를 계산하라. 일인당 GDP의 변화는 초등학교 등록률과 상관관계가 있는가? 초등학교 등록률 증가 외에 일인당 GDP를 변화시킬 수 있는 요인은 무엇인가?

	초등학교 등록률				초등학교 등록률		
	1999	2016	퍼센트 변화		1999	2016	퍼센트 변화
부르키나파소	36	76	111	레소토	59	81	37
코트디부아르	57	88	54	말리	44	62	41
지부티	27	52	93	나이지리아	26	64	146
잠비아	75	76	1	세네갈	55	72	31
가나	62	87	40	토고	89	87	−2

출처: 세계은행

경제학적 사고 키우기

01 재산권과 법치는 개발도상국의 경제성장을 촉진하는 데 필수적인 것으로 여겨진다. 이 두 가지 특성은 어떻게 경제성장을 촉진하는가?

02 세계적으로 빈곤층에 대해 일반적으로 제기되는 문제는 신용이력의 결여이다. 이는 빈곤한 가계가 소득과 재산을 증가시키는 것을 어떻게 가로막는가?

찾아보기

출처

사진 출처

1장: 2쪽, Wavebreak Media Ltd/123RF; 5쪽, Ray Fair; 6쪽, Iofoto/Shutterstock; 9쪽, Ben Smith/Shutterstock
2장: 19쪽, Stanca Sanda/Alamy Stock Photo; 24쪽, makieni.Shutterstock; 33쪽, Naki Kouyioumtzis, Pearson Education Ltd
3장: 40쪽, KarlosWest/Shutterstock.com; 49쪽, Phovoir/Alamy Stock Photo; 65쪽, Hughes Herve/Hemis/Alamy Stock Photo
4장: 72쪽, Ron Buskirk/Alamy Stock Photo; 82쪽, Fingerhut.Shutterstock
5장: 91쪽, Nataliia Anisimova/123RF
6장: 117쪽, Wavebreakmedia/Shutterstock; 132쪽, 06photo/Shutterstock
7장: 143쪽, PreecharBowonkitwanchai/Shutterstock; 153쪽, Lane Oatey/Blue Jean Images/Getty Images
8장: 161쪽, Ammentorp/123RF; 171쪽, Nadya Lukic.Shutterstock
9장: 185쪽, Hellen Sergeyeva/123RF; 195쪽, Cynthia Farmer/Shutterstock; 197쪽, Bildarchiv Pisarek/akg-images/Newscom; 201쪽, RosalreneBetancourt14/Alamy Stock Photo
10장: 207쪽, Marco Perger/123RF; 216쪽, Pavel L Photo and Video.Shutterstock
11장: 224쪽, Justin Lane/EP/Shutterstock; 224쪽, Justin Lane/EPA/REX/Shutterstock; 237쪽, Canjoena/123RF; 238쪽, Ray Fair
12장: 242쪽, Prudencio alvarez/123RF
13장: 262쪽, Mirtmirt/Shutterstock; 266쪽, Rachel Youdelman/Pearson Education; 282쪽, alkir. 123rf.com; 285쪽, james3035. 123rf.com
14장: 291쪽, Tamerlan Aliyev/Shutterstock; 295쪽, Georgejmclittle/Fotolia; 298쪽, corgarashu.Shutterstock; 301쪽, rrraum.123rf.com; 307쪽, Stylephotographs/123RF; 313쪽, 123rf.com
15장: 319쪽, Cosmin Sava/Shutterstock; 322쪽, Evgeny Atamanenko.Shutterstock; 327쪽, Kristin Callahan/Everett Collection/Alamy Stock Photo
16장: 335쪽, Jeff Zehnder/Shutterstock; 349쪽, Jose Ignacio Soto.Shutterstock
17장: 362쪽, Goodluz./Shutterstock; 371쪽, Spiroview Inc./Fotolia; 373쪽, MARCELODLT/Shutterstock; 374쪽, hxdbzxy.123rf.com; 376쪽, Dragon Images. Shutterstock
18장: 381쪽, Moodboard/123RF; 387쪽, Rawpixel.com.Shutterstock; 389쪽, PetrePlesea/E+/Getty Images; 391쪽, Eric Crama.Shutterstock
19장: 408쪽, Piotr Adamowicz/Shutterstock; 419쪽, Greg E. Mathieson Sr/MAI/Shutterstock; 419쪽, MAI/REX/Shutterstock
20장: 437쪽, Aleksandr Davydov/123RF
21장: 451쪽, Maskot/Getty Images; 457쪽, anyaivanova.123rf.com; 459쪽, Kheng Guan Toh/Shutterstock; 468쪽, MBI/Alamy Stock Photo
22장: 472쪽, Kristaps Eberlins/123RF; 477쪽, Alexander Raths.Shutterstock; 479쪽, Richard Wayman/Alamy Stock Photo; 484쪽, jcjgphotography.Shutterstock
23장: 493쪽, Jetta Productions/Blend Images/Alamy Stock Photo; 505쪽, Kwangmoozaa.Shutterstock
24장: 515쪽, Vlad G/Shutterstock; 531쪽, Ryabitskaya Elena.Shutterstock
25장: 543쪽, Adam Parent/Shutterstock; 545쪽, Silva Vaughan-Jones/Shutterstock; 560쪽, Geraint Lewis/Alamy Stock Photo
26장: 569쪽, Glowimages/Getty Images; 580쪽, Bjorn Hoglund.PAL
27장: 587쪽, Wh1600/E+/Getty Images; 595쪽, Neil Bradfield.Shutterstock
28장: 602쪽, Peter Dazeley/Photographer's Choice/Getty Images; 609쪽, Igor Kardasov/Alamy Stock Photo; 611쪽, Vjom. Shutterstock
29쪽: 624쪽, Sharon Oster; 632쪽, Lynne Carpenter.Shutterstock
30장: 643쪽, Zero Creatives/Cultura/Getty Images; 662쪽, Andy Dean/Fotolia; 651쪽, 123RF; 662쪽, Dmitriy Shironosov/123RF
31장: 667쪽, Owen Suen/Shutterstock; 675쪽, Rostislav Kral.Shutterstock
32장: 683쪽, Wavebreak Media Ltd/123RF; 692쪽, lazyllama.Shutterstock
33장: 702쪽, Dmitry Kalinovsky/123RF; 715쪽, John Foxx/Stockbyte/Getty Images; 716쪽, Kzenon/123RF; 723쪽, niroworld. 123rf.com
34장: 730쪽, Atstock Productions/Shutterstock; 735쪽, Ruskpp/Shutterstock
35장: 754쪽, WENN Ltd/Alamy Stock Photo; 757쪽, TheFinalMiracle/Fotolia; 764쪽, Zakir Hossain Chowdhury/ZUMA Press, Inc./Alamy Live News/Alamy Stock Photo; 764쪽, Zakir Hossain Chowdhury/ZUMA Press, Inc./Alamy Stock Photo; 767쪽, mehta123.123rf.com

텍스트 출처

2장: 31쪽, U.S. Department of Agriculture, Economic Research Service, Agricultural Statistics, Crop Summary
3장: 45쪽, Alfred Marshall, Principles of Economics, 8th ed. (New York: Macmillan, 1948), p. 33. (The first edition was

published in 1890.)
6장: 126쪽, "Adam Smith, The Wealth of Nations, Modern Library Edition (New York: Random House, 1937), p. 28 (1st ed. 1776). The cheapness of water is referred to by Plato in Euthydemus, 304 b.c."
13장: 283쪽, Sherman Antitrust Act Author, U.S. Government Year Published 1890
14장: 293쪽, Concentration Ratios: 2002 Economic Census Manufacturing, Issued May 2006 EC02-31SR-1; 310쪽, J. A. Schumpeter, Capitalism, Socialism, and Democracy (New York: Harper, 1942); and J. K. Galbraith, American Capitalism (Boston: Houghton Mifflin, 1952)
15장: 320쪽, U.S. Department of Commerce, Bureau of the Census, 2007 Census of Manufacturers, Concentration Ratios in Manufacturing. SubjectECO731SR12, May 2009.
18장: 383쪽, Congressional Budget Office, "The Distribution of Household Income and Federal Taxes, 2013," June 2016, and Congressional Budget Office, "Trends in the Distribution of Household Income Between 1979 and 2007," October 2011; 384쪽, Congressional Budget Office, "The Distribution of Household Income and Federal Taxes, 2013," June 2016; 385쪽, "CBO, "The Distribution of Household Income, 2014," March 2018."; 393쪽, Economic Report of the President, 1964; 395쪽, Congressional Budget Office, "The Distribution of Household Income and Federal Taxes, 2013" June 2016. The Tax System; 400쪽, Congressional Budget Office, "The Distribution of Household Income and Federal Taxes, 2013," June 2016; 401쪽, U.S. Bureau of the Census, Historical Poverty Tables - People; 403쪽, Federal Reserve Bulletin, September 2014; 404쪽, Based on OECD (2011), Divided We Stand: Why Inequality Keeps Rising, OECD Publishing, Paris. http://dx.doi.org/10.1787/9789264119536-en
19장: 410쪽, U.S. Bureau of Economic Analysis, March 28, 2018. Percentages may not add to 100 due to rounding
21장: 456쪽, U.S. Bureau of Economic Analysis, March 28, 2018; 460쪽, U.S. Bureau of Economic Analysis, March 28, 2018; 460쪽, U.S. Bureau of Economic Analysis, March 28, 2018; 468쪽, Data from GNI per capita, PPP (current international $), The World Bank Group, Retrieved from http://data.worldbank.org/indicator/NY.GNP.PCAP.PP.CD
22장: 475쪽, Economic Report of the President, 2015 and U.S. Bureau of Labor Statistics; 476쪽, U.S. Bureau of Labor Statistics; 478쪽, U.S. Bureau of Labor Statistics; 482쪽, U.S. Bureau of Labor Statistics; 481쪽, U.S. Bureau of Labor Statistics
23장: 495쪽, John Maynard Keynes, The General Theory of Employment, Interest, and Money (1936), First Harbinger Ed. (New York: Harcourt Brace Jovanovich, 1964), p. 96.
24장: 528쪽, U.S. Bureau of Economic Analysis, March 28, 2018.
25장: 548쪽, Casey Tefertiller, Wyatt Earp: The Life Behind the Legend, John Wiley & Sons, Inc., 1997; 560쪽, Anton Pavlovich Chekhov, The Plays of Tchekhov, Chatto and Windus, 1923; 563쪽, Federal Reserve Statistical Release, Factors affecting Reserve Balances, Board of Governors of the Federal Reserve System
28장: 614쪽, U.S Bureau of Labor Statistics
29장: 635쪽, Janet Yellen, 2015 in a speech in San Francisco
30장: 654쪽, The General Theory of Employment, Interest, and Money (1936), First Harbinger Ed. (New York: Harcourt Brace Jovanovich, 1964), pp. 149, 152.
31장: 669쪽, Economic Report of the President, 2018, Table B-4; 671쪽, Economic Report of the President, 2018; 672쪽, U.S. Department of Commerce, Bureau of Economic Analysis., Fixed Asset Tabl; 674쪽, Statistical Abstract of the United States, 1990, Table 215, and 2012, Table 229, and Bureau of the Census, 2017, Table 2, Educational Attainment; 676쪽, National Academies, "Rising Above the Gathering Storm: Energizing the Employing America for a Brighter Future," National Academies Press,2007.; 679쪽, Based on Economic Growth and the Environment, Quarterly Journal of Economics, Vol.110, No.2, May 1995. pp. 353-57; 680쪽, The Limits to Growth Book by Dennis Meadows, Donella Meadows, Jørgen Randers, and William W. Behrens III; 681쪽, United States Department of Agriculture
33장: 723쪽, An Open Letter to the French Parliament by Frederic Bastiat (1801-850), originally published in 184; 724쪽, "Based on International Monetary Fund, 2007 World Economic Outlook. Trade openness is measured as 100 minus the average effective tariff rate in the region."; 728쪽, Source: www.census.gov; 728쪽, U.S. Department of Agriculture, Crop Production.
34장: 732쪽, Bureau of Economic Analysis, March 21, 2018.
35장: 756쪽, Data from UN, Millennium Development Goal Data, 2015.; 760쪽, Based on World Bank, World Wide Governance Indicators Report, Policy Paper 5430, 2014.; 764쪽, Based on World development report, 2009 Reshaping Economics Geography; 772쪽, Datas from The World Bank Group